CB121531

Lições de Processo Civil Executivo

Lições de Processo Civil Executivo

2022 • 5ª Edição

Marco Carvalho Gonçalves
Docente da Escola de Direito da Universidade do Minho
Doutor em Direito
Investigador do JusGov – Centro de Investigação em Justiça e Governação

ALMEDINA

LIÇÕES DE PROCESSO CIVIL EXECUTIVO
AUTOR
Marco Carvalho Gonçalves
EDITOR
EDIÇÕES ALMEDINA, S.A.
Avenida Emídio Navarro, 81, 3D
3000-151 Coimbra
Tel.: 239 851 904 · Fax: 239 851 901
www.almedina.net · editora@almedina.net
DESIGN DE CAPA
EDIÇÕES ALMEDINA, S.A.
PRÉ-IMPRESSÃO
João Jegundo
IMPRESSÃO E ACABAMENTO

Agosto, 2022
DEPÓSITO LEGAL

Os dados e as opiniões inseridos na presente publicação são da exclusiva responsabilidade do(s) seu(s) autor(es).
Toda a reprodução desta obra, por fotocópia ou outro qualquer processo, sem prévia autorização escrita do Editor, é ilícita e passível de procedimento judicial contra o infrator.

ALMEDINA | GRUPOALMEDINA

BIBLIOTECA NACIONAL DE PORTUGAL – CATALOGAÇÃO NA PUBLICAÇÃO

GONÇALVES, Marco Carvalho

Lições de processo civil executivo. – 5 ª ed. – (Manuais universitários)
ISBN 978-989-40-0739-5

CDU 347

Aos meus Alunos

"1. *Aeris confessi rebusque iure iudicatis triginta dies iusti sunto.*

2. *Post deinde manus iniectio esto. In ius ducito.*

3. *Ni iudicatum facit, aut quis endo eo in iure vindicit, secum ducito. Vincito aut nervo, aut compedibus, quindecim pondo ne maiore: aut si volet minore, vincito.*

4. *Si volet, suo vivito. Ni suo vivit, qui eum vinctum habebit, libras farris endo dies dato. Si volet, plus dato.*

5. *Erat autem ius interea paciscendi; ac nisi pacti forent, habebantur in vinculis dies sexaginta: inter eos dies trinis nundinis continuis ad praetorem in comitium producebantur, quantaeque pecuniae iudicati essent, praedicabatur.*

6. *Tertiis autem nundinis capite poenas dabant, aut trans Tiberim peregre venum ibant. Si plures forent quibus reus esset iudicatus, secare si vellent atque partiri corpus addicti sibi hominis, permiserunt. Tertiis nundinis partis secanto. Si plus minusve secuerunt, se fraude esto.*

7. *Adversus hostem aeterna auctoritas esto.*"

Tábua III da Lei das XII Tábuas

NOTA DA 5ª EDIÇÃO

Esgotada a 4ª edição e as três reimpressões que se lhe seguiram, procurou-se, nesta nova edição, atualizar a obra à luz das alterações legislativas entretanto verificadas no nosso ordenamento jurídico.

Neste contexto, esta nova edição reflete as alterações introduzidas no Código de Processo Civil pela Lei nº 12/2022, de 27 de junho (Lei do Orçamento do Estado para 2022) ao nível da penhora de bens parcialmente penhoráveis, bem como a legislação avulsa conexionada com o processo civil executivo, concretamente o Decreto-Lei nº 34/2021, de 14 de maio, e a Portaria nº 257/2021, de 19 de novembro – os quais procederam, respetivamente, à aprovação e à regulamentação do regime do procedimento de injunção em matéria de arrendamento –, a Portaria nº 137/2021, de 30 de junho – a qual alterou a Portaria nº 358/2019, de 8 de outubro, regulamentando as comunicações por via eletrónica entre o agente de execução e a Segurança Social, o Fundo de Garantia Salarial e a Caixa Geral de Aposentações –, o Decreto-Lei nº 109-B/2021, de 7 de dezembro, o Decreto Legislativo Regional nº 8/2002/A, de 10 de abril, republicado pelo Decreto Legislativo Regional nº 9/2022/A, de 23 de maio, bem como o Decreto Legislativo Regional nº 5/2022/M, de 17 de março – que aprovaram, respetivamente, o valor da retribuição mínima mensal garantida para o ano de 2022 no território continental, na Região Autónoma dos Açores e na Região Autónoma da Madeira –, bem como a Lei nº 8/2022, de 10 de janeiro, que procedeu à revisão do regime da propriedade horizontal, alterando o Código Civil, o Decreto-Lei nº 268/94, de 25 de outubro, e o Código do Notariado.

Por outro lado, no labor de atualização da obra, visou-se igualmente atender à extensa jurisprudência entretanto produzida pelos nossos tribunais superiores no domínio da ação executiva – o que implicou que se procedesse à análise de mais de setecentos acórdãos –, visando-se, desse modo, assegurar que a nova edição que ora se dá à estampa refletisse não só a vertente teórica e dogmática do direito processual civil executivo, como também a sua aplicação prática, nem sempre isenta de entendimentos divergentes, no quotidiano dos tribunais judiciais.

Por último, à semelhança do que sucedeu com as anteriores edições da obra, procurou-se garantir que o presente trabalho preservasse a sua dimensão essencialmente pedagógica, pensado que foi, desde o seu início, para servir como instrumento de apoio ao estudo do direito processual civil executivo.

Braga, julho de 2022.

NOTA DA 4ª EDIÇÃO

A presente edição teve como propósito central a atualização da obra à luz das alterações legislativas introduzidas no nosso ordenamento jurídico desde a publicação, em março de 2019, da 3ª edição.

No prosseguimento desse objetivo, as matérias nela tratadas foram atualizadas em conformidade com o estabelecido no DL nº 42/2019, de 28 de março – que instituiu um regime simplificado para a cessão de créditos em massa –, na Lei nº 27/2019, de 28 de março – que procedeu à aplicação do processo de execução fiscal à cobrança coerciva das custas, multas não penais e outras sanções pecuniárias fixadas em processo judicial –, na Lei nº 117/2019, de 13 de setembro – que alterou o Código de Processo Civil em matéria de processo executivo, recurso de revisão e processo de inventário, bem como o regime dos procedimentos para cumprimento de obrigações pecuniárias emergentes de contratos –, na Portaria nº 358/2019, de 8 de outubro – que regulamentou as comunicações eletrónicas entre o sistema de informação de suporte à atividade dos tribunais, o sistema informático de suporte à atividade dos agentes de execução e os sistemas de informação da Segurança Social, do Fundo de Garantia Salarial e da Caixa Geral de Aposentações no âmbito da realização de penhoras de prestações sociais e pensões –, bem como no DL nº 1/2020, de 9 de janeiro, que criou o direito real de habitação duradoura.

Paralelamente, procedeu-se à atualização da obra em função da jurisprudência entretanto publicada no domínio do processo civil executivo.

Neste contexto, espera-se que esta nova edição permita prosseguir o intento, de natureza essencialmente didática e pedagógica, que esteve na origem da obra.

Braga, fevereiro de 2020.

NOTA DA 3ª EDIÇÃO

A edição que ora se publica teve como desiderato principal a atualização da obra à luz das alterações legislativas introduzidas no nosso ordenamento jurídico desde março de 2018, bem como da jurisprudência e da doutrina entretanto publicadas.

No entanto, esta nova edição não se esgotou nesse desígnio.

Na verdade, procedeu-se, por um lado, ao desenvolvimento dos conteúdos tratados na obra, nomeadamente no âmbito dos títulos executivos, dos requisitos da obrigação exequenda, dos pressupostos processuais e da penhora, em função da investigação que, entretanto, viemos realizando no domínio do direito processual civil executivo.

Por outro lado, efetuou-se uma revisão integral do texto, visando tornar a exposição mais clara e objetiva e eliminar gralhas e imperfeições que nele subsistiam.

Espera-se, deste modo, que a presente obra continue a cumprir, na medida do possível, o propósito que esteve subjacente à sua elaboração.

Braga, janeiro de 2019.

NOTA DA 2ª EDIÇÃO

Esgotadas a primeira edição e as duas reimpressões que se lhe seguiram, optamos agora pela elaboração de uma nova edição, revista e aumentada.

Com efeito, tendo a primeira edição da obra sido publicada em 2015, as alterações legislativas entretanto introduzidas no nosso ordenamento jurídico acabaram por determinar a necessidade de se proceder à preparação de uma nova edição, devidamente atualizada.

Para além disso, decidimos desenvolver os conteúdos tratados na obra em função da investigação que fomos levando a cabo para a preparação e lecionação das aulas teóricas e teórico-práticas da unidade curricular de Direito Processual Civil Executivo da Licenciatura em Direito da Universidade do Minho.

Por outro lado, procedemos à atualização da doutrina citada na primeira edição, ao desenvolvimento das referências bibliográficas e à análise da jurisprudência entretanto publicada.

Por último, aproveitamos o ensejo para efetuar uma revisão geral da obra, tendente ao aperfeiçoamento da redação e à eliminação de erros ou gralhas.

Feita a apresentação e o enquadramento dos trabalhos de revisão, esperamos que esta nova edição, não obstante as lacunas e imperfeições que nela possam subsistir, permita, ainda assim, contribuir, na medida do possível, para o estudo do direito processual civil executivo.

Braga, março de 2018.

NOTA PRÉVIA À 1ª EDIÇÃO

As presentes lições foram elaboradas com um propósito marcadamente académico, visando dotar os alunos de um elemento de estudo complementar no domínio do processo civil executivo.

No prosseguimento desse desiderato, procuramos coligir nestas lições os diferentes conteúdos programáticos que lecionamos na unidade curricular de Direito Processual Civil Executivo da Licenciatura em Direito da Universidade do Minho.

Por forma a se garantir uma visão ampla e crítica do processo civil executivo, procuramos citar, ainda que sem preocupação de exaustão, a doutrina e a jurisprudência – por vezes contraditória – que nos pareceu mais relevante no que concerne aos diferentes conteúdos programáticos.

Ainda na prossecução de uma abordagem ampla do processo civil executivo, cuidamos, sempre que possível, de enunciar algumas soluções legislativas em sede de direito comparado, permitindo-se, dessa forma, demonstrar as semelhanças e as diferenças no tratamento do processo civil executivo nos ordenamentos jurídicos que nos são mais próximos.

Para além disso, visando acentuar a natureza académica destas lições, optamos por recorrer à utilização de exemplos práticos, por se afigurar uma metodologia adequada na compreensão dos conteúdos programáticos de maior densidade ou dificuldade.

Uma última nota para ressaltar que estas lições não têm o propósito, nem tão-pouco a pretensão, de constituírem um manual de processo civil executivo. Na verdade, o processo civil executivo tem, felizmente, merecido a atenção da Doutrina Portuguesa, pelo que são múltiplos e de excelência os manuais e as obras nesse domínio.

Braga, outubro de 2015

ABREVIATURAS, SIGLAS E REFERÊNCIAS SOBRE AS CITAÇÕES

ac. – acórdão
AECOP – Ação especial para o cumprimento de obrigações pecuniárias
ampl. – ampliada
atual. – atualizada
AUJ – Acórdão Uniformizador de Jurisprudência
aum. – aumentada
BFD – *Boletim da Faculdade de Direito*
BMJ – *Boletim do Ministério da Justiça*
BNA – Balcão Nacional do Arrendamento
BNI – Balcão Nacional de Injunções
CC – Código Civil
$CC_{Es.}$ – *Código Civil* (Espanha)
$CC_{Fr.}$ – *Code Civil* (França)
$CC_{It.}$ – *Codice Civile* (Itália)
CCom. – Código Comercial
CDADC – Código do Direito de Autor e dos Direitos Conexos
CDP – *Cadernos de Direito Privado*
CEDH – Convenção Europeia dos Direitos Humanos
CEPAC – Convenção Europeia para a Proteção dos Animais de Companhia
CEst. – Código da Estrada
CExp. – Código das Expropriações
CIRC – Código do Imposto sobre o Rendimento das Pessoas Coletivas
CIRE – Código da Insolvência e da Recuperação de Empresas
CIRS – Código do Imposto sobre o Rendimento das Pessoas Singulares
CIVA – Código do Imposto sobre o Valor Acrescentado
CJ – *Colectânea de Jurisprudência*
CJ/STJ – *Colectânea de Jurisprudência – Acórdãos do Supremo Tribunal de Justiça*
CN – Código do Notariado
CNPD – Comissão Nacional de Protecção de Dados
CP – Código Penal

CPA – Código do Procedimento Administrativo
CPC_{1939} – Código de Processo Civil de 1939
CPC_{1961} – Código de Processo Civil de 1961 (com as alterações que lhe foram posteriormente introduzidas)
$CPC_{Br.1973}$ – Código de Processo Civil de 1973 (Brasil)
$CPC_{Br.2015}$ – Código de Processo Civil de 2015 (Brasil)
$CPC_{Fr.}$ – *Code de Procédure Civile* (França)
$CPC_{It.}$ – *Codice di Procedura Civile* (Itália)
$CPCE_{Fr.}$ – *Code des Procédures Civiles d'Exécution* (França)
CPP – Código de Processo Penal
CPPT – Código de Procedimento e de Processo Tributário
CRCom. – Código do Registo Comercial
CRP – Constituição da República Portuguesa
CRPred. – Código do Registo Predial
CSC – Código das Sociedades Comerciais
$CSC_{It.}$ – *Corte Suprema di Cassazione* (Itália)
CT – Código do Trabalho
CVM – Código dos Valores Mobiliários
DL – Decreto-Lei
DLR – Decreto Legislativo Regional
DR – *Diário da República*
DUDH – Declaração Universal dos Direitos Humanos
ed. – edição
EMP – Estatuto do Ministério Público
EOA – Estatuto da Ordem dos Advogados
EODO – Estatuto da Ordem dos Despachantes Oficiais
EON – Estatuto da Ordem dos Notários
EOROC – Estatuto da Ordem dos Revisores Oficiais de Contas
EOSAE – Estatuto da Ordem dos Solicitadores e dos Agentes de Execução
IFAP – Instituto de Financiamento da Agricultura e Pescas, I. P.
IMPIC – Instituto dos Mercados Públicos, do Imobiliário e da Construção, I. P.
IPPC – Instituto Português de Processo Civil
IVA – Imposto sobre o Valor Acrescentado
JOCE – *Jornal Oficial das Comunidades Europeias*
JR – *Jurisprudência das Relações*
LAUGI – Lei sobre as Áreas Urbanas de Génese Ilegal
LAV – Lei da Arbitragem Voluntária
LEC – *Ley de Enjuiciamiento Civil* (Espanha)
LJP – Lei dos Julgados de Paz
LOSJ – Lei da Organização do Sistema Judiciário
LUC – Lei Uniforme Relativa ao Cheque
LULL – Lei Uniforme Relativa às Letras e Livranças
NRAR – Novo Regime do Arrendamento Rural
NRAU – Novo Regime do Arrendamento Urbano

op. cit. – *opus citatum*
OSAE – Ordem dos Solicitadores e dos Agentes de Execução
p. – página
PEPEX – Procedimento Extrajudicial Pré-Executivo
PGR – Procuradoria-Geral da República
RCEA – *Revista de la Corte Española de Arbitraje*
RCEJ – *Revista do Centro de Estudos Judiciários*
RCP – Regulamento das Custas Processuais
RCPAS – Regulamento da Caixa de Previdência dos Advogados e Solicitadores
RCTC – Regime de Custas no Tribunal Constitucional
RDP – *Rivista di Diritto Processuale*
RDUM – *Revista de Derecho de la Universidad de Montevideo*
ref. – refundida
Reg. – Regulamento
rev. – revista
RGCO – Regime Geral das Contraordenações
RGPTC – Regime Geral do Processo Tutelar Cível
RJOPA – Regime Jurídico das Obras em Prédios Arrendados
RJRU – Regime Jurídico da Reabilitação Urbana
RJUE – Regime Jurídico da Urbanização e da Edificação
RLJ – *Revista de Legislação e de Jurisprudência*
RMMG – Retribuição Mínima Mensal Garantida
ROA – *Revista da Ordem dos Advogados*
RPCLSS – Regime Processual aplicável às Contraordenações Laborais e de Segurança Social
RPIMA – Regime do Procedimento de Injunção em Matéria de Arrendamento
RRA – Regulamento do Registo Automóvel
RRATDP – Regime de Reparação de Acidentes de Trabalho e de Doenças Profissionais
SASTJ – *Sumários de Acórdãos do Supremo Tribunal de Justiça*
SI – *Scientia Ivridica*
SIMA – Serviço de Injunção em Matéria de Arrendamento
SISAAE – Sistema Informático de Suporte à Atividade dos Agentes de Execução
SRPA – Sistema de Registo da Propriedade Automóvel
STA – Supremo Tribunal Administrativo
STJ – Supremo Tribunal de Justiça
TC – Tribunal Constitucional
TCAN – Tribunal Central Administrativo Norte
TCAS – Tribunal Central Administrativo Sul
TJUE – Tribunal de Justiça da União Europeia
TRC – Tribunal da Relação de Coimbra
TRE – Tribunal da Relação de Évora
TRG – Tribunal da Relação de Guimarães
TRL – Tribunal da Relação de Lisboa

TRP	–	Tribunal da Relação do Porto
UC	–	Unidade de conta
v.g.	–	*verbi gratia*
ZPO	–	*Zivilprozessordnung* (Alemanha)

*

Pertencem ao Código de Processo Civil, aprovado pela Lei nº 41/2013, de 26 de junho, as disposições legais citadas sem indicação da respetiva fonte.

Os acórdãos citados sem menção da sua fonte encontram-se publicados na base de dados acessível no endereço eletrónico *http://www.dgsi.pt.*

Lição I
Noção, Finalidades e Formas do Processo Executivo

1. Noção

A lei de processo civil consagra no seu art. 1º o princípio da proibição da autodefesa, segundo o qual não é permitido, em regra, o recurso à força com o fim de realizar ou assegurar o próprio direito[1]. Por conseguinte, se o devedor não cumprir voluntariamente a prestação a que se encontre vinculado[2], o credor tem o direito de exigir judicialmente o seu cumprimento e de executar o património do devedor (arts. 762º, nº 1, e 817º do CC). De facto, o art. 2º estabelece o direito de acesso aos tribunais, o qual "implica o direito de obter, em prazo razoável, uma decisão judicial que aprecie, com força de caso julgado, a pretensão regularmente deduzida em juízo, bem como a possibilidade de a fazer executar"[3].

[1] Com efeito, a lei só admite o recurso à força própria em casos muito excecionais e limitados, tal como sucede, designadamente, na ação direta (art. 336º do CC), na legítima defesa (art. 337º do CC) e no estado de necessidade (art. 339º do CC).

[2] Na aceção do art. 397º do CC, a obrigação é o "vínculo jurídico pelo qual uma pessoa fica adstrita para com outra à realização de uma prestação". *Vide*, a este propósito, MAGALHÃES, António José de Sousa, "Da garantia geral no direito das obrigações", *in ROA*, ano 8º, vol. I, nºs 3 e 4, 1948, p. 96, SERRA, Adriano Paes da Silva Vaz, *Obrigações – Ideias Preliminares, Fontes (em especial, Contrato e Negócio Unilateral), Fixação de Prazo*, Separata do *BMJ*, nº 77, Lisboa, 1958, pp. 5 e 6, bem como CORDEIRO, António Menezes, *Tratado de Direito Civil Português*, VI – Direito das Obrigações, 2ª ed., Almedina, Coimbra, 2012, pp. 23 a 34. Conforme elucida José Proença, o cumprimento da obrigação provoca, simultaneamente, a libertação do devedor e a satisfação do interesse do credor (PROENÇA, José Carlos Brandão, *Lições de Cumprimento e Não Cumprimento das Obrigações*, Coimbra Editora, Coimbra, 2011, p. 18).

[3] Paralelamente, o art. 6º, nº 1, da CEDH consagra o direito a um processo equitativo, materializado no direito a que a causa seja examinada, de forma pública e equitativa, num prazo razoável. No plano constitucional, a tutela jurisdicional efetiva e o acesso ao Direito e aos Tribunais encontram-se

No plano adjetivo, a garantia de acesso aos tribunais materializa-se no direito de ação, segundo o qual a todo o direito, salvo quando a lei determine o contrário, deve corresponder "a ação adequada a fazê-lo reconhecer em juízo, a prevenir ou reparar a violação dele e a realizá-lo coercivamente".

Ora, à luz de tal direito, o art. 10º, nº 1, preceitua que as ações podem ser declarativas ou executivas.

Assim, nos termos do art. 10º, nº 3, as ações declarativas são aquelas em que o autor pretende que o tribunal apenas declare a existência ou a inexistência de um direito ou de um facto (ações declarativas de simples apreciação), condene o réu na prestação de uma coisa ou de um facto, pressupondo ou prevendo a violação de um direito (ações declarativas de condenação), ou autorize uma mudança na ordem jurídica existente (ações declarativas constitutivas).

Por sua vez, as ações executivas são aquelas em que o credor "requer as providências adequadas à realização coativa de uma obrigação que lhe é devida" (art. 10º, nº 4)[4,5,6]. Com efeito, o credor que esteja munido de um título exe-

expressamente consagrados no art. 20º da CRP. Cfr., a este propósito, MIRANDA, Jorge, *Manual de Direito Constitucional*, Tomo IV, 6ª ed., Coimbra Editora, Coimbra, 2015, p. 425, bem como CANOTILHO, J. J. Gomes, *Direito Constitucional e Teoria da Constituição*, 7ª ed., 12ª reimp., Almedina, Coimbra, 2003, pp. 500 e 501.

4 Neste particular, o Código de Processo Civil de 1939 preceituava que as ações executivas eram as que tinham "por fim dar realização efectiva ao direito declarado". Já o Código de Processo Civil de 1961 estipulava, no seu art. 4º, nº 3, que as ações executivas eram aquelas em que o autor requeria "as providências adequadas à reparação efectiva do direito violado". Criticando a inexatidão destas definições, Lopes-Cardoso sustentou, em alternativa, que a ação executiva devia ser definida como a "acção que tem por fim exigir o cumprimento duma obrigação estabelecida em título bastante, ou a substituição da prestação respectiva por um valor igual do património do devedor" (LOPES-CARDOSO, Eurico, *Manual da Acção Executiva*, Imprensa Nacional Casa da Moeda, 1986, p. 26).

5 Quanto ao uso indevido do termo "obrigação", porquanto a ação executiva pode igualmente ter por objeto a "realização de pretensões reais", *vide* FREITAS, José Lebre de, *Introdução ao Processo Civil*, 4ª ed., Gestlegal, Coimbra, 2017, p. 34, bem como FREITAS, José Lebre de/ALEXANDRE, Isabel, *Código de Processo Civil Anotado*, vol. I, 4ª ed., Coimbra Editora, Coimbra, 2018, p. 54. A este propósito, Anna Maria Soldi enuncia que a ação executiva constitui uma forma de tutela jurisdicional que visa a realização coativa dos direitos (SOLDI, Anna Maria, *Manuale dell'Esecuzione Forzata*, 4ª ed., Cedam, Roma, 2014, p. 23).

6 Note-se que, em alguns ordenamentos jurídicos, como é o caso, por exemplo, do ordenamento jurídico italiano, a ação executiva é designada por "execução forçada". Isto porque o termo "execução" deve ser entendido no sentido de "realização efetiva de uma prestação", podendo, por isso, essa realização da prestação ser voluntária – isto é, quando o devedor realiza a prestação de forma livre e espontânea – ou forçada, ou seja, quando a realização da prestação carece de ser feita através do recurso à via judicial e subsequente emprego de meios coercivos (*vide*, a este propósito, COURRÈGE, Orlando, *Direito das Obrigações – Apontamentos das aulas da 2ª cadeira de Direito Civil da Faculdade de Direito da Universidade de Lisboa (Regência do Prof. Dr. Paulo Cunha)*, Figueira da Foz,

cutivo (arts. 10º, nº 5, e 703º, nº 1) pode, em virtude da falta de cumprimento voluntário da prestação, recorrer à via judicial para, através do emprego de meios coativos ou sub-rogatórios[7] – designadamente a penhora de bens, a apreensão e entrega forçada de coisas ou a prestação de factos, ainda que à custa do património do devedor[8] – exigir a sua realização coativa[9,10]. Na ver-

1943, pp. 81 e 82, bem como CHIOVENDA, José, *Principios de Derecho Procesal Civil*, tomo I, Instituto Editorial Reus, Madrid, 1977, pp. 297 a 299).

[7] Cfr., nesse sentido, BUENO, Cassio Scarpinella, *Curso Sistematizado de Direito Processual Civil*, 5ª ed., Editora Saraiva, São Paulo, 2011, pp. 356 e 357. Quanto à distinção entre meios de coação e meios de sub-rogação, *vide* REIS, José Alberto dos, *Processo de Execução*, vol. I, 3ª ed. reimp., Coimbra Editora, Coimbra, 1985, p. 24.

[8] *Vide*, nesse sentido, PUPPIO, Vicente J., *Teoría General del Proceso*, 8ª ed. rev. e ampl., Universidad Católica Andrés Bello, Caracas, 2008, p. 156, SERRA, Adriano Paes da Silva Vaz, *Obrigações – Ideias Preliminares, Fontes (em especial, Contrato e Negócio Unilateral), Fixação de Prazo, op. cit.*, pp. 43 e 44, bem como MENDES, João de Castro, *Direito Civil: Teoria Geral*, vol. III, Associação Académica da Faculdade de Direito de Lisboa, Lisboa, 1979, pp. 812 e 813.

[9] Cfr., a este respeito, DUARTE NETO, Bento Herculano, *et al.*, *Teoria Geral do Processo*, 5ª ed., Iesde, Curitiba, 2012, p. 123, AMARAL, Jorge Augusto Pais de, *Direito Processual Civil*, 13ª ed., Almedina, Coimbra, 2017, p. 36, MENDES, João de Castro, *Direito Processual Civil*, vol. I, Associação Académica da Faculdade de Direito de Lisboa, 2012, p. 72, COURRÈGE, Orlando, *Direito das Obrigações, op. cit.*, pp. 3 e 4, SOUSA, Miguel Teixeira de, *Introdução ao Processo Civil*, Lex, Lisboa, 1993, p. 16, SOUSA, Miguel Teixeira de, *Acção Executiva Singular*, Lex, Lisboa, 1998, p. 9, FERREIRA, Fernando Amâncio, *Curso de Processo de Execução*, 13ª ed., Almedina, Coimbra, 2010, p. 15, TORRENTE, Andrea/ SCHLESINGER, Piero, *Manuale di Diritto Privato*, 17ª ed., Giuffrè Editore, Milão, 2004, p. 266, SASSANO, Francesca, *Manuale Pratico dell'Esecuzione Mobiliare e Immobiliare*, 2ª ed., Maggioli Editore, Santarcangelo di Romagna, 2008, p. 17, BELLAGAMBA, Gianni/CARITI, Giuseppe, *L'Esecuzione Civile: Rassegna Giurisprudenziale della Normativa Sostanziale e Processuale*, Giuffrè Editore, Milão, 2012, p. 6, CORSARO, Vincenzo, *Le Esecuzioni Forzate nel Codice di Procedura Civile*, Giuffrè Editore, 2006, p. 3, ZIINO, Salvatore, *Esecuzione Forzata e Intervento dei Creditori*, Themis, Palermo, 2004, p. 17, COUTURE, Eduardo J., *Fundamentos del Derecho Procesal Civil*, 3ª ed. (reimp.), Depalma, Buenos Aires, 1993, p. 82, THEODORO JÚNIOR, Humberto, "As vias de execução do Código de Processo Civil Brasileiro reformado", *in Processo Civil Reformado*, Belo Horizonte, Del Rey, 2007, p. 23, COSTA, Daniel Carnio, *Execução no Processo Civil Brasileiro – Biblioteca de Estudos em Homenagem ao Professor Arruda Alvim*, Juruá Editora, Curitiba, 2008, p. 21, ALESSANDRI RODRÍGUEZ, Arturo, *et al.*, *Tratado de Derecho Civil: Partes Preliminar y General*, tomo I, Editorial Jurídica de Chile, Santiago do Chile, 1998, p. 14, REDENTI, Enrico/VELLANI, Mario, *Diritto Processuale Civile*, vol. III, 3ª ed., Giuffrè Editore, Milão, 2011, pp. 185 e 186, bem como VINCENT, Jean/PRÉVAULT, Jacques, *Voies d'Exécution et Procédures de Distribution*, 15ª ed., Précis Dalloz, Paris, 1984, p. 1.

[10] Neste particular, Alberto dos Reis enuncia, de forma basilar, que a execução "tem por fim conseguir para o credor o mesmo benefício que devia produzir-lhe o cumprimento da obrigação ou um benefício equivalente" (REIS, José Alberto dos, *Processo de Execução*, vol. I, *op. cit.*, p. 54, e REIS, José Alberto dos, *Comentário ao Código de Processo Civil*, vol. I, 2ª ed., Coimbra Editora, Coimbra, 1960, pp. 21 e 22). *Vide*, no mesmo sentido, PRAZERES, Manuel Augusto Gama, *Do Processo de Execução no Actual Código do Processo Civil, SI*, Braga, 1963, p. 12, e PINTO, Rui, *Manual da Execução e Despejo, op. cit.*, p. 53. Por sua vez, Antunes Varela sustenta que a penhora de bens do devedor

dade, as ações executivas, partindo de um direito previamente declarado e/ou reconhecido num título executivo, destinam-se a permitir o cumprimento coercivo da obrigação, através do poder de autoridade do Estado[11,12],

permite obter "não propriamente o cumprimento da obrigação", mas antes a "indemnização dos danos que a falta de cumprimento lhe causou" (Varela, João de Matos Antunes, *Das Obrigações em Geral*, vol. II, 7ª ed. reimp., Almedina, Coimbra, 2003, p. 152).

[11] Cfr., nesse sentido, Varela, Antunes, *et al.*, *Manual de Processo Civil*, 2ª ed. (reimp.), Coimbra Editora, Coimbra, 2004, pp. 73 e 74, Freitas, José Lebre de, *A Acção Executiva: À Luz do Código de Processo Civil de 2013*, 7ª ed., Gestlegal, Coimbra, 2017, p. 16, Marques, J. P. Remédio, *Curso de Processo Executivo Comum à Face do Código Revisto*, Almedina, Coimbra, 2000, p. 10, Pinto, Rui, *Manual da Execução e Despejo*, Coimbra Editora, Coimbra, 2013, p. 21, Mendes, João de Castro, *O Direito de Acção Judicial*, reimp., Lisboa, 1959, p. 287, Alves, Geraldo Magela, *O Novo Processo de Execução*, Editora del Rey, Belo Horizonte, 2007, p. 88, Cordeiro, António Menezes, *Direito das Obrigações*, vol. II, reimp., AAFDL, Lisboa, 1990, pp. 462 e 463, Fairen Guillen, Victor, *Doctrina General del Derecho Procesal*, Librería Bosch, Barcelona, 1990, p. 91, Castoro, Pasquale, *Il Processo di Esecuzione nel suo Aspetto Pratico*, Giuffrè Editore, Milão, 2010, p. 4, Cirillo, Bruno, *Il Nuovo Pignoramento Presso Terzi*, Maggioli Editore, Santarcangelo di Romagna, 2013, p. 9, Consolo, Claudio, *et al.*, *Commentario al Codice di Procedura Civile*, vol. VI, UTET Giuridica, Turim, 2013, p. 10, bem como Couture, Eduardo J., *Fundamentos del Derecho Procesal Civil*, *op. cit.*, p. 443. *Vide*, na jurisprudência, o ac. do STJ de 12.12.1996, proc. 626/96, *in SASTJ*, ano 1996, p. 272, bem como o ac. do TRE de 19.11.2015, proc. 1101/08.2TBVNO-G.E1.

[12] Nessa exata medida, ao invés do que sucede no processo declarativo, no processo executivo, não há uma igualdade pura das partes, na medida em que a lei, partindo da existência de um título executivo, presume que o credor é titular de um direito que carece de satisfação coativa (Marcacini, Augusto, *Estudo sobre a Efetividade do Processo Civil*, São Paulo, 1999, p. 238). Quanto à circunstância de o executado não gozar de uma "paridade de posição com o exequente", estando, ao invés, sujeito a uma situação de compressão, *vide* Reis, José Alberto dos, *Processo de Execução*, vol. I, *op. cit.*, p. 115, Freitas, José Lebre de, *A Acção Executiva: À Luz do Código de Processo Civil de 2013*, *op. cit.*, pp. 30 e 31, Rodrigues, Fernando Pereira, *O Novo Processo Civil – Os Princípios Estruturantes*, Almedina, Coimbra, 2013, pp. 67 e 68, Diana, Antonio Gerardo, *La Nuova Esecuzione Forzata – Questioni e Procedure*, Giuffrè Editore, Milão, 2011, p. 21, Gualtieri, Clara, *Precetto e Pignoramento*, Primiceri Editore, Pádua, 2016, p. 11, Venditti, Claudio/Palma, Antonio de, "Espropriazione Forzata", *in* Cassano, Giuseppe (ed.), *Manuale del Recupero dei Crediti*, Cedam, 2000, p. 188, Mazzarella, Ferdinando, "Esecuzione forzata (diritto vigente)", *in Enciclopedia del Diritto*, vol. XV, Giuffrè Editore, 1966, p. 470, bem como Redenti, Enrico/Vellani, Mario, *Diritto Processuale Civile*, vol. III, *op. cit.*, p. 197. Neste particular, Eduardo Couture salienta que, diversamente do que sucede no processo declarativo, o processo executivo caracteriza-se por ser um processo de "máxima eficácia e de mínima amplitude", já que a jurisdição começa pela "invasão da esfera própria do demandado, ocupando os seus bens e criando por antecipação um estado de sujeição a favor do credor" (Couture, Eduardo J., *Fundamentos del Derecho Procesal Civil*, *op. cit.*, p. 453). Cfr., na jurisprudência, a decisão da $CSC_{It.}$ de 28.06.2005, proc. 13914, *in www.cortedicassazione.it*. Partindo do prisma da posição do julgador face às partes, Anna Maria Soldi salienta que, contrariamente ao que sucede no processo declarativo, no âmbito do qual o juiz é visto como um "obstáculo" ou como uma "resistência institucional" à atuação do autor, no processo executivo, o juiz desempenha um papel totalmente oposto, pois que aqui o juiz não assume mais uma função

ou seja, a "reparação material dum direito violado, no pressuposto da sua existência"[13].

Neste enquadramento, ao invés do que sucede no processo declarativo, o qual se estrutura em várias fases que visam, no seu conjunto, o proferimento de uma decisão final que se pronuncie sobre a existência do direito de que o autor se arroga titular, o processo executivo, partindo de um direito já assente, "desenvolve-se num único grau", ainda que se articule numa série de fases funcionalmente coligadas, "e consiste numa série coordenada de atos destinados a conseguir o resultado da satisfação coativa" de tal direito[14].

Por outro lado, importa salientar que a ação declarativa e a ação executiva complementam-se entre si, na medida em que, se for proferida uma sentença condenatória numa ação declarativa e se essa sentença não for voluntariamente cumprida, a ação executiva permite a adoção das medidas coercivas que se afigurem necessárias à satisfação efetiva do direito que foi declarado e reconhecido nessa sentença[15].

Em todo o caso, a ação declarativa não tem, necessariamente, de ser seguida de uma ação executiva[16]. Enquadram-se neste domínio, nomeadamente, as situações em que a ação declarativa tenha sido julgada totalmente improcedente, os casos em que, apesar de ter sido proferida uma sentença condenatória, o réu tenha cumprido voluntariamente a obrigação dela emergente[17], bem como as hipóteses em que a sentença, atento o seu âmbito, não seja passível de ser executada.

Analogamente, a ação executiva pode não ser precedida de uma ação declarativa. É o que sucede, por exemplo, se a obrigação do devedor constar de um

de resistência institucional, mas antes uma posição de órgão que tutela o sujeito que atua em juízo, ignorando a parte contra a qual a execução é promovida. Por via disso, na ação executiva, o contraditório é eventual, porquanto só tem lugar quando é introduzido pelo executado por via de uma oposição à execução (SOLDI, Anna Maria, *Manuale dell'Esecuzione Forzata*, *op. cit.*, p. 26).

[13] FREITAS, José Lebre de, *A Ação Declarativa Comum: À Luz do Código de Processo Civil de 2013*, 4ª ed., Gestlegal, Coimbra, 2017, p. 19.

[14] SOLDI, Anna Maria, *Manuale dell'Esecuzione Forzata*, *op. cit.*, pp. 32 e 33. Cfr., no mesmo sentido, FONTANA, Roberto/ROMEO, Simona, *Il Nuovo Processo di Esecuzione*, Cedam, Milão, 2015, pp. 14 e 15, bem como MENDES, João de Castro, *Direito Processual Civil – Acção Executiva*, Edição AAFDL, Lisboa, 1980, p. 5.

[15] *Vide*, a este propósito, MAZZARELLA, Ferdinando, "Esecuzione forzata (diritto vigente)", *op. cit.*, p. 451.

[16] Daí que, nas palavras de Anselmo de Castro, a ação executiva goze de autonomia própria em relação à ação declarativa (CASTRO, Artur Anselmo de, *Direito Processual Civil Declaratório*, vol. I, Almedina, Coimbra, 1981, p. 129).

[17] CASTRO, Artur Anselmo de, *A Acção Executiva Singular, Comum e Especial*, 3ª ed., Coimbra Editora, Coimbra, 1977, p. 7.

título executivo extrajudicial (*v.g.* documento autêntico ou autenticado, título de crédito ou documento a que, por disposição especial, seja atribuída força executiva), situação em que o credor pode intentar, de imediato, uma ação executiva, sem necessidade de recurso prévio à tutela declarativa.

2. Execução singular e execução universal

O processo executivo para pagamento de quantia certa pode estruturar-se segundo um modelo de execução singular ou de execução universal – também designado de "execução concursal" ou "execução coletiva" –, consoante admita ou não a intervenção de outros credores[18].

Assim, no modelo de execução singular, existe, em regra, um único sujeito ativo (exequente) e um único sujeito passivo (executado), não sendo admitida a intervenção de outros credores do executado, salvo nos casos legalmente previstos [art. 786º, nº 1, al. *b)*, e nº 2]. Deste modo, considerando que o património do devedor responde pelo cumprimento das suas obrigações (art. 601º do CC), este modelo de execução singular favorece o credor que atue com maior celeridade ou diligência na agressão do património do devedor, à luz do princípio *prior in tempore, potiur in iure*, em detrimento, portanto, do princípio da igualdade ou da paridade de todos os credores do devedor[19].

Por sua vez, no modelo de execução universal – que é o que se verifica, por exemplo, no âmbito do processo de insolvência – a execução abrange a totalidade do património do devedor e são admitidos a intervir no processo todos os seus credores, sendo que os credores desconhecidos são citados por via edital ou através de anúncios (cfr., entre outros, os arts. 1º, nº 1, 9º, 23º, 36º, al. *g)*, 37º e 46º do CIRE)[20]. Assim, neste modelo de execução universal

[18] Conforme elucida Anna Maria Soldi, enquanto a ação executiva para pagamento de quantia certa pode ser individual ou plural, já a ação executiva para entrega de coisa certa e a ação executiva para prestação de facto são necessariamente individuais, na medida em que não comportam a intervenção de outros credores do devedor (Soldi, Anna Maria, *Manuale dell'Esecuzione Forzata*, *op. cit.*, pp. 38 e 39).

[19] Cfr., a este propósito, Serra, Adriano Paes da Silva Vaz, *Obrigações – Ideias Preliminares, Fontes (em especial, Contrato e Negócio Unilateral), Fixação de Prazo*, *op. cit.*, pp. 59 e 60.

[20] *Vide*, no mesmo sentido, Marques, J. P. Remédio, *Curso de Processo Executivo Comum à Face do Código Revisto*, *op. cit.*, p. 23, Martins, Alexandre de Soveral, *Um Curso de Direito da Insolvência*, reimp. da 2ª ed., Almedina, Coimbra, 2017, p. 41, Leitão, Luís Manuel Teles de Menezes, *Direito da Insolvência*, 8ª ed., Almedina, Coimbra, 2018, pp. 17 e 18, bem como Epifânio, Maria do Rosário, *Manual de Direito da Insolvência*, 6ª ed., Almedina, Coimbra, 2015, p. 14. Cfr., na jurisprudência, o ac. do TRC de 06.11.2012, proc. 444/06.4TBCNT-Q.C1, o ac. do TRL de 07.06.2016, proc. 1567/13.9TYLSB-I.L1-7, bem como o ac. do TRE de 15.12.2016, proc. 270/14.7TBOLH.E1.

– em que o concurso de credores constitui a regra e não a exceção[21] –, podem intervir no processo todos os credores do devedor, independentemente de serem ou não conhecidos e/ou titulares de direitos reais de garantia sobre o seu património[22]. Com efeito, o modelo de execução universal visa impedir que o exequente retire "alguma vantagem injusta sobre os outros credores, quebrando o princípio da *par conditio creditorum*", permitindo, ao invés, "que todos os credores ou pelo menos todos os credores cujos créditos se encontrem já vencidos, venham à execução obter a satisfação dos seus direitos"[23] (arts. 1º e 176º do CIRE), sem prejuízo de a lei estabelecer diversas classes de créditos – *maxime* garantidos, privilegiados, subordinados e comuns – em função da sua natureza (arts. 47º a 49º do CIRE).

No sistema processual civil português vigente, o processo executivo apresenta uma estrutura "tendencialmente singular"[24], em que, em regra, existe um único credor e um único devedor, sendo penhorados os bens do executado que, ao abrigo do princípio da proporcionalidade, se revelem necessários ao pagamento da dívida exequenda e das despesas previsíveis da execução (art. 735º, nº 3)[25].

De todo o modo, o processo executivo diz-se "tendencialmente singular", na medida em que, em determinados casos particulares, admite a intervenção de outros credores do mesmo executado, dando essa intervenção lugar a um concurso de credores[26]. Com efeito, nos termos do art. 786º, uma vez concluída a fase da penhora e apurada a situação registal dos bens, o agente de execução deve citar os credores que sejam titulares de direitos reais de garantia, registados ou conhecidos, sobre os bens penhorados, para que estes

[21] SOLDI, Anna Maria, *Manuale dell'Esecuzione Forzata*, *op. cit.*, p. 39.

[22] SOUSA, Miguel Teixeira de, *Acção Executiva Singular*, *op. cit.*, p. 11.

[23] MENDES, João de Castro, *Direito Processual Civil*, vol. III, Associação Académica da Faculdade de Direito de Lisboa, 2012, pp. 309 e 310. Cfr., a este propósito, OLIVEIRA, Nuno Manuel Pinto/SERRA, Catarina, "Insolvência e contrato-promessa: os efeitos da insolvência sobre o contrato promessa com eficácia obrigacional", *in ROA*, ano 70º, vol. I/IV, 2010, p. 397, VASCONCELOS, Pedro Pais de, *Direito Comercial*, vol. I, Almedina, Coimbra, 2015, p. 25, RUGGIERO, Roberto de, *Instituições de Direito Civil*, vol. III, Livraria Clássica Editora, Lisboa, 1937, p. 147, bem como GALATRO, Vincenzo, *Manuale Operativo di Procedura Civile*, Maggioli Editore, Santarcangelo di Romagna, 2008, p. 429.

[24] Expressão de Castro Mendes (MENDES, João de Castro, *Direito Processual Civil*, vol. III, *op. cit.*, p. 311).

[25] Cfr., a este propósito, SOUSA, Miguel Teixeira de, *Acção Executiva Singular*, *op. cit.*, pp. 11 e 12, e MARQUES, J. P. Remédio, *Curso de Processo Executivo Comum à Face do Código Revisto*, *op. cit.*, p. 23. *Vide*, na jurisprudência, o ac. do STJ de 04.11.2003, proc. 03A3129.

[26] Cfr., no mesmo sentido, PIRES, Miguel Lucas, *Dos Privilégios Creditórios: Regime Jurídico e sua Influência no Concurso de Credores*, 2ª ed. rev. e atual., Almedina, Coimbra, 2015, pp. 138 e 139.

reclamem o pagamento dos seus créditos e obtenham, concomitantemente, a satisfação integral ou parcial dos seus créditos pelo produto da venda desses bens. Isto porque, nos termos do art. 824º, nº 2, do CC, a venda executiva acarreta a caducidade dos direitos reais de garantia que incidam sobre os bens penhorados, tornando-se, por isso, necessário proteger os credores que beneficiem de direitos reais de garantia sobre esses bens[27].

3. Finalidades

A ação executiva pode ter diferentes finalidades, em função do âmbito da obrigação que conste do título executivo que lhe serve de fundamento.

Com efeito, à luz do art. 10º, nº 5, o título executivo determina o fim da execução[28] – o qual pode consistir no pagamento de uma quantia certa, na entrega de uma coisa certa ou na prestação de um facto, positivo ou negativo (art. 10º, nº 6) – sendo que o fim da execução em nada é alterado na eventualidade de não ser possível obter a prestação constante do título executivo[29].

A ação executiva para pagamento de quantia certa tem lugar nos casos em que o título executivo encerre uma obrigação pecuniária[30] – isto é, uma obrigação cuja prestação consista na entrega de uma quantia em dinheiro[31,32] –, nomeadamente uma obrigação de soma ou de quantidade (arts. 550º e 551º

[27] Diferentemente, Remédio Marques sustenta que este modelo não se integra na execução singular, consubstanciando antes um modelo de "execução mista ou concursal" (MARQUES, J. P. Remédio, *Curso de Processo Executivo Comum à Face do Código Revisto, op. cit.*, p. 24).

[28] Cfr., nesse sentido, o ac. do TRL de 25.03.1993, proc. 0051566, bem como o ac. do TRE de 22.10.1998, proc. 238/98-3.

[29] SOUSA, Miguel Teixeira de, *Acção Executiva Singular, op. cit.*, p. 16.

[30] Ac. do STJ de 30.06.1988, proc. 076394.

[31] COURRÈGE, Orlando, *Direito das Obrigações, op. cit.*, p. 64.

[32] A este respeito, conforme salienta José Proença, o facto de uma obrigação ter por objeto notas ou moedas não significa, necessariamente, que essa obrigação revista natureza pecuniária. É o que sucede, por exemplo, quando esteja em causa um empréstimo de moedas individualizadas (*v.g.* moedas antigas) ou a aquisição de moedas com um fim de coleção (PROENÇA, José Carlos Brandão, *Lições de Cumprimento e Não Cumprimento das Obrigações, op. cit.*, p. 125). Nesta conformidade, se a obrigação exequenda consistir, por exemplo, na entrega de uma moeda antiga, a ação executiva adequada será a ação para entrega de coisa certa e não a ação para pagamento de quantia certa. Do mesmo modo, Menezes Leitão ensina que não reveste natureza pecuniária a obrigação que, apesar de ter dinheiro por objeto, não vise "proporcionar ao credor o valor dele", tal como sucede, por exemplo, nos casos em que alguém se obriga a entregar a outrem determinadas moedas e notas para integrarem uma determinada coleção (LEITÃO, Luís Manuel Teles de Menezes, *Direito das Obrigações*, vol. I, 14ª ed., Almedina, Coimbra, 2017, pp. 148 e 149). Cfr., no mesmo sentido, COSTA, Mário Júlio de Almeida, *Direito das Obrigações*, 12ª ed. rev. e atual., Almedina, Coimbra, 2013, p. 735.

do CC)[33] ou uma obrigação de moeda específica[34,35] (arts. 552º a 557º do CC). Assim, não sendo a obrigação pecuniária voluntariamente cumprida, o credor pode obter a sua realização coativa através da penhora e subsequente venda do património do devedor (arts. 601º e 817º do CC)[36,37]. Nessa exata medida,

[33] Tal como elucida Mário Júlio de Almeida Costa, tratam-se das obrigações mais frequentes e típicas no comércio jurídico, tendo as mesmas por objeto "uma pura e simples quantia pecuniária". É o que sucede, por exemplo, se A deve a B a quantia de € 5.000,00 (COSTA, Mário Júlio de Almeida, *Direito das Obrigações, op. cit.*, p. 744).

[34] Neste caso, diversamente do que sucede nas obrigações de soma ou de quantidade, em que apenas se fixa uma determinada quantia pecuniária, as obrigações de moeda específica "caracterizam-se pela estipulação do género da moeda em que o cumprimento deve ser efetuado". É o que sucede, por exemplo, se A se obriga a pagar a B a quantia de € 5.000,00 em moedas de ouro ou de prata (COSTA, Mário Júlio de Almeida, *Direito das Obrigações, op. cit.*, pp. 744 a 746). *Vide*, a este propósito, OLIVEIRA, Nuno Manuel Pinto, *Princípios de Direito dos Contratos*, Coimbra Editora, Coimbra, 2011, pp. 368 e 369.

[35] Conforme salienta Castro Mendes, se estiver em causa uma obrigação de moeda específica sem curso legal em Portugal, sendo essa obrigação referida como coisa infungível – por exemplo, A obrigou-se a entregar a B "cem moedas de dez réis" –, tal obrigação diz-se monetária, razão pela qual o credor deve lançar mão de uma ação executiva para entrega de coisa certa. Diferentemente, se estiver em causa uma obrigação de moeda específica sem curso legal, sendo a espécie monetária referida como "fonte de valor" – por exemplo, A obrigou-se a pagar a B a quantia de 100.000\$00 em notas de 100\$00 – neste caso há uma obrigação pecuniária, devendo o credor lançar mão de uma ação executiva para pagamento de quantia certa, na qual terá, necessariamente, que proceder à liquidação da obrigação, atento o facto de a obrigação estar expressa numa moeda sem curso legal em Portugal (MENDES, João de Castro, *Direito Processual Civil – Acção Executiva, op. cit.*, p. 41).

[36] *Vide*, a este propósito, o ac. do STJ de 13.11.2003, proc. 3058/03, *in SASTJ*, ano 2003.

[37] Diferentemente, tal como ensina Castro Mendes, estando em causa uma obrigação em moeda com curso legal apenas no estrangeiro ou obrigação valutária (art. 558º do CC) – por exemplo, a obrigação de pagar a importância de cinco mil dólares americanos – o credor deve lançar mão de uma ação executiva para entrega de coisa certa. Com efeito, se o credor, nesse caso, não lograr proceder à apreensão, no património do devedor, de cinco mil dólares americanos, a ação executiva para entrega de coisa certa terá de ser convertida em ação executiva para pagamento de quantia certa, sendo o crédito "convertido numa indemnização em moeda portuguesa" (MENDES, João de Castro, *Direito Processual Civil – Acção Executiva, op. cit.*, p. 41). Do mesmo modo, Menezes Leitão salienta que o art. 558º do CC restringe ao devedor a possibilidade de "realizar o pagamento na moeda nacional com base no câmbio da data de cumprimento", ficando, por isso, vedada ao credor a possibilidade de exigir o pagamento na moeda nacional (LEITÃO, Luís Manuel Teles de Menezes, *Direito das Obrigações*, vol. I, *op. cit.*, p. 154).

Por sua vez, Manuel de Andrade distingue entre "obrigações valutárias próprias" e "obrigações valutárias impróprias". Assim, enquanto, nas primeiras, "tem-se em vista que o credor possa exigir e deva receber o pagamento em sinais monetários do sistema estrangeiro indicado (moeda estrangeira efectiva)", nas segundas "o devedor terá de dar em moeda portuguesa o equivalente dessa importância, segundo o respectivo câmbio" (ANDRADE, Manuel A. Domingues de, *Teoria Geral das Obrigações*, Almedina, Coimbra, 1958, pp. 268 e 269).

a ação executiva para pagamento de quantia certa permite ao credor obter a satisfação do seu direito de crédito "de forma indireta e por equivalente"[38].

Por sua vez, emprega-se a ação executiva para entrega de coisa certa quando a obrigação constante do título executivo consista na entrega de uma coisa, móvel ou imóvel, situação em que o exequente requer ao tribunal que a coisa seja apreendida ao executado para que, posteriormente, lhe seja entregue (arts. 827º do CC, 859º e 861º). Trata-se, assim, de uma "execução específica"[39] ou real[40], que procura colocar o credor na mesma situação em que estaria se o devedor tivesse cumprido espontaneamente a sua obrigação[41]. Não sendo encontrada a coisa cuja entrega era devida, o exequente pode, no mesmo processo, requerer que a execução para entrega de coisa certa seja convertida em execução para pagamento de quantia certa, mediante a liquidação do valor da coisa e do prejuízo resultante da falta de entrega. Nessa eventualidade, procede-se à penhora dos bens necessários ao pagamento da quantia apurada, seguindo-se, com as devidas adaptações, os termos da ação executiva para pagamento de quantia certa (art. 867º, nº 1).

Por último, a ação executiva para prestação de facto aplica-se nas situações em que o título executivo que lhe sirva de fundamento compreenda uma obrigação de prestação de um facto positivo, ou seja, o dever de praticar uma atividade ou ação (art. 828º do CC), ou negativo, isto é, o dever de não fazer

[38] TURCO, Claudio, *Lezioni di Diritto Privato*, Giuffrè Editore, Milão, 2011, p. 369. Cfr., no mesmo sentido, SERRA, Adriano Paes da Silva Vaz, *Obrigações – Ideias Preliminares, Fontes (em especial, Contrato e Negócio Unilateral), Fixação de Prazo, op. cit.*, p. 61, RUGGIERO, Roberto de, *Instituições de Direito Civil*, vol. III, *op. cit.*, p. 145, bem como CORDEIRO, António Menezes, *Direito das Obrigações*, vol. II, *op. cit.*, p. 463. Por sua vez, Humberto Theodoro Júnior refere, sugestivamente, que a ação executiva para pagamento de quantia certa "consiste numa atividade jurisdicional expropriatória", na medida em que a justiça apropria-se de bens que integram o património do devedor e transforma-os em dinheiro para, por essa via, garantir a satisfação do crédito exequendo (THEODORO JÚNIOR, Humberto, "As vias de execução do Código de Processo Civil Brasileiro reformado", *op. cit.*, p. 64).

[39] Cfr., nesse sentido, CORDEIRO, António Menezes, *Direito das Obrigações*, vol. II, *op. cit.*, p. 463, TORRES, António Maria M. Pinheiro, *Noções Fundamentais de Direito das Obrigações*, 2ª ed., Coimbra Editora, Coimbra, 2010, p. 28, COSTA, Mário Júlio de Almeida, *Direito das Obrigações, op. cit.*, p. 155, bem como CAMPESE, Giovanni, *L'Espropriazione Forzata Immobiliare*, 2ª ed., Giuffrè Editore, Milão, 2006, p. 2.

[40] SERRA, Adriano Paes da Silva Vaz, *Obrigações – Ideias Preliminares, Fontes (em especial, Contrato e Negócio Unilateral), Fixação de Prazo, op. cit.*, p. 64.

[41] TURCO, Claudio, *Lezioni di Diritto Privato, op. cit.*, p. 369. Cfr., no mesmo sentido, BELLAGAMBA, Gianni/CARITI, Giuseppe, *L'Esecuzione Civile: Rassegna Giurisprudenziale della Normativa Sostanziale e Processuale, op. cit.*, p. 59, bem como GALATRO, Vincenzo, *Manuale Operativo di Procedura Civile, op. cit.*, p. 428.

alguma coisa ou de tolerar algum comportamento (art. 829º do CC)[42]. Neste caso, se a prestação revestir natureza fungível, ou seja, se a prestação puder ser realizada por um terceiro, sem prejuízo para o credor (art. 767º, nº 1, do CC), o exequente pode requerer, *ab initio*, que o facto seja prestado por um terceiro à custa do devedor, isto é, pode requerer a execução específica da obrigação (art. 828º do CC)[43], bem como o pagamento de uma indemnização pela mora ou, em alternativa, exigir o pagamento de uma indemnização pelo dano sofrido em consequência da não realização voluntária da prestação (art. 868º, nº 1)[44]. Pelo contrário, se a prestação apresentar natureza infungível, isto é, se a prestação revestir uma natureza estritamente pessoal, ao ponto de só poder ser realizada pelo próprio devedor (art. 767º, nº 2, do CC)[45] e se este não a realizar, o exequente, sem prejuízo da possibilidade de requerer o pagamento da quantia devida a título de sanção pecuniária compulsória, na qual o devedor já tenha sido condenado ou cuja fixação o credor pretenda obter no processo executivo (arts. 829º-A, nº 1, do CC e 868º, nº 1)[46], pode, igualmente, requerer a conversão da execução para prestação de facto em execução para pagamento de quantia certa[47], sendo, nesse caso, penhorados os bens do devedor que se revelem necessários a garantir o pagamento da

[42] Cfr., a este propósito, COURRÈGE, Orlando, *Direito das Obrigações, op. cit.*, p. 22, TELLES, Inocêncio Galvão, *Manual de Direito das Obrigações*, tomo I, Coimbra Editora, Coimbra, 1957, p. 24, COSTA, Mário Júlio de Almeida, *Noções Fundamentais de Direito Civil*, 6ª ed. rev. e atual., Almedina, Coimbra, 2013, pp. 112 e 113, bem como LEITÃO, Luís Manuel Teles de Menezes, *Direito das Obrigações*, vol. I, *op. cit.*, p. 128.

[43] *Vide*, a este propósito, LEITÃO, Luís Manuel Teles de Menezes, *Direito das Obrigações*, vol. I, *op. cit.*, p. 130, bem como TORRES, António Maria M. Pinheiro, *Noções Fundamentais de Direito das Obrigações, op. cit.*, p. 28.

Outrossim, conforme se decidiu no ac. do TRG de 21.02.2019, proc. 145/17.8T8CHV-A.G1, "Tendo o exequente título para determinada prestação de facto, não pode realizar a prestação por si ou por terceiro, e com esse mesmo título que condena numa prestação, peticionar o pagamento de determinada quantia em dinheiro".

[44] Tal como salienta José Proença, "Em rigor, a tutela executiva não visa remover qualquer dano, conquanto o credor possa cumular o seu pedido com uma indemnização moratória" (PROENÇA, José Carlos Brandão, *Lições de Cumprimento e Não Cumprimento das Obrigações, op. cit.*, p. 158).

[45] Conforme ensina Inocêncio Galvão Telles, a infungibilidade pode ser objetiva ou subjetiva, consoante resulte, respetivamente, da natureza das coisas ou da convenção das partes (TELLES, Inocêncio Galvão, *Manual de Direito das Obrigações, op. cit.*, p. 28).

[46] *Vide*, a este propósito, ALBUQUERQUE, Pedro, "O direito ao cumprimento de prestação de facto, o dever de a cumprir e o princípio *nemo ad factum cogi potest*. Providência cautelar, sanção pecuniária compulsória e caução", *in ROA*, ano 65º, vol. II, set. 2005, p. 467. Cfr., na jurisprudência, o ac. do STJ de 19.09.2019, proc. 939/14.6T8LOU-H.P1.S1.

[47] *Vide*, a este propósito, VINCENT, Jean/PRÉVAULT, Jacques, *Voies d'Exécution et Procédures de Distribution, op. cit.*, p. 18.

indemnização devida pelo dano sofrido com a não realização da prestação (arts. 868º, nº 1, e 869º)[48,49].

4. Formas de processo

4.1. Processo executivo comum e processo executivo especial

O processo executivo pode seguir forma comum ou forma especial (art. 546º, nº 1).

Assim, sempre que a lei preveja uma forma de processo executivo especial, é esta a forma aplicável, atento o disposto no art. 546º, nº 2, 1ª parte. É o que sucede, nomeadamente, com o processo especial de execução por alimentos (arts. 933º a 937º). Ora, estando em causa um processo executivo que siga uma forma especial, este regula-se pelas normas que lhe são próprias, bem como pelas disposições gerais e comuns, sendo-lhe subsidiariamente aplicável, nos casos omissos, o que se ache estabelecido para o processo comum (art. 549º, nº 1).

Por sua vez, o processo executivo comum tem um âmbito de aplicação subsidiário ou supletivo, na medida em que se aplica a todos os casos para os quais a lei não preveja uma forma de processo executivo especial (art. 546º, nº 2, 2ª parte).

Nos termos do art. 551º, nº 1, nos casos omissos, são subsidiariamente aplicáveis ao processo de execução, com as devidas adaptações, as disposições legais que se encontram previstas para o processo de declaração (arts. 552º a 702º), desde que se mostrem compatíveis com a natureza da ação executiva.

À luz do art. 551º, nº 2, são aplicáveis à execução para entrega de coisa certa e à execução para prestação de facto, sempre que tal seja possível, as disposições relativas à execução para pagamento de quantia certa.

[48] Cfr., nesse sentido, o ac. do TRL de 16.02.1995, proc. 0073646. Conforme assinala Nuno Oliveira, "O credor de uma obrigação de prestação de facto positivo não fungível não pode pedir que o devedor seja coagido ou forçado a realizar uma prestação que não quer realizar, porque coagi-lo ou forçá-lo colidiria com o princípio constitucional da dignidade humana (*nemi praecise ad factum cogi potest*)" (Oliveira, Nuno Manuel Pinto, *Princípios de Direito dos Contratos, op. cit.*, p. 90).

[49] Na esteira de René Ramos Pazos, neste caso, restará ao credor o exercício do direito ao "cumprimento subsidiário por equivalência", consubstanciado no direito de obter do devedor o pagamento de uma quantia pecuniária equivalente ao benefício que teria obtido com o cumprimento pontual e integral da obrigação (Ramos Pazos, René, *De las Obligaciones*, Editorial Juridica de Chile, Santiago de Chile, 1999, pp. 235 e 236).

4.2. Forma do processo comum

Diversamente do que sucede com o processo executivo comum para entrega de coisa certa ou com o processo executivo comum para prestação de facto – os quais seguem forma única (art. 550º, nº 4) –, o processo executivo comum para pagamento de quantia certa pode seguir forma ordinária ou forma sumária (art. 550º, nº 1)[50].

O processo executivo comum para pagamento de quantia certa sob a forma sumária – o qual se inicia com a penhora imediata do património do executado, após o que este é citado para deduzir oposição à execução e/ou à penhora (arts. 855º, nº 3, e 856º, nº 1)[51,52] – tem lugar quando o título executivo que lhe sirva de base seja:

[50] Comparativamente, o Código de Processo Civil de 1961 estipulava, no seu art. 465º, que o processo executivo comum podia seguir forma ordinária, sumária ou sumaríssima: seguiam a forma ordinária as execuções cujo valor excedesse o valor da alçada do tribunal da Relação; estavam sujeitas à forma sumária as execuções fundadas em sentenças proferidas em ações de processo sumário, independentemente do valor do pedido, bem como as fundadas noutros títulos, quando o valor do pedido não excedesse a alçada do tribunal da Relação; empregava-se a forma sumaríssima no caso das execuções fundadas em sentenças proferidas em ações declarativas que tivessem seguido a forma sumaríssima.

Entretanto, o DL nº 329-A/95, de 12 de dezembro, viria a alterar o art. 465º do CPC_{1961}, o qual passou a estabelecer que o processo executivo seguia forma ordinária quando, independentemente do valor, se fundasse num título executivo que não fosse uma decisão judicial ou numa decisão judicial que tivesse condenado no cumprimento de uma obrigação que carecesse de ser liquidada em execução de sentença. Por sua vez, seguiam a forma sumária as execuções baseadas em decisão judicial, qualquer que fosse o processo em que tivesse sido proferida.

Posteriormente, com o DL nº 38/2003, de 8 de março, o art. 465º do CPC_{1961} passou a prever que o processo comum de execução seguia forma única.

[51] No sentido de este regime consubstanciar uma "inversão de contencioso", na medida em que o executado apenas é admitido a exercer a sua defesa após a penhora do seu património, *vide* SOUSA, Miguel Teixeira de, *A Reforma da Acção Executiva*, Lex, Lisboa, 2004, p. 22. Conforme elucidam Cachón Cadenas e Picó i Junoy, particularmente nos casos em que esteja em causa a execução de uma sentença condenatória, a lei permite que se proceda à penhora imediata dos bens do devedor para se evitar que este, de forma maliciosa, dissipe ou oculte o seu património (CACHÓN CADENAS, Manuel/PICÓ I JUNOY, Joan, *Ejecución Civil: Problemas Actuales*, Atelier Libros, Barcelona, 2009, p. 44).

[52] Sustentando que, neste caso, o exequente não se encontra obrigado a requerer a citação prévia do executado, a fim de evitar a prescrição do seu direito, já que a interrupção da prescrição decorre, necessariamente, da lei substantiva (art. 323º, nº 2, do CC), *vide* o ac. do TRL de 19.04.2016, proc. 8330/05.9TBOER-A.L1-1. Cfr., ainda, o ac. do TC nº 268/2020, proc. 506/19, no qual se decidiu não julgar inconstitucional "a norma resultante da interpretação do artigo 323º, nº 2, do Código Civil, no sentido de que numa ação executiva em que a citação só deve ocorrer depois da penhora dos bens do executado, para efeitos de interrupção do prazo prescricional, basta a propositura da ação, não sendo necessário que o exequente solicite expressamente a citação do executado".

a) uma decisão arbitral[53] ou judicial, nos casos em que esta não deva ser executada no próprio processo[54];
b) um requerimento de injunção ao qual tinha sido aposta a fórmula executória;
c) um título extrajudicial de obrigação pecuniária vencida, garantida por hipoteca ou penhor[55]; ou
d) um título extrajudicial de obrigação pecuniária vencida, cujo valor não exceda o dobro da alçada do tribunal de 1ª instância, ou seja, a quantia de € 10.000,00[56].

No entanto, o processo executivo comum para pagamento de quantia certa sob a forma sumária não tem aplicação em quatro situações distintas:

a) nos casos previstos nos arts. 714º e 715º, ou seja, quando esteja em causa uma obrigação alternativa que exija a escolha da prestação ou uma obrigação dependente de condição suspensiva ou de uma prestação por parte do credor ou de terceiro;
b) quando a obrigação exequenda careça de ser liquidada na fase executiva, não dependendo essa liquidação de uma operação de simples cálculo aritmético (art. 716º, nºs 4 e 5);

[53] Na esteira de Rui Pinto, os tribunais arbitrais não têm competência executiva, razão pela qual a decisão arbitral tem de ser executada em instância judicial comum (PINTO, Rui, *Notas ao Código de Processo Civil*, vol. II, 2ª ed., Coimbra Editora, Coimbra, 2015, p. 11).

[54] Considerando que, nos termos dos arts. 85º, nº 1, e 626º, nº 1, a execução da sentença tem lugar, em regra, nos próprios autos, esta norma é aplicável aos casos em que a sentença tem de ser executada fora do processo onde a mesma foi proferida. É o que sucede, por exemplo, com a execução de sentença estrangeira, nos casos em que da lei não resulte a necessidade de emprego da forma ordinária.

[55] O caso paradigmático diz respeito à execução da garantia hipotecária pela entidade bancária, em virtude do incumprimento do contrato de mútuo, com hipoteca, para aquisição de habitação própria. De todo o modo, o âmbito de aplicação desta norma abrange qualquer execução que tenha por objeto uma obrigação cujo cumprimento se encontre assegurado através de uma garantia real. *Vide*, a este propósito, o ac. do TRE de 27.06.2019, proc. 882/17.7T8ENT-B.E1, no qual se decidiu que "Se a garantia hipotecária abrange a livrança dada à execução, o título complexo assim formado beneficia do grau de segurança que o legislador entendeu ser o suficiente para que o credor possa avançar com a penhora sem prévio aviso aos devedores", bem como, no mesmo sentido, o ac. do TRE de 16.05.2019, proc. 882/17.7T8ENT-A.E1.

[56] No sentido de esta disposição legal não se aplicar nos casos em que o exequente cumule, na mesma execução, dois ou mais títulos de obrigações pecuniárias vencidas, cujos valores, individualmente considerados, não excedam o dobro da alçada do tribunal de primeira instância, mas que, somados entre si, excedam esse valor, *vide* FARIA, Paulo Ramos de/LOUREIRO, Ana Luísa, *Primeiras Notas ao Novo Código de Processo Civil*, vol. I, 2ª ed., Almedina, Coimbra, 2014, p. 468.

c) quando, estando em causa um título executivo diverso de sentença apenas contra um dos cônjuges, o exequente invoque a comunicabilidade da dívida no requerimento executivo [arts. 724º, nº 1, al. *e)*, e 741º, nº 1]; ou

d) quando a execução tenha sido movida apenas contra o devedor subsidiário que não tenha renunciado ao benefício da excussão prévia (art. 745º, nºs 1 e 2).

Assim, nos casos previstos no art. 550º, nº 3, e nas demais situações não tipificadas no nº 2 desse preceito legal, o processo comum de execução para pagamento de quantia certa segue forma ordinária.

À luz do disposto no art. 551º, nº 3, são subsidiariamente aplicáveis ao processo executivo comum para pagamento de quantia certa, sob a forma sumária, as disposições previstas para o processo executivo comum para pagamento de quantia certa, sob a forma ordinária.

4.3. Regime especial da execução de decisão judicial condenatória

Nos termos do art. 626º, a execução da decisão judicial condenatória corre nos próprios autos[57], ou seja, tem lugar no próprio processo onde a sentença foi proferida[58]. Significa isto que, diversamente do que sucedia no código revo-

[57] Como bem refere Eduardo Carvalho, a expressão "correr nos próprios autos" significa que a execução incorpora-se no processo da ação e continua nele "em direta integração objetiva do pleito" (CARVALHO, Eduardo J. da S., *Manual do Processo de Execução*, vol. I, Coimbra, 1908, p. 82).

[58] Observe-se que, no âmbito do Código de Processo Civil revogado, o DL nº 226/2008, de 20 de novembro, instituiu a possibilidade de o autor manifestar por meios eletrónicos, logo na petição inicial ou em qualquer momento do processo declarativo, a vontade de executar a sentença que viesse a condenar o réu no pagamento de uma quantia certa, indicando, para o efeito, o agente de execução e os bens a penhorar. Nessa eventualidade, se a ação fosse julgada procedente, a execução iniciava-se por apenso, de forma eletrónica e automática, logo após o trânsito em julgado da sentença condenatória, ou, nos casos em que o autor o declarasse, no prazo de vinte dias após o trânsito em julgado da sentença. Com efeito, esta solução legislativa seguia o regime previsto nos arts. 475º-I e ss. do $CPCBr._{1973}$ – correspondente aos atuais arts. 523º e ss. do $CPCBr._{2015}$ –, o qual então previa a possibilidade de execução automática e imediata da sentença quando estivesse em causa uma obrigação por quantia certa e o réu não cumprisse voluntariamente a obrigação no prazo de quinze dias após o trânsito em julgado da sentença, situação em que o credor podia requerer ao juiz a expedição de mandado de penhora e avaliação (*vide*, a este propósito, CINTRA, António Carlos de Araújo, *et al.*, *Teoria Geral do Processo*, 27ª ed., Malheiro Editores, São Paulo, 2011, pp. 327 e 328). A realidade, porém, é que aquele mecanismo legal acabou por ser aplicado de forma muito residual, o que se ficou a dever não só à imprevisibilidade do desfecho da causa, mas, sobretudo, ao risco de o réu, conhecedor, por antecipação, da pretensão do autor, poder ocultar, dissipar ou onerar os bens indicados à penhora, frustrando, dessa forma, a execução do seu património.

gado, o processo judicial comporta atualmente uma fase inicial, de natureza declarativa, e uma fase subsequente, de natureza executiva[59,60].

Assim, à luz do princípio *ne procedat judex ex officio*, a execução da sentença condenatória inicia-se com a apresentação de um requerimento no próprio processo onde a sentença foi proferida[61]. Esse requerimento deve observar, com as necessárias adaptações, o disposto no art. 724º quanto aos requisitos formais a que deve obedecer o requerimento executivo, salvo nos casos de decisão judicial condenatória proferida no âmbito do procedimento especial de despejo[62].

Uma vez que a execução nos próprios autos segue a tramitação prevista para a forma sumária – salvo se, no caso em concreto, se verificar alguma das situações previstas no art. 550º, nº 3, em que a lei impõe a aplicação da forma ordinária –, as diligências executivas iniciam-se com a penhora imediata de bens, após o que o executado é notificado[63] para, querendo, deduzir oposição à execução e/ou à penhora (art. 626º, nº 2).

Por sua vez, tratando-se da execução de decisão judicial que condene na entrega de coisa certa, uma vez feita a entrega, o executado é notificado para deduzir oposição, seguindo-se, com as necessárias adaptações, o disposto nos arts. 860º e seguintes[64].

[59] Cfr., a este respeito, WAGNER JUNIOR, Luiz Guilherme da Costa, *Processo Civil*, 2ª ed. rev. e atual., Del Rey, Belo Horizonte, 2008, p. 13, o qual salienta que, neste modelo, "a sentença não mais pode ser entendida como o ato que encerra as atividades do juiz e põe fim ao processo". Por sua vez, Daniel Carnio Costa ressalta que, nesta situação, verifica-se um "processo sincrético", o qual "mistura numa mesma relação processual atividades jurisdicionais de naturezas distintas (conhecimento e execução). Num mesmo processo, o juiz define a existência do direito, condena o réu a cumprir a obrigação, e realiza na prática o direito declarado na sentença" (COSTA, Daniel Carnio, *Execução no Processo Civil Brasileiro – Biblioteca de Estudos em Homenagem ao Professor Arruda Alvim*, *op. cit.*, p. 27).

[60] Propugnando, à luz do Código de Processo Civil revogado, a adoção de um regime semelhante ao atualmente previsto no novo Código, *vide* PINTO, Rui, "O processo civil português: diagnóstico e cura. Um exercício de teoria pura", *in Colectânea de Estudos de Processo Civil*, Coimbra Editora, Coimbra, 2013, pp. 18 a 20.

[61] Conforme salienta Humberto Theodoro Júnior, a execução da sentença pelo próprio juiz que a havia decretado remonta, historicamente, à Idade Média, com a instituição da *executio per officium iudicis*, por contraposição à "velha e complicada *actio iudicati* do direito romano" (THEODORO JÚNIOR, Humberto, "As vias de execução do Código de Processo Civil Brasileiro reformado", *op. cit.*, p. 29).

[62] *Vide*, a este propósito, o art. 15º-J do NRAU.

[63] Com efeito, dado que a execução corre nos próprios autos, onde o executado já é parte, não se torna necessário repetir a sua citação.

[64] *Vide*, a este propósito, a Declaração de Retificação nº 36/2013, de 12 de agosto, publicada no *DR*, nº 154, 1ª série, de 12 de agosto de 2013.

Pretendendo o credor, juntamente com o pagamento de quantia certa ou a entrega de uma coisa certa, a prestação de um facto, o devedor, ao ser citado para, no prazo de vinte dias, deduzir oposição à execução, mediante embargos (art. 868º, nº 2), deve, simultaneamente, ser notificado para deduzir oposição ao pagamento de quantia certa ou à entrega de coisa certa, atento o disposto no art. 626º, nº 4.

Tendo a execução por finalidade, simultaneamente, o pagamento de quantia certa e a entrega de coisa certa ou a prestação de facto, a lei permite a penhora imediata dos bens suficientes para cobrir a quantia decorrente da eventual conversão destas execuções, bem como a destinada à indemnização do exequente e ao montante devido a título de sanção pecuniária compulsória (art. 626º, nº 5).

Lição II
Agente de Execução, Juiz de Execução e Secretaria de Execução

1. Agente de execução

1.1. Competência funcional

No modelo público de execução vigente no Código de Processo Civil de 1961, cabia ao juiz dirigir todo o processo executivo, competindo-lhe, designadamente, indeferir liminarmente o requerimento executivo ou ordenar o seu aperfeiçoamento, determinar a citação do executado para pagar ou nomear bens à penhora, julgar os embargos à execução, supervisionar a penhora de bens, autorizar a venda antecipada de bens, julgar a oposição à penhora e os embargos de terceiro, decidir a reclamação e graduação de créditos, dirigir a fase de pagamento e de venda e determinar a extinção da execução.

Entretanto, com a reforma de 2003[65], foi introduzida na ação executiva a figura do agente de execução, inspirada no *huissier de justice* francês ("misto de profissional liberal e de funcionário público"[66]), o que permitiu libertar o juiz e o tribunal da prática de atos rotineiros, burocráticos e de mero expediente[67]. De facto, muito embora o juiz tenha conservado os seus poderes de controlo e de supervisão da ação executiva – poderes esses que viriam a ser

[65] Materializada pelo DL nº 38/2003, de 8 de março.

[66] Expressão de Lebre de Freitas (FREITAS, José Lebre de, *A Acção Executiva: À Luz do Código de Processo Civil de 2013, op. cit.*, p. 37).

[67] *Vide*, a este propósito, MENDES, Armindo Ribeiro, "O processo executivo no futuro Código de Processo Civil", *in ROA*, ano 73º, vol. I, jan./mar. 2013, pp. 106 e 107, FREITAS, José Lebre de, "A reforma do processo executivo", *in ROA*, ano 62º, vol. III, dez. 2002, p. 733, bem como SOUSA, Miguel Teixeira de, "Aspectos gerais da Reforma da acção executiva", *in CDP*, nº 4, out./dez. 2003, pp. 5 e 6.

mitigados na reforma da ação executiva de 2008[68,69] e parcialmente recuperados no novo Código de Processo Civil –, a verdade é que a generalidade das diligências executivas passou a ficar a cargo do agente de execução, ao qual cabe o "poder geral de direcção do processo"[70], verificando-se, consequentemente, uma "desjudicialização" do processo executivo[71,72].

[68] Materializada através do DL nº 226/2008, de 20 de novembro.

[69] No sentido de o juiz ter perdido o poder geral de controlo do processo executivo com a reforma de 2008, *vide* RIBEIRO, Virgínio da Costa, *As Funções do Agente de Execução*, Almedina, Coimbra, 2011, p. 46, bem como PINTO, Rui, "Notas breves sobre a reforma do Código de Processo Civil em matéria executiva", *in ROA*, ano 73º, vol. I, jan./mar. 2013, p. 69, segundo o qual, apesar de tudo, "ainda permaneceu um poder residual de controlo passivo, a título principal ou acessório". Cfr., na jurisprudência, o ac. do TRL de 10.05.2018, proc. 2491/08.2TBPDL-B.L1-6.
Vide, em sentido contrário, SOUSA, Eduardo/CABRITA, Helena, "Reforma da acção executiva", *in Julgar*, nº 9, Coimbra Editora, Coimbra, set./dez. 2009, p. 99, segundo os quais, com a reforma de 2008, continuou a ser atribuído ao juiz de execução um poder geral de controlo, não ao abrigo do art. 808º, nº 1, do CPC_{1961}, mas antes por força da regra geral constante do art. 265º do CPC_{1961}, bem como GOUVEIA, Mariana França, "A novíssima acção executiva. Análise das mais importantes alterações", *in ROA*, ano 69º, vol. III/IV, jul./dez. 2009, p. 571.

[70] PINTO, Rui, "Notas breves sobre a reforma do Código de Processo Civil em matéria executiva", *op. cit.*, p. 72.

[71] SOUSA, Miguel Teixeira de, *A Reforma da Acção Executiva*, *op. cit.*, p. 13. *Vide*, no mesmo sentido, GERALDES, António Santos Abrantes, "O juiz e a execução", *in Themis – A Reforma da Acção Executiva*, vol. II, ano V, nº 9, Almedina, Coimbra, 2004, pp. 28 e 29, bem como FERNANDEZ, Elizabeth, "A (pretensa) reforma da acção executiva", *in CDP*, nº 26, abr./jun. 2009, p. 18.
Cfr., na jurisprudência, o ac. do TRC de 26.09.2017, proc. 823/11.5TBVIS-D.C1.

[72] Neste particular, importa salientar que os modelos de processo executivo são múltiplos e variados. Assim:
a) para um primeiro modelo, vigente, por exemplo, no ordenamento jurídico português até à reforma da ação executiva de 2003, bem como no Brasil, o juiz detém um controlo total sobre a execução, sendo que o processo executivo é inteiramente tramitado no tribunal e as diligências de penhora são realizadas por funcionários judiciais;
b) para um segundo modelo, vigente, designadamente, nos países escandinavos, de que a Suécia – país onde a execução é tramitada no "Serviço Público de Execução Forçada" – é o caso extremo, o processo executivo é gerido por entidades de natureza administrativa;
c) para um terceiro modelo, que poderíamos apelidar de "misto", vigente, nomeadamente, na França, na Alemanha, na Áustria, no Luxemburgo, na Bélgica e em Portugal, o processo executivo está sujeito a um poder geral de controlo e de supervisão por parte de um juiz, sendo que as diligências executivas são, na sua generalidade, tramitadas por uma entidade sem poderes de natureza jurisdicional. Assim, no ordenamento jurídico francês, as diligências executivas são tramitadas pelo *huissier de justice* (art. L122-2 do $CPCE_{Fr.}$) e, no ordenamento jurídico alemão, pelo *Gerichtsvollziehr*, o qual, atuando em paralelo com o tribunal de execução (*Vollstreckungsgericht*), é um "órgão de execução externa que desempenha as funções atinentes à notificação, citação e medidas de execução, e exerce uma função estatal jurisdicional, mas não como representante do credor" (PÉREZ RAGONE, Álvaro J./ORTIZ PRADILLO, Juan Carlos, *Código Procesal Civil Alemán (ZPO)*, Konrad-Adenauer-Stiftung, Berlim, 2006, p. 138). No caso particular do ordenamento jurídico

Nos termos do art. 129º, nº 1, do EOSAE, o agente de execução "é o auxiliar da justiça que, na prossecução do interesse público, exerce poderes de autoridade pública no cumprimento das diligências que realiza nos processos de execução, nas notificações, nas citações, nas apreensões, nas vendas e nas publicações no âmbito de processos judiciais, ou em atos de natureza similar que, ainda que não tenham natureza judicial, a estes podem ser equiparados ou ser dos mesmos instrutórios"[73,74].

Assim, no que concerne às suas competências funcionais em sede executiva, o agente de execução tem uma competência de natureza subsidiária ou supletiva, na medida em que lhe cabe "efetuar todas as diligências do processo executivo que não estejam atribuídas à secretaria ou sejam da competência do juiz, incluindo, nomeadamente, citações, notificações, publicações, consultas de bases de dados, penhoras e seus registos, liquidações e pagamentos" (art. 719º)[75,76].

português, dispõe o art. 551º, nº 5, que o processo de execução só corre em tribunal quando seja requerida ou decorra da lei a prática de ato da competência da secretaria ou do juiz e apenas até à prática desse ato. *Vide*, a este propósito, SOUSA, Miguel Teixeira de, *A Reforma da Acção Executiva*, *op. cit.*, p. 14, FREITAS, José Lebre de, "Os paradigmas da acção executiva", *in ROA*, ano 61º, vol. II, abr. 2001, p. 544, PAIVA, Eduardo/CABRITA, Helena, *O Processo Executivo e o Agente de Execução*, 3ª ed., Wolters Kluwer, Coimbra, 2013, pp. 10 e 11, RIBEIRO, Virgínio da Costa, *As Funções do Agente de Execução*, *op. cit.*, pp. 28 a 30, bem como SÁNCHEZ LORENZO, Sixto, "Los procedimientos civiles de ejecución en el Derecho comparado", *in RCEA*, vol. XIX, 2004, p. 293.

73 *Vide*, a este propósito, o ac. do TRL de 17.02.2011, proc. 2522/05.8TBMTJ-A.L1-8, bem como LEMOS, Rafael Cavalcanti, "Delegação judicial de atos administrativos na fase ou processo de execução: aplicação do princípio constitucional da eficiência sob inspiração do direito português recém-formado", *in Colectânea de Estudos de Processo Civil*, Coimbra Editora, Coimbra, 2013, p. 397.

74 Por conseguinte, conforme se decidiu no ac. do TRG de 25.10.2012, proc. 294/10.3TBVCT.G1, sendo o agente de execução um "auxiliar da justiça", recai sobre o Estado a responsabilidade civil decorrente dos atos ilícitos por ele praticados no exercício das suas funções.
Vide, em sentido contrário, o ac. do TRL de 16.11.2017, proc. 12597-15.6T8LSB.L1-6, no qual se decidiu o seguinte: "O agente de execução é um profissional, sujeito a formação própria, bem como a um estatuto deontológico e disciplinar específico, a quem são atribuídos poderes públicos no âmbito da acção executiva, mas prevalecendo no seu estatuto a vertente liberal, não existindo responsabilidade objectiva por actos do solicitador/agente de execução, que responsabilizem o Estado, nem cabendo estes actos no regime previsto na Lei nº 67/2007, de 31 de Dezembro de 2007. O agente de execução actua no campo privatístico, sendo a sua responsabilidade, responsabilidade civil extra-contratual por actos ilícitos, aplicando-se as normas constantes dos arts. 483º e segs. do C.P.C., incumbindo ao lesado o ónus de prova dos respectivos pressupostos".

75 O art. 808º, nº 1, do CPC_{1961} determinava, por contraposição, que cabia ao agente de execução efetuar "todas as diligências de execução".

76 Assim, conforme se decidiu no ac. do TRE de 10.09.2015, proc. 1169/05.3TBBJA.E1, "Não havendo atribuição da competência para o efeito, quer ao juiz do processo, quer à secretaria, cabe ao agente de execução, nos termos do art. 719º, nº 1, do NCPC, decidir em primeira linha da deserção da instância do processo executivo". *Vide*, ainda, o ac. do TRL de 28.04.2022, proc. 5173/19.6T8FNC-C.L1-8.

O agente de execução tem igualmente competência para extinguir a ação executiva, devendo comunicar, por via eletrónica, a extinção da execução ao tribunal, atento o disposto no art. 849º, nº 3[77,78].

Para além disso, mesmo após a extinção da instância executiva, o agente de execução conserva competência para assegurar a "realização dos atos emergentes do processo que careçam da sua intervenção" (art. 719º, nº 2), destacando-se, entre outros, o levantamento e/ou cancelamento dos registos de penhora (art. 763º)[79], bem como, em caso de acordo celebrado entre o exequente e o executado quanto ao pagamento prestacional da dívida exequenda, em que o exequente tenha declarado não prescindir da penhora já feita na execução, a comunicação à conservatória competente da conversão da penhora em hipoteca, bem como a extinção desta após o cumprimento desse acordo (art. 807º, nº 4).

1.2. Exercício de funções

O agente de execução é designado pelo exequente de entre os registados em lista oficial[80], devendo tal designação ser feita no requerimento executivo [arts. 720º, nº 1, e 724º, nº 1, al. *c)*][81,82]. Note-se, contudo, que o agente de exe-

[77] Cfr., a este propósito, o ac. do TRG de 25.09.2014, proc. 432/12.1TBAMR.G1, o ac. do TRE de 26.01.2017, proc. 232/08.3TBCUB-A.E1, o ac. do TRL de 20.06.2017, proc. 34/12.2TBFC-A.L1-1, bem como o ac. do TRL de 30.06.2020, proc. 686/14.9T2SNT-B.L1-7.
No sentido de o agente de execução não ter competência para, nos casos previstos no art. 723º, nº 1, als. *c)* e *d)*, extinguir a execução, pertencendo, outrossim, essa competência ao juiz de execução, *vide* o ac. do TRG de 15.05.2014, proc. 5523/13.9TBBRG.G1, bem como o ac. do TRG de 12.09.2019, proc. 4795/17.4T8GMR.G1.

[78] Sustentando, no entanto, a competência do juiz para, ao abrigo do dever de gestão processual (art. 6º), extinguir a instância executiva, *maxime* nos casos em que o agente de execução não o tenha feito, apesar de a tal se encontrar legalmente obrigado, *vide* o ac. do TRG de 11.10.2018, proc. 3376/05.0TBVCT-A.G1.

[79] *Vide*, a este respeito, MENDES, Armindo Ribeiro, "Execução e registo", *in Themis – A Reforma da Acção Executiva*, vol. II, ano V, nº 9, Almedina, Coimbra, 2004, p. 217.

[80] À luz do art. 41º, nº 3, da Portaria nº 282/2013, de 29 de agosto, "A lista de agentes de execução é disponibilizada em página informática de acesso público, no sítio oficial da Ordem dos Solicitadores e dos Agentes de Execução e em página informática de acesso público, na Área de Serviços Digitais dos Tribunais, acessível no endereço eletrónico *https://tribunais.org.pt*".

[81] Nos termos do art. 36º, nº 1, da Portaria nº 282/2013, de 29 de agosto, o agente de execução é notificado da sua designação por via eletrónica, através do sistema informático de suporte à atividade dos agentes de execução.

[82] Propugnando a adoção de um regime de sorteio do agente de execução, ao abrigo do princípio do agente de execução natural, deixando o mesmo de ser escolhido pelo exequente, *vide* PINTO, Rui, "Notas breves sobre a reforma do Código de Processo Civil em matéria executiva", *op. cit.*, p. 84.

cução, ainda que seja designado pelo exequente, não é mandatário deste, nem o representa, atento o disposto no art. 162º, nº 3, do EOSAE[83].

Se o exequente não designar um agente de execução ou se essa designação, por recusa deste, ficar sem efeito (art. 720º, nº 8)[84], não cuidando, neste caso, o exequente de designar um agente de execução substituto no prazo de cinco dias[85], o agente de execução é designado pela secretaria, segundo a escala constante da lista oficial e em função dos agentes de execução inscritos ou registados na comarca ou, na sua falta, de entre os inscritos ou registados nas comarcas limítrofes, através de meios eletrónicos que garantam a aleatoriedade no resultado e a igualdade na distribuição (art. 720º, nºs 2 e 3).

Por outro lado, importa salientar que, diferentemente da solução legal emergente da reforma de 2008 (art. 808º do CPC_{1961}), segundo a qual o agente de execução podia ser livremente substituído pelo exequente ou destituído pelo órgão com competência disciplinar sobre os agentes de execução, com fundamento em atuação processual dolosa ou negligente ou em violação grave de dever que lhe fosse imposto pelo respetivo estatuto, o art. 720º, nº 4, preceitua que, sem prejuízo da sua destituição pelo órgão com competência disciplinar[86], o agente de execução pode ser substituído, de forma fundamentada, pelo exequente, produzindo a substituição os seus efeitos na data da comunicação ao agente de execução[87,88]. Por conseguinte, o agente de execução,

83 No sentido de, no direito francês, o *huissier de justice* ser um verdadeiro "mandatário do seu cliente" no que diz respeito à natureza das funções desempenhadas em matéria executiva, *vide* VINCENT, Jean/PRÉVAULT, Jacques, *Voies d'Exécution et Procédures de Distribution, op. cit.*, p. 29.

84 Nos termos do art. 36º, nºs 2 e 3, da Portaria nº 282/2013, de 29 de agosto, o agente de execução tem cinco dias após a notificação para declarar que não aceita a designação, sendo que a não aceitação da designação é imediatamente notificada ao mandatário judicial da parte que procedeu à designação.

85 Art. 36º, nº 4, da Portaria nº 282/2013, de 29 de agosto.

86 *Vide*, a este propósito, REGO, Carlos Lopes do, "As funções e o estatuto processual do agente de execução e seu reflexo no papel dos demais intervenientes no processo executivo", *in Themis – A Reforma da Acção Executiva*, vol. II, ano V, nº 9, Almedina, Coimbra, 2004, pp. 46 e 47. Cfr., na jurisprudência, o ac. do TRP de 13.11.2017, proc. 357/04.4YYPRT-B.P1, no qual se decidiu que "A destituição do solicitador no âmbito de processo de execução pressupõe uma atuação processual dolosa ou negligente e de violação grave de dever imposto pelo respetivo estatuto concretamente verificadas no respetivo processo, o que não se verifica quando estamos perante situações que aí não se enquadram, quando não ocorrem no seu âmbito e não se demonstra que o afetem".

87 Quanto ao regime jurídico da substituição do agente de execução pelo exequente, *vide* o art. 38º da Portaria nº 282/2013, de 29 de agosto.

88 Criticando esta solução legal, pelo facto de a mesma não conferir ao executado meios processuais idênticos que lhe permitam afastar o agente de execução, em clara violação do princípio constitucional da igualdade, *vide* PINTO, Rui, "Notas breves sobre a reforma do Código de Processo

enquanto órgão imparcial e independente que serve interesses públicos, deixa, aparentemente, de ficar condicionado ao livre arbítrio do exequente no tocante à sua substituição[89].

Contudo, muito embora o exequente seja obrigado a justificar o pedido de afastamento do agente de execução, a lei não esclarece se o agente de execução pode responder a esse pedido – impugnando, designadamente, os argumentos invocados –, nem tão-pouco se, nesse caso, há lugar a intervenção do juiz.

Ora, se é um facto que, da letra da lei, parece decorrer que o agente de execução não pode responder a esse pedido de substituição – desde logo porque o pedido de substituição produz efeitos imediatos na data da comunicação da substituição (art. 720º, nº 4, *in fine*) – afigura-se, no entanto, que, a partir do momento em que o exequente é obrigado a fundamentar o pedido de substituição do agente de execução, do mesmo modo a lei deveria assegurar ao agente de execução o exercício do contraditório em relação a esse pedido, o qual, de resto, pode fundar-se em razões manifestamente infundadas. Outrossim, continua a verificar-se, na prática, um sistema de livre substituição do agente de execução[90], sendo irrelevantes, em termos processuais, as razões, ainda que infundadas, que tiverem sido invocadas pelo exequente para fundamentarem a substituição do agente de execução[91].

Civil em matéria executiva", *op. cit.*, p. 70. *Vide*, na jurisprudência, o ac. do TRL de 03.12.2020, proc. 1399/08.6TCSNT-C.L1-2, no qual se decidiu que "Não é legalmente admissível a substituição do agente de execução a pedido do executado".

[89] Tal como salientam Lurdes Mesquita e Francisco Costeira da Rocha, este regime "colidia com a imparcialidade e independência do agente de execução face ao exequente e, além disso, causava dúvidas sobre a natureza da relação jurídica que entre os mesmos é estabelecida" (MESQUITA, Lurdes/ROCHA, Francisco Costeira da, *A Ação Executiva no Novo Código de Processo Civil*, 2ª ed. rev. e atual., Vida Económica, 2014, p. 25). Quanto à independência e à imparcialidade do agente de execução em relação ao exequente, *vide* SOUSA, Miguel Teixeira de, *A Reforma da Acção Executiva*, *op. cit.*, p. 17.

[90] Na esteira de Eduardo Paiva e Helena Cabrita, este sistema de livre substituição do agente de execução tem a vantagem de potenciar uma maior eficácia da atuação do agente de execução e uma maior concorrência entre os agentes de execução no exercício das suas funções. Contudo, tem "o perigo de o agente de execução, pretendendo «agradar ao exequente», poder olvidar o cumprimento de alguns deveres legais e ser levado a agir com menor imparcialidade" (PAIVA, Eduardo/CABRITA, Helena, *O Processo Executivo e o Agente de Execução*, *op. cit.*, p. 40).

[91] Cfr., no mesmo sentido, FERNANDEZ, Elizabeth, *Um Novo Código de Processo Civil? Em busca das diferenças*, Vida Económica, 2014, p. 163. Isto sem prejuízo, na senda de Lurdes Mesquita e Francisco Costeira da Rocha, da possibilidade de o agente de execução que se sinta lesado com a sua substituição, designadamente quanto ao seu "bom nome", recorrer aos "meios comuns para reposição da verdade e, eventualmente, ressarcimento dos prejuízos causados" (MESQUITA, Lurdes/ROCHA, Francisco Costeira da, *A Ação Executiva no Novo Código de Processo Civil*, *op. cit.*, p. 26). No sentido de a obrigatoriedade de indicação dos motivos da substituição do agente de

Para além da sua substituição por iniciativa do exequente ou da sua destituição pelo órgão com competência disciplinar, o agente de execução pode igualmente ser substituído em caso de morte, incapacidade definitiva ou cessação de funções, nos termos do art. 39º, nº 1, da Portaria nº 282/2013, de 29 de agosto.

No que concerne à delegação de poderes, a lei permite que o agente de execução delegue, sob sua responsabilidade, a realização de diligências executivas que impliquem deslocações, cujos custos se revelem "desproporcionados", num outro agente de execução do local onde deva ter lugar o ato ou a diligência (art. 720º, nº 5). Este conceito indeterminado de "custos desproporcionados" deve ser integrado com recurso à ponderação entre o valor da ação executiva, o valor estimado dos custos da deslocação e o valor estimado dos eventuais bens a penhorar.

O agente de execução pode igualmente promover, sob a sua responsabilidade e supervisão, a realização, por empregado ao seu serviço, devidamente credenciado[92], de quaisquer diligências materiais do processo executivo que não impliquem a apreensão material de bens, a venda ou o pagamento, ao abrigo do disposto no art. 720º, nº 6[93].

1.3. Honorários e despesas

Regra geral, cabe ao exequente suportar os honorários devidos ao agente de execução, bem como o reembolso das despesas por ele efetuadas e os débitos a terceiros em virtude da venda executiva (art. 721º, nº 1, 1ª parte)[94,95].

execução visar evitar "abusos e manipulações da atividade do agente de execução por parte do exequente", *vide* FARIA, Paulo Ramos de/LOUREIRO, Ana Luísa, *Primeiras Notas ao Novo Código de Processo Civil*, vol. II, Almedina, Coimbra, 2014, p. 220.

92 Nos termos do art. 124º, nº 2, al. *k)*, do EOSAE, constitui dever do agente de execução manter os seus empregados forenses registados na OSAE, estando as respetivas condições e requisitos de registo disciplinados no Regulamento nº 431/2011, de 29 de junho ("Regulamento dos Empregados de Solicitadores e Agentes de Execução").

93 Note-se, neste particular, que o art. 808º, nº 10, do CPC_{1961} reservava ao agente de execução o poder de realizar a penhora de bens do executado.

94 Com efeito, nos termos do art. 43º da Portaria nº 282/2013, de 29 de agosto, o agente de execução tem direito a receber honorários pelos serviços prestados, bem como a ser reembolsado pelas despesas que realize e que comprove devidamente.

95 A consagração desta regra implica que o exequente careça de suportar o pagamento antecipado de honorários e despesas ao agente de execução, ainda que, a final, não logre obter a satisfação, voluntária ou coerciva, da quantia exequenda. Cfr., a este respeito, o art. 45º, nº 1, da Portaria nº 282/2013, de 29 de agosto. *Vide*, na jurisprudência, o ac. do TRC de 17.11.2020, proc. 500/09.7TBSRT.1.C1, bem como o ac. do TRE de 13.01.2022, proc. 444/04.9TBRMR-A.E1.

Contudo, nos termos do art. 541º, as custas da execução, incluindo os honorários e despesas que sejam devidas ao agente de execução, bem como as custas dos apensos e da respetiva ação declarativa, saem precípuas do produto da venda dos bens penhorados. Significa isto que, uma vez vendidos os bens penhorados, o produto da venda é utilizado, em primeiro lugar, para pagar as custas e as quantias que se encontrem em dívida ao agente de execução a título de honorários e despesas[96], devendo o exequente ser reembolsado das quantias que careceu de despender a título de taxa de justiça e de adiantamento de honorários e despesas ao agente de execução, nos termos do art. 47º e do anexo VI da Portaria nº 282/2013, de 29 de agosto[97].

Pode, no entanto, suceder que o produto da venda dos bens penhorados não permita, à luz do art. 541º, o pagamento das custas, das quantias que sejam devidas ao agente de execução a título de honorários ou de despesas, bem como dos débitos devidos a terceiros. Nessa eventualidade, o exequente tem o direito de reclamar ao executado o reembolso dessas quantias (arts. 45º, nº 1, da Portaria nº 282/2013, de 29 de agosto, e 721º, nº 1, 2ª parte), salvo se o executado beneficiar de proteção jurídica, na modalidade de dispensa de pagamento da taxa de justiça e demais encargos com o processo[98], caso em que o reembolso deve ser assegurado pelo Instituto de Gestão Financeira e das Infra-Estruturas da Justiça, I. P., nos termos dos arts. 19º e 26º, nºs 3 e 6, do RCP[99].

De todo o modo, procurando proteger os interesses do exequente e do executado quanto ao pagamento de honorários e despesas pelos atos praticados pelo agente de execução, bem como impedir a adoção de comportamentos ilegais ou abusivos, a lei determina que o agente de execução não pode reclamar o pagamento de honorários e despesas em que tenha incorrido em virtude da prática, por sua iniciativa, de atos desnecessários, inúteis ou dilatórios (art. 45º, nº 4, da Portaria nº 282/2013, de 29 de agosto).

Por outro lado, o Código de Processo Civil consagra diversos mecanismos que visam assegurar o pagamento atempado ao agente de execução das quantias que lhe sejam devidas a título de honorários e de despesas. Assim:

[96] Cfr., a este respeito, o ac. do TRP de 11.05.2020, proc. 2835/13.5TBGDM-D.P1.

[97] *Vide*, a este propósito, o ac. do TRG de 27.05.2021, proc. 94/13.9TBVMS-A.G1, no qual se entendeu que "se o executado beneficiar do apoio judiciário na modalidade de dispensa de pagamento de taxa de justiça e demais encargos com o processo, não tem de suportar, nem as custas da execução, nem os honorários devidos ao agente de execução, nem quaisquer despesas por este efetuadas no âmbito do processo executivo, não funcionando, por conseguinte, a regra da precipuidade consagrada no art. 541º do CPC.".

[98] *Vide*, a este propósito, o ac. do TRG de 17.11.2016, proc. 1033/14.5TBBCL.G1.

[99] *Vide*, nesse sentido, o ac. do TRL de 07.02.2019, proc. 2702.13.2.YYLSB-B.L1-8.

a) o requerimento executivo só se considera apresentado na data do pagamento da quantia inicialmente devida ao agente de execução a título de honorários e despesas [art. 724º, nº 6, al. *a)*];

b) uma vez intentada a ação executiva, esta não prossegue os seus termos enquanto o exequente não efetuar o pagamento das quantias que sejam devidas ao agente de execução a título de honorários e despesas (art. 721º, nº 2);

c) a execução extingue-se logo que se mostre decorrido o prazo de trinta dias após a notificação ao exequente para proceder ao pagamento das quantias em dívida, sem que este o tenha efetuado [arts. 721º, nº 3, e 849º, nº 1, al. *f)*][100];

d) a nota discriminativa de honorários e despesas do agente de execução, da qual não se tenha reclamado, acompanhada da sua notificação pelo agente de execução ao interveniente processual perante o qual se pretende reclamar o pagamento, constitui título executivo (art. 721º, nº 5);

e) sendo celebrado um acordo de pagamento em prestações da dívida exequenda, tal implica a liquidação dos honorários do agente de execução (art. 51º, nº 1, da Portaria nº 282/2013, de 29 de agosto)[101,102].

[100] Cfr., a este respeito, o ac. do TRE de 24.05.2018, proc. 517/06.3TBPTM.E1.

[101] *Vide*, a este propósito, o ac. do TRC de 03.11.2015, proc. 1007/13.3TBCBR-C.C1, com o seguinte sumário: "I. A remuneração adicional devida ao agente de execução nos termos do art. 50º da Portaria 282/2013, de 29 de Agosto, não prescinde da verificação do nexo causal entre a recuperação de valores pelo exequente e as diligências que nesse sentido foram por aquele desenvolvidas. II. Destinando-se a premiar o resultado obtido, a dita remuneração adicional só se justifica quando a recuperação ou a garantia dos créditos da execução tenha ficado a dever-se à eficiência e eficácia da actuação do agente de execução. III. Tal interpretação é aquela que se impõe considerando os critérios interpretativos fixados no art. 9º do CC, quando, logo no Preâmbulo, o legislador deixou claro que é devido o pagamento de uma remuneração adicional ao agente de execução quando a recuperação da quantia tenha tido lugar na sequência de diligências por si promovidas. IV. O agente de execução não tem direito à aludida remuneração adicional tomando como base de cálculo o valor constante de acordo de pagamento em prestações celebrado entre exequente e executado, se os autos evidenciam com clareza que nenhuma intervenção teve na obtenção do mesmo". *Vide*, igualmente, o ac. do TRP de 02.06.2016, proc. 5442/13.9TBMAI-B.P1, no qual se decidiu que "O artigo 50º, nº 5, em conjugação com a tabela VIII, da Portaria nº 282/2013, interpretado no sentido de permitir que o agente de execução possa pedir de remuneração variável mais de € 73.000,00 quando apenas procedeu à penhora de quatro imóveis indicados pelo exequente e hipotecados para garantia do crédito exequendo e, por sua iniciativa, à penhora de um crédito, após o que a execução se extinguiu por acordo de pagamento entre exequente e executado, é inconstitucional por violação dos princípios da proporcionalidade e da proibição do excesso ínsitos no princípio do Estado de direito democrático consignado no artigo 2º da Constituição. É ainda inconstitucional por violação do direito de acesso à justiça e aos tribunais na medida em que da referida norma

1.4. Desempenho das funções do agente de execução por oficial de justiça

O art. 722º prevê a possibilidade de as diligências próprias da competência do agente de execução serem realizadas por um oficial de justiça[103]. Por conseguinte, em matéria executiva, a lei de processo civil consagra um verdadeiro "sistema público de justiça"[104], já que as diligências executivas tanto podem ser efetuadas pelo agente de execução, como, em alguns casos particulares, por um oficial de justiça.

resulte responsabilidade para o próprio exequente, o qual, face ao custo desmesurado que poderá ter de suportar com o pagamento ao agente de execução nos casos em que o seu direito de crédito tenha um valor significativo, verá significativa e desproporcionadamente cerceado o seu direito de acesso à justiça sempre que for incerta a existência de bens cuja penhora e venda possa gerar um produto suficiente para aquele pagamento". Cfr., ainda, no mesmo sentido de a remuneração adicional apenas ser devida nos casos em que se verifique um nexo causal entre a atuação do agente de execução e a obtenção de valores recuperados ou garantidos, o ac. do TRP de 10.01.2017, proc. 15955/15.2T8PRT.P1, o ac. do TRC de 11.04.2019, proc. 115/18.9T8CTB-G.C1, o ac. do TRP de 06.05.2019, proc. 130/16.7T8PRT.P1, o ac. do TRL de 26.09.2019, proc. 6186/15.2T8LSB-A.L1-2, o ac. do TRE de 10.10.2019, proc. 1984/13.4TBABF.E1, o ac. do TRL de 06.02.2020, proc. 3421/16.T8FNC.L1-2, o ac. do TRG de 24.09.2020, proc. 5149/19.3T8GMR-A.G1, o ac. o TRP de 16.12.2020, proc. 9317/18.7T8PRT.P1, o ac. do TRG de 11.02.2021, proc. 2806/17.2T8VNF-C.G1, o ac. do TRL de 23.02.2021, proc. 3830/14.2YYLSB-A.L1-7, o ac. do TRL de 25.02.2021, proc. 22785/19.0T8LSB-A.L1-2, o ac. do STJ de 02.06.2021, proc. 3252/17.3T8OER-E.L1.S1, bem como o ac. do TRG de 11.05.2022, proc. 1742/21.2T8VCT-A.G1.
Em sentido contrário, *vide* o ac. do TRE de 23.04.2020, proc. 252/14.9TBVRS-E.E1, no qual se decidiu que "a previsibilidade e segurança erigidas pelo legislador como factores determinantes para o investimento e a confiança dos cidadãos e empresas, ficariam completamente postergadas pela necessidade de ponderação casuística que a exigência de um nexo causal para a atribuição da remuneração adicional ao AE traria ao processo de execução.". De todo o modo, neste aresto, decidiu-se que "considerando-se que o regime previsto na Portaria nº 282/2013, consagra uma presunção *juris tantum* de que a obtenção do acordo formalizado na pendência da execução e posteriormente ao prazo para dedução de oposição, decorre da intervenção do agente de execução, tal presunção pode ser ilidida, nomeadamente, por não ter sido sequer concretizada a penhora em bens do executado, por ter sido feita apenas esta mas não estarem a ser realizadas quaisquer diligências pelo AE no sentido da venda, etc.".

[102] Sustentando que a constituição do direito à remuneração adicional não está dependente de o agente de execução ter participado nas negociações entre o exequente e o executado, tendentes ao pagamento integral ou em prestações da quantia exequenda, *vide* o ac. do TRL de 07.11.2019, proc. 970/17.0T8AGH-A.L1-6.

[103] Atento o disposto no art. 59º, nº 2, da Portaria nº 282/2013, de 29 de agosto, sendo incumbido o oficial de justiça da realização das diligências próprias da competência do agente de execução, cabe ao escrivão de direito, titular da secção onde corre termos o processo de execução, realizar as mesmas, sem prejuízo da possibilidade de delegação de competências em outro oficial de justiça da mesma secção.

[104] Exposição de motivos da Proposta de Lei nº 113/XII. *Vide*, a este propósito, PIMENTA, Paulo, "A acção executiva na revisão do processo civil", *in ROA*, ano 72º, vol. II/III, abr./set. 2012, p. 744.

Assim, sem prejuízo do que se encontre previsto em outras disposições legais[105], incumbe ao oficial de justiça a realização das diligências próprias da competência do agente de execução nos seguintes casos[106]:

a) nas execuções em que o exequente seja o Estado;

b) nas execuções em que o Ministério Público represente o exequente;

c) quando o juiz o determine, a requerimento do exequente, fundado na inexistência de agente de execução inscrito na comarca onde pende a execução e na desproporção manifesta dos custos que decorreriam da atuação de um agente de execução de uma comarca distinta;

d) quando o juiz o determine, a requerimento do agente de execução, se as diligências executivas implicarem deslocações cujos custos se mostrem desproporcionados e não houver agente de execução no local onde deva ter lugar a sua realização;

e) nas execuções de valor não superior ao dobro da alçada do tribunal de 1ª instância, ou seja, que não excedam € 10.000,00, em que o exequente seja pessoa singular e que tenham como objeto créditos não resultantes de uma atividade comercial ou industrial, desde que o exequente, no requerimento executivo, solicite que as diligências executivas sejam realizadas por oficial de justiça e pague a taxa de justiça devida[107]; ou

f) nas execuções de valor não superior à alçada da Relação, ou seja, que não excedam € 30.000,00, se o crédito exequendo for de natureza laboral, se o exequente solicitar no requerimento executivo a intervenção do oficial de justiça e se pagar a taxa de justiça devida.

2. Juiz de execução

No processo executivo, cabe ao juiz de execução a prática dos atos processuais sujeitos ao princípio da reserva de juiz ou que possam eventualmente colidir

105 Nos termos do art. 6º, nº 2, da Lei nº 41/2013, de 26 de junho, "Nas execuções instauradas antes de 15 de setembro de 2003 os atos que, ao abrigo do Código de Processo Civil, aprovado em anexo à presente lei, são da competência do agente de execução competem a oficial de justiça".

106 Observe-se que o art. 808º, nºs 5 e 6, do CPC_{1961} apenas previa a possibilidade de as diligências executivas serem realizadas por um oficial de justiça nas execuções em que o Estado fosse o exequente, nos casos em que não houvesse agente de execução inscrito ou registado na comarca, bem como quando ocorresse outra causa de impossibilidade.

107 Esta solução teve a sua origem no regime transitório (sujeito a uma avaliação e a uma revisão necessárias após dois anos de vigência) previsto no art. 19º do DL nº 226/2008, de 20 de novembro, o qual dispunha que as pessoas singulares que intentassem ações executivas para cobrança de créditos não resultantes da sua atividade profissional podiam, em alternativa à designação de um agente de execução, requerer a escolha de um oficial de justiça para a realização de funções de agente de execução segundo as regras da distribuição.

com direitos fundamentais das partes ou de terceiros. Na verdade, sem prejuízo do poder geral de controlo e de supervisão do processo executivo[108,109], o juiz de execução tem competência exclusiva para, designadamente:

- decidir o incidente de exigibilidade da obrigação, quando esteja em causa uma obrigação condicional ou dependente de prestação (art. 715º, nº 3);
- determinar, a requerimento do exequente ou do agente de execução, a realização das diligências próprias da competência do agente de execução por oficial de justiça [art. 722º, nº 1, als. *c)* e *d)*];
- proferir o despacho liminar, quando este deva ter lugar [arts. 723º, nº 1, al. *a)*, 726º, nº 1, e 734º, nº 1];
- julgar os incidentes de natureza declarativa [art. 723º, nº 1, al. *b)*], tais como a comunicabilidade da dívida ao cônjuge do executado (arts. 726º, nº 7, 741º e 742º), a oposição à execução (arts. 728º a 734º e 856º), a oposição à penhora (arts. 784º, 785º e 856º) e a reclamação e graduação de créditos (arts. 788º a 791º);
- decidir, de forma irrecorrível[110], reclamações de atos e impugnações de decisões do agente de execução [art. 723º, nº 1, al. *c)*][111];

[108] Cfr., a este propósito, o ac. do TRL de 07.07.2009, proc. 9713/06.2YYLSB-B.L1. *Vide*, na doutrina, Freitas, José Lebre de, "Agente de execução e poder jurisdicional", *in Themis – A Reforma da Acção Executiva*, ano IV, nº 7, Almedina, Coimbra, 2003, p. 22, e Mesquita, Lurdes/Rocha, Francisco Costeira da, *A Ação Executiva no Novo Código de Processo Civil*, *op. cit.*, pp. 23 e 24.

[109] Em comentário ao ordenamento jurídico italiano, Anna Maria Soldi salienta que o papel do juiz de execução traduz-se, essencialmente, numa função ordenadora, destinada a regular o desenvolvimento de um conjunto de atos materiais tendentes a permitir o fim último da execução, qual seja a satisfação coativa, de forma célere e eficaz, do direito do exequente (Soldi, Anna Maria, *Manuale dell'Esecuzione Forzata*, *op. cit.*, p. 31).

[110] Cfr., a este respeito, o ac. do TRL de 05.05.2020, proc. 8073/11.4TBOER-D.L1-7, no qual se entendeu que "A regra da irrecorribilidade dos despachos proferidos pelo juiz sobre as reclamações de actos e impugnações de decisões do agente de execução ao abrigo do disposto na alínea c) do nº 1 do art. 723º do Código de Processo Civil deve ser objecto de interpretação restritiva, de modo a dela excepcionar as decisões sobre a suspensão, extinção ou anulação da execução e, bem assim, quando estejam em causa actos ou decisões do agente de execução vinculados, desde que verificados os demais pressupostos de admissibilidade do recurso, pois que a irrecorribilidade absoluta colide com o direito a uma tutela jurisdicional efectiva (artigo 20º, nº 1, da Constituição da República Portuguesa)".

[111] *Vide*, a este propósito, o ac. do TRC de 27.06.2017, proc. 522/05.7TBAGN.C1, no qual se decidiu que "As decisões tomadas pelos agentes de execução que não forem objeto de oportuna reclamação ou impugnação das partes ou por terceiros intervenientes na ação executiva [à luz do disposto nas als. c) e d) do nº 1 do art. 723º do CPC] estabilizam-se/consolidam-se definitivamente (como efeito vinculativo semelhante ao trânsito em julgado de uma decisão judicial)", não podendo, por isso, ser

- determinar a entrega do original do título executivo que não tenha sido junto ao requerimento executivo, nos casos em que a execução tenha por base um título de crédito (art. 724º, nº 5);
- decidir a reclamação contra a recusa do requerimento executivo (art. 725º, nº 2);
- proferir despacho de convite ao exequente para suprir as irregularidades do requerimento executivo ou para sanar a falta de pressupostos processuais (arts. 726º, nº 4, e 734º, nº 1);
- proferir despacho de citação do executado ou do seu cônjuge (art. 726º, nºs 6 e 7);
- dispensar a citação prévia do executado (art. 727º);
- determinar, em caso de penhora de imóvel que constitua a casa de habitação efetiva do executado, que a venda fique a aguardar pela decisão definitiva do recurso da sentença ou pela decisão a ser proferida em primeira instância sobre os embargos de executado ou sobre a oposição à penhora, quando aquela venda seja suscetível de causar prejuízo grave e dificilmente reparável (arts. 704º, nº 4, 733º, nº 5, e 785º, nº 4);
- determinar a suspensão da execução, em consequência do recebimento de embargos de executado [art. 733º, nº 1, als. *b)* e *c)*];
- decidir o incidente de substituição dos bens penhorados por outros que assegurem igualmente os fins da execução (art. 751º, nº 6);
- declarar a suspensão da execução em caso de registo provisório de penhora de coisa imóvel, quando tal suspensão lhe tenha sido pedida por algum dos interessados (art. 755º, nº 4)[112];
- determinar o modo de exploração dos bens penhorados, em caso de desacordo entre o exequente e o executado (art. 760º, nº 2);

"contrariadas por qualquer subsequente intervenção (processual) oficiosa do juiz de execução". Cfr., ainda, o ac. do TRL de 19.11.2019, proc. 23151/16.5T8SNT.L1-7, no qual se consignou o seguinte: "1 – A reclamação dos actos do agente de execução constitui um "meio de revogação de actos processuais decisórios e não decisórios do agente de execução com fundamento em ilegalidade ou em erro de julgamento de factos que não sejam objecto de meio processual especial. 2 – A reclamação de acto do agente de execução não pode ser deduzida quando a lei preveja um meio processual mais adequado ao fundamento invocado pelo interessado, prevalecendo, nessa situação, o meio processual de âmbito especial. 3 – Todavia, a reclamação constitui o meio residual de impugnação de actos de penhora, designadamente, para a dedução de oposição à penhora pelo próprio exequente, assim como será o meio adequado para a reclamação pelo exequente, executado ou terceiro dos actos de penhora praticados com violação dos deveres funcionais do agente de execução, que não configuram nulidades processuais, de modo a provocar a fiscalização por parte do juiz. [...]". No sentido de a reclamação dos atos do agente de execução seguir os termos dos incidentes da instância, *vide* o ac. do TRC de 05.04.2022, proc. 830/15.9T8ACB-D.C1.

[112] *Vide*, a este propósito, o ac. do TRE de 22.09.2016, proc. 457/15.5T8ENT.E1.

- decidir o incidente de ilisão da presunção de propriedade do executado em caso de penhora de coisas móveis não sujeitas a registo (art. 764º, nº 3);
- ordenar o arresto de bens do fiel depositário (art. 771º, nº 2);
- presidir à abertura de propostas quando esteja em causa a adjudicação ou venda de bem imóvel ou de estabelecimento comercial (arts. 800º, nº 3, e 820º, nº 1);
- decidir, na falta de acordo em caso de consignação de rendimentos, sobre a pretensão do consignatário no sentido de proceder à resolução do contrato de locação ou à venda dos bens (art. 804º, nº 4);
- julgar as reclamações contra a decisão sobre a modalidade da venda (art. 812º, nº 7);
- ordenar, oficiosamente ou a requerimento, que a venda de bens imóveis tenha lugar no tribunal da situação dos bens (art. 816º, nº 3);
- designar o dia e hora para a abertura das propostas em caso de venda mediante propostas em carta fechada (art. 817º, nº 1);
- decretar o arresto de bens do proponente ou do preferente remisso [art. 825º, nº 1, al. *c)*];
- decidir se as propostas para venda de estabelecimento comercial são abertas na sua presença (art. 829º, nº 2);
- determinar que a venda se realize por negociação particular, quando exista urgência na venda [art. 832º, al. *c)*];
- nomear o agente de execução como encarregado da venda por negociação particular, quando inexista acordo de todos os credores ou oposição do executado (art. 833º, nº 2);
- decidir as reclamações quanto a irregularidades cometidas na venda em estabelecimento de leilão (art. 835º, nº 1);
- julgar os pedidos de anulação da venda e de pagamento de uma indemnização ao comprador (art. 838º, nº 2);
- decidir a suspensão da execução ou o diferimento da desocupação no caso de bem imóvel arrendado para habitação (arts. 863º, nº 5, e 864º, nº 2);
- ordenar a demolição e/ou a indemnização ao exequente, em caso de violação de obrigação de *non facere* (arts. 876º e 877º); e
- decidir outras questões suscitadas pelo agente de execução, pelas partes ou por terceiros intervenientes [arts. 723º, nº 1, al. *d)*, e 855º, nº 2, al. *b)*][113].

[113] *Vide*, a este propósito, o ac. do TRL de 27.10.2016, proc. 127/13.9YUSTR-C.L1-9, no qual se decidiu que "A alínea d), do nº 1 do artigo 723º do novo Código de Processo Civil, é uma norma em branco que deve ser materializada e densificada, em cada momento e processo, pelos intervenientes previstos nessa mesma norma".

Por outro lado, com o novo Código de Processo Civil, o juiz de execução readquiriu, igualmente, competências que havia perdido para o agente de execução na reforma de 2008[114], tais como:

- adequar o valor da penhora de vencimentos à situação económica e familiar do executado (art. 738º, nº 6);
- decidir o levantamento da penhora, na sequência de pedido de herdeiro do devedor (art. 744º, nº 3);
- autorizar o fracionamento do prédio penhorado (art. 759º, nº 1);
- determinar ou autorizar a prática de atos que se afigurem indispensáveis à conservação do direito de crédito penhorado (art. 773º, nº 6);
- designar o administrador para proceder à gestão ordinária do estabelecimento comercial penhorado (art. 782º, nºs 2 e 3);
- autorizar a venda antecipada de bens penhorados, em caso de deterioração ou depreciação ou quando haja vantagem na antecipação da venda (art. 814º, nº 1); e
- aprovar as contas na execução para prestação de facto (art. 871º, nº 1).

Para além dessas funções de controlo e de julgamento, a lei processual civil reserva igualmente ao juiz de execução importantes funções sancionatórias. Assim, nos termos do art. 723º, nº 2, em caso de reclamação de atos e de impugnação de decisões do agente de execução ou quando sejam suscitadas outras questões pelo agente de execução, pelas partes ou por terceiros intervenientes, o juiz pode aplicar uma multa ao requerente, de valor a fixar entre 0,5 e 5 UC, quando considere que a pretensão é manifestamente injustificada[115].

3. Secretaria de execução

No que respeita aos atos da competência da secretaria de execução, a lei processual civil estabelece que esta deve assegurar o expediente, a autuação e a regular tramitação dos processos executivos na fase liminar[116] – salvo se

[114] *Vide*, no mesmo sentido, Pinto, Rui, *Manual da Execução e Despejo*, *op. cit.*, p. 73, segundo o qual o legislador procurou respeitar a garantia constitucional da reserva de jurisdição, ínsita no art. 202º, nº 2, da CRP, e reforçar, em geral, as garantias do executado e do procedimento.

[115] *Vide*, a este respeito, o ac. do TRC de 22.01.2019, proc. 556/08.0TBPMS-D.C1, no qual se decidiu que "A condenação em multa, nos termos do art. 723º, nº 2, do CPC, exige uma atuação «manifestamente infundada», ou seja, totalmente descabida e peregrina, o que não se verifica se ela estiver acobertada por uma possível interpretação que, mesmo com possibilidade mínima, lhe possa dar cobertura".

[116] Observe-se que, na reforma de 2008, o requerimento executivo era enviado, de forma imediata e automática, ao agente de execução, juntamente com os respetivos documentos e com indicação do número único de processo.

estiver em causa uma ação executiva para pagamento de quantia certa sob a forma de processo comum sumário, porquanto, nesse caso, essas funções são da responsabilidade do agente de execução (art. 855º) –, bem como nos procedimentos ou incidentes de natureza declarativa, designadamente na oposição à execução, na oposição à penhora, na reclamação de créditos e nos embargos de terceiro (art. 719º, nº 3). Encontra-se, no entanto, excluída da competência funcional da secretaria de execução a citação do executado, já que esse ato processual é da competência do agente de execução (arts. 719º, nº 3, *in fine*, e 726º, nº 8)[117].

Para além disso, nos termos do art. 719º, nº 4, a secretaria deve, oficiosamente, notificar o agente de execução da pendência de procedimentos ou de incidentes de natureza declarativa que tenham sido deduzidos na execução, bem como dos atos aí praticados, que possam ter influência na instância executiva. Consequentemente, se o processo comum para pagamento de quantia certa seguir a forma ordinária, dado que, nesse caso, a tramitação liminar do processo é assegurada pela secretaria de execução, o agente de execução só pode dar início às consultas e diligências prévias à penhora depois de ter sido notificado, para o efeito, pela secretaria, atento o disposto no art. 748º.

[117] Sobre este concreto problema, refere-se na exposição de motivos da Proposta de Lei nº 113/XII, o seguinte: "É de esperar que, em definitivo, os intervenientes processuais assumam e observem a repartição de competências fixada na lei, por forma a evitar intervenções ou actos desnecessários, gerando perdas de tempo numa tramitação que se quer célere e eficiente".

Lição III
Títulos executivos

1. Noção e funções dos títulos executivos
1.1. Noção

Dispõe o art. 10º, nº 5, que toda a execução tem por base um título, o qual determina o fim e os limites da ação executiva[118,119]. Com efeito, a ação executiva só pode ser intentada se existir um título executivo (*nulla executio sine titulo*)[120,121], o qual, para além de documentar os factos jurídicos que constituem

[118] Para Lebre de Freitas, o título executivo constitui um "pressuposto formal" da ação executiva, uma vez que lhe "confere o grau de certeza que o sistema reputa suficiente para a admissibilidade da ação executiva" (FREITAS, José Lebre de, *A Acção Executiva: À Luz do Código de Processo Civil de 2013, op. cit.*, p. 40). Diversamente, Rui Pinto considera que o título executivo não é um pressuposto processual, mas antes uma "condição da ação" (PINTO, Rui, *Manual da Execução e Despejo, op. cit.*, p. 147).

[119] No mesmo sentido, no ordenamento jurídico italiano, o art. 474º do $CPC_{It.}$ dispõe que a ação executiva só pode ter lugar com base num título executivo e num direito certo, líquido e exigível. Por sua vez, no ordenamento jurídico espanhol, o art. 517º, nº 1, da LEC estipula que a ação executiva deve fundar-se num título que tenha força executiva.
No ordenamento jurídico francês, o art. L111-2 do $CPCE_{Fr.}$ determina que o credor que disponha de um título executivo, do qual resulte uma obrigação líquida e exigível, pode proceder à execução de bens do seu devedor.
Diferentemente, no ordenamento jurídico japonês, a lei distingue entre execução forçada e execução com garantia, sendo que o credor que disponha de uma garantia real sobre um bem do devedor não carece de possuir um título executivo para lançar mão de uma ação executiva, bastando-lhe, outrossim, apresentar o documento comprovativo da sua garantia (*vide*, a este propósito, YAMAMOTO, M. Kazuhiko, "L'exécution des décisions de justice en matière civile", *in L'Exécution des Décisions de Justice en Matière Civile*, Estrasburgo, 1998, p. 26).

[120] Nas palavras de Adriano Perácio de Paula, o título executivo "é o bilhete de ingresso no recinto da execução" (PAULA, Adriano Perácio de, *Execução de Títulos Extrajudiciais Reformada*, Del Rey Editora, Belo Horizonte, 2007, p. 11). Cfr., no mesmo sentido, BAPTISTA, José João, *Processo Civil I – Parte Geral e Processo Declarativo*, 8ª ed., Coimbra Editora, Coimbra, 2006, p. 136, FERRAZ,

a causa de pedir da pretensão deduzida pelo exequente[122,123], confere igualmente o grau de certeza necessário para que sejam aplicadas medidas coerci-

Cristina, *Jurisdição Voluntária no Processo Civil*, Juruá Editora, Curitiba, 2008, p. 25, SATTA, Salvatore/PUNZI, Carmine, *Diritto Processuale Civile*, 13ª ed., Cedam, Milão, 2000, p. 585, DOTTO, Massimo F., *Il Processo di Esecuzione: Flussi Processuali*, Giuffrè Editore, Milão, 2009, p. 3, bem como GRASSO, Eduardo, "Titolo esecutivo", *in Enciclopedia del Diritto*, vol. XLIV, Giuffrè Editore, 1992, pp. 686 e 687.

[121] No sentido de não ser admissível a propositura de uma ação executiva tendo por base um título executivo ainda em formação ou em aperfeiçoamento, já que o título executivo não pode ter eficácia retroativa, *vide* BALLATI, Franco/MARINI, Francesca, *Il Pignoramento Presso Terzi*, 2ª ed., Maggioli Editore, Santarcangelo di Romagna, 2016, p. 28.

[122] *Vide*, a este propósito, o ac. do TRC de 25.01.2011, proc. 906/10.9TBACB.C1, onde se considerou que "na acção executiva a causa de pedir é, em rigor, o facto jurídico fonte da obrigação accionada, não sendo o título mais do que especial condição (probatória, necessária e suficiente) da possibilidade de recurso imediato a tal espécie de acções, enquanto base da presunção da existência do correspondente direito", o ac. do STJ de 10.12.2013, proc. 2319/10.3TBOAZ-A.P1.S1, no qual se decidiu que "Na execução a causa de pedir não é o próprio título executivo, mas antes os factos constitutivos da obrigação exequenda reflectidos naquele: o título executivo terá de representar o acto jurídico pelo qual o executado reconhece uma obrigação para com o exequente", o ac. do TRC de 17.06.2014, proc. 6322/11.8TBLRA-A.C1, no qual se decidiu que "O título executivo enquanto elemento formal necessário à execução, representado pelo documento onde consta a obrigação, não se confunde com a causa de pedir da mesma execução, que será o facto jurídico concreto do qual emerge a pretensão apresentada", bem como o ac. do STJ de 19.06.2018, proc. 23817/14.0TBVNG-A.P1.S1. Cfr., na doutrina, MENDES, João de Castro, *Direito Processual Civil*, vol. III, *op. cit.*, p. 197, FREITAS, José Lebre de, *A Acção Executiva: À Luz do Código de Processo Civil de 2013*, *op. cit.*, p. 94, MARQUES, J. P. Remédio, *Curso de Processo Executivo Comum à Face do Código Revisto*, *op. cit.*, pp. 52 e 53, SAMPAIO, J. M. Gonçalves, *A Acção Executiva e a Problemática das Execuções Injustas*, 2ª ed. rev., atual. e ampl., Almedina, Coimbra, 2008, pp. 78 e 79, bem como LIEBMAN, Enrico Tullio, *et al.*, *Manuale di Diritto Processuale Civile. Principi*, Giuffrè Editore, Milão, 2007, p. 199. Na esteira de Abrantes Geraldes, o título executivo consiste num "meio probatório da relação jurídica que constitui a génese do vínculo obrigacional que liga o exequente e o executado" (GERALDES, António Santos Abrantes, "Títulos executivos", *in Themis – A Reforma da Acção Executiva*, ano IV, nº 7, Almedina, Coimbra, 2003, p. 36). Para Rui Pinto, a causa de pedir não é a obrigação em si mesma, "mas o facto aquisitivo do respectivo direito à prestação, de crédito, real ou pessoal, correlativo dessa obrigação – *v.g.*, o contrato, os pressupostos da responsabilidade civil, ingerência no exercício de direito absoluto" (PINTO, Rui, *Manual da Execução e Despejo*, *op. cit.*, pp. 62 e 63). Em sentido contrário, alguma doutrina e jurisprudência têm vindo a defender que a causa de pedir na ação executiva consiste no próprio título executivo. Cfr., na doutrina, PITA, Manuel António, "Execução por dívidas dos cônjuges – processo ordinário para pagamento de quantia certa – alguns aspectos", *in Ab Vno ad Omnes: 75 Anos da Coimbra Editora – 1920-1995*, Coimbra Editora, Coimbra, 1998, p. 813, o qual sustenta que "O título executivo funciona como causa de pedir na acção executiva, sendo irrelevante a indicação no requerimento executivo do facto jurídico que deu causa ao título". *Vide*, na jurisprudência, entre outros, o ac. do TRP de 10.01.1995, proc. 9420731, bem como o ac. do TRE de 27.03.2014, proc. 2414/13.7TBFAR.E1.

[123] No ensinamento de Adriano Perácio de Paula, o título executivo compreende dois elementos, um processual e um substantivo. No que concerne ao elemento processual, o título executivo

vas contra o executado[124]. Por essa exata razão, salvo quando esteja em causa a execução provisória de uma sentença condenatória (art. 704º, nº 2), o título executivo deve manter-se estável ao longo da execução, não podendo ser alterado ou modificado[125].

Para além de ser condição necessária, o título executivo é, igualmente, condição suficiente da ação executiva. Na verdade, pela força probatória especial de que está investido, o título executivo torna dispensável o recurso ao processo declaratório ou a um novo processo declaratório para certificar a existência do direito[126,127], ou seja, "legitima o exercício da ação executiva

constitui um documento; já no que respeita ao elemento substantivo do título, este traduz-se no ato ou no negócio jurídico que o mesmo documenta (PAULA, Adriano Perácio de, *Execução de Títulos Extrajudiciais Reformada, op. cit.*, p. 12). Por seu turno, Castro Mendes considera que, do ponto de vista material, o título executivo não é, em rigor, "essencial e necessariamente", um ato (como defendeu Liebman) nem um documento (como sustentou Carnelutti), apresentando antes uma "natureza mais genérica de algo que abrange uma e outra realidade". Nessa exata medida, para o referido Autor, o título executivo constitui um "meio legal de demonstração da existência do direito exequendo". Já do ponto de vista formal, o título executivo pode ser definido como o "documento que, por oferecer demonstração legalmente bastante da existência de um direito a uma prestação, pode segundo a lei servir de base à respectiva execução" (MENDES, João de Castro, *Direito Processual Civil*, vol. I, *op. cit.*, pp. 189 e 190). Por sua vez, para Abrantes Geraldes, o título executivo, "mais do que um mero documento comprovativo de um direito de crédito", constitui um verdadeiro "requisito sem o qual a acção executiva não pode ser instaurada, ou prosseguir, para cumprimento coercivo das obrigações" (GERALDES, António Santos Abrantes, "Títulos executivos", *op. cit.*, p. 35).

124 REIS, José Alberto dos, *Código de Processo Civil Anotado*, vol. I, 3ª ed., Coimbra Editora, Coimbra, 1982, p. 24. Cfr., no mesmo sentido, SAMPAIO, J. M. Gonçalves, *A Acção Executiva e a Problemática das Execuções Injustas, op. cit.*, pp. 37 e 44. De todo o modo, conforme salienta o citado Autor, "muito embora no início da acção executiva o tribunal se satisfaça com a prova feita pelo título, pode bem suceder que no momento em que o tribunal é chamado a praticar actos gravosos contra o património do devedor, venham a verificar-se situações em que o executado acabe por responder pelo incumprimento de uma obrigação que na realidade já não exista por, entretanto, ter ocorrido algum dos factos extintivos da mesma". Cfr., na jurisprudência italiana, as decisões da $CSC_{It.}$ de 07.02.2000, proc. 1337, e de 20.04.2007, proc. 9494, ambas disponíveis *in www.cortedicassazione.it*, nas quais se decidiu que a existência do título executivo constitui condição necessária do exercício da ação executiva, sem prejuízo do controlo das partes ou do tribunal.

125 Cfr., nesse sentido, CASTORO, Pasquale, *Il Processo di Esecuzione nel suo Aspetto Pratico, op. cit.*, p. 12, PÉREZ DEL BLANCO, Gilberto, *La Ejecución Forzosa de Sentencias en el Orden Jurisdiccional Contencioso-Administrativo*, Del Blanco Editores, Leão, 2003, pp. 21 e 22, bem como DIANA, Antonio Gerardo, *La Nuova Esecuzione Forzata – Questioni e Procedure, op. cit.*, p. 3. *Vide*, na jurisprudência, a decisão da $CSC_{It.}$ de 09.12.1992, proc. 13021, *in www.cortedicassazione.it*, bem como a decisão da $CSC_{It.}$ de 31.03.2007, proc. 8061, *in www.cortedicassazione.it*, nas quais se sustentou que o título executivo deve existir quando a execução é iniciada, devendo manter a sua validade e eficácia ao longo de toda a execução.

126 VARELA, Antunes, *et al.*, *Manual de Processo Civil, op. cit.*, pp. 78 e 79. *Vide*, no mesmo sentido, CHIOVENDA, José, *Principios de Derecho Procesal Civil*, tomo I, *op. cit.*, p. 304, DIANA, Antonio Gerardo,

de forma abstrata"[128,129]. O título executivo apresenta, assim, uma "eficácia incondicional", na medida em que permite dar início a uma ação executiva

La Nuova Esecuzione Forzata – Questioni e Procedure, op. cit., p. 4, Sousa, Miguel Teixeira de, *Introdução ao Processo Civil, op. cit.*, p. 32, Andrade, Manuel A. Domingues de, *Noções Elementares de Processo Civil*, Coimbra Editora, Coimbra, 1976, p. 58, Marques, João Paulo Remédio, *Acção Declarativa à Luz do Código Revisto*, 3ª ed., Coimbra Editora, 2011, p. 123, Marques, J. P. Remédio, *Curso de Processo Executivo Comum à Face do Código Revisto, op. cit.*, p. 49, Ferreira, Fernando Amâncio, *Curso de Processo de Execução, op. cit.*, p. 23, Pimenta, Paulo, *Processo Civil Declarativo*, 2ª ed., Almedina, Coimbra, 2017, p. 48, Pinto, Rui, *Manual da Execução e Despejo, op. cit.*, p. 142, Ballati, Franco/ Marini, Francesca, *Il Pignoramento Presso Terzi, op. cit.*, p. 28, bem como Toribios Fuentes, Fernando/Velloso Mata, Maria José, *Manual Práctico del Proceso Civil*, Lex Nova, Valladolid, 2010, p. 385. Neste particular, Crisanto Mandrioli refere sugestivamente que o título executivo constitui um documento que retrata, como numa fotografia, a existência de um direito, de modo a que o órgão executivo, munido dessa fotografia, possa levar a cabo as diligências executivas, sem se preocupar com a eventual não correspondência dessa fotografia com a realidade (Mandrioli, Crisanto, *Corso di Diritto Processuale Civile*, vol. III, *G. Giappichelli Editore, Turim*, 2000, p. 19). Cfr., na jurisprudência, o ac. do STJ de 16.05.1989, proc. 077677, o ac. do TRL de 08.10.1992, proc. 0064912, o ac. do TRP de 23.11.2000, proc. 0031321, o ac. do TRC de 11.03.2008, proc. 1339/05.4TBCVL-A.C1, o ac. do TRL de 19.03.2013, proc. 6738/09.0TCLRS-B.L1-1, o ac. do STJ de 21.02.2019, proc. 47/14.0T8MNC-D.G1.S1, bem como o ac. do TRG de 14.03.2019, proc. 6496/16.1T8GMR-A.G1.

[127] A este respeito, Ferreira de Almeida salienta que o título executivo pode desempenhar uma função constitutiva ou certificativa da relação obrigacional. Assim, de acordo com o citado Autor, o título executivo desempenha uma função constitutiva da relação obrigacional "quando a fonte desta reside no acto documentado, como, *v.g.*, a escritura de compra e venda de um imóvel, na qual o vendedor se obriga a entregar o prédio e o comprador a pagar determinado preço". Por sua vez, o título executivo desempenha uma função certificativa da obrigação nos casos em que "procedendo a constituição da dívida de um outro acto, apenas confirma a sua existência, como, *v.g.*, a sentença de condenação, ao dar por subsistente a dívida que o réu afirmava ter-se extinguido" (Almeida, Francisco Manuel Lucas Ferreira de, *Direito Processual Civil*, vol. I, 2ª ed., Almedina, Coimbra, 2017, p. 178).

[128] Consolo, Claudio, *et al.*, *Commentario al Codice di Procedura Civile, op. cit.*, p. 15. Cfr., no mesmo sentido, Corsaro, Vincenzo, *Le Esecuzioni Forzate nel Codice di Procedura Civile, op. cit.*, p. 4, Soldi, Anna Maria, *Manuale dell'Esecuzione Forzata, op. cit.*, p. 42, Capponi, Bruno, "Il giudice dell'esecuzione e la tutela del debitore", *in RDP*, anno LXX, 2ª série, nº 6, Cedam, nov./dez. 2015, pp. 1447 e 1448, Faria, Paulo Ramos de/Loureiro, Ana Luísa, *Primeiras Notas ao Novo Código de Processo Civil*, vol. I, *op. cit.*, p. 68, Ramos Pazos, René, *De las Obligaciones, op. cit.*, p. 231, bem como o ac. do TRG de 12.03.2020, proc. 1278/17.6T8GMR-B.G1, e o ac. do TRC de 17.12.2014, proc. 295/13.0TBPNI-A.C1, no qual se decidiu que "A suficiência do título traduz a exigência de que a obrigação exequenda dele conste, sem necessidade de indagação, sendo a sua existência por ele presumida; numa outra formulação, o título executivo há-de constituir instrumento probatório suficiente da obrigação exequenda – trata-se do documento capaz de, por si só, revelar, com um grau de razoável segurança, a existência do crédito em que assenta o pedido exequendo".

Vide, em sentido contrário, Gonçalves Sampaio, segundo o qual o título executivo, apesar de constituir condição necessária da execução – já que não há execução sem título executivo –, não é, no entanto, condição suficiente da execução, porquanto "não obstante a apresentação do título

sem necessidade de demonstração prévia da existência do direito e apenas encontra limites em face da eventual iniciativa do executado, ao qual a lei reconhece a faculdade de provocar uma apreciação jurisdicional acerca da existência do direito de que o credor se arroga titular ou da possibilidade de este mover uma ação executiva[130].

Nessa exata medida, se o credor, apesar de já dispor de um "título com manifesta força executiva", optar, mesmo assim, por intentar uma ação declarativa, sem ter, portanto, interesse processual nesse sentido, este, ainda que obtenha ganho de causa, responderá pelas custas da ação, desde que o réu não a conteste [art. 535º, nºs 1 e 2, al. *c)*][131]. A este respeito, no domínio do código revogado, alguma doutrina sustentava a existência de interesse no recurso prévio a uma ação declarativa nas situações em que, apesar de estar em causa uma dívida da responsabilidade de ambos os cônjuges, o credor apenas dispusesse de título executivo contra um deles[132]. Contudo, à luz da lei de processo civil vigente, o credor tem a possibilidade de obter um título executivo contra o cônjuge do executado na própria ação executiva, através de um incidente de comunicabilidade da dívida, sem necessidade, portanto, de recurso prévio a

juntamente com o requerimento inicial, nesse momento nada garante que o direito de crédito ainda exista, para além de poderem suscitar-se dúvidas quanto aos requisitos da obrigação exequenda; depois porque é a própria lei que impõe ao exequente o ónus de, no requerimento executivo expor sucintamente os factos que fundamentam o pedido, quando não constem do título executivo" (Sampaio, J. M. Gonçalves, *A Acção Executiva e a Problemática das Execuções Injustas, op. cit.*, p. 76). Do mesmo modo, Remédio Marques defende que o título executivo não é condição suficiente da execução, na medida em que o juiz não pode, no regime atual, ignorar a eventual "desconformidade entre o título e o direito que se pretende executar" (Marques, J. P. Remédio, *Curso de Processo Executivo Comum à Face do Código Revisto, op. cit.*, p. 49).

129 Esta afirmação não é, contudo, exata nos casos em que seja dado à execução um título de crédito prescrito, enquanto quirógrafo da obrigação, porquanto, nessa eventualidade, torna-se necessário que a relação causal, não constando do próprio título, seja alegada pelo exequente no requerimento executivo.

130 Soldi, Anna Maria, *Manuale dell'Esecuzione Forzata, op. cit.*, p. 43. Cfr., no mesmo sentido, Campese, Giovanni, *L'Espropriazione Forzata Immobiliare, op. cit.*, p. 56, Mandrioli, Crisanto, *Corso di Diritto Processuale Civile*, vol. III, *op. cit.*, p. 20, bem como Angel Fernandez, Miguel, *Derecho Procesal Civil*, vol. III, 4ª ed. (reimp.), Editorial Centro de Estudios Ramón Areces, Madrid, 1996, p. 50.

131 No sentido de, neste caso, o autor responder igualmente pelas custas se o réu reconduzir a sua contestação à alegação e prova da existência de título manifestamente executivo, cuja existência o autor tenha omitido ao tribunal, *vide* Lopes-Cardoso, Eurico, *Manual da Acção Executiva, op. cit.*, pp. 39 e 40.

132 Cfr., nesse sentido, Lopes-Cardoso, Eurico, *Manual da Acção Executiva, op. cit.*, pp. 39 e 40, bem como Prazeres, Manuel Augusto Gama, *Do Processo de Execução no Actual Código do Processo Civil, op. cit.*, p. 27.

uma ação declarativa [arts. 724º, nº 1, al. *e*), e 741º]. Por conseguinte, afigura-se que o credor apenas terá interesse em recorrer previamente a uma ação declarativa nas situações em que o título executivo seja controverso ou não revista "manifesta" força executiva[133] – pense-se, por exemplo, num título de crédito prescrito, em que o devedor contesta a existência do crédito, sendo, por isso, mais do que previsível a dedução de oposição mediante embargos de executado[134] – bem como nos casos em que, havendo pluralidade de devedores, o credor não disponha de título executivo contra todos[135].

1.2. Funções

O título executivo desempenha duas funções essenciais no âmbito do processo de execução.

Por um lado, o título executivo determina o fim da execução, isto é, estabelece, em função da obrigação que ele certifica, se a ação executiva tem por finalidade o pagamento de uma quantia certa, a entrega de uma coisa certa ou a prestação de um facto (art. 10º, nºs 5 e 6)[136,137].

Por outro lado, o título executivo circunscreve os limites da execução, ou seja, o credor não pode pedir mais do que aquilo que o título executivo expres-

[133] *Vide*, nesse sentido, CASTRO, Artur Anselmo de, *A Acção Executiva Singular, Comum e Especial*, *op. cit.*, p. 30, o qual sustenta que, mesmo que o credor já disponha de um título executivo, a ação declarativa pode permitir-lhe "superar as dúvidas, sempre possíveis, sobre a existência e a exequibilidade nos títulos não judiciais sem correr o risco de um indeferimento liminar da acção executiva ou da procedência da respetiva oposição à execução". Para além disso, o recurso à ação declarativa pode permitir ao credor obter a "vantagem da substituição do título inicial pelo mais completo e seguro da sentença condenatória, que o põe a coberto de contestações sobre a subsistência do direito, e que poderá ser elemento decisivo, só por si, pelo seu efeito de coacção psicológica sobre o devedor, do cumprimento da obrigação". Cfr., no mesmo sentido, FERREIRA, Fernando Amâncio, *Curso de Processo de Execução*, *op. cit.*, p. 67, bem como o ac. do TRP de 14.06.2010, proc. 1310/09.7TBACB.P1.

[134] Seja como for, do ponto de vista da estratégia processual, pode "compensar" ao credor recorrer a uma ação executiva e não a uma ação declarativa. É que, diversamente do que sucede no processo declarativo, o executado não poderá deduzir um pedido reconvencional em sede de oposição à execução.

[135] *Vide*, a este propósito, o ac. do TRE de 20.09.2011, proc. 532/08.2TAABF.E1, bem como o ac. do TRE de 22.11.2011, proc. 405/09.1TATVR.E1.

[136] Trata-se, nas palavras de Miguel Teixeira de Sousa, da "função delimitadora" do título executivo (SOUSA, Miguel Teixeira de, *Acção Executiva Singular*, *op. cit.*, p. 65).

[137] Assim, conforme se decidiu no ac. do TRP de 09.02.1995, proc. 9431108, sendo intentada uma ação executiva com uma finalidade diversa daquela que resulta do título executivo que lhe serve de fundamento, o juiz deve indeferir liminarmente o requerimento executivo, já que se verifica um erro na forma de processo, o qual não é suscetível de ser sanado.

samente lhe dá[138,139]. Assim, a título meramente exemplificativo, sendo o título uma escritura pública, da qual decorre a obrigação de B pagar a A a quantia de € 10.000,00, A não poderá exigir a B, em execução fundada nessa escritura, o pagamento, a título de capital, de um montante superior a € 10.000,00. Do mesmo modo, não é possível requerer-se, em sede executiva, o pagamento de danos patrimoniais e não patrimoniais, se do título executivo apenas resulta a obrigação de pagamento de danos patrimoniais[140].

Porém, nada obsta a que o credor peticione o pagamento de juros de mora, contabilizados à taxa legal, da obrigação constante do título, ainda que o mesmo seja omisso quanto a essa obrigação de pagamento de juros (art. 703º, nº 2)[141,142].

138 Cfr., a este propósito, o ac. do TRL de 08.05.2008, proc. 3586/2008-8, o ac. do TRC de 21.01.2014, proc. 208/12.6TBVZL-A.C1, o ac. do TRL de 06.03.2014, proc. 9107/11.8TBOER-A.L1-6, o ac. do TRL de 25.02.2016, proc. 8313-12.2TCLRS-A.L1-6, bem como o ac. do TRG de 21.02.2019, proc. 145/17.8T8CHV-A.G1.
No sentido, no entanto, de o credor poder pedir menos do que aquilo que o título lhe dá, *vide* LOPES-CARDOSO, Eurico, *Manual da Acção Executiva, op. cit.*, p. 32.

139 Nessa exata medida, o título executivo desempenha uma "função garantística", na medida em que protege o executado quanto à possibilidade de ser demandado em sede executiva por uma quantia superior à que resulta do próprio título (MONTESANO, Luigi/ARIETA, Giovanni, *Diritto Processuale Civile*, vol. III, 3ª ed., G. Giappichelli Editore, Turim, 1999, p. 10).

140 *Vide*, a este propósito, o ac. do STJ de 13.05.2004, proc. 1051/04, *in SASTJ*, ano 2004.

141 Neste particular, importa salientar que, ao prever expressamente a possibilidade de o exequente peticionar o pagamento de juros de mora, à taxa legal, ainda que o título executivo fosse omisso quanto a essa obrigação, o legislador veio pôr termo à corrente doutrinal e jurisprudencial que considerava que, se o título executivo não contivesse a fixação de juros de mora, estes não podiam ser atendidos na ação executiva. Cfr., a este propósito, o ac. do TRP de 02.03.2010, proc. 8931/06.8TBMTS-B.P1.

142 *Vide*, a este respeito, o AUJ do STJ nº 9/2015, proc. 1520/04.3TBPBL.C1.S1-A, *in DR*, nº 121, 1ª série, de 24 de junho de 2015, o qual, com um voto de vencido da Conselheira Maria Clara Sottomayor, fixou jurisprudência no seguinte sentido: "Se o autor não formula na petição inicial, nem em ulterior ampliação, pedido de juros de mora, o tribunal não pode condenar o réu no pagamento desses juros". Defendendo uma interpretação restritiva da proposição enunciada neste aresto, no sentido de que "o que o tribunal apenas não pode fazer é, não tendo o autor formulado nenhum pedido relativo aos juros, condenar o réu nos juros que se vencerem antes do trânsito em julgado da sentença condenatória", nada obstando, por isso, a que o credor peça, em sede executiva, o pagamento dos juros de mora vencidos após o trânsito em julgado da sentença, atento o disposto no art. 703º, nº 2, *vide* SOUSA, Miguel Teixeira de, "Princípio dispositivo. (Des)necessidade do pedido de pagamento de juros de mora – Ac. de Uniformização de Jurisprudência nº 9/2015, de 14.5.2015, Proc. 1520/04.3TBPBL.C1.S1-A", *in CDP*, nº 52, out./dez. 2015, p. 47. Sustentando, igualmente, a possibilidade de o credor peticionar, em sede executiva, o pagamento dos juros de mora que se vencerem após o trânsito em julgado da sentença, já que, nesse caso, "a obrigação de juros emerge da simples conjugação entre o teor da sentença e as normas dos arts. 805º e 806º

Analogamente, quando tenha sido estipulado ou judicialmente determinado qualquer pagamento em dinheiro corrente, o credor pode pedir, a título de sanção pecuniária compulsória, o pagamento de juros à taxa de 5% ao ano, desde a data do trânsito em julgado da sentença condenatória (art. 829º-A, nº 4, do CC), mesmo que o título executivo seja omisso quanto a essa sanção, já que a mesma decorre diretamente da lei, sem necessidade, por isso, de condenação expressa[143].

Atenta a sua função documentadora da obrigação, o título executivo deve definir de forma rigorosa o fim e os limites da execução, não sendo, por isso, permitido ao exequente apelar à relação causal ou a uma hipotética obrigação implícita para, através dessa via, procurar suprir as eventuais insuficiências ou imprecisões do título[144]. Do mesmo modo, uma vez que a obrigação exequenda deve estar consubstanciada no próprio título executivo, é irrelevante tudo aquilo que o exequente alegue no requerimento executivo e que extravase o âmbito do título[145].

do CC", *vide* GERALDES, António Santos Abrantes, "Exequibilidade da sentença condenatória quanto aos juros de mora", *in CJ/STJ*, ano IX, tomo I, 2001, pp. 58 e 62. Com efeito, como bem salienta este Autor, "a imposição ao credor do recurso a uma nova acção declarativa corresponde a uma exigência de todo injustificada, pois que, afinal, toda a matéria com interesse se encontra já suficientemente comprovada. A ampliação aos juros de mora da força executiva conferida à sentença traz ainda vantagens em termos de celeridade e de eficácia dos instrumentos processuais, permitindo economizar, sem riscos de insegurança, meios e procedimentos processuais".
No sentido de o exequente poder peticionar o pagamento de juros de mora à taxa legal, mesmo que da sentença apenas conste a condenação no pagamento do capital, a partir da data da notificação da sentença, *vide* o ac. do TRL de 22.06.2004, proc. 3345/2004-7. Por sua vez, o ac. do TRE de 17.12.2015, proc. 109/07.0TBOLH.E1, decidiu que "No incidente de liquidação de sentença, em cuja acção principal se não pediu a condenação em juros de mora, estes são devidos a partir da data da sentença que liquidar em quantia certa, nos termos do art. 704º, nº 6, Cód. Proc. Civil.".

[143] GERALDES, António Santos Abrantes, "Títulos executivos", *op. cit.*, pp. 54 e 55. *Vide*, a este propósito, o ac. do STJ de 16.02.2012, proc. 286/07.0TVLSB.L1.S1, o ac. do TRP de 17.06.2004, proc. 0433267, os acs. do TRL de 06.03.2014, proc. 9107/11.8TBOER-A.L1-6, de 14.12.2007, proc. 9482/2007-7, de 14.05.2013, proc. 4579/10.0YYLSB-B.L1-7, e de 20.06.2013, proc. 23387/10.2YYLSB-B.L1-2, o ac. do TRG de 02.05.2016, proc. 1144/14.5T8CHV.G1, bem como o ac. do TRL de 11.12.2019, proc. 2071/10.2YYLSB.L1-2.

[144] *Vide*, a este respeito, o ac. do TRL de 25.03.1993, proc. 0051566, bem como o ac. do TRG de 23.10.2014, proc. 326/11.8TBVVD-C.G1.

[145] Ac. do TRP de 31.05.1999, proc. 9950469. Nessa exata medida, conforme elucidam Lebre de Freitas e Isabel Alexandre, devendo o objeto da execução corresponder ao objeto da situação jurídica acertada no título, "não é exequível, atenta a diversa natureza das obrigações em causa, o documento particular que formalize o contrato objeto de resolução, para o efeito de fazer valer as consequências do incumprimento das obrigações dele derivadas" (FREITAS, José Lebre de/ ALEXANDRE, Isabel, *Código de Processo Civil Anotado*, vol. I, *op. cit.*, p. 55).

2. Espécies de títulos

O art. 703º, nº 1, apresenta uma enumeração taxativa (*numerus clausus*) dos títulos executivos que podem servir de fundamento a uma ação executiva[146,147]. Revestindo essa enumeração natureza taxativa, não são admissíveis convenções entre as partes pelas quais estas decidam atribuir força executiva a um documento que a lei não reconheça como sendo título executivo[148] ou retirar força executiva a um documento legalmente qualificado como título executivo[149]. De igual modo, não é possível o recurso à analogia para se atribuir a

[146] *Vide*, a este propósito, o ac. do STJ de 16.05.1989, proc. 077677, o ac. do TRP de 22.04.1993, proc. 9230535, o ac. do TRL de 13.07.1995, proc. 0093781, bem como o ac. do TRP de 23.01.2017, proc. 4871/14.5T8LOU-A.P1. Cfr., na doutrina, LOPES-CARDOSO, Eurico, *Manual da Acção Executiva*, *op. cit.*, p. 37, bem como FERREIRA, Fernando Amâncio, *Curso de Processo de Execução*, *op. cit.*, p. 24. Neste particular, como bem salientam Fernando Toribios Fuentes e Maria José Velloso Mata, é à lei que cabe atribuir caráter executivo a determinados títulos e negá-lo a outros, sem qualquer outra justificação que não seja o simples critério da oportunidade. Assim, "entre o ato jurídico (aspeto material do título) de reconhecimento de dívida contido num documento particular e o contido numa escritura pública não existem diferenças, mas o legislador outorga ao instrumento público natureza executiva e nega-a ao documento particular (diferem no seu aspeto formal). Donde se deduz que ao legislador processual não só preocupa o ato jurídico em si, mas especialmente o documento que o contém e plasma, outorgando-se caráter executivo a títulos em atenção ao seu aspeto exclusivamente formal" (TORIBIOS FUENTES, Fernando/VELLOSO MATA, Maria José, *Manual Práctico del Proceso Civil*, *op. cit.*, p. 385). Do mesmo modo, Miguel Angel Fernandez salienta que a enumeração dos títulos executivos legalmente admissíveis assenta em razões de política legislativa, as quais "exigem, em certas ocasiões, uma tutela sumária e provisória de determinados direitos que aparecem documentados em determinada forma" (ANGEL FERNANDEZ, Miguel, *Derecho Procesal Civil*, vol. III, *op. cit.*, p. 58). No mesmo sentido, Ortells Ramos defende que a criação de títulos executivos depende, sobremaneira, de decisões de política jurídica (ORTELLS RAMOS, Manuel, "La ejecución forzosa civil – Tres cuestiones sobre qué ejecutar, quién puede o debe hacerlo y cómo", *in RDUM*, ano XII, nº 22, 2013, p. 110).

[147] Neste enquadramento, conforme se decidiu no ac. do TRG de 05.06.2014, proc. 3401/13.0TBVCT.G1, a ata de reunião de uma junta de freguesia não constitui título executivo, já que não existe qualquer disposição legal que lhe atribua força executiva. Do mesmo modo, decidiu-se no ac. do TRL de 05.07.2018, proc. 443/14.2TBSXL-A.L1-7, que não constitui título executivo, por falta de previsão legal, o "«Auto de Vistoria de Salubridade», elaborado por peritos que integrem a Comissão Técnica de Vistorias de uma Câmara Municipal".

[148] Cfr., nesse sentido VARELA, Antunes, *et al.*, *Manual de Processo Civil*, *op. cit.*, pp. 79 e 80. Com efeito, conforme salienta Antunes Varela, "A lei considera como ponto de *interesse público* que não se recorra a medidas coactivas próprias do processo executivo contra o património do executado sem um mínimo de garantia (*prova*) sobre a existência do direito do exequente".

[149] Cfr., na doutrina, SOUSA, Miguel Teixeira de, *Acção Executiva Singular*, *op. cit.*, pp. 67 e 68. *Vide*, na jurisprudência, o ac. do STJ de 06.07.2011, proc. 341-A/1998.E1.S1, o ac. do TRP de 03.11.2011, proc. 1552/07.0TBOAZ-E.P1.S1, o ac. do TRC de 21.03.2013, proc. 195/11.8TBGVA-A.C1, o ac. do STJ de 29.04.2014, proc. 5656/12.9YYPRT.P1.S1, o ac. do TRP de 09.12.2014, proc. 1011/14.4T8PRT.P1, bem como o ac. do TRP de 10.02.2016, proc. 100/13.7TBVLG.P1.

natureza de título executivo a um documento que, como tal, não seja legalmente reconhecido[150].

Por conseguinte, sendo dado à execução um documento a que a lei não atribua força executiva ou do qual não resulte a obrigação de cumprimento de uma prestação, o tribunal deve indeferir liminarmente o requerimento executivo, por falta de um dos pressupostos essenciais da ação executiva[151].

No que concerne às espécies de títulos executivos, o art. 703º, nº 1, determina que apenas podem servir de base à execução[152]:

[150] Cfr., nesse sentido, o ac. do TRG de 04.06.2013, proc. 7747/12.7TBBRG.G1.

[151] *Vide*, nesse sentido, o ac. do TRC de 12.11.2013, proc. 170/13.8TBNLS.C1.

[152] Em sede de direito comparado, o ordenamento jurídico brasileiro apresenta uma enumeração bastante extensa de títulos executivos legalmente admissíveis. Assim, dispõe o art. 515º do $CPC_{Br.2015}$ que constituem títulos executivos judiciais: "as decisões proferidas no processo civil que reconheçam a exigibilidade de obrigação de pagar quantia, de fazer, de não fazer ou de entregar coisa; a decisão homologatória de autocomposição judicial; a decisão homologatória de autocomposição extrajudicial de qualquer natureza; o formal e a certidão de partilha, exclusivamente em relação ao inventariante, aos herdeiros e aos sucessores a título singular ou universal; o crédito de auxiliar da justiça, quando as custas, emolumentos ou honorários tiverem sido aprovados por decisão judicial; a sentença penal condenatória transitada em julgado; a sentença arbitral; a sentença estrangeira homologada pelo Superior Tribunal de Justiça; a decisão interlocutória estrangeira, após a concessão do *exequatur* à carta rogatória pelo Superior Tribunal de Justiça". Por sua vez, o art. 784º do $CPC_{Br.2015}$ preceitua que constituem títulos executivos extrajudiciais: "a letra de câmbio, a nota promissória, a duplicata, a debênture e o cheque; a escritura pública ou outro documento público assinado pelo devedor; o documento particular assinado pelo devedor e por 2 (duas) testemunhas; o instrumento de transação referendado pelo Ministério Público, pela Defensoria Pública, pela Advocacia Pública, pelos advogados dos transatores ou por conciliador ou mediador credenciado por tribunal; o contrato garantido por hipoteca, penhor, anticrese ou outro direito real de garantia e aquele garantido por caução; o contrato de seguro de vida em caso de morte; o crédito decorrente de foro e laudêmio; o crédito, documentalmente comprovado, decorrente de aluguel de imóvel, bem como de encargos acessórios, tais como taxas e despesas de condomínio; a certidão de dívida ativa da Fazenda Pública da União, dos Estados, do Distrito Federal e dos Municípios, correspondente aos créditos inscritos na forma da lei; o crédito referente às contribuições ordinárias ou extraordinárias de condomínio edilício, previstas na respectiva convenção ou aprovadas em assembleia geral, desde que documentalmente comprovadas; a certidão expedida por serventia notarial ou de registro relativa a valores de emolumentos e demais despesas devidas pelos atos por ela praticados, fixados nas tabelas estabelecidas em lei; todos os demais títulos aos quais, por disposição expressa, a lei atribua força executiva".
No ordenamento jurídico italiano, o art. 474º do $CPC_{It.}$ dispõe que constituem títulos executivos as sentenças, procedimentos e demais atos judiciais aos quais a lei atribua força executiva, as escrituras privadas autenticadas, relativamente a obrigações pecuniárias, as letras de câmbio e demais títulos de crédito aos quais a lei atribua expressamente eficácia executiva e os documentos recebidos por um notário ou por uma outra autoridade pública autorizada a recebê-los.
Por sua vez, no ordenamento jurídico espanhol, o art. 517º, nº 2, da LEC preceitua que só são títulos executivos as sentenças condenatórias definitivas, os laudos ou decisões arbitrais e os acordos obtidos em mediação, as decisões judiciais que aprovem ou homologuem transações

a) as sentenças condenatórias;
b) os documentos exarados ou autenticados por notário ou por outras entidades ou profissionais com competência para tal, que importem a constituição ou o reconhecimento de qualquer obrigação;
c) os títulos de crédito, ainda que meros quirógrafos, desde que, neste caso, os factos constitutivos da relação subjacente constem do próprio documento ou sejam alegados no requerimento executivo;
d) os documentos a que, por disposição especial, seja atribuída força executiva.

2.1. Sentenças condenatórias

2.1.1. Âmbito

Nos termos do art. 703º, nº 1, al. *a)*, constituem títulos executivos as sentenças condenatórias[153].

Este título executivo é o que oferece maiores garantias de segurança e de certeza jurídicas quanto à existência da obrigação que se pretende executar, na medida em que, para além de pressupor a declaração e o reconhecimento judicial de um direito, resulta de um processo declarativo no qual o réu teve a oportunidade de se defender com toda a amplitude legalmente permitida[154].

judiciais e acordos alcançados no processo, as escrituras públicas, os contratos mercantis assinados pelas partes, os títulos ao portador ou nominativos, legitimamente emitidos, que representem obrigações vencidas, os certificados emitidos pelas entidades responsáveis pelos registos dos valores mobiliários, o auto que estabeleça a quantia máxima exigível a título de compensação, proferido em casos de revelia do acusado ou de sentença absolutória em processos penais por factos abrangidos pelo seguro obrigatório de responsabilidade civil por uso e circulação de veículos a motor e os demais atos processuais e documentos a que, por disposição especial, seja atribuída força executiva. Já no ordenamento jurídico francês, o art. L 111-3 do $CPCE_{Fr.}$ determina que apenas constituem títulos executivos as decisões dos tribunais da ordem judicial ou administrativa, quando revistam força executiva, e os acordos a que estes tribunais tenham conferido força executiva, os atos, decisões estrangeiras e laudos arbitrais declarados executórios, os acordos de conciliação assinados pelo juiz e pelas partes, os atos notariais com fórmula executória, os títulos emitidos pelo oficial de justiça em caso de não pagamento de um cheque ou em caso de homologação do acordo entre o credor e o devedor, em conformidade com o art. L 125-1 do $CPCE_{Fr.}$, os títulos emitidos por entidades jurídicas de direito público qualificadas como tal pela lei, ou decisões a que a lei atribua os efeitos de uma sentença, bem como as transações e atos que estabeleçam acordo resultantes de mediação, conciliação ou processo participativo, quando referendados pelos advogados de cada uma das partes e referendados pelo escrivão da Comarca.

153 No sentido de não constituir título executivo uma sentença que julgou improcedentes todos os pedidos deduzidos no processo judicial correspondente, *vide* o ac. do TRE de 27.02.2014, proc. 67-C/1999.E1.

154 Nas palavras de Alberto dos Reis, a sentença de condenação transitada em julgada constitui o "título executivo por excelência" (REIS, José Alberto dos, *Processo de Execução*, vol. I, *op. cit.*, p. 69).

A doutrina tem vindo a dividir-se quanto à questão de saber se apenas constituem título executivo as sentenças condenatórias *strictu sensu*, isto é, as sentenças proferidas numa ação declarativa de condenação [art. 10º, nº 3, al. *b)*], ou se, pelo contrário, constituem igualmente título executivo as sentenças que, independentemente do tipo de ação declarativa (de simples apreciação, de condenação ou constitutiva) em que tenham sido proferidas, encerrem uma componente condenatória[155,156].

Com efeito, se, em relação às sentenças condenatórias, proferidas em ação declarativa de condenação, não restam dúvidas quanto à sua força executiva[157] – ressalvados, no entanto, os casos previstos no art. 704º, em que a sentença condenatória não é título executivo –, a resposta já não é tão imediata no que concerne às sentenças proferidas em ação declarativa constitutiva ou em ação declarativa de simples apreciação[158].

Seja como for, a jurisprudência tem vindo a admitir a possibilidade de ser intentada uma ação executiva com base numa decisão proferida num procedimento cautelar, sem prejuízo da adoção das medidas adequadas à execução coerciva da providência concretamente decretada (cfr., entre outros, o ac. do TRL de 10.01.2013, proc. 3050/11.8TBCSC-B.L1-2, bem como o ac. do TRG de 24.09.2020, proc. 624/17.7T8VNF.G1).

[155] A este propósito, Lebre de Freitas, recorrendo desde logo a um argumento literal, sustenta que o legislador, ao utilizar a expressão "sentenças condenatórias" por contraposição à expressão "sentenças de condenação" que constava do Código de Processo Civil de 1939, quis admitir expressamente a possibilidade de serem executadas sentenças proferidas em ações diversas das declarativas de condenação (FREITAS, José Lebre de, *A Acção Executiva: À Luz do Código de Processo Civil de 2013, op. cit.*, p. 48). *Vide*, sobre a mesma problemática, LOPES-CARDOSO, Eurico, *Manual da Acção Executiva, op. cit.*, pp. 41 e 42, FERREIRA, Fernando Amâncio, *Curso de Processo de Execução, op. cit.*, p. 25, bem como SAMPAIO, J. M. Gonçalves, *A Acção Executiva e a Problemática das Execuções Injustas, op. cit.*, p. 47.

[156] *Vide*, a este propósito, o ac. do STJ de 22.09.2011, proc. 695-C/1999.C1.S1, no qual se decidiu que "Para se determinar, reconstituir e fixar o verdadeiro conteúdo e alcance dum título executivo constituído por uma sentença, há que considerar também o contexto em que o mesmo se insere, não sendo, por isso, de excluir o recurso à própria fundamentação (motivação) da sentença", bem como o ac. do TRC de 12.04.2018, proc. 3468/16.0T9CBR.C1.

[157] Cfr., a este respeito, o ac. do TRP de 18.12.2013, proc. 118/08.1TTVCT-B.P1, no qual se sustentou que "Não pode servir de base a uma execução para pagamento de quantia certa a sentença que apenas condenou a Ré a reconhecer que ao Autor assistia o direito a uma pensão complementar de reforma, mas não a condenou no respectivo pagamento, apesar de peticionado".

[158] A *Ley de Enjuiciamiento Civil* toma posição expressa sobre esta questão, ao preceituar no seu art. 521º, nº 1, que não há lugar à execução de sentenças de simples apreciação ou constitutivas. Contudo, o nº 2 do citado preceito legal determina que as sentenças constitutivas podem permitir inscrições ou modificações em registos públicos, sem necessidade de execução da decisão, e o nº 3 estipula que, se a sentença constitutiva contiver algum segmento condenatório, este pode ser executado. *Vide*, a este propósito, ASENCIO MELLADO, José Maria, *Introducción al Derecho Procesal*,

Relativamente às ações declarativas constitutivas, tendo estas por objeto a introdução de uma mudança na ordem jurídica, constituindo, modificando ou extinguindo uma relação jurídica, o efeito útil da pretensão do autor esgota-se, em princípio, com a própria sentença, a qual, por essa razão, não constitui título executivo. É o que sucede, por exemplo, com a impugnação pauliana de um determinado negócio jurídico[159], com a anulação de um contrato, com a execução específica de um contrato-promessa de compra e venda, com o exercício de um direito de preferência, com a divisão de uma coisa comum ou com o decretamento de um divórcio[160]. O mesmo é dizer que a sentença proferida em ação declarativa constitutiva é um "instrumento autossuficiente de tutela jurisdicional", já que "realiza, de forma autónoma e completa, o direito potestativo da parte"[161].

Todavia, a sentença constitutiva pode, de forma secundária ou acessória, encerrar uma componente condenatória, situação em que esse concreto segmento da sentença será passível de execução[162]. É o que ocorre, por exemplo,

5ª ed., Tirant lo Blanch, Valência, 2008, pp. 320 e 321, bem como Toribios Fuentes, Fernando/ Velloso Mata, Maria José, *Manual Práctico del Proceso Civil, op. cit.*, p. 422.

[159] Cfr., a este propósito, o ac. do TRL de 28.05.2013, proc. 2094/08.1TBCSC-B.L1-7, bem como o ac. do TRG de 21.02.2019, proc. 5588/15.9T8GMR-A.G2, no qual se decidiu que "A sentença proferida no âmbito de uma acção de impugnação pauliana não constitui título executivo que permita fundar a instauração de uma acção executiva para pagamento de quantia certa relativamente ao crédito do Autor, nela reconhecido, porque tal referência ao crédito destina-se apenas a delimitar a extensão da ineficácia da alienação do imóvel que o referido devedor havia doado ao filho".

[160] *Vide*, a este respeito, Jauernig, Othmar, *Direito Processual Civil*, 25ª ed., Almedina, Coimbra, 1998, p. 194, segundo o qual "A sentença constitutiva não precisa de execução. Com o seu caso julgado formal produz-se a constituição [...] sem que sejam necessárias quaisquer medidas coactivas".

[161] Andolina, Italo, *"Cognición" y "Ejecución Forzada" en el Sistema de la Tutela Jurisdiccional*, Editorial Communitas, 2008, p. 15. Cfr., no mesmo sentido, Didier Júnior, Fredie, "Sentenza costitutiva ed esecuzione forzata nel diritto brasiliano", *in RDP*, anno LXV, 2ª série, nº 5, Cedam, set./out. 2010, p. 1131.

[162] Cfr., no mesmo sentido, Nieva Fenoll, Jordi, *Jurisdicción y Proceso*, Marcial Pons, Madrid, 2009, p. 671, bem como Montesano, Luigi/Arieta, Giovanni, *Diritto Processuale Civile*, vol. III, *op. cit.*, p. 11. Neste particular, Fredie Didier Júnior defende que a sentença constitutiva pode ter como efeito secundário um direito de crédito, constituindo, por isso, um título executivo para a execução forçada desse direito (Didier Júnior, Fredie, "Sentenza costitutiva ed esecuzione forzata nel diritto brasiliano", *op. cit.*, p. 1134).

Vide, em sentido contrário, Ramos, José Luís Bonifácio, "Os títulos executivos e o "novo" Código de Processo Civil", *in Para Jorge Leite – Escritos Jurídico-Laborais*, vol. II, Coimbra Editora, Coimbra, 2015, p. 634, segundo o qual devem ser excluídas do âmbito das "sentenças condenatórias" quer as sentenças de simples apreciação, quer as sentenças constitutivas, "mesmo que contenham a designada condenação implícita".

com a obrigação de entrega de uma coisa, por força da anulação ou resolução de um contrato[163], com a obrigação de entrega de um bem imóvel, em virtude da procedência de uma ação de execução específica[164] ou de uma ação de preferência[165], com a obrigação de praticar um determinado ato no âmbito de uma ação de demarcação[166] ou com a obrigação de pagamento de uma indemnização por danos morais, resultante de uma sentença que, a título principal, tenha decretado o divórcio[167]. Nestes casos em que a sentença proferida em ação constitutiva contém uma pronúncia condenatória, a execução diz-se "imprópria"[168].

Já em relação às sentenças proferidas nas ações declarativas de simples apreciação – as quais, como é consabido, visam tão-somente a declaração da existência ou inexistência de um direito ou de um facto, pondo cobro a uma situação de incerteza que revista relevância jurídica [art. 10º, nº 3, al. *a)*] – estas sentenças não são suscetíveis de constituir título executivo, na medida em que não encerram, de forma expressa, qualquer componente condenatória[169]. Isto

[163] *Vide*, a este propósito, o ac. do STJ de 27.05.1999, proc. 269/99, *in SASTJ*, ano 1999, com o seguinte sumário: "A sentença proferida em acção constitutiva não tem, em si mesma, efeito executivo. Não obstante, sempre que a sentença proferida sobre o objecto da acção contenha implícita, pela natureza desse objecto, uma ordem de praticar este acto, ou de se realizar a mudança a que a acção visava, ela constituirá, então, título executivo dentro de tais limites, no quadro do artigo 46º, a)". Cfr., no mesmo sentido, o ac. do TRP de 17.06.1999, proc. 9930853, no qual se decidiu que "Em acção de divórcio litigioso, a atribuição provisória da casa de morada de família durante a pendência do processo contém em si, de forma tácita, mas necessária, a condenação na entrega de tal casa para ser utilizada nos termos daquela atribuição". No sentido de a sentença proferida em ação constitutiva poder traduzir-se num título executivo, ainda que da mesma não conste de forma expressa uma "imposição de condenação", bastando antes "que do seu contexto se deduza a condenação", *vide* os acs. do TRL de 01.07.1999, proc. 0042626, e de 25.05.2000, proc. 0047736.

[164] Cfr., nesse sentido, o ac. do TRP de 09.02.2006, proc. 0630373, no qual se decidiu que "A sentença que, em acção de execução específica de um contrato promessa (artigo 830º do CC), substituindo a declaração negocial do promitente faltoso, se limita a transferir a propriedade da coisa ou o direito prometido para o adquirente, como sentença constitutiva, não constitui título executivo para exigir por via da execução qualquer prestação, que não seja, eventualmente, a entrega da coisa, cuja propriedade se transfere".

[165] Ac. do STJ de 27.05.1999, proc. 99B269.

[166] Ac. do TRC de 11.12.2007, proc. 1832/05.9TBCVL.C1.

[167] Ac. do TRL de 19.10.2006, proc. 6325/2005-2. Cfr., no mesmo sentido, PINTO, Rui, *Manual da Execução e Despejo, op. cit.*, p. 155.

[168] Cfr., nesse sentido, ANGEL FERNANDEZ, Miguel, *Derecho Procesal Civil*, vol. III, *op. cit.*, pp. 26 e 27.

[169] Cfr., no mesmo sentido, CASTRO, Artur Anselmo de, *A Acção Executiva Singular, Comum e Especial, op. cit.*, pp. 16 e 17, FREITAS, José Lebre de, *A Acção Executiva: À Luz do Código de Processo Civil de 2013, op. cit.*, pp. 50 e 51, AMARAL, Jorge Augusto Pais de, *Direito Processual Civil, op. cit.*, p. 93,

porque, nestas ações, o efeito jurídico pretendido pelo autor esgota-se com a declaração vertida na sentença[170]. É o que sucede, por exemplo, com a ação de declaração de nulidade de um contrato, de reconhecimento do direito de propriedade sobre uma determinada coisa, de reconhecimento da aquisição, por usucapião, do direito de servidão de passagem[171], de declaração da existência de uma servidão de vistas sobre um prédio[172], de impugnação de uma justificação notarial, de declaração do valor de uma participação social[173] ou de reconhecimento da titularidade de um direito de retenção[174].

Note-se, contudo, que qualquer sentença declarativa, seja ela de simples apreciação, de condenação ou constitutiva, pode ser um título executivo, desde que a mesma imponha a alguém o cumprimento de uma prestação[175], que resulte "expressamente declarada ou constituída na sentença"[176]. Assim se

CHIOVENDA, José, *Principios de Derecho Procesal Civil*, tomo I, *op. cit.*, p. 258, NIEVA FENOLL, Jordi, *Jurisdicción y Proceso, op. cit.*, p. 671, bem como PÉREZ RAGONE, Álvaro J./ORTIZ PRADILLO, Juan Carlos, *Código Procesal Civil Alemán (ZPO), op. cit.*, p. 136. *Vide*, na jurisprudência, o ac. do TRL de 03.10.1991, proc. 0040062, o ac. do TRL de 10.12.1991, proc. 0051491, o ac. do TRP de 07.04.1997, proc. 9520603, o ac. do TRL de 03.07.2001, proc. 005731, o ac. do TRC de 31.01.2012, proc. 2963/05.0TBPBL-A.C1, o ac. do TRE de 16.12.2014, proc. 180-C/2002.E1, bem como o ac. do TRE de 26.01.2017, proc. 966/15.6T8SLV.E1.

170 Ac. do TRL de 09.12.1993, proc. 0062276. *Vide*, na doutrina, SAMPAIO, J. M. Gonçalves, *A Acção Executiva e a Problemática das Execuções Injustas, op. cit.*, p. 48.

171 *Vide*, nesse sentido, o ac. do TRC de 31.01.2012, proc. 2963/05.0TBPBL-A.C1, no qual se decidiu que "A sentença que reconheceu que os exequentes adquiriram por usucapião, o direito de servidão de passagem, em benefício do seu prédio, à custa dos executados, a qual se exerce sobre uma faixa de terreno que se identifica, é meramente declarativa. Assim, não tendo a natureza condenatória exigida no artigo 46º, nº 1, a), do Código de Processo Civil, não constitui título executivo", não podendo, por isso, os autores intentar uma ação executiva para prestação de facto, por via da qual requerem que os executados procedam à desobstrução da servidão de passagem. Cfr., do mesmo modo, o ac. do TRG de 21.02.2019, proc. 2808/14.0T8VNF-A.G1.

172 Ac. do TRG de 11.10.2018, proc. 1839/14.5T8VNF.G1.

173 Ac. do TRP de 28.06.2013, proc. 117-E/1999.P1.

174 Ac. do TRE de 28.06.2017, proc. 2911/16.2T8ENT-A.E1.

175 Ac. do TRL de 28.05.2013, proc. 2094/08.1TBCSC-B.L1-7.

176 Ac. do TRE de 22.10.2015, proc. 243/11.TBMRA-C.E1. Cfr., na doutrina, REIS, José Alberto dos, *Código de Processo Civil Anotado*, vol. I, *op. cit.*, p. 152, segundo o qual "As sentenças proferidas em acções conservatórias ou em acções constitutivas são também títulos executivos quanto aos actos ou providências que ordenam e quanto à mudança que determinam", REIS, José Alberto dos, *Processo de Execução*, vol. I, *op. cit.*, p. 127, SOUSA, Miguel Teixeira de, *Acção Executiva Singular, op. cit.*, p. 73, FREITAS, José Lebre de, *A Acção Executiva: À Luz do Código de Processo Civil de 2013, op. cit.*, pp. 48 e 49, GERALDES, António Santos Abrantes, "Títulos executivos", *op. cit.*, pp. 58 e 59, DIANA, Antonio Gerardo, *La Nuova Esecuzione Forzata – Questioni e Procedure, op. cit.*, p. 10, bem como BALLATI, Franco/MARINI, Francesca, *Il Pignoramento Presso Terzi, op. cit.*, p. 31. Sustentando que, neste caso, apenas podem constituir título executivo as sentenças proferidas em ação declarativa

passa, designadamente, com as sentenças que condenem a parte em custas[177], multas não penais e outras sanções pecuniárias fixadas em processo judicial (art. 35º, nºs 1 e 2, do RCP), bem como no pagamento de uma indemnização à parte contrária por litigância de má-fé (arts. 542º e 543º)[178]. Tratam-se, em qualquer caso, de condenações que extravasam o objeto da ação.

Constituem igualmente títulos executivos as sentenças homologatórias de transação celebrada entre as partes[179] ou entre estas e terceiros[180,181] – desde que da homologação da transação resulte, de forma expressa e inequívoca, alguma condenação suscetível de ser executada (art. 290º, nº 3)[182] –, as sentenças homologatórias de partilha (art. 1122º)[183], as sentenças homologatórias de

de condenação ou em ação constitutiva, *vide* MARQUES, J. P. Remédio, *Curso de Processo Executivo Comum à Face do Código Revisto, op. cit.*, pp. 56 e 57.
Admitindo a possibilidade de a sentença constituir título executivo nos casos em que imponha a alguém, ainda que de forma tácita, o cumprimento de uma obrigação, *vide* o ac. do TRG de 11.02.2021, proc. 26/18.8T8PTL-C.G2.

177 Cfr., nesse sentido, o ac. do TRL de 07.10.2015, proc. 4470/11.3TDLSB.1.L1-3.

178 *Vide*, a este propósito, o ac. do TRL de 11.07.1996, proc. 0003382.

179 Cfr., nesse sentido, os acs. do STJ de 06.05.1986, proc. 073805, de 26.11.1998, proc. 99A505, e de 15.02.2001, proc. 4084/00, o ac. do TRG de 28.02.2019, proc. 1087/14.4T8CHV.G1, bem como o ac. do TRE de 23.04.2020, proc. 3093/19.3T8STB.E1. Quanto ao facto de a alteração das circunstâncias que foram determinantes para a celebração do acordo não determinar a inexequibilidade da respetiva sentença homologatória, *vide* o ac. do TRL de 20.02.1992, proc. 0053992.

180 *Vide*, em sede de direito comparado, o § 794, 1), do ZPO, segundo o qual a execução pode ter por base uma transação celebrada entre as partes ou entre uma parte e um terceiro para a extinção completa de um processo ou que contemple uma parte do objeto do litígio.

181 A este respeito, decidiu-se no ac. do STJ de 08.03.2001, proc. 400/01, *in SASTJ*, ano 2001, que, apesar de ser lícito às partes estender o objeto da transação judicial a terceiros – os quais apenas intervêm no processo para transigir – nesse caso, a transação reveste, quanto aos terceiros, natureza extrajudicial, já que estes não são partes na causa.

182 Cfr., nesse sentido, o ac. do STJ de 16.11.1973, proc. 064851, *in BMJ*, nº 231, ano 1973, p. 116, o ac. do TRL de 15.10.2013, proc. 3462/11.7TCLRS-A.L1-7, o ac. do TRE de 12.06.2019, proc. 3342/18.5T8LLE.E1, bem como o ac. do TRG de 10.10.2019, proc. 2689/15.7T8CHV-A.G1.
Conforme se decidiu no ac. do TRG de 23.03.2017, proc. 2527/16.3T8GMR.G1, a sentença homologatória de uma transação, na qual as partes celebraram um contrato-promessa, não constitui título executivo para se exigir a execução específica de tal contrato. Do mesmo modo, defendeu-se no ac. do STJ de 12.07.2018, proc. 309/16.1T8OVR-B.P1.S1, que não constitui título executivo uma sentença homologatória de uma transação, na qual as partes fixaram um montante indemnizatório para a eventualidade de não ser cumprida uma obrigação de eliminação de defeitos, já que a necessidade de demonstração e prova do incumprimento da obrigação não se encontram abrangidas pelo âmbito de exequibilidade desse documento.

183 Cfr., nesse sentido, o ac. do TRC de 07.10.2014, proc. 590-E/2001.C1, que considerou assistir legitimidade a um credor para requerer a execução de uma sentença homologatória de uma partilha em cujo processo de inventário viria a ser reconhecido o seu crédito como dívida do casal, bem como o ac. do TRP de 09.06.2011, proc. 4216/08.3TBVNG-A.P1, o ac. do TRP de 19.11.2011, proc.

acordo de regulação do exercício das responsabilidades parentais (art. 34º do RGPTC), bem como as sentenças homologatórias dos planos de pagamentos e as sentenças de verificação de créditos ou as decisões proferidas em ações de verificação ulterior, em conjugação, sendo caso disso, com as sentenças homologatórias dos planos de insolvência [art. 233º, nº 1, al. *c)*, do CIRE][184]. Estes títulos executivos são, usualmente, classificados como "judiciais impróprios", porquanto o julgador limita-se a verificar a validade da transação (designadamente quanto à disponibilidade dos direitos), condenando e/ou absolvendo as partes nos seus precisos termos[185]. Exatamente por isso, a sentença homologatória de transação judicial constitui título executivo ainda que a transação celebrada entre as partes importe a constituição, a modificação ou a extinção de direitos diferentes daqueles que compõem o objeto do litígio[186].

2.1.2. Requisitos de exequibilidade

No que concerne aos requisitos da sua exequibilidade[187], dispõe o art. 704º, nº 1, que a sentença só constitui título executivo depois de transitar em julgado (*in rem judicatum transierit*)[188], salvo se o recurso contra ela interposto tiver

221/06.2TJVNF-E.P1, o ac. do TRL de 02.07.2013, proc. 369-C/2002L1-7, o ac. do TRC de 07.10.2014, proc. 590-E/2001.C1, o ac. do STJ de 14.07.2016, proc. 8507/12.0TBVNG.P1.S1, bem como o ac. do TRG de 23.04.2020, proc. 4101/18.0T8VNF-A.G1. *Vide*, ainda, o ac. do TRG de 28.02.2019, proc. 28/18.4T8MNC-A.G1, no qual se decidiu que "A sentença homologatória de partilha constitui título executivo para efeitos de assegurar a efetivação dos direitos dos respetivos intervenientes, dentro dos limites do que tenha sido discutido e decidido no inventário".

184 *Vide*, nesse sentido, o ac. do TRP de 19.03.2018, proc. 121/14.2TBAMT.P1. Cfr., em sentido contrário, o ac. do TRC de 09.10.2018, proc. 154/17.7T8ALD.C1, bem como o ac. do TRC de 17.09.2019, proc. 12/14.7TBMGL.1.C1.

185 Freitas, José Lebre de, *A Acção Executiva: À Luz do Código de Processo Civil de 2013, op. cit.*, pp. 62 e 63. Cfr., no mesmo sentido, Castro, Artur Anselmo de, *A Acção Executiva Singular, Comum e Especial, op. cit.*, p. 30, segundo o qual, no caso da transação, o verdadeiro título executivo é "o próprio acto das partes", sendo que o juiz limita-se a apreciar a regularidade desse ato, a capacidade das partes e a disponibilidade do direito. *Vide*, na jurisprudência, o ac. do STJ de 11.11.1999, proc. 862/99, *in SASTJ*, ano 1999.

186 *Vide*, nesse sentido, o ac. do TRG de 09.10.2014, proc. 513-B/2000.G1. Cfr., na mesma linha de raciocínio, o ac. do TRG de 29.09.2014, proc. 465-I/1998.G1, no qual se reconheceu a força executiva de uma sentença homologatória de transação judicial, proferida em processo de regulação das responsabilidades parentais, no âmbito da qual as partes fixaram a obrigação de pagamento de alimentos após a maioridade do filho menor.

187 Conforme se decidiu no ac. do STJ de 01.06.1993, proc. 083916, "A exequibilidade é a força especial atribuída às sentenças que condenaram alguém à realização de determinada prestação e consiste na possibilidade de exigir a cooperação do Estado para a sua efectivação coactiva".

188 No sentido de o recurso de um despacho posterior à sentença, já transitada em julgado, não suspender a execução, *vide* o ac. do TRE de 10.03.2016, proc. 21/14.6TBFTR-B.E1.

efeito meramente devolutivo[189]. Nos termos do art. 628º, a sentença transita em julgado quando deixa de ser passível de recurso ordinário[190] ou de reclamação (arts. 614º a 617º).

Assim, a sentença condenatória constituirá título executivo em dois casos distintos:

a) se já transitou em julgado; ou
b) se, apesar de ainda não ter transitado em julgado, o recurso que contra ela tiver sido interposto for recebido pelo tribunal *ad quem* com efeito meramente devolutivo[191].

No primeiro caso, a sentença goza de plena segurança jurídica, na medida em que, tendo transitado em julgado, tornou-se definitiva, sem prejuízo da eventual interposição de um recurso extraordinário.

[189] Em sede de direito comparado, no ordenamento jurídico alemão, dispõe o § 704 do ZPO que a execução pode ter por base uma sentença definitiva ou que tenha sido declarada provisoriamente exequível, exceto se estiver em causa uma sentença em questão de menores ou de família, a qual não é suscetível de execução provisória.
Por sua vez, no ordenamento jurídico espanhol, os arts. 524º e 525º da LEC preveem a possibilidade de se proceder à execução provisória da sentença, não admitindo, contudo, essa execução provisória quando estejam em causa sentenças proferidas em processos sobre paternidade, maternidade, filiação, nulidade de casamento, separação e divórcio, oposição a decisões administrativas em matéria de proteção de menores, capacidade e estado civil, salvo as decisões que regulem as obrigações e relações patrimoniais relacionadas com o objeto principal do processo, sentenças que condenem a emitir uma declaração de vontade e sentenças que declarem a nulidade ou a caducidade de títulos de propriedade industrial.
Já no ordenamento jurídico francês, o art. 501º do $CPC_{Fr.}$ estabelece que "Le jugement est exécutoire, sous les conditions qui suivent, à partir du moment où il passe en force de chose jugée à moins que le débiteur ne bénéficie d'un délai de grâce ou le créancier de l'exécution provisoire". Por sua vez, dispõe o art. 503º do $CPC_{Fr.}$ que "Les jugements ne peuvent être exécutés contre ceux auxquels ils sont opposés qu'après leur avoir été notifiés, à moins que l'exécution n'en soit volontaire".

[190] Nos termos do art. 627º, nº 2, os recursos podem ser ordinários ou extraordinários, sendo ordinários os recursos de apelação e de revista e extraordinários o recurso para uniformização de jurisprudência, bem como o recurso de revisão.

[191] Neste particular, Castro Mendes ensina que todos os recursos têm "efeito devolutivo", entendido enquanto efeito "que se traduz em devolver ou atribuir ao tribunal a função de reexaminar a questão resolvida pela decisão recorrida. Pode é suceder que um recurso apenas tenha efeito devolutivo (ou, por outras palavras, efeito meramente devolutivo) ou, pelo contrário efeito suspensivo. Neste caso, para além de o recurso "devolver" ao tribunal superior a apreciação do mérito da decisão recorrida, a interposição do recurso tem ainda a virtualidade de suspender os efeitos da decisão recorrida, nomeadamente a sua exequibilidade" (MENDES, João de Castro, *Direito Processual Civil*, vol. I, *op. cit.*, p. 196). *Vide*, no mesmo sentido, MORAES, José Rubens de, *Evolução Histórica da Execução Civil no Direito Lusitano*, Editora da Universidade de São Paulo, São Paulo, 2009, p. 214, o qual, em comentário ao regime vigente nas Ordenações Manuelinas, salienta que a sentença podia ser executada quando o recurso dela interposto fosse recebido com "um só efeito".

No segundo caso, ainda que a sentença não seja definitiva e mesmo existindo o risco de a mesma poder vir a ser modificada ou revogada, o legislador permite ao credor executar provisoriamente essa sentença, privilegiando, por isso, o interesse do credor na "execução pronta" em detrimento de uma eventual "execução injusta"[192,193]. Neste particular, dispõe o art. 647º, nº 1, que o recurso de apelação tem, por via de regra, efeito meramente devolutivo, o que significa que, mesmo que o réu/reconvindo interponha recurso de apelação da sentença condenatória, nada obsta a que o autor/reconvinte requeira, ainda que provisoriamente, a execução da sentença[194,195]. Nesta eventualidade, a exequibilidade da sentença depende da interposição efetiva do recurso e que o mesmo seja recebido com efeito meramente devolutivo, não bastando, por isso, "que da sentença condenatória caiba, em abstracto, recurso, sem que o mesmo tenha sido efectivamente interposto, nem que ao dito recurso corresponda, em abstracto, nos termos da lei, efeito meramente devolutivo"[196].

Contudo, é possível, em duas situações, impedir a execução provisória da sentença:

[192] REIS, José Alberto dos, *Processo de Execução*, vol. I, *op. cit.*, p. 130. Cfr., a este propósito, IMPAGNATIELLO, Gianpaolo, *La Provvisoria Esecuzione e L'inibitoria nel Processo Civile*, vol. 40, Università degli Studi di Foggia, Facoltà di Giurisprudenza, Giuffrè Editore, Milão, 2010, p. 14, MONCADA, L. Cabral de, *Lições de Direito Civil: Parte Geral*, vol. II, Atlântida Editora, Coimbra, 1959, pp. 548 e 549, bem como CHIOVENDA, José, *Principios de Derecho Procesal Civil*, tomo I, *op. cit.*, p. 252, o qual salienta que, neste caso, a sentença tem executoriedade, mas não definitividade.

[193] Conforme assinala Miguel Angel Fernandez, a consagração de um regime de execução provisória da sentença reúne diversas vantagens: por um lado, permite evitar que o devedor condenado esgote todos os meios processuais ao seu dispor com o único propósito de protelar o trânsito em julgado da sentença condenatória e, consequentemente, a execução da sentença; por outro lado, permite aliviar o trabalho dos tribunais superiores, dissuadindo o devedor de intentar recursos apenas para atrasar a execução da sentença (ANGEL FERNANDEZ, Miguel, *Derecho Procesal Civil*, vol. III, *op. cit.*, pp. 138 e 139). *Vide*, no mesmo sentido, VINCENT, Jean/GUINCHARD, Serge, *Procédure Civile*, 22ª ed., Précis Dalloz, Paris, 1991, p. 564, segundo os quais a possibilidade de execução provisória da sentença permite "lutar eficazmente contra as manobras dilatórias do perdedor que exerceria as vias de recurso apenas para retardar a execução imediata".

[194] *Vide*, a este propósito, o ac. do STJ de 23.01.1996, proc. 87724, *in SASTJ*, ano 1996, p. 5, bem como o ac. do TRE de 28.09.2017, proc. 1749/14.6T8LLE-A.E1.

[195] No sentido de este regime não se aplicar à sentença condenatória que tenha fixado o montante indemnizatório de um bem expropriado, pendente de recurso com efeito meramente devolutivo, *vide* o ac. do STJ de 03.02.1999, proc. 19/99, *in SASTJ*, ano 1999. Neste particular, dispõe o art. 71º, nº 1, do CExp. que o juiz do tribunal de primeira instância deve ordenar a notificação da entidade expropriante para, no prazo de dez dias, depositar os montantes em dívida e juntar ao processo nota discriminada, justificativa dos cálculos da liquidação de tais montantes, logo que transite em julgado a decisão que fixar o valor da indemnização.

[196] Ac. do TRP de 05.05.1998, proc. 9721277.

a) se o recurso de apelação tiver efeito suspensivo por imposição legal (art. 647º, nºs 2 e 3)[197]; ou

b) se o recorrente, ao interpor o recurso, requerer que a apelação tenha efeito suspensivo[198], desde que comprove que a execução da decisão causar-lhe-á prejuízo considerável e se ofereça para prestar caução[199], ficando a atribuição desse efeito condicionada à efetiva prestação da caução no prazo fixado pelo tribunal (arts. 647º, nº 4, e 650º)[200]. Nos termos do art. 623º do CC, a caução pode ser prestada por meio de depósito de dinheiro, títulos de crédito, pedras ou metais preciosos, penhor, hipoteca[201] ou fiança bancária e o seu montante deve corresponder àquele a que o recorrente foi condenado[202], cabendo ao tri-

[197] No sentido de, neste caso, nada obstar a que o recorrido requeira a prestação de caução por parte do recorrente, *vide* o ac. do STJ de 09.12.1999, proc. 830/99, *in SASTJ*, ano 1999.

[198] No sentido de o recorrente que, ao interpor recurso, não tenha requerido a atribuição de efeito suspensivo, não poder depois, uma vez esgotado o prazo para a apresentação desse requerimento, lançar mão de um incidente de prestação de caução, tendo em vista a atribuição de efeito suspensivo ao recurso, *vide* o ac. do TRP de 28.11.2013, proc. 384674/10.3YIPRT-A.P1.

[199] *Vide*, no mesmo sentido, o § 712 do ZPO, segundo o qual o devedor pode pedir ao tribunal que a sentença não seja executada provisoriamente, desde que esteja em causa uma execução que lhe cause um prejuízo irreparável e preste caução. Em todo o caso, este pedido será indeferido quando se lhe oponha um interesse prioritário do credor.
Diversamente, no ordenamento jurídico francês, se o vencedor pretender executar de imediato a sentença, ainda que de forma provisória, este poderá ter que prestar uma garantia, real ou pessoal, que seja suficiente para responder por todas as restituições ou reparações pelos danos causados ao vencido na eventualidade de este lograr obter provimento na impugnação da decisão objeto de recurso (art. 517º do $CPC_{Fr.}$). *Vide*, a este propósito, VINCENT, Jean/GUINCHARD, Serge, *Procédure Civile*, *op. cit.*, pp. 564 e 565.

[200] Conforme se decidiu no ac. do TRP de 19.05.2016, proc. 9551/15.1T8VNG-A.P1, "A prestação de caução para ser atribuído efeito suspensivo a um recurso deve ser oferecida nas alegações de recurso e ser tramitada no próprio recurso, sem prejuízo da posterior e eventual extracção de translado para processar a caução em caso de demora na sua prestação". Nessa eventualidade, uma vez apresentado o requerimento, "o juiz deve verificar se a execução da decisão recorrida é susceptível de causar ao requerente prejuízo considerável e só nessa situação deverá depois fixar o valor a caucionar (ainda que superior ao indicado pelo recorrente) e se a caução é idónea (podendo determinar a prestação de outra diferente da oferecida)".

[201] *Vide*, a este propósito, o ac. do TRC de 24.09.2013, proc. 1848/11.6TBTNV-B.C1, no qual se considerou que, se o recorrente pretender oferecer como caução uma hipoteca sobre um bem imóvel, o registo provisório da hipoteca constitui condição necessária e essencial para o seu oferecimento como caução, tanto no caso de incidente de prestação espontânea de caução, como no caso de incidente de prestação provocada de caução, razão pela qual a caução hipotecária só se considera eficazmente oferecida quando for apresentada a respetiva certidão de registo provisório.

[202] *Vide*, a este propósito, o ac. do TRE de 21.06.2012, proc. 215/11.6TTSTB.E1, bem como o ac. do TRL de 16.03.2016, proc. 14820/14.5T8LSB-A.L1-4.

bunal, na eventualidade de não existir acordo entre os interessados, apreciar a idoneidade da caução. Nesse caso, a sentença só terá força executiva provisória na eventualidade de ser indeferido o pedido de atribuição de efeito suspensivo ao recurso de apelação, razão pela qual o recorrido terá de aguardar pela decisão que vier a recair sobre esse pedido antes de poder requerer a execução da sentença[203].

Por outro lado, ainda que o recurso de apelação tinha sido recebido com efeito meramente devolutivo, sem que o apelante/executado tenha requerido a atribuição de efeito suspensivo (art. 647º, nº 4) e sem que o apelado/exequente haja requerido a prestação de caução (art. 649º, nº 2), o executado pode, mesmo assim, obter a suspensão da execução, desde que preste caução, nos termos do art. 704º, nº 5.

Sendo executada sentença da qual haja sido interposto recurso, admitido pelo tribunal *a quo* com efeito meramente devolutivo, o destino da execução fica dependente do despacho do juiz relator do tribunal *ad quem* sobre a confirmação ou correção do efeito do recurso [arts. 641º, nº 5, 652º, nº 1, al. *a)*, e 654º], bem como do respetivo julgamento, ou seja, a execução reveste uma natureza provisória[204].

Assim:

a) se foi interposto um recurso, admitido com efeito meramente devolutivo, tendo o recorrido promovido a execução provisória da sentença, e se o juiz relator, oficiosamente ou a requerimento de alguma das partes, entender corrigir o efeito do recurso, isto é, revogar o despacho do juiz do tribunal recorrido, que admitiu o recurso com efeito meramente devolutivo, recebendo-o, antes, com efeito suspensivo, nesse caso, o recorrente, tendo em vista a suspensão da execução, pode requerer que o tribunal superior remeta um ofício ao tribunal inferior para que a execução seja suspensa (art. 654º, nº 3);

b) diversamente, se foi interposto um recurso, admitido com efeito suspensivo, e se o juiz relator entender que o recurso devia ter sido admitido com efeito meramente devolutivo, corrigindo, por conseguinte, o efeito atribuído ao recurso, o recorrido pode pedir ao juiz relator

[203] Cfr., nesse sentido, o ac. do TRL de 23.10.2019, proc. 20069/17.8T8LSB-A.L1-4.

[204] Quanto à distinção entre execução definitiva e execução provisória da sentença, consoante esta tenha ou não transitado em julgado, *vide* COSTA, Daniel Carnio, *Execução no Processo Civil Brasileiro – Biblioteca de Estudos em Homenagem ao Professor Arruda Alvim*, *op. cit.*, p. 24. Cfr., na jurisprudência, o ac. do TRP de 28.10.2021, proc. 1736/19.8T8LOU.P1.

que seja mandado passar traslado – o qual, em regra, contém apenas o acórdão e a sentença recorrida, salvo se o recorrido requerer que o traslado contenha igualmente outras peças do processo – sendo este remetido ao tribunal de primeira instância, por forma a se viabilizar a execução provisória da sentença (art. 654º, nº 4).

Por outro lado, importa salientar que, se tiver sido interposto recurso com efeito meramente devolutivo da decisão proferida pelo tribunal de primeira instância e se o tribunal da Relação, a título definitivo, revogar ou modificar essa decisão, a execução extingue-se *ex tunc*[205] ou modifica-se em conformidade com a decisão do tribunal da Relação[206], correndo as respetivas custas por conta do credor exequente[207]. Nesta hipótese, caberá ao juiz de execução proferir o respetivo despacho de extinção ou de modificação da execução[208], "oficiosamente ou a requerimento de qualquer interessado, logo que ao mesmo seja comunicada a definitividade da decisão que revoga ou altera a sentença exequenda, não sendo necessária a dedução de uma oposição à execução superveniente pelo executado, nem estando tal consequência dependente de qualquer prazo"[209].

Contudo, se for interposto recurso para o Supremo Tribunal de Justiça do acórdão proferido pelo tribunal da Relação, que revogou ou modificou a decisão do tribunal de primeira instância – caso em que esse acórdão assume a natureza de "decisão interlocutória" – o desfecho da instância executiva fica dependente do efeito com que esse recurso será recebido pelo Supremo Tribunal de Justiça.

[205] *Vide*, nesse sentido, a decisão da $CSC_{It.}$ de 09.07.2001, proc. 9293, *in www.cortedicassazione.it*, bem com o ac. do TRL de 22.10.2019, proc. 7639/18.6T8LSB.L1-7. Conforme assinala Bruno Cirillo, o título executivo deve existir desde que a execução é iniciada e subsistir durante toda a execução (CIRILLO, Bruno, *Il Nuovo Pignoramento Presso Terzi*, *op. cit.*, p. 10).

[206] Cfr., a este propósito, o ac. do TRG de 10.05.2018, proc. 2867/16.1T8VNF.G1, bem como o ac. do TRG de 30.05.2019, proc. 80/11.3TBMNC.2.G1.

[207] Com efeito, conforme se consignou na decisão da $CSC_{It.}$ de 14.10.2008, proc. 25143, *in www.cortedicassazione.it*, a execução que tem por base um título executivo de natureza provisória corre por conta e risco do credor, já que, se o título executivo vier a caducar, as despesas da execução devem ser por ele suportadas.

[208] Neste particular, Franco Ballati e Francesca Marini sustentam que, sendo a decisão exequenda alterada ou modificada pelo tribunal superior, tal determina a substituição do título executivo primitivo pelo novo título, sem que tal, no entanto, implique a necessidade de propositura de uma nova ação executiva quando essa alteração ou modificação ocorra na pendência da execução (BALLATI, Franco/MARINI, Francesca, *Il Pignoramento Presso Terzi*, *op. cit.*, pp. 28 e 29).

[209] Ac. do TRP de 09.01.2017, proc. 9526/07.4TBVNG-F.P1.

Assim, se o recurso de revista for recebido com efeito meramente devolutivo, o acórdão proferido pelo tribunal da Relação tem de ser cumprido, ainda que de forma provisória. Nesta conformidade, se o acórdão do tribunal da Relação revogou a sentença proferida pelo tribunal de primeira instância, que fora executada provisoriamente, a execução suspende-se até que seja proferida uma decisão definitiva pelo Supremo Tribunal de Justiça; por sua vez, se o acórdão do tribunal da Relação modificou a decisão do tribunal de primeira instância, a execução tem de ser modificada (para mais ou para menos) em conformidade com esse acórdão.

Diversamente, se o recurso de revista for recebido com efeito suspensivo, a execução prossegue os seus termos, sem qualquer modificação ou suspensão, porquanto o acórdão interlocutório, proferido pelo tribunal da Relação, não produz efeitos sobre a execução (art. 704º, nº 2)[210].

Uma vez proferida uma decisão definitiva pelo Supremo Tribunal de Justiça, o destino da execução fica dependente do sentido dessa decisão:

a) se o Supremo Tribunal de Justiça confirmar a decisão do tribunal de primeira instância, a execução prossegue os seus termos, nas exatas condições em que a mesma foi promovida;

b) se o Supremo Tribunal de Justiça revogar a decisão do tribunal de primeira instância, a execução extingue-se;

c) se o Supremo Tribunal de Justiça alterar (para mais ou para menos) a decisão proferida pelo tribunal de primeira instância, a execução modifica-se em conformidade com essa alteração.

Tendo em vista a proteção dos interesses do executado que tenha recorrido da decisão – designadamente quanto à possibilidade de o recurso vir a obter provimento total ou parcial – a lei determina que o exequente ou eventuais credores reclamantes não podem obter pagamento sem, antes, prestarem caução que garanta a satisfação dos eventuais danos e prejuízos que possam vir a ser causados ao executado, em virtude da execução provisória da sentença (art. 704º, nº 3)[211,212]. De facto, se assim não fosse, corria-se o risco de

[210] Cfr., a este respeito, o ac. do TRE de 24.03.2022, proc. 2647/20.0T8LLE-A.E1.

[211] Cfr., a este propósito, o ac. do TRP de 17.11.2014, proc. 1735/14.6YYPRT.P1. Conforme se decidiu neste aresto, se o exequente, mesmo assim, prestar caução para poder obter o pagamento da quantia exequenda, o processo executivo deve ser suspenso, ficando a aguardar pela decisão do recurso. *Vide*, ainda, o ac. do TRG de 03.05.2018, proc. 2743/17.0T8GMR.G1, bem como o ac. do TRE de 28.06.2018, proc. 1624/14.4T8SLV-B.E1.

[212] Nesse caso, se o agente de execução, violando este preceito, efetuar o pagamento ao exequente ou aos demais credores do executado, responde pelos prejuízos que venha a causar ao executado (cfr., nesse sentido, o ac. do TRL de 04.06.2013, proc. 2333/11.1TBBRR.L1-7).

o executado obter provimento no recurso, mas já não encontrar no património dos credores – que, entretanto, obtiveram pagamento na execução – bens suficientes que lhe permitissem ser indemnizado pelos danos causados com a execução provisória da sentença[213,214]. Este regime tutela igualmente os interesses do comprador que adquira um bem em sede executiva, na medida em que, em caso de modificação ou extinção da execução, assegura a eventual restituição do preço e das despesas com a compra que este tenha suportado[215].

Como medida de proteção adicional do executado, o art. 704º, nº 4, preceitua que, se tiver sido penhorada a sua casa de habitação efetiva, estando a sentença pendente de recurso, o executado pode requerer ao juiz de execução que a venda desse bem fique a aguardar pela decisão definitiva do recurso, desde que demonstre que a venda é suscetível de causar-lhe prejuízo grave e dificilmente reparável. É o que sucede, por exemplo, se o executado demonstrar que, com a venda da sua casa de habitação efetiva, na pendência do julgamento do recurso, tanto ele, como o seu agregado familiar, ficarão sem qualquer lugar onde viver.

Nos casos em que tenha havido condenação genérica, quer pelo facto de o autor ter deduzido um pedido genérico (art. 556º), quer pela circunstância de o tribunal não dispor de elementos para fixar o objeto ou a quantidade da condenação (art. 609º, nº 2)[216], se a liquidação da obrigação não depender de uma operação de simples cálculo aritmético, a sentença só constitui título

[213] Reis, José Alberto dos, *Processo de Execução*, vol. I, *op. cit.*, p. 131.

[214] Note-se que o art. 520º do $CPC_{Br.2015}$ prevê igualmente a possibilidade de a sentença que tenha sido objeto de recurso sem efeito suspensivo ser executada provisoriamente. Contudo, o regime processual brasileiro é mais severo comparativamente com o português, já que:

a) a execução "corre por iniciativa e responsabilidade do exequente, que se obriga, se a sentença for reformada, a reparar os danos que o executado haja sofrido";

b) a execução fica sem efeito se o tribunal superior proferir decisão que modifique ou anule a sentença objeto de execução – salvo se essa anulação ou modificação for apenas parcial –, caso em que as partes devem ser restituídas ao estado anterior, devendo ser liquidados nos próprios autos os prejuízos sofridos; e

c) "o levantamento de depósito em dinheiro e a prática de atos que importem transferência de posse ou alienação de propriedade ou de outro direito real, ou dos quais possa resultar grave dano ao executado, dependem de caução suficiente e idônea, arbitrada de plano pelo juiz e prestada nos próprios autos".

[215] Marques, J. P. Remédio, *Curso de Processo Executivo Comum à Face do Código Revisto, op. cit.*, p. 60.

[216] Cfr., a este respeito, o ac. do TRC de 11.10.2017, proc. 228/15.9T8SEI.C1, no qual se decidiu que "O disposto no artigo 609º, nº 2, do CPC é aplicável a todos os casos em que o Tribunal, no momento em que profere a decisão, carece de elementos para fixar o objecto ou a quantidade da condenação, seja porque ainda não ocorreram os factos constitutivos da liquidação da obrigação, seja porque, apesar de esses factos já terem ocorrido e terem sido alegados, não foi feita a sua prova".

executivo depois de ser proferida uma decisão no competente incidente de liquidação (arts. 358º a 361º)[217], sem prejuízo da possibilidade de ser executada imediatamente a parte da sentença condenatória que já seja líquida (art. 704º, nº 6).

Por outro lado, nos termos do art. 716º, nº 7, se a iliquidez da obrigação resultar de esta ter por objeto mediato uma universalidade e o autor não puder concretizar os elementos que a compõem, nada obsta à execução imediata da sentença, devendo, nesse caso, a liquidação ter lugar no momento imediatamente posterior à apreensão, precedendo a entrega ao exequente. Por conseguinte, nesta hipótese, o credor não carece de lançar mão de um incidente de liquidação de sentença[218].

2.1.3. Despachos condenatórios

São equiparados às sentenças condenatórias, no que concerne à sua força executiva, os despachos e quaisquer outras decisões ou atos da autoridade judicial que condenem no cumprimento de uma obrigação (art. 705º). É o que sucede, designadamente, com a decisão que decrete uma providência cautelar[219], com a decisão que ordene ao exequente a devolução de uma

[217] *Vide*, a este propósito, o ac. do TRL de 06.11.2012, proc. 187/10.4YYLSB-1.L1-7, no qual se decidiu que "O facto de ter sido proferida condenação genérica, no âmbito de uma acção declarativa, ali se referindo a existência de despesas fixas que não foram contabilizadas na decisão, não desobriga o autor de, em sede de liquidação no âmbito dessa mesma acção declarativa, proceder à sua individualização para apurar os respectivos montantes que, a cada momento, podem ser distintos e, como tal, apenas podem ser fixados após terem sido objecto de contraditório. Só com a liquidação e apuramento concreto das quantias que integram aquela condenação genérica, é que o autor poderá instaurar a respectiva acção executiva, quanto a esta parte da condenação". Cfr. igualmente o ac. do TRG de 21.01.2016, proc. 2514/11.8TJVNF.G1, o ac. do TRL de 16.03.2016, proc. 3436/07.2TTLSB-A.L1-4, o ac. do TRG de 08.06.2017, proc. 184/15.3T8PRG-C.G1, o ac. do TRE de 28.09.2017, proc. 1780/16.7T8MMN.E1, o ac. do STJ de 18.09.2018, proc. 4174/16.0T8LRS.L1.S1, o ac. do TRL de 19.03.2019, proc. 5576/17.0T8LSB.L1-1, bem como o ac. do TRE de 28.04.2022, proc. 366/04.3TBPSR-C.E1.

[218] *Vide*, a este propósito, o ac. do TRL de 26.06.2018, proc. 24585/16.0T8LSB.L1-7.

[219] *Vide*, na jurisprudência, o ac. do TRP de 20.05.1997, proc. 9720283, o ac. do TRL de 10.01.2013, proc. 3050/11.8TBCSC-B.L1-2, bem como o ac. do TRP de 09.06.2015, proc. 963/13.6TBSJM.1.P1. Cfr., na doutrina, Freitas, José Lebre de, *A Acção Executiva: À Luz do Código de Processo Civil de 2013*, *op. cit.*, p. 61, segundo o qual enquadram-se neste âmbito "as decisões que ordenem providências cautelares que não sejam executadas, por medida de tipo executivo especificamente prevista, nos próprios autos do procedimento cautelar", Ferreira, Fernando Amâncio, *Curso de Processo de Execução*, *op. cit.*, p. 30, bem como Marques, J. P. Remédio, *Curso de Processo Executivo Comum à Face do Código Revisto*, *op. cit.*, pp. 57 e 58, que concretiza que são títulos executivos, entre outros, os despachos que decretem providências cautelares não especificadas, o despacho que decrete o arbitramento de uma quantia certa, como reparação provisória do dano, e o despacho que

quantia indevidamente recebida no âmbito do processo executivo[220] ou com a decisão que condene no pagamento de uma multa por tentativa ilícita de desaforamento (art. 107º), violação do dever de cooperação para a descoberta da verdade (art. 417º), junção tardia ou recusa de junção de documentos (arts. 423º, nº 2, e 433º), violação dos deveres de colaboração do perito com o tribunal (art. 469º, nº 1) ou falta de comparência da testemunha (art. 508º, nº 4).

Diversamente, não constituem títulos executivos os despachos de mero expediente, já que, destinando-se tais despachos a assegurar o normal andamento do processo (art. 152º, nº 4), os mesmos não encerram qualquer componente condenatória, isto é, não condenam no cumprimento de qualquer obrigação[221].

2.1.4. Decisões arbitrais

No tocante às decisões dos tribunais arbitrais, o legislador equipara os termos da sua exequibilidade aos das decisões dos tribunais comuns (arts. 42º, nº 7, da LAV[222] e 705º, nº 2), ainda que com algumas especificidades[223].

Desde logo, nos termos do art. 47º, nº 1, da LAV, a parte que requerer a execução da sentença arbitral ao tribunal estadual deve fornecer o original daquela ou uma cópia certificada, bem como, tratando-se de decisão arbitral que não se encontre redigida em língua portuguesa, uma tradução certificada da mesma[224].

fixe alimentos provisórios. No sentido de a garantia penal da providência cautelar não obstar à possibilidade de execução de uma decisão judicial que tenha decretado uma providência cautelar, *vide* o ac. do TRP de 09.06.2015, proc. 963/13.6TBSJM.1.P1.

Cfr., em sentido contrário, Montesano, Luigi/Arieta, Giovanni, *Diritto Processuale Civile*, vol. III, *op. cit.*, p. 12, segundo os quais as providências cautelares não constituem títulos executivos, porquanto, não obstante terem a capacidade de incidir imediatamente sobre a realidade substancial e ainda que contra a vontade do sujeito passivo, não têm a função de antecipar a tutela definitiva do direito.

[220] *Vide*, nesse sentido, o ac. do TRG de 03.10.2019, proc. 2303/14.8T8VNF-B.G1.

[221] Cfr., nesse sentido, o ac. do STJ de 17.12.2009, proc. 09P0612.

[222] De acordo com este preceito legal, a sentença arbitral, da qual já não caiba recurso, nem possibilidade de alteração, nos termos do art. 45º da LAV, "tem o mesmo carácter obrigatório entre as partes que a sentença de um tribunal estadual transitada em julgado e a mesma força executiva que a sentença de um tribunal estadual".

[223] *Vide*, a este propósito, o ac. do TRL de 12.07.2012, proc. 2191/11.6YYLSB-A.L1-7. Cfr., na doutrina, Vicente, Dário Moura, "A execução de decisões arbitrais em Portugal", *in Estudos em Homenagem ao Professor Doutor Carlos Ferreira de Almeida*, vol. III, Almedina, Coimbra, 2011, pp. 741 e 744.

[224] Tal como ensina Paula Costa e Silva, estando em causa uma decisão arbitral proferida por árbitros no estrangeiro, esta decisão deve ser revista e confirmada para poder produzir efeitos

Para além disso, à luz do art. 47º, nº 3, da LAV, a sentença arbitral pode servir de base à execução ainda que tenha sido impugnada mediante pedido de anulação apresentado de acordo com o art. 46º da LAV[225], mas o impugnante pode requerer que tal impugnação tenha efeito suspensivo da execução, desde que se ofereça para prestar caução, ficando a atribuição desse efeito condicionada à prestação de caução no prazo fixado pelo tribunal.

Tendo havido condenação genérica, a liquidação do pedido deve ser feita nos mesmos termos previstos no Código de Processo Civil quanto à liquidação das sentenças judiciais que encerrem uma condenação genérica (arts. 47º, nº 2, da LAV e 716º, nº 4)[226].

2.1.5. Sentenças e títulos exarados em país estrangeiro

No que concerne à exequibilidade das sentenças e dos títulos exarados em país estrangeiro, a lei estabelece dois regimes distintos.

Assim:

a) os títulos exarados em país estrangeiro nunca carecem de ser revistos para poderem ser executados no nosso ordenamento jurídico (art. 706º, nº 2)[227];

b) as sentenças estrangeiras podem ou não carecer de revisão para serem executadas no ordenamento jurídico português, tudo dependendo do

primários na nossa ordem jurídica. No que concerne ao reconhecimento e à execução de sentenças arbitrais estrangeiras, esta matéria encontra-se, fundamentalmente, regulada na Convenção de Nova Iorque sobre o Reconhecimento e a Execução de Sentenças Arbitrais Estrangeiras, de 1958, bem como na Convenção Intramericana sobre a Arbitragem Comercial Internacional, de 1975 (SILVA, Paula Costa e, "A execução em Portugal de decisões arbitrais nacionais e estrangeiras", *in ROA*, ano 67º, vol. II, 2007, pp. 650 e 651). Diferentemente, estando em causa uma decisão arbitral proferida numa arbitragem realizada em Portugal, essa decisão não carece de concessão prévia de *exequatur*, independentemente da natureza interna ou internacional dessa arbitragem (VICENTE, Dário Moura, "A execução de decisões arbitrais em Portugal", *op. cit.*, p. 742).

[225] Quanto à suscetibilidade de execução da decisão arbitral na pendência de ação de anulação, *vide* SILVA, Paula Costa e, "A execução em Portugal de decisões arbitrais nacionais e estrangeiras", *op. cit.*, pp. 648 e 649.

[226] Cfr., nesse sentido, o ac. do TRL de 22.02.2011, proc. 20853/08.3YYLSB-C.L1-7. *Vide*, quanto ao regime legal pretérito, FREITAS, José Lebre de, "Competência do tribunal de execução para a liquidação da obrigação no caso de sentença genérica arbitral", *in ROA*, ano 66º, vol. I, jan. 2006, pp. 125 a 127.

[227] Na esteira de Amâncio Ferreira, este regime encontra justificação na circunstância de, por estar em causa um título executivo extrajudicial, o executado dispor de maiores garantias de defesa, comparativamente com o que sucede nos casos em que a ação executiva tem por base um título executivo judicial (FERREIRA, Fernando Amâncio, *Curso de Processo de Execução, op. cit.*, p. 46).

que, no caso em concreto, se achar estabelecido em tratados, convenções, regulamentos europeus e leis especiais (art. 706º, nº 1)[228].

Ora, estando em causa uma decisão proferida pelos tribunais de um Estado-Membro da União Europeia, esta é automática e imediatamente reconhecida num outro Estado-Membro, sem necessidade de recurso a qualquer processo de revisão ou de confirmação (art. 36º, nº 1, do Reg. (UE) nº 1215/2012)[229,230].

Contudo, nos termos do art. 45º do Reg. (UE) nº 1215/2012, qualquer interessado pode pedir que o reconhecimento de uma decisão seja recusado se se verificar algum dos seguintes casos:

a) o reconhecimento seja manifestamente contrário à ordem pública do Estado-Membro requerido;

b) a decisão tenha sido proferida à revelia e o documento que iniciou a instância ou documento equivalente não tenha sido citado ou notificado ao requerido revel, em tempo útil e de modo a permitir-lhe deduzir a sua defesa, a menos que o requerido não tenha interposto recurso contra a decisão, tendo tido, no entanto, a possibilidade de o fazer[231];

c) a decisão seja inconciliável com uma outra proferida entre as mesmas partes no Estado-Membro requerido;

d) a decisão seja inconciliável com uma outra anteriormente proferida entre as mesmas partes noutro Estado-Membro ou num Estado terceiro, em ação com a mesma causa de pedir, desde que a decisão proferida anteriormente reúna as condições necessárias para ser reconhecida no Estado-Membro requerido; ou

e) a decisão tenha sido proferida em violação das regras especiais de competência exclusiva ou em matéria de consumo, seguro ou trabalho.

[228] Em sede de direito comparado, dispõe o art. 523º da LEC que, para que as sentenças definitivas e demais títulos executivos estrangeiros possam ser executados em Espanha, devem observar-se as normas constantes dos tratados internacionais e as disposições legais em matéria de cooperação judiciária internacional.

[229] *Vide*, a este propósito, o ac. do TRP de 26.06.1997, proc. 9730596, bem como o ac. do TRE de 17.12.2015, proc. 1055/13.3TBCTX.E1.

[230] Conforme salienta Luís de Lima Pinheiro, "a sentença reconhecida estrangeira tem o mesmo valor como título executivo que uma sentença interna" (Pinheiro, Luís de Lima, *Direito Internacional Privado*, vol. III, 2ª ed. ref., Almedina, Coimbra, 2012, pp. 250 e 251).

[231] *Vide*, a este respeito, o ac. do STJ de 09.07.2015, proc. 134/14.4TBCBC.G1.S1, bem como o ac. do TRG de 12.07.2016, proc. 256/08.0TBVVD.G1.

Para além disso, nos termos do art. 39º do Reg. (UE) nº 1215/2012, uma decisão proferida num Estado-Membro e que aí tenha força executória pode ser executada noutro Estado-Membro, sem que seja necessária qualquer declaração de executoriedade[232]. Com efeito, ao abolir o procedimento de *exequatur*, o legislador europeu procurou garantir uma maior facilidade de execução, num determinado Estado-Membro, das decisões, atos autênticos ou transações judiciais emanadas num Estado-Membro distinto[233]. No entanto, nos termos do art. 46º do Reg. (UE) nº 1215/2012, a execução da decisão pode ser recusada por qualquer um dos fundamentos previstos no art. 45º desse diploma, isto é, quando se verifique algum fundamento de recusa do reconhecimento de uma decisão.

Diversamente, salvo o disposto em convenções ou em tratados internacionais, as decisões proferidas num Estado que não pertença à União Europeia e que nele possuam força executória só podem ser executadas no nosso ordenamento jurídico depois de devidamente revistas e confirmadas pelo tribunal da Relação [art. 73º, al. *e)*, da LOSJ], através do processo especial de revisão de sentença estrangeira previsto nos arts. 978º a 985º. Com efeito, a exigência de submissão prévia a um processo especial de revisão justifica-se pela "conexão entre a atribuição de força executiva e a execução, que é da competência reservada dos órgãos do Estado em cujo território são praticados os actos de coerção material, e pela necessidade de evitar que o juiz de execução seja sobrecarregado com o exame das condições de reconhecimento"[234].

A sentença estrangeira só pode ser confirmada pelos tribunais portugueses desde que, cumulativamente, reúna os seguintes requisitos (art. 980º):

a) não haja dúvidas sobre a autenticidade do documento de que conste a sentença, nem sobre a inteligência da decisão;

b) tenha transitado em julgado segundo a lei do país em que foi proferida;

232 À luz do art. 38º do Reg. (CE) nº 44/2001, as decisões proferidas num Estado-Membro e que nele tivessem força executiva só podiam ser executadas noutro Estado-Membro depois de nele terem sido declaradas executórias, a requerimento de qualquer parte interessada. Este procedimento de *exequatur*, enquanto condição essencial para que uma decisão proferida num Estado-Membro da União Europeia pudesse ser executada num outro Estado-Membro, foi apontado como sendo um mecanismo de entrave injustificado à livre circulação de decisões judiciais no espaço da União Europeia.

233 Quanto à adoção, na União Europeia, de mecanismos que procurem "facilitar a execução de decisões e de actos autênticos", *vide* SOUSA, Miguel Teixeira de, *A Reforma da Acção Executiva, op. cit.*, pp. 10 e 11, bem como RAMOS, Rui Manuel Moura, *Estudos de Direito Internacional Privado da União Europeia*, Imprensa da Universidade de Coimbra, Coimbra, 2016, pp. 311 e 312.

234 PINHEIRO, Luís de Lima, *Direito Internacional Privado, op. cit.*, p. 332.

c) provenha de tribunal estrangeiro cuja competência não tenha sido provocada em fraude à lei e não verse sobre matéria da exclusiva competência dos tribunais portugueses;

d) não possa invocar-se a exceção de litispendência ou de caso julgado com fundamento em causa afeta a tribunal português, exceto se foi o tribunal estrangeiro que preveniu a jurisdição;

e) o réu tenha sido regularmente citado para a ação, nos termos da lei do país do tribunal de origem, e tenham sido observados no processo os princípios do contraditório e da igualdade das partes; e

f) não contenha decisão cujo reconhecimento conduza a um resultado manifestamente incompatível com os princípios da ordem pública internacional do Estado Português.

Por último, importa salientar que a sentença estrangeira constitui título executivo nos precisos termos em que a mesma é revista e confirmada, ficando, por isso, desprovido de força executiva qualquer segmento condenatório da sentença que não tenha sido objeto de revisão e de subsequente confirmação[235].

2.2. Documentos com intervenção notarial ou equiparada

2.2.1. Documentos autênticos ou autenticados

2.2.1.1. Âmbito

Para além das sentenças condenatórias, o art. 703º, nº 1, al. *b)*, determina que constituem igualmente títulos executivos os documentos exarados ou autenticados por notário ou por outras entidades ou profissionais com competência para tal[236], que importem a constituição ou o reconhecimento de qualquer obrigação.

[235] Assim, conforme se decidiu no ac. do TRP de 10.08.1991, proc. 9130302, se estiver em causa uma sentença proferida por um tribunal estrangeiro, que decretou o divórcio entre dois cidadãos portugueses e regulou o exercício do poder paternal em relação aos seus filhos menores, fixando uma determinada pensão de alimentos a cargo do progenitor, esta sentença não constitui título executivo num tribunal português, para o efeito de se promover contra o progenitor faltoso uma ação executiva por alimentos, se o tribunal da Relação apenas se pronunciou sobre a decisão que decretou o divórcio, omitindo qualquer pronúncia – e, por conseguinte, qualquer revisão ou confirmação – do segmento condenatório da sentença estrangeira referente à prestação alimentar.

[236] Nos termos do art. 38º, nºs 1 e 2, do DL nº 76-A/2006, de 29 de março, têm competência para autenticar documentos particulares as câmaras de comércio e indústria, reconhecidas nos termos do DL nº 244/92, de 29 de outubro, os conservadores, os oficiais de registo, os advogados e os solicitadores, sendo que a autenticação efetuada por essas entidades confere ao documento a mesma força probatória que teria se tal ato tivesse sido realizado com intervenção notarial.

Enquadram-se, por conseguinte, neste âmbito:

a) os documentos autênticos, isto é, os "documentos exarados, com as formalidades legais, pelas autoridades públicas nos limites da sua competência ou, dentro do círculo de actividade que lhe é atribuído, pelo notário ou outro oficial público provido de fé pública" (arts. 363º, nº 2, do CC e 35º, nº 2, do CN[237]). É o caso, por exemplo, da escritura pública[238] e do testamento público[239];

b) os documentos autenticados, ou seja, os documentos elaborados por particulares e que, posteriormente, são por eles confirmados[240] perante o notário ou outras entidades ou profissionais com competência para tal, designadamente os conservadores, oficiais de registo, advogados[241] e solicitadores (arts. 363º, nº 3, do CC, 35º, nº 3, 150º a 152º do CN e 38º

[237] Nos termos do art. 35º, nº 2, do CN, "São autênticos os documentos exarados pelo notário nos respectivos livros, ou em instrumentos avulsos, e os certificados, certidões e outros documentos análogos por ele expedidos".

[238] *Vide*, nesse sentido, o ac. do TRC de 20.04.2016, proc. 343/14.6TBCBR-A.C1.

[239] Na esteira de Anselmo de Castro, o testamento será título executivo quando importa a confissão de uma dívida pelo testador ou a constituição de uma dívida, que é imposta ao herdeiro ou ao legatário (Castro, Artur Anselmo de, *A Acção Executiva Singular, Comum e Especial*, *op. cit.*, p. 34). Cfr., na jurisprudência, o ac. do TRP de 14.01.2014, proc. 2298/12.2YYPRT-B.P1.

[240] Por "confirmação" entende-se a certificação, pelo notário ou pela entidade com poderes equiparados, mediante a elaboração de um termo de autenticação, de que o conteúdo do documento está em conformidade e em consonância com a vontade da parte. Daí que o notário tenha que certificar que leu esse documento ao interessado e que este, por sua vez, confirmou que as declarações constantes desse documento estão em conformidade com a sua vontade. *Vide*, ainda, o ac. do TRC de 21.01.2020, proc. 4388/18.9T8VIS-A.C1, bem como o ac. do TRG de 17.12.2020, proc. 2580/20.5T8GMR.G1, com o seguinte sumário: "I – O documento particular apenas poderá ser considerado autenticado se o seu teor tiver sido confirmado pelas partes perante o certificante (o notário, a câmara de comércio e indústria, o conservador, o oficial de registo, o advogado ou o solicitador), nos termos prescritos nas leis notariais, que, impõem, para além do mais, a necessidade de, no termo, constar as assinaturas dos outorgantes que possam e saibam assinar, bem como de todos os outros intervenientes, e a assinatura do funcionário, que será a última do instrumento, sob pena do acto notarial ser nulo, por vício de forma. II – Assim, se a autenticação do documento particular de reconhecimento de dívida não obedeceu aos requisitos legalmente exigidos, não pode servir de base à acção executiva por não consubstanciar título passível de ser subsumido à al. b) do nº 1 do art. 703º do Cód. Processo Civil".

[241] No sentido de constituir título executivo um documento particular autenticado por advogado, do qual resulte a constituição ou o reconhecimento de uma obrigação, *vide* o ac. do TRE de 09.03.2016, proc. 257/14.0TTPTM.E1. Sustentando não constituir título executivo o documento autenticado por advogado-estagiário, por violação do disposto no art. 38º do DL nº 76-A/2006, de 29 de março, *vide* o ac. do TRC de 27.05.2014, proc. 117/14.4TJCBR.C1.

do DL nº 76-A/2006, de 29 de março[242]). É o que sucede, por exemplo, com o testamento cerrado[243].

Com efeito, a lei apenas confere força executiva aos documentos que, por terem sido lavrados ou autenticados por notário ou por outras entidades ou profissionais com competência para tal, merecem fé pública, isto é, permitem presumir, com a segurança adequada, que as declarações exaradas nesses documentos são verdadeiras[244].

Exatamente por isso, não constituem títulos executivos os documentos particulares, ainda que com reconhecimento notarial simples ou com menções especiais, pois que, neste caso, o documento conserva a sua natureza particular, limitando-se o notário ou a entidade ou profissional com competência para tal a atestar que a letra e a assinatura[245] ou só a assinatura são do signatário do documento (art. 35º, nº 4, do CN) – caso em que o reconhecimento tem de ser presencial, isto é, o documento é escrito e assinado ou apenas assinado na presença do notário ou o reconhecimento é realizado estando o signatário presente no ato (art. 153º, nºs 4 e 5, do CN) –, ou a incluir no reconhecimento, por exigência da lei ou a pedido do interessado, a menção de qualquer circunstância especial que se refira a estes, aos signatários ou aos rogantes e que seja conhecida do notário ou por ele verificada em face de documentos exibidos e referenciados no termo (art. 153º, nº 3, do CN)[246].

Para além disso, para que o documento autêntico ou autenticado constitua título executivo, torna-se necessário que o mesmo importe a constituição de uma obrigação ou o reconhecimento de uma obrigação pré-existente, sendo, por isso, indispensável que a obrigação se encontre compreendida no próprio título[247]. É o que sucede, por exemplo, se, num contrato-promessa de parti-

[242] Cfr., a este propósito, o ac. do TRE de 09.03.2016, proc. 257/14.0TTPTM.E1, bem como o ac. do STJ de 17.10.2019, proc. 19222/16.6T8PRT-A.P1.S2.

[243] No sentido de o testamento cerrado não se incluir na categoria dos documentos autenticados, *vide* Sampaio, J. M. Gonçalves, *A Acção Executiva e a Problemática das Execuções Injustas*, *op. cit.*, p. 61.

[244] Prazeres, Manuel Augusto Gama, *Do Processo de Execução no Actual Código do Processo Civil*, *op. cit.*, p. 36.

[245] Quanto ao enquadramento jurídico da assinatura, *vide* Rego, Margarida Lima, "O e-mail como título executivo", *in Estudos em Homenagem ao Prof. Doutor José Lebre de Freitas*, vol. I, 1ª ed., 2013, pp. 1027 e 1028.

[246] *Vide*, a este propósito, o ac. do TRL de 24.06.2021, proc. 4367/19.9T8OER-A.L1-6.

[247] Cfr., nesse sentido, o ac. do TRP de 05.01.1999, proc. 9821167. Consequentemente, tal como se decidiu no ac. do TRL de 22.10.2019, proc. 9145/16.4T8ALM-A.L1-7, bem como no ac. do TRP de 28.10.2021, proc. 872/20.2T8AGD-A.P1, a celebração de uma escritura pública de constituição de uma hipoteca, para garantia de um empréstimo anteriormente celebrado, não constitui título

lha, celebrado por escritura pública, um dos outorgantes se obriga a pagar ao outro, de forma prestacional, uma determinada quantia pecuniária, como contrapartida pela adjudicação da totalidade do património comum do casal[248].

Constitui igualmente título executivo o documento autêntico ou autenticado, do qual resulte, por simples declaração unilateral, a promessa de uma prestação ou o reconhecimento de uma dívida, sem indicação da respetiva causa[249], situação em que o credor fica dispensado de provar a relação fundamental, cuja existência se presume até prova em contrário (art. 458º do CC). Deste modo, nesse caso, o credor carece apenas de alegar a relação causal subjacente à declaração unilateral de promessa de uma prestação ou de reconhecimento de uma dívida[250], isto é, os factos constitutivos do direito de crédito de que se arroga titular[251], recaindo, por sua vez, sobre o devedor o ónus de provar a inexistência dessa relação[252].

executivo para se exigir o pagamento coercivo da dívida emergente desse empréstimo, já que essa escritura não importa a constituição ou o reconhecimento de qualquer obrigação.

[248] Ac. do TRC de 24.03.2015, proc. 2266/12.4TBACB-A.C1. No sentido de não constituir título executivo o contrato-promessa de partilha no qual se encontre prevista a obrigação de pagamento de tornas na eventualidade de ser feita a partilha nos termos nele acordados e em relação aos bens nele previstos, *vide* o ac. do TRL de 22.01.2013, proc. 2135/12.8TBCSC.L1-7. Com efeito, de acordo com este aresto, ainda que tal acordo conste de um documento que, formalmente, constitua título executivo, torna-se, no entanto, necessário que do mesmo decorra a constituição ou o reconhecimento de uma obrigação pecuniária, o que não é o caso, no tocante ao pagamento de tornas.

[249] *Vide*, a este propósito, o ac. do TRL de 11.07.2019, proc. 2162/15.3T8OER-A.L1-7, no qual se consignou que "Constando da escritura pública, que serve de título executivo no processo principal, a declaração de confissão dos executados de que são devedores ao exequente de determinada quantia que dele receberam a título de empréstimo, qualquer pessoa no lugar do declaratário (art. 236º, nº 1, do CC) interpretaria essa declaração como tendo essa quantia sido entregue, sendo portanto legítima a qualificação desse contrato como "contrato de mútuo", nos termos do art. 1142º do CC".

[250] Cfr., nesse sentido, o ac. do TRP de 29.10.2012, proc. 1615/10.4TBAMT-B.P1, no qual se decidiu que "Se o título executivo tiver apenas carácter recognitivo, apenas confessório de dívida, não sendo, por isso, nele indicada a relação causal, impende sobre o exequente o ónus dessa alegação sob pena de ineptidão do requerimento inicial por falta de causa de pedir. Neste caso não se trata de uma questão de ónus da prova porque só podem ser objecto de prova os factos que se mostrem alegados", bem como o ac. do TRL de 17.12.2009, proc. 6659/07.0TBLRA-A.L1-6, o ac. do TRC de 09.09.2014, proc. 581/11.3TBFND-A.C1, o ac. do TRC de 20.01.2015, proc. 138599/13.2YIPRT.C1, o ac. do TRL de 29.10.2015, proc. 2875-12.1TCLRS-A.L1-8, e o ac. do TRL de 24.01.2019, proc. 21702/13.6T2SNT-A.L1-2.

[251] No sentido de estar vedada ao exequente a possibilidade de suprir, mais tarde, sem o acordo do executado, a falta de alegação da causa da obrigação, atento o facto de se tratar de uma alteração da causa de pedir, *vide* o ac. do TRE de 03.12.2020, proc. 1575/18.3T8MMN-A.E1.

[252] É o que sucede, por exemplo, se o devedor demonstrar que a constituição válida da obrigação fundamental a que se reporta o crédito encontrava-se sujeita a uma forma mais solene

Diferentemente, já não constitui título executivo, por exemplo, uma escritura pública de doação de um bem imóvel, porquanto este documento não contém a constituição ou o reconhecimento de uma obrigação[253]. O mesmo se passa com um contrato-promessa de compra e venda de bem imóvel, constante de documento autêntico ou autenticado, por via do qual o promitente-comprador visa obter a cobrança coerciva de uma quantia correspondente ao sinal em dobro[254]. Isto porque, da celebração do contrato-promessa, resulta tão-só para as partes a obrigação de contratar, isto é, "de emitir a declaração de vontade correspondente ao contrato prometido"[255].

2.2.1.2. Documentos em que se convencionem prestações ou obrigações futuras

No que concerne aos documentos autênticos ou autenticados, nos quais se convencionem prestações futuras ou em que se preveja a constituição de obrigações futuras[256], estes só podem servir de base à execução desde que se prove, por documento passado em conformidade com as cláusulas deles constantes ou, sendo aqueles omissos, revestido de força executiva própria, que foi realizada pelo credor alguma prestação para a conclusão do negócio[257] ou que foi constituída alguma obrigação na sequência da previsão das

do que a que foi utilizada no documento que lhe serviu de suporte (ac. do STJ de 10.11.2011, proc. 4719/10.0TBMTS-A.S1).

253 Ac. do TRE de 27.02.2014, proc. 67-C/1999.E1.

254 Ac. do TRC de 15.05.2012, proc. 710/11.7TBCTB-A.C1. Com efeito, tal como se decidiu neste aresto, "Para que nasça essa obrigação tem de haver incumprimento definitivo e culposo por parte do contraente que recebeu o sinal. E, a não ser que o próprio, em documento por si assinado, os reconheça – caso em que, verdadeiramente, o título executivo seria esse documento, ainda que coadjuvado pelo contrato promessa – o reconhecimento do incumprimento definitivo e da culpa passa necessariamente pela intervenção do tribunal, em acção declarativa de condenação [art. 4º, nºs 1 e 2, al. c)], vindo o título executivo a ser integrado pela sentença condenatória proferida".

255 Ac. do TRP de 29.04.2013, proc. 2763/11.9TBVLG-A.P1. Cfr., no mesmo sentido, o ac. do TRP de 26.09.2011, proc. 4853/09.9TBVFR-A.P1, no qual se decidiu que um contrato-promessa, ainda que acompanhado de uma notificação judicial avulsa, não constitui título executivo se dele não resultar a constituição ou o reconhecimento de uma obrigação.

256 Conforme se decidiu no ac. do TRP de 02.02.2015, proc. 5901/13.3YYPRT-B.P1, "Os documentos particulares não autenticados não são título executivo quando neles se convencionem prestações futuras ou se preveja a constituição de obrigações futuras, porquanto a lei apenas confere exequibilidade nesses casos a documentos autênticos ou autenticados".

257 No sentido de este regime não ser aplicável aos casos em que a prestação deva ser satisfeita pelo devedor, *vide* o ac. do STJ de 11.02.1999, proc. 98B1141. Sustentando que a expressão "para conclusão do negócio", introduzida no novo Código de Processo Civil, inculca a "ideia de que se quis exigir a prova complementar da realização da prestação constitutiva de um contrato real

partes (art. 707º)[258,259]. O mesmo é dizer que, neste caso, a exequibilidade do documento autêntico ou autenticado, em que tenham sido convencionadas prestações futuras ou a constituição de obrigações futuras, "fica dependente da apresentação de um outro documento, como prova adminicular, passado em conformidade com as cláusulas fixadas no primeiro"[260], podendo a forma desse documento ser livremente estipulada pelas partes no documento exequendo[261]. Trata-se, por isso, de um "título executivo complexo"[262], já que o

prometido por documento ou negócio", *vide* Freitas, José Lebre de, *A Acção Executiva: À Luz do Código de Processo Civil de 2013, op. cit.*, p. 71.

258 Cfr., nesse sentido, o ac. do STJ de 12.05.1981, proc. 069454, *in BMJ*, nº 307, ano 1981, p. 205, o ac. do TRL de 31.03.1987, proc. 0004938, o ac. do TRL de 24.02.1993, proc. 0061861, o ac. do TRP de 29.03.1993, proc. 9250557, o ac. do TRP de 08.02.2000, proc. 9921092, o ac. do TRP de 27.03.2000, proc. 0050076, o ac. do TRP de 09.03.2006, proc. 0630956, o ac. do TRL de 26.01.2010, proc. 5548/08.6TCLRS.L1-7, o ac. do TRL de 26.02.2013, proc. 24201/10.4YYLSB.L1-7, o ac. do TRL de 08.10.2015, proc. 221-13.6TBSCR.L1-8, o ac. do TRC de 02.02.2016, proc. 18/14.6TBMDA-A.C1, o ac. do TRC de 16.03.2016, proc. 86/15.3T8SRT.C1, o ac. do TRL de 14.04.2016, proc. 201-13.1TBSCR.L1-8, o ac. do TRL de 03.05.2016, proc. 427/13.8TBPTS-B.L1-1, o ac. do TRG de 12.05.2016, proc. 3733/15.3T8VCT.G1, o ac. do TRL de 27.10.2016, proc. 327-13.1T2SNT.L1-8, o ac. do TRL de 16.11.2016, proc. 4199/13.8T2SNT.L1.2, o ac. do TRC de 21.02.2017, proc. 1708/12.3TBMGR-A.C1, o ac. do TRG de 16.03.2017, proc. 2195/16.2T8GMR.G1, o ac. do TRL de 11.05.2017, proc. 18853-12.8YYLSB-A.L1-6, bem como o ac. do TRC de 09.01.2018, proc. 7541/16.6T8CBR.C1. Interpretando extensivamente este regime, no sentido de o mesmo abranger "os documentos exarados ou autenticados, por notário ou por outras entidades ou profissionais com competência para tal, em que se preveja a modificação das obrigações constituídas", razão pela qual tais documentos podem servir de base à execução, desde que se prove, por documento passado em conformidade com as cláusulas deles constantes, que alguma obrigação foi modificada na sequência da previsão das partes", *vide* o ac. do STJ de 31.03.2022, proc. 2465/20.5T8VIS-A.C1.S1.

259 *Vide*, a este propósito, o ac. do TRL de 01.07.2010, proc. 4986/09.1TCLRS.L1-6, no qual se decidiu que esse documento complementar deve permitir certificar, de forma clara, objetiva e inequívoca, que foi efetivamente realizada a prestação ou constituída alguma obrigação. Do mesmo modo, no ac. do TRL de 16.11.2016, proc. 4199/13.8T2SNT.L1.2, decidiu-se que, dos documentos complementares, não pode resultar qualquer dúvida de que o executado assumiu efetivamente uma obrigação pecuniária determinada ou determinável através de uma operação de simples cálculo aritmético.

260 Ac. do STJ de 04.05.1999, proc. 99A310, *in BMJ*, nº 487, ano 1999, p. 237. Cfr., no mesmo sentido, o ac. do TRC de 21.02.2017, proc. 1708/12.3TBMGR-A.C1, o ac. do TRE de 12.10.2017, proc. 6865/12.6TBSTB.E1, bem como o ac. do TRP de 14.12.2017, proc. 1401/15.5T8AGD.P1.

261 *Vide*, nesse sentido, os acs. do STJ de 04.05.1999, proc. 99A310, e de 10.02.2000, proc. 99B1212. Cfr., na doutrina, Lopes-Cardoso, Eurico, *Manual da Acção Executiva, op. cit.*, pp. 77 e 78.

262 Ac. do TRC de 25.03.2014, proc. 102/11.8TBTMR-A.C1. Cfr., no mesmo sentido, o ac. do TRP de 10.12.2012, proc. 6586/11.7TBMTS-B.P1. Conforme se decidiu no ac. do STJ de 05.05.2011, proc. 5652/9.3TBBRG.P1.S1, "O título executivo é complexo quando corporizado num acervo documental em que a complementaridade entre dois ou mais documentos se articula e complementa numa relação lógica, evidenciada no facto de, regra geral, cada um deles só por si não ter força executiva

título é formado por dois ou mais documentos, conjugados entre si[263]. É o que sucede, por exemplo, com o contrato de abertura de crédito, no qual o banco "apenas se vincula a realizar, no futuro, as prestações que o cliente venha a exigir nos termos contratados, consistindo a prestação imediata do banco apenas na manifestação de vontade de vir a tornar-se credor"[264]. Assim, se o credor não provar que realizou, efetivamente, uma prestação a favor do devedor, também não poderá recorrer, sem mais, à ação executiva[265]. Isto porque "a mera junção do contrato de abertura de crédito, como título executivo, não demonstra a efectiva concessão de crédito ao cliente, o aproveitamento, por este, de qualquer parcela de capital, tornando-se necessária a junção de documentação complementar bastante para que haja título executivo e assim a dívida exequenda possa ser executada"[266], tal como sucede, por exemplo,

e a sua ausência fazer indubitavelmente soçobrar a do outro, mas juntos assegurarem eficácia a todo o complexo documental como título executivo".

[263] Castoro, Pasquale, *Il Processo di Esecuzione nel suo Aspetto Pratico*, *op. cit.*, p. 13.

[264] Ac. do STJ de 08.03.2005, proc. 04A4359. Cfr., no mesmo sentido, o ac. do TRL de 03.05.2016, proc. 427/13.8TBPTS-B.L1-1, o ac. do TRL de 05.11.2019, proc. 6424/18.0T8SNT-A.L1-7, o ac. do TRG de 04.06.2020, proc. 6528/18.9T8GMR-A.G1, bem como o ac. do STJ de 08.06.2021, proc. 1951/16.6T8ENT-A.E2.S1. Cfr., ainda, o ac. do TRP de 07.10.2014, proc. 2614/12.7TBGDM-A.P1, com o seguinte sumário: "No contrato de abertura de crédito a entidade creditante obriga-se a disponibilizar a outra (creditado) determinada soma em dinheiro, que este pode utilizar. A obrigação de reembolso só nasce se e na medida da disponibilização/utilização efectiva do crédito, pelo que, como é evidente, para a instituição de crédito dar à execução tal obrigação, tem de provar, não só o contrato de abertura de crédito, mas também as concretas disponibilizações/utilizações efectivas do crédito". Do mesmo modo, Alberto dos Reis elucida que a escritura de abertura de crédito até um determinado montante não passa de um "contrato preliminar" ou de um "contrato promessa de empréstimo", porquanto dessa escritura não resulta a realização ou a concessão efetiva de qualquer empréstimo, mas antes a promessa de entrega, a título de empréstimo, de determinadas quantias pecuniárias (Reis, José Alberto dos, *Código de Processo Civil Anotado*, vol. I, *op. cit.*, p. 163).

[265] No sentido de o exequente ser admitido a produzir prova complementar quanto à disponibilização efetiva ao executado de fundos no âmbito de um contrato de abertura de crédito em conta-corrente através do regime previsto no art. 714º, *vide* o ac. do TRL de 22.11.2012, proc. 9108/10.3TBCSC.L1-2. Quanto à obrigação de o juiz proferir um despacho de convite ao aperfeiçoamento, no sentido de o exequente juntar aos autos prova complementar comprovativa da concessão efetiva do crédito, *vide* o ac. do TRP de 11.03.2014, proc. 3874/11.6TBPRD.P1. Cfr., em sentido contrário, o ac. do TRP de 10.02.2016, proc. 100/13.7TBVLG.P1, no qual se decidiu que, não juntando o exequente ao requerimento executivo o contrato de abertura de crédito, acompanhado do documento comprovativo da concessão efetiva de um crédito, não há lugar ao proferimento de um despacho de convite ao aperfeiçoamento do articulado.

[266] Ac. do STJ de 08.03.2005, proc. 04A4359. Cfr., no mesmo sentido, os acs. do TRP de 18.01.1994, proc. 9220949, e de 03.07.2012, proc. 1041/10.5TBMCN-A.P1, os acs. do TRL de 10.10.2013, proc. 12869/10.6T2SNT.L1-7, e de 26.02.2013, proc. 24201/10.4YYLSB.L1-7, o ac. do TRC de 10.11.2015, proc. 5705/14.6T8CBR.C1, o ac. do STJ de 10.04.2018, proc. 18853/12.8YYLSB-A.L1.S2, o ac. do

com um extrato de conta-corrente que documente as quantias que foram efetivamente entregues ao devedor[267].

Para além do contrato de abertura de crédito, enquadram-se igualmente neste âmbito, entre outros, o contrato de fornecimento, o contrato de empreitada[268], a escritura pública de constituição de hipoteca para garantia de obrigações futuras[269], o contrato de crédito ao consumo[270] e quaisquer outros em que se convencionem prestações ou obrigações futuras[271].

Diversamente, não constitui título executivo um documento que consubstancie uma mera "proposta de concessão de crédito", já que, desse documento, não resulta a demonstração de que o credor concedeu efetivamente algum crédito ao devedor, nem tão-pouco a data em que o fez ou o modo como o crédito devia ser reembolsado[272].

2.2.2. Escritos com assinatura a rogo

Um documento diz-se assinado a rogo quando o mesmo está assinado por uma pessoa diversa da interessada, a pedido (rogo) desta, por não saber ou não poder assinar (art. 373º, nº 1, do CC)[273]. Normalmente, a assinatura de um documento a rogo fica a dever-se a situações de analfabetismo ou de natureza física ou psicológica[274].

Para que um documento assinado a rogo possa constituir título executivo, torna-se necessário que a assinatura esteja reconhecida por notário ou por

TRE de 18.10.2018, proc. 71/13.0TBETZ-A.E2, o ac. do TRL de 16.05.2019, proc. 99/13.0TBVFX-B.L1-6, o ac. do TRP de 10.07.2019, proc. 557/17.7T8OVR-A.P1, o ac. do TRL de 24.10.2019, proc. 511/16.6 T8FNC-A.L1-6, bem como o ac. do TRG de 10.03.2022, proc. 6238/20.7T8GMR-A.G1.

[267] Cfr., nesse sentido, o ac. do TRP de 11.04.2019, proc. 4309/12.2TBMAI-B.P1, o ac. do TRL de 06.06.2019, proc. 8316/12.7TCLRS-A.L1-6, bem como o ac. do TRL de 10.09.2019, proc. 666/12.9TCFUN-A.L1-7. Sustentando que a mera junção de uma nota de débito não constitui documento bastante para complementar o contrato de abertura de crédito, *vide* o ac. do TRL de 06.06.2019, proc. 84/10.3TBSCR-A.L1-8.

[268] Ac. do TRL de 16.01.1997, proc. 0007932.

[269] Ac. do STJ de 06.02.2007, *in CJ/STJ*, nº 198, ano XV, tomo I, 2007, p. 69.

[270] No sentido de o contrato de crédito ao consumo só constituir título executivo se a quantia exequenda coincidir com as prestações não pagas, *vide* o ac. do TRL de 19.02.2013, proc. 6327/10.6TBOER.L1-1.

[271] Cfr., nesse sentido, o ac. do TRL de 04.06.1992, proc. 0062942, bem como o ac. do TRL de 16.01.1997, proc. 0007932.

[272] Ac. do TRL de 27.10.2016, proc. 327-13.1T2SNT.L1-8.

[273] Daí que, conforme se decidiu no ac. do STJ de 06.05.2008, proc. 08A1187, um documento com assinatura a rogo não se confunda com um documento no qual alguém após a sua impressão digital, por não saber assinar.

[274] Lopes-Cardoso, Eurico, *Manual da Acção Executiva*, *op. cit.*, p. 49.

outras entidades ou profissionais com competência para tal, nos termos do art. 708º[275]. Para o efeito, o documento deve ser acompanhado de um termo de reconhecimento, do qual conste "a menção de que o rogante não sabia e podia ler ou de que o documento lhe foi lido e ele o achou conforme à sua vontade" (art. 154º, nº 2, do CN)[276]. Este regime encontra-se em conformidade com a lei substantiva, segundo a qual, sendo o documento subscrito por pessoa que não saiba ou não possa ler, a subscrição só obriga quando feita ou confirmada perante notário, depois de lido o documento ao subscritor, devendo o rogo ser igualmente dado ou confirmado perante notário, depois de lido o documento ao rogante (art. 373º, nºs 3 e 4, do CC)[277]. Com efeito, semelhante exigência legal visa acautelar a situação de especial debilidade e fragilidade em que se encontra o rogante, pelo que, tratando-se de uma formalidade *ad substantiam*, a falta de intervenção notarial acarreta a nulidade da declaração negocial, nos termos dos arts. 286º e 289º do CC[278].

2.3. Títulos de crédito

O título de crédito constitui um documento (*chartula*) que incorpora direitos literais[279], autónomos[280] e abstratos, assentes numa ordem de pagamento ou numa promessa de pagamento, permitindo, por isso, ao respetivo titular o

[275] Quanto à admissibilidade da assinatura a rogo nas letras e livranças, ainda que emitidas em branco, desde que essa assinatura se encontre reconhecida por notário, *vide* RODRIGUES, Fernando Pereira, *Elucidário de Temas de Direito (Civil e Processual), op. cit.*, p. 52. Cfr., na jurisprudência, o ac. do TRL de 27.11.2008, proc. 9044/2008-6.

[276] Ac. do TRP de 01.02.1990, proc. 0123005. *Vide*, de igual modo, ANDRADE, Manuel A. Domingues de, *Noções Elementares de Processo Civil, op. cit.*, p. 67. No sentido de não constituir requisito do reconhecimento da assinatura a rogo a menção da assinatura do documento ao rogante, *vide* o ac. do STJ de 15.01.2008, proc. 4247/07, *in SASTJ*, nº 121, ano 2008.

[277] *Vide*, a este propósito, o ac. do TRP de 13.07.2011, proc. 297/2000.P1.

[278] Cfr., nesse sentido, o ac. do STJ de 17.03.1998, proc. 98A167, o ac. do TRP de 17.02.2009, proc. 0827137, bem como o ac. do TRL de 21.05.2014, proc. 676/12.6TTFUN.L1-4.

[279] VASCONCELOS, Pedro Pais de, *Direito Comercial*, vol. I, *op. cit.*, pp. 288, 291 e 294. Com efeito, conforme elucida o citado Autor, uma das principais características dos títulos de crédito traduz-se na sua literalidade, o que significa que o direito documentado no título vale precisamente com o "conteúdo e extensão" que dele constam, "o que permite a quem examinar o título ter conhecimento completo e preciso do direito incorporado".

[280] Neste particular, Fernando Sanchez Calero esclarece que o direito incorporado no título de crédito é um direito autónomo, já que, sendo o título de crédito transmitido a um terceiro que se encontre de boa-fé, este passa a dispor de um direito que é independente das relações de caráter pessoal que possam ter existido entre o anterior detentor do título e o devedor. Daí que o devedor não possa invocar contra o novo detentor do título exceções de caráter pessoal que pudessem ser oponíveis ao anterior detentor (SANCHEZ CALERO, Fernando, *Principios de Derecho Mercantil*, tomo II, 19ª ed., Thomson Reuters Aranzadi, Navarra, 2014, p. 39).

exercício de tais direitos de forma simples, rápida e segura, mediante a mera exibição do título, sem necessidade de alegação ou de demonstração da relação jurídica subjacente à sua emissão[281]. Para além disso, o título de crédito facilita a circulação, a cobrança ou a mobilização antecipada dos direitos de crédito que nele se encontram incorporados[282].

Ora, de acordo com o art. 703º, nº 1, al. *c)*, os títulos de crédito constituem títulos executivos.

Incluem-se neste domínio, entre outros, as letras, as livranças e os cheques, cujo regime jurídico se encontra regulado, respetivamente, na Lei Uniforme das Letras e Livranças e na Lei Uniforme dos Cheques[283,284].

A atribuição de força executiva aos títulos de crédito encontra justificação na necessidade de se garantir a segurança do tráfego jurídico e de se favorecer a utilização dos títulos de crédito como meios de pagamento no domínio das transações comerciais[285,286], mesmo que estes não garantam, com a mesma segurança das sentenças condenatórias ou dos documentos exarados

[281] *Vide*, a este propósito, o ac. do TRP de 24.01.2005, proc. 0456901, no qual se decidiu que "Tendo sido dada à execução a mera obrigação cambiária e junta a «letra de câmbio» de que a mesma resulta, não há necessidade de expor quaisquer outros factos no requerimento executivo", bem como o ac. do TRE de 28.06.2017, proc. 172/15.0T8CBA-A.E1. Cfr., na doutrina, TORRENTE, Andrea/ SCHLESINGER, Piero, *Manuale di Diritto Privato*, *op. cit.*, pp. 621 e 622.

[282] VASCONCELOS, Pedro Pais de, *Direito Comercial*, vol. I, *op. cit.*, p. 289.

[283] *Vide*, a este propósito, ASCENSÃO, José de Oliveira/VASCONCELOS, Pedro Pais de, "Forma da livrança e formalidade", *in ROA*, ano 60º, vol. I, jan. 2000, pp. 300 e 301.

[284] Conforme elucida José Engrácia Antunes, o termo "título de crédito" compreende uma grande multiplicidade de documentos, nomeadamente as letras de câmbio, as livranças, os cheques, os extratos de fatura, os documentos de transporte, os certificados de depósito, as cautelas de penhor (*warrants*) e as ações e obrigações emitidas pelas sociedades comerciais. De entre estes documentos, apenas podem constituir títulos executivos aqueles que importem a constituição ou o reconhecimento de uma obrigação pecuniária ou de entrega de coisa móvel, ou seja, os títulos creditícios (letras de câmbio, livranças, cheques, extratos de fatura), bem como os títulos reais (guias de transporte e conhecimentos de carga, conhecimentos de transporte e anexa cautela de penhor) – ANTUNES, José A. Engrácia, *Os Títulos de Crédito – Uma Introdução*, 2ª ed. rev. e atual., Coimbra Editora, Coimbra, 2012, pp. 7, 28 e 29.

[285] SASSANO, Francesca, *Manuale Pratico dell'Esecuzione Mobiliare e Immobiliare*, *op. cit.*, p. 30. Cfr., no mesmo sentido, CORDEIRO, António Menezes, *Tratado de Direito Civil Português*, I – Parte Geral, tomo I, 3ª ed., Almedina, Coimbra, 2011, p. 471.

[286] Com efeito, conforme salienta Humberto Theodoro Júnior, "no final da Idade Média e nos princípios da Idade Moderna, o incremento do intercâmbio comercial fez surgir os títulos de crédito, para os quais se exigia uma tutela judicial mais expedita que a do processo comum de cognição. [...] Para tanto, adotou-se o mecanismo de equiparar a força do título de crédito à da sentença, atribuindo-lhe, tal como a esta, a *executio parata*" (THEODORO JÚNIOR, Humberto, "As vias de execução do Código de Processo Civil Brasileiro reformado", *op. cit.*, p. 30).

ou autenticados por notário ou por outras entidades ou profissionais com competência para tal, a existência efetiva da obrigação objeto de execução.

2.3.1. Letra de câmbio

A letra de câmbio, também designada por "*bill of exchange*", "*Wechsel*", "*cambiale*" ou "*lettre de change*"[287], é um título de crédito que consiste numa "ordem pura e simples dada por uma pessoa (sacador) a uma outra (sacado), para que pague uma quantia determinada a certa pessoa ou à ordem dela"[288,289].

Tradicionalmente, a emissão da letra de câmbio assenta numa relação trilateral, na medida em que envolve três sujeitos, a saber: o sacador, que é a pessoa que emite a letra; o sacado, que é a pessoa que aceita a letra; e o tomador ou beneficiário da letra, que é a pessoa a favor da qual a letra deve ser paga.

Por exemplo:

A fornece a B determinadas mercadorias e este dispõe-se a pagar-lhe esse fornecimento, através de C, no prazo de seis meses. Para o efeito, B entrega a A uma letra de câmbio, dando a C uma ordem para que este pague a A a quantia titulada por essa letra.

Neste caso, B designa-se por "sacador" da letra, na medida em que emite uma letra de câmbio, através da qual dá uma ordem de pagamento ao "sacado", ou seja, a C, para que este pague uma determinada quantia pecuniária ao "tomador" A. Assim, B, devedor, "assume uma obrigação de garantia pela aceitação e pagamento da letra", porquanto "promete ao tomador que o sacado aceitará e pagará a letra na data e termos convencionados, obrigando-se ainda, caso este não o faça, a pagar ele próprio"[290].

Por sua vez, A, credor, assume a qualidade de "tomador", ou seja, é o "beneficiário da referida ordem de pagamento"[291], podendo optar por ficar na posse dessa letra e cobrá-la na data do seu vencimento, endossá-la a um terceiro para liquidar eventuais débitos que tenha para com ele ou descontá-la, de imediato, junto de uma entidade bancária[292].

[287] ANTUNES, José A. Engrácia, *Os Títulos de Crédito – Uma Introdução, op. cit.*, p. 51.

[288] VARELA, Antunes, *et al.*, *Manual de Processo Civil, op. cit.*, p. 87. Cfr., no mesmo sentido, CORREIA, A. Ferrer, *Lições de Direito Comercial*, Lex, Lisboa, 1994, p. 421, bem como MARTINS, Alexandre de Soveral, *Títulos de Crédito e Valores Mobiliários*, vol. I, Almedina, Coimbra, 2014, p. 35.

[289] Para um enquadramento histórico da letra de câmbio, *vide* CUNHA, Carolina, *Manual de Letras e Livranças*, Almedina, Coimbra, 2016, pp. 10 a 20, bem como SANCHEZ CALERO, Fernando, *Principios de Derecho Mercantil*, tomo II, *op. cit.*, pp. 58 e 59.

[290] ANTUNES, José A. Engrácia, *Os Títulos de Crédito – Uma Introdução, op. cit.*, p. 52. Cfr., no mesmo sentido, o ac. do TRP de 20.06.1996, proc. 9630029.

[291] ANTUNES, José A. Engrácia, *Os Títulos de Crédito – Uma Introdução, op. cit.*, p. 52.

[292] *Vide*, a este respeito, CORREIA, A. Ferrer, *Lições de Direito Comercial, op. cit.*, p. 427.

Por último, C assume a qualidade de sacado, ou seja, de "destinatário da ordem de pagamento dada pelo sacador", sendo que C tem de aceitar a letra[293], isto é, vincular-se a pagar a letra ao tomador na data do respetivo vencimento, após o que passará a designar-se por "aceitante" (art. 28º da LULL)[294]. Diversamente, se o sacado não aceitar o pagamento, o portador da letra pode lavrar um "protesto", isto é, certificar, junto de um notário, a recusa da aceitação da letra (arts. 119º a 130º do CN), após o que poderá acionar imediatamente as obrigações cambiárias de garantia contra o sacador e eventuais endossantes ou avalistas[295].

Muito embora, como se disse, a emissão da letra de câmbio assente tradicionalmente numa relação trilateral, pode, no entanto, suceder que essa relação assuma apenas uma natureza bilateral. Nessa hipótese, a letra de câmbio funciona com um "instrumento de garantia e de cobrança de créditos, destinando-se a munir o sacador-tomador (credor-cambiário) de um título executivo contra o devedor cambiário (aceitante)"[296].

Vejamos o seguinte exemplo:

A fornece determinadas mercadorias a B.

Para pagamento desse fornecimento, A emite uma letra de câmbio a B – ou seja, A dá uma ordem a B para que este, aquando do vencimento da obrigação, pague o preço devido por esse fornecimento – sendo que B aceita a emissão dessa letra.

Assim, nesta modalidade especial de saque, a relação cambiária assume uma estrutura bilateral e não trilateral, na medida em que se verifica uma coincidência entre a pessoa do sacador e do tomador[297]. Na verdade, A assume a qualidade de sacador e de tomador, enquanto B assume a qualidade de sacado.

[293] Nos termos do art. 25º da LULL, o aceite deve ser escrito na própria letra, exprime-se pela palavra "aceite" ou por outra palavra equivalente e deve ser assinado pelo sacado, sendo que vale como aceite a simples assinatura do sacado aposta na parte anterior da letra. *Vide*, a este respeito, o ac. do TRG de 02.02.2017, proc. 4862/15.9T8GMR-A.G1, no qual se decidiu que "O aceite é a declaração cambiária pela qual o sacado se obriga a pagar a letra ao portador, sendo necessária para que o aceite valha como tal a correspondência entre a identidade da pessoa que no título figura como sacado e a identidade de quem após a assinatura no lugar destinado ao aceitante".

[294] ANTUNES, José A. Engrácia, *Os Títulos de Crédito – Uma Introdução, op. cit.*, p. 52.

[295] *Ibidem*, p. 52.

[296] *Ibidem*, p. 71. *Vide*, no mesmo sentido, MARTINS, Alexandre de Soveral, *Títulos de Crédito e Valores Mobiliários*, vol. I, *op. cit.*, p. 37, CUNHA, Carolina, *Manual de Letras e Livranças, op. cit.*, p. 21, bem como SANCHEZ CALERO, Fernando, *Principios de Derecho Mercantil*, tomo II, *op. cit.*, p. 59.

[297] Como bem observa Carolina Cunha, atualmente, a relação cambiária assume uma natureza eminentemente bipessoal – em que o sacador coincide com o tomador, verificando-se, por isso, um "saque à sua própria ordem" – sendo cada vez "mais vulgar" que o aceite seja contemporâneo ou até anterior à própria emissão da letra (CUNHA, Carolina, *Manual de Letras e Livranças, op. cit.*, p. 20).

Por conseguinte, A pode optar por exigir diretamente a B o pagamento da letra aquando do vencimento da obrigação, endossar a letra a um terceiro ou descontá-la junto de uma entidade bancária.

No que diz respeito aos seus requisitos formais, dispõe o art. 1º da LULL que a letra de câmbio deve conter os seguintes elementos:

a) a palavra "letra" inserta no próprio texto do título e expressa na língua empregada para a redação desse título[298];
b) o mandato puro e simples de pagar uma determinada quantia, isto é, uma ordem incondicional de pagamento de uma concreta quantia pecuniária[299];
c) o nome daquele que deve pagar, ou seja, do sacado (o qual, no entanto, só ficará obrigado cambiariamente depois de aceitar a letra);
d) a época do pagamento (arts. 33º e ss. da LULL);
e) a indicação do lugar em que o pagamento deve ser efetuado (art. 4º da LULL)[300];
f) o nome da pessoa a quem ou à ordem de quem a letra deve ser paga, isto é, do tomador[301];
g) a indicação da data e do lugar onde a letra é passada;
h) a assinatura de quem passa a letra, ou seja, do sacador[302].

[298] Este requisito visa, essencialmente, garantir a segurança e a certeza jurídicas (ANTUNES, José A. Engrácia, *Os Títulos de Crédito – Uma Introdução, op. cit.*, p. 58). No mesmo sentido, Alexandre de Soveral Martins salienta que a obrigação de imposição da palavra "letra" no próprio texto do título visa garantir que qualquer subscritor do título tenha perfeita consciência da "importância do acto que está a realizar" (MARTINS, Alexandre de Soveral, *Títulos de Crédito e Valores Mobiliários*, vol. I, *op. cit.*, p. 39).

[299] Com efeito, como bem salienta Alexandre de Soveral Martins, o princípio da literalidade do título de crédito impõe que o mandato de pagamento seja incondicional, já que o portador mediato do título não tem como "investigar se as condições se verificaram ou não" (*Ibidem*, p. 55).

[300] No sentido de a observância deste requisito exigir a indicação de um endereço completo, não sendo suficiente uma "mera indicação geográfica ou genérica", *vide* ANTUNES, José A. Engrácia, *Os Títulos de Crédito – Uma Introdução, op. cit.*, p. 61.

[301] No sentido de não serem legalmente admissíveis "letras ao portador", *vide* MARTINS, Alexandre de Soveral, *Títulos de Crédito e Valores Mobiliários*, vol. I, *op. cit.*, p. 41.

[302] Tal como assinala José Engrácia Antunes, os títulos de crédito caracterizam-se pela sua literalidade, razão pela qual "o conteúdo, a extensão e modalidades do direito cartular são aqueles que decorrem das declarações objetivas constantes do título" (ANTUNES, José A. Engrácia, *Os Títulos de Crédito – Uma Introdução, op. cit.*, p. 20).

Faltando algum desses requisitos, o escrito não produz efeitos como letra[303] – isto é, passa a configurar um mero documento particular, sem qualquer valor cambiário[304] – salvo se a letra tiver sido "emitida em branco" (art. 10º da LULL)[305] ou se estiver apenas em causa a não indicação da época de pagamento – caso em que se entende que a letra é pagável à vista –, ou do lugar onde a letra foi passada – situação em que se considera como tendo-o sido no lugar designado ao lado do nome do sacador[306]. No que concerne ao lugar de pagamento da letra, dispõe o art. 2º da LULL que, na falta de indicação especial, o lugar designado ao lado do nome do sacado considera-se como sendo o lugar do pagamento, e, ao mesmo tempo, o lugar do domicílio do sacado.

Por sua vez, o art. 11º da LULL prevê a possibilidade de a letra de câmbio ser transmitida por via de endosso[307,308], o que implica que o tomador transmita a um terceiro a propriedade da letra[309] e de todos os direitos dela emergentes

[303] Cfr., a este respeito, os acs. do TRP de 30.10.1997, proc. 9730527, de 27.01.1998, proc. 9720339, e de 14.03.2002, proc. 0230017.

[304] Em todo o caso, mesmo que o portador tenha intentado uma ação executiva, que acabou por sucumbir, pelo facto de o título de crédito não se achar devidamente preenchido, tal não obsta a que seja intentada uma nova ação executiva, desta feita com o título de crédito já devidamente preenchido (*vide*, a este propósito, CUNHA, Carolina, *Manual de Letras e Livranças, op. cit.*, p. 234).

[305] Cfr., sobre este assunto, os acs. do TRC de 06.10.2015, proc. 990/12.0TBLSA-A.C1, e de 13.09.2016, proc. 341/13.7TBSPS-A.C1.

[306] *Vide*, a este respeito, o ac. do STJ de 26.11.2002, proc. 02A3283. No sentido de não constituir título executivo a letra de câmbio da qual não conste o nome da pessoa a quem deva ser paga, *vide* o ac. do STJ de 18.06.2002, proc. 1731/02, *in CJ/STJ*, ano X, tomo II, 2002, p. 113.

[307] No sentido de o endosso não carecer de ser notificado ao aceitante, *vide* MARTINS, Alexandre de Soveral, *Títulos de Crédito e Valores Mobiliários*, vol. I, *op. cit.*, p. 64. Cfr., na jurisprudência, o ac. do TRL de 06.03.2007, proc. 7916/2006-7, aí se sustentando que o endosso não se confunde com a cessão de créditos, já que se tratam de regimes jurídicos totalmente distintos.

[308] Note-se que, na prática comercial, é usual o portador da letra apresentar a mesma a desconto junto de uma instituição bancária. Com efeito, conforme se elucida no ac. do TRL de 12.07.2006, proc. 5168/2006, "na perspectiva sócio-económica, o desconto é uma convenção sobre uma operação bancária mediante a qual um banco (descontador) paga, antecipadamente, a quem lhe endossa um título de crédito (descontário), e por causa desse endosso, o quantitativo inscrito no título, subtraído do juro correspondente àquela quantia relativo ao período que vai desde o pagamento até ao vencimento do título, e de outras somas respeitantes a encargos bancários (quantias subtraídas que são o desconto). Do ponto de vista jurídico, o desconto é um contrato misto de mútuo mercantil (arts. 1142º, CC, 2º, 13º CCom.) e de dação «pro solvendo» (art. 840º, nºs 1 e 2, CC), tendo em conta que, de acordo com o perfil económico do negócio, o descontador, emprestando a quantia descontada, fica investido, por causa do endosso, na posse legítima de um título de crédito sobre terceiro, sem perder, porém, o direito de acção sobre o próprio descontário".

[309] CUNHA, Carolina, *Letras e Livranças: Paradigmas Actuais e Recompreensão de um Regime*, Almedina, Coimbra, 2012, pp. 77 e 78.

(art. 14º da LULL)[310,311]. Com efeito, tal como elucida Ferrer Correia, "a letra é um título de crédito à ordem: circula por endosso. Desta forma, a pessoa a favor de quem a ordem de pagamento foi dada, o tomador, pode vir a revestir a qualidade de endossante transmitindo a letra a um terceiro; o endossado, por sua vez, pode conservar a letra em seu poder, para no dia do vencimento a apresentar a pagamento, ou endossá-la a outrem; e assim sucessivamente"[312].

Paralelamente, o art. 30º da LULL estipula que o pagamento da letra pode ser total ou parcialmente garantido através da prestação de um aval – mediante a aposição, na própria letra ou numa folha anexa, da menção "bom para aval" ou de uma fórmula equivalente[313] e subsequente assinatura do seu dador –, sendo que essa garantia é prestada por um terceiro ou pelo próprio signatário da letra[314,315]. Nos termos do art. 32º da LULL, o dador de aval é responsável

[310] *Vide*, a este propósito, o ac. do TRP de 18.01.1999, proc. 9851316, bem como o ac. do STJ de 22.11.2016, proc. 38/12.5TBSSB-A.E1.S1.

[311] Nos termos do art. 15º da LULL, o endossante, salvo disposição em contrário, assume uma obrigação de garantia quer da aceitação, quer do pagamento da letra, assistindo-lhe, no entanto, a possibilidade de proibir um novo endosso, caso em que deixa de garantir o pagamento às pessoas a quem a letra venha a ser posteriormente endossada.

[312] Correia, A. Ferrer, *Lições de Direito Comercial*, *op. cit.*, p. 422.

[313] No sentido de a mera aposição de uma assinatura no verso de uma letra ou de uma livrança, desacompanhada de qualquer indicação, não ter valor como aval, *vide* o ac. do STJ de 15.03.2012, proc. 2974/04.3TVPRT-B.P2.S1.
Cfr., em sentido contrário, o ac. do TRE de 16.04.2015, proc. 404/13.9TBPSR-A.E1.

[314] Conforme se decidiu no ac. do TRL de 28.10.2014, proc. 617/11.8TCFUN-A.L1-7, "O aval constitui uma garantia dada à obrigação cartular e não à obrigação subjacente, constituindo um reforço das garantias do portador do título. Esta garantia dada pelo aval num título cambiário é incondicional e irrenunciável, no sentido de que, atenta a necessidade de circulação e segurança jurídica inerentes ao mesmo, quer as inscrições ali contidas, quer a responsabilidade pelas obrigações dela decorrentes, têm de ser imediatamente perceptíveis pela simples inspecção do respectivo título e devem perdurar enquanto o mesmo circular e até ao seu efectivo pagamento". *Vide*, no mesmo sentido, o ac. do TRP de 17.10.2016, proc. 3238/15.2T8PRT-A.P1, no qual se decidiu que "O aval representa uma obrigação cambiária que tem por finalidade garantir ou caucionar obrigação cambiária idêntica e preexistente do signatário da letra de câmbio ou da livrança, assumindo a obrigação do avalista, duas características essenciais: é autónoma, subsistindo mesmo no caso de a obrigação do avalizado ser nula por qualquer razão que não um vício de forma (art. 32º, nº 2, da LULL); e é solidária, respondendo o avalista a par dos demais subscritores pelo pagamento integral do título (art. 47º, nº 1, da LULL)".

[315] No sentido de a letra de câmbio prescrita poder, mesmo assim, constituir título executivo contra o avalista, desde que o exequente alegue e prove que a relação jurídica subjacente à prestação do aval constituía uma fiança relativamente à obrigação que advinha para o avalizado, *vide* o ac. do TRP de 28.10.2010, proc. 1381/08.3TBPNF-A.P2, bem como o ac. do TRP de 20.03.2012, proc. 2590/09.3TBVLG-A.P1.
Cfr., em sentido contrário, o ac. do TRP de 01.03.2005, proc. 0520778.

da mesma maneira que a pessoa por ele afiançada, isto é, pelo endossante ou pelo aceitante, sendo que a sua obrigação mantém-se, mesmo no caso de a obrigação que ele garantiu ser nula por qualquer razão que não seja um vício de forma[316,317].

No que concerne à ação por falta de aceite ou de pagamento, dispõe o art. 43º da LULL que o portador de uma letra pode exercer os seus direitos de ação contra os endossantes, sacador e outros coobrigados:

a) no vencimento, na eventualidade de o pagamento não ser efetuado[318];
b) antes do vencimento, se houver recusa total ou parcial de aceite;
c) nos casos de falência do sacado ou de execução, sem resultado, dos seus bens; e
d) nos casos de falência do sacador de uma letra não aceitável.

Relativamente à responsabilidade pelo cumprimento da obrigação, dispõe o art. 47º da LULL que os sacadores, aceitantes, endossantes ou avalis-

316 *Vide,* a este propósito, o ac. do TRG de 28.05.2015, proc. 5023/06.3TBGMR-A.G1, o ac. do TRC de 01.12.2015, proc. 808/14.0TBCVL-A.C1, o ac. do TRE de 23.02.2016, proc. 506/13.1TBTMR-D.E1, o ac. do TRG de 21.04.2016, proc. 839/12.4TBGMR-C.G1, o ac. do STJ de 19.06.2019, proc. 1818/17.0T8CBR-A.C1.S1, bem como o ac. do TRG de 16.01.2020, proc. 4410/16.3T8VNF-B.G1. Neste particular, Carolinha Cunha sustenta que, pese embora a letra da lei pareça caracterizar o aval como se tratando de uma garantia subjetiva – já que o dador do aval "é responsável da mesma maneira que a pessoa por ele afiançada" –, o certo é que o aval constitui uma garantia objetiva, na medida em que não se destina a garantir o pagamento da letra por parte de algum dos seus subscritores, mas antes a garantir o pagamento da letra *tout court* (*vide* Cunha, Carolina, *Manual de Letras e Livranças, op. cit.*, pp. 39 a 43). Cfr., na jurisprudência, o ac. do TRG de 30.05.2019, proc. 3830/18.3T8VNF-A.G1, no qual se consignou que "O avalista não é responsável ou não se obriga ao cumprimento da obrigação constituída pelo avalizado, mas tão-só ao pagamento da quantia titulada no título de crédito. A obrigação firmada pelo avalista é perante a obrigação cartular e não perante a relação subjacente".

317 Assim, conforme se decidiu no ac. do STJ de 04.05.2017, proc. 206/14.5T2STC-A.E1.S1.S1, muito embora o dador de aval seja responsável da mesma forma que a pessoa por ele afiançada, a verdade é que a obrigação do avalista é autónoma, razão pela qual "o avalista não pode defender-se com as exceções próprias do avalizado, salvo quanto ao pagamento". Do mesmo modo, decidiu-se no ac. do TRE de 08.02.2018, proc. 709/14.1TBOLH-C.E1, que "O plano de recuperação aprovado e homologado no processo de revitalização só diz respeito e só vincula os credores e o devedor que se apresentou à revitalização e o aí acordado quanto à dívida deste não é extensível às obrigações dos condevedores, nem dos garantes, nem por estes invocável, permanecendo as obrigações destes inalteradas".

318 Cfr., a este propósito, o ac. do TRL de 25.01.2011, proc. 21931/09.7T2SNT-A.L1-7, no qual se decidiu que "A falta de interpelação prévia e a não apresentação a pagamento da letra pagável em dia fixo, não obsta à exequibilidade de tal título contra o aceitante". *Vide,* no mesmo sentido, o ac. do TRG de 28.05.2015, proc. 5023/06.3TBGMR-A.G1.

tas de uma letra são todos solidariamente responsáveis para com o portador. Com efeito, de acordo com esta disposição legal, o portador tem o direito de acionar todas essas pessoas, individual ou coletivamente, sem estar adstrito a observar a ordem pela qual se obrigaram. Para além disso, a ação intentada contra um dos coobrigados não impede de acionar os outros, mesmo os posteriores àquele que foi acionado em primeiro lugar[319].

Por sua vez, nos termos do art. 48º da LULL, o portador da letra pode reclamar daquele contra quem exerce o seu direito de ação:

a) o pagamento da letra não aceite ou não paga, com juros se assim foi estipulado;

b) os juros à taxa de 6 por cento desde a data do vencimento[320];

[319] *Vide*, a este respeito, o ac. do TRG de 24.01.2019, proc. 336/17.1T8PTL.G1, no qual se decidiu que, se um dos avalistas pagar a dívida exequenda, não pode executar os demais obrigados, em sede de direito de regresso, utilizando como título executivo a letra por ele avalizada.

[320] O art. 4º do DL nº 262/83, de 16 de junho, veio dispor o seguinte: "O portador de letras, livranças ou cheques, quando o respectivo pagamento estiver em mora, pode exigir que a indemnização correspondente a esta consista nos juros legais". Com efeito, conforme decorre do preâmbulo do citado diploma legal, o legislador considerou que "A taxa legal moratória de 6%, fixada nas respectivas Leis Uniformes, perde o carácter de sanção e quase redunda num prémio conferido aos devedores menos escrupulosos – razão sobeja para que o legislador se apresse a pôr cobro a tal situação de injustiça". Paralelamente, a Portaria nº 581/83, de 18 de maio, veio estabelecer no seu art. 1º que "A taxa anual dos juros legais e dos estipulados sem determinação de taxa ou quantitativo passa a ser de 23%". Na verdade, o legislador considerou que os juros legais e os estipulados sem determinação de taxa ou quantitativo, até então fixados pela Portaria nº 447/80, de 31 de julho, em 15%, encontravam-se manifestamente desatualizados, tornando-se, por isso, necessário proceder-se à sua atualização. Na sequência dessas alterações legislativas, a jurisprudência passou a dividir-se no que concerne à questão de saber se, estando em causa uma execução fundada em cheque, letra ou livrança, a taxa de juros de mora a considerar devia ser a de 6%, prevista na LULL e na LUC, ou se, pelo contrário, devia ser a taxa legal civil ou comercial, então de 23%, partindo de um juízo de constitucionalidade ou de inconstitucionalidade do art. 4º do DL nº 262/83, de 16 de junho. Assim, enquanto no ac. do STJ de 10.12.1985, proc. 073524, decidiu-se que "Os juros moratórios das livranças devem ser calculados à taxa de 6 por cento, de harmonia com o disposto no artigo 48º, por força do artigo 77º, ambos da Lei Uniforme sobre Letras e Livranças, e não à taxa de 23 por cento, de acordo com o disposto no Decreto-Lei nº 262/83, de 16 de Junho, e na Portaria nº 581/83, de 18 de Maio. O Decreto-Lei nº 262/83, de 16 de Junho, diploma de direito interno, não pode sobrepor-se, sem ofensa do artigo 8º da Constituição, às normas de direito internacional convencional, como é o caso da lei Uniforme sobre Letras e Livranças", já no ac. do STJ de 24.01.1990, proc. 078439, defendeu-se que "O artigo 4º do Decreto-Lei nº 262/83, de 16 de Junho, que estendeu a aplicação das taxas dos juros legais aos juros de mora em obrigações cambiárias, opera apenas na área das relações internas, não ofendendo a Convenção Internacional que aprovou a Lei Uniforme sobre Letras, Livranças e cheques, pelo que não pode a citada disposição ser considerada ilegal". Face a essa oposição jurisprudencial, o STJ, pronunciando-se pela constitucionalidade do art. 4º do DL nº 262/83, de 16 de junho – na linha, aliás, dos acs. do TC nºs 155/85 e 161/85, de 31 de julho de 1985 –,

c) as despesas do protesto, as dos avisos dados e as outras despesas[321]. No entanto, se a ação for intentada antes da data vencimento da letra, é efetuado um desconto a essas despesas, o qual deve ser calculado de acordo com a taxa oficial de desconto (taxa do banco) em vigor no lugar do domicílio do portador à data da ação.

formulou o assento nº 4/92 (publicado no *DR*, nº 290, 1ª série, de 17 de dezembro de 1992), com o seguinte teor: "Nas letras e livranças emitidas e pagáveis em Portugal é aplicável, em cada momento, aos juros moratórios a taxa que decorre do disposto no artigo 4º do Decreto-Lei 262/83, de 16 de Junho, e não a prevista nos nºs 2 dos artigos 48º e 49º da Lei Uniforme sobre Letras e Livranças". Ora, apesar de o TC, no seu acórdão nº 743/96, ter declarado a inconstitucionalidade, com força obrigatória geral, da norma do art. 2º do CC, na parte em que atribui aos tribunais competência para fixar doutrina com força obrigatória geral, por violação do disposto no art. 115º, nº 5, da Constituição, a verdade é que, na sequência desse assento nº 4/92, passou a aplicar-se a taxa de juros legal, e não a taxa de 6%, às ações fundadas em letras, livranças ou cheques. *Vide*, a este propósito, NEVES, F. Correia das, *Manual dos Juros*, Almedina, Coimbra, 1989, pp. 239 e 240, PINTO, Rui, *Manual da Execução e Despejo, op. cit.*, p. 241, VASCONCELOS, Pedro Pais de, *Direito Comercial*, vol. I, *op. cit.*, p. 346, bem como RODRIGUES, Fernando Pereira, *Elucidário de Temas de Direito (Civil e Processual)*, Coimbra Editora, Coimbra, 2011, p. 181, segundo o qual "após a publicação do Decreto--Lei nº 262/83 se ficou a entender que a taxa de juros aplicável aos títulos de crédito era a taxa de juros legais civis, porque só esta fazia sentido aplicar-se após aquele diploma, considerando-se como caducado na ordem interna o regime da Lei Uniforme que estabelecia a taxa de 6%". Cfr., na jurisprudência, o ac. do TRG de 07.07.2004, proc. 1335/04-1, no qual se consignou que "Os juros de mora que podem ser exigidos por força de uma relação jurídica cambiária são apenas os previstos no art. 4º D.-L. nº 262/83 de 18 de Junho, ou seja, os juros à taxa legal", o ac. do TRL de 07.03.2013, proc. 2109/09.6 TBMTJ-A.L1-6, no qual se decidiu que "No âmbito das relações imediatas, o credor titular de uma letra de câmbio pode pedir na acção executiva o pagamento de juros de mora à taxa legal aplicável aos créditos das empresas comerciais prevista no artigo 102º parágrafo 3º, se a natureza do crédito constar do título ou, não constando, se tal natureza for logo alegada no requerimento executivo", o ac. do TRG de 08.10.2015, proc. 2047/14.0TBGMR-A.G1, onde se sustentou que "Baseando-se a execução intentada pelo portador, contra o avalista, apenas numa livrança vencida e não paga, a taxa legal de juros de mora peticionada só pode ser, nela, de acordo com o art. 4º, do Decreto-Lei nº 262/83, de 16 de Junho, a civil (actualmente de 4%, de acordo com a Portaria nº 291/2003 vigente), e não a comercial prevista no parágrafo 3º, do art. 102º, do Código Comercial", bem como o ac. do TRG de 12.05.2016, proc. 1214/06.5TBBCL-B.G2. No sentido de a aplicação do art. 4º do DL nº 262/83, de 16 de junho, "desanimar o uso" dos títulos cambiários nos negócios jurídicos e "premiar os devedores inadimplentes, em relação aos que se tenham obrigado por outros títulos que não letras, livranças ou cheques", *vide* CORREIA, Miguel J. A. Pupo, *Direito Comercial*, Edições SPB, Lisboa, 1988, pp. 81 e 82.

[321] No sentido de estas despesas não integrarem, por si, o título executivo corporizado na letra de câmbio, sendo, por isso, apenas reclamáveis em sede declarativa, *vide* o ac. do TRL de 30.05.2001, proc. 0016087, bem como o ac. do STJ de 08.05.2012, proc. 7012/08.4TBLRA.C1.S1.
Cfr., em sentido contrário, o ac. do TRE de 22.03.2012, proc. 2884/10.5TBFAR-B, no qual se decidiu que "As notas de débito de despesas bancárias decorrentes das letras integram-se na própria letra e nos direitos do portador, nos termos do art. 48º, 3, LULL, e são despesas incluídas no título executivo", bem como o ac. do TRL de 07.03.2013, proc. 2109/09.6 TBMTJ-A.L1-6.

No que concerne aos meios de defesa dos demandados, dispõe o art. 17º da LULL que as pessoas acionadas em virtude de uma letra não podem opor ao portador as exceções fundadas sobre as relações pessoais delas com o sacador ou com os portadores anteriores[322,323], a menos que o portador, ao adquirir a letra, tenha procedido conscientemente em detrimento do devedor[324]. Assim, enquanto ao aceitante e ao avalista é lícito opor contra o sacador, no âmbito da relação imediata entre eles estabelecida, todos os meios de defesa possíveis[325], o mesmo já não sucede no domínio das relações mediatas (*v.g.* aceitante e endossado ou aceitante e descontador), situação em que o aceitante da letra não pode, em princípio, opor ao portador (por exemplo, por via de endosso ou de desconto) exceções ou vicissitudes fundadas no âmbito da relação pessoal estabelecida com o sacador[326,327].

2.3.2. Livrança

A livrança, também designada por "*promissory note*", "*eigener Wechsel*", "*billet à ordre*", "*vaglia cambiario*" ou "*pagaré*"[328], traduz-se numa "promessa pura

[322] Assim, conforme se decidiu no ac. do TRL de 30.04.2013, proc. 8861/10.9YYLSB-A.L1, "Um avalista do aceitante não pode invocar contra o sacador aquilo que tiver combinado com o aceitante ou com qualquer outro interveniente, nomeadamente outro avalista do aceitante".

[323] Cfr., a este respeito, o ac. do TRE de 03.11.2016, proc. 1015/09.9TBTNV-B.E1, no qual se decidiu que "O executado, não pessoalmente responsável pela obrigação emergente da relação jurídica fundamental, ao subscrever como aceitante a letra passou a ser responsável cambiário perante qualquer portador da letra que se encontre no domínio das relações mediatas – ou seja, perante qualquer portador alheio à convenção extracartular de favor". Contudo, o citado aresto admitiu a possibilidade de a exceção de favor poder ser "invocada perante terceiro adquirente do crédito por efeito de decisão proferida em apenso de habilitação de cessionário, que reconheceu a sua qualidade de cessionário do crédito emergente da relação fundamental".

[324] *Vide*, a este propósito, o ac. do TRC de 21.06.2011, proc. 858/09.8TBVIS-A.C1, no qual se sustentou que "A integração na previsão legal da segunda parte do artigo 17º da LULL, não se basta com a simples má fé, traduzida no conhecimento do vício anterior, revelando-se ainda necessário que o portador, ao adquirir as letras, tenha agido com a consciência de prejudicar o devedor". Cfr., ainda, o ac. do TRP de 24.09.2018, proc. 3660/15.4T8LOU-B.P1.

[325] Cfr., nesse sentido, o ac. do TRE de 07.12.2006, proc. 2400/06-3, o ac. do TRG de 11.05.2017, proc. 3140/15.8T8VNF-A.G1, o ac. do TRL de 15.03.2018, proc. 1010/14.6YYLSB-A.L1-6, bem como o ac. do TRG de 12.04.2018, proc. 133/14.6TBBCL-A.G1.

[326] Ac. do TRL de 22.09.2005, proc. 6155/2005-6. Cfr., no mesmo sentido, o ac. do TRL de 26.03.1992, proc. 0054902, bem como o ac. do TRG de 04.10.2018, proc. 1047/14.5TBGMR-A.G1.

[327] Já assim não sucede se o portador do título executivo adquiriu tal qualidade enquanto cessionário do crédito subjacente, na sequência de uma decisão judicial proferida num incidente de habilitação de cessionário, e não por efeito da circulação cambiária do título (ac. do TRE de 03.11.2016, proc. 1015/09.9TBTNV-B.E1).

[328] ANTUNES, José A. Engrácia, *Os Títulos de Crédito – Uma Introdução, op. cit.*, p. 109.

e simples", ou seja, incondicional, feita por uma pessoa, isto é, pelo devedor (subscritor), de pagar uma determinada quantia pecuniária a uma outra pessoa ou à ordem dela[329]. Assim, diversamente do que sucede com a letra e com o cheque, a livrança "não enuncia uma ordem de pagamento de uma pessoa a outra e a favor de uma terceira, mas simples e directamente uma promessa de pagamento"[330].

Tomemos o seguinte exemplo:

A deve a B a quantia de € 10.000,00.

Nesse caso, A pode entregar a B uma livrança, através da qual promete pagar-lhe essa quantia na data convencionada entre as partes, mediante o emprego da seguinte fórmula: "Por esta livrança, pagarei a Vª Exª ou à sua ordem ...".

Por conseguinte, a livrança envolve apenas duas pessoas – o credor e o devedor – sendo o primeiro designado por "tomador" ou "beneficiário" e o segundo por "subscritor".

No que concerne aos seus requisitos formais, o art. 75º da LULL estabelece que a livrança deve conter os seguintes elementos:

a) a palavra "livrança", inserta no próprio texto do título e expressa na língua empregada para a redação desse título[331];
b) a promessa pura e simples de pagar uma determinada quantia;
c) a época do pagamento[332];
d) a indicação do lugar em que o pagamento deve ser efetuado;
e) o nome da pessoa a quem ou à ordem de quem a livrança deve ser paga;

[329] VARELA, Antunes, *et al.*, *Manual de Processo Civil*, *op. cit.*, p. 87. Cfr., no mesmo sentido, o ac. do STJ de 10.07.2007, proc. 07B2400, bem como o ac. do TRE de 30.04.2015, proc. 694/12.4TBBNV-A.E1.

[330] CORREIA, A. Ferrer, *Lições de Direito Comercial*, *op. cit.*, p. 423. *Vide*, no mesmo sentido, SANCHEZ CALERO, Fernando, *Principios de Derecho Mercantil*, tomo II, 19ª ed., Thomson Reuters Aranzadi, Navarra, 2014, pp. 70 e 71.

[331] *Vide*, a este propósito, o ac. do TRP de 24.11.2011, proc. 5711/10.0YYPRT.P1, no qual se decidiu que "É válida como livrança, constituindo título executivo, o formulário impresso de letra de câmbio em que é escrita a expressão «letra aliás livrança»". Cfr., ainda, o ac. do TRC de 25.05.2020, proc. 694/19.3T8SRE.C1, no qual se decidiu que "Desde que contenha os requisitos essenciais elencados no art. 75º da LULL, uma livrança dada a execução não deixa de ser válida e estar munida de foça executiva pelo facto de a mesma não corresponder inteiramente ao modelo de impresso legalmente aprovado (pela Portaria nº 28/2000, de 27/01)", bem como o ac. do TRC de 25.05.2020, proc. 694/19.3T8SRE.C1.

[332] No sentido de a falta de apresentação da livrança a pagamento na respetiva data não implicar a perda da força cambiária e executiva da livrança contra o respetivo obrigado, *vide* o ac. do TRL de 19.04.2018, proc. 2272/05.5YYLSB-B.L1-6.

f) a indicação da data e do lugar onde a livrança é passada[333];
g) a assinatura de quem passa a livrança (subscritor)[334].

Pode, no entanto, suceder, que a livrança seja emitida "em branco", isto é, sem que dela conste a indicação da quantia, da época do pagamento e/ou da data ou do lugar onde a livrança foi passada (cfr. os arts. 77º e 10º da LULL)[335,336]. Nessa eventualidade, a livrança deve ser acompanhada por um pacto de preenchimento[337,338] – por via do qual o credor fica autorizado a completar a livrança com os elementos em falta antes de apresentar a livrança a pagamento[339], designadamente no que diz respeito à determinação do mon-

[333] No sentido de a livrança não constituir título executivo quando nela não tenha sido aposta a data da respetiva emissão, *vide* o ac. do TRL de 11.12.2004, proc. 1188/12.3TBSSB-A.L1-2.

[334] Cfr., a este respeito, o ac. do TRC de 18.10.2011, proc. 360/08.5TBNZR-A.C1.

[335] *Vide*, a este propósito, VASCONCELOS, L. Miguel Pestana de, *Direito das Garantias*, 2ª ed., Almedina, Coimbra, 2013, pp. 122 e 123, o qual salienta que esta situação ocorre com bastante frequência nos casos das "livranças-caução" emitidas por uma sociedade a favor de um banco, "como forma de tutelar um crédito por este concedido ou a conceder, através de diversos negócios a celebrar entre as partes, ao longo do tempo". Cfr., na jurisprudência, o ac. do TRP de 10.02.2020, proc. 15265/17.0T8PRT-A.P1.

[336] No sentido de ser imprescindível a aposição na livrança em branco da "assinatura de, pelo menos, um dos obrigados cambiários e que essa assinatura tenha sido feita com intenção de contrair uma obrigação cambiária", *vide* o ac. do TRL de 19.05.2016, proc. 130/10.0TBMMN-A.L1-8, bem como o ac. do TRG de 20.10.2016, proc. 460/11.4TBGC-A.G1. Cfr., ainda, o ac. do TRE de 23.03.2017, proc. 1973/16.7T8STR-A.E1, no qual se decidiu que "A aposição de assinatura no título em branco implica, desde logo, a constituição de obrigação cambiária".

[337] Tal como se decidiu no ac. do TRG de 26.10.2017, proc. 103/16.0T8MLG-A.G1, o pacto de preenchimento "é uma «convenção extracartular, informal e não sujeita a forma, em que as partes ajustam os termos em que deverá definir-se a obrigação cambiária, tais como a fixação do seu montante, as condições relativas ao seu conteúdo, o tempo do vencimento, a data do pagamento, etc.". *Vide*, no mesmo sentido, o ac. do TRC de 20.06.2017, proc. 2519/15.0T8CBR-A.C1, o ac. do STJ de 28.09.2017, proc. 779/14.2TBEVR-B.E1.S1, o ac. do TRL de 04.10.2018, proc. 19570/16.5T8LSB.L1-8, o ac. do TRP de 11.05.2020, proc. 56/19.2T8LOU-B.P1, bem como o ac. do TRE de 26.05.2022, proc. 2336/20.5T8STB-A.E1.

[338] No sentido de o pacto de preenchimento poder ser anterior à celebração do contrato subjacente à emissão do título de crédito, *vide* o ac. do TRE de 26.10.2017, proc. 825/14.0TBPTM-A.E1.

[339] Neste particular, conforme se decidiu no ac. do TRL de 20.12.2016, proc. 5528/11.4YYLSB-A.L1-7, se não tiver sido definido no pacto de preenchimento um prazo certo para o vencimento da obrigação, o credor deve proceder à interpelação do devedor, por via da qual reclame o cumprimento da obrigação emergente do contrato que deu origem à emissão do título cambiário. Não tendo havido lugar a uma interpelação extrajudicial, o vencimento da obrigação só ocorre com a citação do devedor/avalista, sendo devidos juros de mora somente após essa data.
Vide, em sentido contrário, o ac. do TRC de 07.02.2017, proc. 3775/12.0TJCBR-A.C1, o ac. do TRE de 23.03.2017, proc. 779/14.2TBEVR-A.E1, bem como o ac. do TRE de 07.06.2018, proc. 663/15.2T8ELV-A.E1.

tante em dívida e à data de vencimento[340,341] – não sendo, no entanto, obrigatória a junção do pacto de preenchimento ao requerimento executivo, já que o título executivo é a livrança e não o pacto[342,343].

Por outro lado, à luz dos princípios da abstração e da incorporação, a livrança, enquanto título de crédito, dispensa o exequente de invocar a relação jurídica subjacente à sua emissão[344,345]. Caberá, por isso, ao executado, no âmbito da relação imediata, o ónus de alegar e de provar factos concretos e objetivos que sejam suscetíveis de colocar em crise a validade, a eficácia ou a existência da relação fundamental subjacente à livrança[346]. É o que

340 No sentido de, neste caso, a data de vencimento aposta na livrança dever coincidir com a data em que se verificou o incumprimento definitivo das obrigações do devedor ou com a data em que o credor procedeu à resolução do contrato subjacente à emissão desse título, por incumprimento contratual imputável ao devedor, *vide* o ac. do TRG de 20.10.2016, proc. 460/11.4TBGC-A.G1.

341 Contudo, conforme se decidiu no ac. do TRE de 09.03.2017, proc. 1257/10.4TBOLH-A.E1, pode suceder que o próprio pacto de preenchimento seja "em branco", isto é, que tenham ficado por definir os seus termos. Nessa eventualidade, "é de presumir que o adquirente é autorizado a preencher a livrança segundo a relação subjacente e os costumes do tráfico".

342 Ac. do TRE de 15.12.2016, proc. 1718/12.0TBBNV-A.E1.

343 No sentido de a transmissão do crédito cambiário emergente de uma livrança implicar igualmente a transmissão para o cessionário do direito de proceder ao preenchimento desse título, salvo se existir convenção em sentido contrário, *vide* o ac. do STJ de 06.12.2018, proc. 653/14.2TBGMR-B.G1.S2.

344 Ac. do TRP de 10.02.2015, proc. 933/12.1T2AGD-A.P1. *Vide*, no mesmo sentido, os acs. do TRE de 26.10.2017, proc. 3768/15.6T8ENT-A.E1, de 09.11.2017, proc. 1241/14.9TBEVR-A.E1, de 25.01.2018, proc. 1993/14.6TBPTM-A.E1, e de 25.06.2020, proc. 4023/18.5T8ENT-A, bem como o ac. do TRC de 15.12.2021, proc. 2550/20.3T8SRE-A.C1. Como elucida Mota Pinto, no negócio abstrato, não releva, para os efeitos do negócio, a relação jurídica que constitui a sua causa, ou seja, os efeitos do negócio são separados da sua causa (PINTO, Carlos Alberto da Mota, *Teoria Geral do Direito Civil*, reimp. da 4ª ed., Coimbra Editora, Coimbra, 2012, p. 399).

345 No sentido de o "carácter literal e autónomo" da livrança só produzir efeito "quando o título entra em circulação e se encontra em poder de terceiros de boa fé, sendo, por isso, lícita a retificação de um erro ostensivo de escrita que se verifique no próprio título", *vide* o ac. do TRP de 28.10.2015, proc. 749/15.3T8MAI-A.P1. Do mesmo modo, decidiu-se no ac. do TRP de 13.02.2017, proc. 7426/15.3T8PRT-A.P1, que "estando em causa uma livrança, situada no domínio das relações imediatas, pode o subscritor que a tenha assinado, sem qualquer menção à sociedade comercial ou ao cargo que nela desempenha como gerente ou administrador, demonstrar, através de factos que com toda a probabilidade o evidenciem, que a aludida subscrição foi efectuada em nome e em representação da sociedade e não em seu nome pessoal".

346 Cfr., neste sentido, o ac. do STJ de 26.02.2006, proc. 103/05, *in CJ/STJ*, nº 189, ano XIV, tomo I, 2006, p. 94, o ac. do TRC de 16.12.2015, proc. 3199/13.2TJCBR-A.C1, o ac. do STJ de 12.10.2017, proc. 89/08.4TBVLF.C1.S1, bem como o ac. do TRG de 12.10.2017, proc. 4615/07.8TBGMR-A.G1. *Vide*, a este propósito, o ac. do TRP de 20.11.2006, proc. 0656024, no qual se decidiu que "Na oposição/embargos a execução cambiária, estando o título no âmbito das relações mediatas, os avalistas do

sucede, por exemplo, se o executado logra demonstrar que a sua assinatura foi falsificada[347].

De acordo com o art. 77º da LULL, são aplicáveis às livranças, com as devidas adaptações, na parte em que não sejam contrárias à natureza deste escrito, as disposições relativas às letras pagáveis no domicílio de terceiro ou numa localidade diversa da do domicílio do sacado (arts. 4º e 27º da LULL), à estipulação de juros e divergências nas indicações da quantia a pagar (art. 5º da LULL), às consequências da aposição de uma assinatura nas condições indicadas no art. 7º da LULL, às da assinatura de uma pessoa que age sem poderes ou excedendo os seus poderes (art. 8º da LULL), à letra em branco (art. 10º da LULL), ao endosso (arts. 11º a 20º da LULL), ao aval (arts. 30º a 32º da LULL), ao vencimento (arts. 33º a 37º da LULL), ao pagamento (arts. 38º a 42º da LULL), ao direito de ação por falta de pagamento (arts. 43º a 50º e 52º a 54º da LULL), ao pagamento por intervenção (arts. 55º e 59º a 63º da LULL), às cópias (arts. 67º e 68º da LULL), às alterações (art. 69º da LULL), às prescrições (arts. 70º e 71º da LULL) e aos dias feriados, contagem de prazos e interdição de dias de perdão (arts. 72º a 74º da LULL).

2.3.3. Cheque

O cheque, igualmente designado por "*check*", "*Scheck*", "*chèque*" ou "*assegno*"[348], constitui um título de crédito que, enquanto meio de pagamento[349], se materializa numa "ordem pura e simples dada por uma pessoa (sacador) a um banco (sacado) para que pague determinada quantia por conta da provisão bancária à disposição do sacador"[350]. Exatamente por isso, o titular da conta tem o

subscritor da livrança exequenda, ainda que se discuta alegado preenchimento abusivo do título, não podem opor esse facto ao portador exequente".

[347] *Vide*, a este respeito, o ac. do TRL de 22.11.2016, proc. 1039/11.6TBOER-A.L1-1.
Cfr., em sentido contrário, o ac. do TRG de 09.11.2017, proc. 4624/12.5TBGMR-A.G1, no qual se decidiu que, impugnando o executado a autenticidade da assinatura constante de título de crédito, recai sobre o exequente o ónus da prova de que a assinatura constante do título de crédito foi feita pelo punho do executado.

[348] ANTUNES, José A. Engrácia, *Os Títulos de Crédito – Uma Introdução, op. cit.*, p. 115.

[349] Cfr., nesse sentido, DELGADO, Abel, *Lei Uniforme Sobre Cheques – Anotada*, 5ª ed., Livraria Petrony, 1990, p. 12, GALVÃO, Sofia de Sequeira, *Contrato de Cheque*, Lex, Lisboa, 1992, p. 21, bem como ANTUNES, José A. Engrácia, *Os Títulos de Crédito – Uma Introdução, op. cit.*, p. 116. Assim, conforme se decidiu no ac. do TRP de 27.02.1963, *in JR*, 9º, p. 162, "A função normal do cheque é a de pagamento e não a de garantia de pagamento".

[350] VARELA, Antunes, *et al.*, *Manual de Processo Civil, op. cit.*, p. 87. Cfr., no mesmo sentido, CORREIA, A. Ferrer, *Lições de Direito Comercial, op. cit.*, p. 423. No entanto, tal como elucida Sofia Galvão, o "negócio de emissão de cheque" é estabelecido diretamente entre o sacador e o beneficiário do cheque, sendo o banco alheio a essa relação cartular. Por conseguinte, não existe "qualquer relação

dever de a ter provisionada – isto é, deve ter "fundos previamente depositados no estabelecimento bancário sobre o qual é sacado o cheque"[351] – quando sobre ela emite e põe cheques em circulação, para que o sacado (banqueiro) possa cumprir a ordem de pagamento consubstanciada no cheque (art. 3º da LUC)[352]. Deste modo, o cheque não se confunde com a letra de câmbio, já que aquele, ao invés do que sucede com a letra, "exige um depósito de fundos feito pelo emitente em poder daquele a quem a ordem de pagamento é dada"[353].

Tomemos o seguinte exemplo:

A deve a B a quantia de € 10.000,00.

Para liquidar esse seu débito, A entrega a B um cheque, sacado sobre o banco C (onde A domiciliou previamente uma conta bancária), através do qual A dá ao banco C uma ordem para que este pague a B a quantia de € 10.000,00.

Para o efeito, A tem de assegurar a disponibilidade da quantia correlativa de € 10.000,00 na sua conta bancária, isto é, tem de aprovisionar essa conta, já que, só assim, poderá o banco C cumprir a ordem que lhe foi dada por A, no sentido de pagar a B a quantia de € 10.000,00.

Nos termos do art. 1º da LUC, o cheque deve conter os seguintes elementos:

a) a palavra "cheque" inserta no próprio texto do título e expressa na língua empregada para a redação desse título;
b) o mandato puro e simples de pagar uma determinada quantia;
c) o nome de quem deve pagar o cheque (sacado);
d) a indicação do lugar em que o pagamento deve ser efetuado;
e) a indicação da data[354] e do lugar onde o cheque é passado;
f) a assinatura de quem passa o cheque (sacador).

À luz do art. 2º da LUC, o título a que faltar qualquer um desses requisitos não produz efeito como cheque[355], salvo se estiver em causa a falta de

jurídica directa entre o Banco e o Beneficiário ou Tomador do cheque" (Galvão, Sofia de Sequeira, *Contrato de Cheque*, *op. cit.*, p. 22). *Vide*, na jurisprudência, o ac. do STJ de 11.05.1999, proc. 353/99, *in SASTJ*, ano 1999, bem como o ac. do TRP de 23.04.2015, proc. 59/11.5TBMTS.P1.

351 Delgado, Abel, *Cheques Sem Provisão*, 2ª ed., Livraria Petrony, 1989, p. 8.

352 Ac. do STJ de 16.05.2000, proc. 320/00, *in SASTJ*, ano 2000. Cfr., no mesmo sentido, o ac. do TRG de 06.02.2020, proc. 1617/16.7T8VNF.G1.

353 Delgado, Abel, *Lei Uniforme Sobre Cheques – Anotada*, *op. cit.*, p. 13.

354 No sentido de, na indicação da data da emissão do cheque, não bastar a referência ao mês e ao ano, sendo igualmente obrigatória a indicação do dia da emissão, atento o preceituado no art. 29º da LUC, *vide* o ac. do STJ de 06.05.1999, proc. 353/99, *in SASTJ*, ano 1999.

355 Sustentando que o cheque não constitui título executivo se não tiver sido "totalmente preenchido ou completado em conformidade com o acordo do credor", *vide* o ac. do TRE de 03.07.2008, proc. 565/08-2.

indicação do lugar de pagamento – caso em que o cheque é pagável no lugar em que o sacado tem o seu estabelecimento principal – ou se não tiver sido designado o lugar da emissão do cheque – situação em que o cheque se considera passado no lugar designado ao lado do nome do sacador. Para além disso, a falta de indicação de algum dos elementos previstos no art. 1º da LUC não obsta à eficácia do cheque, desde que o elemento em falta seja "completado até ao pagamento"[356].

Com especial relevo em matéria de legitimidade ativa em sede executiva, o art. 5º da LUC prevê a possibilidade de o cheque ser feito pagável:

a) a uma determinada pessoa, com a cláusula "à ordem". Neste caso, o beneficiário do cheque pode transmiti-lo, por via de endosso, a um terceiro[357];

b) a uma determinada pessoa, com a cláusula "não à ordem". Nessa hipótese, o beneficiário do cheque não pode endossá-lo a um terceiro, podendo apenas transmiti-lo pela forma e com os efeitos de uma cessão ordinária, atento o disposto no art. 14º da LUC;

c) ao portador, isto é, sem que do cheque conste qualquer identificação do respetivo beneficiário.

Quanto à legitimidade passiva, dispõe o art. 44º da LUC que todas as pessoas obrigadas em virtude de um cheque são solidariamente responsáveis para com o portador, podendo este proceder contra essas pessoas, individual ou coletivamente, sem necessidade de observar a ordem segundo a qual elas se obrigaram.

Por sua vez, nos termos dos arts. 25º e ss. da LUC, o pagamento de um cheque pode ser garantido através da prestação de um aval, sendo que esta garantia pode ser dada por um terceiro ou pelo próprio signatário do cheque. Nessa eventualidade, o avalista é obrigado da mesma forma que a pessoa que ele garante (art. 26º da LUC).

[356] Ac. do STJ de 08.04.1997, proc. 96A707.

[357] *Vide*, a este respeito, o ac. do TRL de 01.12.2015, proc. 264/14.2TJLSB.L1-7, no qual se decidiu que "A validade do endosso de cheque, enquanto acto jurídico unilateral, consubstanciado numa declaração de transferência para outrem aposta no verso do documento, depende da verificação de dois requisitos: do acto material de entrega (tradição) do próprio título; da declaração de endosso, que constitui uma exigência de forma, que terá de ser escrita no cheque ou numa folha ligada a este, com aposição da assinatura do endossante (com ou sem indicação de beneficiário)". Daí que, de acordo com o citado aresto, o endosso seja nulo, por preterição de formalidade *ad substantiam*, nos casos em que a transmissão do cheque tenha sido materializada pela simples entrega do título, sem que o endossante tenha aposto a sua assinatura no verso do cheque.

Para que o cheque possa valer enquanto título de crédito[358], a Lei Uniforme Relativa aos Cheques estabelece dois requisitos cumulativos:

a) em primeiro lugar, o cheque pagável no país onde foi passado deve ser apresentado a pagamento no prazo de oito dias[359]. Esse prazo começa a correr no primeiro dia seguinte ao indicado no cheque como data de emissão (arts. 29º e 56º da LUC) e, se terminar em dia de feriado legal, o termo do prazo transfere-se para o primeiro dia útil seguinte[360];

b) em segundo lugar, a ação do portador contra os endossantes, contra o sacador ou contra os demais coobrigados, como é o caso do avalista (arts. 25º a 27º da LUC), prescreve decorridos que sejam seis meses, contados do termo do prazo de apresentação (art. 52º da LUC).

Se o cheque for apresentado a pagamento e a conta sacada não se achar devidamente aprovisionada, o banco deve proceder à devolução do cheque[361], com a menção, aposta no seu verso, da recusa por falta de provisão[362]. Com efeito, nos termos do art. 40º da LUC, o portador do cheque só pode "exercer os seus direitos de acção contra os endossantes, sacador e outros co-obrigados, se o cheque, apresentado em tempo útil, não for pago e se a recusa de pagamento for verificada:

358 A este propósito, decidiu-se no ac. do TRL de 04.11.1993, proc. 0058946, que a causa de pedir em ação executiva fundada num cheque "consiste na assunção da obrigação cambiária traduzida na subscrição do cheque".

359 Conforme elucida Tolda Pinto, o cheque "pode ser apresentado a pagamento, directamente na instituição de crédito sacada ou através de depósito numa terceira instituição de crédito procedendo-se, posteriormente, às operações interbancárias visando o seu pagamento" (PINTO, António Augusto Tolda, *Cheques sem Provisão – Regime Penal e Contra-Ordenacional*, Almedina, Coimbra, 1992, p. 19).

360 Na esteira de Abel Delgado, os Domingos são considerados dias feriados (DELGADO, Abel, *Lei Uniforme Sobre Cheques – Anotada, op. cit.*, p. 292).

361 De todo o modo, nos termos do art. 8º do DL nº 454/91, de 28 de dezembro (diploma que regula o regime jurídico do cheque), "A instituição de crédito sacada é obrigada a pagar, não obstante a falta ou insuficiência de provisão, qualquer cheque, emitido através de módulo por ela fornecido, de montante não superior a €150", salvo se a recusa no pagamento residir, justificadamente, em motivo diferente da falta ou insuficiência de provisão, nomeadamente a "existência de sérios indícios de falsificação, furto, abuso de confiança ou apropriação ilegítima do cheque".

362 PINTO, António Augusto Tolda, *Cheques sem Provisão – Regime Penal e Contra-Ordenacional, op. cit.*, pp. 20 e 21. No sentido de possuir o mesmo valor jurídico que a falta de provisão a declaração de que a conta bancária se encontra encerrada, *vide* o ac. do TRG de 06.02.2020, proc. 1617/16.7T8VNF.G1.

1º quer por um acto formal (protesto);
2º quer por uma declaração do sacado, datada e escrita sobre o cheque, com a indicação do dia em que este foi apresentado;
3º quer por uma declaração datada duma câmara de compensação, constatando que o cheque foi apresentado em tempo útil e não foi pago".

Por outro lado, nada obsta a que o cheque seja apresentado a pagamento antes da data indicada no próprio título – pois que "o cheque é um título pagável à vista, prevalecendo assim sempre a data da apresentação sobre a data da emissão"[363] –, situação em que o banqueiro deverá proceder ao pagamento desse cheque, desde que a respetiva conta se ache devidamente aprovisionada ou se o sacador tiver negociado com o banco um empréstimo ou abertura de crédito (descoberto)[364]. Contudo, se o cheque, nesse caso, for devolvido por falta de provisão da conta sacada, o mesmo não constituirá título executivo, seja enquanto título de crédito, seja como mero quirógrafo da obrigação[365], já que esse cheque "não contém o reconhecimento da obrigação pecuniária anteriormente constituída"[366], atento o facto de ter sido apresentado a pagamento antes da data de emissão. Isto a não ser que o credor volte a apresentar o cheque a pagamento a partir da data de emissão indicada no próprio título, respeitando, dessa forma, a convenção estabelecida com o devedor quanto ao vencimento da obrigação. Nessa eventualidade, se o cheque for novamente devolvido, afigura-se que o mesmo passará a valer como título executivo, quer enquanto título de crédito, quer enquanto quirógrafo da obrigação.

Não raras vezes, o cheque, apesar de constituir um título de crédito, é utilizado como "cheque de garantia", isto é, como um meio de garantir o cumprimento de uma determinada obrigação. Nesses casos, a função normal do cheque – qual seja a de constituir um meio de pagamento – acaba por ser desvirtuada[367]. Assim, se o executado pretender colocar em causa a força execu-

[363] ANTUNES, José A. Engrácia, *Os Títulos de Crédito – Uma Introdução, op. cit.*, p. 119. Cfr., na jurisprudência, o ac. do STJ de 20.10.2015, proc. 518/12.2TBSTS-A.P1S1.

[364] Ac. do STJ de 08.04.1997, proc. 96A707.

[365] Cfr., nesse sentido, o ac. do STJ de 05.11.2002, proc. 2613/02, *in SASTJ*, ano 2002.
Vide, em sentido contrário, CUNHA, Paulo Olavo, *Cheque e Convenção de Cheque*, Almedina, Coimbra, 2009, pp. 235 e 236, segundo o qual "nesse caso, o cheque poderá imediatamente servir como título executivo, dado que a recusa de pagamento se encontra nele inscrita, não sendo necessário esperar pela data que nele consta como data de emissão/vencimento, até porque não tem de ser novamente apresentado a pagamento".

[366] Ac. do STJ de 11.01.2007, proc. 3595/06, *in SASTJ*, ano 2007.

[367] Ac. do STJ de 11.12.2008, proc. 08B1452. Cfr., no mesmo sentido, o ac. do TRE de 22.10.2015, proc. 1947/11.4TBSTR-A.E1, no qual se decidiu que o cheque, neste caso, tem a natureza de uma

tiva de um "cheque de garantia", terá de alegar e provar não só a natureza ou a função garantística desse cheque, como também "que a relação fundamental que se pretendeu garantir não tem causa ou fundamento ou se extinguiu ou se modificou"[368].

Por último, pode suceder que o sacador, após a entrega do cheque ao tomador, proceda à sua revogação, isto é, dê instruções à entidade bancária sacada para que esta não proceda ao pagamento desse cheque, sendo que essa revogação só produz efeito depois de findo o prazo de apresentação (art. 32º da LUC). Nessa eventualidade, seguindo de perto Paulo Olavo Cunha, "caso a revogação seja irrelevante, por extemporânea, ou o título revele de qualquer outro modo que, tendo sido apresentado a pagamento no prazo devido, ele não foi pago, então o cheque poderá ser aproveitado como título executivo, sem prejuízo de o sacador (executado) se poder opor à execução, demonstrando que a obrigação que lhe estava subjacente não existe ou (já) não existe. Assim, se o banco acatou a instrução de revogação e não pagou o cheque – não obstante se encontrar obrigado a fazê-lo, por estar dentro do prazo para a respectiva apresentação a pagamento – nem por isso ele deixará de valer como título executivo, não podendo a recusa, se ilegítima, desqualificar a obrigação cambiária que o caracteriza e subsiste"[369].

2.3.4. Quirógrafo da obrigação

Para que um cheque, uma letra ou uma livrança constituam um título de crédito, torna-se necessário que os mesmos reúnam todos os requisitos previstos na Lei Uniforme Relativa ao Cheque ou na Lei Uniforme Relativa às Letras e Livranças (arts. 1º e 2º da LUC e 1º, 2º, 75º e 76º da LULL).

Ademais, é igualmente indispensável que o título de crédito não se encontre prescrito[370].

datio pro solvendo.

[368] Ac. do STJ de 11.12.2008, proc. 08B1452.

[369] Cunha, Paulo Olavo, *Cheque e Convenção de Cheque, op. cit.*, pp. 238 e 239. *Vide,* no mesmo sentido, o ac. do STJ de 16.12.2004, proc. 3004/04, *in CJ/STJ*, nº 179, ano XII, tomo III, 2004, p. 153, o ac. do TRP de 04.10.2007, proc. 0734254, bem como o ac. do TRC de 16.12.2015, proc. 1788/12.1TBCBR-A.C1, nos quais se decidiu que a devolução de um cheque, por falta ou vício da vontade do sacador, não retira a força executiva a esse título. No sentido de o cheque revogado antes do prazo de apresentação a pagamento constituir título executivo, *vide* o ac. do STJ de 20.11.2003, proc. 3738/03, *in CJ/STJ*, nº 171, ano XI, tomo III, 2003, p. 154.

[370] Lopes-Cardoso, Eurico, *Manual da Acção Executiva, op. cit.*, pp. 57 e 58. Cfr., no mesmo sentido, Rego, Carlos Francisco de Oliveira Lopes do, *Comentários ao Código de Processo Civil*, vol. I, 2ª ed., Almedina, Coimbra, 2004, p. 82.

Com efeito, no que concerne ao cheque, dispõe o art. 52º da LUC que toda a ação do portador contra os endossantes, contra o sacador ou contra os demais coobrigados prescreve decorridos que sejam seis meses, contados do termo do prazo de apresentação. Acresce a isto que o cheque apenas conserva a sua força enquanto título de crédito se for apresentado a pagamento no prazo de oito dias após a data da sua emissão (art. 29º da LUC)[371,372].

Por sua vez, relativamente às letras e livranças, os arts. 70º e 77º da LULL preceituam que todas as ações contra o aceitante relativas a letras e livranças prescrevem[373] no prazo de três anos a contar do seu vencimento[374,375]. Contudo, as ações do portador contra os endossantes e contra o sacador prescrevem no

[371] *Vide*, no mesmo sentido, o ac. do TRG de 25.06.2020, proc. 613/19.7T8VNF.G1.

[372] A jurisprudência tem vindo a considerar que o regime previsto no art. 29º da LUC não se aplica se estiver em causa um cheque pré-datado, isto é, se o cheque for apresentado a pagamento em data anterior à que nele se encontre aposta como data de emissão, situação em que o cheque se considera pagável no dia da sua apresentação a pagamento. Nesta conformidade, a apresentação antecipada de um cheque a pagamento em nada afeta a obrigação cambiária exequenda (ac. do STJ de 27.11.2007, proc. 07B3685).

[373] Neste particular, importa salientar que, muito embora a lei empregue a expressão "prescrição", a nossa jurisprudência tem vindo a entender que o prazo constante do art. 70º da LULL configura, na realidade, um prazo de caducidade e não de prescrição, já que, no caso em concreto, a lei fixa um prazo para a propositura de uma determinada ação. Assim, o que importa é que a ação seja proposta dentro desse prazo e não que o réu seja citado antes do termo do prazo (cfr., entre outros, o ac. do TRP de 08.07.1959, *in JR*, ano 5º, p. 721).
Sustentando, pelo contrário, a natureza prescricional desse prazo, *vide* Magalhães, Barbosa de, *Prazos de Caducidade, de Prescrição e de Propositura de Acções*, Jornal do Fôro, Lisboa, 1950, pp. 9 e 42, bem como o ac. do STJ de 03.07.2018, proc. 1965/13.8TBCLD-A.C1.S1, no qual se decidiu que este prazo, revestindo natureza prescricional, interrompe-se com a citação do devedor.

[374] No sentido de este prazo de prescrição ser igualmente aplicável à ação do portador contra o avalista do aceitante, *vide* o ac. do TRP de 28.06.2013, proc. 230/10.7TBMAI-A.P1.

[375] Conforme se decidiu no ac. do TRG de 25.09.2014, proc. 936/11.3TBVCT-L.G1, "O momento relevante para efeitos de prescrição da livrança em branco é o do seu preenchimento e aposição da data do vencimento, contando-se o respectivo prazo a partir desta". Assim, enquanto a livrança não for preenchida, o prazo de prescrição não começa a correr (ac. do TRP de 24.03.2015, proc. 60/10.6TBMTS.P1). Por sua vez, decidiu-se no ac. do TRP de 19.01.2015, proc. 7460/10.0TBMTS-A.P2, que "Se não há violação do pacto de preenchimento, numa livrança em branco, o prazo de prescrição (de três anos) conta-se a partir da data de vencimento constante do título e que corresponde à data de vencimento nele aposta pelo seu portador, coincida ou não com o vencimento (incumprimento) do contrato subjacente". Cfr., ainda, o ac. do STJ de 19.06.2019, proc. 1025/18.5T8PRT.P1.S1, no qual se decidiu que "Numa livrança em branco, o prazo de prescrição de três anos previsto no artigo 70º *ex vi* do artigo 77º, da LULL conta-se a partir da data de vencimento que venha a ser aposta no título pelo respectivo portador, quer essa data coincida ou não com o incumprimento do contrato subjacente ou com o vencimento da obrigação subjacente", o ac. do TRP de 29.01.2019, proc. 1418/14.7TBPVZ-B.P2, o ac. do STJ de 04.07.2019, proc. 4762/16.5T8CBR-A.C1.S1, o ac. do TRE de 28.10.2021, proc. 2427/19.5T8STB-A.E1, o ac. do TRE de 25.11.2021, proc.

prazo de um ano a contar da data do protesto feito em tempo útil ou da data do vencimento, se se tratar de letra contendo a cláusula "sem despesas" (art. 70º, § 2, da LULL), e as ações dos endossantes uns contra os outros e contra o sacador prescrevem no prazo de seis meses a contar do dia em que o endossante pagou a letra ou em que ele próprio foi acionado (art. 70º, § 3, da LULL).

Se o título não observar as formalidades previstas na lei ou se se encontrar prescrito, este perde o seu valor enquanto título de crédito, caraterizado pela sua abstração[376], autonomia e literalidade[377].

Ora, na vigência do Código de Processo Civil revogado, a doutrina e a jurisprudência dividiam-se quanto à questão de saber se um título de crédito que não observasse essas formalidades ou que se encontrasse prescrito podia, ainda assim, valer como título executivo, agora enquanto quirógrafo da obrigação, ou seja, enquanto documento probatório da existência da obrigação incorporada no título. Na verdade, enquanto uma corrente defendia que, nesse caso, o título de crédito não valia enquanto título executivo[378], uma outra corrente sustentava que o título de crédito, mesmo que não observasse as formalidades legais ou se encontrasse prescrito, conservava a sua força executiva, agora enquanto quirógrafo da obrigação, desde que o exequente invocasse no requerimento executivo a relação jurídica causal subjacente à emissão desse título, quando tal relação não constasse do próprio título[379].

659/17.0T8SNT-A.E1, o ac. do TRG de 16.12.2021, proc. 4928/20.3T8GMR-A.G1, bem como o ac. o TRL de 28.04.2022, proc. 12025/17.2T8LSB-A.L1-2.

[376] Cfr., a este respeito, LAURINI, Giancarlo, *I Titoli di Credito*, Giuffrè Editore, Milão, 2009, p. 5, segundo o qual o título abstrato é aquele que, do ponto de vista causal, tem um caráter neutro, podendo-se conetar a uma multiplicidade de razões, as quais não resultam do próprio documento.

[377] Ac. do STJ de 30.01.2007, proc. 4495/06, *in SASTJ*, ano 2007. Conforme salienta Pinto Furtado, "a literalidade significa que só os dizeres constantes do documento podem servir para definir e delimitar o conteúdo do direito nele incorporado" (FURTADO, Jorge Henrique da Cruz Pinto, *Títulos de Crédito*, 2ª ed. rev. e atual., Almedina, Coimbra, 2015, p. 37). Do mesmo modo, Alexandre de Soveral Martins elucida que o princípio ou a característica da literalidade visa "permitir que o terceiro possa depositar confiança naquilo que o título diz", tendo em conta, desde logo, que o terceiro não tem "possibilidade de saber o que foi combinado para além do texto do título" (MARTINS, Alexandre de Soveral, *Títulos de Crédito e Valores Mobiliários*, vol. I, *op. cit.*, pp. 14 e 15). Analogamente, decidiu-se no ac. do TRL de 29.03.2007, proc. 693/07-2, que o princípio da literalidade significa que "o direito incorporado no título é definido nos termos precisos que dele constam", isto é, "só os dizeres constantes do documento [podem] servir para definir e delimitar o conteúdo daquele direito".

[378] *Vide*, entre outros, o ac. do TRL de 18.10.1990, proc. 0019016, o ac. do STJ de 17.04.1997, proc. 96B811, o ac. do STJ de 24.01.2002, proc. 01A4184, bem como o ac. do TRL de 06.06.2013, proc. 22577/09.5YYLSB-A.L1-6. Cfr., na doutrina, CUNHA, Paulo Olavo, *Cheque e Convenção de Cheque*, *op. cit.*, pp. 242 a 247.

[379] Cfr., entre outros, o ac. do TRP de 14.02.2000, proc. 9951211, o ac. do TRG de 07.03.2002, proc. 289/02-1, o ac. do STJ de 31.10.2003, proc. 03B3056, o ac. do STJ de 12.04.2007, proc. 07A3805, o ac.

O novo Código de Processo Civil veio pôr termo a essa divisão doutrinal e jurisprudencial, estabelecendo expressamente no seu art. 703º, nº 1, al. *c)*, que os títulos de crédito constituem títulos executivos, ainda que meros quirógrafos, desde que, neste caso, os factos constitutivos da relação subjacente constem do próprio documento ou sejam alegados no requerimento executivo[380,381].

Com efeito, a diferença de regimes consiste, fundamentalmente, no seguinte:

a) quando o título de crédito reúne os requisitos previstos na lei e não se encontra prescrito, este caracteriza-se pela sua natureza formal e abstrata, ou seja, o portador do título está dispensado de alegar ou de demonstrar a razão subjacente à emissão desse título (*causa debendi*), isto é, o negócio jurídico associado ao título e/ou o motivo pelo qual o título lhe foi transmitido, baseando, por isso, a sua pretensão no direito cartular[382,383]. Acresce que, tendo havido transmissão do título de cré-

do STJ de 05.07.2007, proc. 07A1999, o ac. do TRE de 10.04.2008, proc. 1022/07-3, o ac. do TRE de 02.10.2008, proc. 1235/08-2, o ac. do TRE de 30.09.2009, proc. 44/08.4TBABT-A.E1, o ac. do TRC de 02.03.2011, proc. 1749/07.2TBAVR-A.C1, o ac. do TRC de 05.03.2011, proc. 1359/08.7TBMGR-A.C1, o ac. do TRE de 28.06.2012, proc. 258/10.7TBRMZ-A.E1, o ac. do TRG de 09.01.2014, proc. 349/11.7TBAMR-A.G1, o ac. do TRC de 25.02.2014, proc. 3920/12.6T2AGD-A.C1, o ac. do TRG de 06.03.2014, proc. 822/13.2TBEPS.G1, o ac. do TRP de 01.04.2014, proc. 10313/10.8TBVNG-A.P1, bem como o ac. do TRL de 05.05.2015, proc. 871/07.0TCSNT-A.L1-1.

380 *Vide*, a este propósito, o ac. do TRC de 16.03.2016, proc. 684/14.2T8CBR-A.C1, o ac. do TRG de 27.10.2016, proc. 2855/12.7TBGMR-A.G1, bem como o ac. do TRE de 23.02.2017, proc. 2428/13.7TBPTM-A.E1.

381 Tal como se decidiu no ac. do TRE de 26.06.2012, proc. 930/10.1TBPTG-A.E1, se a causa de pedir da ação executiva for a relação cartular e se, em sede de oposição à execução, se concluir pela prescrição do título de crédito, o tribunal deve decidir pela extinção da execução, já que, nesse caso, não há lugar ao aperfeiçoamento do requerimento executivo, mediante alegação da relação subjacente. *Vide*, no mesmo sentido, FARIA, Paulo Ramos de/LOUREIRO, Ana Luísa, *Primeiras Notas ao Novo Código de Processo Civil*, vol. II, *op. cit.*, p. 188, segundo os quais, se o credor intentar uma ação executiva com base num "título de crédito perfeito" e sem alegar a relação subjacente, não há lugar a um convite ao aperfeiçoamento e/ou à possibilidade de o credor alegar essa relação jurídica na eventualidade de se concluir pela invalidade do título de crédito, pelo facto de este não preencher os requisitos legais, ou pela sua prescrição. Isto porque, de acordo com os citados Autores, "É de uma alteração da causa de pedir que se trata, quando a natureza do título executivo inicialmente invocada – título de crédito perfeito – é alterada para mero quirógrafo, acompanhado da alegação da relação subjacente. Se o documento apresentado não tiver força executiva, é conhecida a falta de título executivo bastante [art. 726º, nº 2, al. a)]".

382 Assim, conforme se decidiu no ac. do TRE de 26.03.2015, proc. 4080/10.2TJVNF-A.E1, "Estando o direito de crédito do exequente titulado por um cheque e sendo este um título de crédito que incorpora a relação cambiária que constitui causa de pedir do pedido executivo, não

dito, as pessoas que sejam acionadas em virtude de um cheque, uma letra ou uma livrança, não podem opor ao portador as exceções fundadas sobre as relações pessoais delas com o sacador ou com os portadores anteriores, salvo se o portador, ao adquirir o cheque, a letra ou a livrança, tiver procedido conscientemente em detrimento do devedor, atento o disposto nos arts. 22º da LUC e 17º e 77º da LULL[384];

b) diferentemente, se o título de crédito não reúne os requisitos legais ou se está prescrito, o credor, não podendo escudar-se na abstração do título, fica obrigado a alegar no requerimento executivo a relação jurídica subjacente à entrega desse título (obrigação causal)[385, 386], ou seja, tem de alegar factos concretos que permitam determinar, com rigor e objetividade, o tipo de relação jurídica que foi estabelecida entre as

necessita o exequente, com vista a fazer valer a sua pretensão, de alegar a factualidade respeitante à causa ou relação jurídica subjacente à emissão do título, tornando-se-lhe apenas necessário, para a procedência dessa pretensão, evidenciar a validade e eficácia dessa relação cambiária. Aos executados/oponentes, por seu turno, no caso de a obrigação cambiária se configurar ainda no domínio das relações imediatas, é que compete o ónus de alegar, para depois provar, a título de facto impeditivo ou extintivo do direito cartular do exequente (cfr. art. 342º, nº 2 do Código Civil), que subjacente à constituição dessa relação cambiária não se verifica qualquer causa, que o cheque dado à execução não tem correspondência com qualquer débito real e efectivo". Cfr., no mesmo sentido, o ac. do TRP de 07.01.1999, proc. 9831120, o ac. do TRL de 09.07.2003, proc. 5655/2003-7, o ac. do TRG de 12.04.2018, proc. 133/14.6TBBCL-A.G1, o ac. do TRL de 19.02.2019, proc. 4242/14.3TBCSC-A.L1-7, o ac. do TRL de 22.10.2019, proc. 1666/17.8T8ALM-A.L1-7, bem como o ac. do TRG de 24.03.2022, proc. 1479/21.2T8VNF-A.G1.

383 Exatamente por isso, mesmo que o contrato subjacente à emissão do título de crédito seja nulo, nem por isso o título de crédito perde a sua força executiva, desde que a pretensão do exequente se baseie na relação cartular (Ferreira, Fernando Amâncio, *Curso de Processo de Execução, op. cit.*, p. 158).

384 Cfr., a este respeito, o ac. do STJ de 07.02.2019, proc. 3306/12.2TBPTM-A.E1.S1, o ac. do STJ de 19.02.2019, proc. 3503/16.1T8VIS-A.C1.S1, bem como o ac. do TRG de 26.09.2019, proc. 5426/17.8T8GMR-A.G1.

385 *Vide*, a este propósito, Sousa, Miguel Teixeira de, *Acção Executiva Singular, op. cit.*, pp. 68 e 69. Cfr., na jurisprudência, o ac. do TRG de 15.03.2018, proc. 554/15.7T8CHV-A.G1, o ac. do STJ de 05.07.2018, proc. 1634/07.8TBVNG-A.P1.S1, o ac. do TRG de 10.07.2018, proc. 5245/16.9T8GMR-C.G1, o ac. do TRL de 10.01.2019, proc. 6328/11.7TBALM-A.L1-6, o ac. do TRC de 10.09.2019, proc. 2296/17.0T8PBL-A.C1, o ac. do TRG de 21.11.2019, proc. 1418/17.5T8VNF-A.G1, o ac. do TRC de 03.12.2019, proc. 4604/08.5TJCBR-B.C1, assim como o ac. do TRP de 24.03.2022, proc. 2895/20.2T8MAI-A.P1.

386 No sentido de o credor, que não tenha alegado no requerimento executivo a relação jurídica subjacente à emissão do título, não poder depois fazê-lo em sede de contestação aos embargos de executado, *vide* o ac. do TRL de 09.07.2009, proc. 638/05.0TCLRS-A.L1-6, bem como o ac. do TRL de 23.05.2019, proc. 4705/16.6T8LSB-A.L1-2.

partes e que esteve na base da emissão desse título[387,388]. Em todo o caso, importa salientar que, representando o quirógrafo o reconhecimento unilateral de uma dívida, o exequente apenas tem de alegar a relação jurídica subjacente à emissão desse título, recaindo, por isso, sobre o executado, o ónus da prova da inexistência, originária ou subsequente, dessa relação (art. 458º do CC)[389].

[387] Cfr., nesse sentido, FARIA, Paulo Ramos de/LOUREIRO, Ana Luísa, *Primeiras Notas ao Novo Código de Processo Civil*, vol. II, *op. cit.*, pp. 186 e 187. De acordo com estes Autores, verificando-se uma alegação deficiente dos factos, o juiz apenas terá o dever de convidar o exequente a corrigir esse vício se a alegação, apesar de deficiente, "permitir individualizar a relação subjacente". De contrário, o juiz deverá indeferir liminarmente o requerimento executivo. Cfr., na jurisprudência, o ac. do TRG de 30.04.2015, proc. 1072/13.3TBBCHV-A.G1, o ac. do TRE de 06.10.2016, proc. 475/09.2TBALM-A.E.1, o ac. do TRG de 31.01.2019, proc. 399/16.7T8VNF.G1, assim como o ac. do TRL de 26.03.2019, proc. 2656/14.8T2SNT-A.L1-7. No sentido de o cheque ao portador poder valer, enquanto mero quirógrafo, como título executivo, desde que o exequente seja o credor do executado na relação jurídica subjacente à emissão do cheque e invoque esse facto no requerimento executivo, *vide*, com um voto de vencido, o ac. do STJ de 04.05.2017, proc. 440/13.5TBVLN-A.G1.S1.

[388] No que em particular se refere à alegação da relação jurídica subjacente quanto ao avalista de uma letra de câmbio prescrita, *vide* o ac. do STJ de 12.09.2019, proc. 125/16.0T8VLF-A.C1.S1, no qual se consignou o seguinte: "[...] II. O aval, como os outros negócios cambiários, tem uma relação subjacente que pode ser de natureza e configuração variável. A circunstância de, as mais das vezes, tal relação se configurar como uma fiança, não permite que assim se entenda na falta da referida alegação, na medida em que aval e fiança são figuras de natureza distinta. III. Não se pode, assim, presumir que na base do aval está um negócio extracambiário de fiança, pelo que, mesmo nos casos em que a prestação do aval, tem como relação subjacente uma fiança relativamente à obrigação que advinha para o avalizado, se a obrigação cambiária do avalista prescrever, torna-se necessário alegar e demonstrar que o avalista pretendia obrigar-se como fiador pelo pagamento da obrigação principal. IV. Daí que, operando-se a extinção da obrigação cartular resultante do aval, por efeito da prescrição, e não tendo o exequente alegado factos concretos demonstrativos de que os avalistas se assumiram como fiadores pelo cumprimento das obrigações do avalizado, seja de concluir que as letras prescritas não se mostram suficientes para figurarem como títulos executivos, nos termos do artigo 703º, nº 1, alínea c) do Código de Processo Civil". Cfr., no mesmo sentido, o ac. do TRC de 10.09.2019, proc. 2296/17.0T8PBL-A.C1, o ac. do TRP de 14.01.2020, proc. 3231/19.6T8PRT-A.P1, bem como o ac. do TRG de 26.11.2020, proc. 7891/19.0T8VNF-A.G1.

[389] *Vide*, nesse sentido, o ac. do STJ de 05.11.2003, proc. 04B1457, o ac. do TRC de 16.03.2016, proc. 684/14.2T8CBR-A.C1, o ac. do TRL de 07.03.2019, proc. 7162/17.6T8SNT-A.L1-2, o ac. do TRG de 04.04.2019, proc. 140/11.0TBMTR-A.G2, o ac. do TRP de 17.06.2019, proc. 24873/17.9T8PRT-A.P1, o ac. do STJ de 21.01.2021, proc. 268/12.0TBMGD-A.G1.S1, bem como o ac. do TRG de 18.11.2021, proc. 2310/20.1T8VCT-F.G1. Cfr., na doutrina, FARIA, Paulo Ramos de/LOUREIRO, Ana Luísa, *Primeiras Notas ao Novo Código de Processo Civil*, vol. II, *op. cit.*, p. 189, os quais distinguem consoante o título executivo seja um cheque e uma letra (ordens de pagamento) ou uma livrança (promessa de pagamento). Assim, de acordo com estes Autores, se o executado, em oposição à execução titulada por um cheque ou por uma letra de câmbio, impugnar a relação subjacente, recai sobre o exequente o ónus da prova da existência da relação fundamental alegada. Diferentemente, sendo

Deste modo, para que um título de crédito, que não reúna os requisitos previstos na lei ou que já se encontre prescrito, possa, mesmo assim, valer enquanto título executivo, é necessário que se encontrem preenchidos dois requisitos cumulativos:

1) o exequente tem de alegar no requerimento executivo, de forma precisa, objetiva e completa, os factos constitutivos da relação subjacente ou causal[390,391], salvo se esses factos já constarem do próprio título[392]; e
2) deve estar em causa uma relação imediata, isto é, uma relação direta entre o credor e o devedor ou o garante[393] originários, já que só assim poderá o exequente alegar a relação causal ou subjacente à emissão do título[394]. Ficam, por isso, excluídas as relações mediatas, isto é, as

o título executivo uma livrança, recai sobre o executado o ónus da prova "dos factos que revelam a inexistência ou a extinção da relação subjacente presumida alegada pelo exequente".

390 Cfr., nesse sentido, o ac. do TRC de 16.03.2016, proc. 684/14.2T8CBR-A.C1.

391 Assim, conforme se decidiu no ac. do TRP de 08.11.2004, proc. 0455441, "Não se pode considerar que dispõe de título executivo o exequente que, na execução, alega que a letra exequenda está prescrita e invoca ser seu legítimo portador, por a ter obtido por via de endosso e operação de crédito praticada a favor da executada. Tal alegação é insuficiente para se considerar que foi alegada a relação extra-cartular". Do mesmo modo, não basta ao exequente alegar que o executado confessou a existência de uma dívida ou prometeu o cumprimento, devendo, ao invés, invocar a relação jurídica subjacente a essa confissão ou promessa (ac. do TRP de 14.05.2013, proc. 180/08.7TBAMT-A.P1).

392 Cfr., a este respeito, o ac. do TRP de 10.05.2004, proc. 0451322, o ac. do TRP de 26.05.2015, proc. 665/13.3TBLSD-A.P1, bem como o ac. do TRE de 23.02.2017, proc. 2428/13.7TBPTM-A.E1.

393 *Vide*, a este propósito, o ac. do TRG de 05.03.2020, proc. 6967/18.5T8GMR.G1, no qual se entendeu que "Para que a obrigação cambiária do avalista possa servir de título executivo como quirógrafo, é necessário que do requerimento executivo resulte que o avalista/executado se quis obrigar como fiador pelo pagamento da obrigação fundamental, sendo que a obrigação de prestar fiança tem de ser expressamente declarada". Cfr., no mesmo sentido, o ac. do TRG de 07.05.2020, proc. 2063/10.1TBBRG.G1, com o seguinte sumário: "O fim visado com o aval é garantir ou caucionar a obrigação de certo subscritor cambiário. Deixando de existir em termos jurídicos o título cambiário (letras de câmbio) em que o aval havia sido prestado, nomeadamente, por prescrição, cessa também o respectivo aval. No entanto, é possível que a prestação de um aval ao aceitante de uma letra tenha subjacente uma fiança que visa garantir o cumprimento da obrigação que emerge para o aceitante da letra do negócio jurídico subjacente ao aceite. Para tal, impõe-se a alegação e prova pela exequente de que o avalista/executado se queria obrigar como fiador pelo pagamento da obrigação fundamental, ou seja, que a relação subjacente ao aval era uma fiança relativamente à obrigação que advinha para o avalizado da relação subjacente ou fundamental".

394 *Vide*, nesse sentido, o ac. do TRP de 09.03.2004, proc. 0326796, o ac. do TRG de 13.03.2014, proc. 2146/13.6TBBCL-A.G1, o ac. do STJ de 27.05.2014, proc. 780/13.3TBEPS.G1.S1, o ac. do TRG de 16.12.2015, proc. 1788/12.1TBCBR-A.C1, bem como o ac. do TRC de 16.03.2016, proc. 684/14.2T8CBR-A.C1. Cfr., ainda, o ac. do TRL de 30.04.2013, proc. 9138/11.8TBOER-A.L1-1, no qual se decidiu o seguinte: "Prescrita a obrigação cambiária, não pode pôr-se a questão da executoriedade do crédito cartular correspondente. Na letra, enquanto mero documento particular,

relações indiretas, tal como sucede, por exemplo, entre um terceiro, portador do título por via de um endosso, e um devedor originário[395].

Neste particular, importa salientar que, mesmo que o negócio jurídico subjacente à emissão do título de crédito constitua um contrato de mútuo, nulo por vício de forma (art. 1143º do CC), o título de crédito, ainda que enquanto mero quirógrafo da obrigação, continua a valer enquanto título executivo bastante tendo em vista a restituição da quantia mutuada (art. 289º, nº 1, do CC) e o pagamento dos juros de mora legais, vencidos desde a citação do executado, ficando apenas vedada ao exequente a possibilidade de pedir o pagamento de juros remuneratórios[396].

apenas se descortina uma ordem do sacador ao sacado para que lhe pague a si determinada quantia, não importando a mesma a constituição ou reconhecimento de qualquer outra obrigação pecuniária para com qualquer outro portador da letra".

[395] Cfr., a este propósito, o ac. do TRC de 05.04.2011, proc. 1642/05.2TBCBR-A.C1, com o seguinte sumário: "Numa relação cambiária o portador do título – endossado – vê a si transmitidos os direitos que o endossante tem sobre o aceitante. Só que o endosso, se prescrita a obrigação cambiária, deixa de poder ser invocado, designadamente como meio de transmissão de direitos, porquanto só os de natureza cambiária se transmitem e estes, após a sua prescrição, não subsistem. O portador de uma letra de câmbio que a haja adquirido por endosso não pode usá-la como título executivo após a sua prescrição e contra quem não é seu devedor na relação subjacente". *Vide,* no mesmo sentido, o ac. do STJ de 22.05.2003, proc. 03B1281, bem como o ac. do TRG de 13.03.2014, proc. 2146/13.6TBBCL-A.G1.

[396] Cfr., nesse sentido, o ac. do TRC de 24.04.2012, proc. 169/10.6TBCSC-B.C1, no qual se decidiu que "A nulidade do mútuo, por falta de forma legal, não retira a exequibilidade a tais documentos, pois que, por força do Assento do STJ nº 4/95 (hoje AUJ), a obrigação de restituição sempre existirá ao abrigo do art. 289º, nº 1, do CC, sendo avesso à celeridade e economia de meios obrigar o exequente a deitar mão da acção declarativa para obter a prestação", bem como o ac. do TRC de 02.03.2010, proc. 419/07.6TBCVL-A.C1, o ac. do TRP de 04.10.2011, proc. 371/07.8TBMAI-A.P1, o ac. do TRL de 06.06.2013, proc. 22577/09.5YYLSB-A.L1-6, o ac. do TRG de 13.03.2014, proc. 7097/12.9TBBRG-A.G1, e o ac. do TRC de 22.11.2016, proc. 2707/13.3TJCBR-A.C1. *Vide,* na doutrina, Castro, Artur Anselmo de, *A Acção Executiva Singular, Comum e Especial, op. cit.*, p. 42, bem como Marques, J. P. Remédio, *Curso de Processo Executivo Comum à Face do Código Revisto, op. cit.*, p. 50. Cfr., em sentido contrário, o ac. do TRP de 06.10.2004, proc. 0453023, o ac. do TRP de 13.02.2007, proc. 0627123, o ac. do TRP de 15.02.2012, proc. 1141/10.1TBPVZ-A.P1, o ac. do TRP de 21.10.2014, proc. 910/08.7TBMCN-A.P1, o ac. do TRP de 25.01.2016, proc. 4568/13.3TBMAI-A.P1, o ac. do TRC de 16.03.2016, proc. 3053/12.5TJCBR-A.C1, bem como o ac. do TRC de 09.10.2018, proc. 3503/16.1T8VIS-A.C1. *Vide,* na doutrina, Ferreira, Fernando Amâncio, *Curso de Processo de Execução, op. cit.*, p. 158.
Visando pôr termo a esta divisão jurisprudencial, o AUJ do STJ nº 3/2018, de 12.12.2017, proc. 1181/13.9TBMCN-A.P1.S1, *in DR*, 1ª série, de 19 de fevereiro de 2018, fixou jurisprudência no sentido de que "O documento que seja oferecido à execução ao abrigo do disposto no artigo 46º, nº 1, alínea c), do Código de Processo Civil de 1961 (na redacção dada pelo Decreto-Lei nº 329-A/95,

2.3.5. Preenchimento abusivo

Questão de particular importância é a de saber se um título de crédito, que tenha sido emitido em branco, ou seja, sem se achar completamente preenchido, e cujo preenchimento tenha sido abusivo, constitui ou não título executivo. Com efeito, como elucida Ferrer Correia, quem emite um título em branco pode atribuir à pessoa a quem entrega esse título "o direito de o preencher em certos e determinados termos. Ninguém subscreve um documento em branco para que a pessoa a quem o transmite faça dele o uso que lhe aprouver"[397].

Assim, o preenchimento do título diz-se abusivo quando o mesmo é completado com violação do pacto de preenchimento, ou seja, em desconformidade com as convenções estabelecidas entre as partes nesse pacto[398]. É o que sucede, nomeadamente, se, no título, é aposta uma data de vencimento diversa daquela que tinha sido efetiva e previamente acordada entre as partes[399] ou uma quantia superior à que resultava do pacto de preenchimento[400].

de 12 de Dezembro), e que comporte o reconhecimento da obrigação de restituir uma quantia pecuniária resultante de mútuo nulo por falta de forma legal goza de exequibilidade, no que toca ao capital mutuado".

[397] Correia, A. Ferrer, *Lições de Direito Comercial*, *op. cit.*, p. 484. Conforme se decidiu no ac. do STJ de 25.05.2017, proc. 9197/13.9YYLSB-A.L1.S1, "O pacto de preenchimento é um contrato firmado entre os sujeitos da relação cambiária e extracartular que define em que termos deve ocorrer a completude do título cambiário, no que respeita aos elementos que habilitam a formar um título executivo, ou que estabelece em que termos se torna exigível a obrigação cambiária". *Vide*, ainda, o ac. do STJ de 24.10.2019, proc. 295/14.2TBSCR-A.L1.S1.

[398] *Vide*, a este propósito, o ac. do TRP de 30.05.2016, proc. 344/14.4T8MAI-A.P1, o ac. do TRL de 10.03.2011, proc. 11870/09.7T2SNT-A.L1-2, o ac. do TRG de 09.06.2016, proc. 1510/12.2TBFAF-A.G1, bem como o ac. do TRL de 16.11.2016, proc. 848/13.6TGRD-A.L1-7. No sentido de não configurar qualquer preenchimento abusivo da livrança a circunstância de esse título, por erro ou por qualquer outro motivo, aludir a um número de contrato diferente daquele que foi efetivamente celebrado entre as partes, *vide* o ac. do TRC de 07.02.2017, proc. 7809/15.9T8CBR-A.C1.

[399] Cfr., a este propósito, o ac. do TRC de 17.01.2017, proc. 624/14.9TBPBL-A.C1, no qual se decidiu que o facto de o beneficiário de uma livrança alterar, de forma unilateral, uma data aposta nesse título – riscando, para o efeito, uma data que nele constava anteriormente e que respeitava o pacto de preenchimento – não acarreta a invalidade do título, mas tão-só a vinculação dos signatários ao texto anterior ao da alteração. Por sua vez, conforme se decidiu no ac. do STJ de 24.10.2019, proc. 1418/14.7TBPVZ-B.P2.S2, não se verifica um preenchimento abusivo na eventualidade de, no pacto de preenchimento, ter sido concedida ao credor a faculdade de fixar a data de vencimento da livrança.

[400] Ac. do TRE de 29.01.2015, proc. 1030/13.8TBTMR-A.E1. *Vide*, a este propósito, Cunha, Carolina, *Manual de Letras e Livranças*, *op. cit.*, p. 184, a qual, a propósito do "preenchimento abusivo", distingue entre "*discrepâncias consubstanciadas num preenchimento injustificado ou extemporâneo*, com destaque para a falta de verificação da ocorrência à qual o próprio completamento do título estava subordinada (tipicamente, a constituição, o vencimento ou o incumprimento de um crédito no

Nesta conformidade, em princípio, o título de crédito (letra, livrança ou cheque) não constitui título executivo se o executado demonstrar que o mesmo foi preenchido de forma abusiva, isto é, sem que existisse qualquer pacto (válido) de preenchimento ou em violação manifesta das convenções constantes desse pacto[401,402].

Contudo, pode suceder que um título de crédito, ainda que tenha sido preenchido de forma abusiva, constitua, mesmo assim, um título executivo. É o que ocorre, por exemplo, se no título executivo se acha aposta uma quantia superior ao montante efetivamente em dívida, caso em que a demonstração desse preenchimento abusivo apenas resultará na extinção parcial da execução no tocante à quantia peticionada em excesso (art. 732º, nº 4, 2ª parte)[403].

Nessa exata medida, a força executiva do título de crédito preenchido de forma abusiva dependerá, necessariamente, da natureza da desconformidade existente entre o teor do título de crédito e o âmbito da convenção de preenchimento estabelecida entre as partes.

seio da relação fundamental) e para a extinção satisfatória da relação fundamental garantida pelo título (o qual foi indevidamente conservado pelo credor e posteriormente preenchido num outro contexto)" e "*discrepâncias relacionadas com a configuração das menções introduzidas no título*, com destaque (pela litigiosidade concretamente suscitada) para a inserção de uma quantia superior à que decorre dos «acordos realizados»". Cfr., no mesmo sentido, o ac. do TRC de 14.01.2020, proc. 4211/11.5TBLRA-A.C1.

401 Cfr., a este propósito, o ac. do TRP de 30.04.2012, proc. 391/07.2TBGDM-A.P1, no qual se decidiu pela inexistência de título executivo na eventualidade de o título de crédito, apesar de se achar assinado pelo pretenso devedor, ter sido preenchido por uma terceira pessoa, sem que existisse, no caso em concreto, qualquer pacto de preenchimento do título.

402 No sentido de o avalista poder opor ao portador da livrança, que ainda não entrou em circulação, a desconformidade entre a livrança e aquilo que foi ajustado no pacto de preenchimento, desde que o avalista tenha tido intervenção na celebração do pacto de preenchimento ou tenha participado numa relação extracartular que interfira nas condições estabelecidas para o pacto de preenchimento, *vide* o ac. do TRL de 08.10.2015, proc. 607/10.8TCFUN-A.L1-6, o ac. do TRG de 14.04.2016, proc. 313/13.1TBVVD-A.G1, o ac. do TRL de 19.05.2016, proc. 130/10.0TBMMN-A.L1-8, o ac. do TRL de 27.10.2016, proc. 7596-12.2TBALM-A.L1-6, o ac. do TRC de 06.12.2016, proc. 1419/13.2TBMGR-A.C1, o ac. do TRP de 09.01.2017, proc. 2666/13.2T2AGD-A.P1, o ac. do TRC de 24.01.2017, proc. 501/14.3TBCBR-A.C1, o ac. do TRC de 07.02.2017, proc. 3775/12.0TJCBR-A.C1, o ac. do TRE de 23.03.2017, proc. 427/16.6T8ENT-A.E1, o ac. do TRP de 22.10.2020, proc. 9576/08.3TBVNG-A.P2, o ac. do TRL de 19.11.2020, proc. 2304/14.6YYLSB-A.L1-8, bem como o ac. do TRE de 30.06.2021, proc. 841/19.5T8SLV-A.E1.

403 *Vide*, nesse sentido, o ac. do TRE de 26.10.2017, proc. 825/14.0TBPTM-A.E1, o ac. do STJ de 28.04.2016, proc. 1106/12.9YYPRT-B.P1.S1, o ac. do TRG de 28.02.2019, proc. 180/16.3T8MAC-B.G1, o ac. do TRP de 10.10.2019, proc. 11901/18.0T8PRT-A.P1, o ac. do STJ de 10.12.2019, proc. 814/17.2T8MAI-A.P1.S2, bem como o ac. do TRP de 24.03.2022, proc. 2895/20.2T8MAI-A.P1.

Por outro lado, sendo deduzida oposição à execução, com fundamento no preenchimento abusivo do título de crédito, recai sobre o executado/embargante, e não sobre o exequente/embargado, o ónus da prova da existência de um acordo de preenchimento do título e de que tal acordo não foi observado[404]. Por conseguinte, devem ser alegados na oposição à execução os factos que demonstrem o preenchimento abusivo do título[405].

Note-se, no entanto, que a demonstração do preenchimento abusivo só é possível no âmbito da relação imediata, isto é, na relação credor/devedor[406], podendo, por isso, o devedor/executado deduzir oposição à execução, com esse fundamento, contra o credor/exequente[407].

Diferentemente, o preenchimento abusivo do título não pode ser invocado contra o tomador ou o terceiro a quem o título tenha sido transmitido, isto é, no âmbito das relações mediatas, salvo se o executado lograr demons-

[404] Cfr., nesse sentido, o AUJ do STJ de 14.05.1996, *in DR*, nº 159/96, 2ª série, de 11 de julho de 1996, o ac. do TRP de 08.07.2002, proc. 0250331, o ac. do TRP de 16.01.2003, proc. 0232299, o ac. do TRL de 10.10.2013, proc. 4659/09.5TCLRS-A.L1-7, o ac. do TRP de 03.04.2014, proc. 1033/10.4TBLSD-A.P2, o ac. do TRE de 08.03.2018, proc. 1498/16.0T8BJA-A.E1, o ac. do TRP de 11.04.2018, proc. 10888/14.2T8PRT-A.P1, o ac. do TRG de 04.10.2018, proc. 1578/17.5T8GMR-A.G1, o ac. do TRG de 25.10.2018, proc. 710/18.6T8GMR-A.G1, o ac. do STJ de 13.11.2018, proc. 2272/05.5YYLSB-B.L1, o ac. do TRE de 06.12.2018, proc. 2561/15.0T8STB-A.E1, o ac. do TRE de 28.03.2019, proc. 271/114.5T8LLE-A.E1, o ac. do TRC de 25.06.2019, proc. 3867/16.7T8VIS-A.C1, o ac. do TRE de 27.02.2020, proc. 1202/18.9ENT-A.E1, bem como o ac. do TRE de 28.01.2021, proc. 7362/18.1T8STB.-A.E1.

[405] Ac. do STJ de 28.05.1996, proc. 33/96, *in SASTJ*, ano 1996, p. 42. *Vide*, no mesmo sentido, o ac. do TRC de 13.09.2016, proc. 341/13.7TBSPS-A.C1, bem como o ac. do TRC de 17.01.2017, proc. 3161/12.2TBLRA-A.C1. Neste particular, o ac. do TRC de 10.02.2015, proc. 4284/09.0YYPRT-A.C1, considerou que "provando o subscritor duma letra/livrança em branco o pacto de preenchimento que gerou a sua subscrição/entrega e estar a mesma a ser utilizada fora do contexto de tal específico pacto de preenchimento, passa a ser o portador de tal letra/livrança, que a utilizou, que tem que demonstrar o pacto de preenchimento que legitima tal «nova» utilização".

[406] No sentido de o avalista de livrança subscrita em branco poder igualmente invocar o preenchimento abusivo desse título, não obstante a existência de um pacto de preenchimento, cabendo-lhe, no entanto, o ónus da prova desse preenchimento abusivo, *vide* o ac. do TRP de 24.02.2011, proc. 289/09.0TJVNF-A.P1, o ac. do TRL de 12.01.2012, proc. 8318/05.0TBCSC-A.L1-6, o ac. do TRL de 11.10.2012, proc. 22325/04.6YYLSB-A.L1-8, o ac. do TRL de 15.03.2018, proc. 1010/14.6YYLSB-A.L1-6, o ac. do TRL de 19.04.2018, proc. 2198/13.9TBFUN-A.L1-2, o ac. do TRP de 27.06.2018, proc. 4368/15.6T8LOU-A.P1, bem como o ac. do STJ de 13.11.2018, proc. 2272/05.5YYLSB-B.L1. Cfr. ainda, sobre esta problemática, o ac. do STJ de 15.05.2014, proc. 1419/11.7TBCBR-A.C1.S1, no qual se decidiu que "Para que se coloque uma questão de preenchimento abusivo é necessário que se demonstre a existência de um acordo, em cuja formação tenham intervindo o avalista e o tomador-portador do título, acordo que este último, ao completar o respectivo preenchimento tenha efectivamente desrespeitado".

[407] Cfr., nesse sentido, o ac. do TRC de 13.09.2016, proc. 341/13.7TBSPS-A.C1.

trar que o tomador ou o terceiro adquiriram o título de má-fé ou se, tendo-o adquirido de boa-fé, tiverem cometido uma falta grave (arts. 10º da LULL e 13º da LUC)[408].

2.4. Documentos particulares

Contrariando a tendência legislativa que se vinha verificando nos últimos anos, particularmente desde a reforma de 95/96, o Código de Processo Civil de 2013 deixou de reconhecer força executiva aos documentos particulares, assinados pelo devedor, que importem a constituição ou o reconhecimento de uma obrigação[409]. Esta inversão legislativa[410] surge justificada na exposição de motivos do novo Código de Processo Civil pela necessidade de reação contra o "risco de execuções injustas, risco esse potenciado pela circunstância de as últimas alterações legislativas terem permitido cada vez mais hipóteses de a execução se iniciar pela penhora de bens do executado, postergando-se o contraditório"[411].

Consequentemente, ressalvadas as disposições especiais que conferem força executiva a determinados documentos particulares (*v.g.* títulos de crédito prescritos ou atas de condomínio), o documento assinado pelo

[408] *Vide*, nesse sentido, o ac. do TRP de 07.03.2013, proc. 5703/10.9YYPRT-A.P1, bem como o ac. do TRC de 25.06.2013, proc. 1506/07.6TBCTB-A.C1. No sentido de este regime só ser aplicável nos casos em que o portador adquiriu o título quando o mesmo já estava completo, *vide* MARTINS, Alexandre de Soveral, *Títulos de Crédito e Valores Mobiliários*, vol. I, *op. cit.*, pp. 46 e 47.

[409] Na sua redação originária, o art. 46º, al. *c)*, do CPC_{1961} dispunha o seguinte: "c) As letras, livranças, cheques, extractos de factura, vales, facturas conferidas e quaisquer outros escritos particulares, assinados pelo devedor, dos quais conste a obrigação de pagamento de quantias determinadas ou de entrega de coisas fungíveis".

[410] Tal como salienta Antonio Diana, a qualificação de um determinado ato ou documento como sendo ou não título executivo depende, essencialmente, de uma valoração de política legislativa (DIANA, Antonio Gerardo, *La Nuova Esecuzione Forzata – Questioni e Procedure*, *op. cit.*, p. 7).

[411] Alguma doutrina, designadamente Abrantes Geraldes, vinha já sustentando o facto de a ampliação da exequibilidade dos documentos particulares comportar um "maior risco de serem interpostas execuções por quem não seja titular de um direito de crédito". Assim, de acordo com o referido Autor, "Generalizada a dispensa de qualquer intervenção notarial susceptível de confirmar a autenticidade da assinatura e fundada a exequibilidade apenas na apresentação de um documento imputado ao executado, ninguém está livre de ser demandado em acção executiva com base em documento viciado ou abusivamente utilizado" (GERALDES, António Santos Abrantes, "Títulos executivos", *op. cit.*, p. 41). Manifestando, igualmente, a sua concordância com a "limitação radical da exequibilidade do documento particular" no novo Código de Processo Civil, *vide* FREITAS, José Lebre de, "Sobre o Novo Código de Processo Civil (Uma visão de fora)", *in ROA*, ano 73º, vol. I, jan./mar. 2013, p. 51. Cfr., ainda, CORREIA, João, *et al.*, *Introdução ao Estudo e à Aplicação do Código de Processo Civil de 2013*, Almedina, Coimbra, 2013, p. 99.

devedor[412], que importe a constituição ou o reconhecimento de uma obrigação, apenas constituirá título executivo se revestir a natureza de documento autêntico ou autenticado [art. 703º, nº 1, al. *b)*][413].

No entanto, questão de particular relevância é a de saber se os documentos particulares, assinados pelo devedor, que importem a constituição ou o reconhecimento de uma obrigação e que tenham sido lavrados até ao dia 31 de agosto de 2013, ou seja, até à véspera da entrada em vigor do novo Código de Processo Civil, constituem título executivo. Isto porque o art. 6º, nº 3, da Lei nº 41/2013, de 26 de junho, preceitua que as alterações legislativas introduzidas pelo novo Código de Processo Civil em matéria de títulos executivos só se aplicam às ações executivas intentadas após o dia 1 de setembro de 2013.

Este problema rapidamente dividiu a doutrina e a jurisprudência, tendo dado origem a duas correntes antagónicas:

a) para uma primeira corrente, a eliminação do elenco dos títulos executivos dos documentos particulares, assinados pelo devedor, que importassem a constituição ou o reconhecimento de uma obrigação, configuraria uma aplicação retroativa da lei a situações jurídicas pré-existentes, violando, dessa forma, os princípios constitucionais da confiança e da proteção da segurança[414]. Neste enquadramento, apenas ficaria vedada, por inexistência de título executivo, a possibilidade de ser proposta uma ação executiva, fundada em documento particular, assinado pelo devedor, do qual resultasse a constituição ou o reco-

[412] No sentido de não constituir título executivo o documento do qual apenas conste a aposição informática das letras que representam graficamente o nome do devedor, *vide* o ac. do TRL de 21.06.2011, proc. 10693/10.5YYLSB.L1-1.

[413] *Vide*, a este propósito, o ac. do TRG de 03.05.2018, proc. 779/17.0T8PTL-A.G1.

[414] Enquadraram-se nesta corrente, entre outros, TELES, Maria João Galvão, "A Reforma do Código de Processo Civil: A supressão dos documentos particulares do elenco dos títulos executivos", *in Revista Julgar*, 2013, p. 4, FERNANDEZ, Elizabeth, *Um Novo Código de Processo Civil? Em busca das diferenças*, *op. cit.*, pp. 157 e 158, bem como PINTO, Rui, *Notas ao Código de Processo Civil*, vol. II, *op. cit.*, p. 212. *Vide*, na jurisprudência, entre outros, os acs. do TRE de 27.02.2014 (proc. 374/13.3TUEVR.E1), de 10.04.2014 (proc. 305/13.0TBVVC.E1) e de 12.03.2015 (proc. 321/14.5T8ENT.E1), o ac. do TRL de 17.12.2014 (proc. 23/14.2TTVFX.L1-4), os acs. do TRC de 28.04.2015 (proc. 2186/14.8TJCBR.C1), de 05.05.2015 (proc. 4538/14.4T8VIS.C1), de 19.05.2015 (proc. 376/14.2T8CBR.C1) e de 02.06.2015 (proc. 1056/14.T8CBR.C1), bem como o ac. do TRP de 10.09.2015 (proc. 9619/14.1T8PRT.P1). De igual modo, o TC, nos seus acs. nºs 847/14 (proc. 537/14) e 161/2015 (proc. 1148/14), e na decisão sumária nº 130/2015, pronunciou-se pela inconstitucionalidade da norma resultante dos arts. 703º do CPC e 6º, nº 3 da Lei nº 41/2013 de 26 de junho, quando interpretada no sentido de que o art. 703º se aplicaria a documentos particulares emitidos em data anterior à da entrada em vigor do novo Código de Processo Civil e então exequíveis por força do art. 46º, nº 1, al. *c)*, do CPC_{1961}.

nhecimento de uma obrigação, quando esse documento tivesse sido elaborado e/ou emitido após o dia 1 de setembro de 2013;

b) para uma segunda corrente, a eliminação dos documentos particulares do elenco dos títulos executivos legalmente admissíveis não configurava qualquer aplicação retroativa da lei, nem originava qualquer juízo de inconstitucionalidade do art. 703º, razão pela qual, a partir do dia 1 de setembro de 2013, não poderia ser intentada uma ação executiva tendo por título um documento particular, assinado pelo devedor, que importasse a constituição ou o reconhecimento de uma obrigação, mesmo que esse documento tivesse sido elaborado e/ou emitido em data anterior[415].

[415] Assim, de acordo com Teixeira de Sousa, "Para que se pudesse falar de retroatividade era necessário que o art. 6º, nº 3 da Lei nº 41/2013 tivesse retirado caráter executivo a títulos que tinham produzido a sua eficácia no passado, isto é, teria sido necessário que o preceito tivesse atingido execuções baseadas em títulos que deixaram de o ser de acordo com o NCPC. Não é evidentemente isto que resulta do art. 6º, nº 3, L 41/2013: o que decorre deste preceito é uma aplicação imediata para o futuro do novo elenco dos títulos executivos, deixando intocados todos os efeitos que os agora ex-títulos produziram no passado. A seguir-se a conceção de retroatividade utilizada no acórdão, haveria que qualificar como retroativa toda a lei que afetasse qualquer situação duradoura que transitasse do domínio da lei antiga para a lei nova (como, por exemplo, uma nova lei sobre o regime do arrendamento que fosse aplicável aos contratos subsistentes à sua entrada em vigor)" (SOUSA, Miguel Teixeira de, "Aplicação no tempo do nCPC: títulos executivos forever?", disponível *in http://blogippc.blogspot.pt/2014/03/aplicacao-no-tempo-do-ncpc-titulos.html*). Na mesma linha de raciocínio, Lebre de Freitas defendia que "Sempre se considerou que a exequibilidade é definida pela lei em vigor à data da execução – e bem: não se trata da produção de efeitos dum ato jurídico, mas da opção do legislador sobre a suficiência de documento que permita prescindir da ação declarativa (ou, como bem nota o Prof. Teixeira de Sousa, da injunção). Também quando se alarga o elenco dos títulos: a nova lei é – e sempre se considerou ser – de aplicação imediata (a não confundir com retroatividade)" (FREITAS, José Lebre de, "Aplicação no tempo do nCPC: títulos executivos forever?(2)", *in http://blogippc.blogspot.pt/2014/03/aplicacao-no-tempo-do-ncpc-titulos_26.html.*). *Vide*, no mesmo sentido, FARIA, Paulo Ramos de/LOUREIRO, Ana Luísa, *Primeiras Notas ao Novo Código de Processo Civil*, vol. II, *op. cit.*, pp. 190 e 191, bem como RAMOS, José Luís Bonifácio, "Os títulos executivos e o "novo" Código de Processo Civil", *op. cit.*, p. 642. Seguindo essa orientação doutrinal, alguma jurisprudência viria a concluir pela não inconstitucionalidade do art. 703º, "na parte em que elimina os documentos particulares do elenco dos títulos executivos, quando conjugado com o art. 6º, nº 3 da Lei nº 41/2013, e interpretado no sentido de se aplicar aos documentos particulares anteriormente dotados de exequibilidade pela al. c), do nº 1 do art. 46º, do anterior CPC", pelo que "as execuções instauradas posteriormente a 1 de Setembro de 2013, não poderão basear-se em documento particular constituído em data anterior e a que fosse atribuída exequibilidade pelo regime vigente à data da sua constituição" (ac. do TRC de 07.10.2014, proc. 61/14.5TBSBG.C1.). Em defesa desta posição, destacam-se, entre outros, os acs. do TRL de 19.06.2014 (proc. 138/14.7TCFUN.L1-6) e de 24.09.2014 (proc. 3275/14.4YYLSB.L1-2), os acs. do TRP de 27.01.2015 (proc. 6620/13.6YYPRT-A.P1), de 24.03.2015 (proc. 1403/14.9T2AGD.

No confronto entre estas duas orientações divergentes, o Tribunal Constitucional, no seu acórdão nº 408/2015, de 23 de setembro de 2015, proferido no processo nº 340/2015[416], declarou "com força obrigatória geral, a inconstitucionalidade da norma que aplica o artigo 703º do Código de Processo Civil, aprovado em anexo à Lei nº 41/2013, de 26 de junho, a documentos particulares emitidos em data anterior à sua entrada em vigor, então exequíveis por força do artigo 46º, nº 1, alínea c), do Código de Processo Civil de 1961, constante dos artigos 703º do Código de Processo Civil, e 6º, nº 3, da Lei nº 41/2013, de 26 de junho, por violação do princípio da proteção da confiança (artigo 2º da Constituição)"[417].

Com efeito, conforme se decidiu nesse aresto, "decisões passadas tomadas pelos cidadãos com base num determinado quadro normativo, relativamente estável, tiveram as suas consequências atuais e futuras afetadas negativamente pela presente alteração legislativa. De facto, o reconhecimento da exequibilidade imediata dos documentos que titulavam os seus créditos é suscetível de ter tido influência sobre a conduta dos credores, os quais, assumindo que já dispunham da "chave" de acesso ao processo executivo, se abstiveram de realizar outras diligências ao seu alcance como, por exemplo, diligenciar pela autenticação do documento que titulava o seu crédito. [...] Ao suprimir a ligação que antes se estabelecia entre o valor probatório dos documentos particulares e a exequibilidade extrínseca da pretensão neles materializada, a norma sob escrutínio introduziu uma modificação que era imprevisível. Se a lei nova estivesse vigente ao tempo em que se produziu o facto a provar, poderiam os credores ter adotado outras diligências ou precauções no sentido de se munirem de um título executivo, o que significa que a base da confiança gerou, nesta hipótese, uma situação de "uso da confiança" por inatividade (cf. Sílvia Calmes, *Du principe de protection de la confiance légitime en droits allemand, communautaire et français*, Dalloz, 2001, pp. 392 ss.). Sendo

P1) e de 28.04.2015 (proc. 3864/14.7TBMTS.P1), bem como o ac. do TRG de 19.03.2015 (proc. 203/14.0T8VNF.G1).

[416] Publicado no *DR*, nº 201, 1ª série, de 14 de outubro de 2015.

[417] Perfilhando esta orientação do TC, *vide* os acs. do TRE de 23.02.2016, proc. 6047/14.2T8ENT.E1, e de 07.04.2016, proc. 471/15.0T8ENT.E1. Criticando o entendimento sufragado pelo TC, por referência ao seu ac. nº 847/2014, de 03.12.2014, no qual se decidiu "Julgar inconstitucional a norma resultante dos arts. 703º do CPC e 6º, nº 3, da Lei nº 41/2013, de 26/6, na interpretação de que aquele art. 703º se aplica a documentos particulares emitidos em data anterior à da entrada em vigor do novo Código de Processo Civil e, então, exequíveis, por força do art. 46º, nº 1, alínea c), do CPC de 1961", *vide* Sousa, Miguel Teixeira de, "Títulos executivos perpétuos? – Ac. do Tribunal Constitucional nº 847/2014, de 3.12.2014, Proc. 537/14", *in CDP*, nº 48, out./dez. 2014, pp. 15 e 16.

assim, pode concluir-se que os credores desses títulos depositaram uma confiança legítima na sua exequibilidade, criada e alimentada pelo legislador, representando o novo regime uma imprevisível opção legislativa defraudadora dessa confiança. Nada fazia prever, pela anterior conduta legislativa, que fosse retirada a esses documentos, *ex abrupto*, a força executiva. Estas são razões suficientes para conferir legitimidade, consistência e validade às expetativas dos credores na imediata exequibilidade do seu título. As situações jurídicas afetadas pela alteração introduzida pela norma em análise apresentam-se como dignas de proteção. O que torna inevitável um exercício de ponderação que tem, num dos seus polos, o interesse dos credores em ver protegida a confiança que legitimamente depositaram na não alteração do ordenamento jurídico, e no outro, o interesse público que subjaz à alteração. [...] o interesse público subjacente àquele regime não demonstra ter um contrapeso suficientemente intenso face à medida da afetação da confiança legítima dos credores. Tendo em conta o grau de relevância atribuível a este interesse público (e à urgência da aplicação do novo regime), não se afigura que «a previsão de um regime transitório adequado», tal como propugnado no Acórdão nº 847/2014, nº 16, afetasse de modo incomportável ou irrazoável a sua realização, a ponto de justificar o sacrifício total da posição de confiança. Nessa medida, a norma objeto do pedido afeta excessivamente as expetativas dos particulares que se mostram legítimas e fundadas em boas razões, com ofensa do princípio constitucional da proteção da confiança dos cidadãos, ínsito no princípio do Estado de Direito, que se encontra consagrado no artigo 2º da Constituição".

Por conseguinte, por força dessa declaração de inconstitucionalidade, com força obrigatória geral, dos arts. 6º, nº 3, da Lei nº 41/2013, de 26 de junho, e 703º, os documentos particulares, assinados pelo devedor, que importem a constituição ou o reconhecimento de uma obrigação e que tenham sido elaborados e/ou emitidos até ao dia 31 de agosto de 2013, continuam a valer como títulos executivos[418].

[418] Cfr. nesse sentido, o ac. do TRE de 11.01.2018, proc. 416/14.5T8STB-A.E1, o ac. do TRP de 11.09.2018, proc. 2967/15.5T8LOU.P1, o ac. do TRC de 15.01.2019, proc. 1923/13.2TBCLD-A.C1, bem como o ac. do TRL de 26.09.2019, proc. 1697/15.2T8SNT.L1-6.

2.5. Títulos executivos por força de disposição especial
2.5.1. Requerimento de injunção com fórmula executória
2.5.1.1. Breve enquadramento histórico

O procedimento de injunção foi introduzido no nosso ordenamento jurídico pelo DL nº 404/93, de 10 de dezembro[419], e consistia numa providência destinada a conferir força executiva a um requerimento, no qual o credor peticionava o cumprimento de uma obrigação pecuniária decorrente de um contrato, cujo valor não excedesse metade da alçada do tribunal de 1ª instância[420], ou seja, a importância de 250.000$00 (art. 1º)[421]. Se o requerido, uma vez notificado, não deduzisse oposição ou se desistisse da mesma, o secretário judicial do tribunal onde corria termos o procedimento de injunção apunha no requerimento de injunção a fórmula executória, com o teor "Execute-se" (arts. 4º e 5º do DL nº 404/93, de 10 de dezembro)[422].

A verdade, porém, é que a injunção, tal como havia sido concebida pelo DL nº 404/93, de 10 de dezembro, teve uma adesão pouco expressiva, pelo que este diploma legal acabaria, pouco tempo depois, por ser revogado pelo DL nº 269/98, de 1 de setembro, o qual, para além de ter aprovado a ação especial para o cumprimento de obrigações pecuniárias emergentes de contratos

[419] Para um enquadramento histórico do procedimento de injunção, cujas origens remontarão ao *mandatum de solvendo cum clausula iustificativa*, *vide* Chiovenda, José, *Principios de Derecho Procesal Civil*, tomo I, *op. cit.*, pp. 266 e 267, Hess, Burkhard, *Europäisches Zivilprozessrecht: ein Lehrbuch*, Hüthig Jehle Rehm, Heidelberg, 2010, p. 556, Correa Delcasso, Juan Pablo, «Propositions pour l'instauration d'une procédure d'injonction de payer harmonisée dans les pays de l'UE», *in Procedural Laws in Europe – Towards Harmonisation*, Maklu, Antuérpia, 2003, p. 258, Di Paola, Nunzio Santi, *Il Decreto Ingiuntivo. Procedimento e Opposizione*, Maggioli Editore, Rimini, 2012, pp. 93 a 98, bem como Alvim, José Eduardo Carreira, *Ação Monitória e Temas Polêmicos da Reforma Processual*, Juruá Editora, Curitiba, 2007, pp. 19 e 20.

[420] Nos termos do art. 20º, nº 2, da Lei nº 38/87, de 23 de dezembro, a alçada dos tribunais de primeira instância era de 500.000$00.

[421] Conforme se alcança do respetivo preâmbulo, o legislador procurou adequar os "trâmites processuais às exigências da realidade social presente, sem quebra ou diminuição da certeza e da segurança do direito, obedecendo, designadamente, aos princípios de celeridade, simplificação, desburocratização e modernização, que hão-de informar a nova legislação processual civil", contribuindo, dessa forma, para a "concretização do princípio constitucional do acesso à justiça, consagrado como direito fundamental no artigo 20º da Constituição, que tem como vertente primordial a protecção eficaz e em tempo útil dos direitos dos cidadãos, através dos tribunais".

[422] O Tribunal Constitucional viria, por diversas vezes, a ser chamado a pronunciar-se sobre a eventual inconstitucionalidade dos arts. 4º e 5º do DL nº 404/93, de 10 de dezembro, por violação do princípio da reserva do juiz, tendo-se pronunciado pela constitucionalidade destas normas, atento o facto de os poderes atribuídos ao secretário judicial não configurarem o exercício de quaisquer atos de natureza jurisdicional [cfr., entre outros, os acs. do TC de 27.06.1995 (procs. 440/94, 113/95, 375/95, 394/95, 395/95, 396/95, 397/95 e 398/95) e de 28.09.1995 (proc. 420/94)].

(arts. 1º a 6º do anexo a esse diploma legal), reformulou o regime jurídico do procedimento de injunção (arts. 7º a 22º do mesmo anexo)[423,424], passando a oposição ou a frustração da notificação do requerido a determinar a remessa dos autos à distribuição, seguindo o processo os termos da referida ação especial.

Inicialmente, o recurso a estes dois procedimentos encontrava-se limitado às obrigações pecuniárias emergentes de contratos de valor não superior à alçada do tribunal de 1ª instância, ou seja, 500.000$00[425].

Entretanto, o DL nº 32/2003, de 17 de fevereiro – que estabeleceu um regime especial relativo aos atrasos de pagamento em transações comerciais, transpondo para a ordem jurídica nacional a Diretiva nº 2000/35/CE – veio alargar o âmbito de aplicação do procedimento de injunção, passando a prever a possibilidade de o credor recorrer ao procedimento de injunção, independentemente do valor da dívida, em caso de atraso de pagamento em transações comerciais (art. 7º, nº 1). Para efeitos desse diploma legal, entendia-se por "transação comercial" qualquer transação entre empresas[426] ou entre empresas e entidades públicas, qualquer que fosse a respetiva natureza, que desse

[423] De facto, conforme se extrai do respetivo preâmbulo, o legislador procurou "incentivar o recurso à injunção, em especial pelas possibilidades abertas pelas modernas tecnologias ao seu tratamento informatizado e pela remoção de obstáculos de natureza processual que a doutrina opôs ao Decreto-Lei nº 404/93, nomeadamente no difícil, senão impraticável, enlace entre a providência e certas questões incidentais nela suscitadas, a exigirem decisão judicial, caso em que a injunção passará a seguir como acção", promovendo, simultaneamente, a elevação do valor da injunção até à alçada dos tribunais de primeira instância, bem como a diminuição dos montantes da taxa de justiça a pagar pelo requerente. Para além disso, urgia igualmente dar resposta à "instauração de acções de baixa densidade que tem crescentemente ocupado os tribunais, erigidos em órgãos para reconhecimento e cobrança de dívidas por parte dos grandes utilizadores", colocando-os, "na prática, ao serviço de empresas que negoceiam com milhares de consumidores", correndo, por isso, "o risco de se converter, sobretudo nos grandes meios urbanos, em órgãos que são meras extensões dessas empresas, com o que se postergam decisões, em tempo útil, que interessam aos cidadãos, fonte legitimadora do seu poder soberano".

[424] À luz do art. 21º, nº 1, do anexo ao referenciado diploma legal, a execução fundada em requerimento de injunção seguia, em regra, os termos do processo de execução sumária para pagamento de quantia certa, processo esse que se achava, até então, reservado às execuções baseadas em decisão judicial, salvo nos casos em que estivesse em causa o cumprimento de obrigação que carecesse de ser liquidada em execução de sentença (art. 465º do CPC_{1961}, na redação anterior à que lhe foi dada pelo DL nº 38/2003, de 8 de março).

[425] Entretanto, o art. 24º da Lei nº 3/99, de 13 de janeiro, viria a elevar o valor da alçada do tribunal de primeira instância para a quantia de 750.000$00, valor esse que acabaria por ser convertido em euros (€ 3.740,98) através do art. 3º do DL nº 323/2001, de 17 de dezembro.

[426] Na aceção deste diploma legal, o conceito de "empresa" abrange as "empresas privadas, em geral, as pessoas colectivas públicas e os profissionais liberais" (ac. do TRP de 12.10.2010, proc. 382410/09.6YIPRT.P1).

origem ao fornecimento de mercadorias ou à prestação de serviços contra uma remuneração, encontrando-se excluídas de tal âmbito as relações estabelecidas com consumidores. Havendo oposição do requerido ou frustrando-se a sua notificação, o processo passava a seguir a forma prevista para o processo comum, na eventualidade de o valor da injunção exceder a alçada do tribunal de primeira instância (art. 7º, nº 2, do DL nº 32/2003, de 17 de fevereiro).

O êxito crescente na utilização do procedimento de injunção e a necessidade de se garantir o descongestionamento dos tribunais judiciais levou a que o legislador decidisse proceder ao alargamento sucessivo do seu âmbito de aplicação. Assim, por força do DL nº 107/2005, de 1 de julho, tanto a ação declarativa especial para o cumprimento de obrigações pecuniárias emergentes de contratos, como o procedimento de injunção, passaram a poder ser utilizados para se exigir o cumprimento de obrigações pecuniárias emergentes de contratos de valor não superior à alçada da Relação, então no valor de € 14.963,94, à luz do disposto no art. 24º da Lei nº 3/99, de 13 de janeiro. Para além disso, o DL nº 107/2005, de 1 de julho, alterou o art. 7º, nº 2, do DL nº 32/2003, de 17 de fevereiro, pelo que, estando em causa uma transação comercial e o cumprimento de uma obrigação de valor superior à alçada da Relação, a dedução de oposição ou a frustração da notificação do requerido determinavam a remessa dos autos para o tribunal competente, aplicando-se, com as necessárias adaptações, a forma de processo comum.

Posteriormente, o art. 6º do DL nº 303/2007, de 24 de agosto, procedeu à alteração do art. 1º do DL nº 269/98, de 1 de setembro, passando, desde então, a ser admissível o recurso ao procedimento de injunção ou à ação especial para se exigir o cumprimento de obrigações pecuniárias de valor não superior a € 15.000,00, sem prejuízo do disposto no art. 7º, nº 1, do DL nº 32/2003, de 17 de fevereiro.

Por último, o DL nº 32/2013, de 17 de fevereiro, viria a ser parcialmente revogado pelo DL nº 62/2013, de 10 de maio[427], o qual transpôs para a ordem jurídica interna a Diretiva nº 2011/7/UE, do Parlamento Europeu e do Conselho, de 16 de fevereiro de 2011, que estabeleceu medidas de luta contra

[427] Nos termos do art. 14º, este diploma legal é aplicável aos contratos celebrados a partir da data da sua entrada em vigor, ou seja, a partir do dia 1 de julho de 2013, salvo quando esteja em causa a "celebração ou renovação de contratos públicos decorrentes de procedimentos de formação iniciados antes da sua entrada em vigor e à execução dos contratos que revistam natureza de contrato administrativo celebrados na sequência de procedimentos de formação iniciados antes dessa data", bem como "Prorrogações, expressas ou tácitas, do prazo de execução das prestações que constituem o objeto de contratos públicos cujo procedimento tenha sido iniciado previamente à data de entrada em vigor do presente diploma".

os atrasos de pagamento nas transações comerciais. Nos termos do art. 10º, nº 1, do citado diploma legal, "O atraso de pagamento em transações comerciais, nos termos previstos no presente diploma, confere ao credor o direito a recorrer à injunção, independentemente do valor da dívida". Havendo dedução de oposição ou frustrando-se a notificação do requerido, tal determina a remessa dos autos para o tribunal competente e a aplicação da forma de processo comum, se o valor do pedido exceder metade da alçada do tribunal da Relação, ou seja, € 15.000,00 (art. 10º, nº 2, do DL nº 62/2013, de 10 de maio).

2.5.1.2. Âmbito

O procedimento de injunção consiste num mecanismo de natureza célere e simplificada, com predominante função executiva[428], que tem como finalidade conferir força executiva a um requerimento destinado a exigir o cumprimento de obrigações pecuniárias emergentes de contratos[429], estando especialmente vocacionado para os casos em que o crédito não é contestado[430]. Para o efeito, o requerido é notificado para pagar ou deduzir oposição, sob pena de, nada fazendo, ser atribuída força executiva ao requerimento apresentado pelo credor[431].

[428] DORADO PICÓN, Antonio, *et al.*, *Manual Práctico de Procedimientos Civiles*, El Derecho Editores, Madrid, 2010, pp. 338 e 339.

[429] *Vide*, a este propósito, FREITAS, José Lebre de, *A Acção Executiva: À Luz do Código de Processo Civil de 2013*, *op. cit.*, pp. 79 e 80, KRONENBITTER, Dieter/MAGNUSSEN, Beate, *Das gerichtliche Mahnverfahren*, Expert Verlag, Renningen, 1993, p. 3, SCHWAB, Martin, *Zivilprozessrecht*, Hüthig Jehle Rehm, Heidelberg, 2012, p. 290, DI ROSA, Giovanna, *Il Procedimento di Ingiunzione*, Wolters Kluwer Italia, Milão, 2008, pp. 8 e 9, DI PAOLA, Nunzio Santi, *Il Decreto Ingiuntivo. Procedimento e Opposizione*, *op. cit.*, p. 631, BOULARBAH, Hakim, *Requête Unilatérale et Inversion du Contentieux*, Larcier, Bruxelas, 2010, p. 255, RAMOS MÉNDEZ, Francisco, *Para un Proceso Civil Eficaz*, Universidad Autónoma de Barcelona, 1982, p. 222, GUTIERREZ-ALVIZ CONRADI, Faustino, «Actualidad del procedimiento monitorio civil», *in Jornadas sobre la Reforma del Proceso Civil*, Ministerio de Justicia, Madrid, 1990, p. 201, bem como GAIO JÚNIOR, Antônio Pereira, *Direito Processual Civil*, vol. 2, Editora del Rey, Belo Horizonte, 2008, p. 359. Cfr., na jurisprudência, o ac. do TRL de 09.03.2000, proc. 0002458, bem como o ac. do TRL de 05.06.2000, proc. 0055236.

[430] Assim, conforme se decidiu no ac. do TRL de 27.11.2014, proc. 1946/13.3TJLSB.L1-8, "O processo simplificado que o legislador pretendeu com a criação do regime especial da injunção, com vista a facultar ao credor de forma célere obtenção de um título executivo, em acções que geralmente apresentam grande simplicidade, não é adequado a decidir litígios decorrentes de contratos que revestem alguma complexidade, como obrigações decorrentes de contratos de utilização de lojas em centros comerciais". Por conseguinte, "Não sendo o procedimento o adequado, face ao disposto nos arts. 2º, 3º, 7º e 10º do DL nº 32/2003, de 17.02, existe um obstáculo que impede o tribunal de conhecer do mérito da causa, que se configura como excepção dilatória, dando lugar à absolvição da instância".

[431] Atenta a forma como o procedimento de injunção foi implementado no nosso ordenamento jurídico, Amâncio Ferreira esclarece que o mesmo distingue-se do modelo adotado na generalidade

O procedimento de injunção parte, assim, de uma técnica de inversão do contencioso, na medida em que faz recair sobre o devedor o ónus de adotar uma posição ativa, pagando ou deduzindo oposição. Neste pressuposto, a injunção caracteriza-se pelos "efeitos jurídicos que produz em caso de silêncio consciente do devedor"[432].

2.5.1.3. Requisitos

O recurso a um procedimento de injunção é admissível em dois casos, a saber:

a) obrigações pecuniárias, emergentes de contratos, até € 15.000,00

O credor pode apresentar um requerimento de injunção quando pretenda obter o cumprimento de uma obrigação pecuniária, emergente de um contrato, cujo valor não ultrapasse o montante de € 15.000,00.

Neste particular, importa salientar que, aquilo que releva, é que o valor, globalmente considerado – isto é, a soma do capital, dos juros e de outras quantias –, não exceda o montante de € 15.000,00[433].

dos demais ordenamentos jurídicos europeus, na medida em que não encerra qualquer ordem de pagamento, nem tão-pouco pressupõe uma intervenção do juiz (FERREIRA, Fernando Amâncio, *Curso de Processo de Execução, op. cit.*, p. 41). Analogamente, decidiu-se no ac. do STJ de 23.01.2001, proc. 00A3801, que «Em Portugal, não há um procedimento de injunção, mas sim um procedimento destinado a conferir força executiva ao requerimento do credor».

[432] LEVAL, Georges de, «Les ressources de l'inversion du contentieux», *in L'Efficacité de la Justice Civile en Europe*, Larcier, Bruxelas, 2000, p. 84. Cfr., no mesmo sentido, GEORGES, Frédéric, *La Saisie de la Monnaie Scripturale*, Larcier, Bruxelas, 2006, p. 366, SASSANI, Bruno, *Lezioni di Diritto Processuale Civile*, ScriptaWeb, Nápoles, 2006, p. 237, LUGO, Andrea, *Manuale di Diritto Processuale Civile*, Giuffrè Editore, Milão, 2012, p. 505, LUISO, Francesco P., *Diritto Processuale Civile*, vol. IV, Giuffrè Editore, Milão, 2009, pp. 138 e 139, HESS, Burkhard, *Europäisches Zivilprozessrecht: ein Lehrbuch, op. cit.*, p. 556, CORREA DELCASSO, Juan Pablo, "Propositions pour l'instauration d'une procédure d'injonction de payer harmonisée dans les pays de l'UE", *op. cit.*, p. 260, IASELLI, Michele, *Il Decreto Ingiuntivo. Profili Sostanziali e Strategie Processuali*, Cedam, Pádua, 2010, p. 109, BERGLUND, Mikael, *Cross-border Enforcement of Claims in the EU: History, Present Time and Future*, Kluwer Law International, Estocolmo, 2009, p. 73, bem como ALVIM, J. E. Carreira, *Processo Monitório*, 6ª ed., Juruá Editora, Curitiba, 2006, p. 27. De todo o modo, Gianluca Cascella salienta que, muito embora se verifique uma inversão da posição processual das partes no procedimento de injunção, tal não interfere com a sua posição substantiva, nem tão-pouco com as regras de repartição do ónus da prova (CASCELLA, Gianluca, «L'opposizione a decreto ingiuntivo, l'opposizione tardiva e la conclusione del giudizio di opposizione», *in Decreto Ingiuntivo*, Maggioli Editore, Santarcangelo di Romagna, 2013, p. 327).

[433] Em todo o caso, no ac. do TRL de 24.04.2019, proc. 73674/18.4YIPRT.L1-2, decidiu-se que, mesmo que o valor do procedimento de injunção não ultrapasse o montante de € 15.000,00 e esteja em causa uma obrigação pecuniária emergente de um contrato – estando, por isso, preenchidos os requisitos objetivos de que a lei faz depender o recurso a esse meio processual – tal não impede que o juiz entenda que a complexidade das questões a ser decididas seja incompatível com a natureza

Assim, se o credor, por exemplo, peticionar o pagamento das quantias de € 14.900,00, a título de capital, e de € 200,00, a título de juros – o que totaliza um pedido de € 15.100,00 – fica-lhe vedada a possibilidade de recorrer a um procedimento de injunção, sob pena de, fazendo-o, ocorrer uma exceção dilatória inominada, por uso indevido do procedimento de injunção[434].

De igual modo, se o credor for titular de um direito de crédito, emergente de um contrato, de montante superior a € 15.000,00, este não pode "fracionar" esse direito de crédito, intentando contra o devedor dois ou mais procedimentos de injunção, referentes ao mesmo crédito, mas cujo valor não ultrapasse, em cada um deles, o montante de € 15.000,00, já que, nessa eventualidade, verifica-se uma fraude à lei de processo civil[435].

Por outro lado, o conceito de "obrigação pecuniária" deve ser interpretado em sentido restrito, isto é, na aceção do disposto nos arts. 550º e ss. do CC. Com efeito, só é possível recorrer a um procedimento de injunção quando a quantia pecuniária constitua "o próprio objeto da prestação", ficando, por isso, excluídas do seu âmbito as "obrigações de valor", isto é, as obrigações que "não têm originariamente por objecto quantias pecuniárias, mas prestações de outra natureza, intervindo o valor pecuniário apenas como meio de liquidação"[436]. Nessa exata medida, a jurisprudência tem vindo a admitir, por exemplo, a possibilidade de recurso a um procedimento de injunção para se peticionar o pagamento de honorários de advogado em virtude da prestação de serviços jurídicos[437], o pagamento da retribuição convencionada entre as

simplificada do procedimento de injunção, decidindo, por isso, absolver o requerido da instância, com fundamento na verificação de uma exceção dilatória inominada.

[434] Cfr., nesse sentido, o ac. do TRC de 20.05.2014, proc. 30092/13.6YIPRT.C1, o ac. do TRP de 27.09.2016, proc. 125961/15.5YIPRT-A.P1, bem como o ac. do TRP de 08.11.2016, proc. 87736/14.3YIPRT.P1.
Sustentando, ao invés, que, nessa eventualidade, se verifica uma exceção dilatória de erro na forma de processo, a qual, no caso de não ser viável o aproveitamento dos atos praticados, implica a absolvição do réu da instância, *vide* o ac. do TRL de 29.04.2010, proc. 168061/08.9YIPRT.L1-6.

[435] Cfr., nesse sentido, o ac. do TRL de 05.02.2019, proc. 70173/17.5YIPRT.L1-7, bem como o ac. do TRL de 23.11.2021, proc. 16506/20.2YIPRT.L1-7.

[436] Ac. do TRL de 17.12.2015, proc. 122528/14.9YIPRT.L1-2. Cfr., no mesmo sentido, o ac. do TRC de 25.10.2016, proc. 166428/15.5YRPRT.C1, o ac. do TRP de 12.07.2017, proc. 89602/16.9YIPRT.P1, o ac. do TRL de 12.07.2018, proc. 7087/15.0T8LRS.L1-2, bem como o ac. do TRE de 25.02.2021, proc. 52149/19.0YIPRT.E1.

[437] *Vide*, a este propósito, o ac. do TRC de 14.10.2014, proc. 138823/13.1YIPRT.C1, o ac. do TRL de 30.04.2013, proc. 162450/12.1YIPRT.L1-7, o ac. do TRC de 27.05.2015, proc. 83525/14.3YIPRT.C1, o ac. do TRP de 28.04.2020, proc. 3312/18.3T8PRT-B.P1, o ac. do TRL de 13.05.2021, proc. 21133/20.1YIPRT-A.L1-2, o ac. do TRP de 12.07.2021, proc. 100453/19.7YIPRT.P1, bem como o ac. do TRE de 28.04.2022, proc. 16327/21.5YIPRT.E1.

partes no âmbito de um contrato de mediação imobiliária[438], o pagamento de uma quantia pecuniária emergente de um contrato de cessão de créditos[439], o pagamento das rendas referentes ao período de pré-aviso em falta[440], bem como o reembolso, junto da companhia seguradora, das despesas suportadas por uma instituição hospitalar na assistência a um lesado em consequência de um acidente de viação[441].

Outrossim, já não é admissível a dedução, em sede de procedimento de injunção, de pedido de pagamento de uma cláusula penal (art. 810º do CC) [442] e/ou de uma indemnização por incumprimento contratual[443], bem como o pagamento de uma quantia pecuniária com fundamento em enriquecimento sem causa[444].

b) atraso de pagamento em transação comercial

O credor pode recorrer a um procedimento de injunção quando, independentemente do valor da dívida, esteja em causa um atraso de pagamento em transação comercial, na aceção do DL nº 62/2013, de 10 de maio[445].

Nos termos do art. 3º, al. *a)*, do citado diploma legal, entende-se por *atraso de pagamento* "qualquer falta de pagamento do montante devido no prazo con-

[438] Ac. do TRL de 08.02.2022, proc. 53704/19.3YIPRT.LSB-7.

[439] Ac. do TRC de 15.12.2021, proc. 118370/19.9YIPRT.C1.

[440] Ac. do TRE de 23.04.2020, proc. 46547/19.6YIPRT.E1.

[441] *Vide*, nesse sentido, o ac. do TRG de 17.09.2020, proc. 117403/19.3YIPRT.G1, o ac. do TRP de 12.01.2021, proc. 40104/20.1YIPRT.P1, o ac. do TRE de 10.03.2022, proc. 29292/21.0YIPRT.E1, bem como o ac. do TRC de 17.05.2022, proc. 15167/21.6YIPRT.C1.

[442] Cfr., nesse sentido, os acs. do TRL de 18.06.2009, proc. 6201/06.0TBAMD.L1-2, de 08.10.2015, proc. 154495/13.0YIPRT.L1-8, de 15.10.2015, proc. 96198/13.1YIPRT-A.L1-2, de 17.12.2015, proc. 122528/14.9YIPRT.L1-2, de 20.02.2020, proc. 127631/16.8YIPRT.L1-6, e de 07.04.2022, proc. 16709/21.2YIPRT.L1-6, bem como o ac. do TRE de 28.04.2022, proc. 2948/21.0T8LLE.E1.
Vide, em sentido contrário, o ac. do TRL de 11.02.2019, proc. 69245/17.0YIPRT-A.L1-6, no qual se decidiu que, se o procedimento de injunção tiver sido convolado em ação declarativa sob a forma de processo comum, por força da dedução de oposição pelo requerido, deixa de existir qualquer impedimento legal no que concerne ao conhecimento da validade da cláusula penal.

[443] *Vide*, nesse sentido, o ac. do TRL de 14.05.2020, proc. 60038/19.1YIPRT.L1-6, o ac. do TRL de 25.05.2021, proc. 113862/19.2YIPRT.L1-7, o ac. do TRP de 07.06.2021, proc. 2495/19.0T8VLG-A.P1, o ac. do TRP de 15.12.2021, proc. 17463/20.0YIPRT.P1, bem como o ac. do TRL de 08.02.2022, proc. 53704/19.3YIPRT.LSB-7.

[444] Ac. do TRE de 27.05.2021, proc. 12191/20.0YIPRT.E1.

[445] Sustentando que o juiz, antes de absolver o requerido da instância, pelo facto de o valor do pedido exceder a quantia de € 15.000,00, deve convidar o requerente a aperfeiçoar o seu requerimento inicial, quando os factos nele alegados não permitam concluir se, no caso em concreto, a obrigação emerge ou não de uma transação comercial, *vide* o ac. do TRG de 19.04.2018, proc. 32236/17.0YPRT.G1.

tratual ou legal, tendo o credor cumprido as respetivas obrigações, salvo se o atraso não for imputável ao devedor"[446].

Por sua vez, entende-se por *transação comercial* "uma transação entre empresas ou entre empresas e entidades públicas destinada ao fornecimento ou à prestação de serviços contra remuneração"[447], sendo que o conceito de empresa compreende "uma entidade que, não sendo uma entidade pública, desenvolva uma atividade económica ou profissional autónoma, incluindo pessoas singulares"[448].

Nos termos do art. 2º, nº 2, do DL nº 62/2013, de 10 de maio, fica vedada a possibilidade de recurso a um procedimento de injunção nas situações em que esteja em causa:

- o cumprimento de uma obrigação pecuniária emergente de um contrato celebrado com um consumidor [art. 2º, nº 2, al. *a)*][449];
- a cobrança de juros relativos a outros pagamentos que não os efetuados para remunerar transações comerciais [art. 2º, nº 2, al. *b)*][450]; ou
- o pagamento de indemnizações por responsabilidade civil, incluindo os pagamentos efetuados por companhias de seguros [art. 2º, nº 2, al. *c)*][451].

[446] Como bem se decidiu no ac. do TRL de 13.04.2021, proc. 95316/19.0YIPRT.L1-7, assim como no ac. do TRE de 28.04.2022, proc. 70186/21.2YIPRT.E1, o acesso ao procedimento de injunção por via do DL nº 62/2013, de 10 de maio, depende tão-só do preenchimento dos respetivos pressupostos objetivos e subjetivos, sendo por isso, irrelevante a maior ou menor complexidade do litígio.

[447] Para um enquadramento desenvolvido quanto ao conceito de "transação comercial", *vide* MORAIS, Fernando de Gravato, "A tutela do credor perante o atraso no pagamento de transacções comerciais", *in SI*, tomo LIV, nº 302, Braga, abr./jun. 2005, pp. 275 a 281.

[448] Sustentando recair sobre o requerente o ónus de alegar que o demandado, sendo pessoa singular, agiu no "exercício de uma atividade económica ou profissional autónoma suscetível de ser considerada *empresa*", sob pena de impossibilidade legal de recurso a um procedimento de injunção nos casos em que o pedido exceda a quantia de € 15.000,00, *vide* o ac. do TRL de 08.11.2007, proc. 9037/2007-8. No sentido de os intervenientes num contrato, na qualidade de fiadores de uma empresa, não poderem ser considerados como "empresas", na aceção do DL nº 62/2013, de 10 de maio, *vide* o ac. do TRL de 08.09.2015, proc. 127769/13.3YIPRT.L1-7.

[449] *Vide*, a este propósito, o ac. do TRL de 09.05.2019, proc. 121389/16.8YIPRT.L1-2.

[450] Conforme se extrai do preâmbulo do DL nº 62/2013, de 10 de maio, é o que sucede, por exemplo, com os juros relacionados com pagamentos efetuados nos termos da legislação em matéria de cheques ou de letras de câmbio.

[451] Deste modo, conforme se decidiu no ac. do TRP de 24.02.2015, proc. 67210/13.6YIPRT.P1, se os fundamentos substantivos da pretensão não se ajustarem ao procedimento de injunção, "ocorre uma excepção dilatória inominada de inadequada utilização desse meio processual e não a incompetência material do tribunal". É o que sucede, na esteira desse aresto, se uma sociedade procura efetivar um direito indemnizatório contra um seu ex-administrador com fundamento

2.5.1.4. Tramitação

No que diz respeito à tramitação deste procedimento, o art. 8º do anexo ao DL nº 269/98, de 1 de setembro, preceitua que o requerimento de injunção deve ser apresentado, à escolha do credor, na secretaria do tribunal do lugar do cumprimento da obrigação ou na secretaria do tribunal do domicílio do devedor. Atualmente, o procedimento de injunção deve ser apresentado junto do Balcão Nacional de Injunções (BNI), com sede no Porto[452].

Nos termos do art. 10º, nº 2, do referido diploma legal, o credor, ao preencher o requerimento de injunção[453], deve:

a) designar a secretaria do tribunal a que se dirige;
b) identificar as partes[454];
c) indicar o lugar onde deve ser feita a notificação, devendo mencionar se se trata de domicílio convencionado entre as partes;
d) expor sucintamente os factos que fundamentam a pretensão[455].
A este respeito, a jurisprudência tem vindo a considerar que "o requerente de injunção não está dispensado de invocar, no requerimento, os factos jurídicos concretos que integram a respectiva causa de pedir, certo que a lei só flexibiliza a sua narração em termos sucintos, sintéticos e breves e, como a pretensão do requerente só é susceptível de

em responsabilidade civil. Do mesmo modo, decidiu-se no ac. do TRP de 28.10.2015, proc. 126391/14.1YIPRT.P1, que "O processo de injunção não é meio processualmente adequado para peticionar e discutir indemnização por incumprimento contratual, mesmo que antecipadamente prevista no clausulado do contrato a título de penalidades por violação do mesmo. Nem para dirimir litígios, embora de cariz pecuniário, referentes a contratos de natureza complexa, pelos feixes de direitos e deveres recíprocos que se movimentam e entrecruzam no seu âmbito".

452 A secretaria-geral designada por "Balcão Nacional de Injunções" foi criada pela Portaria nº 1052/2008, de 18 de setembro. Conforme melhor resulta do Parecer nº 33/2011 da PGR, "O Balcão Nacional de Injunções é uma secretaria judicial integrada na orgânica dos tribunais judiciais, tendo, enquanto secretaria-geral, competência para tramitar as injunções em todo o território nacional [artigo 16º, nºs 2 e 4, alínea b), do Decreto-Lei nº 186-A/99, de 31 de Maio, e artigos 1º e 3º da Portaria nº 220-A/2008, de 4 de Março]".

453 O modelo do requerimento de injunção atualmente em vigor foi aprovado pela Portaria nº 21/2020, de 28 de janeiro, encontrando-se o mesmo disponível na Área de Serviços Digitais dos Tribunais, acessível no endereço eletrónico *tribunais.org.pt*.

454 Quanto à possibilidade de o procedimento de injunção ser requerido contra entidades domiciliadas no estrangeiro, *vide* o ac. do TRL de 12.10.2017, proc. 77909-16.0YIPRT.L1-6. No sentido de nada obstar a que a injunção seja requerida contra entidades públicas, como sucede com os municípios, *vide* o ac. do TRE de 27.02.2014, proc. 58/11.7TBORQ-C.E1.

455 *Vide*, a este propósito, o ac. do TRP de 02.12.2004, proc. 0436264, no qual se decidiu que "Na providência da injunção, invocando o requerente no requerimento inicial, o fornecimento de bens ou serviços, é necessário que identifique o contrato celebrado, não bastando a menção da factura".

derivar de um contrato ou de uma pluralidade de contratos, a causa de pedir, embora sintética, não pode deixar de envolver o conteúdo das respectivas declarações negociais e os factos negativos ou positivos consubstanciadores do seu incumprimento por parte do requerido"[456]. O mesmo é dizer que o requerente do procedimento de injunção deve alegar, ainda que de forma sucinta, os factos essenciais que constituem a causa de pedir que serve de fundamento à sua pretensão[457] – sob pena de ineptidão do requerimento de injunção[458] –, tanto mais que, só assim, o requerido poderá exercer adequadamente o seu direito de defesa[459].

Na eventualidade de se verificar que o requerente, apesar de ter alegado os factos essenciais que constituem a causa de pedir, fê-lo, no entanto, de forma insuficiente, obscura ou imprecisa, o juiz, uma vez distribuído o procedimento de injunção, deve convidá-lo a suprir tais insuficiências, obscuridades ou imprecisões, ao abrigo do art. 590º,

[456] Ac. do TRP de 16.12.2004, proc. 0435580. No sentido de, no procedimento de injunção, o requerente não se encontrar sujeito ao mesmo ónus imposto ao autor, numa ação comum, no que concerne à exposição dos factos essenciais que constituem a causa de pedir e às razões de direito que servem de fundamento à ação, *vide* o ac. do TRE de 17.12.2015, proc. 188232/12.2YIPRT.E1.

[457] *Vide*, a este propósito, o ac. do TRP de 17.03.2005, proc. 0531257, no qual se decidiu que "O requerimento de injunção a que foi conferida força executiva constitui título bastante para fundamentar a execução, mesmo que dele não constem os fundamentos da pretensão, não se justificando que com base na sua falta, se indefira liminarmente o requerimento executivo, em apreciação não suscitada pelo executado". A este propósito, Lebre de Freitas sustenta que o requerimento de injunção não tem de ser fundamentado, bastando ao requerente afirmar-se credor do devedor por uma determinada quantia. Nessa eventualidade, havendo oposição do devedor e subsequente distribuição do requerimento de injunção a um juiz, este deve proferir um despacho de aperfeiçoamento quando a alegação dos factos se revele incompleta. Se não houver oposição, importa distinguir consoante os casos em que o requerimento de injunção, com a fórmula executória nele aposta, contenha ou não os factos constitutivos do direito de crédito: se já os contém, a causa de pedir está identificada, pelo que o exequente não tem de a reproduzir no requerimento executivo; se não a contém, o exequente tem de alegar os factos constitutivos do seu direito no requerimento executivo, sendo que a falta de causa de pedir é do conhecimento oficioso (Freitas, José Lebre de, *Estudos sobre Direito Civil e Processo Civil*, vol. II, 2ª ed., Coimbra Editora, Coimbra, 2009, pp. 165 a 167).

[458] *Vide*, nesse sentido, o ac. do TRE de 11.05.2017, proc. 18163/16.1YIPRT.E1, o ac. do TRL de 16.05.2019, proc. 89078/18.6YIPRT-A.L1-6, o ac. do TRG de 27.06.2019, proc. 30491/18.7YIPRT.G1, o ac. do TRC de 10.07.2019, proc. 5149/19.3YIPRT.C1, o ac. do TRL de 24.09.2020, proc. 113447/18.0YIPRT.L1-2, o ac. do TRE de 14.07.2021, proc. 23680/19.9YIPRT.E1, bem como o ac. do TRE de 12.05.2022, proc. 59047/21.5YIPRT.E1.

[459] Cfr., nesse sentido, o ac. do TRP de 17.03.2005, proc. 0531143, o ac. do TRC de 15.05.2007, proc. 7630/05.2TBLRA.C1, o ac. do TRL de 19.02.2019, proc. 94052/17.7YYPRT.L1-7, bem como o ac. do TRL de 09.04.2019, proc. 58767/18.6YIPRT.L1-7.

nºs 2, al. *b)*, e 4, reservando a decisão de absolvição do réu da instância para os casos em que se verifique a ineptidão do requerimento injuntivo, nos termos do art. 186º, nº 2, al. *a)*, por falta absoluta de alegação dos factos essenciais[460];

e) formular o pedido, discriminando o valor do capital, juros vencidos e outras quantias devidas. Pressupostos os limites legais referentes à possibilidade de recurso a um procedimento de injunção, o pedido deduzido pelo requerente, considerado na sua totalidade – isto é, uma vez somado o capital, os juros e outras quantias que sejam devidas – só poderá exceder a quantia de € 15.000,00 se o credor pretender exigir o cumprimento de uma obrigação pecuniária emergente de uma transação comercial;

f) indicar a taxa de justiça paga[461];

g) referir, se for caso, que se trata de transação comercial abrangida pelo DL nº 32/2013, de 17 de fevereiro, na sua redação atual, ou pelo DL nº 62/2013, de 10 de maio[462], o que, como se referiu *supra*, assume especial relevância nas situações em que o pedido exceda a quantia de € 15.000,00;

h) indicar o seu domicílio;

i) identificar o endereço de correio eletrónico, se o requerente pretender receber comunicações ou ser notificado por essa via;

j) indicar se pretende que o processo seja apresentado à distribuição, no caso de se frustrar a notificação;

460 Cfr., a este respeito, o ac. do TRL de 03.11.2005, proc. 6374/2005-6, o ac. do TRE de 17.11.2011, proc. 443786/08.3YIPRT.E1, bem como o ac. do TRG de 10.11.2016, proc. 169194/13.5YIPRT.G1. Conforme se decidiu no ac. do STJ de 31.01.2007, proc. 4150/06, *in SASTJ*, ano 2007, "A omissão da causa de pedir conducente à ineptidão verifica-se quando falte totalmente a indicação dos factos que constituem o núcleo essencial dos factos integrantes da previsão das normas de direito substantivo concedentes do direito em causa". *Vide*, no mesmo sentido, o ac. do TRL de 06.05.2010, proc. 265411/08.5YIPRT.L1-8, no qual se decidiu que "a preocupação do legislador" no sentido de "agilizar o processo de cobrança coerciva de créditos, tornando-o mais expedito e célere", não pode, no entanto, "implicar prejuízo para a segurança e a certeza que toda a aplicação do direito deve assumir".

461 Cfr., a este respeito, o ac. do TRP de 09.03.2020, proc. 2227/19.2YIPRT.P1, com o seguinte sumário: "A falta de comprovação do pagamento da taxa de justiça por parte do requerente em procedimento de injunção se rege pelo disposto no citado artigo 570º do Código de Processo Civil, só sendo processualmente viável o desentranhamento previsto no nº 6 deste preceito e no artigo 20º do regime anexo ao decreto-lei nº 269/98, de 01/09, depois de lhe ser dada a oportunidade prevista no nº 5 normativo em referência".

462 Na sequência da redação dada pela Lei nº 117/2019, de 13 de setembro, ao art. 10º, nº 2, al. *g)* do anexo ao DL nº 269/98, de 1 de setembro.

k) identificar o tribunal competente para a apreciação dos autos se forem apresentados à distribuição;
l) assinalar se pretende que a notificação do requerido seja feita por agente de execução ou por mandatário judicial e, em caso afirmativo, indicar o seu nome e o respetivo domicílio profissional;
m) indicar, caso se trate de um contrato celebrado com um consumidor, se o mesmo comporta cláusulas contratuais gerais, sob pena de, não o fazendo, ser considerado como litigante de má-fé[463];
n) assinar o requerimento.

Neste particular, importa salientar que o requerimento de injunção não é acompanhado dos documentos que servem de suporte à pretensão nele formulada, sendo que tais documentos apenas carecerão de ser juntos na eventualidade de ser deduzida oposição à injunção[464]. O modelo de procedimento de injunção adotado no ordenamento jurídico português ("injunção pura"[465]) segue, por isso, o regime vigente, entre outros ordenamentos, na Alemanha (*Mahnverfahren*) e na Suíça (*Rechtsbot*), divergindo do modelo austríaco do *Mandatsverfahren* e do *procedimento monitório* italiano, os quais exigem, respetivamente, a entrega de documentos autênticos/autenticados ou de qualquer prova escrita que comprove a existência e/ou o reconhecimento da obrigação ("injunção documental").

Uma vez apresentado o requerimento de injunção junto do BNI, este pode ser recusado, nos termos do art. 11º, nº 1, do anexo ao DL nº 269/98, de 1 de setembro, se:

a) não estiver dirigido à secretaria judicial competente;
b) omitir a identificação das partes, o domicílio do requerente ou o lugar da notificação do devedor;
c) não estiver assinado;
d) não estiver redigido em língua portuguesa;
e) não constar do modelo oficial;
f) não se mostrar paga a taxa de justiça devida;

463 Trata-se, com efeito, de um requisito acrescentado pela Lei nº 117/2019, de 13 de setembro.

464 No sentido de o requerimento inicial de um procedimento de injunção não carecer de ser acompanhado dos documentos que lhe serviram de suporte para poder valer como título executivo, *vide* os acs. do TRL de 05.07.2000, proc. 0048327, e de 23.11.2000, proc. 0083992.

465 Tal como assinala Rui Pinto, no modelo de injunção pura, o credor apenas tem de alegar os factos constitutivos da sua pretensão, mas não tem de os demonstrar (PINTO, Rui, *Manual da Execução e Despejo, op. cit.*, p. 209).

g) o valor ultrapassar o montante máximo legalmente admissível, salvo se estiver em causa uma transação comercial; ou

h) o pedido não se ajustar ao montante ou à finalidade do procedimento.

Dessa recusa cabe reclamação para o juiz ou, no caso de tribunais com mais de um juiz, para o que estiver de turno à distribuição.

Sendo recebido o requerimento de injunção, o BNI dispõe do prazo de cinco dias para notificar o requerido, devendo fazê-lo através de carta registada com aviso de receção[466].

Se se frustrar a notificação por via postal, a secretaria deve obter oficiosamente informação sobre a residência, local de trabalho ou, tratando-se de pessoa coletiva ou sociedade, sobre a sede ou o local onde funciona normalmente a administração do notificando, nas bases de dados dos serviços de identificação civil, da Segurança Social, da Direcção-Geral dos Impostos e da Direcção-Geral de Viação.

Nesse caso, se a residência, o local de trabalho, a sede ou o lugar onde funciona normalmente a administração do notificando, para o qual se endereçou a carta registada com aviso de receção, coincidir com o mesmo lugar obtido junto de todos esses serviços, procede-se à notificação por via postal simples, dirigida ao notificando e endereçada para esse local, presumindo-se o requerido notificado com o depósito, pelo distribuidor do serviço postal, da notificação na caixa do correio e subsequente elaboração da certidão desse depósito (art. 12º-A, nº 3, *ex vi* do art. 12º, nº 4, do anexo ao DL nº 269/98, de 1 de setembro)[467,468].

[466] Conforme se decidiu no ac. do TRL de 13.03.2008, proc. 2071/2008-6, bem como no ac. do TRP de 22.02.2021, proc. 4454/19.3T8PRT-A.P1, se o requerido tiver sido notificado por via postal simples e não através de carta registada, sem que tenha havido qualquer convenção de domicílio entre as partes, tal implica a nulidade da notificação do requerido, tornando inválido e inexequível o requerimento de injunção no qual tenha sido aposta a fórmula executória. Paralelamente, no ac. do TRE de 23.04.2020, proc. 7620/18.5T8STB-B.E1, decidiu-se que "A falta de notificação do requerido no procedimento de injunção determina a nulidade de tudo o que se processe depois do requerimento inicial, designadamente da fórmula executória dada à execução".

[467] Observe-se, a este respeito, que o Tribunal Constitucional, nos seus acs. nºs 773/2019, de 17.12.2019, proc. 1455/17, e 280/2020, proc. 1454/17, decidiu "Não julgar inconstitucionais as normas constantes dos nºs 3 e 4 do artigo 12º do regime constante do anexo ao Decreto-Lei nº 269/98, de 1 de Setembro (na redação introduzida pelo Decreto-Lei nº 32/2003, de 17 de fevereiro), quando interpretadas no sentido de que, em caso de frustração da notificação do requerido (para, em 15 dias, pagar quantia não superior a €15.000,00 ou deduzir oposição), através de carta registada com aviso de receção enviada para a morada indicada pelo requerente da injunção, por não reclamação da mesma, o subsequente envio de carta, por via postal simples, para essa morada, em conformidade

Diversamente, se a residência, o local de trabalho, a sede ou o lugar onde funciona normalmente a administração do notificando, para o qual se endereçou a notificação, não coincidir com o local obtido nas bases de dados de todos os serviços consultados ou se nestas constarem várias residências, locais de trabalho ou sedes, o art. 12º, nº 5, do anexo ao DL nº 269/98, de 1 de setembro, determina que, nesse caso, deve proceder-se à notificação, por via postal simples, para cada um desses locais, após o que se presumiria realizada a notificação. Sucede que o Tribunal Constitucional, no seu acórdão nº 99/2019, proc. 541/2018, declarou a "inconstitucionalidade, com força obrigatória geral, da norma constante dos nºs 3 e 5 do artigo 12º do regime constante do anexo ao Decreto-Lei nº 269/98, de 1 de setembro (na redação resultante do artigo 8º do Decreto-Lei nº 32/2003, de 17 de fevereiro), no âmbito de um procedimento de injunção destinado a exigir o cumprimento de obrigações pecuniárias de valor não superior a EUR 15 000 – na parte em que não se refere ao domínio das transações comerciais, nos termos definidos no artigo 3º, alínea a), do referido Decreto-Lei nº 32/2003 –, quando interpretados no sentido de que, em caso de frustração da notificação do requerido (para pagar a quantia pedida ou deduzir oposição à pretensão do requerente, nos termos do nº 1 do mesmo artigo 12º), através de carta registada com aviso de receção enviada para a morada indicada pelo requerente da injunção no respetivo requerimento, por devolução da mesma, o subsequente envio de carta, por via postal simples, para todas as diferentes moradas conhecidas, apuradas nas bases de dados previstas no nº 3 do artigo 12º, em conformidade com o previsto no nº 5 do mesmo preceito, faz presumir a notificação do requerido, ainda que o mesmo aí não resida, contando-se a partir desse depósito o prazo para deduzir oposição"[469]. Consequentemente, em face desse juízo de inconstitucionalidade, com força obrigatória geral, afigura-se que o BNI deve proceder

com o previsto no nº 4 do artigo 12º, faz presumir a notificação do requerido, nos casos em que a morada para onde se remeteram ambas as cartas de notificação coincide com o local obtido junto das bases de dados de todos os serviços enumerados no nº 3 do artigo 12º".

[468] De todo o modo, conforme se decidiu no ac. do TRC de 28.05.2019, proc. 2592/17.6T8VIS-A.C1, ainda que o legislador presuma que o requerido teve conhecimento efetivo da notificação que lhe foi dirigida por via postal simples, tal não o impede de, em sede de oposição à execução, contestar a validade do procedimento de formação do título executivo, demonstrando que, por facto que não lhe seja imputável, não teve conhecimento efetivo dessa notificação. No sentido de o requerido poder, em sede de oposição à execução, impugnar a efetividade do depósito do expediente para notificação do procedimento de injunção, *vide* o ac. do TRP de 21.06.2021, proc. 2680/19.4T8AGD-A.P1.

[469] *Vide*, no mesmo sentido, o ac. do TC nº 287/2003, de 29.05.2003, proc. 305/01, *in www.tribunalconstitucional.pt*, bem como o ac. do TRL de 19.12.2013, proc. 3989/10.8TBALM-A.L1-6.

à notificação do requerido através do envio de carta registada com aviso de receção para os diferentes locais obtidos nas bases de dados.

Por outro lado, se tiver havido convenção de domicílio entre as partes, o requerido é notificado através do envio de carta simples, com prova de depósito (art. 12º-A do anexo ao DL nº 269/98, de 1 de setembro)[470]. Por "domicílio convencionado" deve entender-se o "domicílio fixado [pelo contraente] para efeitos de poder ser demandado judicial ou extrajudicialmente para dele ser exigido o cumprimento da obrigação por si assumida com a outorga do contrato"[471]. Na verdade, nos termos do art. 2º, nº 1, do DL nº 269/98, de 1 de setembro, "Nos contratos reduzidos a escrito que sejam susceptíveis de desencadear os procedimentos a que se refere o artigo anterior podem as partes convencionar o local onde se consideram domiciliadas, para efeito de realização da citação ou da notificação em caso de litígio"[472].

Atento o disposto no art. 13º do anexo ao DL nº 269/98, de 1 de setembro, da notificação ao requerido devem constar, para além dos elementos referidos no art. 10º, nº 2, als. *a)* a *i)*, do citado diploma legal, os seguintes elementos:

a) a indicação do prazo para a dedução de oposição e a respetiva forma de contagem;

b) a advertência da preclusão resultante da falta de tempestiva dedução de oposição, nos termos previstos no art. 14º-A[473];

c) a menção de que, na falta de pagamento da quantia pedida e da taxa de justiça paga pelo requerente, são ainda devidos juros de mora desde a data da apresentação do requerimento e juros, à taxa de 5% ao ano[474], a contar da data da aposição da fórmula executória[475]; e

[470] Quanto à nulidade da notificação que seja efetuada por via postal simples, com prova de depósito e sem qualquer outra formalidade, no caso de o requerente ter indicado no requerimento de injunção que o domicílio havia sido convencionado entre as partes, quando tal não corresponda à verdade, *vide* o ac. do TRC de 29.05.2012, proc. 927/09.4TBCNT-A.C1, o ac. do TRL de 13.09.2012, proc. 276/11.8TBPDL-A.L1-8, o ac. do TRL de 16.05.2013, proc. 2537/10.4TBCSC-A-6, o ac. do TRP de 28.04.2015, proc. 6474/12.0YYPRT-A.P, bem como o ac. do TRG de 11.02.2016, proc. 204/14.9T8PTL-A.G1. Sustentando que, nesse caso, a nulidade da notificação "implica a falta do próprio título executivo que, eventualmente, se forme no próprio procedimento de injunção", *vide* o ac. do TRL de 17.09.2009, proc. 1999/05.6TBCSC-B.L1-6, bem como o ac. do TRC de 10.05.2016, proc. 580/14.3T8GRD-A.C1.

[471] Ac. do TRL de 12.02.2004, proc. 7674/2003-6.

[472] Cfr., a este respeito, o ac. do TRL de 05.11.2020, proc. 3753/19.9T8ENT-B.L1-2.

[473] Na sequência da redação que foi dada ao art. 13º, nº 1, al. *b)*, do anexo ao DL nº 269/98, de 1 de setembro, pela Lei nº 117/2019, de 13 de setembro.

[474] *Vide*, a este propósito, o ac. do TRG de 16.01.2020, proc. 386/12.4TBVPA-A.G1.

[475] Cfr., a este respeito, o ac. do TRC de 15.01.2019, proc. 230/15.0T8PBL-A.C1, com o seguinte sumário: "I – Na execução que tenha como título executivo injunção a que foi aposta fórmula

d) o aviso de que a dedução de oposição cuja falta de fundamento o requerido não deva ignorar determina a condenação em multa de valor igual a duas vezes a taxa de justiça devida na ação declarativa.

Uma vez notificado do requerimento de injunção, o requerido deve, no prazo de quinze dias, pagar a quantia peticionada, acrescida da taxa de justiça suportada pelo requerente, ou deduzir oposição (art. 12º, nº 1, do anexo ao DL nº 269/98, de 1 de setembro). A este prazo perentório não acresce qualquer prazo dilatório, atento o disposto no art. 4º do DL nº 269/98, de 1 de setembro[476].

Se o requerido, depois de notificado, não deduzir oposição, nem proceder ao pagamento voluntário da quantia reclamada pelo requerente, operam-se dois efeitos processuais de relevo.

executória, os juros que se hajam vencido desde o requerimento da injunção e que integram a quantia exequenda deverão ser calculados à taxa convencionada no contrato que constituiu causa de pedir na injunção. II – Não há quaisquer motivos para aplicar ao título executivo em referência o disposto no nº 2 do art 703º CPC, onde se limita o exequente aos «juros de mora à taxa legal», quando a disposição especial constante do art 13º/1 al. d) do DL 269/98, de 1/9, se refere apenas aos «juros de mora», sem os referenciar à taxa legal. III – Se assim não fosse, muito provavelmente os credores de obrigações pecuniárias não estariam dispostos a lançar mão do procedimento da injunção para alcançar um título executivo, pois o preço que pagariam pela brevidade com que o alcançariam resultaria absorvido pela perda de juros de mora contratuais a que se sentem com direito, resultado que desincentivaria a utilização do mecanismo em causa, com que o legislador pretende alcançar objectivos relevantes numa economia de escala como aquela em que vivemos. IV – Caberá ao executado, entendendo-o, opor-se à aplicação desses juros de mora na oposição à execução. V – Não se crê que tenha sido propósito do legislador restringir o valor dos juros a que tenha contratualmente direito o requerente de injunção que não se veja pago de imediato em função do requerimento de injunção, impondo-lhe juros à taxa legal. Se assim fosse, poderiam não ser assim tantos os credores de obrigações pecuniárias dispostos a lançar mão do procedimento da injunção para alcançar um título executivo".

[476] *Vide*, a este propósito, o ac. do TC nº 20/2010, de 22.02.2010, proc. 638/2008, *in DR*, nº 36, 2ª série, de 22 de fevereiro de 2010, p. 7750, que decidiu "não julgar inconstitucional a norma constante do artigo 4º do Decreto-Lei nº 269/98, de 1 de Setembro, na parte em que determina a não aplicação da dilação prevista no artigo 252º-A, nº 1, alínea a), do Código do Processo Civil, no caso de citação feita a pessoa diversa do réu". Cfr., no mesmo sentido, o ac. do TRL de 26.11.2015, proc. 204272/14.2YIPRT-A.L1-2.

Seja como for, decidiu-se no ac. do TRG de 18.04.2013, proc. 2168/12.4YIPRT.G1, que, se o requerido tiver sido citado em pessoa diversa, sendo posteriormente advertido dessa circunstância quando já havia decorrido o prazo de oposição à injunção, nesse caso deve entender-se que o prazo para deduzir oposição à injunção apenas começa a correr a partir do recebimento dessa advertência. Isto porque, de acordo com o referido aresto, "A citação do requerido, por carta registada, nos termos do art. 241º, do CPC, após o prazo para aquele deduzir oposição à injunção, afecta todo o acto de citação, com efeitos *ex tunc*, quanto à citação por carta registada com aviso de recepção recebida por terceiro".

Por um lado, a falta de dedução de oposição produz um efeito cominatório ou preclusivo, nos termos do art. 14º-A do anexo ao DL nº 269/98, de 1 de setembro[477]. Na verdade, se o requerido não deduzir oposição, apesar de ter sido notificado pessoalmente e advertido do efeito cominatório que resultaria da falta de tempestiva dedução de oposição, ficam, em princípio, precludidos os meios de defesa que nela poderiam ter sido invocados. Ressalva-se, no entanto, deste efeito preclusivo, à luz do art. 14º-A, nº 2, do anexo ao DL nº 269/98, de 1 de setembro:

a) a invocação do uso indevido do procedimento de injunção ou da ocorrência de outras exceções dilatórias de conhecimento oficioso;
b) a alegação dos fundamentos de embargos de executado, previstos no art. 729º, que sejam compatíveis com o procedimento de injunção;
c) a invocação da existência de cláusulas contratuais gerais ilegais ou abusivas; ou
d) qualquer exceção perentória que teria sido possível invocar na oposição e de que o tribunal possa conhecer oficiosamente.

Por outro lado, não sendo deduzida oposição, nem sendo paga voluntariamente a quantia reclamada pelo requerente, o secretário do BNI deve apor no requerimento de injunção a fórmula executória, ou seja, fazer a menção, no próprio requerimento, de que "Este documento tem força executiva" (art. 14º, nº 1, do anexo ao DL nº 269/98, de 1 de setembro). Deste modo, o requerimento de injunção com a fórmula executória constitui um título executivo de formação judicial – pois que é formado num procedimento judicial, ainda que sem qualquer intervenção de um juiz[478] –, sendo que a força executiva do requerimento de injunção é atestada pela simples aposição da fórmula executória, sem necessidade de o mesmo ser complementado por qualquer outro documento tendente a demonstrar a sua executoriedade[479]. Tal, no entanto, não invalida a possibilidade de o juiz conhecer oficiosamente, até ao primeiro

[477] Aditado pela Lei nº 117/2019, de 13 de setembro.

[478] Cfr., a este propósito, Pinto, Rui, *Manual da Execução e Despejo, op. cit.*, p. 213, segundo o qual a aposição da fórmula executória no requerimento de injunção dá origem a um "título judicial impróprio", bem como Costa, Salvador da, *A Injunção e as Conexas Acção e Execução, op. cit.*, p. 164. *Vide*, na jurisprudência, o ac. do TRC de 13.12.2011, proc. 1506/10.9T2OVR-A.C1.
Cfr., em sentido contrário, o ac. do TRC de 05.05.2009, proc. 930/08.1TBPBL-A.C1, bem como o ac. do TRL de 07.12.2011, proc. 9523/08.2YYLSB-A.L1-2, nos quais se considerou que o requerimento de injunção com a fórmula executória constitui um título executivo extrajudicial.

[479] *Vide*, a este propósito, o ac. do TRL de 24.05.2016, proc. 101387/15.0YIPRT-A.L1-7, bem como o ac. do TRP de 22.11.2016, proc. 1246/14.0YYPRT-A.P1.

ato de transmissão dos bens penhorados, quaisquer questões que pudessem determinar o indeferimento liminar ou o aperfeiçoamento do requerimento executivo (art. 734º)[480].

Nos termos do art. 14º, nº 3, do anexo ao DL nº 269/98, de 1 de setembro, o secretário só pode recusar a aposição da fórmula executória quando o pedido não se ajuste ao montante ou às finalidades do procedimento, cabendo reclamação desse ato de recusa para o juiz.

Diferentemente, se o requerido deduzir oposição – podendo fazê-lo por impugnação, por exceção[481] ou, se o valor do procedimento de injunção exceder a quantia de € 15.000,00, por reconvenção [onde se inclui a compensação de créditos, à luz do art. 266º, nº 2, al. *c)*][482,483] –, o BNI deve remeter o

[480] Por conseguinte, conforme se decidiu no ac. do TRL de 12.07.2018, proc. 7087/15.0T8LRS.L1-2, ainda que tenha sido aposta a fórmula executória no requerimento de injunção, por falta de oposição do requerido, nada obsta a que o juiz de execução, nos termos do art. 734º, rejeite, de forma oficiosa e com fundamento na falta ou insuficiência do título executivo, a execução fundada em requerimento de injunção com fórmula executória, sendo manifesta a impossibilidade de recurso ao procedimento de injunção para reclamação do crédito objeto de execução.

[481] No sentido de o requerido estar vinculado, ao abrigo do princípio da concentração da defesa na contestação, a invocar na oposição à injunção todas as exceções que pretenda deduzir, não podendo, por isso, fazê-lo mais tarde, designadamente no início da audiência final, *vide* o ac. do TRE de 10.03.2016, proc. 145298/14.6YIPRT-A.E1.

[482] Cfr., nesse sentido, o ac. do TRP de 14.05.2012, proc. 176189/11.1YIPRT-A.P1, o ac. do TRG de 15.05.2014, proc. 130585/13.9YIPRT-A.G1, o ac. do TRE de 03.12.2015, proc. 51776/15.9YIPRT-A.E1, o ac. do TRE de 21.01.2016, proc. 74707/13.6YIPRT.E1, o ac. do TRP de 24.01.2018, proc. 200879/11.8YIPRT.P1, o ac. do TRL de 05.07.2018, proc. 87709/17.4YIPRT.L1-7, o ac. do TRE de 18.10.2018, proc. 122900/17.2TYIPRT-A.E1, o ac. do TRP de 07.10.2019, proc. 4843/19.3YIPRT-A.P1, bem como o ac. do TRL de 27.05.2021, proc. 106431/19.9YIPRT-A.L1-2.
Contudo, o ac. do TRL de 12.11.2015, proc. 138557/14.0YIPRT.L1-2, decidiu que, apesar de o réu não poder invocar a compensação de créditos, por não ser admissível a reconvenção, se o tribunal de primeira instância, mesmo assim, tiver concedido ao autor a possibilidade de responder, em articulado próprio, à arguição da compensação, permitindo, deste modo, "que a discussão se alargasse à matéria da compensação, sem reação de qualquer das partes, não deve a Relação, em sede de apelação, excluir a compensação de créditos do objeto do processo, enquanto exceção".
No sentido de o requerido poder invocar a compensação de créditos por via de exceção, nos casos em que esse direito de crédito do requerido já se encontre reconhecido judicialmente ou pelo devedor, *vide* o ac. do TRC de 07.06.2016, proc. 139381/13.2YIPRT.C1.

[483] Diferentemente, se o valor do procedimento de injunção não exceder a quantia de € 15.000,00, ficará vedada ao requerido a possibilidade de deduzir reconvenção, já que, em caso de oposição, o procedimento seguirá os termos da ação especial para o cumprimento de obrigações pecuniárias emergentes de contratos (*vide* nesse sentido, entre outros, o ac. do TRE de 23.04.2020, proc. 90849/19.1YIPRT-A.E1, bem como o ac. do TRP de 21.06.2021, proc. 83857/20.1YIPRT-A.P1). Com efeito, como bem se consignou no ac. do TRG de 05.03.2020, proc. 3298/16.9T9VCT-B.G1, "1. Nas ações especiais para cumprimento de obrigações pecuniárias reguladas no anexo do DL nº 269/98, de 01.09, não é admissível a dedução de pedido reconvencional, nos termos do art. 266º/2 do CPC,

requerimento de injunção, bem como a oposição, ao tribunal competente[484], sendo devido o pagamento de taxa de justiça, pelo autor e pelo réu, no prazo de dez dias a contar da data da distribuição, nos termos gerais do Regulamento das Custas Processuais, descontando-se a taxa de justiça já paga pelo autor aquando da apresentação do requerimento de injunção[485].

No que concerne à forma de processo aplicável após a oposição ao procedimento de injunção, importa distinguir consoante o valor do procedimento de injunção exceda ou não a quantia de € 15.000,00[486].

em face: do escopo dos procedimentos especiais para cumprimento de obrigações pecuniárias ser o de conferir força executiva aos requerimentos iniciais (art. 7º e 2º do anexo do diploma); da ação especial apenas dispor de dois articulados, seguidos da audiência de julgamento (arts. 3º e 4º do anexo do diploma), que exclui a possibilidade de apresentação de réplica, nos termos do art. 584º do CPC da ação comum. 2. Nestas ações especiais não pode vir a ser admitida a reconvenção, também: nem pela via da norma remissiva do art. 549º/1 do CPC, uma vez que não existe lacuna da lei na tipificação do regime processual da ação especial; nem por força da adequação formal, nos termos dos arts. 6º e 547º do CPC, uma vez que a referida adequação não serve para resolver de forma estrutural a possibilidade de dedução de pedidos reconvencionais nas ações especiais limitadas a dois articulados, sempre que os réus nas mesmas tivessem vontade e fundamento para formular um pedido reconvencional, nos termos do art. 266º/2 do CPC".

Em todo o caso, face à impossibilidade de dedução de reconvenção, a jurisprudência tem vindo a defender, por via de uma interpretação restritiva do art. 266º, nº 2, al. *c)* – o qual só se aplicará aos processos que admitam a dedução de pedido reconvencional – que o requerido pode invocar a compensação de créditos, em sede de exceção perentória, até ao limite do crédito pedido pelo requerente, "a fim de não [se] coartar ao réu um meio de defesa importante e eficaz" (cfr., entre outros, o ac. do TRG de 13.06.2019, proc. 107776/18.0YIPRT-C.G1, o ac. do TRG de 05.03.2020, proc. 104469/18.2YIPRT.G1, o ac. do TRG de 13.07.2021, proc. 12189/20.8YIPRT.G1, o ac. do TRE de 10.02.2022, proc. 37952/20.6YIPRT-A.E1, o ac. do TRL de 07.04.2022, proc. 68807/21.6YIPRT-A.L1-6, bem como o ac. do TRP de 17.05.2022, proc. 4456/20.7YIPRT.P2).

Sob uma outra perspectiva, defendendo que o juiz deve, ao abrigo do seu dever de gestão processual e do princípio da adequação processual, admitir excecionalmente a dedução de reconvenção, "obstando a que razões de cariz adjetivo impeçam a realização da justiça material", situação em que o juiz deve adaptar a tramitação da AECOP à dedução do pedido reconvencional, *vide* o ac. do TRP de 04.06.2019, proc. 58534/18.0YIPRT.P1, o ac. do TRC de 10.12.2019, proc. 78428/17.2YIPRT-A.C1, o ac. do TRP de 10.11.2020, proc. 66423/19.1YIPRT-A.P1, bem como o ac. do TRP de 07.04.2022, proc. 70921/21.9YIPRT-A.P1.

[484] No sentido de a oposição apresentada por um dos requeridos, em caso de pluralidade passiva, obstar por si só à aposição da fórmula executória no procedimento de injunção, *vide* o ac. do TRC de 07.10.2014, proc. 257058/11.5YIPRT.C1.

[485] Conforme se decidiu no ac. do TRL de 07.12.2016, proc. 142726/15.7P.L1.-2, se o autor não proceder ao pagamento do complemento da taxa de justiça no prazo de dez dias após a distribuição da ação, deve ser notificado para, no prazo de dez dias, proceder ao pagamento da taxa de justiça em falta, acrescida de multa de igual montante, mas não inferior a 1UC nem superior a 5UC, por aplicação do disposto nos arts. 145º, nº 3, e 570º.

[486] *Vide*, a este propósito, o ac. do TRC de 06.12.2016, proc. 91756/15.2YIPRT.C1.

Assim, se o valor do procedimento de injunção for igual ou inferior a € 15.000,00, seguem-se, com as devidas adaptações, os termos previstos para a ação especial para o cumprimento de obrigações pecuniárias emergentes de contratos (arts. 15º e 16º, nº 1, do anexo ao DL nº 269/98, de 1 de setembro)[487]. Deste modo, o processo é concluso ao juiz, o qual pode julgar logo procedente alguma exceção dilatória ou nulidade que lhe cumpra conhecer ou decidir do mérito da causa (art. 3º, nº 1, do anexo ao DL nº 269/98, de 1 de setembro). Posteriormente, o juiz deve designar uma data para a realização da audiência de julgamento, sendo que o autor é notificado dessa data simultaneamente com a notificação da contestação (art. 1º, nº 4, do anexo ao DL nº 269/98, de 1 de setembro). As provas são oferecidas pelas partes na audiência de julgamento – podendo cada parte apresentar até três testemunhas, se o valor da ação não exceder a quantia de € 5.000,00, ou cinco testemunhas, nos restantes casos –, sendo que, finda a produção da prova e uma vez apresentadas as alegações orais por cada um dos mandatários das partes, o juiz dita para a ata a sentença, a qual deve ser sucintamente fundamentada.

Se, pelo contrário, o valor do procedimento de injunção for superior a € 15.000,00, a dedução de oposição determina a remessa dos autos para o tribunal competente, seguindo o processo, com as devidas adaptações, os termos previstos para a forma de processo comum (art. 10º, nº 2, do DL nº 62/2013, de 10 de maio)[488].

Nos termos do art. 15º-A do anexo ao DL nº 269/98, de 1 de setembro, o requerente pode desistir do procedimento até à dedução da oposição ou, na sua falta, até ao termo do prazo de oposição. Nesse caso, a secretaria deve devolver ao requerente o expediente respeitante ao procedimento de injunção e notificar o requerido daquele facto, se este já tiver sido notificado do requerimento de injunção.

487 No sentido de, neste caso, não ser admissível a apresentação de resposta à oposição, sem prejuízo da possibilidade de o requerente se pronunciar, no início da audiência final, quanto à matéria das exceções deduzidas na oposição, *vide* o ac. do TRL de 26.03.2015, proc. 152847-12.2YIPRT.L1-8.

488 *Vide*, a este propósito, o ac. do TRC de 06.12.2016, proc. 91756/15.2YIPRT.C1. Sustentando que, neste caso, o tribunal deve convidar as partes a aperfeiçoarem os seus articulados, convidando-as, designadamente, a apresentarem os respetivos requerimentos probatórios quando os mesmos não tenham sido oferecidos com o requerimento de injunção ou com o articulado de oposição à injunção, *vide* o ac. do TRG de 03.11.2016, proc. 73832/15.3YIPRT.G1. Cfr., no mesmo sentido, o ac. do TRE de 02.10.2018, proc. 4036/18.7YIPRT.E1, no qual se decidiu que o juiz está vinculado a convidar o autor a aperfeiçoar a matéria factual, sucintamente alegada no requerimento de injunção, quando, não se verificando qualquer ineptidão, por falta de causa de pedir, essa matéria factual apresente insuficiências ou imprecisões.

A execução fundada em requerimento de injunção segue, com as necessárias adaptações, a forma de processo comum (art. 21º, nº 1, do anexo ao DL nº 269/98, de 1 de setembro), tendo a execução como limites as importâncias previstas no art. 13º, al. *d)*, do anexo ao DL nº 269/98, de 1 de setembro[489], isto é, a quantia pedida a título de capital, a taxa de justiça paga pelo requerente, os juros de mora desde a data da apresentação do requerimento de injunção e os juros, à taxa de 5% ao ano, a contar da data da aposição da fórmula executória[490].

Os juros que acrescem aos juros de mora revertem, em partes iguais, para o exequente e para o Instituto de Gestão Financeira e Equipamentos da Justiça, I. P..

2.5.2. Petição inicial com força executiva

O art. 1º do anexo ao DL nº 269/98, de 1 de setembro, prevê a possibilidade de ser intentada uma ação especial para o cumprimento de obrigações pecuniárias emergentes de contratos, de valor não superior a € 15.000,00. Esta ação carateriza-se pela sua natureza simples e célere, estando vocacionada para permitir a formação de um título executivo, particularmente nos casos em que o crédito não seja contestado.

Nos termos do art. 1º do anexo do DL nº 269/98, de 1 de setembro, o autor deve expor sucintamente a sua pretensão e os respetivos fundamentos na petição inicial[491], mencionando se o local indicado para citação do réu foi convencionado. Tanto a petição inicial, como a contestação, não carecem de forma articulada.

Uma vez citado, o réu dispõe do prazo de vinte ou de quinze dias – consoante, respetivamente, o valor da causa ultrapasse ou não o valor da alçada do tribunal de primeira instância – para, querendo, apresentar contestação.

Sendo deduzida contestação[492], o duplicado desse articulado deve ser remetido ao autor simultaneamente com a notificação da data da audiência

[489] No sentido de o DL nº 269/98, de 1 de setembro, não ter instituído uma forma de processo especial para a ação executiva fundada em requerimento de injunção com fórmula executória, *vide* o ac. do STJ de 14.07.2000, proc. 1643/00, *in SASTJ*, ano 2000.

[490] Cfr., a este respeito, o ac. do TRC de 11.10.2017, proc. 1025/15.7T8VIS-A.C1.

[491] *Vide*, quanto ao dever de alegação da matéria de facto consubstanciadora da causa de pedir no âmbito da ação especial para o cumprimento de obrigações pecuniárias emergentes de contratos, Costa, Salvador da, *A Injunção e as Conexas Acção e Execução*, 6ª ed. atual. e ampl., Almedina, Coimbra, 2009, pp. 76 e 77.

[492] Quanto à inadmissibilidade de dedução de reconvenção neste processo especial, *vide* o ac. do TRL de 03.12.2009, proc. 10321/08-2, o ac. do TRL de 21.10.2010, proc. 186168/09.3YIPRT.L1-8,

de julgamento, assistindo ao autor a faculdade de responder, no início dessa audiência, às eventuais exceções deduzidas pelo réu[493]. As provas são oferecidas na audiência de julgamento[494], sendo que, após a produção da prova, se o tribunal julgar a ação procedente, constituirá título executivo a sentença condenatória proferida pelo tribunal [art. 703º, nº 1, al. *a)*][495].

o ac. do TRL de 06.05.2010, proc. 372220/08.0YIPRT-A.L1-8, o ac. do TRP de 10.02.2011, proc. 241148/09.7YIPRT.P1, bem como o ac. do TRE de 06.12.2018, proc. 38620/16.9YIPRT.E1. Cfr., na doutrina, Costa, Salvador da, *A Injunção e as Conexas Acção e Execução, op. cit.*, pp. 87 e 88.
Em todo o caso, a jurisprudência mais recente tem vindo a admitir a possibilidade, por via de uma interpretação restritiva do disposto no art. 266º, nº 2, al. *c)*, de o réu, em sede de oposição, invocar a compensação de créditos, tendo em vista a extinção, total ou parcial, do crédito reclamado pelo autor (cfr., entre outros, o ac. do TRG de 28.01.2021, proc. 13397/20.7YIPRT.G1).
Sustentando, pelo contrário, que o réu não pode invocar a compensação de créditos em sede de contestação, já que, à luz do art. 266º, nº 2, al. *c)*, a compensação só pode operar por via reconvencional, não sendo este meio de defesa admissível neste processo especial, *vide* o ac. do TRP de 12.05.2015, proc. 143043/14.5YIPRT.P1, o ac. do TRP de 02.07.2015, proc. 107435/13.0YIPRT.P1, o ac. do TRC de 07.06.2016, proc. 139381/13.2YIPRT.C1, bem como o ac. do TRP de 30.05.2017, proc. 28549/16.6YIPRT.P1.
Vide, em sentido contrário, o ac. do TRL de 04.12.2012, proc. 276/12.0TJLSB-A.L1-7, com o seguinte sumário: "O regime da ação declarativa especial a que se reporta o art. 7º, nºs 2 e 4 do Dec. Lei nº 32/2003, de 17 de fevereiro, admite a dedução de pedido reconvencional na contestação, desde que o valor da causa daí resultante exceda a alçada da Relação, porque neste caso a forma de processo passa a ser a forma de processo comum e não a ação especial aí prevista. A dedução de reconvenção em tal ação especial só não será admissível quando a soma do pedido e da reconvenção seja igual ou inferior à alçada da Relação, sendo essa inadmissibilidade determinada pelo art. 274º, nº 3, 1ª parte do C. P. Civil, por lhes corresponder forma de processo diferente, uma vez que a ação especial tem apenas dois articulados, petição e contestação, e a realização do princípio do contraditório impõe o direito de resposta ao pedido reconvencional, que se configura como um terceiro articulado. Mesmo para estas situações, o juiz pode autorizar a dedução de pedido reconvencional "...sempre que nela haja interesse relevante ou quando a apreciação conjunta das pretensões seja indispensável para a justa composição do litígio" (art. 31º, nº 2, do C. P. Civil), caso em que o juiz, em cumprimento do disposto no art. 265º-A, do C. P. Civil (Princípio da adequação formal), ouvidas as partes, determinará a prática dos atos que melhor se ajustem ao fim do processo".

493 Cfr., nesse sentido, o ac. do TRC de 23.10.2012, proc. 29063/11.1YIPRT.C1, bem como o ac. do TRL de 26.03.2015, proc. 152847-12.2YIPRT.L1-8. No sentido de o art. 3º, nº 4, configurar um verdadeiro ónus processual, devendo, por isso, o autor responder às exceções deduzidas pelo réu na sua oposição, sob pena de, não o fazendo, se aplicarem os efeitos decorrentes da falta de impugnação, *vide* o ac. do TRP de 23.02.2015, proc. 95961/13.8YIPRT.P1.

494 No sentido de as provas poderem ser oferecidas antes da audiência de julgamento, *vide* o ac. do TRC de 13.01.2015, proc. 1369/09.7TBACB.C1.

495 *Vide*, a este propósito, o ac. do TRL de 20.03.2012, proc. 14852/10.2T2SNT.L1-7, no qual se decidiu que "Sendo apresentada contestação, o juiz não pode já limitar-se a conferir força executiva à petição, tendo, necessariamente, de conhecer de mérito, proferindo sentença condenatória ou absolutória, seja imediatamente após os articulados, seja após audiência de julgamento, e sem

Diversamente, se o réu, tendo sido citado pessoalmente, não contestar, o juiz, com valor de decisão condenatória, limita-se a conferir força executiva à petição[496], situação em que o título executivo é um título composto ou complexo, na medida em que o mesmo é formado pela petição inicial, acompanhada pelo despacho, com valor de decisão condenatória, que confere força executiva a essa petição inicial[497]. Trata-se, por isso, de um título executivo judicial [art. 703º, nº 1, al. *a)*], já que a lei preceitua que o despacho que confere força executiva à petição inicial tem valor de decisão condenatória[498].

Note-se, contudo, que o facto de o réu, regularmente citado, não ter apresentado contestação não implica, necessariamente, que o juiz deva atribuir força executiva à petição inicial. Com efeito, o juiz deve recusar a atribuição de força executiva à petição inicial nos casos em que detete a ocorrência, de forma evidente, de exceções dilatórias ou quando constate que o pedido formulado pelo autor é manifestamente improcedente[499]. Por conseguinte, a falta de contestação do réu implica a produção de um efeito cominatório semipleno, já que o tribunal poderá, mesmo assim, não conferir força executiva à petição inicial se se verificar a ocorrência de exceções dilatórias ou a manifesta improcedência do pedido[500]. Neste particular, importa salientar que o pedido será considerado "manifestamente improcedente" nos casos em que,

prejuízo de, logo após os articulados, julgar procedente alguma excepção dilatória ou nulidade que lhe cumpra conhecer".

496 No sentido de essa decisão vincular o juiz de execução, o qual não pode, por isso, controlar o mérito do pedido constante da petição inicial à qual foi conferida força executiva, *vide* o ac. do TRG de 12.10.2017, proc. 2556/06.5TJLSB-C.G1.

497 No sentido de o juiz poder declarar a executoriedade de alguns dos pedidos e indeferir total ou parcialmente os outros, *vide* o ac. do TRL de 15.11.2012, proc. 1984/12.1TJLSB.L1-2.

498 *Vide*, nesse sentido, Costa, Salvador da, *A Injunção e as Conexas Acção e Execução, op. cit.*, p. 118, segundo o qual a declaração judicial que atribui força executiva à petição inicial inclui-se na espécie de sentença condenatória a que alude o atual art. 703º, nº 1, al. *a)*. Cfr., na jurisprudência, o ac. do TRG de 09.07.2020, proc. 1039/19.8T8VNF-A.G1.

499 *Vide*, a este respeito, o ac. do TRL de 29.10.2009, proc. 3111/08.0TJLSB.L1-2, assim como o ac. do TRL de 10.04.2010, proc. 1281/07.4TJLSB.L1-6, com o seguinte sumário: "Não podendo o pedido formulado pela autora, em qualquer das suas parcelas e numa análise sumária do seu mérito, ser havido por manifestamente improcedente, deveria o tribunal recorrido proferir decisão a conferir força executiva à petição e não proceder a uma detalhada consideração e exame para a melhor subsunção dos factos ao direito".

500 Ac. do TRL de 22.04.2010, proc. 397/09.7BSCR.L1-2. Cfr., no mesmo sentido, o ac. do TRL de 10.12.2009, proc. 368/09.3TJLSB.L1-8, o ac. do TRL de 25.02.2010, proc. 30/09.7YXLSB.L1-6, o ac. do TRC de 02.03.2010, proc. 682/07.2YXLSB.C1, o ac. do TRP de 18.03.2010, proc. 88/08.6TBVNG.P1, o ac. do TRP de 13.04.2010, proc. 2158/09.4TBPNF.P1, o ac. do TRL de 04.05.2010, proc. 931/09.2TJLSB.L1-1, o ac. do TRP de 06.05.2010, proc. 1638/09.6TBPFR.P1, bem como o ac. do TRE de 17.01.2013, proc. 274/11.1TBSRP. No sentido de ser aplicável a este regime, com as devidas

designadamente, a pretensão do autor vise "conseguir uma decisão contrária à estabelecida por um acórdão uniformizador de jurisprudência"[501] ou "quando o pedido se apresente como apodicticamente inviável em face da lei em vigor, qualquer que seja o entendimento de que esta seja susceptível, e não em face de uma particular interpretação, por muito douta, que dela se faça"[502], mas já não quando o direito de crédito que o autor pretende fazer valer se encontre prescrito, pois que a prescrição, não sendo de conhecimento oficioso, terá de ser invocada por aquele a quem a mesma aproveita[503].

2.5.3. Títulos executivos de formação processual

O Código de Processo Civil prevê diversas situações em que se permite a formação de um título executivo na pendência de um processo judicial. É o que sucede, designadamente, nos seguintes casos:

a) se o recorrente que tiver interposto recurso de apelação com efeito suspensivo, nos termos do art. 647º, nº 4, não comprovar, em caso de condenação definitiva do pedido, o cumprimento da obrigação no prazo de trinta dias após o trânsito em julgado, a entidade que pres-

adaptações, o disposto no art. 568º, quanto à revelia inoperante, *vide* Costa, Salvador da, *A Injunção e as Conexas Acção e Execução*, *op. cit.*, pp. 100 a 102.

[501] Ac. do TRL de 22.04.2010, proc. 397/09.7BSCR.L1-2. *Vide*, no mesmo sentido, o ac. do TRL de 22.10.2009, proc. 1111/09.2TJLSB.L1-2, o ac. do TRL de 02.02.2010, proc. 1008/08.3TJLSB.L1-1, o ac. do TRL de 04.02.2010, proc. 415/09.9YXLSB.L1-8, o ac. do TRC de 09.02.2010, proc. 174/09.5T2ALB.C1, o ac. do TRC de 23.02.2010, proc. 168/09.0TBGVA.C1, o ac. do TRC de 02.03.2010, proc. 1817/09.6TBACB.C1, o ac. do TRC de 02.03.2010, proc. 682/07.2YXLSB.C1, o ac. do TRL de 29.04.2010, proc. 2354/09.4YXLSB.L1-2, o ac. do TRL de 04.05.2010, proc. 931/09.2TJLSB.L1-1, o ac. do TRL de 06.05.2010, proc. 1919/09.9YXLSB.L1-6, o ac. do TRL de 18.05.2010, proc. 961/09.4TBAGH.L1-7, o ac. do TRL de 17.06.2010, proc. 2202/09.5TJLSB.L1-6, o ac. do TRC de 29.06.2010, proc. 1597/09.5T2AVR.C1, o ac. do TRC de 14.07.2010, proc. 1534/09.7TBACB.C1, o ac. do TRE de 12.05.2011, proc. 1270/09.4TBBJA.E1, o ac. do TRL de 12.07.2012, proc. 1392/11.1TJLSB.L1-2, bem como o ac. do TRL de 06.12.2012, proc. 1394/11.8TJLSB.L1-8.
Vide, em sentido contrário, Rodrigues, Fernando Pereira, *Elucidário de Temas de Direito (Civil e Processual)*, *op. cit.*, pp. 232 e 233, segundo o qual "não se pode considerar manifestamente improcedente um pedido, ou uma sua parcela, que não tenha acolhimento na lei perante uma interpretação que dela faça uma decisão uniformizadora de jurisprudência, sabendo-se que tal decisão não é obrigatória nem vinculativa para o tribunal onde o pedido é formulado. Se este tribunal pode decidir de modo diferente, quiçá, no sentido que é pretendido na demanda, não pode o pedido ser havido por manifestamente improcedente", bem como o ac. do TRP de 13.11.2012, proc. 1490/10.9TBVLG.P1.

[502] Rodrigues, Fernando Pereira, *Elucidário de Temas de Direito (Civil e Processual)*, *op. cit.*, p. 232. Cfr., na jurisprudência, o ac. do TRL de 30.04.2009, proc. 153/08.0TJSB.L1-2, bem como o ac. do TRC de 16.12.2009, proc. 14/09.5TBMLD.C1.

[503] *Vide*, nesse sentido, o ac. do TRE de 30.06.2016, proc. 25802/15.0YIPRT.

tou a caução por fiança, garantia bancária ou seguro-caução deve ser notificada para entregar o montante da mesma à parte beneficiária, aplicando-se, em caso de incumprimento e com as necessárias adaptações, o disposto no art. 777º, servindo de título executivo a notificação efetuada pelo tribunal (art. 650º, nº 4);

b) se a entidade pagadora de rendimentos empresariais ou profissionais incumprir as obrigações que para ela decorrem do art. 738º, nº 8, a mesma pode ser executada nos próprios autos, como infiel depositária dos valores que deveriam ter sido penhorados e/ou entregues e não o foram (art. 738º, nº 9);

c) sendo invocada a comunicabilidade da dívida ao cônjuge do executado, quer pelo exequente (art. 741º, nº 1), quer pelo próprio executado (art. 742º), a execução prossegue contra o cônjuge do executado se a dívida for considerada comum (art. 741º, nº 5);

d) se o depositário dos bens penhorados não os apresentar no prazo de cinco dias e não justificar a falta, este, sem prejuízo do arresto dos seus bens e da responsabilidade criminal a que houver lugar, é executado, no próprio processo, para o pagamento do valor do depósito e das custas e despesas acrescidas (art. 771º, nºs 1 a 3);

e) se o devedor do executado declarar, em caso de penhora de créditos, que a exigibilidade da obrigação depende de prestação a efetuar pelo executado e se este confirmar a declaração, o executado é notificado para satisfazer a prestação no prazo de quinze dias. Nesse caso, se o executado não cumprir, o exequente ou o devedor podem exigir o cumprimento, promovendo a respetiva execução, sendo que a prestação pode ser exigida na mesma execução e sem necessidade de citação do executado, servindo de título executivo a sua declaração de reconhecimento da dívida (art. 776º, nº 4);

f) sendo penhorado um crédito do executado que não tenha sido contestado pelo devedor e se este não cumprir a obrigação, isto é, se não entregar o crédito ao agente de execução ou ao credor, o exequente ou o adquirente podem exigir, nos próprios autos da execução, a prestação, servindo de título executivo a declaração de reconhecimento do devedor, a notificação efetuada e a falta de declaração ou o título de aquisição do crédito (art. 777º, nº 3);

g) o credor que pretenda reclamar o seu crédito na execução, mas não esteja munido de título executivo, pode requerer, dentro do prazo facultado para a reclamação de créditos, que a graduação dos créditos, relativamente aos bens abrangidos pela sua garantia, aguarde a obtenção do título em falta (art. 792º, nº 1). Nesse caso, se o executado, uma vez notificado para o efeito, reconhecer, de forma expressa ou tácita, a existência desse crédito, considera-se formado o título executivo na própria execução (art. 792º, nº 3);

h) o adquirente do bem em sede executiva pode requerer, na própria execução, a entrega desse bem contra o detentor, servindo de título executivo o título de transmissão (art. 828º);

i) no processo especial de prestação de contas, se as contas prestadas pelo réu apresentarem um saldo a favor do autor, este pode requerer que o réu seja notificado para, no prazo de dez dias, pagar a importância do saldo, sob pena de, por apenso, se proceder à penhora, seguindo-se os termos posteriores da execução para pagamento de quantia certa (art. 944º, nº 5).

2.5.4. Ata da reunião da assembleia de condóminos

Nos termos do art. 6º, nº 1, do DL nº 268/94, de 25 de outubro – na redação que lhe foi dada pela Lei nº 8/2022, de 10 de janeiro –, a ata da reunião da assembleia de condóminos que tiver deliberado o montante das contribuições a pagar ao condomínio constitui título executivo contra o proprietário que deixar de pagar, no prazo estabelecido, a sua quota-parte[504], desde que dessa ata conste a menção do montante anual a pagar por cada condómino e a data de vencimento das respetivas obrigações[505].

[504] *Vide*, a este propósito, o ac. do TRP de 04.02.2016, proc. 2648/13.4TBLLE-A.P1, no qual se decidiu que "A acta da assembleia de condóminos só é título executivo em relação à pessoa que no momento da realização da assembleia tem a qualidade de condómino, e não contra a pessoa que posteriormente adquire a fracção e assume essa qualidade por dívidas que se constituíram antes da aquisição da fracção". Cfr., no mesmo sentido, o ac. do TRL de 17.02.2009, proc. 532/05.4TCLRS-7, bem como o ac. do TRL de 29.11.2018, proc. 6642/17.8T8FNC.L1-8.

O legislador veio tomar posição expressa sobre esta concreta questão por via do aditamento ao Código Civil do art. 1424º-A através da Lei nº 8/2022, de 10 de janeiro. Assim, à luz do referido preceito legal, em caso de transmissão da propriedade da fração autónoma, são da responsabilidade do proprietário/transmitente todos os encargos devidos ao condomínio, independentemente da sua natureza, que se vençam até à data da transmissão, ficando, por conseguinte, a cargo do novo proprietário os montantes que se vençam após a essa data. Excecionalmente, é igualmente da responsabilidade do novo proprietário o pagamento dos encargos devidos ao condomínio na eventualidade de este declarar, de forma expressa, na escritura ou no documento particular autenticado que titule a alienação da fração, que prescinde da declaração do administrador, aceitando, em consequência, a responsabilidade por qualquer dívida do vendedor ao condomínio.

[505] Cfr., a este respeito, o ac. do TRP de 09.01.2017, proc. 153/14.0YYPRT-A.P1, no qual se decidiu que "A norma do artigo 6º do Decreto-Lei nº 268/94, de 25 de Outubro (Regime da Propriedade Horizontal), aplica-se aos empreendimentos turísticos em propriedade plural, previstos no

Por conseguinte, sem prejuízo da possibilidade de conter eventuais deliberações sobre outros assuntos[506], para que a ata da reunião da assembleia de condóminos constitua título executivo, torna-se necessário que dela conste uma deliberação, da qual resulte, de forma cumulativa[507]:

a) a identificação do montante das contribuições devidas ao condomínio[508] ou de quaisquer despesas necessárias à conservação e à fruição das partes comuns;

Decreto-Lei nº 39/2008, de 7 de Março, por força da remissão do artigo 53º deste decreto-lei, onde se dispõe que «Às relações entre os proprietários dos empreendimentos turísticos em propriedade plural é aplicável o disposto no presente decreto-lei e, subsidiariamente, o regime da propriedade horizontal»". *Vide*, no mesmo sentido, o ac. do TRE de 28.04.2022, proc. 1276/20.2T8LLE-A.E1.

[506] *Vide*, nesse sentido, o ac. do TRE de 05.12.2002, proc. 2257/02-2.

[507] Cfr., nesse sentido, o ac. do TRL de 29.06.2006, proc. 5718/2006-6, o ac. do TRL de 17.02.2009, proc. 532/05.4TCLRS-7, o ac. do TRL de 02.05.2013, proc. 2568/10.4TBCSC-A.L1-8, o ac. do TRL de 26.01.2017, proc. 1410-14.1YYLSB-A.L1-8, o ac. do TRC de 23.01.2018, proc. 7956/15.7T8CBR-A.C1, o ac. do TRL de 12.04.2018, proc. 2712/14.2TBOER-A.L1-6, o ac. do TRL de 17.05.2018, proc. 10176/17.2T8LSB.L1, o ac. do TRP de 18.02.2019, proc. 25136/15.0T8PRT-A.P1, o ac. do TRL de 01.03.2019, proc. 1094/13.4YYLSB.L1-6, o ac. do TRL de 24.04.2019, proc. 27228/10.2T2SNT-D.L1-2, o ac. do TRE de 02.05.2019, proc. 4010/15.5T8LLE-A.E1, o ac. do TRP de 04.06.2019, proc. 22996/17.3T8PRT-A.P1, o ac. do STJ de 01.10.2019, proc. 14706/14.3T8LSB.L1.S1, o ac. do TRE de 24.10.2019, proc. 563/18.4T8SLV-A.E1, bem como o ac. do TRE de 19.12.2019, proc. 2429/18.9T8LLE-A.E1.

Cfr., ainda, o ac. do TRE de 12.09.2019, proc. 3751/18.0T8OER-A.E1, no qual se decidiu que "A ata do condomínio prevista no art. 6º, nº 1, do Dec.-Lei 268/94, 25-10, é título executivo quer quando nela constam as contribuições resultantes da quota-parte a pagar pelo condómino, fixadas em assembleia de condóminos, como também quando nela constam a dívida ao condomínio resultante da ata onde se reproduza a deliberação da assembleia de condóminos que procedeu à liquidação dos montantes em dívida por cada condómino, sempre que a dívida seja certa, líquida e exigível e a ata não tenha sido impugnada nos termos do artigo 1433º/2 do CC".

Defendendo que, para que a ata constitua título executivo, basta que dela conste o "montante certo da contribuição de modo que, pela simples aplicação da permilagem relativa a cada fracção da propriedade (ou de outro critério que haja sido aprovado) se determine o *quantum* devido por cada condómino", *vide* o ac. do TRL de 22.03.2018, proc. 7606/16.4T8ALM.A.L1-8.

[508] A este respeito, Fernando Pereira Rodrigues sustenta que a expressão "contribuições devidas ao condomínio" abrange quer as "contribuições que vierem a ser devidas ao condomínio", quer as "contribuições já em dívida ao condomínio", ou seja, as contribuições já apuradas e as futuras "em que se verifique ou venha a verificar falta de pagamento". Com efeito, de acordo com o referido Autor, "para poder ser utilizada como título executivo, é necessário, mas também bastante, que uma acta fixe a quota-parte de cada condómino, como os montantes e o valor das contribuições devidas ao condomínio ou de despesas necessárias à conservação e fruição das partes comuns ou serviços de interesse comum, como o prazo para o respectivo pagamento. Obviamente que é suposto se venha a verificar, após a fixação das contribuições, falta de pagamento das mesmas contribuições. Mas não se exige que a acta contenha a menção de contribuições em dívida, ainda que possam constar e resultar da acta, as dívidas dos condóminos incumpridores, dívidas já existentes,

b) a determinação da comparticipação anual de cada condómino; e
c) a fixação da data de vencimento das obrigações de cada condómino.

Vale isto por dizer, *a contrario*, que não constitui título executivo a ata da reunião da assembleia de condóminos que se limite a identificar o condómino alegadamente incumpridor, bem como o respetivo montante em dívida[509], já que essa ata, para além de não observar os requisitos previstos no art. 6º, nº 1, do DL nº 268/94, de 25 de outubro, também não permite determinar a certeza, a exigibilidade e a liquidez da obrigação exequenda. Na verdade, essa ata apenas pode ser utilizada, a título complementar, para efeitos de liquidação da obrigação exequenda, nos termos do art. 716º, nº 1[510].

Acresce que a ata da reunião da assembleia de condóminos só é suscetível de constituir título executivo em relação ao proprietário da fração autónoma que deixe de pagar a sua quota-parte das contribuições devidas ao condomínio. Assim, mesmo que da ata constem deliberações respeitantes a outro tipo de despesas – como, por exemplo, despesas com serviços de manutenção das partes comuns do edifício ou de jardinagem –, nem por isso a entidade prestadora dos serviços subjacentes a essas despesas pode utilizar essa ata como título executivo contra o próprio condomínio[511].

apuradas e conhecidas. Se tal se verificar, então, melhores elementos fornecerá a acta enquanto título executivo. Assim, se a assembleia de condóminos, reuniu, conforme a respectiva acta, entre o mais, para discussão e aprovação de contas e para traçar "directrizes para cobrança coerciva de dívidas em mora" e se na mesma assembleia, se aprovou por unanimidade proceder-se judicialmente contra determinado condómino, para cobrança das dívidas ao condomínio, acumuladas durante anos e discriminando as mesmas e delegando-se poderes da administração para contratar advogado para o efeito, tal acta oferece os requisitos de título executivo" (Rodrigues, Fernando Pereira, *Elucidário de Temas de Direito (Civil e Processual)*, *op. cit.*, pp. 105 e 106).
Vide, em sentido contrário, o ac. do TRG de 08.01.2013, proc. 8630/08.6TBBRG-A.G1, no qual se decidiu que a ata da reunião da assembleia de condóminos apenas constitui título executivo em relação às contribuições que vierem a ser devidas, e não quanto às contribuições já em dívida.

[509] Cfr., no mesmo sentido, o ac. do TRE de 11.03.2021, proc. 5821/19.8T8STB-G.E1, bem como o ac. do TRE de 15.04.2021, proc. 1405/18.6T8SLV-A.E1.
Discordamos, por isso, salvo o devido respeito, da orientação sufragada no ac. do TRL de 09.12.2008, proc. 9520/2008-6, no ac. do TRL de 07.07.2011, proc. 42780/06.9YYLSB.L1-2, no ac. do TRE de 14.05.2015, proc. 3202/09.0TBLLE-A.E1, no ac. do TRC de 23.02.2016, proc. 1962/13.3TBPBL-A.C1, no ac. do TRC de 01.03.2016, proc. 129/14.8TJCBR-A.C1, bem como no ac. do STJ de 19.06.2019, proc. 5859/08.0YYLSB-A.L2.S1, nos quais se defendeu, em suma, que a ata da reunião da assembleia de condóminos constitui título executivo desde que dela conste a identificação do condómino incumpridor e o respetivo montante em dívida.

[510] *Vide*, nesse sentido, o ac. do TRL de 11.07.2013, proc. 10090/12.8TCLRS.L1-7.

[511] Cfr., a este respeito, o ac. do TRE de 17.11.2011, proc. 655/09.0TBABF.E1.

Por outro lado, a jurisprudência tem vindo a entender que a força executiva da ata da reunião da assembleia de condóminos "estende-se a todos os condóminos, mesmo que não tenham estado presentes nessa assembleia, e que tenham votado ou não favoravelmente a deliberação aprovada, e quer tenham ou não assinado a acta, uma vez que a força executiva da acta não tem a ver com a assunção pessoal da obrigação consubstanciada na assinatura dela, mas sim com a eficácia imediata da vontade colectiva definida através da deliberação nos termos legais, exarada na acta"[512,513].

Um outro aspeto essencial é o que diz respeito ao tipo de contribuições ou de despesas cujo pagamento pode ser exigido em sede executiva com base na ata de condomínio.

Com efeito, por força da alteração legislativa introduzida no art. 6º, nº 1, do DL nº 268/94, de 25 de outubro, pela Lei nº 8/2022, de 10 de janeiro, a ata da reunião da assembleia de condóminos constitui título executivo em relação às seguintes contribuições e despesas:

a) as despesas necessárias à conservação e fruição das partes comuns do edifício e ao pagamento de serviços de interesse comum (arts. 1421º e 1424º do CC)[514];

b) os encargos com as inovações (arts. 1425º e 1426º do CC);

c) os prémios de seguro obrigatório contra o risco de incêndio (art. 1429º do CC)[515];

d) as despesas com a reconstrução do edifício[516];

e) os juros de mora, à taxa legal, referentes às obrigações constantes da ata da assembleia de condóminos [arts. 6º, nº 3, do DL nº 268/94, de 25 de outubro, e 1436º, nº 1, al. *f)*, do CC];

512 Ac. do TRL de 08.07.2007, proc. 9276/2007-7. Cfr. igualmente o ac. do TRP de 04.12.2017, proc. 26113/15.6T8PRT-A.P1, bem como o ac. do TRG de 27.06.2019, proc. 1481/18.1T8GMR-A.G1. No sentido de não ser obrigatória, para que a ata constitua título executivo, "a junção da notificação da ata aos condóminos devedores, não presentes na reunião", *vide* o ac. do TRL de 11.06.2013, proc. 33/12.4TBALM-A.L1-7. Quanto à circunstância de a ata constituir título executivo, mesmo que o condómino devedor não tenha estado presente na reunião ou se tenha recusado a assinar a ata, *vide* o ac. do TRL de 30.06.2011, proc. 13722/10.9YYLSB.L1-6.

513 No sentido de a ata de condomínio constituir título executivo mesmo que a deliberação dela constante seja anulável, se o executado não demonstrar que propôs uma ação de anulação dessa deliberação, *vide* o ac. do TRC de 06.12.2016, proc. 473/13.1TBLMG-A.C1.

514 Nos termos do art. 1424º do CC, as despesas necessárias à conservação e fruição das partes comuns do edifício e ao pagamento de serviços de interesse comum são pagas pelos condóminos em proporção ao valor das suas frações.

515 Ac. do TRL de 08.07.2007, proc. 9276/2007-7.

516 *Idem*.

f) as sanções pecuniárias pela falta ou pelo atraso no pagamento das contribuições devidas ao condomínio, desde que as mesmas estejam previstas no regulamento do condomínio ou tenham sido aprovadas em assembleia de condóminos [arts. 6º, nº 3, do DL nº 268/94, de 25 de outubro, e 1434º e 1436º, nº 1, al. *f)*, do CC][517,518]. Em todo o caso, ainda que a Lei nº 8/2022, de 10 de janeiro, tenha vindo alterar o art. 6º do

[517] Até à alteração legislativa introduzida pela Lei nº 8/2022, de 10 de janeiro, a jurisprudência dividia-se quanto à questão de saber se estas sanções pecuniárias se encontravam ou não abrangidas pela força executiva da ata da assembleia de condóminos.
Em sentido negativo – tese à qual aderimos nas anteriores edições desta obra –, por se entender, à luz do princípio da taxatividade dos títulos executivos, que as sanções pecuniárias não se incluem nas contribuições e despesas necessárias à conservação e fruição das partes comuns do edifício e aos serviços de interesse comum, podendo, inclusive, ser abusivas e desproporcionadas, *vide*, entre outros, o ac. do TRG de 08.01.2013, proc. 8630/08.6TBBRG-A.G1, o ac. do TRC de 21.03.2013, proc. 3513/12.8TBVIS.C1, o ac. do TRC de 04.06.2013, proc. 607/12.3TBFIG-A.C, o ac. do TRP de 16.12.2015, proc. 2812/13.6TBVNG-B.P1, o ac. do TRL de 02.06.2016, proc. 16871-11.2T2SNT-8, o ac. do TRP de 07.05.2018, proc. 9990/17.3T8PRT-B.P1, bem como o ac. do TRL de 11.12.2018, proc. 2636/14.3T8OER-A.L1-6.
Em sentido positivo, *vide*, entre outros, o ac. do TRL de 08.07.2007, proc. 9276/2007-7, o ac. do TRP de 03.03.2008, proc. 0850758, o ac. do TRC de 05.06.2011, proc. 455/2001, o ac. do TRE de 30.06.2011, proc. 318/10.4TBLLE.E1, o ac. do TRC de 24.09.2013, proc. 7378/11.9YYPRT-A.P1, o ac. do TRL de 20.02.2014, proc. 8801/09.8TBCSC-A.L1-2, o ac. do TRP de 24.02.2015, proc. 6265/13.0YYPRT-A.P1, o ac. do TRG de 22.10.2015, proc. 1538/12.2TBBRG-A.G1, o ac. do TRP de 17.05.2016, proc. 2059/14.4TBGDM-A.P1, o ac. do TRG de 02.03.2017, proc. 2154/16.5T8VCT-A.G1, bem como o ac. do TRL de 30.04.2019, proc. 286/18.4T8SNT.L1-7 (com um voto de vencido).

[518] A Lei nº 8/2022, de 10 de janeiro, não esclarece o sentido e o alcance da expressão "sanções pecuniárias", pelo que é problemática a questão de saber se a ata da assembleia de condóminos constitui igualmente título executivo em relação às despesas de contencioso, designadamente honorários de advogado, referentes à ação judicial a ser intentada contra o condómino incumpridor. Sobre esta concreta questão, a jurisprudência tem vindo a dividir-se em três teses.
Para uma primeira tese, as despesas de contencioso não se enquadram nas despesas necessárias à conservação e fruição das partes comuns do edifício e ao pagamento de serviços de interesse comum, razão pela qual não se incluem no título executivo (*vide* nesse sentido, entre outros, o ac. do TRC de 07.02.2017, proc. 454/15.0T8CVL.C1, o ac. do TRL de 22.01.2019, proc. 3450/11.3TBVFX.L1-7, o ac. do TRP de 18.02.2019, proc. 25136/15.0T8PRT-A.P1, o ac. do TRG de 30.05.2019, proc. 3256/18.9T8VNF.B.G1, bem como o ac. do TRG de 04.03.2021, proc. 2434/20.5T8GMR-B.G1).
Diferentemente, para uma segunda tese, os honorários devidos ao advogado, no âmbito de uma ação executiva de cobrança coerciva de uma dívida ao condomínio, constituem uma despesa necessária ao pagamento de um serviço de interesse comum, estando, por isso, abrangidas pelo título executivo (*vide*, entre outros, o ac. do TRG de 06.02.2020, proc. 261/18.9T8AVV-B.G1, bem como o ac. do TRL de 04.06.2020, proc. 4433/17.5T8FNC-C.L1-2).
Por sua vez, para uma terceira tese intermédia, a ação executiva pode ter por objeto, entre outras despesas, os honorários de advogado, desde que estejam em causa "honorários já pagos pelo condomínio a advogado em consequência de processo judicial instaurado para cobrança de dívidas aos condóminos e que o seu montante conste da acta da reunião da assembleia de condomínio"

DL nº 268/94, de 25 de outubro, no sentido de se encontrarem abrangidas pela força executiva do título as sanções pecuniárias, importa salientar que tal não impede que o condómino, em sede de oposição à execução, invoque o excesso da penalidade aplicada (art. 1434º, nº 2, do CC) e/ou requeira a redução equitativa da cláusula penal (art. 812º do CC)[519].

Pelo contrário, a ata da reunião da assembleia de condóminos não constitui título executivo relativamente a deliberações não compreendidas no âmbito do art. 6º, nº 1, do DL nº 268/94, de 25 de outubro, designadamente obrigações decorrentes da celebração, pelo condomínio, de contratos com terceiros, emergentes de deliberações de natureza facultativa e que não se reportem a despesas legalmente previstas[520].

Nos termos dos arts. 6º, nºs 4 e 5, do DL nº 268/94, de 25 de outubro, e 1436º, nº 1, al. *f)*, do CC, compete ao administrador do condomónio instaurar a competente ação executiva[521], dispondo, para o efeito, do prazo de 90 dias a contar da data do primeiro incumprimento do condomínio, salvo deliberação em contrário da assembleia de condóminos e desde que o valor em dívida seja igual ou superior ao valor do indexante dos apoios sociais do respetivo ano civil.

2.5.5. Prestações ou indemnizações devidas pelo titular do direito real de habitação periódica

Relativamente às prestações ou indemnizações em dívida pelo titular do direito real de habitação periódica, acrescidas dos respetivos juros moratórios, constituem títulos executivos, nos termos do art. 23º, nº 2, do DL nº 275/93, de 5 de agosto, os seguintes documentos:

a) o contrato de transmissão do direito real de habitação periódica;
b) a certidão do registo predial;

(cfr. o ac. do TRL de 08.07.2007, proc. 9276/2007-7, bem como o ac. do TRL de 17.02.2009, proc. 532/05.4TCLRS-7).

[519] *Vide*, a este respeito, o ac. do TRP de 21.02.2022, proc. 5404/09.0T2AGD-D.P1, no qual se decidiu que "Assiste ao condómino o direito de invocar o excesso da penalidade que lhe tenha sido aplicada, nos termos do artigo 812º CC, apesar de se manter dentro dos limites do nº 2 do artigo 1434º CC, pedindo a sua redução equitativa".

[520] Ac. do TRL de 26.01.2017, proc. 1410-14.1YYLSB-A.L1-8.

[521] À luz o art. 1437º do CC, "O condomínio é sempre representado em juízo pelo seu administrador, devendo demandar e ser demandado em nome daquele".

c) a ata da assembleia em que se tenha procedido à alteração da prestação periódica, nos termos do art. 24º do DL nº 275/93, de 5 de agosto;
d) a ata da assembleia geral de titulares que tiver deliberado, por maioria dos votos dos presentes, o valor da prestação periódica devida por cada titular.

2.5.6. Certidão de dívida e decisão administrativa

De acordo com o art. 703º, nº 1, al. *d)*, possuem igualmente força executiva as certidões de dívida e as decisões administrativas, nos casos em que a lei ordinária lhes atribua força executiva.

Assim, a título meramente exemplificativo, são títulos executivos:

a) as certidões de dívida emitidas, nos termos legais, pelas instituições de segurança social e pelos fundos geridos pelas mesmas (art. 7º do DL nº 42/2001, de 9 de fevereiro, com as alterações introduzidas pelo DL nº 63/2014, de 28 de abril);
b) as certidões de dívida emitidas pelo IFAP, referentes ao reembolso e à aplicação de sanções resultantes do recebimento indevido de fundos nacionais ou comunitários (art. 12º do DL nº 195/2012, de 23 de agosto);
c) os certificados de conta por atos praticados por serviços do registo e notariado, que não tenham sido voluntariamente liquidados pelo responsável, desde que, do certificado, conste a indicação da data, da natureza do ato praticado, dos responsáveis pelo pagamento e das quantias em dívida, incluindo o custo do certificado e as despesas de correio (art. 15º do DL nº 201/2005, de 17 de setembro);
d) os certificados passados pelas entidades registadoras relativos a valores mobiliários escriturais, desde que mencionem o fim a que se destinam, sejam emitidos por prazo indeterminado e a assinatura do representante da entidade registadora e os seus poderes estejam reconhecidos por notário (art. 84º do CVM);
e) a certidão de dívida, emitida pelo Conselho Geral, referente a quotas para a Ordem dos Advogados (art. 180º, nº 4, do EOA);
f) a certidão de dívida, passada pelo conselho geral da Ordem dos Solicitadores e Agentes de Execução, respeitante a quotas e a taxas devidas à caixa de compensações (art. 84º, nº 4, do EOSAE);
g) a certidão de dívida, emitida pela direção da Caixa de Previdência dos Advogados e Solicitadores, referente à falta de pagamento das contribuições devidas pelos respetivos beneficiários (art. 81º, nº 5, do RCPAS);

h) a certidão de dívida, passada pela direção da Ordem dos Notários, referente à falta de pagamento das suas receitas, incluindo as quotas e taxas, bem como multas e outras receitas obrigatórias (art. 45º, nºs 2 e 3, do EON);

i) a certidão de dívida, emitida pelo tesoureiro, referente a contribuições devidas à Ordem dos Despachantes Oficiais, designadamente a título de quotas, vinhetas de controlo e garantia, taxas ou pela prestação de quaisquer serviços (art. 64º, nº 3, do EODO);

j) a certidão do despacho do diretor-geral do Departamento para os Assuntos do Fundo Social Europeu que determine a restituição de qualquer quantia recebida no âmbito das comparticipações do Fundo Social Europeu e do Estado Português, e sua notificação à entidade devedora (art. 1º do DL nº 158/90, de 17 de maio);

k) a certidão emitida pelo órgão competente, referente a prestações pecuniárias devidas a uma pessoa coletiva pública, por força de um ato administrativo (art. 179º do CPA);

l) as certidões de dívida emitidas pela ADSE, I. P., qualquer que seja a natureza da dívida ou da entidade devedora (art. 16º, nº 7, do DL nº 7/2017, de 9 de janeiro);

m) a certidão de dívida emitida pelo conselho diretivo do IMPIC, I. P., acompanhada de cópia do contrato ou outros documentos referentes aos créditos devidos ao IMPIC, I. P. (art. 13º do DL nº 232/2015, de 13 de outubro);

n) a decisão, transitada em julgado, tomada em matéria disciplinar, que condene no pagamento de multa (art. 102º, nº 3, do EOROC);

o) as decisões definitivas que apliquem coimas pela prática de contraordenações (arts. 88º e 89º do RGCO);

p) as decisões condenatórias de aplicação de coima pela prática de contraordenações laborais e de Segurança Social, que não se mostrem liquidadas no prazo legal (art. 26º do RPCLSS);

q) a fotocópia certificada da ata que contenha a deliberação da assembleia de proprietários ou comproprietários de prédios integrados na mesma área urbana de génese ilegal, que determine o pagamento de comparticipação nas despesas de reconversão (art. 10º, nº 5, da LAUGI)[522].

[522] *Vide*, a este propósito, o ac. do TRE de 22.11.2018, proc. 1076/13.6TBSTB-B.E1, o ac. do TRE de 02.05.2019, proc. 1078/18.6T8STB-A.E1, o ac. do TRL de 07.11.2019, proc. 16906/16.2T8SNT-A.L1-2, o ac. do TRL de 21.01.2020, proc. 32/18.2T8LRS-B.L1-7, bem como o ac. do TRE de 24.10.2019, proc. 3484/18.7T8STB-A.E1, este último com o seguinte sumário: "Para ter o valor de título executivo,

2.5.7. Certidão extraída de inventário

Nos termos do art. 1096º, nº 1[523], as certidões extraídas dos processos de inventário valem como título executivo, desde que contenham os seguintes elementos:

a) a identificação do inventário, através da designação do inventariado e do inventariante;
b) a relacionação dos bens que tiverem cabido ao interessado;
c) a indicação de que o interessado tem no processo a posição de herdeiro ou legatário; e
d) o teor da decisão da partilha na parte que se refira ao interessado, com a menção de que a mesma transitou em julgado ou se encontra pendente de recurso.

Por sua vez, de acordo com o art. 1096º, nº 2, se a certidão se destinar a provar a existência de um crédito, só contém, para além da identificação do inventário, pela designação do inventariado e do inventariante, o constante do processo a respeito da aprovação ou reconhecimento do crédito e da forma do seu pagamento.

Neste contexto, a certidão extraída de processo de inventário é suscetível de fundar a instauração de uma ação executiva, tendo em vista, por exemplo, a cobrança coerciva de uma determinada quantia a título de tornas que não tenha sido voluntariamente liquidada por um dos herdeiros[524], a cobrança coerciva de uma dívida que tenha sido aprovada ou reconhecida, bem como a sua forma de pagamento[525], ou a entrega de um bem que tenha sido adjudicado a um herdeiro e que se encontre na posse do cabeça-de-casal ou de outro herdeiro[526].

2.5.8. Título emitido por instituição bancária ou de crédito

Nos termos do art. 9º, nº 4, do DL nº 287/93, de 20 de abril, os documentos que, simultaneamente, titulem atos ou contratos realizados pela Caixa Geral

nos termos do artigo 10º, nº 5, da Lei nº 91/95, de 02.09, a acta da assembleia da administração conjunta de uma AUGI deve discriminar o concreto montante a pagar por cada proprietário ou comproprietário, por referência aos lotes abrangidos pela mesma AUGI".

523 Este artigo foi aditado ao Código de Processo Civil pela Lei nº 117/2019, de 13 de setembro.

524 *Vide*, a este propósito, o ac. do TRP de 22.05.2017, proc. 51/15.0T8MAI-A.P1.

525 Cfr., nesse sentido, Paiva, Eduardo Sousa/Cabrita, Helena, *Manual do Processo de Inventário: À Luz do Novo Regime Aprovado pela Lei nº 23/2013, de 5 de Março*, Coimbra Editora, Coimbra, 2013, p. 233.

526 Cfr., a este respeito, o ac. do TRL de 26.11.1992, proc. 0068172.

de Depósitos, que prevejam a existência de uma obrigação de que essa instituição bancária seja credora e que se encontrem assinados pelo devedor revestem força executiva, sem necessidade de outras formalidades[527,528]. É o que sucede, por exemplo, com uma "proposta de empréstimo sob a forma de conta corrente aceite pelo devedor, acompanhada das notas de débito"[529] ou com um contrato de mútuo, concedido pela Caixa Geral de Depósitos, desde que se encontre assinado pelo devedor[530].

De igual modo, o art. 33º, nº 1, do anexo ao DL nº 24/91, de 11 de janeiro, que regula o Regime Jurídico do Crédito Agrícola Mútuo e das Cooperativas de Crédito Agrícola Mútuo, estabelece que "Para efeito de cobrança coerciva de empréstimos vencidos e não pagos, seja qual for o seu montante, servem de prova e título executivo as escrituras, os títulos particulares, as letras, as livranças e os documentos congéneres apresentados pela caixa agrícola exequente, desde que assinados por aquele contra quem a acção é proposta, nos termos previstos no Código de Processo Civil"[531,532].

[527] No sentido de esta norma não ter sido revogada pelo novo Código de Processo Civil, aprovado pela Lei nº 41/2013, de 26 de julho, *vide* o ac. do TRP de 14.04.2015, proc. 1968/14.5T2AGD.P1, o ac. do TRL de 25.06.2015, proc. 729-14.6T8LRS.L1-2, o ac. do TRE de 25.06.2015, proc. 133/14.6T8ENT.E1, o ac. do TRP de 16.12.2015, proc. 2740/14.8T8MAI.P1, bem como o ac. do TRC de 16.02.2017, proc. 2673/16.3T8CBR.C1.
Cfr., em sentido contrário, FARIA, Paulo Ramos de/LOUREIRO, Ana Luísa, *Primeiras Notas ao Novo Código de Processo Civil*, vol. II, *op. cit.*, pp. 192 e 193, os quais sustentam que, com o novo Código de Processo Civil, "cessou a vigência da norma contida no nº 4 do art. 9º do DL nº 287/93, de 20 de agosto".

[528] Em todo o caso, importa salientar que o ac. do TC nº 670/2019, de 13.11.2019, proc. 260/2019, *in www.tribunalconstitucional.pt*, declarou "inconstitucional, por violação do artigo 13º da Constituição, a norma artigo 9º do Decreto-Lei nº 287/93, de 28 de agosto, segundo a qual se revestem de força executiva os documentos que, titulando ato ou contrato realizado pela B., S.A., prevejam a existência de uma obrigação de que essa entidade bancária seja credora e estejam assinados pelo devedor, sem necessidade de outras formalidades". Secundado este juízo de inconstitucionalidade, *vide* o ac. do TRE de 25.02.2021, proc. 134/14.4T8ENT.E1.
Defendendo, no entanto, que, mesmo que essa norma seja inconstitucional, por violação do princípio da igualdade, o documento será título executivo, enquanto documento particular, assinado do devedor, que importe a constituição ou o reconhecimento de uma obrigação, desde que tenha sido elaborado antes da entrada em vigor do novo Código de Processo Civil, *vide* o ac. do TRG de 21.11.2019, proc. 7883/17.3T8VNF-A.G1.

[529] Ac. do STJ de 09.05.2002, proc. 811/02, *in SASTJ*, ano 2002.

[530] Ac. do TRP de 26.01.2015, proc. 1162/14.5T8PRT.P1. Cfr., no mesmo sentido, o ac. do TRC de 28.04.2015, proc. 2186/14.8TJCBR.C1.

[531] Sustentando que esta norma não foi revogada pelo novo Código de Processo Civil, aprovado pela Lei nº 41/2013, de 26 de julho, *vide* o ac. do TRC de 28.05.2019, proc. 5755/19.3T8CBR-C.C1.

[532] Quanto à força executiva de um documento particular, referente a um contrato de mútuo celebrado entre a Caixa de Crédito Agrícola Mútuo e um particular, por força desta disposição

Ainda em relação às instituições de crédito, a Lei de 16 de abril de 1874, que viria a ser regulamentada pelo Decreto de 7 de janeiro de 1876, autorizou o Governo a "decretar as formalidades e condições que devam ter os títulos reconhecidos nos artigos 906º, nº 6, 933º e 978º do Código Civil, pertencentes aos estabelecimentos de crédito predial autorizados a emiti-los". Nos termos do art. 2º do citado diploma legal, "Estes títulos para todos os efeitos serão considerados como escrituras públicas"[533]. Por sua vez, o art. 1º do Decreto de 7 de janeiro de 1876 estabelece que "Os contratos com estabelecimentos de crédito predial, devidamente autorizados, poderão ser celebrados, qualquer que seja o seu valor, por documentos ou títulos particulares". Deste modo, os documentos, ainda que particulares, que tenham sido emitidos por estabelecimentos de crédito predial e que titulem contratos de mútuo constituem títulos executivos, desde que se encontrem assinados pelo devedor[534].

2.5.9. Contrato de arrendamento

Nos termos do art. 14º-A, nº 1, do NRAU, o contrato de arrendamento, quando acompanhado do comprovativo de comunicação ao arrendatário, através de carta registada com aviso de receção (art. 9º do NRAU), do montante em dívida, é título executivo para a execução para pagamento de quantia certa correspondente às rendas, aos encargos e/ou às despesas que corram por conta do arrendatário[535,536], considerando-se igualmente compreendidas nesse

especial, *vide* o ac. do TRC de 19.05.2015, proc. 433/14.5TBSCD.C1, com a seguinte fundamentação: "Trata-se, nitidamente, de uma regra especial, e, de acordo com um critério pessoal, de uma regra particular, dado que só é aplicável a uma certa categoria de pessoas jurídicas – as caixas de crédito agrícola – ditada pela especificidade da sua forma e do universo dos seus sócios, pela sua estrutura financeira e pela especialidade do seu objecto (art. 1º do Regime Jurídico do Crédito Agrícola Mútuo e das Cooperativas de Crédito Agrícola, Anexo ao Decreto-Lei nº 24/91, de 11 de Janeiro). Razões que explicam também que, na falta de uma intenção inequívoca do legislador, se deva entender que a superveniência do novo Código de Processo Civil – lei geral posterior – não revogou aquela lei especial – anterior – uma vez que esta lei contém um regime que foi definido para corresponder a certas circunstâncias particulares, a que a lei geral não atende (art. 7º, nº 3, do Código Civil). E sendo isto exacto – aspecto que, decididamente, não foi tomado em devida e boa conta pela decisão impugnada – a conclusão a tirar é que o apontado documento – apesar da superveniência do Código de Processual vigente – constitui título executivo". *Vide*, no mesmo sentido, o ac. do TRE de 14.05.2015, proc. 139/14.5TBENT.E1, bem como o ac. do TRC de 16.03.2016, proc. 86/15.3T8SRT.C1.

[533] No sentido de a Lei de 16 de abril de 1874 não ter sido revogada pela legislação posterior, designadamente pelo novo Código de Processo Civil, *vide* o ac. do TRC de 05.05.2015, proc. 4538/14.4T8VIS.C1.

[534] Cfr., nesse sentido, o ac. do TRP de 30.11.2015, proc. 8311/15.4T8PRT-A.P1.

[535] *Vide*, a este propósito, o ac. do TRC de 29.11.2011, proc. 6519/10.8TBLRA.C1, no qual se decidiu que este título executivo reveste uma natureza complexa, já que é formado não só pelo contrato

título as rendas que se vencerem desde a comunicação efetuada ao arrendatário até à entrega efetiva do locado, cuja liquidação dependa de uma operação de simples cálculo aritmético, a ser realizada pelo próprio exequente no requerimento executivo[537].

de arrendamento, mas também pelo documento comprovativo da comunicação ao arrendatário do valor em dívida. Por conseguinte, "Sendo o título executivo complexo, a falta do documento complementar referente à comprovação da comunicação importa, não o indeferimento liminar, mas despacho de aperfeiçoamento do requerimento executivo". Cfr., no mesmo sentido, o ac. do TRL de 04.06.2013, proc. 10362/09.9YYLSB-A.L1-7, bem como o ac. do TRP de 13.06.2018, proc. 21148/15.1T8PRT-A.P1. No sentido de, no caso em concreto, não serem admissíveis outros documentos, para a formação de um título executivo, para além dos legalmente previstos, *vide* SARDINHA, Ana/METELLO, Francisco Cabral, *Novo Regime do Arrendamento Urbano*, Almedina, Coimbra, 2007, p. 75.

536 No sentido de este regime ser apenas aplicável ao arrendatário, "não se estendendo ao respectivo fiador ainda que este tenha intervindo no contrato de arrendamento e renunciado ao benefício da excussão prévia", *vide* o ac. do TRP de 24.04.2014, proc. 869/13.9YYPRT.P1, o ac. do TRC de 20.03.2018, proc. 1457/15.0T8ACB-A.C1, bem como o ac. do TRP de 02.12.2019, proc. 8820/18.3T8PRT-A.P1.

Em sentido contrário, sustentando que este regime é igualmente aplicável ao fiador, desde que o senhorio proceda à correspondente comunicação – sob pena de falta de título executivo –, *vide* o ac. do TRP de 21.05.2012, proc. 7557/10.6YYPRT-A.P1, o ac. do TRP de 16.05.2011, proc. 515/10.2TBMAI-A.P1, e o ac. do STJ de 26.11.2014, proc. 1442/12.4TCLRS-B.L1.S1, o ac. do TRL de 07.06.2016, proc. 5356/12.0TBVFX-B.L1-7, o ac. do TRP de 06.03.2018, proc. 13535/14.9T8PRT-A.P1, o ac. do TRL de 12.03.2019, proc. 15962/17.0T8LSB-A.L1-7, o ac. do TRL de 26.09.2019, proc. 6298/13.7TBVFX.L1-6, o ac. do STJ de 17.11.2020, proc. 3794/18.3T8SNT-A.L1.S1, o ac. do TRL de 15.12.2020, proc. 11006/14.2T8LSB-B.L1-7, bem como o ac. do TRL de 08.02.2022 proc. 14718/20.8T8LSB-A.L1-7.

Neste particular, Gravato Morais – ainda que em anotação ao revogado art. 15º, nº 2, do NRAU, o qual dispunha que "o contrato de arrendamento é título executivo para a acção de pagamento de renda quando acompanhado do comprovativo de comunicação ao arrendatário do montante em dívida" – defende, a propósito da questão de saber se este título executivo abrange apenas a pessoa do arrendatário ou, pelo contrário, também a pessoa do fiador, que "Qualquer das vias assinaladas é sustentável, dada a indefinição dos termos usados no preceito: "contrato de arrendamento", "acção de pagamento de renda", "comunicação ao arrendatário do montante em dívida". Todavia, pode afirmar-se uma tendência ténue no sentido da não aplicabilidade ao garante, dada a ausência de qualquer menção (ainda que indirecta) ao fiador. O legislador só terá pensado na pessoa do arrendatário" (MORAIS, Fernando de Gravato, "Título executivo para a acção de pagamento da renda – Ac. do TRP de 12.5.2009, Proc. 1358/07", *in CDP*, nº 27, jul./set. 2009, p. 67).

537 Ac. do TRP de 18.10.2011, proc. 8436/09.5TBVNG-A.P1. No sentido de se achar compreendida no título executivo a indemnização prevista no art. 1045º, nº 1, do CC, *vide* o ac. do TRP de 22.03.2012, proc. 5644/11.2TBMAI-A.P1. Cfr., igualmente, o ac. do TRL de 18.01.2018, proc. 10087-16.9T8LRS-B.L1-6, no qual se decidiu que "O art. 14-A do NRAU abrange quer as rendas vencidas quer as rendas vincendas e a indemnização devida pela mora na entrega do locado, contendo a comunicação remetida todos os dados para o cálculo aritmético dos montantes devidos, sem que seja imprescindível uma prévia liquidação, a qual se resume a uma operação aritmética".

Ademais, à luz do art. 14º-A, nº 2[538], do NRAU, o contrato de arrendamento, quando acompanhado da comunicação ao senhorio do valor em dívida, prevista no art. 22º-C, nº 3, do regime jurídico das obras em prédios arrendados, aprovado pelo DL nº 157/2006, de 8 de agosto, é título executivo para a execução para pagamento de quantia certa correspondente à compensação pela execução de obras pelo arrendatário em substituição do senhorio.

Já no domínio do arrendamento rural, o art. 33º do NRAR confere força executiva ao contrato de arrendamento rural em duas situações:

a) por um lado, o contrato de arrendamento rural, quando acompanhado do comprovativo de comunicação ao arrendatário do montante em dívida, constitui título executivo para a ação executiva para pagamento de quantia certa;

b) por outro lado, se o prédio não for desocupado na data legal ou convencionalmente prevista, o contrato de arrendamento, acompanhado do documento comprovativo da comunicação da cessação do contrato, constitui título executivo para a correspondente execução para entrega de coisa certa[539].

Em qualquer um destes casos, o título executivo reveste natureza complexa, na medida em que o contrato de arrendamento só goza de força executiva quando acompanhado dos documentos legalmente exigidos[540].

2.5.10. Requerimento de despejo convertido em título executivo para desocupação do locado

O art. 15º, nº 1, do NRAU, estabelece que "O procedimento especial de despejo é um meio processual que se destina a efetivar a cessação do arrendamento,

Vide, em sentido contrário, o ac. do TRL de 21.02.2019, proc. 3855/17.6T8OER-A.L1-2, no qual se decidiu que "A comunicação prevista no art. 14º-A do NRAU não constitui título executivo para o pagamento de quantias que não tenham nela sido comunicadas ao inquilino", bem como o ac. do TRC de 04.06.2019, proc. 7285/18.4T8CBR-B.C1, no qual se defendeu que "O título executivo do dito art. 14º-A do NRAU confere ao exequente suporte para a realização coativa do valor inerente às rendas "em dobro", *rectius*, "indemnização" pela mora na restituição do locado, a que se refere o art. 1045º, nºs 1 e 2 do C.Civil, a par das "rendas" singulares igualmente em dívida", mas que "tem de constar da comunicação feita [ao arrendatário e a eventual fiador] que serão peticionados valores respeitantes a rendas vincendas e a indemnização, em ordem a que tais valores estejam abrangidos pelo título executivo, contendo este todos os dados para o cálculo aritmético dos montantes devidos".

538 Aditado pela Lei nº 13/2019, de 12 de fevereiro.

539 Cfr., a este propósito, o ac. do TRG de 28.11.2019, proc. 1455/17.0T8CHV-A.G1.

540 *Vide*, a este respeito, o ac. do TRL de 19.02.2019, proc. 11637/18.1T8LSB.L1-7.

independentemente do fim a que este se destina, quando o arrendatário não desocupe o locado na data prevista na lei ou na data fixada por convenção entre as partes".

Por sua vez, o art. 15º, nº 2, do NRAU preceitua que apenas podem servir de base ao procedimento especial de despejo, independentemente do fim a que o arrendamento se destina[541]:

a) em caso de revogação, o contrato de arrendamento, acompanhado do acordo previsto no art. 1082º, nº 2, do CC;
b) em caso de caducidade pelo decurso do prazo [art. 1051º, al. *a)*, do CC], não sendo o contrato renovável, o contrato escrito do qual conste a fixação desse prazo;
c) em caso de cessação por oposição à renovação, o contrato de arrendamento acompanhado do comprovativo da comunicação prevista nos arts. 1097º, nº 1, ou 1098º, nº 1, do CC;
d) em caso de denúncia por comunicação pelo senhorio, o contrato de arrendamento, acompanhado do comprovativo da comunicação prevista nos arts. 1101º, nº 1, ou 1103º, nº 1, do CC, ou da comunicação prevista no art. 33º, nº 5, al. *a)*, do NRAU;
e) em caso de resolução por comunicação, nos termos do art. 1083º, nºs 3 e 4, do CC – ou seja, mora igual ou superior a dois meses no pagamento da renda, encargos ou despesas que corram por conta do arrendatário, oposição do arrendatário à realização de obra ordenada por autoridade pública, ou mora superior a oito dias, no pagamento da renda, por mais de quatro vezes, seguidas ou interpoladas, num período de 12 meses, com referência a cada contrato –, o contrato de arrendamento, acompanhado do comprovativo da comunicação prevista art. 1084º, nº 2, do CC[542], bem como, quando aplicável, do comprovativo, emitido pela autoridade competente, da oposição à realização da obra;

541 Conforme assinala Maria Olinda Garcia, estes documentos, que correspondiam, no regime anterior à Lei nº 31/2012, de 14 de agosto, a títulos executivos, passaram a ser configurados como "títulos *sui generis*, justificadores do recurso a um procedimento de natureza essencialmente administrativa", isto é, ao procedimento especial de despejo (GARCIA, Maria Olinda, *Arrendamento Urbano Anotado*, 2ª ed., Coimbra Editora, Coimbra, 2013, p. 196). *Vide*, no mesmo sentido, PINTO, Rui, "Anotação ao regime do procedimento especial de despejo", *in Leis do Arrendamento Urbano Anotadas*, coord. de António Menezes Cordeiro, Almedina, Coimbra, 2014, p. 410.

542 No sentido de o contrato de arrendamento, acompanhado pela comunicação da quantia em dívida ao arrendatário, constituir igualmente "título executivo contra o fiador, sem que seja necessário comunicar-lhe previamente o montante em dívida como acontece com o arrendatário", *vide* os acs. do TRL de 22.10.2015, proc. 4156-13.4TBALM-B.L1-8, de 17.03.2016, proc. 16777-13.0T2SNT-A.

f) em caso de denúncia pelo arrendatário, nos termos do art. 1098º, nºs 3 e 4, do CC, e dos arts. 34º e 53º do NRAU, o comprovativo da comunicação da iniciativa do senhorio e o documento de resposta do arrendatário.

Uma vez apresentado o requerimento de despejo junto do BNA, esta entidade notifica o requerido para, no prazo de quinze dias, desocupar o locado e, sendo caso disso, pagar ao requerente a quantia por ele peticionada, acrescida da taxa por ele liquidada, ou deduzir oposição à pretensão e/ou requerer o diferimento da desocupação do locado (art. 15º-D).

Nos termos do art. 15º-E, o BNA deve converter o requerimento de despejo em título executivo para desocupação do locado se o requerido, uma vez notificado, não deduzir oposição dentro do prazo legal, se a oposição for tida por não deduzida (art. 15º-F, nº 4)[543] ou se o requerido não proceder ao pagamento ou depósito das rendas que se forem vencendo na pendência do procedimento especial de despejo[544,545].

2.5.11. Injunção em matéria de arrendamento

O art. 15º-T do NRAU regula o regime da injunção em matéria de arrendamento. Trata-se, com efeito, de um meio processual que se destina a tornar efetivos os seguintes direitos do arrendatário:

L1-6, de 17.05.2016, proc. 13257/15.3T8LSB-A.L1-7, e de 10.11.2016, proc. 4633/08.9YYLSB-B.L1-2. No entanto, esta jurisprudência não será, atualmente, de seguir, atenta a redação dada ao art. 1041º, nºs 5 e 6, do CC, pela Lei nº 13/2019, de 12 de fevereiro. Assim, dispõe o nº 5 do citado preceito legal que "Caso exista fiança e o arrendatário não faça cessar a mora nos termos do nº 2, o senhorio deve, nos 90 dias seguintes, notificar o fiador da mora e das quantias em dívida". Por sua vez, dispõe o nº 6 que "O senhorio apenas pode exigir do fiador a satisfação dos seus direitos de crédito após efetuar a notificação prevista no número anterior".

543 Cfr., a este respeito, o ac. do STJ de 06.12.2018, proc. 394/16.1YLPRT.L1.S1.

544 *Vide*, a este propósito, o ac. do TRP de 30.05.2018, proc. 2678/17.7YLPRT.P1, no qual se decidiu que "Beneficiando de apoio, na modalidade de dispensa de taxa de justiça e demais encargos com o processo, o arrendatário está isento de demonstrar o pagamento da caução normalmente exigida como condição de admissibilidade da oposição ao pedido de despejo, deduzido com fundamento no art. 1083º/3/4 CC".

545 Sustentando que "A imposição ao requerido da prestação de caução, nos termos daquelas normas [art. 15º-F, nºs 3 e 4, do NRAU], no valor das rendas em atraso, para lhe ser admitida a oposição ao procedimento especial de despejo fundado na falta de pagamento de rendas, não lhe coarta o seu direito de defesa, previsto no art. 20º da CRP", não se verificando, por isso, qualquer inconstitucionalidade, *vide* o ac. do TRG de 30.05.2019, proc. 217/18.1YLPRT.G1. Na verdade, conforme se decidiu neste aresto, esta restrição ao direito de defesa encontra justificação na necessidade de se proteger os direitos de propriedade e de livre iniciativa económica do senhorio, os quais beneficiam igualmente de tutela constitucional.

a) pagamento de quantia certa do valor da compensação em dívida por execução de obras em substituição do senhorio, em caso de execução de intimação emitida nos termos do art. 89º, nº 2, do RJUE ou do art. 55º, nº 1, do RJRU, quando a injunção seja titulada pelo contrato de arrendamento, acompanhado da comunicação prevista no art. 22º-C, nº 3, do RJOPA, e de cópia da intimação a que se reporta;

b) pagamento de quantia certa do valor da compensação em dívida por execução de obras em substituição do senhorio, nos casos de reparações previstas no art. 1036º, nºs 1 e 2, do CC, quando a injunção seja titulada pelo contrato de arrendamento, acompanhado da comunicação prevista no art. 22º-C, nº 3, do RJOPA;

c) cessação de atividades causadoras de risco para a saúde do arrendatário, quando a injunção seja titulada pela intimação dirigida pelo arrendatário nos termos do art. 13º-B, nº 1, al. *a)*, do NRAU, acompanhada por auto emitido pela autoridade policial ou equiparada ou pela câmara municipal competente;

d) correção de deficiências do locado causadoras de risco grave para a saúde ou para a segurança de pessoas ou bens, quando a injunção seja titulada pela intimação dirigida pelo arrendatário nos termos do art. 13º-B, nº 1, al. *b)*, do NRAU, acompanhada por auto emitido pela câmara municipal competente; ou

e) correção de impedimento da fruição do locado, quando a injunção seja titulada pela intimação dirigida pelo arrendatário nos termos do art. 13º-B, nº 1, al. *c)*, acompanhada por auto emitido pela autoridade policial ou equiparada ou pela câmara municipal competente.

Por sua vez, o nº 5 do art. 15º-T do NRAU preceitua que o processo de injunção em matéria de arrendamento é objeto de diploma próprio, estando o seu regime previsto no DL nº 34/2021, de 14 de maio[546].

Nos termos do nº 2 do art. 1º do RPIMA, a injunção em matéria de arrendamento é a providência que tem por finalidade conferir força executiva ao requerimento destinado a efetivar os direitos do arrendatário previstos no art. 15º-T do NRAU.

No que concerne ao procedimento, o mesmo caracteriza-se pela sua simplicidade e celeridade. Com efeito, uma vez apresentado o respetivo requerimento – o qual deve obsevar os requisitos previstos no art. 4º, nº 2, do RPIMA

546 O regime do procedimento de injunção em matéria de arrendamento viria, entretanto, a ser regulamentado pela Portaria nº 257/2021, de 19 de novembro.

– e não havendo motivo de recusa, o SIMA procede à notificação do requerido, através de carta registada com aviso de receção, para que este, no prazo de 15 dias, demonstre a execução da intimação que constitui objeto do requerimento, acrescida da taxa de justiça paga pela respetiva dedução, ou deduza oposição à pretensão (art. 5º do RPIMA). Caso o requerido não deduza oposição ou a mesma, nos termos previstos no art. 9º, nºs 4 e 5[547], seja tida por não deduzida, o SIMA limita-se a atribuir força de título executivo ao requerimento de injunção em matéria de arrendamento. Diversamente, se o requerido deduzir oposição, o processo é remetido ao tribunal competente, seguindo-se, com as necessárias adaptações, a tramitação prevista nos arts. 15º-H e 15º-I do NRAU.

2.5.12. Contrato de direito real de habitação duradoura

Em caso de resolução do contrato de direito real de habitação duradoura, com fundamento em incumprimento definitivo imputável ao morador, a comunicação da resolução, acompanhada do contrato de direito real de habitação duradoura e das cópias das comunicações relativas ao incumprimento definitivo, constitui título executivo para entrega de coisa certa e/ou pagamento de quantia certa, sendo que, neste caso, consideram-se abrangidas pelo título executivo as quantias entretanto vencidas e não pagas e outras que sejam devidas ao proprietário desde a referida comunicação (art. 18º, nº 6, do DL nº 1/2020, de 9 de janeiro)[548].

Por sua vez, se ocorrer a extinção do direito real de habitação duradoura, por renúncia do morador, e se o proprietário, em violação do art. 17º, nº 2, do DL nº 1/2020, de 9 de janeiro, não proceder à devolução do montante correspondente ao saldo da caução, dentro do prazo legalmente previsto para o efeito, o contrato de direito real de habitação duradoura, acompanhado de cópia do comprovativo da comunicação de renúncia do morador e respetivos

[547] À luz do art. 9º, nº 3, do RPIMA, ao deduzir oposição, o requerido deve comprovar o prévio pagamento da taxa de justiça devida ou a concessão do benefício de apoio judiciário. Consequentemente, nos termos do nº 4 do citado preceito legal, se não se mostrar paga a taxa de justiça, a oposição tem-se por não deduzida. Do mesmo modo, por força do art. 9º, nº 5, do RPIMA, a oposição tem-se por não deduzida quando o requerido não proceda ao pagamento da taxa de justiça devida no prazo de cinco dias a contar da data da notificação da decisão definitiva de indeferimento do pedido de apoio judiciário na modalidade de dispensa ou pagamento faseado da taxa de justiça e demais encargos com o processo.

[548] É o que sucede, nomeadamente, com a indemnização devida ao proprietário pela utilização, a título precário, da habitação após a extinção do direito real de habitação duradoura ou pelo incumprimento da obrigação de entrega da habitação, nos termos do art. 19º do DL nº 1/2020, de 9 de janeiro.

documentos integrantes, constitui título executivo para pagamento de quantia certa, à luz do art. 18º, nº 7, do DL nº 1/2020, de 9 de janeiro.

2.5.13. Acordo obtido em mediação

Nos termos do art. 9º, nºs 1 e 2, da Lei nº 29/2013, de 19 de abril – a qual estabelece os princípios gerais aplicáveis à mediação realizada em Portugal, bem como os regimes jurídicos da mediação civil e comercial, dos mediadores e da mediação pública –, tem força executiva, sem necessidade de homologação judicial, o acordo de mediação:

a) que diga respeito a litígio que possa ser objeto de mediação e para o qual a lei não exija homologação judicial;
b) em que as partes tenham capacidade para a sua celebração;
c) obtido por via de mediação realizada nos termos legalmente previstos;
d) cujo conteúdo não viole a ordem pública; e
e) em que tenha participado mediador de conflitos inscrito na lista de mediadores de conflitos organizada pelo Ministério da Justiça[549], salvo se estiver em causa uma mediação realizada no âmbito de um sistema público de mediação.

Para além disso, à luz do art. 9º, nº 4, do citado diploma legal, tem igualmente força executiva o acordo de mediação obtido por via de mediação realizada noutro Estado-Membro da União Europeia, desde que esse acordo observe os requisitos previstos no art. 9º, nº 1, e que o ordenamento jurídico desse Estado também lhe atribua força executiva.

Por outro lado, importa salientar que o art. 14º, nº 1, da Lei nº 29/2013, de 19 de abril, preceitua que, salvo se tal for imposto por lei[550], as partes têm a faculdade de requerer a homologação judicial do acordo obtido em mediação pré-judicial. Com efeito, de acordo o art. 14º, nº 3, desse diploma, a homolo-

[549] Cfr., a este propósito, a Portaria nº 344/2013, de 27 de novembro, que define o serviço competente para organizar a lista de mediadores de conflitos, bem como os requisitos de inscrição, a forma de acesso e divulgação da mesma.

[550] *Vide*, a este respeito, o art. 273º, nº 5, o qual determina que, sendo alcançado um acordo na mediação que, por iniciativa do juiz ou a requerimento das partes, tenha sido pedida na pendência de um processo judicial, esse acordo deve ser remetido ao tribunal, preferencialmente por via eletrónica, seguindo os termos definidos na lei para a homologação dos acordos de mediação.
Do mesmo modo, o art. 56º, nº 1, da Lei nº 78/2001, de 13 de julho – a qual regula a organização, competência e funcionamento dos Julgados de Paz – preceitua que, se as partes chegarem a um acordo na fase da mediação, este é reduzido a escrito e assinado por todos os intervenientes, para imediata homologação pelo juiz de paz, tendo o valor de sentença.

gação judicial do acordo obtido em mediação pré-judicial tem por finalidade verificar se o mesmo diz respeito a um litígio que possa ser objeto de mediação, a capacidade das partes para a sua celebração, se respeita os princípios gerais de direito, se respeita a boa-fé, se não constitui um abuso do direito e se o seu conteúdo não viola a ordem pública.

Ora, se as partes requererem a homologação judicial de um acordo, do qual resulte a constituição ou o reconhecimento de uma obrigação, essa homologação tem lugar através de sentença, razão pela qual o título executivo passa a revestir, nesse caso, natureza judicial, à luz do art. 703º, nº 1, al. *a)*.

Diversamente, se as partes não requererem a homologação judicial do acordo, este valerá como título executivo extrajudicial, nos termos do art. 703º, nº 1, al. *d)*, conjugado com o art. 9º, nº 1, da Lei nº 29/2013, de 19 de abril.

2.5.14. Nota discriminativa de honorários, despesas ou custas de parte

À luz do art. 721º, nº 5, a nota discriminativa de honorários e despesas do agente de execução que não tenha sido objeto de reclamação, acompanhada da sua notificação pelo agente de execução ao interveniente processual perante o qual se pretende reclamar o pagamento, constitui título executivo[551].

Por outro lado, é igualmente título executivo a nota discriminativa de custas de parte, prevista nos arts. 25º e 26º do RCP, que tenha sido tempestivamente notificada à parte responsável[552] e da qual não tenha havido reclamação[553] ou cuja reclamação, apresentada nos termos do art. 26º-A do RCP[554], tenha sido total ou parcialmente indeferida, por decisão já transitada em julgado[555].

[551] No sentido de este regime não se aplicar às execuções pendentes à data da entrada em vigor do novo Código de Processo Civil, atento o disposto no art. 6º, nº 3, da Lei nº 41/2013, de 26 de junho, *vide* o ac. do TRC de 18.09.2018, proc. 4833/17.0T8VIS.C1.

[552] *Vide*, a este propósito, o ac. o TRC de 05.05.2020, proc. 1310/16.0T8PBL-A.C1, no qual se entendeu que "A mera notificação à parte vencida da apresentação em tribunal da nota discriminativa e justificativa de custas de parte não vale como envio à própria parte da mesma nota para efeitos de interpelação para pagar".
Sustentando que, para que a nota discriminativa e justificativa de custas de parte constitua título executivo, não é necessário que a mesma "seja remetida directamente à pessoa do devedor responsável, bastando que o seja ao seu mandatário forense constituído no processo", *vide* o ac. do TRG de 21.10.2021, proc. 3222/19.7T8VNF-B.G1.

[553] Cfr., a este respeito, o ac. do TRC de 01.06.2021, proc. 1182/19.3T8ANS-A.C1, no qual se entendeu que a falta de apresentação atempada de reclamação à nota discriminativa e justificativa de custas de parte obsta a que, mais tarde, o executado possa sindicar, em sede de embargos de executado, o procedimento e/ou o conteúdo dessa nota.

[554] Aditado pela Lei nº 27/2019, de 28 de março.

[555] Cfr., nesse sentido, o ac. do TRE de 14.03.2019, proc. 1550/06.0TBSTR-C.E1. A este respeito, importa salientar que este aresto defendeu que a execução por custas de parte tem por base um

2.5.15. Certidão de custas, multas não penais e outras sanções

Nos termos do art. 35º do RCP[556], se não se verificar o pagamento voluntário das custas, multas não penais e outras sanções pecuniárias fixadas em processo judicial, a secretaria do tribunal deve entregar à administração tributária, por via eletrónica e para efeitos de cobrança coerciva em sede de execução fiscal, a respetiva certidão de liquidação, a qual, juntamente com a decisão transitada em julgado, constitui título executivo em relação às quantias nela discriminadas.

Por sua vez, no que concerne às custas no Tribunal Constitucional, o art. 12º do RCTC[557] estabelece que, não sendo pagas, dentro do respetivo prazo de pagamento voluntário, as custas ou multas, deve ser entregue uma certidão de liquidação, por via eletrónica, à administração tributária, para fins executivos, sendo a execução instaurada com base nessa certidão.

3. Concurso de títulos

Pode suceder que o credor disponha de dois ou mais títulos executivos, referentes à mesma obrigação, contra o seu devedor. Nessa eventualidade, verifica-se um concurso de títulos. É o que sucede, por exemplo, se o devedor, reconhecendo, numa escritura pública, a existência de uma determinada obrigação pecuniária em relação a um credor, entrega-lhe um cheque para pagamento dessa dívida, ou se o credor, apesar de já dispor de um título executivo extrajudicial contra o seu devedor, optar, mesmo assim, ainda que sem qualquer interesse processual, por intentar uma ação declarativa de condenação, nela obtendo uma sentença condenatória.

Nestes casos, o credor tanto pode propor uma ação executiva apenas com base num dos títulos – situação em que a forma de processo executivo poderá, eventualmente, depender do título executivo que sirva de base à execução, atento o disposto no art. 550º[558] – como pode intentar uma única ação executiva fundada em ambos os títulos[559].

título executivo complexo, o qual é formado, em conjunto, pela sentença condenatória em custas e pela correspondente nota discriminativa de custas de parte. *Vide*, no mesmo sentido, o ac. do TRE de 16.12.2021, proc. 201/19.8T8LLE-A.E1.

[556] Na redação que lhe foi dada pela Lei nº 27/2019, de 28 de março.

[557] Diploma aprovado pelo DL nº 303/98, de 7 de outubro, entretanto alterado pelo DL nº 91/2008, de 2 de junho, bem como pela Lei nº 27/2019, de 28 de março.

[558] Assim, conforme se decidiu no ac. do TRC de 13.11.2018, proc. 4990/17.6T8VIS-A.C1, sendo dada à execução uma livrança, de valor superior a € 10.000,00, conjuntamente com uma escritura pública de um contrato de mútuo com hipoteca, a ação executiva segue a forma de processo comum sumário, nos termos do art. 550º, nº 1, al. *c)*, não se aplicando, nessa hipótese, o art. 550º, nº 2, al. *d)*.

Com efeito, aquilo que releva é que o credor não proponha duas ou mais ações executivas, referentes à mesma obrigação, com base em dois ou mais títulos executivos, em concurso entre si, sob pena de se verificar uma exceção dilatória de litispendência[560].

Observe-se, aliás, que, em determinados casos, pode ser mais vantajoso para o credor intentar uma ação executiva com base em dois ou mais títulos executivos referentes à mesma obrigação. Pense-se, por exemplo, na hipótese a que se aludiu *supra*, em que o devedor entregou ao credor um cheque para pagamento de uma dívida, que se encontrava reconhecida numa escritura pública, sendo que esse cheque, uma vez apresentado a pagamento, foi devolvido por falta de provisão. Se a ação executiva for movida pelo credor apenas com base na escritura pública, o devedor que pretenda protelar o normal andamento do processo executivo poderá, ainda que litigando de má-fé, deduzir oposição à execução, com fundamento no pagamento da dívida exequenda por via da entrega desse cheque. Para obviar a essa hipótese, pretendendo o exequente intentar a ação executiva com base na escritura pública, afigura-se desejável que o mesmo junte igualmente ao requerimento executivo o cheque, evitando, dessa forma, qualquer oposição à execução com fundamento no suposto pagamento da dívida exequenda por intermédio da entrega desse título de crédito.

4. Cumulação de execuções

4.1. Âmbito

O Código de Processo Civil prevê a possibilidade de serem cumuladas execuções, isto é, de o credor deduzir vários pedidos[561], referentes a créditos distintos, contra o mesmo devedor ou contra vários devedores litisconsortes[562], podendo esses pedidos ter por base um único título executivo ou dois

Diferente seria se a execução se fundasse apenas na livrança, pois que, nessa eventualidade, a ação executiva seguiria forma comum ordinária, por força do art. 550º, nº 2, al. *d), a contrario.*

[559] *Vide*, a este propósito, o ac. do TRL de 21.03.2000, proc. 0005331.

[560] Cfr., nesse sentido, o ac. do TRL de 26.02.2014, proc. 214/11.8TTLSB-A.L1-4, bem como Freitas, José Lebre de, "Hipoteca de coisa e penhora da quota de comproprietário", *in Ars Ivdicandi: Estudos em Homenagem ao Prof. Doutor António Castanheira Neves*, vol. II, Universidade de Coimbra, Coimbra Editora, Coimbra, 2008, p. 277.

[561] Cfr., a este propósito, o ac. do TRP de 02.11.2000, proc. 0031284, no qual se decidiu que "Nas execuções apenas é possível a cumulação inicial ou sucessiva, a requerimento do(s) credor(es). Não pode, por isso, o executado/embargante pedir a apensação de execuções por nos embargos que deduziu se tratar do mesmo *thema decidendum*".

[562] Com efeito, conforme se decidiu no ac. do TRL de 14.02.1991, proc. 0043472, "Para haver cumulação de execuções exige-se, para além da competência do Tribunal para todas elas, que o

ou mais títulos executivos (arts. 709º a 711º)[563]. É o que sucede, por exemplo, se o credor é titular de vários cheques emitidos pelo mesmo devedor, para pagamento de mercadorias que aquele forneceu a este ao longo do tempo[564].

Por conseguinte, a cumulação de execuções encontra justificação no princípio da economia processual, na medida em que permite que o credor, de forma facultativa[565], intente uma única ação executiva contra o mesmo devedor, com base no mesmo título executivo ou em títulos executivos diferentes.

Por outro lado, importa salientar que a cumulação de execuções não se confunde com a coligação de exequentes ou de executados, pois que naquela existe um único exequente e um único executado, com pluralidade de pedidos, ao passo que a coligação pressupõe uma pluralidade de pedidos e, simultaneamente, uma pluralidade de exequentes e/ou de executados[566].

4.2. Oportunidade

No que concerne à sua oportunidade, a cumulação de execuções pode ser inicial ou sucessiva.

4.2.1. Cumulação inicial de execuções

A cumulação inicial de execuções tem lugar no princípio da execução, sendo requerida pelo exequente no próprio requerimento executivo.

Tratando-se de uma cumulação inicial de execuções, importa distinguir se o título executivo reveste natureza judicial ou extrajudicial.

4.2.1.1. Cumulação de execuções fundadas em sentença

Se o título executivo for judicial, o art. 710º prevê a possibilidade de cumulação de todos os pedidos que tenham sido julgados procedentes no mesmo título

devedor seja o mesmo. Sendo que "mesmo devedor" não significa, necessariamente, unidade física, mas unidade ideal, jurídica". *Vide*, no mesmo sentido, o ac. do TRL de 14.03.1991, proc. 0045392, no qual se decidiu que "Podem cumular-se pedidos executivos contra o mesmo grupo devedor, mas já não se pode cumular um pedido de que seja devedor o grupo com outro de que seja devedora, isoladamente, alguma das pessoas agrupadas", bem como o ac. do TRC de 03.10.2000, proc. 1096/2000.

[563] No sentido de estar vedada ao credor a possibilidade de fracionar o direito de crédito, previsto num título executivo, em várias partes e execuções, agravando dessa forma a posição jurídica do executado, *vide* a decisão da $CSC_{It.}$ de 09.04.2013, proc. 8576, *in www.cortedicassazione.it.*

[564] *Vide*, a este propósito, o ac. do TRP de 24.09.2013, proc. 951/12.0TBVLG-C.P1.

[565] Cfr., nesse sentido, o ac. do TRP de 01.07.1996, proc. 9650252.

[566] Lopes-Cardoso, Eurico, *Manual da Acção Executiva, op. cit.*, p. 104. Cfr., no mesmo sentido, Reis, José Alberto dos, *Código de Processo Civil Anotado*, vol. I, *op. cit.*, p. 175, Carvalho, Eduardo J. da S., *Manual do Processo de Execução*, vol. I, *op. cit.*, p. 74, bem como Prazeres, Manuel Augusto Gama, *Do Processo de Execução no Actual Código do Processo Civil, op. cit.*, p. 48.

executivo, ainda que tais pedidos correspondam a execuções com finalidades distintas[567]. Trata-se, com efeito, de uma exceção à regra geral da impossibilidade de cumulação de execuções com fins diferentes [art. 709º, nº 1, al. *b)*], que encontra justificação quer no princípio da economia processual[568] – na medida em que se evita a pendência de dois ou mais processos executivos –, quer na necessidade de se viabilizar a execução da sentença nos próprios autos (arts. 85º, nº 1, e 626º)[569].

Assim, se, por exemplo, numa ação de despejo, o réu for condenado a entregar ao senhorio o imóvel objeto de arrendamento, livre de pessoas e bens, e a pagar-lhe uma determinada quantia pecuniária, a título de rendas em dívida, passa a ser possível cumular na mesma execução o pedido de entrega de coisa certa com o pedido de pagamento de quantia certa[570], cumulação essa que, por ter fins diferentes, não era permitida no código revogado.

Diferentemente, não é possível cumular execuções fundadas em duas ou mais sentenças, já que, correndo a execução nos próprios autos, essa cumulação seria manifestamente incompatível[571].

4.2.1.2. Cumulação de execuções fundadas em títulos diferentes

Nos termos do art. 709º, pode verificar-se a cumulação de execuções, ainda que fundadas em títulos diferentes, isto é, de natureza extrajudicial ou judicial[572], contra o mesmo devedor ou contra vários devedores litisconsortes[573].

Assim, pôr exemplo, pode ser intentada uma ação executiva com base num contrato de abertura de crédito (por via do qual são demandados os mutuários) e numa livrança dada em garantia (pela qual é demando o ava-

[567] *Vide*, a este propósito, o ac. do TRG de 08.06.2017, proc. 165/16.0T8CHV-A.G1.

[568] PINTO, Rui, *Notas ao Código de Processo Civil*, vol. II, *op. cit.*, p. 225.

[569] Cfr., nesse sentido, FERNANDEZ, Elizabeth, *Um Novo Código de Processo Civil? Em busca das diferenças*, *op. cit.*, p. 158.

[570] Tal como assinala Rui Pinto, o art. 626º, nº 4, "contém regras que procuram harmonizar o processo de execução de pretensões executivas com diferentes finalidades, em sede de execução de decisão judicial condenatória". Contudo, se não se mostrar processualmente compatível a cumulação de todos os pedidos constantes da decisão condenatória, o citado Autor sustenta que o juiz de execução deve servir-se do princípio da adequação processual (PINTO, Rui, *Notas ao Código de Processo Civil*, vol. II, *op. cit.*, p. 226).

[571] *Vide*, a este propósito, CARVALHO, Eduardo J. da S., *Manual do Processo de Execução*, vol. I, *op. cit.*, p. 76.

[572] Cfr., a este propósito, o ac. do TRP de 12.07.2001, proc. 0130988, no qual se decidiu que "É possível a cumulação sucessiva de execuções no caso de a execução inicial se basear em título extrajudicial e se pretender cumular execução baseada em sentença judicial".

[573] *Vide*, a este propósito, o ac. do TRP de 16.05.1996, proc. 9630131.

lista dos subscritores-mutuários), desde que esses títulos partilhem da quantia referente ao capital em dívida e apenas divirjam, no cômputo da quantia exequenda, nos juros exigidos, já que estamos perante um "pedido único e uma obrigação solidária, com vários sujeitos passivos, ainda que alicerçadas em causas de pedir diversas", ou seja, perante uma situação de litisconsórcio voluntário passivo[574].

No entanto, a cumulação de execuções não é permitida nos seguintes casos[575]:

a) se ocorrer a incompetência absoluta do tribunal para alguma das execuções, nos termos do disposto no art. 96º[576];

b) se as execuções tiverem fins diferentes (art. 10º, nº 6)[577];

c) se a alguma das execuções corresponder processo especial diferente do processo que deva ser utilizado quanto às outras, sem prejuízo do disposto nos nºs 2 e 3 do art. 37º, ou seja, todas as execuções têm de correr sob a forma de processo comum ou sob a forma do mesmo processo especial;

d) se a execução da decisão judicial correr nos próprios autos (arts. 85º, nº 1, e 626º)[578].

[574] Ac. do TRG de 07.07.2004, proc. 1335/04-1.
Cfr., em sentido diverso, o ac. do TRG de 28.09.2005, proc. 1444/05-2, no qual se decidiu que "Não é admissível a cumulação de execuções contra vários executados, fundadas em títulos diferentes se não existir uma relação de litisconsórcio, o que pressupõe uma unidade de obrigação, a que corresponde do lado passivo uma unidade ideal de devedor. Se a execução se basear simultaneamente numa livrança e num contrato de mútuo não existe uma obrigação, mas duas: uma resultante da relação cambiária, outra da relação subjacente".

[575] No sentido de, para além destes requisitos, a cumulação de execuções apenas ser admissível nos casos em que se verifique uma compatibilidade entre os pedidos, *vide* SOUSA, Miguel Teixeira de, *Acção Executiva Singular, op. cit.*, p. 156.

[576] Cfr., a este respeito, o ac. do TRP de 03.06.1993, proc. 9340256.

[577] Pugnando pela possibilidade de cumulação das execuções para entrega de coisa certa e pagamento de quantia certa na situação específica de resolução do contrato de arrendamento com fundamento na falta de pagamento da renda, *vide* SAMPAIO, Manuel Eduardo Bianchi, "A cumulação de execuções na resolução do contrato de arrendamento urbano", *in Julgar*, nº 14, Coimbra Editora, Coimbra, maio/agosto 2011, pp. 183 a 189. Assim, o citado Autor propõe uma interpretação atualista e restritiva do atual art. 709º, nº 1, al. *b)*, no sentido de este preceito não se aplicar à resolução do contrato de arrendamento com fundamento na falta de pagamento da renda, já que esta interpretação "evita um excessivo dispêndio de meios para o tribunal e para as partes, permitindo que o litígio entre o senhorio e o arrendatário seja apreciado num único processo, e afasta a possibilidade de sentenças em sentidos opostos, o que é indesejável para o senhorio, para o arrendatário e para a segurança jurídica".

[578] Conforme assinalam Paulo Ramos de Faria e Ana Luísa Loureiro, estando em causa a execução, nos próprios autos, de uma decisão judicial, a execução só pode ter por objeto essa decisão, ou

Quando ocorra cumulação de execuções que devam seguir forma de processo comum distinta, a execução segue a forma ordinária (art. 709º, nº 5). Esta solução legal encontra justificação no facto de o processo executivo comum, sob a forma ordinária, constituir o regime subsidiário em matéria executiva (art. 551º, nº 3).

4.2.2. Cumulação sucessiva de execuções

O art. 711º prevê a possibilidade de o exequente, enquanto a execução não for declarada extinta, requerer, no mesmo processo, a execução de outro título, desde que não se verifique nenhum dos requisitos negativos, previstos no art. 709º, nº 1, que impeçam a cumulação. Esta possibilidade de cumulação sucessiva de execuções encontra fundamento no princípio da economia processual, na medida em que evita a necessidade de se intentar uma nova ação executiva, tendo em vista a execução de um outro título, no qual figurem as mesmas pessoas como credor e como devedor.

A jurisprudência tem vindo a admitir diversas situações em que o exequente pode requerer a cumulação sucessiva de execuções. Assim, a título meramente exemplificativo, é admissível a cumulação sucessiva de execuções nos seguintes casos:

- tendo sido celebrado, no âmbito de uma execução, um acordo de pagamento em prestações da dívida exequenda, no qual um terceiro assumiu a qualidade de fiador, com renúncia ao benefício da excussão prévia, o exequente, se o acordo não for cumprido, pode requerer o prosseguimento da execução não só contra o executado, como também contra o fiador[579];
- tendo sido intentada uma execução especial por alimentos, se o devedor, entretanto, não pagar uma prestação que se vença na pendência da execução, o exequente pode requerer o prosseguimento ou a renovação da execução em relação a essa prestação[580];
- tendo sido penhorado um salário e não tendo a entidade patronal efetuado os descontos mensais correspondentes, o exequente pode requerer

seja, não é possível, nesse caso, cumular a execução de uma decisão judicial com outros títulos, sejam eles de natureza judicial ou extrajudicial (FARIA, Paulo Ramos de/LOUREIRO, Ana Luísa, *Primeiras Notas ao Novo Código de Processo Civil*, vol. II, *op. cit.*, p. 200).

[579] Ac. do TRL de 09.05.2013, proc. 1413/09.8TBVFX-A.L1-2. Cfr., em sentido análogo, o ac. do TRL de 02.06.2020, proc. 4762/15.2T8SNT.L1-7.

[580] Ac. do TRL de 22.01.2008, proc. 8991/2007-1.

o prosseguimento da execução contra a entidade patronal, bem como o pagamento das prestações à medida que estas se vencerem[581].

A cumulação sucessiva só será admissível desde que, no caso em concreto, se encontrem preenchidos os mesmos requisitos processuais e substantivos que estão previstos para a cumulação inicial de execuções. Em todo o caso, não constitui obstáculo à cumulação sucessiva de execuções o facto de as execuções terem fins diferentes, quando esteja em causa uma ação executiva que se tenha iniciado tendo em vista a entrega de coisa certa ou a prestação de um facto, acabando, posteriormente, por ser convertida numa ação executiva para pagamento de coisa certa [arts. 709º, nº 1, al. *b)*, e 711º, nº 2].

Ocorrendo uma cumulação ilegal de execuções, o executado pode deduzir oposição à execução com esse fundamento, nos termos dos arts. 729º e 731º. Nesse caso, se a ilegalidade da cumulação de execuções resultar da circunstância de o credor ter cumulado vários pedidos contra mais de um devedor, não se verificando qualquer relação de litisconsórcio entre os vários devedores demandados, essa ilegalidade pode ser sanada mediante o indeferimento liminar das execuções que não tenham sido deduzidas contra o mesmo devedor[582].

[581] Ac. do TRL de 23.03.2010, proc. 3535/09.6TVLSB-B.L1-7.

[582] Ac. do TRP de 08.06.1995, proc. 9410209.

Lição IV
Requisitos da obrigação exequenda

No que concerne aos requisitos da obrigação exequenda, o art. 713º preceitua que a execução principia pelas diligências, a requerer pelo exequente, destinadas a tornar a obrigação certa, exigível e líquida, se o não for em face do título executivo.

Com efeito, para que o credor possa intentar uma ação executiva, é necessário que o mesmo disponha de um título executivo (arts. 10º, nº 4, e 703º) e que a obrigação exequenda seja certa, exigível e líquida[583].

Por conseguinte, se a obrigação não for certa, exigível e/ou líquida em face do título executivo, abre-se, por razões de economia processual[584], "uma fase liminar do processo executivo", destinada a tornar a obrigação certa, exigível e/ou líquida[585].

Vejamos, então, em que consiste cada um destes requisitos.

1. Certeza

1.1. Noção

A obrigação diz-se certa quando o objeto da respetiva prestação se encontra perfeitamente delimitado ou individualizado em relação à sua quali-

[583] Neste particular, Lebre de Freitas sustenta que a existência da obrigação exequenda não constitui um pressuposto da ação executiva, já que, sendo a obrigação exequenda presumida pelo título executivo, não é necessário fazer prova da sua existência (FREITAS, José Lebre de, *A Ação Executiva – À Luz do Código de Processo Civil de 2013, op. cit.*, p. 97). Por sua vez, Rui Pinto defende que a certeza, a exigibilidade e a liquidez da obrigação exequenda não constituem um pressuposto ou requisito processual, uma vez que não dizem respeito à relação processual (PINTO, Rui, *Manual da Execução e Despejo, op. cit.*, p. 225).

[584] Nesse sentido, CASTRO, Artur Anselmo de, *A Acção Executiva Singular, Comum e Especial, op. cit.*, p. 53.

[585] FREITAS, José Lebre de, *A Ação Executiva – À Luz do Código de Processo Civil de 2013, op. cit.*, p. 110. Cfr., na jurisprudência, o ac. do TRC de 30.11.2010, proc. 50182-D/2000.C1.

dade[586] ou conteúdo[587], isto é, quando se sabe precisamente o que se deve (*an debeatur*)[588,589]. O mesmo é dizer que a obrigação será certa desde que seja possível diferenciá-la de todas as outras[590]. Por conseguinte, a obrigação não é certa nos casos em que a escolha da prestação ainda esteja por realizar, tal como sucede na obrigação genérica de espécie indeterminada (art. 539º do CC) e na obrigação alternativa (art. 543º do CC)[591].

Se a obrigação não for certa, a execução tem de principiar pelas diligências necessárias a torná-la certa[592]. Isto porque, como é óbvio, o exequente só pode exigir o cumprimento coercivo de uma obrigação se esta se encontrar perfeitamente determinada em relação à sua qualidade[593].

[586] FREITAS, José Lebre de/MENDES, Armindo Ribeiro, *Código de Processo Civil Anotado*, vol. III, Coimbra Editora, Coimbra, 2003, p. 243. Cfr., na jurisprudência, o ac. do STJ de 07.07.2010, proc. 854-B/1997.L1.S1, o ac. do TRP de 13.03.2012, proc. 1059/10.8YYPRT-B.P1, bem como o ac. do TRG de 28.02.2019, proc. 3855/17.6T8VNF-A.G1.

[587] CAMPESE, Giovanni, *L'Espropriazione Forzata Immobiliare*, *op. cit.*, p. 29.

[588] SOUSA, Miguel Teixeira de, *Acção Executiva Singular*, *op. cit.*, p. 104. Cfr., no mesmo sentido, FREITAS, José Lebre de, *A Acção Executiva: À Luz do Código de Processo Civil de 2013*, *op. cit.*, p. 100, FONTANA, Roberto/ROMEO, Simona, *Il Processo Esecutivo*, Cedam, Milão, 2010, p. 40, bem como CAPPONI, Bruno, "Titolo esecutivo", *in Commentario del Codice di Procedura Civile*, vol. VI, Utet Giuridica, Turim, 2013, p. 14. Neste particular, decidiu-se na sentença da $CSC_{It.}$ de 18.07.1997, proc. 6611, *in www.cortedicassazione.it*, que o direito exequendo será certo não só nos casos em que o seu conteúdo se encontre perfeitamente determinado no título executivo, mas também nas situações em que esse conteúdo seja facilmente determinável em face dos elementos constantes do título executivo. *Vide*, na nossa jurisprudência, o ac. do TRP de 11.01.2016, proc. 2537/13.2TBGDM-A.P1.

[589] Na esteira de Luigi Montesano e Giovanni Arieta, a "certeza" da obrigação não pode ser entendida em sentido absoluto, como que significando a "incontestabilidade" do direito, mas antes no sentido de que o direito deve estar perfeitamente determinado quanto ao seu conteúdo (MONTESANO, Luigi/ARIETA, Giovanni, *Diritto Processuale Civile*, vol. III, *op. cit.*, p. 7). Diferentemente, Jean Vincent e Jacques Prévault defendem que a obrigação é certa quando a mesma é "incontestável e atual", sendo, por isso, incertas as obrigações condicionais e as obrigações eventuais (VINCENT, Jean/PRÉVAULT, Jacques, *Voies d'Exécution et Procédures de Distribution*, *op. cit.*, p. 52).

[590] Ac. do STJ de 07.07.2010, proc. 854-B/1997.L1.S1.

[591] FREITAS, José Lebre de, *A Acção Executiva: À Luz do Código de Processo Civil de 2013*, *op. cit.*, p. 100.

[592] Com efeito, conforme salienta Roberto de Ruggiero, um dos requisitos da obrigação é que a mesma seja "determinada ou, pelo menos, determinável com base em critérios e elementos previamente fixados", o que, no entanto, não impede que esses critérios sejam mais restritos ou mais amplos (RUGGIERO, Roberto de, *Instituições de Direito Civil*, vol. III, *op. cit.*, p. 30). *Vide*, no mesmo sentido, COSTA, Mário Júlio de Almeida, *Direito das Obrigações*, *op. cit.*, p. 709.

[593] De todo o modo, como bem observa Eurico Lopes-Cardoso, estando em causa, por exemplo, a obrigação de entregar, em alternativa, uma de duas coisas, bem como uma outra, que já se encontre perfeitamente determinada, nada impede que a ação executiva prossiga de imediato em relação à obrigação que já é certa (LOPES-CARDOSO, Eurico, *Manual da Acção Executiva op. cit.*, p. 196).

1.2. Obrigação genérica e obrigação específica

A distinção entre obrigação genérica e obrigação específica assume particular relevância na ação executiva, designadamente na execução para entrega de coisa certa.

A obrigação genérica é aquela cujo objeto da prestação apenas se encontra determinado pelo seu género e pela sua quantidade, atento o disposto no art. 539º do CC, tal como sucede, por exemplo, com a obrigação de entrega de um veículo automóvel, de duas toneladas de cimento ou de mil tijolos[594]. Neste caso, dado que se torna necessário proceder à especificação, à individualização ou à concentração da prestação que deve ser cumprida, essa determinação pode ser efetuada através de duas vias:

- por contagem, medição ou pesagem, caso em que a obrigação reveste a natureza de "obrigação genérica de quantidade"[595]; ou
- através de uma escolha, a qual pode caber ao devedor, a um terceiro ou ao credor (arts. 539º e 542º do CC), situação em que a obrigação reveste a natureza de "obrigação genérica de escolha"[596].

Assim, se o credor pretender obter o cumprimento de uma obrigação genérica, torna-se necessário proceder previamente à determinação da prestação[597], razão pela qual a execução deve principiar pelas diligências necessárias a essa determinação.

Diversamente, a obrigação específica é aquela cujo objeto da prestação se encontra concretamente determinado ou perfeitamente individualizado, tal

[594] SERRA, Adriano Paes da Silva Vaz, *Obrigações Genéricas, Obrigações Alternativas – Obrigações com Faculdade Alternativa, Obrigação de Juros*, Separata do *BMJ*, nº 55, Lisboa, 1956, p. 5. Cfr., no mesmo sentido, COSTA, Mário Júlio de Almeida, *Noções Fundamentais de Direito Civil*, *op. cit.*, p. 125, COSTA, Mário Júlio de Almeida, *Direito das Obrigações*, *op. cit.*, p. 720, BASTOS, Jacinto Fernandes Rodrigues, *Das Obrigações em Geral*, vol. III, Viseu, 1972, p. 24, bem como OLIVEIRA, Nuno Manuel Pinto, *Princípios de Direito dos Contratos*, *op. cit.*, p. 348. No sentido de o objeto da obrigação genérica se achar determinado não só pelo seu género e quantidade, mas também pela sua qualidade, *vide* VARELA, João de Matos Antunes, *Noções Fundamentais de Direito Civil: Lições do Prof. Dr. Pires de Lima ao Curso do 1º Ano Jurídico de 1944-45*, vol. I, Coimbra Editora, Coimbra, 1950, p. 230.

[595] Antunes Varela distingue entre obrigação genérica e obrigação de quantidade, já que, ao contrário da obrigação genérica, cuja determinação do objeto depende de uma escolha, na obrigação de quantidade, a determinação do objeto depende apenas de uma operação de contagem, medição ou pesagem (VARELA, João de Matos Antunes, *Noções Fundamentais de Direito Civil: Lições do Prof. Dr. Pires de Lima ao Curso do 1º Ano Jurídico de 1944-45*, vol. I, *op. cit.*, p. 233).

[596] COURRÈGE, Orlando, *Direito das Obrigações*, *op. cit.*, pp. 57 e 58.

[597] Cfr., nesse sentido, MOREIRA, Guilherme Alves, *Instituições do Direito Civil Português*, vol. II, 2ª ed., Coimbra Editora, Coimbra, 1925, p. 88.

como ocorre, por exemplo, com a obrigação de entrega de um veículo automóvel da marca x, com a matrícula y[598]. Neste caso, sendo a obrigação certa, a execução não carece de quaisquer diligências prévias tendentes à determinação do objeto da prestação, podendo, por isso, prosseguir imediatamente os seus termos.

1.3. Obrigação cumulativa e obrigação alternativa

A obrigação pode ser simples ou composta, consoante compreenda, respetivamente, uma só prestação ou duas ou mais prestações[599].

No âmbito da obrigação composta, importa distinguir entre obrigação cumulativa e obrigação alternativa.

Na obrigação cumulativa, o devedor encontra-se obrigado a realizar todas as prestações compreendidas na obrigação, como, por exemplo, entregar o veículo x e pagar a quantia y.

Por sua vez, na obrigação alternativa, o devedor exonera-se ao efetuar, de entre duas ou mais prestações, aquela que vier a ser escolhida e/ou designada para o efeito – como, por exemplo, entregar o veículo x ou pagar a quantia y –, atento o disposto no art. 543º, nº 1, do CC[600].

[598] LIMA, Pires de/VARELA, Antunes, *Código Civil Anotado*, vol. I, 4ª ed. rev. e atual., Coimbra Editora, Coimbra, 1987, p. 549. *Vide*, no mesmo sentido, FERREIRA, Fernando Amâncio, *Curso de Processo de Execução, op. cit.*, p. 114, segundo o qual é específica "a obrigação cujo objecto da prestação é descrito individualizada ou concretamente", PROENÇA, José Carlos Brandão, *Lições de Cumprimento e Não Cumprimento das Obrigações, op. cit.*, p. 112, bem como FRANCESCHETTI, Paolo/MARASCA, Massimo, *Le Obbligazioni*, Maggioli Editore, Santarcangelo di Romagna, 2008, p. 69. Cfr., na jurisprudência, o ac. do TRL de 20.10.2011, proc. 590/07.7TCSNT.L1-2.

[599] OLIVEIRA, Nuno Manuel Pinto, *Princípios de Direito dos Contratos, op. cit.*, p. 344. Cfr., no mesmo sentido, VARELA, João de Matos Antunes, *Das Obrigações em Geral*, vol. I, 10ª ed. rev. e atual., Almedina, Coimbra, 2003, p. 827, PROENÇA, José Carlos Brandão, *Lições de Cumprimento e Não Cumprimento das Obrigações, op. cit.*, p. 119, CORDEIRO, António Menezes, *Tratado de Direito Civil Português*, VI – Direito das Obrigações, *op. cit.*, p. 659, e COSTA, Mário Júlio de Almeida, *Direito das Obrigações, op. cit.*, p. 728. Neste particular, Manuel de Andrade, apesar de estabelecer a distinção entre "obrigações simples" e "obrigações compostas" ou "obrigações complexas", entende que aquilo que as diferencia traduz-se na circunstância de, nas "obrigações simples", o objeto da prestação ser um só, enquanto, nas "obrigações complexas", o objeto da prestação é múltiplo (ANDRADE, Manuel A. Domingues de, *Teoria Geral das Obrigações, op. cit.*, p. 195). Diferentemente, Paulo Cunha distingue entre "obrigações simples" e "obrigações múltiplas", consoante o devedor se encontre adstrito a uma única prestação ou a duas ou mais prestações (COURRÈGE, Orlando, *Direito das Obrigações, op. cit.*, p. 43).

[600] Conforme salienta Vaz Serra, a obrigação alternativa não é uma obrigação condicional, já que a obrigação é certa, apenas sendo incerta a prestação que vai ser realizada (SERRA, Adriano Paes da Silva Vaz, *Obrigações Genéricas, Obrigações Alternativas – Obrigações com Faculdade Alternativa, Obrigação*

O art. 714º trata do caso particular da escolha da prestação na obrigação alternativa (arts. 543º, nº 2, e 549º do CC), pois que, tal como sucede na obrigação genérica, de igual modo, na obrigação alternativa, a determinação ou concentração da prestação depende de uma operação de escolha[601]. Com efeito, nos termos do art. 400º, nº 1, do CC, a determinação da prestação pode ser confiada a uma ou outra das partes ou a terceiro, devendo, em qualquer dos casos, ser feita segundo juízos de equidade, se outros critérios não tiverem sido estipulados.

Ora, se a obrigação revestir natureza alternativa, a ação executiva não pode prosseguir os seus termos enquanto não for escolhida a prestação, já que o cumprimento da obrigação depende, necessariamente, da determinação prévia do objeto da prestação[602]. Assim, à luz dos arts. 548º do CC e 714º, nº 1, quando a obrigação seja alternativa e pertença ao devedor a escolha da prestação (*favor debitoris*), o executado, ao ser citado para se opor à execução, é igualmente notificado, nesse mesmo ato processual, para, no prazo da oposição, se outro não tiver sido fixado pelas partes, declarar por qual das prestações opta[603,604]. Para o efeito, o exequente deve requerer ao tribunal, no próprio requerimento executivo, que o executado seja notificado para proceder à escolha da prestação, sob pena de, não o fazendo, essa escolha ser devolvida ao credor[605].

Por sua vez, se a escolha da prestação couber a um terceiro, o exequente deve alegar esse facto no requerimento executivo. Se o terceiro ainda não tiver feito a escolha, este deve ser notificado para a efetuar, nos termos previstos

de Juros, op. cit., p. 63). *Vide*, no mesmo sentido, MOREIRA, Guilherme Alves, *Instituições do Direito Civil Português*, vol. II, *op. cit.*, p. 68.

601 FERREIRA, Fernando Amâncio, *Curso de Processo de Execução, op. cit.*, p. 115.

602 MOREIRA, Guilherme Alves, *Instituições do Direito Civil Português*, vol. II, *op. cit.*, p. 82.

603 De todo o modo, como bem salientam Lebre de Freitas e Armindo Ribeiro Mendes, nada obsta, neste caso, a que o credor, antes de intentar a ação executiva, promova a notificação judicial avulsa do devedor para que este proceda à escolha da prestação, quando o prazo para a efetuar esteja fixado no título executivo (FREITAS, José Lebre de/MENDES, Armindo Ribeiro, *Código de Processo Civil Anotado*, vol. III, *op. cit.*, p. 246).

604 Note-se que, atento o disposto no art. 553º, nada impede que a própria sentença encerre uma condenação do devedor em pedidos alternativos, situação em que a execução principiará pelas diligências destinadas a tornarem a obrigação certa, mediante a escolha da prestação.

605 SOUSA, Miguel Teixeira de, *Acção Executiva Singular, op. cit.*, p. 105. Quanto à divisão doutrinal, à luz da legislação processual civil revogada, em relação à questão de saber se o credor, antes de intentar a ação executiva, devia notificar o devedor para proceder à escolha da prestação ou se, em contrapartida, o credor devia exigir ao devedor a escolha da prestação na própria ação executiva, *vide* CASTRO, Artur Anselmo de, *A Acção Executiva Singular, Comum e Especial, op. cit.*, p. 54, bem como MENDES, João de Castro, *Direito Processual Civil*, vol. III, *op. cit.*, p. 213.

nos arts. 542º, nº 1, do CC e 714º, nº 2[606], sendo que a escolha pelo terceiro só se torna eficaz depois de declarada ao credor e ao devedor[607].

Não sendo feita a escolha da prestação pelo devedor ou pelo terceiro, ou se, no caso de se verificar uma pluralidade de devedores, não for possível formar maioria quanto à escolha, esta é efetuada pelo credor, atento o disposto no art. 548º do CC[608].

Do mesmo modo, se a escolha couber ao credor e este ainda não a tiver efetuado extrajudicialmente, deve fazê-la no requerimento executivo – tornando, dessa forma, a obrigação certa [arts. 549º do CC e 724º, nº 1, al. *h)*] –, sendo que o executado tomará conhecimento da escolha que foi feita pelo credor aquando da sua citação, a qual deve preceder a penhora do seu património [arts. 714º e 550º, nº 3, al. *a)*].

Diversamente, se o credor já tiver efetuado a escolha antes da propositura da ação executiva, deve alegar e comprovar, no próprio requerimento executivo, que já procedeu a essa escolha (art. 715º) e, bem assim, que essa escolha foi devidamente declarada ao devedor (art. 542º, nº 1, do CC).

2. Exigibilidade

2.1. Noção

A obrigação exequenda diz-se exigível quando já se encontra vencida ou quando o seu vencimento depende de simples interpelação do devedor[609], isto é, quando já pode ser exigida[610].

606 Quanto à possibilidade de o próprio exequente requerer, no requerimento executivo, a notificação do terceiro para que este proceda à escolha da prestação, *vide* SOUSA, Miguel Teixeira de, *Acção Executiva Singular, op. cit.*, p. 105.

607 Diferentemente, se o terceiro já tiver procedido à escolha da prestação em sede extrajudicial, o exequente deve alegar e provar no requerimento executivo qual a prestação que foi escolhida pelo terceiro.

608 Sufragando a possibilidade de o credor indicar no próprio requerimento executivo a prestação pela qual opta, para a eventualidade de o devedor, uma vez notificado, não efetuar a escolha, *vide* CASTRO, Artur Anselmo de, *A Acção Executiva Singular, Comum e Especial, op. cit.*, pp. 54 e 55. Lebre de Freitas critica este regime de devolução ao credor da escolha da prestação devida em alternativa quando o devedor ou o terceiro não procedam à escolha ou quando não exista maioria quanto à escolha, em caso de pluralidade de devedores, por considerar que o mesmo é desconforme com o regime substantivo, que atribui esse poder ao tribunal (art. 400º, nº 2, do CC), e por poder "romper, injustificadamente, o equilíbrio contratual das prestações" (FREITAS, José Lebre de, "Sobre o Novo Código de Processo Civil (Uma visão de fora)", *op. cit.*, p. 56).

609 Cfr., nesse sentido, o ac. do STJ de 06.12.2011, proc. 869/05.2TBAMT-C.P1.S1, bem como o ac. do TRP de 29.01.2015, proc. 4675/11.7TBSTS-A.P1. *Vide*, na doutrina, MARQUES, J. P. Remédio, *Curso de Processo Executivo Comum à Face do Código Revisto, op. cit.*, p. 91, PINTO, Rui, *Manual da Execução e*

Pode, no entanto, suceder que a obrigação, apesar de já se encontrar vencida, ainda não seja exigível. É o que ocorre, designadamente, nos casos em que a obrigação assuma natureza sinalagmática e o credor ainda não tenha cumprido a prestação a que se encontre vinculado[611]. Assim, por exemplo, a obrigação ainda não é exigível se o devedor tinha de pagar uma determinada quantia pecuniária até certa data, que já se verificou, mas tal pagamento apenas seria efetuado contra a entrega de um documento que se encontra na posse do credor, documento esse que este ainda não entregou.

Para se compreender a exigibilidade da obrigação, importa atentar no regime substantivo do prazo da prestação.

2.2. Obrigação pura e obrigação a prazo ou a termo

2.2.1. Obrigação pura

O regime geral do prazo da prestação encontra-se previsto no art. 777º do CC. Com efeito, se as partes não tiverem convencionado qualquer prazo para o cumprimento da obrigação ou se a lei não dispuser em sentido diverso, o credor pode exigir a todo o tempo o cumprimento da obrigação e o devedor pode, a todo o tempo, exonerar-se dela[612]. Neste caso, a obrigação diz-se pura, já que o seu vencimento fica dependente da vontade das partes. Por conseguinte, se o credor pretender exigir o cumprimento da obrigação, terá de

Despejo, *op. cit.*, p. 229, bem como FREITAS, José Lebre de/MENDES, Armindo Ribeiro, *Código de Processo Civil Anotado*, vol. III, *op. cit.*, p. 243.

610 ALVIM, José Eduardo Carreira/CABRAL, Luciana Gontijo Carreira Alvim, *Nova Execução de Título Extrajudicial*, 5ª ed., Juruá Editora, Curitiba, 2008, p. 21. Do mesmo modo, Anna Maria Soldi sustenta que a obrigação é exigível quando não se encontra sujeita a qualquer termo, condição ou outro limite concernente ao seu exercício (SOLDI, Anna Maria, *Manuale dell'Esecuzione Forzata*, *op. cit.*, p. 50). No mesmo sentido, Giorgio Grasselli salienta que o requisito da exigibilidade deve ser entendido no sentido de que não devem existir impedimentos ao exercício do direito (GRASSELLI, Giorgio, *Il Nuovo Processo Civile dopo le Riforme del 2005 e 2006*, Giuffrè Editore, Milão, 2006, p. 112). Analogamente, Eduardo Grasso defende que a "exigibilidade" significa a "ausência de impedimentos ao exercício do direito", tal como sucede com o termo e com a condição suspensiva (GRASSO, Eduardo, "Titolo esecutivo", *op. cit.*, p. 692).

611 LOPES-CARDOSO, Eurico, *Manual da Acção Executiva*, *op. cit.*, p. 200. Cfr., no mesmo sentido, FARIA, Rita Lynce de, *A Mora do Credor*, Lex, Lisboa, 2000, pp. 15 e 16, bem como PRAZERES, Manuel Augusto Gama, *Do Processo de Execução no Actual Código do Processo Civil*, *op. cit.*, p. 116.

612 Assim, conforme elucida Lebre de Freitas, o conceito de exigibilidade não se confunde com o de vencimento, pois que, tal como sucede nas obrigações puras, cujo devedor ainda não tenha sido interpelado para cumprir, a obrigação, apesar de não estar ainda vencida, pode, no entanto, ser exigida pelo credor (FREITAS, José Lebre de, *A Ação Executiva – À Luz do Código de Processo Civil de 2013*, *op. cit.*, p. 99). *Vide*, no mesmo sentido, MENDES, João de Castro, *Direito Processual Civil*, vol. III, *op. cit.*, p. 203.

interpelar o devedor, podendo essa interpelação ser feita por via judicial ou extrajudicial (art. 805º, nº 1, do CC)[613]. Exatamente por isso, nos termos do art. 550º, nº 3, al. *a)*, a ação executiva para pagamento de quantia certa segue, necessariamente, a forma de processo comum ordinário nos casos em que a obrigação ainda não se encontre vencida (art. 715º), razão pela qual o executado deve ser citado previamente à penhora, já que o vencimento da obrigação depende, forçosamente, da sua citação judicial [art. 610º, nº 2, al. *b)*][614].

2.2.2. Obrigação a prazo ou a termo

A obrigação a prazo ou a termo é aquela em que as partes convencionaram "um dia ou um prazo para que o credor exija a prestação ou para que o devedor a realize"[615].

O termo pode ser certo ou incerto, consoante seja possível ou não determinar antecipadamente a data da sua verificação[616]. É o que sucede, por exemplo, se as partes convencionaram que uma quantia pecuniária será paga num determinado dia (termo certo) ou quando alguém falecer (termo incerto)[617].

Estando em causa uma obrigação a prazo ou a termo certo, o mero decurso do prazo ou a verificação do termo implica o vencimento e, consequentemente, a exigibilidade da obrigação, sem necessidade de interpelação do devedor. Assim, sem prejuízo das situações em que a lei substantiva prevê a perda do

[613] *Vide*, a este propósito, PROENÇA, José Carlos Brandão, *Lições de Cumprimento e Não Cumprimento das Obrigações, op. cit.*, p. 77, segundo o qual a interpelação visa, de um ponto de vista funcional, "comunicar ao devedor que deve cumprir, devendo ser feita em termos concordantes com a boa fé, ou seja, evitando o credor uma interpelação-surpresa e fixando um prazo razoável para o devedor cumprir após a interpelação". Cfr., no mesmo sentido, VARELA, João de Matos Antunes, *Das Obrigações em Geral*, vol. II, 7ª ed. reimp., Almedina, Coimbra, 2003, p. 42, e TELLES, Inocêncio Galvão, *Direito das Obrigações, op. cit.*, p. 251. *Vide*, na jurisprudência, o ac. do TRG de 23.10.2014, proc. 700/13.5TBBRG.G1.

[614] SOUSA, Miguel Teixeira de, *A Reforma da Acção Executiva, op. cit.*, p. 74.
No sentido de a citação do devedor ser suficiente para tornar a obrigação exigível, não sendo, por isso, necessária a sua interpelação extrajudicial, *vide* CASTRO, Artur Anselmo de, *A Acção Executiva Singular, Comum e Especial, op. cit.*, p. 57, LOPES-CARDOSO, Eurico, *Manual da Acção Executiva, op. cit.*, p. 199, bem como MENDES, João de Castro, *Direito Processual Civil – Acção Executiva, op. cit.*, p. 14.

[615] OLIVEIRA, Nuno Manuel Pinto, *Princípios de Direito dos Contratos, op. cit.*, p. 380.

[616] Com efeito, tal como ensina Mota Pinto, o termo constitui uma "cláusula acessória típica pela qual a existência ou a exercitabilidade dos efeitos de um negócio são postas na dependência de um acontecimento futuro mas certo". O termo será certo ou incerto quando, por referência ao momento da sua verificação, se sabe ou não antecipadamente o momento exato em que se verificará (PINTO, Carlos Alberto da Mota, *Teoria Geral do Direito Civil, op. cit.*, pp. 577 e 578).

[617] Cfr., a este propósito, VASCONCELOS, Pedro Pais de, *Teoria Geral do Direito Civil*, 8ª ed., Almedina, Coimbra, 2015, p. 541.

benefício do prazo (arts. 780º e 782º do CC)[618] ou o vencimento imediato de todas as prestações (art. 781º do CC)[619,620,621], o devedor fica constituído em

[618] *Vide*, a este respeito, o ac. do STJ de 06.12.2018, proc. 4739/16.0T8LOU-A.P1.S1.

[619] A este propósito, o Supremo Tribunal de Justiça, no seu AUJ de 25 de março de 2009, proc. 08A1992, *in DR*, 1ª série, de 5 de maio de 2009, fixou jurisprudência no sentido de que "no contrato de mútuo oneroso liquidável em prestações, o vencimento imediato destas ao abrigo de cláusula de redacção conforme ao art. 781º do Código Civil não implica a obrigação de pagamento dos juros remuneratórios nelas incorporados". Cfr., em adesão ao entendimento vertido neste aresto, o ac. do TRE de 10.05.2018, proc. 3216/12.3TBPTM-A.E1, bem como o ac. do TRL de 06.06.2019, proc. 5092/10.1TBALM.L1-6.

[620] Neste particular, a jurisprudência tem vindo a dividir-se em três teses.

Para uma primeira tese, tendo sido convencionado num contrato de mútuo que a falta de pagamento de uma das prestações concedia ao credor o direito de resolver o contrato e de exigir ao devedor o pagamento antecipado de todas as prestações vincendas, ao abrigo do disposto no art. 781º do CC, cabe ao credor interpelar o devedor para que este proceda ao pagamento antecipado das prestações vincendas, "sendo tal documento necessário para integrar o título executivo, no sentido de demonstrar que a dívida era exigível na sua totalidade". Assim, se o credor não demonstrar documentalmente que procedeu à interpelação do devedor, resolvendo o contrato de mútuo e exigindo-lhe o pagamento da quantia vencida, optando, ao invés, por intentar imediatamente uma ação executiva, verifica-se uma insuficiência do título executivo, já que a obrigação não se encontra vencida, sendo inexigível (ac. do TRG de 15.12.2016, proc. 2507/13.0TBGMR-B.G1). *Vide*, no mesmo sentido, o ac. do TRC de 27.05.2015, proc. 6659/12.9TBLRA-A.C1, o ac. do TRG de 10.11.2016, proc. 213/11.0TBFAF-A.G1, o ac. do TRC de 06.12.2016, proc. 195/13.3TBPCV-A.C1, o ac. do TRG de 15.12.2016, proc. 2507/13.0TBGMR-B.G1, o ac. do TRP de 30.05.2017, proc. 2096/15.1T8OAZ-A.P1, o ac. do STJ de 12.07.2018, proc. 10180/15.5T8CBRT-A.C1.S1, o ac. do TRE de 17.01.2019, proc. 1560/16.0T8BJA-A.E1, o ac. do STJ de 11.07.2019, proc. 6496/16.1T8GMR-A.G1.S1, o ac. do TRP de 13.05.2021, proc. 1243/12.0TBVLG-A.P1, bem como o ac. do TRP de 22.11.2021, proc. 23369/05.6YYPRT-A.P2. Sustentando, porém, que o credor não carece de proceder à resolução do contrato, sendo antes suficiente a mera interpelação ao devedor para que este "cumpra integralmente a obrigação a que se vinculou", *vide* o ac. do TRG de 02.06.2016, proc. 5331/09.1TBGMR-A.G1.

Diferentemente, para uma segunda tese, se o credor não tiver interpelado extrajudicialmente o devedor para proceder ao pagamento de todas as prestações vencidas, nos termos do art. 781º do CC, optando, ao invés, por intentar, de imediato, uma ação executiva, na qual exige o pagamento, pelo executado, da totalidade da dívida, tal não obsta à propositura da ação executiva, tendente ao pagamento da totalidade da quantia em dívida, mas determina que o vencimento da obrigação só se verifique com a citação do executado, pelo que os juros de mora só são devidos após a citação (cfr., entre outros, o ac. do TRC de 05.11.2013, proc. 1189/13.4TJCBR.C1, o ac. do TRL de 29.11.2016, proc. 1108/13.8TBMTJ-A.L1-1, o ac. do TRG de 17.12.2019, proc. 1101/18.4T8VNF.G1, bem como o ac. do TRL de 08.07.2021, proc. 2106/12.4TBVFX-A.L1-6).

Por sua vez, para uma terceira tese, a falta de interpelação do devedor não obsta à propositura da ação executiva, mas não importa a perda do benefício do prazo, razão pela qual só podem ser exigidas ao fiador "as prestações que se venceram pelo decurso do prazo até à propositura da execução, acrescidas de juros desde essa data" (ac. do TRE de 14.01.2021, proc. 41/08.0TBSTB.E1).

[621] No sentido de o credor se encontrar obrigado a interpelar o fiador caso pretenda exigir o pagamento imediato da totalidade da dívida, *vide* o ac. do TRL de 07.06.2018, proc. 22574/

mora com o simples decurso ou verificação do prazo [art. 805º, nº 2, al. *a*), do CC][622], situação em que o credor pode exigir-lhe o cumprimento da obrigação. Vale isto por dizer, *a contrario*, que a obrigação é inexigível na pendência do prazo, porquanto a obrigação ainda não está vencida[623].

Diferentemente, sendo o termo incerto, o vencimento da obrigação depende, necessariamente, de interpelação do devedor, podendo essa interpelação ser efetuada por via judicial ou extrajudicial.

2.2.3. Obrigação sujeita a cláusula *cum potuerit* ou a cláusula *cum voluerit*

Pode suceder que as partes tenham convencionado que o devedor apenas realizará a prestação quando puder, submetendo, deste modo, a exigibilidade da obrigação à verificação de uma cláusula *cum potuerit*. É o que sucede, por exemplo, se A empresta a B a quantia de € 2.000,00, convencionando as partes que B apenas terá de restituir essa quantia a A quando reunir as condições económicas necessárias para esse efeito, ou seja, quando puder.

Ora, estando a obrigação sujeita a uma cláusula *cum potuerit*, a obrigação só será exigível quando o devedor tiver a possibilidade de a cumprir (art. 778º, nº 1, do CC). Por conseguinte, se o credor pretender exigir o cumprimento da obrigação, recai sobre ele o ónus da prova quanto ao facto de o devedor estar em condições de cumprir[624]. Por essa razão, o exequente deve alegar no requerimento executivo factos concretos e objetivos, dos quais resulte a demonstração inequívoca de que o devedor dispõe das condições económicas

13.6T2SNT-A.L1, o ac. do TRC de 16.10.2018, proc. 2971/17.9T8CBR-B.C1, o ac. do TRE de 11.02.2021, proc. 1511/19.0T8STB-A.E1, ac. do TRP de 13.05.2021, proc. 1243/12.0TBVLG-A.P1, bem como o ac. do STJ de 11.05.2022, proc. 1511/19.0T8STB-A.E1.S1. *Vide*, ainda, o ac. do STJ de 14.01.2021, proc. 1366/18.1T8AGD-A.P1.S1, no qual se consignou o seguinte: "A perda do benefício do prazo do devedor, não se estendendo ao fiador, torna necessário que também este seja interpelado para a satisfação imediata da totalidade das prestações em dívida, para obstar à realização coactiva da prestação. A interpelação do fiador por parte do credor não se confunde com a citação que lhe haja sido realizada na execução para exigir o pagamento da totalidade da dívida, porque a citação não permite ao fiador a oportunidade de pagar as prestações vencidas, evitando a exigibilidade das vincendas.".

Sustentando, pelo contrário, que o credor pode optar por intentar imediatamente a ação executiva contra o fiador, caso em que a citação deste na ação executiva acarreta a exigibilidade das obrigações em dívida, sendo os juros de mora somente devidos após a citação, *vide* o ac. do TRP de 11.05.2021, proc. 475/04.9TBALB-A.P1.

622 *Vide*, a este propósito, Morais, Fernando de Gravato, "Mora do devedor nas obrigações pecuniárias", *in SI*, tomo LVII, nº 315, Braga, jul./set. 2008, p. 486.

623 Telles, Inocêncio Galvão, *Direito das Obrigações*, 7ª ed., Coimbra Editora, Coimbra, 1997, p. 246.

624 *Vide*, nesse sentido, o ac. do STJ de 22.01.2013, proc. 376/08.1TBOFR-A.C1.

necessárias para cumprir a obrigação, isto é, que a obrigação já é exigível, e comprovar perante o juiz de execução a verificação desses factos[625].

Contudo, se o devedor falecer, o credor poderá exigir a prestação aos seus herdeiros, independentemente da prova dessa possibilidade, sem prejuízo do disposto no art. 2071º do CC, isto é, de os herdeiros demonstrarem que esse encargo excede o valor do património herdado (art. 778º, nº 1, 2ª parte, do CC)[626].

Diversamente, se o prazo para o cumprimento da obrigação tiver sido deixado ao arbítrio do devedor, isto é, se as partes tiverem convencionado que o devedor só cumprirá quando quiser (*cum voluerit*), o credor só poderá exigir a satisfação da prestação aos herdeiros do devedor, atento o disposto no art. 778º, nº 2, do CC.

2.2.4. Exigibilidade da obrigação

Atenta a distinção que se fez *supra*, a conclusão a que se chega é a de que a ação executiva poderá ser intentada nos seguintes casos:

a) quando a obrigação já se encontra vencida (é o que sucede, por exemplo, com as obrigações a prazo certo, cujo vencimento depende da simples verificação do prazo, tendo o prazo já decorrido)[627,628];

b) quando o vencimento da obrigação depende de simples interpelação do devedor (obrigação pura) e este já tiver sido interpelado extrajudicialmente (por exemplo, através de carta registada com aviso de receção), caso em que o credor deve comprovar no requerimento executivo que já interpelou o devedor [arts. 715º e 724º, nº 1, al. *h)*];

c) quando o vencimento da obrigação depende de simples interpelação do devedor (obrigação pura) e este ainda não tiver sido interpelado extrajudicialmente, situação em que as diligências executivas deverão ser precedidas pela citação do devedor, pois que a citação equivale a interpelação judicial (art. 805º, nº 1, do CC)[629];

[625] Cfr., a este respeito, o ac. do TRL de 28.06.2007, proc. 2849/2007-6.

[626] Ac. do STJ de 03.05.2012, proc. 6018/05.0TBSXL.L1.S1.

[627] *Vide*, em sede de direito comparado, o § 751 do ZPO, segundo o qual, estando o vencimento da prestação que se pretende fazer valer sujeito a um determinado dia de calendário, a execução pode ser iniciada logo que esse dia haja decorrido.

[628] De todo o modo, como bem salienta Manuel Prazeres, pode suceder que, mesmo estando em causa uma obrigação com prazo certo, a mesma ainda não seja exigível. É o que ocorre, por exemplo, se o lugar do pagamento for o domicílio do devedor ou outro lugar diferente do domicílio do credor, não tendo o credor pedido o pagamento no lugar onde o mesmo devia ser feito (PRAZERES, Manuel Augusto Gama, *Do Processo de Execução no Actual Código do Processo Civil*, *op. cit.*, p. 118).

[629] Cfr., no mesmo sentido, FREITAS, José Lebre de/MENDES, Armindo Ribeiro, *Código de Processo Civil Anotado*, vol. III, *op. cit.*, p. 250, bem como PRAZERES, Manuel Augusto Gama, *Do Processo de*

d) quando, tendo a exigibilidade da obrigação ficado dependente da verificação de uma cláusula *cum potuerit*, o credor demonstre perante o juiz de execução que o devedor já reúne as condições económicas necessárias para poder realizar a prestação a que se vinculou;

e) quando, tendo a exigibilidade da obrigação ficado dependente da verificação de uma cláusula *cum voluerit*, o credor demonstre perante o juiz de execução que o devedor já faleceu, sendo, portanto, a execução movida contra os seus herdeiros.

2.3. Obrigações condicionais e obrigações dependentes de prestação

2.3.1. Obrigações condicionais

As partes podem subordinar a um acontecimento futuro e incerto a produção dos efeitos do negócio jurídico (condição suspensiva) ou a sua resolução (condição resolutiva), atento o disposto no art. 270º do CC[630]. Trata-se, com efeito, de uma manifestação do princípio da autonomia privada[631].

Assim, estando a obrigação sujeita a uma condição suspensiva, esta só é exigível após a verificação da condição, ou seja, após a ocorrência desse acontecimento futuro e incerto (art. 270º do CC)[632]. Deste modo, se, por exemplo, A se obrigar a pagar a B, como prémio, a quantia de € 10.000,00, desde que este conclua uma empreitada num determinado prazo fixado entre as partes, estaremos perante uma obrigação condicional, na medida em que a obrigação de pagamento da quantia de € 10.000,00 só terá lugar se se verificar esse facto – isto é, a conclusão da empreitada dentro do prazo acordado – o qual é, simultaneamente, futuro e incerto[633].

Nos termos do art. 343º, nº 3, do CC, se o direito invocado pelo exequente estiver sujeito a condição suspensiva ou a termo inicial, cabe-lhe provar que a condição se verificou ou que o termo se venceu[634]. Por sua vez, se o direito

Execução no Actual Código do Processo Civil, op. cit., p. 117. *Vide*, na jurisprudência, o ac. do TRG de 18.10.2018, proc. 3841/17.6T8GMR-A.G1.

[630] Na esteira de Mota Pinto, este regime tem, na sua razão de ser, o eventual interesse das partes na "superação da incerteza objectiva do futuro" (Pinto, Carlos Alberto da Mota, *Teoria Geral do Direito Civil, op. cit.*, p. 561).

[631] Cfr., nesse sentido, Vieira, José Alberto, *Negócio Jurídico*, reimp., Coimbra Editora, Coimbra, 2009, p. 87, bem como Fernandes, Luís A. Carvalho, *Teoria Geral do Direito Civil*, vol. II, 5ª ed. rev. e atual., Universidade Católica Editora, Lisboa, 2010, p. 402.

[632] *Vide*, a este propósito, o ac. do TRC de 27.02.2007, proc. 1054/03.3TBCTB-B.C1.

[633] Silva, Rui Gomes da/Silva, Miguel Medina, *Teoria Geral do Direito Civil – Noções Elementares*, Âncora Editora, Lisboa, 2010, p. 328.

[634] *Vide*, a este propósito, Ballati, Franco/Marini, Francesca, *Il Pignoramento Presso Terzi, op. cit.*, p. 30.

estiver sujeito a condição resolutiva ou a termo final, cabe ao executado provar a verificação da condição ou o vencimento do prazo.

Por outro lado, pode igualmente suceder que o tribunal profira uma "sentença condicional", isto é, uma sentença cuja eficácia da condenação fique dependente da verificação de um evento futuro e incerto ou da superveniência de um determinado termo. Nesse caso, verificando-se o evento de cuja verificação ficou dependente a eficácia da condenação, a sentença adquire força executiva relativamente a um direito certo, líquido e exigível[635].

2.3.2. Obrigações dependentes de prestação

A exigibilidade da obrigação pode estar dependente de uma prestação, a ser efetuada pelo credor ou por um terceiro. Na verdade, dispõe o art. 428º, nº 1, do CC que, "Se nos contratos bilaterais não houver prazos diferentes para o cumprimento das prestações, cada um dos contraentes tem a faculdade de recusar a sua prestação enquanto o outro não efectuar a que lhe cabe ou não oferecer o seu cumprimento simultâneo". É o que sucede, por exemplo, nas situações em que a obrigação de pagamento só se torna exigível aquando da entrega de uma determinada obra, caso em que a exigibilidade da obrigação depende dessa prestação[636].

2.3.3. Demonstração e prova da exigibilidade

Estando a obrigação dependente de uma condição suspensiva ou de uma prestação por parte do credor ou de terceiro, incumbe ao credor alegar e provar documentalmente, no próprio requerimento executivo, que se verificou a condição ou que efetuou ou ofereceu a prestação [arts. 715º, nº 1, e 724º, nº 1, al. *h)*][637,638].

[635] DIANA, Antonio Gerardo, *La Nuova Esecuzione Forzata – Questioni e Procedure*, *op. cit.*, pp. 26 e 27. *Vide*, no mesmo sentido, o ac. do TRL de 22.01.2015, proc. 1331/12.2TVLSB.L1-8, com o seguinte sumário: "Pode definir-se a sentença condicional como aquela que só impõe a sua eficácia ou procedência à posterior verificação de um evento futuro e incerto; sentença de condenação condicional é a sentença em que se decide que ao demandante assiste certo e determinado direito, mas cujo atinente exercício está sujeito a um evento futuro e incerto. Pode e é aceitável que o juiz sentencie no sentido de que a parte tem o direito por ela rogado na acção, mas apenas desde que ocorra estabelecida conjuntura, que enumera, para que ele se concretize (sentença de condenação condicional), porquanto, neste caso, não estamos perante uma incerteza que regule a eficácia da própria sentença, mas que apenas ajusta o seu modo de exercitação".

[636] Ac. do TRP de 30.10.1995, proc. 9550531. Cfr., no mesmo sentido, o ac. do TRP de 29.01.2015, proc. 4675/11.7TBSTS-A.P1.

[637] Cfr., nesse sentido, o ac. do TRC de 22.05.2002, proc. 1244/02, o ac. do TRP de 05.12.2005, proc. 0556152, o ac. do TRL de 14.02.2013, proc. 3251/10.6TBBRR-A.L1-6, o ac. do TRG de 22.09.2016, proc. 1340/12.1TBGMR.G1, bem como o ac. do TRE de 28.03.2019, proc. 4918/16.0T8STB-B.E1.

A apreciação e análise dessa prova documental é da competência do juiz de execução e não do agente de execução[639]. Por conseguinte, se o juiz considerar que a prova documental apresentada pelo exequente é insuficiente para demonstrar a exigibilidade da obrigação, deve proferir um despacho de aperfeiçoamento, convidando o exequente a apresentar outras provas que demonstrem que a obrigação já é exigível[640].

Por outro lado, se essa prova não puder ser feita através de documentos, o credor, ao intentar a ação executiva, deve apresentar de imediato, no próprio requerimento executivo, as respetivas provas (art. 715º, nº 2). Depois de apreciar sumariamente a prova produzida, o juiz, em regra, deve decidir acerca da exigibilidade da obrigação sem ouvir o executado, salvo se considerar que essa audição é necessária[641,642]. Nessa eventualidade, o devedor é citado com a advertência de que, na falta de contestação, se considera verificada a condição ou efetuada ou oferecida a prestação, nos termos alegados no requerimento executivo, salvo se se verificar algum dos casos previstos no art. 568º, isto é, alguma das situações em que a revelia não seja operante.

Sendo a obrigação exequenda inexigível em face do título executivo e não sendo essa inexigibilidade suprida na fase preliminar da execução, deve verificar-se o indeferimento liminar da execução, sem prejuízo da possibilidade de o executado deduzir oposição à execução, com fundamento na inexigibilidade da obrigação[643].

[638] A este respeito, Nuno Oliveira defende que, à luz do art. 343º, nº 1, do CC, estando em causa um negócio sujeito a condição suspensiva ou a termo inicial, cabe ao autor o ónus de alegar e provar a verificação da condição suspensiva ou o vencimento do termo inicial (OLIVEIRA, Nuno Manuel Pinto, *Estudos Sobre o Não Cumprimento das Obrigações*, 2ª ed., Almedina, Coimbra, 2009, p. 117).

[639] Neste particular, pese embora a reforma de 2003 tivesse atribuído ao agente de execução competência para apreciar a exigibilidade da obrigação, quando a prova desse facto pudesse ser feita através de documento, a verdade é que a doutrina vinha sustentando que essa competência devia caber ao juiz de execução, *maxime* nos casos em que a execução comportasse despacho liminar (*vide*, entre outros, PIMENTA, Paulo, "Acções e incidentes declarativos na dependência da execução", *in Themis – A Reforma da Acção Executiva*, vol. II, ano V, nº 9, Almedina, Coimbra, 2004, pp. 70 e 71).

[640] Cfr., nesse sentido, REGO, Carlos Lopes do, "Requisitos da obrigação exequenda", *in Themis – A Reforma da Acção Executiva*, ano IV, nº 7, Almedina, Coimbra, 2003, p. 69, bem como o ac. do TRC de 27.02.2007, proc. 1054/03.3TBCTB-B.C1.

[641] Porque a intervenção do juiz de execução é obrigatória, dispõe o art. 550º, nº 3, al. *a)*, que a forma sumária não é empregue no caso previsto no art. 715º, isto é, quando se torne necessário demonstrar e comprovar a exigibilidade da obrigação.

[642] Na esteira de Lopes do Rego, tal sucederá, designadamente, nas situações em que esteja em causa um caso complexo ou em que se verifique dificuldade na valoração da prova (REGO, Carlos Lopes do, "Requisitos da obrigação exequenda", *op. cit.*, p. 69).

[643] Ac. do STJ de 11.11.2003, proc. 3449/03, *in SASTJ*, ano 2003.

3. Liquidez

3.1. Noção

A obrigação diz-se líquida quando a prestação se encontra determinada em relação à sua quantidade ou montante, isto é, quando se sabe exatamente quanto se deve (*quantum debeatur*)[644], ou quando essa quantidade é facilmente determinável através de uma operação de simples cálculo aritmético, com base em elementos constantes do próprio título[645,646].

Consequentemente, a obrigação será ilíquida quando, apesar de a sua existência ser certa, o montante da prestação ainda não se encontre fixado ou determinado[647].

3.2. Liquidação pelo exequente ou pelo agente de execução

3.2.1. Liquidação dependente de simples cálculo aritmético

Nos termos do art. 716º, nº 1, estando em causa uma obrigação cuja liquidação dependa de uma operação de simples cálculo aritmético – isto é, cuja quantificação assenta em factos que "estão abrangidos pela segurança do título executivo" ou que "podem ser oficiosamente conhecidos pelo tribunal e agente de execução"[648], não dependendo, por conseguinte, da averiguação de outros factos[649] –, o exequente deve especificar os valores que considera

[644] Sousa, Miguel Teixeira de, *Acção Executiva Singular, op. cit.*, p. 107. *Vide*, no mesmo sentido, Vincent, Jean/Prévault, Jacques, *Voies d'Exécution et Procédures de Distribution, op. cit.*, p. 52.

[645] Consolo, Claudio, *et al.*, *Commentario al Codice di Procedura Civile, op. cit.*, p. 25. Cfr., no mesmo sentido, Soldi, Anna Maria, *Manuale dell'Esecuzione Forzata, op. cit.*, p. 45, Bene, Luigi del, "L'espropriazione forzata", *in Il Recupero del Credito*, a cura di Bruno Cirillo, Wolters Kluwer Italia, 2014, p. 191, Ballati, Franco/Marini, Francesca, *Il Pignoramento Presso Terzi, op. cit.*, p. 29, bem como Grasso, Eduardo, "Titolo esecutivo", *op. cit.*, p. 692. *Vide*, na jurisprudência, o ac. do TRE de 26.09.2019, proc. 837/14.3T8LLE-F.E1.

[646] Do mesmo modo, no ordenamento jurídico francês, o art. L111-6 do $CPCE_{Fr.}$ preceitua que a dívida é líquida quando esteja avaliada em dinheiro ou quando o título executivo contenha todos os elementos necessários para essa avaliação.

[647] Ac. do STJ de 01.06.2004, proc. 1526/04, *in SASTJ*, ano 2004.

[648] Ac. do TRP de 20.10.2014, proc. 692/11.5TTMAI-C.P1. *Vide*, no mesmo sentido, o ac. do TRL de 10.04.2018, proc. 15382/16.4T8LSB-A.L1-7, bem como o ac. do TRL de 11.07.2019, proc. 17997/16.1T8LSB.L1-6.

[649] Cfr., nesse sentido, o ac. do TRP de 18.01.2000, proc. 9950873, bem como o ac. do TRL de 27.02.2018, proc. 17684/16.0T8LSB.L1-7. *Vide*, ainda, o ac. do TRE de 02.05.2019, proc. 293/15.9T8LLE-A.E1, no qual se decidiu que, ainda que a sentença tenha condenado em termos genéricos, nos termos do art. 609º, nº 2, a liquidação da obrigação depende de uma operação de simples cálculo aritmético quanto a liquidação "se baseia em números que possam ser provados por documento junto com o requerimento executivo".

compreendidos na prestação devida e formular, mediante a realização prévia de um cálculo aritmético, um pedido líquido[650].

Regra geral, esse cálculo aritmético consiste numa operação de soma. É o que sucede, por exemplo, com o cálculo dos juros de mora legais já vencidos (art. 806º do CC)[651,652], dos juros moratórios convencionais[653], dos juros remuneratórios[654], dos juros compulsórios quando seja estipulado ou judicialmente determinado qualquer pagamento em dinheiro corrente (art. 829º-A, nº 4, do CC)[655], da cláusula penal (arts. 810º a 812º do CC)[656], das prestações

[650] A este respeito, António Diana salienta que a liquidação do crédito por simples cálculo aritmético pressupõe que o título executivo, apesar de não quantificar a obrigação, contenha elementos certos e objetivos que permitam essa operação (DIANA, Antonio Gerardo, *La Nuova Esecuzione Forzata – Questioni e Procedure, op. cit.*, p. 5). É o que sucede, por exemplo, se do título executivo resulta com clareza "o montante do crédito, o modo fracionado do seu pagamento e o montante de cada prestação mensal" (ac. do TRL de 15.10.2015, proc. 1048-13.0TBCSC.L1-8).

[651] Neste particular, F. Correia das Neves salienta que, em regra, a liquidação dos juros depende de uma operação de simples cálculo aritmético. Contudo, em determinados casos, pode suceder que essa liquidação seja difícil, inviabilizando-se, por isso, a quantificação dos juros através de um simples cálculo aritmético. É o que ocorre, designadamente, nos casos em que os juros incidam sobre montante ilíquido ou quando exista um litígio entre as partes no que concerne aos próprios termos da contagem dos juros (NEVES, F. Correia das, *Manual dos Juros, op. cit.*, p. 313). *Vide*, na jurisprudência, o ac. do TRL de 26.06.2018, proc. 24585/16.0T8LSB.L1-7.

[652] No que diz respeito à obrigação de pagamento de juros de mora legais, importa distinguir entre os juros civis e os juros comerciais.
Assim, nos termos do art. 559º, nº 1, do CC, os juros legais e os estipulados sem determinação de taxa ou quantitativo são os fixados em portaria conjunta dos Ministros da Justiça e das Finanças e do Plano, sendo certo que a Portaria nº 291/2003, de 8 de abril, fixou a taxa de 4%.
Por sua vez, nos termos do art. 102º, § 3º, do CCom., os juros moratórios legais e os estabelecidos sem determinação de taxa ou quantitativo, relativamente aos créditos de que sejam titulares empresas comerciais, singulares ou coletivas, são os fixados em portaria conjunta dos Ministros das Finanças e da Justiça. De acordo com o art. 102º, § 4º, do CCom., a taxa de juro comercial não poderá ser inferior ao valor da taxa de juro aplicada pelo Banco Central Europeu à sua mais recente operação principal de refinanciamento efetuada antes do 1º dia de janeiro ou julho, consoante se esteja, respetivamente, no 1º ou no 2º semestre do ano civil, acrescida de sete pontos percentuais. Acresce que, à luz do art. 102º, § 5º, do CCom., no caso de transações comerciais sujeitas ao DL nº 62/2013, de 10 de maio, a taxa de juro comercial não poderá ser inferior ao valor da taxa de juro aplicada pelo Banco Central Europeu à sua mais recente operação principal de refinanciamento efetuada antes do 1º dia de janeiro ou julho, consoante se esteja, respetivamente, no 1º ou no 2º semestre do ano civil, acrescida de oito pontos percentuais.

[653] Ac. do TRP de 21.01.2019, proc. 4344/17.4T8MAI-A.P1.

[654] *Vide*, a este propósito, NEVES, F. Correia das, *Manual dos Juros, op. cit.*, pp. 28 e 29.

[655] Cfr., a este respeito, o ac. do TRL de 14.04.2016, proc. 2455/13.4YYLSB-A.L1-2, no qual se decidiu que "A sanção pecuniária compulsória legal prevista no nº 4 do artigo 829º-A do Código Civil é de funcionamento automático, não carecendo de ser pedida nem necessita de qualquer decisão judicial a estabelecê-la, sempre que esteja em causa uma execução para pagamento de quantia certa".

em débito na sequência da resolução de um contrato[657], das rendas vencidas desde a propositura da ação, estando o valor da renda devidamente fixado no respetivo título executivo, do valor em dívida, uma vez operada a compensação de créditos que tenham sido reconhecidos no mesmo título executivo[658], bem como do valor do IVA sobre o capital fixado em sentença condenatória[659].

Pode, no entanto, suceder que esse cálculo aritmético consista numa operação de subtração. É o que ocorre, por exemplo, se a ré foi condenada a pagar ao autor uma indemnização, à qual devem ser deduzidas as quantias entretanto liquidadas num procedimento cautelar de arbitramento de reparação provisória[660].

O exequente não pode intentar uma ação executiva sem proceder à liquidação, ou seja, à quantificação da obrigação. De todo o modo, se o exequente não liquidar a obrigação, o tribunal, antes de decidir pelo indeferimento liminar do requerimento executivo, deve, através do proferimento de um despacho de convite ao aperfeiçoamento do requerimento executivo, conceder-lhe a possibilidade de corrigir esse vício, procedendo à liquidação da obrigação[661].

Se a obrigação exequenda compreender juros que continuem a vencer-se na pendência da execução, a quantificação desses juros deve ser feita, no final do processo executivo, pelo agente de execução, tendo em conta o título executivo e os documentos que o exequente ofereça em conformidade com ele ou, sendo caso disso, em função das taxas legais de juros de mora que sejam aplicáveis ao caso em concreto (art. 716º, nº 2)[662]. Contudo, sem prejuízo desse

656 Note-se que, nos termos do art. 811º, nº 1, do CC, "o credor não pode exigir cumulativamente, com base no contrato, o cumprimento da obrigação principal e o pagamento da cláusula penal, salvo se esta tiver sido estabelecida para o atraso da prestação". No sentido de uma escritura pública de permuta, na qual foi prevista uma cláusula penal, não constituir título executivo em relação ao montante fixado nessa cláusula, já que o credor só pode fazer valer-se da mesma em caso de incumprimento culposo da obrigação, o que apenas pode ser demonstrado no âmbito de uma ação declarativa, *vide* o ac. do TRG de 09.11.2017, proc. 1677/15.8T8VCT-A.G1.

657 Ac. do TRL de 11.12.2018, proc. 7686/15.0T8LSB.L1-6.

658 Cfr., a este respeito, o ac. do TRG de 11.10.2018, proc. 646/14.0TBVCT-A.G1, no qual se decidiu que "Traduzindo-se a compensação num direito potestativo extintivo que tanto pode ser exercido por via extrajudicial ou judicial, nada impede que a mesma seja invocada no requerimento de instauração da execução, desde que verificados os requisitos necessários para que possa operar, previstos no art. 847º do C. Civil".

659 Ac. do TRL de 30.09.2021, proc. 4196/19.0T8SNT-A.L1-8.

660 *Vide*, a este propósito, o ac. do TRP de 21.02.2018, proc. 1275/14.3T8OAZ-C.P1.

661 Ac. do TRP de 26.02.2002, proc. 0220125. No sentido de o erro ou a deficiência da liquidação dos juros no requerimento executivo não importar a extinção da ação executiva, *vide* o ac. do STJ de 22.05.2003, proc. 1239/03, *in SASTJ*, ano 2003.

662 *Vide*, a este propósito, o ac. do TRL de 04.07.1991, proc. 0050402, *in BMJ*, nº 409, ano 1991, p. 854, segundo o qual "No caso de a obrigação exigida através de acção executiva compreender

ónus que recai sobre o agente de execução, nada obsta a que o exequente, na pendência da ação executiva, peticione o pagamento de juros vincendos[663] e proceda à liquidação de juros já vencidos, através de um incidente de ampliação do pedido, atento o disposto nos arts. 703º, nº 2, e 716º, nºs 1 e 2[664,665].

Para além disso, estando em causa a execução de sentença condenatória, o agente de execução deve igualmente liquidar, com uma periodicidade mensal, e no momento da cessação da aplicação da sanção pecuniária compulsória, as importâncias devidas a esse título, notificando o executado da liquidação, à luz do art. 716º, nº 3. Neste particular, importa salientar que a liquidação da sanção pecuniária compulsória, materializada em juros à taxa de 5% ao ano, contabilizados desde o trânsito em julgado da sentença (829º-A, nº 4, do CC), é sempre devida[666], sendo que, se o exequente não tiver pedido, no requerimento executivo, o pagamento da quantia correspondente a essa sanção, o agente de execução deve liquidar apenas o montante da sanção pecuniária

juros de mora vincendos, a determinação do montante exacto da dívida só se fará na fase de liquidação; por isso, o termo da mora coincide com a fase de liquidação dos juros em dívida, o que ocorre na conta final". Cfr., ainda, o ac. do STJ de 26.11.1996, proc. 380/96, *in SASTJ*, ano 1996, p. 221, no qual se decidiu que "Os juros moratórios legais devem ser calculados segundo a lei do tempo em que decorrer a mora". No sentido de recair sobre o executado o ónus da prova de que os juros liquidados são superiores aos legais, *vide* o ac. do STJ de 17.02.1998, proc. 97A849.

663 Tal como ensina Castro Mendes, o pedido de pagamento de juros de mora vincendos constitui manifestação da possibilidade, muito limitada, de formular pedidos ilíquidos na ação executiva (Mendes, João de Castro, *Direito Processual Civil*, vol. III, *op. cit.*, p. 204).

664 Cfr., nesse sentido, o ac. do TRC de 22.10.2013, proc. 129-F/2001.C1.

665 Discordamos, por isso, salvo o devido respeito, do ac. do TRL de 11.07.2019, proc. 13644/12.9.YYLSB-C.L1-2, no qual se defendeu que "Se a exequente, no requerimento executivo, procedeu ao cálculo dos juros vencidos até à data da instauração da execução e peticionou o seu pagamento, sem formular o pedido de pagamento dos juros de mora vincendos, abstendo-se, assim, de integrar, por meio de pedido ilíquido, na execução esse crédito vincendo, é ilegal, por violar o princípio do dispositivo, a inclusão, na nota de liquidação final da obrigação exequenda, de juros de mora vencidos após a instauração da execução".

666 Note-se que, como bem se sustentou no ac. do STJ de 12.09.2019, proc. 8052/11.1TBVNG-B.P1.S1, a sanção pecuniária compulsória "legal", prevista no art. 829º-A, nº 4, do CC para os casos em que tenha havido uma condenação judicial no pagamento de uma quantia pecuniária, não se confunde com a sanção pecuniária compulsória "judicial" que se encontra tipificada no art. 829º-A, nº 1, do CC, a qual é aplicável às situações em que esteja em causa uma obrigação de prestação de facto infungível. De facto, enquanto a sanção pecuniária compulsória legal visa "incentivar e pressionar o devedor ao cumprimento célere de obrigações pecuniárias de quantia certa, decorrentes de fonte seja negocial seja extranegocial com determinação judicial, que tenham sido, em qualquer dos casos, objeto de sentença condenatória transitada em julgado", a sanção pecuniária compulsória judicial, por sua vez, destina-se a "compelir o devedor à execução específica da generalidade das obrigações de prestação de facto infungível". Cfr., ainda, o ac. do STJ de 31.03.2022, proc. 9423/19.0T8SNT-A.L1.S1.

compulsória que seja devido ao Estado, ou seja, metade dos juros calculados à taxa de 5% ao ano, nos termos do art. 829º-A, nº 3, do CC[667].

3.2.2. Liquidação não dependente de simples cálculo aritmético

Se a liquidação da obrigação não depender de uma operação de simples cálculo aritmético, isto é, se a quantificação da obrigação carecer do apuramento de novos factos, não abrangidos pelo título executivo, e da sua subsequente valoração[668], importa distinguir consoante o título executivo revista natureza judicial ou extrajudicial.

Com efeito, revestindo o título executivo natureza judicial, a liquidação da obrigação deve ser feita na própria ação declarativa, através de um incidente de liquidação de sentença (arts. 609º, nº 2, e 358º, nº 2)[669,670], hipótese em que apenas serão devidos juros de mora após a liquidação da obrigação[671]. Assim, se, por exemplo, numa ação declarativa de responsabilidade civil, tiver sido formulado um pedido genérico ou um pedido específico e o tribunal, no

[667] *Vide*, nesse sentido, o ac. do TRC de 16.02.2018, proc. 681/10.7TBCTB-B.C1, com o seguinte sumário: "A sanção pecuniária compulsória prevista no nº 4 do art. 829º-A do CC é de funcionamento automático, independentemente de requerimento do credor e de qualquer decisão judicial a estabelecê-la. Na ação executiva, deverá ser liquidada pelo agente de execução oficiosamente, sem necessidade de requerimento do credor. Se o credor tem a faculdade de renunciar ou desistir da parte que nela lhe cabe, a natureza híbrida da sanção pecuniária compulsória – a par de visar apressar a satisfação do credor, propõe-se preservar a autoridade das decisões judiciais –, impõe o prosseguimento da execução para cobrança dos juros que cabem ao Estado". Cfr., no mesmo sentido, o ac. do TRG de 01.03.2018, proc. 6432/06.3TBGMR-F.G1, o ac. do TRG de 28.06.2018, proc. 33350/11.7TJVNF-A.G1, o ac. do TRG de 10.07.2018, proc. 2224/17.2T8GMR-A.G1, o ac. do TRG de 31.01.2019, proc. 963/14.9T8CHV-A.G1, bem como o ac. do TRL de 01.10.2019, proc. 24586/15.6T8LSB. L1-1.
Sustentando, pelo contrário, que a liquidação oficiosa deve abanger a totalidade da sanção pecuniária compulsória, *vide* o ac. do TRL de 23.11.2021, proc. 808/09.1T2SNT-A.L1-7.

[668] Ac. do TRL de 20.09.2018, proc. 4064/16.7T8OER-A.L1-8.

[669] *Vide*, a este respeito, os acs. do TRP de 16.04.2007, proc. 0750228, e de 16.12.2015, proc. 870/10.4TTMTS-E.P1, o ac. do TRL de 17.03.2011, proc. 26802/06.6YYLSB.L1-2, o ac. do TRG de 14.03.2013, proc. 4071/11.6TBGMR-B.G1, o ac. do TRL de 07.06.2018, proc. 2041/14.1T8LRS.L1, o ac. do TRL de 13.09.2018, proc. 20838/13.8YYLSB.L1-8, o ac. do TRL de 06.12.2018, proc. 19092/16 4T8LSB-2, bem como PIMENTA, Paulo, "Acções e incidentes declarativos na dependência da execução", *op. cit.*, p. 63.

[670] Conforme tem vindo a ser sucessivamente afirmado pela jurisprudência, este incidente não se destina a apurar se a obrigação existe ou não, mas antes a determinar o montante dessa obrigação (*vide*, entre outros, o ac. do TRP de 24.09.2020, proc. 844/06.0TBGDM.P2, o ac. do TRP de 25.01.2022, proc. 815/16.8T8PVZ-B.P1, bem como o ac. do STJ de 09.02.2022, proc. 2896/17.8T8VIS.C1.S1).

[671] Ac. do STJ de 01.06.2004, proc. 1526/04, *in SASTJ*, ano 2004.

momento em que profere a sentença condenatória, não dispõe dos elementos indispensáveis e necessários para fixar de imediato o objeto ou a quantidade (*quantum debeatur*), deve condenar o réu no que vier a ser liquidado – sem prejuízo da condenação imediata na parte que já seja líquida (art. 609º, nº 2) –, situação em que caberá ao autor proceder à liquidação desses danos através de um incidente de liquidação de sentença[672]. Nessa eventualidade, se a sentença condenatória de quantia ilíquida já tiver transitado em julgado, a instância tem de ser renovada, tendo em vista a liquidação da sentença.

No entanto, nos termos do art. 716º, nº 5, este regime da liquidação prévia da sentença, através do competente incidente a ser deduzido na ação declarativa, não é aplicável à execução de decisões judiciais ou equiparadas, quando não vigore o ónus de proceder à liquidação no âmbito do processo de declaração, bem como às execuções de decisões arbitrais. Outrossim, nesses casos, a liquidação segue o regime previsto no art. 716º, nº 4, sendo a obrigação quantificada na própria ação executiva. Enquadram-se neste âmbito, nomeadamente, as sentenças condenatórias, em quantia ilíquida, que tenham sido proferidas no âmbito de um processo crime, atento o disposto no art. 82º, nº 1, do CPP[673].

Por sua vez, se o título executivo assumir uma natureza extrajudicial, o incidente de liquidação é deduzido no próprio requerimento executivo [art. 724º, nº 1, al. *h)*], devendo o exequente especificar os valores que considera compreendidos no título executivo e formular um pedido líquido. Nesse caso, o executado é citado para, em oposição à execução, contestar, querendo, a liquidação efetuada pelo exequente no requerimento executivo, devendo ser advertido de que, na falta de contestação, a obrigação considerar-se-á fixada nos termos apresentados pelo exequente no requerimento executivo, salvo o disposto no art. 568º, isto é, se a revelia não for operante. Por conseguinte, sendo necessário citar o executado, a ação executiva para pagamento de quantia certa tem, necessariamente, de seguir forma ordinária [art. 550º, nº 3, al. *b)*].

Se o executado contestar a liquidação efetuada pelo exequente ou se, não o tendo efeito, a revelia for inoperante, seguem-se, com as devidas adapta-

[672] *Vide*, a este propósito, o ac. do TRL de 16.11.1993, proc. 0068761, o ac. do TRG de 14.05.2015, proc. 686/12.3TBEPS.G1, bem como o ac. do TRE de 07.04.2016, proc. 19/10.3TBBJA.1.E1. Conforme se decidiu no ac. do TRG de 12.02.2015, proc. 2698/05.4TJVNF-A.G1, tratando-se de um incidente de liquidação em que se pretende determinar o prejuízo sofrido pelo autor, o que está em causa não é determinar se existe ou não uma obrigação de indemnização, mas antes o montante concreto e efetivo dessa indemnização.

[673] Cfr., nesse sentido, o ac. do TRL de 12.05.2015, proc. 498/06.3GALNH.L1-5, bem como o ac. do TRL de 08.05.2018, proc. 869/17.0T8PDL.L1-1.
Vide, em sentido contrário, o ac. do TRE de 28.04.2014, proc. 164/13.3YREVR.

ções, os termos subsequentes do processo comum declarativo (art. 360º, nº 3, *ex vi* do art. 716º, nº 4), cabendo ao juiz completar oficiosamente a prova produzida pelas partes, quando esta seja insuficiente para fixar a quantia devida, podendo, nomeadamente, ordenar a produção de prova pericial (art. 360º, nº 4, *ex vi* do art. 716º, nº 4).

Diferentemente, se o executado não contestar a liquidação efetuada pelo exequente e se essa revelia for operante – isto é, se não se verificar nenhuma das exceções previstas no art. 568º –, a obrigação, nessa eventualidade, considera-se liquidada nos moldes propostos pelo exequente no seu requerimento executivo, ou seja, a falta de contestação do executado tem um efeito cominatório pleno[674].

3.3. Liquidação por árbitros

A liquidação da obrigação exequenda pode ser efetuada por intermédio de árbitros, atento o disposto no art. 716º, nº 6. Para o efeito, torna-se necessário que esteja em causa um título executivo extrajudicial e que as partes tenham convencionado nesse sentido, através de uma convenção de arbitragem (arts. 1º e 2º da LAV), a qual pode assumir a natureza de compromisso arbitral, quando tenha por objeto um litígio atual, ou de cláusula compromissória, se respeitar a um litígio eventual, emergente de uma determinada relação jurídica contratual ou extracontratual (art. 1º, nº 3, da LAV).

A liquidação pode ser realizada por um ou mais árbitros, em número ímpar (sendo, supletivamente, três), dependendo da convenção estabelecida entre as partes (art. 8º da LAV). Na eventualidade de a arbitragem ser colegial, caberá a cada uma das partes nomear o seu próprio árbitro, podendo fazê-lo na própria convenção de arbitragem ou no requerimento de liquidação e no articulado subsequente de contestação à liquidação (art. 10º, nº 1, da LAV, *ex vi* do art. 716º, nº 6)[675].

Se o tribunal arbitral for constituído por um único árbitro e não houver acordo entre as partes quanto a essa designação, caberá ao juiz presidente do tribunal da execução a competência para proceder a essa nomeação. O mesmo regime será aplicável nos casos em que, apresentando o tribunal arbitral uma composição colegial, o executado não designe o seu árbitro ou se os árbitros designados pelas partes não chegarem a um acordo entre eles quanto à esco-

[674] *Vide*, nesse sentido, PINTO, Rui, *Manual da Execução e Despejo*, *op. cit.*, p. 248.

[675] Decorrendo do art. 716º, nº 6, que a liquidação por árbitros deve ser feita "antes de apresentado o requerimento executivo", resulta que esta liquidação deve ter lugar numa fase prévia à propositura da ação executiva.

lha do árbitro presidente no prazo de trinta dias a contar da designação do último deles (art. 10º, nº 4, da LAV, *ex vi* do art. 716º, nº 6).

Na designação do árbitro, o juiz presidente do tribunal da execução deve tomar em consideração as qualificações exigidas pelo acordo das partes para o árbitro ou árbitros a designar, bem como tudo o que for relevante para garantir a nomeação de um árbitro independente e imparcial (art. 10º, nº 6, da LAV, *ex vi* do art. 716º, nº 6).

Atento o disposto no art. 361º, nº 3, *ex vi* do art. 716º, nº 6, o terceiro árbitro só intervém na falta de acordo entre os outros dois, não sendo, no entanto, obrigado a conformar-se com o voto de qualquer um deles. Nessa eventualidade, não existindo maioria de votos em relação aos árbitros nomeados pelas partes, prevalece o laudo do terceiro árbitro, que tem voto de qualidade (art. 361º, nº 4, *ex vi* do art. 716º, nº 6).

3.4. Liquidação de obrigação que tenha por objeto mediato uma universalidade

Se a iliquidez da obrigação resultar da circunstância de esta ter por objeto mediato uma universalidade e o autor não puder concretizar os elementos que a compõem, a liquidação tem lugar em momento imediatamente posterior à apreensão, precedendo a entrega ao exequente (art. 716º, nº 7). É o que sucede, por exemplo, com a obrigação de entrega de uma biblioteca, de uma coleção de moedas ou de um rebanho.

3.5. Liquidação de obrigação parcialmente líquida e ilíquida

Se uma parte da obrigação for ilíquida e outra líquida, o exequente pode, desde logo, promover a execução da parte da obrigação que já seja líquida, atento o disposto no art. 716º, nº 8[676]. Nessa eventualidade, se o exequente requerer a execução imediata da parte líquida da obrigação, a liquidação da outra parte pode ser feita na pendência dessa execução, nos mesmos termos em que é possível a liquidação inicial (art. 716º, nº 9).

Se o exequente, apesar de a obrigação revestir uma parte líquida e outra ilíquida, promover, mesmo assim, a execução da totalidade da obrigação, o juiz deve proferir um despacho de indeferimento liminar parcial da execução, ou seja, deve indeferir liminarmente o requerimento executivo quanto à parte da obrigação que seja ilíquida (art. 726º, nº 3), sem prejuízo do proferimento prévio de um despacho de convite ao aperfeiçoamento, quando tal seja possível.

[676] *Vide*, a este propósito, MOREIRA, Guilherme Alves, *Instituições do Direito Civil Português*, vol. II, *op. cit.*, pp. 97 e 98.

Lição V
Pressupostos Processuais

1. Introdução

Tal como sucede na ação declarativa, também na ação executiva têm de estar preenchidos os pressupostos processuais referentes ao tribunal, às partes e ao objeto[677].

De todo o modo, estes pressupostos processuais apresentam algumas especificidades no domínio da ação executiva, particularmente no que concerne à competência, à legitimidade e ao patrocínio judiciário.

Vejamos, então, em que se materializam essas especificidades.

2. Competência

No que concerne à competência do tribunal em sede executiva, importa, desde logo, distinguir entre a competência internacional e a competência interna, consoante esteja em causa, respetivamente, uma relação jurídica plurilocalizada, ou seja, que se encontre em contacto com dois ou mais ordenamentos jurídicos, ou uma relação jurídica interna.

2.1. Competência internacional

Na ação executiva, vigora o princípio da territorialidade, segundo o qual "cada Estado possui o monopólio das medidas coactivas efectuadas no seu território"[678]. Assim, os tribunais portugueses são internacionalmente competentes para o conhecimento de uma ação executiva quando se verifique

[677] Conforme elucida Miguel Teixeira de Sousa, ao invés do que sucede na ação declarativa, onde os pressupostos processuais visam assegurar a verificação das condições necessárias ao proferimento de uma decisão de mérito, na ação executiva, os pressupostos processuais "condicionam a admissibilidade das medidas coactivas necessárias à realização da prestação" (Sousa, Miguel Teixeira de, *Acção Executiva Singular, op. cit.*, p. 113).

[678] *Ibidem*, p. 125.

uma conexão suficientemente forte com o ordenamento jurídico português, ao ponto de nele ser permitida a adoção de providências adequadas à realização coativa de uma obrigação (art. 10º, nº 4).

Estando em causa uma relação jurídica plurilocalizada, a competência internacional dos tribunais portugueses é regulada pelo art. 59º, segundo o qual "Sem prejuízo do que se encontre estabelecido em regulamentos europeus e em outros instrumentos internacionais, os tribunais portugueses são internacionalmente competentes quando se verifique algum dos elementos de conexão referidos nos artigos 62º e 63º ou quando as partes lhes tenham atribuído competência nos termos do artigo 94º".

Em todo o caso, por força do princípio do primado, antes de se aplicar o regime da competência internacional previsto no Código de Processo Civil, torna-se necessário atender ao que se acha estabelecido nesta matéria no Reg. (UE) nº 1215/2012, de 12 de dezembro de 2012, do Parlamento Europeu e do Conselho, relativo à competência judiciária, ao reconhecimento e à execução de decisões em matéria civil e comercial (art. 8º, nº 4, da CRP)[679].

Ora, em sede executiva, este regulamento prevê, no seu art. 24º, nº 5, que têm competência exclusiva, em matéria de execução de decisões, os tribunais do Estado-Membro do lugar da execução.

Contudo, a doutrina tem vindo a dividir-se quanto ao âmbito de aplicação material deste preceito, sendo possível identificar três teses distintas:

a) para uma primeira tese, o art. 24º, nº 5, do Reg. (UE) nº 1215/2012, de 12 de dezembro de 2012, configura uma norma de extensão de competência, na medida em que se limita a regular a competência para os procedimentos declarativos que tenham lugar por causa de uma execução, sendo a competência para a execução determinada através do recurso às normas internas de cada Estado-Membro[680]. Vale isto por dizer que, de acordo com esta tese, o que este preceito legal estabelece "é a competência exclusiva do tribunal da execução (isto é, do tribunal onde a execução foi instaurada) para apreciar os diferendos resultantes do recurso à força ou à coerção aquando da execução material de decisões e actos, ou seja, no caso português, os embargos de executado e os embargos de terceiro"[681] e não a competência do tribunal para a ação executiva;

[679] *Vide*, no mesmo sentido, o ac. do TRL de 11.12.2019, proc. 189/17.0T8CSC.L1-7.

[680] Freitas, José Lebre de, *A Ação Executiva – À Luz do Código de Processo Civil de 2013, op. cit.*, p. 135.

[681] Sousa, Miguel Teixeira de, «Apreciação de alguns aspectos da "Revisão do processo civil – Projecto"», *in ROA*, ano 55º, vol. II, 1995, p. 371. Cfr., no mesmo sentido, Sousa, Miguel Teixeira de,

b) para uma segunda tese, esta norma regula a competência do tribunal para a ação executiva, determinando que têm competência exclusiva os tribunais do Estado-Membro do lugar da execução, isto é, os tribunais do lugar "onde se localizem os bens que serão objecto dos actos executivos, como a penhora, a apreensão, a venda e o pagamento"[682]. Com efeito, de acordo com esta orientação, o art. 24º, nº 5, do Reg. (UE) nº 1215/2012, de 12 de dezembro de 2012, disciplina, não a competência internacional para o conhecimento dos apensos, de natureza declarativa, em sede de execução de decisões (*v.g.* oposição à execução, oposição à penhora, etc.), mas antes "a competência para a execução da decisão com força executiva, sem nenhuma restrição"[683];

c) para uma terceira tese, o art. 24º, nº 5, do Reg. (UE) nº 1215/2012, de 12 de dezembro de 2012, regula tanto a competência dos tribunais para a prática de atos de execução no território de um determinado Estado-Membro – sendo que "só podem praticar atos de execução no território de um Estado os tribunais deste Estado (sem prejuízo de o Estado poder delegar em particulares o poder de decretar e/ou efetivar esses atos)" –, como também a competência exclusiva para o conhecimento de alguns "procedimentos contraditórios que apresentam um laço estreito com a execução, tais como os embargos de executado e os embargos de terceiro"[684,685].

A Reforma da Acção Executiva, op. cit., p. 81, CALSTER, Geert Van, *European Private International Law*, 2ª ed., Hart Publishing, Oregon, 2016, pp. 85 e 86, bem como VOGEL, Louis, *Compétence Judiciaire et Reconnaissance des Décisions: Depuis le Règlement Bruxelles I Bis*, Bruylant, Paris, 2015, pp. 73 e 74, segundo o qual este preceito regula a competência exclusiva para o conhecimento de litígios em matéria de execução de decisões, isto é, dos litígios que possam resultar do recurso à força ou da apreensão de bens móveis ou imóveis, ficando excluída deste âmbito a ação de impugnação pauliana.

682 PINTO, Rui, *Manual da Execução e Despejo, op. cit.*, p. 255.

683 *Ibidem.*

684 PINHEIRO, Luís de Lima, *Direito Internacional Privado*, vol. III, *op. cit.*, pp. 189 a 191. Note-se, no entanto, que, de acordo com este Autor, estão excluídos deste âmbito alguns procedimentos judiciais que poderiam estar, direta ou indiretamente, relacionados com a execução. É o que sucede, por exemplo, com a impugnação pauliana (já que esse procedimento judicial não visa resolver um litígio relativo à execução), com a ação de indemnização pelos prejuízos decorrentes de uma execução injusta ou indevida, com a ação de restituição por enriquecimento sem causa que tenha sido obtido em consequência da execução, ou ainda com as medidas provisórias ou cautelares, "mesmo que autorizem ou ordenem atos de execução". Acresce que, mesmo no que concerne aos embargos de executado, nem sempre o executado pode invocar perante os tribunais do lugar da execução todas as exceções que seriam admitidas pelo direito do foro. Assim, por exemplo, o executado não pode "invocar perante os tribunais do lugar da execução a compensação entre o direito em que se baseia a execução e um crédito que estes tribunais não teriam competência para

Na nossa perspetiva, entendemos que a terceira tese é a que melhor reflete o sentido e o alcance do art. 24º, nº 5, do Reg. (UE) nº 1215/2012, de 12 de dezembro de 2012. Com efeito, afigura-se, salvo melhor opinião, que esta norma deve ser interpretada de forma ampla, abrangendo quer a competência do tribunal para a ação executiva, quer a competência para o conhecimento dos incidentes e procedimentos de natureza declarativa que surjam na execução. Assim, estando em causa uma ação executiva, são exclusivamente competentes para essa ação, por força do princípio da territorialidade, os tribunais do Estado-Membro onde devam ser aplicadas as medidas coercivas inerentes a essa execução[686], sendo igualmente competentes, a título exclusivo, para o conhecimento dos incidentes, de natureza declarativa, que possam vir a surgir nessa ação executiva.

apreciar caso fosse objeto de uma ação autónoma". Cfr., no mesmo sentido, MAGNUS, Ulrich/ MANKOWSKI, Peter/PINHEIRO, Luís de Lima, *Brussels I Regulation*, 2ª ed., Selp, Munique, 2012, pp. 434 e 435, bem como PINHEIRO, Luís de Lima, "A competência internacional exclusiva dos tribunais portugueses", *in Estudos em Memória do Professor Doutor José Dias Marques*, Almedina, Coimbra, 2007, pp. 614 e 615.

[685] *Vide*, igualmente em abono desta tese, OLIVA SANTOS, Andrés de la, *European Civil Procedure*, Aranzadi, Navarra, 2011, pp. 105 e 106, o qual defende que o preceito em análise deve ser interpretado no sentido de que "os tribunais do Estado-Membro onde estão a decorrer os procedimentos de execução são os únicos órgãos competentes para adotar medidas de execução no referido território e decidir sobre as questões diretamente relacionadas com essa execução". Com efeito, de acordo com este entendimento, a norma em causa expressa uma consequência do princípio da territorialidade, segundo o qual os atos executivos que impliquem o uso de autoridade sobre bens ou pessoas localizadas num determinado território só podem ser levados a cabo pelos tribunais do Estado-Membro desse território. Assim, segundo a referida regra, "o tribunal do Estado-Membro no qual a ação executiva deva ter lugar é o único tribunal com jurisdição para adotar medidas coercivas (tais como a penhora ou a venda executiva de um bem penhorado) e para resolver as questões que resultem dessa execução (por exemplo, oposição à execução pela pessoa cujos bens foram penhorados ou, relativamente a um litígio em disputa, a reivindicação de propriedade por um terceiro)". Cfr., ainda, BRIGGS, Adrian, *Civil Jurisdiction and Judgments*, 6ª ed., Informa Law, Oxford, 2015, p. 115.

[686] *Vide*, a este propósito, o ac. do TJUE de 26.03.1992, proc. C-261/90, no qual se consignou que "o motivo essencial da competência exclusiva dos tribunais do lugar da execução da decisão é o facto de aos tribunais do Estado-Membro em cujo território é requerida a execução forçada competir exclusivamente a aplicação das normas relativas à acção, nesse território, das autoridades encarregadas da execução forçada". Cfr., na nossa jurisprudência, o ac. do TRP de 12.06.2012, proc. 749/11.2YYPRT.P1, no qual se decidiu que "Estando em causa uma execução, e ainda que o título executivo seja uma sentença, o factor de conexão relevante para aferir da competência executiva internacional dos tribunais portugueses reside na circunstância de as medidas necessárias à realização coactiva da prestação poderem correr em território português, prevalecendo, portanto, a regra da territorialidade da execução", bem como o ac. do TRP de 13.10.2015, proc. 4345/13.1TBVLG.P1.

De resto, o recurso à versão inglesa do Reg. (UE) nº 1215/2012, de 12 de dezembro de 2012, permite, na nossa opinião, corroborar semelhante interpretação. Na verdade, de acordo com essa versão, o art. 24º, nº 5, do regulamento estabelece o seguinte:

> [The following courts of a Member State shall have exclusive jurisdiction, regardless of the domicile of the parties] "in proceedings concerned with the enforcement of judgments, the courts of the Member State in which the judgment has been or is to be enforced"[687].

Deste modo, de acordo com a referida versão – que é mais ampla, comparativamente com a versão portuguesa – têm competência exclusiva, em procedimentos relacionados com a execução de uma decisão, os tribunais do Estado-Membro onde tenha tido lugar o julgamento da causa ou onde as medidas coercivas, relacionadas com a execução dessa decisão, devam ter lugar.

Não sendo aplicável o Reg. (UE) nº 1215/2012, de 12 de dezembro de 2012, a competência internacional dos tribunais portugueses em matéria executiva rege-se pelo disposto nos arts. 62º, 63º e 94º.

Assim, nos termos do art. 63º, al. *d)*, os tribunais portugueses têm competência internacional exclusiva em matéria de execuções sobre bens imóveis situados em território português[688,689], aqui se incluindo igual-

[687] A este respeito, conforme se exarou no relatório sobre a Convenção de Bruxelas de 27 de setembro de 1968, relativa à competência e à execução de decisões em matéria civil e comercial, elaborado por P. Jenard (disponível no JOCE, nº C 59/1, de 5 de março de 1979), a expressão "proceedings concerned with the enforcement of judgments" deve ser interpretada no sentido de compreender os "litígios que podem resultar do recurso à força, à coerção ou à apreensão de bens móveis ou imóveis para assegurar a execução efetiva de decisões ou de instrumentos autênticos".

[688] Nos termos do art. 65º-A, al. *e)*, do CPC_{1961}, na redação anterior à que lhe foi dada pela Lei nº 52/2008, de 28 de agosto, os tribunais portugueses tinham competência exclusiva quanto às execuções sobre bens existentes em território português, independentemente da natureza do bem. Contudo, como assinala Rui Pinto, a aplicação deste preceito legal não era isenta de dificuldades, porquanto, se era fácil "localizar" um bem imóvel em território português (por natureza, inamovível), já o mesmo não sucedia com os bens móveis e muito menos com os direitos (Pinto, Rui, *Manual da Execução e Despejo, op. cit.*, p. 257). Quanto à competência internacional dos tribunais portugueses para a penhora de depósitos bancários localizados no estrangeiro, *vide* Sousa, Miguel Teixeira de, "A competência internacional executiva dos tribunais portugueses: alguns equívocos (anotação ao Ac. do TRL de 18.2.2003, Rec. 9455/02)", *in CDP*, nº 5, jan./mar. 2004, p. 57.

[689] No sentido de este preceito se encontrar parcialmente afastado pelo atual art. 24º, nº 5, do Reg. (UE) nº 1215/2012, de 12 de dezembro de 2012, *vide* Pinto, Rui, *Manual da Execução e Despejo, op. cit.*, p. 258.

mente os direitos reais menores de gozo sobre bens imóveis e o direito de compropriedade[690].

Não havendo lugar a competência exclusiva, os tribunais portugueses serão internacionalmente competentes para o conhecimento de uma ação executiva se as partes lhes tiverem atribuído essa competência por força da celebração de um pacto de jurisdição, nos termos do art. 94º.

Não se verificando, no caso em concreto, qualquer competência exclusiva ou convencional dos tribunais portugueses, aplica-se o regime previsto no art. 62º, pelo que os tribunais portugueses poderão ter competência internacional para o conhecimento de uma ação executiva ao abrigo dos princípios da coincidência, da causalidade ou da necessidade[691].

Os elementos de conexão previstos no art. 62º devem ser conjugados com o disposto no art. 89º, nº 3. Assim, se o tribunal competente para a execução for o do domicílio do executado e se este não tiver o seu domicílio em Portugal, mas aqui tiver bens, os tribunais portugueses têm competência internacional pelo facto de os bens se localizarem em território português. Com efeito, em matéria executiva, os tribunais portugueses têm competência internacional se "as medidas necessárias à realização coactiva da prestação puderem correr em território português, prevalecendo, portanto, a regra da territorialidade da execução"[692].

Do que vem de dizer-se, resulta que, se o património do executado se encontrar disperso por vários países, a consagração do princípio da territorialidade em sede executiva e a adoção do critério do lugar da situação dos bens como critério relevante para efeitos de determinação da competência internacional, é suscetível de justificar a propositura, em diferentes países, de ações executivas para a cobrança do mesmo crédito, sem que daí decorra qualquer vício de litispendência, já que, se assim não se entendesse, estaria encontrada a solução para o devedor se furtar ao cumprimento das suas obrigações[693].

[690] Freitas, José Lebre de, "Competência ou incompetência internacional dos tribunais portugueses", *in ROA*, ano 69º, vol. I/II, jan./jun. 2009, p. 60.

[691] Aplicando apenas à ação executiva os princípios da coincidência e da necessidade, *vide* Ferreira, Fernando Amâncio, *Curso de Processo de Execução, op. cit.*, p. 91.

[692] Ac. do TRP de 12.06.2012, proc. 749/11.2YYPRT.P1. Assim, conforme se decidiu neste acórdão, "Os tribunais portugueses não têm competência internacional para a execução para entrega de coisa certa, cujos bens a entregar não se situam em território português".

[693] *Vide*, a este propósito, o ac. do TRG de 28.02.2019, proc. 291/17.8T8MNC-A.G1, com o seguinte sumário: "No caso das execuções, a sua interposição em mais do que uma jurisdição pode justificar-se pela perspetiva de penhora de bens localizados em todas essas jurisdições, sem que tal signifique a duplicação do recebimento do mesmo crédito, pois qualquer pagamento ocorrido num dos processos terá de ser refletido na dívida em causa no outro. Não existe qualquer

2.2. Competência interna

Dispõe o art. 60º, nº 1, que a competência dos tribunais judiciais, no âmbito da jurisdição civil, é regulada conjuntamente pelo estabelecido nas leis de organização judiciária e pelas disposições previstas no Código de Processo Civil.

Por sua vez, o art. 60º, nº 2, preceitua que, na ordem interna, a jurisdição reparte-se pelos diferentes tribunais segundo a matéria, o valor da causa, a hierarquia judiciária e o território.

2.2.1. Competência em razão da matéria

2.2.1.1. Competência dos tribunais judiciais

No que diz respeito à competência em razão da matéria, aplica-se a mesma regra que vigora no domínio da ação declarativa, ou seja, são da competência dos tribunais judiciais as causas que não sejam atribuídas a outra ordem jurisdicional (arts. 40º, nº 1, e 80º, nº 1, da LOSJ, e 64º)[694]. Neste enquadramento, os tribunais judiciais têm, quanto à matéria, uma competência subsidiária ou supletiva, sendo igualmente competentes para "executar as decisões proferidas por outros órgãos jurisdicionais carecidos de competência executiva, salvo se essa competência for atribuída a outros"[695]. É o que sucede, por exemplo, com a execução das decisões proferidas pelos julgados de paz[696] ou pelos tribunais arbitrais, os quais apenas têm competência em matéria declarativa (arts. 6º da LJP e 47º da LAV)[697].

convenção internacional de direito internacional e/ou europeu que de forma expressa e satisfazendo a exigência legal prevista no nº 3 do art. 580º do CPC preveja a verificação de litispendência entre ações executivas pendentes na jurisdição nacional e estrangeira".

694 Assim, conforme se decidiu no ac. do TRL de 09.03.2017, proc. 7363/15.1T8LSB.L1-8, os tribunais judiciais não são materialmente competentes para a execução fundada numa decisão condenatória proferida por um órgão da Ordem dos Advogados. Do mesmo modo, decidiu-se no ac. do TRE de 08.02.2018, proc. 5863/17.8T8STB.E1, que os tribunais judiciais não são competentes em razão da matéria para a execução referente à "cobrança coerciva de contribuições não pagas por beneficiário da Caixa de Providência de Advogados e Solicitadores (CPAS)", sendo antes competente a jurisdição administrativa e fiscal, atento o facto de estar em causa um litígio emergente de uma "relação jurídica administrativa e fiscal e não de uma relação de direito privado". *Vide*, no mesmo sentido deste último aresto, os acs. do TRP de 05.02.2018, proc. 785/17.5T8OVR.P1, de 05.02.2018, proc. 17311/17.9T8PRT.P1, de 11.04.2018, proc. 1789/16.0T8MAI.P1, e de 11.07.2018, proc. 2076/17.2T8AGD.P1, o ac. do TRC de 06.03.2018, proc. 5471/17.3T8CBR.C1, bem como o ac. do TRL de 20.09.2018, proc. 16141/17.2T8LSB.L1-2.

695 Ferreira, Fernando Amâncio, *Curso de Processo de Execução*, *op. cit.*, p. 96.

696 *Vide*, a este propósito, a decisão da $CSC_{It.}$ de 20.09.2002, proc. 13757, *in www.cortedicassazione.it*.

697 Com efeito, como ensina Lebre de Freitas, a incompetência do tribunal arbitral para executar as suas próprias decisões encontra justificação no facto de a ação executiva postular o "exercício de poderes de autoridade", o que "levou a entregar ao juiz do tribunal do Estado a tutela e o controlo

2.2.1.2. Tribunais e juízos de competência especializada

O art. 80º, nº 2, da LOSJ, estabelece que os tribunais de comarca são de competência genérica e de competência especializada.

Por sua vez, o art. 81º, nº 1, da LOSJ estipula que os tribunais de comarca desdobram-se em juízos, que podem ser de competência especializada, de competência genérica e de proximidade. Paralelamente, o art. 81º, nº 3, da LOSJ, preceitua que podem ser criados diversos juízos de competência especializada, destacando-se, em matéria civil, os juízos centrais cíveis, os juízos locais cíveis e os juízos de execução.

Ora, no que concerne aos juízos de execução, estes têm competência exclusiva para exercer, no âmbito dos processos de execução de natureza cível, as competências previstas no Código de Processo Civil (art. 129º, nº 1, da LOSJ).

Contudo, mesmo que exista um juízo de execução dentro do tribunal de comarca competente, têm competência executiva própria para a execução das suas decisões o tribunal de propriedade intelectual (art. 111º, nº 2, da LOSJ), o tribunal da concorrência, regulação e supervisão (art. 112º, nº 2, da LOSJ), o tribunal marítimo (art. 113º, nº 2, da LOSJ), os juízos de família e menores – relativamente às execuções por alimentos entre cônjuges e ex-cônjuges ou por alimentos devidos a menores e aos filhos maiores ou emancipados a que se refere o art. 1880º do CC [arts. 122º, nº 1, al. *f)*, e 123º, nº 1, al. *e)*, da LOSJ][698] –, os juízos do trabalho [art. 126º, nº 1, al. *m)*, da LOSJ][699], os juízos de comércio

do processo executivo" (Freitas, José Lebre de, "Os paradigmas da acção executiva", *op. cit.*, p. 551). *Vide*, no mesmo sentido, Silva, Paula Costa e, "A execução em Portugal de decisões arbitrais nacionais e estrangeiras", *op. cit.*, pp. 630 e 631, segundo a qual "Detendo o Estado o monopólio do uso da força de modo legítimo, qualquer actividade que implique o seu uso só pode ser exercida ou pelo Estado ou por alguém, mesmo que sujeito privado, por sua delegação. Esta delegação não existe no caso dos tribunais arbitrais pelo que não pode admitir-se que pratiquem actos de coerção, seja em tutela cautelar, seja em tutela definitiva".

[698] Cfr., nesse sentido, o ac. do TRP de 10.07.2013, proc. 1067/12.4T2AGD.P1.

[699] *Vide*, a este propósito, o ac. do STJ de 04.07.2013, proc. 536/11.8TTPRT-A.P1.S1, no qual se decidiu que "Compete aos tribunais do trabalho conhecer, em matéria cível, das execuções fundadas em acórdão proferido por tribunal arbitral referente a litígio emergente de relação de trabalho subordinado". Cfr., ainda, o ac. do TRL de 18.11.2011, proc. 428/11.0TBALQ.L1-1, no qual se consignou que "se do título executivo que integra a *causa petendi* de uma acção executiva resulta uma obrigação – exequenda – que surge no âmbito de uma relação jurídica de natureza laboral que até à data vinculava ambas as partes, nascendo a obrigação precisamente em resultado e por causa da extinção da referida relação laboral, inequívoco é que se está perante uma acção executiva cujo desiderato visa a cobrança de uma dívida emergente de uma relação de trabalho. E, sendo assim como é, forçoso é que, as razões de ordem pública de vocacionalidade, adequação e idoneidade funcional do Juiz do Tribunal do Trabalho, encaminhem necessariamente a referida acção executiva para a competência especializada dos tribunais do trabalho". *Vide*, igualmente, o ac.

(art. 128º, nº 3, da LOSJ), bem como os juízos criminais no tocante à execução de sentenças por eles proferidas que, nos termos da lei processual penal, não devam correr perante um juízo cível (art. 129º, nº 2, da LOSJ)[700,701].

2.2.2. Competência em razão do valor

Quanto à competência em razão do valor da ação, se estiver em causa uma circunscrição que se encontre abrangida pela competência de um juízo de execução, este será competente para exercer, no âmbito do processo executivo, as competências previstas no Código de Processo Civil, independentemente do valor da ação (art. 129º, nº 1, da LOSJ).

Diferentemente, estando em causa uma circunscrição que não se encontre abrangida pela competência de um juízo de execução ou tribunal, será competente o juízo central cível, se o valor da execução for igual ou superior a € 50.000,01 [art. 117º, nº 1, al. *b)*, da LOSJ], ou o juízo local cível, se o valor da execução for igual ou inferior a € 50.000,00 [art. 130º, nº 2, al. *c)*, da LOSJ] [702].

2.2.3. Competência em razão da hierarquia

No que concerne à competência em razão da hierarquia, os tribunais de comarca têm competência exclusiva em matéria executiva, ainda que esteja em causa uma decisão condenatória proferida pelo tribunal da Relação ou pelo Supremo Tribunal de Justiça (art. 86º). Com efeito, nos termos do art. 42º, nº 1, da LOSJ, os tribunais judiciais encontram-se hierarquizados para efeito de recurso das suas decisões, sendo que nem o tribunal da Relação, nem o

do TRE de 24.05.2018, proc. 807/17.0T8TMR.E1, no qual se sustentou que "O juízo do trabalho é materialmente competente para uma execução em que o título executivo consiste num «acordo de pagamento de créditos laborais», que foi autenticado pelo notário, no qual a dívida aí reconhecida, e que a exequente pretende executar, se refere a créditos pela cessação do contrato de trabalho que vigorou entre aquela, como trabalhadora, e o executado-marido, como empregador".

[700] Cfr., a este respeito, o ac. do TRL de 12.05.2015, proc. 498/06.3GALNH.L1-5, com o seguinte sumário: "Os tribunais criminais são competentes para a execução das suas decisões condenatórias proferidas na sequência dos pedidos cíveis deduzidos em processo crime, por força do princípio da adesão contido no art. 71º e segts. do Cód. Proc. Penal. Só assim não sucederá, nos casos em que na sentença se haja utilizado da faculdade prevista no art. 82º, nº 1, do mesmo Código, ou seja, em que tenha havido condenação "no que se liquidar em execução de sentença". Nesta hipótese, a competência pertence aos tribunais cíveis, servindo de título executivo a sentença penal".

[701] Paralelamente, no que concerne à execução de multas penais e de indemnizações de natureza processual, o art. 131º da LOSJ preceitua que a execução das decisões relativas a multas penais e indemnizações previstas na lei processual aplicável compete ao juízo ou tribunal que as tenha proferido.

[702] *Vide*, a este propósito, CAZANOVA, Salazar, "Notas breves sobre a lei de organização do sistema judiciário (Lei nº 62/2013, de 26 de Agosto)", *in ROA*, ano 73º, vol. II/III, abr./set. 2013, p. 472.

Supremo Tribunal de Justiça, têm competência executiva. Significa isto que apenas os tribunais de comarca têm competência executiva, independentemente de estar em causa a execução de uma decisão proferida, em primeira instância ou em sede de recurso, por um tribunal superior.

2.2.4. Competência em razão do território

Por último, em relação à competência territorial, esta encontra-se regulada nos arts. 85º a 90º, importando distinguir consoante o título executivo revista natureza judicial ou extrajudicial.

2.2.4.1. Competência para a execução fundada em título executivo judicial

2.2.4.1.1. Execução de sentença proferida pelo tribunal de comarca

Se estiver em causa uma ação executiva fundada em sentença condenatória proferida pelo tribunal de comarca, é territorialmente competente para a execução o tribunal onde tiver corrido termos a própria ação declarativa (art. 85º, nº 1)[703]. A consagração desta regra de competência encontra justificação no facto de a execução de decisão judicial condenatória correr nos próprios autos (art. 626º), sendo tramitada de forma autónoma, salvo se tiver sido interposto recurso da sentença que tenha implicado a subida de todo o processo, situação em que execução passa a correr no traslado, ou seja, com base em certidão da sentença e das demais peças processuais que, para o efeito, sejam requeridas pelo apelado (art. 649º, nº 1).

Pode, no entanto, suceder que, nos termos da Lei da Organização do Sistema Judiciário, seja competente para a execução, no caso em concreto, um juízo de execução [art. 81º, nº 3, al. *j)*, da LOSJ]. Nessa eventualidade, a secretaria do tribunal onde correu ou corre termos o processo declarativo deve, com caráter de urgência, remeter uma cópia da sentença, do requerimento que deu início à execução e dos documentos que o acompanham para o juízo de execução competente, atento o disposto no art. 85º, nº 2[704]. Vale isto por dizer que o requerimento executivo deve ser apresentado junto do tribunal onde correu ou corre termos o processo declarativo e não diretamente junto do juízo de execução que será competente para a tramitação da execução, pois que caberá ao tribunal onde foi proferida a sentença remeter ao juízo de

[703] Cfr., a este propósito, o ac. do TRE de 19.11.2015, proc. 664/14.8T8FAR.1.E1.

[704] No sentido de este regime não se aplicar à execução para prestação de facto, titulada por sentença condenatória proferida em procedimento cautelar de embargo de obra nova (art. 402º, nº 2), sendo, por isso, competente para a execução o próprio tribunal que tiver decretado a providência cautelar, *vide* o ac. do TRP de 27.06.2019, proc. 5115/17.3T8OAZ.P1.

execução a cópia da sentença, do requerimento executivo e dos documentos que o acompanham[705].

2.2.4.1.2. Execução de sentença proferida pelos tribunais superiores

Se a ação tiver sido proposta, em primeira instância, no tribunal da Relação ou no Supremo Tribunal de Justiça, é competente para a execução o tribunal do domicílio do executado, salvo a situação especial prevista no art. 84º, respeitante às ações em que seja parte o juiz, seu cônjuge ou certos parentes. É que, de acordo com a Lei da Organização do Sistema Judiciário, nem o Supremo Tribunal de Justiça, nem o tribunal da Relação, têm competência para executar as decisões por eles proferidas em primeira instância [arts. 55º, als. *b)* e *c)*, e 73º, als. *b)* a *e)*, da LOSJ].

Para que seja possível a execução da decisão, torna-se necessário que o processo declarativo ou o respetivo traslado, consoante os casos, seja remetido ao tribunal competente para a execução (art. 86º).

2.2.4.1.3. Execução de sentença proferida por tribunais estrangeiros

Sendo o título executivo uma sentença estrangeira, é competente para a execução o tribunal do domicílio do executado, nos termos do disposto no art. 86º *ex vi* do art. 90º. Significa isto que o requerimento executivo deve ser apresentado junto do tribunal de primeira instância que for competente para a execução, isto é, no tribunal do domicílio do executado (art. 86º), e não, sendo caso disso, junto do tribunal da Relação onde tiver corrido termos o respetivo processo especial de revisão e confirmação de sentença estrangeira (arts. 978º a 985º)[706].

[705] *Vide*, nesse sentido, o ac. do TRP de 01.02.2016, proc. 12613/15.1T8PRT.P1, com o seguinte sumário: "I – Face ao estabelecido no novo Código de Processo Civil, não é legalmente admissível que uma acção executiva baseada em sentença condenatória seja directamente instaurada numa Secção de Execução, contrariando o estatuído, expressamente, no art. 85º, nºs 1 e 2, do CPC. II – O formalismo sequencial decorrente do estatuído no art. 85º, nºs 1 e 2, do CPC, não pode ser, no caso concreto, postergado com apelo aos enunciados princípios da oficiosidade (inquisitório), da cooperação, adequação formal ou economia processual". Cfr., no mesmo sentido, o ac. do TRL de 07.06.2018, proc. 13487/17.3T8LSB.L1-8 (referente à execução de sentença homologatória de transação judicial), o ac. do TRP de 27.06.2018, proc. 6084/15.0T8LOU.1.P1, bem como o ac. do TRE de 28.02.2019, proc. 1729/16.7T8SLV-B.E1.

[706] Ac. do TRL de 13.10.1992, proc. 0048941. Cfr., no mesmo sentido, Freitas, José Lebre de/ Alexandre, Isabel, *Código de Processo Civil Anotado*, vol. I, *op. cit.*, p. 194.

2.2.4.1.4. Execução pelas indemnizações

Se a ação executiva tiver por finalidade a cobrança coerciva de indemnizações decorrentes de condenação por litigância de má-fé (art. 542º) e em regimes análogos – tal como sucede, por exemplo, com a indemnização devida por falta, insuficiência ou irregularidade do mandato (art. 48º, nº 2), por patrocínio exercido a título de gestão de negócios, sem que a parte tenha ratificado a gestão (art. 49º, nº 2), ou por tentativa ilícita de desaforamento (art. 107º) – é competente o tribunal onde haja corrido termos o processo no qual tenha sido proferida a condenação[707]. Nesse caso, a execução pelas indemnizações corre por apenso ao respetivo processo.

Por outro lado, se a condenação em indemnização tiver sido proferida pelo tribunal da Relação ou pelo Supremo Tribunal de Justiça, isto é, se a ação tiver sido intentada diretamente junto do tribunal da Relação ou do Supremo Tribunal de Justiça, à luz das regras de competência previstas nos arts. 55º e 73º da LOSJ, a execução tem lugar no tribunal de primeira instância competente da área em que o processo haja corrido (art. 88º).

2.2.4.2. Competência para a execução fundada em título executivo extrajudicial

2.2.4.2.1. Ação executiva para pagamento de quantia certa sem garantia real ou para prestação de facto

Se a ação executiva tiver por base um título executivo extrajudicial, a regra é a de que, na falta de disposição especial em sentido contrário, é competente para a execução o tribunal do domicílio do executado.

No entanto, o exequente pode optar pelo tribunal do lugar em que a obrigação deva ser cumprida quando o executado seja pessoa coletiva ou quando, situando-se o domicílio do exequente na Área Metropolitana de Lisboa ou do Porto, o executado tenha o seu domicílio na mesma área metropolitana (art. 89º, nº 1)[708].

Assim, do art. 89º, nº 1, decorrem as seguintes regras:

a) a ação executiva deve, em princípio, ser intentada junto do tribunal do domicílio do executado;

[707] Observe-se que, por força da alteração legislativa introduzida pela Lei nº 27/2019, de 28 de março, a execução por custas ou por multas não penais, bem como por outras sanções pecuniárias fixadas em processo judicial, passou a ser realizada através do processo de execução fiscal, nos termos do art. 148º, nº 2, al. *c)*, do CPPT.

[708] No sentido de este regime ser igualmente aplicável à execução do requerimento de injunção no qual tenha sido aposta a fórmula executória, *vide* PINTO, Rui, *Manual da Execução e Despejo, op. cit.*, p. 270.

b) havendo pluralidade de executados, devem ser todos demandados no tribunal do domicílio do maior número; sendo igual o número de domicílios, o exequente pode escolher qualquer um deles (art. 82º, nº 1)[709];

c) sendo o executado uma pessoa coletiva, o exequente pode optar por intentar a ação executiva no tribunal do domicílio do executado ou no tribunal do lugar do cumprimento da obrigação; contudo, se, juntamente com uma ou mais pessoas coletivas, for demandada, pelo menos, uma pessoa singular, o exequente deixa de poder optar pelo tribunal do lugar do cumprimento da obrigação, devendo a ação executiva ser intentada junto do tribunal do domicílio do executado que seja pessoa singular[710,711];

d) se o exequente e o executado residirem, simultaneamente, na Área Metropolitana do Porto ou na Área Metropolitana de Lisboa[712], o exequente pode optar por intentar a ação executiva no tribunal do domicílio do executado ou no tribunal do lugar onde a obrigação deva ser cumprida.

No que diz respeito ao "lugar do cumprimento da obrigação", aplica-se, na falta de estipulação das partes ou de disposição especial da lei, o regime previsto nos arts. 772º e ss. do CC, sendo certo que, estando em causa uma obrigação de natureza pecuniária, a mesma deve ser cumprida, na falta de

[709] Cfr., a este respeito, o ac. do TRE de 22.03.2018, proc. 1185/17.2T8BJA.E1.

[710] Sendo demandadas duas ou mais pessoas singulares e se estas tiverem o seu domicílio em locais distintos, aplica-se, supletivamente, o disposto no art. 82º, nº 1, devendo o exequente demandar os executados, pessoas singulares, no tribunal do domicílio do maior número ou, sendo igual o número de domicílios, em qualquer um deles, à sua escolha.

[711] *Vide*, no mesmo sentido, os acs. do TRP de 08.11.2007, proc. 0735296, e de 08.05.2008, proc. 0832228, os acs. do TRL de 22.04.2008, proc. 2901/2008-7, e de 29.04.2008, proc. 2926/2008-1, bem como o ac. do STJ de 07.05.2009, proc. 09A0298.
Cfr., em sentido contrário, os acs. do TRP de 29.03.2007, proc. 0731376, e de 04.07.2007, proc. 0752755, tendo-se decidido neste último o seguinte: "Da actual redacção do art. 94º do CPC não se extrai que a lei tenha imposto a obrigatoriedade de que apenas quando todos os executados forem pessoas colectivas o exequente pode optar pelo Tribunal do lugar em que a obrigação deva ser cumprida".

[712] Nos termos do art. 66º, nº 1, e do anexo II da Lei nº 75/2013, de 12 de setembro, a Área Metropolitana do Porto é composta pelos municípios de Santo Tirso, Trofa, Arouca, Oliveira de Azeméis, Santa Maria da Feira, São João da Madeira, Vale de Cambra, Espinho, Gondomar, Maia, Matosinhos, Porto, Póvoa de Varzim, Valongo, Vila do Conde, Vila Nova de Gaia e Paredes. Por sua vez, a Área Metropolitana de Lisboa é constituída pelos municípios de Cascais, Amadora, Lisboa, Loures, Mafra, Odivelas, Oeiras, Sintra, Vila Franca de Xira, Alcochete, Almada, Barreiro, Moita, Montijo, Palmela, Seixal, Sesimbra e Setúbal.

estipulação ou disposição especial da lei, junto do domicílio do credor ao tempo do cumprimento (art. 774º do CC)[713,714].

No entanto, tratando-se da execução de uma letra, de uma livrança ou de um cheque, o lugar do cumprimento da obrigação é o que resulta das disposições substantivas constantes, respetivamente, da Lei Uniforme Relativa às Letras e Livranças ou da Lei Uniforme Relativa ao Cheque[715].

Assim:

a) no caso das letras e livranças, dispõem os arts. 1º, nº 5, e 75º, nº 4, da LULL, que a letra e a livrança devem conter, entre outros elementos, a indicação do lugar onde deve ser efetuado o pagamento.
Ora, relativamente às letras, o art. 2º, § 3, da LULL estabelece que, na falta de indicação especial, o lugar designado ao lado do nome do sacado considera-se como sendo o lugar do pagamento e, ao mesmo

713 Nesta conformidade, estando em causa uma ação executiva para pagamento de quantia certa e sendo a exequente uma sociedade com representações locais, deve entender-se, para efeitos de determinação da competência territorial em matéria executiva, que o domicílio do credor ao tempo do cumprimento da obrigação é não apenas o do lugar onde se situa a sede da administração principal, mas também o lugar onde se situe a respetiva representação local onde tenha sido celebrado o negócio jurídico que se encontre na base do litígio (ac. do TRP de 07.07.2003, proc. 0353968).

714 Note-se que, estando em causa a obrigação de pagamento do preço no âmbito de um contrato de compra e venda, o preço deve ser pago no momento e no lugar da entrega da coisa vendida, salvo se, por convenção das partes ou por força dos usos, o preço não tenha de ser pago no momento da entrega, caso em que o pagamento deve ser efetuado no lugar do domicílio que o credor tiver ao tempo do cumprimento (art. 885º do CC).
Por sua vez, no âmbito do contrato de locação, o art. 1039º, nº 1, do CC estabelece que o pagamento da renda ou do aluguer deve ser efetuado no domicílio do locatário à data do vencimento, salvo se as partes ou os usos fixarem regime diverso.

715 As normas sobre o lugar do cumprimento da obrigação, previstas na Lei Uniforme das Letras e Livranças e na Lei Uniforme dos Cheques, revestem natureza substantiva e não processual, concretamente no que respeita à competência judicial em caso de acionamento do título de crédito. Por conseguinte, independentemente do local de pagamento indicado no título cambiário, é territorialmente competente para a execução o tribunal do lugar onde o executado tem o seu domicílio, por aplicação da regra geral prevista no art. 89º, nº 1, salvo se, de acordo com este preceito, a ação executiva puder ser intentada junto do tribunal do lugar onde, de acordo com as normas substantivas, a obrigação deva ser cumprida, pelo facto de o executado ser pessoa coletiva ou de o exequente e o executado residirem, simultaneamente, na Área Metropolitana do Porto ou de Lisboa. Cfr., a este propósito, o ac. do TRG de 13.02.2012, proc. 5767/11.8TBBRG-B.G1, e os acs. do TRL de 12.02.2013, proc. 5625/12.9TBCSC.L1-7, de 21.11.2013, proc. 22414/10.8YYLSB.L1-8, de 28.11.2013, proc. 9289/11.9TBCSC.L1-6, e de 12.12.2013, proc. 19690/10.0 YYLSB-A.L1-6. *Vide*, na doutrina, Faria, Paulo Ramos de/Loureiro, Ana Luísa, *Primeiras Notas ao Novo Código de Processo Civil*, vol. I, *op. cit.*, p. 118.

tempo, o lugar do domicílio do sacado. Outrossim, se da letra não constar a indicação do lugar onde foi passada, considera-se como tendo-o sido no lugar designado ao lado do nome do sacador (art. 2º, § 4, da LULL). Se o sacador tiver indicado na letra um lugar de pagamento diverso do domicílio do sacado, sem designar um terceiro em cujo domicílio o pagamento deva ser efetuado, o sacado pode designar no ato do aceite a pessoa que deve pagar a letra, sendo que, na falta dessa indicação, considera-se que o aceitante se obriga, ele próprio, a efetuar o pagamento no lugar indicado na letra (art. 27º da LULL). Por sua vez, no que concerne às livranças, o art. 76º, § 4, da LULL preceitua que, na falta de indicação especial, o lugar onde o escrito foi passado considera-se como sendo o lugar do pagamento e, ao mesmo tempo, o lugar do domicílio do subscritor da livrança[716]. À luz do art. 76º, § 5, da LULL, a livrança que não contenha indicação do lugar onde foi passada considera-se como tendo-o sido no lugar designado ao lado do nome do subscritor;

b) relativamente aos cheques, o art. 1º, nº 4, da LUC dispõe que o cheque deve conter a menção do lugar onde o pagamento deve ser efetuado. Na falta de indicação especial, considera-se como lugar de pagamento o designado ao lado do nome do sacado, sendo que, se forem indicados vários lugares ao lado do nome do sacado, o cheque é pagável no primeiro lugar indicado (art. 2º, § 2, da LUC). Ora, como quem tem de pagar o cheque é a entidade bancária que procedeu à sua emissão (art. 1º, § 3, da LUC), o lugar do cumprimento da obrigação é o da agência bancária que procedeu à emissão desse cheque, independentemente do lugar indicado pelo sacador do cheque como "local de emissão", ou onde o cheque foi apresentado a pagamento. Contudo, se do cheque não constar a indicação da agência bancária que procedeu à sua emissão, o lugar do cumprimento da obrigação será o lugar onde a instituição bancária sacada tem a sua sede ou o estabelecimento principal (art. 2º, § 3, da LUC).

[716] Cfr., nesse sentido, o ac. do TRP de 01.06.1993, proc. 9230997, com o seguinte sumário: "Indicando-se na livrança o lugar do pagamento, é o tribunal da respectiva comarca o territorialmente competente para a execução, por força do artigo 94º, nº 1 do Código de Processo Civil. Constando da livrança o lugar do pagamento é nesse lugar que ela deve ser apresentada ao devedor e não noutro".

2.2.4.2.2. Ação executiva para pagamento de quantia certa com garantia real ou para entrega de coisa certa

Se a ação executiva tiver por finalidade o pagamento de quantia certa, relativamente a dívida que beneficie de garantia real[717], ou a entrega de coisa certa, é territorialmente competente para a execução, respetivamente, o tribunal do lugar onde se encontre a coisa onerada em garantia ou a coisa a ser entregue (art. 89º, nº 2)[718].

Assim, se a ação executiva tiver sido movida, simultaneamente, contra o executado e contra o terceiro, titular do bem onerado para garantia da dívida exequenda, nos termos do art. 54º, nº 2, a regra especial de competência prevista no art. 89º, nº 2, prevalece sobre a regra geral do art. 89º, nº 1, razão pela qual será territorialmente competente para a execução o tribunal do lugar do bem onerado em garantia[719].

2.2.4.3. Competência em caso de cumulação de execuções fundadas em títulos diferentes

Como se referiu *supra*, o art. 89º, nº 1, determina que, salvos os casos especiais previstos noutras disposições, é competente para a execução o tribunal do domicílio do executado, podendo, no entanto, o exequente optar pelo tribunal do lugar do cumprimento da obrigação quando o executado seja pessoa coletiva ou quando o exequente e o executado residam simultaneamente na área metropolitana do Porto ou de Lisboa.

Ora, um dos casos especiais de competência territorial a que se alude no art. 89º, nº 1, diz precisamente respeito à competência em caso de cumulação de execuções fundadas em títulos diferentes, prevista no art. 709º.

Assim, se o exequente cumular execuções fundadas em títulos de formação judicial diferentes de sentença, a ação executiva deve ser intentada junto do tribunal do lugar onde correu o procedimento de valor mais elevado. Deste modo, se o exequente, por exemplo, pretender cumular execuções fundadas em dois requerimentos de injunção com a fórmula executória neles aposta, tendo os respetivos procedimentos corrido termos em tribunais distintos[720],

[717] O que implica que a garantia tenha sido efetivamente constituída, não bastando, por isso, uma mera promessa de constituição da garantia (*vide*, nesse sentido, o ac. do TRE de 22.03.2018, proc. 1185/17.2T8BJA.E1).

[718] Cfr., a este propósito, o ac. do TRL de 21.11.2006, proc. 7587/2006-1, o ac. do TRC de 15.07.2009, proc. 444/07.7TBSCD.C1, bem como o ac. do TRC de 08.05.2018, proc. 6552/17.9T8CBR-A.C1.

[719] Cfr., neste sentido, o ac. do TRP de 20.01.2011, proc. 8560/08.1TBMTS-A.P1.

[720] Com efeito, ressalvado o disposto na Portaria nº 220-A/2008, de 4 de março, e no DL nº 34/2008, de 26 de fevereiro, quanto à obrigação de apresentação do requerimento de injunção por via

é competente para a execução o tribunal do lugar onde correu termos o procedimento de injunção de valor mais elevado (art. 709º, nº 2).

Por outro lado, se o exequente cumular uma execução fundada em título de formação judicial diferente de sentença com uma execução fundada em título extrajudicial, é competente para a execução o tribunal do lugar onde correu o procedimento em que se formou o título (art. 709º, nº 3). Assim, se o exequente, por exemplo, pretender intentar uma execução contra uma pessoa coletiva, cumulando uma execução fundada em requerimento de injunção, cujo procedimento correu termos na secretaria do tribunal do lugar do domicílio do devedor, com uma execução fundada em cheque, do qual resulta que o lugar do cumprimento da obrigação é um lugar diverso do domicílio do devedor, será competente para a execução o tribunal do lugar onde correu termos o procedimento de injunção, ou seja, o lugar do domicílio do devedor.

Por último, se o exequente cumular execuções fundadas exclusivamente em títulos executivos extrajudiciais e se forem territorialmente competentes para essas execuções diferentes tribunais, o exequente pode, à sua escolha, intentar a execução em qualquer um desses tribunais, salvo se a competência para alguma dessas execuções depender de algum dos elementos de conexão que permitam o conhecimento oficioso da incompetência relativa [art. 104º, nº 1, al. *a)*], caso em que a execução deve ser proposta no tribunal dessa execução (art. 82º, nº 2, *ex vi* do art. 709º, nº 4)[721]. Assim, se, por exemplo, o exequente pretender cumular contra o mesmo executado, pessoa coletiva, duas execuções fundadas em duas letras de câmbio, das quais decorrem lugares de pagamento distintos, será competente para a execução, à escolha do exequente, qualquer um dos tribunais do lugar do cumprimento da obrigação.

2.2.4.4. Competência convencional

Dispõe o art. 95º, nº 1, que as partes podem afastar, por convenção expressa, a aplicação das regras de competência em razão do território. Vale isto por dizer que as partes podem eleger como tribunal competente para a execução um foro diverso daquele que resulta das normas de competência territorial.

Contudo, nos termos dos arts. 95º, nº 1, parte final, e 104º, nº 1, al. *a)*, em matéria executiva, as partes não podem celebrar pactos de competência dos

eletrónica, junto do BNI, nos casos em que a entrega do requerimento de injunção seja efetuada por advogado ou por solicitador, o art. 8º do anexo ao DL nº 269/98, de 1 de setembro, preceitua que o requerimento de injunção pode ser apresentado, à escolha do credor, na secretaria do tribunal do lugar do cumprimento da obrigação ou na secretaria do tribunal do domicílio do devedor.

721 Cfr., a este respeito, o ac. do TRL de 02.02.2010, proc. 8492/09.6YYLSB.L1-1.

quais resulte o afastamento das regras de competência territorial nos seguintes casos:

a) execução de decisão proferida por tribunais portugueses (art. 85º, nº 1);
b) execução de título executivo extrajudicial, no caso previsto no art. 89º, nº 1, 1ª parte, ou seja, quando seja competente para a execução o tribunal do domicílio do executado, sem que se verifique alguma das exceções que permitissem ao exequente optar pelo tribunal do lugar em que a obrigação deva ser cumprida; ou
c) execução para entrega de coisa certa ou para pagamento de quantia certa, beneficiando a dívida de garantia real (art. 89º, nº 2)[722].

Para que o pacto de competência seja válido, é necessário que o mesmo satisfaça os requisitos de forma do contrato, fonte da obrigação, desde que seja reduzido a escrito[723], devendo designar as questões a que se refere e o critério de determinação do tribunal que fica sendo competente (art. 95º, nº 2).

Em todo o caso, o pacto de competência só tem eficácia em sede executiva se o mesmo constar do título executivo que serve de fundamento à execução. Nessa exata medida, se a execução, por exemplo, se basear num título de crédito, o eventual pacto de competência que tenha sido celebrado entre as partes, constante do contrato subjacente à emissão desse título de crédito, é ineficaz em relação à execução, já que a competência territorial é determinada em função do título executivo[724].

2.3. Extensão de competência

Tal como sucede no processo declarativo, também no processo executivo vigora o princípio da extensão de competência, segundo o qual o tribunal competente para a ação é igualmente competente para conhecer dos inci-

[722] Por conseguinte, conforme se decidiu no ac. do TRC de 08.05.2018, proc. 6552/17.9T8CBR-A.C1, "A eventual existência de um pacto atributivo da competência territorial fixado nos contratos de mútuo com hipoteca que constituam títulos executivos não tem aplicação em matéria de execução, porque aqui vigoram as regras do art. 89º do CPC com exclusão da vontade das partes em lhe produzirem qualquer alteração".

[723] Nos termos do art. 94º, nº 4, *ex vi* do art. 95º, nº 2, "considera-se reduzido a escrito o acordo constante de documento assinado pelas partes, ou o emergente de troca de cartas, telex, telegramas ou outros meios de comunicação de que fique prova escrita, quer tais instrumentos contenham diretamente o acordo quer deles conste cláusula de remissão para algum documento em que ele esteja contido".

[724] Cfr. nesse sentido, entre outros, o ac. do STJ de 04.04.2002, proc. 02B692, o ac. do TRG de 22.01.2003, proc. 1486/02-2, bem como o ac. do TRP de 20.11.2007, proc. 0722365.

dentes que nela se levantem e das questões que o réu suscite como meio de defesa (arts. 91º, nº 1, e 551º, nº 1). Por conseguinte, o tribunal competente para a execução tem igualmente competência para julgar os incidentes de natureza declarativa que nela venham a ser deduzidos, como sucede, por exemplo, com a oposição à execução, a oposição à penhora e os embargos de terceiro[725].

2.4. Consequência da violação das regras da competência

A violação das regras de competência internacional ou de competência interna em razão da matéria, valor, hierarquia ou território gera a incompetência do tribunal, a qual pode ser absoluta (arts. 96º a 101º) ou relativa (arts. 102º a 108º).

Assim, se se verificar uma incompetência absoluta, por violação das regras de competência internacional ou de competência interna em razão da matéria e da hierarquia [art. 96º, al. *a)*], esta incompetência pode ser conhecida oficiosamente pelo tribunal (art. 97º, nº 1) e implica o indeferimento liminar do requerimento executivo ou a absolvição do executado da instância [arts. 99º, nº 1, e 726º, nº 2, al. *b)*].

Por sua vez, ocorrendo uma incompetência relativa, por violação das regras de competência em razão do valor da causa ou do território (art. 102º), tal determina a remessa do processo executivo para o tribunal competente (art. 105º, nº 3), mantendo-se em funções o agente de execução que tiver sido designado ou nomeado nesse processo. No que concerne ao conhecimento da incompetência relativa, dispõe o art. 104º, nº 1, que o tribunal tem, ainda que oficiosamente, competência para se pronunciar sobre a violação das normas de competência territorial quando esteja em causa a execução de sentenças (art. 85º, nº 1), bem como a execução de títulos executivos extrajudiciais para pagamento de quantia certa (quando o executado seja pessoa singular ou quando o exequente e o executado não tenham, simultaneamente, o seu domicílio nas áreas metropolitanas do Porto ou de Lisboa)[726] ou para entrega de coisa certa ou por dívida com garantia real (art. 89º, nº 1, 1ª parte, e nº 2).

3. Legitimidade

3.1. Regra

Diversamente do que sucede na ação declarativa, onde a legitimidade é aferida em função do interesse direto em demandar ou em contradizer (art. 30º), na ação executiva, vigora o princípio da legitimidade formal ou da coinci-

[725] *Vide*, a este propósito, o ac. do STJ de 03.11.2011, proc. 1947/07.9TBAMT-B.P1.S1.

[726] Cfr., a este respeito, o ac. do TRP de 11.12.2007, proc. 0724495, bem como o ac. do TRP de 06.05.2008, proc. 0821521.

dência, segundo o qual a execução tem de ser promovida pela pessoa que, no título executivo, figure como credor e contra a pessoa que, no título, tenha a posição de devedor (art. 53º, nº 1)[727,728]. Vale isto por dizer que, ressalvadas as exceções previstas na lei, o exequente e/ou o executado serão partes ilegítimas se não figurarem como credor e/ou devedor no título executivo que serve de base à execução[729]. O título executivo desempenha, assim, uma função de legitimação processual[730].

Uma vez que a legitimidade processual em sede executiva é aferida em função do título executivo, é irrelevante a efetiva titularidade do direito ou da obrigação constantes desse título[731], isto é, o exequente pode não corresponder, necessariamente, ao verdadeiro credor, assim como o executado pode não ser o verdadeiro devedor, ou seja, o sujeito efetivo da obrigação[732].

[727] Cfr., nesse sentido, o ac. do TRL de 03.10.1996, proc. 0012282, o ac. do TRP de 20.04.1995, proc. 9340930, o ac. do TRP de 14.01.1999, proc. 9831215, o ac. do TRL de 30.06.2011, proc. 2327/07.1TBCSC-A.L1-7, o ac. do TRG de 05.02.2015, proc. 27/13.2TBMGD-C.G1, o ac. do STJ de 07.05.2015, proc. 3129/11.6TBBRG-A.G1.S1, o ac. do TRP de 25.03.2019, proc. 954/11.1TBMCN-A.P1, o ac. do TRG de 24.10.2019, proc. 1388/17.7OT8VRL-A.G1, bem como o ac. do TRG de 21.10.2021, proc. 6676/20.5T8VNF-A.G1. *Vide*, na doutrina, Freitas, José Lebre de, *A Acção Executiva: À Luz do Código de Processo Civil de 2013*, *op. cit.*, pp. 143 e 144, Mesquita, Miguel, *Apreensão de Bens em Processo Executivo e Oposição de Terceiro*, 2ª ed. rev. e aum., Almedina, Coimbra, 2001, p. 18, Campese, Giovanni, *L'Espropriazione Forzata Immobiliare*, *op. cit.*, p. 46, bem como Ballati, Franco/Marini, Francesca, *Il Pignoramento Presso Terzi*, *op. cit.*, p. 24.

[728] Nesse enquadramento, não é aplicável ao processo executivo o litisconsórcio eventual ou subsidiário previsto no art. 39º (cfr., nesse sentido, o ac. do TRL de 13.01.2000, proc. 0075676).

[729] Cfr., nesse sentido, Sampaio, J. M. Gonçalves, *A Acção Executiva e a Problemática das Execuções Injustas*, *op. cit.*, p. 121. *Vide*, na jurisprudência, o ac. do TRC de 18.12.2013, proc. 1554/11.1TBPBL-A.C1, com o seguinte sumário: "Em execução fundada na emissão de um cheque pelo executado, o mesmo não é parte legítima na execução nos termos do artigo 55º, nº 1, do CPC, se o cheque dado à execução não foi por ele assinado, e consequentemente não é o seu sacador. O facto de um cheque ser pago a um terceiro, independentemente da titularidade dos fundos disponíveis numa conta solidária, não significa que a solidariedade da conta converta todos os seus titulares em devedores solidários perante o terceiro dos cheques sacados sobre ela. Assim, se o executado tiver apenas o seu nome impresso em cheque assinado por outro contitular de conta solidária, tal não determina que o mesmo tenha legitimidade como executado".

[730] Diana, Antonio Gerardo, *La Nuova Esecuzione Forzata – Questioni e Procedure*, *op. cit.*, p. 3. Cfr., no mesmo sentido, Chiovenda, José, *Principios de Derecho Procesal Civil*, tomo I, *op. cit.*, p. 327. Neste particular, Pasquale Castoro sustenta que, ressalvadas as exceções previstas na lei, o título executivo deve, de um ponto de vista formal, conter a indicação do nome do credor e do devedor, sob pena de inexistência do título (Castoro, Pasquale, *Il Processo di Esecuzione nel suo Aspetto Pratico*, *op. cit.*, p. 9).

[731] Ac. do STJ de 15.04.2015, proc. 200080-C/1996.L1.S1.

[732] *Vide*, nesse sentido, Reis, José Alberto dos, *Processo de Execução*, vol. I, *op. cit.*, p. 219, segundo o qual "Figurar no título como credor não é o mesmo que *ser* credor; ter no título a *posição* de devedor é coisa diversa de ser realmente devedor", bem como Castro, Artur Anselmo de, *A Acção Executiva*

Sendo a ação executiva intentada por quem não figure no título executivo como credor – ressalvada, naturalmente, a possibilidade de ter havido uma sucessão no direito (art. 54º, nº 1) – o requerimento executivo deve ser indeferido liminarmente, com fundamento em ilegitimidade ativa[733].

Contudo, nada obsta à retificação do nome das partes que constam do requerimento executivo, já que a legitimidade na execução é aferida em função do título executivo[734].

Por outro lado, no caso das pessoas coletivas, na eventualidade de ter havido uma alteração da denominação social, comparativamente com aquela que consta do título executivo, caberá ao exequente a alegação e prova desse facto no próprio requerimento executivo, juntando documento comprovativo da alteração da denominação social[735].

3.2. Exceções

O princípio da legitimidade formal comporta, no entanto, diversas exceções. Com efeito, em obediência ao princípio da economia processual, o legislador optou, em determinados casos, por derrogar o princípio da legitimidade formal, isto é, permitir que a ação executiva seja intentada por alguém e/ou contra alguém que não figure no título executivo (*ultra titulum*), evitando, desse modo, a necessidade de formação de um novo título executivo e subsequente sobrecarga da atividade dos tribunais (arts. 53º e 54º)[736].

3.2.1. Título ao portador

Nos termos do art. 53º, nº 2, estando em causa um título executivo ao portador, isto é, sem que dele conste a identificação do respetivo titular, sendo, por isso, o título transmissível mediante a simples entrega do mesmo[737], a ação executiva deve ser movida pelo próprio portador do título executivo[738].

Singular, Comum e Especial, *op. cit.*, pp. 76 e 77. Cfr., na jurisprudência, os acs. do STJ de 05.02.1980, proc. 068349, de 12.11.1991, proc. 081024, e de 06.12.2001, proc. 01A3281.

[733] Ac. do STJ de 22.11.2007, proc. 3558/07, *in SASTJ*, ano 2007.

[734] Ac. do TRE de 26.06.2013, proc. 519/06.0TBBJA-A.E1.

[735] Cfr., nesse sentido, o ac. do TRL de 21.06.2011, proc. 6542/09.5YYLSB-A.L1-7.

[736] Soldi, Anna Maria, *Manuale dell'Esecuzione Forzata*, *op. cit.*, p. 50.

[737] *Vide*, a este propósito, Martins, Alexandre de Soveral, *Títulos de Crédito e Valores Mobiliários*, vol. I, *op. cit.*, p. 22.

[738] No ensinamento de Nuno Oliveira, as obrigações incorporadas em títulos ao portador consubstanciam "obrigações de sujeito ativo indeterminado", na medida em que a pessoa do credor não está determinada ou individualizada (Oliveira, Nuno Manuel Pinto, *Princípios de Direito dos Contratos*, *op. cit.*, p. 64).

Trata-se, com efeito, de uma obrigação de sujeito ativo indeterminado, na aceção do art. 511º do CC. O caso paradigmático prende-se com o título de crédito emitido ao portador, situação em que, não constando do título executivo a identificação do credor, a ação executiva poderá ser proposta pelo portador desse título[739]. De facto, como bem elucida José Engrácia Antunes, neste caso em concreto, "*a posse do documento passa a ser condição necessária e suficiente para o exercício do direito cartular*, e isto num duplo sentido: a posse de um título de crédito habilita ou legitima o respectivo portador a exercer o direito nele incorporado (mesmo quando o possuidor não seja o titular do direito) e, inversamente, o verdadeiro titular do direito está impedido de o exercer se e enquanto não estiver na posse do documento (arts. 34º e 38º da LULL, art. 28º da LUC). Depois, *a posse do documento é também condição necessária e suficiente para o cumprimento da correspetiva obrigação cartular*: o devedor desonera-se validamente desta obrigação mediante o respetivo cumprimento perante o portador legítimo do título, não tendo de indagar sobre a sua verdadeira ou material titularidade (art. 40º, nº 3, da LULL, art. 35º da LUC)"[740].

Contudo, o detentor de um título de crédito ao portador carecerá de legitimidade processual se esse título se encontrar prescrito, valendo o mesmo, por isso, enquanto mero quirógrafo da obrigação. É que, estando o título prescrito, o mesmo deixa de beneficiar do regime cambiário – que, por conseguinte, não poderá ser invocado na execução –, sendo que o título executivo, enquanto mero quirógrafo, é igualmente omisso no que concerne à identificação da pessoa que se apresenta na execução como credora[741].

[739] Na esteira de Pires de Lima e Antunes Varela, nesta hipótese, a indeterminação do sujeito ativo da obrigação resulta da circunstância de "ser indirecta a ligação da obrigação com o seu credor (caso dos títulos ao portador, em que a titularidade do crédito é definida pela posse do documento de dívida)" (LIMA, Pires de/VARELA, Antunes, *Código Civil Anotado*, vol. I, *op. cit.*, p. 527). *Vide*, a este propósito, o ac. do TRP de 10.05.2010, proc. 2486/08.6TJVNF-A.P1, no qual se decidiu que "Tendo a letra exequenda sido adquirida por endosso em branco é de considerar tal letra como título ao portador, podendo o exequente, seu portador, accioná-la sem que tenha preenchido o endosso com o seu nome".

[740] ANTUNES, José A. Engrácia, *Os Títulos de Crédito – Uma Introdução*, *op. cit.*, p. 18. Do mesmo modo, Alexandre de Soveral Martins salienta que "a tutela que se confere à aparência resultante da posse do título beneficia o próprio devedor e os terceiros adquirentes", já que "os devedores têm de realizar a prestação a quem tem a posse do título e os terceiros adquirentes que têm a posse do título sabem que o devedor não irá realizar (eficazmente) a prestação a um anterior possuidor" (MARTINS, Alexandre de Soveral, *Títulos de Crédito e Valores Mobiliários*, vol. I, *op. cit.*, p. 19).

[741] *Vide*, nesse sentido, o ac. do TRG de 23.04.2013, proc. 1946/11.6TBBCL-B.G1.

3.2.2. Sucessão no direito ou na obrigação

Pode suceder que, por ato *inter vivos* – nomeadamente, cessão de créditos (arts. 577º a 588º do CC), sub-rogação (arts. 589º a 594º do CC) ou transmissão singular de dívida (arts. 595º a 600º do CC) – ou *mortis causa* –designadamente, por falecimento de uma pessoa singular ou extinção de uma pessoa coletiva –, o direito ou a obrigação se transmitam a um terceiro, o qual assumirá, consoante os casos, a posição jurídica de credor ou de devedor[742]. Com efeito, se tiver havido uma sucessão no direito, isto é, no lado ativo (arts. 577º a 594º do CC), ou na obrigação, ou seja, no lado passivo (arts. 595º a 600º do CC), a execução deve correr entre os sucessores das pessoas que figuram no título como credor ou como devedor da obrigação exequenda[743,744].

O regime processual aplicável é diverso consoante a sucessão no direito ou na obrigação se verifique antes da propositura de uma ação executiva ou já na pendência da execução.

Assim:

a) se a sucessão se tiver verificado antes da propositura da ação executiva, o exequente, ao dar início à execução, deve alegar, no próprio requerimento executivo (art. 54º, nº 1)[745], os factos constitutivos dessa suces-

[742] No sentido de o termo "sucessão" dever ser interpretado em termos amplos, abrangendo todos os casos em que o direito tenha sido transmitido, por ato entre vivos ou por morte, *vide* os acs. do TRP de 25.02.1999, proc. 9930102, e de 02.07.2001, proc. 0150816, o ac. do STJ de 19.09.2002, proc. 2145/02, *in SASTJ*, ano 2002, bem como Lopes-Cardoso, Eurico, *Manual da Acção Executiva*, *op. cit.*, p. 119.

[743] *Vide*, a este propósito, o ac. do TRL de 22.04.2010, proc. 2042-B/2002.L1-6, o ac. do TRE de 26.02.2015, proc. 598/13.3TBBJA-A.E1, o ac. do TRP de 17.10.2016, proc. 7733/14.2T8PRT-A.P1, o ac. do TRC de 27.04.2017, proc. 8395/16.8T8CBR.C1, bem como o ac. do TRE de 14.02.2019, proc. 3041/16.2T8LLE-A.E1. Cfr., na doutrina, Mesquita, Miguel, *Apreensão de Bens em Processo Executivo e Oposição de Terceiro*, *op. cit.*, pp. 18 e 19, Gómez Sánchez, Jesús, *La Ejecución Civil*, Librería-Editorial Dykinson, Madrid, 2002, p. 22, bem como Bayo Delgado, M. Joaquín, "Les acteurs de l'exécution", *in L'Exécution des Décisions de Justice en Matière Civile*, Estrasburgo, 1998, p. 16.

[744] Semelhante regime não se aplica, no entanto, nos casos em que, tendo ocorrido a transmissão do direito de propriedade sobre uma determinada fração autónoma, o transmitente figure como devedor, em ata de assembleia de condóminos, por contribuições em dívida ao condomínio, pois que, nesse caso, a transmissão do direito de propriedade não acarreta a transmissão da dívida. *Vide*, a este propósito, o ac. do TRL de 17.02.2009, proc. 532/05.4TCLRS-7, bem como o ac. do TRL de 29.11.2018, proc. 6642/17.8T8FNC.L1-8.

[745] Como bem assinala Manuel Prazeres, este regime processual, para além de "facilitar a acção executiva", também torna mais célere a sua tramitação, na medida em que dispensa o recurso ao incidente de habilitação, com toda a morosidade que daí decorreria para a execução (Prazeres, Manuel Augusto Gama, *Do Processo de Execução no Actual Código do Processo Civil*, *op. cit.*, p. 61).

são (por exemplo, transmissão do direito litigioso[746], sub-rogação ou morte de uma das partes), sob pena de se verificar uma ilegitimidade processual[747,748]. Neste enquadramento, se, por exemplo, o devedor tiver falecido antes da propositura da ação executiva, esta deve ser intentada contra "os sucessores da pessoa que figure no título como devedor, ainda que a herança não tenha sido partilhada"[749].

[746] Defendendo a possibilidade de a cessão de créditos ser validamente comunicada ao devedor através da sua citação na ação executiva, *vide* os acs. do TRL de 12.05.2009, proc. 29488/05.1YYLSB.L1-7, e de 08.10.2009, proc. 681/03.3YYLSB.L1-8, o ac. do STJ de 10.03.2016, proc. 703/11.4TBVRS-A.E1.S1, bem como os acs. do TRC de 06.07.2016, proc. 467/11.1TBCNT-A.C1, e de 15.11.2016, proc. 9673/15.9T8CBR.C1.
Cfr., em sentido contrário, o ac. do TRC de 19.09.2017, proc. 7825/16.3T8CBR.C1, no qual se decidiu que o cessionário só pode intentar uma ação executiva contra o devedor depois de o notificar da cessão de créditos, não podendo tal notificação ser efetuada através da citação na ação executiva.

[747] Com efeito, conforme elucida Lebre de Freitas, "na ação executiva, que visa a realização coativa do direito do credor/exequente, postulando por isso o emprego, efetivo ou potencial, da força, é necessário garantir, no caso de ter havido sucessão na parte ativa da obrigação, a vontade do credor atual de recorrer aos dispositivos coercitivos e, no caso de ter havido sucessão na parte passiva, a eficácia dessas medidas, pois, sendo o devedor o adquirente, apenas os seus bens estão sujeitos à execução" (FREITAS, José Lebre de/ALEXANDRE, Isabel, *Código de Processo Civil Anotado*, vol. I, *op. cit.*, p. 131). *Vide*, a este propósito, o ac. do STJ de 19.06.2012, proc. 82-C/2000.C1.S1, o ac. do TRP de 30.10.2012, proc. 2540/03.0TBPRD-B.P1, o ac. do TRG de 26.09.2013, proc. 9705/10.7TBOER-A.G1, o ac. do TRP de 24.02.2014, proc. 2747/10.4YYPRT-B.P1, o ac. do TRC de 24.10.2017, proc. 2510/15.6T8VIS-A.C1, bem como o ac. do TRG de 04.02.2021, proc. 191/20.4T8VNF-A.G1. Cfr., ainda, o ac. do TRP de 05.04.2022, proc. 674/10.4TBFLG-E.P1, no qual se consignou que "A acção executiva tem um regime especial em sede de legitimidade (cfr. art. 53º), obrigando a que, ao contrário da acção declarativa, o Exequente e o Executado coincidam, em qualquer fase do processo, com os titulares do crédito e débito exequendos, sendo obrigatória a habilitação de cessionário, sob pena de ilegitimidade".

[748] No sentido de não ser suficiente a simples alegação, pelo exequente, dos factos constitutivos da sucessão, estando o mesmo igualmente obrigado a fazer prova liminar desses factos, *vide* FREITAS, José Lebre de/ALEXANDRE, Isabel, *Código de Processo Civil Anotado*, vol. I, *op. cit.*, pp. 132 e 133, bem como o ac. do TRL de 15.03.2011, proc. 24649/05.6YYLSB.L1-1.
Vide, em sentido contrário, o ac. do TRL de 06.12.2017, proc. 2341/16.6T8FNC-A.L1-7, no qual se decidiu que "O termo sucessão é utilizado no art. 54º, nº 1, do CPC, em sentido genérico, para designar qualquer tipo de transmissão. No caso de a transmissão ter ocorrido antes da propositura da ação executiva, o exequente, ao dar início à execução, deve alegar, no requerimento executivo os factos constitutivos dessa sucessão. A redação daquele preceito não impõe a demonstração imediata da alegada sucessão no direito ou na obrigação, dado estabelecer que o exequente deduz no requerimento executivo os factos constitutivos da sucessão", bem como o ac. do STJ de 01.03.2018, proc. 5372/14.7T8PRT-A.P1.S2, e o ac. do TRE de 08.03.2018, proc. 132/13.5TBABF-A.E1.

[749] Ac. do STJ de 10.10.2000, proc. 2515/00, *in SASTJ*, ano 2000. Cfr., no mesmo sentido, o ac. do TRP de 18.06.2002, proc. 0220124.

Se o executado discordar da matéria alegada pelo exequente no requerimento executivo, quanto aos factos constitutivos da sucessão no direito ou na obrigação, poderá deduzir oposição à execução, nos termos do art. 729º, al. *c)*, na medida em que se verifica a falta de um pressuposto processual (legitimidade) de que depende a regularidade da instância executiva;

b) pelo contrário, se a sucessão se verificar na pendência da ação executiva, deve ser deduzido um incidente de habilitação, nos termos dos arts. 351º a 357º, por forma a fazer intervir na execução o sucessor da parte primitiva[750,751]. No entanto, se estiver em causa a extinção de uma sociedade executada, na pendência da ação executiva, o exequente pode promover o prosseguimento da execução contra os seus substitutos, isto é, os seus sócios – os quais, sendo caso disso, serão representados pelos liquidatários –, sem necessidade de o exequente lançar mão de um incidente de habilitação (arts. 160º e 162º do CSC)[752].

[750] *Vide*, nesse sentido, os acs. do TRG de 02.06.2016, proc. 18/13.3TBVLP-E.G1, e de 29.09.2016, proc. 1799/14.2T8VNF-B.G1, bem como o ac. do TRC de 09.05.2017, proc. 1062/14.9TBPBL-B.C1. Conforme se decidiu no ac. do TRP de 29.04.2014, proc. 92/12.0TBGDM-A.P1, "Neste incidente, não tendo havido contestação, o juiz apenas tem que verificar se o documento prova a cessão e, em caso afirmativo, declara habilitado o cessionário". No sentido de o juiz não poder proferir um despacho de indeferimento liminar do incidente na eventualidade de o documento comprovativo da cessão "não revelar e demonstrar com segurança a alegada cessão, devendo antes o incidente prosseguir os seus termos quando a cessão se encontre «indiciariamente demonstrada»", *vide* o ac. do TRE de 10.05.2018, proc. 2287/14.2T8SLV-B.E1.

[751] *Vide*, a título excecional, o art. 3º do DL nº 42/2019, de 28 de março – diploma que veio estabelecer um regime simplificado para a cessão de créditos em massa, aplicável aos casos em que o cessionário seja uma instituição de crédito, sociedade financeira ou uma sociedade de titularização de créditos sempre que o preço de alienação global dos créditos a ceder seja, no mínimo, de € 50 000,00, e a carteira seja composta por, pelo menos, 50 créditos distintos – o qual preceitua que o cessionário considera-se habilitado em todos os processos em que estejam em causa créditos objeto de cessão, competindo-lhe, para o efeito, juntar ao processo cópia do contrato de cessão. Trata-se, com efeito, de uma habilitação legal, a qual não carece, portanto, de declaração judicial.

[752] Cfr., a este propósito, o ac. do TRL de 08.03.2017, proc. 449/08.0TTCSC.1.L1-4, no qual se decidiu que "Tendo, no decurso de execução de sentença relativa a créditos laborais, ocorrido a extinção por dissolução administrativa da sociedade devedora, cabe apenas a cada um dos respectivos ex-sócios –, contra os quais a execução prossegue, sem necessidade de habilitação – provar que não recebeu em partilha bens suficientes para satisfazer a dívida exequenda, uma vez que essa eventualidade é matéria de excepção peremptória, tratando-se de factos impeditivos do direito da exequente". *Vide*, ainda, o ac. do TRE de 31.01.2019, proc. 471/14.8T8SLV.E1, o ac. do TRG de 05.12.2019, proc. 6925/18.0T8GMR-A.G1, o ac. do TRP de 13.01.2020, proc. 2315/13.9YYPRT-A.P1, bem como o ac. do TRP de 23.03.2020, proc. 11345/06.6YYPRT-A.P1.

No caso de sucessão *mortis causa*, se o herdeiro, uma vez citado, não deduzir contestação, nem comprovar documentalmente o repúdio da herança, esta tem-se por aceite, devendo, por isso, o herdeiro ser habilitado como sucessor do falecido executado[753]. Outrossim, se algum dos herdeiros não for demandado, deve ser arguida a exceção dilatória de ilegitimidade, por preterição de litisconsórcio necessário passivo[754,755].

Verificando-se uma sucessão *inter vivos*, uma vez que, neste caso, a habilitação é facultativa, o exequente conserva a sua legitimidade ativa, mesmo que o cessionário não intervenha na execução. O mesmo é dizer que, enquanto não ocorrer a habilitação do cessionário, o transmitente passa à "categoria de substituto processual, mantendo a sua legitimidade activa na execução que movera inicialmente, antes da transmissão, contra o executado"[756].

3.2.3. Execução por dívida provida de garantia real

Dispõe o art. 735º, nº 1, que estão sujeitos à execução todos os bens do devedor, suscetíveis de penhora, que, nos termos da lei substantiva, respondam pela dívida exequenda. O mesmo é dizer que só podem ser penhorados bens de quem figure na execução com a qualidade de executado, independentemente de se tratar do devedor efetivo ou de um terceiro.

Ora, pode suceder que um terceiro constitua a favor do credor uma garantia real sobre um bem, móvel ou imóvel, de que seja proprietário, a fim de assegurar o cumprimento de uma obrigação pelo devedor[757]. Nessa eventualidade,

[753] Cfr., nesse sentido, o ac. do TRG de 04.10.2017, proc. 1336/15.1T8VRL.G1. *Vide*, ainda, o ac. do TRE de 07.04.2022, proc. 109/14.3T8SLV-B.E1, no qual se decidiu que "Não obstante terem sido habilitados no lugar do *de cujus* para, no seu lugar, prosseguirem a execução na qualidade de executados, o posterior repúdio da herança tem como efeito a sua ilegitimidade para os termos da execução, uma vez que o repúdio retroage ao momento da abertura da sucessão (artigo 2062º do Código Civil)".

[754] *Vide*, a este respeito, os acs. do TRP de 31.05.1999, proc. 9950469, e de 26.10.2017, proc. 395/09.0TVPRT-A.P1.

[755] Paralelamente, conforme se decidiu no ac. do TRG de 17.10.2019, proc. 133/09.8TBMGD-E.G1, "Os sucessores do devedor solidário, habilitados na acção, representam o seu falecido pai na mesma qualidade que ele tinha na execução – como devedores solidários, em conjunto –, como se fossem um só, nos termos previstos no nº 1 do art. 515º do CC", razão pela qual "Se a exequente requerer a extinção da execução relativamente a alguns dos executados, representantes do falecido devedor solidário, a extinção da execução tem de abranger também os não excluídos, que beneficiam dos mesmos direitos dos demais executados, por força do disposto no citado art. 515º, nº 1, do CC".

[756] Ac. do STJ de 06.12.2001, proc. 3281/01, *in SASTJ*, ano 2001. Cfr., igualmente, o ac. do TRC de 22.05.2018, proc. 158/07.8TBPNI-A.C1, bem como o ac. do TRP de 07.10.2019, proc. 18281/16.6T8PRT-A.P1.

[757] Quanto ao regime jurídico da hipoteca voluntária, *vide*, entre outros, VASCONCELOS, L. Miguel Pestana de, *Direito das Garantias*, *op. cit.*, pp. 203 a 205.

se a obrigação não for cumprida, assistirá ao credor a faculdade de acionar a garantia que foi prestada a seu favor (art. 818º do CC).

Assim, estando a dívida provida de garantia real, o credor pode adotar uma de três atitudes processuais distintas:

1) Demandar apenas o devedor

Se o credor demandar apenas o devedor, não pode ser penhorado o bem do terceiro sobre o qual foi constituída a garantia real[758]. Isto porque, no processo executivo, vigora o princípio de que apenas podem ser penhorados os bens do executado, independentemente da qualidade substantiva desse executado (art. 735º, nº 1). Assim, se o credor mover a ação executiva apenas contra o devedor, aquele estará, na prática, a prescindir da garantia real que foi constituída a seu favor, ainda que tal não implique, do ponto de vista formal, a renúncia ao direito real de garantia.

Por conseguinte, se a ação executiva for movida apenas contra o devedor, mas a penhora recair sobre o bem onerado em garantia, pertencente ao terceiro que não foi demandado, essa penhora será ilegal, assistindo ao terceiro a possibilidade de defender o seu direito de propriedade em relação a esse bem, mediante a dedução de embargos de terceiro (art. 342º).

De todo o modo, ainda que tenha sido penhorado um bem onerado em garantia, pertencente a um terceiro, sem que a execução tenha sido movida contra ele, a jurisprudência tem vindo a admitir a possibilidade de o exequente provocar, na pendência da execução, a intervenção principal desse terceiro, por forma a assegurar que o bem onerado em garantia responda pela dívida exequenda[759]. Afigura-se, no entanto, que esta solução só será possível se, nesse caso, não tiver sido penhorado qualquer património do devedor – o qual responde subsidiariamente em relação ao património onerado em garantia – e se o terceiro não tiver, entretanto, deduzido embargos de terceiro, pois que a posição de terceiro impede a sua intervenção no mesmo processo enquanto parte.

[758] Mesquita, Miguel, *Apreensão de Bens em Processo de Executivo e Oposição de Terceiro*, *op. cit.*, p. 25. Cfr., na jurisprudência, o ac. do TRL de 19.12.2013, proc. 3423/11.6TBOER-A.L1-7, bem como o ac. do TRG de 17.01.2019, proc. 9467/15.1T8VNF-A.G1.

[759] Cfr., nesse sentido, o ac. do TRL de 29.10.2013, proc. 404/12.6YYLSB-B.L1-7, o ac. do TRG de 12.11.2013, proc. 750/10.3TBFLG-B.G1, bem como o ac. do STJ de 28.01.2015, proc. 2482/12.9TBSTR-A.E1.S1.

2) Demandar apenas o terceiro, titular do bem onerado em garantia

Como vimos, se um terceiro constituir uma garantia real sobre um bem de que é proprietário – por exemplo, hipoteca voluntária sobre um bem imóvel para garantia de uma dívida alheia –, o credor só poderá penhorar esse bem se a ação executiva for movida contra esse terceiro[760], sob pena de, não o fazendo, assistir ao terceiro o direito de deduzir embargos de terceiro contra a penhora desse bem (art. 342º). Por conseguinte, se o exequente pretender fazer valer a garantia, isto é, penhorar o bem sobre o qual foi constituída uma garantia real a seu favor, deve intentar a ação executiva diretamente contra o terceiro (art. 54º, nº 2)[761].

Por outro lado, se o terceiro, titular de um bem onerado em garantia, tiver, entretanto, transmitido esse bem a outrem, nada impede que a ação executiva seja intentada contra o adquirente, desde que essa transmissão tenha sido realizada após a constituição da garantia[762,763]. Do mesmo modo, se o bem sobre o qual incidia a garantia tiver sido transmitido a um terceiro, na pendência da execução e antes da concretização da penhora, o exequente poderá deduzir um incidente de habilitação desse terceiro, por forma a garantir o prosseguimento da execução contra ele e a consequente penhora do bem onerado em garantia[764]. É que, se assim não for, o terceiro adquirente do bem onerado em garantia poderá deduzir embargos de terceiro contra a penhora desse bem, com fundamento na posse e/ou na titularidade de um direito incompatível com a penhora.

[760] *Vide*, nesse sentido, o ac. do STJ de 14.11.2013, proc. 1041/06.0TBVRL-C.P1.S1.

[761] Cfr., a este respeito, o ac. do TRL de 03.03.2022, proc. 1561/19.6T8PDL-A.L1-6.

[762] Castro, Artur Anselmo de, *A Acção Executiva Singular, Comum e Especial*, *op. cit.*, p. 81.

[763] *Mutatis mutandis*, sustentando que, estando em causa a execução de uma garantia hipotecária, constituída sobre a propriedade plena de um imóvel, o credor hipotecário pode intentar a ação executiva, ao abrigo do art. 54º, nº 2, quer contra o titular da nua propriedade, quer contra o titular do direito de habitação que tenha sido constituído e registado posteriormente à hipoteca – ainda que a constituição desse direito real de gozo seja inoponível ao credor hipotecário – *vide* o ac. do TRL de 04.04.2019, proc. 16847/16.3T8LSB-8. Com efeito, conforme se decidiu nesse aresto, "O terceiro titular de um direito real constituído e registado posteriormente sobre um bem hipotecado é terceiro em relação à obrigação exequenda mas não é terceiro em relação ao processo executivo", razão pela qual, "Admitindo-se a intervenção do titular do direito de habitação e do titular da nua propriedade do imóvel hipotecado permite-se a reunião do direito pleno de propriedade do prédio sobre que incide a hipoteca e assim que a execução prossiga e que o credor obtenha mais fácil e rapidamente a satisfação do seu crédito".

[764] Cfr., nesse sentido, o ac. do TRG de 11.07.2012, proc. 1622/11.0TBFAF-A.G1, o ac. do TRG de 21.05.2013, proc. 1626/11.2TBFAF-A.G1, o ac. do TRC de 17.06.2014, proc. 741/09.7TBACB-A.C1, bem como o ac. do STJ de 28.01.2015, proc. 2482/12.9TBSTR-A.E1.S1.

3) Demandar o terceiro titular do bem onerado em garantia e o devedor

Se o crédito exequendo beneficiar de uma garantia real, o credor que pretenda fazer valer essa garantia tem, necessariamente, de mover a ação executiva contra o terceiro que seja titular do bem onerado (art. 54º, nº 2).

Contudo, para além de demandar o terceiro, o exequente pode igualmente intentar a ação executiva contra o devedor[765] ou suscitar a sua intervenção principal provocada na pendência da execução, para a eventualidade de o produto da venda do bem onerado em garantia se revelar insuficiente para garantir o pagamento da dívida exequenda e das custas da execução (art. 54º, nº 3). Constata-se, por isso, que entre o terceiro e o devedor existe, do ponto de vista processual, um litisconsórcio voluntário passivo[766].

Podem, por isso, verificar-se duas hipóteses:

a) a ação executiva é movida apenas contra o terceiro, titular do bem onerado em garantia, sendo que, após a venda executiva desse bem, constata-se que o produto da venda é insuficiente para permitir o pagamento da dívida exequenda, dos eventuais créditos reclamados e das custas da execução. Nessa eventualidade, o exequente pode provocar a intervenção principal do devedor, tendo em vista a satisfação do remanescente do crédito exequendo, mediante a penhora do seu património;

b) a ação executiva é movida, *ab initio*, contra o devedor e o terceiro. Nesse caso, a penhora tem de começar, necessariamente, pelo bem onerado em garantia (art. 752º, nº 1), sendo que, se se reconhecer a insuficiência desse bem, poderá ser penhorado o património do devedor executado, o qual já é parte na execução. A vantagem desta atuação processual traduz-se, assim, na desnecessidade de se deduzir, na pendência da execução, um incidente de intervenção principal provocada, com os custos económicos e processuais que daí decorreriam.

3.2.4. Execução de bens na posse de terceiro

Pertencendo os bens onerados ao devedor, mas estando os mesmos na posse de um terceiro (por exemplo, locatário, comodatário ou depositário[767]), o exe-

[765] Cfr., a este respeito, o ac. do TRL de 11.07.1996, proc. 0006456, o ac. do TRP de 21.10.2008, proc. 0823513, bem como o ac. do TRG de 21.05.2013, proc. 1626/11.2TBFAF-A.G1.

[766] *Vide*, a este propósito, VASCONCELOS, L. Miguel Pestana de, *Direito das Garantias*, *op. cit.*, p. 229. No sentido de inexistir, no caso *sub iudice*, qualquer litisconsórcio necessário, *vide* o ac. do TRE de 07.05.2009, proc. 284/07.3TBASL-A.E1.

[767] ALVIM, José Eduardo Carreira/CABRAL, Luciana Gontijo Carreira Alvim, *Nova Execução de Título Extrajudicial*, *op. cit.*, p. 34.

quente pode optar por intentar a ação executiva apenas contra o devedor ou contra o devedor e o possuidor dos bens (art. 54º, nº 4), apesar de este não ser devedor do exequente[768].

Mutatis mutandis, se o exequente pretender penhorar um bem de um terceiro onerado em garantia, que se encontre, no entanto, na posse de outrem, a ação executiva pode ser intentada, à escolha do credor, apenas contra o terceiro, titular do bem onerado em garantia, ou contra este e o possuidor desse bem[769].

Do mesmo modo, sendo julgada procedente uma ação de impugnação pauliana e estando o bem objeto de impugnação na posse do terceiro, nada obsta a que a ação executiva seja intentada contra o devedor e o terceiro adquirente dos bens[770,771]. Sendo a ação de impugnação pauliana proposta na pendência da ação executiva, o exequente poderá provocar a intervenção principal do terceiro adquirente do bem, por forma a assegurar os efeitos da impugnação pauliana e o prosseguimento da execução, com a consequente execução do bem no património do terceiro (arts. 616º, nº 1, e 818º do CC)[772].

A propositura da ação executiva contra o possuidor de um bem do executado visa, essencialmente, impedir que aquele deduza embargos de terceiro contra a penhora desse bem, com fundamento na sua posse[773], pois que, sendo parte na ação executiva, perde a qualidade de terceiro. Por conseguinte, sendo a execução movida contra o possuidor de um bem do executado, a posição

[768] Cfr., nesse sentido, o ac. do TRL de 31.10.1991, proc. 0029186.

[769] Ac. do TRL de 08.10.1992, proc. 0041806.

[770] *Vide*, a este propósito, os acs. do TRG de 02.06.2011, proc. 321/09.7TBGMR-A.G1, e de 13.02.2014, proc. 411/11.6TBGMR-A.G1, bem como o ac. do TRC de 05.06.2019, proc. 272/11.5GDCBR-B.C1.

[771] No sentido de a sentença proferida em ação de impugnação pauliana constituir título executivo contra o terceiro adquirente, atento o disposto nos arts. 616º e 818º do CC, *vide* o ac. do TRE de 26.04.2018, proc. 13/11.7TBPSR.1.E1.

[772] Cfr., nesse sentido, o ac. do TRP de 19.01.2012, proc. 197/10.1TBPFR-A.P1, o ac. do STJ de 16.10.2014, proc. 411/11.6TBGMR-A.G1.S1, bem como o ac. do TRL de 07.06.2018, proc. 4577/12.0TBSXL-A.L1-2. Quanto à admissibilidade do incidente de intervenção de terceiros em sede executiva, *vide* o ac. do TRL de 14.02.2012, proc. 24724/11.8YYLSB.L1-7, bem como o ac. do TRC de 22.10.2019, proc. 1896/18.5T8ACB-B.C1.

[773] Cfr., nesse sentido, SOUSA, Miguel Teixeira de, "A penhora de bens na posse de terceiros", *in ROA*, ano 51º, vol. I, abr. 1991, p. 84. Com efeito, conforme resulta do preâmbulo do DL nº 329-A/95, de 12 de dezembro – que, apesar de respeitar ao Código de Processo Civil revogado, conserva ainda hoje toda a sua pertinência e atualidade – "cumpre ao exequente avaliar, em termos concretos e pragmáticos, quais as vantagens e inconvenientes que emergem de efectivar o seu direito no confronto de todos aqueles interessados passivos, ou de apenas de algum ou alguns deles, bem sabendo que se poderá confrontar com possível dedução de embargos de terceiro por parte do possuidor que não haja curado de demandar".

processual do possuidor fica confinada às incidências relacionadas com a penhora desse bem, ou seja, à defesa da sua posse sobre o bem do devedor[774]. Destarte, o possuidor poderá deduzir oposição à penhora que venha a recair sobre o bem por ele possuído – desde que a posse seja oponível à execução –, ou oposição à execução com fundamento na sua ilegitimidade[775] ou em algum outro vício processual, estando-lhe, no entanto, vedada a possibilidade de contestar a existência ou a validade do direito exequendo, isto é, discutir a relação jurídica subjacente à execução.

3.2.5. Exequibilidade da sentença contra terceiros

Regra geral, a execução deve ser intentada pela pessoa que figura na sentença como credor e contra a pessoa que, nessa sentença, tenha a posição de devedor (art. 53º, nº 1).

Contudo, nos termos do art. 55º, a execução fundada em sentença condenatória pode ser promovida não só contra o devedor, mas ainda contra as pessoas em relação às quais a sentença tenha força de caso julgado[776]. Assim, ainda que um terceiro não tenha sido condenado, a ação executiva poderá ser promovida contra ele desde que se encontre abrangido pelo efeito de caso julgado da sentença condenatória[777]. É o que sucede, por exemplo, com o transmissário ou com o cessionário do direito litigioso, nos casos em que este não tenha chegado a intervir na causa, já que essa intervenção é meramente facultativa[778,779] – salvo se a ação estiver sujeita a registo e o adquirente da coisa

[774] Exatamente por isso, não é possível a propositura de uma ação executiva apenas contra o possuidor, desacompanhado do devedor (FERREIRA, Fernando Amâncio, *Curso de Processo de Execução, op. cit.*, p. 77).

[775] MARQUES, J. P. Remédio, *Curso de Processo Executivo Comum à Face do Código Revisto, op. cit.*, pp. 117 e 118.

[776] Com efeito, dispõe o art. 619º, nº 1, que, uma vez transitada em julgado a sentença ou o despacho saneador que decida do mérito da causa, a decisão sobre a relação material controvertida fica a ter força obrigatória dentro do processo e fora dele nos limites fixados pelos arts. 580º e 581º. Por sua vez, dispõe o art. 581º, nº 2, que há identidade de sujeitos quando as partes são as mesmas sob o ponto de vista da sua qualidade jurídica. Neste contexto, a regra é a de que a sentença condenatória produz efeito de caso julgado em relação às pessoas que por ela tenham sido condenadas (FREITAS, José Lebre de/ALEXANDRE, Isabel, *Código de Processo Civil Anotado*, vol. I, *op. cit.*, p. 135).

[777] No sentido de a aplicação deste regime depender da existência de uma norma especial que estenda a força de caso julgado a terceiros que não foram objeto da sentença condenatória, *vide* o ac. do TRE de 30.04.2015, proc. 437/12.2TTEVR-A.E1.

[778] Com efeito, "o caso julgado é oponível ao transmissário ou cessionário em virtude de uma transmissão ou cessão realizada pelo réu durante a pendência da acção declarativa. Nesta eventualidade, o transmitente ou cedente passa a ocupar, depois da transmissão ou cessão, a posição de substituto processual do transmissário ou cessionário", pelo que "o caso julgado formado contra

ou direito litigioso registar a transmissão antes do registo da ação (art. 263º, nº 3) –, ou ainda com os condóminos, quando o condomínio tenha sido condenado no cumprimento de uma determinada obrigação[780].

Alguma doutrina tem vindo a defender a possibilidade de aplicação deste regime ao chamado no âmbito de uma intervenção principal provocada – desde que a sentença aprecie a relação jurídica de que ele seja titular (art. 320º) –, ao chamado no âmbito de uma intervenção acessória provocada – relativamente às questões de que dependa o direito de regresso do autor do chamamento (art. 323º, nº 4) – ou ainda às situações de pluralidade subjetiva

aquela parte é extensível a esta parte substituída" (Sousa, Miguel Teixeira de, *Acção Executiva Singular, op. cit.*, pp. 140 e 141). Cfr., no mesmo sentido, Lopes-Cardoso, Eurico, *Manual da Acção Executiva, op. cit.*, p. 127. *Vide*, na jurisprudência, a decisão da $CSC_{It.}$ de 31.05.2005, proc. 11583, *in www.cortedicassazione.it*, na qual se decidiu que a sentença proferida em ação possessória contra o cedente constitui título executivo contra quem adquiriu o bem após a propositura da ação possessória, assim como a decisão da $CSC_{It.}$ de 17.01.2003, proc. 601, *in www.cortedicassazione.it*, e o ac. do TRC de 31.05.2016, proc. 2506/14.5T8VIS-A.C1.

[779] *Vide*, em sentido contrário, Silva, Paula Costa e, *Repensando a Transmissão da Coisa ou Direito em Litígio – Ainda um Contributo para o Estudo da Substituição Processual*, 2ª ed., Coimbra Editora, Coimbra, 2009, pp. 310 a 312, e Silva, Paula Costa e, "Acção executiva fundada em sentença e substituição processual", *in Estudos em Memória do Professor Doutor João de Castro Mendes*, Lex, Lisboa, 1995, pp. 156 e 157. Com efeito, de acordo com a citada Autora, em caso de transmissão ocorrida na pendência de ação declarativa, sem que tenha sido deduzido o competente incidente de habilitação, o transmitente não se encontra sujeito ao caso julgado "enquanto parte da relação material controvertida, que ele já abandonou", sendo que, pelo contrário, é o transmissário, enquanto parte da relação material controvertida, quem se encontra diretamente vinculado pela decisão. Nessa exata medida, a legitimidade do transmissário deve ser aferida à luz do princípio geral da legitimidade, constante do art. 53º, nº 1, e não por aplicação do disposto no art. 55º do mesmo diploma legal.

[780] Cfr., nesse sentido, o ac. do TRG de 28.01.2016, proc. 54/14.2TBPCR-B.G1, o ac. do TRE de 30.11.2016, proc. 3874/14.4T8STB.E1, o ac. do TRP de 24.01.2017, proc. 7496/07.8YYPRT-B.P1, o ac. do TRE de 13.09.2018, proc. 3509/16.0T8LLE.E1, bem como o ac. do TRL de 27.06.2019, proc. 21989/18.8T8SNT.L1-6, nos quais se decidiu que a sentença proferida contra o condomínio impõe-se contra todos os condóminos, ficando os mesmos vinculados, na proporção do valor das respetivas frações autónomas, por essa sentença.

Por sua vez, no ac. do TRG de 28.01.2016, proc. 806/14.3T8CHV-F.G1, decidiu-se que "A sentença que condenou o condomínio de determinado prédio urbano no cumprimento de obrigações pode constituir título executivo quanto aos condóminos enquanto pessoas singulares desde que seja previamente obtida declaração (em incidente de liquidação) que especifique os referidos condóminos e a medida da respectiva responsabilidade".

Vide, na jurisprudência estrangeira, a decisão da $CSC_{It.}$ de 11.11.1971, proc. 3235, *in www.cortedicassazione.it*, na qual se consignou que "a sentença condenatória obtida por um terceiro contra o administrador do condomínio, para pagamento dos trabalhos prestados nas partes comuns do prédio, constitui também título executivo em relação aos condóminos, ainda que estes não surjam expressamente identificados nessa sentença".

subsidiária, isto é, de dedução subsidiária do mesmo pedido, ou de dedução de pedido subsidiário, por autor ou contra réu diverso do que demanda ou é demandado a título principal, no caso de dúvida fundamentada sobre o sujeito da relação controvertida (art. 39º)[781].

Contudo, seguindo de perto Rui Pinto, não nos parece, salvo o devido respeito, que o regime em análise possa ser aplicado a essas situações[782].

É que, como bem assinala o citado Autor, nos casos em que se verifique o chamamento de alguém à ação, a título de intervenção principal provocada, este perde a qualidade de "terceiro" após a sua citação, passando a ser parte. Por conseguinte, o interveniente passa a ficar abrangido pela regra geral da legitimidade em sede executiva, prevista no art. 53º, nº 1, e não pelo regime excecional em análise, que apenas se aplica a terceiros em relação aos quais a sentença tenha força de caso julgado.

Do mesmo modo, na hipótese da intervenção acessória provocada, o chamado, apesar de estar sujeito ao caso julgado da parte principal, não foi condenado pela sentença, pelo que a sua legitimidade cabe igualmente na regra geral prevista no art. 53º, nº 1[783].

O mesmo se dirá no caso da pluralidade subjetiva subsidiária, porquanto, nessa hipótese, o réu que seja condenado ficará abrangido pela regra geral constante do art. 53º, nº 1.

Sendo a ação executiva movida contra um terceiro que não figure na sentença como devedor, o exequente deve alegar, no próprio requerimento executivo, que a sentença tem força de caso julgado em relação ao terceiro, agora executado[784], sob pena de ilegitimidade processual passiva.

3.2.6. Legitimidade do Ministério Público como exequente

À luz do art. 35º, nº 3, do RCP[785], o Ministério Público tem legitimidade para promover a execução por custas em relação a devedores que se encontrem domiciliados no estrangeiro, nos termos das disposições de direito europeu aplicáveis, mediante a obtenção de título executivo europeu[786].

781 Cfr., entre outros, MESQUITA, Luís Miguel, *Apreensão de Bens em Processo Executivo e Oposição de Terceiro, op. cit.*, pp. 37 e 38, bem como PRAZERES, Manuel Augusto Gama, *Do Processo de Execução no Actual Código do Processo Civil, op. cit.*, p. 64.

782 PINTO, Rui, *Manual da Execução e Despejo, op. cit.*, p. 288.

783 *Ibidem*, pp. 288 e 289.

784 FERREIRA, Fernando Amâncio, *Curso de Processo de Execução, op. cit.*, p. 81.

785 Na redação que lhe foi dada pela Lei nº 27/2019, de 28 de março.

786 *Vide*, a este propósito, o Reg. (CE) nº 805/2004 do Parlamento Europeu e do Conselho, de 21 de abril de 2004, que cria o título executivo europeu para créditos não contestados.

Para além disso, o Ministério Público tem também legitimidade para promover a execução nos casos previstos, com as devidas adaptações, nos arts. 21º a 24º, isto é, quando represente o ausente ou o incapaz, incertos ou o Estado[787].

3.3. Legitimidade plural
3.3.1. Litisconsórcio
3.3.1.1. Litisconsórcio inicial

Tal como na ação declarativa, também na ação executiva podem verificar-se situações de legitimidade plural, isto é, ações com dois ou mais exequentes e/ou executados.

A legitimidade plural pode revestir a modalidade de litisconsórcio – quando existam dois ou mais sujeitos do lado ativo e/ou do lado passivo e uma única relação jurídica – ou de coligação – quando existam dois ou mais sujeitos do lado ativo e/ou do lado passivo e duas ou mais relações jurídicas.

a) Litisconsórcio voluntário

O regime de litisconsórcio (ativo e/ou passivo) mais comum na ação executiva é o voluntário, situação em que a ação executiva pode ser proposta por vários credores, contra vários devedores ou por vários credores contra vários devedores.

Vejamos alguns exemplos:

i) Obrigações conjuntas

Através de contrato de mútuo celebrado por escritura pública, A emprestou a B e a C a quantia de € 10.000,00, ficando cada um deles obrigado a restituir a A a quantia de € 5.000,00, no prazo de trinta dias, o que não se verificou. Nessa eventualidade, A poderá executar apenas B ou apenas C – caso em que o pedido ficará reduzido ao montante de € 5.000,00 – ou, em alternativa, executar simultaneamente B e C – situação em que o pedido será de € 10.000,00. Verifica-se, por isso, um litisconsórcio voluntário passivo entre B e C[788].

[787] Cfr., no mesmo sentido, FREITAS, José Lebre de, *A Acção Executiva: À Luz do Código de Processo Civil de 2013, op. cit.*, p. 154, bem como SAMPAIO, J. M. Gonçalves, *A Acção Executiva e a Problemática das Execuções Injustas, op. cit.*, p. 129.

[788] Conforme se decidiu no ac. do TRP de 24.10.2019, proc. 5341/14.7T8PRT-A.P1, se o título executivo for uma sentença condenatória e estiver em causa uma obrigação conjunta, com pluralidade de réus, nada obsta que a execução da sentença seja requerida apenas contra algum ou alguns deles, porquanto, nesse caso, o litisconsórcio passivo reveste natureza voluntária. *Vide*, ainda, o ac. do TRP de 23.04.2020, proc. 5341/14.7T8PRT-B.P1, com o seguinte sumário: "I – Na execução para pagamento de quantia certa, cujo título executivo reconheça uma pluralidade de

O mesmo sucede, do lado ativo, na hipótese de A e B emprestarem conjuntamente a C a quantia de € 10.000,00, ficando convencionado no contrato que C terá de restituir, a cada um deles, a quantia de € 5.000,00. Nessa eventualidade, a ação executiva poderá ser proposta por A contra C ou por B contra C – situação em que o pedido será apenas de € 5.000,00 –, ou, em alternativa, por A e B contra C, caso em que o pedido será de € 10.000,00. Por conseguinte, verifica-se um litisconsórcio voluntário ativo entre A e B.

ii) Obrigações solidárias

Através de contrato de mútuo, celebrado por escritura pública, A emprestou a B e a C a quantia de € 10.000,00, ficando acordado que qualquer um deles teria de restituir a A a totalidade da quantia mutuada, no prazo de trinta dias, o que acabou por não suceder. Nesse caso, A poderá intentar uma ação executiva apenas contra B, apenas contra C ou, simultaneamente, contra B e C, pedindo, em qualquer um dos casos, o pagamento da quantia de € 10.000,00 (art. 517º do CC)[789].

iii) Obrigações que beneficiem de garantia real ou pessoal

Beneficiando a obrigação de garantia real sobre bens de terceiro, o exequente pode optar por demandar, em litisconsórcio voluntário, o devedor e o terceiro titular do bem onerado em garantia, apenas o devedor ou apenas o terceiro (art. 54º, nºs 2 e 3).

Analogamente, pertencendo os bens onerados ao devedor, mas estando os mesmos na posse de um terceiro, o exequente pode optar por intentar a ação executiva apenas contra o devedor ou contra o devedor e o terceiro (art. 54º, nº 4).

Do mesmo modo, estando a dívida garantida por fiança, o credor pode optar por demandar simultaneamente o devedor e o fiador ou apenas algum deles, sem prejuízo da possibilidade de, sendo a ação executiva movida apenas contra o fiador, este invocar o benefício da excussão prévia, quando a ele não tenha renunciado (art. 745º).

devedores e tenha como base uma obrigação civil, a qual corresponde, em regra, uma obrigação conjunta, o credor enquanto exequente, pode optar por executar determinados devedores, em detrimento de outros. II – A consequência prática decorrente da opção de restringir os devedores na sua execução, quando esta tem por base um título executivo resultante de uma obrigação conjunta, é que o credor não pode satisfazer a integralidade do seu crédito, podendo apenas obter coactivamente a quota-parte da responsabilidade dos devedores executados, prescindindo, nessa ação, da quota-parte do(s) credor(es) não executado(s)".

[789] *Vide*, a este propósito, Costa, Mário Júlio de Almeida, *Direito das Obrigações*, *op. cit.*, pp. 666 e 667.

b) Litisconsórcio necessário

Na ação executiva, podem igualmente verificar-se situações de litisconsórcio necessário, isto é, casos em que, por força da lei, por convenção entre as partes ou pela própria natureza da relação jurídica, seja imposta a presença de todos os interessados na ação. Assim, seguindo de perto Lebre de Freitas[790], pode verificar-se um litisconsórcio necessário quando esteja em causa:

a) uma ação executiva para pagamento de quantia certa, impondo a lei[791] ou o negócio jurídico a intervenção todos os interessados;
b) uma ação executiva para entrega de coisa certa, pertencendo a coisa a várias pessoas; ou
c) uma ação executiva para prestação de facto, recaindo a obrigação correspondente sobre vários devedores.

Por outro lado, podem verificar-se situações de litisconsórcio necessário dos cônjuges. É o caso, designadamente, da execução que tenha por objeto o pagamento de uma dívida contraída por ambos os cônjuges ou a entrega de um bem de que só ambos possam dispor[792].

[790] FREITAS, José Lebre de, *A Ação Executiva – À Luz do Código de Processo Civil de 2013, op. cit.*, pp. 158 e 159. Cfr., no mesmo sentido, SOUSA, Miguel Teixeira de, *Acção Executiva Singular, op. cit.*, p. 145, e CASTRO, Artur Anselmo de, *A Acção Executiva Singular, Comum e Especial, op. cit.*, p. 83.

[791] É o que sucede, por exemplo, com o disposto no art. 2091º do CC, segundo o qual os direitos relativos à herança só podem ser exercidos conjuntamente por todos os herdeiros ou contra todos os herdeiros.

[792] SOUSA, Miguel Teixeira de, *Acção Executiva Singular, op. cit.*, p. 146. A este respeito, Rui Pinto sustenta que, se decorrer do título executivo, seja ele judicial ou extrajudicial, que a dívida foi contraída por ambos os cônjuges, a ação executiva deve ser intentada contra ambos, inexistindo, por isso, qualquer possibilidade de se mover a ação executiva contra apenas um dos cônjuges, em regime de litisconsórcio voluntário (PINTO, Rui, "Execução civil de dívidas de cônjuges. Novas reflexões sobre um velho problema (incluindo à luz da Proposta de Reforma do Código de Processo Civil)", *in Colectânea de Estudos de Processo Civil*, Coimbra Editora, Coimbra, 2013, p. 429, e PINTO, Rui, "Execução civil de dívidas de cônjuges. Novas reflexões sobre um velho problema", *in Centenário do Nascimento do Professor Doutor Paulo Cunha: Estudos em Homenagem*, Almedina, Coimbra, 2012, p. 1083).
Cfr., em sentido contrário, PITA, Manuel António, "Execução por dívidas dos cônjuges – processo ordinário para pagamento de quantia certa – alguns aspectos", *op. cit.*, pp. 840 e 841, o qual sustenta que, salvo se existir convenção que imponha a intervenção de ambos os cônjuges, não existe litisconsórcio necessário passivo mesmo que os dois cônjuges figurem no título executivo com a qualidade de devedores, podendo o credor optar por demandar ambos os cônjuges ou apenas um deles, em regime de litisconsórcio voluntário, bem como CARVALHO, Jorge Morais, "As dívidas dos cônjuges no processo executivo", *in Estudos Comemorativos dos 10 Anos da Faculdade de Direito da Universidade Nova Lisboa*, vol. II, Almedina, Coimbra, 2008, pp. 675 e 676. *Vide*, na jurisprudência,

Assim, estando em causa a execução de sentença condenatória proferida contra ambos os cônjuges nos termos do art. 34º, a execução deve ser movida contra os dois, em litisconsórcio necessário passivo.

Do mesmo modo, tratando-se de um título executivo extrajudicial contra um dos cônjuges, a execução deve ser movida contra ambos, em litisconsórcio necessário passivo, se o exequente alegar, de foma fundamentada, no requerimento executivo, a comunicabilidade da dívida [arts. 724º, nº 1, al. e), e 741º][793].

3.3.1.2. Litisconsórcio sucessivo

O Código de Processo Civil prevê diversos casos de litisconsórcio voluntário sucessivo na execução, isto é, situações em que a execução começa por ter um único exequente e/ou um único executado, verificando-se, na pendência da execução, a intervenção principal de outros exequentes e/ou executados.

Assim, nos termos do art. 54º, nº 2, se a dívida beneficiar de uma garantia real sobre um bem de um terceiro e se o exequente mover a ação executiva apenas contra esse terceiro, tendo em vista a execução do bem onerado em garantia, o exequente, em caso de insuficiência desse bem, pode requerer, no mesmo processo executivo, o prosseguimento da execução contra o devedor, a fim de obter a satisfação do remanescente do seu crédito.

Por sua vez, nos termos do art. 745º, nº 2, se a execução for movida apenas contra o devedor subsidiário e se este invocar a seu favor o benefício da excussão prévia, o exequente pode requerer o prosseguimento da execução contra o devedor principal. Analogamente, se a execução for movida apenas contra o devedor principal e se os seus bens forem insuficientes para garantir o pagamento da dívida exequenda, o exequente pode requerer o prosseguimento da ação executiva contra o devedor subsidiário (art. 745º, nº 3).

De igual modo, pode suceder que, na pendência da execução, a dívida exequenda venha a ser assumida por um terceiro. É o caso, por exemplo, do terceiro que assume o pagamento da dívida no ato de penhora de bens móveis não sujeitos a registo, a fim de evitar que os mesmos sejam removidos. Nessa eventualidade, verifica-se um litisconsórcio voluntário passivo sucessivo, não sendo necessária a instauração, pelo exequente, de uma ação executiva autónoma contra esse novo obrigado[794].

o ac. do STJ de 22.05.2018, proc. 2299/10.5TBAMT-A.P1.S1, no qual se decidiu que "A qualificação da dívida exequenda como comum não determina, por si, a existência de litisconsórcio necessário".

[793] *Vide*, no mesmo sentido, o ac. do TRE de 04.06.2020, proc. 3806/18.0TBENT-A.E1.

[794] Cfr., nesse sentido, o ac. do TRC de 28.05.2013, proc. 525/09.2TBTND-A.C1.

Um outro caso de litisconsórcio sucessivo prende-se com o litisconsórcio dos cônjuges. Assim, nos termos do art. 741º, nº 1, se a ação executiva for intentada apenas contra um dos cônjuges, o exequente, se estiver em causa um título executivo extrajudicial, pode alegar que a dívida exequenda é da responsabilidade de ambos os cônjuges (art. 1691º do CC), situação em que o cônjuge do executado é citado para, no prazo de vinte dias, declarar se aceita a comunicabilidade da dívida, baseada no fundamento alegado pelo exequente. Nessa hipótese, se o cônjuge do executado nada disser ou se aceitar expressamente a comunicabilidade da dívida, a execução prossegue igualmente contra ele (art. 741º, nº 5).

Por outro lado, podem verificar-se situações de litisconsórcio necessário sucessivo passivo. É o que, sucede, por exemplo, com a citação obrigatória do cônjuge do executado, nos termos do art. 786º, nº 1, al. *a)*, nos casos em que a penhora tenha recaído sobre bens imóveis ou estabelecimento comercial que o executado não possa alienar livremente, à luz do art. 1682º-A do CC, passando, nessa hipótese, o cônjuge do executado a beneficiar do estatuto previsto no art. 787º.

3.3.2. Coligação

3.3.2.1. Âmbito

O art. 56º prevê a possibilidade de haver coligação de credores, coligação de devedores e/ou coligação de credores e de devedores[795]. Com efeito, há lugar à coligação na execução sempre que exista pluralidade de partes, ativas ou passivas, e, simultaneamente, pluralidade de prestações ou de "pedidos diferenciados"[796]. O mesmo é dizer que pode haver lugar à coligação na execução "quando vários exequentes reclamarem ao mesmo executado, cada um a sua prestação, ou quando forem pedidas prestações diferentes, a vários executados, por um ou vários exequentes"[797].

[795] Conforme assinala Eduardo Couture, a execução coletiva distingue-se da execução individual, na medida em que, enquanto esta é promovida por um credor contra um devedor, aquela pode ser promovida por um conjunto de credores contra um único devedor, por um conjunto de credores contra um conjunto de devedores ou por um único credor contra um conjunto de devedores (Couture, Eduardo J., *Fundamentos del Derecho Procesal Civil, op. cit.*, p. 446).

[796] Freitas, José Lebre de/Alexandre, Isabel, *Código de Processo Civil Anotado*, vol. I, *op. cit.*, p. 137. Cfr., a este propósito, Guasp, Jaime/Aragoneses, Pedro, *Derecho Procesal Civil*, 7ª ed. rev. e atual., Thomson Civitas, Navarra, 2005, p. 589.

[797] Ferreira, Fernando Amâncio, *Curso de Processo de Execução, op. cit.*, p. 83. *Vide*, no mesmo sentido, Sousa, Miguel Teixeira de, *As Partes, o Objeto e a Prova na Acção Declarativa*, Lex, Lisboa, 1995, p. 87, segundo o qual a coligação pressupõe uma cumulação de partes principais e uma cumulação objetiva, "repartida por cada uma das partes activas ou passivas".

Do ponto de vista ativo, a coligação de exequentes visa proporcionar-lhes "a união de esforços entre todos no exercício da acção executiva, assegurar a economia processual, evitando a corrida a execuções distintas pelos vários credores e garantir a paridade de tratamento entre eles"[798].

Por sua vez, a coligação passiva procura tornar "viável a execução simultânea de obrigações formalmente unitárias", apresentando a vantagem de permitir uma só oposição à execução, mas a desvantagem de "dificultar e complicar o curso da acção executiva pela sua simultânea incidência em patrimónios distintos e pertencentes a pessoas diversas"[799].

3.3.2.2. Requisitos

Para que seja admissível a coligação de exequentes e/ou de executados torna-se, desde logo, necessário que não se verifique nenhum dos impedimentos previstos no art. 709º, nº 1, quanto à cumulação de execuções, ou seja:

a) não pode ocorrer a incompetência absoluta do tribunal;

b) as execuções têm de ter o mesmo fim, isto é, o pagamento de quantia certa, a entrega de coisa certa ou a prestação de um facto[800];

c) as execuções devem seguir a forma de processo comum ou a mesma forma de processo especial. Contudo, mesmo que as execuções sigam formas de processo distintas, o juiz de execução pode autorizar a coligação quando entenda que a tramitação das execuções não é manifestamente incompatível e que existe interesse relevante nessa coligação ou que a apreciação conjunta das pretensões é indispensável para a justa composição do litígio; e

d) não pode estar em causa a execução de uma decisão judicial nos próprios autos (art. 626º).

3.3.2.3. Modalidades

Estando preenchidos os requisitos cumulativos da coligação, é processualmente permitido:

a) a vários credores coligados demandar o mesmo devedor ou vários devedores litisconsortes (coligação ativa);

[798] Castro, Artur Anselmo de, *A Acção Executiva Singular, Comum e Especial*, *op. cit.*, p. 87.

[799] *Ibidem.*

[800] *Vide*, a este propósito, o ac. do STJ de 08.11.1984, *in BMJ*, nº 341, 1984, p. 394, no qual se considerou que a coligação ativa é ilegal quando as execuções tenham fins diversos, situação em que o executado tem de ser absolvido da instância em relação a todos os exequentes coligados.

b) a um ou vários credores litisconsortes, ou a vários credores coligados, demandar vários devedores coligados, desde que obrigados no mesmo título (coligação ativa e/ou passiva)[801];

c) a um ou vários credores litisconsortes, ou a vários credores coligados, demandar vários devedores coligados, titulares de quinhões no mesmo património autónomo ou de direitos relativos ao mesmo bem indiviso, sobre os quais se faça incidir a penhora (coligação ativa e passiva)[802].

3.3.2.4. Coligação ilegal

Verificando-se uma coligação ilegal, o executado pode deduzir oposição à execução, nos termos do art. 729º, al. *c)*.

Contudo, este vício processual pode ser sanado. Com efeito, se a ilegalidade da coligação residir no facto de as execuções terem fins diferentes [art. 709º, nº 1, al. *b)*, *ex vi* do art. 56º, nº 1], a alguma das execuções corresponder processo especial diferente do processo correspondente às demais [art. 709º, nº 1, al. *c)*, *ex vi* do art. 56º, nº 1] ou estar em causa a execução de decisão judicial que corra nos próprios autos [art. 709º, nº 1, al. *d)*, *ex vi* do art. 56º, nº 1], o juiz tem o dever de, em sede de despacho liminar, convidar o exequente a indicar qual o pedido ou processo em relação ao qual pretende que a ação executiva prossiga, sob pena de, não o fazendo, ser liminarmente indeferido o requerimento executivo (art. 726º, nº 4).

4. Patrocínio judiciário

Diversamente do que sucede na ação declarativa (arts. 40º a 52º), na ação executiva vigoram normas especiais em relação ao patrocínio judiciário.

Assim, nos termos do art. 58º, nº 1, as partes estão obrigadas a fazer-se representar por advogado:

a) nas execuções de valor superior à alçada do tribunal da Relação, ou seja, nas execuções cujo valor seja igual ou superior a € 30.000,01;

[801] É o que sucede, por exemplo, com a "coligação de executados condóminos pelas contribuições em dívida ao condomínio, quando forem formulados vários pedidos, a execução tenha por base, quanto a todos, o mesmo título, constituído pela acta da reunião da correspondente assembleia, e a obrigação exequenda seja líquida ou a respectiva liquidação dependa de simples cálculo aritmético" (ac. do TRP de 21.03.2013, proc. 9490/11.5TBVNG.P1). *Vide*, no mesmo sentido, o ac. do TRP de 10.01.2013, proc. 7855/11.1TBMAI.P1, bem como o ac. do TRL de 04.10.2018, proc. 5752/17.6T8OER.L1-2.

[802] Assim, conforme ensina Miguel Teixeira de Sousa, "podem ser demandados todos os herdeiros que são titulares de uma herança indivisa ou todos os devedores cujas dívidas estejam garantidas por uma hipoteca que incide sobre um bem de que todos eles sejam comproprietários" (Sousa, Miguel Teixeira de, *A Reforma da Acção Executiva*, *op. cit.*, p. 97).

b) nas execuções cujo valor seja superior à alçada do tribunal de primeira instância e inferior ou igual à alçada do tribunal da Relação, isto é, nas execuções cujo valor seja igual ou superior a € 5.000,01 e inferior ou igual a € 30.000,00, quando nelas tenha lugar algum procedimento que siga os termos do processo declarativo (*v.g.* embargos de executado, embargos de terceiro ou oposição à penhora).

Por sua vez, nas execuções de valor superior à alçada do tribunal de primeira instância, isto é, cujo valor seja igual ou superior a € 5.000,01, em que não haja lugar a um procedimento que siga os termos do processo declarativo, as partes têm de se fazer representar por advogado, advogado estagiário ou solicitador.

A contrario, nas execuções de valor igual ou inferior à alçada do tribunal de primeira instância, ou seja, até € 5.000,00, o patrocínio judiciário não é obrigatório.

No apenso de verificação de créditos, o patrocínio de advogado só é necessário quando seja reclamado algum crédito de valor superior à alçada do tribunal de primeira instância e apenas para apreciação desse crédito (art. 58º, nº 2).

Lição VI
Execução para Pagamento de Quantia Certa

1. Fase introdutória

1.1. Requerimento executivo

1.1.1. Requisitos

O art. 724º, nº 1, regula os requisitos formais a que deve obedecer o requerimento executivo. Assim, de acordo com o citado preceito legal, no requerimento executivo, o exequente deve:

a) identificar as partes, indicando os seus nomes, domicílios ou sedes e números de identificação fiscal, e, sempre que possível, profissões, locais de trabalho, filiação e números de identificação civil. Esta identificação, tão completa e exaustiva quanto possível, do executado assume extrema relevância não só para se evitar qualquer erro de identidade em relação à pessoa do executado, como também para facilitar as diligências de busca e localização de bens penhoráveis, designadamente junto da Segurança Social, do Fundo de Garantia Salarial, da Caixa Geral de Aposentações, dos serviços de finanças e das conservatórias do registo civil, comercial, automóvel e predial;

b) indicar o domicílio profissional do mandatário judicial, nos casos em que o patrocínio judiciário seja obrigatório, atento o disposto no art. 58º, ou em que o exequente tenha constituído mandatário, ainda que o patrocínio não seja obrigatório;

c) designar o agente de execução (art. 720º, nº1) ou requerer que as diligências executivas sejam levadas a cabo por um oficial de justiça [art. 722º, nº 1, als. *c)*, *e)* e *f)*];

d) indicar o fim da execução (art. 10º, nº 6), isto é, se a execução tem por finalidade o pagamento de quantia certa, a entrega de coisa certa ou a prestação de um facto, positivo ou negativo, bem como a respetiva forma do processo (arts. 550º e 551º);

e) expor sucintamente os factos que fundamentam o pedido[803,804]. É o que sucede, por exemplo, quando seja dado à execução um título de crédito prescrito (quirógrafo)[805] ou uma declaração unilateral de confissão de dívida (art. 458º do CC), situação em que o exequente terá de alegar no requerimento executivo os factos constitutivos da relação subjacente, quando os mesmos não resultem do próprio título executivo [art. 703º, nº 1, al. *c)*][806].

Excecionalmente, o exequente está dispensado de expor os factos que fundamentam o pedido nos casos em que os mesmos constam do próprio título. Enquadram-se neste âmbito, entre outras, as execuções fundadas em sentença condenatória, documento autêntico ou autenticado, do qual resulte a constituição ou o reconhecimento de uma obrigação, título de crédito que não se encontre prescrito[807], bem como requerimento de injunção no qual tenha sido aposta a fórmula executória[808];

[803] Neste particular, Castro Mendes sustenta que "o requerimento inicial para uma acção executiva deve ser tido como inepto se não contiver menção duma causa de pedir. [...] se por exemplo o credor dispuser dum título meramente probatório, uma escritura pública de confissão de dívida por exemplo, que não faça referência à *causa debendi*, não pode instaurar a acção executiva remetendo apenas para o título, e abstendo-se de indicar no requerimento da execução a causa de pedir" (MENDES, João de Castro, *Direito Processual Civil*, vol. III, *op. cit.*, p. 197). Do mesmo modo, Rui Pinto defende que o requerimento executivo é inepto se não foi alegada a causa de pedir autónoma ou quando, apesar de ter sido enunciada, a mesma seja incompatível com o pedido ou com outra causa de pedir (PINTO, Rui, *Manual da Execução e Despejo*, *op. cit.*, p. 319). Cfr., na jurisprudência, o ac. do TRL de 17.06.2010, proc. 8016/08.2TBOER-C.L1-6, com o seguinte sumário: "Quando do título executivo não constem os factos que fundamentam o pedido o exequente deve expô-los sucintamente no requerimento executivo. O requerimento executivo do qual, nessas circunstâncias, não constem os factos que fundamentam o pedido, não será de considerar inepto se o executado deduzir oposição em que revele ter compreendido de forma conveniente o requerimento e os factos omissos".

[804] Tal como se decidiu no ac. do TRL de 20.12.2011, proc. 6745/08.0YYLSB-B.L1-1, a causa de pedir deve ser invocada no requerimento executivo e não na contestação à eventual oposição à execução que venha a ser deduzida pelo executado, sob pena de se verificar uma "alteração inadmissível da causa de pedir".

[805] *Vide*, nesse sentido, o ac. do TRE de 29.04.2021, proc. 291/20.0T8ENT-A.E1.

[806] Cfr., nesse sentido, o ac. do TRL de 20.02.2019, proc. 2912/13.2TBLRA-B.C1, bem como o ac. do TRE de 23.04.2020, proc. 1576/18.1T8MMN-A.E1.

[807] *Vide*, nesse sentido, o ac. do TRP de 02.12.2021, proc. 993/19.4T8MAI-A.P1, bem como o ac. do TRE de 25.06.2020, proc. 4023/18.5T8ENT-A.

[808] Cfr. o ac. do TRP de 06.09.2021, proc. 25727/17.4T8PRT.P2.

f) alegar os factos que fundamentam a comunicabilidade da dívida constante de título assinado apenas por um dos cônjuges, isto é, quando o exequente pretenda executar o cônjuge do devedor (art. 741º, nº 1);
g) formular o pedido (arts. 554º a 557º);
h) indicar o valor da causa (arts. 296º a 310º);
i) liquidar a obrigação, nos termos do art. 716º, nº 1, especificando quais os valores que considera compreendidos na prestação devida e/ou calculando os juros vencidos até à data da propositura da ação executiva;
j) escolher a prestação, quando tal lhe caiba (arts. 549º do CC e 714º, nº 3);
k) alegar a verificação da condição suspensiva, bem como a realização ou o oferecimento da prestação de que dependa a exigibilidade do crédito exequendo, indicando ou juntando os meios de prova correspondentes (art. 715º)[809];
l) indicar, sempre que possível, o empregador do executado, as contas bancárias de que o executado seja titular e os bens que lhe pertençam, assim como os ónus e encargos que sobre eles incidam, o que tem relevância para efeitos de maior facilidade de localização e penhora de bens do executado[810];
m) requerer a dispensa da citação prévia do executado quando se verifique um fundado receio de perda da garantia patrimonial do crédito (art. 727º, nºs 1 e 2);
n) indicar um número de identificação bancária ou outro número equivalente, para efeito de pagamento dos valores que lhe sejam devidos.

Por sua vez, nos termos do art. 724º, nº 2, se forem indicados bens à penhora, o exequente deve fornecer os elementos e documentos de que disponha e que contribuam para a sua exata identificação, especificação e localização, bem como para o acesso aos respetivos registos.

[809] *Vide*, a este respeito, o ac. do TRC de 26.10.2021, proc. 828/20.5T8SRE.C1, com o seguinte sumário: "1. No negócio sob condição suspensiva a obrigação só é exigível depois de a condição se verificar, ficando o credor/exequente onerado com a prova dessa verificação, sem o que a execução não é admissível (arts. 270º do CC e 715º, nºs 1 a 4 do CPC). 2. O credor, munido de um título com força executiva, tem de fornecer essa prova no momento em que inicia a execução. 3. Não constando do requerimento executivo os meios de prova para demonstrar a exigibilidade da obrigação exequenda, justifica-se o convite ao aperfeiçoamento para indicação de prova complementar (art. 726º, nº 4 do CPC).".

[810] No sentido de a indicação de bens à penhora no requerimento executivo revestir caráter meramente facultativo, *vide* o ac. do TRP de 16.10.2017, proc. 1894/12.2TBGMR-A.P1.

Sendo requerida a penhora de créditos de que o executado seja titular sobre um terceiro, ao abrigo do disposto no art. 773º, o exequente deve, tanto quanto possível, especificar a identidade do devedor, o montante, a natureza e a origem da dívida, o título de que constam, as garantias existentes e a data do vencimento. Se pedir a penhora do direito a bens indivisos (arts. 743º e 781º), o exequente deve indicar o administrador e os comproprietários desses bens, assim como a quota-parte que neles pertença ao executado.

Para além dos diversos requisitos previstos nos nºs 1 a 3 do art. 724º, o Código de Processo Civil estabelece ainda que o requerimento executivo deve ser acompanhado dos seguintes documentos:

a) cópia ou original do título executivo consoante, respetivamente, o requerimento executivo seja entregue por via eletrónica[811,812] ou em papel.
Neste particular, importa salientar que, à luz do art. 724º, nº 5, se a execução for proposta por via eletrónica e tiver por título executivo um título de crédito, o exequente deve enviar o original para o tribunal, no prazo de dez dias após a distribuição[813]. Não o fazendo, o juiz, ofi-

[811] Nos termos do art. 144º, nº 1, os atos processuais que devam ser praticados por escrito pelas partes são apresentados a juízo por transmissão eletrónica de dados (via *citius*), salvo se a parte não se encontrar representada por mandatário, nos casos em que o patrocínio judiciário não seja obrigatório. De acordo com o art. 2º, nº 1, da Portaria nº 282/2013, de 29 de agosto, estando o exequente representado por mandatário judicial, o requerimento executivo deve ser entregue através da página electrónica *http://citius.tribunaisnet.mj.pt*. Paralelamente, o art. 712º preceitua que os processos executivos são tramitados, em regra, por via eletrónica.
Diversamente, nos termos do art. 3º, nº 1, da Portaria nº 282/2013, de 29 de agosto, se o exequente não estiver representado por mandatário judicial, ou, estando, se verifique um justo impedimento para a prática do ato através do *citius*, o requerimento executivo pode ser apresentado em suporte físico, por entrega na secretaria judicial ou remessa pelo correio, sob registo, ou por telecópia, no tribunal competente, utilizando o modelo de requerimento executivo que consta do anexo I da Portaria nº 282/2013, de 29 de agosto, ao qual se anexam os documentos que o devem acompanhar.

[812] Criticando a possibilidade de o requerimento executivo ser instruído com uma simples cópia do título executivo, quando o mesmo é apresentado por via eletrónica, *vide* FREITAS, José Lebre de, "A desmaterialização do título executivo", *in As Recentes Reformas na Acção Executiva e nos Recursos*, Wolters Kluwer, Coimbra, 2010, pp. 14 a 17.

[813] De todo o modo, importa observar que a jurisprudência tem vindo a admitir a possibilidade de o requerimento executivo ser instruído com uma fotocópia do título de crédito, designadamente nos casos em que o original do título se encontre entranhado num outro processo judicial (por exemplo, o original do título de crédito encontra-se junto a um processo crime). Cfr., nesse sentido, o ac. do TRL de 26.03.1992, proc. 0054902, o ac. do STJ de 08.02.2001, proc. 4062/00, *in SASTJ*, ano 2001, bem como a decisão da $CSC_{It.}$ de 15.02.1996, proc. 1165, *in www.cortedicassazione.it*. Admitindo a junção de fotocópia de letra de câmbio como título executivo, mas desde que reconhecida notarialmente e justificada a impossibilidade de apresentação do original do título,

ciosamente ou a requerimento do executado, deve determinar a notificação do exequente para que este proceda a esse envio no prazo de dez dias, sob pena de extinção da execução [art. 849º, nº 1, al. *f)*][814,815]. Por outro lado, de acordo com o art. 855º-A[816], se a execução tiver por objeto uma obrigação emergente de um contrato com cláusulas contratuais gerais, o requerimento executivo deve ser acompanhado de cópia ou original do contrato celebrado entre as partes, se, respetivamente, for entregue por via eletrónica ou em papel, sob pena de recusa do requerimento;

b) documentos de que o exequente disponha relativamente aos bens penhoráveis indicados no requerimento executivo; e

c) comprovativo do pagamento da taxa de justiça devida ou da concessão do benefício de apoio judiciário, nos termos do art. 145º.

vide o ac. do TRP de 25.06.1992, proc. 9130838, o ac. do TRP de 13.01.1998, proc. 9720660, o ac. do STJ de 15.12.1998, proc. 1028/98, *in SASTJ*, ano 1998, bem como o ac. do TRP de 15.06.2011, proc. 227/10.7TBBGC-A.P1. Cfr., em sentido diverso, o ac. do STJ de 27.09.1994, proc. 085241, *in BMJ*, nº 439, ano 1994, p. 605, o ac. do TRP de 18.12.1995, proc. 9551077, o ac. do TRL de 13.03.1997, proc. 009072, o ac. do STJ de 09.07.1998, proc. 739/98, *in SASTJ*, ano 1998, o ac. do TRL de 30.03.2006, proc. 1586/2006-2, o ac. do TRL de 22.01.2009, proc. 8735/2008-6, bem como o ac. do TRP de 15.06.2011, proc. 227/10.7TBBGC-A.P1.

814 No regime revogado, a lei previa que o original do título executivo só devia ser enviado ao tribunal nos casos em que o requerimento executivo fosse entregue em suporte de papel [art. 810º, nº 6, al. *a)*, do CPC_{1961}]. Isto, sem prejuízo de o juiz poder determinar, oficiosamente ou a requerimento do executado, a entrega, pelo exequente, do original do título executivo, designadamente quando fosse posta em causa a autenticidade da cópia apresentada com o requerimento executivo. Cfr., quanto a esta problemática, o ac. do STJ de 15.03.2012, proc. 227/10.7TBBGC-A.P1.S1.

815 Lebre de Freitas critica este regime, pelo facto de apenas exigir a entrega do original do título executivo quando o mesmo seja um título de crédito, deixando de fora as situações em que a lei faça depender a validade do ato da sua forma documental. Assim, de acordo com o citado Autor, seria preferível que este regime previsse igualmente a obrigação de entrega do original do título executivo estando em causa um negócio formal (Freitas, José Lebre de, "Sobre o Novo Código de Processo Civil (Uma visão de fora)", *op. cit.*, p. 57).

816 Aditado pela Lei nº 117/2019, de 13 de setembro. Não se compreende, no entanto, a razão pela qual o legislador optou por sistematizar este preceito legal no capítulo referente à execução para pagamento de quantia certa sob a forma de processo sumário – em detrimento do capítulo atinente à execução para pagamento de quantia certa sob a forma de processo ordinário – quando é certo que à execução sumária são subsidiariamente aplicáveis as disposições da execução ordinária e que não é pelo facto de a execução respeitar a uma obrigação emergente de um contrato com cláusulas contratuais gerais que a mesma deve, necessariamente, seguir a forma de processo sumário (cfr. o art. 550º, nº 2).

1.1.2. Admissão do requerimento executivo

Como salvaguarda do pagamento atempado dos honorários do agente de execução, o art. 724º, nº 6, estabelece que o requerimento executivo só se considera apresentado na data do pagamento da quantia inicialmente devida ao agente de execução a título de provisão de honorários e despesas ou da comprovação da concessão do benefício de proteção jurídica, na modalidade de atribuição de agente de execução. Esta norma constitui, por isso, uma exceção ao regime geral constante do art. 259º, nº 1, segundo o qual a instância inicia-se pela propositura da ação, considerando-se esta proposta, intentada ou pendente logo que seja recebida na secretaria a respetiva petição inicial. Ora, tal assume especial relevância, designadamente para efeito de cômputo dos prazos substantivos de caducidade e de prescrição[817].

1.1.3. Recusa do requerimento executivo

Estando em causa uma ação executiva para pagamento de quantia certa sob a forma ordinária, o requerimento executivo deve ser remetido ao tribunal[818]. Nesse caso, uma vez recebido o requerimento, este pode ser recusado, de forma fundamentada, pela secretaria, no prazo de dez dias a contar da distribuição (art. 203º).

Com efeito, a secretaria pode recusar o requerimento executivo quando:

a) não obedeça ao modelo aprovado, nos casos em que o requerimento executivo seja apresentado em suporte de papel;

b) não indique o fim da execução, em violação do disposto nos arts. 10º, nº 6, e 724º, nº 1, al. *d)*;

c) dele não constem os requisitos previstos no art. 724º, nº 1, als. *a)*, *b)*, *d)* a *h)* e *k)*, ou seja, a identificação das partes, a indicação do domicílio

[817] *Vide*, a este respeito, o ac. do STJ de 24.01.2019, proc. 524/13.0TBTND-A.C1.S1, no qual se decidiu que "A circunstância de se estabelecer, no artigo 724º, nº 6, alínea a), do Código de Processo Civil, que o requerimento executivo só se considera apresentado na data do pagamento pelo exequente da quantia inicialmente devida ao agente de execução, a título de honorários e despesas, ou da comprovação da concessão do benefício de apoio judiciário, na modalidade de atribuição de agente de execução, não exclui a aplicação, ao processo de execução, do regime da interrupção da prescrição previsto no artigo 323º, nº 2, do Código Civil". Cfr., ainda, o ac. do STJ de 11.07.2019, proc. 1406/16.9T8ACB-A.C1.S1, no qual se decidiu que o momento que releva para efeitos de contagem do prazo de cinco dias, previsto no art. 323º do CC, para a interrupção da prescrição, é o da propositura da ação executiva, e não o do pagamento da provisão devida ao agente de execução.

[818] Com efeito, nos termos do art. 551º, nº 5, o processo executivo deve correr em tribunal quando seja requerida ou decorra da lei a prática de um ato da competência da secretaria ou do juiz de execução e até à prática do mesmo.

profissional do mandatário judicial, a indicação do fim da execução e da forma de processo, a exposição sucinta dos factos que fundamentam o pedido, a enunciação do pedido, a indicação do valor da causa, a liquidação da obrigação, a escolha da prestação e a exigibilidade do crédito exequendo (quando tal caiba ao exequente), bem como a indicação de um número de identificação bancária, ou outro número equivalente, para efeito de pagamento dos valores que lhe sejam devidos[819];

d) não seja apresentada a cópia ou o original do título executivo, de acordo com o previsto no art. 724º, nº 4, al. *a)*; ou

e) não seja acompanhado do documento comprovativo do pagamento da taxa de justiça devida ou da concessão do benefício de apoio judiciário (art. 145º).

Por sua vez, tratando-se de uma ação executiva para pagamento de quantia certa sob a forma de processo sumário, tendo em conta que, neste caso, o executado só é citado após a penhora do seu património, tanto o requerimento executivo, como os documentos que o acompanham, são enviados por via eletrónica, de forma direta e sem precedência de despacho judicial, ao agente de execução que tiver sido designado, sendo indicado de imediato um número único do processo (art. 855º, nº 1)[820]. Assim, uma vez que o requerimento executivo é remetido ao agente de execução, cabe-lhe a ele a tramitação inicial da execução, podendo:

[819] Neste particular, estamos em crer que se trata de um excesso manifesto do legislador impor a recusa do requerimento executivo se dele não constar a indicação de um número de identificação bancária. Com efeito, se, por um lado, passa a ser obrigatório o exequente ser titular de uma conta bancária para poder mover uma ação executiva, por outro lado, não é pelo facto de o exequente ser ou não titular de uma conta bancária que se vai garantir o maior ou o menor êxito da execução. Isto porque, se o executado pretender pagar voluntariamente a dívida exequenda ou se o agente de execução carecer de efetuar o pagamento ao exequente, existem diversas modalidades possíveis para esse efeito. Note-se, neste particular, que, se a penhora recair em moeda corrente, depósito bancário em dinheiro ou outro direito de crédito pecuniário cuja importância tenha sido depositada, a lei continua a prever que, na entrega de dinheiro, o pagamento tanto pode ser efetuado por cheque, como por transferência bancária (art. 798º, nº 2). Ademais, se o executado pretender fazer cessar a execução, mantém-se a regra segundo a qual o pagamento deve ser feito mediante entrega direta ou depósito em instituição de crédito à ordem do agente de execução (art. 846º, nº 2). Pugnando pela inconstitucionalidade desta norma, *vide* FERNANDEZ, Elizabeth, *Um Novo Código de Processo Civil? Em busca das diferenças, op. cit.*, p. 166. Criticando igualmente este regime, pelo facto de negar o acesso à ação executiva a quem não seja titular de conta bancária, *vide* FARIA, Paulo Ramos de/ LOUREIRO, Ana Luísa, *Primeiras Notas ao Novo Código de Processo Civil*, vol. II, *op. cit.*, p. 234.

[820] Esta solução legal corresponde, na prática, à que foi instituída na ação executiva pela reforma de 2008.

a) recusar o requerimento executivo, de forma fundamentada, quando se verifique alguma das hipóteses previstas no art. 725º; ou
b) provocar a intervenção do juiz, nos termos do art. 723º, nº 1, al. *d)*, quando considere que é provável a ocorrência de alguma das situações constantes no art. 726º, nºs 2 a 4 – isto é, que possam dar lugar a um despacho de indeferimento liminar total ou parcial ou a um convite ao aperfeiçoamento do requerimento executivo – ou quando tenha dúvidas fundadas em relação à verificação dos pressupostos de aplicação da forma sumária, previstos no art. 550º, nºs 2 e 3.

Sendo o requerimento executivo recusado, consoante os casos, pela secretaria ou pelo agente de execução, o exequente pode reclamar dessa recusa para o juiz, o qual decide a reclamação de forma irrecorrível, salvo quando a reclamação tenha por fundamento a recusa do requerimento executivo, por falta de exposição dos factos [arts. 725º, nº 2, e 855º, nº 2, al. *a)*].

Se a decisão de recusa for confirmada judicialmente ou se o exequente não reclamar da recusa, pode apresentar um novo requerimento executivo, bem como o documento ou os elementos em falta, nos termos do art. 725º, nº 1, no prazo de dez dias a contar da recusa do recebimento do requerimento executivo ou da notificação da decisão judicial que tenha confirmado a recusa. Nessa eventualidade, à semelhança do que se dispõe na ação declarativa quanto à apresentação de nova petição inicial (art. 560º), o requerimento executivo considera-se apresentado na data da primeira apresentação (art. 725º, nº 3). Este regime assume especial relevância, tendo em conta a possibilidade de o exequente se aproveitar dos efeitos substantivos e processuais decorrentes da apresentação inicial do requerimento executivo.

Diferentemente, se, findo o prazo de dez dias após a recusa do requerimento executivo ou, tendo havido reclamação, após a notificação da decisão judicial que tenha confirmado a recusa, o exequente não apresentar novo requerimento executivo ou o documento ou os elementos em falta, a execução extingue-se, devendo o exequente ser notificado, pela secretaria ou pelo agente de exequente – conforme a execução siga, respetivamente, os termos do processo ordinário ou do processo sumário –, da extinção da execução [arts. 725º, nº 4, e 849º, nºs 1, al. *f)*, e 2][821].

[821] *Vide*, a este respeito, o ac. do TRG de 11.10.2018, proc. 5424/17.1T8GMR-D.G1.

1.2. Despacho liminar e citação do executado

A alteração introduzida pelo novo Código de Processo Civil no que concerne à forma do processo comum de execução para pagamento de quantia certa – a qual passou a ser ordinária ou sumária (art. 550º, nº 1) –, veio contribuir para a simplificação da tramitação da ação executiva. Na verdade, o anterior modelo executivo – segundo o qual, o processo comum de execução seguia forma única (art. 465º do CPC_{1961}) – compreendia, na prática, uma multiplicidade de tramitações possíveis:

i) penhora sem citação prévia do executado (art. 812º-C do CPC_{1961});
ii) citação prévia à penhora mediante requerimento do exequente (art. 812º-F, nº 1, do CPC_{1961});
iii) despacho liminar e citação prévia do executado (arts. 812º-D e 812º-F do CPC_{1961});
iv) despacho liminar e dispensa de citação prévia do executado (art. 812º-F, nºs 3 a 5, do CPC_{1961}); ou
v) citação prévia sem necessidade de despacho do juiz (art. 812º-F, nº 2, do CPC_{1961}).

Ora, na atual lei de processo civil, passamos a ter apenas quatro tramitações possíveis:

a) no processo executivo ordinário:
  i) despacho liminar e citação prévia do executado, bem como do seu cônjuge, quando seja invocada a comunicabilidade da dívida (arts. 726º e 741º);
  ii) despacho liminar e dispensa de citação prévia do executado (art. 727º);
b) no processo executivo sumário:
  i) penhora e citação posterior do executado (art. 855º, nº 3);
  ii) citação do executado e penhora posterior de bens imóveis, estabelecimento comercial, direito real menor que sobre eles incida ou quinhão em património que os inclua, nas execuções instauradas ao abrigo do art. 550º, nº 2, al. *d)* (art. 855º, nº 5).

Relativamente à tramitação do processo executivo ordinário, dispõe o art. 726º que o processo é concluso ao juiz para despacho liminar.

Uma vez remetido o processo ao juiz, este pode proferir um de quatro despachos possíveis: despacho de indeferimento liminar total, despacho de indeferimento liminar parcial, despacho de convite ao aperfeiçoamento do requerimento executivo e despacho de citação do executado.

Vejamos, de seguida, o âmbito de cada um desses despachos.

1.2.1. Despacho de indeferimento liminar total

O juiz deve indeferir liminarmente o requerimento executivo, sem necessidade de observar o contraditório prévio do exequente[822], quando se verifiquem vícios de tal forma graves que sejam insuscetíveis de ser sanados (art. 726º, nº 2)[823,824].

Assim, o juiz deve proferir um despacho de indeferimento liminar total quando:

a) seja manifesta a falta ou insuficiência do título executivo[825].
Verifica-se a falta do título executivo nos casos em que seja dado à execução um documento que não conste do elenco taxativo de títulos executivos legalmente admissíveis, previsto no art. 703º, nº 1[826], ou quando o requerimento executivo não seja acompanhado de um título executivo e o exequente não lhe faça qualquer referência no requerimento executivo[827].
Por sua vez, ocorre a insuficiência do título executivo nas hipóteses em que, mesmo que o documento oferecido como título executivo conste do elenco do art. 703º, nº 1, não se verifique a "exequibilidade

[822] Cfr., nesse sentido, o ac. do TRG de 25.02.2021, proc. 4944/20.5T8VNF.G1.

[823] A este respeito, conforme se decidiu no ac. do TRE de 12.12.2011, proc. 31/11.5TBMAC-E1, o despacho de indeferimento liminar do requerimento executivo deve ser reservado aos casos em que "seja manifesta, evidente, e irremediável, a falta ou insuficiência do título executivo", devendo, por isso, nos demais casos em que o vício processual seja suscetível de ser suprido, ser proferido um despacho de convite ao aperfeiçoamento do requerimento executivo. *Vide*, na doutrina, PRAZERES, Manuel Augusto Gama, *Do Processo de Execução no Actual Código do Processo Civil*, *op. cit.*, p. 137.

[824] Sustentando que, em caso de indeferimento liminar do requerimento executivo, o julgador não se encontra obrigado a promover a audição prévia do exequente, já que, nesse caso, o exequente tem sempre a possibilidade de recorrer, independentemente do valor da ação e da sucumbência, *vide* o ac. do TRC de 27.02.2018, proc. 5500/17.0T8CBR.C1.

[825] No sentido de o tribunal poder conhecer oficiosamente o vício da falta ou insuficiência do título executivo, *vide* o ac. do TRG de 05.12.2013, proc. 1564/12.1TBFLG-A.G1.

[826] É o que acontece, nomeadamente, se a ação executiva tem por objeto uma sentença de mérito proferida numa ação de simples apreciação (cfr., nesse sentido, o ac. do TRE de 26.01.2017, proc. 966/15.6T8SLV.E1) ou uma sentença que tenha condenado em quantia ilíquida, cuja quantificação não dependa de uma operação de simples cálculo aritmético (ac. do TRP de 16.12.2015, proc. 870/10.4TTMTS-E.P1).

[827] *Vide*, nesse sentido, FERREIRA, Fernando Amâncio, *Curso de Processo de Execução*, *op. cit.*, p. 165.

da pretensão nele fundada"[828,829]. É o que sucede, designadamente, nas situações em que a lei exija um requisito formal para a validade do negócio e o título não observe esse requisito, como, por exemplo, um contrato de compra e venda de um bem imóvel celebrado através de documento particular[830].

Em todo o caso, importa salientar que o indeferimento liminar do requerimento executivo só pode ter lugar na eventualidade de a falta ou a insuficiência do título executivo ser manifesta, ou seja, de tal modo evidente e incontestável[831];

b) ocorram exceções dilatórias, não supríveis, de conhecimento oficioso. Enquadram-se neste âmbito, nomeadamente, a incompetência absoluta do tribunal (arts. 96º e ss.)[832], a ineptidão do requerimento executivo – designadamente por contradição entre o pedido e a causa de pedir[833] ou por falta absoluta de alegação de factos que fundamentem o pedido, quando tais factos não constem do título executivo (art. 186º, nº 1)[834] –, a ilegitimidade singular – isto é, a propositura da ação executiva por alguém ou contra alguém que não figure no título exe-

828 Ac. do TRP de 25.01.2011, proc. 329/10.0YYPRT-A.P1.

829 Neste particular, decidiu-se no ac. do TRP de 03.05.2004, proc. 0452201, que o juiz não pode indeferir liminarmente o requerimento executivo, com fundamento na sua ineptidão, por falta de causa de pedir, quando o título executivo se traduza num requerimento de injunção no qual tenha sido aposta a fórmula executória.

830 Cfr., nesse sentido, o ac. do STJ de 20.02.2014, proc. 22577/09.5YYLSB-A-1.S1.

831 Ac. do TRL de 24.09.2019, proc. 35949/11.6TYYLSB-L1-7. Por conseguinte, conforme se decidiu no ac. do TRC de 19.11.2019, proc. 380/19.4T8CBR.C1, "Não é de entender existir manifesta falta de título executivo – *v.g.*, para assim alicerçar o indeferimento liminar do requerimento executivo –, quando, apesar de essa conclusão ser arrimada na interpretação que, das normas aplicáveis, faz determinada corrente da jurisprudência das Relações, existe, também nos Tribunais Superiores, expressiva corrente jurisprudencial contrária em que se pode confortar a defesa da exequibilidade do título".

832 Defendendo a possibilidade de o tribunal proferir um despacho de indeferimento liminar, sem necessidade de observar o contraditório prévio do exequente, na eventualidade de se verificar uma incompetência absoluta, *vide* o ac. do TRL de 20.09.2018, proc. 16141/17.2T8LSB.L1-2, o ac. do TRC de 09.10.2018, proc. 1809/17.1T8ACB.C1, bem como o ac. do TRL de 16.05.2019, proc. 5578/17.7T8ALM.L1-6.

833 *Vide*, neste sentido, os acs. do STJ de 13.03.1986, proc. 073816, e de 04.02.1993, proc. 082591.

834 Cfr., no mesmo sentido, Sousa, Miguel Teixeira de, *Acção Executiva Singular*, *op. cit.*, p. 40. *Vide*, a este respeito, o ac. do TRL de 20.02.2019, proc. 2912/13.2TBLRA-B.C1, no qual se decidiu que deve ser liminarmente indeferido o requerimento executivo, por ineptidão, resultante da falta de alegação da causa de pedir, quando, sendo o título executivo uma declaração unilateral de confissão de dívida, da qual não conste a respetiva causa (art. 458º do CC), o exequente não tenha alegado os factos constitutivos dessa obrigação.

cutivo como credor ou devedor (art. 53º)[835,836] –, a litispendência e o caso julgado [art. 577º, al. *i)*], bem como a incerteza, inexigibilidade ou iliquidez da obrigação exequenda, quando não seja possível tornar a obrigação certa, exigível ou líquida na fase liminar da ação executiva (art. 713º);

c) fundando-se a execução em título negocial, seja manifesta, face aos elementos constantes dos autos, a inexistência de factos constitutivos ou a existência de factos impeditivos ou extintivos da obrigação exequenda, que sejam de conhecimento oficioso. Enquadram-se neste fundamento, designadamente, os negócios jurídicos que enfermem de nulidade, pelo facto de o seu objeto ser física ou legalmente impossível, ou as causas extintivas do direito exequendo, como sucede com o pagamento ou a caducidade[837]. Fundamentalmente, "a invalidade deve resultar do próprio requerimento executivo, comparado com o título executivo e demais documentos oferecidos pelo exequente, tornando-se ainda necessário que o juiz possa conhecer oficiosamente do vício"[838];

d) tratando-se de execução baseada em decisão arbitral, o litígio não pudesse ser cometido à decisão por árbitros, quer por estar exclusivamente submetido, por lei especial, à jurisdição de um tribunal judicial ou à arbitragem necessária, quer por o direito controvertido não ter caráter patrimonial e não poder ser objeto de transação.

835 *Vide*, a este propósito, MENDES, João de Castro, *Direito Processual Civil*, vol. III, *op. cit.*, p. 201, segundo o qual, obtendo-se a condenação de A, mas movendo-se a ação executiva contra A, B e C, o requerimento executivo deve ser indeferido liminarmente em relação a B e a C.

836 Neste particular, discordamos, salvo o devido respeito, da decisão do ac. do TRL de 04.04.2019, proc. 11338/15.2T8LSB-A.L1, segundo a qual, se o exequente não for a pessoa que figura no título executivo como credor e se não tiver sido alegada a transmissão desse direito, o juiz deve "convidar o exequente a aperfeiçoar o requerimento executivo, alegando os factos constitutivos da transmissão", podendo, inclusive, esse convite ser formulado no incidente de embargos de executado, depois de ter sido invocada, pelo executado, a ilegitimidade do exequente. É que, tendo havido uma transmissão no direito, cabia ao exequente alegar os factos constitutivos dessa transmissão no próprio requerimento executivo, atento o disposto no art. 54º, nº 1, sob pena de ilegitimidade. Não o tendo feito, o exequente é parte ilegítima, sendo que essa ilegitimidade, por ser singular, é insanável. Diferente seria se o exequente tivesse alegado os factos constitutivos da sucessão no direito, mas essa alegação apresentasse insuficiências, imprecisões ou obscuridades, caso em que, aí sim, haveria lugar ao proferimento de um despacho de convite ao aperfeiçoamento do requerimento executivo, nos termos dos arts. 590º, nº 4, e 726º, nº 4. Quanto à insanabilidade da ilegitimidade processual singular, *vide*, entre outros, o ac. do TRG de 16.05.2019, proc. 819/15.8T8BGC.G2.

837 FERREIRA, Fernando Amâncio, *Curso de Processo de Execução*, *op. cit.*, p. 166.

838 *Ibidem*, p. 167.

Nos termos do art. 853º, nº 3, cabe sempre recurso de apelação do despacho de indeferimento liminar, ainda que parcial, do requerimento executivo. Se esse despacho de indeferimento liminar for total, pondo, por isso, termo ao processo, o recurso de apelação subirá imediatamente, nos próprios autos e com efeito meramente devolutivo, atento o disposto nos arts. 852º, 853º, nº 3, 645º, nº 1, al. *a)*, e 647º, nº 1.

1.2.2. Despacho de indeferimento liminar parcial

O juiz pode indeferir parcialmente o requerimento executivo, designadamente quanto à parte do pedido que exceda os limites constantes do título executivo ou quanto aos sujeitos que careçam de legitimidade para figurar como exequentes e/ou executados (art. 726º, nº 3).

Com efeito, considerando que o título executivo determina o fim e os limites da execução (art. 10º, nº 5), o tribunal poderá indeferir parcialmente o requerimento executivo quando, por exemplo, o exequente requeira o pagamento de uma quantia superior à que consta do título executivo[839] ou ainda quando o exequente peticione o pagamento de uma quantia que, apesar de constar formalmente do título executivo, não se enquadre dentro dos limites legais do título[840].

Do mesmo modo, à luz do princípio da legitimidade formal, previsto no art. 53º, o tribunal deve indeferir parcialmente o requerimento executivo nos casos em que a execução seja intentada por ou contra uma pessoa que não figure no título executivo com a qualidade de credor ou de devedor, não sendo feita, no requerimento executivo, qualquer referência à verificação de algum dos desvios à regra geral da determinação da legitimidade, previstos nos arts. 54º e ss..

Do despacho de indeferimento liminar parcial do requerimento executivo cabe recurso de apelação, o qual sobe imediatamente, em separado e com efeito meramente devolutivo, à luz do art. 853º, nº 4[841].

[839] Cfr., no mesmo sentido, MENDES, João de Castro, *Direito Processual Civil*, vol. III, *op. cit.*, p. 201, bem como o ac. do STJ de 04.11.1997, proc. 97A690, e o ac. do TRE de 22.10.1998, proc. 238.1998-3.

[840] Cfr., a este respeito, o ac. do TRC de 07.02.2017, proc. 454/15.0T8CVL.C1, no qual se decidiu que "Entendendo o tribunal que o pagamento coercivo das penalidades e dos honorários e taxa de contencioso não cabe dentro dos limites do título executivo, deve indeferir liminar e parcialmente a execução nessa parte, apesar de haver decisões jurisprudenciais e opiniões na doutrina no sentido de que a acta da reunião da assembleia de condóminos é título para obter o pagamento coercivo das penalidades e dos honorários".

[841] No sentido de o recurso de apelação constituir o meio processual adequado de impugnação desse despacho de indeferimento liminar do requerimento executivo, *vide* o ac. do TRL de 15.07.2011,

1.2.3. Despacho de convite ao aperfeiçoamento

Nos termos do art. 726º, nº 4, o juiz, ao abrigo dos princípios da economia processual, da gestão processual (art. 6º) e da cooperação (art. 7º), deve convidar o exequente a suprir as irregularidades do requerimento executivo, bem como a sanar a falta de pressupostos processuais[842], desde que, no caso em concreto, não se verifique nenhuma das situações em que a lei imponha o indeferimento liminar total do requerimento executivo (art. 726º, nº 2).

É o que sucede, por exemplo, nos seguintes casos:

a) o exequente aludiu no requerimento executivo à existência de um título executivo, mas, por lapso manifesto, não apresentou o título[843] ou juntou um título diferente daquele que pretendia efetivamente apresentar[844];

b) o exequente apresentou como título executivo uma ata da assembleia de condóminos (art. 6º do DL nº 268/94, de 25 de outubro) que não contém a aprovação das despesas relativas a cada condómino. Nesse caso, o exequente deve ser convidado a aperfeiçoar o requerimento executivo, juntando aos autos uma cópia certificada da ata que tiver definido as despesas relativas a cada condómino[845];

c) o exequente intentou uma ação executiva fundada num contrato de crédito ao consumo, de abertura de crédito ou compra e venda com mútuo e hipoteca, do qual não consta que o montante do crédito concedido foi efetivamente entregue por um dos contraentes ao outro, apesar de, no requerimento executivo, ter sido alegada a disponibilização desse montante. Nesta hipótese, o juiz deve proferir um despacho de convite ao aperfeiçoamento, no sentido de o exequente juntar aos autos os documentos comprovativos da concessão efetiva do crédito[846];

proc. 2473/08.4TBALM-A.L1-7.

[842] *Vide*, a este propósito, o ac. do TRP de 10.01.1995, proc. 9420731. No sentido de o juiz poder proferir um despacho de convite ao aperfeiçoamento do requerimento executivo no âmbito do apenso de oposição à execução, após a fase dos articulados, *vide* o ac. do TRG de 05.02.2015, proc. 27/13.2TBMGD-C.G1. Quanto à impossibilidade de o juiz proferir um despacho de convite ao aperfeiçoamento nos casos em que tal importe o "suprimento de omissões do núcleo estruturante da causa de pedir", *vide* o ac. do TRP de 02.06.2014, proc. 758/13.7TBMTS-A.P1.

[843] Cfr., nesse sentido, o ac. do TRP de 16.05.2002, proc. 0230400, bem como o ac. do TRL de 11.10.2012, proc. 1515/09.0TBSCR.L1-2.

[844] *Vide*, a este propósito, o ac. do STJ de 10.12.2009, proc. 52555/06.0YYLSB-E.L1.S1, bem como o ac. do TRE de 10.09.2020, proc. 1664/18.4T8BJA-A.E1.

[845] Ac. do TRL de 30.06.2011, proc. 13722/10.9YYLSB.L1-6.

[846] Cfr., a este respeito, o ac. do TRP de 16.12.2000, proc. 0021197, o ac. do STJ de 08.03.2005, proc. 04A4359, o ac. do TRP de 09.03.2006, proc. 0630956, o ac. do TRP de 07.10.2014, proc.

d) o exequente intentou uma ação executiva, fundada num contrato de arrendamento, sem ter junto o documento comprovativo da comunicação, ao arrendatário, do montante das rendas em dívida. Nessa eventualidade, o juiz deve convidar o exequente a juntar ao processo esse documento[847]; ou

e) o exequente intentou uma ação executiva, juntando como título executivo uma fotocópia de um cheque. Nesse caso, o juiz deve proferir um despacho de convite ao aperfeiçoamento, no sentido de o exequente juntar aos autos o original do título executivo[848].

Sendo proferido um despacho de convite ao aperfeiçoamento, o juiz deve ordenar a notificação do exequente para que este, no prazo que for fixado, corrija as irregularidades do requerimento executivo ou a falta de pressupostos processuais, advertindo-o, simultaneamente, de que a falta de resposta a esse convite implicará o indeferimento liminar do requerimento executivo (art. 726º, nº 5).

1.2.4. Despacho de citação do executado

Não se verificando nenhum dos casos em que a lei imponha o indeferimento liminar do requerimento executivo (art. 726º, nº 2) ou se o exequente, na sequência de um despacho de convite ao aperfeiçoamento (art. 726º, nº 4), tiver suprido as irregularidades do requerimento executivo ou sanado eventuais vícios, o juiz, salvo se tiver sido requerida a dispensa de citação prévia do executado (art. 727º), deve proferir um despacho de citação do executado, para que este, no prazo de vinte dias, proceda ao pagamento voluntário da dívida exequenda ou deduza oposição à execução (art. 726º, nº 6)[849].

Dado que cabe ao agente de execução efetuar todas as diligências que não sejam da competência da secretaria de execução, designadamente citações,

2614/12.7TBGDM-A.P1, o ac. do TRL de 24.10.2019, proc. 511/16.6 T8FNC-A.L1-6, bem como o ac. do TRL de 23.11.2021, proc. 3167/20.8T8FNC-A.L1-7. No sentido de o tribunal dever indeferir liminarmente o requerimento executivo nos casos em que o exequente, apesar de ter apresentado como título executivo um contrato de concessão de crédito ao consumo, não alegou e/ou demonstrou que esse crédito foi efetivamente concedido, *vide* o ac. do TRC de 11.12.2013, proc. 170/13.8TBNLS.C1, o ac. do TRC de 01.12.2015, proc. 325/12.2TBTBU.C1, bem como o ac. do TRE de 19.05.2016, proc. 1806/12.3TBSTB-A.E1.

[847] Ac. do TRG de 24.01.2019, proc. 5850/13.5TBBRG-A.G1.

[848] Ac. do TRL de 11.07.2013, proc. 2354/11.4TBVIS-A.L1-2. Cfr., ainda, o ac. do STJ de 24.10.2019, proc. 611/17.5T8LLE-A.E1.S3.

[849] No sentido de o despacho que determina a citação do executado não produzir caso julgado quanto à sua legitimidade, *vide* o ac. do TRE de 31.01.2013, proc. 159/07.6TBCUB-E1.

notificações, publicações[850], consultas de bases de dados, penhoras e seus registos, bem como liquidações e pagamentos (art. 719º, nº 1), a secretaria deve remeter ao agente de execução, por via eletrónica, o requerimento executivo e os documentos que o acompanham, para que este proceda à citação do executado (art. 726º, nº 8).

1.2.5. Rejeição e aperfeiçoamento

Mesmo que o processo não tenha sido concluso ao juiz para o proferimento de despacho liminar – o que sucede, por exemplo, quando a ação executiva siga os termos do processo sumário, sem que o agente de execução tenha, nos termos do art. 855º, nº 2, al. *b)*, suscitado essa intervenção –, o art. 734º, nº 1, prevê a possibilidade de o juiz conhecer oficiosamente, até ao primeiro ato de transmissão dos bens penhorados, ou seja, entrega de dinheiro (art. 798º), adjudicação (arts. 799º a 802º) ou venda (arts. 811º a 837º), das questões que poderiam ter determinado, se apreciadas nos termos do art. 726º, o indeferimento liminar ou o aperfeiçoamento do requerimento executivo[851]. Trata-se, com efeito, de uma "válvula de escape" do sistema, que permite ao juiz controlar a legalidade da execução, ainda que essa legalidade não tenha sido sindicada em sede de embargos de executado[852].

Na verdade, o facto de o título executivo apresentar uma eficácia incondicional não exclui a possibilidade de o juiz controlar a existência efetiva de um título para se exigir o cumprimento da obrigação objeto de execução[853].

Por conseguinte, o juiz deve rejeitar a execução "logo que se aperceba da ocorrência de alguma das situações susceptíveis de fundar o indeferimento, quer ela fosse já manifesta à data do despacho liminar, quer só posteriormente

[850] Note-se que, nos termos do art. 16º da Portaria nº 282/2013, de 29 de agosto, essas publicações devem ser realizadas "mediante anúncio em página informática de acesso público, na Área de Serviços Digitais dos Tribunais, acessível no endereço eletrónico *https://tribunais.org.pt*, através do sistema informático de suporte à atividade dos agentes de execução e do sistema informático de suporte à atividade dos tribunais".

[851] Por conseguinte, conforme se decidiu no ac. do TRE de 11.11.2021, proc. 1371/19.0T8SLV-A.E1, "Efetuados pagamentos na execução e face à inexistência de oposição à execução, ficou precludida a possibilidade de indeferimento liminar parcial do requerimento executivo nos termos do art. 734º, nº 1, do CPC".

[852] Ac. do TRL de 26.06.2014, proc. 562/13.2TBCSC-C.L1-8. De todo o modo, conforme se decidiu neste aresto, o regime processual previsto no art. 734º "não se sobrepõe aos embargos de executado, a impulsionar pela parte, porquanto são duas "plataformas" de controlo da legalidade, que se complementam, mas que não se substituem". Cfr., ainda, o ac. do TRL de 24.10.2019, proc. 2218/14.0T8SNT-A.L1.L1-2.

[853] Mandrioli, Crisanto, *Corso di Diritto Processuale Civile*, vol. III, *op. cit.*, p. 20.

se tenha revelado no processo executivo ou mesmo no processo declarativo de embargos de executado"[854].

Nessa eventualidade, sendo a execução rejeitada ou se o vício não for suprido ou a falta corrigida, a execução extingue-se, no todo ou em parte [arts. 734º, nº 2, e 849º, nº 1, al. *f)*].

1.2.6. Dispensa de citação prévia

Estando em causa um processo executivo para pagamento de quantia certa que siga a forma ordinária, a regra é a de que o executado deve ser citado antes da penhora (art. 726º, nº 6).

Sucede, porém, que a lei prevê a possibilidade de, excecionalmente, o executado só ser citado após a penhora.

Com efeito, nos termos do art. 727º, pode haver lugar à dispensa de citação prévia do executado em duas situações, uma inicial e uma sucessiva:

a) quando o exequente, à semelhança do que sucede com o procedimento cautelar de arresto, alegue no próprio requerimento executivo factos que justifiquem o receio de perda da garantia patrimonial do seu crédito e ofereça, de imediato, os meios de prova[855]. Nesse caso, uma vez produzidas as provas, o juiz de execução deve dispensar a citação prévia do executado quando se mostre justificado o receio alegado de perda da garantia patrimonial do crédito exequendo, sendo o incidente tramitado como urgente. Neste particular, a lei considera que esse receio é sempre justificado quando, no registo informático de execuções, conste a menção da frustração, total ou parcial, de anterior ação executiva movida contra o executado; ou

b) quando, uma vez proferido despacho de citação do executado, se verifique uma especial dificuldade na concretização da citação, designada-

[854] Ac. do TRG de 12.10.2005, proc. 1515/05-1. Cfr., no mesmo sentido, o ac. do TRL de 11.03.2010, proc. 10681/09.4YYLSB.L1-2, o ac. do TRG de 18.11.2011, proc. 406/10.7TBBCL-A.G1, o ac. do TRL de 17.05.2017, proc. 2638/07.6TTLSB.1.L1-4, o ac. do TRG de 25.02.2021, proc. 4944/20.5T8VNF.G1, bem como os acs. do TRL de 28.04.2016, proc. 7262-13.1TBOER.L1-6, e de 27.10.2016, proc. 4960/10.5TCLRS.L1-6, nos quais se decidiu que o facto de o juiz de execução proferir um despacho liminar de citação do executado "não implica uma aceitação definitiva da validade e suficiência do título executivo, que pode ser reavaliado ao longo do processo", isto é, "não faz caso julgado relativamente à inexistência ou insuficiência do título executivo".

[855] No sentido de o pedido de dispensa de citação prévia dever constar do próprio requerimento executivo, *vide* o ac. do TRL de 23.06.2009, proc. 2709/08.1TBMTJ.L1-1. Quanto à circunstância de, neste caso, se verificar o "enxerto duma providência cautelar na fase liminar da ação executiva", *vide* FREITAS, José Lebre de, *A Acção Executiva: À Luz do Código de Processo Civil de 2013*, *op. cit.*, p. 194.

mente por ausência do citando em parte incerta. Nesta eventualidade, a dispensa de citação prévia do executado é requerida de forma sucessiva, já que apenas tem lugar mediante requerimento avulso do exequente e desde que este alegue que a demora justifica o receio de perda da garantia patrimonial do crédito.

Sendo dispensada a citação prévia do executado, este só será citado após a penhora do seu património (art. 856º)[856], respondendo o exequente pelos danos causados ao executado se a oposição à execução vier a ser julgada procedente, quando não tenha agido com a prudência normal (art. 858º).

[856] Quanto à impossibilidade de o executado deduzir oposição contra o despacho que tenha ordenado a dispensa da sua citação prévia, *vide* o ac. do TRP de 01.07.2013, proc. 6083/12.3YYPRT-D.P1.

Lição VII
Oposição à Execução por Embargos

1. Noção

A oposição à execução por embargos[857] encontra-se regulada nos arts. 728º a 734º, quanto à ação executiva para pagamento de quantia certa sob a forma de processo ordinário, e nos arts. 856º e 857º, quanto à ação executiva para pagamento de quantia certa sob a forma de processo sumário.

Consiste num incidente de natureza declarativa, por via do qual o executado requer ao tribunal a improcedência total ou parcial da execução, seja pelo não preenchimento dos pressupostos substantivos ou processuais da exequibilidade extrínseca ou intrínseca, seja pela verificação de um vício de natureza formal que obste ao prosseguimento da execução[858,859]. Vale isto por

[857] Tal como se refere na exposição de motivos da Proposta de Lei nº 113/XII, que esteve na base do novo Código de Processo Civil, o legislador optou por repristinar a terminologia tradicional do processo civil português, ou seja, a expressão "embargos de executado", a qual havia sido abolida pela reforma de 2003. Criticando, em análise à reforma de 2003, o facto de o legislador ter, nessa ocasião, alterado o nome de "embargos de executado" para "oposição à execução", como que se o legislador procurasse sugerir "a existência de uma nova figura ou de uma figura com regime profundamente alterado", *vide* Silva, Paula Costa e, "As garantias do executado", *in Themis – A Reforma da Acção Executiva*, ano IV, nº 7, Almedina, Coimbra, 2003, pp. 202 e 203.

[858] Na esteira de Giancarlo Giusti, a oposição à execução consiste num processo de declaração, que tem por fim controlar a legitimidade substantiva e processual da execução em curso (Giusti, Giancarlo, *Le Opposizioni nel Processo Esecutivo. Procedimento e Casistica*, Giuffrè Editore, Milão, 2010, p. 1). Por sua vez, Alberto dos Reis defende que, em bom rigor, o executado não deduz oposição em relação à execução, mas antes contra o título executivo, na medida em que procura, por essa via, destruir ou paralisar a eficácia executiva do título (Reis, José Alberto dos, *Processo de Execução*, vol. I, *op. cit.*, p. 118). Cfr., na jurisprudência, o ac. do STJ de 17.10.2019, proc. 3153/17.5T8OER-A.L1.S1, bem como o ac. do TRE de 28.01.2021, proc. 9323/18.5T8STB-C.E1.

[859] Tal como se decidiu no ac. do TRP de 10.04.1997, proc. 9730115, configurados os embargos de executado como uma oposição ao requerimento executivo, o embargante deve concentrar toda a sua defesa nesse seu articulado de embargos de executado, não sendo admissível, em regra, a possibilidade de deduzir vários embargos na mesma execução.

dizer que a oposição à execução é o meio processual por via do qual o executado "contesta o direito da parte a proceder à execução forçada"[860].

Neste enquadramento, existe uma relação de total dependência entre a execução e os embargos de executado[861], razão pela qual a eventual extinção da execução, por inutilidade superveniente da lide, atento o facto de não terem sido identificados bens penhoráveis, acarreta, de igual modo, a extinção, por inutilidade superveniente da lide, dos embargos de executado, sem prejuízo da sua eventual renovação, caso a instância executiva venha, igualmente, a ser renovada[862].

2. Legitimidade

Regra geral, a oposição à execução só pode ser deduzida por quem figure na ação executiva com a qualidade de executado e contra quem assuma, nessa mesma execução, a posição de exequente. Vale isto por dizer que a oposição à execução constitui um meio privativo do executado, pelo que não pode ser deduzida por um terceiro, isto é, por quem não seja parte na execução[863].

Contudo, as partes do incidente de oposição à execução não têm de coincidir necessariamente com as partes da respetiva ação executiva. Basta pensar, por exemplo, na possibilidade de a ação executiva ser intentada contra vários executados, sendo que apenas um ou algum deles opta por deduzir oposição à execução[864].

Por outro lado, não é admissível, em princípio, a dedução de um incidente de intervenção principal provocada na oposição à execução, sob pena de violação do princípio da legitimidade formal vigente na ação executiva[865]. Contudo,

[860] AMENDOLAGINE, Vito, *L'Introduzione della Causa Civile: Analogie e Differenze nei Vari Riti*, Giuffrè Editore, Milão, 2011, p. 167. Cfr., a este propósito, o ac. do TRP de 06.06.2002, proc. 0230451, no qual se decidiu que "Nos embargos de executado, cabe ao embargante o ónus de alegar e provar a inexistência de "causa debendi" ou do direito do exequente ou factos que, em processo normal, constituiriam matéria de excepção (factos impeditivos, modificativos ou extintivos daquele direito)".

[861] No sentido de poder existir uma litispendência entre a oposição à execução e uma ação declarativa quando se verifique a identidade de partes, de pedidos e de causas de pedir, *vide* o ac. do TRL de 07.12.2016, proc. 5537/15.4T8LSB.L1-6. Sustentando que a oposição à execução constitui uma verdadeira "acção declarativa na dependência do processo executivo", *vide* FREITAS, José Lebre de/MENDES, Armindo Ribeiro, *Código de Processo Civil Anotado*, vol. III, *op. cit.*, p. 307.

[862] Cfr., nesse sentido, o ac. do TRP de 24.02.2015, proc. 33364/03.4TJPRT-A.P1, o ac. do TRE de 30.06.2016, proc. 376/09.4TBCUB.E1, o ac. do TRL de 07.06.2018, proc. 5362/15.2T8OER-A.L1-2, bem como o ac. do TRG de 25.10.2018, proc. 3571/10.0TBBCL-A.G1.

[863] *Vide*, nesse sentido, o ac. do TRE de 05.05.2016, proc. 03/13.3TBVRS-C.E1.

[864] Cfr., a este propósito, o ac. do TRC de 28.01.2014, proc. 404/12.6TBCNT-C.C1.

[865] *Vide*, nesse sentido, o ac. do TRL de 25.09.2012, proc. 2505/11.9TBALM-B.L1-1.

sendo suscitada, em sede de oposição à execução, a exceção dilatória da ilegitimidade, a jurisprudência tem vindo a admitir a possibilidade de haver lugar a uma intervenção principal de terceiros, desde que essa modificação subjetiva da instância seja fundamental para assegurar a eficácia processual da oposição à execução ou o efeito útil da decisão a ser proferida nesse incidente[866].

3. Oportunidade e prazo

3.1. Oportunidade

A oportunidade para o oferecimento da oposição à execução depende da forma de processo aplicável à ação executiva para pagamento de quantia certa (art. 550º).

Assim, estando em causa uma ação executiva para pagamento de quantia certa sob a forma de processo comum ordinário, a oposição à execução poderá ser apresentada na sequência do despacho de citação do executado, ou seja, antes da realização das diligências de penhora de bens do executado (art. 726º, nº 6). Todavia, se o exequente tiver requerido a dispensa de citação prévia do executado e se o juiz de execução tiver deferido esse pedido, nos termos do art. 727º, a oposição à execução só terá lugar após a penhora de bens do executado.

Diversamente, tratando-se de uma ação executiva para pagamento de quantia certa sob a forma de processo comum sumário, a oposição à execução só será apresentada após a penhora do património do executado, sendo cumulada com a eventual oposição à penhora que o executado pretenda deduzir (art. 856º, nº 1).

3.2. Prazo

Tanto no processo executivo ordinário, como no processo executivo sumário, o executado dispõe do prazo perentório de vinte dias para deduzir embargos de executado (arts. 728º, nº 1, e 856º, nº 1).

Sendo o executado citado para deduzir embargos de executado, esse prazo de vinte dias conta-se a partir da citação[867], sem prejuízo dos eventuais prazos dilatórios a que possa haver lugar, por força do disposto no art. 245º.

Contudo, se estiver em causa a execução de uma sentença condenatória nos próprios autos (arts. 85º, nº 1, e 626º) ou a cumulação sucessiva de exe-

[866] Cfr., entre outros, o ac. do STJ de 01.03.2001, proc. 3977/00, *in SASTJ*, ano 2001.

[867] Admitindo a possibilidade de o executado deduzir embargos de executado antes de ser citado, na eventualidade de a execução ter sido intentada contra dois executados, tendo já sido citado um deles, *vide* o ac. do TRE de 20.12.2018, proc. 80/09.3TBFTR-F.E1.

cuções (art. 711º), dado que, nesses casos, o executado já é parte na execução, este é apenas notificado para deduzir oposição à execução (arts. 626º, nº 2, e 728º, nº 4), presumindo-se, nesse caso, notificado no terceiro dia posterior ao da elaboração ou do registo da notificação, ou no primeiro dia útil seguinte a esse, quando o não seja (arts. 247º a 249º).

Regra geral, a contagem do prazo de embargos de executado rege-se, subsidiariamente, pelas normas gerais do processo civil, nomeadamente no que concerne à prorrogação voluntária ou legal do prazo e à possibilidade de prática do ato processual nos três primeiros dias úteis de multa (art. 139º, nº 5)[868].

Contudo, importa salientar que, no processo executivo, mesmo que se verifique uma pluralidade de executados, cada um deles deve oferecer a sua oposição dentro do respetivo prazo (art. 728º, nº 3), já que não se aplica o princípio do benefício do prazo, previsto no art. 569º, nº 2, para o processo declarativo[869,870].

Se a matéria da oposição à execução for objetiva ou subjetivamente superveniente, o prazo da oposição conta-se, consoante os casos, a partir do momento em que se tenha verificado o facto que serve de fundamento à oposição à execução (superveniência objetiva) ou em que o executado dele teve conhecimento (superveniência subjetiva), atento o disposto no art. 728º, nº 2[871]. Nesta hipótese, caberá ao embargante o ónus de demonstrar que "não lhe é imputável o não conhecimento do facto superveniente até ao termo do prazo contado da citação"[872,873]. Para além disso, mesmo que esteja em causa um facto superve-

[868] No sentido de o prazo de oposição à execução revestir natureza judicial, estando, por isso, a sua contagem sujeita às regras processuais civis, *vide* o ac. do TRP de 01.02.1993, proc. 9210925.

[869] *Vide*, a este propósito, o ac. do TRL de 28.01.1999, proc. 0001546, e o ac. do TRP de 11.02.1999, proc. 9831533. Trata-se, com efeito, da solução legal que passou a vigorar no nosso Código de Processo Civil após a reforma de 95/96, sendo que a jurisprudência vinha admitindo, até então, a aplicação do revogado art. 486º, nº 2, ao processo executivo, no caso de haver pluralidade de executados (cfr., nesse sentido, entre outros, o ac. do STJ de 14.10.1999, proc. 99B499, *in BMJ*, nº 490, ano 1999, p. 219). Quanto à impossibilidade de aplicação analógica do disposto no art. 569º, nº 2 (correspondente ao art. 486º, nº 2, do CPC_{1961}), *vide* o ac. do STJ de 24.04.2001, proc. 921/01, *in SASTJ*, ano 2001.

[870] Neste enquadramento, tal como se decidiu no ac. do STJ de 07.10.1999, proc. 99B726, *in BMJ*, nº 490, ano 1999, p. 215, sendo a execução movida contra dois executados e deduzindo apenas um deles oposição à execução, o pagamento da totalidade da dívida exequenda pelo executado que não se opôs acarreta a inutilidade superveniente da lide.

[871] Cfr., a este propósito, o ac. do TRL de 30.05.2019, proc. 847/15.3T8OER-A.L1-8.

[872] Ac. do STJ de 09.11.2000, proc. 2334/00, *in SASTJ*, ano 2000. *Vide*, no mesmo sentido, o ac. do TRG de 28.06.2018, proc. 6952/10.5TBBRG-A.G1, o ac. do TRL de 29.05.2019, proc. 4163/14.0T8LRS-C.L1-7, bem como o ac. do TRP de 08.11.2021, proc. 24794/15.0T8PRT-B.P1.

[873] De todo o modo, a jurisprudência tem vindo a entender que, mesmo que o executado não deduza oposição à execução dentro do prazo legal, tal não preclude a possibilidade de ser proposta uma

niente, o executado só poderá invocá-lo em sede de oposição à execução desde que o mesmo se enquadre no âmbito dos respetivos fundamentos[874].

4. Fundamentos

A lei processual civil distingue, em função da natureza do título executivo, os diversos fundamentos que o executado pode invocar em sede de oposição à execução.

4.1. Fundamentos de oposição à execução baseada em sentença condenatória

Tendo em conta que, na execução fundada em sentença condenatória, já existiu uma fase declarativa prévia, em que as partes tiveram a possibilidade e a oportunidade de discutir, com toda a amplitude, o mérito da causa, os fundamentos passíveis de serem alegados em sede de oposição à execução são, naturalmente, limitados ou restritos[875].

Assim, o executado só pode invocar, em sede de oposição à execução, os seguintes fundamentos[876]:

a) ***Inexistência ou inexequibilidade do título [art. 729º, al. a)];***

A inexistência do título executivo verifica-se quando:

- não seja apresentado qualquer título executivo[877];

ação declarativa subsequente, visando a repetição do indevido (cfr., nesse sentido, o ac. do TRE de 11.07.2019, proc. 647/18.9T8PTM.E1).

[874] Cfr., nesse sentido, o ac. do TRL de 22.06.2006, proc. 4379/2006-6.

[875] *Vide*, a este propósito, REIS, José Alberto dos, *Processo de Execução*, vol. II, reimp., Coimbra Editora, Coimbra, 1985, p. 17, MORENO, T./SECO, Sousa/JUNQUEIRO, P. Augusto, *Lições de Processo Civil*, Casa do Castelo, Coimbra, 1945, p. 195, SÁNCHEZ LORENZO, Sixto, "Los procedimientos civiles de ejecución en el Derecho comparado", *op. cit.*, p. 295, RAITANI, Francisco, *Prática de Processo Civil*, 8ª ed. (rev. e aum.), Edição Saraiva, São Paulo, 1971, pp. 1147 e 1148, bem como o ac. do STJ de 18.06.1996, proc. 106/96, *in SASTJ*, ano 1996, p. 89.

[876] Quanto à natureza taxativa destes fundamentos, *vide* o ac. do STJ de 28.09.1999, proc. 518/99, *in SASTJ*, ano 1999. Cfr., no mesmo sentido, o ac. do STJ de 19.09.2002, proc. 1719/02, *in SASTJ*, ano 2002, no qual se decidiu que "A razão de ser da taxatividade da enumeração dos fundamentos de oposição feita no art. 813º, é a natureza do título executivo – sentença condenatória – com o efeito de caso julgado material que lhe é inerente; o qual envolve naturalmente a preclusão dos meios de defesa que podiam ter sido deduzidos na acção de condenação". No sentido, no entanto, de o executado poder igualmente invocar, em sede de embargos, fundamentos que sejam de conhecimento oficioso do tribunal, tal como sucede, por exemplo, com a incompetência absoluta e a litispendência, *vide* MENDES, João de Castro, *Direito Processual Civil – Acção Executiva, op. cit.*, pp. 63 e 64.

[877] *Vide*, a este propósito, o ac. do TRL de 09.02.2017, proc. 1393/12.2TBFUN.L1-6, no qual se decidiu que é manifesta a falta de título executivo se o exequente apresenta como título "uma

- exista uma "contradição entre o pedido e o título executivo"[878];
- o documento que serve de base à execução não se enquadre no elenco dos títulos executivos legalmente admissíveis, previstos no art. 703º, nº 1[879]; ou
- o executado, não se verificando nenhuma das situações excecionais previstas na lei, não figure como devedor no título que serve de base à execução[880].

Muito embora a inexistência do título executivo constitua motivo de recusa ou de indeferimento liminar do requerimento executivo [arts. 725º, nº 1, al. *d)*, 855º, nº 2, al. *a)*, e 726º, nº 2, al. *a)*], pode, no entanto, suceder que a secretaria ou o agente de execução não tenham recusado o requerimento executivo e que o juiz não tenha indeferido liminarmente esse requerimento, seja por não se ter apercebido, aquando do proferimento do despacho liminar, da inexistência de título executivo, seja pela circunstância de nem sequer ter havido lugar a despacho liminar, pelo facto de, no caso em concreto, o processo executivo seguir a forma sumária[881]. Daí que a lei preveja a possibilidade de o executado invocar a inexistência de título executivo em sede de embargos à execução.

Por sua vez, a inexequibilidade do título executivo diz respeito "à sua aparente regularidade ou suficiência, quer formal, quer substancial"[882], isto é, o título executivo diz-se inexequível quando o mesmo "não reúna os requisitos formais e substanciais exigidos pela lei para ser considerado título executivo"[883].

proposta de contrato de crédito, subscrita e assinada pelo mutuário, e dependente da aceitação expressa do mutuante ou da entrega do montante financiado, e não demonstrando o título junto com o requerimento executivo essa entrega".

[878] Cfr., nesse sentido, Sampaio, J. M. Gonçalves, *A Acção Executiva e a Problemática das Execuções Injustas*, *op. cit.*, p. 180.

[879] *Vide*, a este propósito, o ac. do TRG de 18.04.2013, proc. 196/12.9TBBCL-A.G1.

[880] Cfr., nesse sentido, o ac. do TRL de 28.03.2013, proc. 3195/11.4TBCSC.L1-8, bem como Montesano, Luigi/Arieta, Giovanni, *Diritto Processuale Civile*, vol. III, *op. cit.*, p. 157.

[881] Será essa, de resto, a regra geral para a execução fundada em sentença condenatória [arts. 550º, nº 2, al. *a)*, e 626º, nº 2], salvo se se verificar alguma das hipóteses previstas no art. 550º, nº 3, que imponham que o processo siga a forma ordinária.

[882] Ac. do STJ de 12.11.1996, proc. 434/96, *in SASTJ*, ano 1996, p. 205.

[883] Prazeres, Manuel Augusto Gama, *Do Processo de Execução no Actual Código do Processo Civil*, *op. cit.*, p. 144.

É o que sucede, por exemplo:

- se tiver sido intentada uma ação executiva com base numa sentença condenatória, da qual tenha sido interposto recurso de apelação recebido pelo tribunal superior com efeito suspensivo[884];
- se a sentença não contiver uma condenação;
- se a sentença tiver condenado em quantia ilíquida, não dependendo a sua liquidação de uma operação de simples cálculo aritmético (art. 704º, nº 6)[885];
- se a sentença não se encontrar assinada; ou
- se a sentença tiver sido revogada em sede de recurso[886].

b) Falsidade do processo ou do traslado ou infidelidade deste, quando uma ou outra influa nos termos da execução [art. 729º, al. b)];

O executado pode invocar, em sede de oposição à execução, que o processo declarativo onde foi proferida a sentença objeto de execução é falso[887].

Contudo, a falsidade do processo só é suscetível de fundar uma oposição à execução quando diga respeito à totalidade do processo declarativo[888] ou à sentença nele proferida[889] e influa nos termos da execução. Nessa exata medida, o executado não pode deduzir oposição à execução com fundamento na falsidade de algum ato ou documento constante do processo declarativo[890].

884 SOUSA, Miguel Teixeira de, *Acção Executiva Singular, op. cit.*, p. 166. Cfr., no mesmo sentido, FREITAS, José Lebre de/MENDES, Armindo Ribeiro, *Código de Processo Civil Anotado*, vol. III, *op. cit.*, p. 313.

885 Cfr., nesse sentido, o ac. do TRL de 21.01.2014, proc. 1748/08.7TBTVD-B.L1-7, bem como o ac. do TRP de 20.10.2014, proc. 692/11.5TTMAI-C.P1.

886 PINTO, Rui, *Manual da Execução e Despejo, op. cit.*, p. 401.

887 Como bem assinala Manuel Prazeres, a falsidade do processo declarativo não se confunde com as situações em que tenha havido uma simulação processual entre o autor e o réu, pois que a simulação processual, quando o juiz não tenha feito uso do poder que lhe confere o art. 612º, constitui fundamento do recurso de revisão, nos termos da al. *g)* do art. 696º (PRAZERES, Manuel Augusto Gama, *Do Processo de Execução no Actual Código do Processo Civil, op. cit.*, p. 145).

888 Cfr., a este propósito, FREITAS, José Lebre de, *A Acção Executiva: À Luz do Código de Processo Civil de 2013, op. cit.*, p. 197, bem como o ac. do TRL de 23.03.1995, proc. 0095182, no qual se decidiu que o "Fundamento da oposição à execução baseada em sentença é a falsidade de todo o processo declarativo, não a falsidade de qualquer documento que nele se ache inserido".

889 *Vide*, a este respeito, SOUSA, Miguel Teixeira de, *Acção Executiva Singular, op. cit.*, p. 167, segundo o qual o executado pode deduzir oposição por embargos, com fundamento na falsidade da sentença, pelo facto de alguém ter contrafeito a assinatura do juiz.

890 FREITAS, José Lebre de/MENDES, Armindo Ribeiro, *Código de Processo Civil Anotado*, vol. III, *op. cit.*, p. 314. *Vide*, no mesmo sentido, LOPES-CARDOSO, Eurico, *Manual da Acção Executiva, op. cit.*, p. 283.

Por outro lado, o executado pode invocar a falsidade do traslado, ou seja, a falsidade da certidão emitida pelo tribunal, donde consta a sentença, com indicação da data do trânsito em julgado, ou a infidelidade do traslado, isto é, a existência de uma divergência ou de uma desconformidade entre a certidão e o documento original, nos termos do disposto nos arts. 385º e 387º do CC. É o que sucede, por exemplo, nos casos em que, do traslado, consta a menção de que a sentença já transitou em julgado, quando, na verdade, essa sentença ainda não transitou em julgado, tendo, ao invés, sido impugnada em sede de recurso de apelação, com efeito suspensivo.

De todo o modo, tal como ocorre com a falsidade do processo, a invocação da falsidade ou da infidelidade do traslado só é suscetível de constituir fundamento de oposição à execução quando esse vício possa influir nos termos da execução. Assim, por exemplo, se o executado alega que existe uma infidelidade do traslado, porquanto do mesmo consta que a sentença transitou em julgado num dia de um determinado mês quando, na verdade, a sentença transitou em julgado noutro dia desse mesmo mês, esta oposição à execução apenas será procedente se essa desconformidade, quanto à data do trânsito em julgado, tiver alguma relevância para a execução.

c) Falta de qualquer pressuposto processual de que dependa a regularidade da instância executiva, sem prejuízo do seu suprimento pelo juiz de execução nos casos em que esteja em causa um vício sanável [art. 729º, al. c)];

Enquadram-se neste fundamento as situações em que se verifique a falta de um pressuposto processual, referente ao tribunal, às partes ou ao objeto, que seja suscetível de comprometer a regularidade da instância executiva, dando lugar à absolvição do executado da instância ou à remessa do processo para outro tribunal (arts. 278º, 576º e 577º). É o que ocorre, por exemplo, com a falta de personalidade judiciária (arts. 11º a 14º), a falta de capacidade judiciária (arts. 15º a 29º), a ilegitimidade (arts. 53º a 55º), a coligação ilegal (art. 56º), a falta de patrocínio judiciário obrigatório (art. 58º), a cumulação indevida de execuções (arts. 709º a 711º), a incompetência absoluta do tribunal (arts. 96º a 101º)[891], a litispendência (arts. 580º a 582º) e a nulidade de todo o processo, por ineptidão do requerimento executivo (art. 186º).

d) Falta de intervenção do réu no processo de declaração, verificando-se alguma das situações previstas na alínea e) do art. 696º [art. 729º, al. d)];

Tratando-se da execução de uma sentença condenatória, em cujo processo o réu, agora executado, tenha estado em situação de revelia absoluta (art. 566º),

[891] Cfr., a este propósito, o ac. do TRG de 02.05.2019, proc. 416/18.6T8BGC-A.G1.

este pode invocar, em sede de embargos à execução, a falta de citação (arts. 188º a 190º) ou a nulidade da citação que tenha sido realizada na fase declarativa desse processo (art. 191º)[892,893], o desconhecimento da citação, por facto que não lhe seja imputável, ou a impossibilidade de ter apresentado a contestação, por motivo de força maior. Com efeito, a lei permite ao executado apresentar oposição à execução com os mesmos fundamentos, previstos no art. 696º, al. *e)*[894], para a interposição do recurso de revisão de sentença transitada em julgado.

Em particular, no que concerne à falta de citação na fase declarativa do processo, para que a mesma possa ser reconhecida como fundamento válido e atendível em sede de oposição à execução, torna-se necessário que não tenha sido o próprio executado a colocar-se voluntariamente numa situação de facto suscetível de inviabilizar a sua citação, sob pena de se verificar um abuso do direito, na modalidade de *venire contra factum proprium*[895]. O mesmo sucede em relação à invocação do desconhecimento da citação ou da impossibilidade de apresentação da contestação por motivo de força maior, já que esses fundamentos só serão atendíveis desde que o desconhecimento ou a impossibilidade não sejam imputáveis ao próprio executado.

[892] *Vide*, a este respeito, o ac. do STJ de 08.05.2003, proc. 1038/03, *in SASTJ*, ano 2003, no qual se decidiu que a preterição de uma formalidade da citação (por exemplo, falta de publicação de um edital) gera a nulidade da citação, a qual, sendo cometida na ação declarativa, pode ser invocada como fundamento de oposição de execução. No sentido de este fundamento se restringir aos casos de nulidade ou falta de citação na ação declarativa, não se aplicando às situações em que tal nulidade ou falta se verifique na própria ação executiva, *vide* o ac. do STJ de 14.09.2006, proc. 2149/06, *in SASTJ*, ano 2006.

[893] Diversamente, se o executado deduzir uma oposição à execução no âmbito da qual invoca tão-só uma nulidade processual, consubstanciada na falta de citação na ação executiva, os embargos de executado "devem ser convolados numa reclamação por nulidade (art. 193º, nº 3, do CPC), se os embargos tiverem sido intentados no prazo da reclamação" (ac. do TRP de 05.03.2015, proc. 3788/13.5YYPRT-A.P1).

[894] Na redação que lhe foi dada pela Lei nº 117/2019, de 13 de setembro. Observe-se que este diploma legal veio ampliar os fundamentos do recurso de revisão – e, consequentemente, da oposição à execução – já que, diversamente do que sucedia no regime precedente, o réu, agora executado, pode invocar não só a falta ou a nulidade da citação, como também o desconhecimento, por facto que não lhe seja imputável, da citação validamente realizada, ou a impossibilidade de apresentação da contestação dentro do prazo legal, por motivo de força maior.

[895] *Vide*, nesse sentido, o ac. do STJ de 18.04.2002, proc. 02B827, no qual se decidiu que "O direito de embargar com tal fundamento surge assim como manifestamente ultrapassante dos "limites impostos pela boa-fé, pelos bons costumes e pelo fim social ou económico do direito" na terminologia do art. 334º do C. Civil, disposição esta consubstanciadora de um verdadeiro princípio geral de direito, aplicável pois, e também, no âmbito do processo civil". Cfr., no mesmo sentido, o ac. do STJ de 06.07.2011, proc. 771/06.0YYPRT-A.P1.S1.

Por outro lado, importa salientar que o executado tem o ónus de invocar o vício da falta ou nulidade da citação, o desconhecimento da citação ou a impossibilidade de apresentação da contestação, no momento em que intervenha, pela primeira vez, no processo[896], sob pena de esse vício ficar sanado. Daí que a lei determine que estes fundamentos só são atendíveis desde que o processo tenha corrido à revelia, por falta absoluta do réu no processo, até ao proferimento da sentença condenatória.

e) Incerteza, inexigibilidade ou iliquidez da obrigação exequenda, não supridas na fase introdutória da execução, nos termos dos arts. 713º a 716º [art. 729º, al. e)];

Como vimos *supra*, a obrigação exequenda deve ser certa, exigível e líquida, razão pela qual a ação executiva deve principiar pelas diligências, destinadas a tornar a obrigação certa, exigível e líquida, quando esta não o seja em face do título executivo (art. 713º). Com efeito, para além da existência de um título executivo, a execução só pode seguir os seus termos se a obrigação exequenda se encontrar perfeitamente determinada em relação à sua qualidade e quantidade e, bem assim, se já estiver vencida ou se o seu vencimento depender de simples interpelação do devedor.

Nessa exata medida, se a incerteza, a inexigibilidade e/ou a iliquidez da obrigação exequenda não tiverem sido supridas na fase inicial da ação executiva, o executado pode deduzir embargos com esse fundamento[897].

f) Caso julgado anterior à sentença que se executa, nos termos do art. 625º [art. 729º, al. f)];

Este fundamento deve ser interpretado "no sentido de que a invocação do caso julgado anterior é admissível, quando não apreciada na fase declarativa, pois uma vez apreciada aí a questão, há apenas que respeitar o caso julgado já formado"[898]. Assim, se tiverem sido proferidas duas decisões contraditórias sobre a mesma pretensão, o executado poderá deduzir oposição à execução por embargos, se estiver em causa a execução da decisão que tiver transitado em julgado em segundo lugar. Isto porque, nos termos do art. 625º, nº 1,

[896] Ac. do STJ de 05.06.2012, proc. 409/10.1TCFUN.L1.S1.

[897] A este propósito, Rui Pinto defende que a alegação da inexigibilidade da obrigação configura uma defesa por exceção perentória impeditiva, enquanto a alegação da incerteza ou iliquidez da obrigação equivale a uma defesa por impugnação "quanto ao *quid* e ao *quantum* do crédito" (PINTO, Rui, *Manual da Execução e Despejo, op. cit.*, p. 408).

[898] Ac. do STJ de 18.03.2003, proc. 474/03, *in SASTJ*, ano 2003.

havendo duas decisões contraditórias sobre a mesma pretensão, cumpre-se a que passou em julgado em primeiro lugar.

g) Qualquer facto extintivo ou modificativo da obrigação, desde que seja posterior ao encerramento da discussão no processo de declaração e se prove por documento [art. 729º, al. g)];

Enquadra-se neste fundamento, por exemplo, a invocação pelo executado da caducidade, da prescrição, do pagamento, da dação em cumprimento, da novação, da remissão ou da confusão[899].

Contudo, o facto modificativo ou extintivo da obrigação só pode ser invocado em sede de oposição à execução desde que seja posterior ao encerramento da discussão no processo de declaração[900]. Na realidade, uma vez que, no processo declarativo, vigora o princípio da concentração da defesa na contestação (art. 573º, nº 1), o executado não pode invocar, em sede de oposição à execução, algum facto modificativo ou extintivo da obrigação que já se verificasse aquando do decurso do prazo de contestação no processo declarativo ou que fosse superveniente à contestação, mas anterior ao encerramento da fase de discussão e julgamento. Ademais, permitir-se a invocação, em sede de oposição à execução, de factos modificativos ou extintivos da obrigação que fossem anteriores ao encerramento da audiência final implicaria violar o efeito de caso julgado da sentença condenatória, reabrindo-se a discussão e o julgamento do mérito da causa[901], ou admitir um novo meio de impugnação da sentença condenatória, à revelia do regime legal vigente[902].

Sobre o que se deve entender por facto "posterior ao encerramento da discussão no processo de declaração", aquilo que releva é que o facto tenha

[899] É o que sucede, por exemplo, com a alteração da taxa de juro supletiva que se tenha verificado após a prolação da sentença e antes do integral pagamento, pelo réu, do crédito de que o autor se arroga titular (ac. do STJ de 04.06.1998, proc. 367/98, *in SASTJ*, ano 1998).

[900] *Vide*, a este propósito, o ac. do TRP de 04.05.2022, proc. 2149/19.7T8VLG-A.P1, no qual se consignou que "A superveniência do facto extintivo da obrigação exequenda a que se reporta a al. g) do art. 729º do CPC tem como referência o encerramento da discussão, no processo de declaração, em 1ª instância e não o "encerramento" da discussão no recurso". Sendo o título executivo uma sentença homologatória de transação judicial, a posterioridade do facto extintivo ou modificativo da obrigação deve reportar-se ao momento da efetivação da transação (ac. do TRL de 23.10.1996, proc. 0003102).

[901] Cfr., nesse sentido, Martín Pastor, José, *La Oposición a la Ejecución y la Impugnación de Actos Ejecutivos Concretos*, La Ley, Madrid, 2007, p. 251. *Vide*, na jurisprudência, o ac. do STJ de 19.09.2002, proc. 02B1719, o ac. do TRE de 20.01.2005, proc. 2248/04-3, o ac. do TRL de 09.09.2018, proc. 34345/11.0YYLSB-A.L1-8, o ac. do TRL de 26.03.2019, proc. 1306/17.5T8OER-B.L1-7, o ac. do STJ de 04.07.2019, proc. 20324/16.4T8PRT-A.P2.S1, o ac. do TRG de 10.10.2019, proc. 1496/14.9T8GMR-C.G1, bem como o ac. do TRG de 24.10.2019, proc. 1388/17.7OT8VRL-A.G1.

[902] Amendolagine, Vito, *L'Introduzione della Causa Civile: Analogie e Differenze nei Vari Riti*, *op. cit.*, p. 168.

ocorrido posteriormente ao encerramento da discussão no processo de declaração, isto é, que seja supervenientemente objetivo[903,904], e não que a invocação seja posterior ao encerramento da discussão, ainda que o facto se tenha verificado num momento anterior a esse marco temporal[905]. Com efeito, se o facto modificativo ou extintivo da obrigação tiver ocorrido antes do encerramento da discussão no processo de declaração, mas se o executado apenas dele tiver tido conhecimento após esse momento, este deverá lançar mão do recurso extraordinário de revisão e não dos embargos à execução[906].

Por outro lado, os factos modificativos ou extintivos da obrigação só podem, em princípio, ser provados através de documento[907], o qual deve ser junto, de imediato, com a petição de embargos[908]. Excetua-se desta regra a prescrição do direito ou da obrigação, a qual pode ser provada por qualquer meio [art. 729º, al. *g)*][909,910].

903 No sentido de este fundamento não se aplicar aos factos supervenientes subjetivos, isto é, aos factos que já existiam antes do encerramento do processo de declaração, mas que só foram conhecidos após esse momento temporal, *vide* o ac. do STJ de 25.01.2000, proc. 99A1065. Quanto à necessidade de esse fundamento (extintivo ou modificativo da obrigação) dever existir no momento em que é invocado, não podendo estar dependente de um evento futuro e incerto, *vide* o ac. do TRP de 18.12.2001, proc. 0121600, bem como o ac. do TRL de 18.10.2012, proc. 21292/07.9YYLSB-A.L1-6.

904 A este respeito, decidiu-se no ac. do TRL de 03.10.2001, proc. 0043641, que "O facto extintivo da obrigação exequenda consubstanciado pelo pagamento só pode servir, procedentemente, como fundamento de oposição à execução, se se tiver verificado antes da instauração desta".

905 Cfr., nesse sentido, o ac. do TRC de 29.04.2014, proc. 4673/07.5TJCBR-C.C1.

906 Ac. do TRL de 30.06.2011, proc. 12348/09.4YYLSB-B.L1-7. Cfr., no mesmo sentido, o ac. do TRP de 23.09.2002, proc. 0250808.

907 A este propósito, Miguel Teixeira de Sousa sustenta que a exigência dessa prova documental só pode ser entendida quando diga respeito a situações em que é a própria lei que impõe esse meio de prova ou quando a mesma seja usual no comércio jurídico (SOUSA, Miguel Teixeira de, *Acção Executiva Singular, op. cit.*, p. 179). Neste particular, o ac. do TRL de 02.07.2015, proc. 477-11.9TMLSB-2, considerou que, pese embora a exigência legal da prova documental, "nas circunstâncias apontadas no nº 2 do art. 364º do CC, poderá o documento ser substituído por confissão – mesmo sem possuir o documento, poderá o opoente deduzir a oposição perspectivando no seu decurso, obter a confissão do exequente". Conforme se decidiu no ac. do STJ de 02.12.2008, proc. 3355/08, "A referida exigência de prova documental nada tem de inconstitucional, designadamente, não viola o art. 20º da CRP. Na verdade, o preceito não retira nem limita o direito de acesso ao direito e aos tribunais, apenas condiciona a prova do facto extintivo ou modificativo, que terá de ser feita documentalmente e só em sede de embargos opostos a execução fundada em sentença, tudo em ordem a evitar que o processo executivo seja utilizado para destruir o caso julgado formado na acção declarativa". *Vide*, no mesmo sentido, o ac. do TRP de 07.03.2002, proc. 0230149.

908 Cfr., nesse sentido, o ac. do STJ de 19.09.2002, proc. 2145/02, *in SASTJ*, ano 2002.

909 Tal como salienta Amâncio Ferreira, "A prescrição relevante para fundamentar a oposição à execução é somente a que decorre após o trânsito em julgado da sentença, por a anterior à citação ser de considerar inutilizada com a prática deste acto judicial (art. 323º, nº 1, do CC) e o novo prazo

h) Contracrédito sobre o exequente, com vista a obter a compensação de créditos [art. 729º, al. h)];

O executado só pode invocar a titularidade de um contracrédito sobre o exequente desde que se encontrem preenchidos os requisitos da compensação, previstos no art. 847º do CC, isto é:

- que o contracrédito seja exigível judicialmente[911,912];

de prescrição não correr na pendência do processo (art. 327º, nº 1, do CC)" (FERREIRA, Fernando Amâncio, *Curso de Processo de Execução, op. cit.*, p. 179).

[910] No sentido de ser igualmente invocável, sem necessidade de prova documental, a usucapião e a verificação de condição resolutiva, bem como outros fundamentos "semelhantes em que não é normal ou possível a prova documental", *vide* FREITAS, José Lebre de/MENDES, Armindo Ribeiro, *Código de Processo Civil Anotado*, vol. III, *op. cit.*, p. 316.

[911] Cfr., nesse sentido, o ac. do TRL de 16.09.2014, proc. 9532/09.4YYLSB-A.L1-7, no qual se decidiu que "Em sede de oposição à execução, deve entender-se que o crédito não é exigível judicialmente se a própria existência do crédito estiver dependente de uma decisão que ainda não existe, como é o caso de um crédito indemnizatório por facto ilícito, cuja existência está dependente de decisão ou declaração que reconheça a existência de responsabilidade civil". Ainda quanto à impossibilidade de o executado invocar um crédito sobre o exequente cuja existência se encontre a ser discutida numa ação declarativa ou que ainda não se encontre judicialmente reconhecido, *vide* o ac. do STJ de 21.11.2002, proc. 02B2634, o ac. do STJ de 21.02.2006, proc. 15/06, *in SASTJ*, ano 2006, o ac. do STJ de 22.06.2006, proc. 610/06, *in SASTJ*, ano 2006, o ac. do STJ de 14.03.2013, proc. 4867/08.6TBOER-A.L1.S1, o ac. do TRP de 28.04.2014, proc. 3/09.0TBGDM-A.P1, o ac. do TRL de 07.05.2015, proc. 7520-13.5TBOER-A.L1-8, o ac. do TRP de 16.05.2016, proc. 10977/10.2TBVNG-B.P1, o ac. do TRC de 16.02.2017, proc. 859/13.1TBACB-A.C1, o ac. do TRL de 22.03.2018, proc. 2232/17.3T8OER.L1-6, bem como o ac. do TRE de 13.09.2018, proc. 925/17.4T8SLV-A.E1. No sentido de, em oposição à execução, a compensação só poder ser invocada se se fundar em documento que constitua título executivo, *vide*, com um voto de vencido, o ac. do TRE de 23.11.2017, proc. 3459/14.5T8ENT-A.E1, o ac. do TRL de 29.11.2018, proc. 24270/16.3T8SNT-A.L1-6, o ac. do TRG de 31.01.2019, proc. 3003/17.2T8VNF-A.G1, o ac. do TRL de 09.04.2019, proc. 2700/18.0T8FNC-A.L1-7, o ac. do TRE de 30.05.2019, proc. 5432/18.5T8STB-A.E1, bem como o ac. do TRG de 30.05.2019, proc. 3584/18.3T8GMR-A.G1.

Cfr., em sentido contrário, o ac. do TRL de 15.11.2012, proc. 3342/11.66YYLSB-D.L1-6, no qual se decidiu que "A característica da exigibilidade judicial do contra-crédito do declarante da compensação e a admissibilidade desta não pressupõem a existência de título executivo nem, por regra, o prévio reconhecimento judicial de tal crédito", pelo que o contracrédito será judicialmente exigível quando "ao credor respectivo assiste o direito de exigir em tribunal o cumprimento imediato, seja através de acção executiva (por dispor de título executivo), seja de acção declarativa (se carecer desse título), para reconhecimento da existência e exigibilidade da obrigação, na qual se condene o devedor no cumprimento imediato", bem como o ac. do TRP de 24.02.2011, proc. 3507/06.2TBMAI-A.P1, o ac. do TRC de 22.09.2015, proc. 877/11.4TBSCD-A.C1, e o ac. do TRE de 20.10.2016, proc. 119/14.0TBABT-A.E1.

[912] No sentido de este preceito apenas ser aplicável aos casos em que o executado invoque um contracrédito, pedindo o seu reconhecimento judicial, ou declare a compensação de um crédito que já tenha sido judicialmente reconhecido, *vide* FARIA, Paulo Ramos de/LOUREIRO, Ana Luísa,

- que não proceda contra ele alguma exceção dilatória ou perentória; e
- que as duas obrigações tenham por objeto coisas fungíveis da mesma espécie e qualidade[913].

Com efeito, para que o executado possa deduzir oposição à execução com fundamento em compensação, torna-se necessário que ele seja credor do exequente, liberando, por conseguinte, a dívida exequenda com base no seu crédito[914].

Para além disso, o executado só pode invocar a compensação de créditos em sede de oposição à execução desde que essa invocação não fosse possível no âmbito do processo declarativo em que se formou o título executivo judicial[915]. É o que sucede, nomeadamente, com o título executivo judicial formado no âmbito de uma ação especial para o cumprimento de obrigações pecuniárias emergentes de contratos, a qual, como é consabido, não admite a dedução de reconvenção e, consequentemente, de compensação [art. 266º, nº 2, al. *c)*][916].

Em todo o caso, a compensação de créditos só pode ser invocada tendo em vista a extinção parcial ou total da execução, estando, por conseguinte, vedada ao executado a possibilidade de pedir, em sede reconvencional, a condenação do exequente no pagamento da diferença entre os créditos, quando o crédito do executado exceda o do exequente[917].

i) Tratando-se de sentença homologatória de confissão ou transação, qualquer causa de nulidade ou anulabilidade desses atos [art. 729º, al. i)].

Enquadram-se neste fundamento as situações em que o executado invoque a existência de um vício da vontade em relação à confissão ou à transação

Primeiras Notas ao Novo Código de Processo Civil, vol. II, *op. cit.*, p. 249. Defendendo que a compensação pode ser invocada pelo executado sem necessidade de que o seu crédito se encontre reconhecido judicialmente, *vide* o ac. do TRL de 07.02.2019, proc. 21843/15.5T8SNT-A.L1-2.

[913] Ac. do TRL de 13.12.2012, proc. 4464/09TBCSC-A.L1-7. Cfr., na doutrina, Cordeiro, António Menezes, *Da Compensação no Direito Civil e no Direito Bancário*, Almedina, Coimbra, 2003, pp. 107 a 120.

[914] Ac. do STJ de 14.03.2013, proc. 4867/08.6TBOER-A.L1.S1.

[915] Cfr., nesse sentido, o ac. do STJ de 18.06.1996, proc. 106/96, *in SASTJ*, ano 1996, p. 89, o ac. do TRP de 17.05.2011, proc. 1091/10.1TBSTS-A.P1, o ac. do TRG de 30.04.2015, proc. 1213/14.3T8CHV-A.G1, o ac. do TRC de 15.11.2016, proc. 1751/13.5TBACB-A.C1, o ac. do TRP de 11.07.2018, proc. 67/05.5TMMTS-O.P1, bem como o ac. do STJ de 28.10.2021, proc. 472/20.7T8VNF-A.G1.S1. *Vide*, na doutrina, Faria, Paulo Ramos de/Loureiro, Ana Luísa, *Primeiras Notas ao Novo Código de Processo Civil*, vol. II, *op. cit.*, p. 249.

[916] *Vide*, nesse sentido, o ac. do TRE de 06.12.2018, proc. 38620/16.9YIPRT.E1.

[917] Cfr., nesse sentido, Freitas, José Lebre de, *A Ação Executiva: À Luz do Código de Processo Civil de 2013, op. cit.*, pp. 201 e 202. *Vide*, na jurisprudência, o ac. do TRC de 28.01.2020, proc. 51796/18.1YIPRT-B.C1.

por ele realizada[918], designadamente a incapacidade, o erro, o dolo, a coação ou a simulação[919], bem como os casos em que a nulidade da confissão ou da transação resulte da falta de poderes do mandatário judicial ou da irregularidade do mandato, não tendo a sentença homologatória sido notificada pessoalmente ao mandante para efeitos de ratificação, ou não, do ato praticado pelo mandatário (art. 291º, nº 3)[920].

4.2. Fundamentos de oposição à execução baseada em decisão arbitral

Estando em causa a execução de uma decisão arbitral, o executado pode invocar como fundamentos de oposição à execução não apenas os previstos no art. 729º, quanto às sentenças condenatórias, mas também aqueles em que se pode basear a anulação judicial da decisão arbitral (art. 730º). Paralelamente, o art. 48º, nº 1, da LAV preceitua que o executado pode deduzir oposição à execução de decisão arbitral com os mesmos fundamentos previstos para a ação de anulação da sentença, salvo se, na data em que a oposição for deduzida, já tiver sido rejeitado, por sentença transitada em julgado, um pedido de anulação da sentença arbitral com esse mesmo fundamento[921,922]. Com efeito, a lei "dá relevância aos fundamentos de anulação da decisão proferida em processo de arbitragem quer enquanto causa de pedir em acção de anulação autónoma, quer enquanto fundamento de oposição à execução"[923].

Assim, nos termos do art. 46º, nº 3, da LAV, *ex vi* do art. 48º, nº 1, da LAV, a oposição à execução fundada em decisão arbitral pode ter por fundamento[924]:

[918] A este respeito, decidiu-se no ac. do TRG de 20.11.2014, proc. 187/14.5TBPTB-A.G1, que a transação judicial constitui um negócio jurídico, o qual deve ser interpretado à luz do disposto nos arts. 236º e 238º do CC.

[919] No sentido de, neste caso, a oposição à execução constituir uma verdadeira ação de declaração de nulidade ou de anulação do negócio jurídico de auto-composição do litígio, *vide* FREITAS, José Lebre de/MENDES, Armindo Ribeiro, *Código de Processo Civil Anotado*, vol. III, *op. cit.*, p. 318.

[920] *Vide*, a este propósito, o ac. do TRC de 15.10.2019, proc. 259/08.5TMCBR-D.C1.

[921] De facto, se o executado tiver intentado uma ação de anulação de decisão arbitral e se se tiver conformado com a decisão proferida nessa ação, ainda que tal decisão tenha recaído sobre um aspeto de natureza formal ou processual, não pode depois suscitar, em sede de oposição à execução, os mesmos fundamentos anteriormente invocados nessa ação de anulação (ac. do STJ de 04.07.2013, proc. 536/11.8TTPRT-A.P1.S1).

[922] No sentido de a pendência de uma ação de anulação da decisão arbitral não obstar à execução dessa decisão, *vide* SILVA, Paula Costa e, "Os meios de impugnação das decisões arbitrais proferidas em arbitragem voluntária no direito interno português", *in ROA*, ano 56º, vol. I, jan. 1996, p. 191.

[923] Ac. do TRL de 12.07.2012, proc. 2191/11.6YYLSB-A.L1-7.

[924] *Vide*, a este propósito, CARAMELO, António Sampaio, *A Impugnação da Sentença Arbitral*, Coimbra Editora, Coimbra, 2014, pp. 35 a 93.

a) a incapacidade de uma das partes da convenção de arbitragem ou a invalidade da convenção nos termos da lei a que as partes a sujeitaram ou, na falta de qualquer indicação a este respeito, nos da Lei da Arbitragem Voluntária;

b) a violação no processo de alguns dos princípios fundamentais referidos no art. 30º, nº 1, da LAV, desde que tal violação tenha tido influência decisiva na resolução do litígio[925];

c) a pronúncia da sentença sobre um litígio não abrangido pela convenção de arbitragem ou se a sentença contiver decisões que ultrapassam o âmbito desta;

d) a desconformidade da composição do tribunal arbitral ou do processo arbitral com a convenção das partes, salvo se a convenção contrariar uma disposição da Lei da Arbitragem Voluntária que as partes não pudessem derrogar ou, na falta de uma tal convenção, com a Lei da Arbitragem Voluntária e, em qualquer dos casos, que essa desconformidade tenha tido influência decisiva na resolução do litígio;

e) a condenação pelo tribunal arbitral em quantidade superior ou em objeto diverso do pedido, o conhecimento de questões de que não pudesse tomar conhecimento ou a falta de pronúncia sobre questões que devesse apreciar;

f) o proferimento da sentença com violação dos requisitos estabelecidos no art. 42º, nºs 1 e 3, da LAV;

g) a notificação da sentença às partes depois de decorrido o prazo máximo que tiver sido fixado para o efeito, nos termos do art. 43º da LAV;

h) a insuscetibilidade de o objeto do litígio ser decidido por arbitragem nos termos do direito português; ou

i) a ofensa, pelo conteúdo da sentença, dos princípios da ordem pública internacional do Estado Português.

Contudo, nos termos do art. 48º, nº 2, da LAV, a oposição à execução de sentença arbitral não pode ter por base algum dos fundamentos aduzidos *supra* sob as als. *a)* a *g)* se, entretanto, já tiver decorrido o prazo de sessenta dias, previsto no art. 46º, nº 6, da LAV, para a dedução de um pedido de anulação da decisão arbitral perante os tribunais estaduais, sem que nenhuma

[925] Conforme elucida Luís de Lima Pinheiro, "A violação de princípios fundamentais a observar no processo apenas constitui fundamento de anulação quando seja invocada pela parte prejudicada e tenha tido influência decisiva na resolução do litígio" (PINHEIRO, Luís de Lima, "Apontamento sobre a impugnação da decisão arbitral", *in ROA*, ano 67º, vol. III, dez. 2007, p. 1029).

das partes tenha pedido essa anulação. Tal não prejudica, no entanto, a possibilidade de serem deduzidos quaisquer dos demais fundamentos previstos para a oposição à execução na lei de processo aplicável (art. 48º, nº 4, da LAV). Ademais, ainda que esse prazo já tenha decorrido, o tribunal pode conhecer, mesmo oficiosamente, a insuscetibilidade de o objeto do litígio ser decidido por arbitragem nos termos do direito português ou a eventual ofensa, pelo conteúdo da sentença, dos princípios da ordem pública internacional do Estado Português.

4.3. Fundamentos de oposição à execução baseada em requerimento de injunção

4.3.1. Fundamentos gerais

Dispõe o art. 857º, nº 1[926], que, fundando-se a execução em requerimento de injunção no qual tenha sido aposta a fórmula executória, para além dos fundamentos previstos no art. 729º, aplicados com as devidas adaptações – isto é, com os fundamentos reservados à oposição à execução baseada em sentença condenatória –, o executado pode igualmente invocar em sede de oposição os meios de defesa que não devam considerar-se precludidos, nos termos do art. 14º-A do anexo ao DL nº 269/98, de 1 de setembro.

Por conseguinte, por força da remissão do art. 857º, nº 1, para o art. 729º, o executado pode, desde logo, invocar, com as devidas adaptações, os seguintes fundamentos:

- *a)* a inexistência ou a inexequibilidade do título;
- *b)* a falsidade do procedimento ou infidelidade deste, quando uma ou outra influa nos termos da execução;
- *c)* a falta de qualquer pressuposto processual de que dependa a regularidade da instância executiva, sem prejuízo do seu suprimento;
- *d)* a falta ou irregularidade da notificação no procedimento de injunção, quando o requerido, ora executado, nele não tenha intervindo;
- *e)* a incerteza, a inexigibilidade ou a iliquidez da obrigação exequenda, não supridas na fase introdutória da execução;
- *f)* a violação de caso julgado;
- *g)* qualquer facto extintivo ou modificativo da obrigação, desde que seja posterior ao encerramento do procedimento de injunção e se prove por documento; ou

[926] Na redação que lhe foi dada pela Lei nº 117/2019, de 13 de setembro.

h) contracrédito sobre o exequente, com vista a obter a compensação de créditos [art. 729º, als. *a)* a *h)*][927].

Na verdade, ao equiparar o requerimento de injunção no qual tenha sido aposta a fórmula executória à sentença condenatória, a lei obriga o requerido a concentrar a sua defesa na oposição à injunção, sob pena de, não o fazendo, ser-lhe vedada a possibilidade de se defender com a mesma amplitude em sede de oposição à execução.

Em particular, no que concerne à alegação de factos modificativos ou extintivos da obrigação, a lei apenas permite que o executado invoque factos modificativos ou extintivos da obrigação que sejam posteriores ao termo do prazo de oposição no procedimento de injunção – como, por exemplo, o pagamento parcial ou total do crédito reclamado –[928], ficando, por isso, impedido de alegar factos modificativos ou extintivos da obrigação que fossem anteriores ou contemporâneos do prazo de oposição à injunção e que não tenham sido invocados no respetivo procedimento[929]. Efetivamente, de acordo com a *mens legislatoris*, se o requerido podia e devia ter concentrado toda a sua defesa na oposição à injunção – provocando, por essa via, a intervenção do julgador e a apreciação jurisdicional do litígio – e, de forma voluntária, não o fez, tal omissão não pode deixar de ser sancionada com a preclusão da possibilidade de invocar mais tarde, em embargos de executado, todos os fundamentos de defesa que fossem admissíveis em processo de declaração[930].

Em todo o caso, procurando dar resposta ao juízo de inconstitucionalidade, com força obrigatória geral, que recaiu sobre a anterior redação do art.

[927] *Vide*, quanto ao âmbito dos fundamentos da oposição à execução fundada em sentença condenatória, Sousa, Miguel Teixeira de, *Acção Executiva Singular, op. cit.*, pp. 166 a 176, bem como Sampaio, J. M. Gonçalves, *A Acção Executiva e a Problemática das Execuções Injustas, op. cit.*, pp. 180 a 187.

[928] Cfr., a este propósito, Arieta, Giovanni, *Trattato di Diritto Processuale Civile*, vol. X, Cedam, Pádua, 2010, pp. 162 e 163, segundo o qual a invocação de factos modificativos ou extintivos da obrigação que sejam posteriores ao termo do procedimento de injunção é suscetível de neutralizar os efeitos executivos do requerimento de injunção ao qual tenha sido aposta a fórmula executória. *Vide*, quanto à problemática dos efeitos do pagamento parcial subsequente ao termo do procedimento de injunção, Di Paola, Nunzio Santi, *Il Decreto Ingiuntivo. Procedimento e Opposizione, op. cit.*, p. 651.

[929] Não admitindo, ainda que em anotação ao regime constante do art. 814º, nº 2, do CPC_{1961}, a possibilidade de o executado alegar, em oposição à execução fundada em requerimento de injunção, quaisquer outros fundamentos que pudessem ser deduzidos como defesa no processo de declaração e que não tivessem sido suscitados em oposição à injunção, *vide* Costa, Salvador da, *A Injunção e as Conexas Acção e Execução, op. cit.*, p. 325, bem como Paiva, Eduardo/Cabrita, Helena, *O Processo Executivo e o Agente de Execução, op. cit.*, p. 117.

[930] Cfr., a este propósito, o ac. do TRL de 28.02.2013, proc. 509/12.3TBALM-A.L1-6.

857º, nº 1, quando interpretado "no sentido de limitar os fundamentos de oposição à execução instaurada com base em requerimento de injunção [ao] qual foi aposta a fórmula executória", por violação do princípio da proibição da indefesa, consagrado no artigo 20º, nº 1, da CRP[931], o legislador, por via da alteração introduzida no referido art. 857º, nº 1, através da Lei nº 117/2019, de 13 de setembro, permite agora que o executado invoque igualmente, em sede de oposição à execução, os meios de defesa que não devam considerar-se precludidos, nos termos do art. 14º-A do anexo ao DL nº 269/98, de 1 de setembro. Ora, de acordo com este preceito legal, o requerido no âmbito de um procedimento de injunção, que seja pessoalmente notificado através de alguma das formas previstas no art. 255º, nºs 2 a 5, deve ser expressamente advertido do efeito cominatório que resulta da não dedução de oposição à injunção, consubstanciado no facto de ficarem precludidos os meios de defesa que nela poderiam ser invocados[932]. O mesmo é dizer que o requerido deve

[931] Ac. do TC nº 264/2015, *in DR*, nº 110, 1ª série, de 8 de junho de 2015. Note-se que o Tribunal Constitucional já se havia pronunciado no sentido da inconstitucionalidade do art. 857º, nº 1, nos seus acs. nºs 714/2014, de 28.10.2014, e 828/2014, de 03.12.2014, bem como nas Decisões Sumárias nºs 804/2014, de 28.11.2014, e 59/2015, de 27.01.2015. Aliás, já no domínio do Código de Processo Civil revogado, o ac. do TC nº 388/2013, de 09.07.2013, proc. 185/13, *in DR*, nº 184, 1ª série, de 24 de setembro de 2013, havia declarado "com força obrigatória geral, a inconstitucionalidade da norma constante do artigo 814º, nº 2, do Código de Processo Civil, na redação do Decreto-Lei nº 226/2008, de 20 de novembro, quando interpretada no sentido de limitar os fundamentos de oposição à execução instaurada com base em requerimentos de injunção à qual foi aposta a fórmula executória". *Vide*, no sentido da inconstitucionalidade da equiparação do procedimento de injunção a um processo jurisdicional, FREITAS, José Lebre de, "Sobre o Novo Código de Processo Civil (Uma visão de fora)", *op. cit.*, p. 54, e LOURENÇO, José Acácio, "Os direitos das partes no processo civil após a reforma do Código do Processo Civil, em 2013: Avanço ou retrocesso?", *in ROA*, ano 73º, vol. II/III, abr./set. 2013, pp. 505 e 506. Cfr., em sentido contrário, MENDES, Armindo Ribeiro, "O processo executivo no futuro Código de Processo Civil", *op. cit.*, p. 140.

[932] Neste particular, importa salientar que esta solução aproxima-se daquela que havia sido preconizada no projeto de reforma da ação executiva apresentado ao Ministério da Justiça em 12 de outubro de 2010. Com efeito, muito embora o art. 926º do projeto estabelecesse a regra de que o executado não era admitido a invocar, em sede oposição à execução fundada em requerimento de injunção, factos extintivos ou modificativos da obrigação que fossem anteriores à sua notificação nesse procedimento, o certo é que a comissão preconizou simultaneamente a introdução de alterações ao DL nº 269/98 destacando-se, entre outras, a modificação do art. 13º, nº 1, alínea *c)*, do anexo a esse diploma legal, no sentido de a notificação ao requerido conter, obrigatoriamente, «[a] indicação de que, na falta de pagamento ou de oposição dentro do prazo legal, se considera reconhecido o crédito do requerente e de que este pode intentar uma acção executiva, na qual só em casos excepcionais será possível contestar o crédito». Na verdade, semelhante proposta de alteração quanto ao art. 13º, nº 1, alínea *c)*, do anexo ao Decreto-Lei nº 269/98 procurava dar resposta ao problema que foi suscitado pelo Tribunal Constitucional no seu Acórdão nº 529/2012 (proc. 361/2012), segundo o qual «[o] conteúdo da notificação a efetuar ao requerido no processo

ser avisado de que, se não deduzir oposição no âmbito do procedimento de injunção, ficará impedido de, em sede de oposição à subsequente execução, invocar factos extintivos ou modificativos da obrigação que sejam anteriores à aposição da fórmula executória no requerimento de injunção.

De todo o modo, a preclusão resultante da falta de dedução no âmbito do procedimento de injunção não impede que o requerido, agora executado, invoque em sede de oposição à execução fundada em requerimento de injunção:

a) o uso indevido do procedimento de injunção ou a ocorrência de outras exceções dilatórias de conhecimento oficioso;
b) algum dos fundamentos de embargos de executado enumerados no art. 729º, que sejam compatíveis com o procedimento de injunção;
c) a existência de cláusulas contratuais gerais ilegais ou abusivas; ou
d) qualquer exceção perentória que teria sido possível invocar na oposição e de que o tribunal possa conhecer oficiosamente[933].

Não obstante a bondade da solução legislativa de advertência ao requerido, no âmbito de um procedimento de injunção, do efeito cominatório que resulta da falta de dedução de oposição, consubstanciado na preclusão dos meios de defesa que nela poderiam ser invocados, afigura-se que o atual art. 857º, nº 1, na redação que lhe foi dada pela Lei nº 117/2019, de 13 de setem-

de injunção é legalmente determinado [...], importando notar que esta notificação provém da entidade a que passou a competir o processamento das injunções – o Balcão Nacional de Injunções – e dela não consta qualquer referência ou advertência de que a falta de oposição do requerido determinará o acertamento definitivo da pretensão do requerente de injunção. Essa notificação apenas não permite ao requerido ignorar que, na falta de oposição, será aposta a fórmula executória no requerimento de injunção, assim se facultando ao requerente da injunção a instauração de uma ação executiva. Perante o teor da notificação, o requerido fica ciente de que está sujeito a sofrer a execução, mas não necessariamente de que o âmbito da defesa contra a pretensão do exequente, se essa hipótese se concretizar, estará limitado pela preclusão dos fundamentos que já pudesse opor-lhe no momento do requerimento de injunção. Para que exista um *processo justo* é elemento essencial do chamamento do demandado a advertência para as cominações em que incorre se dele se desinteressar (cfr. artigo 235º, nº 2, *in fine*, do CPC)».

[933] *Vide*, a este propósito, o ac. do TRC de 17.03.2022, proc. 1925/21.5T8VIS-A.C1, com o seguinte sumário: "A falta de oposição ao requerimento de injunção não preclude, em sede de oposição à execução, a alegação de que a dívida exequenda é inexistente e que as facturas respectivas são falsas, por nenhum fornecimento ter sido realizado, tudo não passando de uma situação de conluio entre um dos sócios gerentes da sociedade executada e um seu filho (exequente), no intuito de prejudicarem tal sociedade, tendo até ocultado a carta de notificação para oposição à injunção, com o fim de obterem um título executivo fácil e rápido, visto os factos em questão configurarem matéria de excepção peremptória de conhecimento oficioso do tribunal, na medida em que atentam gravemente contra o princípio da boa fé".

bro, continua a padecer de inconstitucionalidade, por violação do princípio da proibição da indefesa, consagrado no artigo 20º, nº 1, da CRP.

Com efeito, atentando na fundamentação vertida no ac. nº 264/2015, constata-se que o Tribunal Constitucional concluiu pela inconstitucionalidade, com força obrigatória geral, do art. 857º, nº 1 – na redação anterior à que lhe foi dada pela Lei nº 117/2019, de 13 de setembro – por violação do princípio da indefesa, com fundamento em três premissas nucleares, a saber:

i) "o facto de a limitação dos fundamentos de oposição à execução ter subjacente um critério de equiparação do requerimento de injunção a que tenha sido aposta fórmula executória à sentença judicial para efeitos de determinação dos meios de defesa ao alcance do executado;
ii) a circunstância de tal critério desprezar as diferenças existentes entre a execução baseada em injunção e a execução baseada em sentença judicial quanto ao modo como, no âmbito do processo que conduz à formação de um e outro título, ao devedor é dado conhecimento das pretensões do credor, bem como quanto à probabilidade e ao grau de intervenção judicial; e
iii) o facto de o desvio nessa medida verificado não se achar compensado pela obrigatória advertência, no âmbito do processo de injunção, do efeito preclusivo dos fundamentos oponíveis à pretensão do credor em caso de ulterior execução fundada naquele título".

Ora, salvo melhor opinião, a alteração legislativa introduzida pela Lei nº 117/2019, de 13 de setembro, quer na redação do art. 857º, nº 1, quer no regime jurídico do procedimento de injunção – mediante a alteração da redação do art. 13º, nº 1, al. *b)* e o aditamento do art. 14º-A – não permite dar resposta adequada às premissas nucleares em que assentou o juízo de inconstitucionalidade, com força obrigatória geral, que recaiu sobre o art. 857º, nº 1, por força do ac. do TC nº 264/2015.

Na verdade, as referidas alterações apenas permitem responder à terceira das citadas premissas, porquanto, no âmbito do procedimento de injunção, o requerido passa a ser advertido do efeito preclusivo que resulta da falta de apresentação de oposição à injunção no tocante aos "efeitos oponíveis à pretensão do credor em caso de ulterior execução fundada naquele título".

Outrossim, esse juízo de inconstitucionalidade sobre o art. 857º, nº 1, continuará a subsistir, seja por via do "critério de equiparação do requerimento de injunção a que tenha sido aposta fórmula executória à sentença judicial para efeitos de determinação dos meios de defesa ao alcance do executado", seja pela "circunstância de tal critério desprezar as diferenças existentes entre a execução baseada em injunção e a execução baseada em sentença judicial quanto ao modo como, no âmbito do processo que conduz à formação de um e outro título, ao devedor é dado conhecimento das pretensões do credor, bem como quanto à probabilidade e ao grau de intervenção judicial".

Nem se diga, por outro lado, que a previsão do leque de fundamentos, constantes do art. 14º-A, nº 2, do anexo ao DL nº 269/98, de 1 de setembro, que não se consideram precludidos em virtude da falta de oposição no procedimento de injunção, é bastante para afastar esse juízo de inconstitucionalidade.

É que, para além de esses fundamentos corresponderem, na sua essencialidade, aos que já resultam do nº 3 do art. 857º e da anterior redação do nº 1 desse preceito legal – concretamente os fundamentos previstos no art. 14º-A, nº 2, als. *a)*, *b)* e *d)* – a verdade é que, por força da equiparação do requerimento de injunção à sentença condenatória, para efeitos de determinação dos fundamentos admissíveis em sede de oposição à execução, o executado que não tenha deduzido oposição no procedimento de injunção fica impedido de invocar, em oposição à execução, quaisquer fundamentos que, nos termos do art. 731º, pudessem ser deduzidos como defesa no processo de declaração.

Nessa exata medida, o art. 857º, nº 1, quando interpretado no sentido de limitar os fundamentos da oposição à execução baseada em requerimento de injunção à alegação dos fundamentos previstos no art. 729º – isto é, dos fundamentos previstos para a oposição à execução fundada em sentença condenatória – ou dos fundamentos, que não devam considerar-se precludidos, constantes do art. 14º-A do anexo ao DL nº 269/98, de 1 de setembro, será inconstitucional, por violação do princípio da indefesa, quer pelo facto de o legislador equiparar, quanto à amplitude da defesa do executado, em sede de oposição à execução, o requerimento de injunção com a fórmula executória à sentença condenatória, quer pela circunstância de o procedimento de injunção não assegurar ao requerido as mesmas garantias de defesa que o mesmo teria no âmbito de um processo declarativo.

4.3.2. Fundamentos em caso de justo impedimento

A lei prevê a possibilidade de, no caso de se verificar um justo impedimento à dedução de oposição ao requerimento de injunção, tempestivamente declarado perante a secretaria de injunção, o executado invocar os fundamentos previstos no art. 731º, isto é, que pudessem servir de defesa no processo de declaração (art. 857º, nº 2).

Por conseguinte, em caso de justo impedimento que tenha inviabilizado a dedução tempestiva de oposição ao requerimento de injunção, a lei permite que o requerido, agora na veste de executado, alegue em sede de oposição à execução qualquer fundamento que lhe fosse lícito invocar como defesa no processo de declaração (art. 731º)[934].

Esta solução compreende-se na medida em que, verificando-se um justo impedimento a apresentação de oposição no procedimento de injunção, o requerido ficou impossibilitado de nela fazer uso de todos os meios de defesa que seriam admissíveis em processo de declaração (arts. 576º a 578º). Pretende-se, pois, evitar que uma decisão tomada *inaudita altera parte* possa adquirir força executiva a título definitivo, ainda que a parte contrária tenha sido impedida de deduzir tempestivamente a sua oposição, garantindo-se, dessa forma, a atuação plena do direito de defesa do requerido[935].

Em todo o caso, nos termos do art. 140º, para que o justo impedimento seja admitido, o requerido deve não só arguir a verificação de um evento que não lhe seja imputável a si ou aos seus representantes ou mandatários e que tenha obstado à prática atempada do ato[936], como também suscitar perante o juiz a verificação do impedimento logo que o mesmo cesse, oferecendo, de imediato, a respetiva prova.

Consequentemente, no que respeita à aplicação do regime previsto no art. 857º, nº 2, importa distinguir se o justo impedimento se verificou antes da aposição da fórmula executória no requerimento de injunção ou após a prática desse ato processual.

Assim, se o requerido tiver invocado justo impedimento junto do BNI e oferecido de imediato a oposição à injunção antes da aposição da fórmula executória, o secretário, por ter sido suscitada uma questão sujeita a decisão judicial, deve apresentar os autos à distribuição (art. 16º, nº 2, do anexo ao DL nº 269/98, de 1 de setembro), seguindo o processo, consoante os casos, os termos da ação especial para o cumprimento de obrigações pecuniárias emergentes de contratos (art. 17º, nº 1, do anexo ao DL nº 269/98, de 1 de setembro) ou

[934] *Vide*, a este propósito, o ac. do TRP de 03.05.2012, proc. 55888/10.7YIPRT-B.P1, no qual se decidiu que "Existe justo impedimento se o facto que deu causa à apresentação intempestiva da oposição não é imputável à parte ou ao seu mandatário, havendo exclusão de culpa quando o erro for provocado pela conjugação de lapsos dos serviços dos CTT e do Balcão Nacional de Injunções".

[935] IASELLI, Michele, *Il Decreto Ingiuntivo e la Nuova Procedura di Opposizione*, Cedam, Pádua, 2012, p. 171.

[936] Tal como resulta da decisão da $CSC_{It.}$ de 20.11.1996, proc. 10170, entende-se por "caso fortuito" ou "força maior", respetivamente, uma "força externa obstativa de modo absoluto e um facto de caráter meramente objetivo, alheio à vontade humana e causativo por força própria do evento". Ora, percorrendo a jurisprudência dos tribunais portugueses, constata-se que, só em casos muito excecionais, tem sido admitida a verificação de um justo impedimento.

do processo declarativo comum (art. 10º, nº 2, do DL nº 62/2013)[937]. Consequentemente, neste caso, não é aplicável o regime previsto no art. 857º, nº 2, já que o justo impedimento foi anteriormente apreciado pelo julgador na ação declarativa resultante da distribuição (art. 140º, nº 2, *in fine*).

Diversamente, o art. 857º, nº 2, aplicar-se-á aos casos em que o justo impedimento tenha sido invocado pelo requerido junto do BNI após a aposição da fórmula executória, porquanto, nesse caso em concreto, mostrando-se já extinto o procedimento de injunção (art. 14º, nº 5, do anexo ao DL nº 269/98, de 1 de setembro), o secretário limitar-se-á a registar a invocação do justo impedimento pelo requerido, cabendo ao julgador da execução fundada nesse requerimento de injunção apreciar, em oposição à execução, não só a verificação do impedimento, como também a tempestividade da sua declaração[938].

De igual modo, será de admitir a aplicação do art. 857º, nº 2, nas situações em que o impedimento, apesar de já se verificar em sede de procedimento de injunção – obstando, por isso, à apresentação tempestiva de oposição pelo requerido – apenas venha a cessar em fase executiva. Pense-se, por exemplo, na hipótese de o requerido se encontrar hospitalizado durante vários meses. Com efeito, muito embora, no caso em concreto, o justo impedimento apenas seja suscitado, pela primeira vez, junto do tribunal de execução e não do BNI, não poderá, todavia, deixar de se aplicar o regime previsto no art. 857º, nº 2, porquanto o que releva é que o requerido tenha sido impedido de deduzir oposição à injunção em tempo oportuno.

Ao prever a possibilidade de oposição à execução com os fundamentos do art. 731º em caso de justo impedimento, o legislador harmonizou o regime jurídico da oposição à injunção previsto no DL nº 269/98, de 1 de setembro, com o da injunção de pagamento europeia, constante do Regulamento (CE)

[937] *Vide*, em sentido contrário, LOURENÇO, José Acácio, "Os direitos das partes no processo civil após a reforma do Código do Processo Civil, em 2013: Avanço ou retrocesso?", *op. cit.*, p. 506, segundo o qual, ainda que o requerido faça a declaração de justo impedimento perante a secretaria de injunção, nem por isso esta entidade deixa de apor a fórmula executória no requerimento de injunção, pois que essa declaração não importa a remessa do processo a um juiz, a fim de este apreciar o justo impedimento oportunamente invocado.

[938] Cfr., a este propósito, o ac. do TRL de 22.09.2016, proc. 177746/14.0YIPRT-A.L1-2, no qual se decidiu que "Após ter sido aposta fórmula executória no requerimento de injunção não pode ser admitida oposição à injunção, ainda que com invocação de justo impedimento da sua dedução no prazo legal". Outrossim, o justo impedimento deverá ser invocado junto do BNI, cabendo ao juiz de execução, em sede de oposição à execução, pronunciar-se quanto à verificação, ou não, de algum justo impedimento.

nº 1896/2006[939]. Com efeito, nos termos do art. 20º, nº 1, do citado regulamento, o requerido, ainda que na pendência da execução[940], é admitido a pedir a reapreciação da injunção de pagamento europeia ao próprio tribunal competente do Estado-Membro onde tiver corrido o respetivo procedimento[941] se não tiver sido regularmente citado ou se "tiver sido impedido de contestar o crédito por motivo de força maior ou devido a circunstâncias excepcionais, sem que tal facto lhe possa ser imputável, desde que, em qualquer dos casos, actue com celeridade"[942,943]. Verifica-se, assim, que o Regulamento (CE) nº 1896/2006 apresenta um âmbito de aplicação mais amplo comparativamente com o do art. 857º, nº 2, pois que aquele admite a reapreciação da injunção não apenas nas situações em que se verifique um motivo

[939] Para um enquadramento geral do procedimento europeu de injunção de pagamento, *vide* ADOLPHSEN, Jens, *Europäisches Zivilverfahrensrecht*, Springer DE, Berlim, 2011, pp. 259 e 260, bem como WEBER, Dieter/FÖRSCHLER, Peter, *Der Zivilprozess: Eine Einführung in Forderungsmanagement, Zivilprozess und Zwangsvollstreckung*, 3ª ed., Vahlen, Munique, 2013, p. 59.

[940] CAMPEIS, Giuseppe/DE PAULI, Arrigo, *Le Regole Europee ed Internazionali del Processo Civile Italiano*, Wolters Kluwer Italia, Pádua, 2009, p. 447.

[941] Cfr., nesse sentido, DIETZEL, Alexander, "Probleme des Europäischen Mahnverfahrens", *in Europäisches Zivilprozessrecht: Einfluss auf Deutschland und Ungarn*, Universitätsverlag Göttingen, Göttingen, 2011, p. 122, bem como MARTÍN JIMÉNEZ, Carlos Manuel, *Teoría y Práctica del Proceso Monitorio. Comentarios y Formularios*, Lex Nova, Valladolid, 2011, p. 409.

[942] Nos termos do considerando 25 do Regulamento (CE) nº 1896/2006, a reapreciação da injunção em casos excecionais "não deverá significar a concessão ao requerido de uma segunda oportunidade para deduzir oposição", reconduzindo-se, ao invés, à apreciação dos "fundamentos decorrentes das circunstâncias excecionais invocadas pelo requerido". Com efeito, sendo acolhido o pedido de reapreciação, o procedimento de injunção é declarado nulo, ou seja, o tribunal não faz uma "revisão completa da decisão" (CARRATTA, Antonio, *Verso Il Procedimento Ingiuntivo Europeo*, Università di Macerata, Giuffrè Editore, Milão, 2007, p. 30). Cfr., no mesmo sentido, RAUSCHER, Thomas, *Europäisches Zivilprozess- und Kollisionsrecht*, Walter de Gruyter, Munique, 2010, p. 366, ADOLPHSEN, Jens, *Europäisches Zivilverfahrensrecht, op. cit.*, p. 15, WEBER, Michael, *Europäisches Zivilprozessrecht und Demokratieprinzip: internationale Zuständigkeit und gegenseitige Anerkennung im Gerichtssystem der Europäischen Union und der USA*, Mohr Siebeck, Tübingen, 2009, p. 40, STONE, Peter, *EU Private International Law*, 2ª ed., Edward Elgar Publishing, Cheltenham, 2010, p. 279, CRIFÒ, Carla, *Cross-border Enforcement of Debts in the European Union*, Kluwer Law International, Alphen aan den Rijn, 2009, p. 139, CAMPEIS, Giuseppe/DE PAULI, Arrigo, *Le Regole Europee ed Internazionali del Processo Civile Italiano, op. cit.*, p. 447, bem como FRANCO, Giuseppe, *Guida al Procedimento di Ingiunzione*, 4ª ed., Giuffrè Editore, Milão, 2009, pp. 684 e 685, segundo o qual a reapreciação da injunção europeia de pagamento não é mais do que uma "oposição tardia especial e limitada no seu conteúdo".

[943] Quanto à excecionalidade deste regime jurídico, *vide* ROMANO, Alberto A., *Il Procedimento Europeo di Ingiunzione di Pagamento: Regolamento (CE) nº 1896/2006, del 12 Dicembre 2006*, Giuffrè Editore, Milão, 2009, p. 148.

de *força maior*, como também devido a *circunstâncias excecionais*[944], desde que, em qualquer um dos casos, o requerido não tenha atuado com culpa, ainda que a título de negligência[945].

No que concerne à noção de *motivo de força maior*, Rolf Schütze sustenta que este conceito deve ser interpretado por referência ao art. 36º das Regras e Usos Uniformes Relativos aos Créditos Documentários, adotados pela Câmara de Comércio Internacional, segundo o qual entende-se por *força maior*, nomeadamente, a ocorrência de catástrofes naturais, tumultos, comoções civis, insurreições, guerras, atos de terrorismo, greves ou despedimentos coletivos[946]. Com efeito, o que releva é que esteja em causa um incidente com que não se pudesse razoavelmente contar. Assim, de acordo com o aludido Autor, uma greve dos correios será, em princípio, um "motivo de força maior", salvo se a mesma tiver sido antecipadamente anunciada.

Por sua vez, relativamente às *circunstâncias excecionais*, o TJUE, no seu despacho de 21 de março de 2013 (proc. C-324/12), decidiu que o requerido poderá pedir a reapreciação da injunção de pagamento europeia desde que, cumulativamente, se verifiquem circunstâncias excecionais que o tenham impedido de contestar o crédito no prazo previsto para esse efeito, inexista culpa da sua parte e atue com celeridade[947,948].

[944] No sentido de tanto a *força maior*, como as *circunstâncias excecionais*, deverem ser analisadas em função das particularidades de cada caso em concreto, *vide* SCARAFONI, Stefano, *Il Processo Civile e la Normativa Comunitaria*, UTET Giuridica, 2012, p. 585, bem como BOCCONE, Gianvito, *Il Decreto Ingiuntivo. Modalità Operative e Questioni Processuali*, Halley Editrice, Matelica, 2007, p. 254.

[945] Cfr., nesse sentido, SCHÜTZE, Rolf A., *Das internationale Zivilprozessrecht in der ZPO*, Walter de Gruyter, Berlim, 2011, p. 394, bem como RAUSCHER, Thomas, *Europäisches Zivilprozess- und Kollisionsrecht*, *op. cit.*, p. 355.

[946] SCHÜTZE, Rolf A., *Das internationale Zivilprozessrecht in der ZPO*, *op. cit.*, p. 393.

[947] Conforme se decidiu nesse despacho, "A inobservância do prazo para deduzir oposição a uma injunção de pagamento europeia, devida ao comportamento negligente do mandatário do requerido, não justifica uma reapreciação dessa injunção de pagamento, não resultando essa inobservância de circunstâncias excecionais".

[948] Correa Delcasso tece duras críticas a este regime "perigoso e confuso de oposição tardia", porquanto o legislador fixou deficientemente como único limite temporal o de o requerido atuar com celeridade (CORREA DELCASSO, Juan Pablo, "El proceso monitorio europeo", *op. cit.*, pp. 396 e 397). Analogamente, Thomas Rauscher censura o facto de esta norma, pela sua ambiguidade, constituir um factor de grande incerteza, já que poderá ser interpretada de uma forma mais ampla ou mais restritiva pelos diferentes Estados-Membros (RAUSCHER, Thomas, *Europäisches Zivilprozess- und Kollisionsrecht*, *op. cit.*, p. 362). Por sua vez, Alexander Dietzel destaca o facto de o requerente da injunção ficar em desvantagem em relação ao requerido, pois que dificilmente dispõe de condições para demonstrar que este atuou com culpa ao não deduzir a oposição à injunção dentro do respetivo prazo perentório (DIETZEL, Alexander, "Probleme des Europäischen Mahnverfahrens", *op. cit.*, p. 125).

4.3.3. Fundamentos excecionais

Nos termos do art. 857º, nº 3, independentemente de justo impedimento, o executado pode também deduzir oposição à execução com fundamento em questão de conhecimento oficioso, que determine a improcedência, total ou parcial, do requerimento de injunção[949], ou na ocorrência, de forma evidente, de exceções dilatórias que, caso tivessem sido suscitadas no procedimento de injunção, obstariam à aposição da fórmula executória[950].

Ao invés do que sucede com o procedimento europeu de injunção de pagamento – em que o requerimento do credor é submetido à apreciação liminar do juiz, o qual analisa se estão preenchidos os requisitos formais e se o pedido é fundado, sendo o requerido posteriormente notificado para pagar ou deduzir oposição[951] – o procedimento de injunção previsto no DL nº 269/98, de 1 de setembro, não pressupõe, em regra, qualquer intervenção do julgador, porquanto o processo é tramitado exclusivamente pelo BNI.

De facto, o art. 11º do anexo ao referenciado diploma legal apenas prevê a possibilidade de o requerimento de injunção ser recusado nos casos em que se verifiquem meras irregularidades formais, cabendo desse ato de recusa reclamação para o juiz[952].

[949] A este respeito, decidiu-se no ac. do TRG de 20.11.2014, proc. 1508/13.3TBVRL-A.G1, que o executado pode deduzir oposição à execução fundada em requerimento de injunção "com o fundamento de que a quantia exequenda, reclamada a título de honorários de advogada, foi paga antes da aposição de fórmula executória à exequente e de que esta declarou que ia desistir do requerimento de injunção, confiando o executado que não seria instaurada a execução", sendo que tal situação, por configurar um abuso do direito por parte do exequente, pode ser conhecida em sede de oposição à execução, nos termos do art. 857º, nº 3, al. *a)*.

[950] Observe-se que, em rigor, o nº 3 do art. 857º ficou esvaziado de conteúdo na sequência das alterações introduzidas pela Lei nº 117/2019, de 13 de setembro, porquanto os fundamentos de oposição à execução que nele se encontram previstos já estão abrangidos pelo nº 1 do art. 857º, por força da remissão que nele se faz para o art. 14º-A do anexo ao DL nº 269/98, de 1 de setembro. Em concreto, do art. 14º-A, nº 2, als. *a)* e *d)* já resulta a possibilidade de o executado invocar quer o uso indevido do procedimento de injunção ou a ocorrência de outras exceções dilatórias de conhecimento oficioso, quer alguma exceção perentória que tivesse sido possível invocar na oposição e que o tribunal possa conhecer oficiosamente.

[951] *Vide*, quanto à distinção entre procedimentos de injunção de natureza probatória e não probatória, Silva, Paula Costa e, *Processo de Execução* – Vol. I Títulos Executivos Europeus, Coimbra Editora, 2006, pp. 160 e 161, bem como Aguilar Grieder, Hilda, "El proceso monitorio europeo en un contexto de creciente comunitarización", *in Hacia la Supresión del Exequátur en el Espacio Judicial Europeo: el Título Ejecutivo Europeo*, Universidad de Sevilla, Sevilha, 2006, p. 231.

[952] Por contraposição, o art. 11º do Regulamento (CE) nº 1896/2006 consagra a possibilidade de o tribunal recusar o requerimento de injunção se, para além de não se encontrarem preenchidos os pressupostos de que depende o recurso a esse procedimento, o pedido for manifestamente infundado ou o requerente não responder ao convite para completar ou retificar o requerimento.

Nessa exata medida, não havendo qualquer controlo judicial prévio da injunção durante o respetivo procedimento, o legislador veio agora postergar para um momento posterior, ou seja, para a oposição à execução, a possibilidade de o executado, que não tenha deduzido oposição à injunção, suscitar questões que determinem a improcedência total ou parcial da injunção ou a ocorrência, de forma evidente, de exceções dilatórias no próprio procedimento de injunção (arts. 278º, 577º e 578º). O executado tem, assim, a possibilidade de invocar a verificação de exceções dilatórias não só em relação ao próprio processo executivo pendente [art. 729º, al. *c)*], como também em relação ao procedimento de injunção já extinto [art. 857º, nº 3, al. *b)*]. É o que sucede, designadamente, com a nulidade do procedimento de injunção por ineptidão do respetivo requerimento [arts. 278º, nº 1, al. *b)*, e 577º, al. *b)*], com a falta de personalidade judiciária ou de capacidade judiciária [arts. 278º, nº 1, al. *c)*, e 577º, al. *c)*], com a ilegitimidade de alguma das partes [arts. 278º, nº 1, al. *d)*, e 577º, al. *e)*] ou com a ofensa de caso julgado [art. 577º, al. *i)*][953].

Analogamente, o procedimento europeu de injunção de pagamento admite a possibilidade de o requerido, após o termo do prazo de oposição à injunção, pedir a reapreciação da injunção nos casos em que ela «tenha sido emitida de forma claramente indevida», tendo em conta os requisitos estabelecidos no regulamento, ou por força de outras circunstâncias excecionais (art. 20º, nº 2).

Enquadram-se na primeira hipótese as situações em que se verifique a existência de um erro que, "ainda que manifesto, não seja todavia imediatamente perceptível"[954], isto é, os casos em que a injunção europeia de pagamento tenha sido emitida sem que se achassem preenchidos, de forma clara e evidente, os respetivos requisitos legais previstos nos arts. 2º a 7º do regulamento[955], não tendo, no entanto, havido recusa do requerimento de injunção nos termos do art. 11º[956]. Neste particular, Thomas Rauscher sustenta que o art. 20º, nº 2, deve ser interpretado em sentido amplo, por forma a abranger não só as situações em que a injunção tenha sido emitida de forma claramente indevida, em violação dos requisitos previstos nos arts. 2º a 7º, como também

[953] *Vide*, a este propósito, AMENDOLAGINE, Vito, *Decreto Ingiuntivo*, Giuffrè Editore, Milão, 2013, p. 192.

[954] CAMPEIS, Giuseppe/DE PAULI, Arrigo, *Le Regole Europee ed Internazionali del Processo Civile Italiano, op. cit.*, p. 447.

[955] *Vide*, nesse sentido, SCARAFONI, Stefano, *Il Processo Civile e la Normativa Comunitaria, op. cit.*, p. 587, bem como CACHÓN CADENAS, Manuel, *Apuntes de Ejecución Procesal Civil*, Univ. Autònoma de Barcelona, Barcelona, 2011, p. 108.

[956] Cfr., nesse sentido, DIETZEL, Alexander, "Probleme des Europäischen Mahnverfahrens", *op. cit.*, p. 124.

as hipóteses em que a injunção de pagamento tenha sido erradamente declarada executória (art. 18º)[957]. Em todo o caso, aquilo que releva é que o tribunal, sem necessidade de prova complementar, esteja em condições de concluir que a injunção foi emitida de forma claramente indevida[958].

Por sua vez, as "circunstâncias excepcionais"[959], estando para além da mera violação dos requisitos legais previstos nos arts. 2º a 7º do regulamento[960], compreendem, nomeadamente, os "vícios patológicos, intervenientes na formação do título, similares àqueles que, no direito interno dos Estados Membros, possam justificar o recurso à impugnação extraordinária de caráter revogatório"[961], bem como as situações em que o procedimento de injunção tenha sido utilizado de forma fraudulenta[962,963].

4.4. Fundamentos de oposição à execução baseada noutro título

Não se baseando a execução em sentença condenatória ou em requerimento de injunção no qual tenha sido aposta a fórmula executória, o executado pode invocar, na sua oposição à execução, além dos fundamentos de oposição previstos no art. 729º, na parte em que sejam aplicáveis, quaisquer outros fundamentos que pudessem ser igualmente invocados como defesa no processo de

[957] RAUSCHER, Thomas, *Europäisches Zivilprozess- und Kollisionsrecht, op. cit.*, p. 365.

[958] *Ibidem*, p. 366.

[959] Quanto à especial dificuldade de interpretação deste conceito, atenta a formulação excessivamente genérica que foi utilizada pelo legislador, *vide* RAUSCHER, Thomas, *Europäisches Zivilprozess- und Kollisionsrecht, op. cit.*, p. 366.

[960] DIETZEL, Alexander, "Probleme des Europäischen Mahnverfahrens", *op. cit.*, p. 124.

[961] SCARAFONI, Stefano, *Il Processo Civile e la Normativa Comunitaria, op. cit.*, p. 587.

[962] Cfr., nesse sentido, DIETZEL, Alexander, "Probleme des Europäischen Mahnverfahrens", *op. cit.*, p. 214, bem como RAUSCHER, Thomas, *Europäisches Zivilprozess- und Kollisionsrecht, op. cit.*, p. 366. Será o caso, designadamente, de o procedimento de injunção ter sido baseado em informação falsa prestada pelo requerente (cfr., nesse sentido, MARINHO, Carlos M. G. de Melo, *A Cobrança de Créditos na Europa – Os Processos Europeus de Injunção e Pequenas Causas*, Quid Iuris, Lisboa, 2012, p. 59, FRANCO, Giuseppe, *Guida al Procedimento di Ingiunzione, op. cit.*, p. 685, bem como CAMPEIS, Giuseppe/DE PAULI, Arrigo, *Le Regole Europee ed Internazionali del Processo Civile Italiano, op. cit.*, pp. 446 e 447).

[963] Conforme elucida Paula Costa e Silva, o legislador preocupou-se em criar uma «verdadeira cláusula geral, que funcionará como válvula de segurança do sistema» (SILVA, Paula Costa e, *Processo de Execução, op. cit.*, p. 209). De todo o modo, Correa Delcasso tece duras críticas a este regime, quer pela grande indeterminação que decorre do preceito legal, quer pelo facto de "permitir a revisão, por via extraordinária, de questões que, independentemente da sua gravidade, poderiam e deveriam ser alegadas tempestivamente pelo devedor", sendo que o legislador, neste caso, nem sequer exige que o devedor "atue com celeridade" (CORREA DELCASSO, Juan Pablo, «El proceso monitorio europeo», *op. cit.*, p. 397). Cfr., no mesmo sentido crítico, SCARAFONI, Stefano, *Il Processo Civile e la Normativa Comunitaria, op. cit.*, p. 587.

declaração (art. 731º). Consequentemente, o executado tanto pode impugnar a matéria de facto vertida no requerimento executivo [art. 724º, nº 1, al. *e)*], como pode defender-se por exceção[964], estando-lhe apenas vedada a possibilidade de reconvir, já que a dedução de um pedido reconvencional é incompatível com o âmbito e com as finalidades do processo executivo[965].

Sendo os embargos de executado um meio de oposição ou de defesa em relação à execução, recai sobre o executado/embargante o ónus da prova dos factos impeditivos, modificativos ou extintivos do direito de que o exequente se arroga titular[966,967].

5. Formalidades

Constituindo os embargos de executado uma verdadeira "ação declarativa em que a petição funciona como oposição ao requerimento inicial da execução"[968],

[964] *Vide*, a este propósito, o ac. do TRL de 21.12.2017, proc. 8371-15.8T8LSB-A.L1-6, no qual se decidiu que "Numa execução, em que o título executivo é constituído por uma escritura pública de compra e venda de imóvel, não é fundamento de oposição à execução a invocação da excepção do não cumprimento do contrato, com a recusa do pagamento de parte do preço imputado a obras de beneficiação, cuja obrigação por parte dos vendedores não ficou consignada na escritura definitiva de compra e venda". Cfr., ainda, o ac. do TRE de 08.02.2018, proc. 5202/15.2T8ENT-A.E1, bem como o ac. do STJ de 21.02.2019, proc. 47/14.0T8MNC-D.G1.S1.

[965] Cfr., nesse sentido, o ac. do TRP de 12.12.1991, proc. 9110685, o ac. do TRL de 04.02.1999, proc. 0014722, o ac. do TRP de 11.04.2002, proc. 0230552, o ac. do TRL de 29.11.2012, proc. 4890/08.0TBCSC-A.L1-6, bem como o ac. do STJ de 04.07.2019, proc. 132/11.0TCFUN-A.L1.S2. Cfr. ainda o ac. do STJ de 03.12.1992, proc. 082588, o qual determinou a rejeição dos embargos em que o executado pretendia que o exequente fosse condenado a reparar, a expensas suas, a máquina que este lhe tinha vendido, radicando a execução no pagamento do preço devido pela aquisição de tal bem. *Vide*, na doutrina, BORGES, Marco António de Aço e, *A Demanda Reconvencional*, Quid Iuris, Lisboa, 2008, pp. 410 e 411. No sentido de a dedução de uma reconvenção nos embargos de executado, apesar de não ser admissível, não implicar, no entanto, a rejeição liminar da petição inicial de embargos, *vide* o ac. do TRL de 04.03.1999 proc. 0051272.

[966] Ac. do STJ de 19.04.1995, proc. 086565. Cfr., no mesmo sentido, o ac. do STJ de 29.02.1996, proc. 087209, o ac. do TRP de 06.06.2002, proc. 0230451, assim como o ac. do TRG de 21.11.2019, proc. 3361/17.9T8VNF-A.G1.

[967] *Vide*, a este propósito, o ac. do TRL de 16.01.2018, proc. 1301/12.0TVLSB.L1-1, no qual se decidiu que "A não utilização dos meios de defesa na execução (designadamente a oposição) não preclude a posterior invocação de excepções ao direito exequendo em outras acções (sendo que o efeito preclusivo só se verifica no processo executivo e relativamente aos meios de defesa específicos desse processo) e, quando utilizados tais meios de defesa, as decisões de mérito nela proferidas formam caso julgado material apenas quanto às concretas excepções apreciadas, por inexistência na execução de ónus de concentração da defesa". Cfr., no mesmo sentido, o ac. do STJ de 19.03.2019, proc. 751/16.8T8LSB.L2.S1.

[968] Ac. do TRP de 16.03.1992, proc. 9150875. No sentido de a oposição à execução consubstanciar um articulado de contestação ao requerimento inicial da ação executiva e não uma petição inicial,

a respetiva petição deve obedecer, com as devidas adaptações, às formalidades previstas no art. 552º[969].

Assim, a petição inicial da oposição à execução deve observar os seguintes requisitos:

a) indicar o tribunal e o juízo onde corre a ação executiva, já que a oposição corre por apenso à execução (art. 732º, nº 1);

b) identificar as partes. Em princípio, ao invés do que sucede na petição inicial da ação declarativa, na oposição à execução, não é necessária a identificação dos domicílios ou sedes, números de identificação civil e fiscal, profissões e locais de trabalho, uma vez que as partes já se encontram devidamente identificadas no requerimento executivo. Contudo, em casos excecionais, pode ser necessária essa identificação, tão completa, quanto possível, das partes. É o que sucede, por exemplo, quando a oposição à execução tenha por fundamento o erro na identidade do executado, bem como nos casos em que tenha havido sucessão no direito ou na obrigação;

c) indicar o domicílio profissional do mandatário judicial do executado/embargante;

d) expor os factos essenciais que constituem a causa de pedir e as razões de direito que servem de fundamento à oposição[970], sob pena de ineptidão[971];

e) formular o pedido, que poderá ser de improcedência total ou parcial da ação executiva[972]. Na verdade, sendo inadmissível a reconvenção em sede de oposição à execução, o executado não pode formular pedidos de condenação contra o exequente/embargado[973];

f) declarar o valor da causa. No que concerne ao valor da causa, este será, em princípio, o da execução a que os embargos de executado dizem

vide o ac. do TRL de 07.05.2009, proc. 3151/08-2, bem como o ac. do TRP de 05.11.2002, proc. 0221145.

[969] Ac. do TRL de 29.11.2007, proc. 2401/2007-6. *Vide*, no mesmo sentido, o ac. do TRL de 08.11.2018, proc. 4244/09.1T2SNT-A.L1-2.

[970] *Vide*, a este propósito, o ac. do TRL de 05.07.2000, proc. 0040911, bem como o ac. do STJ de 25.01.2007, proc. 4487/06, *in SASTJ*, ano 2007.

[971] Cfr., a este respeito, o ac. do TRP de 09.11.1995, proc. 9530726, no qual se decidiu que "a petição inicial de embargos de executado, independentemente da sua qualificação como verdadeira petição ou como contestação, não se pode limitar a dar como reproduzida a petição apresentada por outro executado-embargante".

[972] Ac. do STJ de 19.12.2006, proc. 06B4137.

[973] Cfr., nesse sentido, o ac. do STJ de 17.01.2008, proc. 3961/07, *in SASTJ*, nº 121, ano 2008.

respeito (art. 304º, nº 1). Pode, no entanto, suceder que os embargos tenham um valor efetivamente diferente do da execução[974]. É o que ocorre, por exemplo, se o exequente reclama o pagamento da quantia exequenda de € 10.000,00 e se o executado, reconhecendo ser devedor da quantia de € 5.000,00, deduz oposição à execução apenas no tocante à restante parte do pedido, que não aceita como sendo devido. Se o executado não indicar o valor da oposição à execução, entende-se que este aceita o valor da execução mencionado no requerimento executivo[975], não sendo, por conseguinte, aplicável o disposto no art. 305º, nº 3[976];

g) apresentar o rol de testemunhas e requerer outros meios de prova;

h) juntar à petição inicial o documento comprovativo do pagamento da taxa de justiça devida ou da concessão do benefício de apoio judiciário, na modalidade de dispensa de pagamento da taxa de justiça e demais encargos com o processo[977].

[974] *Vide*, a este propósito, o ac. do TRL de 05.07.2018, proc. 2638/07.6TTLSB-C.L1-4, no qual se consignou que "O valor da oposição por embargos de executado é o da causa a que respeita, excepto se tiver realmente valor diverso do da causa, caso em que o seu valor é determinado nos termos gerais, embora delimitado pelo valor da execução".

[975] Ac. do TRP de 22.02.2007, proc. 0730569. No sentido de a não indicação do valor da oposição à execução não constituir fundamento de recusa da respetiva petição, atento o facto de o valor da oposição coincidir, em princípio, com o valor da execução, *vide* o ac. do TRL de 03.12.2015, proc. 4287/14.3YYLSB-A.L1-6.

[976] Cfr., nesse sentido, o ac. do TRL de 08.11.2018, proc. 4244/09.1T2SNT-A.L1-2.

[977] *Vide*, a este respeito, o ac. do TRL de 12.07.2007, proc. 4953/2007-8, no qual se decidiu que "Numa oposição deduzida a uma execução, tendo o oponente junto no prazo legal o documento comprovativo do prévio pagamento da taxa de justiça inicial, mas por valor inferior ao devido, não tendo o requerimento de oposição sido rejeitado pela secretaria, não pode o juiz ordenar o seu desentranhamento sem dar ao oponente a possibilidade de pagar as quantias em falta, devendo este ser notificado para efectuar o seu pagamento no prazo de dez dias, com a sanção referida no nº 3 do artigo 486º-A". Por sua vez, decidiu-se no ac. do TRG de 20.04.2017, proc. 84/14.4TBBCL-C.G1, que "Para efeitos de pagamento de taxa de justiça, os Embargos de executado não são equiparáveis à petição inicial em acção declarativa, mas sim à contestação, donde resulta que lhe deverá ser aplicável o regime do art. 570º do CPC. Não pode, por isso, o Tribunal ordenar o desentranhamento do requerimento de Embargos de executado sem dar ao Executado/Embargante a possibilidade de proceder ao pagamento da quantia em falta, a título de taxa de justiça, nos termos do nº 3 do art. 570º do CPC". *Vide*, no mesmo sentido desta decisão, o ac. do TRP de 01.07.2008, proc. 0823318, bem como o ac. do TRL de 16.11.2006, proc. 6366/2006-2.

6. Efeito

6.1. Regra geral

Relativamente ao efeito dos embargos de executado, a regra geral é a de que, tanto no processo executivo ordinário, como no processo executivo sumário[978], o recebimento dos embargos não suspende o processo executivo (art. 733º, nº 1, *a contrario*). Por conseguinte, é irrelevante, por exemplo, a alegação, pelo executado, de que o prosseguimento da execução é suscetível de causar-lhe prejuízos irreparáveis[979] ou a invocação da pendência de uma outra ação que revista natureza prejudicial[980].

Na verdade, a consagração da regra geral, segundo a qual o recebimento dos embargos de executado não suspende a execução, encontra justificação na opção, de política legislativa, de se favorecer a celeridade do processo executivo e a satisfação do crédito exequendo, bem como na necessidade de se impedir a dedução de embargos de executado com finalidades meramente dilatórias, isto é, visando apenas a suspensão da execução[981].

De todo o modo, mesmo que a execução prossiga na pendência de embargos, nem o exequente, nem qualquer outro credor podem obter pagamento sem a prestação de caução (art. 733º, nº 4)[982]. Com efeito, esta medida visa

[978] De facto, no âmbito da ação executiva para pagamento de quantia certa sob a forma de processo sumário, o art. 856º não contém qualquer disposição especial concernente ao efeito da oposição à execução que venha a ser deduzida pelo executado. Ora, apesar de, no processo executivo sumário, o executado só ser citado depois da penhora, razão pela qual, estando já (presumivelmente) garantida a satisfação da dívida exequenda e das custas da execução, o recebimento dos embargos de executado deveria determinar a suspensão da execução, o certo é que, na falta de disposição especial, aplicam-se subsidiariamente ao processo executivo sob a forma sumária as disposições previstas para o processo executivo ordinário (art. 551º, nº 3). Por conseguinte, à luz da lei de processo civil vigente, o recebimento dos embargos de executado, no âmbito do processo executivo sumário, não suspende, de forma automática, a execução. Observe-se, aliás, que pode mesmo suceder que o executado seja citado para deduzir embargos de executado sem que, entretanto, tenha sido realizada qualquer penhora, pelo facto de não terem sido localizados bens penhoráveis (art. 855º, nº 4), o que demonstra que, no processo executivo sumário, o facto de a penhora anteceder a citação do executado não permite, por si só, sustentar a tese de que, nesta forma de processo, o recebimento dos embargos de executado suspende automaticamente o prosseguimento da execução.

[979] Cfr., nesse sentido, o ac. do TRL de 09.05.1991, proc. 0029526.

[980] *Vide*, quanto à insuscetibilidade de a pendência de uma ação de anulação de decisão arbitral implicar o recebimento, com efeito suspensivo, dos embargos de executado que sejam deduzidos à execução fundada nessa decisão, SILVA, Paula Costa e, "Os meios de impugnação das decisões arbitrais proferidas em arbitragem voluntária no direito interno português", *op. cit.*, p. 192.

[981] *Vide*, a este propósito, o ac. do TRG de 24.02.2022, proc. 5242/20.0T8VNF-C.G1.

[982] No sentido de a entrega ao exequente, pelo agente de execução, de dinheiro penhorado não determinar a extinção, por inutilidade superveniente da lide, dos embargos de executado, *vide* o ac. do TRP de 14.12.2017, proc. 24370/15.7T8PRT-A.P1.

proteger o executado na eventualidade de a oposição à execução vir a ser julgada procedente, razão pela qual as diligências necessárias para a realização do pagamento (art. 796º) só podem ser iniciadas se o exequente e/ou os demais credores reclamantes prestarem caução[983].

Ademais, se, entretanto, for penhorada a casa de habitação efetiva do embargante, este pode requerer ao juiz de execução que esse bem não seja vendido enquanto não for proferida uma decisão, em primeira instância, sobre os embargos, desde que, para o efeito, comprove que essa venda é suscetível de causar-lhe um prejuízo grave e dificilmente reparável (art. 733º, nº 5).

6.2. Exceções

Muito embora, em regra, o recebimento dos embargos de executado não determine a suspensão da execução, a verdade é que, excecionalmente, a lei prevê a possibilidade de a instância executiva ficar suspensa até ao trânsito em julgado da decisão de mérito que vier a ser proferida no incidente de embargos de executado[984].

Observe-se, no entanto, que mesmo que seja determinada a suspensão do prosseguimento da execução, essa suspensão não produz efeitos absolutos ou irreversíveis.

Desde logo, à luz do art. 733º, nº 2, se a suspensão da execução for decretada depois de os credores terem sido citados para reclamar os seus créditos, essa suspensão não abrange o apenso de verificação e graduação dos créditos, continuando, por isso, esse apenso a correr os seus termos.

Ademais, nos termos do art. 733º, nº 3, a execução suspensa prossegue se os embargos estiverem parados durante mais de trinta dias, por negligência do embargante em promover os seus termos. Na verdade, a lei sanciona, com o prosseguimento das diligências executivas, a atuação culposa, abusiva e/ou dilatória do embargante que, tendo logrado obter a suspensão da execução, seja responsável pela paralisação dos embargos de executado, por um período de tempo superior a trinta dias.

Por outro lado, ainda que a execução fique suspensa, tal não impede a prática de atos urgentes, que se destinem a evitar um dano irreparável. É o que sucede, por exemplo, com a venda antecipada de bens penhorados (art. 814º)[985].

[983] *Vide*, a este propósito, Pissarra, Nuno Andrade, "O pagamento em processo de execução – alguns problemas", *in Estudos em Homenagem a Miguel Galvão Teles*, vol. II, Almedina, Coimbra, 2012, p. 228.

[984] Ac. do TRG de 10.07.2018, proc. 592/10.6TJVNF.G1.

[985] Cfr., nesse sentido, o ac. do TRG de 17.09.2013, proc. 1548/10.4TBBCL-E.G1.

Do mesmo modo, se tiver sido penhorado um rendimento periódico auferido pelo executado – por exemplo, um salário, uma pensão ou uma renda –, a suspensão da execução não obsta à continuação dessa penhora até que se mostre integralmente garantido o pagamento da dívida exequenda e das demais custas da execução, quantificadas nos termos do art. 735º, nº 3[986].

Vejamos, então, quais são as situações em que a lei prevê a possibilidade de o recebimento dos embargos de executado suspender o prosseguimento da execução.

6.2.1. Prestação de caução

Nos termos do art. 733º, nº 1, al. *a)*, o recebimento dos embargos de executado determina a suspensão do prosseguimento da execução se o embargante prestar caução[987].

Com efeito, se o embargante prestar caução, garantindo, dessa forma, o pagamento da dívida exequenda e das despesas previsíveis da execução, justifica-se que a execução fique suspensa, porquanto o exequente fica salvaguardado quanto aos eventuais riscos que poderiam resultar para a satisfação do seu crédito, em virtude da paralisação da execução[988]. Na verdade, caso a oposição à execução venha a ser julgada improcedente, a quantia exequenda e as despesas da execução poderão ser satisfeitas através da caução que tiver sido prestada pelo embargante, atento o disposto no art. 650º, nºs 3 e 4, *ex vi* do art. 733º, nº 6[989].

Assim, considerando as finalidades da caução a ser prestada em sede de oposição à execução[990], o seu valor deve garantir o pagamento da quantia exe-

[986] *Vide*, nesse sentido, o ac. do TRE de 25.09.2014, proc. 2123/12.4TBSTR-A.E1. Cfr., em sentido contrário, o ac. do TRL de 22.01.2013, proc. 17669/11.3YLSB-B-L1-7.

[987] Observe-se, contudo, que, conforme se decidiu no ac. do TRP de 11.03.2004, proc. 0431008, a prestação de caução só tem a virtualidade de suspender a execução se os embargos de executado não forem liminarmente rejeitados.

[988] Cfr., nesse sentido, o ac. do STJ de 11.06.2002, proc. 1767/02, *in SASTJ*, ano 2002, o ac. do TRC de 24.04.2007, proc. 2965/05.7TBVIS.C1, o ac. do TRL de 19.04.2013, proc. 2921/10.3TBFAR-B.L1-2, bem como o ac. do TRL de 11.09.2018, proc. 2485/17.7T8OER-A.L1-1. No sentido de esta caução para suspensão do processo executivo não se confundir com a caução substitutiva, prevista no art. 751º, nº 8, *vide* o ac. do TRP de 17.12.2001, proc. 0151659.

[989] *Vide*, nesse sentido, o ac. do TRP de 18.04.2005, proc. 0551554, o ac. do TRC de 17.01.2017, proc. 5211/15.1T8PBL-B.C1, bem como o ac. do TRE de 22.03.2018, proc. 2738/13.3TBTVD-B.E1, nos quais se decidiu que, se os embargos de executado forem julgados improcedentes, a quantia exequenda pode ser paga através do montante da caução que tiver sido prestada.

[990] Sustentando a possibilidade de a caução ser prestada a todo o tempo pelo executado, não estando a prestação da caução confinada à oposição à execução, *vide* PINTO, Rui, *Notas ao Código de Processo*

quenda, dos juros de mora, das custas da execução e dos honorários e despesas do agente de execução[991].

Em todo o caso, se a ação executiva seguir a forma de processo comum sumário e se a penhora realizada já permitir garantir o pagamento da totalidade da dívida exequenda e das despesas previsíveis da execução (art. 735º, nº 3), o executado poderá requerer ao juiz de execução a dispensa da prestação da caução, porquanto, nesse caso, não se justifica uma duplicação de garantias – *maxime* pela penhora e pela subsequente prestação de caução – para que o recebimento dos embargos de executado suspenda a execução. *Mutatis mutandis*, se a garantia já existente no processo executivo apenas permitir assegurar o pagamento parcial da dívida exequenda e/ou das despesas previsíveis da execução, o executado poderá requerer a prestação de caução pela diferença entre o valor da dívida exequenda, acrescida das despesas previsíveis da execução, e o valor que já se encontre garantido através da penhora[992].

Civil, vol. II, *op. cit.*, p. 263, bem como FREITAS, José Lebre de/MENDES, Armindo Ribeiro, *Código de Processo Civil Anotado*, vol. III, *op. cit.*, p. 327. Cfr., na jurisprudência, o ac. do TRP de 16.06.2003, proc. 0350283, bem como o ac. do TRG de 07.01.2016, proc. 88/14.7TBPCR-B.G1, sendo que, neste último, decidiu-se que a caução deve ser prestada até ao julgamento definitivo dos embargos.

[991] Ac. do TRL de 01.02.2011, proc. 3108/07.8TBCSC-B.L1-7. No sentido de a caução a ser prestada pelo embargante se reconduzir exclusivamente ao crédito do exequente, não devendo, por conseguinte, incluir o valor dos créditos reclamados na execução, *vide* o ac. do TRL de 16.06.2005, proc. 10431/2004-8.

[992] Cfr., a este respeito, o ac. do TRC de 05.11.2019, proc. 3141/18.4T8PBL-B.C1, no qual se consignou o seguinte: "[...] VI – Atento o regime instituído pela Lei nº 41/2013, de 26.6, verifica-se que, perante a garantia da penhora, o executado que se oponha à execução poderá substituir a penhora por caução idónea, afastando a cumulação de penhora suficiente e caução (cf. os arts. 751º, nº 7, e 856º, nº 5, ambos do nCPC). VII – Existindo garantia real anterior, nem sempre será necessário prestar uma nova e distinta caução e, muito menos, que o deva ser pela totalidade do crédito exequendo, porquanto não se justificará tal duplicação e sobrecarga para o executado (a garantia será idónea para o efeito de suspender a execução quando o valor do bem sobre que recai a garantia é suficiente para cobrir o crédito exequendo e os demais acréscimos e danos que resultem dessa suspensão). VIII – A nova caução já será necessária, no entanto, em caso de insuficiência do valor do bem dado em garantia, se este nada cobre para além do crédito exequendo". *Vide*, ainda, o ac. do TRP de 07.05.2019, proc. 25789/18.7T8PRT-A.P1, com o seguinte sumário: "I – A caução tem por função assegurar o cumprimento de obrigações eventuais ou de amplitude indeterminada e, no caso específico da caução para suspensão da execução, garantir o pagamento da dívida exequenda e acréscimos processuais e de juros de mora. II – Face à actual redacção do art. 733º, nº 1, a), do CPCivil, sempre que o Executado/Embargante pretenda suspender o processo de execução, e ainda que o crédito exequendo esteja coberto por uma garantia real (designadamente por hipoteca), terá que prestar outra garantia especial, a qual poderá ser, se o caso concreto o possibilitar, uma nova hipoteca sobre os mesmos bens. III – Esta nova hipoteca visará já não garantir o crédito exequendo (que já se encontra garantido pela anterior hipoteca), mas tão-só o que acresce a este,

Por outro lado, no que concerne ao modo da sua prestação, a caução pode ser prestada através de qualquer meio idóneo que garanta a sua efetividade[993], nomeadamente por meio de depósito de dinheiro, títulos de crédito, pedras ou metais preciosos, ou por penhor, hipoteca ou fiança bancária[994], atento o disposto no art. 623º, nº 2, do CC.

6.2.2. Impugnação da genuinidade da assinatura

Estando em causa uma execução fundada em documento particular (por exemplo, cheque, letra ou livrança), os embargos de executado suspendem a execução se o embargante tiver impugnado a genuinidade da respetiva assinatura [art. 733º, nº 1, al. *b)*].

Contudo, esse efeito suspensivo não decorre da mera impugnação da genuinidade da assinatura.

Pelo contrário, o embargante deve, no próprio articulado de oposição à execução, apresentar um documento que constitua princípio de prova quanto ao facto de a assinatura aposta no título executivo não ser verdadeira, como, por exemplo, uma cópia do Bilhete de Identidade, do Cartão de Cidadão, do passaporte ou da carta de condução[995,996].

Ademais, o recebimento dos embargos de executado só determinará a suspensão da execução desde que o juiz, depois de ouvir o embargado, entenda

designadamente o valor provável dos juros de mora, das custas da execução, dos honorários e das despesas do agente de execução".

[993] *Vide*, a este propósito, o ac. do STJ de 09.07.1998, proc. 98A682.

[994] Sustentando a possibilidade de a caução ser prestada através de garantia bancária, *vide* o ac. do TRP de 28.06.2016, proc. 8220/15.7T8PRT-B.P1.

[995] Cfr., a este respeito, o ac. do TRP de 18.11.2002, proc. 0151481, no qual se consignou que "Cópias dos B.I. (Bilhetes de Identidade), declarações de I.R.S. e escritura pública onde intervieram os executados/embargantes são documentos que constituem princípio de prova e justificam a suspensão da execução", bem como o ac. do TRP de 18.03.2003, proc. 0220179, no qual se decidiu que uma "cópia da acusação deduzida pelo Ministério Público contra arguidos que, segundo a acusação, se fizeram passar pelos executados constitui princípio de prova para efeitos de suspensão da execução".

[996] Em todo o caso, conforme se decidiu no ac. do TRG de 05.11.2020, proc. 3497/19.1T8GMR.G1, "Ao abrigo da norma ínsita à alínea b) do nº 1 do art. 733º do CPC, extensivamente interpretada, a execução pode ainda ser suspensa, a requerimento da executada, quando, no decurso da instrução dos embargos por si deduzidos com fundamento na falsidade da letra e da assinatura à mesma imputadas nos títulos cambiários exequendos, se obtém relatório de exame pericial por si requerido do qual resulta ser "provável" a falsidade da autoria da frase expressiva de aval e "muito provável" a da subscrição respectiva, não obstante lhe ter sido antes indeferido o requerimento formulado no articulado inicial baseado apenas em outros documentos oferecidos como "princípio de prova" julgados como "não evidentes" da falsidade".

que se justifica a suspensão da execução sem prestação de caução[997]. Com efeito, para que se verifique a suspensão da execução com base neste fundamento, torna-se necessário que o juiz, face ao princípio de prova produzida[998], se convença "da séria possibilidade de a assinatura não ser do devedor"[999], isto é, que a impugnação da autenticidade da assinatura é "séria e minimamente consistente" com base num "juízo de probabilidade quanto a essa não genuinidade"[1000].

6.2.3. Impugnação da exigibilidade ou da liquidação da obrigação

À luz do art. 733º, nº 1, al. *c)*, o recebimento dos embargos de executado suspende a execução se o executado tiver impugnado a exigibilidade ou

[997] No sentido de, nesse caso, recair sobre o embargado/exequente o ónus da prova da autenticidade da assinatura constante do título executivo, *vide* o ac. do TRP de 21.02.2002, proc. 0230073, o ac. do STJ de 08.10.2002, proc. 2588/02, *in SASTJ*, ano 2002, o ac. do TRG de 30.10.2002, proc. 657/02-1, bem como o ac. do TRL de 27.01.2015, proc. 181/10.5TBPST-A.L1-1. Pronunciando-se no sentido de recair sobre o executado a prova indiciária de que a assinatura constante do título executivo não é dele, recaindo, no entanto, sobre o exequente o ónus da prova da autenticidade da assinatura, *vide* o ac. do TRG de 27.11.2002, proc. 658/02-2.

[998] Aqui entendido como um "mero juízo liminar da inverosimilhança da assinatura do título exequendo como podendo ter sido autógrafo do mesmo executado" (ac. do TRC de 07.05.2002, proc. 3627/01).

[999] Cfr., nesse sentido, o ac. do TRP de 30.04.2002, proc. 0121697. *Vide*, no mesmo sentido, o ac. do TRL de 29.11.2001, proc. 00107492, no qual se decidiu que a mera junção aos autos de uma cópia do documento de identificação do executado não determina, por si só e de forma automática, a suspensão da execução, impondo-se, ao invés, que o juiz, através de uma *summaria cognitio*, designadamente através do confronto das assinaturas, verifique se existe ou não alguma dissemelhança entre elas, o ac. do TRP de 06.05.2003, proc. 0222985, no qual se decidiu que "Tendo o embargante apresentado fotocópia do seu Bilhete de Identidade e pedido a suspensão da execução alegando que a assinatura aposta na livrança exequenda não é genuína e afigurando existir alguma diferença relativamente a alguns caracteres das assinaturas dos dois documentos deve o juiz ordenar a suspensão da execução", bem como o ac. do TRP de 14.12.2004, proc. 0425961, no qual se decidiu que "Tendo a embargante/apelante requerido a suspensão da execução e alegado a falsidade da assinatura constante no título, bem como a sua não intervenção no empréstimo que determina a dívida exequenda, juntando a fotocópia do seu B.I. para exame comprovativo de assinaturas, o que constitui princípio de prova, a suspensão da instância executiva só deverá ser negada se o juiz, fundadamente, concluir que a invocada falsidade da assinatura não passa de um expediente dilatório para atrasar a execução".

[1000] Ac. do TRP de 22.02.2007, proc. 0730569. Neste particular, conforme assinala Lebre de Freitas, se a assinatura do executado estiver reconhecida presencialmente, a prova plena que decorre do reconhecimento presencial da assinatura, nos termos do art. 357º, nº 1, do CC, só poderá ser destruída se o executado invocar e provar a falsidade do próprio ato de reconhecimento presencial da sua assinatura, atento o disposto no art. 375º, nº 2, do CC (Freitas, José Lebre de, "Penhora e oposição do executado", *in Themis – A Reforma da Acção Executiva*, vol. II, ano V, nº 9, Almedina, Coimbra, 2004, p. 23).

a liquidação da obrigação exequenda e o juiz considerar, ouvido o embargado, que se justifica a suspensão da execução, sem necessidade de prestação de caução.

Por conseguinte, para que a execução fique suspensa, não basta que o executado invoque a inexigibilidade ou a iliquidez da obrigação, sendo igualmente necessário que o juiz considere que, atenta a matéria constante dos autos, se justifica a suspensão da execução, sem necessidade de prestação de caução[1001].

[1001] *Vide*, nesse sentido, o ac. do TRC de 05.05.2015, proc. 505/13.3TBMMV-B.C1, no qual se decidiu que "Deixando o art. 733º, nº 1, al. c) do CPC ao critério do juiz a consideração de entender ou não como justificado suspender a execução sem prestação de caução, em face da regra restritiva que é a de os embargos não suspenderem a execução, não bastará a impugnação da existência, validade, vencimento, liquidez ou exigibilidade da prestação exequenda para obter a suspensão sem caução, exigindo-se que dos termos da impugnação, confrontados com os elementos de apreciação, *maxime* o título executivo, nesse momento liminar do recebimento dos embargos, se revele algo de importante e manifesto que dispense o imperativo de colocar o exequente a coberto dos riscos da demora no prosseguimento da acção executiva". Cfr., no mesmo sentido, o ac. do TRP de 02.07.2015, proc. 602/14.8TBSTS-B.P1, no qual se decidiu que "Para obter a suspensão da execução sem prestar caução não basta ao embargante impugnar a exigibilidade ou a liquidação da obrigação exequenda, sendo ainda necessário alegar circunstâncias em função das quais se possa concluir que se justifica excepcionalmente o afastamento da regra de a suspensão depender da prestação de caução", bem como o ac. do TRE de 11.07.2019, proc. 3447/18.2T8STB-A.E1, com o seguinte sumário: "I. A previsão da al. c) do nº 1 do art. 733º do CPC pressupõe a reunião de dois elementos: estar impugnada, nos embargos, a exigibilidade e/ou a liquidação da obrigação exequenda; justificar-se a suspensão sem prestação de caução. II. O primeiro dos dois pressupostos é puramente factual e depende apenas da configuração que os executados deram à sua oposição à execução. Já quanto ao segundo pressuposto é de exigir que dos termos da impugnação da exigibilidade e/ou da liquidação da obrigação exequenda, confrontados com os elementos de apreciação, *maxime* o título executivo, se revele algo de importante e manifesto que dispense o imperativo de colocar o exequente a coberto dos riscos da demora no prosseguimento da acção executiva ou do empreendimento de manobras delapidatórias por parte dos executados III. O critério da justificação não é o critério individual do juiz do processo, caso em que a decisão seria discricionária, mas é verdadeiramente um critério normativo, ou seja, depende estritamente da interacção entre os fundamentos e finalidades da acção executiva e a realidade factual apresentada pelo executado, pressupondo que se possa concluir que os autos contêm uma situação de vida que justifica a atenuação da pressão exercida sobre o executado pelas diligências coercivas do processo e a colocação em risco do princípio da efectividade que norteia o processo executivo (obter o cumprimento do direito) que naturalmente decorre de se prescindir da caução. IV. A conclusão de que se justifica a suspensão sem prestação de caução há-de exigir que o embargante suporte essa alegação numa versão factual consistente, verosímil, conforme às regras da experiência e do comportamento humano e apresente logo meios de prova com forte valor probatório que se anteveja difícil de superar em sede de audiência de julgamento. V. Cuidando-se de saber se deverá ser suspensa a execução sem necessidade de prestação de caução, não está obviamente em causa apreciar o mérito dos embargos mas, exclusivamente, se perante os elementos disponíveis ao

6.2.4. Falta absoluta de intervenção do réu no processo de declaração

À luz do art. 733º, nº 1, al. *d)*[1002], o recebimento dos embargos suspende o prosseguimento da execução se a oposição tiver por fundamento, nos termos do art. 729º, al. *d)*, qualquer das situações previstas no art. 696º, al. *e)*, ou seja, a condenação do réu em situação de revelia absoluta, tendo ocorrido a falta ou a nulidade da citação, o desconhecimento, pelo réu, ora executado, da citação, por facto que não lhe seja imputável, ou a impossibilidade de este ter apresentado a sua contestação, por motivo de força maior. Com efeito, nesta hipótese, a suspensão da execução, por força do recebimento dos embargos de executado, encontra plena justificação no direito a um processo justo e equitativo, consagrado nos arts. 10º da DUDH, 6º da CEDH, 20º, nº 4, da CRP e 3º, já que a execução não pode prosseguir os seus termos sem antes se apurar se o réu, ora executado, teve ou não possibilidade de exercer adequadamente o seu direito de defesa no âmbito do processo de declaração do qual resultou o título que serve de base à execução.

7. Tramitação

Uma vez apresentada a oposição à execução e não havendo motivo para recusa, esta deve ser autuada por apenso ao processo executivo, após o que a secretaria remete a oposição ao juiz para apreciação liminar.

À luz do art. 732º, nº 1, o juiz pode indeferir liminarmente a oposição à execução em três situações distintas[1003]:

a) se a oposição à execução tiver sido deduzida fora de prazo[1004,1005];

julgador em primeira instância, e sendo tais elementos, exclusivamente, o teor dos articulados e os documentos juntos, é razoável, por justificado, determinar a suspensão da execução sem prestação de caução, sendo que para emitir este juízo, não se realiza nenhuma produção de prova, fazendo-se incidir a análise na observação exterior dos elementos aludidos, à luz das regras que regem disciplinam o processado da execução".

[1002] Aditada pela Lei nº 117/2019, de 13 de setembro.

[1003] Defendendo a natureza excecional deste despacho de indeferimento liminar, estando o seu proferimento reservado aos casos previstos no art. 732º, nº 1, *vide* o ac. do TRE de 22.03.2018, proc. 117/11.6TMFAR-J.E1.

[1004] Quanto à circunstância de o despacho liminar que recebe os embargos de executado não formar caso julgado, podendo, por isso, o juiz decidir, posteriormente, pela intempestividade do oferecimento desse articulado, *vide* o ac. do STJ de 10.10.2000, proc. 1874/00, *in SASTJ*, ano 2000, bem como o ac. do TRP de 09.10.2001, proc. 0120975.

Vide, em sentido contrário, o ac. do TRP de 19.09.2013, proc. 690/07.3TBVRL-B.P1, no qual se decidiu que "O despacho liminar que se limitou a afirmar que a oposição à execução é tempestiva constitui caso julgado formal, impedindo que no despacho saneador se decida pela sua intempestividade".

b) se os fundamentos invocados pelo executado não se encontrarem previstos nos arts. 729º a 731º e 857º;

c) se a oposição à execução for manifestamente improcedente.

A decisão de indeferimento liminar da oposição à execução, com base na sua manifesta improcedência, para além de dever ser devidamente fundamentada[1006], está reservada às "situações de evidente e absoluta certeza jurídica de que os fundamentos invocados nunca poderiam proceder qualquer que seja a interpretação jurídica que se faça dos preceitos legais, isto é, quando se não tiver na doutrina ou jurisprudência quem os defenda"[1007]. É o que sucede, por exemplo, se, estando em causa a execução de uma sentença condenatória, o executado reproduzir, nos seus embargos, os mesmos fundamentos que invocou anteriormente em sede de contestação na fase declarativa[1008], se dá como reproduzidos na petição inicial de embargos os factos

[1005] A este respeito, decidiu-se no ac. do TRG de 10.09.2013, proc. 544/11.9TBFLG-A.G1, que a apresentação prematura, ou seja, antes da citação do executado, da oposição à execução não é causa do seu indeferimento liminar.
Cfr., em sentido contrário, o ac. do TRG de 26.11.2015, proc. 118/14.2TBCMN-A.G1, no qual se decidiu que "Na norma da alínea a) do nº 1 do artigo 732º do Código de Processo Civil, em que se determina a rejeição liminar dos embargos quando tenham sido deduzidos fora de prazo, abrange-se, não só as situações em que os embargos são apresentados extemporaneamente por decurso do prazo peremptório, como também aquelas em que são deduzidos antes do prazo se iniciar".
Por sua vez, no ac. do TRE de 20.12.2018, proc. 80/09.3TBFTR-F.E1, decidiu-se que, apesar de, em princípio, o oferecimento de embargos de executado antes de o próprio executado ter sido citado para o efeito constituir fundamento bastante para o proferimento de um despacho de indeferimento liminar, o juiz deve, no entanto, admitir os embargos, na eventualidade de a execução ter sido intentada contra dois executados e de um deles já ter sido citado, apresentando ambos, de forma conjunta, oposição à execução.

[1006] Cfr., nesse sentido, o ac. do STJ de 12.04.1977, proc. 066690, *in BMJ*, nº 266, ano 1977, p. 128.

[1007] Ac. do TRL de 14.06.2012, proc. 26879/11.2YYLSB-A.L1-6. Cfr., no mesmo sentido, os acs. do TRP de 11.11.2002, proc. 0251138, e de 26.05.2003, proc. 0351804, nos quais se decidiu que o indeferimento liminar só deve ter lugar nos casos em que a inviabilidade da pretensão do executado/embargante seja manifestamente evidente, o ac. do TRL de 15.12.2011, proc. 13595/06.6YYLSB-A.L1-2, no qual se decidiu que "Desde que face aos termos da oposição à execução seja desde logo equacionável – seguindo de resto a orientação jurisprudencial e doutrinária maioritárias – a improcedência do ou dos fundamentos da mesma – tornando "inútil qualquer instrução e discussão posterior" – verificado estará o fundamento de indeferimento liminar", o ac. do TRL de 24.04.2019, proc. 19047/18.4T8LSB-A.L1-2, o ac. do TRG de 17.12.2019, proc. 3/19.1T8VNF-A.G1, bem como o ac. do TRE de 26.05.2022, proc. 4139/18.8T8STB-C.E1.
No sentido de a oposição à execução não poder ser liminarmente indeferida nos casos em que, pelo menos, um dos fundamentos deduzidos não seja manifestamente improcedente, *vide* o ac. do TRL de 18.10.2012, proc. 4994/08.0TBAMD-A.L1-2.

[1008] *Vide*, a este propósito, o ac. do TRL de 26.11.1991, proc. 0048511.

alegados por um terceiro num outro processo judicial, afirmando o embargante que os dá como transcritos no seu articulado[1009], se apenas alega a falta de trânsito em julgado da sentença, quando da mesma foi interposto recurso com efeito meramente devolutivo[1010], se a fundamentação deduzida em sede de embargos for genérica e vaga, sem qualquer nível de concretização[1011] ou se o executado se limita a pedir "que o exequente esclareça os cálculos subjacentes ao título executivo"[1012].

Sendo liminarmente recebida a oposição à execução, a secretaria de execução deve proceder à notificação do exequente para que este, querendo, apresente contestação, dentro do prazo de vinte dias, seguindo-se, sem mais articulados, os termos do processo comum de declaração (art. 732º, nº 2). Significa isto que nem o exequente pode deduzir uma defesa por reconvenção (art. 266º), em sede de contestação à oposição à execução[1013], nem o executado pode apresentar réplica (art. 584º) ou proceder à ampliação do pedido (arts. 264º e 265º)[1014].

Se o exequente apresentar contestação aos embargos, o executado pode impugnar os documentos apresentados pelo exequente, nos termos dos arts. 444º e 446º[1015], e responder, no início da audiência prévia ou da audiência final, às exceções deduzidas pelo exequente no seu articulado de contestação (art. 3º, nº 4).

Diversamente, se o exequente não apresentar contestação, aplica-se o regime da revelia relativa (art. 567º, nº 1), – a qual poderá ser inoperante, na eventualidade de se verificar algum dos casos previstos no art. 568º[1016] – não

[1009] Ac. do TRP de 26.10.1995, proc. 9530730.

[1010] Ac. do TRP de 14.02.1994, proc. 9340901.

[1011] Ac. do TRP de 11.04.2002, proc. 0230552.

[1012] Ac. do TRL de 10.04.2018, proc. 6989/16.0T8LRS-B.L1-7.

[1013] *Vide*, nesse sentido, o ac. do TRL de 21.01.1999, proc. 0064042, bem como o ac. do TRP de 24.10.2002, proc. 0132116.
Diversamente, no ordenamento jurídico italiano, a jurisprudência tem vindo a admitir a possibilidade de o exequente, em sede de contestação, formular um pedido reconvencional contra o executado tendo em vista a declaração da subsistência do seu direito com base num título diverso do título que foi dado à execução, de remover qualquer obstáculo à realização do próprio direito e de obter a formação, na própria oposição à execução, de um novo título executivo, em substituição ou em complemento do título executivo objeto de execução (Giusti, Giancarlo, *Le Opposizioni nel Processo Esecutivo. Procedimento e Casistica*, *op. cit.*, p. 18). Cfr., a este propósito, a decisão da $CSC_{It.}$ de 20.04.2007, proc. 9494, *in www.cortedicassazione.it*.

[1014] Cfr., nesse sentido, o ac. do TRL de 03.06.1993, proc. 0056136, *in BMJ*, nº 428, ano 1993, p. 668.

[1015] *Vide*, nesse sentido, o ac. do TRL de 29.10.2002, proc. 0019141.

[1016] Cfr., em sentido contrário, o ac. do TRP de 13.11.1995, proc. 9550493, no qual se considerou que a falta de contestação aos embargos de executado "não equivale à revelia (...) mas antes à falta

se considerando, no entanto, confessados os factos alegados na oposição à execução que estiverem em contradição com os alegados pelo exequente no requerimento executivo[1017]. O mesmo é dizer que a falta de contestação aos embargos de executado não tem, necessariamente, efeito cominatório[1018].

A procedência dos embargos do executado extingue total ou parcialmente a execução conforme, respetivamente, a oposição à execução seja julgada total ou parcialmente procedente (art. 732º, nº 4). De todo o modo, se a procedência dos embargos se fundar na falta de intervenção do réu no processo de declaração, nos termos dos arts. 696º, al. *e)*, e 729º, al. *d)*, o exequente pode requerer, no prazo de trinta dias a contar do trânsito em julgado da decisão dos embargos, a renovação da instância desse processo, isto é, do processo em que se tenha verificado a revelia absoluta do réu (art. 732º, nº 5). Trata-se, com efeito, de uma manifestação do princípio da economia processual, já que se permite aproveitar, na medida do possível, os atos processuais praticados até ao momento em que se verificou o vício ou o facto que impediu a intervenção do réu no processo.

Acresce que, à luz do art. 732º, nº 6, a sentença proferida na oposição à execução, que se pronuncie sobre o mérito da causa, produz igualmente caso julgado quanto à existência, validade e exigibilidade da obrigação exequenda[1019,1020]. Significa isto que, sob pena de violação de caso julgado, o exequente não pode repetir a causa contra o mesmo executado e com base na

de um articulado". *Vide*, no mesmo sentido, MENDES, João de Castro, *Direito Processual Civil – Acção Executiva*, *op. cit.*, pp. 68 e 69.

1017 *Vide*, a este propósito, o ac. do TRP de 06.06.2002, proc. 0230687, no qual se decidiu que "Se houver contradição entre os factos carreados na petição de embargos e na petição executiva, eles devem considerar-se impugnados, ainda que na contestação trazida aos mesmos embargos o não tenham sido".

1018 Ac. do TRP de 10.12.1991, proc. 9140431. Cfr., no mesmo sentido, o ac. do TRL de 06.06.2002, proc. 00127161.

1019 Cfr., a este propósito, FREITAS, José Lebre de, "Acção executiva e caso julgado", *in ROA*, ano 53º, vol. II, abr./jun. 1993, pp. 232 e 233, FREITAS, José Lebre de, "Oposição à execução e caso julgado no confronto da compensação – Ac. do STJ de 11.7.2006, Proc. 2342/06", *in CDP*, nº 26, abr./jun. 2009, p. 43. *Vide*, na jurisprudência, o ac. do TRG de 06.10.2016, proc. 998/15.4TBRG.G1, bem como o ac. do TRP de 27.05.2021, proc. 95/20.0T8OVR-A.P1.

1020 No sentido de este efeito de caso julgado apenas se produzir entre o exequente e o executado embargante, ficando dele excluídos os demais executados que não tenham deduzido oposição por embargos, *vide* FREITAS, José Lebre de, *A Ação Executiva: À Luz do Código de Processo Civil de 2013*, *op. cit.*, pp. 221 e 222, bem como FREITAS, José Lebre de, "Acção executiva e caso julgado", *op. cit.*, p. 234. Cfr., na jurisprudência, o ac. do TRL de 08.06.2021, proc. 8309/16.5T8LRS-A.L1-7.
Quanto à problemática da produção de efeito de caso julgado no tocante à sentença que se pronuncie sobre a oposição à execução deduzida pelo executado, *vide* SOARES, Carlos Oliveira,

mesma obrigação exequenda. Do mesmo modo, o executado não pode voltar a abrir a discussão, seja em novo incidente, seja em ação autónoma, quanto à existência, validade e exigibilidade da obrigação exequenda[1021].

"O caso julgado na acção executiva", *in Themis – A Reforma da Acção Executiva*, ano IV, nº 7, Almedina, Coimbra, 2003, pp. 258 e 259.

1021 Contudo, conforme se decidiu no ac. do TRL de 13.09.2018, proc. 751/16.8T8LSB.L1-8, se não for proferida uma sentença de mérito nos embargos de executado, "nada impede que os executados venham em nova acção renovar a discussão sobre a existência da obrigação exequenda que foi actuada em seu desfavor em anterior processo executivo".

Lição VIII
Penhora

1. Noção

A penhora, enquanto "garantia especial das obrigações"[1022], traduz-se numa apreensão judicial do património do executado, com vista à sua posterior venda executiva e subsequente satisfação da dívida exequenda e das despesas da execução, através do produto da venda[1023,1024].

Com efeito, se o devedor não cumprir voluntariamente a obrigação a que se encontre vinculado, o credor tem o direito de exigir judicialmente o seu cumprimento e de executar o património do devedor (art. 817º do CC)[1025].

[1022] Ac. do STJ de 02.10.2001, proc. 1709/01, *in SASTJ*, ano 2001. Cfr., no mesmo sentido, Leitão, Luís Manuel Teles de Menezes, *Direitos Reais*, 6ª ed., Almedina, Coimbra, 2017, p. 451.
Vide, em sentido contrário, Vasconcelos, L. Miguel Pestana de, *Direito das Garantias, op. cit.*, p. 416, segundo o qual a penhora não constitui uma "verdadeira garantia real", mas antes "uma figura processual que produz efeitos semelhantes aos das garantias reais".

[1023] *Vide*, a este propósito, Leitão, Luís Manuel Teles de Menezes, *Direitos Reais, op. cit.*, p. 451, Satta, Salvatore/Punzi, Carmine, *Diritto Processuale Civile, op. cit.*, p. 569, Mandrioli, Crisanto, *Corso di Diritto Processuale Civile*, vol. III, *op. cit.*, p. 45, Bove, Mauro, "Il bene pignorato ed espropriato tra diritto processuale e diritto sostanziale", *in RDP*, anno LXII, 2ª série, nº 6, Cedam, nov./dez. 2007, p. 1409, bem como Gualtieri, Clara, *Precetto e Pignoramento, op. cit.*, p. 39. Cfr., na jurisprudência, o ac. do TRL de 11.11.1993, proc. 0081192, bem como o ac. do TRP de 02.06.2005, proc. 0532773.

[1024] Na esteira de Rui Pinto, a penhora "não tem [...] como objecto os bens, coisas ou prestações", mas antes "toda e qualquer situação jurídica activa disponível de natureza patrimonial, integrante da esfera jurídica do executado, cuja titularidade possa ser transmitida forçadamente na venda executiva" (Pinto, Rui, *Penhora, Venda e Pagamento*, Lex, Lisboa, 2004, p. 11).

[1025] *Vide*, a este propósito, o ac. do TRP de 02.10.1990, proc. 9051169. Neste particular, Pasquale Castoro sustenta que a "expropriação forçada" traduz-se no conjunto de atos destinados a converter os bens do devedor em dinheiro, sendo que o primeiro desses atos é a penhora, satisfazendo-se, por essa via, o direito de crédito do devedor (Castoro, Pasquale, *Il Processo di Esecuzione nel suo Aspetto Pratico, op. cit.*, p. 95). Cfr., no mesmo sentido, Rodrigues, Manuel, *A Posse – Estudo de Direito Civil Português*, Almedina, Coimbra, 1981, p. 165, e Justo, A. Santos, *Direitos Reais*, 5ª ed., Coimbra Editora, Coimbra, 2017, p. 508.

De facto, a lei consagra o princípio da patrimonialidade[1026], segundo o qual todos os bens do devedor, que sejam suscetíveis de penhora, respondem, em regra, pela obrigação (arts. 601º do CC e 735º, nº 1)[1027,1028]. O mesmo é dizer que "o património do devedor é a garantia comum dos credores"[1029].

Excetuam-se, no entanto, deste princípio as situações em que a lei preveja a impenhorabilidade dos bens ou a autonomia patrimonial decorrente da separação de patrimónios. Enquadram-se no primeiro caso os regimes de impenhorabilidade absoluta, relativa ou parcial, previstos nos arts. 736º a 739º, e, no segundo caso, os regimes de responsabilidade pelas dívidas dos cônjuges (arts. 740º a 742º), de penhora em caso de comunhão ou de compropriedade (art. 743º), de execução contra o herdeiro (art. 744º) e de penhorabilidade subsidiária (art. 745º).

Para além disso, pode suceder, como se verá *infra*, que a responsabilidade patrimonial do devedor seja limitada por convenção das partes ou por determinação de terceiro, nos termos dos arts. 602º e 603º do CC[1030].

[1026] COSTA, Daniel Carnio, *Execução no Processo Civil Brasileiro – Biblioteca de Estudos em Homenagem ao Professor Arruda Alvim, op. cit.*, p. 29. Cfr., no mesmo sentido, FREITAS, José Lebre de, *A Ação Executiva: À Luz do Código de Processo Civil de 2013, op. cit.*, pp. 231 e 232.

[1027] Na esteira de José Proença, ressalvadas as situações em que se verifica uma limitação do âmbito da penhora, a lei consagra a "responsabilidade patrimonial ilimitada" do devedor pelo cumprimento da obrigação (PROENÇA, José Carlos Brandão, *Lições de Cumprimento e Não Cumprimento das Obrigações, op. cit.*, p. 400). Cfr., no mesmo sentido, CORDEIRO, António Menezes, *Direito das Obrigações*, vol. I, reimp., AAFDL, Lisboa, 1990, p. 162, OLIVEIRA, Nuno Manuel Pinto, *Princípios de Direito dos Contratos, op. cit.*, p. 92, GOMES, Manuel Januário da Costa, "A esfera de bens impenhoráveis e o *status* do devedor. Breves notas", *in Estudos dedicados ao Professor Doutor Luís Alberto Carvalho Fernandes*, vol. II, Universidade Católica Editora, Lisboa, 2011, pp. 402 e 403, bem como RICHTER, Giorgio Stella/RICHTER, Paolo Stella, *La Giurisprudenza sul Codice di Procedure Civile*, Giuffrè Editore, Milão, 2011, p. 32.

[1028] Analogamente, no ordenamento jurídico italiano, dispõe o art. 2740º do $CC_{It.}$ que "Il debitore risponde dell'adempimento delle obbligazioni con tutti i suoi beni presenti e futuri. Le limitazioni della responsabilità non sono ammesse se non nei casi stabiliti dalla legge". Por sua vez, preceitua o art. 2910º do $CC_{It.}$ que "Il creditore, per conseguire quanto gli è dovuto, può fare espropriare i beni del debitore, secondo le regole stabilite dal Codice di procedura civile". Cfr., em anotação a este preceito, BARBIERA, Lelio, *Responsabilità Patrimoniale*, Giuffrè Editore, Milão, 2010, p. 23, TORRENTE, Andrea/SCHLESINGER, Piero, *Manuale di Diritto Privato, op. cit.*, p. 445, bem como FRANCESCHETTI, Paolo/MARASCA, Massimo, *Le Obbligazioni, op. cit.*, p. 40.
Do mesmo modo, no ordenamento jurídico francês, dispõe o art. 2285º do $CC_{Fr.}$ que "Les biens du débiteur sont le gage commun de ses créanciers; et le prix s'en distribue entre eux par contribution, à moins qu'il n'y ait entre les créanciers des causes légitimes de préférence".

[1029] TELLES, Inocêncio Galvão, *Manual de Direito das Obrigações, op. cit.*, p. 47.

[1030] Cfr., no mesmo sentido, CASTRO, Artur Anselmo de, *A Acção Executiva Singular, Comum e Especial, op. cit.*, p. 108.

2. Efeitos

2.1. Ineficácia da disposição, oneração ou arrendamento de bens penhorados

A penhora, enquanto ato preparatório da venda executiva, vincula os bens por ela atingidos à satisfação do direito de crédito do exequente (art. 817º do CC)[1031].

Por conseguinte, visando impedir que o executado pudesse, por qualquer forma, diminuir o valor dos bens penhorados ou inutilizar a sua venda executiva, a lei substantiva determina que, sem prejuízo das regras de registo, são inoponíveis à execução os atos de disposição, oneração ou arrendamento dos bens penhorados (art. 819º do CC)[1032,1033], assim como a extinção dos créditos penhorados, por causa dependente da vontade do executado ou do seu devedor (arts. 820º do CC e 773º)[1034]. Vale isto por dizer que a disposição, a

1031 Cfr., a este propósito, MOREIRA, Guilherme Alves, *Instituições do Direito Civil Português*, vol. II, *op. cit.*, p. 486, DUARTE, Rui Pinto, *Curso de Direitos Reais*, 3ª ed. rev. e aum., Princípia Editora, Cascais, 2013, p. 301, bem como COSTA, Mário Júlio de Almeida, *Noções Fundamentais de Direito Civil*, *op. cit.*, p. 208.

1032 *Vide*, quanto ao problema da inoponibilidade do arrendamento celebrado após a penhora ou a hipoteca, o ac. do STJ de 11.04.2000, proc. 249/00, *in SASTJ*, ano 2000, o ac. do TRP de 05.03.2012, proc. 281/11.4TBMTS.P1, bem como o ac. do TRC de 10.07.2014, proc. 1646/08.4TBGRD-E.C1. Quanto à inoponibilidade em relação à execução de uma dação em pagamento de um bem, realizada na mesma data em que foi registada a penhora realizada anteriormente, *vide* o ac. do TRL de 22.01.2015, proc. 1974/10.9 TCLRS-B.L1-6.

1033 Do mesmo modo, dispõe o art. 2913º do $CC_{It.}$ que "Non hanno effetto in pregiudizio del creditore pignorante e dei creditori che intervengono nell'esecuzione gli atti di alienazione dei beni sottoposti a pignoramento, salvi gli effetti del possesso di buona fede per i mobili non iscritti in pubblici registri". Por sua vez, preceitua o art. 2914º do $CC_{It.}$, sob a epígrafe *Alienazioni anteriori al pignoramento*, que "Non hanno effetto in pregiudizio del creditore pignorante e dei creditori che intervengono nell'esecuzione, sebbene anteriori al pignoramento: 1) le alienazioni di beni immobili o di beni mobili iscritti in pubblici registri, che siano state trascritte successivamente al pignoramento; 2) le cessioni di crediti che siano state notificate al debitore ceduto o accettate dal medesimo successivamente al pignoramento; 3) le alienazioni di universalità di mobili che non abbiano data certa; 4) le alienazioni di beni mobili di cui non sia stato trasmesso il possesso; anteriormente al pignoramento, salvo che risultino da atto avente data certa". *Vide*, a este propósito, a decisão da $CSC_{It.}$ de 23.01.2009, proc. 1703, *in www.cortedicassazione.it*, na qual se consignou que o terceiro que, a título particular, adquire ao executado um bem que se encontrava penhorado não pode exercer os poderes processuais próprios do executado, designadamente deduzir oposição à execução ou arguir a existência de vícios no processo executivo, tendo em conta a ineficácia, em relação à execução, dos atos de disposição dos bens penhorados. Cfr., na doutrina, RUPERTO, Cesare, *La Giurisprudenza sul Codice Civile Coordinata con la Dottrina*, vol. VI, Giuffrè Editore, Milão, 2011, p. 212, bem como CIRILLO, Bruno, *L'Esecuzione Mobiliare Presso il Debitore*, Maggioli Editore, Santarcangelo di Romagna, 2013, p. 13.

1034 Cfr., a este respeito, CENDON, Paolo, *Commentario al Codice Civile*, vol. 40, Giuffrè Editore, Milão, 2008, p. 166. *Vide*, no mesmo sentido, THOMAZ, Fernão de C. Fernandes, "Penhora de créditos e

oneração ou o arrendamento de um bem penhorado, ou a extinção do crédito penhorado por causa dependente da vontade do executado ou do seu devedor, são atos válidos – já que a penhora não extingue o direito de propriedade do executado ou a titularidade do direito de crédito[1035]–, mas a eficácia plena desses atos fica dependente do desfecho da execução, sendo, portanto, inoponíveis à própria execução[1036,1037]. Trata-se, por isso, de uma ineficácia relativa[1038],

eficácia externa das obrigações", *in ROA*, ano 42º, vol. I, jan./abr. 1982, pp. 61 e 64, o qual enuncia, a título exemplificativo de atos ineficazes, a cessão ou a entrega, em penhor, a um terceiro, do crédito penhorado, bem como "o pagamento, a compensação, a novação, a remissão, o perdão, desde que dependentes da vontade do executado ou do seu devedor – ou de ambos, obviamente".

1035 REIS, José Alberto dos, *Processo de Execução*, vol. I, *op. cit.*, p. 38. Cfr., no mesmo sentido, MESQUITA, Miguel, *Apreensão de Bens em Processo de Executivo e Oposição de Terceiro, op. cit.*, p. 66, COSTA, Salvador da, *O Concurso de Credores*, 5ª ed., Almedina, Coimbra, 2015, pp. 22 e 23, TURCO, Claudio, *Lezioni di Diritto Privato, op. cit.*, p. 368, GIUSTI, Giancarlo, *Il Pignoramento Immobiliare*, Giuffrè Editore, Milão, 2012, p. 26, SATTA, Salvatore/PUNZI, Carmine, *Diritto Processuale Civile, op. cit.*, p. 603, MAZZARELLA, Ferdinando, "Esecuzione forzata (diritto vigente)", *op. cit.*, p. 456, PICARDI, Nicola, *Manuale del Processo Civile*, 2ª ed., Giuffrè Editore, Milão, 2010, p. 583, bem como REDENTI, Enrico/VELLANI, Mario, *Diritto Processuale Civile*, vol. III, *op. cit.*, p. 254. Cfr., na jurisprudência, o ac. do TRL de 05.05.1992, proc. 0050361, o ac. do STJ de 16.12.1999, proc. 99A940, o ac. do STJ de 11.05.2000, proc. 357/00, *in SASTJ*, ano 2000, o ac. do TRL de 19.06.2014, proc. 758/04.8TBCLD.L.1-1, bem como o ac. do TRE de 04.02.2016, proc. 796/14.2T8SLV-A.E1.

1036 *Vide*, a este propósito, o ac. do STJ de 25.02.1993, proc. 082415, *in CJ/STJ*, 1993, ano I, tomo I, p. 147, o ac. do TRP de 07.11.2006, proc. 0622574, o ac. do TRL de 19.06.2014, proc. 758/04.8TBCLD.L.1-1, o ac. do TRG de 10.07.2018, proc. 3128/17.4T8VNF-G.G1, bem como o ac. do TRE de 06.12.2018, proc. 978/09.9TBSTR.E1.
Como bem observa Miguel Teixeira de Sousa, apesar de a alienação de um bem penhorado ser ineficaz em relação à execução, esse ato, em determinados casos, pode representar uma vantagem processual para o executado. É o que sucede na eventualidade de este lograr obter, com o produto da venda, os fundos necessários ao pagamento do crédito exequendo e demais custas e despesas do agente de execução, com a subsequente extinção da execução (SOUSA, Miguel Teixeira de, *Acção Executiva Singular, op. cit.*, p. 241).

1037 No sentido de este regime não se aplicar às situações em que o executado proceda, após a penhora, à constituição de um direito de preferência sobre os bens penhorados, pois que tal "não afeta negativamente o interesse do exequente nem o dos credores reclamantes", *vide* COSTA, Salvador da, "A venda executiva, os direitos reais de aquisição e os direitos de remição", *in Estudos em Homenagem ao Prof. Doutor José Lebre de Freitas*, vol. I, 1ª ed., 2013, p. 1223, bem como PINTO, Rui, "A execução e terceiros – Em especial na penhora e na venda", *in Themis – A Reforma da Acção Executiva*, vol. II, ano V, nº 9, Almedina, Coimbra, 2004, p. 244, segundo o qual "uma preferência real constituída após a penhora também pode ser exercida na execução pois apenas vai alargar ou criar um universo de compradores sem que tal determine o preço final pelo qual a coisa será vendida".

1038 *Vide*, a este respeito, TORRENTE, Andrea/SCHLESINGER, Piero, *Manuale di Diritto Privato, op. cit.*, p. 270, os quais salientam que essa ineficácia só é oponível à execução, não podendo, por isso, o alienante invocar contra o adquirente a ineficácia da disposição se a penhora vier, entretanto, a ser levantada em consequência da extinção da execução. Cfr., ainda, GRASSO, Eduardo, "Titolo esecutivo", *op. cit.*, pp. 806 e 807.

razão pela qual a execução prossegue os seus termos, tudo se passando como se não tivesse havido qualquer ato de disposição, oneração ou arrendamento do bem penhorado ou de extinção do crédito penhorado[1039]. Assim, se, por exemplo, for penhorado o direito e ação do executado sobre uma herança ou um bem que integre o património comum do casal, é inoponível à execução a partilha que seja realizada na pendência da ação executiva[1040], não sendo necessária a propositura de qualquer ação declarativa visando a declaração de ineficácia, em relação à execução, dessa partilha[1041].

No que concerne ao momento (*dies a quo*) a partir do qual se começam a produzir os efeitos da penhora – e, consequentemente, a ineficácia relativa dos atos de disposição, oneração ou arrendamento de bens penhorados, ou de extinção dos créditos penhorados do devedor –, importa distinguir consoante estejam em causa, por um lado, bens imóveis ou bens móveis sujeitos a registo e, por outro lado, bens móveis não sujeitos a registo ou créditos do devedor.

Assim, tratando-se da penhora de bens imóveis ou de bens móveis sujeitos a registo, regem as regras gerais do registo. Com efeito, "a subordinação dessa eficácia às regras do registo tem por fim proteger a boa fé de terceiros, aos quais é inoponível a penhora, enquanto não registada"[1042]. Nessa exata medida, são inoponíveis à execução os atos de disposição, oneração ou arrendamento que tenham sido constituídos e/ou registados após o registo da penhora dos respetivos bens[1043].

[1039] Cfr., a este propósito, Costa, Salvador da, "A venda executiva, os direitos reais de aquisição e os direitos de remição", *op. cit.*, p. 1222, bem como o ac. do STJ de 25.03.2004, proc. 584/04, *in SASTJ*, ano 2004.

[1040] Ac. do STJ de 06.07.2000, proc. 1765/00, *in SASTJ*, ano 2000. Cfr., no mesmo sentido, o ac. do STJ de 29.05.2012, proc. 1718/03.1TBILH.C1.S1, no qual se decidiu que "A penhora do direito do executado a herança indivisa não está sujeita a registo e são ineficazes (art. 819º do CC) em relação ao exequente os atos de disposição, designadamente a partilha, pois, se assim não fosse, o exequente poderia ser prejudicado por partilha que atribuísse ao executado bens de fácil ocultação ou dissipação ou de valor inferior ao direito penhorado", o ac. do TRP de 18.11.2013, proc. 254/11.7TBPVZ-B.P1, o ac. do TRP de 14.12.2017, proc. 7982/14.3T8PRT.P1, o ac. do STJ de 24.10.2019, proc. 1306/17.5T8OER-A.L1.S1, assim como o ac. do STJ de 20.11.2019, proc. 171/17.7T8MFR.L1.S1. *Vide*, na doutrina, Crivelli, Alberto, *Pignoramento Presso Terzi*, Giuffrè Editore, Milão, 2011, p. 60.

[1041] Cfr., a este respeito, Montesano, Luigi/Arieta, Giovanni, *Diritto Processuale Civile*, vol. III, *op. cit.*, p. 40.

[1042] Ac. do TRP de 02.10.1990, proc. 9051169.

[1043] Cfr., a este propósito, o ac. do TRP de 13.06.1991, proc. 0409969, no qual se decidiu que "Não pode invocar-se a ineficácia, em relação ao exequente, de actos de disposição de bens penhorados, que, por força das normas do registo, pertencem a outrem, que não o executado".

Por sua vez, estando em causa a penhora de bens móveis não sujeitos a registo, são inoponíveis à execução os atos de disposição, oneração ou aluguer[1044] que sejam praticados em momento posterior à data e hora mencionadas no auto de penhora (art. 766º, nº 1). Do mesmo modo, no que concerne à penhora de créditos do devedor, são inoponíveis à execução os atos de extinção dos créditos, dependentes da vontade do executado ou do seu devedor, que sejam posteriores à notificação da penhora do crédito (art. 773º, nº 1).

Uma vez que a indisponibilidade do bem após a penhora pode trazer prejuízos para o executado, a jurisprudência tem vindo a admitir a possibilidade de este requerer o pagamento de uma indemnização por esses danos, nos termos gerais, designadamente nos casos em que a penhora tenha sido ilicitamente efetuada[1045].

2.2. Preferência resultante da penhora

O art. 822º, nº 1, do CC estipula que "salvo nos casos especialmente previstos na lei, o exequente adquire pela penhora o direito de ser pago com preferência a qualquer outro credor que não tenha garantia real anterior"[1046].

Com efeito, a partir do momento em que a penhora é realizada ou registada, o exequente adquire um direito de preferência legal, na medida em que passa a ter o direito de obter a satisfação patrimonial do seu direito de crédito[1047] antes de qualquer outro credor que não tenha obtido ou registado uma garantia previamente à penhora, salvo se, por força de lei especial, for estabelecida outra regra de preferência[1048].

Contudo, se o exequente, antes de penhora, for titular de um direito real de garantia sobre o bem penhorado – como, por exemplo, uma hipoteca ou um penhor –, nessa eventualidade, o seu direito de preferência é aferido em

[1044] Muito embora o art. 819º do CC apenas aluda aos atos de "arrendamento dos bens penhorados" – isto é, à locação de bens imóveis – parece-nos que esta disposição deve ser interpretada em sentido amplo, por forma a abranger igualmente o aluguer de bens móveis penhorados, atento o disposto no art. 1023º do CC. De outro modo, o executado poderia proceder livremente ao aluguer de bens móveis penhorados, dificultando e/ou inviabilizando, por essa via, a satisfação do crédito exequendo.

[1045] Cfr., nesse sentido, o ac. do STJ de 25.06.1996, proc. 86/96, *in SASTJ*, ano 1996, p. 77.

[1046] Do mesmo modo, no ordenamento jurídico alemão, o § 804 do ZPO preceitua que o credor adquire, com a penhora, um direito de preferência sobre o bem penhorado.

[1047] No sentido de essa preferência abranger não só o capital, como também os juros, *vide* NEVES, F. Correia das, *Manual dos Juros*, *op. cit.*, p. 352.

[1048] *Vide*, a este propósito, o ac. do TRG de 21.05.2013, proc. 4142/11.9TBGMR-A.G1, assim como o ac. do STJ de 23.05.2019, proc. 95/12.4JAAVR-A.P1.S1.

função da data da constituição ou do registo desse direito real de garantia, independentemente da data da realização ou do registo da penhora[1049].

O mesmo sucede, aliás, se os bens do executado tiverem sido previamente arrestados, situação em que, uma vez convertido o arresto em penhora (art. 762º), a anterioridade da penhora passa a reporta-se à data do arresto, ou seja, "a preferência derivada da penhora alcança, por retroactividade, a data do arresto"[1050], tudo se passando como se a penhora tivesse sido concretizada na data da realização do arresto (art. 822º, nº 2, do CC)[1051].

Por outro lado, pode suceder que um determinado bem do executado seja penhorado mais do que uma vez[1052]. Nessa eventualidade, a penhora realizada em primeiro lugar prevalece, em termos de graduação, sobre as demais penhoras que venham a recair sobre o mesmo bem[1053,1054]. Assim, nos termos do art. 794º, o processo executivo onde tiver sido efetuada a penhora em segundo lugar deve ficar suspenso quanto a esse bem, podendo o exequente reclamar o seu crédito no processo em que a penhora seja mais antiga[1055].

1049 Cfr., a este respeito, o ac. do TRP de 06.03.2017, proc. 922/07.8TBPRD-A.P1.

1050 Ac. do STJ de 03.05.2007, proc. 07B747.

1051 Ac. do TRC de 10.03.2009, proc. 162/05.0TBVZL-B.C1.

1052 Excetua-se desta regra, por exemplo, a possibilidade de penhora de bens compreendidos no estabelecimento comercial depois de ter sido feita a penhora do direito ao estabelecimento comercial (art. 782º, nº 5).

1053 Assim, conforme se decidiu no ac. do STJ de 04.06.1998, proc. 98B384, "Havendo mais que uma penhora sobre o mesmo prédio, o que conta para efeitos de prioridade no pagamento são as datas dos respectivos registos". Do mesmo modo, resulta do ac. do TRL de 23.06.2005, proc. 6262/2005-6, que "Havendo mais que uma penhora sobre os mesmos bens, as penhoras não poderão ser realizadas ao mesmo tempo (no mesmo dia e hora), antes devendo uma ser efectuada em primeiro lugar e as outras em momentos posteriores, a fim de se saber qual a execução que prossegue termos e as que devam ser sustadas. Verificando-se a situação de haver penhoras sobre os mesmos bens, realizadas à mesma hora, do mesmo dia, impõe-se apurar qual a penhora efectuada em primeiro lugar, designadamente através da audição do funcionário que as realizou, a fim de se poder apreciar o requerimento da recorrente no sentido de se saber se deve, ou não, ser declarada sem efeito a venda dos bens, entretanto já efectuada num dos processos".

1054 De todo o modo, tal como se consignou no ac. do TRC de 05.06.2018, proc. 1678/12.8TBFIG-B.C1, verificando-se uma cumulação sucessiva de execuções e tendo, na execução inicial, sido penhorado um salário, "a quantia exequenda cumulada tem de conformar-se com a regra da prioridade temporal (*prior in tempore potior in jure*) relativamente a outras penhoras, prévias à cumulação, realizadas no âmbito de outras execuções, que ficaram suspensas até à satisfação integral do crédito exequendo da execução inicial/originária, onde primeiramente foi realizada a penhora". Outrossim, se não se entendesse dessa forma, "frustrar-se-ia, de forma injusta e lesiva, a pretensão creditória daqueloutros credores com penhora e em concurso".

1055 *Vide*, a este propósito, o ac. do TRP de 19.02.2002, proc. 0121919, no qual se decidiu que "Sustada uma execução, quanto a determinado bem, por o mesmo já se encontrar penhorado no âmbito de

2.3. Perda do poder de fruição ou limitação ao seu exercício

A penhora pode, em determinadas circunstâncias, implicar a perda da posse do executado sobre os bens penhorados, os quais são apreendidos, removidos e, posteriormente, entregues a um fiel depositário[1056,1057]. É o que sucede, designadamente, com a penhora de bens móveis não sujeitos a registo que sejam encontrados na posse do executado (art. 764º, nº 1), já que, sendo os bens efetivamente apreendidos e removidos, a penhora implica a "transferência para o tribunal dos poderes de gozo que integram o direito do executado, perdendo este, assim, o poder de fruição da coisa derivado do direito de propriedade"[1058].

A perda da posse do bem penhorado é a "antecâmara de um outro efeito mais violento para o executado", consubstanciado na perda do direito de propriedade desse bem, em virtude da sua venda executiva. Em todo o caso, até que se verifique a venda executiva do bem penhorado, a penhora "não transfere quaisquer direitos dominiais" sobre os bens penhorados, privando, antes, o dono dos bens penhorados do pleno exercício de poderes sobre esses bens"[1059].

Mesmo que o executado não seja privado da posse do bem – tal como sucede, por exemplo, nos casos em que os bens móveis não sujeitos a registo, apesar de terem sido penhorados, não tenham sido removidos (art. 764º, nº 2) – ainda assim, o âmbito do poder de fruição do executado sobre os bens penhorados sofre restrições ou limitações significativas. Isto porque, após a concretização da penhora, o executado que conserve na sua posse os bens penhorados passa a detê-los como fiel depositário, com todas as limitações que decorrem do exercício dessa função de direito público[1060].

outra execução, não tem o exequente de desistir da penhora desse bem para poder nomear outros bens à penhora". Cfr., ainda, o ac. do TRG de 12.04.2018, proc. 65/14.8T8VLN-D.G1.

[1056] Conforme salienta Luís Menezes Leitão, a penhora desempenha, neste caso, uma "função conservatória dos bens" (Leitão, Luís Manuel Teles de Menezes, *Direitos Reais, op. cit.*, p. 453).

[1057] *Vide*, em sentido contrário, o ac. do STJ de 08.05.2001, proc. 01A1116, no qual se decidiu que a penhora implica a perda, pelo executado, da posse do bem penhorado, ainda que aquele venha a ser nomeado fiel depositário desse bem, pois que o executado passa a ser mero detentor do bem penhorado.

[1058] Ac. do STJ de 08.05.2001, proc. 1116/01, *in SASTJ*, ano 2001. Cfr., no mesmo sentido, Castoro, Pasquale, *Il Processo di Esecuzione nel suo Aspetto Pratico, op. cit.*, p. 157.

[1059] Ac. do STJ de 16.12.1999, proc. 99A940.

[1060] Castoro, Pasquale, *Il Processo di Esecuzione nel suo Aspetto Pratico, op. cit.*, p. 157.

3. Limites da penhora

3.1. Penhora de bens do devedor

Dispõe o art. 735º, nº 1, quanto ao objeto da execução, que estão sujeitos à execução todos os bens do devedor suscetíveis de penhora que, nos termos da lei substantiva, respondem pela dívida exequenda.

Com efeito, a regra geral vigente no processo executivo é a de que só podem ser penhorados bens que pertençam ao devedor.

Nessa exata medida, não podem, em princípio, ser penhorados bens de terceiro. Contudo, essa penhora será, excecionalmente, admissível nos casos especiais previstos na lei, desde que a execução tenha sido movida contra o terceiro (art. 735º, nº 2).

Por outro lado, pode suceder que o credor/exequente tenha reservado para si a propriedade da coisa que se encontre na posse do devedor/executado (art. 409º do CC). Nessa eventualidade, se o exequente pretender penhorar a coisa, cuja reserva de propriedade se ache registada a seu favor[1061], só poderá penhorar esse bem depois de proceder ao cancelamento dessa reserva[1062].

Outrossim, sendo penhorado um bem que se encontre na posse do executado, mas cuja propriedade se ache registada a favor de um terceiro, a inscrição da penhora é provisória por natureza, atento o disposto no art. 92º, nº 2, al. *a)*, do CRPred.. Nesse caso, nos termos do art. 119º do CRPred., o agente de execução deve, no respetivo processo, proceder à citação do titular inscrito no registo, para que este declare, no prazo de dez dias, se o prédio ou o direito lhe pertence, com a cominação de que, nada dizendo, o facto será

[1061] Observe-se que, nos termos do art. 5º, nº 2, do CRAut., o registo da reserva é obrigatório.

[1062] Cfr., nesse sentido, o ac. do STJ de 14.02.2006, proc. 4209/05, *in CJ/STJ*, nº 189, ano XIV, tomo I, 2006, p. 67, bem como o AUJ do STJ nº 10/2008, *in DR*, nº 222, 1ª série-A, de 14 de novembro de 2008, com o seguinte sumário: "A acção executiva na qual se penhorou um veículo automóvel, sobre o qual incide registo de reserva de propriedade a favor do exequente, não pode prosseguir para as fases de concurso de credores e da venda, sem que este promova e comprove a inscrição, no registo automóvel, da extinção da referida reserva". Criticando o entendimento que fez vencimento neste aresto, por entender que a subsistência da reserva da propriedade não obsta ao prosseguimento da execução, tanto mais que a venda executiva acarreta o cancelamento dessa reserva, atento o disposto no art. 824º, nº 2, do CC, *vide* Campos, Maria Isabel Helbing Menéres, "Cancelamento do registo de reserva de propriedade a favor do exequente – Ac. de Uniformização de Jurisprudência nº 10/2008, Proc. 3965/07", *in CDP*, nº 29, jan./mar. 2010, pp. 38 e 39.
No sentido de o exequente poder renunciar tacitamente à reserva da propriedade, *vide* o ac. do TRL de 14.03.2002, proc. 00129986. Em sentido contrário, quanto ao dever de o exequente renunciar expressamente a essa reserva da propriedade, cancelando a reserva, a fim de o bem poder ser vendido em sede executiva, *vide* o ac. do TRL de 18.12.2002, proc. 0088867.

comunicado ao serviço de registo para conversão oficiosa do registo[1063]. Se o terceiro, uma vez citado, declarar que o bem lhe pertence, o juiz deve remeter os interessados – isto é, o exequente, o executado e o terceiro – para os meios processuais comuns, e comunicar ao serviço de registo competente a declaração efetuada pelo terceiro, bem como a data da notificação da declaração, para ser anotada no registo (art. 119º, nº 4, do CRPred.)[1064]. Nessa situação, o exequente poderá intentar uma ação declarativa contra o executado e o terceiro, em litisconsórcio necessário natural, tendo em vista a discussão e o julgamento sobre a propriedade efetiva do bem penhorado[1065]. Diversamente, se o terceiro declarar que o bem penhorado não lhe pertence ou se nada disser dentro do respetivo prazo, o agente de execução deve comunicar esse facto ao serviço de registo competente, após o que o registo provisório da penhora deve ser oficiosamente convertido em definitivo, mediante certidão comprovativa da declaração do terceiro ou da falta dessa declaração (art. 119º, nº 3, do CRPred.)[1066].

Nos termos do art. 747º, nº 1, os bens do executado devem ser apreendidos, ainda que estes se encontrem em poder de um terceiro, à luz do princípio *res ubicumque est*[1067]. Com efeito, este princípio decorre da regra segundo a qual todo o património do devedor responde pela dívida exequenda.

No entanto, tendo em vista a tutela dos eventuais direitos creditórios do terceiro possuidor dos bens penhorados, se, no ato da apreensão, se cons-

[1063] *Vide*, a este propósito, o ac. do STJ de 07.07.1999, proc. 549/99, *in SASTJ*, ano 1999, no qual se decidiu o seguinte: "A citação do titular inscrito de bens penhorados, prevista no art. 119º do CRgP, está sujeita às disposições gerais do processo civil. Assim, deve indicar-se ao citando, sob pena de nulidade da citação, a cominação prevista no nº 3 do art. 119º, em que incorre se não fizer declaração alguma (arts. 198º, nº 1 e 253º, nº 2)".

[1064] No sentido de a remessa dos interessados para os meios processuais comuns, ao abrigo do disposto no art. 119º, nº 4, do CRPred., não determinar a inutilidade superveniente da lide dos embargos de terceiro que, entretanto, tenham sido deduzidos contra a penhora do bem, *vide* o ac. do TRP de 11.09.2018, proc. 1755/10.0T2AGD-B.P1.

[1065] Cfr., a este respeito, Fernandes, Luís A. Carvalho, "Terceiros para efeitos de registo predial", *in ROA*, ano 57º, vol. III, dez. 1997, p. 1318.

[1066] Neste caso, se, após a conversão do registo da penhora em definitivo, o titular inscrito vender o prédio a um terceiro, que regista essa aquisição, sendo o bem, entretanto, vendido em sede executiva, o terceiro não poderá opor a sua aquisição à venda executiva do bem penhorado, nem mesmo por intermédio de uma ação de reivindicação (ac. do STJ de 12.02.2004, proc. 03B4186).

[1067] Do mesmo modo, no ordenamento jurídico alemão, dispõe o § 808 do ZPO que a penhora de coisas móveis que se encontrem na posse do executado realiza-se mediante a apreensão efetiva das mesmas pelo oficial de execução. Estando em causa a penhora de dinheiro ou de títulos de valor, estes devem ser deixados sob a custódia do devedor, desde que tal não faça perigar a satisfação do crédito exequendo.

tatar que o terceiro tem esses bens em seu poder em consequência de um penhor ou de um direito de retenção, deve ser imediatamente citado, a fim de poder reclamar o seu crédito na execução [arts. 747º, nº 2, 786º, nº 1, al. *b)*, e 788º, nº 1].

3.2. Penhora de bens de terceiro

Muito embora, em regra, só possam ser penhorados bens do devedor que tenha sido demandado em sede executiva, o certo é que a lei prevê, em determinados casos excecionais, a possibilidade de serem penhorados bens de terceiro (arts. 818º do CC e 735º, nº 2)[1068]. É o que sucede, designadamente, nos casos em que os bens do terceiro estejam vinculados à garantia do crédito – tal como sucede, por exemplo, através de penhor ou de hipoteca – ou quando tenham sido objeto de um ato de disposição patrimonial praticado em prejuízo do credor, que este haja impugnado de forma procedente, através de uma ação de impugnação pauliana (arts. 616º, nº 1, e 818º do CC)[1069,1070].

Em todo o caso, a execução patrimonial de bens de terceiro só é admissível desde que a ação executiva tenha sido intentada contra ele, sendo essa a razão pela qual a lei prevê a existência de exceções ao princípio da legitimidade formal (cfr., entre outros, o art. 54º, nº 2)[1071]. Assim, por exemplo, em caso de procedência da ação de impugnação pauliana, a ação executiva terá, necessariamente, de ser intentada contra o terceiro que se encontre obrigado a proceder à restituição dos bens objeto da impugnação[1072], tendo em vista a

[1068] Cfr., nesse sentido, o ac. do TRP de 27.11.1997, proc. 9730983.

[1069] Analogamente, no ordenamento jurídico italiano, o art. 2910º do $CC_{It.}$ preceitua que "Possono essere espropriati anche i beni di un terzo quando sono vincolati a garanzia del credito o quando sono oggetto di un atto che è stato revocato perché compiuto in pregiudizio del creditore".

[1070] *Vide*, a este propósito, o ac. do STJ de 16.10.2014, proc. 411/11.6TBGMR-A.G1.S1. Cfr., na doutrina, Soares, Carlos, "A articulação dos diferentes meios de impugnação da penhora", *in Estudos em Homenagem a Cunha Rodrigues*, vol. II, Coimbra Editora, Coimbra, 2001, p. 690.

[1071] Cfr., nesse sentido, o ac. do TRP de 27.11.1997, proc. 9730983, no qual se decidiu que "Nunca podendo ser penhorados senão bens do executado, a acção executiva terá, na medida em que se quiser actuar a garantia prestada, de ser proposta contra o proprietário do bem". *Vide*, no mesmo sentido, o ac. do STJ de 06.01.2000, proc. 933/99, *in SASTJ*, ano 2000, no qual se decidiu que "Na acção executiva só podem ser penhorados bens do executado. Pelo cumprimento da obrigação podem, em certos casos, responder bens de quem seja terceiro na relação jurídica substantiva. É o caso de procedência de impugnação pauliana que autorize o credor a executar os bens no património do obrigado à restituição (art. 616º, nº 1, do CC). Porém, o credor que deseje pagar-se pelas forças dos bens de quem seja terceiro na relação jurídica obrigacional, terá que dirigir a execução contra (ou também contra) esse terceiro". Cfr., ainda, o ac. do TRL de 07.02.2019, proc. 2984/15.5T8FNC-A.L1-8.

[1072] Ac. do STJ de 06.01.2000, proc. 933/99, *in SASTJ*, ano 2000.

execução, no património do terceiro, desses bens[1073]. Pelo contrário, se a ação executiva não for intentada contra o terceiro, não poderão ser penhorados os bens que tiverem sido objeto da ação de impugnação pauliana e que se mantenham no seu património.

3.3. Limitação da responsabilidade por convenção das partes e por determinação de terceiro

Estabelece o art. 602º do CC que, "salvo quando se trate de matéria subtraída à disponibilidade das partes, é possível, por convenção entre elas, limitar a responsabilidade do devedor a alguns dos seus bens no caso de a obrigação não ser voluntariamente cumprida". Com efeito, se estiverem em causa direitos disponíveis, o credor e o devedor podem acordar entre si que, verificando-se um incumprimento da obrigação, não responderão pela dívida exequenda determinados bens que integram o património do devedor.

Para além da limitação da responsabilidade patrimonial por convenção das partes, o Código Civil prevê igualmente a possibilidade de a responsabilidade patrimonial ser limitada por determinação de terceiro. Assim, de acordo com o art. 603º, nº 1, do CC, "os bens deixados ou doados com a cláusula de exclusão da responsabilidade por dívidas do beneficiário respondem pelas obrigações posteriores à liberalidade, e também pelas anteriores se for registada a penhora antes do registo daquela cláusula". No entanto, se a liberalidade tiver por objeto bens não sujeitos a registo, a cláusula da exclusão da responsabilidade por dívidas do beneficiário só é oponível aos credores cujo direito seja anterior à liberalidade (art. 603º, nº 2, do CC).

3.4. Bens absolutamente impenhoráveis

A lei prevê, em determinados casos, a impossibilidade absoluta de penhora de determinados bens do executado (art. 736º)[1074].

[1073] *Vide*, a este propósito, o ac. do TRG de 02.06.2011, proc. 321/09.7TBGMR-A.G1, bem como o ac. do TRP de 30.05.2017, proc. 290/07.8GBPNF-C.P1.

[1074] A este propósito, a título de mera curiosidade, o Código de Processo Civil de 1876 estipulava no seu art. 815º que não podiam ser penhorados os seguintes bens:
"*1º Os bens do Estado, dos municípios, das parochias e das outras pessoas moraes comprehendidas na disposição do artigo 37º do código civil, salvo tractando-se de divida com privilegio ou hypotheca;*
2º O vestuário que os empregados públicos deverem usar no exercício das suas funções, e o equipamento dos militares;
3º Os livros necessários à profissão dos juízes, agentes do ministério publico e professores públicos;
4º Os soldos dos militares e ordenados dos funcionários públicos, ou quaisquer proventos que possam competir-lhes nas referidas qualidades; mas para alimentos que forem devidos por lei e julgados por sentença a favor dos

Este regime representa uma exceção ao princípio geral da responsabilidade patrimonial do devedor (arts. 817º do CC e 735º, nº 1)[1075], na medida em que limita a possibilidade de o credor atingir todo o património do seu devedor, tendo em vista a satisfação do seu direito de crédito.

Na verdade, a consagração da impenhorabilidade absoluta de certos bens do executado procura conciliar os interesses antagónicos do credor e do devedor, sem descurar, em todo o caso, a necessidade de se garantir a "mínima restrição possível aos direitos do credor"[1076].

Vejamos, de seguida, quais são os bens absolutamente impenhoráveis (art. 736º).

3.4.1. Bens isentos de penhora por força de disposição especial

Desde logo, são absolutamente impenhoráveis os bens isentos de penhora por força de disposição especial.

cônjuges, descendentes ou ascendentes, poderá verificar-se penhora na parte que tiver sido julgada, não podendo em caso algum exceder a metade;
5º O dinheiro em deposito proveniente de bens arrematados por execução judicial, na parte necessária para pagamento do exequente e dos credores que vierem ao concurso; e bem assim o dinheiro já penhorado judicialmente, qualquer que seja a sua proveniência;
6º Os túmulos;
7º Os objectos em que a penhora offenderia a moral publica;
8º O material fixo ou circulante dos caminhos de ferro;
9º As pensões alimentícias devidas por vinculo de sangue, ou pagas pelo estado ou por qualquer montepio, companhia ou estabelecimento, excepto quando a divida provier de comedorias ou géneros fornecidos para alimento do executado, porque n'este caso poderão ser penhoradas até à importância de uma terça parte;
10º Todos os bens ou direitos que, segundo a lei civil, não podérem ser alienados, ou sobre os quaes não podér transigir-se;
11º Os objetos indispensáveis para cama ou vestuário do executado e da sua família;
12º As provisões de comida, que se encontrarem em casa do executado, e que forem necessárias para sustento d'elle e de sua família durante uma semana".

[1075] Cacace, Valentina/Grana, Silvia, *L'Esecuzione Mobiliare*, 2ª ed., Giuffrè Editore, Milão, 2011, p. 53.

[1076] Maidame, Márcio Manoel, *Impenhorabilidade e Direitos do Credor – Biblioteca de Estudos em Homenagem ao Professor Arruda Alvim*, Juruá Editora, Curitiba, 2007, p. 52. Analogamente, Eduardo Couture assinala que a consagração da existência de bens impenhoráveis, enquanto exceção à regra que prevê a responsabilidade de todo o património do devedor pelo cumprimento das suas obrigações, traduz-se numa "instância de humanização do direito" (Couture, Eduardo J., *Fundamentos del Derecho Procesal Civil, op. cit.*, pp. 465 a 466). *Vide*, na jurisprudência, o ac. do STJ de 20.03.2018, proc. 1034/10.2TBLSD-E.P1.S2, no qual se decidiu que a consagração de regimes de impenhorabilidade de bens visou a proteção de "interesses vitais do executado, que o sistema entende deverem sobrepor-se aos do credor exequente".

Enquadram-se neste âmbito, nomeadamente:

- os bens móveis e imóveis de associação sindical ou associação de empregadores, cuja utilização seja estritamente indispensável ao seu funcionamento (art. 453º, nº 1, do CT);
- os créditos de alimentos (art. 2008º, nº 2, do CC);
- os créditos provenientes do direito à reparação por acidente de trabalho (art. 78º do RRATDP)[1077,1078];
- os subsídios de férias e de Natal dos funcionários públicos (arts. 1º e 17º do DL nº 496/80, de 20 de outubro);
- o subsídio de refeição dos funcionários e agentes da administração central e local, bem como dos organismos de coordenação económica e demais institutos públicos que revistam a natureza de serviços personalizados ou de fundos públicos (art. 5º, nº 2, do DL nº 57-B/84, de 20 de fevereiro);
- o direito ao subsídio por morte, no âmbito do regime de proteção social da função pública (art. 8º do DL nº 223/95, de 8 de setembro);
- o direito ao complemento e o saldo da conta individual dos aderentes do regime público de capitalização (art. 9º do DL nº 26/2008, de 22 de agosto);
- os subsídios concedidos pelos Serviços Sociais dos Trabalhadores da Função Pública Dependentes dos Órgãos de Governo Próprio da Região Autónoma da Madeira aos seus beneficiários (art. 10º, nº 1, do Decreto Regional nº 12/82/M, de 13 de setembro);
- a prestação inerente ao direito do rendimento social de inserção não é suscetível de penhora, salvo em situações de dívida por pagamentos indevidos na prestação de rendimento social de inserção (art. 23º da Lei nº 13/2003, de 21 de maio)[1079];

[1077] *Vide*, a este propósito, o ac. do TRC de 23.04.2015, proc. 375/07.0TTCLD-A.C1, o ac. do TRG de 25.06.2015, proc. 309/09.8TTBCL-C.P1.G1, bem como o ac. do TRE de 18.01.2018, proc. 19739/12.1T2SNT-C.E1. No sentido de ser admissível a dedução, no valor da remição parcial da pensão a receber pelo sinistrado, das pensões de alimentos que por ele sejam devidas aos filhos menores, "quando se constata que a pensão sobrante (não objecto de remição) que ele recebe é superior à pensão social do regime não contributivo", *vide* o ac. do TRE de 18.01.2018, proc. 442/13.1T2SNS-A.E1.

[1078] Quanto à não inconstitucionalidade deste preceito legal, "no sentido da absoluta impenhorabilidade e impossibilidade de apreensão para a massa insolvente dos créditos de indemnizações atribuídas ao insolvente em virtude de acidente de trabalho", *vide* o ac. do TC nº 676/16, proc. 430/16.

[1079] *Vide*, a este respeito, o ac. do TRE de 21.05.2020, proc. 71/12.7TBSRP-C.E1, com o seguinte sumário "I. O RSI corresponde "à realização, na sua dimensão positiva, da garantia do mínimo

- o saldo do Fundo de Reestruturação do Sector Solidário (art. 10º do DL nº 165-A/2013, de 23 de dezembro); ou
- o saldo da conta global do empregador no fundo de compensação do trabalho (FCT), incluindo a totalidade do saldo das contas de registo individualizado, respeitantes a cada um dos seus trabalhadores (art. 10º da Lei nº 70/2013, de 30 de agosto).

3.4.2. Coisas ou direitos inalienáveis

Considerando que a penhora visa garantir a satisfação do crédito exequendo mediante a venda executiva dos bens por ela atingidos, são absolutamente impenhoráveis as coisas ou direitos que não sejam suscetíveis de alienação[1080].

Enquadram-se neste domínio, entre outros:

- os direitos de personalidade (arts. 70º a 81º do CC)[1081,1082];
- o direito de uso e habitação (art. 1488º do CC);
- o direito real de habitação duradoura, salvo no caso de execução da hipoteca que onere esse direito (art. 12º do DL nº 1/2020, de 9 de janeiro);
- o direito do arrendatário no contrato de arrendamento para fins habitacionais [arts. 1038º, al. *f)*, e 1059º do CC][1083];
- o direito do arrendatário no contrato de arrendamento rural (art. 10º do NRAR)[1084];

de existência condigna, que é inerente ao princípio do respeito da dignidade humana, princípio esse decorrente das disposições conjugadas dos artigos 1º, 2º e 63º, nºs 1 e 3, da Constituição da República Portuguesa". II. Atenta a sua natureza, a regra da impenhorabilidade do RSI consagrada no art. 23º da Lei 13/2003, de 21 de Maio, introduzida pelo DL 90/2017, de 28/7, é válida ainda que esteja em causa a cobrança de prestações alimentares devidas a menores, sem que ocorra violação do princípio da igualdade, também ele com assento constitucional".

1080 Cfr., no mesmo sentido, os arts. 605º, nº 1, da LEC, L112-2 do $CPCE_{Fr.}$ e 833º, I, do $CPC_{Br.2015}$, segundo os quais são impenhoráveis os bens que, por lei, sejam inalienáveis.

1081 *Vide*, a este propósito, o ac. do TRP de 06.01.2014, proc. 1007/11.8TBMCN.P1, e o ac. do TRL de 22.09.2005, proc. 2011/2004-6.

1082 Note-se, no entanto, que, tal como salienta Angel Fernandez, muito embora os direitos de personalidade – como, por exemplo, o direito à vida, o direito à integridade moral, o direito ao nome ou o direito à imagem – não sejam penhoráveis, nada obsta, no entanto, a que se proceda à penhora de um direito de crédito que o executado detenha sobre um terceiro pelo facto de ter vendido o seu sangue a um banco de sangue, ter prestado consentimento no sentido de o seu nome ser utilizado para a comercialização de uma marca de perfumes ou ter cedido o seu direito de imagem para a realização de um anúncio publicitário (Angel Fernandez, Miguel, *Derecho Procesal Civil*, vol. III, *op. cit.*, p. 84).

1083 Cfr., nesse sentido, o ac. do TRE de 07.12.2017, proc. 140/15.1T8MMN-C.E1.

1084 Ac. do TRG de 15.12.2016, proc. 2153/13.9TBGMR-F.G1.

- o direito de servidão, salvo se for penhorado juntamente com o prédio a que pertence (art. 1545º do CC);
- o direito à sucessão de pessoa viva (art. 2028º do CC);
- o direito à indemnização pelos danos não patrimoniais sofridos pela vítima antes da morte[1085];
- o direito de utilização de loja integrada em centro comercial[1086];
- as licenças e autorizações para o exercício da atividade de rádio[1087];
- o "direito de usufruto constituído ao abrigo do disposto das normas gerais de alienação de foros municipais aprovados pelas Câmaras aderentes ao PER"[1088];
- a "parcela de terreno onde está implantada uma rua e as respectivas infraestruturas, que se destina a integrar o domínio público municipal"[1089];
- os elevadores, quando se vise a sua execução mobiliária separada do imóvel em que se integram[1090]; ou
- os baldios[1091].

3.4.3. Bens do domínio público do Estado e das restantes pessoas coletivas públicas

A impenhorabilidade dos bens do domínio público do Estado e das restantes pessoas coletivas públicas[1092,1093] assenta na "presunção *juris et de jure* de que

[1085] Ac. do TRG de 30.05.2013, proc. 364-F/2000.G1.

[1086] Cfr., nesse sentido, o ac. do TRL de 13.05.2003, proc. 883/2003-7. *Vide*, na doutrina, FREITAS, José Lebre de, *Estudos sobre Direito Civil e Processo Civil*, vol. II, *op. cit.*, p. 275, bem como FREITAS, José Lebre de, "Da impenhorabilidade do direito do lojista de centro comercial", *in ROA*, ano 59º, vol. I, 1999, p. 86.

[1087] Ac. do TRP de 28.05.2013, proc. 4060/10.8TBVNG-A.P1, no qual se decidiu o seguinte: "Sendo as licenças e autorizações concedidas a um operador concreto, em conformidade com as formas específicas previstas naquele diploma [Lei nº 54/2010, de 24 de dezembro], e não prevendo este, entre essas formas, a venda judicial, não vemos como seja possível penhorar o respectivo direito para, posteriormente, ser vendido em sede de execução".
Cfr., em sentido contrário, o ac. do TRP de 24.04.2012, proc. 6941/06.4TBMTS-D.P1, no qual se decidiu que "Porque actualmente (face à Lei nº 54/2010, de 24/12) os serviços de programas de âmbito local e as respectivas licenças ou autorizações são susceptíveis de cedência e porque a lei não estabelece a sua impenhorabilidade, podem tais bens ser objecto de penhora".

[1088] Ac. do TRL de 19.11.2009, proc. 253/1997.L1-8.

[1089] Ac. do TRE de 07.02.2013, proc. 803/11.0TBTVR.E1-A.

[1090] Ac. do TRP de 14.05.2013, proc. 1220/11.8TBGDM-B.P1.

[1091] Ac. do STJ de 20.01.1999, proc. 1030/98.

[1092] Nos termos do art. 84º, nº 1, da CRP, pertencem ao domínio público:
a) As águas territoriais com seus leitos e os fundos marinhos contíguos, bem como os lagos, lagoas e cursos de água navegáveis ou flutuáveis, com os respetivos leitos;

b) As camadas aéreas superiores ao território acima do limite reconhecido ao proprietário ou superficiário;
c) Os jazigos minerais, as nascentes de águas mineromedicinais, as cavidades naturais subterrâneas existentes no subsolo, com excepção das rochas, terras comuns e outros materiais habitualmente usados na construção;
d) As estradas;
e) As linhas férreas nacionais;
f) Outros bens como tal classificados por lei.
Por sua vez, o nº 2 da citada disposição legal preceitua que "a lei define quais os bens que integram o domínio público do Estado, o domínio público das regiões autónomas e o domínio público das autarquias locais, bem como o seu regime, condições de utilização e limites". Em conformidade com o disposto no art. 84º, nº 2, da CRP, o DL nº 477/80, de 15 de outubro, criou o inventário geral do património do Estado. Assim, de acordo com o disposto no art. 4º do citado diploma legal, integram o domínio público do Estado:
"*a)* As águas territoriais com os seus leitos, as águas marítimas interiores com os seus leitos e margens e a plataforma continental;
b) Os lagos, lagoas e cursos de água navegáveis ou flutuáveis com os respectivos leitos e margens e, bem assim, os que por lei forem reconhecidos como aproveitáveis para produção de energia eléctrica ou para irrigação;
c) Os outros bens do domínio público hídrico referidos no Decreto nº 5787-4I, de 10 de maio de 1919, e no Decreto-Lei nº 468/71, de 5 de novembro;
d) As valas abertas pelo Estado e as barragens de utilidade pública;
e) Os portos artificiais e docas, os aeroportos e aeródromos de interesse público;
f) As camadas aéreas superiores aos terrenos e às águas do domínio público, bem como as situadas sobre qualquer imóvel do domínio privado para além dos limites fixados na lei em benefício do proprietário do solo;
g) Os jazigos minerais e petrolíferos, as nascentes de águas mineromedicinais, os recursos geotérmicos e outras riquezas naturais existentes no subsolo, com exclusão das rochas e terras comuns e dos materiais vulgarmente empregados nas construções;
h) As linhas férreas de interesse público, as auto-estradas e as estradas nacionais com os seus acessórios, obras de arte, etc.;
i) As obras e instalações militares, bem como as zonas territoriais reservadas para a defesa militar;
j) Os navios da armada, as aeronaves militares e os carros de combate, bem como outro equipamento militar de natureza e durabilidade equivalentes;
l) As linhas telegráficas e telefónicas, os cabos submarinos e as obras, canalizações e redes de distribuição pública de energia eléctrica;
m) Os palácios, monumentos, museus, bibliotecas, arquivos e teatros nacionais, bem como os palácios escolhidos pelo Chefe do Estado para a Secretaria da Presidência e para a sua residência e das pessoas da sua família;
n) Os direitos públicos sobre imóveis privados classificados ou de uso e fruição sobre quaisquer bens privados;
o) As servidões administrativas e as restrições de utilidade pública ao direito de propriedade;
p) Quaisquer outros bens do Estado sujeitos por lei ao regime do domínio público".
Nos termos do DL nº 280/2007, de 7 de agosto, que estabelece o regime jurídico do património imobiliário público, os imóveis do domínio público são os classificados pela Constituição ou por lei, individualmente ou mediante a identificação por tipos (art. 14º), sendo que esses imóveis são impenhoráveis (art. 20º).

tais bens estão, pela sua própria natureza, afectos exclusivamente a fins de utilidade pública"[1094]. Assim, nos termos do art. 202º, nº 2, do CC, consideram-se fora do comércio todas as coisas que não podem ser objeto de direitos privados, tal como sucede, designadamente, com as coisas que se encontram no domínio público.

3.4.4. Objetos cuja apreensão seja ofensiva dos bons costumes ou careça de justificação económica, pelo seu diminuto valor venal

Ao consagrar a impenhorabilidade absoluta dos objetos cuja apreensão seja ofensiva dos bons costumes ou careça de justificação económica, pelo seu diminuto valor venal, o legislador visou, essencialmente, garantir a tutela da dignidade do executado[1095], obviando-se a que a penhora seja utilizada como forma de coação, vexame ou humilhação da sua pessoa.

No que concerne à ofensa dos bons costumes, a jurisprudência tem vindo a entender que o conceito de "bons costumes" reveste uma natureza indeterminada, carecendo, por isso, de ser valorado e preenchido de forma casuística, em função da moral social dominante, moral essa que não é imutável, antes se modificando em função das circunstâncias, dos tempos e dos lugares[1096]. Neste contexto, a penhora será ofensiva dos bons costumes quando, fundamentalmente, possa ser qualificada como imoral[1097]. É o que sucede, designadamente, com a penhora da aliança de casamento[1098], de objetos que,

[1093] Integram o domínio público das autarquias locais, entre outros, as estradas e os caminhos municipais, os cemitérios municipais (cfr., a este propósito, o ac. do TRG de 25.05.2005, proc. 987/05-1), bem como os sistemas públicos de distribuição de águas e de drenagem de águas residuais.

[1094] Ac. do TRE de 12.01.2006, proc. 1845/05-2. Cfr., na doutrina, RUGGIERO, Roberto de, *Instituições de Direito Civil*, vol. II, Livraria Clássica Editora, Lisboa, 1935, pp. 301 e 302.

[1095] Cfr., no mesmo sentido, PASSINHAS, Sandra, *Propriedade e Personalidade no Direito Civil Português*, Almedina, Coimbra, 2017, p. 134.

[1096] Ac. do STJ de 27.01.2004, proc. 03A3043.

[1097] Sustentando a possibilidade de penhora de jóias, dinheiro ou de outros objetos de uso do executado que este ou as pessoas da sua família tenham escondido nas algibeiras, *vide* CARVALHO, Eduardo J. da S., *Manual do Processo de Execução*, vol. I, *op. cit.*, p. 158. *Vide*, em sentido idêntico, o ac. do TRP de 08.09.2009, proc. 602/03.3TBETR-B.P1, no qual se decidiu que não é ofensiva dos bons costumes a penhora de jóias que o executado "usava, no momento em que se encontrava no respectivo domicílio e era efectuada a diligência de penhora".

[1098] Em sede de direito comparado, no ordenamento jurídico italiano, o art. 514º do $CPC_{It.}$ estabelece que são absolutamente impenhoráveis as alianças de casamento. *Vide*, a este propósito, CONSOLO, Claudio, *et al.*, *Commentario al Codice di Procedura Civile*, *op. cit.*, p. 571, segundo os quais a impenhorabilidade da aliança de casamento encontra justificação no elevado valor moral que a mesma assume para a pessoa do devedor. No entanto, conforme elucida Carmine Punzi,

possuindo pouco valor económico, constituam lembranças de família[1099], de bens que, apesar de servirem as necessidades do executado, não tenham qualquer expressão ou relevância económica[1100], do vestuário[1101] ou de bens de natureza obscena[1102].

Por sua vez, a impenhorabilidade de objetos cuja apreensão careça de justificação económica, em virtude do seu diminuto valor venal, abrange quer os casos em que os bens não têm qualquer valor comercial ou de mercado – não permitindo, por isso, a satisfação da dívida exequenda e das despesas previsíveis da execução –, quer as situações em que as despesas com a alienação desses bens sejam superiores ao próprio valor dos bens[1103]. É o que ocorre, por exemplo, com a penhora de uma conta bancária com um saldo residual[1104] ou de objetos meramente decorativos, sem qualquer valor económico, que se encontrem no domicílio do executado. Com efeito, ao prever a impenhorabilidade absoluta de objetos cuja apreensão careça de justificação económica, o legislador pretendeu, fundamentalmente, evitar a humilhação e o vexame do executado[1105].

a impenhorabilidade da aliança de casamento só se justifica enquanto subsistir "o vínculo de destinação subjetiva do bem ao sujeito" (PUNZI, Carmine, "Limiti alla pignorabilità e oggetto della responsabilità", *in RDP*, anno LXVIII, 2ª série, nº 6, Cedam, nov./dez. 2013, p. 1287).

1099 VINCENT, Jean/PRÉVAULT, Jacques, *Voies d'Exécution et Procédures de Distribution*, *op. cit.*, p. 83. Cfr., no mesmo sentido, PASSINHAS, Sandra, *Propriedade e Personalidade no Direito Civil Português*, *op. cit.*, p. 134.

1100 *Vide*, a este propósito, o ac. do TRL de 16.11.2000, proc. 1030/10.0TJLSB-C.L1-7, no qual se considerou que a penhora de um veículo automóvel, sem qualquer valor económico (€ 25,00), mas que servia perfeitamente as necessidades de deslocação do executado, é ilegal, por ser ofensiva dos bons costumes e, por conseguinte, imoral.

1101 Neste particular, no ordenamento jurídico brasileiro, o art. 833º, III, do $CPC_{Br.2015}$, dispõe que são impenhoráveis "os vestuários, bem como os pertences de uso pessoal do executado, salvo se de elevado valor".

1102 Cfr., nesse sentido, CARVALHO, Eduardo J. da S., *Manual do Processo de Execução*, vol. I, *op. cit.*, p. 162.

1103 Ac. do TRL de 16.11.2000, proc. 1030/10.0TJLSB-C.L1-7.

1104 *Vide*, nesse sentido, o ac. do STJ de 11.05.2006, proc. 1119/06, *in SASTJ*, ano 2006, no qual se decidiu que carece de justificação económica, pelo seu diminuto valor venal, sendo, por isso, impenhorável, um depósito bancário cujo saldo ascenda à quantia de € 0,25.

1105 Observe-se que o art. 822º, § 2º, do CPC_{1939}, dispunha que "A apreensão não tem justificação económica quando haja fundamento para crer que o produto da venda dos bens será de tal modo *deminuto* que a apreensão só poderia explicar-se pelo propósito de fazer mal ao executado". Por sua vez, na sua redação original, o nº 2 do art. 822º do CPC_{1961} estatuía que a apreensão carecia de justificação económica quando o valor venal dos bens fosse de tal modo diminuto que a penhora só pudesse ser explicada pela "intenção de vexar ou lesar o executado".

3.4.5. Objetos especialmente destinados ao exercício de culto público

No tocante à impenhorabilidade absoluta de objetos especialmente destinados ao exercício de culto público[1106], o legislador procurou tutelar os interesses sócio-religiosos, os quais se sobrepõem aos interesses particulares do exequente quanto à satisfação do seu direito de crédito. São, por isso, absolutamente impenhoráveis, à luz do art. 736º, al. *d)*, os bens móveis que se encontrem especialmente afetos ao exercício de culto público, tal como sucede, nomeadamente, com os mobiliários religiosos, as imagens sagradas, os paramentos religiosos e, em geral, os objetos[1107].

Diferentemente, não se incluem no âmbito do art. 736º, al. *d)*, os edifícios destinados ao exercício de culto público[1108]. Na verdade, o art. 822º, nº 1, al. *b)*, do CPC_{1961} preceituava que eram absolutamente impenhoráveis "Os edifícios e objetos destinados ao exercício do culto público"[1109]. Ocorre que o DL nº 329-A/95, de 12 de dezembro, viria a modificar a redação deste preceito legal, restringindo o seu âmbito de aplicação, já que nele se passou a prever que eram absolutamente impenhoráveis apenas "Os objetos especialmente destinados ao exercício de culto público". Constata-se, por isso, que o legislador, para além de passar a exigir, como requisito de impenhorabilidade absoluta, a especial afetação ao exercício de culto público, excluiu, de forma expressa, do âmbito da impenhorabilidade absoluta os edifícios destinados ao exercício de culto público, razão pela qual esses bens imóveis – nomeadamente, edifícios ou dependências religiosas – passaram, desde então, a ser suscetíveis de penhora, nos termos gerais[1110,1111].

[1106] Do mesmo modo, no ordenamento jurídico italiano, dispõe o art. 514º, 1), do $CPC_{It.}$ que são absolutamente impenhoráveis as coisas sagradas e as que sejam utilizadas no exercício do culto. Analogamente, no ordenamento espanhol, preceitua o art. 606º da LEC que são impenhoráveis os bens sagrados e os utilizados no culto das religiões legalmente registadas.

[1107] *Vide*, a este respeito, CONSOLO, Claudio, *et al.*, *Commentario al Codice di Procedura Civile*, *op. cit.*, p. 571, os quais, em comentário ao ordenamento jurídico italiano, salientam que são impenhoráveis as "coisas sagradas", isto é, os objetos dedicados ao culto divino, tal como sucede com os crucifixos, as imagens sagradas, as toalhas de altar, os candelabros e os paramentos, bem como REIS, José Alberto dos, *Processo de Execução*, vol. I, *op. cit.*, p. 350.

[1108] Divergimos, neste particular, da posição tomada nas edições anteriores desta obra.

[1109] Por sua vez, o art. 822º, nº 3, do CPC_{1961} preceituava que as capelas particulares podiam ser penhoradas na falta de outros bens, podendo ser apreendidos, juntamente com elas, os objetos que aí se destinassem a exercer o culto religioso.

[1110] Em todo o caso, escusado será dizer que os edifícios destinados ao exercício de culto público, que se encontrem classificados como "monumentos nacionais" ou como "imóveis de interesse público", são bens absolutamente impenhoráveis, atento o disposto quer no art. 736º, al. *b)*, quer no art. 22º da Concordata entre a República Portuguesa e a Santa Sá, de 18 de maio de 2004, e

Por outro lado, ficam igualmente excluídos do regime da impenhorabilidade absoluta os objetos que, apesar de revestirem uma natureza religiosa, não se encontrem especialmente destinados ao exercício de culto público. É o que sucede, por exemplo, com os objetos religiosos que se encontrem depositados numa capela particular – salvo se, nessa capela, for igualmente praticado o culto público[1112],– bem como com os objetos religiosos que se encontrem a ser comercializados num determinado estabelecimento comercial[1113].

3.4.6. Túmulos

Por razões de natureza moral, social e religiosa, os túmulos – aqui se compreendendo os caixões, as sepulturas, os jazigos, as campas ou os mausoléus – são bens absolutamente impenhoráveis, já que repugnaria à consciência e à moral social a possibilidade de se penhorar o "lar dos mortos" ou o "templo do culto familiar"[1114].

No entanto, os túmulos apenas serão impenhoráveis se se encontrarem implantados no cemitério, independentemente de estarem ou não ocupados[1115]. Compreende-se, por isso, que não exista qualquer limitação legal quanto à penhora de túmulos, na aceção ampla do termo, quando esteja em causa uma ação executiva movida contra uma entidade que se dedique à produção e/ou ao comércio desses bens ou quando o túmulo, apesar de se integrar na esfera patrimonial do executado, não se encontre implantado no cemitério.

3.4.7. Instrumentos e objetos indispensáveis aos deficientes e ao tratamento de doentes

A impenhorabilidade dos instrumentos e dos objetos indispensáveis aos deficientes e ao tratamento de doentes encontra justificação em razões de natu-

nos arts. 15º e 31º da Lei nº 107/2001, de 8 de setembro, que "estabelece as bases da política e do regime de protecção e valorização do património cultural".

1111 *Vide*, a este propósito, o ac. do TRG de 27.06.2019, proc. 637/07.7TBBGC-A.G1, no qual se decidiu que "são penhoráveis os imóveis privados especialmente destinados ao exercício de qualquer culto".

1112 Em relação a esta matéria, o Código de Processo Civil de 1961 preceituava no seu art. 822º, nº 3, que as capelas particulares podiam ser penhoradas na falta de outros bens, assim como os objetos que aí se destinassem a exercer o culto religioso.

1113 *Vide*, no mesmo sentido, LOPES-CARDOSO, Eurico, *Manual da Acção Executiva*, *op. cit.*, p. 327.

1114 CARVALHO, Eduardo J. da S., *Manual do Processo de Execução*, vol. I, *op. cit.*, p. 161. *Vide*, no mesmo sentido, GOMES, Manuel Januário da Costa, "A esfera de bens impenhoráveis e o *status* do devedor. Breves notas", *op. cit.*, p. 408.

1115 Neste sentido, LOPES-CARDOSO, Eurico, *Manual da Acção Executiva*, *op. cit.*, p. 326, REIS, José Alberto dos, *Processo de Execução*, vol. I, *op. cit.*, p. 350, PRAZERES, Manuel Augusto Gama, *Do Processo de Execução no Actual Código do Processo Civil*, *op. cit.*, p. 171, bem como FERREIRA, Fernando Amâncio, *Curso de Processo de Execução*, *op. cit.*, pp. 205 e 206.

reza social e humanitária[1116]. Na verdade, qualquer solução contrária, que permitisse a penhora desses bens, seria inconstitucional, por violação do princípio da proteção da dignidade da pessoa humana.

De todo o modo, a penhora desses bens já será admissível se estiver em causa uma execução movida contra uma entidade que se dedique ao fabrico e/ou à comercialização desses bens, o mesmo sucedendo se esses bens forem penhorados como elementos corpóreos de um estabelecimento hospitalar, isto é, se a penhora recair sobre o próprio estabelecimento, nele se incluindo todos os bens corpóreos que o integram[1117].

3.4.8. Animais de companhia

Nos termos do art. 736º, al. *g)*, são absolutamente impenhoráveis os animais de companhia[1118]. Com efeito, a impenhorabilidade dos animais de companhia foi consagrada através da Lei nº 8/2017, de 3 de março, que estabeleceu um estatuto jurídico dos animais, reconhecendo a sua natureza de seres vivos dotados de sensibilidade e, consequentemente, a suscetibilidade de serem objeto de proteção jurídica em virtude dessa sua natureza[1119].

[1116] No sentido de a casa de habitação efetiva do executado não constituir um bem impenhorável, ainda que nela resida um dos filhos do executado que sofra de graves problemas de saúde e mesmo que nela tenham sido realizadas obras de modificação e de adaptação a essas necessidades de saúde, *vide* o ac. do TRL de 04.10.2011, proc. 4867/08.6TBOER-H.L1-7. Cfr., igualmente, o ac. do TRE de 12.07.2018, proc. 1624/14.4T8SLV-A.E1, no qual se decidiu que "Uma habitação não é um instrumento de tratamento de um doente; como tal, não goza de impenhorabilidade processual, por motivo de humanidade".

[1117] *Vide*, neste sentido, Gomes, Manuel Januário da Costa, "A esfera de bens impenhoráveis e o *status* do devedor. Breves notas", *op. cit.*, pp. 409 e 410. Em todo o caso, este Autor admite igualmente a penhora desses bens de forma individualizada, na eventualidade de a execução ter por objeto o pagamento do preço da sua aquisição ou da sua reparação, desde que os mesmos "não estejam afectos a doentes específicos ou individualizados".

[1118] Do mesmo modo, no ordenamento espanhol, o art. 605º, 1º, da LEC preceitua que são absolutamente impenhoráveis os animais de companhia, sem prejuízo, no entanto, da penhorabilidade das rendas que os mesmos possam gerar.

[1119] Em todo o caso, a jurisprudência vinha já defendendo a necessidade de se garantir o respeito pelos direitos dos animais. Assim, conforme se decidiu no ac. do TRP de 19.02.2015, proc. 1813/12.6TBPNF.P1, "Constitui um dado civilizacional adquirido nas sociedades europeias modernas o respeito pelos direitos dos animais, a aceitação de que os animais são seres vivos carecidos de atenção, cuidados e protecção do homem, e não coisas de que o homem possa dispor a seu bel-prazer, pelo que a relação do homem com os seus animais de companhia possui já hoje um relevo à face da ordem jurídica que não pode ser desprezado". Para um enquadramento da tutela jurídica dos animais, *vide* Cordeiro, António Menezes, *Tratado de Direito Civil Português*, III – Parte Geral – Coisas, 3ª ed., Almedina, Coimbra, 2013, pp. 271 a 276.

Sobre o que se deve entender por "animal de companhia", dado que o citado diploma legal é omisso no que concerne à definição desse conceito, torna-se necessário recorrer, designadamente, ao disposto no art. 389º do CP[1120], o qual determina que a expressão "animal de companhia" compreende "qualquer animal detido ou destinado a ser detido por seres humanos, designadamente no seu lar, para seu entretenimento e companhia"[1121]. É o que sucede, nomeadamente, com o cão[1122] ou o gato[1123].

Ficarão, por isso, excluídos deste conceito, nomeadamente, os animais utilizados para fins de exploração agrícola, pecuária ou agroindustrial, já que não se destinam ao "entretenimento e companhia" do ser humano, razão pela qual tais animais serão suscetíveis de penhora.

3.4.9. Quantia em dinheiro ou depósito bancário resultantes da satisfação de crédito impenhorável

São igualmente impenhoráveis a quantia em dinheiro ou o depósito bancário resultantes da satisfação de crédito impenhorável, nos mesmos termos em que o era o crédito originariamente existente (art. 739º). Assim, por exemplo, se o executado receber o seu salário através de transferência bancária e se for penhorado o saldo do depósito bancário correspondente, continua a ser aplicado a esse depósito bancário o regime da limitação da penhora de salários, previsto no art. 738º. De resto, se assim não se entendesse, seriam aplicáveis à mesma realidade, isto é, à penhora de salários ou de vencimentos, regimes distintos[1124].

1120 Este preceito legal viria a ser aditado ao Código Penal pela Lei nº 69/2014, de 29 de agosto.

1121 Analogamente, dispõe o art. 1º, nº 1, da CEPAC que "Entende-se por animal de companhia qualquer animal possuído ou destinado a ser possuído pelo homem, designadamente em sua casa, para seu entretenimento e enquanto companhia". Esta convenção viria a ser aprovada, para ratificação, na ordem jurídica portuguesa, pelo Decreto nº 13/93, de 13 de abril, sendo que, entretanto, o DL nº 276/2001, de 17 de outubro, viria a estabelecer as normas legais tendentes a pôr em aplicação em Portugal a referida convenção. Do mesmo modo, preceitua o art. 8º da Lei nº 92/95, de 12 de setembro (Lei de proteção dos animais), que, para os efeitos dessa lei, "considera-se «animal de companhia» qualquer animal detido ou destinado a ser detido pelo homem, designadamente no seu lar, para o seu prazer e como companhia".

1122 Cfr., a este respeito, o ac. do TRP de 09.04.2008, proc. 0714106, bem como o ac. do TRC de 27.05.2014, proc. 421/11.3TBSPS.C1.

1123 *Vide*, a este propósito, o ac. do TRL de 26.06.2001, proc. 0054031, no qual se consignou que "O gato, sendo um animal detido ou destinado a ser detido pelo homem, designadamente no seu lar, considera-se animal de companhia".

1124 *Vide*, a este propósito, PINTO, Rui, *Manual da Execução e Despejo, op. cit.*, p. 519.

3.5. Bens relativamente impenhoráveis

O art. 737º regula o regime jurídico dos bens relativamente impenhoráveis. Diversamente do que sucede com os bens absolutamente impenhoráveis – os quais são insuscetíveis de penhora – os bens relativamente impenhoráveis são aqueles que, em princípio, não podem ser penhorados, salvo em algumas situações legalmente previstas[1125,1126].

Vejamos, de seguida, quais são esses bens.

3.5.1. Bens do Estado e das restantes pessoas coletivas públicas, de entidades concessionárias de obras ou serviços públicos ou de pessoas coletivas de utilidade pública, que se encontrem especialmente afetados à realização de fins de utilidade pública

Estão, desde logo, isentos de penhora, exceto quando esteja em causa uma ação executiva para pagamento de uma dívida que beneficie de garantia real, os bens do domínio privado do Estado[1127] e das restantes pessoas coletivas públicas, de entidades concessionárias de obras ou serviços públicos ou de pessoas coletivas de utilidade pública, que se encontrem especialmente afetados à realização de fins de utilidade pública[1128,1129]. Com efeito, "a impenho-

[1125] Observe-se que existem disposições legais avulsas que preveem a impenhorabilidade relativa de bens do devedor. É o que sucede, designadamente, com o art. 50º do CDADC, o qual determina que, quando incompletos, são isentos de penhora manuscritos inéditos, esboços, desenhos, telas ou esculturas, tenham ou não assinatura, salvo oferecimento ou consentimento do autor. Contudo, se o autor tiver revelado, por atos inequívocos, o seu propósito de os divulgar ou publicar, o credor pode obter penhora sobre o correspondente direito de autor.

[1126] Neste particular, Manuel Januário da Costa Gomes elucida que a impenhorabilidade relativa decorre, em regra, não da natureza do bem, mas antes por referência a um determinado *status* (GOMES, Manuel Januário da Costa, "A esfera de bens impenhoráveis e o *status* do devedor. Breves notas", *op. cit.*, p. 410). Por sua vez, Lelio Barbiera sustenta que a impenhorabilidade relativa respeita às situações em que alguns bens estão reservados à garantia de alguns tipos de créditos ou em que a garantia do crédito resulta, não da totalidade do valor do bem, mas apenas de uma quota-parte (BARBIERA, Lelio, *Responsabilità Patrimoniale, op. cit.*, p. 41).

[1127] Nos termos do art. 5º do DL nº 477/80, de 15 de outubro, integram o domínio privado do Estado: "*a)* Os imóveis, nomeadamente os prédios rústicos e urbanos do Estado, e os direitos a eles inerentes;
b) Os direitos de arrendamento de que o Estado é titular como arrendatário;
c) Os bens móveis corpóreos, com excepção das coisas consumíveis e daquelas que, sem se destruírem imediatamente, se depreciam muito rapidamente, nos termos a definir em instruções regulamentares;
d) Quaisquer outros direitos reais sobre coisas".

[1128] Deste modo, a título meramente exemplificativo, são impenhoráveis, nos termos do art. 453º do CT, os bens móveis e imóveis de associação sindical ou associação de empregadores cuja utilização seja estritamente indispensável ao seu funcionamento, exceto se a aquisição, construção, reconstrução, modificação ou beneficiação desse bem tiver sido feita mediante recurso a financiamento

rabilidade relativa destes bens visa, essencialmente, evitar que os mesmos sejam desviados dos fins de utilidade pública a que se encontram especialmente destinados[1130,1131].

Em todo o caso, para que estes bens sejam impenhoráveis, a lei exige o preenchimento cumulativo de três requisitos:

a) devem estar em causa bens do Estado, de pessoas coletivas públicas, de entidades concessionárias de obras ou serviços públicos ou de pessoas coletivas de direito público;

b) esses bens devem estar especialmente afetados à realização de fins de utilidade pública.
Com efeito, a circunstância de um determinado bem integrar o património do Estado e das restantes pessoas coletivas públicas, de entidades concessionárias de obras ou de serviços públicos ou de pessoas coletivas de utilidade pública não o torna, por si só, impenhorável.

por terceiros, com garantia real previamente registada, e se o financiamento por terceiros e as condições de aquisição tiverem sido objecto de deliberação do órgão estatutariamente competente.

1129 Assim, na esteira do ac. do TRL de 11.05.2004, proc. 2849/2004-7, "Os bens da Caixa Nacional de Aposentações, enquanto pessoa colectiva de direito público, são penhoráveis, apenas deixando de o ser se estiverem afectos à realização de um fim de utilidade pública, a qual tem de resultar do uso que esteja a ser dado ao próprio bem". Analogamente, no ac. do TRL de 13.07.2005, proc. 4399/2005-8, sustentou-se que "Os saldos bancários de que é titular uma Câmara Municipal são penhoráveis salvo se a executada comprovar que os mesmos estão afectos a fins de utilidade pública". No mesmo sentido, no ac. do TRE de 12.01.2006, proc. 1845/05-2, decidiu-se o seguinte: "quanto aos bens do domínio privado do Estado e demais Pessoas Colectivas Públicas, só os que estiverem afectos a fins de utilidade pública beneficiarão da prerrogativa da impenhorabilidade. A natureza destes bens não permite concluir ou presumir a afectação exclusiva ou sequer predominante a fins de utilidade pública e daí que, se pretender obter o levantamento da penhora desses bens, incumba ao executado/embargante, beneficiário da impenhorabilidade relativa, a alegação e prova (trata-se de matéria de excepção e como tal o ónus da prova cabe a quem aproveita – art. 342º nº 2 do CC) da afectação concreta dos bens a fins de utilidade pública". No ac. do TRP de 05.07.2012, proc. 1759/10.2YYPRT-A.P1, decidiu-se que "As quotas sindicais são penhoráveis, porquanto não são imprescindíveis à manutenção e funcionamento do respectivo sindicato, nem se encontram especialmente afectas à realização de fins de utilidade pública". Na mesma linha de raciocínio, no ac. do TRP de 30.06.2014, proc. 80/12.6TTPRT-B.P1, decidiu-se que "É impenhorável a comparticipação financeira atribuída pelo Instituto de Solidariedade Social, I.P., no âmbito de um acordo de cooperação que celebrou com uma Instituição Particular de Solidariedade Social – pessoa colectiva de utilidade pública –, destinado à prestação de cuidados domiciliários a diversos utentes, apresentando-se tal comparticipação essencial à realização de tal actividade".

1130 Tal como se decidiu no ac. do TRL de 28.05.2013, proc. 164183/11.7YIPRT-B.L1-7, "Estão afetos à realização aos fins de utilidade pública os bens que se mostrem necessários ao funcionamento da entidade, isto é, aqueles sem os quais a mesma fica impossibilitada de prosseguir o seu escopo".

1131 Ac. do TRL de 28.05.2013, proc. 164183/11.7YIPRT-B.L1-7.

Pelo contrário, a lei exige que os bens se encontrem especialmente afetados à realização de fins de utilidade pública, ficando, por isso, excluídos deste âmbito os bens que apenas se encontrem genericamente afetos a tais fins[1132] ou que apenas sejam idóneos a serem afetados a esses fins[1133]. Neste particular, recai sobre o executado o ónus de alegar e de provar factos concretos e objetivos que permitam demonstrar essa especial afetação[1134], sendo, por conseguinte, manifestamente insuficiente a alegação genérica da afetação dos bens penhorados à realização de fins de utilidade pública[1135,1136]. Assim, por exemplo, um prédio, composto de recinto desportivo com campo de jogo e bancadas, os "subsídios pecuniários atribuídos por uma Câmara Municipal a uma associação/clube do respetivo município, enquanto receita mensal, fungível, que irá integrar o património desta"[1137] ou o saldo do depósito bancário de uma conta titulada por uma associação de bombeiros[1138], serão, em princípio, penhoráveis, salvo se o executado lograr demonstrar a especial vinculação ou afetação desses bens à realização de fins de utilidade pública[1139]; e

c) esses bens apenas serão impenhoráveis desde que não esteja em causa uma execução para pagamento de quantia certa referente a uma dívida que beneficie de garantia real sobre eles.

[1132] Ac. do TRL de 21.11.2013, proc. 464/12.0TCFUN.L1-2.

[1133] GOMES, Manuel Januário da Costa, "A esfera de bens impenhoráveis e o *status* do devedor. Breves notas", *op. cit.*, p. 411.

[1134] *Vide,* no mesmo sentido, GOMES, Manuel Januário da Costa, "A esfera de bens impenhoráveis e o *status* do devedor. Breves notas", *op. cit.*, pp. 411 e 412.

[1135] Ac. do TRE de 14.06.2018, proc. 115/12.2TTBJA-C.E1.

[1136] Contudo, excecionalmente, a jurisprudência tem vindo a dispensar o executado do ónus de alegação e prova da especial afetação de um bem do domínio particular à realização de fins de utilidade pública nos casos em que essa afetação seja notória. Cfr., a este respeito, o ac. do TRL de 02.03.2006, proc. 11989/2005-8, no qual se decidiu que "O edifício onde se situa o quartel de uma corporação de bombeiros está isento de penhora nos termos do art. 823º, nº 1, uma vez que o mesmo está afecto à realização dos fins de utilidade pública a que se dedicam os bombeiros. Tal facto é notório, não carecendo de alegação".

[1137] Ac. do TRP de 16.01.2012, proc. 593/04.3TTGMR-B.P1.

[1138] Ac. do TRL de 12.04.2018, proc. 2933/14.8YYLSB-A.L1-8.

[1139] Ac. do STJ de 20.01.2010, proc. 642/04.5TBSXL-B.L1.S1.

3.5.2. Instrumentos de trabalho e objetos indispensáveis ao exercício da atividade ou formação profissional do executado

Por razões de natureza económica e social, o art. 737º, nº 2, preceitua que, em princípio, são impenhoráveis os instrumentos de trabalho e os objetos indispensáveis ao exercício da atividade ou formação profissional do executado[1140].

Contudo, esses bens podem ser penhorados nos seguintes casos:

a) se o executado os indicar à penhora[1141];

[1140] Em sede de direito comparado, no ordenamento jurídico alemão, dispõe o § 811 do ZPO que, dedicando-se o executado à atividade agrícola, não é penhorável a remuneração em bens naturais essenciais, na quantidade necessária para a subsistência do executado e da sua família. São igualmente impenhoráveis os objetos necessários para a continuação da atividade laboral, quando os mesmos sejam utilizados como base do trabalho do executado, o vestuário profissional e, no caso dos funcionários, clérigos, advogados, notários, médicos ou parteiros, os objetos necessários para o exercício das respetivas profissões e as respetivas vestimentas profissionais, os aparelhos, objetos de laboratório e bens necessários para o funcionamento de uma farmácia, os livros que sejam utilizados pelo devedor e pela sua família na igreja, na escola ou em alguma instituição educativa, os livros utilizados para os negócios, os documentos de família, as alianças e as distinções. Por sua vez, no ordenamento jurídico italiano, preceitua o art. 515º do $CPC_{It.}$ que as ferramentas, objetos e livros necessários para o exercício da profissão, arte ou ofício do devedor podem ser apreendidos no limite de um quinto, quando o valor estimado de realização de outros ativos penhorados pelo oficial de justiça ou indicados pelo devedor não seja suficiente para a satisfação do pedido. Este limite não se aplica, no entanto, aos devedores constituídos sob a forma societária e, em qualquer caso, se na atividade do devedor se verificar uma prevalência do capital investido no trabalho.
Do mesmo modo, no ordenamento jurídico espanhol, dispõe o art. 606º da LEC que são impenhoráveis os livros e os instrumentos necessários para o exercício da profissão, arte ou ofício a que se dedique o executado, quando o seu valor seja desproporcional em relação ao valor da dívida reclamada.
No ordenamento jurídico brasileiro, dispõe o art. 833º, V, do $CPC_{Br.2015}$, que são impenhoráveis "os livros, as máquinas, as ferramentas, os utensílios, os instrumentos ou outros bens móveis necessários ou úteis ao exercício da profissão do executado", sendo que, à luz do §3º do citado preceito legal, são igualmente impenhoráveis "os equipamentos, os implementos e as máquinas agrícolas pertencentes a pessoa física ou a empresa individual produtora rural, exceto quando tais bens tenham sido objeto de financiamento e estejam vinculados em garantia a negócio jurídico ou quando respondam por dívida de natureza alimentar, trabalhista ou previdenciária". De todo o modo, nos termos do art. 833º, §1º, do $CPC_{Br.2015}$, "A impenhorabilidade não é oponível à execução de dívida relativa ao próprio bem, inclusive àquela contraída para sua aquisição".

[1141] A este respeito, o Código de Processo Civil de 1876 estabelecia no seu art. 816º o seguinte:
"Só podem ser penhorados por nomeação expressa do executado:
1º Os livros, machinas ou instrumentos destinados ao ensino, practica ou exercício, das artes liberaes e sciencias, e os livros necessários à profissão de advogado;
2º Os utensilios ou ferramentas indispensáveis às ocupações ordinarias dos mestres e officiaes de officios mechanicos;
3º As machinas, ferramentas e instrumentos, destinados à cultura das terras;
4º As sagradas imagens, ornamentos e tudo o mais que serve no ministerio do altar;

b) se a execução se destinar ao pagamento do preço da sua aquisição ou do custo da sua reparação; ou

c) se forem penhorados como elementos corpóreos de um estabelecimento comercial[1142].

A jurisprudência tem vindo a entender que a norma em análise não se aplica às pessoas coletivas e/ou às sociedades comerciais[1143]. É que, de acordo com o princípio da especialidade do fim, previsto no art. 6º do CSC, todos os bens ou utensílios pertencentes a uma sociedade são, em princípio, necessários ou convenientes ao prosseguimento da sua atividade comercial ou industrial. Daí que, se o art. 737º, nº 2, fosse aplicável às pessoas coletivas e/ou às sociedades comerciais, estas entidades veriam o seu património isento de penhora, por todo ele se encontrar, de forma direta ou indireta, adstrito ao prosseguimento da sua atividade. Por conseguinte, este preceito apenas será aplicável às pessoas singulares, sendo que o legislador presume que a subsistência destas pessoas, bem como do seu agregado familiar, fica essencialmente dependente do exercício do seu trabalho[1144].

5º Quaisquer outros bens isentos de penhora por leis especiaes.
§ unico. Cessa a disposição d'este artigo, quanto aos bens mencionados nos nºs 1º, 2º, 3º e 4º, quando a execução provier do preço por que foram comprados; e, além d'isso, quanto aos do nº 3º, quando forem nomeados à penhora conjunctamente com as terras, ou quando tiverem sido expressamente obrigados à divida, e, quanto aos do nº 4º, quando forem de grande valor e o executado não possuir outros bens".

1142 *Vide*, a este respeito, o ac. do TRP de 13.02.2007, proc. 0720252, no qual se decidiu que "São penhoráveis, logo arrestáveis, sem restrição alguma, os elementos corpóreos de um estabelecimento comercial quando a entidade a penhorar (arrestar) seja a entidade devedora e o estabelecimento comercial seja propriedade desta". Nessa exata medida, conforme se decidiu no aludido aresto, são penhoráveis, por exemplo, as mercadorias, matérias-primas, computadores e outros bens móveis que se achem depositados no interior do estabelecimento comercial.

1143 Cfr. nesse sentido, entre outros, o ac. do TRP de 14.10.2002, proc. 0250795, o ac. do TRL de 11.06.2003, proc. 2089/2003-4, o ac. do TRP de 13.10.2009, proc. 53/08.3TBVPA-C.P1, o ac. do TRL de 19.11.2009, proc. 54001/06.0YYLSB-A.L1-8, o ac. do TCAN de 27.06.2014, proc. 00077/14.1BEVIS, o ac. do TCAN de 12.11.2015, proc. 01341/15.8BEPNF, assim como o ac. do TRE de 07.11.2019, proc. 343/13.3TBVRS-B.E1.

1144 *Vide*, a este propósito, o ac. do TRP de 05.12.2011, proc. 771-H/2002.P1, no qual se consignou que "Havendo colisão entre o direito do credor/exequente a ver realizado o seu crédito e o direito do devedor/executado a não ser privado dos instrumentos do seu trabalho e dos objectos indispensáveis ao exercício da sua actividade profissional, o legislador optou pelo sacrifício do primeiro", bem como o ac. do TCAS de 23.04.2015, proc. 08580/15.
Não obstante, alguma jurisprudência tem vindo a interpretar esta limitação à penhora de forma muito restritiva. Assim, no ac. do TRL de 23.05.1996, proc. 0014312, decidiu-se que "Dado o carácter excepcional da norma, só em casos extremos se hão-de considerar subtraídos à penhora bens ou artigos usados na profissão do executado, nos termos da alínea d) do artigo 823º. A penhora

3.5.3. Bens imprescindíveis a qualquer economia doméstica

Regra geral, são impenhoráveis os bens imprescindíveis a qualquer economia doméstica[1145], que se encontrem na casa de habitação efetiva do executado. Com efeito, como bem salienta Alberto dos Reis, "razões de decência e de humanidade fazem que se subtraia à penhora, qualquer que seja a natureza ou a origem da dívida, aquilo que é absolutamente indispensável à vida do executado e da sua família. Seria odioso e afrontoso de todos os sentimentos de respeito pela pessoa humana que a penhora se levasse até ao ponto de deixar o executado e os seus inteiramente despojados do que lhes é estritamente imprescindível para a satisfação das mais elementares necessidades da vida: a comida, a cama e o vestuário"[1146].

Por "bens imprescindíveis à economia doméstica", deve entender-se aqueles bens que são absolutamente indispensáveis à satisfação das necessidades básicas e diárias da generalidade das pessoas. A este propósito, a jurisprudência tem vindo a considerar que "o conceito de *bens imprescindíveis a uma economia doméstica* tem variado ao longo da história, de acordo com o grau de desenvolvimento social, cultural e económico, e o padrão das necessidades essenciais para uma família, razão pela qual deve ser aferido em função do nível sociocultural e económico de qualquer família média portuguesa"[1147].

dos utensílios e ferramentas da oficina de bate-chapas do executado não o inibe de exercer a sua profissão por conta de outrem". Do mesmo modo, no ac. do TRL de 17.03.1994, proc. 0079041, sustentou-se que os meios indispensáveis ao exercício da atividade profissional do executado "são aqueles sem os quais é impossível ao executado exercer a sua actividade habitual. A palavra "profissão" deve entender-se no seu sentido mais extenso, de forma a abranger qualquer espécie de atividade lícita, qualquer ocupação, qualquer arte ou ofício, por mais rudimentar ou modesto que seja".

1145 O Código de Processo Civil de 2013 veio corrigir um erro referente à penhora de bens imprescindíveis a qualquer economia doméstica, já que estes, apesar de serem relativamente impenhoráveis, achavam-se indevidamente sistematizados no art. 822º do CPC_{1961}, referente aos bens absolutamente impenhoráveis.

1146 Reis, José Alberto dos, *Processo de Execução*, vol. I, *op. cit.*, p. 352. *Vide*, no mesmo sentido, Consolo, Claudio, *et al.*, *Commentario al Codice di Procedura Civile*, *op. cit.*, p. 572, segundo os quais esta impenhorabilidade é motivada por razões de humanidade, bem como Loughlin, Paula/ Gerlis, Stephen, *Civil Procedure*, 2ª ed., Cavendish, Londres, 2004, p. 631.
Conforme ensina Vaz Serra, o regime da impenhorabilidade absoluta dos bens imprescindíveis à economia doméstica remonta ao instituto romano do *beneficium competentiae*, o qual visava impedir "que o devedor fosse condenado de modo a ficar sem meios de subsistência" (Serra, Adriano Paes da Silva Vaz, *Obrigações – Ideias Preliminares, Fontes (em especial, Contrato e Negócio Unilateral), Fixação de Prazo*, *op. cit.*, p. 67).

1147 Ac. do TRP de 05.02.2001, proc. 0021750. Cfr., no mesmo sentido, Freitas, José Lebre de/ Mendes, Armindo Ribeiro, *Código de Processo Civil Anotado*, vol. III, *op. cit.*, p. 349, segundo os quais

Assim, "a televisão, o frigorífico, o computador, a mesa da cozinha, a mesa de sala e as cadeiras onde o agregado se senta diariamente para fazer as suas refeições, ou até mesmo a cómoda onde são guardadas as roupas do agregado constituirão bens essenciais à economia doméstica, só se encontrando excluída tal essencialidade se se tratarem de objectos valiosos ou decorativos, e sem utilidade na satisfação das necessidades básicas, como, por exemplo, uma vitrine de exposição de objectos ou colecções, um sofá ou móveis existentes num compartimento só utilizado quando há visitas, o mobiliário de um escritório, etc."[1148,1149].

o conceito de "bens imprescindíveis à economia doméstica" deve tomar por referência um "padrão mínimo de dignidade social" e não o "tipo de economia doméstica do executado".

[1148] Ac. do TRL de 16.11.2010, proc. 1030/10.0TJLSB-C.L1. Do mesmo modo, Angel Fernandez salienta que "Com toda a probabilidade, um pequeno frigorífico, um fogão, um relógio ou um rádio (e provavelmente todos os eletrodomésticos destinados à ajuda nas tarefas de casa) são, hoje, tão de primeira necessidade como as roupas de uso diário, e a sua venda ocasionaria mais prejuízos ao devedor do que benefícios ao credor" (Angel Fernandez, Miguel, *Derecho Procesal Civil*, vol. III, *op. cit.*, p. 90).

[1149] Neste particular, o ordenamento jurídico italiano densifica, de certa forma, o conceito de "bens imprescindíveis à economia doméstica", porquanto estabelece no art. 514º do $CPC_{It.}$ que são impenhoráveis as roupas, a roupa de cama, as camas, as mesas para consumo de refeições e as respetivas cadeiras, os roupeiros, as cómodas, o frigorífico, o fogão e o forno, ainda que a gás ou elétrico, a máquina de lavar roupa, os utensílios de casa e de cozinha, acompanhados das peças de mobiliário adequadas para os guardar, na medida em que tais bens sejam essenciais para o devedor e para os demais membros do seu agregado familiar. Ficam, no entanto, excluídos deste regime de impenhorabilidade os móveis, exceto as camas, de valor económico significativo, ainda que do ponto de vista artístico ou da sua antiguidade.
Do mesmo modo, o ordenamento jurídico alemão concretiza, no seu § 811 do ZPO, que não são penhoráveis os bens para uso pessoal do executado, em especial as peças de vestuário, os lençóis, as camas e os eletrodomésticos e utensílios de cozinha, bem como os meios necessários para a alimentação, fogo e iluminação para o devedor e sua família pelo período de quatro semanas ou, não existindo esses meios para esse período de tempo e não estando assegurado que esses meios possam ser adquiridos de outra maneira, a quantia pecuniária necessária para a sua aquisição. Não são também penhoráveis pequenos animais em número limitado, assim como uma vaca leiteira, ou, de acordo com a escolha do devedor, dois carneiros, duas cabras ou duas ovelhas, quando estes animais sirvam para a alimentação do devedor e/ou da sua família. Ademais, nos termos do § 812 do ZPO, não são penhoráveis os objetos que integrem o mobiliário doméstico usual do executado e que se encontrem na sua habitação, quando seja previsível que, mediante a sua liquidação, seja obtido um montante inferior ao respetivo valor.
Analogamente, o art. 606º da LEC determina que são impenhoráveis os móveis e os utensílios domésticos, assim como as roupas do executado e da sua família, na medida em que não possam ser considerados como supérfluos. Em geral, são impenhoráveis aqueles bens, como alimentos, combustível e outros que, a juízo do tribunal, se revelem imprescindíveis para que o executado e os seus dependentes possam atender, com razoável dignidade, à sua subsistência.

Ademais, só são impenhoráveis os bens que, sendo imprescindíveis à economia doméstica, se encontrem depositados na casa de habitação efetiva do executado. Nessa exata medida, se o executado, por exemplo, possuir duas habitações – sendo uma a sua habitação efetiva e outra uma "habitação de campo" ou uma "habitação de férias" – os bens, abstratamente considerados como imprescindíveis à economia doméstica, que se encontrem depositados nessa "segunda habitação" já serão passíveis de penhora, porquanto, não sendo indispensáveis para garantir a subsistência do executado, não há nenhuma razão, de ordem social ou moral, que imponha a sua impenhorabilidade[1150].

Por outro lado, importa salientar que os bens imprescindíveis a qualquer economia doméstica, que se encontrem na casa de habitação efetiva do executado, só são impenhoráveis desde que a dívida exequenda não diga respeito

No ordenamento jurídico francês, o art. L112-2 do $CPCE_{Fr.}$ estabelece a regra geral de que são impenhoráveis os bens móveis indispensáveis à subsistência e ao trabalho do devedor e da sua família. Esta norma geral é, depois, regulamentada pelo art. R112-2 do *Décret nº 2012-783 du 30 mai 2012 relatif à la partie réglementaire du code des procédures civiles d'exécution*, o qual concretiza que são impenhoráveis, salvo se a dívida disser respeito ao pagamento do preço devido pelo seu fabrico ou compra ou se respeitar a um empréstimo feito por um terceiro para a sua compra, fabrico ou reparação, os seguintes bens: o vestuário do executado, o colchão e os artigos de cama, os objetos e os produtos de higiene pessoal e de limpeza, os géneros alimentares, os utensílios domésticos necessários para a conservação, preparação e consumo de alimentos, os aparelhos necessários ao aquecimento, a mesa e as cadeiras indispensáveis para a tomada das refeições pelo agregado familiar, um móvel para guardar as roupas e um outro para armazenar os objetos domésticos, uma máquina de lavar a roupa, os livros e outros objetos necessários para o executado prosseguir os seus estudos ou a sua formação profissional, os objetos das crianças, os artigos de recordação de caráter pessoal ou familiar, os animais de companhia ou de guarda, os animais destinados à subsistência do executado e os alimentos necessários a esses animais, os instrumentos de trabalhos indispensáveis ao exercício pessoal de uma atividade profissional e um posto telefónico que permita o acesso ao serviço de telefone fixo ou móvel. Esses bens serão, no entanto, penhoráveis se se encontrarem depositados em local diverso da residência habitual ou do lugar de trabalho do devedor, se constituírem ativos valiosos, especialmente por causa da sua importância, do seu material, da sua raridade, da sua antiguidade ou da sua natureza de luxo, se eles perderem o seu caráter de necessidade devido à sua quantidade ou se constituírem elementos corpóreos de um estabelecimento comercial.
No ordenamento jurídico brasileiro, o art. 833º, II, do $CPC_{Br.2015}$ preceitua que são impenhoráveis "os móveis, os pertences e as utilidades domésticas que guarnecem a residência do executado, salvo os de elevado valor ou os que ultrapassem as necessidades comuns correspondentes a um médio padrão de vida".

1150 *Vide*, no mesmo sentido, GOMES, Manuel Januário da Costa, "A esfera de bens impenhoráveis e o *status* do devedor. Breves notas", *op. cit.*, p. 409, o qual sustenta que "o fogão de cozinha na residência permanente será tido por impenhorável, mas já não o fogão existente na "casa da terra" ou na casa utilizada para fins de vilegiatura".

ao pagamento do preço da respetiva aquisição ou do custo da sua reparação (art. 737º, nº 3).

3.6. Bens parcialmente impenhoráveis

3.6.1. Penhora de rendimentos ou prestações que assegurem a subsistência do executado

3.6.1.1. Âmbito

Nos termos do art. 738º, nº 1, são impenhoráveis dois terços da parte líquida dos vencimentos, salários, prestações periódicas pagas a título de aposentação[1151] ou de qualquer outra regalia social[1152,1153], seguro, indemnização por acidente, renda vitalícia ou prestações de qualquer natureza[1154] que assegurem a subsistência do executado[1155,1156].

[1151] Quanto à penhorabilidade das apólices dos Planos Poupança Reforma (PPR) de que seja titular o executado, *vide* o ac. do TRP de 20.12.2005, proc. 0524444. Sustentando a possibilidade de penhora do valor de resgate de um Plano Poupança Reforma, *vide* o ac. do TRG de 18.06.2015, proc. 918/11.5TBVRL.G1.

[1152] A este propósito, decidiu-se no ac. do TRP de 30.09.1999, proc. 9931069, que "A pensão de sobrevivência derivada da anomalia psíquica do beneficiário não é de considerar *pensão de natureza semelhante* às prestações periódicas pagas a título de aposentação a que alude o artigo 824º, alínea b), do Código de Processo Civil", razão pela qual a mesma é impenhorável, à luz do art. 45º, nº 1, do DL nº 28/1984, de 14 de agosto.

[1153] Cfr., a este respeito, o art. 72º, nº 2, da Lei nº 4/2007, de 16 de janeiro (Aprova as bases gerais do sistema de segurança social), à luz do qual "As prestações dos regimes de segurança social são parcialmente penhoráveis nos termos da lei geral".

[1154] Quanto à admissibilidade de penhora da remuneração auferida por recluso para pagamento da indemnização pelos danos a que deu causa o crime que cometeu, *vide* o ac. do TRP de 29.03.2006, proc. 0546356, bem como o ac. do TRG de 17.01.2013, proc. 568/08.3PAPVZ-A.G1.

[1155] *Vide*, a este respeito, o ac. do TRG de 23.04.2020, proc. 3220/16.2T8VCT-A.G1, no qual se entendeu que "A letra do artigo 738º, nº 1 do Código de Processo Civil ao empregar a locução "prestações periódicas", quer tanto mais significar prestações de qualquer natureza que assegurem a subsistência do executado, do que o seu carácter fracionado. O que é decisivo é a função da prestação e não a sua periodicidade".

[1156] A este propósito, no ac. do TC nº 349/91, proc. 297/89, *in www.tribunalconstitucional.pt*, considerou-se que "a norma do artigo 45º, nº 1, da Lei nº 28/84, ao considerar abrangidas pelo princípio da impenhorabilidade total – apenas com a excepção constante do nº 2 daquele preceito – as prestações devidas por instituições de segurança social de montante superior ao mínimo de sobrevivência condigna, encerra um sacrifício excessivo e desproporcionado do direito do credor, apresentando-se, assim, como arbitrária e materialmente infundada". Analogamente, o TC, no seu ac. nº 411/93, proc. 434/91, *in www.tribunalconstitucional.pt*, decidiu "Julgar inconstitucional, por violação do preceituado nas disposições conjugadas dos artigos 13º, nº 1, e 62º, nº 1, da Constituição, a norma do artigo 45º, nº 1, da Lei nº 28/84, de 14 de Agosto (Lei da Segurança Social), apenas na medida em que isenta de penhora a parte das prestações devidas pelas instituições de segurança social que excede o mínimo adequado e necessário a uma sobrevivência condigna".

O conceito de "vencimento" ou de "salário" deve ser interpretado em sentido amplo.

De facto, segundo o art. 258º, nºs 2 e 3, do CT, "A retribuição compreende a retribuição base e outras prestações regulares e periódicas feitas, directa ou indirectamente, em dinheiro ou em espécie", presumindo-se constituir retribuição "qualquer prestação do empregador ao trabalhador".

Por sua vez, de acordo com o art. 260º, nº 3, do CT, consideram-se incluídas na retribuição as "gratificações que sejam devidas por força do contrato ou das normas que o regem, ainda que a sua atribuição esteja condicionada aos bons serviços do trabalhador", as gratificações que, "pela sua importância e carácter regular e permanente, devam, segundo os usos, considerar-se como elemento integrante da retribuição daquele", bem como as "prestações relacionadas com os resultados obtidos pela empresa quando, quer no respectivo título atributivo quer pela sua atribuição regular e permanente, revistam carácter estável, independentemente da variabilidade do seu montante".

Paralelamente, o art. 2º, nº 2, do CIRS, preceitua que os rendimentos do trabalho dependente "compreendem, designadamente, ordenados, salários, vencimentos, gratificações, percentagens, comissões, participações, subsídios ou prémios, senhas de presença, emolumentos, participações em multas e outras remunerações acessórias, ainda que periódicas, fixas ou variáveis, de natureza contratual ou não".

Neste enquadramento, a jurisprudência tem vindo a admitir, por exemplo, a possibilidade de penhora, enquanto elemento integrante da retribuição, das "ajudas de custo"[1157], das "quantias correspondentes ao subsídio de alimentação, ao abono para falhas e pelo trabalho prestado aos domingos"[1158], do "valor pago a título de vales de refeições"[1159], bem como dos subsídios de férias e de Natal[1160].

Questão problemática é a de saber se as compensações ou indemnizações devidas ao executado, em virtude da cessação da relação laboral, estão ou não abrangidas pelo regime da impenhorabilidade parcial previsto no art. 738º, nº 1.

Com efeito, a jurisprudência tem vindo a dividir-se quanto a esta questão, sendo possível identificar duas teses distintas:

1157 Ac. do TRP de 25.03.2010, proc. 1139/07.7TBLSD-A.P1.

1158 Ac. do TRP de 30.09.2013, proc. 393/2001.

1159 Ac. do TRE de 26.02.2015, proc. 1321/11.2TBELV-B.E1.

1160 Ac. do TRL de 12.06.2001, proc. 0031957.

a) para uma primeira tese, as compensações ou indemnizações devidas ao executado, em virtude da cessação da relação laboral, destinam-se a garantir a sua subsistência, razão pela qual as mesmas estão sujeitas ao regime da impenhorabilidade parcial, previsto no art. 738º, nº 1[1161];

b) para uma segunda tese, as compensações ou indemnizações devidas ao executado, em consequência da cessação da relação laboral, para além de não revestirem natureza periódica, não se destinam a assegurar a sua subsistência, sendo, por isso, penhoráveis na sua totalidade, por aplicação do regime geral da penhora de créditos (art. 773º)[1162].

Sobre este problema, afigura-se que a sujeição, ou não, das compensações ou indemnizações decorrentes da cessação da relação laboral ao regime da impenhorabilidade parcial, constante do art. 738º, nº 1, depende, necessariamente, da qualificação da natureza dessas prestações, por forma a se poder determinar se as mesmas se destinam ou não a garantir a subsistência do executado. Vale isto por dizer que, na nossa perspetiva, o critério que releva é o da natureza dessas prestações e não o facto de as mesmas serem disponibilizadas ao trabalhador de forma integral ou faseada.

Assim, se a compensação ou a indemnização se reportam a créditos salariais ou remuneratórios – tal como sucede, nomeadamente, com a compensação pecuniária global em caso de cessação do contrato de trabalho por acordo (art. 349º, nº 5, do CT)[1163,1164], bem como com os "salários intercalares", isto é, com as retribuições que o trabalhador tenha deixado de auferir desde o despedimento até ao trânsito em julgado da decisão do tribunal que tenha declarado a ilicitude do despedimento, sem prejuízo das deduções, legalmente previstas, que devam ser feitas a essas retribuições (art. 390º do

[1161] *Vide*, nesse sentido, os acs. do TRL de 17.04.2007, proc. 10641/2006-7, e de 20.09.2012, proc. 1253/11.4TBOER-C.L1-8, bem como o ac. do TRP de 20.02.2017, proc. 1034/10.2TBLSD-E.P1.

[1162] Cfr., nesse sentido, o ac. do STJ de 20.03.2018, proc. 1034/10.2TBLSD-E.P1.S2, bem como o ac. do TRG de 13.09.2018, proc. 3345/14.9T8GMR-D.G1.

[1163] *Vide*, sobre esta matéria, AMADO, João Leal, *Contrato de Trabalho*, 4ª ed., Coimbra Editora, Coimbra, 2014, pp. 364 a 366.

[1164] Neste particular, Pedro Romano Martinez salienta que a compensação pode compreender uma quantia negociada entre o trabalhador e a entidade patronal, "apesar de a revogação não implicar o pagamento de qualquer indemnização" (MARTINEZ, Pedro Romano, *Direito do Trabalho*, 8ª ed., Almedina, Coimbra, 2017, p. 973). De todo o modo, se a compensação ajustada entre as partes assumir uma natureza global, sem se especificar cada uma das parcelas que a compõem, afigura-se que, à luz do art. 349º, nº 5, do CT, deve presumir-se que essa compensação compreende os créditos laborais em dívida à data da cessação do contrato de trabalho ou que se tenham tornado exigíveis em virtude dessa cessação.

CT)[1165] – essas remunerações, por se destinarem, presumivelmente, a assegurar a subsistência do executado, estarão, naturalmente, sujeitas ao regime previsto no art. 738º, nº 1, razão pela qual será impenhorável o montante correspondente a dois terços da compensação ou da indemnização.

Diferentemente, se a compensação ou a indemnização não revestirem a natureza de créditos salariais ou remuneratórios – e, consequentemente, não se destinarem a garantir a subsistência do executado – as mesmas serão penhoráveis na sua totalidade, por aplicação do regime da penhora de créditos previsto no art. 773º, não estando, consequentemente, sujeitas ao regime da impenhorabilidade parcial constante do art. 738º, nº 1. Enquadram-se neste âmbito, nomeadamente, as indemnizações devidas ao trabalhador, pelos danos patrimoniais e não patrimoniais causados, quando o despedimento tenha sido declarado ilícito [art. 389º, nº 1, al. *a*), do CT][1166], a indemnização em substituição da reintegração (arts. 391º e 392º do CT), bem como a indemnização devida, em caso de resolução, pelo trabalhador, do contrato de trabalho, com fundamento em justa causa (arts. 394º e 396º do CT)[1167].

Por outro lado, o novo Código de Processo Civil veio pôr termo, em definitivo, à divisão doutrinal e jurisprudencial quanto à questão de saber se a impenhorabilidade parcial de prestações periódicas devia incidir sobre o seu valor ilíquido ou líquido[1168], preceituando agora que essa impenhorabilidade é calculada em função da parte líquida[1169]. Neste particular, o art. 738º, nº 2, cla-

[1165] Com efeito, conforme elucida João Leal Amado, a obrigação de pagamento dos "salários intercalares" corresponde ao "cumprimento diferido da obrigação retributiva a cargo do empregador" (Amado, João Leal, *Contrato de Trabalho, op. cit.*, p. 410).

[1166] Com efeito, tal como salienta Pedro Romano Martinez, esta indemnização "resulta do regime geral da obrigação de indemnizar, constante dos arts. 562º e ss. do CC" (Martinez, Pedro Romano, *Direito do Trabalho, op. cit.*, p. 1036).

[1167] *Vide*, em sentido contrário, o ac. do TRP de 23.09.2019, proc. 2076/08.3TBOAZ-E.P1, no qual se defendeu que, mesmo que esteja em causa uma compensação de natureza ressarcitória, não se pode deixar de reconhecer que essa compensação reveste igualmente uma natureza previdencial ou social, "dada a sua função de assegurar a subsistência do trabalhador no período imediatamente subsequente à quebra de rendimentos provocada pela situação de desemprego", razão pela qual a mesma será parcialmente impenhorável, nos termos do art. 738º, nº 1, bem como, com um voto de vencido, o ac. do TRG de 05.12.2019, proc. 777/07.2TBBCL-F. G1.

[1168] *Vide* quanto a esta problemática, entre outros, o ac. do TRP de 08.02.1996, proc. 9531162, bem como os acs. do TRL de 02.11.2006, proc. 8768/2006, de 17.11.2011, proc. 457-B/2002.L1-2, e de 08.11.2012, proc. 3686/11.7TJLSB-B.L1-2.

[1169] Do mesmo modo, no ordenamento jurídico espanhol, dispõe o art. 607º, nº 5, da LEC que a penhora dos salários, pensões ou retribuições deve ser efetuada sobre a quantia líquida que seja recebida pelo executado, uma vez efetuados os descontos legais em razão da legislação fiscal, tributária ou da segurança social.

rifica que, no apuramento da componente líquida das prestações periódicas, apenas são considerados os descontos legalmente obrigatórios. Significa isto que, na quantificação da prestação líquida da remuneração, devem ser deduzidas, por exemplo, as quantias correspondentes às contribuições obrigatórias para os sistemas de segurança social e para os subsistemas de saúde obrigatórios, bem como as importâncias referentes a impostos, mas já não os descontos facultativos, como sucede, nomeadamente, com as quotizações sindicais[1170].

3.6.1.2. Limites da impenhorabilidade

O montante impenhorável previsto no art. 738º, nº 1, encontra duas limitações, destinando-se a primeira a proteger os interesses do exequente e, a segunda, a salvaguardar a situação económica e social do executado, à luz da exigência constitucional da proteção da dignidade da pessoa humana[1171].

Assim, à luz do art. 738º, nº 3, o montante impenhorável, ou seja, dois terços, não pode ser superior ao montante equivalente a três salários mínimos nacionais à data de cada apreensão, nem pode ser inferior ao montante equivalente ao salário mínimo nacional[1172] – ou ao salário mínimo regional, na eventualidade de o executado residir nas Regiões Autónomas dos Açores[1173] ou da Madeira[1174] e de aí receber a sua remuneração[1175] –, quando o executado não tenha outra fonte de rendimento[1176,1177].

[1170] FARIA, Paulo Ramos de/LOUREIRO, Ana Luísa, *Primeiras Notas ao Novo Código de Processo Civil*, vol. II, *op. cit.*, p. 261.

[1171] Cfr., nesse sentido, MIRANDA, Jorge, *Manual de Direito Constitucional*, Tomo IV, *op. cit.*, p. 262.

[1172] Nos termos do art. 3º do DL nº 109-B/2021, de 7 de dezembro, o valor da RMMG, a que se refere o art. 273º, nº 1, do CT, é de € 705,00.

[1173] Nos termos do art. 3º do DLR nº 8/2002/A, de 10 de abril, republicado pelo DLR nº 9/2022/A, de 23 de maio, "O montante da retribuição mínima mensal garantida, estabelecido ao nível nacional para os trabalhadores por conta de outrem, tem, na Região Autónoma dos Açores, o acréscimo de 5 %". Por conseguinte, o valor da retribuição mínima mensal garantida para vigorar na Região Autónoma dos Açores, a partir de 1 de janeiro de 2022, é de € 740,25.

[1174] Na Região Autónoma da Madeira, o valor da retribuição mínima mensal garantida para vigorar no ano de 2022 é de € 723,00, nos termos do art. 6º do DLR nº 21/2009/M, de 4 de agosto, e do art. 2º do DLR nº 5/2022/M, de 17 de março.

[1175] Cfr., a este propósito, o ac. do TRL de 02.11.2017, proc. 191/08.2TBPDL-A-2.

[1176] No sentido de os limites previstos no art. 738º, nº 3, apenas serem aplicáveis quando estejam em causa prestações de natureza periódica, não podendo, por isso, ser aplicados no caso de pagamento integral da compensação devida pela cessação do contrato de trabalho, *vide* o ac. do TRP de 20.02.2017, proc. 1034/10.2TBLSD-E.P1. Defendendo a aplicação deste regime ao crédito por reembolso de IRS, razão pela qual, "Se da soma do crédito a receber de IRS com o seu rendimento líquido anual, resultar um rendimento médio mensal inferior ao rendimento mínimo mensal anual garantido, tal crédito é impenhorável", *vide* o ac. do TRC de 13.11.2019, proc. 3739/12.4TJCBR-C.C1.

Com efeito, a ressalva de que o rendimento disponível, ou seja, dois terços, não pode exceder o montante equivalente a três salários mínimos nacionais à data de cada apreensão, visa proteger o exequente, já que seria desproporcionado impedir a penhora de dois terços da remuneração periódica auferida pelo executado, ainda que essa remuneração fosse manifestamente elevada. Por conseguinte, a parte do rendimento disponível que exceda o montante equivalente a três salários mínimos nacionais é igualmente penhorável, permitindo-se, dessa forma, a satisfação mais rápida da dívida exequenda e das despesas da execução.

Por sua vez, ao estabelecer que o rendimento disponível do executado, uma vez realizada a penhora, não pode ser inferior ao montante equivalente ao salário mínimo nacional, o legislador procurou garantir a subsistência do executado e/ou do seu agregado familiar, assegurando-lhe o mínimo indispensável para esse efeito[1178,1179,1180].

[1177] *Vide*, a este respeito, o ac. do TRG de 25.10.2018, proc. 4643/09.9TBGM-C.G1, no qual se decidiu que a dúvida sobre a titularidade ou existência de outras fontes de rendimento deve ser resolvida a favor do executado, cabendo, por isso, ao exequente o ónus da prova quanto a esse facto.

[1178] Esta regra da impenhorabilidade de quantia não inferior ao salário mínimo nacional foi introduzida no Código de Processo Civil na sequência da jurisprudência que julgou "inconstitucional a norma do artigo 824º, nºs 1 e 2, do Código de Processo Civil, na medida em que permite a penhora até 1/3 das prestações periódicas pagas a título de aposentação ou de outra qualquer regalia social, seguro, indemnização por acidente ou renda vitalícia, ou de quaisquer outras pensões de natureza semelhante, cujo valor não seja superior ao do salário mínimo nacional então em vigor, por violação do princípio da dignidade humana contido no princípio do Estado de direito que resulta das disposições conjugadas dos artigos 1º, 59º, nº 2, alínea a), e 63º, nºs 1 e 3, da Constituição" (ac. do TC nº 318/99, de 26.05.1999, proc. 855/98, *in www.tribunalconstitucional.pt*). Cfr., no mesmo sentido, o ac. do TC nº 62/02, de 06.02.2001, proc. 251/01, *in www.tribunalconstitucional.pt*, bem como o ac. do TC nº 177/2002, de 23.04.2002, proc. 546/01, *in DR*, nº 150, 1ª série-A, de 2 de julho de 2002, p. 5158, o qual declarou a "inconstitucionalidade, com força obrigatória geral, da norma que resulta da conjugação do disposto na alínea b) do nº 1 e no nº 2 do artigo 824º do Código de Processo Civil, na parte em que permite a penhora até um terço das prestações periódicas, pagas ao executado que não é titular de outros bens penhoráveis suficientes para satisfazer a dívida exequenda, a título de regalia social ou de pensão, cujo valor global não seja superior ao salário mínimo nacional". Com efeito, até à prolação desse entendimento pelo Tribunal Constitucional, alguma jurisprudência vinha admitindo a possibilidade de penhora de um terço do vencimento do executado, mesmo que este apenas auferisse o salário mínimo nacional (cfr., entre outros, o ac. do STJ de 23.01.1992, proc. 081797, *in BMJ*, nº 413, ano 1992, p. 464).

[1179] *Vide*, a este respeito, o ac. do TRC de 14.02.2006, proc. 3550/05, no qual se decidiu que "O equilíbrio entre o direito do credor à satisfação do seu crédito e o direito do devedor à garantia de um mínimo de subsistência dele próprio e do seu agregado familiar deve ser encontrado na referência ao salário mínimo nacional, estabelecido nos termos do artigo 59º, nº 2, al. a) da Constituição da República". Cfr., na doutrina, Silva, Paula Costa e, "As garantias do executado", *op. cit.*, p. 208.

No entanto, estes limites máximo e mínimo não se aplicam aos casos em que o crédito exequendo seja de alimentos, situação em que apenas é impenhorável a quantia equivalente à totalidade da pensão social do regime não contributivo[1181]. Significa isto que, nesta hipótese, pode ser penhorada uma quantia que exceda um terço do vencimento líquido do executado[1182].

Vejamos alguns exemplos:

Hip. 1 – O executado aufere um salário, no valor líquido mensal de € 500,00
Nesse caso, considerando que o valor líquido da sua remuneração é inferior ao salário mínimo nacional, ou seja, € 705,00, não pode ser efetuada qualquer penhora sobre essa remuneração, salvo se o executado tiver outra fonte de rendimento.

Hip. 2 – O executado aufere um salário, no valor líquido mensal de € 1.200,00
Face à impenhorabilidade legal de dois terços da parte líquida do salário, será impenhorável o montante de € 800,00 ($^2/_3$) e penhorável o montante de € 400,00 ($^1/_3$). Neste caso, não é necessário fazer qualquer correção quanto à parte impenhorável do salário, na medida em que fica assegurado o recebimento pelo executado da quantia correspondente a, pelo menos, um salário mínimo nacional, ou seja, € 705,00, já que este receberá a quantia de € 800,00.

[1180] Em sede de direito comparado, no ordenamento jurídico espanhol, dispõe o art. 607º, nº 1, da LEC que é impenhorável o salário, pensão, remuneração ou equivalente, que não exceda o valor definido para o salário mínimo profissional.

[1181] Nos termos do art. 18º, nº 1, da Portaria nº 301/2021, de 15 de dezembro, o quantitativo mensal das pensões de velhice do regime não contributivo é de € 213,91.

[1182] Cfr., nesse sentido, o ac. do TRP de 25.01.2001, proc. 0031228, bem como o ac. do TRE de 04.06.2020, proc. 538/17.0T8STR-D.E1. *Vide*, ainda, o ac. do TRE de 29.01.2015, proc. 209/09.1TMFAR-C.E1, no qual se decidiu que "Tratando de um crédito de alimentos, dada a natureza e fins da obrigação alimentícia, a regra da impenhorabilidade parcial dos vencimentos, pensões, etc., não se mantém, sem prejuízo, todavia, da fixação de uma quantia mínima necessária à subsistência do próprio devedor dos alimentos, compatível com a dignidade da pessoa humana, a qual vem sendo entendida pela jurisprudência com referência ao valor da pensão social". Cfr., na doutrina, MARQUES, J. P. Remédio, "Aspectos sobre o cumprimento coercivo das obrigações de alimentos, competência judiciária, reconhecimento e execução de decisões estrangeiras", *in Comemorações dos 35 Anos do Código Civil e dos 25 Anos da Reforma de 1977*, vol. I, Faculdade de Direito da Universidade de Coimbra, Coimbra Editora, Coimbra, 2004, pp. 625 e 626.

Hip. 3 – O executado aufere um salário, no valor líquido mensal de € 750,00
Considerando que a lei prevê a impenhorabilidade de dois terços da parte líquida do salário, será impenhorável o montante de € 500,00 ($^2/_3$) e penhorável o montante de € 250,00 ($^1/_3$).
Contudo, nos termos do art. 738º, nº 3, o montante impenhorável (no caso, € 500,00) não pode ser inferior ao salário mínimo nacional (€ 705,00), salvo se o executado tiver outra fonte de rendimento.
Assim, torna-se necessário proceder a um movimento corretivo, aumentando a parte impenhorável até € 705,00 e diminuindo, correlativamente, a parte penhorável para o remanescente, ou seja, € 45,00.

Hip. 4 – O executado aufere um salário, no valor líquido mensal de € 3.600,00
Sendo impenhoráveis dois terços da parte líquida do salário, será impenhorável o montante de € 2.400,00 ($^2/_3$) e penhorável a quantia de € 1.200,00 ($^1/_3$).
Todavia, tendo em vista a proteção dos interesses do exequente, o art. 738º, nº 3, preceitua que o montante impenhorável (no caso, € 2.400,00) não pode exceder três salários mínimos nacionais. Ora, considerando que três salários mínimos nacionais correspondem ao montante de € 2.115,00, a parte impenhorável da remuneração do executado (€ 2.400,00) terá, necessariamente, de ser reduzida, verificando-se, correlativamente, um aumento da parte penhorável.
Assim, no caso em concreto, será impenhorável a quantia de € 2.115,00 (correspondente ao limite máximo de três salários mínimos nacionais) e será penhorável o remanescente da remuneração mensal líquida do executado, ou seja, a quantia de € 1.485,00 (€ 1.200,00 + € 285,00).

Hip. 5 – O executado aufere dois salários, cada um deles no valor líquido mensal de € 750,00
Se for penhorado um dos salários, considerando que a lei prevê a impenhorabilidade de dois terços da parte líquida do salário, será impenhorável o montante de € 500,00 ($^2/_3$) e penhorável a quantia de € 250,00 ($^1/_3$).
É um facto que, nos termos do art. 738º, nº 3, o montante impenhorável (no caso, € 500,00) não pode ser inferior ao salário mínimo nacional (€ 705,00), pelo que, por via dessa limitação legal, seria impenhorável a quantia de € 705,00 e penhorável o remanescente, ou seja, o montante de € 45,00.
Sucede que, no caso em concreto, o executado tem outra fonte de rendimento, correspondente ao outro salário por si recebido, de € 750,00. Ora,

aquilo que o legislador quis garantir foi que o executado receba, no cômputo global, pelo menos um salário mínimo nacional, atento o disposto no art. 738º, nº 3.
Significa isto que, na situação em análise, poderia ser penhorado um terço do salário, ou seja, € 250,00, sendo impenhorável a quantia de € 500,00, na medida em que, por via do outro salário por si auferido, o executado recebe, mensalmente, um montante superior a um salário mínimo nacional.
Se, entretanto, for penhorado o segundo salário, será igualmente penhorável um terço desse salário, ou seja, € 250,00, e impenhorável o montante correspondente a dois terços, isto é € 500,00. Neste caso, apesar de a parte impenhorável ser inferior ao salário mínimo nacional (€ 705,00), a verdade é que executado aufere outro rendimento e está garantido, pela soma da parte impenhorável dos dois salários, ou seja, € 1.000,00 (€ 500,00 x 2), o recebimento de um montante superior ao salário mínimo nacional.
Afigura-se, por isso, que não terá de ser efetuado qualquer movimento corretivo quanto à parte penhorável e à parte impenhorável de cada um dos salários, na medida em que, face ao valor efetivamente recebido pelo executado, o qual excede o salário mínimo nacional, está devidamente salvaguarda a sua subsistência em condições mínimas de dignidade, sem prejuízo da possibilidade de o executado requerer ao juiz de execução a redução ou a isenção da penhora, nos termos do art. 738º, nº 6.
O mesmo sucederia, aliás, na eventualidade de a penhora recair simultaneamente sobre os dois salários, caso em que seria penhorável um terço de cada um dos salários, no montante global de € 500,00, e impenhorável a quantia total de € 1.000,00, correspondente à soma dos dois terços de cada um desses salários.

Questão de particular importância é a de saber se, auferindo o executado uma retribuição mensal correspondente ao salário mínimo nacional e não sendo o mesmo titular de outros rendimentos, é admissível a penhora de um terço dessa retribuição quando a mesma, somada ao subsídio de férias ou de Natal (ou, por outras palavras, o "13º e o 14º mês") – liquidado na sua totalidade ou em duodécimos – ultrapasse o valor correspondente ao do salário mínimo nacional.

Sobre esta concreta questão, o Tribunal Constitucional, por acórdão de 12 de novembro de 2014, proferido no processo nº 485/2013[1183], decidiu, com dois votos de vencido, julgar não inconstitucional a norma extraída "da conjuga-

[1183] Disponível *in DR*, nº 26, 2ª série, de 6 de fevereiro de 2015.

ção do disposto na alínea b) do nº 1 e no nº 2 do artigo 824º do CPC [correspondente ao atual art. 738º, nºs 1 e 3], na parte em que permite a penhora até 1/3 das prestações periódicas, pagas ao executado que não é titular de outros bens penhoráveis suficientes para satisfazer a dívida exequenda, a título de regalia social ou de pensão, cujo valor não seja superior ao salário mínimo nacional mas que, coincidindo temporalmente o pagamento desta e subsídio de natal ou de férias, se penhore, somando as duas prestações, na parte que excede aquele montante"[1184].

Com efeito, o Tribunal Constitucional entendeu que "constituindo o subsídio de férias e o subsídio de Natal um complemento à pensão normalmente devida, não se vislumbra que possam corresponder a uma quantia que deva ser qualificada como garantia desse mínimo essencial à subsistência condigna do recorrente".

No entanto, este acórdão contou, como se referiu, com dois votos de vencido, por se entender que, nestes casos, a impenhorabilidade deve abranger igualmente as prestações pagas a título de subsídio de férias e de Natal, por não deixarem "de ser necessárias à subsistência condigna do seu titular". Assim, "o facto de, nos meses em que são pagos aqueles subsídios, a soma do valor da pensão mensal com o valor do subsídio ultrapassar o valor do salário mínimo nacional, não permite que tais prestações passem a estar expostas à penhora para satisfação do direito dos credores".

Na nossa perspetiva, a resposta a esta questão depende, necessariamente, da qualificação da natureza dos subsídios de férias e de Natal, ou seja, se estas prestações têm a mesma natureza dos salários, vencimentos ou das prestações periódicas pagas a título de aposentação – isto é, se se destinam a garantir a subsistência do executado –, ou se, pelo contrário, revestem a natureza de mero complemento desses rendimentos[1185].

[1184] Cfr., em sentido contrário, Faria, Paulo Ramos de/Loureiro, Ana Luísa, *Primeiras Notas ao Novo Código de Processo Civil*, vol. II, *op. cit.*, p. 260, segundo os quais, se o valor do subsídio for igual ou inferior ao salário mínimo nacional, o subsídio é impenhorável, ainda que seja pago numa única prestação ou em duodécimos juntamente com o vencimento, resultando da soma do subsídio e do vencimento um valor superior ao do salário mínimo nacional.

[1185] Sustentando a penhorabilidade de todos os "componentes da retribuição salarial", isto é, de "todas as quantias colocadas à disposição do trabalhador relacionadas com a prestação do trabalho, independentemente da sua designação (vencimento, ajudas de custo, subsídio de alimentação, subsídio de férias e de Natal, subsídio de turno, etc.)", *vide* Ribeiro, Virgínio da Costa/Rebelo, Sérgio, *A Ação Executiva Anotada e Comentada*, 2ª ed., Almedina, Coimbra, 2016, p. 275. Cfr. quanto à mesma problemática, ainda que sem tomar posição definida, Lambelho, Ana/Gonçalves, Luísa Andias, *Manual de Direito do Trabalho – Da Teoria à Prática*, Coimbra Editora, Coimbra, 2014, p. 211.

Na verdade, na declaração de voto de vencido que foi junta ao citado aresto, a impenhorabilidade dos subsídios de férias e de Natal foi sustentada no argumento segundo o qual estas prestações "não são outros rendimentos diferentes da pensão paga mensalmente, mas o mesmo rendimento periódico, cujo momento de pagamento coincide com o das prestações mensais".

Ora, o art. 41º do DL nº 187/2007, de 10 de maio – diploma que "define e regulamenta o regime jurídico de protecção nas eventualidades invalidez e velhice do regime geral de segurança social" – preceitua que "Nos meses de Julho e Dezembro de cada ano, os pensionistas têm direito a receber, além da pensão mensal que lhes corresponda, um montante adicional de igual quantitativo".

Por sua vez, o Código do Trabalho estabelece no seu art. 263º, nº 1, que "O trabalhador tem direito a subsídio de Natal de valor igual a um mês de retribuição, que deve ser pago até 15 de Dezembro de cada ano civil"[1186] e, no seu art. 264º, nº 2, que "o trabalhador tem direito a subsídio de férias, compreendendo a retribuição base e outras prestações retributivas que sejam contrapartida do modo específico da execução do trabalho, correspondentes à duração mínima das férias".

Da leitura desses preceitos legais extrai-se a conclusão de que as prestações pagas a título de subsídio de férias e de Natal não revestem a mesma natureza dos vencimentos, salários e prestações periódicas pagas a título de aposentação.

De facto, recorrendo, desde logo, ao elemento literal, constata-se que o art. 41º do DL nº 187/2007, de 10 de maio, qualifica estas prestações de "montante adicional" à pensão mensal.

Por outro lado, salvo melhor opinião, no que concerne à sua natureza, as prestações atribuídas aos pensionistas em julho e em dezembro ou os subsídios de férias e de Natal previstos na legislação laboral não podem ser equiparados, para efeitos da impenhorabilidade prevista no art. 738º, nº 1, aos vencimentos, salários ou prestações periódicas a título de aposentação. É que esses subsídios, ao invés do que sucede com as prestações periódicas salariais ou pensionistas, não se destinam a garantir a subsistência mínima ou condigna

[1186] Tal como ensina Bernardo da Gama Lobo Xavier, "O subsídio de Natal (ou 13º mês) não tinha, de início, alcance geral, nem era legalmente devido, embora, na prática, fosse muitas vezes atribuído, quer por imposição das convenções colectivas de trabalho quer por força dos usos da própria empresa. Em 1996, o legislador conferiu-lhe carácter geralmente vinculativo, consagrando-o como um direito dos trabalhadores" (Xavier, Bernardo da Gama Lobo, *Manual de Direito do Trabalho*, 2ª ed. rev. e atual., Verbo, Lisboa, 2014, p. 591).

do executado, sendo antes prestações complementares ou suplementares dos salários e das pensões[1187].

Aliás, à conclusão a que se chega não é indiferente o momento do pagamento desses subsídios, o qual coincide temporalmente com os períodos de gozo de férias (art. 264º, nº 3, do CT) ou de Natal (art. 263º, nº 1, do CT). Na verdade, se o subsídio de Natal visa permitir a satisfação de necessidades complementares do trabalhador, que se prendem com as festividades do Natal e com as despesas extraordinárias a elas associadas, o mesmo se passa com a atribuição do subsídio de férias, que procura proporcionar ao trabalhador uma maior comodidade no gozo efetivo das férias[1188].

É um facto que sempre se poderia contra-argumentar que a atribuição do subsídio de férias visa permitir ao trabalhador o gozo efetivo do direito a férias periódicas pagas, consagrado no art. 59º, nº 1, al. *c)*, do CRP, sendo, por isso, tal prestação impenhorável.

Não nos parece, no entanto, que o reconhecimento do direito constitucional a férias periódicas pagas redunde na conclusão de que o subsídio de férias seja impenhorável, pois que o direito a férias retribuídas (arts. 237º, nº 1, e 264º, nº 1, do CT) em nada é prejudicado com a penhora do subsídio de férias (art. 264º, nº 2, do CT).

[1187] No sentido de os subsídios de férias e da Natal constituírem "complementos salariais", isto é, "acrescentos à retribuição base e diuturnidades devidos ao trabalhador", *vide* LEITÃO, Luís Manuel Teles de Menezes, *Direito do Trabalho*, 5ª ed., Almedina, Coimbra, 2016, p. 346, bem como LAMBELHO, Ana/GONÇALVES, Luísa Andias, *Manual de Direito do Trabalho – Da Teoria à Prática*, *op. cit.*, p. 211.
Sustentando que os subsídios de férias e de Natal constituem "prestações salariais suplementares", *vide* CORDEIRO, António Menezes, *Manual de Direito do Trabalho*, Almedina, Coimbra, 1991, p. 725, bem como FERNANDES, António de Lemos Monteiro, *Noções Fundamentais de Direito do Trabalho*, 2ª ed. atual., Almedina, Coimbra, 1976, p. 263.
Já para Bernardo da Gama Lobo Xavier, o subsídio de Natal constitui um "salário diferido, que se vai amontoando mensalmente a favor do trabalhador", o que afasta "uma outra concepção desta prestação, em que o subsídio de Natal era visto como uma prestação com carácter de prémio que só se vencia no fim do ano" (XAVIER, Bernardo da Gama Lobo, *Manual de Direito do Trabalho, op. cit.*, 2014, p. 591).
Defendendo a natureza retributiva destes subsídios, desde logo por referência ao disposto no art. 258º do CT, *vide* RAMALHO, Maria do Rosário Palma, *Direito do Trabalho – Parte II – Situações Laborais Individuais*, 3ª ed., Almedina, Coimbra, 2010, p. 659.

[1188] Tal como salienta Bernardo da Gama Lobo Xavier, "O subsídio de férias constitui uma atribuição patronal que está ligada à própria concessão de férias remuneradas, isto é, ao direito do trabalhador de anualmente não trabalhar e libertar-se das obrigações de serviço, continuando a ser retribuído. A partir da década de 60 foi-se divulgando este tipo de remuneração, tendo em vista que as férias para serem aproveitadas na sua plenitude pressupõem um aumento de gastos" (XAVIER, Bernardo da Gama Lobo, *Manual de Direito do Trabalho, op. cit.*, p. 590).

Nesta perspetiva, entendemos, salvo melhor opinião, que os subsídios de férias e de Natal constituem prestações penhoráveis, razão pela qual a remuneração auferida pelo executado, acrescida do subsídio de férias ou de Natal, será penhorável na proporção de um terço (art. 738º, nº 1), devendo, em todo o caso, garantir-se a perceção, por parte do executado, do montante correspondente ao salário mínimo nacional, atento o disposto no art. 738º, nº 3[1189].

3.6.1.3. Penhora de rendimentos empresariais e profissionais

Nos termos do nº 8[1190] do art. 738º, o regime da penhorabilidade relativa previsto no art. 738º, nºs 1 a 4, aplica-se igualmente aos rendimentos auferidos no âmbito das atividades especificamente previstas na tabela a que se refere o art. 151º do CIRS[1191], com as seguintes especificidades:

a) a parte líquida dos rendimentos corresponde à aplicação do coeficiente 0,75 ao montante total pago ou colocado à disposição do executado, excluído o IVA liquidado;

b) o limite máximo e mínimo da impenhorabilidade é apurado globalmente, para cada mês, pela entidade que os deva pagar;

c) a entidade pagadora dos rendimentos deve comunicar ao agente de execução, previamente a qualquer pagamento ao executado, o montante total a pagar, o valor impenhorável apurado e o montante do valor a penhorar, determinado de acordo com as regras previstas neste preceito legal;

[1189] Sustentando a penhorabilidade dos subsídios de férias e de Natal, mas apenas na parte que excede o salário mínimo nacional, *vide* o ac. do TRP de 08.03.2016, proc. 4462/09.2T2OVR-A.P1. Defendendo que os subsídios de férias e de Natal podem ser penhorados, na parte em que exceda o salário mínimo nacional, quando o rendimento anual do devedor, isto é, a soma dos salários e dos subsídios, repartido pelos doze meses do ano, não seja inferior ao valor do salário mínimo nacional, *vide* o ac. do TRG de 18.04.2013, proc. 537-A/2002.G1, bem como (*a contrario*) o ac. do TRE de 12.09.2019, proc. 1478/10.0TBFAR-A.E1.

Vide, ainda, o ac. do TRG de 25.10.2018, proc. 4643/09.9TBGM-C.G1, no qual se consignou que "Não auferindo o oponente/executado uma pensão que, somada aos duodécimos dos subsídios de férias e de Natal a que tem direito, seja superior ao salário mínimo nacional, os referidos subsídios são impenhoráveis, nos termos do artigo 738º, nºs 1 e 3, do Código de Processo Civil".

[1190] Aditado pela Lei nº 114/2017, de 29 de dezembro.

[1191] *Vide*, a este propósito, o ac. do TRP de 10.05.2018, proc. 380/14.0TBFLG-A.P1, no qual se decidiu que "os limites da impenhorabilidade previstos no art. 738º nº 1 e nº 3 do CPC aplicar-se-ão não apenas aos créditos que são enumerados expressamente, mas antes a todos os créditos que apresentem as mesmas características daqueles quanto ao seu destino, ou seja, relativamente aos quais se possa formular um juízo idêntico ao que orientou o legislador, no sentido de se referirem a prestações destinadas a assegurar o sustento do devedor que não disponha de outros rendimentos".

d) o agente de execução deve, com base nas informações prestadas, confirmar ou apurar o valor a penhorar e comunicá-lo à entidade pagadora, no prazo de dois dias úteis a contar da comunicação por esta efetuada;

e) no caso da falta da comunicação prevista na alínea anterior, a entidade pagadora deve efetuar o pagamento ao executado de acordo com o valor apurado na alínea *c)*;

f) a impenhorabilidade é aplicável apenas aos executados que não aufiram, no mês a que se refere a apreensão, vencimentos, salários, prestações periódicas pagas a título de aposentação ou qualquer outra regalia social, seguro, indemnização por acidente, renda vitalícia ou prestações de qualquer natureza que assegurem a sua subsistência.

Por outro lado, importa salientar que, nos termos do art. 738º, nº 9, se a entidade pagadora incumprir as obrigações que, para ela, decorrem, tal determina a sua execução nos autos, como infiel depositária dos valores que deveriam ter sido penhorados e/ou entregues e não o foram

3.6.1.4. Pluralidade de penhoras

Sendo efetuada a penhora de um rendimento ou de uma prestação que já se encontre penhorada no seu limite de um terço à ordem de outro processo, a penhora concretizada em segundo lugar deve ficar a aguardar pelo termo da penhora primitiva[1192].

3.6.1.5. Redução ou isenção de penhora

O art. 738º, nº 6, estabelece uma cláusula de salvaguarda, que visa proteger as necessidades básicas do executado e/ou do seu agregado familiar em caso de penhora de rendimentos[1193].

Assim, uma vez ponderados o montante e a natureza do crédito exequendo, bem como as necessidades do executado e do seu agregado familiar, o juiz de execução[1194] pode, excecionalmente e a requerimento do executado, reduzir, por período que considere razoável, a parte penhorável dos rendimentos,

[1192] *Vide*, a este respeito, o ac. do TRP de 05.03.1991, proc. 0124580.

[1193] Defendendo a possibilidade de aplicação analógica deste regime aos casos em que a penhora tenha recaído sobre rendas imobiliárias de que o executado seja titular, na eventualidade de essas rendas serem essenciais para garantir a subsistência do executado, bem como do seu agregado familiar, *vide* o ac. do TRC de 05.06.2018, proc. 4084/14.6T8CBR-D.C1.

[1194] A este propósito, a reforma da ação executiva de 2008 havia atribuído ao agente de execução – na nossa opinião, em violação da Lei Fundamental – a competência para decidir sobre os pedidos de aumento ou de redução da parte penhorável dos rendimentos do executado.

ou isentá-los de penhora, por um período não superior a um ano[1195,1196]. Para o efeito, o juiz deve atender a diversos fatores, designadamente ao valor do rendimento líquido sobre o qual recaiu a penhora, à natureza do crédito exequendo e às necessidades do executado e do seu agregado familiar[1197], aqui se incluindo, nomeadamente, as despesas correntes mensais com habitação, vestuário, alimentação, saúde, educação, eletricidade, água e gás[1198], as quais têm de ser concretas e objetivas[1199].

Este poder concedido ao juiz, de reduzir ou de isentar de penhora o rendimento do executado, constitui uma mera faculdade e não um verdadeiro dever a que se encontre legalmente vinculado[1200]. Semelhante conclusão decorre, desde logo, da letra da lei, porquanto o art. 738º, nº 6, utiliza a expressão "pode o juiz" e não "deve o juiz". Por conseguinte, o tribunal deve proceder a um juízo de ponderação entre o interesse do credor na satisfação do seu crédito e as necessidades de subsistência do executado e do seu agregado familiar[1201], sendo certo que, nesse juízo de ponderação, só deverá decidir pela redução ou pela isenção de penhora quando conclua pela existência de circunstâncias

[1195] Cfr., a este respeito, o ac. do TRC de 14.02.2006, proc. 3550/05, com o seguinte sumário: "O mecanismo excepcional do nº 3 do art. 824º do Código de Processo Civil – na redacção anterior à que resulta do DL nº 38/2003, de 8/3, ou do correspondente nº 4 do art. 824º na redacção deste DL – não se destina a proporcionar ao executado o estilo de vida que teria se não fosse a penhora, mas antes obviar a situações em que a adequação legal do art. 824º, nº 1, alínea a) não salvaguarda a sua sobrevivência digna. O equilíbrio entre o direito do credor à satisfação do seu crédito e o direito do devedor à garantia de um mínimo de subsistência dele próprio e do seu agregado familiar deve ser encontrado na referência ao salário mínimo nacional, estabelecido nos termos do art. 59º, nº 2, al. a) da Constituição da República. Não é de isentar de penhora, nos termos do citado nº 3 do art. 824º do Código de Processo Civil, o vencimento do executado, quando a diferença entre o seu montante líquido, por um lado, e as despesas com a renda de casa, água, luz e gás, adicionada ao montante da penhora, por outro, é superior ao salário mínimo nacional".

[1196] *Vide*, a este propósito, o ac. do TRP de 15.01.2004, proc. 0336382, no qual se decidiu que "Quem aufere de vencimento mensal 660,86 euros e tem cinco filhos menores a seu cargo não está isento de penhora", bem como o ac. do TRP de 22.02.2011, proc. 978/06.0TBPRD-B.P1, no qual se decidiu que não existe fundamento para a redução da penhora que recaiu sobre o vencimento do executado quando o rendimento disponível, após a penhora, é, mesmo assim, superior ao salário mínimo nacional.

[1197] *Vide*, a este respeito, o ac. do TRC de 20.10.2015, proc. 160/08.2TBCTB-A.C1, no qual se decidiu que "Para os efeitos do disposto no artigo 738º, nº 6, do NCPC não podem ser consideradas as despesas dos executados com o auxílio monetário que prestam aos filhos desempregados que não fazem parte do seu agregado familiar".

[1198] Cfr., nesse sentido, o ac. do TRL de 26.06.2012, proc. 3306/05.9YYLSB-B.L1-7.

[1199] *Vide*, nesse sentido, o ac. do TRP de 19.03.2012, proc. 3007/10.6TJVNF-A.P1.

[1200] Ac. do TRL de 13.03.2003, proc. 00104148.

[1201] *Vide*, a este respeito, o ac. do TRC de 21.10.2014, proc. 434/13.0T6AVR.1.

"excecionais" que justifiquem essa decisão. Isto porque o processo executivo encontra-se formatado para permitir, de forma célere e eficaz, a "realização coativa" de uma prestação que é devida ao credor[1202], tendo por base um título executivo do qual resulta o reconhecimento da obrigação pelo devedor. Daí que, no confronto entre os interesses conflituantes do exequente e do executado, quanto à maior ou menor celeridade na realização coativa da prestação devida, só em casos excecionais o interesse do exequente deverá ceder perante o interesse do executado.

Sendo concedida a isenção de penhora pelo período máximo de um ano, o juiz não pode conceder nova isenção de penhora, restando apenas a possibilidade legal de reduzir, por período que considere razoável, a parte penhorável do rendimento do executado[1203].

Do ponto de vista processual, o pedido formulado pelo executado quanto à isenção da penhora ou à redução da parte penhorável da sua remuneração pode ser apresentado a todo o tempo, enquanto decorrer a execução[1204], e é tramitado como um incidente da instância executiva, nos termos dos arts. 293º a 295º[1205]. Consequentemente, à luz do princípio do contraditório, o juiz não pode decidir o pedido de isenção ou de redução de penhora sem antes conceder ao exequente a possibilidade de se pronunciar sobre esse pedido[1206].

Por outro lado, contrariamente ao que se dispunha no Código de Processo Civil revogado, o legislador deixou de prever a possibilidade de o exequente requerer a penhora da totalidade de dinheiro ou de saldo bancário ou a redução do limite mínimo da parte impenhorável, uma vez ponderados o montante e a natureza do crédito exequendo, bem como o estilo de vida e as necessidades do executado (art. 824º, nº 7, do CPC_{1961}). Nessa exata medida, à luz do novo Código de Processo Civil, o exequente não pode requerer ao juiz de execução quer a penhora da totalidade de dinheiro ou de saldo bancário, quer a redução do limite mínimo da parte impenhorável do rendimento do executado.

[1202] Cfr., a este propósito, PERROT, M. Roger, "Les enjeux de l'exécution des décisions judiciaires en matière civile", *in L'Exécution des Décisions de Justice en Matière Civile*, Estrasburgo, 1998, p. 11.

[1203] Cfr., neste sentido, o ac. do TRC de 25.09.2012, proc. 1835/07.9TBCTB. Quanto à impossibilidade de o tribunal, no mesmo processo, apreciar um novo pedido de isenção ou de redução de penhora, sob pena de violar o caso julgado, *vide* o ac. do TRP de 06.12.2011, proc. 598/2000.P1.

[1204] Cfr., nesse sentido, o ac. do TRL de 16.02.2012, proc. 941/05.9TBALQ-B.L1-8.

[1205] *Vide*, nesse sentido, o ac. do TRC de 30.09.2008, proc. 210/04.1TBVGS.C1.

[1206] Ac. do TRP de 19.03.2012, proc. 3007/10.6TJVNF-A.P1.

3.6.2. Penhora de dinheiro ou saldo bancário

Recaindo a penhora sobre dinheiro[1207] ou saldo bancário, é impenhorável o valor global correspondente a um salário mínimo nacional ou, tratando-se de uma obrigação de alimentos, a quantia equivalente à totalidade da pensão social do regime não contributivo (art. 738º, nº 5)[1208].

De acordo com o entendimento que tem vindo a ser sufragado pela jurisprudência, este regime só é aplicável às pessoas singulares, já que a limitação prevista na lei visa, por razões de natureza social e humanitária, garantir ao executado condições mínimas de subsistência[1209]. É o que sucede, nomeadamente, quando esteja em causa a penhora de uma "conta-ordenado" ou de uma conta bancária na qual se encontre domiciliado o pagamento, por transferência bancária, do vencimento do executado[1210]. De resto, se fosse admissível a penhora da totalidade do saldo de depósito bancário, poder-se-ia dar o caso de esse saldo corresponder, na sua totalidade, ao depósito ou à transferência de um salário mensal, logrando-se, por essa via, penhorar a totalidade do salário, quando a lei não o permite.

Nos termos do art. 738º, nº 7, a impenhorabilidade de dinheiro ou de saldo bancário não é cumulável com a impenhorabilidade prevista no nº 1 da mesma disposição legal, já que, caso contrário, o executado ficaria sempre garantido com uma quantia correspondente, pelo menos, a dois salários mínimos nacionais.

3.7. Bens cuja penhora depende de citação prévia do executado

Como vimos *supra*, a ação executiva para pagamento de quantia certa segue a forma sumária quando a mesma tenha por base um título executivo extrajudicial de obrigação pecuniária vencida, cujo valor não exceda o dobro da alçada do tribunal de primeira instância, ou seja, a quantia de € 10.000,00 [art. 550º, nº 2, al. *d)*]. Na verdade, o legislador permite o acesso à forma sumária – com

[1207] Não se considera "penhora de dinheiro" a penhora de moedas sem curso legal, a penhora de coleções de moedas ou a penhora de moedas comemorativas, já que, nestes casos, aplica-se o regime da penhora de bens móveis (cfr., a este propósito, ANGEL FERNANDEZ, Miguel, *Derecho Procesal Civil*, vol. III, *op. cit.*, pp. 233 e 234).

[1208] *Vide*, a este respeito, o ac. do TCAS de 19.05.2016, proc. 09313/16.

[1209] Cfr., nesse sentido, o ac. do STJ de 18.02.2003, proc. 108/03, *in SASTJ*, ano 2003, o ac. do TRL de 05.11.2013, proc. 6322/10.5YYLSB-A.L1-7, bem como GOMES, Manuel Januário da Costa, "Penhora de direitos de crédito – Breves notas", *in Themis – A Reforma da Acção Executiva*, ano IV, nº 7, Almedina, Coimbra, 2003, p. 123. Neste particular, no ac. do STJ de 18.02.2003, proc. 108/03, *in SASTJ*, ano 2003, considerou-se que a limitação da aplicação deste preceito às pessoas singulares não viola o princípio constitucional da igualdade de tratamento.

[1210] Nesse sentido, PINTO, Rui, *Notas ao Código de Processo Civil*, vol. II, *op. cit.*, p. 277.

a consequente possibilidade de agressão imediata do património do executado – nos casos em que o valor da execução seja "relativamente reduzido", isto é, não ultrapasse o montante de € 10.000,00, ainda que existindo o risco de a execução ser materialmente injusta.

Ora, para salvaguardar a posição do executado face à possibilidade concedida ao exequente de agressão imediata do seu património, o legislador veio estabelecer limites quanto à penhora de certos bens que integram o património do executado.

Assim, nos termos do art. 855º, nº 5, fundando-se a execução em título executivo extrajudicial de obrigação pecuniária vencida, cujo valor não ultrapasse o dobro da alçada do tribunal de primeira instância [art. 550º, nº 2, al. *d)*], a penhora de bens imóveis, de estabelecimento comercial, de direito real menor que sobre eles incida ou de quinhão em património que os inclua só pode ser realizada depois da citação do executado. Com efeito, face ao risco de a execução ser materialmente injusta, atenta a menor segurança do título executivo que lhe serve de fundamento, a lei protege o executado numa dupla vertente, já que a penhora desses bens só pode ter lugar depois de o executado ter conhecimento da execução que pende contra ele e, além disso, pode lograr impedir a penhora desses bens, se deduzir oposição à execução cujo recebimento determine a suspensão da execução (art. 733º, nº 1).

3.8. Responsabilidade dos cônjuges pelas dívidas próprias ou comuns

3.8.1. Penhora de bens comuns em execução movida apenas contra um dos cônjuges

O art. 1696º, nº 1, do CC, estabelece que, pelas dívidas da exclusiva responsabilidade de um dos cônjuges, respondem, em primeiro lugar, os bens próprios do cônjuge devedor e, subsidiariamente, a sua meação nos bens comuns.

Contudo, de acordo com o art. 1696º, nº 2, do CC, respondem ao mesmo tempo que os bens próprios do cônjuge devedor:

a) os bens por ele levados para o casal ou posteriormente adquiridos a título gratuito, bem como os respetivos rendimentos;

b) o produto do trabalho e os direitos de autor do cônjuge devedor;

c) os bens sub-rogados no lugar dos bens por ele levados para o casal ou posteriormente adquiridos a título gratuito, bem como os respetivos rendimentos.

Deste modo, estando em causa uma dívida própria de um dos cônjuges, devem ser penhorados, em primeiro lugar, os bens próprios do cônjuge devedor.

Na falta ou insuficiência de bens próprios, o credor pode requerer a penhora dos bens comuns previstos no art. 1696º, nº 2, do CC[1211] e, na inexistência ou insuficiência destes, a penhora dos demais bens comuns do casal, nos termos do art. 1696º, nº 1, do CC.

Ora, o art. 740º, nº 1, trata do caso particular da penhora de bens comuns do casal em execução intentada apenas contra um dos cônjuges.

Assim, se, numa ação executiva movida apenas contra um dos cônjuges, casado sob o regime da comunhão geral de bens ou sob o regime da comunhão de adquiridos[1212], forem penhorados bens comuns do casal, por não

[1211] Neste particular, Cristina Dias salienta que, apesar de o credor poder requerer, de forma imediata e conjunta com a penhora de bens próprios do cônjuge devedor, a penhora dos bens comuns previstos no art. 1696º, nº 2, do CC – já que estes bens, apesar de serem comuns, respondem ao mesmo tempo que os bens próprios – o certo é que esses bens não deixam de ser comuns, pelo que, se responderem por uma dívida própria, haverá necessidade de compensar o património comum. Nessa exata medida, a citada Autora defende que, sendo a dívida própria e se existirem bens próprios do cônjuge devedor, a penhora deve iniciar-se por esses bens, já que, nesse caso, a posição dos credores fica devidamente salvaguardada e não há necessidade de atingir o património comum do casal, com a consequente dissolução e liquidação da comunhão (DIAS, Cristina Manuela Araújo, *Alteração do Estatuto Patrimonial dos Cônjuges e a Responsabilidade por Dívidas*, Almedina, Coimbra, 2012, pp. 29 e 30).

[1212] Nos termos dos arts. 1717º e ss. do CC, o regime legal de bens pode ser o da comunhão de adquiridos (arts. 1721º a 1731º do CC), o da comunhão geral de bens (arts. 1732º a 1734º do CC) ou o da separação de bens (arts. 1735º e 1736º do CC), sendo que o regime supletivo é o da comunhão de adquiridos.

O regime da comunhão de adquiridos é caraterizado pela existência de bens próprios e de bens comuns. Assim, são considerados bens próprios dos cônjuges:

a) os bens que cada um deles tiver ao tempo da celebração do casamento [art. 1722º, nº 1, al. *a)*, do CC];

b) os bens posteriormente adquiridos por sucessão ou doação [art. 1722º, nº 1, al. *b)*, do CC];

c) os bens adquiridos durante o casamento por virtude de direito próprio anterior [art. 1722º, nº 1, al. *c)*, do CC];

d) os bens sub-rogados no lugar de bens próprios de um dos cônjuges por meio de troca directa [art. 1723º, al. *a)*, do CC];

e) o preço dos bens próprios alienados [art. 1723º, al. *b)*, do CC];

f) os bens adquiridos ou benfeitorias feitas com dinheiro ou valores próprios de um dos cônjuges, desde que a proveniência do dinheiro ou dos valores seja devidamente mencionada no documento de aquisição, ou em documento equivalente, com intervenção de ambos os cônjuges [art. 1723º, al. *c)*, do CC];

g) os bens adquiridos em parte com dinheiro ou bens próprios de um dos cônjuges e noutra parte com dinheiro ou bens comuns, quando aquela prestação for maior (art. 1726º do CC);

h) a parte adquirida em bens indivisos pelo cônjuge que já deles era comproprietário fora da comunhão (art. 1727º do CC).

Por sua vez, constituem bens comuns do casal:

a) o produto do trabalho dos cônjuges (art. 1724º do CC);

se conhecerem bens suficientes próprios do executado[1213], o seu cônjuge – ou o seu ex-cônjuge, na eventualidade de ainda não terem sido partilhados os bens comuns do casal[1214] – deve ser citado[1215,1216] para, no prazo de vinte

b) os bens adquiridos pelos cônjuges na constância do matrimónio, que não sejam excetuados por lei (arts. 1724º e 1725º do CC);
c) os bens adquiridos em parte com dinheiro ou bens próprios de um dos cônjuges e noutra parte com dinheiro ou bens comuns, quando esta última parte seja a mais valiosa (art. 1726º do CC);
d) os frutos, rendimentos e benfeitorias dos bens próprios (art. 1728º do CC);
e) os bens doados ou deixados em favor da comunhão (art. 1729º do CC).
No regime da comunhão geral de bens, todos os bens, presentes e futuros, dos cônjuges são, em princípio, considerados "bens comuns" e, como tal, sujeitos à regulamentação legal deste tipo de bens. Com efeito, constituem bens comuns dos cônjuges, nos temos do art. 1732º do CC, todos os bens que os cônjuges têm ao tempo do casamento e todos os bens futuros que adquiram no decurso do matrimónio, salvo aqueles em relação aos quais a lei determina a sua incomunicabilidade.
Diversamente, constituem bens próprios dos cônjuges, nos termos do art. 1733º do CC:
a) os bens doados ou deixados, ainda que por conta da legítima, com a cláusula de incomunicabilidade;
b) os bens doados ou deixados com a cláusula de reversão ou fideicomissária, a não ser que a cláusula tenha caducado;
c) o usufruto, o uso ou habitação, e demais direitos estritamente pessoais;
d) as indemnizações devidas por factos verificados contra a pessoa de cada um dos cônjuges ou contra os seus bens próprios;
e) os seguros vencidos em favor da pessoa de cada um dos cônjuges ou para cobertura de riscos sofridos por bens próprios;
f) os vestidos, roupas e outros objetos de uso pessoal e exclusivo de cada um dos cônjuges, bem como os seus diplomas e a sua correspondência;
g) as recordações de família de diminuto valor económico.
Já no regime da separação de bens, são próprios todos os bens que cada um dos cônjuges leva para o casamento e os adquiridos por cada um deles na constância do matrimónio (art. 1735º do CC). Quando existam dúvidas quanto à propriedade dos bens, os bens móveis são considerados como pertencentes a ambos os cônjuges, em regime de compropriedade (art. 1736º do CC). Assim, se os cônjuges, na constância do casamento, adquirirem um bem imóvel para nele passarem a habitar, este bem não é comum, mas antes um bem detido por ambos os cônjuges em regime de compropriedade.

1213 Daí que este regime não possa ser aplicado aos casos em que os cônjuges são casados sob o regime da separação de bens, pois que, como é consabido, neste regime, não existem bens comuns do casal, mas antes bens próprios de cada um deles ou, quanto muito, bens pertencentes a ambos em situação de compropriedade. *Vide*, a este respeito, NASCIMENTO, Paulo Sobral Soares do, "Embargos de terceiro deduzidos pelo cônjuge do executado com fundamento em penhora de bens comuns do casal – Ac. do STJ de 9.6.2005, Rev. 1512/05", *in CDP*, nº 18, abr./jun. 2007, p. 25, bem como CARVALHO, Jorge Morais, "As dívidas dos cônjuges no processo executivo", *op. cit.*, p. 677. Cfr., na jurisprudência, o ac. do TRC de 11.12.2007, proc. 448-D/1995.C1.

1214 Cfr., nesse sentido, o ac. do TRL de 12.01.2012, proc. 45740/06.6YYLSB-A.L1-8, o ac. do TRG de 26.04.2012, proc. 562/06.9TBVCT-C.G1, o ac. do TRC de 18.12.2013, proc. 6386/10.1TBLRA-B.C1, bem como o ac. do TRL de 11.09.2014, proc. 45740/06.6YYLSB-A.L1-8.

1215 Salvo se tiver sido penhorado algum dos bens previstos no art. 1696º, nº 2, do CC, já que estes bens, apesar de integrarem a comunhão, respondem ao mesmo tempo que os bens próprios.

dias[1217], requerer a separação de bens (arts. 1767º e ss. do CC) ou juntar certidão comprovativa da pendência de ação em que a separação já tenha sido requerida (arts. 740º, nº 1, e 786º, nº 5)[1218,1219].

Neste particular, importa referir que, se o cônjuge do executado não for citado – conservando, por isso, a qualidade de terceiro em relação à execução

Vide, a este propósito, o ac. do TRC de 11.07.2012, proc. 3806/11.1TJCBR-A.C1, no qual se decidiu que, tendo, em execução movida apenas contra um dos cônjuges, por dívida da sua exclusiva responsabilidade, sido penhorado o seu salário, não deve ser citado o cônjuge do devedor, já que o salário, apesar de integrar a comunhão, responde ao mesmo tempo que os bens próprios do devedor, nos termos do art. 1696º, nº 2, al. *b)*, do CC. Com efeito, conforme assinala Diogo Leite de Campos, "Embora estes bens sejam comuns por força do regime de bens, a lei protege neste caso o credor que tinha em vista os bens que o devedor levara para o casamento, os que adquirira mais tarde por herança ou doação, e os proventos que auferira; que pareciam, aos olhos de terceiros, bens comuns" (CAMPOS, Diogo Leite de, *Lições de Direito da Família e das Sucessões*, reimp. da 2ª ed., rev. e atual., Almedina, Coimbra, 2013, p. 433). *Vide*, ainda, COELHO, Francisco Pereira/OLIVEIRA, Guilherme de, *Curso de Direito da Família*, vol. I, 4ª ed., Coimbra Editora, Coimbra, 2008, pp. 425 e 426, os quais sustentam que o credor pode penhorar, de forma indistinta, quer os bens próprios do cônjuge executado, quer os bens mencionados no art. 1696º, nº 2, do CC, não havendo, por isso, razão para que o cônjuge do executado seja citado a fim de requerer a separação de bens.
Cfr., em sentido contrário, SOUSA, Miguel Teixeira de, "As dívidas dos cônjuges em processo civil", *in Comemorações dos 35 Anos do Código Civil e dos 25 Anos da Reforma de 1977*, vol. I, Faculdade de Direito da Universidade de Coimbra, Coimbra Editora, Coimbra, 2004, p. 350, o qual defende que, se, numa ação executiva, referente a uma dívida própria de um dos cônjuges, forem penhorados bens previstos no art. 1696º, nº 2, do CC, deve proceder-se à citação do cônjuge do executado, atento o facto de a penhora ter recaído sobre bens comuns do casal.

[1216] Sustentando que, se o cônjuge do executado tiver falecido antes da citação, deve promover-se a habilitação dos respetivos sucessores, a fim de estes serem posteriormente citados para efeitos do disposto nos arts. 740º e 786º, *vide* o ac. do TRP de 10.07.2019, proc. 1366/08.0YYPRT-A.P1.

[1217] No sentido de, a este prazo, não se aplicar o disposto no art. 279º, nº 2, quanto ao aproveitamento dos efeitos civis derivados da propositura da primeira causa e da citação do réu, *vide* o ac. do TRC de 24.02.2015, proc. 738/13.2TBCNT-C.C1.

[1218] *Vide*, a este propósito, o ac. do STJ de 26.11.1996, proc. 96A621, o ac. do TRP de 29.01.2002, proc. 0120783, o ac. do TRP de 04.11.2002, proc. 0251127, o ac. do TRL de 10.01.2008, proc. 9533/2007-2, o ac. do TRL de 29.05.2014, proc. 13937/04.L1-6, o ac. do STJ de 05.03.2015, proc. 45740/06.6YYLSB-A.L1-A.S1, o ac. do TRC de 15.11.2015, proc. 2680/05, o ac. do TRE de 12.07.2016, proc. 2199/15.2T8SLV-B.E1, o ac. do TRP de 22.03.2022, proc. 895/18.1T8STS-B.P1, bem como o ac. do TRP de 05.04.2022, proc. 3139/12.6YYPRT-E.P1, nos quais se decidiu que, em execução movida contra apenas um dos cônjuges, por dívidas da sua exclusiva responsabilidade, pode proceder-se à penhora de bens comuns, desde que seja pedida a citação do cônjuge do executado para requerer a separação de bens. Cfr., na doutrina, CAMPOS, Diogo Leite de, *Lições de Direito da Família e das Sucessões*, *op. cit.*, p. 433, bem como COELHO, Francisco Pereira/OLIVEIRA, Guilherme de, *Curso de Direito da Família*, vol. I, *op. cit.*, pp. 424 e 454.

[1219] No sentido de este regime ser igualmente aplicável aos casos em que ambos os cônjuges figurem como devedores no mesmo título executivo, apesar de a ação executiva ter sido movida contra apenas um deles, *vide* o ac. do STJ de 28.02.2008, proc. 4683/07, *in SASTJ*, ano 2008.

– este poderá deduzir embargos de terceiro contra a penhora dos bens comuns do casal (art. 343º)[1220,1221], não lhe sendo lícito deduzir oposição à penhora desses bens, por se tratar de um meio privativo do executado[1222].

Uma vez citado, o cônjuge do executado pode tomar uma de duas atitudes processuais:

a) não responde; ou
b) apresenta um requerimento de separação de bens ou uma certidão comprovativa da pendência da ação de separação de bens.

Na primeira hipótese, isto é, se o cônjuge do executado, uma vez citado, nada disser, a execução prosseguirá sobre os bens comuns do casal que tiverem sido penhorados, já que "a garantia que o património do devedor executado constitui para a satisfação do crédito do exequente não pode ser defraudada pela inércia do cônjuge do executado, que foi citado para requerer a separação de bens" (art. 740º, nº 1, *in fine*)[1223]. Por conseguinte, sendo vendido em sede executiva um bem comum do casal, para satisfação de uma dívida da responsabilidade exclusiva de um dos cônjuges, o cônjuge do executado não pode, posteriormente, requerer a entrega de metade do produto da venda[1224], nem intentar uma ação de reivindicação visando o reconhecimento da propriedade desse bem[1225].

[1220] Contudo, neste caso, tal como se decidiu nos acs. do TRG de 03.07.2002, proc. 297/02-1, e do TRP de 15.11.2004, proc. 0452891, mesmo que o cônjuge do executado não tenha sido citado e se este tiver deduzido embargos de terceiro face à penhora de bens comuns do casal, nada impede, à luz do art. 621º, *a contrario*, que o cônjuge do executado seja posteriormente citado na ação executiva tendo em vista o prosseguimento da execução sobre o património conjugal, desde que essa citação seja feita antes da convocação dos outros credores. *Vide*, em sentido contrário, o ac. do TRP de 09.04.1996, proc. 9620129.

[1221] Sustentado a possibilidade, ainda que ao abrigo do regime anterior à reforma de 2003, de o cônjuge do executado, não citado em caso de penhora de um imóvel que constituía um bem comum do casal, requerer, em ação comum, o arbitramento de uma indemnização em consequência da venda executiva desse bem imóvel, *vide* o ac. do STJ de 28.05.2015, proc. 3327/07.7TBVLG.P1.S1.

[1222] Ac. do TRC de 16.05.2000, proc. 577/2000.

[1223] Ac. do TRC de 29.11.2005, proc. 2383/05. Cfr., no mesmo sentido, o ac. do TRG de 22.10.2015, proc. 3798/09.7TBBRG-C.G2.

[1224] Ac. do TRG de 02.05.2016, proc. 1881/10.5TBGMR-C.G1. Com efeito, conforme se decidiu no citado aresto, "ser titular da meação do património comum não equivale a ser-se titular da metade indivisa de cada um dos bens que, em concreto, integram o património comum do casal".

[1225] Cfr., nesse sentido, o ac. do TRP de 18.03.2002, proc. 0250131, *in CJ*, ano XXVII, tomo II, 2002, p. 194.

Por outro lado, importa salientar que a falta de resposta do executado tem como consequência o prosseguimento da execução sobre os bens comuns[1226]. Note-se, no entanto, que a execução apenas prossegue sobre os bens comuns que tiverem sido concretamente penhorados e não sobre todo o património comum do casal. Assim, se forem, entretanto, penhorados outros bens comuns do casal, face à insuficiência dos bens anteriormente penhorados, o cônjuge do executado deve ser novamente citado para, face à penhora desses bens, pedir a separação de bens ou juntar certidão comprovativa da pendência dessa ação[1227].

Na segunda hipótese, isto é, se o cônjuge do executado demonstrar que requereu a separação de bens – sendo o respetivo requerimento de separação de bens apensado aos autos de execução – ou se comprovar, mediante certidão, que essa ação de separação de bens já se encontra pendente, a execução fica suspensa até à partilha, ou seja, a execução fica a aguardar pelo inventário dos bens comuns do casal e subsequente repartição desses bens pelos cônjuges[1228].

A separação de bens em caso de penhora de bens comuns do casal segue os termos do processo para a separação de bens em casos especiais, previsto no art. 1135º. Ora, de acordo com este preceito legal, sendo requerida a separação de bens em virtude da penhora de bens comuns do casal, o processo de inventário segue, com as devidas adaptações, o regime previsto para o processo de inventário em consequência de separação, divórcio, declaração de nulidade ou anulação do casamento (art. 1133º)[1229], com as seguintes especificidades:

[1226] Observe-se que, como bem sustenta Jorge Morais Carvalho, o cônjuge do executado pode ter interesse em não responder, particularmente se considerar que é mais vantajosa a penhora de um bem comum do casal em alternativa à rutura da estabilidade patrimonial do matrimónio. De resto, estando em causa uma dívida própria de um dos cônjuges e se por ela vier a responder um bem comum do casal, o cônjuge do executado terá o direito de ser compensado aquando da partilha de bens, atento o disposto no art. 1697º, nº 2, do CC (Carvalho, Jorge Morais, "As dívidas dos cônjuges no processo executivo", *op. cit.*, p. 682).

[1227] *Vide*, nesse sentido, Carvalho, Jorge Morais, "As dívidas dos cônjuges no processo executivo", *op. cit.*, p. 693, o qual defende que o cônjuge do executado deve ser citado sempre que seja novamente penhorado um bem comum. Com efeito, de acordo com este Autor, "Pode suceder que, face aos bens penhorados em primeiro lugar, o cônjuge não considere necessário requerer a separação de bens, mas já o considere no caso de serem penhorados outros bens comuns".

[1228] *Vide*, a este respeito, o ac. do TRL de 16.01.2020, proc. 11726/12.6TDLSB-B.L1-9.

[1229] Assim, conforme se decidiu no ac. do TRP de 18.11.2013, proc. 254/11.7TBPVZ-B.P1, a partilha feita à revelia da execução e depois de registada a penhora é inoponível à própria execução, atento o disposto no art. 819º do CC. Cfr., no mesmo sentido, o ac. do TRP de 03.05.2016, proc. 2839/11.2TBMAI-B.P1.

a) o exequente pode promover o inventário e o seu andamento[1230];
b) só podem ser aprovadas dívidas que estejam devidamente documentadas; e
c) o cônjuge do executado tem o direito de escolher os bens com que deve ser formada a sua meação[1231]. Se o cônjuge do executado fizer uso desse direito, os credores do executado devem ser notificados dessa escolha e podem, de forma fundamentada, reclamar contra ela (art. 1135º, nº 5), o que poderá suceder, nomeadamente, quando o valor atribuído aos bens não corresponda ao seu valor real e efetivo ou quando não seja adjudicado qualquer bem ao executado, nem lhe sejam pagas tornas[1232]. Na eventualidade de os credores apresentarem reclamação, com fundamento no facto de os bens adjudicados ao cônjuge do executado terem um valor real superior ao valor dos bens atribuídos ao executado, o juiz, se julgar atendível essa reclamação, deve ordenar a realização de uma avaliação dos bens que lhe pareçam mal avaliados (art. 1135º, nº 6)[1233]. Nessa hipótese, se da avaliação resultar que os bens escolhidos

[1230] *Vide*, a este propósito, o ac. do TRP de 12.10.1995, proc. 9530556, bem como o ac. do TRC de 02.03.1999, proc. 1031/98.

[1231] Nos termos do art. 1135º, nº 8, se o cônjuge do executado não proceder à escolha dos bens que devem compor a sua meação, as meações do executado e do seu cônjuge são adjudicadas a cada um deles através de sorteio.

[1232] *Vide*, a este respeito, o ac. do STJ de 21.09.2000, proc. 1695/00, *in SASTJ*, ano 2000, no qual se decidiu que a possibilidade de o cônjuge do executado requerer a separação de bens não pode servir para, através do acordo entre os interessados, defraudar as legítimas expectativas do exequente. "Assim, se na conferência de interessados estes acordam em que o bem penhorado fique a preencher o quinhão do cônjuge, e o valor dos restantes não é suficiente para garantir o crédito exequendo, declarando o executado que já recebera em mão as tornas, não pode deixar de ser obrigatório o depósito das tornas, transferindo-se para ele a penhora que incidia sobre o objecto da partilha, nos termos do art. 823º do CC, considerando-se ineficaz o eventual pagamento ao interessado executado". Do mesmo modo, decidiu-se no ac. do TRP de 18.09.2012, proc. 4601/09.3T2OVR-C.P1, que o direito de escolha do cônjuge do executado quanto aos bens que hão-de formar a sua meação "não pode causar prejuízo aos interesses dos credores, designadamente esvaziando de conteúdo patrimonial a meação do executado". Assim, conforme se decidiu neste aresto, "não é homologável o acordo de partilha em que a executada e o seu cônjuge adjudicam a este o único imóvel comum e aquela nem sequer recebe tornas pela acordada circunstância deste ter assumido o pagamento do passivo, que iguala o activo". Analogamente, decidiu-se no ac. do STJ de 22.01.2008, proc. 4033/07, *in SASTJ*, nº 121, ano 2008, que, apesar de o cônjuge do executado ter a possibilidade de escolher no inventário os bens que hão-de formar a sua meação, nem por isso os credores ficam impedidos de reclamar contra essa escolha, sob pena de verem defraudadas as suas legítimas expectativas quanto à penhora do património do executado.

[1233] Cfr., a este respeito, o ac. do TRE de 13.12.2005, proc. 630/05-3, no qual se decidiu que, sendo atribuído um valor aos bens objeto de partilha muito diferente do valor de mercado, o juiz deve

pelo cônjuge do executado têm um valor superior, este poderá declarar que desiste da escolha, caso em que as meações do executado e do seu cônjuge serão adjudicadas a cada um deles através de sorteio [art. 1135º, nº 7][1234].

Se, na sequência dessa partilha, os bens penhorados ficarem a pertencer ao executado, a execução prossegue sobre esses bens.

Diversamente, se os bens penhorados não couberem ao executado, mas antes ao seu cônjuge, podem ser penhorados outros bens que lhe venham a ser adjudicados na partilha, permanecendo a anterior penhora até que seja concretizada a nova apreensão[1235].

Já se, na partilha, não forem adjudicados bens ao executado, cabendo-lhe antes o direito a receber tornas, ou seja, uma compensação pecuniária correspondente à sua quota-parte na partilha, o cônjuge do executado, por aplicação analógica do regime da penhora de créditos, deve entregar as tornas ao agente de execução, não ficando desonerado dessa obrigação se entregar as tornas, ainda que indevidamente, ao executado[1236].

3.8.2. Incidente de comunicabilidade da dívida

3.8.2.1. Comunicabilidade da dívida suscitada pelo exequente

Como vimos *supra*, no processo executivo, vigora o princípio da legitimidade formal (art. 53º), razão pela qual a ação executiva deve ser promovida pela pessoa que, no título executivo, figure como credora, e contra quem se apresente como devedor nesse mesmo título.

Contudo, para além das exceções ao princípio da legitimidade formal, previstas no art. 54º, a lei processual civil prevê igualmente a possibilidade de o exequente alegar, de forma fundamentada, que a dívida é comum ou comunicável ao cônjuge do devedor, à luz do disposto nos arts. 1691º e 1694º

determinar que se proceda à avaliação desses bens, tendo em vista a proteção dos interesses dos credores.

1234 *Vide*, a este propósito, Paiva, Eduardo Sousa/Cabrita, Helena, *Manual do Processo de Inventário: À Luz do Novo Regime Aprovado pela Lei nº 23/2013, de 5 de Março*, *op. cit.*, pp. 224 e 225.

1235 Cfr., a este respeito, o ac. do TRG de 11.05.2017, proc. 32/10.0TBMDL-C.G1. Todavia, este aresto admitiu a possibilidade de a penhora ser levantada mesmo antes da ser efetivada a nova penhora dos bens entretanto adjudicados ao executado, na eventualidade de essa apreensão não ser possível de imediato, nomeadamente pelo facto de esses bens não terem sido encontrados ou pela circunstância de o exequente não ter promovido de forma ativa a realização de todos os atos necessários à realização da penhora.

1236 Cfr., nesse sentido, o ac. do TRE de 25.11.2004, proc. 1971/04-2.

do CC, ainda que aquele não figure como devedor no título executivo[1237]. Assim, nos termos do art. 741º, nº 1, sendo movida uma ação executiva contra apenas um dos cônjuges – por ser ele a figurar em exclusivo, com essa qualidade, no título executivo –, o exequente pode, de forma fundamentada, alegar, de facto e de direito[1238], que a dívida é comum do casal, sendo que, se a dívida for considerada como sendo comum, passam a responder por ela quer a totalidade dos bens comuns do casal, quer, na falta ou insuficiência de bens comuns, os bens próprios de qualquer um dos cônjuges, a título solidário (art. 1695º, nº 1, do CC)[1239].

[1237] Nos termos do art. 1690º, nº 1, do CC, qualquer um dos cônjuges tem legitimidade para contrair dívidas sem o consentimento do outro. As dívidas conjugais podem ser comunicáveis, quando responsabilizam ambos os cônjuges (arts. 1691º, nºs 1 e 2, e 1694º, nºs 1 e 2, do CC), ou incomunicáveis, quando são da responsabilidade de apenas um dos cônjuges (arts. 1692º a 1694º do CC).
Ora, à luz dos arts. 1691º e 1694º do CC, são da responsabilidade de ambos os cônjuges:
a) as dívidas contraídas, antes ou depois da celebração do casamento, pelos dois cônjuges, ou por um deles com o consentimento do outro;
b) as dívidas contraídas por qualquer dos cônjuges, antes ou depois da celebração do casamento, para ocorrer aos encargos normais da vida familiar;
c) as dívidas contraídas na constância do matrimónio pelo cônjuge administrador, em proveito comum do casal e nos limites dos seus poderes de administração;
d) as dívidas contraídas por qualquer dos cônjuges no exercício do comércio, salvo se se provar que não foram contraídas em proveito comum do casal ou se vigorar entre os cônjuges o regime de separação de bens;
e) as dívidas que onerem doações, heranças ou legados, quando os respetivos bens tiverem ingressado no património comum [art. 1693º, nº 2, do CC];
f) as dívidas que onerem bens comuns (art. 1694º, nº 1, do CC).
No regime da comunhão geral de bens, são ainda comunicáveis as dívidas contraídas antes do casamento, por qualquer um dos cônjuges, em proveito comum do casal (art. 1691º, nº 2, do CC).

[1238] Conforme se decidiu no ac. do TRC de 21.10.2014, proc. 582/12.4TBCTB-A.C1, "incumbe ao credor/exequente a alegação e prova dos factos integradores da comunicabilidade da dívida com base no proveito comum". Na realidade, "como a responsabilização de ambos os cônjuges tem de assentar na verificação de qualquer uma das circunstâncias elencadas no nº 1 do artigo 1691º do Código Civil, os factos que as suportam são considerados constitutivos do direito do credor que, por consequência, os tem de alegar e provar, de acordo com as regras gerais do ónus da prova". *Vide*, no mesmo sentido, o ac. do STJ de 07.12.2005, proc. 05B1995, o ac. do STJ de 22.10.2009, proc. 419/07.6TVLSB.S1, o ac. do TRP de 05.05.2011, proc. 46/09.3TBVPA-B.P1, o ac. do TRC de 15.12.2016, proc. 427/13.8TBPMS.C1, bem como o ac. do TRL de 12.01.2017, proc. 4466/16.9T8SNT.L1-2.

[1239] Com efeito, conforme elucida David Augusto Fernandes, nos regimes de comunhão, os cônjuges são titulares de dois patrimónios – o património próprio e o património comum –, sendo que cada um desses patrimónios tem as suas dívidas próprias. Nessa exata medida, sendo o património comum responsável pelas dívidas comuns, "contraídas em benefício do casal", só subsidiariamente responde por essas dívidas o património próprio de cada um dos cônjuges (Fernandes, David Augusto, *Lições de Direito Civil (Direitos Reais)*, 3ª ed., Coimbra Editora, Coimbra, 1946, p. 9).

Contudo, o exequente só pode alegar que a dívida é comum do casal se o título executivo revestir natureza extrajudicial, pois que, se o título executivo for judicial[1240], o autor teria de demandar ambos os cônjuges em sede declarativa (art. 34º, nº 3) ou, verificando-se a preterição de litisconsórcio necessário, de provocar a intervenção principal do cônjuge não demandado (art. 316º), por forma a obter, nessa sede, um título executivo contra os dois[1241,1242]. Tal, no entanto, não obsta a que o credor proponha uma ação declarativa de condenação contra o cônjuge que não conste do título executivo, nem afasta a aplicação do regime das compensações devidas pelo pagamento, por um dos cônjuges, de dívidas da responsabilidade de ambos, nos termos do art. 1697º do CC[1243].

A alegação da comunicabilidade da dívida pode ter lugar no próprio requerimento executivo [art. 724º, nº 1, al. *e)*] ou em requerimento autónomo, a ser deduzido nos termos dos arts. 293º a 295º[1244], até ao início das diligências para a venda ou adjudicação de bens[1245]. Surge assim, na própria execução, um incidente de natureza declarativa, que tem por finalidade estender a eficácia do título executivo extrajudicial ao cônjuge do executado, ficando suspensa

[1240] No sentido de a comunicabilidade da dívida não poder também ser invocada na eventualidade de o título executivo consistir num requerimento de injunção com a fórmula executória, *vide* o ac. do TRP de 11.05.2020, proc. 1914/19.0T8LOU-A.P1.

[1241] *Vide*, a este propósito, o ac. do TRP de 28.03.2012, proc. 6735/97.6JDLSB-B.P1.

[1242] De todo o modo, conforme se decidiu no ac. do TRC de 03.12.2019, proc. 342/09.0TBCTB-J.C1, esta restrição, quanto à alegação da comunicabilidade da dívida, deve ser interpretada *cum grano salis*. Com efeito, conforme se decidiu no citado aresto, apesar de, em regra, a invocação da comunicabilidade da dívida se encontrar circunscrita aos casos em que o título executivo revista natureza extrajudicial, o certo é que, mesmo que a execução tenha por base em título executivo judicial, deve ser admitida a alegação da comunicabilidade da dívida "se os termos do processo declarativo não permitirem ou não se compaginarem com este incidente, como sucede no inventário [em concreto, com a sentença homologatória da partilha]".

[1243] *Vide*, nesse sentido, o ac. do TRG de 09.05.2019, proc. 204/16.4T8CHV-D.G1.

[1244] Propugnando, à luz da legislação processual civil revogada, a adoção de um modelo processual por via do qual a comunicabilidade da dívida seria tramitada como incidente declarativo na fase liminar da ação executiva, *vide* Capelo, Maria José, "Pressupostos processuais gerais na acção executiva – A legitimidade e as regras de penhorabilidade", *in Themis – A Reforma da Acção Executiva*, ano IV, nº 7, Almedina, Coimbra, 2003, p. 85.

[1245] No sentido de a comunicabilidade da dívida poder ser suscitada mesmo que a execução tenha sido deduzida inicialmente contra ambos os cônjuges, tendo o cônjuge do devedor sido absolvido da instância, *vide* o ac. do TRP de 10.10.2016, proc. 157/14.3T8LOU-C.P1.

Sustentando que a comunicabilidade da dívida não pode ser invocada apenas em sede de embargos de executado, na eventualidade de a execução ter sido movida contra ambos os cônjuges, apesar de apenas um deles figurar no título executivo, não tendo o exequente invocado a comunicabilidade da dívida no próprio requerimento executivo, *vide* o ac. do TRL de 10.01.2019, proc. 2807/17.0T8OER-A.L1-2.

não só a venda dos bens próprios do executado que já se mostrem penhorados, como também dos bens comuns, até ao proferimento de uma decisão definitiva nesse incidente (art. 741º, nº 4), já que essa decisão terá repercussão direta no que concerne à determinação dos bens que responderão pela dívida exequenda (arts. 1695º e 1696º do CC)[1246].

Sendo suscitada a comunicabilidade da dívida ao cônjuge do executado, este deve ser citado para, no prazo de vinte dias, declarar se aceita a comunicabilidade da dívida, baseada no fundamento alegado pelo exequente, e advertido da cominação em que incorre na eventualidade de nada dizer, isto é, de que a dívida será considerada comum, sem prejuízo da oposição que contra ela venha a ser deduzida.

Neste caso, o cônjuge do executado pode adotar uma de três reações possíveis:

a) aceitar expressamente a comunicabilidade da dívida[1247], caso em que a execução prosseguirá, doravante, contra ambos os cônjuges[1248];
b) omitir qualquer pronúncia, caso em que o silêncio equivale a aceitação, prosseguindo a execução contra ambos os cônjuges; ou
c) impugnar a comunicabilidade da dívida, podendo fazê-lo em oposição à execução[1249] ou em oposição ao incidente, consoante a comunicabilidade da dívida tenha sido invocada no requerimento executivo ou em requerimento autónomo[1250].

Se a dívida for considerada comum, a execução prossegue também contra o cônjuge que não havia sido inicialmente executado, cujos bens próprios podem ser penhorados subsidiariamente em relação aos bens comuns e solidariamente quanto aos bens próprios do seu cônjuge.

Por conseguinte, se, antes da penhora dos bens comuns, tiverem sido penhorados bens próprios do executado, este pode requerer a substituição,

1246 *Vide*, no mesmo sentido, o ac. do TRG de 23.04.2020, proc. 5281/17.8T8GMR-B.G1.

1247 No sentido de essa aceitação poder residir num fundamento diverso daquele que foi invocado pelo exequente, *vide* CARVALHO, Jorge Morais, "As dívidas dos cônjuges no processo executivo", *op. cit.*, pp. 690 e 691.

1248 Conforme se consignou no ac. do TRG de 23.04.2020, proc. 5281/17.8T8GMR-B.G1, se o cônjuge do executado aceitar a comunicabilidade da dívida, o título executivo passa a ser um título composto, o qual é formado pelo título executivo inicial, que o exequente apresentou à execução, e pela declaração do cônjuge do executado, de aceitação da comunicabilidade da dívida.

1249 Neste caso, se o recebimento da oposição não suspender a execução, apenas podem ser penhorados bens comuns do casal, mas a sua venda fica a aguardar pela decisão a proferir sobre a questão da comunicabilidade.

1250 *Vide*, a este propósito, o ac. do TRP de 05.05.2011, proc. 46/09.3TBVPA-B.P1.

por bens comuns, da penhora dos bens próprios que foram efetivamente penhorados (arts. 1695º do CC e 741º, nº 5).

Diversamente, se a dívida não for considerada comum e se tiverem sido penhorados bens comuns do casal, o cônjuge do executado deve, no prazo de vinte dias após o trânsito em julgado da decisão, requerer a separação de bens ou juntar certidão comprovativa da pendência da ação em que a separação já tenha sido requerida, sob pena de, não o fazendo, a execução prosseguir sobre os bens comuns já penhorados[1251]. Com efeito, semelhante regime encontra-se em harmonia com o disposto no art. 740º, nº 1, quanto à penhora de bens comuns do casal em execução movida contra apenas um dos cônjuges.

3.8.2.2. Comunicabilidade da dívida suscitada pelo executado

O art. 742º prevê a possibilidade de ser o próprio executado a suscitar o incidente de comunicabilidade da dívida ao seu cônjuge, quando o exequente não o tenha feito, nos termos do art. 741º.

Assim, sendo movida uma ação executiva apenas contra um dos cônjuges e penhorados bens próprios do executado, este, na oposição à penhora, pode alegar, de forma fundamentada, que a dívida é comum, especificando logo quais os bens comuns que podem ser penhorados. De todo o modo, também neste caso, a comunicabilidade da dívida só pode ser invocada pelo executado desde que o título executivo não revista natureza judicial. É que, se o título executivo revestir natureza judicial, o cônjuge demandado, de forma isolada, nessa ação, teria de provocar a intervenção principal do seu cônjuge, com fundamento na sua responsabilidade pela dívida, atento o disposto no art. 316º, nº 3, al. *a)*. Isto, a não ser que o procedimento no qual tenha sido formado o título executivo judicial não admita a intervenção de terceiros – tal como sucede, por exemplo, com a ação especial para o cumprimento de obrigações pecuniárias emergentes de contratos –, já que, nessa eventualidade, atenta a impossibilidade de o demandado provocar a intervenção principal do seu cônjuge, com fundamento na responsabilidade de ambos pela dívida, deve ser admitida a possibilidade de o réu, ora executado, invocar a comunicabilidade da dívida em sede executiva.

Uma vez invocada a comunicabilidade da dívida, o cônjuge do executado deve ser citado para, no prazo de vinte dias, declarar se aceita essa comunicabilidade, sob pena de, nada dizendo, a dívida ser considerada comum, sem prejuízo da oposição que, contra ela, seja deduzida (art. 741º, nº 2, *ex vi* do art. 742º, nº 1).

[1251] Cfr., a este respeito, o ac. do TRG de 18.09.2012, proc. 157/10.2TBFAF-C.G1.

Se o exequente se opuser a esse incidente ou se a comunicabilidade da dívida tiver sido impugnada pelo cônjuge do executado, a questão será resolvida pelo juiz de execução no âmbito do incidente de oposição à penhora, suspendendo-se a venda dos bens próprios do executado e aplicando-se, com as devidas adaptações, o disposto art. 741º, nºs 5 e 6.

3.9. Penhora em caso de comunhão ou de compropriedade

Sendo movida uma ação executiva apenas contra algum ou alguns dos contitulares de património autónomo (por exemplo, herdeiro) ou bem indiviso (por exemplo, comproprietário)[1252], não podem ser penhorados os bens compreendidos no património comum ou uma fração de qualquer deles, nem uma parte especificada do bem indiviso (art. 743º, nº 1). Isto porque o contitular do património autónomo ou do bem indiviso não pode alienar nem onerar uma parte especificada desse património ou da coisa comum sem a autorização dos demais contitulares (arts. 1408º, nº 1, e 2091º do CC), sob pena de alienação ou oneração de coisa alheia (arts. 892º e 1408º, nº 2, do CC)[1253].

Diferentemente, apenas pode ser penhorado o direito do executado no património autónomo (por exemplo, herança) ou a quota parte, abstrata e ideal, do executado no bem indiviso (*non pars quanta, sed pars quota*), na proporção dos respetivos titulares (por exemplo, metade, um terço, um quarto, etc.)[1254].

Não sendo este regime respeitado, os demais contitulares do património autónomo ou do bem indiviso podem reagir contra a penhora dos bens compreendidos no património comum, de uma fração desses bens ou do bem indiviso através de um incidente de embargos de terceiro – já que são terceiros em relação à execução e titulares de um direito incompatível com a realização ou o âmbito dessa diligência de penhora –, sem prejuízo da possibilidade de ser intentada uma ação de reivindicação.

Contudo, se, em diferentes execuções, forem penhorados todos os quinhões no património autónomo ou todos os direitos sobre o bem indiviso, a

[1252] É o que sucede, por exemplo, se for penhorado um bem imóvel pertencente a duas pessoas, casadas sob o regime de separação de bens ou a viver em união de facto, tendo a execução sido movida apenas contra uma delas.

[1253] *Vide*, a este respeito, Duarte, Rui Pinto, *Curso de Direitos Reais*, *op. cit.*, p. 62. Cfr., na jurisprudência, os acs. do STA de 18.05.2011, proc. 0973/09, e de 15.05.2013, proc. 0485/13.

[1254] Cfr., nesse sentido, Cardino, Alberto, *Comunione di Beni ed Espropriazione Forzata*, UTET Giuridica, Turim, 2011, p. 6. *Vide*, ainda, Cirillo, Bruno, *L'Esecuzione Mobiliare Presso il Debitore*, *op. cit.*, p. 25, segundo o qual, sendo os cônjuges casados sob o regime de separação de bens, apenas pode ser penhorada a quota ideal, de 50%, da propriedade do executado nos bens de que os cônjuges são comproprietários.

lei permite a realização de uma única venda, no âmbito do processo em que a penhora tenha sido efetuada em primeiro lugar, com posterior divisão do produto obtido pelos demais credores[1255]. Com efeito, ao permitir a realização de uma única venda do património autónomo ou do bem indiviso, o legislador quis garantir um maior interesse na venda, com o consequente aumento do número de potenciais compradores e do preço, em benefício do executado, do exequente e dos eventuais credores reclamantes.

3.10. Bens a penhorar na execução contra o herdeiro

Como se referiu *supra*, a ação executiva pode ser promovida, *ab initio* ou na sua pendência, contra o sucessor na obrigação, designadamente quando essa sucessão revista uma natureza *mortis causa* (art. 54º, nº 1).

Ora, se uma ação executiva for promovida contra o herdeiro do devedor que tenha aceite a herança (arts. 2062º a 2067º do CC), só podem ser penhorados os bens que ele tiver recebido do autor da herança (art. 744º, nº 1) – ou, se ainda não tiver havido lugar a partilha, o seu quinhão hereditário[1256] –, à luz do princípio segundo o qual, pelas dívidas da herança, apenas respondem os bens dessa mesma herança[1257]. Com efeito, dispõe o art. 2068º do CC que "A herança responde pelas despesas com o funeral e sufrágios do seu autor, pelos encargos com a testamentaria, administração e liquidação do património hereditário, pelo pagamento das dívidas do falecido, e pelo cumprimento dos legados".

Consequentemente, se a penhora recair sobre outros bens que o herdeiro não tenha recebido do autor da herança, isto é, do efetivo devedor, o herdeiro pode requerer ao agente de execução o levantamento da penhora desses bens, sendo a penhora levantada desde que o exequente não se oponha e o herdeiro indique bens que tenha efetivamente recebido do autor da herança[1258].

[1255] Neste particular, Lebre de Freitas defende que, por aplicação analógica do art. 824º, nº 2, do CC, tendo sido penhorada a quota de um comproprietário de um bem imóvel, o credor hipotecário desse bem tem a faculdade de, em sede de reclamação de créditos, "exigir [...] que o objecto da penhora se alargue às quotas de comproprietário não abrangidas pela penhora originária, de modo que, pelo produto da venda executiva da coisa sobre a qual tem garantia, possa encontrar satisfação integral do seu crédito, fazendo valer plenamente a hipoteca constituída" (Freitas, José Lebre de, "Hipoteca de coisa e penhora da quota de comproprietário", *op. cit.*, p. 279).

[1256] Cfr., a este respeito, o ac. do TRL de 23.04.2020, proc. 604/18.5T8LSB-C.L1-7.

[1257] *Vide*, a este propósito, Moreira, Guilherme Alves, *Instituições do Direito Civil Português*, vol. II, *op. cit.*, pp. 509 e 510, bem como Nobili, Chiara, *Le Obbligazioni*, 2ª ed., Giuffrè Editore, Milão, 2008, pp. 251 e 252.

[1258] Cfr., nesse sentido, o ac. do STJ de 12.12.1995, proc. 088052, o ac. do TRG de 31.10.2012, proc. 2072/09.3TBVCT-B.G1, bem como o ac. do TRC de 20.03.2018, proc. 6031/04.4TBLRA-E.C1. Se

Se o exequente se opuser ao levantamento da penhora, tudo dependerá do modo como o herdeiro aceitou a herança.

Na verdade, a lei prevê a possibilidade de a herança ser aceite através de duas modalidades distintas: aceitação pura e simples e aceitação a benefício de inventário (art. 2052º, nº 1, do CC)[1259].

Assim, se a herança tiver sido aceite de forma pura e simples, isto é, sem inventariação prévia dos bens que a compõem (art. 2052º, nº 1, do CC), recai sobre o herdeiro o ónus da prova de que os bens penhorados não pertencem à herança[1260]. Deste modo, o herdeiro terá de alegar e provar perante o juiz de execução, nos termos do art. 744º, nº 3, que os bens penhorados não provieram da herança ou que não recebeu da herança mais bens do que aqueles que indicou ou, se recebeu mais, que os outros foram todos aplicados em solver encargos dela, à luz do disposto no art. 2068º do CC[1261].

Diversamente, se a herança tiver sido aceite a benefício de inventário, isto é, mediante relação dos bens que integram efetivamente a herança, através de um processo de inventário (art. 2053º do CC), caberá ao exequente comprovar a existência de outros bens que não foram inventariados (art. 2071º, nº 1, do CC)[1262] ou que os bens penhorados provieram efetivamente da herança.

3.11. Penhorabilidade subsidiária

3.11.1. Penhorabilidade subsidiária subjetiva

A penhorabilidade subsidiária subjetiva significa, em termos genéricos, que o património de uma determinada pessoa só pode ser penhorado na falta ou insuficiência do património de uma outra pessoa.

o executado nada fizer, o seu património pessoal vai acabar, ainda que ilegalmente, por responder por uma dívida da herança, ou seja, por uma dívida alheia (*vide*, a este respeito, o ac. do STJ de 25.11.1998, proc. 98B1008).

[1259] Nos termos do art. 2050º do CC, o domínio e posse dos bens da herança adquirem-se pela aceitação, independentemente da sua apreensão material, retroagindo ao momento da abertura da sucessão os efeitos da aceitação da herança.

[1260] Cfr., a este respeito, FERNANDES, David Augusto, *Lições de Direito Civil (Direitos Reais), op. cit.*, p. 8, segundo o qual, assim como o património próprio do herdeiro não responde pelas dívidas da herança, do mesmo modo o património da herança não responde pelas dívidas do herdeiro, bem como DIAS, Cristina Araújo, *Lições de Direito das Sucessões*, 7ª ed., Almedina, Coimbra, 2019, pp. 183 e 184. *Vide*, na jurisprudência, o ac. do TRL de 13.07.2017, proc. 559/10.4TBCSC-C.L1-6.

[1261] Cfr., nesse sentido, o ac. do TRP de 08.07.1996, proc. 9550712.

[1262] Neste particular, como bem elucida Cristina Dias, "A aceitação a benefício de inventário significa que o herdeiro declara que aceita a herança mas reserva o direito de só receber o valor líquido da herança, depois de pagos os encargos", situação que permite ao herdeiro "uma separação, face aos credores da herança, dos bens desta relativamente ao seu património pessoal" (DIAS, Cristina Araújo, *Lições de Direito das Sucessões, op. cit.*, p. 162).

O caso paradigmático prende-se com a fiança. Com efeito, nos termos do art. 627º do CC, o fiador garante a satisfação do direito de crédito, assumindo pessoalmente a obrigação perante o credor[1263]. De facto, ao invés do que sucede, por exemplo, com o penhor e a hipoteca, que constituem garantias reais da obrigação, a fiança traduz-se numa garantia pessoal da obrigação[1264], sendo que esta não pode exceder a dívida principal, nem ser contraída em condições mais onerosas do que aquela (art. 631º, nº 1, do CC). De todo o modo, o fiador goza, em regra, do benefício da excussão prévia, ou seja, pode recusar o cumprimento enquanto o credor não tiver excutido todos os bens do devedor sem obter a satisfação do seu crédito, salvo se tiver renunciado a esse benefício [arts. 638º e 640º, al. *a)*, do CC][1265].

O regime da responsabilidade subsidiária subjetiva não se esgota, no entanto, na figura da fiança. De facto, a lei substantiva prevê outros casos de penhorabilidade subsidiária subjetiva, tal como sucede, por exemplo, com os sócios da sociedade civil (art. 997º, nº 2, do CC), com os sócios da sociedade comercial em nome coletivo (art. 175º, nº 1, do CSC) e com os sócios comanditados da sociedade comercial em comandita (art. 175º, nº 1, do CSC *ex vi* do art. 465º, nº 1, do CSC).

De acordo com o regime da penhorabilidade subsidiária subjetiva, se for movida uma ação executiva apenas contra o devedor subsidiário e se este invocar, de forma fundamentada, o benefício da excussão prévia (arts. 641º, nº 1, e 745º, nº 1, do CC)[1266] – seja contestando a alegação da renúncia feita

[1263] *Vide*, a este propósito, Vasconcelos, L. Miguel Pestana de, *Direito das Garantias*, *op. cit.*, pp. 83 e 84, segundo o qual a obrigação do fiador tem o mesmo conteúdo da obrigação principal e "cobre as consequências legais e contratuais do não cumprimento culposo da obrigação por parte do devedor".

[1264] Tal como salienta Manuel Januário da Costa Gomes, a constituição da fiança implica que o fiador se torne também ele devedor, já que o seu património fica vinculado à satisfação de um crédito de que era originalmente devedor um outro património distinto, tornando-se, por isso, o fiador devedor de uma dívida própria (Gomes, Manuel Januário da Costa, "A fiança no quadro das garantias pessoais. Aspectos de regime", *in Comemorações dos 35 Anos do Código Civil e dos 25 Anos da Reforma de 1977*, vol. III – Direito das Obrigações, Coimbra Editora, Coimbra, 2007, pp. 80 e 81).

[1265] *Vide*, a este propósito, Almeida, L. P. Moitinho, "O benefício da ordem ou da excussão", *in ROA*, ano 22º, vol. I/II, jan./jul. 1962, p. 52. Cfr., na jurisprudência, o ac. do TRE de 12.01.2017, proc. 1635/13.7TBOLH-A.E1.

[1266] Nos termos do art. 101º do CCom., o fiador de obrigação mercantil, ainda que não seja comerciante, responde de forma solidária com o respetivo afiançado. De todo o modo, como assinala Miguel Pestana de Vasconcelos, não se trata aqui de uma verdadeira solidariedade, mas antes do afastamento do benefício da excussão prévia (Vasconcelos, L. Miguel Pestana de, *Direito das Garantias*, *op. cit.*, p. 89).

pelo exequente, seja indicando bens do devedor principal[1267]–, não podem ser penhorados os seus bens enquanto não estiverem excutidos todos os bens do devedor principal[1268].

Nessa eventualidade, sendo instaurada a execução apenas contra o devedor subsidiário (art. 641º, nº 1, do CC) e invocando este, em sede de oposição à execução, o benefício da excussão prévia, o exequente pode requerer, no próprio processo, o chamamento à execução do devedor principal, o qual será citado para proceder ao pagamento integral da dívida exequenda e das demais custas de execução ou deduzir oposição (art. 745º, nº 2)[1269].

Para além disso, atento o disposto no art. 641º, nº 1, do CC, o próprio fiador que tenha sido demandado, de forma isolada, pelo exequente, tem a faculdade de chamar o devedor à demanda.

Por sua vez, se a execução tiver sido movida apenas contra o devedor principal e os bens deste se revelarem insuficientes, pode o exequente requerer, no mesmo processo, mediante a dedução de um incidente de intervenção principal provocada, a execução contra o devedor subsidiário, que será citado para pagar o remanescente da dívida exequenda (art. 745º, nº 3).

Correndo a execução contra o devedor principal e o devedor subsidiário e tendo os bens do devedor principal sido excutidos em primeiro lugar, pode o devedor subsidiário fazer sustar a execução nos seus próprios bens, indicando bens do devedor principal que hajam sido posteriormente adquiridos ou que não fossem conhecidos (arts. 638º, nº 1, do CC, e 745º, nº 4).

3.11.2. Penhorabilidade subsidiária objetiva

A penhorabilidade subsidiária objetiva verifica-se nos casos em que a penhora só pode recair sobre um determinado bem depois de ter sido penhorado um

1267 GOUVEIA, Mariana França, "O executado com responsabilidade subsidiária", *in Themis – A Reforma da Acção Executiva*, vol. II, ano V, nº 9, Almedina, Coimbra, 2004, p. 119.

1268 Sem prescindir, nada impede que o devedor subsidiário, não obstante a excussão de todos os bens do devedor, recuse o cumprimento da obrigação, se provar que o crédito não foi satisfeito por culpa do credor (art. 638º, nº 2, do CC). É o que sucede, por exemplo, se o devedor tinha bens suficientes ao tempo do vencimento da obrigação, não tendo o credor, por inércia, exigido o cumprimento da obrigação nessa ocasião (LIMA, Pires de/VARELA, Antunes, *Código Civil Anotado*, vol. I, *op. cit.*, p. 655).

1269 Com efeito, tal como elucidam Pires de Lima e Antunes Varela, o benefício da excussão prévia só existe no tocante à execução do património do devedor e não em relação à demanda. Consequentemente, mesmo que o fiador goze do benefício da excussão prévia, nada obsta a que este seja demandado, ainda que desacompanhado do devedor principal (LIMA, Pires de/VARELA, Antunes, *Código Civil Anotado*, vol. I, *op. cit.*, p. 655). Cfr., no mesmo sentido, VASCONCELOS, L. Miguel Pestana de, *Direito das Garantias*, *op. cit.*, p. 88.

outro bem, cuja execução não foi suficiente para garantir a satisfação da dívida exequenda e das despesas da execução.

É o que sucede, por exemplo:

a) nas dívidas da responsabilidade de ambos os cônjuges, caso em que os bens próprios de qualquer um deles só podem ser penhorados na falta ou insuficiência de bens comuns (art. 1695º do CC);

b) nas dívidas da responsabilidade exclusiva de um dos cônjuges, situação em que os bens comuns só podem ser penhorados na falta ou insuficiência de bens próprios do cônjuge devedor (arts. 1696º do CC e 740º, nº 1);

c) nas dívidas com garantia real que onerem bens pertencentes ao devedor, caso em que o restante património do devedor só pode ser penhorado depois de executados os bens onerados em garantia (art. 752º, nº 1).

Assim, verificando-se uma situação de penhorabilidade subsidiária objetiva, a penhora deve iniciar-se pelos bens que, de acordo com a lei, respondam primeiramente pela dívida, sob pena de ilegalidade da penhora.

Contudo, nos termos do art. 745º, nº 5, o exequente pode requerer a penhora imediata de bens que só subsidiariamente responderiam pela dívida, desde que, para tal, demonstre a manifesta falta ou insuficiência dos bens que deviam responder prioritariamente[1270].

3.12. Penhora de mercadorias carregadas em navio

O Código de Processo Civil estabelece um regime próprio no que concerne à penhora de mercadorias que se encontrem carregadas em navio despachado para viagem, isto é, quando o seu capitão esteja na posse do respetivo desembaraço passado pela capitania do porto (art. 746º, nº 2)[1271].

Assim, mesmo que o navio se encontre despachado para viagem, se forem penhoradas mercadorias nele carregadas, pode ser autorizada a sua descarga se o credor satisfizer por inteiro o frete em dívida, as despesas de carga, estiva, desarrumação, sobredemora e descarga – aqui se incluindo, nomeadamente, os custos com o descarregamento e com a movimentação de contentores –

[1270] *Vide*, a este propósito, o ac. do TRP de 05.03.2009, proc. 2864/06.5YRPRT, bem como o ac. do TRG de 11.09.2012, proc. 5088/10.3TBBRG-A.G1.

[1271] Note-se que, tal como se consignou no ac. do STJ de 09.12.1993, proc. 084679, este regime especial quanto à penhora de mercadorias que se encontrem carregadas em navio só se aplica nos casos em que o navio se encontre despachado para viagem. Outrossim, não se verifica qualquer especialidade no que concerne à penhora desses bens.

ou se prestar caução que garanta o pagamento de todas essas despesas (art. 746º, nº 1)[1272].

Sendo autorizada a descarga das mercadorias carregadas no navio, deve ser feito o respetivo averbamento no conhecimento pertencente ao capitão e comunicado o facto à capitania do porto onde o navio se encontre atracado (art. 746º, nº 4).

4. Consultas e diligências para a penhora

4.1. Diligências prévias

Estando em causa um processo executivo para pagamento de quantia certa sob a forma ordinária, a secretaria deve notificar o agente de execução para proceder às diligências prévias à penhora nos seguintes casos (art. 748º):

a) depois de proferido o despacho que dispense a citação prévia do executado (art. 727º);

b) depois de decorrido o prazo de oposição à execução, isto é, o prazo de vinte dias, sem que esta tenha sido deduzida (art. 728º, nº 1)[1273];

c) depois da apresentação de oposição que não suspenda a execução (art. 733º, nº 1, *a contrario*); ou

d) depois de ter sido julgada improcedente a oposição que tenha suspendido a execução (art. 733º, nº 1).

Nessa eventualidade, o agente de execução deve começar, desde logo, por consultar o registo informático de execuções, atento o disposto nos arts. 717º e 748º, nº 2.

4.2. Registo informático de execuções

O registo informático de execuções foi criado pela reforma da ação executiva de 2003, com o propósito de tornar a execução mais célere e eficiente.

Na verdade, conforme resulta do preâmbulo do DL nº 38/2003, de 8 de março, o registo informático de execuções disponibiliza "informação útil sobre os bens do executado, assim como sobre outras execuções pendentes contra o mesmo executado".

[1272] Neste caso, à luz do disposto no art. 746º, nº 3, se for oferecida uma caução, caberá ao capitão do navio pronunciar-se sobre a idoneidade da mesma, dispondo, para o efeito, de um prazo de cinco dias.

[1273] No sentido de não ser admissível a realização de diligências de penhora de bens durante o prazo de que o executado dispõe para deduzir oposição à execução ou para proceder ao pagamento voluntário da dívida exequenda e das demais despesas da execução, *vide* o ac. do TRP de 14.05.2013, proc. 927/12.7TBMTS-B.P1.

No prosseguimento desse desiderato, o registo informático de execuções contém o rol das execuções findas, suspensas ou pendentes em relação a um determinado executado e a informação sobre a identificação do processo de execução, do agente de execução e das partes, o pedido, os bens indicados à penhora e os bens penhorados, bem como a identificação dos créditos que tenham sido reclamados.

Já no que diz respeito às execuções findas ou suspensas, o registo informático contém informação sobre:

a) a extinção com pagamento parcial;
b) a extinção da execução, por não terem sido encontrados bens penhoráveis;
c) a declaração de insolvência e a nomeação de um administrador da insolvência, bem como o encerramento do processo de insolvência;
d) o arquivamento do processo executivo laboral, por não terem sido encontrados bens para penhora;
e) a extinção da execução por acordo de pagamento em prestações ou por acordo global (arts. 806º a 810º);
f) a conversão da penhora em penhor (art. 807º, nº 3); e
g) o cumprimento do acordo de pagamento em prestações ou do acordo global (arts. 806º e 810º).

Deste modo, o registo informático de execuções reúne diversas vantagens, já que permite, designadamente, aquilatar acerca da viabilidade da cobrança coerciva de uma determinada dívida, bem como identificar eventuais bens penhoráveis de que o executado seja titular, devendo, para o efeito, o agente de execução manter atualizado o registo informático de execuções (art. 717º, nº 4).

No que concerne ao acesso aos dados nele contidos, a lei determina que o registo informático de execuções pode ser consultado por magistrado judicial ou do Ministério Público[1274], por qualquer pessoa capaz de exercer mandato judicial[1275], por agente de execução[1276], pelo titular dos dados e por quem tenha uma relação contratual ou pré-contratual com o titular dos dados ou revele outro interesse atendível na consulta, desde que, nesse caso, exista consentimento do titular nesse sentido (art. 718º, nº 4).

[1274] *Vide*, a este propósito, o art. 56º, nº 1, da Portaria nº 282/2013, de 29 de agosto.
[1275] Arts. 56º, nº 3, e 57º da Portaria nº 282/2013, de 29 de agosto.
[1276] Art. 56º, nº 2, da Portaria nº 282/2013, de 29 de agosto.

Por outro lado, o Código de Processo Civil prevê medidas de proteção do executado no que concerne aos elementos disponíveis no registo informático de execuções. Assim, para além de poder requerer, a todo o tempo, a retificação ou a atualização dos dados inscritos no referido registo (art. 718º, nº 1), o executado pode igualmente pedir que seja eliminada a menção de extinção da execução com pagamento parcial ou por não terem sido encontrados bens penhoráveis, desde que, para o efeito, comprove o cumprimento da obrigação (art. 718º, nº 2).

Relativamente às execuções que se extingam por pagamento integral da dívida exequenda, dispõe o art. 718º, nº 3, que o agente de execução deve eliminar, de forma oficiosa e imediata, esse registo.

4.3. Diligências para identificação ou localização de bens

Se tiver sido movida uma ação executiva contra o executado, a qual tenha terminado nos últimos três anos, sem integral pagamento, e se o exequente não tiver indicado bens penhoráveis no requerimento executivo, o agente de execução deve iniciar imediatamente as diligências tendentes a identificar bens penhoráveis, nos termos dos arts. 748º, nº 3, e 749º.

Caso essas diligências se frustrem, o seu resultado é comunicado ao exequente, extinguindo-se a execução se este, no prazo de dez dias, não indicar quais os concretos bens que pretende ver penhorados (art. 748º, nº 3, *in fine*).

Se não ocorrer a extinção da execução, por falta de indicação de bens penhoráveis, o agente de execução deve prosseguir com as diligências prévias à penhora, tendentes à identificação ou localização de bens penhoráveis.

Por sua vez, dispõem os arts. 2º, nº 1, da Portaria nº 331-A/2009, de 30 de março, e 749º, nº 1, que a realização da penhora é precedida das diligências que o agente de execução considere úteis ou necessárias à identificação ou localização de bens penhoráveis, a realizar no prazo máximo de vinte dias[1277], podendo, para o efeito, proceder, através do sistema informático de suporte à atividade dos agentes de execução e do sistema informático de suporte à atividade dos tribunais, à consulta direta, isto é, sem necessidade de despacho judicial de autorização[1278], das bases de dados da admi-

1277 No sentido de este prazo ser meramente indicativo, razão pela qual o não cumprimento deste prazo não preclude a possibilidade de o agente de execução realizar as diligências prévias à penhora, *vide* o ac. do TRE de 21.01.2016, proc. 623/14.0TBBJA-A.E1.

1278 De todo o modo, nos termos do art. 749º, nº 7, a consulta de outras declarações ou elementos que se encontrem protegidos pelo sigilo fiscal, bem como de outros dados sujeitos a regime de confidencialidade, fica sujeita a despacho judicial de autorização. *Vide*, a este propósito, o ac. do TRL de 14.05.2019, proc. 4819/17.5T8LSB-A.L1-1.

nistração tributária[1279], da Segurança Social, do Fundo de Garantia Salarial, da Caixa Geral de Aposentações[1280], das conservatórias do registo civil[1281], predial[1282], comercial[1283] e automóvel[1284], bem como de outros registos ou arquivos semelhantes[1285], de todas as informações sobre a identificação do

[1279] À luz do art. 3º da Portaria nº 331-A/2009, de 30 de março, "A consulta direta, pelo agente de execução, através da utilização do sistema informático de suporte à atividade dos agentes de execução e do sistema informático de suporte à atividade dos tribunais, às bases de dados da administração tributária, é efetuada pelo número de identificação fiscal do executado". Nesse caso, a administração tributária deve disponibilizar ao agente de execução "o nome, o número de identificação fiscal e o domicílio fiscal do executado e a seguinte informação necessária à identificação e localização dos seus bens penhoráveis:

a) Identificação das matrizes dos prédios de que o executado seja titular de um qualquer direito real, a sua descrição predial, a sua localização e o respectivo valor patrimonial tributário;

b) Identificação dos veículos relativamente aos quais o executado é sujeito passivo de imposto único de circulação e o ano do último pagamento;

c) A data de início, reinício e cessação da última actividade do executado e respectivo código de actividade económica;

d) A identificação do ano a que se reporta a última declaração de rendimentos entregue e a natureza dos mesmos;

e) O valor dos créditos do executado resultantes de reembolso, revisão oficiosa, reclamação graciosa ou impugnação judicial de qualquer acto tributário;

f) O número fiscal da sociedade em que o executado conste como sócio ou membro de órgão social, o qual foi comunicado à administração tributária pelo serviço de registo competente;

g) O número fiscal da herança indivisa em que o executado conste como herdeiro".

[1280] De acordo com o art. 4º, nº 1, da Portaria nº 331-A/2009, de 30 de março, alterado pela Portaria nº 358/2019, de 8 de outubro, "A consulta direta, pelo agente de execução, através do sistema de informação de suporte à atividade dos tribunais e do sistema informático de suporte à atividade dos agentes de execução, à informação constante das bases de dados da Segurança Social e da Caixa Geral de Aposentações, é efetuada pelo nome e pelos números de identificação da segurança social ou de subscritor da Caixa Geral de Aposentações, número de identificação civil ou número de identificação fiscal do executado", situação em que, de acordo com o nº 3 desse diploma legal, a Segurança Social deve disponibilizar ao agente de execução o "nome e o número de identificação da Segurança Social do executado, e a seguinte informação necessária à identificação e localização dos seus bens penhoráveis:

a) a identificação da entidade empregadora responsável pelas contribuições associadas ao executado, ou das respectivas identidades, quando exista mais do que uma;

b) a data de início e término das contribuições, ou a data de início e da última contribuição, reportada por cada entidade empregadora;

c) o montante auferido pelo executado, à data da última contribuição, a título de vencimento, salário ou outros rendimentos que constituam base de incidência contributiva para a segurança social;

d) indicação das qualificações ativas e das últimas qualificações encerradas do executado perante o sistema de segurança social;

e) último montante declarado à Segurança Social para cada uma das qualificações nos termos da alínea anterior;

f) indicação se o executado é beneficiário de algum regime contributivo especial e qual esse regime;

executado junto desses serviços e sobre a identificação e a localização dos seus bens[1286].

g) indicação sobre se o executado aufere pensão de velhice, pensão de invalidez ou qualquer outra prestação social, e, caso aufira, indicação dos respetivos montantes, bem como das penhoras que recaiam sobre as prestações, respetivos montantes, globais e mensais, e quantias já penhoradas". Por sua vez, nos termos do art. 4º, nº 5, da Portaria nº 331-A/2009, de 30 de março, "A Caixa Geral de Aposentações disponibiliza ao agente de execução o nome e o número de subscritor, e a seguinte informação necessária à identificação e localização dos seus bens penhoráveis:
a) a identificação da entidade pública empregadora responsável pelas contribuições associadas ao executado, ou respetivas entidades, quando exista mais do que uma;
b) o montante auferido pelo executado, à data da última contribuição, a título de vencimento, salário ou outros rendimentos que constituam base de incidência contributiva para a Caixa Geral de Aposentações;
c) a indicação sobre se o executado aufere alguma pensão de aposentação, reforma, sobrevivência e outras de natureza especial, e, caso aufira, indicação do seu montante, bem como das penhoras que sobre elas recaiam, respetivos montantes globais e mensais e quantias já penhoradas".
Já no que diz respeito ao Fundo de Garantia Salarial, o art. 4º, nº 6, da Portaria nº 331-A/2009, de 30 de março, determina que este deve disponibilizar ao agente de execução "o nome e o número de identificação da Segurança Social do devedor, bem como a identificação da natureza e do montante dos créditos em dívida".

1281 Nos termos do art. 5º, nº 3, da Portaria nº 331-A/2009, de 30 de março, a base de dados do registo civil deve disponibilizar, para "além dos elementos identificadores constantes do documento de identificação civil, os seguintes elementos:
a) Estado civil e, se casado, o regime de bens, bem como o nome, data de nascimento, e naturalidade do cônjuge;
b) Morada do executado;
c) Perda da nacionalidade;
d) Data do óbito".

1282 À luz do art. 5º, nº 5, da Portaria nº 331-A/2009, de 30 de março, "Da informação relativa ao património imobiliário constante da base de dados do registo predial que é disponibilizada ao agente de execução constam a descrição e inscrições em vigor dos imóveis nos quais o executado figure como titular de um direito real registado sobre os mesmos".

1283 De acordo com o art. 5º, nº 4, da Portaria nº 331-A/2009, de 30 de março, "A base de dados do registo comercial disponibiliza a informação relativa à situação jurídica dos executados que estejam sujeitos a esse registo". Por sua vez, à luz do nº 5 do citado preceito legal, "A base de dados do Registo Nacional de Pessoas Colectivas, integrada no registo comercial, disponibiliza ao agente de execução a informação constante do Ficheiro Central de Pessoas Colectivas, designadamente, a identificação das pessoas colectivas e entidades equiparadas bem como a inscrição da constituição, modificação e dissolução das mesmas".

1284 Nos termos do art. 5º, nº 7, da Portaria nº 331-A/2009, de 30 de março, "Na base de dados do registo automóvel é disponibilizada a informação relativa aos veículos de que o executado seja proprietário ou titular de outro direito real, bem como os ónus e encargos que incidam sobre cada um dos mesmos".

1285 É o que sucede, designadamente, com a Agência de Gestão da Tesouraria e da Dívida Pública – IGCP, E. P. E., a qual deve disponibilizar ao agente de execução "informação sobre os Certificados

Acresce que, visando facilitar a penhora de depósitos bancários, o art. 749º, nº 6, preceitua que o Banco de Portugal deve disponibilizar, por via eletrónica, ao agente de execução informação acerca das instituições legalmente autorizadas a receber depósitos em que o executado detenha contas ou depósitos bancários[1287,1288]. Evita-se, dessa forma, a multiplicação de comunicações desnecessárias e inúteis às diversas instituições bancárias a operar em Portugal, com o único objetivo de se apurar se o executado é ou não titular de contas bancárias nessas instituições.

No processo sumário de execução para pagamento de quantia certa, sendo recebido o requerimento executivo pelo agente de execução e não se verificando qualquer fundamento que determine a sua rejeição, o agente de execução deve iniciar de imediato as consultas e diligências prévias à penhora, a qual tem lugar antes da citação do executado (art. 855º, nº 3).

4.4. Diligências subsequentes

Não sendo encontrados bens penhoráveis no prazo de três meses a contar da notificação prevista no art. 748º, nº 1, isto é, da notificação efetuada pela secretaria de execução ao agente de execução, para que este dê início às diligências para penhora, o agente de execução deve, ao abrigo do princípio da

de Aforro, Certificados do Tesouro e outros instrumentos de que o executado seja titular." (art. 5º, nº 8, da Portaria nº 331-A/2009, de 30 de março).

1286 Observe-se que, nos termos do art. 712º, nº 3, "Todas as consultas a realizar pelo agente de execução com vista à efetivação da penhora, bem como quaisquer comunicações entre este e os serviços judiciais ou outros profissionais do foro e entidades públicas, nomeadamente para ordenar a realização de penhoras, a sua modificação ou levantamento, são, em regra, realizadas por meios eletrónicos".

1287 Nos termos do art. 17º da Portaria nº 282/2013, de 29 de agosto, para efeitos de penhora de depósitos bancários, o agente de execução deve solicitar ao Banco de Portugal a disponibilização de informação acerca das instituições legalmente autorizadas a receber depósitos em que o executado detenha contas ou depósitos bancários através dos sistemas informáticos de suporte à atividade dos tribunais e dos agentes de execução, devendo o Banco de Portugal disponibilizar essa informação ao agente de execução pela mesma via.

1288 *Vide*, a este propósito, o ac. do TRL de 20.11.2014, proc. 17536.07.5YYLSB-A.L1-2, com o seguinte sumário: "O sigilo bancário, não correspondendo a um direito absoluto, já que o titular das contas bancárias pode autorizar o seu levantamento, deve ceder perante outros direitos ou interesses também constitucionalmente protegidos, desde que lhe sejam superiores. Como tem sido uniformemente decidido, atenta a forma como está regulado esse sigilo, havendo conflito entre o dever do sigilo bancário e o dever de cooperação para a realização da justiça, porque este interesse é mais relevante, há-de aquele ceder perante este. Mostra-se necessária ainda essa quebra se o exequente necessita de elementos referentes à morada e números de bilhete de identidade e fiscal do executado que de outro modo não consegue, para obter a penhora de bens e conseguir a compensação do crédito exequendo".

cooperação, notificar o exequente para que este especifique quais os bens que pretende ver penhorados na execução[1289]. Simultaneamente, o agente de execução deve, igualmente, notificar o executado para que este indique bens à penhora, advertindo-o de que a omissão da declaração ou a prestação de falsas declarações importa a sua sujeição a uma sanção pecuniária compulsória, no montante de 5% da dívida ao mês, com o limite mínimo global de 10 UC, se ocorrer ulterior renovação da instância executiva e aí se apurar a existência de bens penhoráveis (art. 750º, nº 1).

Nesse caso, se nem o exequente, nem o executado, uma vez notificados para o efeito, indicarem bens penhoráveis no prazo de dez dias a contar da notificação, extingue-se, sem mais, a execução [arts. 750º, nº 2, e 849º, nº 1, al. *c)*][1290], sem prejuízo da possibilidade de renovação da instância executiva, nos termos do art. 850º, nº 5, logo que sejam encontrados bens penhoráveis.

Na ação executiva para pagamento de quantia certa, sob a forma de processo sumário ou sob a forma de processo ordinário, quando tenha sido dispensada a citação prévia do executado, se o exequente não indicar bens penhoráveis e se se tiver frustrado a citação pessoal do executado, não há lugar à citação edital deste e extingue-se a execução, nos termos dos arts. 750º, nºs 2 e 3, 849º, nº 1, al. *c)*, e 855º, nº 4.

4.5. Inclusão do devedor na lista pública de execuções

Frustrando-se a identificação de bens penhoráveis, a lei prevê a inclusão do devedor numa lista pública, de acesso livre, designada por "lista pública de execuções"[1291].

Com efeito, conforme se extrai do preâmbulo da Portaria nº 313/2009, de 30 de março, a criação da lista pública de execuções fundou-se em dois pilares essenciais:

a) por um lado, a "necessidade de criar um forte elemento dissuasor do incumprimento de obrigações, factor que tem sido assinalado internacionalmente como uma das condições que pode contribuir para o crescimento da confiança no desempenho da economia portuguesa";

[1289] No sentido de este prazo de três meses revestir natureza meramente ordenadora, *vide* o ac. do TRP de 20.02.2020, proc. 8678/19.5T8PRT-A.P1.

[1290] Defendendo que o agente de execução não pode extinguir automaticamente a execução, com fundamento no decurso do prazo de três meses, sem antes proceder à notificação do exequente e do executado, nos termos e para os efeitos do disposto no art. 750º, nºs 1 e 2, *vide* o ac. do TRL de 10.05.2018, proc. 2491/08.2TBPDL-B.L1-6.

[1291] Disponível no endereço eletrónico *https://tribunais.org.pt.*

b) por outro lado, "evitar, a montante, processos judiciais sem viabilidade e cuja pendência prejudica a tramitação de outros efectivamente necessários para assegurar uma tutela jurisdicional efectiva dos direitos dos cidadãos". Na verdade, "a informação constante desta lista pode ser um precioso auxiliar na detecção de situações de incobrabilidade de dívidas e na prevenção de acções judiciais inúteis, nomeadamente através do fornecimento público de elementos sobre as partes contratantes, o que pode contribuir para uma formação mais responsável da decisão de contratar".

Assim, nos termos do art. 3º, nº 1, da Portaria nº 313/2009, de 30 de março, aquando da realização da citação ou da notificação previstas no art. 750º, nºs 1 e 3 – atento o facto de não serem localizados bens do executado passíveis de penhora –, o agente de execução deve, em simultâneo, notificar o executado de que, logo que a execução seja extinta, este "dispõe do prazo de 10 dias para pagar a quantia em dívida ou para aderir a um plano de pagamento de dívida elaborado com o auxílio de uma entidade reconhecida pelo Ministério da Justiça, com a cominação de que a não observância de qualquer dos mencionados procedimentos implica a sua inclusão na lista pública de execuções".

Por sua vez, à luz do art. 4º, nº 1, da Portaria nº 313/2009, de 30 de março, sendo a execução extinta, nos termos do art. 750º, nº 2, pelo facto de, nem o exequente, nem o executado, terem indicado bens penhoráveis no prazo de dez dias, o agente de execução deve informar o executado, em simultâneo com a notificação da extinção da execução, "de que dispõe do prazo de 10 dias para reclamar da decisão de extinção, findo o qual, e caso não tenha pago a quantia em dívida ou aderido a um plano de pagamento elaborado com o auxílio de uma entidade reconhecida pelo Ministério da Justiça e comunicado eletronicamente ao agente de execução e ao Gabinete para a Resolução Alternativa de Litígios (GRAL), que integra a Direção-Geral da Política de Justiça, passa a estar incluído na lista pública de execuções".

Dessa lista pública de execuções consta a seguinte informação:

a) o nome do executado;
b) o número de identificação fiscal do executado ou, nos casos em que não exista ou não seja conhecido o número de identificação fiscal do executado, o seu número de identificação civil, de passaporte ou de licença de condução;
c) o valor em dívida no momento da extinção da execução;

d) o número de processo executivo que esteve na origem da execução frustrada e o tribunal onde a execução foi distribuída;
e) a indicação de que o processo executivo se extinguiu com pagamento parcial ou por não terem sido encontrados bens penhoráveis;
f) a data da extinção do processo executivo; e
g) a data da inclusão na lista.

5. Ordem de realização da penhora

5.1. Eliminação do *gradus executionis*

Diversamente do que sucedia na lei de processo civil revogada, a qual estabelecia uma ordem de prioridade em relação aos bens que deviam ser penhorados[1292], o art. 751º, nº 1, determina que a penhora deve começar pelos bens cujo valor pecuniário seja de "mais fácil realização" e se mostrem adequados ao montante do crédito do exequente[1293,1294].

[1292] Com efeito, dispunha o art. 834º, nº 1, do CPC_{1961}, o seguinte:
"Independentemente da ordem pela qual o exequente indicou bens à penhora, do resultado das diligências prévias à penhora e dos bens nomeados à penhora pelo executado, o agente de execução deve efectuar a penhora daqueles bens preferencialmente pela seguinte ordem:
a) Penhora de depósitos bancários;
b) Penhora de rendas, abonos, vencimentos, salários ou outros créditos se permitirem, presumivelmente, a satisfação integral do credor no prazo de seis meses;
c) Penhora de títulos e valores mobiliários;
d) Penhora de bens móveis sujeitos a registo se, presumivelmente, o seu valor for uma vez e meia superior ao custo da sua venda judicial;
e) Penhora de quaisquer bens cujo valor pecuniário seja de fácil realização ou se mostre adequado ao montante do crédito do exequente".

[1293] *Vide*, a este propósito, SPAGNUOLI, Giampaolo/PASQUALIM, Jessica, *Il Processo di Esecuzione. Questioni Processuali*, Giuffrè Editore, Milão, 2010, pp. 26 e 27. Cfr., na jurisprudência, o ac. do TRE de 10.05.2018, proc. 989/15.5T8STB-B.E1, no qual se consignou que, com a consagração desta regra, "pretende-se que o crédito exequendo seja satisfeito pela via mais simples e rápida, sem prejudicar desnecessariamente os interesses patrimoniais do executado, observando-se os princípios da adequação e da proporcionalidade".

[1294] Analogamente, no ordenamento jurídico espanhol, dispõe o art. 592º, nº 1, da LEC, que, na falta de convenção entre o credor e o devedor, dentro ou fora do processo executivo, a penhora deve ser realizada em função da maior facilidade de alienação e da menor onerosidade desta para o executado.
Já assim não sucede no ordenamento jurídico brasileiro, porquanto o art. 835º do $CPC_{Br.2015}$ regula a ordem pela qual a penhora deve, preferencialmente, ser realizada, sem prejuízo da possibilidade de o juiz alterar essa ordem em função das particularidades do caso em concreto.

5.2. Nomeação de bens à penhora

Regra geral, o agente de execução deve respeitar as indicações do exequente sobre os bens que este pretende ver prioritariamente penhorados[1295].

Contudo, a nomeação à penhora de bens pelo exequente não pode ser arbitrária.

Na realidade, o agente de execução não fica vinculado às indicações de penhora feitas pelo exequente se as mesmas violarem normas legais imperativas, ofenderem o princípio da proporcionalidade da penhora ou infringirem, de forma manifesta, a regra estabelecida no art. 751º, nº 1, segundo a qual a penhora deve começar pelos bens cujo valor pecuniário seja de mais fácil realização e se mostrem adequados ao montante do crédito do exequente[1296].

Neste enquadramento, o agente de execução deve abster-se de realizar qualquer penhora que se revele ilegal ou abusiva[1297], sendo que, em caso de dúvida, deve suscitar, previamente, a intervenção fiscalizadora do juiz de execução, nos termos do art. 723º, nº 1, al. *d)*[1298].

[1295] Observe-se que, no anterior Código de Processo Civil, a realização das diligências de penhora era independente da ordem pela qual o exequente tivesse indicado bens à penhora.
De todo o modo, alguma jurisprudência entendia que o agente de execução, sendo um verdadeiro "mandatário do exequente", devia respeitar a vontade deste no que concerne à indicação de bens penhoráveis (cfr., entre outros, os acs. do TRL de 09.10.2008, proc. 7618/2008-6, e de 04.07.2013, proc. 29382/05.6YYLSB.L1-8).
Vide, em sentido contrário, o ac. do TRL de 15.11.2007, proc. 8277/2007-6, no qual se sustentou que o agente de execução não se encontrava vinculado à nomeação de bens à penhora efetuada pelo exequente, podendo, por isso, penhorar bens diferentes dos por ele nomeados.

[1296] Cfr., nesse sentido, o ac. do TRP de 01.03.2010, proc. 66/03.1TBVFL-B.P1. *Vide*, na doutrina, Freitas, José Lebre de, *A Ação Executiva: À Luz do Código de Processo Civil de 2013*, *op. cit.*, pp. 275 e 276.

[1297] Cfr., a este respeito, o ac. do TRL de 18.06.2019, proc. 1920/14.0YYLSB-A.L1-7, no qual se consignou o seguinte: "Encontrando-se o crédito do exequente a ser satisfeito pela penhora no vencimento do executado, revela-se excessiva e desproporcionada a penhora do imóvel que serve de casa de habitação do executado, que tem um valor patrimonial muito superior ao da dívida exequenda, custas e encargos prováveis da execução, considerando que esse imóvel tem duas hipotecas com registo anterior à penhora e a probabilidade de o exequente obter qualquer satisfação efetiva do seu crédito pela venda judicial desse bem ser por isso diminuta. Considerando que o executado está a cumprir os créditos garantidos pelas hipotecas com registo anterior à penhora, a possibilidade de venda judicial do imóvel que lhe serve de casa de habitação constituiria para o executado um dano excessivamente gravoso, que não se traduziria num ganho efetivo para o credor exequente, havendo assim violação do princípio da proporcionalidade (art. 751º, nº 2, 2ª parte, do CPC)".

[1298] *Vide*, a este propósito, os acs. do TRL de 18.06.2013, proc. 2384/11.6TBPDL-C.L1-7, e de 27.06.2017, proc. 6331/08.4TBAMD-D.L1-7. No sentido de o juiz de execução não poder, de forma oficiosa e sem observância do contraditório prévio, anular a penhora de um bem com fundamento na violação do princípio da proporcionalidade, *vide* o ac. do TRL de 23.11.2017, proc. 2897-12.2TBTVD-A.L1-6.

5.3. Dever de informação e de comunicação

O agente de execução tem, à luz do art. 754º, o dever de prestar, preferencialmente por meios eletrónicos e após a realização de cada diligência ou o conhecimento do motivo da frustração da penhora, todos os esclarecimentos que lhe sejam pedidos pelas partes[1299], incumbindo-lhe, em especial:

a) informar o exequente de todas as diligências efetuadas, bem como dos motivos da frustração da penhora; e

b) providenciar pelo imediato averbamento no processo de todos os atos de penhora que haja realizado.

5.4. Dever de cooperação

Muito embora o art. 7º consagre um dever geral de cooperação, o qual é transversal a todo o Código de Processo Civil, o certo é que o legislador acabou por estabelecer, em matéria executiva, diversas disposições especiais quanto ao dever de cooperação que deve existir entre o agente de execução, o exequente e o executado. Destacam-se, entre outras, as seguintes normas:

a) no requerimento executivo, o exequente que nomeie bens à penhora deve, sempre que possível, fornecer os elementos e documentos de que disponha e que contribuam para a sua exata identificação, especificação e localização, bem como para o acesso aos respetivos registos. Na eventualidade de pretender a penhora de créditos, deve declarar, tanto quanto possível, a identidade do devedor, o montante, a natureza e a origem da dívida, o título de que constam, as garantias existentes e a data do vencimento. Sendo nomeado à penhora o direito a bens indivisos, o exequente deve indicar o administrador e os comproprietários, bem como a quota-parte que neles pertence ao executado (art. 724º, nºs 2 e 3);

b) na execução movida contra o herdeiro, se a penhora tiver recaído sobre bens que este não tenha recebido do autor da herança, pode requerer o levantamento da penhora, desde que indique os bens da herança que tenha em seu poder (art. 744º, nº 2)[1300];

c) tendo os bens do devedor principal sido excutidos em primeiro lugar, pode o devedor subsidiário fazer sustar a execução nos seus próprios

[1299] Paralelamente, dispõe o art. 27º-A, nº 4, da Portaria nº 280/2013, de 26 de agosto, que "No âmbito da consulta de processos executivos com agente de execução designado que não seja oficial de justiça, o agente de execução pode disponibilizar informações complementares sobre o estado do processo".

[1300] *Vide*, a este respeito, o ac. do TRC de 14.12.2020, proc. 3836/18.2T8CBR-B.C1.

bens, indicando bens do devedor principal que tenham sido posteriormente adquiridos ou que não fossem conhecidos (art. 745º, nº 4);

d) constando das bases de dados que foi movida execução contra o executado, terminada nos últimos três anos sem integral pagamento, e não tendo sido indicados bens penhoráveis no requerimento executivo, o exequente, se se frustrarem as diligências de localização de bens penhoráveis, deve indicar, no prazo de dez dias, quais os concretos bens do executado que pretende que sejam penhorados (art. 748º, nº 3)[1301];

e) se não forem encontrados bens penhoráveis no prazo de três meses após o início das diligências para penhora, o agente de execução deve notificar o exequente e o executado para que indiquem bens à penhora, aplicando-se a este último a cominação de que a omissão ou falsa declaração importa a sua sujeição a sanção pecuniária compulsória, no montante de 5% da dívida ao mês, com o limite mínimo global de 10 UC, se ocorrer ulterior renovação da instância executiva e aí se apurar a existência de bens penhoráveis (art. 750º, nº 1);

f) o executado, no prazo de oposição à penhora, deve indicar os direitos, ónus e encargos não registáveis que recaiam sobre os bens penhorados, assim como os respetivos titulares ou beneficiários, sob pena de ser condenado por litigância de má-fé (art. 753º, nº 3). Para além disso, o executado, por determinação do tribunal ou do agente de execução, deve prestar todas as informações que se revelem necessárias para permitir a realização da penhora[1302]. É o que sucede, por exemplo, com o dever de indicar a localização de um veículo automóvel cuja penhora já se encontra registada na Conservatória do Registo Automóvel, mas que não foi apreendido, pelo facto de ser desconhecido o seu paradeiro[1303];

g) o exequente pode cooperar com o agente de execução na realização da penhora, facultando os meios necessários à apreensão de coisas móveis (art. 765º, nº 1);

[1301] Criticando a excessiva exiguidade desse prazo e sustentando, em solução alternativa, que o mesmo nunca devia ser inferior a noventa dias, *vide* FREITAS, José Lebre de, "Sobre o Novo Código de Processo Civil (Uma visão de fora)", *op. cit.*, p. 58.

[1302] Ac. do TRP de 11.04.2002, proc. 0230478.

[1303] Neste particular, o ordenamento jurídico brasileiro qualifica como "atentatório da dignidade da justiça" o ato do executado traduzido na "falta de indicação ao juiz dos seus bens penhoráveis, do lugar onde estes se encontram e do respetivo valor, apesar de ter sido intimado para esse efeito" (*vide*, a este propósito, PAULA, Adriano Perácio de, *Execução de Títulos Extrajudiciais Reformada, op. cit.*, p. 75).

h) se o executado deduzir oposição à penhora, com fundamento na existência de patrimónios separados, deve identificar, de imediato, quais os bens que tenha em seu poder e que se encontrem sujeitos à penhora (art. 784º, nº 2).

O dever de cooperação na ação executiva não se restringe, no entanto, ao exequente e ao executado. Na realidade, o legislador estende igualmente esse dever de cooperação aos terceiros. É o que sucede, por exemplo, com o dever de cooperação do devedor do executado ou das instituições bancárias com o agente de execução, em caso de penhora, respetivamente, de créditos ou de depósitos bancários de que o executado seja titular (arts. 773º, nº 2, e 779º a 781º).

5.5. Princípio da proporcionalidade

O art. 735º, nº 3, consagra o princípio da proporcionalidade da penhora, segundo o qual a penhora deve limitar-se aos bens do devedor que sejam necessários e suficientes para garantir a satisfação da dívida exequenda e das custas da execução[1304].

Na verdade, por força da proteção constitucional do direito à propriedade privada (art. 62º da CRP), o legislador procurou proteger o executado contra a verificação de eventuais abusos na execução do seu património, impedindo, designadamente, a penhora de bens de valor manifestamente superior ao necessário ao pagamento da dívida exequenda e demais custas e despesas da execução[1305] ou que, pelo facto de se encontrarem onerados,

[1304] Conforme ensina Inocêncio Galvão Telles, o princípio da proporcionalidade remonta ao sistema romano da *cognitio extra ordinem*, segundo o qual a execução devia restringir-se aos bens do devedor que fossem necessários para assegurar o pagamento da dívida. Com efeito, este sistema começou por constituir uma exceção, para depois se tornar a regra, em relação ao sistema de execução universal da *venditio omnium bonorum*, que assentava na ideia de que, em caso de dívida, deviam ser apreendidos todos os bens do devedor, os quais eram posteriormente vendidos como um todo, após o que se procedia ao pagamento aos credores através do produto dessa venda (TELLES, Inocêncio Galvão, *Manual de Direito das Obrigações*, *op. cit.*, p. 64).

[1305] Cfr., a este respeito, o ac. do STJ de 04.11.2003, proc. 03A3129, o ac. do TRP de 29.03.2011, proc. 1921/07.5TBVCD.P1, o ac. do TRC de 16.04.2013, proc. 3234/09.9T2AGD-C.C1, o ac. do TRE de 19.05.2016, proc. 603/13.3TBVRS-A.E1, o ac. do TRE de 10.05.2018, proc. 989/15.5T8STB-B.E1, o ac. do TRE de 31.01.2019, proc. 2246/15.8T8LLE-A.E1, o ac. do TRL de 18.06.2019, proc. 1920/14.0YYLSB-A.L1-7, o ac. do TRG de 30.09.2021, proc. 3577/20.8T8GMR-C.G1, bem como o ac. do TRE de 24.02.2022, proc. 94/12.6TBFAL-AC.E1. *Vide*, na doutrina, SOUSA, Miguel Teixeira de, *Acção Executiva Singular*, *op. cit.*, p. 33, segundo o qual "A agressão do património do executado só é permitida numa medida em que seja adequada e necessária para a satisfação da

não permitam a satisfação do crédito exequendo e das custas e despesas da execução[1306].

Assim, de acordo com a citada disposição legal, "a penhora limita-se aos bens necessários ao pagamento da dívida exequenda e das despesas previsíveis da execução, as quais se presumem, para o efeito de realização da penhora e sem prejuízo de ulterior liquidação, no valor de 20%, 10% e 5% do valor da execução, consoante, respetivamente, este caiba na alçada do tribunal da comarca, a exceda, sem exceder o valor de quatro vezes a alçada do tribunal da Relação, ou seja superior a este último valor"[1307,1308].

pretensão do exequente. A natural e indispensável prevalência dos interesses do exequente não pode determinar um completo desrespeito dos interesses do executado, pois que a posição jurídica do credor, embora prevalecente, não pode ser considerada absoluta", Campos, Diogo Leite de, "Da responsabilidade do credor na fase de incumprimento", *in ROA*, ano 52º, vol. III, dez. 1992, p. 860, o qual elucida que "O credor insatisfeito que vem satisfazer o seu crédito sobre o património do devedor, está vinculado por normas jurídicas que fixam limites à sua acção. Limites internos (como a boa fé) e limites externos (como a proibição de causar danos ao devedor, para além da deslocação patrimonial necessária para satisfazer a sua pretensão)", bem como Bayo Delgado, M. Joaquín, "Les acteurs de l'exécution", *op. cit.*, p. 20, o qual salienta que, no processo executivo, vigora o princípio comum segundo o qual não deve ser causado ao executado um dano ou um prejuízo superior ao necessário para a execução da obrigação. No sentido de configurar um abuso do direito a atuação do credor que, para garantia de uma determinada dívida, promove a penhora de bens de valor consideravelmente superior, não obstante o devedor possuir no seu património bens de menor valor, sendo estes suficientes para garantirem o pagamento da dívida exequenda, *vide* Vincent, Jean/Prévault, Jacques, *Voies d'Exécution et Procédures de Distribution*, *op. cit.*, pp. 40 e 41.

1306 *Vide*, nesse sentido, o ac. do TRL de 16.11.2016, proc. 1797-03.1TCSNT.L1, no qual se entendeu que "O conflito entre credor e executado, respondendo este na qualidade de fiador do devedor, tem de ser dirimido com observância do princípio constitucional da proporcionalidade que, de facto, se revê num controlo «razoabilidade – coerência; razoabilidade – adequação; proporcionalidade – necessidade». Sabendo-se que da venda do bem penhorado pertencente ao fiador não resultará a satisfação do crédito, o prosseguimento da execução não é coerente, não é razoável, não é adequado, pelo que se justifica o levantamento da penhora", o ac. do TRL de 09.06.2005, proc. 2752/2005-6, onde se sustentou que "O critério da proporcionalidade e da suficiência na penhora de bens do devedor deve ser apreciado em termos de normalidade, tendo-se em atenção não só o valor dos bens em causa, mas ainda se os mesmos se encontram livres e desembaraçados", bem como o ac. do TRC de 08.03.2022, proc. 586/16.8T8PBL-C.C1, no qual se decidiu que "É inadmissível a penhora de um bem, por tal acto não ser adequado aos fins da execução e não respeitar o princípio da proporcionalidade, quando resultarem dos autos elementos claros, seguros e manifestos que apontem no sentido de que, do produto da venda de tal bem, nenhuma quantia sobraria para liquidação, ainda que parcial, do crédito exequendo".

1307 Do mesmo modo, no ordenamento jurídico alemão, dispõe o § 803 do ZPO que a penhora de bens móveis não deve abranger mais do que o necessário para a satisfação do crédito exequendo e das demais custas da execução.

Por sua vez, no ordenamento espanhol, o art. 584º da LEC determina que não podem ser penhorados bens cujo valor exceda previsivelmente a quantia exequenda, salvo se, no património do executado,

Este princípio aplica-se igualmente aos casos de pluralidade subjetiva passiva, situação em que, o que releva, é que o valor global dos bens penhorados seja suficiente para garantir o pagamento da dívida exequenda e das despesas da execução[1309].

O princípio da proporcionalidade da penhora comporta, no entanto, algumas exceções.

Assim, à luz do art. 751º, nº 3[1310], mesmo que não se adeque, por excesso, ao montante do crédito exequendo, é admissível a penhora de bens imóveis que não sejam a habitação própria permanente do executado, ou de estabelecimento comercial, desde que a penhora de outros bens presumivelmente não permita a satisfação integral do credor no prazo de seis meses[1311].

Pelo contrário, se estiver em causa um bem imóvel que constitua a habitação própria permanente do executado, este só pode ser penhorado nos seguintes casos:

a) em execução de valor igual ou inferior ao dobro do valor da alçada do tribunal de 1ª instância, ou seja, até € 10.000,00, se a penhora de outros bens, presumivelmente, não permitir a satisfação integral do credor no prazo de 30 meses;

b) em execução de valor superior ao dobro do valor da alçada do tribunal de 1ª instância, isto é, cujo valor exceda € 10.000,00, se a penhora de outros bens, presumivelmente, não permitir a satisfação integral do credor no prazo de 12 meses[1312].

só existirem bens de valor superior e a afetação desses bens se revelar necessária ao prosseguimento dos fins da execução.

1308 *Vide*, a este respeito, o ac. do TRC de 07.09.2021, proc. 952/20.4T8CBR-D.C1, com o seguinte sumário: "1. O disposto no art. 735º, nº 3, do CPC, para o qual remete o art. 391º, nº 2, do mesmo diploma legal, consagra o princípio da proporcionalidade entre a amplitude da dívida e a penhora, sendo que as despesas previsíveis da execução integram, apenas, as custas judiciais *stricto sensu*, os encargos com remunerações e outros pagamentos a fazer ao agente de execução. 2. Despesas previsíveis da execução e juros moratórios sobre, por exemplo, os honorários devidos (capital) são realidades distintas e com diverso enquadramento normativo (cf., ainda, arts. 798º, 804º, 805º, nº 1, e 806º, nºs 1 e 2, do CC)".

1309 Ac. do TRP de 29.11.2004, proc. 0455599.

1310 Na redação dada pela Lei nº 117/2019, de 13 de setembro.

1311 Cfr., a este respeito, o ac. do TRL de 29.10.2019, proc. 11848/09.0T2SNT.L1-1.

1312 Neste particular, importa salientar que a Lei nº 117/2019, de 13 de setembro, veio restringir a possibilidade de penhora de bem imóvel que constitua a habitação própria permanente do executado, já que, à luz do regime anterior, a penhora desse bem era admissível quando a penhora de outros bens não permitisse, presumivelmente, a satisfação integral do credor no prazo de dezoito meses ou de doze meses consoante o valor da execução, respetivamente, excedesse ou não o valor

Sendo violado o princípio da proporcionalidade da penhora, isto é, quanto à extensão com que a mesma foi realizada, o executado pode deduzir oposição à penhora com esse fundamento, nos termos do art. 784º, nº 1, al. *a)*.

5.6. Bens onerados com garantia real

Estando em causa a execução de bens pertencentes ao devedor – ou a um terceiro, desde que a execução seja movida contra ele (art. 54º, nº 2) –, que se encontrem onerados em garantia da dívida exequenda – por exemplo, através de um penhor ou de uma hipoteca –, a penhora tem de começar, necessariamente, por esses bens, ao abrigo do princípio do *beneficium excussionis realis* (art. 752º, nº 1)[1313,1314].

Porém, se se reconhecer, em sede executiva, que esses bens são insuficientes para a satisfação da dívida exequenda, a penhora poderá, nesse caso, recair sobre outros bens que integrem o património do executado[1315].

de € 2.500,00. *Vide*, quanto ao regime precedente, o ac. do TC nº 612/2019, de 22.10.2019, proc. 431/18, *in DR*, 2ª série, de 16 de janeiro de 2020, no qual, com um voto de vencido, se decidiu "Não julgar inconstitucional a norma do artigo 751º, nº 3, alínea b), do Código de Processo Civil, aprovado pela Lei nº 41/2013, de 26 de junho, na sua redação originária, segundo a qual, ainda que não se adeque, por excesso, ao montante do crédito exequendo, é admissível a penhora do imóvel que seja habitação própria permanente do executado e sua família, mesmo que esse imóvel não tenha sido dado em garantia para o pagamento da dívida exequenda, quando esteja em causa uma dívida superior a metade do valor da alçada do tribunal de primeira instância e a penhora de outros bens presumivelmente não permita a satisfação integral do credor no prazo de dezoito meses".

1313 *Vide*, a este respeito, o ac. do TRC de 09.11.2021, proc. 2466/20.3T8VIS-E.C1, bem como o ac. do TRE de 25.02.2021, proc. 302/07.5TBFAR-E.E1, com o seguinte sumário: "1. Não integrando a casa de morada de família a lista de bens absoluta ou totalmente impenhoráveis, a penhora pode iniciar-se por esse bem se foi dado em garantia real (hipoteca) do mútuo concedido ao executado, em especial quando esse mútuo se destinou à aquisição desse mesmo bem. 2. O direito à habitação, consagrado no artigo 65º, nº 1, da Constituição, não se confunde com o direito à propriedade de casa própria. 3. Cabe ao Estado assegurar a protecção do direito constitucional à habitação, e não ao credor que concedeu o empréstimo destinado à aquisição desse bem. 4. A simples penhora não afecta, em termos imediatos, a possibilidade de o executado continuar a residir no imóvel, na sua qualidade de depositário do mesmo, pelo que esse acto não ofende o princípio da dignidade da pessoa humana.".

1314 Analogamente, no ordenamento jurídico italiano, dispõe o art. 2911º do $CC_{It.}$ que "Il creditore che ha pegno su beni del debitore non può pignorare altri beni del debitore medesimo, se non sottopone a esecuzione anche i beni gravati dal pegno. Non può parimenti, quando ha ipoteca, pignorare altri immobili, se non sottopone a pignoramento anche gli immobili gravati dall'ipoteca. La stessa disposizione si applica se il creditore ha privilegio speciale su determinati beni".

1315 *Vide*, a este propósito, GOUVEIA, Mariana França, "O executado com responsabilidade subsidiária", *op. cit.*, p. 109, segundo a qual "basta ao exequente demonstrar a insuficiência manifesta dos bens que devem responder em primeiro lugar pelo débito, para que se possam penhorar bens que só subsidiariamente respondem". Cfr., na jurisprudência, o ac. do TRP de

Com efeito, este regime processual constitui uma manifestação do disposto nos arts. 678º e 697º do CC, segundo os quais o devedor que for dono da coisa empenhada ou hipotecada tem o direito de se opor não só a que outros bens sejam penhorados na execução enquanto não se reconhecer a insuficiência da garantia, mas ainda a que, relativamente aos bens onerados, a execução se estenda além do necessário à satisfação do direito do credor.

Verifica-se, por isso, uma penhorabilidade subsidiária objetiva, porquanto o restante património do executado só responde em caso de insuficiência dos bens onerados em garantia. Fundamentalmente, o legislador quis evitar abusos no tocante à agressão do património do executado, individualizando os bens objeto de penhora e otimizando, simultaneamente, os recursos patrimoniais do devedor na satisfação do crédito exequendo[1316].

A limitação à penhora de bens onerados em garantia real, prevista no art. 752º, nº 1, só se verifica em relação ao devedor/executado que seja titular desses bens. Significa isto que, sendo executados outros devedores, "nada obsta que se penhorem imediatamente os seus bens, sem necessidade de aguardar pela execução dos que se encontrem onerados com garantia real"[1317].

5.7. Bens indivisos

Se a penhora de um quinhão em património autónomo ou de um direito sobre um bem indiviso permitir a realização de uma única venda, pelo facto de terem sido penhorados, mesmo que em execuções diversas, todos os quinhões ou todos os direitos, a penhora inicia-se, obrigatoriamente, por esse quinhão ou direito, quando se considere que tal é conveniente para os fins da execução.

Com efeito, este regime, para além de permitir pôr termo à comunhão ou à compropriedade, permite proporcionar uma venda mais fácil e rentável[1318].

11.05.2006, proc. 0632423, o ac. do TRE de 19.05.2016, proc. 4428/14.0TBCSC-A.E1, no qual se decidiu que a prioridade estabelecida no art. 752º, nº 1, "não significa que não possam em absoluto ser penhorados outros bens pertencentes ao executado previamente à excussão daquele. Ponto é que se reconheça a insuficiência dos bens onerados para garantir o fim da execução", bem como o ac. do TRC de 09.10.2018, proc. 6457/16.0T8VIS-A.C1, no qual se consignou que "Face ao disposto no nº 1 do artigo 752º (Bens onerados com garantia real e bens indivisos) do Código de Processo Civil, a decisão sobre a insuficiência dos bens penhorados para satisfazer os fins da execução pode (e deve) ser tomada antes da respetiva venda".

Cfr., em sentido contrário, o ac. do TRP de 25.07.1978, proc. 0012813, *in CJ*, ano III, tomo IV, 1978, p. 1222, no qual se decidiu que o reconhecimento da insuficiência dos bens penhorados só pode ser feito após a sua venda executiva.

[1316] Cendon, Paolo, *Commentario al Codice Civile, op. cit.*, p. 103.

[1317] Ac. do TRC de 09.11.1999, proc. 1202/99. Cfr., no mesmo sentido, o ac. do TRP de 08.09.2008, proc. 0853867, bem como o ac. do TRE de 11.03.2021, proc. 351/19.0T8ANS-B.E1.

[1318] Ac. do TRP de 22.11.2010, proc. 247/09.4TJPRT-F.P1.

6. Reforço, substituição ou levantamento da penhora

Nos termos do art. 751º, nº 5, a penhora pode ser reforçada ou substituída pelo agente de execução nos seguintes casos:

a) quando o executado requeira ao agente de execução, no prazo da oposição à penhora, a substituição dos bens penhorados por outros que assegurem igualmente os fins da execução[1319], desde que o exequente não se oponha a esse pedido de substituição[1320].

Nesse caso, caberá, em princípio, ao agente de execução decidir o pedido de substituição dos bens penhorados[1321], isto é, se se encontram preenchidos os requisitos necessários para que se verifique a requerida substituição, cabendo reclamação dessa decisão para o juiz de execução, nos termos do art. 723º, nº 1, al. *c)*.

No entanto, se o executado tiver deduzido oposição à penhora, o agente de execução deve remeter o requerimento de substituição dos bens penhorados, bem como a oposição[1322], ao juiz de execução, ao qual competirá, nessa hipótese, decidir o pedido de substituição dos bens penhorados (art. 751º, nº 6);

b) quando seja ou se torne manifesta a insuficiência dos bens penhorados[1323];

c) quando os bens penhorados não sejam livres e desembaraçados, isto é, se encontrem onerados, e o executado tenha outros que o sejam;

d) quando sejam recebidos embargos de terceiro contra a penhora (art. 342º)[1324] ou a execução sobre os bens seja suspensa, por ter sido deduzida oposição à penhora pelo executado (art. 784º);

1319 Neste particular, se o executado omitir a alegação quanto aos fundamentos pelos quais requer a substituição dos bens penhorados, isto é, se não alegar "factualidade concreta suficiente para que se conclua que os bens oferecidos em substituição dos penhorados igualmente asseguram os fins da execução, afigura-se que terá de arcar com as consequências de tal omissão, vendo improceder, por carência de demonstração de requisito exigido por lei, a substituição da penhora" (ac. do TRC de 29.02.2012, proc. 5457/09.1T2AGD-B.C1).

1320 *Vide*, a este propósito, o ac. do TRP de 09.12.2008, proc. 0844949, bem como o ac. do TRL de 25.06.2009, proc. 5553/03.9TMSNT-G.L1-8.

1321 Cfr., neste sentido, o ac. do TRL de 08.03.2018, proc. 12650/17.1T8LSB-C.L1-8.

1322 Esta "oposição" reporta-se à eventual oposição apresentada pelo exequente contra a substituição dos bens penhorados, a que se alude no art. 751º, nº 5, al. *a)*, e não à oposição à penhora, pois que a oposição à penhora é remetida, não ao agente de execução, mas diretamente ao tribunal, atento o disposto nos arts. 723º, nº 1, al. *b)*, e 732º, nº 1, *ex vi* do art. 785º, nº 2, sendo autuada por apenso.

1323 *Vide*, a este propósito, o ac. do STJ de 24.06.1993, proc. 084276. No sentido de este regime poder ser aplicado mesmo nos casos em que a execução se encontre suspensa, *vide* FREITAS, José Lebre de/MENDES, Armindo Ribeiro, *Código de Processo Civil Anotado*, vol. III, *op. cit.*, p. 396.

1324 Nos termos do art. 347º, o despacho que receba os embargos de terceiro determina a suspensão dos termos do processo em que se inserem, quanto aos bens a que dizem respeito.

e) quando o exequente desista da penhora, por sobre os bens penhorados incidir penhora anterior (art. 794º)[1325]; ou

f) quando o devedor subsidiário, não previamente citado, invoque o benefício da excussão prévia (art. 745º, nºs 1 e 2).

Para além disso, à luz dos arts. 751º, nº 8 (aplicável ao processo ordinário) e 856º, nº 5 (aplicável ao processo sumário), o executado que se oponha à execução pode, no ato da oposição, requerer a substituição da penhora por caução idónea, que garanta igualmente os fins da execução[1326].

No entanto, nos casos em que a execução se inicie sem a sua citação prévia, o executado não pode obter a suspensão da execução, previamente à realização da penhora, através da prestação de caução[1327].

Ademais, muito embora a lei não o refira expressamente, a jurisprudência tem vindo a admitir a possibilidade de o executado requerer a substituição da penhora por caução idónea, quer no seu articulado de oposição à penhora,

[1325] Neste particular, decidiu-se no ac. do TRP de 18.05.1992, proc. 9230201, que "no caso de a execução ser sustada pelo facto de sobre os bens penhorados incidir uma penhora mais antiga, efetuada noutro processo, o exequente só pode nomear mais bens à penhora se, entretanto, desistir da penhora anterior".
Em sentido contrário, pronunciou-se o ac. do TRP de 19.02.2002, proc. 0121919, com o seguinte sumário: "Sustada uma execução, quanto a determinado bem, por o mesmo já se encontrar penhorado no âmbito de outra execução, não tem o exequente de desistir da penhora desse bem para poder nomear outros bens à penhora".

[1326] Defendendo a possibilidade de o executado prestar caução a todo o tempo, durante a pendência da oposição, não estando, por isso, vinculado a requerer o levantamento da penhora em simultâneo com a apresentação do requerimento de oposição à penhora, *vide* o ac. do TRP de 19.03.2015, proc. 5150/10.2TBVNG-C.P1.
Cfr., em sentido contrário, o ac. do TRL de 22.09.2009, proc. 73127/05.0YYLSB.L1-7, no qual se decidiu que a caução em substituição da penhora só pode ser consentida nos casos em que o respetivo requerimento seja apresentado com a oposição à execução.

[1327] Cfr., nesse sentido, o ac. do TRG de 18.04.2013, proc. 6911/11.0TBBRG-A.G1, no qual se sustentou que "A esta interpretação não se opõe o disposto no nº 1 do art. 990º do CPC que manda aplicar as regras da prestação espontânea de caução aos casos em que esteja pendente uma causa, sendo então o incidente processado por apenso, por ter que ser interpretado em conjugação com os artigos relativos à tramitação do processo executivo".
Vide, em sentido contrário, o ac. do TRG de 14.04.2012, proc. 32/11.3TBCBT-A.G1, no qual se decidiu que "a penhora pode ser substituída por caução, podendo esta ser requerida a todo o tempo, mesmo antes da concretização daquela", bem como o ac. do TRP de 26.09.2011, proc. 2532/09.6TBPRD-A.P1, no qual se sustentou que o executado pode prestar espontaneamente caução tendo em vista o levantamento da penhora, mesmo que ainda não tenha sido citado para deduzir oposição à execução.

quer em requerimento autónomo, já no decurso do incidente de oposição à execução ou de oposição à penhora[1328].

Por sua vez, nos termos do art. 763º, nº 1, o executado pode requerer ao agente de execução o levantamento da penhora se, por ato ou omissão que não seja da sua responsabilidade, não forem efetuadas quaisquer diligências para a realização do pagamento efetivo do crédito nos seis meses anteriores ao requerimento[1329]. Nessa hipótese, a penhora só é levantada após o termo do prazo de reclamação da decisão do agente de execução ou, tendo havido reclamação, após o trânsito em julgado da decisão judicial que tenha determinado o levantamento da penhora, situação em que correrão por conta do exequente as custas a que este deu causa (art. 763º, nºs 2 e 3).

7. Conversão do arresto em penhora

Como é consabido, o credor que tenha fundado receio de perder a garantia patrimonial do seu crédito pode requer o arresto de bens do seu devedor, sendo aplicáveis ao arresto, com as devidas adaptações, as disposições referentes à penhora (art. 391º).

Na verdade, o arresto permite garantir a satisfação de um determinado direito de crédito, obviando à dissipação, ocultação ou oneração do património do devedor até que o mesmo seja vendido em sede executiva.

Exatamente por isso, tendo os bens do devedor sido previamente arrestados, o arresto é convertido em penhora[1330,1331], passando esta a beneficiar do mesmo grau de prioridade decorrente do arresto previamente decretado, ou seja, "a anterioridade do registo da penhora reporta-se à data do arresto"[1332].

[1328] Cfr., nesse sentido, o ac. do TRC de 22.06.2017, proc. 2093/03.0TBPBL-G.C1.

[1329] *Vide*, a este respeito, o ac. do TRG de 31.01.2019, proc. 533/09.3TBBGC-A.G1, no qual se consignou o seguinte: "I – O art. 763º, nº 1, do Código de Processo Civil permite ao executado requerer ao agente de execução o levantamento da penhora se, por acto ou omissão, que não seja da sua responsabilidade, não forem efectuadas quaisquer diligências para a realização do pagamento efectivo do crédito nos seis meses anteriores ao requerimento. II – A "ratio" do preceito, ao permitir ao executado reagir contra demoras abusivas no pagamento, seja demora na venda de bem penhorado, seja no pagamento do crédito exequendo pelo respectivo produto, radica em que, por um lado, quanto mais depressa o pagamento for efectuado menos se avoluma o crédito exequendo com os juros de mora que se vão vencendo e, por outro, especialmente tratando-se de bens móveis, menor é a sua desvalorização".

[1330] No caso particular dos bens imóveis, estando estes arrestados, a Conservatória do Registo Predial procede ao registo da penhora por mero averbamento [arts. 101º, nº 2, al. *b)*, do CRPred., e 762º].

[1331] No sentido de a dedução e pendência de embargos de terceiro não constituir obstáculo à conversão do arresto em penhora, *vide* o ac. do TRP de 12.04.1999, proc. 9851151, *in CJ*, ano XXIV, tomo II, 1999, p. 191.

[1332] Ac. do TRL de 13.04.1999, proc. 0070586.

Nesta conformidade, enquanto não for "convertido em penhora, o arresto não é garantia real e, portanto, não dá ao credor o poder de intervir na execução de outrem em que tenham sido penhorados os bens arrestados, por tal poder estar reservado aos credores com garantia real"[1333].

8. Modos de efetivação da penhora

8.1. Penhora de bens imóveis

8.1.1. Âmbito

O regime da penhora de bens imóveis encontra-se previsto nos arts. 755º a 763º.

De acordo com a lei substantiva, constituem coisas imóveis:

a) os prédios rústicos e urbanos [art. 204º, nº 1, al. *a*), do CC]. Entende-se por "prédio rústico" uma parte delimitada do solo e as construções nele existentes que não tenham autonomia económica[1334]. Por sua vez, entende-se por "prédio urbano" qualquer edifício incorporado no solo, juntamente com os terrenos que lhe sirvam de logradouro (art. 204º, nº 2, do CC)[1335]. Não é, por isso, suscetível de penhora, enquanto bem imóvel, uma casa ou uma estrutura desmontável, enquadrando-se antes a penhora deste bem no regime da penhora de bens móveis[1336];

b) as águas [art. 204º, nº 1, al. *b*), do CC];

[1333] Ac. do TRL de 21.05.1996, proc. 0093261. Cfr., no mesmo sentido, o ac. do TRL de 17.01.2006, proc. 412/2006-6, o ac. do STJ de 08.06.2006, proc. 06A1532, bem como o ac. do TRC de 10.03.2009, proc. 162/05.0TBVZL-B.C1.

[1334] É o que sucede, designadamente, com "as adegas, os celeiros, as edificações destinadas às alfaias agrícolas" (Lima, Pires de/Varela, Antunes, *Código Civil Anotado*, vol. I, *op. cit.*, p. 196). *Vide*, a este propósito, o ac. do TRG de 17.10.2019, proc. 22/14.4TBMNC-K.G1, no qual se decidiu que "A penhora do imóvel abrange igualmente as construções aí edificadas pelos Executados", razão pela qual "Não deve ser reconhecido aos Executados um direito de crédito decorrente da construção existente no imóvel penhorado, e que se encontravam a levar a cabo no momento da penhora, no caso da venda do imóvel".

[1335] Tal como elucida Miguel Teixeira de Sousa, recaindo a penhora sobre um prédio rústico, no qual é, entretanto, construído um edifício, verifica-se uma convolação da penhora, na medida em que esta passa a incidir sobre o novo prédio urbano (Sousa, Miguel Teixeira de, *Acção Executiva Singular*, *op. cit.*, p. 201).

[1336] Com efeito, conforme ensinam Pires de Lima e Antunes Varela, deve entender-se por edifício incorporado no solo "aquele que se encontra unido ou ligado ao solo, fixado nele com caráter de permanência, por alicerces, colunas, estacas ou qualquer outro meio", não sendo, por isso, prédios urbanos as casas desmontáveis (Lima, Pires de/Varela, Antunes, *Código Civil Anotado*, vol. I, *op. cit.*, p. 195).

c) as árvores, os arbustos e os frutos naturais[1337], enquanto estiverem ligados ao solo [art. 204º, nº 1, al. *c)*, do CC][1338];

d) os direitos inerentes a esses bens imóveis [art. 204º, nº 1, al. *d)*, do CC]; e

e) as partes integrantes dos prédios rústicos e urbanos [art. 204º, nº 1, al. *e)*, do CC].
Entende-se por parte integrante "toda a coisa móvel ligada materialmente ao prédio com carácter de permanência" (art. 204º, nº 3, do CC)[1339]. É o que sucede, designadamente, com os elevadores[1340], bem como com os "esteios e ferros de uma ramada, os motores eléctricos, a instalação de água e de luz ou o aquecimento central"[1341].

Nos termos do art. 758º, nº 1, a penhora de um prédio abrange igualmente todas as suas partes integrantes e os seus frutos, naturais ou civis, desde que não sejam expressamente excluídos e nenhum privilégio exista sobre eles[1342].

[1337] Nos termos do art. 212º do CC, entende-se por fruto de uma coisa "tudo o que ela produz periodicamente, sem prejuízo da sua substância", sendo que os frutos naturais são os que provêm diretamente da coisa.

[1338] Tal como elucida Menezes Cordeiro, as árvores, os arbustos e os frutos são, em princípio, partes integrantes dos prédios a que pertencem, carecendo, por isso, de autonomia, salvo nos casos em que a lei permita a "celebração de negócios separados que se lhes reportem" (CORDEIRO, António Menezes, *Tratado de Direito Civil Português*, III, *op. cit.*, p. 184).

[1339] Na esteira de David Augusto Fernandes, as "partes integrantes" são "aquelas coisas que, sendo móveis por natureza, foram unidas ao prédio (rústico ou urbano) para lhe aumentar as utilidades" (FERNANDES, David Augusto, *Lições de Direito Civil (Direitos Reais)*, *op. cit.*, p. 91).

[1340] *Vide*, a este propósito, o ac. do TRP de 24.01.2018, proc. 6356/08.0TBMTS-A.P1, no qual se decidiu que não é possível a penhora de um elevador ou das suas peças, nomeadamente, do respetivo quadro elétrico, de forma autónoma em relação ao prédio no qual o elevador se encontra integrado. Cfr., no mesmo sentido, o ac. do TRP de 14.05.2013, proc. 1220/11.8TBGDM-B.P1, no qual se decidiu que "A existência de elevadores, como forma de comunicação vertical entre todos os pisos de acesso aos fogos, nas edificações de grande altura e de numerosos andares, é indispensável, em termos reais, fácticos e até jurídicos, para que o edifício desenvolvido em altura possa satisfazer os fins ou usos a que é destinado. Sendo os elevadores componentes da essencialidade do imóvel, não é possível a respectiva execução mobiliária ou penhora, separada do imóvel que integram", o ac. do TRL de 07.02.2017, proc. 6994/15.4T8FNC-A.L1-1, assim como o ac. do TRL de 24.10.2019, proc. 2914/17.0T8FNC-AL1-6.
Em sentido contrário, sustentando a possibilidade de penhora de alguns dos componentes dos elevadores que se encontrem instalados num prédio, já que se tratam de "coisas móveis sem as quais o prédio não deixa de satisfazer a sua função", *vide* o ac. do TRC de 02.11.2004, proc. 2469/04.

[1341] LIMA, Pires de/VARELA, Antunes, *Código Civil Anotado*, vol. I, *op. cit.*, p. 198.

[1342] Do mesmo modo, no ordenamento jurídico italiano, dispõe o art. 2912º do $CC_{It.}$ que "Il pignoramento comprende gli accessori, le pertinenze e i frutti della cosa pignorata". *Vide*, a este propósito, a decisão da $CSC_{It.}$ de 16.11.2000, proc. 14863, *in www.cortedicassazione.it.*

Deste modo, no que diz respeito às partes integrantes de um bem imóvel, estas não podem ser penhoradas de forma autónoma em relação a esse bem.

No que concerne aos frutos naturais, estes, estando ainda pendentes, isto é, à espera de ser colhidos, podem ser penhorados em separado, como coisas móveis, desde que não falte mais de um mês para a época normal da colheita. Nessa eventualidade, a penhora do bem imóvel não abrange os frutos, podendo, no entanto, ser novamente penhorados em separado (art. 758º, nº 2).

Diversamente, se os frutos já tiverem sido colhidos, estes apenas poderão ser penhorados, não como coisas imóveis, mas antes como coisas móveis, em conformidade com o regime previsto no art. 764º, sendo certo que, por se tratar de bens que não possam ou devam conservar-se ou por estarem sujeitos a deterioração ou depreciação, os mesmos são suscetíveis de ser vendidos de forma antecipada (art. 814º).

8.1.2. Formalidades

A penhora de coisas imóveis realiza-se através de comunicação eletrónica do agente de execução ao serviço de registo competente, a qual vale como pedido de registo, ou com a apresentação naquele serviço de declaração por ele subscrita (arts. 48º, nº 1, do CRPred. e 755º, nº 1)[1343,1344].

Uma vez inscrita a penhora[1345], é enviada ou disponibilizada por via eletrónica ao agente de execução certidão dos registos em vigor sobre o prédio penhorado, a qual tem relevância:

a) para conhecimento e posterior citação de credores que sejam titulares de direitos reais de garantia sobre esse prédio, a fim de estes reclamarem o pagamento dos seus créditos [art. 786º, nº 1, al. *b)*];

b) para conhecimento de eventuais direitos que incidam sobre o bem e que, nos termos do art. 824º do CC, não se extingam com a venda executiva;

1343 Neste particular, sendo penhorado um bem imóvel que se encontre registado na conservatória do registo predial ainda como prédio rústico, apesar de nele se encontrar construído um prédio urbano, o registo da penhora sobre o prédio rústico não abrange, automaticamente, esse prédio urbano, razão pela qual se torna necessário promover a retificação da penhora, sob pena de o prédio urbano ficar excluído da venda em sede executiva (ac. do STJ de 27.06.2002, proc. 1644/02, *in SASTJ*, ano 2002).

1344 Note-se que, nos termos do art. 137º, nº 2, os registos de penhora podem ser pedidos nos dias em que os tribunais se encontrem encerrados ou durante o período de férias judiciais.

1345 Neste particular, conforme salienta Mouteira Guerreiro, o registo da penhora reveste uma natureza constitutiva e não meramente declarativa (Guerreiro, Mouteira, "Publicidade dos direitos reais – posse, registo e prova dos direitos", *in SI*, tomo LVI, nº 310, Braga, abr./jun. 2007, p. 321).

c) para efeito de suspensão das diligências executivas, quando sobre esse bem já se encontre anteriormente registada uma penhora à ordem de outro processo executivo (art. 794º).

Seguidamente, o agente de execução deve lavrar um auto de penhora[1346] e proceder à afixação, na porta ou noutro local visível do imóvel penhorado, de um edital (art. 755º, nº 3).

De acordo com o estipulado no art. 755º, nº 5, o registo da penhora tem natureza urgente e importa a imediata feitura dos registos anteriormente requeridos sobre o bem penhorado.

8.1.3. Fiel depositário

Uma vez penhorado o bem imóvel, é constituído fiel depositário desse bem o agente de execução ou, nos casos em que as diligências de execução são realizadas por oficial de justiça, pessoa por este designada, salvo se o exequente consentir que seja nomeado como fiel depositário o próprio executado ou outra pessoa designada pelo agente de execução ou ocorrer alguma das seguintes circunstâncias (art. 756º):

a) o bem penhorado constituir a casa de habitação efetiva do executado, hipótese em que deve ser nomeado depositário o próprio executado[1347];
b) o bem se encontrar arrendado, situação em que é depositário o arrendatário; ou
c) o bem ser objeto de direito de retenção, em consequência de incumprimento contratual judicialmente verificado, caso em que é depositário o retentor.

Sendo penhorado mais do que uma vez o mesmo bem, deve ser nomeado como fiel depositário na segunda penhora aquele que já se encontrava investido nessas funções em consequência da primeira penhora, porquanto, atenta

[1346] Cfr., a este respeito, o art. 3º, nº 1, al. *c)*, do Reg. nº 38/2017, da OSAE – que aprovou o regulamento de registo de atos e registo de bens de agente de execução –, segundo o qual o agente de execução é obrigado a conservar o original do auto de penhora quando, nesse documento, tenha sido aposta a assinatura de terceiro.

[1347] *Vide*, a este propósito, o ac. do TRG de 25.03.2010, proc. 1880/08.7TBFLG-B.G1, no qual se decidiu que "Não ofende o direito constitucional à habitação (art. 65º da CRP) a penhora de direito sobre imóvel onde está instalada a casa de morada da família do executado e do seu agregado familiar". Quanto à penhorabilidade da casa de habitação efetiva do executado, *vide* o ac. do TRG de 07.05.2003, proc. 1267/06-1, bem como o ac. do TRE de 10.05.2018, proc. 989/15.5T8STB-B.E1.

a natureza das respetivas funções, é incompatível a nomeação de dois fiéis depositários distintos em relação ao mesmo bem penhorado[1348].

Nos termos do art. 760º, para além dos deveres gerais previstos no art. 1187º do CC, incumbe ainda ao fiel depositário o dever geral de administrar os bens com a diligência e o zelo de um bom pai de família, bem como o dever de prestar contas[1349,1350].

Em particular, o art. 771º, nº 1, estatui o dever de o depositário apresentar os bens que tenha recebido, sempre que for solicitado, nesse sentido, pelo agente de execução. Nesse caso, se o depositário não apresentar os bens que tenha recebido dentro de cinco dias e não justificar a falta, o juiz ordena de imediato o arresto de bens do depositário que sejam suficientes para garantir o valor do depósito e das custas e despesas acrescidas, sem prejuízo do procedimento criminal a que houver lugar (art. 771º, nºs 2 e 3), seguindo-se os termos normais do procedimento cautelar de arresto, para o que o depositário/arrestado deve ser notificado para, querendo, deduzir oposição ou recorrer dessa decisão[1351]. Sendo efetuado o pagamento ou apresentados os bens, o arresto é levantado após o depósito da quantia correspondente às custas e às despesas da responsabilidade do fiel depositário.

Em contrapartida, se o depositário não puder restituir os bens, no seu todo ou em parte, pelo facto de os mesmos se terem perdido (por exemplo, por furto), verifica-se, nesse caso, um cumprimento defeituoso da sua obrigação, cabendo ao depositário "ilidir a presunção de falta de diligência ou fazer a demonstração de que o incumprimento não procede de culpa sua", isto é, que empregou todo o cuidado e diligência na vigilância da coisa depositada,

1348 Cfr., nesse sentido, MENDES, João de Castro, *Direito Processual Civil*, vol. III, *op. cit.*, p. 278.

1349 Neste particular, conforme se decidiu no ac. do TRP de 10.12.1991, proc. 9110723, "O cumprimento dos deveres do depositário (de guarda, zelosa administração e apresentação dos bens que lhe foram confiados) pressupõe que seja ele, e não um terceiro, a possuir a coisa depositada e a ter sobre ela o poder característico da posse. A posse do depositário deriva da própria entrega dos bens, que tem de ser efectiva".

1350 *Vide*, a este propósito, o ac. do STJ de 07.10.2003, proc. 2520/03, *in SASTJ*, ano 2003, no qual se decidiu que "O critério sobre o grau de diligência que deve ser posta na obrigação de guarda da coisa depositada é o critério geral consagrado no art. 487º, nº 2, do CC, aplicável *ex vi* do art. 799º, nº 2: exige-se que o depositário aja com a diligência que é normal do homem médio, prudente, cuidadoso, atento aos seus compromissos e consciente das suas responsabilidades, inserido nas exigências do caso concreto e perante o respectivo condicionalismo envolvente".

1351 Cfr., nesse sentido, o ac. do TRG de 13.12.2007, proc. 2344/07-2, no qual se decidiu que o facto de o fiel depositário não ter justificado a falta de apresentação dos bens penhorados não preclude o seu direito de, nos termos gerais, recorrer ou deduzir oposição em relação ao arresto que, contra ele, tiver sido decretado.

sob pena de se tornar civilmente responsável pela perda da coisa, nos termos dos arts. 798º e 799º do CC[1352].

Na falta de acordo entre o exequente e o executado sobre o modo de explorar os bens penhorados, esse diferendo é decidido pelo juiz, mediante audição prévia do depositário e realização das diligências que considere necessárias (art. 760º, nº 2).

Na administração dos bens, o agente de execução pode socorrer-se de colaboradores, que atuam sob a sua responsabilidade (art. 760º, nº 3).

Nos termos do art. 761º, o fiel depositário pode ser removido do cargo a requerimento de qualquer interessado ou por iniciativa do próprio agente de execução se deixar de cumprir os deveres a que se encontra obrigado. É o que sucede, por exemplo, se o fiel depositário deslocalizar os bens penhorados para um local diferente daquele que ficou consignado no auto de penhora, não comunicando, no entanto, esse facto ao processo executivo. Nessa eventualidade, o fiel depositário é notificado para responder quanto à promoção da sua remoção, aplicando-se, com as devidas adaptações, o regime dos incidentes da instância, previsto nos arts. 293º a 295º.

Por sua vez, o próprio fiel depositário pode, por sua iniciativa, pedir escusa do cargo, desde que se verifique a ocorrência de um motivo atendível (art. 761º, nº 3). É o que ocorre, por exemplo, se o fiel depositário, por motivos pessoais ou profissionais, carecer de se deslocar para o estrangeiro, ou se passar, entretanto, a padecer de doença ou de patologia que, pela sua gravidade ou pelas limitações que dela decorram, o impeça de continuar a exercer as suas funções.

8.1.4. Entrega efetiva do bem penhorado

Ressalvados os casos excecionais previstos no art. 756º, nº 1, o depositário deve tomar posse efetiva do bem imóvel penhorado, ainda que este se encontre ocupado por um terceiro, que se arrogue titular de um direito real ou pessoal de gozo sobre esse bem, a não ser que este deduza embargos de terceiro contra a penhora e requeira, simultaneamente, o diferimento da desocupação do imóvel ou a não entrega efetiva do mesmo ao fiel depositário[1353].

Sendo oposta alguma resistência ou havendo receio justificado de oposição de resistência, o agente de execução pode solicitar diretamente, isto é, sem necessidade de despacho judicial, o auxílio das autoridades policiais (art. 757º, nº 2).

[1352] Ac. do STJ de 07.10.2003, proc. 2520/03, *in SASTJ*, ano 2003.

[1353] Ac. do TRP de 21.01.2003, proc. 0222487.

Ademais, o agente de execução pode solicitar diretamente o auxílio das autoridades policiais nos casos em que seja necessário proceder-se ao arrombamento da porta e à substituição da fechadura para efetivar a posse do imóvel, lavrando-se, nesse caso, um auto da ocorrência (art. 757º, nº 3)[1354].

Contudo, por razões que se prendem com a proteção constitucional da habitação (art. 65º da CRP), quando esteja em causa a entrega efetiva de um imóvel que constitua o domicílio do executado, a solicitação de auxílio das autoridades policiais carece de prévio despacho judicial[1355].

Para além disso, quando a diligência deva efetuar-se em domicílio, isto é, em imóvel que constitua a casa de habitação efetiva do executado, só pode realizar-se entre as 7 e as 21 horas[1356], devendo o agente de execução entregar cópia do auto de penhora a quem tiver a disponibilidade do lugar em que a diligência seja realizada, o qual pode assistir à diligência e fazer-se acompanhar ou substituir por pessoa da sua confiança que, sem delonga, se apresente no local (art. 757º, nº 4).

8.1.5. Proteção da casa de habitação efetiva do executado

Uma das principais medidas de proteção da casa de habitação efetiva do executado que se encontrava prevista no Código de Processo Civil revogado foi eliminada com o novo Código de Processo Civil. De facto, o art. 812º-F, nº 2, al. *c)*, do CPC_{1961} dispunha que, nas execuções fundadas em título extrajudicial de empréstimo contraído para aquisição de habitação própria, hipotecada em garantia, havia sempre lugar a citação prévia do executado, sem necessidade de despacho do juiz. Significa isto que a lei permitia ao executado tomar conhecimento prévio da pendência contra si de uma ação executiva e, bem assim, de que a sua casa de habitação seria penhorada por estar em causa a execução de dívida com garantia real sobre esse bem, a menos que deduzisse oposição à execução e prestasse caução com vista à suspensão do processo executivo.

1354 Analogamente, no ordenamento jurídico alemão, dispõe o § 758 do ZPO que o oficial de execução tem poderes para inspecionar o domicílio do devedor e os seus pertences, em tudo quanto seja necessário para garantir a efetividade da execução. Tem igualmente poderes para abrir as portas de entrada da casa e das suas dependências, bem como para empregar a força pública quando encontre oposição, podendo requerer, para o efeito, a intervenção das autoridades policiais.

1355 *Vide*, a este propósito, BALAGUER CALLEJÓN, Francisco, *et al.*, *Manual de Derecho Constitucional*, vol. II, 5ª ed., Tecnos, Madrid, 2010, p. 184.

1356 Em sede de direito comparado, nos ordenamentos jurídicos francês e espanhol, dispõem, respetivamente, os arts. 508º do $CPC_{Fr.}$ e L141-1 do $CPCE_{Fr.}$ que não podem ser realizadas diligências executivas antes das 6 horas e depois das 21 horas, bem como nas férias e nos Domingos, salvo autorização do juiz em caso de necessidade e somente nos lugares que não constituam a habitação do executado.

Pelo contrário, no novo modelo executivo, as execuções fundadas em título extrajudicial, isto é, em documento autêntico ou autenticado, de obrigação pecuniária vencida, que se encontre garantida por hipoteca ou por penhor, passam a seguir a tramitação prevista para o processo sumário de execução [art. 550º, nº 2, al. *c)*], razão pela qual a casa de habitação do executado, que se encontre onerada por hipoteca, deve ser penhorada antes da sua citação (arts. 752º, 855º e 856º).

Ora, para compensar essa redução de garantias, a lei prevê mecanismos adicionais de proteção da casa de habitação efetiva do executado[1357]. Assim:

a) sendo penhorada a casa de habitação efetiva do executado, no âmbito da execução de uma sentença condenatória, da qual haja sido interposto recurso, o juiz pode determinar, mediante requerimento do executado, que a venda desse imóvel fique a aguardar pela decisão definitiva do recurso, desde que essa venda seja suscetível de causar ao executado um prejuízo grave e dificilmente reparável (art. 704º, nº 4); e

b) se for penhorada a casa de habitação efetiva do executado, que deduza embargos à execução, o juiz pode determinar, a requerimento daquele, que a venda fique a aguardar pelo proferimento da decisão, em primeira instância, sobre os embargos, quando tal venda seja suscetível de causar um prejuízo grave e dificilmente reparável (art. 733º, nº 5).

8.1.6. Divisão do prédio penhorado

Se for penhorado um bem imóvel, que seja suscetível de ser dividido, e se o seu valor exceder, de forma manifesta, o valor da dívida exequenda, das despesas previsíveis da execução e dos demais créditos eventualmente reclamados, o executado pode requerer ao juiz de execução, ao abrigo do princípio da proporcionalidade da penhora, que autorize o fracionamento desse imóvel, sem prejuízo do prosseguimento da execução.

[1357] A este respeito, importa salientar, em sede de direito comparado, que, no ordenamento jurídico brasileiro, o art. 1º da Lei nº 8009/90 determina, quanto à impenhorabilidade do bem de família, que "O imóvel residencial próprio do casal, ou da entidade familiar, é impenhorável e não responderá por qualquer tipo de dívida civil, comercial, fiscal, previdenciária ou de outra natureza, contraída pelos cônjuges ou pelos pais ou filhos que sejam seus proprietários e nele residam, salvo nas hipóteses previstas nesta lei". Excluem-se desta regra de impenhorabilidade "os veículos de transporte, obras de arte e adornos suntuosos" (art. 2º) bem como os casos em que a execução seja movida por determinados credores, designadamente o titular do crédito decorrente do financiamento destinado à construção ou aquisição do imóvel, o credor hipotecário ou o credor de pensão alimentícia.

Nesse caso, uma vez ouvidos os interessados, concretamente o exequente e os eventuais credores reclamantes, o juiz deve autorizar o fracionamento do imóvel e o subsequente levantamento da penhora sobre algum dos imóveis resultantes da divisão se concluir pela manifesta suficiência do valor dos restantes bens para a satisfação do crédito do exequente e dos credores reclamantes, assim como das custas da execução (art. 759º, nºs 1 e 2)[1358].

8.2. Penhora de bens móveis

A penhora de bens móveis encontra-se regulada nos arts. 764º a 772º.

De acordo com o art. 205º do CC, entendem-se por "coisas móveis" todas aquelas que não se encontram previstas no art. 204º do CC, respeitante às coisas imóveis.

Por sua vez, nos termos do art. 206º do CC, é havida como coisa composta, ou universalidade de facto, a pluralidade de coisas móveis que, pertencendo à mesma pessoa, têm um destino unitário. Assim, pode ser penhorada, por exemplo, uma biblioteca, enquanto universalidade de facto, devendo, nesse caso, o agente de execução relacionar, no auto de penhora, todos os livros que compõem essa biblioteca.

No que concerne à penhora de bens móveis, torna-se necessário distinguir entre coisas móveis não sujeitas a registo e coisas móveis sujeitas a registo.

8.2.1. Penhora de coisas móveis não sujeitas a registo

A penhora de coisas móveis não sujeitas a registo é realizada com a efetiva apreensão dos bens e a sua imediata remoção para depósitos (art. 764º, nº 1).

Tendo em vista a salvaguarda dos interesses do credor, o legislador presume que pertencem ao executado os bens que sejam encontrados na sua posse[1359], podendo, no entanto, essa presunção ser ilidida perante o juiz, quer pelo executado ou por alguém em seu nome, quer por um terceiro, mediante a apresentação de prova documental inequívoca do direito de terceiro sobre eles (art. 764º, nº 3). Vale isto por dizer que, ainda que o executado, no ato da

[1358] *Vide*, a este respeito, o ac. do TRP de 13.05.2003, proc. 0322275.

[1359] Com efeito, como bem salienta Bruno Cirillo, na penhora de coisas móveis não sujeitas a registo, o exequente não tem propriamente o ónus de especificar quais os concretos bens que pretende que sejam penhorados, limitando-se, antes, a indicar o lugar onde o agente de execução deverá proceder à realização dessa diligência. Nessa exata medida, o "elemento espacial" desempenha um papel essencial no que concerne à atribuição da presunção da propriedade dos bens objeto de penhora, já que a única possibilidade de atribuir a propriedade de um bem, não sujeito a registo, ao respetivo proprietário é através do local onde o bem foi encontrado (Cirillo, Bruno, *L'Esecuzione Mobiliare Presso il Debitore*, *op. cit.*, p. 18).

penhora, sustente que os bens não lhe pertencem, o agente de execução deve, mesmo assim, proceder à penhora dos bens, atenta a presunção legal quanto à propriedade dos bens que sejam encontrados na posse do executado[1360].

Para além disso, mesmo que o bem do executado se encontre na posse de um terceiro, esse bem pode ser apreendido pelo agente de execução ou pelo oficial de justiça, sem prejuízo dos direitos que seja lícito ao terceiro opor à execução[1361], designadamente mediante a dedução de embargos de terceiro, por violação da sua posse (art. 747º, nº 1)[1362].

Muito embora a regra geral seja a da apreensão efetiva dos bens móveis penhorados e a sua imediata remoção para um depósito (art. 764º, nº 1), a lei determina, no entanto, que os bens não devem ser removidos se a sua natureza for incompatível com o depósito, se a remoção implicar uma desvalorização substancial dos bens ou a sua inutilização, ou se o custo da remoção for superior ao valor dos próprios bens[1363]. Nessa eventualidade, deve proceder-se a uma descrição pormenorizada dos bens e, sempre que possível, à imposição de algum sinal distintivo, sendo o executado nomeado fiel depositário dos mesmos (art. 764º, nº 2). Com exceção das situações em que a natureza dos bens penhorados seja incompatível com o depósito, afigura-se que os bens móveis só não devem ser removidos se existir alguma perspetiva séria de o executado liquidar voluntariamente a dívida exequenda – celebrando, por exemplo, um acordo de pagamento –, se tiver sido deduzida oposição à execução ou se existirem dúvidas em relação à propriedade efetiva desses bens (por exemplo, quando seja expetável que venham a ser deduzidos embargos de terceiro).

Por outro lado, quando, para a realização da penhora, seja necessário forçar a entrada no domicílio do executado ou de terceiro, ou quando exista um receio justificado de que tal possa vir a suceder, aplica-se o disposto no art.

1360 Cfr., a este respeito, o ac. do TRL de 06.03.2018, proc. 3625/14.3T8OER-A.L1-7.

1361 *Vide*, a este propósito, Gonçalves, Gabriel Órfão, "Temas da acção executiva", *in Themis – A Reforma da Acção Executiva*, vol. II, ano V, nº 9, Almedina, Coimbra, 2004, p. 271.

1362 Já não será assim, conforme salienta Teixeira de Sousa, se for nomeado à penhora não o bem do executado que se encontre na posse de terceiro, mas antes o direito à restituição do bem na posse de terceiro (Sousa, Miguel Teixeira de, "A penhora de bens na posse de terceiros", *op. cit.*, pp. 76 e 77).

1363 Neste particular, Mariana França Gouveia aponta, a título de exemplo de uma situação em que a apreensão implicaria uma grande desvalorização do bem ou a sua inutilidade, a penhora de pipas de vinho do Porto, as quais, fora das respetivas caves, perderiam o seu valor, e, quanto às situações em que o custo da remoção é muito superior ao valor dos bem, o caso da penhora de máquinas de uma indústria, cujo custo com a remoção seria muito superior ao valor de mercado dessas máquinas (Gouveia, Mariana França, "Penhora e alienação de bens móveis na reforma da acção executiva", *in Themis – A Reforma da Acção Executiva*, ano IV, nº 7, Almedina, Coimbra, 2003, p. 175).

757º, nºs 4 a 7, ou seja, a solicitação do auxílio das autoridades policiais carece de despacho judicial, por estar em causa a entrada no domicílio, e a diligência só pode ser realizada entre as 7 e as 21 horas, devendo o agente de execução entregar cópia do auto de penhora a quem tiver a disponibilidade do lugar em que a diligência se realiza, o qual pode assistir à diligência e fazer-se acompanhar ou substituir por pessoa da sua confiança que, sem demora, se apresente no local.

Para além disso, se o executado, ou quem o representar, se recusar a abrir quaisquer portas ou móveis, ou se a casa estiver deserta e as portas e móveis se encontrarem fechados, o agente de execução pode solicitar diretamente o auxílio das autoridades policiais, exceto se estiver em causa o domicílio do executado (pessoa singular), caso em que o auxílio das forças policiais carece de despacho prévio do juiz de execução (art. 767º, nº 1).

Se o executado ou outra pessoa ocultarem algum bem, com o fim de o subtraírem à penhora, estes ficam sujeitos às sanções correspondentes à litigância de má-fé (arts. 542º e 543º), sem prejuízo da responsabilidade criminal em que possam vir a incorrer (art. 767º, nº 2). Para além disso, se o agente de execução, na própria diligência de penhora, suspeitar da sonegação de bens, deve instar o executado ou a pessoa presente na diligência a entregar as coisas ocultadas, advertindo-a, simultaneamente, da responsabilidade civil e criminal em que incorre com tal conduta.

À luz do art. 766º, nº 1, o agente de execução deve elaborar um auto de penhora, no qual são relacionados e discriminados, de forma clara, objetiva e precisa, os bens penhorados, nomeadamente mediante a identificação da quantidade, da espécie, da cor, da marca, do modelo, do número de série ou do estado de conservação[1364] – podendo, acessoriamente, recolher fotografias dos bens penhorados, a fim de se permitir a sua perfeita identificação e individualização, não restando margem para dúvidas quanto aos bens que foram concretamente penhorados –, indicando-se, sempre que possível, o valor dos bens e/ou das verbas que venham a ser constituídas, o que assume especial relevância à luz do princípio da proporcionalidade da penhora. Neste particular, atento o disposto nos arts. 766º, nº 2, e 812º, nº 4, compete ao agente de execução a quem incumbe a realização da penhora a fixação do valor de cada

[1364] Com efeito, a título meramente exemplificativo, de nada vale consignar no auto de penhora que se procedeu à penhora de um frigorífico, sem se identificar a marca, modelo e número de série de produção desse bem, ou que se penhorou um sofá, sem se precisar o número de lugares desse sofá, o tipo de revestimento, a cor ou o estado de conservação, pois que, sem a correta identificação do bem penhorado, poderá verificar-se o descaminho do bem ou a venda executiva de um bem diferente daquele que foi efetivamente penhorado.

verba em função do respetivo valor de mercado, podendo, no entanto, recorrer à ajuda de um perito, quando a avaliação dos bens penhorados dependa de conhecimentos especializados. Para além disso, o agente de execução pode promover as diligências necessárias à fixação do valor do bem de acordo com o valor do mercado, quando o considere vantajoso ou algum dos interessados o pretenda (art. 812º, nº 5).

Do auto de penhora deve constar obrigatoriamente a data e a hora da realização da diligência, sendo que essa indicação reveste extrema importância à luz das regras da prioridade da penhora, da ineficácia dos atos de disposição, oneração ou arrendamento de bens penhorados (art. 819º do CC) e da suspensão da execução do bem ou direito que tenha sido penhorado em segundo lugar (art. 794º, nº 1).

Do auto deve igualmente constar a indicação da eventual remoção ou não dos bens penhorados, a designação do fiel depositário que fica responsável por esses bens, assim como eventuais incidentes que se tenham verificado no decurso da diligência de penhora[1365].

Se o exequente incorrer em despesas para a realização da diligência de penhora, nomeadamente em virtude da contratação de um serralheiro para substituir fechaduras, da contratação de transporte e de pessoal para proceder à remoção dos bens penhorados, ou da contratação de um local para depósito dos bens penhorados, essas despesas, achando-se devidamente comprovadas, constituem um encargo da execução a ser suportado pelo executado, saindo precípuas do produto da venda dos bens penhorados. Contudo, se a penhora vier a ser posteriormente levantada, com fundamento na sua ilegalidade, essas despesas, assim como as decorrentes da restituição ao executado dos bens indevidamente penhorados, passarão a ser da exclusiva responsabilidade do exequente[1366].

8.2.2. Penhora de coisas móveis sujeitas a registo

Estando em causa a penhora de coisas móveis sujeitas a registo, isto é, de veículos automóveis, navios ou aeronaves, são aplicáveis, com as devidas adap-

[1365] Nos termos do art. 7º do Reg. nº 38/2017, da OSAE, o agente de execução deve manter um registo atualizado dos bens penhorados, com a identificação do fiel depositário e, quando aplicável, do local de depósito. Por sua vez, de acordo com o art. 8º do citado diploma legal, "Caso o agente de execução seja o fiel depositário ou caso os bens sejam removidos para depósito, o agente de execução deve manter os bens em depósito devidamente autonomizados, com a afixação nos bens do número da verba, data do auto de penhora e do número do processo judicial no âmbito do qual foram penhorados".

[1366] Ac. do TRC de 27.02.2007, proc. 1942/04.0TBAVR-A.C1.

tações, as disposições previstas no Código de Processo Civil para a penhora de bens imóveis.

8.2.2.1. Penhora de veículos automóveis

No que concerne à penhora de veículos automóveis, dispõe o art. 755º, *ex vi* do art. 768º, nº 1, que esta é feita através de comunicação eletrónica do agente de execução ao serviço de registo competente[1367], após o que deve proceder à elaboração de um auto de penhora e à imobilização do veículo penhorado.

Com efeito, a penhora do veículo automóvel deve ser registada junto da Conservatória do Registo Automóvel [art. 5º, nº 1, al. *h*), do SRPA[1368]] e acarreta a proibição de o veículo circular, sob pena de o depositário incorrer na prática de um crime de desobediência qualificada (art. 22º do SRPA).

Após a penhora e a imobilização, deve proceder-se (art. 768º, nº 3):

a) à apreensão do documento de identificação do veículo, se necessário por autoridade administrativa ou policial, segundo o regime estabelecido em legislação especial (art. 161º do CEst.)[1369];

b) à remoção do veículo, nos termos prescritos em legislação especial (art. 168º do CEst.), salvo se o agente de execução entender que a remoção é desnecessária para a salvaguarda do bem ou é manifestamente onerosa em relação ao crédito exequendo[1370]. Nos termos do art. 168º, nº 1, do CEst., quando o veículo automóvel tenha sido objeto de penhora, a autoridade que tiver procedido à remoção deve informar o tribunal das circunstâncias que a justificaram e entregar o veículo à pessoa que tiver sido designada pelo tribunal para exercer as funções de fiel depositário.

Em todo o caso, importa salientar que a penhora pode ser precedida da imobilização do veículo, designadamente através da imposição de selos ou de

1367 *Vide*, a este propósito, o art. 40º do RRA – aprovado pelo DL nº 55/75, de 12 de fevereiro –, bem como o art. 22º da Portaria nº 99/2008, de 31 de janeiro, a qual regula, nomeadamente, a promoção *online* do registo da penhora de veículos.

1368 Diploma aprovado pelo DL nº 54/75, de 12 de fevereiro.

1369 *Vide*, a este propósito, o ac. do TRP de 03.06.2014, proc. 1926/11.1TJVNF-C.P1.

1370 Neste particular, o regime processual civil revogado (art. 851º do CPC_{1961}) dispunha que, após a penhora e a imobilização, o veículo apenas era removido quando o agente de execução entendesse que tal se revelava necessário para a salvaguarda do bem. Isto levava a que, nos casos em que o veículo não era efetivamente removido, o executado acabasse por ocultar o veículo ou por continuar a utilizá-lo, ainda que incorrendo em responsabilidade civil e na prática dos crimes de descaminho e/ou de desobediência.

imobilizadores, situação em que a comunicação eletrónica da penhora deve ser realizada até ao termo do primeiro dia útil seguinte a essa imobilização (art. 768º, nº 2)[1371]. Este regime reveste especial importância, na medida em que permite assegurar a eficiência da penhora de veículos automóveis, obviando a que o veículo venha a ser ocultado após a inscrição do registo de penhora junto dos serviços competentes.

Dado que pode suceder que o veículo automóvel que se ache registado a favor do executado se encontre acidentado, degradado, em estado de abandono ou apresente um valor comercial muito diminuto, nada obsta – sendo até recomendável – que o agente de execução (por si ou através do exequente), antes de efetuar registo da penhora do veículo automóvel, proceda à realização das diligências prévias necessárias à efetiva localização e avaliação desse bem, sem prejuízo da possibilidade de sua imediata imobilização[1372].

8.2.2.2. Penhora de navios

A penhora de navios é realizada mediante comunicação do agente de execução à Conservatória do Registo Comercial competente (art. 2º do DL nº 201/98, de 10 de julho) e abrange, para além do navio propriamente dito, enquanto *engenho flutuante destinado à navegação por água*, "a máquina principal e as máquinas auxiliares, todos os aparelhos, aprestos, meios de salvação, acessórios e demais equipamentos existentes a bordo necessários à sua operacionalidade" (art. 1º do DL nº 201/98, de 10 de julho).

O navio pode ser penhorado mesmo que se encontre despachado para viagem (art. 9º do DL nº 201/98, de 10 de julho), situação em que a penhora deve ser seguida de notificação à capitania, para que esta proceda à apreensão dos respetivos documentos e impeça a saída do navio do porto.

[1371] Apesar de esta solução legislativa apenas ter sido consagrada no novo Código de Processo Civil, que entrou em vigor no dia 1 de setembro de 2013, a verdade é que a jurisprudência e a doutrina vinham já admitindo a possibilidade de se proceder ao registo da penhora após a apreensão efetiva do bem (*vide*, entre outros, o ac. do TRE de 02.10.2008, proc. 752/08-3, assim como o ac. do TRC de 14.10.2008, proc. 2547/06.6TJLSB-B.C1. Cfr., na doutrina, Carrilho, Joana Caetano, "A imobilização do veículo automóvel – Considerações em torno da figura do depositário", *in Colectânea de Estudos de Processo Civil*, Coimbra Editora, Coimbra, 2013, pp. 130 e 131). No sentido de a apreensão do veículo apenas poder preceder o registo da penhora na conservatória "desde que factos objetivos" levassem a "duvidar da sua existência ou valor comercial", *vide* o ac. do TRG de 29.01.2009, proc. 2798/08-2.
Cfr., em sentido contrário, isto é, quanto à impossibilidade de a imobilização ter lugar antes da penhora, os acs. do TRL de 21.04.2005, proc. 3062/2005-8, e de 17.06.2008, proc. 4500/2008-1, bem como o ac. do TRP de 30.04.2009, proc. 1969/07.0TJLSB-C.P1.

[1372] Ac. do TRC de 14.10.2008, proc. 2547/06.6TJLSB-B.C1.

Muito embora a penhora do navio implique, em regra, a sua imobilização, a verdade é que a lei de processo civil prevê, em condições muito particulares, a possibilidade de o navio penhorado continuar a navegar.

Com efeito, não é difícil imaginar as despesas e prejuízos que decorrem da imobilização forçada de um navio num porto, como sejam, nomeadamente, os custos com a sua paralisação, a deterioração do navio, o atraso na entrega das mercadorias e os encargos com os tripulantes.

Por via disso, o navio penhorado pode navegar, mediante requerimento do depositário, se o executado, o exequente e os demais interessados estiverem de acordo e se o juiz de execução o autorizar, caso em que a capitania do porto deve ser avisada, através de ofício, da concessão dessa autorização (art. 769º).

De todo o modo, mesmo que não exista acordo nesse sentido, tanto o exequente, como qualquer um dos demais credores do executado, que beneficie de garantia sobre o navio penhorado, pode requerer que este continue a navegar até ser vendido, contanto que preste caução – a qual tem de ser adequada e suficiente para assegurar não só os outros créditos que tenham garantia sobre o navio penhorado, como também as custas do processo – e contrate o seguro usual contra riscos (art. 770º). Sendo esse pedido deferido, o navio é entregue ao requerente, que fica investido na posição de depositário, e dá-se conhecimento do facto à capitania do porto (art. 770º, nº 4).

8.2.2.3. Penhora de aeronaves

Relativamente à penhora de aeronaves, tratando-se de um bem sujeito a registo, esta é efetuada mediante registo apresentado junto da Autoridade Nacional de Aviação Civil, enquanto entidade responsável pela organização e gestão do Registo Aeronáutico Nacional, nos termos do disposto nos arts. 3º, nº 1, al. *c)*, e 4º, nº 3, al. *kk)*, do DL nº 40/2015, de 16 de março.

A penhora é seguida de notificação à autoridade de controlo de operações do local onde a aeronave se encontre estacionada, a fim de se proceder à apreensão dos respetivos documentos e impedir a sua saída desse local.

8.3. Penhora de direitos

8.3.1. Penhora de créditos

Para além da penhora de coisas móveis ou imóveis do executado, podem igualmente ser penhorados direitos, designadamente créditos, presentes ou futuros[1373],

[1373] Cfr., nesse sentido, Marques, João Paulo Remédio, "A penhora de créditos na reforma processual de 2003, referência à penhora de depósitos bancários", *in Themis – A Reforma da Acção Executiva*, vol. II, ano V, nº 9, Almedina, Coimbra, 2004, p. 143.

de que o executado seja detentor sobre terceiros, atento o preceituado nos arts. 817º do CC e 773º[1374].

É o que sucede, nomeadamente, nos casos em que o executado é titular:

a) de um direito de crédito emergente da celebração de um contrato de mútuo;
b) de um direito de crédito resultante da celebração de um contrato de prestação de serviços[1375];
c) de um direito de crédito decorrente da venda de bens ou de mercadorias;
d) do direito aos lucros e à quota de liquidação de uma sociedade em nome coletivo[1376,1377];
e) do direito a uma indemnização[1378];
f) do direito ao reembolso de IRS; ou
g) de direitos patrimoniais de autor[1379].

A penhora de créditos é realizada através da notificação ao devedor do executado (*debitor debitoris*), de acordo com as formalidades previstas para a citação pessoal e sujeitas ao regime desta – entre as quais a indicação expressa da cominação em que o terceiro incorre na eventualidade de nada dizer dentro do prazo legal[1380] –, de que o crédito fica à ordem do agente de execução (art.

[1374] *Vide*, a este propósito, THOMAZ, Fernão de C. Fernandes, "Penhora de créditos e eficácia externa das obrigações", *op. cit.*, pp. 60 e 61.

[1375] Cfr., nesse sentido, GRAMAGLIA, Dario, *Manuale Breve – Diritto Processuale Civile*, Giuffrè Editore, Milão, 2010, p. 800.

[1376] ABREU, Jorge Manuel Coutinho de, *Curso de Direito Comercial*, vol. II, 4ª ed., Almedina, Coimbra, 2011, p. 406.

[1377] *Vide* o art. 3º, nº 1, al. *e)*, do CRCom. quanto à sujeição a registo da penhora dos direitos aos lucros e à quota de liquidação.

[1378] *Vide*, a título meramente exemplificativo, o ac. do TRP de 30.11.1992, proc. 9220740, o qual admitiu a possibilidade de serem penhoradas as receitas futuras de desafios de futebol, bem como os respetivos subsídios atribuídos a um clube de futebol.

[1379] Com efeito, preceitua o art. 47º, nº 1, do CDADC que "Os direitos patrimoniais do autor sobre todas ou algumas das suas obras podem ser objecto de penhora ou arresto, observando-se relativamente à arrematação em execução o disposto no artigo 46º quanto à venda do penhor". No sentido de se aplicar, quanto à penhora de rendimentos recebidos no âmbito de contratos com autorização para divulgação da obra, o regime da penhora de rendimentos periódicos, *vide* FERNANDES, Filipe de Vasconcelos A. S., "A penhora de direitos de autor: Da consideração da autoria no âmbito da penhora à [re]equação do seu âmbito de penhorabilidade", *in Colectânea de Estudos de Processo Civil*, Coimbra Editora, Coimbra, 2013, p. 369.

[1380] Cfr., nesse sentido, o ac. do STJ de 27.11.2003, proc. 3356/03, *in SASTJ*, ano 2003, o ac. do STJ de 04.10.2007, proc. 2557/07, *in CJ/STJ*, nº 198, ano XV, tomo I, 2007, p. 78, o ac. do TRL de

773º, nº 1)[1381], ou seja, de que o terceiro deve efetuar o pagamento do crédito penhorado diretamente ao agente de execução e não ao executado. Significa isto que a penhora considera-se realizada no momento em que o devedor é notificado – ocasião em que o terceiro fica ciente de que o crédito fica penhorado[1382] – e não apenas no momento em que o devedor responde à notificação ou após o termo do prazo de que este dispunha para esse efeito[1383], sendo, por isso, ineficaz em relação à execução a extinção do crédito, por causa dependente da vontade do executado ou do seu devedor, que seja posterior à notificação da penhora (art. 820º do CC)[1384].

Uma vez notificado da penhora do crédito, o devedor, estando adstrito a um especial dever de colaboração[1385], deve declarar se o crédito existe, quais as garantias que o acompanham, em que data se vence e quaisquer outras circunstâncias que possam interessar à execução[1386], sendo que essa declaração deve ser prestada verbalmente e de imediato, se o devedor tiver sido notificado através de contacto pessoal do agente de execução, ou, se tal não for possível, por escrito e no prazo de dez dias a contar da notificação (art. 773º, nº 3)[1387]. Nesse contexto, o devedor pode adotar um de quatro procedimentos possíveis:

12.05.2011, proc. 2-C/2002.L2-2, o ac. do TRL de 28.01.2016, proc. 5363/10.7TBCSC-F.L1-8, bem como o ac. do TRG de 24.09.2020, proc. 735/13.8TBGMR-A.G1.

1381 Conforme salienta Laura Salvaneschi, a doutrina e a jurisprudência italiana dividiam-se quanto à questão de saber se a penhora do crédito atingia a totalidade do crédito do executado sobre o seu devedor ou se apenas o montante do crédito exequendo, sendo que, face a uma jurisprudência tendencialmente defensora da penhora da totalidade do crédito do executado sobre o seu devedor, o legislador veio consagrar no art. 546º do $CPC_{It.}$ a regra segundo a qual a penhora de créditos tem como limite máximo o montante do crédito exequendo, acrescido de metade (Salvaneschi, Laura, "Il perfezionamento del pignoramento presso terzi dopo la riforma del 2014", *in RDP*, anno LXX, 2ª série, nº 3, Cedam, maio/jun. 2015, pp. 665 e 666).

1382 Thomaz, Fernão de C. Fernandes, "Penhora de créditos e eficácia externa das obrigações", *op. cit.*, p. 69.

1383 *Vide*, a este propósito, Marques, João Paulo Remédio, "A penhora de créditos na reforma processual de 2003, referência à penhora de depósitos bancários", *op. cit.*, p. 151, bem como Freitas, José Lebre de/Mendes, Armindo Ribeiro, *Código de Processo Civil Anotado*, vol. III, *op. cit.*, pp. 444 e 445.

1384 *Vide*, neste particular, o ac. do TRL de 26.09.2019, proc. 2189/15.5T8PDL-C.L1.8.

1385 Cfr., a este respeito, Colesanti, Vittorio, "L'infelice situazione del terzo debitore (anche dopo le recenti riforme)", *in RDP*, anno LXX, 2ª série, nº 6, Cedam, nov./dez. 2015, pp. 1346 e 1347.

1386 Tal como salienta Crisanto Mandrioli, a penhora de créditos (*espropriazione presso terzi*) pressupõe a colaboração ou, pelo menos, a participação do terceiro, devedor do executado, já que, só dessa forma, é possível proceder-se à individualização, avaliação e vinculação do direito de crédito penhorado (Mandrioli, Crisanto, *Corso di Diritto Processuale Civile*, vol. III, *op. cit.*, p. 73).

1387 Defendendo a possibilidade de o terceiro requerer a prorrogação do prazo para responder à notificação da penhora de créditos, designadamente quando invoque a existência de uma

a) reconhece expressamente que o crédito existe, caso em que deve depositar a respetiva importância em instituição de crédito à ordem do agente de execução – ou, nos casos em que as diligências de execução sejam realizadas por oficial de justiça, da secretaria –, logo que a dívida se vença [art. 777º, nº 1, al. *a)*][1388], sob pena de, não o fazendo, a execução poder prosseguir contra este[1389];

b) nada diz dentro do prazo legal, ou seja, dentro do prazo de dez dias a contar da notificação (art. 773º, nº 3), caso em que se presume que ele reconhece a existência da obrigação, nos termos da indicação do crédito à penhora[1390,1391].

Nessa situação, presumindo-se o crédito confessado (*ficta confessio*), incumbe ao devedor cumprir a obrigação aquando do seu vencimento, sob pena de, não o fazendo, poder o exequente exigir, nos próprios autos da execução, a satisfação coerciva da prestação, servindo de título executivo a essa execução a notificação feita pelo agente de execução ao devedor e a falta de declaração[1392,1393].

dificuldade fundada no apuramento da existência da dívida, *vide* FREITAS, José Lebre de/MENDES, Armindo Ribeiro, *Código de Processo Civil Anotado*, vol. III, *op. cit.*, pp. 446 e 447.

1388 *Vide*, a este respeito, o ac. do TRE de 07.11.2019, proc. 817/10.8TBSSB-A.E1, no qual se decidiu que o cumprimento efetivo, pelo terceiro devedor, da ordem de penhora só se concretiza no momento em que este procede ao depósito da quantia que foi penhorado, não ficando, por isso, desonerado da sua obrigação na eventualidade de apenas ter retido ao executado as quantias penhoradas, sem que, no entanto, as tenha entregue à execução.

1389 Cfr., no mesmo sentido, o ac. do TRE de 24.02.2022, proc. 175/16.7T8MMN-C.E1.

1390 *Vide*, a este propósito, ANDRADE, Manuel A. Domingues de, *Teoria Geral da Relação Jurídica*, vol. II, 9ª reimp., Almedina, Coimbra, 2003, pp. 138 e 139.

1391 No sentido de esse efeito cominatório não se produzir na eventualidade de o terceiro, apesar de não responder ao agente de execução, remeter, dentro do prazo legal, um requerimento diretamente ao tribunal, negando a existência de tal crédito, *vide* o ac. do TRL de 13.11.2012, proc. 21503/06.8YYLSB-D.L1-7. Sustentando que, em caso de silêncio do terceiro, não fica precludida a possibilidade de apresentar oposição em relação à execução que venha a ser movida contra ele, *vide* GOMES, Manuel Januário da Costa, "Penhora de direitos de crédito – Breves notas", *op. cit.*, p. 112.

1392 Como bem se decidiu no ac. do TRE de 07.11.2019, proc. 817/10.8TBSSB-A.E1, o prosseguimento da execução contra o *debitor debitoris* traduz-se numa mera faculdade ou prerrogativa à disposição do exequente, razão pela qual este não está obrigado a requerer essa execução. Cfr., ainda, o ac. do TRG de 03.10.2019, proc. 37633/11.1YIPRT-B.G1.

1393 No sentido de o incumprimento, pelo *debitor debitoris*, da obrigação de proceder à penhora de parte do vencimento do executado não constituir fundamento bastante para que o mesmo seja condenado por litigância de má-fé, *vide* o ac. do TRL de 24.04.2019, proc. 2159/14.0T8ALM.L1-2.

De todo o modo, a omissão de resposta por parte do devedor pode fazê-lo incorrer em responsabilidade civil, pelos prejuízos que decorrerem dessa sua falta de declaração[1394];

c) declara que o crédito não existe, podendo fazê-lo por impugnação ou por exceção[1395].

Neste particular, importa salientar que não basta ao devedor declarar que o crédito não existe. Com efeito, estando em causa uma declaração recetícia, incumbe ao devedor assegurar que a sua resposta chega ao conhecimento efetivo do agente de execução ou do tribunal, consoante os casos[1396].

Se o devedor, em resposta à notificação, invocar que o crédito não existe, o agente de execução deve notificar o exequente e o executado para que estes, no prazo de dez dias, se pronunciem quanto a essa resposta[1397], devendo o exequente declarar se mantém a penhora ou se desiste dela. Neste caso, se o exequente declarar que mantém a penhora, o crédito passa a ser considerado como litigioso[1398], situação em que será adjudicado ou transmitido com essa natureza (art. 775º)[1399]. Nessa hipótese, caberá ao adquirente do crédito litigioso propor a competente ação declarativa contra o executado e o seu devedor, em litisconsórcio necessário natural, tendente à declaração e reconhecimento da existência e do montante crédito[1400].

Por outro lado, se o devedor, uma vez notificado da penhora de créditos, não contestar a existência do crédito, optando, ao invés, por deduzir

[1394] Cfr., nesse sentido, o ac. do STJ de 16.12.2004, proc. 3081/04, *in SASTJ*, ano 2004. A este respeito, Rui Pinto salienta que o direito à indemnização pode ser invocado pelo exequente na contestação à oposição à execução, o que configura, na prática, "um caso único de reconvenção na oposição à execução" (PINTO, Rui, "A execução e terceiros – Em especial na penhora e na venda", *op. cit.*, p. 235).

[1395] Cfr., a este propósito, o ac. do TRL de 10.02.2004, proc. 9429/2003-7.

[1396] Cfr., nesse sentido, o ac. do TRL de 15.03.2007, proc. 898/2007-6.

[1397] No sentido de as notificações do exequente e do executado não carecerem de ser simultâneas, podendo, inclusive, ser conveniente notificar-se, em primeiro lugar, o executado, *vide* FREITAS, José Lebre de/MENDES, Armindo Ribeiro, *Código de Processo Civil Anotado*, vol. III, *op. cit.*, p. 455.

[1398] Nos termos do art. 579º, nº 3, do CC, "Diz-se litigioso o direito que tiver sido contestado em juízo contencioso, ainda que arbitral, por qualquer interessado".

[1399] *Vide*, a este propósito, o ac. do TRP de 26.06.1999, proc. 9920792, no qual se decidiu que "O exequente pode requerer e obter a adjudicação de um direito litigioso penhorado".

[1400] Cfr., a este respeito, o ac. do TRP de 25.03.1996, proc. 9650105. *Vide*, na doutrina, MANDRIOLI, Crisanto, *Corso di Diritto Processuale Civile*, vol. III, *op. cit.*, p. 78.

embargos de terceiro em relação a essa penhora, o crédito tem-se por reconhecido, por falta de resposta do devedor[1401];

d) alega que o crédito existe, mas que não pode cumprir, já que o cumprimento da sua obrigação está dependente de uma prestação por parte do executado.

Nesse caso, se o executado confirmar essa declaração do devedor ou se nada disser, aquele é notificado para satisfazer a sua prestação em relação ao devedor, no prazo de quinze dias a contar da notificação. Se o executado satisfizer a sua prestação, a obrigação do devedor torna-se exigível, prosseguindo, por isso, a execução quanto ao direito de crédito que foi penhorado (art. 777º, nº 1). Outrossim, se o executado não satisfizer a sua prestação, tanto o exequente, como o devedor, podem exigir o cumprimento, promovendo a respetiva execução contra o executado, servindo de título executivo a sua declaração de reconhecimento de dívida. Ademais, o exequente pode substituir-se ao executado, efetuando a prestação ao terceiro, caso em que ficará sub-rogado nos direitos do devedor contra o executado.

Pelo contrário, se o executado impugnar a declaração do devedor e não for possível fazer cessar a divergência, o exequente deve ser notificado para, no prazo de dez dias, se pronunciar sobre a impugnação do executado, declarando se mantém ou se desiste da penhora.

Importa igualmente salientar que o exequente, o executado e os credores reclamantes podem requerer ao juiz a prática, ou a autorização para a prática, dos atos que se afigurem indispensáveis à conservação do direito de crédito penhorado (art. 773º, nº 6). Tais atos podem consistir, designadamente, "no pedido de declaração de nulidade ou na impugnação pauliana de acto praticado pelo terceiro devedor (arts. 605º CC e 610º CC), no exercício dos direitos de conteúdo patrimonial que o terceiro devedor tenha contra o terceiro (art. 606º CC) e no arresto de bens do terceiro devedor (art. 619º CC)"[1402], bem como na adoção das diligências judiciais necessárias para evitar a prescrição do crédito[1403].

Se o crédito tiver sido penhorado e se a obrigação de depósito da quantia penhorada não for cumprida, o exequente pode exigir a prestação em dívida,

[1401] *Vide*, nesse sentido, o ac. do TRP de 17.01.2008, proc. 0736396.

[1402] FREITAS, José Lebre de/MENDES, Armindo Ribeiro, *Código de Processo Civil Anotado*, vol. III, *op. cit.*, p. 450.

[1403] Cfr., nesse sentido, PRAZERES, Manuel Augusto Gama, *Do Processo de Execução no Actual Código do Processo Civil*, *op. cit.*, pp. 277 e 278.

isto é, a prestação do devedor em relação ao executado[1404], nos próprios autos da execução, servindo de título executivo a declaração de reconhecimento do devedor, a notificação efetuada e a falta de declaração[1405].

Seja como for, nada obsta que o devedor do executado (*debitor debitoris*) invoque contra o exequente, em sede de oposição à execução que contra ele venha a ser promovida, os mesmos meios de defesa que poderia opor contra o executado, demonstrando, designadamente, que o crédito penhorado não existe[1406]. Vale isto por dizer que o silêncio do devedor ou o seu reconhecimento expresso quanto à existência do crédito não produz qualquer efeito preclusivo relativamente à possibilidade de defesa na execução que, contra ele, venha a ser promovida[1407], podendo invocar, nomeadamente, factos supervenientes que sejam impeditivos, modificativos ou extintos da obrigação ou demonstrar a existência de um erro na sua declaração[1408].

1404 *Vide*, a este propósito, o ac. do TRP de 08.03.2016, proc. 2181/12.1TBPVZ-E.P1, bem como o ac. do TRG de 03.12.2020, proc. 5836/15.5T8VNF-C.G1. Com efeito, conforme se decidiu nestes arestos, o terceiro responde, não pela dívida do executado primitivo em relação ao exequente, mas antes pela dívida que aquele tinha em relação ao executado.

1405 Cfr., a este respeito, o ac. do TRL de 06.07.2017, proc. 78/08.9TBNRD-B.L1-6. No sentido de esta segunda execução não ter "qualquer autonomia relativamente à acção executiva principal, sendo puramente incidental e instrumental relativamente a esta", *vide* o ac. do TRC de 09.01.2018, proc. 252/11.0TBPCV-A.C1.

1406 *Vide*, a este propósito, o ac. do TRG de 03.10.2019, proc. 37633/11.1YIPRT-B.G1.

1407 Oliveira, Manuela Perestrelo de, "A relação entre exequente, *debitor debitoris* e garantes – Extensão do título executivo e meios de defesa pessoais na penhora de créditos", *in Colectânea de Estudos de Processo Civil*, Coimbra Editora, Coimbra, 2013, p. 490. *Vide*, no mesmo sentido, Freitas, José Lebre de, "O silêncio do terceiro devedor", *op. cit.*, p. 400, Freitas, José Lebre de, *Estudos sobre Direito Civil e Processo Civil*, vol. II, *op. cit.*, p. 334, bem como Marques, João Paulo Remédio, "A penhora de créditos na reforma processual de 2003, referência à penhora de depósitos bancários", *op. cit.*, pp. 154 e 155. Cfr., na jurisprudência, o ac. do STJ de 24.01.2006, proc. 3237/05, *in CJ/STJ*, nº 189, ano XIV, tomo I, 2006, p. 37, o ac. do TRC de 18.07.2006, proc. 1622/06, o ac. do TRL de 23.11.2011, proc. 1573-B/2002. L2-2, o ac. do TRL de 12.05.2011, proc. 2-C/2002.L2-2, o ac. do TRP de 02.05.2013, proc. 71/07.9TBMCN-A.P1, o ac. do TRP de 05.11.2015, proc. 567/14.6T2AGD-A.P1, o ac. do TRG de 24.11.2016, proc. 1148/14.0T8VNF-A.G1, bem como o ac. do TRE de 25.05.2017, proc. 329/14.0TBPS-E.E1. *Vide*, em sentido contrário, o ac. do STJ de 07.10.2004, proc. 2986/04, *in SASTJ*, ano 2004, no qual se sustentou estar vedada ao terceiro a possibilidade de, na subsequente ação executiva, impugnar a existência do crédito, pela circunstância de o silêncio do devedor produzir efeitos análogos aos da confissão do pedido ou do princípio do cominatório pleno.

1408 Cfr., nesse sentido, o ac. do STJ de 04.04.1995, proc. 086809, o ac. do TRP de 05.11.2015, proc. 567/14.6T2AGD-A.P1, bem como Marques, João Paulo Remédio, "A penhora de créditos na reforma processual de 2003, referência à penhora de depósitos bancários", *op. cit.*, p. 155, segundo o qual o ato de reconhecimento impede que "o terceiro devedor (então executado) invoque meios de defesa de que já dispunha (e disso não informou o tribunal) à data da declaração", podendo, no entanto, "invocar excepções peremptórias reportadas a factos supervenientes,

A penhora do direito extingue-se se a relação jurídica subjacente ao crédito penhorado vier a ser resolvida judicialmente após a penhora. Isto porque a extinção do crédito penhorado resulta, não da vontade do executado – a qual seria inoponível à execução, nos termos do art. 820º do CC – mas antes de uma decisão judicial[1409].

8.3.2. Penhora de títulos de crédito e de valores mobiliários

O art. 774º, nº 1, prevê a possibilidade de serem penhorados direitos incorporados em títulos de crédito e valores mobiliários titulados[1410].

A penhora de direitos incorporados em títulos de crédito[1411] compreende, designadamente, quer a penhora de cheques, letras e livranças, quer a penhora de títulos de crédito representativos, como sucede com as guias de transporte de mercadorias, conhecimentos de carga e depósito e cautelas de penhor[1412].

objectiva ou subjectivamente, bem como a nulidade ou a anulabilidade da própria declaração de reconhecimento do crédito". No mesmo sentido, Lebre de Freitas sustenta que "o próprio acto de reconhecimento faz precludir a invocabilidade dos meios de defesa que já existiam à data da declaração, só deixando a porta aberta à invocação de factos modificativos ou extintivos supervenientes ou de factos impeditivos, modificativos ou extintivos que, sendo anteriores, só sejam conhecidos posteriormente", sem prejuízo da possibilidade de impugnação da própria declaração de reconhecimento, com fundamento em causa de nulidade ou anulação (FREITAS, José Lebre de, "O silêncio do terceiro devedor", *in ROA*, ano 62º, vol. II, abr. 2002, p. 409).

Vide, em sentido contrário, GOMES, Manuel Januário da Costa, "Penhora de direitos de crédito – Breves notas", *op. cit.*, p. 109, segundo o qual o reconhecimento, pelo devedor, da existência do crédito penhorado "preclude a contestação posterior da existência do crédito e dos termos em que foi reconhecido", ainda que esse reconhecimento não possa ser invocado fora da ação em que se tiver verificado.

[1409] Ac. do STJ de 08.11.2006, proc. 06S2455. *Mutatis mutandis*, conforme se decidiu no ac. do TRE de 14.10.2021, proc. 112799/18.7YIPRT-A.E1, "A circunstância de a executada primitiva no processo principal ter sido declarada insolvente e ocorrido o encerramento do seu processo de insolvência devido a insuficiência da massa, deveria ter levado também à extinção da execução movida, à luz do disposto no nº 3 do art. 777º do CPC, contra o terceiro devedor. É que a execução movida contra o terceiro devedor tem apenas como escopo o exigir de uma prestação a um terceiro relativa a um crédito que havia sido penhorado no âmbito da execução principal e se esta não pode prosseguir, deixa de ser igualmente possível o prosseguimento daquela".

[1410] Nos termos do art. 46º, nº 1, do CVM, os valores mobiliários são escriturais ou titulados, consoante, respetivamente, se encontrem representados por registos em conta ou por documentos em papel (títulos).

[1411] Tal como assinala Oliveira Ascensão, os títulos de crédito "são documentos de legitimação, que oferecem grandes vantagens para o tráfego jurídico", concretamente no que diz respeito "à circulação dos direitos e à respectiva prova" (ASCENSÃO, José de Oliveira, "Valor mobiliário e título de crédito", *in ROA*, ano 56º, vol. III, dez. 1996, p. 838).

[1412] PINTO, Rui, "Penhora e alienação de outros direitos – Execução especializada sobre créditos e execução sobre direitos não creditícios na reforma da acção executiva", *in Themis – A Reforma da*

Por sua vez, são igualmente suscetíveis de penhora os valores mobiliários, aqui se incluindo, entre outros[1413], as ações das sociedades anónimas (arts. 298º e ss. do CSC)[1414], as obrigações (arts. 348º e ss. do CSC), os títulos de participação (DL nº 321/85, de 5 de agosto), as unidades de participação em instituições de investimento coletivo (Lei nº 16/2015, de 24 de fevereiro), os *warrants* autónomos (DL nº 172/99, de 20 de maio), os direitos destacados das ações, obrigações, títulos de participação e unidades de participação, e outros documentos representativos de situações jurídicas homogéneas, desde que sejam suscetíveis de transmissão em mercado (art. 1º do CVM)[1415].

A penhora de direitos incorporados em títulos de crédito e valores mobiliários titulados que não se encontrem integrados em sistema centralizado, registados ou depositados em intermediário financeiro ou registados junto do respetivo emitente, é efetuada através da apreensão do título[1416] – aplicando-se a esta apreensão, com as devidas adaptações, as regras previstas para a penhora de bens móveis –, ordenando-se ainda, sempre que possível, o averbamento do ónus resultante da penhora[1417]. Uma vez apreendido o título,

Acção Executiva, ano IV, nº 7, Almedina, Coimbra, 2003, p. 136. De todo o modo, conforme assinala Alexandre de Soveral Martins, enquanto as letras, as livranças e os cheques "conferem ao seu portador o direito a uma prestação em dinheiro", já as guias de transporte, os conhecimentos de cargo e depósito e as cautelas de penhor "conferem ao seu titular um direito de natureza real sobre coisas" (Martins, Alexandre de Soveral, *Títulos de Crédito e Valores Mobiliários*, vol. I, *op. cit.*, pp. 20 e 21).

1413 Na esteira de José Engrácia Antunes, constituem igualmente valores mobiliários típicos "os certificados, os valores mobiliários convertíveis, os valores mobiliários condicionados por eventos de crédito, e os títulos de investimento cooperativos" (Antunes, José A. Engrácia, *Os Instrumentos Financeiros*, 3ª ed. rev. e atual., Almedina, Coimbra, 2017, p. 148).

1414 No sentido de a penhora de ações não afetar o exercício dos direitos sociais do respetivo titular, *maxime* o direito de voto, *vide* o ac. do STJ de 29.01.2019, proc. 874/10.7TYVNG.P1.S2.

1415 Seguindo de perto José de Oliveira Ascensão, os valores mobiliários podem ser definidos como se tratando de "direitos representados, integrados em categorias de idêntico conteúdo, de modo a permitir a negociação em massa, que sejam de tipo previsto por lei ou admitido pela entidade de supervisão" (Ascensão, José de Oliveira, "O actual conceito de valor mobiliário", *in ROA*, ano 61º, vol. I, jan. 2001, p. 31). Por sua vez, José Engrácia Antunes define "valores mobiliários" como sendo "os instrumentos financeiros representados num título ou registo em conta, que consubstanciam posições jurídicas homogéneas e fungíveis e que são suscetíveis de negociação em mercado organizado" (Antunes, José A. Engrácia, *Os Instrumentos Financeiros*, *op. cit.*, p. 73). Cfr. ainda, a este propósito, Câmara, Paulo, *Manual de Direito dos Valores Mobiliários*, 3ª ed., Almedina, Coimbra, 2016, pp. 117 a 120, e Ferreira, Amadeu José, *Valores Mobiliários Escriturais: Um Novo Modo de Representação e Circulação de Direitos*, Almedina, Coimbra, 1997, pp. 39 a 49.

1416 *Vide*, a este propósito, o ac. do TCAN de 26.11.2015, proc. 00376/15.5BEPRT, no qual se decidiu que a apreensão material do título constitui uma formalidade essencial relativamente à execução patrimonial deste direito.

1417 Com efeito, conforme elucida João Valbom Baptista, "A necessidade de apreender o título que incorpora o valor mobiliário justifica-se pelo facto de, tanto nas acções tituladas ao portador

este deve ser depositado numa instituição de crédito à ordem do agente de execução ou, se a diligência de execução for realizada por oficial de justiça, à ordem da secretaria (art. 774º, nº 3). Se o direito incorporado no título revestir natureza obrigacional – como, por exemplo, cheques, letras, livranças ou extratos de faturas –, deve, nesse caso, observar-se igualmente o regime previsto para a penhora de créditos, constante dos arts. 773º e ss., ou seja, deve ser notificado o devedor do executado (*debitor debitoris*) quanto à penhora desse crédito[1418].

Diversamente, estando em causa a penhora de valores mobiliários, escriturais ou titulados, integrados em sistema centralizado[1419], registados ou depositados em intermediário financeiro[1420] ou registados junto do respetivo emitente[1421], devem ser aplicadas, com as devidas adaptações, as regras previstas para a penhora de depósitos bancários (art. 780º, nº 14).

Para além disso, nos termos do art. 82º do CVM, a penhora de valores mobiliários escriturais realiza-se, preferencialmente, através de comunicação

não depositadas, como nas acções tituladas nominativas não depositadas, as acções estarem, por regra, na posse do executado" (BAPTISTA, João Valbom, "Penhora de participações sociais. Em especial, nas sociedades por quotas e anónimas", *in Colectânea de Estudos de Processo Civil*, Coimbra Editora, Coimbra, 2013, p. 241).
Vide, em sentido contrário, PRAZERES, Manuel Augusto Gama, *Do Processo de Execução no Actual Código do Processo Civil*, *op. cit.*, p. 277, segundo o qual a apreensão do título de crédito não é condição indispensável para a efetivação da penhora do título.

1418 *Vide*, no mesmo sentido, PINTO, Rui, "Penhora e alienação de outros direitos – Execução especializada sobre créditos e execução sobre direitos não creditícios na reforma da acção executiva", *op. cit.*, p. 138.

1419 Nos termos do art. 62º do CVM, são obrigatoriamente integrados em sistema centralizado os valores mobiliários escriturais admitidos à negociação em mercado regulamentado. Por sua vez, de acordo com o art. 99º, nº 2, do CVM, os valores mobiliários titulados devem ser depositados em sistema centralizado quando estejam admitidos à negociação em mercado regulamentado ou quando toda a emissão ou série seja representada por um só título (podendo, neste último caso, ser depositados, em alternativa, em intermediário financeiro).

1420 À luz do art. 63º do CVM, devem ser obrigatoriamente registados num único intermediário financeiro, quando não sejam integrados em sistema centralizado: os valores mobiliários escriturais distribuídos através de oferta pública e outros que pertençam à mesma categoria, os valores mobiliários escriturais emitidos conjuntamente por mais de uma entidade, e as unidades de participação em instituição de investimento coletivo. Diferentemente, o art. 99º do CVM preceitua que os valores mobiliários titulados são depositados em intermediário financeiro autorizado ou por iniciativa do seu titular ou quando toda a emissão ou série seja representada por um só título.

1421 Nos termos do art. 64º do CVM, os valores mobiliários escriturais nominativos que não se encontrem integrados em sistema centralizado, nem registados num único intermediário financeiro, são registados junto do emitente, podendo esse registo ser substituído por um registo com igual valor a cargo de intermediário financeiro atuando na qualidade de representante do emitente.

eletrónica à entidade registadora ou depositária, pelo agente de execução, de que os valores mobiliários ficam à ordem deste[1422].

Nessa eventualidade, importa distinguir se os valores mobiliários estão integrados em sistema centralizado, registados ou depositados em intermediário financeiro, ou registados junto da sociedade emitente.

Assim, se os valores mobiliários (ações escriturais ou tituladas) estiverem integrados em sistema centralizado, deve ser notificada a entidade gestora do sistema centralizado [arts. 61º, al. *a)*, 88º, 99º, nº 1, al. *b)*, e 105º do CVM].

Diversamente, se os valores mobiliários estiverem registados ou depositados em intermediário financeiro, deve ser notificado o próprio intermediário financeiro [arts. 61º, al. *b)*, 63º, 64º, nº 2, 91º, nº 1, al. *a)*, e 99º, nº 1, al. *b)*, do CVM].

Por último, estando os valores mobiliários registados junto do emitente, deve ser notificada a própria sociedade anónima que tiver emitido as ações [arts. 61º, al. *c)*, e 64º, nº 1, do CVM][1423].

8.3.3. Penhora de direitos ou de expectativas de aquisição

Pode suceder que o executado seja titular de um direito ou de uma expectativa de adquirir alguma coisa.

É o que acontece, por exemplo, nos casos em que o executado é:

a) locatário no âmbito de um contrato de locação financeira, caso em que o executado beneficia do direito de adquirir o bem objeto de locação no final do contrato, mediante o pagamento do respetivo valor residual, nos termos dos arts. 1º e 9º, nº 1, al. *c)*, do DL nº 149/95, de 24 de junho[1424];

b) adquirente de um bem transmitido com cláusula de reserva da propriedade (art. 409º, nº 1, do CC);

c) promitente-comprador no âmbito de um contrato-promessa de compra e venda, com eficácia real, referente a um determinado bem imóvel (art. 413º do CC); ou

1422 À luz do art. 68º, nº 1, al. *g)*, do CVM, a penhora deve ser registada e, nos termos do art. 72º, nº 1, al. *c)*, do CVM, os valores mobiliários escriturais que tenham sido penhorados estão obrigatoriamente sujeitos a bloqueio.

1423 Baptista, João Valbom, "Penhora de participações sociais. Em especial, nas sociedades por quotas e anónimas", *op. cit.*, p. 233.

1424 Cfr., a este respeito, Mesquita, José Andrade, *Direitos Pessoais de Gozo*, Almedina, Coimbra, 1999, p. 39, Campos, Diogo Leite de, *A Locação Financeira*, Lex, Lisboa, 1994, p. 73, bem como Campos, Diogo Leite de, "Locação financeira (leasing) e locação", *in ROA*, ano 62º, vol. III, dez. 2002, p. 765.

d) titular de um direito de preferência, legal ou convencional, com eficácia real (art. 421º do CC)[1425].

Nestes casos, não é admissível a penhora da coisa, objeto do respetivo contrato – sob pena de o terceiro poder reagir contra essa penhora, mediante embargos de terceiro (art. 342º) –, mas tão-somente do direito ou da expectativa de o executado poder vir a adquirir essa coisa[1426].

Ora, de acordo com o disposto no art. 778º, nº 1, à penhora de direitos ou de expectativas de aquisição aplica-se, com as devidas adaptações, o preceituado em relação à penhora de créditos[1427]. Consequentemente, a penhora do direito ou da expectativa de aquisição é realizada através da notificação à contraparte do contrato celebrado com o executado de que a posição contratual deste – que lhe permitirá adquirir a coisa no termo ou em execução do contrato – fica cativa à ordem do agente de execução, considerando-se a penhora realizada no momento em que é efetuada essa notificação[1428].

Uma vez notificado, o terceiro deve declarar se esse direito existe ou não, quais as garantias que o acompanham, em que data se vence e quaisquer outras circunstâncias que possam interessar à execução (art. 773º, nº 2).

Quando o objeto a adquirir for uma coisa que esteja na posse ou na detenção do executado, é igualmente observado, com as devidas adaptações e conforme o caso, o regime da penhora de bens móveis ou de bens imóveis (art. 778º, nº 2)[1429]. Na verdade, muito embora a penhora não incida sobre o próprio bem, mas antes sobre o direito ou a expectativa de aquisição desse

[1425] *Vide*, a este propósito, FERREIRA, Fernando Amâncio, *Curso de Processo de Execução*, *op. cit.*, p. 260, bem como REI, Maria Raquel Aleixo Antunes, "Da expectativa jurídica", *in ROA*, ano 54º, vol. I, abr. 1994, pp. 174 e 175.
Conforme elucida Rui Pinto, ficam excluídos deste regime "os direitos ou expectativas de aquisição de natureza obrigacional – *v.g.* simples direito de preferência convencional, promessa de compra – os quais são penhoráveis nos termos gerais da penhora de créditos – artigos 773º ss. E tampouco cabem aqui os direitos e expectativas de aquisição pelo executado que não sejam sobre *bens determinados*" (PINTO, Rui, *Notas ao Código de Processo Civil*, vol. II, *op. cit.*, p. 336).

[1426] Cfr., no mesmo sentido, MORAIS, Fernando de Gravato, *Manual da Locação Financeira*, 2ª ed., Almedina, Coimbra, 2011, pp. 289 e 290.

[1427] No sentido de não ser admissível a penhora de expectativa de aquisição, por via sucessória, de determinados bens que compõem uma herança, já que os herdeiros não são titulares de qualquer direito sobre bens determinados que integram o acervo hereditário, mas antes de um direito indiviso, *vide* o ac. do TRP de 07.07.1999, proc. 9910107.

[1428] Cfr., nesse sentido, o ac. do STJ de 13.11.2007, proc. 3590/07, *in SASTJ*, ano 2007.

[1429] *Vide*, a este propósito, o ac. do TRP de 06.05.2013, proc. 2095/11.2TJVNF.P1, no qual se decidiu que a penhora de uma expectativa de aquisição de um bem imóvel é registável. *Vide*, em sentido contrário, o ac. do TRG de 19.04.2007, proc. 593/07-1.

bem, a verdade é que a lei permite que o bem seja apreendido[1430] – o que impede, desde logo, a deterioração ou a desvalorização do bem, por força do seu uso –, sendo subsequentemente nomeado um fiel depositário[1431].

Feita a penhora da expectativa da aquisição, a mesma fica dependente das incidências subsequentes do negócio jurídico que deu origem a essa expectativa de aquisição.

Assim, se a aquisição vier a ser consumada, a penhora passa a incidir sobre o bem entretanto transmitido para a esfera patrimonial do executado, através da conversão da penhora[1432].

Diferentemente, se essa aquisição não se consumar – o que poderá suceder, por exemplo, em virtude da resolução do contrato do qual emergiu a expectativa de aquisição – a penhora extingue-se, devendo, por isso, ser levantada[1433]. Em todo o caso, atento o disposto no art. 767º, nº 1, do CC, afigura-se que o exequente, tendo interesse na consumação da aquisição, pode substituir-se ao executado inadimplente no pagamento das prestações convencionadas no contrato, evitando, desse modo, a resolução contratual pelo locador, com fundamento na falta de pagamento das rendas e subsequente frustração da penhora da expectativa de aquisição[1434].

8.3.4. Penhora de rendas, abonos, vencimentos, salários ou outros rendimentos periódicos

A penhora de rendas[1435,1436], abonos, vencimentos, salários ou outros rendimentos periódicos, incluindo prestações sociais e pensões[1437], é efetuada

[1430] Cfr., a este respeito, o ac. do TRP de 15.01.2009, proc. 0837203.

[1431] Ac. do TRC de 05.02.2002, proc. 2769/2001. De todo o modo, como bem salienta Gravato Morais, "A impossibilidade (temporária) de gozo do bem (provocada pela apreensão), acarreta o risco de o locatário financeiro não proceder ao pagamento das rendas vincendas. Ora, o incumprimento do contrato pode originar a sua resolução pelo locador financeiro. Esta circunstância faz operar a extinção da penhora em virtude de inexistir agora qualquer expectativa de aquisição" (Morais, Fernando de Gravato, *Manual da Locação Financeira, op. cit.*, p. 293).

[1432] *Vide*, a este propósito, o ac. do STJ de 14.02.2006, proc. 4209/05, *in SASTJ*, ano 2006, assim como o ac. do TRG de 30.05.2019, proc. 304/17.3T8PTL-D.G1.

[1433] Cfr., nesse sentido, o ac. do TRP de 15.02.2012, proc. 306/09.3TTLMG-A.P1.

[1434] *Vide*, no mesmo sentido, Morais, Fernando de Gravato, *Manual da Locação Financeira, op. cit.*, p. 293.

[1435] Nos termos do art. 212º, nºs 1 e 2, do CC, as rendas constituem frutos de natureza civil, na medida em que são produzidos por uma coisa em consequência de uma relação jurídica. Daí que, na esteira de Maria Olinda Garcia, a penhora de um bem imóvel arrendado abranja igualmente os seus frutos civis, ou seja, as rendas devidas pelo arrendatário (Garcia, Maria Olinda, *Arrendamento Urbano e Outros Temas de Direito e Processo Civil*, Coimbra Editora, Coimbra, 2004, p. 29).

mediante notificação do agente de execução ao locatário, ao empregador ou à entidade que os deva pagar para que faça, nas quantias devidas (arts. 735º, nº 3, e 738º), o desconto correspondente ao crédito penhorado e proceda ao seu depósito em instituição de crédito (art. 779º, nº 1)[1438]. Significa isto que a penhora considera-se realizada aquando da notificação, independentemente da apresentação, ou não, de resposta pelo notificando e/ou do reconhecimento da obrigação[1439].

As quantias penhoradas ficam à ordem do agente de execução – ou, sendo as diligências de execução realizadas por oficial de justiça, da secretaria –, mantendo-se indisponíveis até ao termo do prazo para a oposição do executado, caso este não se oponha, ou até ao trânsito em julgado da decisão que vier a recair sobre a oposição à execução (art. 779º, nº 2)[1440].

[1436] No seguimento de Gravato Morais, nada obsta a que o credor do locador financeiro proceda à penhora das rendas pagas pelo locatário no âmbito de um contrato de locação financeira (MORAIS, Fernando de Gravato, *Manual da Locação Financeira*, *op. cit.*, pp. 296 e 297).

[1437] De acordo com Rui Pinto, a expressão "rendimentos periódicos" abrange, entre outros, os "rendimentos de *causa pessoal*: rendimentos de trabalho, *lato sensu*, seja por conta de outrem, seja a título de prestação de serviços, como vencimentos, salários, avenças, ou prestações de natureza semelhante (incluindo direitos de autor), prestações sociais, como abonos, subsídios e pensões de reforma, prestações pagas regularmente a título de seguro ou indemnização (por exemplo, pagas por acidente de trabalho ou o respectivo capital de remição). Já os valores auferidos *de modo excepcional* – *v.g.*, prémios de produtividade, bónus de desempenho do sujeito – não cabem aqui e deverão ser penhorados como créditos, nos termos do artigo 773º" (PINTO, Rui, *Notas ao Código de Processo Civil*, vol. II, *op. cit.*, p. 341).

[1438] Nos termos do art. 2º, nº 1, da Portaria nº 358/2019, de 8 de outubro – alterada pela Portaria nº 137/2021, de 30 de junho – "As comunicações entre o agente de execução ou os tribunais judiciais e a Segurança Social, o Fundo de Garantia Salarial e a Caixa Geral de Aposentações, no âmbito definido no artigo anterior, realizam-se por via eletrónica, através do envio, sempre que possível de forma automática, de informação estruturada e de documentos eletrónicos entre o sistema de informação de suporte à atividade dos tribunais ou o sistema de informação de suporte à atividade dos agentes de execução e os sistemas de informação das referidas entidades". Acresce que, de acordo com o art. 2º, nº 2, do referido diploma legal, essas comunicações incluem: "a) As notificações de penhora de prestações sociais e de pensões, de alteração e de levantamento da penhora, as consultas das penhoras realizadas e o envio de informação periódica; b) As notificações de adjudicação de prestações sociais e de pensões ou de dedução de quantias em prestações sociais e em pensões, de alteração e de cessação da adjudicação ou da dedução, as consultas das adjudicações e deduções realizadas e o envio de informação periódica; c) As notificações para obtenção, pelos tribunais judiciais, de informação constante das bases de dados destas entidades e respetivas respostas".

[1439] Cfr., nesse sentido, o ac. do TRP de 23.09.2019, proc. 240/16.0T8MAI-B.P1.

[1440] À luz do art. 47º, nº 2, do CDADC, o regime fixado no Código de Processo Civil, na parte relativa à penhora dos vencimentos, salários ou prestações de natureza semelhante, aplica-se, com as devidas adaptações, à penhora do direito patrimonial do criador da obra.

Findo o prazo de oposição, se esta não tiver sido deduzida, ou sendo a oposição julgada improcedente, o agente de execução, depois de descontado ou assegurado (consoante existam ou não outros bens penhoráveis) o montante relativo às despesas de execução, previsto no art. 735º, nº 3, deve entregar ao exequente as quantias já depositadas, que não garantam o crédito reclamado, e adjudicar as quantias vincendas, notificando a entidade pagadora para as entregar diretamente ao exequente. Não tendo sido identificados outros bens penhoráveis, a execução extingue-se após a notificação do agente de execução à entidade pagadora para que esta entregue diretamente ao exequente as quantias penhoradas [arts. 779º, nº 4, al. *b)*, e 849º, nº 1, al. *d)*], sem prejuízo da possibilidade de renovação da instância executiva, na eventualidade de o exequente não lograr obter a satisfação integral do seu crédito por via da penhora desse direito (arts. 779º, nº 5, e 850º, nº 5).

8.3.5. Penhora de depósitos bancários

Sendo o executado titular de um depósito bancário, o agente de execução pode proceder à penhora desse direito sem necessidade de despacho judicial.

A penhora do depósito bancário é realizada através de comunicação eletrónica à instituição bancária legalmente autorizada a receber depósitos bancários, na qual o executado disponha de conta aberta (art. 780º, nº 1)[1441]. Dessa notificação deve constar, para além da identificação expressa do processo, a indicação de que o saldo existente, ou a quota-parte do executado nesse saldo – no caso de estar em causa um depósito bancário com dois ou mais titulares –, fica bloqueado desde a data do envio da comunicação (art. 780º, nºs 1 e 2)[1442], bem como, sob pena de nulidade, a identificação do executado, ou seja, o seu nome, domicílio ou sede ou, em alternativa, o número de identificação civil ou de documento equivalente, ou o número de identificação fiscal, e a indicação do montante máximo da penhora, expresso em euros (art. 780º, nº 3).

Após a comunicação da penhora de saldo bancário, a instituição de crédito dispõe do prazo de dois dias úteis para comunicar ao agente de execução o montante existente e/ou penhorado, ou a inexistência de conta bancária ou de saldo[1443,1444], sendo que a instituição bancária deve observar os seguintes

[1441] *Vide* o art. 18º da Portaria nº 282/2013, de 29 de agosto.

[1442] Quanto à vantagem da realização da penhora de depósitos bancários através de transmissão eletrónica, *vide* MATIAS, Armindo Saraiva, "Equívocos da Penhora de Depósitos Bancários", *in Estudos em Homenagem ao Professor Doutor Paulo de Pitta e Cunha*, vol. III, Almedina, Coimbra, 2010, p. 97.

[1443] No sentido de a falta de resposta da instituição bancária dentro do prazo legal não importar o reconhecimento tácito da existência de um depósito bancário penhorável em nome do executado, *vide* o ac. do TRP de 27.04.2004, proc. 0420545. Em sentido contrário, o ac. do TRP de 08.11.2005,

critérios de preferência na escolha da conta ou contas cujos saldos serão bloqueados:

a) preferem as contas de que o executado seja único titular àquelas de que seja contitular e, entre estas, as que têm menor número de titulares àquelas de que o executado é primeiro titular; e
b) as contas de depósito a prazo preferem às contas de depósito à ordem.

Sendo vários os titulares do depósito, o bloqueio incide sobre a quota-parte do executado na conta comum, presumindo-se que as quotas são iguais (art. 780º, nº 5)[1445], devendo os demais titulares ser notificados da penhora da quota-parte do executado nesse depósito. De todo o modo, essa presunção pode ser ilidida pelos demais titulares do depósito, os quais poderão opor embargos de terceiro, demonstrando que são titulares da totalidade do saldo do depósito bancário ou de uma quota superior àquela que foi legalmente presumida[1446].

Uma vez recebida a comunicação da instituição de crédito, o agente de execução deve, no prazo de cinco dias, comunicar, por via eletrónica, à instituição de crédito a penhora dos montantes dos saldos existentes que se mostrem necessários para satisfação da quantia exequenda e o desbloqueio dos montantes não penhorados, após o que a instituição de crédito deve comunicar, de imediato, ao executado a penhora efetuada.

Em todo o caso, o saldo bloqueado ou penhorado pode ser afetado, quer em benefício, quer em prejuízo do exequente, em consequência de:

proc. 0422316, decidiu que o incumprimento pela instituição bancária da obrigação de se pronunciar, dentro do prazo legal, sobre a penhora do depósito bancário importa a aplicação da mesma sanção prevista para a falta de resposta, pelo terceiro devedor, no caso de penhora de créditos.

1444 Quanto à insuscetibilidade de a entidade bancária invocar o dever de sigilo bancário para obstar à penhora, *vide*, ainda que em anotação ao Código de Processo Civil revogado, FERNANDEZ, Maria Elizabeth Moreira, "Penhora de depósitos Vs. sigilo bancário: (ou de como os credores poderiam "ficar a ver navios")", *in SI*, tomo XLVI, nº 268/270, jul./dez. 1997, pp. 362 e 363.

1445 *Vide*, a este propósito, o ac. do TRL de 14.05.2004, proc. 4519/2004-7, no qual se decidiu que "Numa acção executiva interposta contra um dos cônjuges, não existe obstáculo legal a que possa ser penhorado o saldo de conta bancária em regime de solidariedade de que são titulares ambos os cônjuges", bem como o ac. do TRE de 10.03.2022, proc. 2895/18.2T8LLE-A.E1, no qual se defendeu que "Numa conta bancária conjunta presume-se que são iguais as quotas-partes pertencentes a cada um dos titulares. Não sendo afastada essa presunção, e sendo três os titulares, deve manter-se a penhora que recaiu sobre um terço dos saldos aí existentes em execução movida contra um só dos titulares.". Cfr., quanto a esta problemática, MARQUES, João Paulo Remédio, "A penhora de créditos na reforma processual de 2003, referência à penhora de depósitos bancários", *op. cit.*, pp. 146 e 147.

1446 Cfr., a este propósito, o ac. do TRG de 27.09.2018, proc. 198/07.7TJVNF-B.G1.

a) operações de crédito decorrentes do lançamento de valores anteriormente entregues e ainda não creditados na conta à data do bloqueio; e
b) operações de débito decorrentes da apresentação a pagamento, em data anterior ao bloqueio, de cheques ou realização de pagamentos ou levantamentos cujas importâncias hajam sido efetivamente creditadas aos respetivos beneficiários em data anterior ao bloqueio.

De todo o modo, sem prejuízo da possibilidade de afetação do saldo do depósito bancário, em virtude de operações de crédito ou de débito anteriores à penhora, a instituição bancária, para além de ser responsável pelos saldos bancários nela existentes à data da comunicação da penhora, deve, nos termos do art. 780º, nº 11, remeter ao agente de execução um extrato bancário, contendo todas as operações que, a título de crédito ou de débito, afetem o saldo do depósito que tiver sido penhorado[1447]. Trata-se, com efeito, de uma obrigação legal destinada a garantir a transparência da penhora do depósito bancário.

Sendo penhorado um determinado depósito bancário, o agente de execução, logo que termine o prazo de oposição, sem que esta tenha sido deduzida, ou quando a oposição venha a ser julgada improcedente, deve entregar ao exequente as quantias que não garantam nenhum crédito reclamado, até ao valor da dívida exequenda, depois de descontado o montante, previsto no art. 735º, nº 3, relativo às despesas de execução (art. 780º, nº 13).

8.3.6. Penhora de direito a bens indivisos ou de quinhão em património autónomo

O executado pode ser titular de um direito a um bem indiviso ou de um quinhão num património autónomo.

Enquadram-se neste âmbito, nomeadamente, o quinhão hereditário – situação em que o executado, enquanto não forem feitas partilhas, não é proprietário de nenhum bem ou direito que integre a herança, mas tão-só titular de um direito sobre uma quota-parte, abstrata e idealmente considerada, desse património autónomo[1448] –, o direito a uma quota em coisa comum, o direito real de habitação periódica, o direito real de habitação duradoura e os demais direitos reais cujo objeto não deva ser apreendido (art. 781º, nº 5).

[1447] *Vide*, a este respeito, o ac. do TRL de 10.10.2019, proc. 151/17.2T8CTB.L1-6.

[1448] *Vide*, a este propósito, o ac. do STJ de 27.10.1998, proc. 960/98, *in SASTJ*, ano 1998, o ac. do TRL de 13.10.2016, proc. 6467/06.6TBOER-H.L1-2, bem como o ac. do TRE de 28.02.2019, proc. 4691/04.2TBSTB-A.E1.

Nestas situações, a menos que a ação executiva tenha sido movida contra todos os contitulares ou comproprietários do direito indiviso ou do património autónomo, não podem ser penhorados bens concretos ou individualizados que façam parte do património comum, nem tão-pouco uma fração especificada do direito ou do património[1449].

Por conseguinte, a penhora de direito a bens indivisos ou de quinhão em património autónomo, bem como a penhora do direito real de habitação periódica, do direito real de habitação duradoura e de outros direitos reais cujo objeto não deva ser apreendido – como, por exemplo, o direito de usufruto[1450] –, é efetuada mediante a notificação do facto ao administrador do bem, se o houver (por exemplo, cabeça-de-casal), e aos demais contitulares, com a expressa advertência de que o direito do executado fica à ordem do agente de execução, desde a data da primeira notificação efetuada (art. 781º, nº 1)[1451]. Na verdade, a notificação da penhora ao administrador do bem ou aos demais contitulares visa, precisamente, evitar que estes, em conluio com o executado, pratiquem atos em prejuízo do credor[1452], razão pela qual a penhora acarreta a ineficácia, em relação à execução, de qualquer ato, posterior à notificação, de disposição, oneração, divisão ou partilha[1453].

Uma vez notificados da penhora, tanto o administrador do bem, como os demais contitulares, podem fazer as declarações que entenderem por convenientes quanto ao direito do executado e ao modo de o tornar efetivo[1454],

[1449] Ac. do STJ de 25.03.2004, proc. 584/04, *in SASTJ*, ano 2004. *Vide*, a este propósito, o ac. do TRP de 10.09.2013, proc. 7458/05.0TBVFR-A.P1, no qual se decidiu que "Em execução em que se pretende penhorar um prédio sobre que incide hipoteca a garantir o crédito do exequente, é admissível a intervenção provocada, como associados dos devedores contra quem foi instaurada a execução, dos comproprietários desse prédio".

[1450] *Vide*, a este propósito, o ac. do TRG de 04.12.2014, proc. 1647/11.5TBVRL-B.G1, bem como o ac. do TRP de 26.09.2019, proc. 6062/12.0YYPRT-A.P1.

[1451] No sentido de a penhora do direito do executado a uma herança indivisa não se encontrar sujeito a registo, mesmo que da herança façam parte bens imóveis ou bens móveis sujeitos a registo, atento o facto de a penhora não recair sobre bens certos e determinados, *vide* o ac. do TRL de 11.04.2019, proc. 171/17.7T8MFR.L1-6, o ac. do TRE de 11.07.2019, proc. 318/08.4TBPSR-A.E1, bem como o ac. do STJ de 20.11.2019, proc. 171/17.7T8MFR.L1.S1.

[1452] Cfr., nesse sentido, Mandrioli, Crisanto, *Corso di Diritto Processuale Civile*, vol. III, *op. cit.*, p. 94.

[1453] *Vide*, a este respeito, o ac. do STJ de 06.07.2000, proc. 1765/00, *in SASTJ*, ano 2000, o ac. do STJ de 30.03.2006, proc. 05B3646, bem como o ac. do TRP de 03.05.2016, proc. 2839/11.2TBMAI-B.P1. Cfr., em sentido contrário, o ac. do TRP de 27.04.2004, proc. 0421355., que considerou válida e eficaz a partilha efetuada após a penhora do direito e ação em relação a uma herança, no âmbito da qual os bens foram adjudicados a um dos interessados, tendo sido depositadas a favor da execução as tornas devidas ao executado.

[1454] Observe-se, no entanto, que, no âmbito do direito real de habitação duradoura, o DL nº 1/2020, de 9 de janeiro, prevê um regime especial aplicável à execução da hipoteca constituída sobre esse

podendo ainda os contitulares dizer se pretendem que a venda tenha por objeto todo o património ou a totalidade do bem, caso em que o património ou o bem são vendidos na sua totalidade (art. 781º, nºs 2 e 4).

Sendo contestada a existência do direito, aplica-se, com as devidas adaptações, o regime previsto no art. 775º, concernente à penhora de créditos, sendo o exequente e o executado notificados para se pronunciarem no prazo de dez dias, devendo o exequente declarar se mantém a penhora ou se desiste dela (art. 781º, nº 3).

8.3.7. Penhora de quotas em sociedades

No que concerne à penhora de quotas em sociedades, esta é realizada através de comunicação à Conservatória do Registo Comercial e de notificação à própria sociedade[1455], aplicando-se o disposto no Código das Sociedades Comerciais quanto à execução da quota (art. 781º, nº 6).

Nos termos do art. 239º do CSC, a penhora da quota abrange os direitos patrimoniais que lhe são inerentes[1456], aqui se incluindo o direito a lucros, salvo se esses lucros já tiverem sido distribuídos por deliberação dos sócios à data da penhora[1457]. Fica, no entanto, excluído do âmbito da penhora da quota o direito de voto inerente ao titular da quota penhorada.

direito. Com efeito, à luz do art. 21º, nº 1, do citado diploma legal, o proprietário do bem imóvel onerado com o direito real de habitação duradoura beneficia da opção de compra desse direito, razão pela qual deve ser citado para declarar se pretende ou não exercer essa faculdade, podendo, para o efeito, utilizar o saldo da caução existente à data (art. 21º, nº 1, do DL nº 1/2020, de 9 de janeiro). Nesse caso, se o proprietário não pretender exercer a opção de compra, deve proceder ao depósito, à ordem do processo executivo, do saldo da caução existente à data da sua citação, não podendo continuar a utilizá-la, sem prejuízo de poder reclamar no processo os créditos que detenha ou venha a deter sobre o morador, sendo certo que, nessa hipótese, devem ser satisfeitas, até ao valor da caução depositada, primeiro as dívidas reclamadas pelo proprietário e, depois, pelo exequente, havendo lugar à devolução do remanescente ao morador/executado, uma vez pagas todas as quantias necessárias à extinção da ação executiva (art. 21º, nºs 3 e 4, do DL nº 1/2020, de 9 de janeiro).

[1455] Nos termos do art. 3º, nº 1, al. *f)*, do CRCom., a penhora de quotas de sociedades comerciais encontra-se sujeita a registo.
No sentido de a penhora produzir efeitos após a notificação da sociedade, mesmo que ainda não tenha sido registada junto da Conservatória do Registo Comercial competente, *vide* BAPTISTA, João Valbom, "Penhora de participações sociais. Em especial, nas sociedades por quotas e anónimas", *op. cit.*, p. 191.

[1456] Por conseguinte, conforme se decidiu no ac. do STJ de 12.02.2004, proc. 03B1373, o valor da quota penhorada corresponde, não ao seu valor nominal, estabelecido no contrato de sociedade, mas antes ao seu valor real e efetivo, o qual deve ser determinado com recurso a uma avaliação.

[1457] Nessa eventualidade, nada obsta à penhora desses lucros, segundo o regime da penhora de direitos de crédito.

Sendo penhorada uma quota de que o executado seja titular numa determinada sociedade por quotas, o respetivo contrato de sociedade não pode impedir que a quota seja objeto de transmissão no âmbito dessa execução (art. 239º, nº 2, do CSC).

Contudo, nada obsta a que a sociedade adote diversos mecanismos de proteção, destinados a impedir a entrada de terceiros estranhos à sociedade por via da aquisição da quota em sede executiva. É o que sucede, por exemplo, com a possibilidade de amortização da quota em caso de penhora, desde que o contrato de sociedade expressamente o preveja (art. 239º, nº 2, do CSC)[1458]. Nessa eventualidade, a sociedade pode amortizar a quota pelo valor apurado no respetivo balanço, sem prejuízo da possibilidade de o exequente discordar do balanço e do valor atribuído à quota. Na realidade, "o exequente tem o direito de ser ouvido no conflito de interesses que o opõe à sociedade e ao titular da quota penhorada"[1459], pois que, se assim não fosse, poder-se-ia verificar um conluio entre o sócio executado e a sociedade, no sentido de se defraudarem as legítimas expectativas do exequente com a penhora da quota e a sua subsequente venda executiva.

Para além da amortização da quota, existem outros mecanismos de proteção da sociedade, como seja o exercício do direito de preferência legal dos sócios, da sociedade ou de pessoa por ela designada na venda ou na adjudicação judicial da quota, bem como a possibilidade de satisfação da dívida exequenda pela sociedade ou por um sócio, com a consequente sub-rogação[1460].

8.3.8. Penhora de estabelecimento comercial

O estabelecimento comercial constitui uma "unidade jurídica"[1461], que engloba o conjunto de bens que o incorporam, assim como os direitos e obrigações

[1458] *Vide*, a este propósito, o ac. do TRL de 22.11.1990, proc. 0035002, bem como o ac. do TRC de 24.05.2011, proc. 399/06.5TBFND-H.C1.

[1459] Ac. do STJ de 24.03.1992, proc. 080948.

[1460] Abreu, Jorge Manuel Coutinho de, *Curso de Direito Comercial*, *op. cit.*, p. 407.

[1461] Vasconcelos, Pedro Pais de, *Direito Comercial*, vol. I, *op. cit.*, pp. 104 e 105. A natureza jurídica do estabelecimento comercial tem vindo a suscitar divisões na doutrina. Assim, por exemplo, Oliveira Ascensão sustenta que o estabelecimento comercial constitui uma "universalidade de facto" (Ascensão, José de Oliveira, *Direito Comercial*, vol. I, Faculdade de Direito da Universidade de Lisboa, Lisboa, 1998/99, p. 109). Por sua vez, Menezes Cordeiro defende que o estabelecimento comercial não constitui uma universalidade de facto – pois que abrange ou pode abranger o passivo e coisas incorpóreas –, sendo, antes, uma "esfera jurídica afecta ao comércio ou a determinado exercício comercial" (Cordeiro, António Menezes "Estabelecimento comercial e arrendamento", *in Estudos em Homenagem ao Prof. Doutor Inocêncio Galvão Telles*, vol. III, Almedina, Lisboa, 2002, pp. 427 e 428).

que lhe são inerentes, como é o caso, entre outros, do direito ao trespasse, isto é, do direito à transmissão do próprio estabelecimento comercial, ou do direito ao arrendamento do bem imóvel onde se encontra instalado o estabelecimento comercial[1462].

A penhora do estabelecimento comercial realiza-se por auto, no qual se relacionam os bens que, essencialmente, integram o estabelecimento[1463], aplicando-se ainda o disposto para a penhora de créditos, se do estabelecimento fizerem parte bens dessa natureza[1464], incluindo o direito ao arrendamento (art. 782º, nº 1)[1465].

Com efeito, se o estabelecimento comercial se encontrar instalado em bem imóvel arrendado, de que o executado seja arrendatário, o senhorio deve ser notificado da penhora da cessão da posição contratual do executado, isto é, da penhora do direito ao arrendamento (art. 773º, nº 1)[1466].

Por conseguinte, após a concretização da penhora, é inoponível à execução a extinção do direito ao arrendamento, por causa dependente da vontade do arrendatário ou do senhorio (art. 820º do CC). De todo o modo, ainda que se verifique a penhora do direito ao trespasse e arrendamento de estabelecimento comercial, nem por isso fica afetada a posição do senhorio em relação ao executado arrendatário, o qual "continua obrigado a pagar as rendas

[1462] No sentido de a "penhora do direito ao trespasse e arrendamento" do estabelecimento comercial dever ser qualificada como correspondendo à penhora do próprio estabelecimento comercial, *vide* o ac. do STJ de 16.01.2001, proc. 00A3455, bem como FREITAS, José Lebre de, "A penhora do direito ao arrendamento e trespasse", *in Estudos em Homenagem ao Prof. Doutor Inocêncio Galvão Telles*, vol. III, Almedina, Lisboa, 2002, p. 477. Com efeito, conforme se decidiu no ac. do STJ de 03.06.1992, proc. 080726, "A penhora do estabelecimento comercial como unidade jurídica, contém o direito ao trespasse do estabelecimento e pode conter o direito ao arrendamento do local onde está instalado, caso se trate de estabelecimento em prédio arrendado".

[1463] Sustentando que essa relação não deve ser exaustiva, não só porque tal seria impraticável, mas também porque "contrariaria a prática corrente dos negócios quanto à identificação do conteúdo do estabelecimento", *vide* DUARTE, Rui Pinto, "A penhora e a venda executiva do estabelecimento comercial", *in Themis – A Reforma da Acção Executiva*, vol. II, ano V, nº 9, Almedina, Coimbra, 2004, p. 130.

[1464] No sentido de nada obstar à penhora de um local onde é exercida a atividade de radiodifusão sonora, pelo facto de o mesmo constituir um estabelecimento comercial, penhorável enquanto tal, *vide* o ac. do TRP de 24.05.2004, proc. 0441092. Quanto à suscetibilidade de penhora de um estabelecimento comercial de farmácia, *vide* o ac. do TRL de 10.03.2011, proc. 52594/06.0YYLSB-B-2.

[1465] Conforme se decidiu no ac. do TRP de 22.06.2004, proc. 0421275, "A penhora do direito ao trespasse e arrendamento de estabelecimento comercial não ofende a posse do proprietário do prédio onde ele está localizado". Na verdade, nos termos do art. 1112º, nº 1, al. *a)*, do CC, no caso de trespasse de estabelecimento comercial, é permitida a transmissão por ato entre vivos da posição do arrendatário, sem dependência de autorização do senhorio.

[1466] FREITAS, José Lebre de, "A penhora do direito ao arrendamento e trespasse", *op. cit.*, p. 478.

vencidas antes e depois da penhora, mantendo o senhorio o direito de pedir a resolução do contrato com o fundamento na falta de pagamento dessas rendas"[1467].

Uma vez notificado da penhora, o senhorio deve declarar se o direito existe, qual a duração do contrato de arrendamento, qual o montante da renda e quaisquer outras circunstâncias que possam interessar à execução (art. 773º, nº 2)[1468].

Para além disso, nos termos do art. 782º, nº 6, se estiverem compreendidos no estabelecimento comercial bens ou direitos cuja oneração a lei sujeite a registo, o exequente deve promovê-lo, sob pena de, não o fazendo, poder vir a recair penhora ulterior sobre esses bens ou direitos.

Por outro lado, importa salientar que a penhora de todos os bens móveis que se encontram depositados num determinado estabelecimento comercial (art. 764º) não se confunde com a penhora do próprio estabelecimento comercial, enquanto unidade jurídica que abrange, entre outras realidades, esses mesmos bens[1469]. Assim, dispõe o art. 782º, nº 5, que a penhora do direito ao estabelecimento comercial não afeta a penhora anteriormente realizada sobre bens que o integrem, mas impede a penhora posterior sobre bens nele compreendidos[1470].

A penhora do estabelecimento comercial tem a particularidade de não impedir o prosseguimento do normal funcionamento do estabelecimento (art. 782º, nº 2). Com efeito, a continuação da atividade do estabelecimento comercial é importante para se evitar a sua desvalorização ou depreciação.

Ora, no que concerne à gestão do estabelecimento comercial, esta caberá, na falta de oposição do exequente, ao próprio executado, podendo o juiz nomear, sempre que necessário, quem a fiscalize (art. 782º, nº 2).

[1467] Ac. do TRL de 08.07.2004, proc. 5252/2004-6. Cfr., no mesmo sentido, o ac. do TRL de 22.01.2004, proc. 9130/2003-6, bem como o ac. do STJ de 19.05.2015, proc. 3397/04.0TCLRS.L1.S1.

[1468] FREITAS, José Lebre de, "A penhora do direito ao arrendamento e trespasse", *op. cit.*, p. 488.

[1469] *Vide*, a este propósito, CHANOCA, Saulo, "Reflexões em torno da penhora do estabelecimento comercial: a penhora de um bem complexo e a dinâmica da garantia", *in Colectânea de Estudos de Processo Civil*, Coimbra Editora, Coimbra, 2013, p. 301. Cfr., na jurisprudência, o ac. do TRL de 13.02.2007, proc. 9906/2006-1, no qual se decidiu que "Um estabelecimento comercial pode ser objecto de penhora no seu conjunto, como unidade económica ou universalidade jurídica, mas nada impede que sejam penhorados, isoladamente, alguns dos bens ou direitos que o integram".

[1470] Criticando este regime, pelo facto de a lei permitir que o estabelecimento comercial possa ser vendido com exclusão de determinados bens sem os quais o estabelecimento perde o seu valor ou relevância e por a lei não prever um mecanismo de publicidade à penhora do estabelecimento, *vide* DUARTE, Rui Pinto, "A penhora e a venda executiva do estabelecimento comercial", *op. cit.*, p. 132.

Outrossim, se o exequente se opuser à gestão do estabelecimento comercial pelo executado, caberá ao juiz designar um administrador, com poderes para proceder à respetiva gestão ordinária (art. 782º, nº 3).

Se a atividade do estabelecimento comercial estiver paralisada ou carecer de ser suspensa, o juiz deve, nesse caso, nomear um depositário para a mera administração dos bens nele compreendidos.

Lição IX
Meios de reação à penhora

Fundamentalmente, existem cinco meios de reação contra a penhora ilegal: a oposição por simples requerimento (art. 764º, nº 3), a oposição à penhora (arts. 784º e 785º), os embargos de terceiro (arts. 342º e ss.), a ação de declaração da titularidade do direito que obste à realização ou ao âmbito da penhora [arts. 10º, nº 3, al. *a)*, e 346º] e a ação de reivindicação (arts. 1311º do CC, 346º, 840º e 841º).

Vejamos, de seguida, em que consistem cada um destes meios de reação à penhora.

1. Oposição por simples requerimento

Nos termos dos arts. 1268º, nº 1, do CC e 764º, nº 3, presume-se pertencerem ao executado os bens móveis não sujeitos a registo que sejam encontrados na sua posse[1471]. Tal implica, desde logo, que a diligência de penhora seja realizada no domicílio do executado e/ou que os bens móveis sejam efetivamente encontrados na sua posse[1472].

[1471] Com efeito, conforme elucida Mauro Bove, após a penhora dos bens, a lei não impõe qualquer procedimento destinado a demonstrar que os mesmos pertencem ao devedor, o que pode gerar desconformidades entre a realidade substantiva e a realidade processual, já que os bens penhorados podem, na verdade, pertencer a um terceiro (Bove, Mauro, "Il bene pignorato ed espropriato tra diritto processuale e diritto sostanziale", *op. cit.*, p. 1410).

[1472] *Vide*, a este respeito, o ac. do TRP de 25.10.2010, proc. 2798/07.6TBSTS.P1, no qual se decidiu que "Dos artigos 1268º, 1, do CC e 848º, 2, do CPC resulta que, quando o agente de execução se desloca a casa dos pais do executado, onde este não reside, não pode exigir que estes demonstrem documentalmente que os bens nela existentes lhes pertencem, sob pena de penhora e remoção dos mesmos".

No entanto, uma vez concretizada a penhora, a lei concede, quer ao executado ou a alguém em seu nome – quando o executado se encontre na detenção material de bens móveis pertencentes a um terceiro[1473] –, quer ao terceiro, proprietário dos bens objeto de penhora[1474], a possibilidade de ilidir essa presunção perante o juiz de execução[1475]. Nessa exata medida, mesmo que o executado ou um terceiro invoquem perante o agente de execução, no ato da penhora, que um determinado bem móvel não pertence ao executado, mas antes a um terceiro, nem por isso o agente de execução deixa de poder efetuar a penhora do bem, pois que a presunção de que o bem penhorado pertence ao executado apenas pode ser afastada perante o juiz de execução.

A oposição por simples requerimento só pode ter lugar desde que o executado ou o terceiro apresentem com esse requerimento uma "prova documental inequívoca" que demonstre a existência de um direito de um terceiro sobre esses bens. Com efeito, a exigência de que esse requerimento seja instruído com uma prova documental que revele, de forma inequívoca, a existência de um direito de um terceiro sobre os bens móveis objeto de penhora, visa obstar à dedução de oposições dilatórias e infundadas, eventualmente mediante conluio entre o executado e o terceiro, com o único propósito de subtrair bens à execução. Não basta, por isso, que o requerimento de oposição seja instruído com um mero documento particular – como, por exemplo, uma declaração emitida pelo próprio devedor – onde se declare que os bens móveis que foram penhorados pertencem a um terceiro e/ou que esse terceiro é titular de um direito sobre esses bens que é incompatível com a penhora. Outrossim, esse documento tem de demonstrar, de forma fidedigna e evidente, a existência de um direito de um terceiro sobre os bens que foram

[1473] Cfr., a este propósito, o ac. do TRL de 04.06.2014, proc. 1370/09.0TTLSB-C.L1-4.

[1474] Cfr., nesse sentido, o ac. do TRP de 02.11.2000, proc. 0031285. Note-se que o novo Código de Processo Civil veio prever expressamente a possibilidade de a oposição por simples requerimento ser apresentada por terceiro. Com efeito, o art. 848º, nº 2, do CPC_{1961} dispunha o seguinte: "Presume-se pertencerem ao executado os bens encontrados em seu poder, podendo a presunção, feita a penhora, ser ilidida perante o juiz, mediante prova documental inequívoca do direito de terceiro, sem prejuízo dos embargos de terceiro". Contudo, no âmbito desse regime processual revogado, a doutrina vinha já admitindo a possibilidade de a oposição por simples requerimento ser apresentada por terceiro (*vide*, entre outros, Sousa, Miguel Teixeira de, *Acção Executiva Singular*, *op. cit.*, p. 299).

[1475] Tal como refere Angel Fernandez, a presunção de que os bens móveis, não sujeitos a registo, que sejam encontrados na posse do executado, lhe pertencem, constitui um regime muito gravoso para o terceiro que seja o proprietário efetivo desses bens, já que, nesse caso, a penhora é perfeitamente válida e eficaz – ainda que os bens não pertençam ao executado – e a execução prossegue para a venda desses bens, recaindo sobre o terceiro o ónus de impugnar essa agressão do seu património (Angel Fernandez, Miguel, *Derecho Procesal Civil*, vol. III, *op. cit.*, p. 82).

penhorados[1476]. É o que sucede, por exemplo, com um "documento autêntico, com data anterior à da penhora ou um documento que tenha sido autenticado, reconhecido ou apresentado em serviço público que assim o ateste, com data anterior à da penhora"[1477], com uma fatura/recibo, da qual resulte, sem margem para dúvidas, que o bem penhorado pertence a um terceiro, ou ainda com uma certidão judicial, comprovativa de que os bens foram adquiridos no âmbito de um processo executivo por um familiar do executado, que com ele reside, por via do exercício de um direito de remição.

A oposição por simples requerimento constitui um incidente processual inominado, regendo-se, por isso, pelas regras processuais gerais previstas nos arts. 293º a 295º[1478].

Por conseguinte, uma vez apresentado o requerimento de oposição junto do tribunal onde corre termos o processo executivo, o exequente deve ser notificado para, no prazo de dez dias, se pronunciar quanto ao mérito da oposição que foi deduzida, após o que o juiz de execução decidirá quanto à manutenção ou ao levantamento da penhora.

Nos termos do art. 764º, nº 3, a apresentação de uma oposição por simples requerimento não afasta a possibilidade de serem deduzidos embargos de terceiro contra a penhora de um determinado bem, ainda que aquela oposição tenha sido apresentada pelo próprio terceiro (art. 342º). De resto, se o terceiro carecer de produzir outros meios de prova, por não dispor de "prova documental inequívoca" de que o mesmo é proprietário dos bens objeto de penhora, terá, necessariamente, de lançar mão de um incidente de embargos de terceiro, por lhe estar vedada a possibilidade de deduzir oposição por simples requerimento[1479]. De todo o modo, a oposição por embargos de ter-

1476 *Vide*, em sentido diverso, o ac. do TRL de 06.03.2018, proc. 3625/14.3T8OER-A.L1-7, no qual se decidiu que "Estando em causa bens não sujeitos a registo, a prova documental inequívoca a que se refere o nº 3 do art. 764º do CPC tem de fazer-se, as mais das vezes, a partir de indicadores que, não constituindo embora demonstração direta da titularidade dos mesmos por terceiros, assegure, de forma suficiente, que estes não pertencem ao executado".

1477 Ac. do TRL de 04.06.2014, proc. 1370/09.0TTLSB-C.L1-4. Assim, conforme se decidiu neste aresto, não constitui "prova documental inequívoca" um contrato de locação financeira a favor de um terceiro, porquanto este documento não é, por si só, prova bastante para demonstrar, "de forma inequívoca, o direito do terceiro". Com efeito, "não é possível concluir, de forma inequívoca, que os bens objecto desse contrato integram qualquer das verbas constantes do auto de penhora. Acresce que, no caso de objectos cedidos em locação financeira não é manifesto o direito de terceiro, por ser duvidoso se o pagamento do preço (que pode ter lugar antes do vencimento acordado) se verificou". Cfr., no mesmo sentido, Freitas, José Lebre de/Mendes, Armindo Ribeiro, *Código de Processo Civil Anotado*, vol. III, *op. cit.*, p. 429.

1478 Cfr., nesse sentido, o ac. do TRL de 04.06.2014, proc. 1370/09.0TTLSB-C.L1-4.

1479 Ac. do TRL de 19.12.2007, proc. 7959/2007-6.

ceiro só será admissível desde que seja tempestiva, isto é, desde que seja deduzida no prazo de trinta dias a contar do conhecimento da penhora (art. 344º, nº 2), e que não esteja pendente uma oposição por simples requerimento, sendo que nada impede o terceiro de deduzir embargos se for julgada improcedente a oposição por simples requerimento, desde que esteja em tempo para esse efeito.

2. Oposição à penhora

2.1. Âmbito e fundamentos

A oposição à penhora constitui um meio processual privativo do executado (art. 784º, nº 1)[1480] e, nos casos previstos nos arts. 786º, nº 1, al. *a)*, 1ª parte, e 787º, nº 1, do seu cônjuge. Trata-se, com efeito, de um meio de defesa do património do executado – e não do património de terceiros – contra a penhora que tenha sido realizada na ação executiva[1481].

Por sua vez, no que concerne aos seus fundamentos, a oposição à penhora pode ser deduzida quando a penhora viole a lei[1482], sendo que, à luz art. 784º, nº 1, a oposição à penhora pode ter por fundamento[1483,1484]:

a) a inadmissibilidade da penhora dos bens concretamente apreendidos ou da extensão com que ela foi realizada

Este fundamento da oposição à penhora compreende, nomeadamente:

- os casos em que tenham sido penhorados bens absolutamente impenhoráveis (art. 736º);
- as situações em que tenham sido penhorados bens relativamente impenhoráveis, fora das hipóteses em que a lei permite a penhora desses bens (art. 737º);
- os casos em que tenham sido penhorados bens parcialmente penhoráveis, em violação dos limites previstos no art. 738º;

1480 Cfr., a este propósito, o ac. do TRP de 28.03.2001, proc. 0021542.

1481 *Vide*, a este respeito, o ac. do TRC de 02.04.2019, proc. 1842/16.0T8PBL-B.C1.

1482 Assim, a oposição à penhora não constitui um meio processual adequado na eventualidade de o executado pretender reagir contra a atuação do agente de execução na diligência de penhora, pois que, nessa eventualidade, o executado deverá apresentar reclamação junto do juiz de execução, nos termos do art. 723º, nº 1, al. *c)*.

1483 No sentido de o executado não poder invocar na oposição à penhora fundamentos próprios da oposição à execução, como seja, por exemplo, a impugnação da liquidação da obrigação exequenda, *vide* o ac. do TRP de 25.02.2002, proc. 0151907.

1484 Sustentando a natureza taxativa dos fundamentos de oposição à penhora previstos no art. 784º, nº 1, *vide* o ac. do TRL de 03.03.2020, proc. 17732/11.0T2SNT-A.L1-7, o ac. do TRE de 11.11.2021, proc. 207/13.0TBSTR-B.E1, assim como o ac. do TRE de 12.05.2022, proc. 1010/15.9T8PTG-B.E1.

- as situações em que, tendo a execução sido movida contra algum ou alguns dos contitulares de património autónomo ou bem indiviso, tenham sido penhorados os bens compreendidos no património comum ou uma fração de qualquer deles, ou uma parte especificada do bem indiviso (art. 743º, nº 1);
- os casos em que tenham sido penhorados bens cujo valor exceda o da quantia exequenda e demais custas da execução, em violação do princípio da proporcionalidade, previsto nos arts. 735º, nº 3, e 751º[1485].

b) a imediata penhora de bens que só subsidiariamente respondem pela dívida exequenda

O executado pode deduzir oposição à penhora se forem penhorados bens que só subsidiariamente respondam, a título pessoal ou real, pela dívida exequenda.

É o que sucede, designadamente:

- se, estando em causa uma dívida da responsabilidade exclusiva de um dos cônjuges, forem penhorados bens comuns do casal, quando o executado ainda disponha de bens próprios no seu património (arts. 1696º do CC e 740º, nº 1);
- se, tratando-se de uma dívida da responsabilidade de ambos os cônjuges, forem penhorados bens próprios de algum dos cônjuges, existindo ainda bens livres no património comum do casal (art. 1695º do CC);
- se forem penhorados bens do devedor subsidiário, enquanto não estiverem excutidos todos os bens do devedor principal, desde que o devedor subsidiário invoque, de forma fundamentada, o benefício da excussão prévia (art. 745º, nº 1, do CC); ou
- se, executando-se dívida com garantia real que onere bens pertencentes ao devedor, a penhora tiver começado por outros bens, que não por aqueles sobre os quais incidia a garantia (art. 752º, nº 1)[1486].

[1485] Cfr., nesse sentido, os acs. do TRL de 24.06.2004, proc. 5283/2004-6, de 14.07.2011, proc. 28450/08.7YY.LSB-A.L1-7, de 12.09.2019, proc. 4720/03.0YYLSB-A.L1-2, e de 11.12.2019, proc. 6771/08.9TBAMD-C.L2-2, bem como o ac. do TRE de 05.12.2019, proc. 1871/10.8TBSTB-A.E1.

[1486] Defendendo que o executado não pode deduzir oposição à execução com fundamento na violação do regime previsto no art. 752º, já que tal constitui antes fundamento de oposição à penhora, tratando-se de meios processuais distintos, *vide* o ac. do TRL de 15.11.2018, proc. 796/17.0T8OER-A.L1-2.

Contudo, a oposição fundada na penhora imediata de bens que só subsidiariamente responderiam pela dívida exequenda apenas será procedente se o executado indicar, nesse articulado, quais os concretos bens que deviam ter sido penhorados em primeiro lugar e não o foram[1487]. É que, se inexistirem outros bens que devam responder em primeiro lugar, nenhuma ilegalidade existirá no ato de penhora de bens que, teoricamente, só poderiam ser penhorados de forma subsidiária.

Por outro lado, a oposição à penhora será julgada improcedente se o exequente lograr demonstrar a insuficiência manifesta dos bens que deviam responder prioritariamente pela dívida exequenda, atento o disposto no art. 745º, nº 5.

c) a incidência da penhora sobre bens que, não respondendo, nos termos do direito substantivo, pela dívida exequenda, não deviam ter sido atingidos pela diligência

A oposição à penhora pode, igualmente, ter por fundamento o facto de a penhora ter recaído sobre bens que não podiam ter sido penhorados, atenta a circunstância de, à luz do direito substantivo, não responderem pela dívida exequenda.

Enquadram-se neste âmbito, designadamente, os casos em que tenham sido penhorados:

- bens do herdeiro, que este não tenha adquirido do devedor, por sucessão deste (art. 744º);
- bens excluídos de penhora por convenção entre o credor e o devedor (art. 602º do CC);
- bens deixados ou doados com a cláusula de exclusão da responsabilidade por dívidas do beneficiário, quando esteja em causa uma obrigação exequenda anterior a essa liberalidade, salvo se a penhora tiver sido registada antes do registo dessa cláusula (art. 603º do CC)[1488];
- bens que o mandatário haja adquirido em execução do mandato e que devam ser transferidos para o mandante, nos termos do art. 1181º, nº 1, do CC, desde que o mandato conste de documento anterior à data da penhora desses bens e não tenha sido feito o registo da aquisição, quando esta esteja sujeita a registo (art. 1184º do CC); ou

[1487] *Vide*, nesse sentido, o ac. do TRG de 11.09.2012, proc. 5088/10.3TBBRG-A.G1. Cfr., na doutrina, FREITAS, José Lebre de/MENDES, Armindo Ribeiro, *Código de Processo Civil Anotado*, vol. III, *op. cit.*, p. 486.

[1488] PAIVA, Eduardo/CABRITA, Helena, *O Processo Executivo e o Agente de Execução, op. cit.*, pp. 168 e 169.

– bens sujeitos ao fideicomisso[1489], em execução movida pelo credor pessoal do fiduciário contra este (art. 2294º do CC).

Fica excluída deste fundamento a alegação, pelo executado, de que os bens não podiam ser penhorados, pelo facto de pertencerem a um terceiro. É que, pertencendo os bens a um terceiro, a lei de processo civil concede-lhe diversos mecanismos de proteção do seu património (*maxime* mediante embargos de terceiro ou ação de reivindicação), razão pela qual o executado não tem legitimidade para, em sede de oposição à penhora, procurar defender o património de um terceiro[1490]. Na verdade, resulta claramente do art. 784º, nº 1, que a oposição à penhora só pode ser deduzida quando tenham sido penhorados "bens pertencentes ao executado".

2.2. Tramitação

Estando em causa uma ação executiva para pagamento de quantia certa, sob a forma de processo comum ordinário, o executado deve deduzir a oposição à penhora no prazo de dez dias a contar da notificação do ato da penhora (arts. 785º, nº 1, e 753º, nºs 2 e 4)[1491,1492] – podendo o executado deduzir tantas oposições quantas as penhoras que forem sendo realizadas[1493] –, seguindo a oposição à penhora os termos previstos nos arts. 293º a 295º para os incidentes da instância. Por conseguinte, tanto no requerimento de oposição à penhora, como na resposta que vier a ser apresentada pelo exequente, as partes devem

[1489] Nos termos do art. 2286º do CC, fideicomisso é a "disposição pela qual o testador impõe ao herdeiro instituído o encargo de conservar a herança, para que ela reverta, por sua morte, a favor de outrem; o herdeiro gravado com o encargo chama-se fiduciário, e fideicomissário o beneficiário da substituição".

[1490] *Vide* nesse sentido, entre outros, o ac. do TRP de 03.06.2013, proc. 504/10.7TBVRL-C.P1, o ac. do TRP de 21.11.2005, proc. 0555669, o ac. do TRC de 29.11.2011, proc. 684/10.1TBMGL-A.C1, o ac. do TRG de 17.05.2012, proc. 31547/10.6TBBCL-B.G1, o ac. do TRG de 11.10.2018, proc. 1233/15.0T8VNF-A.G1, bem como o ac. do TRL de 05.03.2020, proc. 4046/15.6T8SNT-C.L1-2.

[1491] Cfr., a este respeito, o ac. do TRP de 08.01.2018, proc. 80/12.6TBMAI-C.P1, com o seguinte sumário: "A falta de notificação ao executado do ato de penhora, imposta pelo artigo 753º do Código de Processo Civil, consubstancia uma nulidade processual de cariz secundário, a qual é juridicamente relevante por comprometer o conhecimento da realização desse ato e a possibilidade de contra ele reagir. Tratando-se de nulidade perpetrada na ausência da parte, tem esta de a arguir, sob pena de preclusão, no prazo geral de 10 dias (art. 149º, nº 1 do Código de Processo Civil), contados a partir do momento em que intervém em ato processual posterior, ou em que é notificada para ato processual posterior".

[1492] Quanto à não inconstitucionalidade do art. 785º, nº 1, por não limitar, de forma irrazoável, o direito de oposição do executado, *vide* o ac. do STJ de 04.11.2003, proc. 3129/03, *in SASTJ*, ano 2003.

[1493] Cfr., nesse sentido, o ac. do STJ de 12.06.2003, proc. 725/03, *in SASTJ*, ano 2003.

oferecer, de imediato, o rol de testemunhas e requerer outros meios de prova (art. 293º, nº 1).

Diversamente, tratando-se de uma ação executiva para pagamento de quantia certa sob a forma de processo comum sumário – ou de uma ação executiva para pagamento de quantia certa sob a forma de processo comum ordinário, em que o juiz tenha dispensado a citação prévia (art. 727º) –, uma vez concretizada a penhora, o executado deve ser citado para a execução e, simultaneamente, notificado do ato da penhora, caso em que poderá deduzir, em eventual cumulação e no prazo de vinte dias, embargos de executado e oposição à penhora (art. 856º, nº 1)[1494].

À luz do art. 732º, nº 1, *ex vi* do art. 785º, nº 2, a oposição à penhora deve ser indeferida liminarmente pelo juiz de execução quando se verifique algum dos seguintes casos[1495]:

a) tenha sido deduzida fora do prazo[1496];
b) o fundamento da oposição à penhora não se enquadre em nenhuma das hipóteses previstas no art. 785º, nº 1; ou
c) a oposição à penhora seja manifestamente improcedente[1497,1498].

[1494] Observe-se que, nos termos do art. 856º, nº 2, o executado deve ser citado no ato da penhora ou, não estando presente, no prazo de cinco dias após a efetivação da penhora.

[1495] Conforme se decidiu no ac. do TRP de 11.04.2019, proc. 699/13.8GCOVR-B.P1, a previsão legal da possibilidade de o juiz indeferir liminarmente a petição da oposição à penhora justifica a dispensa do contraditório prévio do executado, porquanto, nesta hipótese, não se verifica o proferimento de uma decisão surpresa.

[1496] *Vide*, a este propósito, o ac. do TRC de 17.10.2017, proc. 253/16.2T8PBL-A.C1, no qual se decidiu que "Sendo, no caso, de 20 dias, o prazo legal para o executado deduzir oposição à execução e à penhora (art. 856º, nº 1, do novo CPC), não deve ser indeferida, por intempestividade, a oposição à execução que o executado venha oferecer dentro desse prazo, embora quando já excedido o prazo, mais curto, que, por lapso, o Agente de Execução – que também omitiu a citação para o executado se opor à execução – indicou, para que se opusesse à penhora". No sentido de o executado ser admitido a provar, no apenso de oposição à penhora, a tempestividade do articulado por si oferecido, na eventualidade de o tribunal indeferir liminarmente a oposição à penhora com fundamento na sua intempestividade, *vide* o ac. do TRL de 02.07.2013, proc. 9555/08.0YYLSB-B.L1-7.

[1497] Conforme se decidiu no ac. do TRE de 02.10.2018, proc. 450/08.4TBSTB-D.E1, "O juiz só deve indeferir liminarmente a petição inicial quando a improcedência da pretensão do autor for tão evidente que se torne inútil qualquer instrução e discussão posterior, constituindo desperdício manifesto de actividade judicial".

[1498] É o que sucede, por exemplo, se o executado fundamenta a oposição à penhora na circunstância de os bens penhorados pertencerem a um terceiro, porquanto, nessa eventualidade, caberia ao terceiro reagir contra a penhora (*vide*, a este propósito, o ac. do TRP de 21.11.2005, proc. 0555669), ou ainda quando o executado, não obstante ter deduzido oposição à penhora pelo facto de, em execução por dívida da responsabilidade exclusiva de um dos cônjuges, terem sido penhorados bens comuns do casal sem antes se esgotar o património próprio do executado, não indica, de imediato,

Sendo a oposição à penhora recebida pelo juiz de execução[1499], o exequente é notificado para apresentar contestação, no prazo de dez dias (art. 293º, nº 2, *ex vi* do art. 785º, nº 2). Contudo, se a oposição à penhora for cumulada com a oposição à execução, o exequente dispõe de um prazo único de vinte dias para contestar a oposição à execução e/ou à penhora (art. 732º, nº 2, *ex vi* do art. 856º, nº 3).

A oposição à penhora só suspende a execução se o executado prestar caução e circunscreve-se aos bens a que a oposição diga respeito, podendo, por isso, a execução prosseguir sobre outros bens que não tenham sido objeto de oposição à penhora (art. 785º, nº 3). Neste caso, se a execução prosseguir os seus termos, nem o exequente, nem qualquer outro credor podem obter pagamento na pendência da oposição, sem prestar caução (art. 785º, nº 5). Todavia, se a oposição à penhora tiver por objeto a penhora de um bem imóvel que constitua a casa de habitação efetiva do executado, este pode requerer ao juiz de execução que a venda desse bem fique a aguardar pela decisão que vier a ser proferida em primeira instância quanto ao mérito da oposição à penhora por ele deduzida (art. 733º, nº 5).

Sendo a oposição à penhora julgada procedente, o agente de execução deve proceder ao levantamento da penhora e, sendo caso disso, cancelar os respetivos registos (art. 785º, nº 6).

3. Embargos de terceiro

3.1. Âmbito

Os arts. 601º do CC e 735º, nº 1, estabelecem o princípio geral quanto à penhora de bens, segundo o qual só podem ser penhorados bens que pertençam ao executado.

Por conseguinte, ressalvados os casos excecionais previstos na lei, em que se admite a penhora de bens que não pertençam ao devedor (arts. 616º, nº 1, do CC, 54º, nº 2, e 735º, nº 2), se a penhora recair sobre bens de terceiro, isto

quais os concretos bens próprios, existentes no seu património, que podiam ter sido penhorados e não o foram. Sustentando que, neste último caso, o juiz, antes de julgar a oposição à penhora improcedente, deve convidar o executado a corrigir o seu requerimento de oposição à penhora, *vide* Sousa, Miguel Teixeira de, *Acção Executiva Singular, op. cit.*, pp. 296 e 297. No sentido de o juiz dever convolar a oposição à penhora no meio processual mais adequado, quando os fundamentos aduzidos pelo executado se compaginarem, não com uma oposição à penhora, mas antes com uma oposição à execução, *vide* o ac. do TRC de 15.05.2018, proc. 3773/12.4TJCBR-A.C1.

1499 No sentido de este despacho não produzir efeito de caso julgado quanto à verificação dos pressupostos processuais e à eventual ocorrência de exceções dilatórias, *vide* o ac. do TRL de 02.07.2013, proc. 642/10.6YYLSB-A.L1-7.

é, de quem não seja executado, este é admitido a deduzir embargos de terceiro (arts. 342º e ss.)[1500].

Com efeito, os embargos de terceiro constituem um meio de defesa da posse[1501] ou de um direito incompatível do terceiro sobre um determinado bem, traduzindo-se, por isso, num meio de reação contra a penhora desse bem. Na verdade, para além de constituírem um meio possessório[1502], destinado à tutela do possuidor em nome próprio (art. 1285º do CC[1503]), os embargos de terceiro podem igualmente ser deduzidos por qualquer terceiro que seja titular de um direito incompatível com a penhora, isto é, que obste à venda do bem e subsequente satisfação do crédito exequendo pelo produto resultante dessa venda[1504] ou que não se extinga com a venda executiva.

3.2. Natureza

Do ponto de vista processual, os embargos de terceiro surgem configurados como um incidente de intervenção de terceiros numa instância já constituída[1505], na medida em que permitem a um terceiro intervir na ação executiva para fazer valer, no confronto com o exequente e o executado, um direito próprio, total ou parcialmente incompatível com as pretensões daqueles.

De todo o modo, após a reforma processual civil de 1995/1996, os embargos de terceiro passaram a constituir uma verdadeira ação declarativa, dotada de autonomia própria, ainda que enxertada numa ação executiva[1506]. Prova disso

[1500] Cfr., nesse sentido, Freitas, José Lebre de, *A Acção Executiva: À Luz do Código de Processo Civil de 2013, op. cit.*, p. 323, bem como Sousa, Miguel Teixeira de, *Acção Executiva Singular, op. cit.*, p. 300.

[1501] Nos termos do art. 1251º do CC, posse é o poder que se manifesta quando alguém atua por forma correspondente ao exercício do direito de propriedade ou de outro direito real.

[1502] *Vide*, nesse sentido, Costa, Salvador da, *Os Incidentes da Instância*, 9ª ed., Almedina, Coimbra, 2017, p. 158, bem como Cordeiro, António Menezes, *A Posse: Perspectivas Dogmáticas Actuais*, Almedina, Coimbra, 1997, p. 151.

[1503] O possuidor cuja posse seja ofendida por penhora ou diligência ordenada judicialmente pode defender a sua posse mediante embargos de terceiro, nos termos definidos na lei de processo. *Vide*, a este propósito, Sampaio, J. M. Gonçalves, *A Acção Executiva e a Problemática das Execuções Injustas, op. cit.*, p. 285. Cfr., na jurisprudência, o ac. do TRL de 07.06.1990, proc. 0017176.

[1504] *Vide*, a este propósito, González, José Alberto, *Direitos Reais (Parte Geral) e Direito Registal Imobiliário*, 4ª ed. rev. e aum., Quid Iuris, Lisboa, 2009, p. 582.

[1505] *Vide*, nesse sentido, Sousa, Miguel Teixeira de, *Acção Executiva Singular, op. cit.*, pp. 313 e 314, e Ferreira, Fernando Amâncio, *Curso de Processo de Execução, op. cit.*, p. 294.

[1506] Cfr., a este respeito, Lopes-Cardoso, Eurico, *Manual da Acção Executiva, op. cit.*, p. 387, Freitas, José Lebre de, "Enxertos declarativos no processo executivo", *in Aspectos do Novo Processo Civil*, Lex, Lisboa, 1997, p. 316, bem como Costa, Salvador da, *Os Incidentes da Instância, op. cit.*, p. 158. *Vide*, na jurisprudência, o ac. do TRE de 08.03.2007, proc. 1417/06-2, o ac. do TRC de 03.06.2008, proc. 245-B/2002.C1, o ac. do TRC de 02.03.2011, proc. 2346/04.0TJCBR-A.C1, o ac.

mesmo é o facto de os embargos de terceiro apresentarem uma tramitação própria, sendo que a sentença neles proferida produz efeito de caso julgado material quanto à existência e à titularidade do direito invocado pelo embargante ou por algum dos embargados[1507].

3.3. Modalidades

Os embargos de terceiro podem ser repressivos ou preventivos[1508].

Com efeito, os embargos de terceiro dizem-se repressivos quando os mesmos são utilizados como meio de reação contra a penhora de um bem ou de um direito, que ofenda a posse ou o direito de um terceiro que seja incompatível com realização ou o âmbito da penhora (art. 342º, nº 1).

Por sua vez, os embargos de terceiro dizem-se preventivos quando os mesmos visam proteger a posse ou o direito de um terceiro contra a penhora que ainda não tenha sido realizada, mas que esteja em vias de o ser (art. 350º, nº 1)[1509]. Assim, neste caso, os embargos de terceiro desempenham uma função "cautelar", na medida em que impedem a penhora de um bem ou de um direito[1510].

3.4. Requisitos

Os embargos de terceiro podem ser deduzidos quando a penhora ou qualquer ato judicialmente ordenado (*v.g.* arresto) ofenda – ou esteja em vias de ofender – a posse ou qualquer direito incompatível com a realização ou o âmbito da diligência.

Por conseguinte, os requisitos de que depende a procedência dos embargos de terceiro são os seguintes:

a) que o embargante seja terceiro;
b) que o terceiro tenha a posse do bem ou seja titular de um direito incompatível com a penhora desse bem[1511]; e

do STJ de 07.11.2019, proc. 363/14.0TCFUN-C.L1.S1, bem como o ac. do TRP de 14.04.2021, proc. 1736/18.5JAPRT-A.P1.

[1507] Cfr., nesse sentido, Freitas, José Lebre de, *A Acção Executiva: À Luz do Código de Processo Civil de 2013*, *op. cit.*, p. 344. *Vide*, na jurisprudência, o ac. do TRG de 29.06.2017, proc. 1041/06.0TBVRL-G.G1.

[1508] *Vide*, a este respeito, o ac. do TRP de 09.11.2021, proc. 2344/20.6T8PNF-B.P1.

[1509] É o que sucede, por exemplo, se, em ação executiva para pagamento de quantia certa, sob a forma de processo comum ordinário, o executado constata que o exequente nomeou à penhora bens que não lhe pertencem, mas antes a um terceiro, situação em que o executado poderá avisar o terceiro para que este, a título preventivo, deduza embargos a fim de evitar a penhora desses bens.

[1510] Cfr., nesse sentido, Parreira, Isabel Ribeiro, "Embargos de terceiro preventivos deduzidos a uma penhora de imóveis em acção executiva para pagamento de quantia certa", *in ROA*, ano 61º, vol. II, abr. 2001, p. 838. *Vide*, na jurisprudência, o ac. do TRC de 29.04.2014, proc. 934/12.0TBCTB-B.C1.

[1511] Cfr., a este respeito, o ac. do TRE de 15.11.2007, proc. 2169/07-2.

c) que essa posse ou esse direito tenha sido ofendido, ou possa vir a sê-lo, pela penhora ou por uma diligência judicial de apreensão ou entrega de bens[1512].

3.4.1. Qualidade de "terceiro"

3.4.1.1. Âmbito

Os embargos de terceiro só podem ser deduzidos por quem for terceiro em relação à execução. Significa isto que os embargos de terceiro não podem ser deduzidos pelo executado[1513], nem por quem tenha sido citado para a execução[1514], tal como sucede, por exemplo, com o seu cônjuge, na eventualidade de ter sido citado para requerer a separação de bens, em virtude da penhora de bens comuns do casal (art. 740º, nº 1)[1515], ou com o possuidor dos bens pertencentes ao devedor, quando a execução, nos termos do art. 54º, nº 4, tenha sido movida contra os dois.

3.4.1.2. Cônjuge do executado

O cônjuge do executado que tenha a posição de terceiro, isto é, que não tenha sido citado para a ação executiva, pode, sem autorização do executado, defender por meio de embargos os direitos relativamente aos bens próprios e aos bens comuns que tenham sido indevidamente atingidos pela penhora (art. 343º). É o que sucede, designadamente, nos casos em que, em execução movida contra um dos cônjuges, por dívida própria deste, tenham sido penhorados bens próprios do cônjuge do executado ou bens comuns do casal, não tendo o seu cônjuge sido citado para requerer a separação de bens (arts. 1696º do CC e 740º, nº 1)[1516].

[1512] No sentido de não ser admissível a dedução de embargos de terceiro visando impedir a entrega de um bem a quem o adquiriu em sede executiva, *vide* o ac. do STJ de 30.03.2017, proc. 149/09.4TBGLG-E.E1-A.S1.

[1513] Cfr., a este propósito, o ac. do TRP de 19.10.2010, proc. 367/05.4TBCHV-B.P1, bem como o ac. do TRG de 14.09.2017, proc. 232/14.4T8GMR-D.G1.

[1514] *Vide*, a este propósito, o ac. do STJ de 07.05.1992, proc. 082172, o ac. do TRL de 02.02.1994, proc. 0072751, o ac. do TRC de 18.01.2000, proc. 3091/99, bem como o ac. do STJ de 29.10.2019, proc. 14725/16.5T8PRT-A.P1.S2. Conforme se decidiu no ac. do TRL de 24.05.1995, proc. 0001454, "Considera-se terceiro aquele que não tenha intervindo no processo ou acto jurídico de que emana a diligência judicial, nem represente quem foi condenado no processo ou quem no acto se obrigou".

[1515] Cfr., nesse sentido, o ac. do TRG de 19.09.2019, proc. 3660/14.1T8VNF.G1.

[1516] Cfr., a este propósito, o ac. do TRP de 30.05.2000, proc. 0020582, bem como o ac. do TRL de 08.06.2017, proc. 5239/12.3TBFUN.L1-2. No sentido de o cônjuge do executado não ser admitido a deduzir embargos de terceiro nos casos em que o executado não seja proprietário de bens próprios

Pressuposta a natureza específica da legitimidade conferida ao cônjuge do executado, este, ao deduzir embargos de terceiro contra a penhora de um determinado bem, tem o ónus de alegar e comprovar a natureza, própria ou comum, dos bens penhorados[1517].

3.4.2. Posse

3.4.2.1. Âmbito

Como se referiu *supra*, os embargos de terceiro constituem, desde logo, um meio de defesa da posse contra a penhora ou qualquer ato judicialmente ordenado de apreensão ou entrega de bens.

Ora, nos termos do art. 1251º do CC, "Posse é o poder que se manifesta quando alguém actua por forma correspondente ao exercício do direito de propriedade ou de outro direito real". Neste sentido, a posse implica a existência de uma relação entre uma pessoa e uma coisa[1518], importando, por isso, distinguir entre a conceção objetivista e a conceção subjetivista da posse.

De acordo com a conceção objetivista (tese de Von Jhering), existe posse sempre que se verifique o exercício de um poder de facto sobre uma coisa, salvo se a lei qualificar esse exercício como mera detenção.

Diversamente, à luz da conceção subjetivista (tese de Savigny), para que exista posse, é necessário que alguém, para além de exercer um poder de facto sobre uma coisa (*corpus*), atue com a intenção de exercer tal poder no seu próprio interesse (*animus possidendi* ou *animus sibi habendi*)[1519], não bastando, por isso, a mera detenção material da coisa[1520].

e aquele tenha sido citado para requerer a separação de bens ou fazer prova da pendência dessa ação, *vide* o ac. do TRL de 23.02.2012, proc. 17701/04.7YYLSB-C.L1-6, bem como o ac. do TRP de 10.07.2019, proc. 1557/11.6TBPVZ-C.P1.

1517 FREITAS, José Lebre de, *A Acção Executiva: À Luz do Código de Processo Civil de 2013*, *op. cit.*, p. 338.

1518 Sustentando não ser admissível a posse de direitos, designadamente de direitos de crédito, *vide* o ac. do TRE de 14.05.2009, proc. 591/06.2TBPTG-B.E1.

1519 ATAÍDE, Rui Paulo Coutinho de Mascarenhas, "Sobre a distinção entre posse e detenção", *in ROA*, ano 75º, vols. I/II, jan./jun. 2015, p. 89.

1520 Assim, conforme elucida Manuel Rodrigues, a posse precária ou mera detenção verifica-se "sempre que alguém exerça sobre uma coisa poderes materiais no interesse exclusivo de outrem" (RODRIGUES, Manuel, *A Posse – Estudo de Direito Civil Português*, *op. cit.*, p. 102). *Vide*, a este propósito, VIEIRA, José Alberto C., *Direitos Reais*, Coimbra Editora, Coimbra, 2008, pp. 552 a 557, GONZÁLEZ, José Alberto, *Direitos Reais*, 5ª ed., Quid Iuris, Lisboa, 2015, p. 367, FERREIRA, Durval, *Posse e Usucapião*, Almedina, Coimbra, 2002, pp. 19 a 23, bem como RUGGIERO, Roberto de, *Instituições de Direito Civil*, vol. II, *op. cit.*, p. 514.

A nossa lei substantiva acolheu a conceção subjetivista da posse[1521,1522], razão pela qual a distinção entre o possuidor e o mero detentor residirá na existência ou não de um *animus possidendi* ou *animus sibi habendi*[1523]. Neste enquadramento, só o possuidor em nome próprio pode deduzir embargos de terceiro com fundamento na posse da coisa objeto de penhora (art. 1285º do CC) – ficando, por isso, impossibilitado de embargar de terceiro o mero detentor, o possuidor precário ou o possuidor em nome alheio, na aceção do art. 1253º do CC[1524] –, devendo, para o efeito, alegar os factos demonstrativos da sua posse, isto é, o *corpus* e o *animus*, presumindo a lei que este é titular do direito correspondente (art. 1268º, nº 1, do CC)[1525].

3.4.2.2. Posse causal e posse formal

Quando se fala em "posse", torna-se necessário distinguir, entre outras distinções possíveis[1526], entre "posse causal" e "posse formal".

[1521] *Vide*, a este propósito, Ascensão, José de Oliveira, *Direitos Reais*, Centro de Estudos de Direito Civil da Faculdade de Direito da Universidade de Lisboa, Lisboa, 1971, pp. 246 a 249.

[1522] Muito embora a lei substantiva tenha adotado a conceção subjetivista da posse, verificam-se, no entanto, algumas soluções coincidentes com a doutrina objetivista. Com efeito, a lei concede, excecionalmente, a tutela possessória a meros detentores ou possuidores precários, como sejam o locatário (art. 1037º, nº 2, do CC), o parceiro pensador (art. 1125º, nº 2, do CC), o comodatário (art. 1137º, nº 2, do CC), o depositário (art. 1188º, nº 2, do CC), o credor pignoratício [art. 670º, al. *a)*, do CC] e o credor com direito de retenção (arts. 758º e 759º do CC).

[1523] Cfr., a este respeito, Torrente, Andrea/Schlesinger, Piero, *Manuale di Diritto Privato, op. cit.*, p. 366. Pelo contrário, Rui Ataíde propõe um critério distintivo diferente, já que, de acordo com este Autor, "aquilo que distingue a posse da detenção é a existência ou não de *corpus*, havendo que averiguar a correta qualificação da situação, em face do jogo concertado das várias normas aplicáveis ao caso" (Ataíde, Rui Paulo Coutinho de Mascarenhas, "Sobre a distinção entre posse e detenção", *op. cit.*, p. 120).

[1524] Cfr., nesse sentido, o ac. do STJ de 28.11.1975, proc. 065994, *in BMJ*, nº 251, ano 1975, p. 135, o ac. do TRP de 19.01.2015, proc. 1973/09.3T2OVR-D.P1, bem como o ac. do TRL de 09.02.2017, proc. 20305-15.5T8SNT-A.L1-6.

[1525] Mesquita, Miguel, *Apreensão de Bens em Processo de Executivo e Oposição de Terceiro, op. cit.*, p. 100. Cfr., a este respeito, Sousa, Miguel Teixeira de, *Acção Executiva Singular, op. cit.*, p. 312, Rodrigues, Manuel, *A Posse – Estudo de Direito Civil Português, op. cit.*, p. 101, Fraga, Álvaro Moreira Carlos, *Direitos Reais*, Almedina, Coimbra, 1971, pp. 190 e 191, bem como Ascensão, José de Oliveira, *Direito Civil – Reais*, 5ª ed., Coimbra Editora, Coimbra, 2012, p. 94. *Vide*, na jurisprudência, o ac. do STJ de 25.10.1990, proc. 079226, o ac. do TRC de 17.11.2009, proc. 357/05.7TBCDN-B.C1, o ac. do TRL de 27.11.2014, proc. 1209/10.4T2SNT-A.L1-2, o ac. do STJ de 12.05.2016, proc. 9950/11.8TBVNG. P1.S1, bem como o ac. do STJ de 29.11.2006, proc. 3808/06, *in SASTJ*, ano 2006.

[1526] É o que sucede, por exemplo, com a distinção entre posse efetiva e posse não efetiva, posse titulada e posse não titulada, posse de boa-fé e posse de má-fé, posse pacífica e posse violenta ou posse pública e posse oculta.

Na posse causal (*ius possidendi*), o possuidor é titular de um direito real sobre uma coisa, ou seja, exerce a posse sobre uma determinada coisa com base na titularidade de um direito que legitima o exercício dessa posse (art. 1268º do CC)[1527]. É o que sucede, por exemplo, com a posse decorrente da titularidade do direito de propriedade ou do direito de usufruto.

Assim, o possuidor causal pode, em princípio, deduzir embargos de terceiro quer com fundamento na sua posse, quer com fundamento na titularidade do direito correlativo.

Contudo, nem toda a posse causal permite a dedução de embargos de terceiro. Com efeito, na situação particular do retentor ou do credor pignoratício, mesmo que estes tenham a posse de um bem pertencente ao executado, com fundamento na titularidade desses direitos reais de garantia (arts. 669º e 754º do CC), não podem, ainda assim, deduzir embargos de terceiro, já que a lei de processo civil tutela adequadamente esses direitos, mediante a possibilidade de reclamação dos respetivos créditos na execução[1528].

Já na posse formal (*ius possessionis*), não existe uma causa ou um título que legitime a posse, ou seja, a posse não é exercida com base na titularidade de um direito real sobre a coisa[1529], assentando antes numa mera presunção da titularidade desse direito. Nessa exata medida, o possuidor meramente formal, apesar de poder deduzir embargos de terceiro com fundamento na sua posse[1530], fica, no entanto, sujeito à invocação, por qualquer um dos embargados, da *exceptio dominii*, isto é, da titularidade do direito de propriedade a favor do executado, exceção essa que, sendo julgada procedente, implicará

[1527] *Vide*, a este propósito, Ascensão, José de Oliveira, *Direitos Reais*, *op. cit.*, p. 290, bem como Varela, João de Matos Antunes, *Noções Fundamentais de Direito Civil: Lições do Prof. Dr. Pires de Lima ao Curso do 1º Ano Jurídico de 1944-45*, vol. II, Coimbra Editora, Coimbra, 1950, p. 126.

[1528] *Vide*, quanto à insusceptibilidade de o credor pignoratício deduzir embargos de terceiro, os acs. do STJ de 28.01.1983, proc. 000408, *in BMJ*, nº 323, ano 1983, p. 310, e de 24.01.1984, proc. 071345, e, quanto à impossibilidade de dedução de embargos de terceiro pelo titular de um direito de retenção, os acs. do TRL de 31.05.1990, proc. 0013232, de 15.01.1991, proc. 0037921, e de 18.01.1994, proc. 0049841.

[1529] Cfr., quanto a esta distinção, Mesquita, Miguel, *Apreensão de Bens em Processo de Executivo e Oposição de Terceiro*, *op. cit.*, pp. 44 e 45.

[1530] No sentido de permitir a dedução de embargos de terceiro quer a posse titulada, quer a posse não titulada, *vide* Freitas, José Lebre de, "A penhora de bens na posse de terceiros", *in ROA*, ano 52º, vol. II, jul. 1992, pp. 319 e 320. De facto, de acordo com o citado Autor, o embargante não tem de alegar a causa da sua posse, estando para o efeito equiparados o possuidor causal e o possuidor formal. Cfr., na jurisprudência, o ac. do STJ de 07.02.1995, proc. 086299, bem como o ac. do TRL de 24.10.2006, proc. 4638/2006-1.

o decaimento dos embargos de terceiro[1531]. Na verdade, dispõe o art. 348º, nº 2, que, quando os embargos de terceiro se fundem apenas na invocação da posse, qualquer uma das partes primitivas, isto é, o exequente ou o executado, pode pedir, na sua contestação, o reconhecimento do seu direito de propriedade sobre os bens que foram penhorados ou de que esse direito pertence à pessoa contra quem a diligência de penhora foi promovida, razão pela qual, sendo demonstrada a propriedade a favor do executado[1532], a tutela possessória cede perante tal direito[1533].

3.4.3. Direito incompatível com a penhora

Para além da tutela possessória, os embargos de terceiro podem igualmente ser utilizados para permitir a proteção de um direito de um terceiro que seja incompatível com a penhora[1534].

Ora, partindo do fim a que a penhora se destina – qual seja a venda executiva do bem penhorado para que, através do produto da venda, seja satisfeita a dívida exequenda –, um direito de um terceiro será incompatível com a penhora se esse direito for suscetível de impedir a realização da venda executiva ou se não se extinguir com essa venda[1535]. Com efeito, nos termos do art.

[1531] *Vide*, no mesmo sentido, Mendes, João de Castro, *Direito Processual Civil – Acção Executiva, op. cit.*, p. 126. Conforme elucida Menezes Cordeiro, a possibilidade de discussão do domínio no âmbito de uma ação possessória encontra justificação em "valores de funcionalidade, de economia processual e de pragmatismo" (Cordeiro, António Menezes, *A Posse: Perspectivas Dogmáticas Actuais, op. cit.*, p. 151). Cfr., na jurisprudência, os acs. do TRL de 15.11.1990, proc. 0034302, e de 25.10.2007, proc. 1131/2007-6.

[1532] No sentido de o ónus da prova recair sobre o embargado que invocou a *exceptio dominii*, *vide* o ac. do TRP de 18.05.2006, proc. 0632837.

[1533] Ac. do TRL de 27.11.2014, proc. 1209/10.4T2SNT-A.L1-2.

[1534] A este propósito, extrai-se do preâmbulo do DL nº 329-A/95, de 12 de dezembro, o seguinte: "Relativamente ao regime proposto para os embargos de terceiro, salienta-se a possibilidade de, através deles, o embargante poder efectivar qualquer direito incompatível com o acto de agressão patrimonial cometido, que não apenas a posse. Permite-se, deste modo, que os direitos «substanciais» atingidos ilegalmente pela penhora ou outro acto de apreensão judicial de bens possam ser invocados, desde logo, pelo lesado no próprio processo em que a diligência ofensiva teve lugar, em vez de o orientar necessariamente para a propositura de acção de reivindicação, por esta via se obstando, no caso de a oposição do embargante se revelar fundada, à própria venda dos bens e prevenindo a possível necessidade de ulterior anulação desta, no caso de procedência de reivindicação".

[1535] Sousa, Miguel Teixeira de, *Acção Executiva Singular, op. cit.*, p. 303. Cfr., no mesmo sentido, Freitas, José Lebre de, *A Acção Executiva: À Luz do Código de Processo Civil de 2013, op. cit.*, p. 332, segundo o qual é "incompatível" com a penhora "todo o direito de terceiro, ainda que derivado do executado, cuja existência, tido em conta o âmbito com que foi feita, impediria a realização desta função, isto é, a transmissão do objeto apreendido". Cfr., na jurisprudência, o ac. do TRP de 10.07.2019, proc. 1557/11.6TBPVZ-C.P1.

824º, nº 2, do CC, os bens penhorados são vendidos em sede executiva livres dos direitos reais de garantia que os onerarem, bem como dos demais direitos reais que não tenham registo anterior ao de qualquer arresto, penhora ou garantia, com exceção dos que, tendo sido constituídos em data anterior, produzam efeitos em relação a terceiros independentemente de registo. Assim, o terceiro pode deduzir embargos contra a penhora se o direito de que for titular sobre o bem penhorado impedir a venda executiva ou não se extinguir com essa venda.

Vejamos, então, quais são os direitos que permitem ou não a dedução de embargos de terceiro.

3.4.3.1. Direitos reais de gozo registados antes de qualquer arresto, penhora ou garantia

Tal como se referiu *supra*, o art. 824º, nº 2, do CC preceitua que os bens são transmitidos em sede executiva livres dos direitos reais de garantia que os onerarem, bem como dos demais direitos reais que não tenham registo anterior ao de qualquer arresto, penhora ou garantia, com exceção dos direitos reais que, tendo sido constituídos (mas não registados) em data anterior, produzam efeitos em relação a terceiros independentemente de registo.

Ora, de acordo com a lei substantiva, são direitos reais de gozo a propriedade (arts. 1302º a 1438º-A do CC)[1536], o usufruto (arts. 1439º a 1483º do CC)[1537], o uso e habitação (arts. 1484º a 1490º do CC)[1538], o direito real de habitação periódica (DL nº 275/93, de 5 de agosto)[1539], o direito real de habitação duradoura (DL nº 1/2020, de 9 de janeiro)[1540], o direito de superfície (arts. 1524º a 1542º do CC)[1541] e a servidão predial (arts. 1543º a 1575º do CC)[1542].

[1536] Muito embora a lei substantiva não defina o que se deva entender por "propriedade", a verdade é que, do art. 1305º do CC, decorre que "O proprietário goza de modo pleno e exclusivo dos direitos de uso, fruição e disposição das coisas que lhe pertencem, dentro dos limites da lei e com observância das restrições por ela impostas".

[1537] Nos termos do art. 1439º do CC, o usufruto consiste no "direito de gozar temporária e plenamente uma coisa ou direito alheio, sem alterar a sua forma ou substância".

[1538] De acordo com o art. 1484º do CC, o direito de uso "consiste na faculdade de se servir de certa coisa alheia e haver os respectivos frutos, na medida das necessidades, quer do titular, quer da sua família", designando-se semelhante direito por "direito de habitação" quando o mesmo se refira a casas de morada.

[1539] Segundo o DL nº 275/93, de 5 de agosto, o direito real de habitação periódica consiste no direito de gozar, de forma limitada a um período certo de tempo de cada ano, uma unidade de alojamento integrada em hóteis-apartamentos, aldeamentos turísticos e apartamentos turísticos.

[1540] Nos termos do art. 2º do DL nº 1/2020, de 9 de janeiro, o direito real de habitação duradoura "faculta a uma ou a mais pessoas singulares o gozo de uma habitação alheia como sua residência

No que diz respeito ao direito de propriedade, se for penhorado um bem que pertença a um terceiro, este pode deduzir embargos contra a penhora desse bem, desde que a execução não tenha sido movida contra ele[1543].

A dedução de embargos de terceiro com fundamento na violação do direito de propriedade encontra, no entanto, duas particularidades, a saber: a penhora de bem vendido com reserva da propriedade (art. 409º do CC) e a penhora de bem em regime de compropriedade (art. 1403º do CC).

Assim, se, numa ação executiva, for penhorado um bem que tenha sido vendido ao executado com reserva da propriedade, o vendedor desse bem pode deduzir embargos de terceiro com fundamento nessa reserva[1544] – exceto se a cláusula de reserva da propriedade for nula[1545] –, já que, nesse caso, conservando o vendedor a propriedade do bem, apenas poderia ser penhorada a expectativa de aquisição desse bem pelo executado. É que, nos termos do art. 409º, nº 1, do CC, sendo a coisa vendida com reserva da propriedade, o alienante reserva para si a propriedade da coisa até ao cumprimento total ou parcial das obrigações da outra parte ou até à verificação de qualquer outro evento[1546]. Paralelamente, se, numa ação executiva movida contra o vendedor,

permanente por um período vitalício, mediante o pagamento ao respetivo proprietário de uma caução pecuniária e de contrapartidas periódicas".

1541 À luz do art. 1524º do CC, o direito de superfície "consiste na faculdade de construir ou manter, perpétua ou temporariamente, uma obra em terreno alheio, ou de nele manter ou fazer plantações".

1542 Nos termos do art. 1543º do CC, a servidão predial traduz-se no "encargo imposto num prédio em proveito exclusivo de outro prédio pertencente a dono diferente".

1543 *Vide*, a este propósito, o ac. do TRL de 18.10.2007, proc. 6351/2007-8. Em todo o caso, a jurisprudência tem vindo a entender que a dedução de embargos de terceiro com fundamento na titularidade de um direito de propriedade não se basta com a alegação da aquisição derivada do direito de propriedade, já que a aquisição derivada não é constitutiva do direito de propriedade, mas antes translativa de tal direito. Nessa exata medida, o terceiro que funde os seus embargos na aquisição derivada do direito de propriedade tem de demonstrar igualmente ou que é possuidor do bem de que é proprietário, ou que esse direito de propriedade já existia na esfera jurídica do anterior transmitente (cfr. nesse sentido, entre outros, o ac. do TRC de 03.06.2008, proc. 245-B/2002.C1, assim como o ac. do TRE de 07.05.2020, proc. 2392/14.5T8STB-C.E1).

1544 Sousa, Miguel Teixeira de, *Acção Executiva Singular, op. cit.*, p. 308. *Vide*, no mesmo sentido, Martinez, Pedro Romano, "Venda executiva – Alguns aspectos das alterações legislativas introduzidas na nova versão do Código de Processo Civil", *in Aspectos do Novo Processo Civil*, Lex, Lisboa, 1997, p. 330, Campos, Maria Isabel Helbing Menéres, *A Reserva de Propriedade: Do Vendedor ao Financiador*, Coimbra Editora, Coimbra, 2013, pp. 137, 144 e 145, e Vasconcelos, L. Miguel Pestana de, *Direito das Garantias, op. cit.*, p. 441. Cfr., na jurisprudência, o ac. do TRP de 14.04.1994, proc. 9341389.

1545 Cfr., nesse sentido, o ac. do TRP de 15.01.2007, proc. 0651966.

1546 *Vide*, a este propósito, Leitão, Luís Manuel Teles de Menezes, *Direito das Obrigações*, vol. III, 12ª ed., Almedina, Coimbra, 2018, p. 53, bem como Dias, Gabriela Figueiredo, "Reserva de

for penhorado o bem por ele alienado a um terceiro com reserva da propriedade, este, enquanto "titular de uma expectativa real de aquisição da coisa oponível a terceiros", pode deduzir embargos de terceiro, *maxime* com base no seu direito de usar e fruir a coisa[1547].

Por sua vez, se, numa ação executiva, for penhorado, no todo ou em parte, um bem que se encontre em regime de compropriedade[1548], em violação do disposto no art. 743º, nº 1, os comproprietários, não executados, podem deduzir embargos de terceiro contra a penhora do bem, pois que, nesse caso, apenas poderia ser penhorada a quota abstrata ou ideal do executado[1549] e não a totalidade do bem ou uma parte especificada do mesmo[1550].

Relativamente ao usufruto (arts. 1439º a 1483º do CC), ao uso e habitação (arts. 1484º a 1490º do CC), ao direito real de habitação periódica (DL nº 275/93, de 5 de agosto), ao direito real de habitação duradoura (DL nº 1/2020, de 9 de janeiro) e ao direito de superfície (arts. 1524º a 1542º do CC), a titularidade destes direitos reais menores de gozo, desde que registada antes da penhora, permite a dedução de embargos de terceiro, se tiver sido penhorada a propriedade plena em execução movida apenas contra o proprietário da raiz[1551].

Do mesmo modo, se, em execução movida contra o titular de um direito de usufruto, de um direito real de habitação periódica, de um direito real de habitação duradoura ou de um direito de superfície, for penhorada a propriedade plena e não apenas o direito correlativo do executado[1552,1553], o proprietário da raiz pode deduzir embargos de terceiro.

propriedade", *in Comemorações dos 35 Anos do Código Civil e dos 25 Anos da Reforma de 1977*, vol. III – Direito das Obrigações, Coimbra Editora, Coimbra, 2007, pp. 423, 424, 431 e 432.

1547 Vasconcelos, L. Miguel Pestana de, *Direito das Garantias*, *op. cit.*, p. 441. Cfr., no mesmo sentido, Sousa, Miguel Teixeira de, *Acção Executiva Singular*, *op. cit.*, p. 309, e Campos, Maria Isabel Helbing Menéres, *A Reserva de Propriedade: Do Vendedor ao Financiador*, *op. cit.*, pp. 146 a 148.

1548 Nos termos do art. 1403º do CC, "Existe propriedade em comum, ou compropriedade, quando duas ou mais pessoas são simultaneamente titulares do direito de propriedade sobre a mesma coisa".

1549 Sousa, Miguel Teixeira de, *Acção Executiva Singular*, *op. cit.*, p. 308. Cfr., na jurisprudência, o ac. do TRL de 16.03.2017, proc. 13319/12.9T2SNT-D.L2-6, no qual se decidiu que "A penhora de metade indivisa de uma fracção autónoma pertencente ao executado não é incompatível nem ofende o direito da comproprietária da outra metade indivisa e do respectivo cônjuge com quem é casada em comunhão geral de bens, ambos não executados, sendo manifestamente improcedentes os embargos de terceiro deduzidos com este fundamento".

1550 *Mutatis mutandis*, conforme se decidiu no ac. do TRL de 06.06.2019, proc. 1950/11.4YYLSB-C.L1-6, se for penhorada a totalidade do saldo de um depósito bancário com mais do que um titular, sem que a ação executiva tenha sido movida contra todos os titulares, podem ser deduzidos embargos de terceiro, pelo titular não executado, contra a penhora da sua quota-parte nesse saldo bancário.

1551 Sousa, Miguel Teixeira de, *Acção Executiva Singular*, *op. cit.*, p. 309.

1552 Sustentando a penhorabilidade do direito de superfície, *vide* o ac. do STJ de 12.07.2018, proc. 9934/13.1T2SNT-A.L1.S1.

3.4.3.2. Direitos reais de gozo que não tenham registo anterior ao de qualquer arresto, penhora ou garantia

Considerando que os bens são transmitidos em venda executiva livres dos direitos reais que não tenham registo anterior ao de qualquer arresto, penhora ou garantia – com exceção dos direitos reais que, tendo sido constituídos em data anterior, produzam efeitos em relação a terceiros independentemente do registo (art. 824º, nº 2, do CC) –, não pode embargar de terceiro o titular de um direito real de gozo cuja constituição seja posterior à penhora, ao arresto convertido em penhora ou à garantia, já que os atos de disposição, oneração ou arrendamento de bens penhorados são ineficazes em relação à execução (art. 819º do CC)[1554,1555].

Questão de particular importância é a de saber se um terceiro que não tenha registado a seu favor a aquisição de um bem imóvel ou móvel sujeito a registo que, posteriormente, vem a ser penhorado ao executado (alienante desse bem), por ainda se encontrar registado em seu nome junto da conservatória do registo competente, pode, ainda assim, opor o seu direito de propriedade ao credor/exequente, a favor do qual se encontra registada a penhora, mediante a dedução de embargos de terceiro.

Com efeito, em termos esquemáticos, o problema pode colocar-se nos seguintes moldes:

- A vende a B um bem imóvel, sendo que B não regista a sua aquisição.
- Entretanto, C intenta uma ação executiva contra A, na qual é penhorado esse bem imóvel, cuja propriedade continua registada a favor de A, pelo facto de B não ter registado a sua aquisição.

[1553] Quanto à transmissibilidade do direito de usufruto, do direito de superfície e do direito real de habitação periódica e, em caso de execução hipotecária, do direito real de habitação duradoura, *vide*, respetivamente, os arts. 1444º do CC, 1534º do CC, 12º do DL nº 275/93, de 5 de agosto, e 12º do DL nº 1/2020, de 9 de janeiro. Já quanto à intransmissibilidade do direito de uso e habitação, *vide* o art. 1488º do CC.

[1554] *Vide*, a este respeito, o ac. do TRG de 15.02.2015, proc. 278/09.4TBVLN-D.G1, no qual se decidiu pela manifesta improcedência dos embargos de terceiro deduzidos pelo adquirente de um bem que já se encontrava penhorado, bem como o ac. do TRP de 01.07.2019, proc. 1546/11.0TBAMT-B.P1, no qual se defendeu que "A hipoteca constituída e registada em data anterior ao registo do referido direito de habitação impõe, em caso de venda judicial do imóvel ao credor hipotecário, a caducidade de tal direito face ao preceituado no artigo 824º, nº 2, do C.Civil".

[1555] Propondo a alteração do art. 819º do CC, no sentido de esta disposição passar a abranger o ato de nomeação de bens à penhora no próprio requerimento executivo, *vide* SILVA, Paula Costa e, "Exequente e terceiro adquirente de bens nomeados à penhora", *in ROA*, ano 59º, vol. I, jan. 1999, p. 332.

– Pode B opor a C o seu direito de propriedade em sede de embargos de terceiro?

Ora, um dos principais objetivos do registo predial é o de publicitar a situação jurídica dos prédios[1556], tendo em vista a segurança do comércio jurídico imobiliário (art. 1º do CRPred.)[1557]. Nesse sentido, dispõe o art. 5º, nº 1, do CRPred., que os factos sujeitos a registo só produzem efeitos contra terceiros após a data do respetivo registo.

Contudo, o registo não produz efeitos constitutivos de direitos, porquanto apenas permite presumir que o direito existe e que pertence ao titular inscrito nos exatos termos em que o registo assim o define (art. 7º do CRPred.), sendo tal presunção ilidível[1558].

Por via disso, a doutrina e a jurisprudência viriam a dividir-se em duas correntes distintas[1559]:

a) para uma primeira corrente, estribada nos princípios da segurança jurídica e da eficácia do registo, o direito real de garantia do exequente, resultante da penhora inscrita no registo, devia prevalecer sobre o direito de propriedade do terceiro que, apesar de ter adquirido o bem ao executado em data anterior à penhora, não registou a seu favor a propriedade desse bem[1560]. Deste modo, para esta corrente, que se pode designar por "ampla", tanto o exequente como o anterior adquirente seriam "terceiros para efeitos de registo", pelo que, em caso de oposição de direitos, prevaleceria o direito primeiramente registado (*prior in tempore, potiur in iure*), isto é, o direito do exequente[1561];
Assim, retomando o nosso exemplo anterior, B, proprietário do bem imóvel, mas que não registou a sua aquisição, não poderia opor o seu

[1556] Quanto às características e finalidades da publicidade registal, *vide* MENDES, Isabel Pereira, *Estudos sobre Registo Predial*, Almedina, Coimbra, 2003, p. 48, CARVALHO, Orlando de, *Teoria Geral do Direito Civil*, 3ª ed., Coimbra Editora, Coimbra, 2012, p. 273, bem como RIBEIRO, Manuel da Nazaré, "Do registo predial", *in ROA*, ano 12º, nºs 1 e 2, 1952, p. 284.

[1557] *Vide*, a este respeito, GUERREIRO, J. A. Mouteira, *Temas de Registos e de Notariado*, Almedina, Coimbra, 2010, pp. 596 e 597. Cfr., na jurisprudência, o ac. do STJ de 11.04.2019, proc. 22616/16.3T8LSB-A.L1.S2, bem como o ac. do TRP de 26.09.2019, proc. 6062/12.0YYPRT-A.P1.

[1558] Cfr., a este propósito, ASCENSÃO, José de Oliveira, "Efeitos substantivos do registo predial na ordem jurídica portuguesa", *in ROA*, ano 34º, vols. I/IV, jan./dez. 1974, pp. 17 e 18.

[1559] Para um enquadramento histórico desta divisão, *vide* SOARES, António Quirino Duarte, "O conceito de terceiros para efeitos de registo predial", *in CDP*, nº 9, jan./mar. 2005, pp. 7 a 10.

[1560] Cfr., nesse sentido, SERRA, Vaz, "Anotação ao Ac. do STJ, de 11 de Fevereiro de 1969", *in RLJ*, ano 103º, nº 3421, p. 165.

[1561] Cfr., entres outros, o ac. do TRL de 24.01.1989, *in BMJ*, 383º, p. 601.

direito de propriedade a C, credor exequente que, confiando no registo de propriedade a favor de A, registou a penhora, já que B e C seriam terceiros para efeitos de registo, prevalecendo, por isso, o direito primeiramente registado, isto é, o direito de C. Por conseguinte, de acordo com esta tese, B não poderia deduzir, de forma procedente, embargos de terceiro contra a penhora desse bem;

b) para uma segunda corrente, apoiada na conceção de que o registo predial tem um valor meramente declarativo e não constitutivo de direitos, um terceiro que tivesse adquirido um bem ao executado, mas que não tivesse registado a sua aquisição, podia, mesmo assim, deduzir procedentemente embargos de terceiro contra a penhora desse bem, desde que alegasse e provasse a aquisição do direito de propriedade em data anterior à do registo da penhora. Com efeito, para esta tese, usualmente designada de "restrita", o exequente e o anterior adquirente não seriam "terceiros para efeitos de registo", já que não adquiriram de um autor comum direitos total ou parcialmente incompatíveis sobre a mesma coisa[1562].

Deste modo, no seguimento do exemplo apresentado, B, que adquiriu o bem imóvel, mas não registou a sua aquisição, e C, que penhorou o bem imóvel e registou a penhora, não seriam terceiros para efeitos de registo, pois que não adquiriram de um mesmo autor comum (A) direitos incompatíveis sobre a mesma coisa. Por conseguinte, de acordo com esta tese, B poderia, de forma procedente, deduzir embargos de terceiro contra a penhora desse bem.

Com o propósito de harmonizar a jurisprudência em torno desta questão controversa, o Supremo Tribunal de Justiça, através do AUJ nº 15/97, de 20 de maio[1563], veio defender o conceito amplo de que "terceiros para efeitos de registo" são todos aqueles que, tendo obtido registo de um direito sobre determinado prédio, veriam esse direito ser arredado por qualquer facto jurídico anterior não registado ou registado posteriormente[1564].

[1562] *Vide*, nesse sentido, Carvalho, Orlando de, "Terceiros para efeitos de registo", *in BFD*, vol. LXX, Coimbra, 1994, pp. 105 e 106, segundo o qual "terceiros para efeitos de registo são os que do mesmo autor ou transmitente recebem sobre o mesmo objecto direitos total ou parcialmente conflituantes".

[1563] Publicado no *DR*, nº 152, 1ª série-A, de 4 de julho de 1997.

[1564] Em justificação desta solução, verteu-se nesse acórdão que "[S]ó este conceito amplo de terceiros tem em devida conta os fins do registo e a eficácia dos actos que devam ser registados. Na verdade, se o registo predial se destina essencialmente a dar publicidade à situação jurídica

Assim, de acordo com este entendimento jurisprudencial, deviam ser julgados improcedentes os embargos de terceiro deduzidos pelo adquirente que não registara a sua aquisição ou que apenas tivesse procedido ao registo da aquisição em data posterior à do registo da penhora, porquanto a falta de registo da aquisição implicava que esse ato fosse ineficaz em relação à penhora previamente registada[1565]. O mesmo é dizer que, segundo esta orientação, o exequente e o adquirente eram terceiros para efeitos de registo: o exequente era terceiro em relação à aquisição efetuada pelo comprador, e este era terceiro em relação à penhora, pois os direitos do exequente e do comprador eram incompatíveis entre si e derivavam do mesmo autor comum, ou seja, o devedor/executado[1566].

Todavia, a estabilidade jurídica que se pretendia alcançar com este aresto foi rapidamente abalada pelo AUJ nº 4/98, de 18 de dezembro[1567], o qual veio sufragar a tese de que o registo da ação de execução específica instaurada pelo promitente-comprador não era oponível ao terceiro adquirente da coisa prometida vender que não tivesse procedido ao registo da sua aquisição[1568].

Face ao conflito entre estas duas orientações jurisprudenciais, a conceção ampla de "terceiros para efeitos de registo", adotada pelo Supremo Tribunal de Justiça no seu acórdão nº 15/97, acabou, em apenas dois anos, por ser alterada pelo AUJ nº 3/99, de 18 de maio[1569,1570]. Na verdade, de acordo com a tese restrita de "terceiros para efeitos de registo" que foi acolhida neste acórdão, passou a considerar-se que, para efeitos do disposto no art. 5º do CRPred.,

dos prédios, tendo em vista a segurança do comércio jurídico imobiliário (...), tão digno de tutela é aquele que adquire um direito com a intervenção do titular inscrito (compra e venda, troca, doação, etc.) como aquele a quem a lei permite obter um registo sobre o mesmo prédio sem essa intervenção (credor que regista uma penhora, hipoteca judicial, etc.)".

1565 Cfr., nesse sentido, o ac. do STJ de 08.07.1997, proc. 432 – 1ª secção. É este, de resto, o regime vigente na lei civil italiana, dispondo o art. 2914º do $CC_{It.}$ que não produz efeitos em prejuízo do credor penhorante e dos demais credores que intervenham na execução, a alienação de bens imóveis ou móveis sujeitos a registo, ainda que realizada antes da penhora, se o registo da alienação for posterior ao registo da penhora desses bens. *Vide*, a este propósito, LIPARI, Nicolò, *Diritto Civile*, vol. IV, Giuffrè Editore, Milão, 2009, p. 458.

1566 Cfr. o ac. do STJ de 15.12.1998, proc. 880/98 – 1ª secção.

1567 Publicado na *RLJ*, ano 131º, 1997/1998, p. 240.

1568 Cfr., a este propósito, SOUSA, Miguel Teixeira de, "Sobre o conceito de terceiros para efeitos de registo", *in ROA*, ano 59º, vol. I, 1999, p. 30.

1569 Publicado no *DR*, 1ª série-A, de 10 de julho de 1999.

1570 Criticando esta mudança súbita de posição do Supremo Tribunal de Justiça "num domínio tão importante para a segurança do tráfico jurídico e as expectativas dos cidadãos", *vide* GONÇALVES, Luís M. Couto, "Terceiros para efeitos de registo e a segurança jurídica", *in CDP*, nº 11, jul./set. 2005, p. 278.

"terceiros para efeitos de registo são os terceiros adquirentes de boa-fé relativamente a um mesmo transmitente comum de direitos incompatíveis sobre a mesma coisa"[1571,1572].

[1571] Como fundamento desta orientação, verteu-se neste acórdão o seguinte: "Por força do condicionamento da eficácia, em relação a terceiros, dos factos sujeitos a registo, é evidente que, se alguém vende, sucessivamente, a duas pessoas diferentes a mesma coisa, e é o segundo adquirente quem, desconhecendo a primeira alienação, procede ao registo respectivo, prevalece esta segunda aquisição, por ser esse o efeito essencial do registo. Estão em causa direitos reais da mesma natureza. Aqui, a negligência, ignorância ou ingenuidade do primeiro deve soçobrar perante a agilidade do segundo, cônscio, não só dos seus direitos como dos ónus inerentes. É sob este prisma que a primeira venda leva à constituição de um direito resolúvel (...) cuja resolução ocorre perante a verificação do facto complexo de aquisição posterior, de boa-fé, seguida de registo. Isto, conforme já resulta do que acima ficou exarado em nota, quer a alienação seja voluntária, isto é, livremente negociada, quer coerciva, ou seja, obtida por via executiva. Efectuada a compra, por via de arrematação em hasta pública, ou por qualquer outro modo de venda judicial, este modo de alienação, na perspectiva em causa, tem, pelo menos, a mesma eficácia daqueloutra. Também aqui a prioridade do registo ultrapassa a incompatibilidade. Situação diferente é a resultante do confronto do direito real de garantia resultante da penhora registada quando o imóvel penhorado já havia sido alienado, mas sem o subsequente registo. Aqui, o direito real de propriedade, obtido por efeito próprio da celebração da competente escritura pública, confronta-se com um direito de crédito, embora sob a protecção de um direito real (somente de garantia). Nesta situação, mesmo que o credor esteja originariamente de boa fé, isto é, ignorante de que o bem já tinha saído da esfera jurídica do devedor, manter a viabilidade executiva, quando, por via de embargos de terceiro, se denuncia a veracidade da situação, seria colocar o Estado, por via do aparelho judicial, a, deliberadamente, ratificar algo que vai necessariamente desembocar numa situação intrinsecamente ilícita, que se aproxima de subsunção criminal, ao menos se for o próprio executado a indicar os bens à penhora. Assim, poderia servir-se a *lex*, mas não seguramente o *jus*. (...) Com efeito, «o direito de execução pode incidir sobre bens de terceiro, quando estejam vinculados à garantia do crédito, ou quando sejam objecto de acto praticado em prejuízo do credor, que este haja procedentemente impugnado». E tão-só. Como já se verificou, o imóvel penhorado, no caso dos autos, já havia saído do património do devedor. Portanto, não podia garantir nenhuma das suas dívidas. Como bem alheio que é, pode o seu titular embargar de terceiro. A venda em execução transfere para o adquirente os direitos do executado sobre a coisa vendida. Portanto, efectuada a venda, é que os bens são transmitidos livres dos direitos de garantia que os onerem, bem como os demais direitos reais que não tenham registo anterior ao de qualquer arresto, penhora ou garantia, com excepção dos que, constituídos em data anterior, produzam efeitos em relação a terceiros independentemente de registo. *In casu* ainda se não efectivou a venda. Nesta perspectiva, poderia dizer-se que, a conceder-se eficácia ao registo, de alguma maneira estaria a emprestar-se-lhe capacidade impeditiva de o embargante conservar o seu direito de propriedade. No entanto, é certo que ninguém pode ser privado, no todo em ou parte, daquele direito senão por via de expropriações ou requisições, mediante pagamento de indemnização, sob pena de inconstitucionalidade. De certo modo, estaríamos perante a figura do confisco, facto susceptível de ferir profundamente o senso comum e, portanto, de gerar grande sobressalto social. Resta acrescentar que, em casos como o presente, o exequente, perante o conteúdo do requerimento inicial de embargos e a sua eventual procedência, passa a saber que o prédio já não é do executado, cessando a sua boa fé. A má fé – conhecimento da situação jurídica

Na sequência do AUJ nº 3/99 do STJ, o DL nº 533/99, de 11 de dezembro, veio alterar o Código do Registo Predial, passando a estabelecer no seu art. 5º, nº 4 – ainda que em sentido não totalmente concordante com o vertido no citado AUJ nº 3/99 –, que "terceiros, para efeitos de registo, são aqueles que tenham adquirido de um autor comum direitos incompatíveis entre si"[1573].

Assim, a adoção desta tese veio permitir tutelar determinadas situações em que o direito não registado pode ser oponível a terceiros, tudo dependendo dos terceiros que são considerados.

Na verdade, verificando-se um conflito entre o direito de propriedade resultante de uma aquisição anterior à penhora, mas não levada a registo, e uma penhora posterior a essa aquisição, devidamente registada, a aquisição anterior prevalece sobre a penhora[1574]. Isto pelo simples facto de que o credor exequente e o proprietário embargante não são terceiros para efeitos de registo, porquanto não adquiriram de um autor comum direitos incompatíveis entre si[1575].

Deste modo, a conceção atual de "terceiros para efeitos de registo" implica que, no conflito entre a presunção derivada do registo e a resultante da posse

de certo prédio – neutraliza o requisito da publicidade registral, tornando-o irrelevante, mesmo quando estão em causa actos da mesma natureza, por exemplo, duas alienações. Com efeito, a publicidade destina-se a dar conhecimento. Se este já existe, inútil se torna aquela. Por isso e por todos os valores acima expostos, torna-se evidente que, mesmo no caso de duas compras/vendas consumadas, com registo da segunda, esta não deve prevalecer se o segundo comprador conhecia a alienação anterior".

1572 *Vide*, a este propósito, CARVALHO, Orlando de, *Teoria Geral do Direito Civil, op. cit.*, pp. 280 e 281.

1573 No sentido de a redação dada ao art. 5º, nº 4, do CRPred. assumir um carácter interpretativo, para efeitos do disposto no art. 13º, nº 1, do CC, *vide* o ac. do STJ de 18.12.2003, proc. 2518/03, bem como o ac. do STJ de 01.03.2007, proc. 4768/06. No sentido de esta norma não padecer de vício de inconstitucionalidade, nomeadamente pelo facto de o bem penhorado ter deixado de pertencer ao património do executado muito antes da penhora do bem (art. 817º do CC), *vide* o ac. do STJ de 23.10.2007, proc. 2380/07. Criticando a redação desta norma, *vide* LOPES, J. de Seabra, *Direito dos Registos e do Notariado*, 6ª ed., Almedina, Coimbra, 2011, p. 371.

1574 Criticando esta tese, *vide*, entre outros, GUERREIRO, J. A. Mouteira, *Ensaio sobre a Problemática da Titulação e do Registo à Luz do Direito Português*, Coimbra Editora, Coimbra, 2014, pp. 474 a 477. No sentido de o art. 824º do CC, sendo incompatível com o art. 5º, nº 4, do CRPred., ter sido derrogado por esta norma, *vide* GOUVEIA, Mariana França, "Penhora de imóveis e registo predial na reforma da acção executiva", *in CDP*, nº 4, out./dez. 2003, p. 32. *Vide*, em sentido contrário, FONSECA, Ana Maria Taveira da, "Publicidade espontânea e publicidade provocada de direitos reais sobre imóveis", *in CDP*, nº 20, out./dez. 2007, p. 19.

1575 *Vide*, nesse sentido, o ac. do STJ de 29.09.1993, *in CJ/STJ*, ano I, tomo III, 1993, p. 29, o ac. do STJ de 07.07.1999, proc. 99B576, o ac. do STJ de 01.07.2014, proc. 86067/05.4YYLSB-A.L1.S1, o ac. do TRG de 17.11.2016, proc. 205/14.7T8CHV.G1, bem como o ac. do TRP de 26.09.2019, proc. 6062/12.0YYPRT-A.P1.

da coisa pelo adquirente, seja esta última a prevalecer[1576], razão pela qual o direito de propriedade que tenha sido constituído em data anterior à penhora, ainda que a aquisição não tenha sido registada, prevalece sobre a penhora[1577].

No entanto, ainda que este nosso entendimento esteja longe de ser aceite de forma pacífica pela doutrina, parece-nos que já assim não sucederá se o bem penhorado tiver, entretanto, sido alienado em sede executiva, pois que, nessa eventualidade, o adquirente do bem em sede judicial será terceiro em relação ao titular do direito de propriedade não registado[1578,1579].

[1576] Cfr., nesse sentido, o ac. do STJ de 08.04.1997, proc. 96A826, bem como o ac. do STJ de 23.10.2007, proc. 2380/07, *in SASTJ*, ano 2007.

[1577] Ac. do TRL de 17.06.2010, proc. 4890/06.5TCLRS-C.L1-6. Cfr., no mesmo sentido, o ac. do TRL de 20.10.2011, proc. 4206/10.6TBSXL-A.L1-8, o ac. do TRC de 31.01.2012, proc. 1358/03.5TBFIG-A.C1, o ac. do TRL de 06.02.2014, proc. 202-C/2000.L1-8, bem como o ac. do TRG de 26.10.2017, proc. 1138/06.6TBVVD-B.G1.

[1578] É esse, de resto, o entendimento vertido pelo Supremo Tribunal de Justiça no seu AUJ nº 3/99, quando nele se consigna que "Por força do condicionamento da eficácia, em relação a terceiros, dos factos sujeitos a registo, é evidente que, se alguém vende, sucessivamente, a duas pessoas diferentes a mesma coisa, e é o segundo adquirente quem, desconhecendo a primeira alienação, procede ao registo respectivo, prevalece esta segunda aquisição, por ser esse o efeito essencial do registo. [...] Isto, conforme já resulta do que acima ficou exarado em nota, quer a alienação seja voluntária, isto é, livremente negociada, quer coerciva, ou seja, obtida por via executiva. Efectuada a compra, por via de arrematação em hasta pública, ou por qualquer outro modo de venda judicial, este modo de alienação, na perspectiva em causa, tem, pelo menos, a mesma eficácia daqueloutra. Também aqui a prioridade do registo ultrapassa a incompatibilidade".

[1579] Cfr., nesse sentido, o ac. do STJ de 04.04.2002, *in CJ/STJ*, ano X, tomo I, 2002, p. 154, com o seguinte sumário: "Na venda executiva gera-se uma aquisição derivada em que o executado é o transmitente. Assim, o anterior adquirente do direito de propriedade não registado e o adquirente em venda executiva do direito de propriedade registado são terceiros para efeitos de registo, nos termos do art. 5º, nº 4, do CRP". *Vide*, no mesmo sentido, o ac. do TRP de 07.12.2005, proc. 0535644, o ac. do STJ de 16.10.2008, proc. 07B4396, o ac. do TRC de 14.07.2010, proc. 800/03.0TBSRT.C1, bem como o ac. do TRL de 29.03.2012, proc. 202-C/2000.L1-8. Cfr., na doutrina, Ascensão, José de Oliveira, "A desconformidade do registo predial com a realidade e o efeito atributivo", *in CDP*, nº 31, jul./dez. 2010, p. 12, o qual salienta que o adquirente (em sede executiva) "é um terceiro, porque deriva o seu direito de um autor comum", ficando, por isso, sujeito aos pressupostos comuns do regime da aquisição pelo registo, bem como Soares, António Quirino Duarte, "O conceito de terceiros para efeitos de registo predial", *op. cit.*, p. 4. No sentido de tanto o adquirente por via judicial, como o credor penhorante, deverem ser incluídos no conceito de terceiros para efeitos de registo, *vide* Fonseca, Ana Maria Taveira da, "Publicidade espontânea e publicidade provocada de direitos reais sobre imóveis", *op. cit.*, p. 19.

Cfr., em sentido contrário, Jardim, Mónica, "Dupla venda em acção executiva, os artigos 5º, nº 4, e 17º, nº 2, do Código do Registo Predial e o artigo 291º do Código Civil – Ac. do STJ de 30.09.2014, Proc. 3959/05", *in CDP*, nº 48, out./dez. 2014, p. 52. Com efeito, de acordo com a citada Autora, "o legislador ao utilizar a expressão *autor comum* – e não *transmitente comum* – pretendeu excluir do elenco dos terceiros não só aqueles que não adquiram de um mesmo autor comum, mas, ainda,

Com efeito, no âmbito da venda executiva, não se pode deixar de considerar que o transmitente do bem continua a ser o executado, ainda que a sua vontade não concorra para essa transmissão. Tanto assim é que, se o produto da venda exceder a quantia necessária para o pagamento da dívida exequenda, dos eventuais créditos reclamados e das despesas da execução, esse excesso é entregue ao executado[1580].

todos aqueles que não adquiram com base na vontade do sujeito passivo, quer por aquisição derivada constitutiva, quer por aquisição derivada translativa". Nessa exata medida, "não é havido como terceiro o adquirente cuja aquisição não se funde na vontade do sujeito passivo", como sucede, nomeadamente, com o "adquirente na venda judicial ou o adjudicatário, uma vez que nenhum deles adquire com base na vontade do executado". Cfr., no mesmo sentido, *de iure constituto*, GONÇALVES, Luís M. Couto, "Terceiros para efeitos de registo e a segurança jurídica", *op. cit.*, p. 30, o qual sustenta que "o adquirente negocial e o adquirente por via de acção executiva não devem ser considerados terceiros entre si", podendo, por isso, o primeiro intentar uma ação de reivindicação, bem como HÖRSTER, Heinrich Ewald, "Venda executiva e o conceito do terceiro para efeitos de registo – Ac. do STJ de 9.1.2007, Proc. 1510/06", *in CDP*, nº 23, jul./set. 2008, p. 63. Na verdade, este último Autor salienta que "face à lógica negocial da lei vigente, é óbvio que na venda executiva o adquirente não é terceiro para efeitos de registo muito embora, na lógica penalizante desta mesma lei, devesse sê-lo (sem falar das exigências de justiça que apontam no mesmo sentido), por não ter adquirido de um autor comum, tal como vem definido pelo nº 4 do art. 5º do CRegP". Contudo, *de iure condendo*, o citado Autor preconiza a introdução de uma alteração legislativa no art. 5º do CRPred., nele se incluindo um nº 5 com o seguinte texto: "Ainda é *tido como terceiro* quem adquira o seu direito judicialmente, por via coerciva" (HÖRSTER, Heinrich Ewald, "Venda executiva e o conceito do terceiro para efeitos de registo – Ac. do STJ de 9.1.2007, Proc. 1510/06", *op. cit.*, p. 65). Sufragando do mesmo modo, *de iure condendo*, o alargamento da definição de "terceiros para efeitos de registo" por forma a abranger o adquirente, através da venda executiva, de um bem penhorado, *vide* JUSTO, A. Santos, *Direitos Reais*, *op. cit.*, pp. 74 e 75. *Vide*, na jurisprudência, o ac. do STJ de 12.01.2012, proc. 121/09.4TBVNG.P1.S1, o ac. do TRL de 20.02.2014, proc. 3959/05.8TBSXL.L1-6, bem como o ac. do TRC de 06.12.2005, proc. 2777/05, nos quais se decidiu que apenas são terceiros para efeitos de registo "os adquirentes de um autor ou transmitente comum, por modo negocial, de direitos incompatíveis sobre a mesma coisa", ficando, por isso, excluída deste âmbito a aquisição por via executiva. Com efeito, de acordo com a orientação sufragada nos citados arestos, o comprador em venda voluntária e o comprador em venda executiva não são terceiros para efeitos de registo, já que "a aquisição advinda da execução ao seu titular é atribuída ao comprador diretamente da lei e não por acto singular do executado", não se verificando, por isso, "uma disputa de direitos adquiridos de um mesmo autor comum".

1580 Sustentando que, na venda executiva, o vendedor não é o executado, mas antes o órgão executivo, isto é, o juiz, o qual "vende pelo executado, não no sentido de que representa o executado, mas no sentido de que se substitu[i] e sobrepõe e ele e consegue, por um acto da sua autoridade, o mesmo efeito jurídico que derivaria de um acto de vontade do executado" *vide* REIS, José Alberto dos, "Da venda no processo de execução", *in ROA*, ano 1º, vol. II, nº 4, 1941, pp. 441 a 443. Com efeito, de acordo com o citado Autor, a venda executiva "equivale a uma verdadeira expropriação, visto que o executado é privado, sem ou contra a sua vontade, do seu direito de propriedade", sendo que essa expropriação ocorre com a venda. *Vide*, no mesmo sentido, MAZZARELLA, Ferdinando,

Nessa exata medida, em termos exemplificativos, se A vende um bem imóvel a B, que não regista a sua aquisição, e se, em execução movida por C contra A, é penhorado o mesmo bem imóvel, o qual é vendido a D, que regista a sua aquisição, B e D são terceiros para efeitos de registo, razão pela qual, tendo D registado a sua aquisição, deve ficar protegido pelo registo, podendo, por isso, opor a B o seu direito de propriedade.

Por outro lado, importa referir que, para que o terceiro adquirente, que não registou o seu direito, possa ver julgada procedente a sua pretensão reivindicatória, não lhe basta invocar a aquisição derivada do direito de propriedade, por via da celebração do contrato de compra e venda. Na verdade, a aquisição derivada não é constitutiva do direito de propriedade, mas apenas translativa desse direito. Deste modo, o terceiro embargante terá de comprovar a aquisição originária do direito de propriedade, por usucapião, ou demonstrar que esse direito de propriedade já existia a favor do transmitente, sendo suficiente, para esse efeito, que a coisa transmitida já se encontrasse inscrita a favor do transmitente à data em que o embargante dele a adquiriu, de forma derivada[1581].

A adoção da conceção restrita de "terceiros para efeitos de registo" gera, na nossa perspetiva, enorme insegurança jurídica, na medida em que é suscetível de abalar a confiança depositada no registo predial[1582,1583]. Na verdade, ainda que o exequente, confiando na segurança e na publicidade do registo, promova a penhora de um determinado bem que se ache registado a favor do executado, nem por isso o exequente vê garantida a possibilidade de satisfação do seu crédito através da penhora e subsequente venda executiva desse bem. É que, atenta a conceção de "terceiros para efeitos de registo" que foi consagrada no art. 5º, nº 4, do CRPred., o terceiro que tenha adquirido esse bem em data anterior à penhora, mas não tenha registado a sua aquisição, pode opor, de forma procedente, o seu direito de propriedade à execução. Ora, para além de tal redundar na inutilidade do registo, enquanto meio de publicidade e de segurança quanto à situação jurídica dos bens imóveis ou móveis sujeitos a registo, o exequente vê-se ainda confrontado com o pagamento dos encargos

"Esecuzione forzata (diritto vigente)", *op. cit.*, p. 458, o qual salienta que, na venda executiva, verifica-se uma verdadeira expropriação *tout court* dos bens do devedor.

1581 *Vide*, nesse sentido, o ac. do TRC de 03.06.2008, proc. 245-B/2002C.1.

1582 Cfr., a este propósito, Abreu, Eridano de, "Compra e venda (compra e venda de veículos automóveis – valor e natureza do registo – forma – enriquecimento sem causa) – Acórdão do S.T.J. de 24-2-77. Anotação", *in ROA*, ano 37º, vol. III, set./dez. 1977, p. 725.

1583 *Vide*, no mesmo sentido, Gonçalves, Luís M. Couto, "Terceiros para efeitos de registo e a segurança jurídica", *op. cit.*, pp. 30 e 31.

inerentes ao registo da penhora e ao subsequente cancelamento da mesma, bem como com as custas decorrentes do eventual decaimento nos embargos de terceiro contra ele deduzidos pelo adquirente que, por incúria ou negligência, não cuidou de registar a titularidade do seu direito de propriedade sobre o bem que, posteriormente, foi objeto de penhora.

É bem certo que o legislador, procurando reforçar a segurança jurídica, veio, entretanto, consagrar, através do DL nº 116/2008, de 4 de julho – que aditou o art. 8º-A ao Código do Registo Predial – o princípio da obrigatoriedade do registo, segundo o qual é obrigatório, em regra, submeter a registo os factos referidos no art. 2º, entre os quais se destacam "Os factos jurídicos que determinem a constituição, o reconhecimento, a aquisição ou a modificação dos direitos de propriedade, usufruto, uso e habitação, superfície ou servidão" [art. 2º, nº 1, al. *a)*, do CRPred.][1584,1585]. Para além disso, o citado diploma legal aditou igualmente ao Código do Registo Predial o art. 8º-B, cujo nº 1 preceitua que "devem promover o registo dos factos obrigatoriamente a ele sujeitos as entidades que celebrem a escritura pública, autentiquem os documentos particulares ou reconheçam as assinaturas neles apostas ou, quando tais entidades não intervenham, os sujeitos ativos do facto sujeito a registo". Contudo, não obstante a importância dessa alteração legislativa para se aproximar a realidade jurídica dos prédios à sua realidade física e substantiva, a verdade é que este regime não acautela plenamente a efetividade do registo, já que pode suceder que as entidades a que alude o art. 8º-B do CRPred. não promovam o registo, seja por incúria ou negligência, seja pelo facto de o interessado não se dispor a pagar os emolumentos devidos pela promoção do registo, acabando tal facto por resultar na discrepância entre a realidade jurídica do prédio e a sua realidade física e substantiva.

[1584] Com efeito, extrai-se do preâmbulo do citado diploma legal que foi objetivo do legislador adotar "um sistema de registo predial obrigatório, potenciando a coincidência entre a realidade física, a substantiva e a registral e contribuindo, por esta via, para aumentar a segurança no comércio jurídico de bens imóveis".

[1585] *Vide*, a este propósito, ANTUNES, Henrique Sousa, "Reflexões sobre o conceito de terceiros à luz da obrigatoriedade registal", *in Estudos dedicados ao Professor Doutor Luís Alberto Carvalho Fernandes*, vol. II, Universidade Católica Editora, Lisboa, 2011, pp. 13 e 29, o qual sustenta que a introdução da obrigatoriedade de registo predial redundou na adoção do conceito amplo de terceiros para efeitos de registo. Com efeito, de acordo com o citado Autor, "A reforma do registo, introduzindo a obrigatoriedade, é incompatível com a persistência de dúvidas. São terceiros, para efeitos do artigo 5º do Código do Registo Predial, aqueles que legitimam direitos total ou parcialmente incompatíveis no mesmo registo".

3.4.3.3. Direitos reais de garantia

Constituem direitos reais de garantia a consignação de rendimentos (arts. 656º e ss. do CC)[1586], o penhor (arts. 666º e ss. do CC)[1587], a hipoteca (arts. 686º e ss. do CC)[1588], os privilégios creditórios (arts. 733º e ss. do CC)[1589] e o direito de retenção (arts. 754º e ss. do CC)[1590].

Nos termos do art. 824º, nº 2, 1ª parte, do CC, "Os bens são transmitidos livres dos direitos de garantia que os onerarem [...]".

Por sua vez, dispõe o art. 824º, nº 3, do CC, que os "Os direitos de terceiro que caducarem nos termos do número anterior transferem-se para o produto da venda dos respectivos bens".

Deste modo, os direitos reais de garantia que incidam sobre os bens penhorados não são incompatíveis com a penhora, ou seja, não permitem a dedução de embargos de terceiro pelo respetivo titular, já que a venda executiva extingue tais direitos (art. 824º, nº 2, do CC)[1591]. Por conseguinte, se for penhorado um bem sobre o qual um terceiro seja titular de um direito real de garantia, o terceiro tem o ónus de reclamar o seu crédito na execução, para obter o ressarcimento desse crédito pelo produto da venda do bem penhorado [art. 786º,

[1586] Nos termos do art. 656º, nº 1, do CC, "O cumprimento da obrigação, ainda que condicional ou futura, pode ser garantido mediante a consignação dos rendimentos de certos bens imóveis, ou de certos bens móveis sujeitos a registo". Conforme elucida Luís A. Carvalho Fernandes, "diversamente do que é comum na generalidade dos direitos reais de garantia, a consignação de rendimentos não assegura o cumprimento da obrigação através do valor da própria coisa, mas mediante a afectação dos rendimentos por ela produzidos" (FERNANDES, Luís A. Carvalho, *Lições de Direitos Reais*, 6ª ed., reimp., Quid Iuris, Lisboa, 2010, p. 154).

[1587] De acordo com o art. 666º, nº 1, do CC, "O penhor confere ao credor o direito à satisfação do seu crédito, bem como dos juros, se os houver, com preferência sobre os demais credores, pelo valor de certa coisa móvel, ou pelo valor de créditos ou outros direitos não susceptíveis de hipoteca, pertencentes ao devedor ou a terceiro".

[1588] À luz do art. 686º, nº 1, do CC, "A hipoteca confere ao credor o direito de ser pago pelo valor de certas coisas imóveis, ou equiparadas, pertencentes ao devedor ou a terceiro, com preferência sobre os demais credores que não gozem de privilégio especial ou de prioridade de registo".

[1589] Nos termos do art. 733º do CC, "Privilégio creditório é a faculdade que a lei, em atenção à causa do crédito, concede a certos credores, independentemente do registo, de serem pagos com preferência a outros".

[1590] À luz do art. 754º do CC, "O devedor que disponha de um crédito contra o seu credor goza do direito de retenção se, estando obrigado a entregar certa coisa, o seu crédito resultar de despesas feitas por causa dela ou de danos por ela causados".

[1591] Cfr., no mesmo sentido, FREITAS, José Lebre de, *A Acção Executiva: À Luz do Código de Processo Civil de 2013*, *op. cit.*, p. 332. *Vide*, na jurisprudência, o ac. do TRC de 08.03.2006, proc. 112/06, o ac. do TRE de 18.11.2009, proc. 120/07.0TBAVS-A.E1, bem como o ac. do TRE de 28.06.2018, proc. 625/12.1TBLL-C.E1.

nº 1, al. *b)*], sob pena de, não o fazendo, perder a sua garantia sobre o produto da venda (art. 824º, nº 3, do CC)[1592].

3.4.3.4. Direitos reais de aquisição

Os direitos reais de aquisição atribuem ao respetivo titular a possibilidade de adquirir ou constituir, de forma autónoma e direta, um direito real sobre determinada coisa[1593].

Neste domínio, assumem especial relevância o contrato-promessa com eficácia real (art. 413º do CC) e o pacto de preferência com eficácia real (art. 421º do CC).

a) Contrato-promessa com eficácia real

No que concerne ao contrato-promessa com eficácia real, dispõe o art. 413º do CC que as partes podem atribuir eficácia real, mediante declaração expressa e inscrição no registo, à promessa de transmissão ou constituição de direitos reais sobre bens imóveis ou bens móveis sujeitos a registo[1594].

Assim, para além da declaração expressa das partes, no sentido da oponibilidade, com eficácia absoluta, a terceiros, a promessa deve constar de escritura pública ou de documento particular autenticado – salvo se a lei não exigir essa forma para o contrato prometido, situação em que é bastante um documento particular com reconhecimento da assinatura da parte que se vincula ou de ambas, consoante se trate, respetivamente, de contrato-promessa unilateral ou bilateral (art. 413º, nº 2, do CC) – e ser levada a registo, sob pena de, faltando algum desses requisitos, o contrato-promessa ter eficácia meramente obrigacional (art. 410º do CC)[1595].

Ora, uma vez que o art. 831º prevê a possibilidade de venda direta do bem penhorado nos casos em que este tenha sido prometido vender, com eficácia

[1592] Cfr., nesse sentido, o ac. do TRL de 28.04.2005, proc. 2396/2005-8, bem como o ac. do STJ de 22.09.2005, proc. 1488/05, *in SASTJ*, ano 2005.

[1593] *Vide*, a este propósito, FRAGA, Álvaro Moreira Carlos, *Direitos Reais*, *op. cit.*, p. 137, bem como MESQUITA, Manuel Henrique, *Obrigações e Ónus Reais*, Almedina, Coimbra, 1990, p. 187.

[1594] Cfr., a este respeito, MESQUITA, Manuel Henrique, *Obrigações e Ónus Reais*, *op. cit.*, p. 235. Quanto à distinção entre eficácia real e eficácia obrigacional, *vide* CORDEIRO, António Menezes, *Tratado de Direito Civil Português*, I, *op. cit.*, p. 441.

[1595] Cfr., nesse sentido, CORDEIRO, António Menezes, *Tratado de Direito Civil Português*, II – Direito das Obrigações, tomo II, Almedina, Coimbra, 2010, pp. 443 a 445, SILVA, João Calvão da, *Sinal e Contrato Promessa*, 14ª ed., Almedina, Coimbra, 2017, pp. 20 e 21, bem como MORAIS, Fernando de Gravato, *Contrato-Promessa em Geral, Contratos-Promessa em Especial*, Almedina, Coimbra, 2009, pp. 54 a 60.

real, a um terceiro, titular de um direito real de aquisição[1596], o promitente--comprador não pode deduzir embargos de terceiro contra a penhora desse bem, já que tem a possibilidade de o adquirir em sede executiva, obtendo, por essa via, o cumprimento do contrato-promessa de compra e venda[1597,1598].

Diversamente, estando em causa um contrato-promessa de compra e venda com eficácia meramente obrigacional, sem que tenha havido tradição da coisa, o promitente-comprador não pode adquirir o bem em sede executiva através da modalidade de venda direta – já que o contrato-promessa de compra e venda não tem eficácia real –, nem tão-pouco pode embargar de terceiro com fundamento na sua posse, porquanto não obteve a entrega da coisa[1599]. Nessa eventualidade, restar-lhe-á o direito a uma indemnização correspondente ao valor da coisa à data do não cumprimento da promessa, com dedução do preço convencionado, bem como à restituição do sinal e da parte do preço que tenha pago (art. 442º, nº 2, do CC).

Contudo, em duas situações excecionais, é possível ao promitente-comprador, no âmbito de um contrato-promessa de compra e venda com eficácia meramente obrigacional, deduzir embargos de terceiro.

1596 *Vide*, a este propósito, Costa, Mário Júlio de Almeida, *Direito das Obrigações*, *op. cit.*, p. 412, segundo o qual a atribuição de eficácia real ao contrato-promessa concede ao promitente--adquirente um "direito de crédito assistido de eficácia absoluta" ou, num outro entendimento, um "direito real de aquisição", podendo, por isso, fazer valer o seu direito não só contra o outro contraente, mas também contra terceiros.

1597 *Vide*, no mesmo sentido, Freitas, José Lebre de, *A Acção Executiva: À Luz do Código de Processo Civil de 2013*, *op. cit.*, p. 333, o ac. do TRP de 13.06.2019, proc. 2586/15.4T8LOU-B.P1, e o ac. do STJ de 01.12.2019, proc. 2587/15.4T8LOU-B.P1.S1.

Cfr., em sentido contrário, o ac. do TRL de 17.03.2016, proc. 1690/10.1TBSCR-D.L1-2, bem como o ac. do TRE de 27.06.2019, proc. 1872/14.7T8SLV-A.E1, no qual se sustentou que "O promitente--comprador poderá deduzir embargos de terceiro contra a penhora do imóvel que prometeu adquirir, para proteger o direito à execução específica do contrato promessa, se as partes tiverem atribuído eficácia real ao contrato promessa e tiver sido efectuado o competente registo antes do registo da penhora".

1598 No sentido de nada obstar a que o promitente-comprador, que viu registadas uma hipoteca legal e uma penhora depois do registo do contrato-promessa, outorgar a escritura pública de compra e venda com o promitente-vendedor – após o que devem ser cancelados os registos da hipoteca legal e da penhora – ou, em alternativa, intentar uma ação de execução específica contra o promitente-vendedor, não sendo obrigado a esperar pela venda executiva do bem penhorado para, nessa sede, exercer o seu direito real de aquisição sobre o bem, *vide* o ac. do TRL de 22.09.2016, proc. 26980/15.3T8LSB.L1.-2.

1599 Cfr., nesse sentido, o ac. do TRL de 07.05.1992, proc. 0057672. Sustentando que o promitente--comprador, no âmbito de um contrato-promessa com eficácia meramente obrigacional, não pode deduzir embargos de terceiro, ainda que tenha procedido ao registo provisório da aquisição com base na declaração de celebração desse contrato-promessa, *vide* o ac. do STJ de 29.11.2016, proc. 9950/11.8TBVNG.P1.S1.

A primeira dessas exceções diz respeito aos casos em que o promitente-comprador tenha obtido a tradição da coisa e se comporte como efetivo possuidor da coisa[1600]. Com efeito, conforme salienta Miguel Teixeira de Sousa, se o promitente-comprador tiver beneficiado da tradição da coisa e se se comportar "como verdadeiro possuidor em nome próprio, isto é, como titular do correspondente direito real", este poderá deduzir embargos de terceiro para defesa da sua posse[1601,1602]. É o que sucede, por exemplo, se o promitente-comprador tiver, entretanto, celebrado contratos de fornecimento de água, de energia elétrica, de gás ou de telecomunicações por referência ao bem imóvel objeto do contrato-promessa de compra e venda[1603], bem como se pagou

1600 Como bem salienta Menezes Cordeiro, esta situação verificar-se-á, fundamentalmente, nos casos em que a entrega do objeto do contrato-promessa de compra e venda visou antecipar o cumprimento do contrato definitivo, o que ocorre com maior frequência nos casos em que o preço se encontre totalmente liquidado ou em grande parte (Cordeiro, António Menezes, *A Posse: Perspectivas Dogmáticas Actuais*, *op. cit.*, p. 77).

1601 Sousa, Miguel Teixeira de, *Acção Executiva Singular*, *op. cit.*, p. 310. *Vide*, em igual sentido, Freitas, José Lebre de, *A Acção Executiva: À Luz do Código de Processo Civil de 2013*, *op. cit.*, p. 335, segundo o qual pode embargar de terceiro, com fundamento em posse, o "promitente adquirente para quem, em cumprimento da obrigação contratual, tenha sido transferida a posse da coisa prometida", Morais, Fernando de Gravato, *Manual do Contrato-Promessa*, Editora d'Ideias, Coimbra, 2022, pp. 268 e 269, bem como Mesquita, Miguel, *Apreensão de Bens em Processo de Executivo e Oposição de Terceiro*, *op. cit.*, pp. 178 e 179. Cfr., na jurisprudência, o ac. do STJ de 22.06.1989, proc. 077656, *in BMJ*, nº 388, ano 1989, p. 437, o ac. do TRL de 21.11.1991, proc. 0051912, *in BMJ*, nº 411, ano 1991, p. 640, o ac. do TRL de 17.06.2010, proc. 2211/06.6TBSXL-B.L1-8, bem como o ac. do TRP de 13.06.2019, proc. 2586/15.4T8LOU-B.P1.

Vide, em sentido contrário, o ac. do TRL de 09.05.1991, proc. 0029496, com o seguinte sumário: "O contrato-promessa de compra e venda com tradição da coisa não confere ao promitente-comprador a posse exigida para a dedução de embargos de terceiro. E isto porque daquele contrato não resulta a transmissão do direito de propriedade, mas tão só para o promitente-vendedor a obrigação de celebrar a venda", bem como o ac. do TRL de 15.12.1994, proc. 0075456.

1602 Por conseguinte, conforme se decidiu no ac. do TRP de 24.01.2019, proc. 18281/16.6T8PRT-B.P1, "Os embargos de terceiro deduzidos pelo promitente-comprador que obteve a tradição da coisa objecto do contrato, fundados na alegação da posse da coisa e do direito de retenção para garantia da indemnização pelo incumprimento do promitente-vendedor, não podem ser indeferidos liminarmente com o fundamento de serem manifestamente improcedentes por o promitente-comprador ser sempre, independentemente dos factos alegados, um mero detentor da coisa".

1603 Sousa, Miguel Teixeira de, *Acção Executiva Singular*, *op. cit.*, p. 310. *Vide*, quanto ao facto de o promitente-comprador que obtém a tradição da coisa adquirir, em princípio, um direito pessoal de gozo, Mesquita, José Andrade, *Direitos Pessoais de Gozo*, *op. cit.*, p. 77. Cfr., na jurisprudência, o ac. do TRL de 08.05.2008, proc. 1331/2008-6, o ac. do TRC de 24.11.2009, proc. 150-D/1996.C1, o ac. do TRC de 31.01.2012, proc. 1675/09.0T2AGD-A.C1, o ac. do TRG de 29.11.2012, proc. 2748/08.2TBBCL-B.G1, o ac. do TRL de 30.10.2014, proc. 1082/10.2T2AMD.L1-6, o ac. do TRG de 19.03.2015, proc. 950/09.9TABCL-C.G1, o ac. do TRG de 22.10.2015, proc. 12582/12.5TBVCT-A.G1,

a totalidade do preço e realizou obras de remodelação no imóvel prometido comprar e vender[1604].

No entanto, ainda que o promitente-comprador se comporte como um possuidor em nome próprio, este não poderá deduzir embargos de terceiro contra o credor que beneficie de hipoteca registada em data anterior à da celebração do contrato-promessa de compra e venda[1605].

Ademais, mesmo que o promitente-comprador deduza embargos de terceiro com fundamento na sua posse, tal não obsta à invocação da *exceptio dominii* pelo exequente e/ou pelo executado, nos termos do art. 348º, nº 2, caso em que os embargos de terceiro serão julgados improcedentes se o exequente e/ou o executado demonstrarem que o bem penhorado pertence ao executado[1606].

A segunda exceção reporta-se às situações em que o promitente-comprador tenha intentado contra o promitente-vendedor uma ação de execução específica do contrato-promessa de compra e venda com eficácia meramente obrigacional (art. 830º do CC) e procedido ao registo dessa ação [art. 3º, nº 1, al. *a)*, do CRPred.] em data anterior à do registo da penhora do bem objeto desse contrato ou à do registo do direito real de garantia de que o exequente seja beneficiário. Nessa eventualidade, o direito à execução específica do contrato-promessa de compra e venda é incompatível com a penhora, na medida em que não se extingue com a venda executiva, razão pela qual o promitente-comprador pode embargar de terceiro contra a penhora do bem objeto do contrato-promessa de compra e venda[1607,1608].

o ac. do TRL de 11.02.2016, proc. 4542/12.7TBOER-A.L2-2, bem como o ac. do STJ de 12.05.2016, proc. 810/14.1TAVR-A.P1.S1.

1604 *Vide*, nesse sentido, o ac. do TRL de 25.10.2011, proc. 237/06.9TBMTJ-A.L1-7, o ac. do TRC de 03.07.2012, proc. 122/09.2TBESP-C.C1, bem como o ac. do TRG de 22.10.2015, proc. 12582/12.5TBVCT-A.G1. No sentido de o promitente-comprador poder deduzir embargos de terceiro se foi autorizado a realizar obras no imóvel e se dispõe de uma procuração que lhe permite celebrar consigo mesmo o negócio objeto do contrato-promessa de compra e venda, *vide* o ac. do TRC de 03.07.2012, proc. 122/09.2TBESP-C.C1.

1605 Cfr., a este propósito, o ac. do TRL de 23.05.1991, proc. 0026006, o ac. do TRL de 13.09.2012, proc. 1223/05.1TBCSC-B.L1-6, bem como o ac. do TRL de 15.11.2018, proc. 19156/15.1T8SNT-C.L1-6.

1606 Cfr., a este propósito, o ac. do TRL de 14.06.2012, proc. 5962/07.4TCLRS-B.L1-2, o ac. do TRC de 03.07.2012, proc. 122/09.2TBESP-C.C1, bem como o ac. do TRL de 11.02.2016, proc. 4542/12.7TBOER-A.L2-2.

1607 *Vide*, nesse sentido, o ac. do STJ de 26.02.2004, proc. 03B4296, o ac. do TRL de 14.06.2012, proc. 5962/07.4TCLRS-B.L1-2, bem como o ac. do TRL de 17.03.2016, proc. 1690/10.1TBSCR-D.L1-2.

1608 No sentido de, neste caso, a instância dos embargos de terceiro dever ser suspensa, pelo facto de a ação de execução específica constituir causa prejudicial – "a não ser que o juiz *a quo* possa liminarmente concluir, com relativa segurança, que a acção de execução específica está condenada

b) Pacto de preferência com eficácia real

Relativamente ao pacto de preferência com eficácia real, dispõe o art. 421º do CC que "O direito de preferência pode, por convenção das partes, gozar de eficácia real se, respeitando a bens imóveis, ou a móveis sujeitos a registo, forem observados os requisitos de forma e de publicidade exigidos no artigo 413º", isto é, desde que o pacto de preferência conste de escritura pública e seja levado a registo[1609].

Assim, o terceiro que seja titular de um direito de preferência com eficácia real não pode deduzir embargos de terceiro contra a penhora do bem que seja objeto do pacto de preferência, já que a lei coloca à sua disposição outros meios processuais para poder fazer valer os seus interesses na execução. Com efeito, o art. 800º, nº 2, preceitua que o titular do direito de preferência, legal ou convencional com eficácia real, deve ser notificado do dia, hora e local designados para a abertura das propostas, a fim de poder exercer nessa sede o seu direito de preferência na venda executiva do bem penhorado[1610].

3.4.3.5. Direitos pessoais de gozo

De acordo com a lei substantiva, são titulares de um direito pessoal de gozo o locatário (arts. 1022º e ss. do CC)[1611], o parceiro pensador (arts. 1121º e ss. do CC)[1612], o comodatário (arts. 1129º e ss. do CC)[1613] e o depositário (arts. 1185º e ss. do CC)[1614].

ao fracasso – *vide* MARQUES, J. P. Remédio, *Curso de Processo Executivo Comum à Face do Código Revisto, op. cit.*, pp. 324 e 325.

1609 *Vide*, a este propósito, LIMA, Carlos, "Direitos legais de preferência", *in ROA*, ano 65º, vol. III, dez. 2005, p. 600, bem como BARATA, Carlos Lacerda, *Da Obrigação de Preferência*, reimp., Coimbra Editora, Coimbra, 2002, pp. 22 a 24.

1610 SOUSA, Miguel Teixeira de, *Acção Executiva Singular, op. cit.*, p. 311. No sentido de à notificação do titular do direito de preferência serem aplicáveis as disposições referentes ao regime da citação, *vide* o ac. do STJ de 06.12.2011, proc. 3504/07.0TVLSB.L1.S1.

1611 Nos termos do art. 1022º do CC, "Locação é o contrato pelo qual uma das partes se obriga a proporcionar à outra o gozo temporário de uma coisa, mediante retribuição". *Vide*, quanto ao respetivo regime jurídico, CORDEIRO, António Menezes, "Da natureza do direito do locatário", *in ROA*, ano 40º, vol. I, jan./abr. 1980, pp. 64 e 65.

1612 À luz do art. 1121º do CC, "Parceria pecuária é o contrato pelo qual uma ou mais pessoas entregam a outra ou outras um animal ou certo número deles, para estas os criarem, pensarem e vigiarem, com o ajuste de repartirem entre si os lucros futuros em certa proporção".

1613 Nos termos do art. 1129º do CC, "Comodato é o contrato gratuito pelo qual uma das partes entrega à outra certa coisa, móvel ou imóvel, para que se sirva dela, com a obrigação de a restituir".

1614 De acordo com o art. 1185º do CC, "Depósito é o contrato pelo qual uma das partes entrega à outra uma coisa, móvel ou imóvel, para que a guarde, e a restitua quando for exigida".

Regra geral, os titulares de direitos pessoais de gozo não podem deduzir embargos de terceiro com fundamento na titularidade de um direito incompatível com a penhora, já que esses direitos extinguem-se com a venda executiva, não sendo, por isso, incompatíveis com a penhora (art. 824º, nº 2, do CC).

Tão-pouco podem deduzir embargos de terceiro com fundamento na titularidade de um direito de crédito que detenham sobre o executado, porquanto o direito de crédito cede perante a penhora[1615]. Na verdade, ainda que esse direito de crédito beneficie de um direito de retenção, o retentor não pode embargar de terceiro, sendo apenas admitido a reclamar o seu direito de crédito na execução (art. 747º, nº 2)[1616].

Do mesmo modo, os titulares de direitos pessoais de gozo que possuam a coisa penhorada em nome do executado não podem deduzir embargos de terceiro com fundamento nessa posse, já que o bem penhorado pertence ao executado, sendo os titulares de tais direitos havidos como meros detentores ou possuidores precários [art. 1253º, als. *a)* e *b)*, do CC][1617].

Outrossim, atento o disposto nos arts. 1038º do CC, 1125º, nº 2, do CC, 1133º, nº 2, do CC, e 1188º, nº 2, do CC – os quais atribuem meios de tutela possessória, respetivamente, ao locatário, ao parceiro pensador, ao comodatário e ao depositário – os titulares destes direitos só podem deduzir embargos nos casos em que tenha sido penhorado um bem pertencente a um terceiro, exercendo, por isso, esses meios de tutela possessória, contra o exequente e o executado, em nome desse terceiro[1618]. Com efeito, assim como o terceiro, proprietário do bem objeto de penhora, pode deduzir embargos de terceiro com fundamento na ofensa da sua posse em nome próprio (art. 1268º, nº 1, do CC), do mesmo modo o locatário, o parceiro pensador, o comodatário ou o depositário desse bem podem deduzir embargos de terceiro quando o mesmo tenha sido penhorado, invocando, nesse caso, a sua qualidade de possuidores (precários) em nome do terceiro proprietário do bem.

Contudo, no caso particular do locatário, este pode deduzir embargos de terceiro, mesmo que possua em nome do executado, desde que a relação jurídica de locação tenha sido constituída antes da penhora do bem objeto

[1615] Ac. do TRL de 03.04.2014, proc. 1245/12.6TBALQ-B.L1-6.

[1616] *Vide*, a este propósito, o ac. do TRE de 19.01.2010, proc. 238/04.1TBSRP-C, o ac. do TRE de 17.03.2011, proc. 332-D/1999, bem como o ac. do TRL de 15.12.2011, proc. 9400/06.1TBCSC-B.L1-7.

[1617] Cfr., a este respeito, o ac. do TRG de 10.07.2014, proc. 5932/13.3TBBRG-A.G1. *Vide*, na doutrina, Ataíde, Rui Paulo Coutinho de Mascarenhas, "Sobre a distinção entre posse e detenção", *op. cit.*, p. 86.

[1618] Cfr., nesse sentido, o ac. do TRL de 03.04.2014, proc. 1245/12.6TBALQ-B.L1-6. *Vide*, na doutrina, Costa, Salvador da, *Os Incidentes da Instância*, *op. cit.*, pp. 164 e 165.

de locação[1619,1620], mas nunca depois da constituição de hipoteca sobre esse bem[1621]. Com efeito, nos termos do art. 1057º do CC, o adquirente do bem objeto de locação sucede nos direitos e obrigações do locador, sem prejuízo das regras de registo, isto é, a compra e venda não afeta a locação (*emptio non*

[1619] Cfr., nesse sentido, SOUSA, Miguel Teixeira de, *Acção Executiva Singular, op. cit.*, p. 311, PALMA, Augusta Ferreira, *Embargos de Terceiro*, 2ª ed., Almedina, Coimbra, 2013, p. 70, RAMALHO, Maria do Rosário Palma, "Sobre o fundamento possessório dos embargos de terceiro deduzidos pelo locatário, parceiro pensador, comodatário e depositário", *in ROA*, ano 51º, vol. III, dez. 1991, p. 664, bem como MARTINEZ, Pedro Romano, *Direito das Obrigações*, 2ª ed., Almedina, Coimbra, 2001, pp. 206 e 207. No sentido de o arrendatário não poder tutelar o seu direito mediante a apresentação de um simples requerimento no processo executivo, *vide* o ac. do TRP de 14.03.2017, proc. 3515/09.1T2AGD-B.P1.

[1620] A este propósito, dispõe o art. 2923º do $CC_{It.}$ que "Le locazioni consentite da chi ha subito l'espropriazione sono opponibili all'acquirente se hanno data certa anteriore al pignoramento, salvo che, trattandosi di beni mobili, l'acquirente ne abbia conseguito il possesso in buona fede".

[1621] ASCENSÃO, José de Oliveira, "Locação de bens dados em garantia", *in ROA*, ano 45º, vol. II, set. 1985, p. 364. Com efeito, de acordo com o citado Autor, o arrendamento constituído após a hipoteca caduca em caso de venda executiva. *Vide*, na jurisprudência, o ac. do STJ de 06.07.2000, proc. 1881/00, *in CJ/STJ*, ano VIII, tomo II, 2000, pp. 150 e 151, o ac. do TRP de 20.12.2004, proc. 0356828, o ac. do TRL de 28.09.2006, proc. 6598/2006-6, o ac. do TRL de 06.03.2007, proc. 85047/2006-7, o ac. do TRC de 21.10.2008, proc. 699/06.4TBAND-A.C1, o ac. do TRG de 14.05.2009, proc. 683/03.0TCGMR-D.G1, o ac. do STJ de 27.05.2010, proc. 5425/03.7TBSXL.S1, o ac. do TRL de 24.05.2012, proc. 738/09.7TBBNV.L1-6, o ac. do TRC de 09.10.2012, proc. 1734/10.7TBFIG, o ac. do TRC de 26.02.2013, proc. 6/09.4TBCBR.C1, o ac. do TRL de 12.12.2013, proc. 88726/05.2YYLSB.L1-2, o ac. do TRC de 10.07.2014, proc. 1646/08.4TBGRD-E.C1, o ac. do STJ de 09.07.2015, proc. 430/11.2TBEVR-Q.E1.S1, o ac. do STJ de 22.10.2015, proc. 896/07.5TBSTS.P1.S1 (com um voto de vencido), o ac. do TRP de 31.05.2016, proc. 2252/13.7TBVCD-B.P1, o ac. do TRE de 11.01.2018, proc. 1268/16.6T8FAR.E1, o ac. do TRL de 08.03.2018, proc. 2942/14T8SNT-A.L1-8, o ac. do TRE de 26.04.2018, proc. 311/12.2TBRDD.E1, o ac. do TRG de 24.05.2018, proc. 4595/07.0TBGMR-B.G1, o ac. do TRE de 13.09.2018, proc. 43/16.2T8FAL-F.E1, o ac. do TRE de 08.11.2018, proc. 561/14.7T8MMN-B.E1, o ac. do TRE de 30.05.2019, proc. 2560/09.1TBLLE-C.E1, o ac. do TRE de 30.05.2019, proc. 701/16.1T8PTG-C.E1, o ac. do TRP de 04.06.2019, proc. 4975/10.3TBVNG-B.P1, o ac. do TRL de 10.09.2019, proc. 1452/17.5T8CSC.L1-7, o ac. do TRL de 26.09.2019, proc. 1200/17.0T8SNT.L1-2, o ac. do TRE de 30.01.2020, proc. 38/19.4T8EVR.E1, bem como o ac. do TRE de 03.12.2020, proc. 1940/17.3T8EVR-H.E1.

No sentido de o arrendamento não se extinguir com a venda executiva, mesmo que tenha sido constituído depois da hipoteca do bem imóvel, mas antes da penhora do mesmo, *vide* GARCIA, Maria Olinda, *Arrendamento Urbano e Outros Temas de Direito e Processo Civil, op. cit.*, p. 55, bem como o ac. do TRL de 19.06.2008, proc. 5151/2008-7, o ac. do STJ de 27.11.2018, proc. 1268/16.6T8FAR.E1.S2, no qual se decidiu que "I – No actual contexto, o arrendamento de um imóvel não constitui, sem mais, um factor de desvalorização do mesmo, nem constitui um obstáculo à satisfação integral do crédito garantido. II – O art. 824º, nº 2 do CC, não se aplica, nem directa nem analogicamente, ao arrendamento, não caducando, assim, o contrato celebrado depois do registo da hipoteca, havendo-se antes como transmitida a posição do locador para o terceiro adquirente do prédio alienado em venda judicial", e o ac. do TRL de 30.04.2019, proc. 1357/17.0T8LSB-C.L1-1.

tollit locatio)[1622]. Por conseguinte, se o prédio penhorado se encontrar onerado com um arrendamento a favor de terceiro, o adquirente desse bem em sede executiva sucede na posição jurídica do locador, sem que seja afetada a situação jurídica do arrendatário[1623], porquanto o arrendamento não caduca com a venda executiva[1624].

Em todo o caso, o locatário só terá interesse em deduzir embargos de terceiro se se tornar necessário acautelar a sua situação jurídica face à venda executiva do bem. É o que sucede, por exemplo, se do auto de penhora do bem imóvel não constar qualquer referência à circunstância de esse bem se encontrar onerado com um arrendamento, caso em que o arrendatário deverá deduzir embargos de terceiro, não para impedir a venda executiva do bem, mas antes para garantir que o bem é vendido com a ressalva de se encontrar onerado com um arrendamento constituído a favor do embargante.

3.5. Formalidades

3.5.1. Prazo

O prazo para a dedução dos embargos de terceiro varia consoante os embargos revistam uma natureza preventiva ou repressiva.

Assim, se os embargos de terceiro apresentarem uma natureza preventiva, estes podem ser deduzidos antes de realizada, mas depois de ordenada, a diligência de penhora ou de apreensão de bens[1625]. Com efeito, atenta a sua natureza, estes embargos só podem ser deduzidos enquanto a penhora não for realizada, ficando, por isso, prejudicada a possibilidade de dedução de embargos de terceiro com função preventiva após a concretização da penhora[1626].

[1622] Neste particular, importa salientar que o Código Civil de 1867 dispunha no seu art. 1621º que, se a transmissão da propriedade procedesse de execução contra o respetivo proprietário, os arrendamentos sujeitos a registo subsistiam desde que tivessem sido registados anteriormente ao registo do ato ou do facto de que a execução tivesse resultado, e os arrendamentos não sujeitos a registo mantinham-se, apesar da execução, por que tivessem sido celebrados, salvo se outra coisa tivesse sido estipulada.

[1623] *Vide*, no mesmo sentido, LEITÃO, Luís Manuel Teles de Menezes, *Direito das Obrigações*, vol. III, *op. cit.*, pp. 330 e 331.

[1624] Cfr., nesse sentido, o ac. do STJ de 27.03.2007, *in CJ/STJ*, nº 198, ano XV, tomo I, 2007, p. 146, o ac. do TRL de 15.05.2018, proc. 7734/10.0YYLSB-C-7, bem como o ac. do TRP de 11.07.2018, proc. 758/17.8T8AVR.P1.

[1625] *Vide*, a este propósito, o ac. do TRL de 02.06.2005, proc. 2981/2005-8, o ac. do TRC de 17.01.2017, proc. 3240/14.1T8CFR-F.C1, bem como o ac. do TRE de 05.12.2019, proc. 5809/13.2TBSTR-C.E1.

[1626] Ac. do TRE de 22.10.2015, proc. 382/13.4TBPSR-B.E1. *Vide*, no mesmo sentido, o ac. do TRE de 19.01.2010, proc. 238/04.1TBSRP-C, o ac. do TRL de 06.12.2017, proc. 23387-10.2T2SNT-A.L1-

Pelo contrário, se os embargos de terceiro assumirem uma natureza repressiva, estes devem ser deduzidos no prazo de trinta dias após a data em que a penhora foi efetuada ou em que o embargante dela teve conhecimento[1627], mas nunca depois de os respetivos bens terem sido judicialmente vendidos ou adjudicados (art. 344º, nº 2)[1628]. Este prazo reveste natureza judicial, estando, por isso, sujeito às regras de contagem de prazos previstas no Código de Processo Civil[1629], suspendendo-se nas férias judiciais (art. 138º, nº 4)[1630].

Uma vez que o terceiro pode deduzir embargos no prazo de trinta dias após a realização da penhora ou da data em que dela teve conhecimento, se os embargos de terceiro forem deduzidos depois de decorridos trinta dias após a concretização da penhora, caberá ao embargante alegar os factos atinentes à data em que teve conhecimento efetivo da diligência – sob pena de, não o fazendo, o juiz poder indeferir liminarmente a petição de embargos, nos termos do art. 345º –, mas o ónus da prova de que os embargos são extemporâneos recai sobre os embargados (art. 343º, nº 2, do CC)[1631], sem prejuízo da

6, o ac. do TRE de 11.04.2019, proc. 924/14.8TLLE-G.E1, bem como o ac. do TRG de 07.11.2019, proc. 1560/13.1TBVRL-I.G1.

[1627] Cfr., a este respeito, o ac. do STJ de 30.11.2006, proc. 4244/06, *in SASTJ*, ano 2006, no qual se decidiu que "O prazo para embargar de terceiro inicia-se aquando do conhecimento pelo visado do acto de penhora, irrelevando para o efeito a data do seu conhecimento da conversão do registo provisório da penhora em registo definitivo".

[1628] *Vide*, a este respeito, o ac. do STJ de 21.05.1991, proc. 080694, bem como o ac. do TRE de 12.06.2019, proc. 1297/14.4TBSTR-C.E1, no qual se decidiu que "Ao não admitir a dedução de embargos de terceiro depois de o bem penhorado ter sido judicialmente vendido, o nº 2 do artigo 344º do CPC reporta-se à venda consumada, em que os direitos do executado sobre a coisa vendida já foram transmitidos".
Sustentando que os embargos de terceiro devem ser indeferidos liminarmente quando tenham sido deduzidos depois de os bens objeto de embargos terem sido adjudicados ou vendidos judicialmente, sendo este regime igualmente aplicável aos embargos de terceiro com função preventiva, *vide* o ac. do TRE de 22.10.2015, proc. 382/13.4TBPSR-B.E1, bem como o ac. do TRL de 08.03.2018, proc. 2942/14T8SNT-A.L1-8.

[1629] No sentido de os embargos de terceiro poderem ser deduzidos dentro dos três dias úteis seguintes ao termo do prazo, mediante o pagamento de multa (art. 139º, nº 5), *vide* o ac. do TRG de 20.02.2014, proc. 5932/13.3TBBRG-A.G1.

[1630] *Vide*, a este propósito, o ac. do TRL de 25.05.2000, proc. 0024326, o ac. do STJ de 15.03.2005, proc. 307/05, *in SASTJ*, ano 2005, o ac. do TRG de 20.02.2014, proc. 5088/10.3TBBRG-B.G1, o ac. do TRE de 11.06.2015, proc. 5809/13.2TBSTB-A.E1, bem como o ac. do TRG de 16.02.2017, proc. 1464/16.6T8BCL-E.G1.

[1631] Cfr., nesse sentido, o ac. do STJ de 02.12.1982, proc. 070240, o ac. do TRP de 12.06.1990, proc. 0121720, o ac. do TRL de 29.11.1994, proc. 0089241, o ac. do STJ de 01.04.2008, proc. 08A046, o ac. do TRE de 31.10.2008, proc. 1821/08-2, o ac. do TRP de 06.05.2010, proc. 1839/05.6TBVLG-F.P1, o ac. do TRG de 13.02.2012, proc. 3592/03.9TBBRG-B.G1, o ac. do TRE de 28.06.2018, proc. 252/12.3TBFAL-A.E1, o ac. do TRG de 30.05.2019, proc. 11015/11.3YIPRT-C.G1, o ac. do TRL

possibilidade de o tribunal conhecer oficiosamente a caducidade do exercício do direito de embargar, desde que seja manifesto, face à matéria de facto alegada na petição inicial, que a dedução dos embargos de terceiro é intempestiva[1632]. Essa prova não deixa de ser difícil, na medida em que terá de existir algum facto que permita demonstrar, de forma cabal e inequívoca, a data em que o embargante teve conhecimento efetivo da penhora.

3.5.2. Legitimidade passiva

O terceiro que deduza embargos contra a penhora de um determinado bem assume no processo executivo uma posição oposta à do exequente e do executado.

Com efeito, a sua posição é oposta à do exequente, na medida em que o terceiro procura impedir que o exequente obtenha a satisfação do seu crédito através da venda executiva do bem penhorado.

De igual modo, a sua posição é oposta à do executado, na medida em que o executado obterá uma vantagem patrimonial com a satisfação da dívida exequenda à custa de um bem que, alegadamente, pertence a um terceiro.

Consequentemente, os embargos de terceiro devem ser deduzidos contra o exequente e o executado, os quais são as partes primitivas da execução, em regime de litisconsórcio necessário legal, nos termos do art. 348º, nº 1[1633].

de 06.06.2019, proc. 1950/11.4YYLSB-C.L1-6, bem como o ac. do TRC de 15.01.2022, proc. 636/08.1TBLRA-B.C1.
Vide, em sentido contrário, o ac. do TRE de 28.06.2017, proc. 132/06.1TBSSB-A.E1, no qual se decidiu que, sendo os embargos deduzidos depois de já terem decorrido mais de trinta dias após a realização da penhora, cabe ao embargante o ónus da prova da data em que teve conhecimento efetivo da diligência.

[1632] Cfr., a este propósito, o ac. do TRG de 16.02.2017, proc. 1464/16.6T8BCL-E.G1, no qual se decidiu que "O tribunal perante o qual sejam deduzidos deve pronunciar-se oficiosamente sobre a caducidade do exercício do direito de embargar, desde que da petição inicial constem os factos que demonstrem de forma inequívoca em que data o embargante teve conhecimento da diligência ofensiva da sua posse ou do seu direito, e sobre a essa data já tenham decorridos 30 dias (reportados àquele em que a acção entrou em juízo)", bem como o ac. do TRC de 26.04.2022, proc. 1704/20.7T8VIS-A.C1.

[1633] *Vide*, no mesmo sentido, ANGEL FERNANDEZ, Miguel, *Derecho Procesal Civil*, vol. III, *op. cit.*, p. 397. Sustentando, ao invés, existir um litisconsórcio necessário natural entre o exequente e o executado, na medida em que "o efeito útil de uma eventual procedência dos embargos não é atingido sem uma decisão uniforme para o executado e o exequente", *vide* SOUSA, Miguel Teixeira de, *Acção Executiva Singular, op. cit.*, p. 302.

3.5.3. Tramitação

3.5.3.1. Fase introdutória

O terceiro deve apresentar a petição de embargos no processo executivo onde foi ou irá ser realizada a penhora do bem de que é possuidor ou titular de um direito incompatível com essa diligência, sendo os embargos de terceiro tramitados por apenso a esse processo (art. 344º, nº 1).

Uma vez apresentada a petição de embargos, esta é remetida ao juiz de execução, o qual pode proferir um de três despachos:

a) despacho de indeferimento liminar[1634], designadamente quando seja manifesta, face ao que foi alegado na petição inicial e sem necessidade de produção de qualquer prova, a extemporaneidade dos embargos[1635], a falta da qualidade de "terceiro" do embargante[1636] ou a inexistência de posse ou de um direito incompatível com a penhora[1637,1638];

[1634] No sentido de não constituir fundamento de indeferimento liminar da petição inicial de embargos de terceiro o facto de, na petição inicial desse articulado, não constar a menção da indicação da forma de processo, *vide* o ac. do TRE de 25.11.2004, proc. 2098/04-3.

[1635] Cfr., nesse sentido, o ac. do TRP de 13.12.2004, proc. 0456103, o ac. do TRL de 03.02.2005, proc. 467/2005-6, o ac. do TRL de 16.03.2006, proc. 11249/2005-6, o ac. do STJ de 27.06.2006, proc. 1239/06, *in SASTJ*, ano 2006, o ac. do TRC de 23.10.2007, proc. 233/04TBSAT.C1, o ac. do TRL de 14.06.2008, proc. 5225/2008-8, o ac. do TRG de 24.09.2015, proc. 1129/09.5TBVRL-H.G1, bem como o ac. do TRL de 08.03.2018, proc. 2942/14T8SNT-A.L1-8.
Vide, em sentido contrário, o ac. do TRC de 01.04.2008, proc. 5166/06.3TBLRA-B.C1, no qual se decidiu que "O prazo para dedução dos embargos de terceiro é extintivo do respectivo direito potestativo de acção, o que significa tratar-se de um prazo de caducidade, cujo decurso, ainda que demonstrado, quando estabelecido em matéria inserida no âmbito da disponibilidade das partes, não pode ser objecto do conhecimento oficioso do Tribunal", bem como o ac. do TRG de 16.02.2017, proc. 1464/16.6T8BCL-E.G1.
No sentido de não ser admissível o indeferimento liminar de embargos de terceiro por extemporaneidade quando, na respetiva petição inicial, o embargante alegue ter tido conhecimento da penhora dentro do prazo previsto para a dedução dos embargos, *vide* o ac. do TRG de 13.02.2014, proc. 125/13.2TBVVD-A.G1.

[1636] *Vide*, a este respeito, o ac. do TRE de 12.01.2012, proc. 844/08.5TBOLH-C.E1, assim como o ac. do TRG de 28.06.2018, proc. 4190/12.1TBGMR-D.G1, no qual se sustentou o indeferimento liminar de embargos de terceiro deduzidos pelo cônjuge do executado, o qual havia sido citado, na sequência da penhora de bens comuns do casal, para requerer a separação de bens ou juntar certidão comprovativa da pendência dessa ação, não tendo, por conseguinte, a qualidade de "terceiro".

[1637] Cfr., nesse sentido, o ac. do TRP de 08.06.2010, proc. 1628/08.6TBPNF-A.P1, no qual se decidiu pelo indeferimento liminar de embargos de terceiro fundados apenas na inscrição da titularidade da propriedade na matriz predial, o ac. do TRE de 22.03.2007, proc. 97/07-2, no qual se concluiu pela manifesta improcedência de embargos fundados em posse, reconhecendo o embargante que o bem pertence à pessoa contra quem foi promovida a diligência, o ac. do TRG de 15.01.2015, proc. 278/09.4TBVLN-D.G1, no qual se decidiu que "É manifesta a falta de fundamento da oposição

b) despacho de convite ao aperfeiçoamento da petição de embargos[1639], concretamente quando entenda ser necessário o suprimento de insuficiências ou de imprecisões na exposição ou concretização da matéria de facto que foi alegada ou a junção de algum documento que seja essencial para o prosseguimento da causa[1640]; ou

c) despacho de realização das diligências probatórias que tiverem sido requeridas pelo terceiro ou que o juiz de execução considere relevantes para a sua decisão de recebimento ou de rejeição dos embargos (art. 345º).

Produzida a prova oferecida pelo embargante, o juiz, sem a audiência prévia dos embargados, profere um despacho de recebimento ou de rejeição dos embargos de terceiro consoante, com base num juízo sumário, conclua ou não pela probabilidade séria da existência da posse ou de um direito incompatível

mediante embargos de terceiro quando a penhora de veículo automóvel tenha sido realizada e registada em momento anterior ao da sua compra e aquisição da posse", o ac. do TRL de 09.02.2017, proc. 20305-15.5T8SNT-A.L1-6, no qual se sustentou que "Se, em face dos termos da petição inicial, e segundo as mais variadas soluções plausíveis da questão de direito, resulta logo manifesto que o embargante não tem a qualidade de "possuidor" do imóvel penhorado e, outrossim, não é titular de qualquer direito incompatível com a execução em curso e no âmbito da qual foi realizada a penhora, inevitável é a prolação de despacho de indeferimento da petição de embargos", bem como o ac. do TRL de 27.06.2019, proc. 5643/16.8T8LRS-D.L1-6, no qual se decidiu que "Ainda que a alegação factual inserta na petição de embargos de terceiro possa levar à qualificação da posse da embargante como em nome próprio, por transferência do primeiro embargado, justifica-se o indeferimento liminar da petição quando, da mesma alegação factual e dos documentos com ela juntos, se revela que tal posse terá sido adquirida posteriormente ao registo de hipoteca voluntária constituída pelo primeiro embargado a favor do credor hipotecário exequente e segundo embargado". *Vide*, ainda, o ac. do TRC de 22.06.2004, proc. 554/04, o ac. do TRL de 31.10.2013, proc. 18052/12.9T2SNT-A.L1-2, bem como o ac. do TRL de 15.11.2018, proc. 19156/15.1T8SNT-C.L1-6.

1638 *Vide*, a este propósito, o ac. do STA de 12.09.2012, proc. 0995/11, onde se consignou que "O indeferimento liminar tem de ser cautelosamente decretado, só devendo ter lugar quando da simples apreciação da petição resulte, com força irrecusável e sem margem para dúvidas, que o processo é manifestamente inviável ou extemporâneo, que não tem razão alguma de ser ou que a improcedência da pretensão é tão notória e evidente que torna inútil qualquer instrução e discussão posterior". No sentido de o juiz não se encontrar obrigado a ouvir previamente o embargante antes de proferir o despacho de indeferimento liminar, já que, nesse caso, não se verifica qualquer decisão-surpresa e, muito menos, a violação do princípio do contraditório, *vide* o ac. do TRL de 10.10.2019, proc. 26411/11.8T2SNT-D.L1-6.

1639 Cfr., nesse sentido, o ac. do TRL de 29.03.2007, proc. 4958/2006-2. Sustentando que o despacho de convite ao aperfeiçoamento da petição inicial só pode ter lugar aquando do proferimento do despacho liminar de recebimento ou de rejeição dos embargos, estando, por isso, vedado ao juiz proferir aquele despacho em momento posterior, *vide* o ac. do TRE de 07.12.2006, proc. 2077/04-2.

1640 *Vide*, a este propósito, o ac. do TRE de 27.10.2011, proc. 2677/09.2TBLLE-G.E1.

do embargante com a penhora. Por conseguinte, esta fase introdutória dos embargos de terceiro visa a "a apreciação liminar da viabilidade dos embargos, com vista a prevenir e acautelar as hipóteses de dedução de embargos sem fundamento sério"[1641,1642], razão pela qual o juiz não funda a sua decisão com base numa convicção segura acerca da existência do direito invocado, mas antes num mero juízo de probabilidade séria quanto à existência desse direito[1643], tanto mais que a admissão liminar dos embargos de terceiro tem lugar sem a audição prévia dos embargados. Nessa exata medida, esse despacho do juiz não se encontra sujeito ao princípio da extinção do poder jurisdicional, constante do art. 613º, nº 1, nem faz caso julgado formal, podendo, por isso, o juiz modificar oficiosamente o despacho por si proferido, designadamente rejeitando os embargos de terceiro que tenham sido liminarmente admitidos[1644].

3.5.3.2. Efeitos da rejeição ou do recebimento dos embargos

Se os embargos forem rejeitados, tal não impede que o embargante proponha uma ação em que peça a declaração da titularidade do direito que obsta à realização ou ao âmbito da diligência, ou reivindique a coisa apreendida, porquanto tal decisão não produz efeito de caso julgado quanto à eventual inexistência do direito de que o embargante se arroga titular (art. 346º)[1645].

Diversamente, se os embargos de terceiro foram recebidos, o juiz determina a suspensão da execução quanto aos bens penhorados que tenham sido objeto de embargos[1646,1647] – prosseguindo, por isso, a execução em relação a outros bens – assim como a restituição provisória da posse desses bens ao

[1641] Preâmbulo do DL nº 329-A/95, de 12 de dezembro.

[1642] Assim, conforme se decidiu no ac. do STJ de 26.04.1995, proc. 086975, os embargos de terceiro devem ser rejeitados quando o direito de propriedade do embargante sobre o bem objeto de penhora resulte de uma doação desse bem, feita pelo executado alguns dias após a penhora.

[1643] Cfr., a este respeito, o ac. do TRL de 16.04.1991, proc. 0045811, o ac. do TRP de 07.10.2013, proc. 524/10.1TTVNF-B.P1, bem como o ac. do TRG de 24.10.2019, proc. 441/10.5TTVRL-D.G1.

[1644] Cfr., nesse sentido, o ac. do TRP de 09.02.2006, proc. 0536694, o ac. do STJ de 29.01.2008, proc. 4489/07, *in SASTJ*, nº 121, ano 2008, o ac. do TRE de 12.06.2008, proc. 1376/08-3, o ac. do TRP de 11.07.2012, proc. 801-B/2002.P1, bem como o ac. do TRP de 11.04.2019, proc. 900/05.1TBESP-C.P1.

[1645] *Vide*, a este propósito, o ac. do TRG do 06.11.2008, proc. 2214/08-2, bem como o ac. do TRE de 23.03.2017, proc. 654/11.2TBSLV-E.E1.

[1646] Cfr., a este respeito, o ac. do STJ de 22.03.1974, proc. 065150, o ac. do TRL de 28.02.1991, proc. 0027386, bem como o ac. do TRP de 30.05.2005, proc. 0553027.

[1647] Quanto à circunstância de este despacho não produzir caso julgado formal em relação ao que for decidido nesse despacho e estiver além do alcance do mesmo, *vide* o ac. do STJ de 21.02.1989, proc. 077071.

embargante, se este a houver requerido na petição inicial[1648], podendo, todavia, condicionar essa restituição à prestação de uma caução (art. 347º)[1649]. Com efeito, a imposição de uma caução constitui uma importante medida de salvaguarda nos casos em que o juiz, apesar de não ter motivos para rejeitar liminarmente os embargos de terceiro, tenha, no entanto, dúvidas, no quadro do juízo sumário inerente à fase introdutória dos embargos, quanto à probabilidade séria de existência do direito de que o embargante se arroga titular. Nessa exata medida, o valor da caução a ser prestada deve corresponder ao valor do direito do embargante ou ao valor dos bens a que os embargos de terceiro digam respeito[1650].

3.5.3.3. Fase subsequente

Sendo recebidos os embargos de terceiro, o exequente e o executado devem ser notificados para, querendo, deduzirem contestação, seguindo-se, com as devidas adaptações, os termos do processo comum de declaração.

Ora, constituindo os embargos de terceiro uma verdadeira ação autónoma, o prazo para o oferecimento da contestação é de trinta dias (art. 569º), podendo as partes primitivas defender-se por impugnação e por exceção (arts. 571º, 576º e 577º), bem como deduzir uma reconvenção (arts. 266º e 583º)[1651].

Fundando-se os embargos apenas na posse do terceiro sobre a coisa penhorada (art. 342º, nº 1, 1ª parte), as partes primitivas podem, na sua contestação, impugnar a posse invocada pelo terceiro ou suscitar a *exceptio dominii*, isto é, pedir que o tribunal declare e reconheça que o executado é o proprietário efetivo do bem objeto de penhora (art. 348º, nº 2)[1652]. Trata-se, por isso, de um verdadeiro pedido reconvencional[1653].

[1648] Cfr., a este propósito, o ac. do TRP de 13.11.2007, proc. 0720860.

[1649] *Vide*, nesse sentido, o ac. do STJ de 22.11.1988, proc. 076700, bem como o ac. do STJ de 23.03.1994, proc. 085352.

[1650] Cfr., nesse sentido, o ac. do TRL de 11.10.1990, proc. 0018566.

[1651] Assim, o exequente pode, por exemplo, invocar a nulidade, por simulação, do negócio jurídico translativo da propriedade do bem objeto de penhora ou invocar a ineficácia, por impugnação pauliana, desse mesmo negócio jurídico. Cfr., na jurisprudência, os acs. do TRC de 28.03.2007, proc. 208-A/2002.C1, e de 02.03.2011, proc. 2346/04.0TJCBR-A.C1, bem como o ac. do STJ de 07.11.2019, proc. 363/14.0TCFUN-C.L1.S1.

[1652] A este respeito, Miguel Teixeira de Sousa defende que o embargante de terceiro, possuidor do bem penhorado, "beneficia da presunção do art. 1268º, nº 1, CC, pelo que se presume ser o titular do direito real que fundamenta a sua posse enquanto essa presunção não for ilidida pelo réu, isto é, enquanto essa parte não provar que tem um direito real incompatível com qualquer outro direito do autor" (Sousa, Miguel Teixeira de, "Sobre a *exceptio dominii* nas acções possessórias e nos embargos de terceiro", *in ROA*, ano 52º, vol. I, abr. 1992, p. 26).

Em alternativa à apresentação de contestação, o exequente pode optar por requerer ao agente de execução a substituição da penhora do bem objeto de embargos por um outro bem do executado, situação em que a instância de embargos de terceiro deverá extinguir-se, por inutilidade superveniente da lide, logo que se verifique o levantamento da penhora [art. 754º, nºs 1, al. *d)*, e 6].

3.5.3.4. Decisão e efeitos

Nos termos do art. 349º, a sentença de mérito proferida nos embargos constitui, nos termos gerais, caso julgado material quanto à existência e à titularidade do direito invocado pelo embargante ou por algum dos embargados[1654].

Assim, se os embargos de terceiro forem julgados procedentes, o juiz deve determinar o levantamento da penhora que recaiu sobre os bens objeto de embargos[1655].

Diversamente, se os embargos forem julgados improcedentes, a execução prossegue os seus termos quanto a esses bens.

4. Ação de declaração da titularidade do direito que obste à realização ou ao âmbito da penhora

Se a penhora ofender o direito de propriedade ou outro direito real de um terceiro sobre o bem penhorado, este pode intentar uma ação declarativa de simples apreciação, contra o exequente e o executado, em litisconsórcio necessário natural, pedindo que o tribunal declare e reconheça a titularidade do seu direito real sobre o bem penhorado.

No sentido de o embargante/exequente dever pedir, em sede de contestação aos embargos fundados em posse, o reconhecimento do direito de propriedade a favor do embargado/executado, *vide* o ac. do STJ de 26.06.1991, proc. 080468, *in BMJ*, nº 408, ano 1991, p. 495.

1653 Sousa, Miguel Teixeira de, *Acção Executiva Singular, op. cit.*, p. 304. Cfr., no mesmo sentido, Borges, Marco António de Aço e, *A Demanda Reconvencional, op. cit.*, p. 414, bem como o ac. do TRC de 02.03.2011, proc. 2346/04.0TJCBR-A.C1.

1654 *Vide*, a este propósito, os acs. do TRL de 14.04.2005, proc. 425/2005-2, e de 23.01.2014, proc. 45/13.0TBSRQ.L1-8. Cfr. ainda o ac. do TRE de 25.11.2004, proc. 885/04-2, com o seguinte sumário: "O alcance do caso julgado terá de ser aferido em função dos fundamentos dos embargos e assim: Se os embargos se fundarem em direito de fundo do terceiro, ficará assente a sua existência ou inexistência deste direito; Se a causa se mantiver no âmbito da posse, ficará assente que o terceiro era ou não possuidor do bem penhorado à data da penhora; Se for invocado em reconvenção o direito de propriedade (ou outro direito real de gozo) do executado, ficará assente que este é ou não o proprietário do bem penhorado (ou titular do direito real menor invocado)".

1655 Cfr., a este respeito, o ac. do TRC de 28.03.2007, proc. 208-A/2002.C1, no qual se decidiu que "O efeito jurídico da procedência dos embargos de terceiro consiste no levantamento da penhora e jamais na extinção da execução".

Com efeito, conforme resulta do art. 346º, mesmo que os embargos de terceiro sejam rejeitados, tal não impede que o embargante proponha ação em que peça a declaração da titularidade de um direito que obste à realização ou ao âmbito da diligência. Nessa exata medida, a ação de simples apreciação pode ser intentada pelo terceiro quer este tenha deduzido embargos de terceiro – e estes tenham sido rejeitados (art. 346º) – quer não tenha lançado mão desse meio processual[1656].

De resto, ao invés do que sucede com os embargos de terceiro, os quais só podem ser deduzidos enquanto o bem penhorado não tiver sido judicialmente vendido ou adjudicado (art. 344º, nº 2), a ação de simples apreciação pode ser intentada a todo o tempo.

Esta ação declarativa de simples apreciação é autónoma relativamente à ação executiva, razão pela qual não corre por apenso à execução[1657].

5. Ação de reivindicação

A ação de reivindicação constitui, à semelhança dos embargos de terceiro e da ação de simples apreciação, um meio de reação de um terceiro contra a penhora de um bem, podendo ter por fundamento a titularidade de um direito de propriedade ou de outro direito real do terceiro sobre a coisa penhorada (arts. 1311º, nº 1, e 1315º do CC)[1658].

Com efeito, tal como sucede com os embargos de terceiro e com a ação de simples apreciação, a ação de reivindicação visa igualmente o reconhecimento do direito de propriedade ou de outro direito real sobre a coisa penhorada.

Contudo, diferentemente da ação de simples apreciação, a ação de reivindicação só pode ser intentada quando a coisa reivindicada se encontre em poder do demandado, razão pela qual o autor deve peticionar a condenação do réu na restituição da coisa objeto do seu direito[1659].

Por outro lado, importa salientar que a ação de reivindicação pode ser deduzida a todo o tempo (art. 1313º do CC), já que, nos termos do art. 824º,

[1656] *Vide*, nesse sentido, o ac. do TRE de 12.10.2017, proc. 290/16.7T8LAG.E1.

[1657] Ac. do TRE de 23.03.2017, proc. 654/11.2TBSLV-E.E1.

[1658] Cfr., nesse sentido, Sousa, Miguel Teixeira de, *Acção Executiva Singular*, *op. cit.*, p. 317, Freitas, José Lebre de, *A Acção Executiva: À Luz do Código de Processo Civil de 2013*, *op. cit.*, p. 346, bem como Ascensão, José de Oliveira, "Acção de reivindicação", *in Estudos em Memória do Professor Doutor João de Castro Mendes*, Lex, Lisboa, 1995, p. 19. No sentido de o autor da ação de reivindicação se encontrar dispensado de invocar a posse sobre o bem penhorado, *vide* Sampaio, J. M. Gonçalves, *A Acção Executiva e a Problemática das Execuções Injustas*, *op. cit.*, p. 297.

[1659] *Vide*, a este propósito, Ruggiero, Roberto de, *Instituições de Direito Civil*, vol. II, *op. cit.*, p. 410. No sentido de a ação de reivindicação constituir uma ação declarativa de condenação, *vide* Ascensão, José de Oliveira, "Acção de reivindicação", *op. cit.*, pp. 24 e 25.

nº 2, do CC, os direitos reais de gozo que tenham sido constituídos ou registados antes da penhora ou da garantia não caducam com a venda executiva[1660]. Deste modo, ainda que o terceiro afetado pela penhora de um bem não tenha deduzido embargos de terceiro dentro do prazo legal de trinta dias após a realização ou o conhecimento da diligência (art. 344º, nº 2), nada o impede de recorrer aos meios comuns, nomeadamente à ação de reivindicação[1661,1662].

A ação de reivindicação deve ser intentada, em litisconsórcio necessário natural, contra o exequente e o executado, sendo que a procedência desta ação implica o levantamento da penhora e/ou a anulação da venda executiva [art. 839º, nº 1, al. *d)*][1663], com a consequente restituição do bem ao reivindicante[1664,1665].

1660 Soares, Carlos, "A articulação dos diferentes meios de impugnação da penhora", *op. cit.*, p. 713.

1661 Ac. do TRG de 06.02.2014, proc. 125/13.2TBVVD-A.G1. *Vide*, no mesmo sentido, o ac. do TRP de 11.04.2019, proc. 4018/17.6T8VFR.P1, no qual se consignou o seguinte: "[...] III – Se o terceiro deixou passar o prazo legal de dedução dos embargos, nem por isso fica desarmado, pois pode sempre fazer valer o seu direito de propriedade propondo acção de reivindicação dos bens penhorados e/ou vendidos. IV – Não se trata, porém, para o proprietário ofendido, de pedir qualquer espécie de anulação do acto da venda, pois que, para ele, tal acto não passa de uma "res inter alios acta", limitando-se o proprietário a reivindicar o que é seu, como em qualquer caso em que a coisa se encontre em poder de terceiro, designadamente por via de aquisição *a non domino*".

1662 No sentido de a ação de reivindicação e os embargos de terceiro constituírem meios alternativos, *vide* Sousa, Miguel Teixeira de, *Acção Executiva Singular, op. cit.*, pp. 317 e 318, Freitas, José Lebre de, *A Acção Executiva: À Luz do Código de Processo Civil de 2013, op. cit.*, p. 347, bem como Sampaio, J. M. Gonçalves, *A Acção Executiva e a Problemática das Execuções Injustas, op. cit.*, p. 297.

1663 *Vide*, a este propósito, o ac. do TRP de 26.01.2016, proc. 98/13.1TBPVZ.P1.

1664 Neste particular, conforme salienta Carlos Soares, se a ação de reivindicação for julgada procedente e se a execução ainda estiver pendente, não tendo o bem objeto de reivindicação sido ainda vendido, o reivindicante deve requerer o levantamento da penhora na ação executiva, sem necessidade de dedução de embargos de terceiro (Soares, Carlos, "A articulação dos diferentes meios de impugnação da penhora", *op. cit.*, p. 714).

1665 Assim, conforme se decidiu no ac. do TRG de 10.07.2018, proc. 283/12.3TMBRG-G.G1, "O direito conferido no art. 839º, nº 1, al. d), tutela apenas o interesse do terceiro que tenha obtido procedência de acção de reivindicação da coisa vendida, não o do executado, titular aparente, neste caso registado, do seu direito de propriedade".

Lição X
Concurso de Credores

1. Citação do cônjuge do executado e dos credores
1.1. Âmbito
Realizada a penhora de bens do devedor, segue-se a fase do concurso de credores, a qual tem por finalidade permitir, em condições muito particulares, a intervenção do cônjuge do executado no processo executivo, bem como assegurar o chamamento à execução dos credores do executado, para que estes reclamem os seus créditos e obtenham a satisfação dos mesmos através do produto da venda dos bens penhorados[1666].

O chamamento à execução, quer do cônjuge do executado, quer dos credores, é efetuado pelo agente de execução, através de citação, a qual pode ser realizada por qualquer uma das modalidades previstas no art. 225º, com exceção da citação edital.

1.2. Citação do cônjuge do executado
Atento o disposto no art. 786º, nº 1, al. *a)*, o cônjuge do executado deve ser citado pelo agente de execução nos seguintes casos:

a) quando a penhora tenha recaído sobre bens imóveis ou estabelecimento comercial que o executado não possa alienar livremente, atento o disposto no art. 1682º-A do CC.

[1666] Ziino, Salvatore, *Esecuzione Forzata e Intervento dei Creditori, op. cit.*, p. 87. Cfr., no mesmo sentido, Serra, Adriano Paes da Silva Vaz, *Obrigações – Ideias Preliminares, Fontes (em especial, Contrato e Negócio Unilateral), Fixação de Prazo, op. cit.*, p. 66, segundo o qual o chamamento à execução dos credores do executado visa "impedir que o credor exequente seja pago com prejuízo dos restantes credores do devedor executado".

Com efeito, o cônjuge do executado deve ser citado quando, sendo o executado casado sob o regime da comunhão geral de bens ou sob o regime da comunhão de adquiridos, tenha sido penhorado um bem imóvel ou um estabelecimento comercial próprios do executado, ou quando, independentemente do regime de bens do casamento, tenha sido penhorado um bem imóvel, próprio do executado, que constitua a casa da morada da família[1667];

b) quando tenham sido penhorados bens comuns do casal, em execução movida apenas contra um dos cônjuges, por não serem conhecidos bens próprios do executado que sejam suficientes para garantir o pagamento da dívida exequenda e das despesas da execução (art. 740º, nº 1); ou

c) quando tenha sido invocada a comunicabilidade da dívida pelo exequente ou pelo executado (arts. 741º e 742º)[1668].

Uma vez citado para a execução, o cônjuge do executado passa a dispor de poderes processuais distintos, consoante as finalidades para as quais foi citado.

Assim, se o cônjuge do executado tiver sido citado pelo facto de a penhora ter recaído sobre bens imóveis ou estabelecimento comercial que o executado não possa alienar livremente [arts. 1682º-A do CC e 786º, nº 1, al. *a)*, 1ª parte], o cônjuge do executado pode, no prazo de vinte dias, deduzir oposição à penhora[1669] e, cumulativamente, invocar eventuais fundamentos da oposição à execução (arts. 729º a 731º).

[1667] Com efeito, conforme salienta Amâncio Ferreira, "Tendo em conta que a penhora de bens visa o fim último da sua alienação, também no processo de execução se devem encontrar ambos os cônjuges, sempre que os bens imóveis penhorados só por ambos possam ser alienados" (Ferreira, Fernando Amâncio, *Curso de Processo de Execução, op. cit.*, p. 326). *Vide*, no mesmo sentido, Capelo, Maria José, "Pressupostos processuais gerais na acção executiva – A legitimidade e as regras de penhorabilidade", *op. cit.*, p. 91. Cfr., na jurisprudência, o ac. do TRG de 19.06.2019, proc. 498/12.4TTVCT-C.G1.

[1668] Esta citação deve ser efetuada no prazo de cinco dias a contar do apuramento da situação registal dos bens. Não sendo o cônjuge do executado citado, verifica-se a omissão de um ato previsto na lei, com a consequente nulidade desse ato, o que não impede, no entanto, o conhecimento da oposição à execução que tenha sido deduzida pelo executado (ac. do STJ de 08.03.2012, proc. 448/07.0TBCBR-A.C2.S1).

[1669] Com efeito, conforme salientam Francisco Pereira Coelho e Guilherme de Oliveira, se a penhora recair sobre bem imóvel que o devedor não possa alienar livremente, o cônjuge do devedor deve ser citado a fim de poder deduzir oposição à penhora, designadamente para "dizer que há outros bens penhoráveis de que o devedor tem a livre disposição, se for o caso, contra os quais a penhora se devia dirigir em primeiro lugar" (Coelho, Francisco Pereira/Oliveira, Guilherme de, *Curso de Direito da Família*, vol. I, *op. cit.*, p. 406).

Para além disso, o cônjuge do executado pode ainda exercer, nas fases da execução posteriores à sua citação, todos os direitos processuais que a lei confere ao executado. É o que sucede, designadamente, com a possibilidade de impugnar os créditos reclamados pelos credores (art. 789º, nº 2), pronunciar-se sobre a modalidade da venda e o valor base dos bens (art. 812º), requerer a sustação da venda executiva (art. 813º) ou pedir a venda antecipada de bens penhorados (art. 814º).

Diferentemente, se o cônjuge do executado tiver sido citado pelo facto de a penhora ter recaído sobre bens comuns do casal, em execução movida apenas contra um dos cônjuges (art. 740º), ou pela circunstância de o exequente ou o executado terem suscitado a comunicabilidade da dívida (arts. 741º e 742º), nesse caso, o cônjuge do executado, uma vez citado, apenas é admitido a exercer na execução as faculdades previstas nessas disposições legais. Assim, para além de poder requerer a separação de bens ou juntar certidão comprovativa da pendência da ação em que a separação já tenha sido requerida (art. 740º, nº 1), o cônjuge do executado pode ainda exercer os demais direitos previstos para o incidente de comunicabilidade da dívida (arts. 741º e 742º)[1670,1671].

1.3. Citação dos credores titulares de direito real de garantia

Uma vez realizada a penhora, o agente de execução deve proceder à citação dos credores que sejam titulares de um direito real de garantia, registado ou conhecido, sobre os bens penhorados.

A citação destes credores visa permitir a reclamação de créditos na execução. Com efeito, a lei substantiva consagra o princípio *par conditio creditorum*, segundo o qual, não existindo causas legítimas de preferência[1672], todos os credores têm o direito de ser pagos proporcionalmente pelo preço dos bens do devedor, quando ele não chegue para integral satisfação dos débitos (art. 604º, nº 1, do CC)[1673]. Este princípio está, aliás, em perfeita conformidade com

[1670] Neste particular, se forem penhorados bens próprios do cônjuge do executado (que o exequente, o agente de execução e/ou o oficial de justiça supunham serem comuns) em execução movida contra o executado, o cônjuge do executado pode deduzir oposição contra a penhora dos seus bens próprios, sem prejuízo de poder igualmente requerer a substituição dos bens próprios concretamente penhorados por bens comuns do casal.

[1671] *Vide*, a este propósito, Sousa, Miguel Teixeira de, "As dívidas dos cônjuges em processo civil", *op. cit.*, p. 347.

[1672] Nos termos do art. 604º, nº 2, do CC, constituem causas legítimas de preferência, para além de outras previstas na lei, a consignação de rendimentos, o penhor, a hipoteca, o privilégio creditório e o direito de retenção.

[1673] *Vide*, a este propósito, Torres, António Maria M. Pinheiro, *Noções Fundamentais de Direito das Obrigações*, *op. cit.*, p. 25, bem como Tarzia, Guiseppe, "Par aut dispar condicion creditorum?", *in RDP*, anno LX, 2ª série, nº 1, Cedam, jan./mar. 2005, p. 2.

o art. 601º do CC, que estabelece a regra da responsabilidade do património do devedor pelo cumprimento das suas obrigações: de facto, se o património do devedor responde em caso de incumprimento das suas obrigações e no confronto com todos os seus credores, do mesmo modo os credores do devedor devem ter a possibilidade de aceder aos meios previstos no ordenamento jurídico para conservarem a garantia patrimonial dos seus créditos e obterem a satisfação coativa dos seus direitos[1674].

Contudo, nem todos os credores do devedor são admitidos a intervir na execução. Na verdade, dado que a venda executiva acarreta a caducidade dos direitos reais de garantia que onerem os bens penhorados, só os credores que sejam titulares desses direitos podem reclamar os seus créditos na execução (art. 824º, nºs 2 e 3, do CC)[1675]. Nesta aceção, a fase do concurso de credores, sendo uma antecâmara da fase da venda ou da adjudicação, permite expurgar os bens penhorados dos direitos reais de garantia que os onerem[1676], razão pela qual a reclamação de créditos constitui um verdadeiro ónus processual, já que, se o credor não reclamar o seu crédito, o seu direito real de garantia caducará com a venda executiva, não sendo tal direito satisfeito através do produto da venda do bem sobre o qual beneficiava da garantia (art. 824º, nºs 2 e 3, do CC)[1677,1678].

[1674] ZIINO, Salvatore, *Esecuzione Forzata e Intervento dei Creditori*, *op. cit.*, p. 81. Cfr., no mesmo sentido, PARDAL, F. Rodrigues, "Concurso de credores", *in ROA*, ano 35º, vol. II, maio/ago. 1975, p. 187, bem como MARTINS, António Carvalho, *Reclamação, Verificação e Graduação de Créditos*, 2ª ed., Coimbra Editora, Coimbra, 2001, p. 18.

[1675] Observe-se, no entanto, que, se estiver em causa a execução de hipoteca constituída sobre um direito real de habitação duradoura e se o proprietário, uma vez citado para, querendo, exercer a opção de compra desse direito, não tiver exercido tal opção – tendo, por conseguinte, procedido ao depósito, à ordem do processo executivo, do saldo da caução existente à data da citação –, este é admitido a reclamar, no processo executivo, os créditos que detenha ou que venha a deter sobre o morador, apesar de não ser titular de um direito real de garantia, por força do regime especial previsto no art. 21º do DL nº 1/2020, de 9 de janeiro.

[1676] PRAZERES, Manuel Augusto Gama, *Do Concurso de Credores e da Verificação e Graduação dos Créditos nos Actuais Códigos Civil e do Processo Civil*, *op. cit.*, p. 42. Conforme elucida Lebre de Freitas, a reclamação de créditos em sede executiva "tem por função, não o pagamento, mas a desoneração do bem penhorado: é por a venda executiva se fazer livre de todos os direitos reais de garantia que os credores são admitidos a reclamar" (FREITAS, José Lebre de, *Estudos sobre Direito Civil e Processo Civil*, vol. I, 2ª ed., Coimbra Editora, Coimbra, 2009, p. 397).

[1677] Cfr., no mesmo sentido, MENDES, João de Castro, *Direito Processual Civil – Acção Executiva*, *op. cit.*, p. 170.

[1678] *Vide*, a este propósito, o ac. do TRC de 23.05.2017, proc. 651/09.8TBCTB-B.C1, no qual se decidiu que "O credor que tenha deixado caducar a garantia hipotecária por não haver reclamado o crédito na ação executiva instaurada por terceiro na qual foi penhorado o imóvel sobre que incidia aquele direito, não pode, na sequência de instauração de ação executiva contra o devedor, a qual foi

Por outro lado, importa salientar que, à luz do art. 786º, nº 1, al. *b)*, o agente de execução só deve proceder à citação dos credores que sejam titulares de um direito real de garantia sobre os bens penhorados, que se encontre registado ou que seja por ele conhecido.

Assim, se a penhora tiver recaído sobre bens imóveis ou bens móveis sujeitos a registo, o agente de execução deverá proceder à consulta da certidão dos registos em vigor sobre os bens penhorados, que lhe tiver sido enviada ou disponibilizada, por via eletrónica, pelo serviço de registo competente (art. 755º), e proceder à citação dos credores constantes dessa certidão, por serem titulares de direitos reais de garantia, devidamente registados, sobre os bens penhorados. Nessa eventualidade, os credores devem ser citados no domicílio que conste do registo, salvo se tiverem outro domicílio conhecido, atento o disposto no art. 786º, nº 3.

Diferentemente, se a penhora tiver recaído sobre bens móveis não sujeitos a registo, o agente de execução deve proceder à citação dos credores que sejam titulares de um direito real de garantia conhecido sobre esses bens. Estes credores poderão ser conhecidos por diversas vias, nomeadamente:

a) em virtude da indicação dada pelo próprio executado, nos termos do art. 753º, nº 3[1679];
b) pelo facto de, no ato de apreensão dos bens, o agente de execução ter constatado que o terceiro tem os bens em seu poder por via de penhor ou de direito de retenção; ou
c) pela circunstância de a constituição do penhor constar do próprio registo informático de execuções[1680].

À luz do art. 786º, nº 4, os titulares de direito real de garantia sobre bens não sujeitos a registo são citados no domicílio que tiver sido indicado no ato da penhora ou que seja designado pelo executado, sem prejuízo do disposto no art. 747º, nº 2, quanto à citação imediata do titular do penhor ou do direito de retenção que se encontrem em poder dos bens penhorados aquando da apreensão dos mesmos.

sustada nos termos do nº 1 do art. 794º do CPC, reclamar o crédito com base na garantia referida na ação executiva em que omitiu a reclamação".

1679 *Vide*, no mesmo sentido, SANTOS, Elsa Sequeira, "Reclamação, verificação e graduação de créditos", *in Themis – A Reforma da Acção Executiva*, vol. II, ano V, nº 9, Almedina, Coimbra, 2004, p. 95.

1680 Será o caso do credor exequente que tenha celebrado com o executado um acordo de pagamento em prestações da dívida exequenda, situação em que, não prescindindo o exequente da penhora de bens móveis já efetuada na execução, aquela converte-se em penhor (art. 807º).

Uma vez admitidos na execução, os credores reclamantes passam a ser sujeitos processuais, assistindo-lhes a faculdade de, designadamente:

a) requerer que o navio penhorado continue a navegar até ser vendido (art. 770º, nº 1);

b) requerer a prática, ou a autorização para a prática, dos atos que se afigurem indispensáveis à conservação do direito de crédito que tenha sido penhorado (art. 773º, nº 6);

c) impugnar os créditos garantidos por bens sobre os quais tenham igualmente invocado qualquer direito real de garantia (art. 789º, nº 3);

d) adquirir, em fase de pagamento, os bens penhorados que lhes tenham sido dados em garantia (art. 799º, nº 2);

e) requerer a renovação da instância executiva, na eventualidade de ser celebrado um acordo de pagamento entre o exequente e o executado que tenha determinado a extinção da execução (arts. 806º, nº 2, e 809º, nº 1);

f) manter a penhora sobre os bens do executado, ainda que o exequente venha a desistir dela[1681];

g) pronunciar-se sobre a modalidade da venda e o valor base dos bens sobre os quais disponham de garantia (art. 812º, nº 1);

h) deliberar sobre as propostas apresentadas na modalidade de venda mediante propostas em carta fechada (art. 821º);

i) aceitar um comprador ou um preço na venda por negociação particular [art. 832º, als. *a)* e *b)*];

j) reclamar contra as irregularidades da venda em estabelecimento de leilão (art. 835º);

k) pronunciar-se sobre o pedido de anulação da venda e de indemnização do comprador (art. 838º, nº 2); e

l) obter o pagamento pela venda ou adjudicação de bens sobre cujo produto hajam sido graduados, ainda que o exequente tenha desistido da execução (art. 848º, nº 1).

1.4. Citação da Fazenda Nacional e do Instituto de Gestão Financeira da Segurança Social, I. P.

Nos termos do art. 786º, nº 2, o agente de execução deve proceder à citação da Fazenda Nacional e do Instituto de Gestão Financeira da Segurança Social, I. P..

[1681] Cfr., nesse sentido, o ac. do TRL de 05.06.2013, proc. 340-A/99-4.

A citação destas entidades visa permitir a reclamação de eventuais créditos de que as mesmas sejam titulares sobre o executado e que beneficiem de garantia sobre os bens penhorados[1682]. Vale isto por dizer que a Fazenda Nacional e o Instituto de Gestão Financeira da Segurança Social, I. P. constituem, na prática, verdadeiros "credores desconhecidos", na medida em que, no momento da citação, não se sabe se esses credores são ou não titulares de privilégios creditórios sobre os bens penhorados[1683].

1.5. Consequências da falta de citação

A falta de citação de alguma das entidades previstas nos art. 786º, nºs 1 e 2, tem o mesmo efeito que a falta de citação do réu (arts. 187º e 188º), ou seja, acarreta, em princípio, a nulidade de tudo o que tenha sido processado após a omissão da citação.

[1682] Nos termos do art. 9º, nº 1, da Portaria nº 331-A/2009, de 30 de março, "O agente de execução cita a Fazenda Pública e, através de uma única comunicação, o Instituto da Segurança Social, I. P. e o Instituto de Gestão Financeira da Segurança Social, I. P., exclusivamente por transmissão eletrónica de dados, através do sistema informático de suporte à atividade dos agentes de execução e do sistema informático de suporte à atividade dos tribunais".
De acordo com o art. 10º do referido diploma legal, a citação "considera-se efetuada na data em que a entidade citanda procede, pela primeira vez, à consulta da citação", sendo que "Os sistemas informáticos da Fazenda Pública, do Instituto da Segurança Social, I. P. e do Instituto de Gestão Financeira da Segurança Social, I. P. asseguram a certificação da data e hora da primeira consulta da citação, se esta for anterior ao 5º dia posterior à data da certificação da disponibilização desta e a disponibilização desta informação, por via exclusivamente eletrónica e automática, ao sistema informático de suporte à atividade dos tribunais e ao sistema informático de suporte à atividade dos agentes de execução". Se a primeira consulta não for efetuada nos primeiros quatro dias após a data da disponibilização da citação, esta presume-se efetuada na própria pessoa do citando, no 5º dia posterior àquela data. *Vide*, a este respeito, o ac. do TRP de 04.10.2012, proc. 4576/11.9YYPRT-A.P1, no qual se decidiu que, se o quinto dia posterior à data da disponibilização da citação coincidir com um dia não útil, a citação presume-se efetuada no primeiro dia útil subsequente a esse.
Para além disso, a Fazenda Pública, o Instituto da Segurança Social, I. P. e o Instituto de Gestão Financeira da Segurança Social, I. P. "consideram-se pessoalmente citados na pessoa de qualquer funcionário que aceda aos sistemas informáticos da Fazenda Pública, do Instituto da Segurança Social, I. P. e do Instituto de Gestão Financeira da Segurança Social, I. P., respetivamente".

[1683] *Vide*, a este respeito, Pires, Miguel Lucas, *Dos Privilégios Creditórios: Regime Jurídico e sua Influência no Concurso de Credores*, *op. cit.*, pp. 154 e 155. De todo o modo, como bem elucidam Lebre de Freitas e Armindo Ribeiro Mendes, a Fazenda Nacional e o Instituto de Gestão Financeira de Segurança Social, I.P. não devem ser citados quando se verifique algum dos casos previstos no art. 788º, nº 4, em que a lei não admite a reclamação de créditos pelo credor que disponha de privilégio creditório geral, mobiliário ou imobiliário, já que, nessas circunstâncias, constituiria um ato inútil proceder-se à citação desses credores para, depois, estes não serem admitidos a reclamarem os seus créditos (Freitas, José Lebre de/Mendes, Armindo Ribeiro, *Código de Processo Civil Anotado*, vol. III, *op. cit.*, pp. 497 e 498).

Contudo, à luz do art. 786º, nº 6, a falta de citação não importa a anulação das vendas, adjudicações, remições ou pagamentos que já tenham sido efetuados, desde que o exequente não tenha sido o exclusivo beneficiário[1684].

Nesse caso, a entidade cuja citação foi omitida tem direito a ser ressarcida, pelo exequente ou pelo credor pago em sua vez, pelos danos sofridos, nomeadamente a perda do direito real de garantia sobre o bem penhorado e subsequente satisfação do seu crédito por via dessa garantia, segundo as regras do enriquecimento sem causa, sem prejuízo da responsabilidade civil, nos termos gerais, da pessoa a quem seja imputável a falta de citação[1685].

Com efeito, conforme tem vindo a ser pacificamente entendido pela jurisprudência, esta regra visa proteger a expetativa jurídica do adquirente, adjudicatário ou remidor do bem vendido em sede executiva – o qual é alheio a essa anomalia processual – e, indiretamente, acautelar a posição dos credores reclamantes a quem já tenham sido liquidados os seus créditos[1686].

Diversamente, se o exequente tiver sido o exclusivo beneficiário das vendas, adjudicações ou pagamentos, "sendo os bens por ele adquiridos e para ele havendo revertido todo o seu produto, já haverá lugar à anulação, posto não ser agora caso de cuidar da protecção dos direitos de terceiros adquirentes ou de quaisquer credores"[1687].

[1684] *Vide*, a este propósito, o ac. do TRL de 31.05.2012, proc. 5331/98.5TVLSB-D.L1-6, no qual se decidiu que "Mantendo-se válida a venda e a adjudicação, se ainda não se tiver procedido aos pagamentos por conta do produto da venda, deve ser dada ao credor hipotecário não citado a possibilidade de exercer os seus direitos sobre o produto da venda, anulando-se apenas os actos que estejam dependentes da reclamação, incluindo a sentença de verificação e graduação de créditos". Cfr., ainda, o ac. do TRE de 23.02.2016, proc. 1334/12.7TBFAR.E1, no qual se decidiu que "A falta de citação do cônjuge do executado não conduz à anulação da venda judicial, quando o comprador do bem penhorado seja outro que não o exequente; o chamamento do cônjuge do executado à ação executiva, com a concessão dos típicos direitos processuais de parte principal passiva, tem como objetivo a defesa do património conjugal".

[1685] Cfr., a este respeito, o ac. do TRE de 07.06.2018, proc. 1532/13.6TBSTR.E1.

[1686] *Vide*, nesse sentido, o ac. do STJ de 27.11.2003, proc. 1444/03, *in SASTJ*, ano 2003, o ac. do TRP de 28.04.2020, proc. 615/14.0T8AGD-C.P1, bem como o ac. do TRP de 28.04.2020, proc. 615/14.0T8AGD-C.P1. Cfr., na doutrina, LOPES-CARDOSO, Eurico, *Manual da Acção Executiva*, *op. cit.*, pp. 504 e 505.

[1687] Ac. do STJ de 27.11.2003, proc. 1444/03, *in SASTJ*, ano 2003. *Vide*, no mesmo sentido, o ac. do TRL de 23.10.2008, proc. 4494/2008-2. Conforme salienta Lopes-Cardoso, esta regra não se aplica na eventualidade de o comprador ou o adjudicatário dos bens ser uma pessoa diferente do exequente, bem como nos casos em que os bens adquiridos pelo exequente tenham sido remidos ou "quando for reconhecido direito de preferência doutra pessoa na aquisição feita pelo exequente". De igual modo, esta regra não se aplica nas situações em que, apesar de os bens penhorados terem sido comprados ou adjudicados a favor do exequente, o produto da compra ou da adjudicação venha

Por último, importa salientar que, ainda que o credor, titular de um direito real de garantia sobre os bens penhorados, não tenha sido citado pelo agente de execução, este pode intervir espontaneamente na execução, tendo em vista a reclamação do seu crédito[1688], podendo fazê-lo até à transmissão dos bens penhorados (art. 788º, nº 3).

2. Reclamação de créditos

2.1. Pressupostos

2.1.1. Garantia real sobre os bens penhorados

Conforme se referiu *supra*, na lei de processo civil vigente, vigora um modelo de execução tendencialmente singular – por confronto ao modelo de execução universal –, segundo o qual, em regra, apenas o credor que goze de garantia real sobre os bens penhorados pode reclamar, pelo produto destes, o pagamento dos respetivos créditos (art. 788º, nº 1)[1689, 1690].

Assim, constitui, desde logo, pressuposto essencial para a reclamação de um crédito a existência de um direito real de garantia sobre o bem concretamente penhorado[1691,1692].

a ser distribuído por outros credores (Lopes-Cardoso, Eurico, *Manual da Acção Executiva, op. cit.*, p. 505).

1688 Cfr., a este respeito, Sampaio, J. M. Gonçalves, *A Acção Executiva e a Problemática das Execuções Injustas, op. cit.*, p. 321.

1689 Com efeito, conforme assinala Salvatore Ziino, muito embora a lei substantiva consagre o princípio geral da paridade de credores, a verdade é que a lei processual civil delimita, de forma rigorosa, as condições de intervenção dos credores numa ação executiva pendente e prevê diversos mecanismos destinados a atribuir prioridade ao credor que promoveu a execução (Ziino, Salvatore, *Esecuzione Forzata e Intervento dei Creditori, op. cit.*, p. 99).

1690 Tal como elucidam Pires de Lima e Antunes Varela, é precisamente para "não prejudicar as causas legítimas de preferência" que o legislador manda citar na ação executiva todos os credores do devedor que sejam titulares de um direito real de garantia sobre o bem penhorado (Lima, Pires de/Varela, Antunes, *Código Civil Anotado*, vol. I, *op. cit.*, p. 620).

1691 No sentido de ser apenas imprescindível que a garantia real exista no momento da reclamação do crédito, podendo suceder que essa garantia apenas tenha sido constituída ou registada, por ato alheio à vontade do executado, após a penhora ou a citação do credor, tal como sucede, por exemplo, com a hipoteca judicial ou com a hipoteca legal, *vide* Freitas, José Lebre de/Mendes, Armindo Ribeiro, *Código de Processo Civil Anotado*, vol. III, *op. cit.*, p. 505. Cfr., ainda, o ac. do TRC de 03.12.2019, proc. 2281/14.3T8PBL.E.C1, no qual se decidiu que a circunstância de a constituição do direito real de garantia ser ineficaz em relação à execução não obsta à reclamação de créditos com base nesse direito, já que tal apenas terá relevância para efeitos de graduação dos créditos.

1692 Por conseguinte, conforme se decidiu no ac. do TRE de 18.10.2018, proc. 1014/10.8TBLGS-A.E1, se a penhora tiver recaído sobre o quinhão hereditário de que o executado é titular numa herança, na qual se acha compreendido um bem imóvel onerado em garantia, o credor não pode reclamar o seu crédito na execução, atento o facto de a garantia não recair sobre o direito que foi penhorado.

Com efeito, nos termos do art. 796º, nº 2, o credor reclamante só pode ser pago na execução pelos bens sobre que tiver garantia e conforme a graduação do seu crédito.

Por sua vez, dispõe o art. 604º do CC que, não existindo causas legítimas de preferência, os credores têm o direito de ser pagos proporcionalmente pelo preço dos bens do devedor, quando ele não chegue para integral satisfação dos débitos, sendo que constituem causas legítimas de preferência, entre outras[1693], a consignação de rendimentos (arts. 656º e ss. do CC), o penhor (arts. 666º e ss. do CC), a hipoteca (arts. 686º e ss. do CC), o privilégio creditório (arts. 733º e ss. do CC) e o direito de retenção (arts. 754º e ss. do CC).

Assim, se, por exemplo, numa execução movida por A contra B, forem penhorados dois bens imóveis, sendo que C, credor de B, beneficia de uma hipoteca sobre um desses imóveis, C só pode ver o seu crédito satisfeito pelo produto da venda do bem imóvel em relação ao qual beneficia de garantia hipotecária, ainda que o produto da venda desse bem seja insuficiente para a satisfação da totalidade desse crédito.

Contudo, tendo em vista a proteção dos legítimos interesses do exequente, enquanto principal impulsionador da execução, o art. 788º, nº 4, impede a reclamação de créditos por credor que disponha de privilégio creditório geral[1694], seja ele mobiliário ou imobiliário (art. 788º, nº 6), exceto quando estejam em causa privilégios creditórios de trabalhadores, nos seguintes casos[1695]:

a) a penhora tenha incidido sobre um bem só parcialmente penhorável (art. 738º), renda, outro rendimento periódico, veículo automóvel ou bens móveis de valor inferior a 25 UC[1696];

[1693] Como é o caso da penhora, nos termos do art. 822º do CC.

[1694] Com efeito, tal como ensina Menezes Cordeiro, os privilégios creditórios são, por natureza, excecionais, na medida em que "vão contra o princípio da igualdade dos credores", "ignoram o princípio da autonomia privada" e "abstraem das regras normais de prevalência" (CORDEIRO, António Menezes, "Salários em atraso e privilégios creditórios", *in ROA*, ano 58º, vol. II, jul. 1998, p. 659).

[1695] Assim, na esteira de Miguel Pestana de Vasconcelos, "esta alteração foi provocada pelo prejuízo que a reclamação de créditos por um credor titular de um crédito que beneficiasse de um privilégio geral, em particular os entes públicos [que têm sempre que ser citados – art. 864º, nº 4], provocava ao exequente credor comum, cujo crédito seria graduado em segundo lugar, arriscando-se a nada ou pouco receber do produto da venda do bem penhorado" (VASCONCELOS, L. Miguel Pestana de, *Direito das Garantias, op. cit.*, p. 402). *Vide*, de igual modo, DUARTE, Rui Pinto, *Curso de Direitos Reais, op. cit.*, p. 280, o qual salienta que os privilégios creditórios constituem, "a maior parte das vezes, uma "limitação-surpresa" aos direitos dos outros credores, um desvio imprevisto ao tratamento igual de todos os credores".

[1696] No sentido de o "valor inferior a 25UC" dever tomar como referência o "valor global dos bens móveis e não o valor unitário de cada bem móvel", *vide* o ac. do TRG de 02.05.2016, proc. 348/12.1TBVPA-A.G1.

b) sendo o crédito do exequente inferior a 190 UC, a penhora tenha incidido sobre moeda corrente, nacional ou estrangeira, depósito bancário em dinheiro; ou

c) sendo o crédito do exequente inferior a 190 UC, este requeira, procedentemente, a consignação de rendimentos ou a adjudicação, em dação em cumprimento, do direito de crédito no qual a penhora tenha incidido, antes de convocados os credores.

Por outro lado, mesmo que seja reclamado um direito de crédito garantido por privilégio creditório geral, mobiliário ou imobiliário, o art. 796º, nº 3, determina que a quantia a ser recebida por esse credor, exceto se o mesmo for um trabalhador, é reduzida até 50% do remanescente do produto da venda, deduzidas as custas da execução e as quantias a pagar aos credores que devam ser graduados antes do exequente, na medida do necessário ao pagamento de 50% do crédito do exequente, até que este receba o valor correspondente a 250 UC[1697,1698].

2.1.2. Título executivo

Para além da titularidade de um direito real de garantia sobre o bem penhorado, o credor deve dispor igualmente de um título executivo em relação ao crédito reclamado, nos termos dos arts. 788º, nº 2, 10º, nº 5, e 703º, nº 1[1699].

Contudo, mesmo que o credor não esteja munido de um título executivo, este pode, ainda assim, obter um título executivo na pendência da execução[1700].

[1697] Pugnando, no passado, pela adoção desta solução legislativa, *vide* Freitas, José Lebre de, "Os paradigmas da acção executiva", *op. cit.*, pp. 553 e 554.

[1698] A este propósito, Rui Pinto defende a adoção de um sistema mais restritivo no acesso à reclamação de créditos, o qual passaria pelo alargamento das ações e dos valores das ações que não admitiriam reclamação, "incluindo uma cláusula geral de exclusão absoluta de reclamação de créditos nas execuções de pequenas dívidas até 5000 euros (i.e., grosso modo, até 50 UCs) e desde que a penhora não recaísse sobre imóveis ou estabelecimento comercial", pela exclusão da possibilidade de reclamação de privilégios creditórios especiais acessórios de créditos do Estado, das autarquias locais e instituições de segurança social, e vencidos há mais de doze meses antes do início do processo, e pela "exclusão das hipotecas legais cujo registo haja sido requerido dentro dos dois meses anteriores à data do início do processo executivo, e que forem acessórias de créditos do Estado, das autarquias locais e das instituições de segurança social" (Pinto, Rui, "Notas breves sobre a reforma do Código de Processo Civil em matéria executiva", *op. cit.*, pp. 85 e 86).

[1699] Cfr., nesse sentido, o ac. do TRP de 09.05.2019, proc. 98/14.4TBESP-B.P1, bem como o ac. do TRG de 16.12.2021, proc. 6329/16.9T8VNF-C.G1, no qual se defendeu que "No âmbito da acção de verificação e graduação de créditos, o título executivo é um pressuposto de carácter formal (art. 788º, nº 2, do CPC), cuja falta ou insuficiência determina a improcedência da reclamação de créditos.".

[1700] Conforme ensina Lopes-Cardoso, esta situação verifica-se, essencialmente, nos casos em que o crédito seja privilegiado ou tenha sido assegurado através de um arresto prévio (Lopes-

Na verdade, o credor pode requerer, dentro do prazo facultado para a reclamação de créditos, isto é, no prazo de quinze dias após a citação (art. 788º, nº 2), que a graduação dos créditos, relativamente aos bens abrangidos pela sua garantia, fique a aguardar pela obtenção do título em falta (art. 792º, nº 1)[1701].

Nessa hipótese, uma vez recebido esse requerimento, a secretaria notifica o executado para que este, no prazo de dez dias, se pronuncie sobre a existência do crédito invocado (art. 792º, nº 2).

Depois de notificado, o executado pode adotar um de três comportamentos possíveis:

a) reconhece expressamente a existência do crédito, situação em que se considera formado o título executivo e reclamado o crédito nos termos do requerimento do credor, sem prejuízo da sua impugnação pelo exequente e demais credores;

b) nada diz dentro do prazo legal, caso em que o seu silêncio produz os mesmos efeitos do reconhecimento expresso da existência do crédito, salvo se já se encontrar pendente ação declarativa para a apreciação da existência desse crédito; ou

c) nega expressamente a existência do crédito, hipótese em que o credor tem de obter, em ação própria, de natureza declarativa, o competente título executivo, consistente em sentença judicial condenatória, reclamando posteriormente o seu crédito na execução.

Neste caso, se esse processo declarativo já se encontrar pendente, o credor, autor nesse processo, deve requerer a intervenção principal provocada do exequente e dos demais credores reclamantes (arts. 316º e 792º, nº 5).

Diferentemente, se esse processo declarativo ainda não se encontrar pendente, o credor deve intentar a ação contra o executado, o exequente e os demais credores interessados, já que se verifica um litisconsórcio necessário entre todos[1702], devendo, no prazo de vinte dias a contar da notificação de que o executado negou a existência do crédito, apresentar nos autos de execução certidão comprovativa da pendência dessa ação.

Neste caso, uma vez graduados os créditos, o requerimento do credor que pretenda obter um título executivo contra o executado não impede a venda

-Cardoso, Eurico, *Manual da Acção Executiva, op. cit.*, p. 522). *Vide*, no mesmo sentido, Martins, António Carvalho, *Reclamação, Verificação e Graduação de Créditos, op. cit.*, p. 21.

[1701] *Vide*, a este propósito, o ac. do TRP de 09.05.2019, proc. 98/14.4TBESP-B.P1, assim como o ac. do TRE de 23.04.2020, proc. 2769/16.1T8STB-A.

[1702] Martins, António Carvalho, *Reclamação, Verificação e Graduação de Créditos, op. cit.*, p. 46.

ou a adjudicação dos bens penhorados, nem obsta à verificação dos créditos reclamados.

Contudo, por forma a se acautelar as legítimas expectativas do credor, a lei permite que este exerça, no processo executivo, os mesmos direitos que assistem aos demais credores, ficcionando a admissão da sua reclamação.

Este privilégio que é concedido ao credor reclamante está, no entanto, sujeito a ónus preclusivos muito rigorosos, sendo, por isso, muito precária a sua situação processual.

Assim, nos termos do art. 792º, nº 7, os efeitos provisórios decorrentes do requerimento de reconhecimento do seu crédito caducam nos seguintes casos:

a) se o credor não comprovar no processo executivo, mediante certidão judicial, a pendência da ação proposta contra o executado, o exequente e os demais credores, no prazo de vinte dias a contar da notificação de que o executado negou a existência do crédito;

b) se o exequente provar que ele e/ou os demais credores não foram demandados nessa ação, nem chamados à mesma através de um incidente de intervenção principal provocada, que a ação foi julgada improcedente ou que esteve parada durante trinta dias, por negligência do autor, depois da apresentação do seu requerimento na execução no sentido de que a graduação de créditos ficasse a aguardar a obtenção do título executivo em falta; ou

c) se não for apresentada na execução, no prazo de quinze dias após o trânsito em julgado, certidão judicial da decisão definitiva proferida nessa ação.

2.1.3. Obrigação certa e líquida

Como é consabido, um dos pressupostos específicos da ação executiva é o de que a obrigação exequenda deve ser certa, exigível e líquida, principiando a execução pelas diligências necessárias a torná-la certa, exigível e líquida, quando não o seja em face do título executivo (art. 713º).

Ora, em matéria de reclamação de créditos, o legislador estabelece um regime especial.

De facto, o credor pode reclamar o seu crédito na ação executiva pendente, ainda que o mesmo não se encontre vencido (art. 788º, nº 7)[1703], pois que, se assim não fosse, o credor ficaria irremediavelmente prejudicado no tocante à

[1703] *Vide*, a este propósito, o ac. do TRG de 18.10.2018, proc. 2295/11.5TBGMR-A.G1.

satisfação do seu crédito, mediante a venda executiva dos bens sobre os quais incidisse o correspondente direito real de garantia[1704].

De todo o modo, para equilibrar este benefício concedido ao credor, o art. 791º, nº 3, prevê que, sendo reconhecido e graduado um crédito que ainda não se encontre vencido, a sentença de graduação deve determinar que, na conta final para pagamento, seja efetuado o desconto correspondente ao benefício da antecipação.

Em contrapartida, se a obrigação do executado em relação ao credor reclamante for incerta ou ilíquida, o credor deve torná-la certa e líquida, recorrendo, para o efeito, aos mecanismos processuais previstos nos arts. 714º e 716º.

2.1.4. Prazo

Nos termos do disposto no art. 788º, nº 2, a reclamação de créditos deve ser apresentada no prazo de quinze dias após a data em que o credor reclamante tenha sido citado para esse efeito, sendo as reclamações autuadas num único apenso ao processo de execução (art. 788º, nº 8).

Existindo dois os mais credores reclamantes, cujos prazos para a reclamação de créditos terminem em dias diferentes, não se aplica o princípio do benefício do prazo, razão pela qual cada um deles deve reclamar o seu crédito dentro do respetivo prazo[1705].

Contudo, importa salientar que, mesmo que o credor reclamante não tenha sido citado, nada obsta a que este reclame espontaneamente o seu crédito, desde que o faça até à transmissão dos bens penhorados (art. 788º, nº 3).

A petição da reclamação de créditos deve observar, com as devidas adaptações, os requisitos previstos para o requerimento executivo[1706], devendo o credor reclamante alegar factos concretos e objetivos que demonstrem a

[1704] O caso paradigmático prende-se com as situações em que é penhorado um determinado bem imóvel do executado que se encontre onerado com uma hipoteca constituída a favor de uma entidade bancária no âmbito de um contrato de mútuo com hipoteca para aquisição de habitação, estando o executado a pagar pontualmente a essa entidade bancária as prestações convencionadas nesse contrato de mútuo. Nesta hipótese, ainda que o contrato se encontre a ser pontualmente cumprido, nem por isso a entidade bancária, beneficiária de uma hipoteca sobre o imóvel penhorado, poderá deixar de reclamar o seu crédito na ação executiva, pois que, se assim não proceder, perderá o seu direito real de garantia sobre esse bem imóvel, por força da sua caducidade com a venda executiva (art. 824º, nº 2, do CC).

[1705] Cfr., nesse sentido, LOPES-CARDOSO, Eurico, *Manual da Acção Executiva, op. cit.*, p. 510, PRAZERES, Manuel Augusto Gama, *Do Concurso de Credores e da Verificação e Graduação dos Créditos nos Actuais Códigos Civil e do Processo Civil, op. cit.*, p. 44, bem como MARTINS, António Carvalho, *Reclamação, Verificação e Graduação de Créditos, op. cit.*, p. 25.

[1706] *Vide*, a este propósito, o ac. do TRL de 12.12.2013, proc. 4407/10.7TBBSXL-A.L1-7.

"natureza, montante e origem do seu crédito, bem como outros elementos que assegurem a procedência da reclamação"[1707].

2.2. Impugnação dos créditos reclamados

Logo que termine o prazo para a reclamação de créditos ou se tiver sido espontaneamente reclamado um crédito por algum credor não citado (art. 788º, nº 3), a secretaria deve notificar o executado, o exequente, os credores reclamantes, o cônjuge do executado e o agente de execução das reclamações apresentadas.

Nesse caso, o exequente, o executado, o cônjuge do executado – na hipótese prevista no art. 787º – e os demais credores reclamantes podem impugnar as reclamações apresentadas, dispondo, para o efeito, de um prazo de quinze dias, a contar da notificação (art. 789º, nºs 1 e 2)[1708,1709]. Neste particular, importa salientar que os credores só podem impugnar os créditos reclamados que beneficiem de garantia real sobre os mesmos bens em relação aos quais tenham igualmente invocado a titularidade de um direito real de garantia – pois que só podem ser pagos pelo produto da venda desses bens[1710] –, podendo igualmente impugnar o crédito exequendo, bem como as garantias reais invocadas, quer pelo exequente, quer pelos outros credores (art. 789º, nº 3).

A impugnação pode ter por fundamento qualquer das causas que extinguem ou modificam a obrigação ou que impedem a sua existência[1711]. Contudo, se o crédito estiver reconhecido por sentença que tenha força de caso julgado em relação ao impugnante, a impugnação só pode basear-se em algum dos fundamentos mencionados nos arts. 729º e 730º, ou seja, só podem ser invocados os fundamentos de oposição à execução baseada em sentença ou em decisão arbitral, na parte em que forem aplicáveis.

[1707] Martins, António Carvalho, *Reclamação, Verificação e Graduação de Créditos, op. cit.*, p. 33.

[1708] Cfr., quanto à possibilidade de o credor hipotecário impugnar o crédito reclamado pelo titular do direito de retenção de bem imóvel, objeto de contrato-promessa de compra e venda, Freitas, José Lebre de, "Sobre a prevalência, no apenso de reclamação de créditos, do direito de retenção reconhecido por sentença", *in ROA*, ano 66º, vol. II, set. 2006, p. 613.

[1709] Defendendo a possibilidade de o reclamante apresentar rol de testemunhas em sede de impugnação à reclamação de créditos, ainda que não tenha oferecido qualquer meio de prova na petição inicial de reclamação de créditos, *vide* o ac. do TRG de 19.04.2018, proc. 3470/16.1T8VCT-F.G1.

[1710] *Vide*, no mesmo sentido, Lopes-Cardoso, Eurico, *Manual da Acção Executiva, op. cit.*, p. 514, bem como Martins, António Carvalho, *Reclamação, Verificação e Graduação de Créditos, op. cit.*, p. 38.

[1711] É o que sucede, por exemplo, com a invocação de simulação processual entre o exequente e o executado ou entre um credor reclamante e o executado com o intuito de prejudicar os demais credores deste.

Sendo deduzida uma defesa por exceção no articulado de impugnação do crédito reclamado (arts. 576º a 582º), o credor reclamante poderá responder à matéria dessa exceção, no prazo de dez dias após a notificação das impugnações (art. 790º).

Outrossim, se não for deduzida impugnação, os factos invocados na reclamação de créditos consideram-se, em princípio, admitidos por acordo, atento o disposto no art. 574º, nº 2[1712].

2.3. Verificação e graduação dos créditos

Apresentadas as reclamações de créditos – e, sendo caso disso, as respetivas impugnações –, compete ao juiz de execução proceder à verificação e graduação dos créditos reclamados, ou seja, cabe ao juiz reconhecer ou não a existência desses créditos[1713] e, reconhecendo-os, proceder à sua graduação, definindo a ordem pela qual os mesmos serão satisfeitos em função do produto da venda dos bens sobre os quais beneficiem de garantia real[1714].

A este respeito, importa referir que a sentença de graduação de créditos não é definitiva, já que a graduação pode carecer de ser refeita se, entretanto, vier a ser reclamado espontaneamente um crédito por um credor que não tenha sido citado, nos termos do art. 788º, nº 3.

De todo o modo, uma vez reconhecido um direito de crédito através de sentença de verificação e graduação de créditos, já transitada em julgado, não pode depois, sob pena de violação de caso julgado, impugnar-se a existência ou o âmbito desse direito de crédito[1715].

[1712] *Vide*, a este respeito, o ac. do TRE de 12.04.2018, proc. 57/09.9T2STC-C.E1, o ac. do TRL de 17.04.2018, proc. 4785/09.0TCLRS-A.L1-7, bem como o ac. do TRG de 07.11.2009, proc. 1135/12.2TBBCL-A.G1.

[1713] No sentido de a sentença que reconheça a existência do crédito reclamado produzir efeito de caso julgado material, *vide* o ac. do STJ de 18.09.2018, proc. 379/16.2T8LSB.S1.
Em sentido contrário, sustentando que "A sentença de verificação e graduação de créditos não forma caso julgado material quanto ao reconhecimento do direito de crédito", razão pela qual "Na ação declarativa, entretanto, proposta pelo executado, com o fim de ser declarada a inexistência do direito crédito, não pode decidir-se pela absolvição da instância, com fundamento no caso julgado", *vide* o ac. do STJ de 18.02.2021, proc. 19520/18.4T8LSB.L1.S1.

[1714] Conforme salienta Augusto da Penha Gonçalves, "As garantias reais conferem, ao credor que delas beneficie, preferência no pagamento pelo valor de bens determinados, do devedor ou do terceiro. O credor beneficiado pela garantia real fica subtraído ao princípio da *par conditio* (citado nº 1 do art. 604º) e pode fazer-se pagar pelo valor dos bens que servem de garantia, com prioridade quanto aos demais credores comuns" (Gonçalves, Augusto da Penha, *Curso de Direitos Reais*, Universidade Lusíada, Lisboa, 1993, p. 196).

[1715] Ac. do TRL de 10.01.2019, proc. 1657/14.0TYLSB-N.L1-8.

Para além disso, uma vez que os credores reclamantes apenas podem reclamar os respetivos créditos pelos bens penhorados sobre os quais disponham de garantia real (arts. 788º, nº 1, e 796º, nº 2), o juiz deve proceder a tantas graduações quantos sejam os bens penhorados em relação aos quais tenham havido reclamações de créditos.

Assim, se, por exemplo, foram penhorados dois bens imóveis (imóvel 1 e imóvel 2), tendo o banco x reclamado um crédito hipotecário sobre o imóvel 1 e o banco y reclamado um crédito hipotecário sobre o imóvel 2, o juiz deve proceder a duas graduações de créditos, correspondentes, respetivamente, ao imóvel 1 e ao imóvel 2. Isto porque cada um dos credores reclamantes só pode ser pago pelo produto da venda dos bens penhorados sobre os quais disponha de garantia real, ou seja, o banco x só pode ser pago em função do produto da venda do imóvel 1 e o banco y só pode ser pago em função do produto da venda do imóvel 2.

Se a verificação de algum dos créditos impugnados estiver dependente de produção de prova, seguem-se, com as devidas adaptações, os termos posteriores aos articulados previstos para o processo comum declarativo. Muito embora o juiz possa, no despacho saneador, declarar reconhecidos os créditos que se encontrem em condições de o ser, a graduação de todos os créditos é feita, no entanto, na sentença final (art. 791º, nº 1).

Em contrapartida, se nenhum dos créditos tiver sido impugnado ou se a verificação dos créditos impugnados não depender de produção de prova, o juiz deve proferir, de imediato, uma sentença que conheça da existência dos créditos e os gradue em conjunto com o crédito do exequente (art. 791º, nº 2)[1716]. Neste particular, importa salientar que são havidos como reconhecidos os créditos – e as respetivas garantias reais – que não forem impugnados, sem prejuízo das exceções ao efeito cominatório da revelia, vigentes em processo declarativo, ou do conhecimento das questões que deviam ter implicado rejeição liminar da reclamação (art. 791º, nº 4).

Para além disso, o juiz pode suspender os termos do apenso de verificação e graduação de créditos posteriores aos articulados, até à realização da venda, quando considere provável que o produto desta não ultrapassará o valor das custas da própria execução. Com efeito, sendo o património do executado manifestamente insuficiente para garantir o pagamento dos créditos reclamados, o prosseguimento dos autos, com vista à verificação e graduação dos

[1716] No sentido de a sentença de verificação e graduação de créditos não produzir efeito de caso julgado material, com eficácia extraprocessual, *vide* o ac. do TRC de 21.02.2017, proc. 6959/15.6T8CBR.C1.

créditos, representaria a prática de um ato inútil, o que é proibido por lei (art. 130º). Assim, nesta eventualidade, a verificação e graduação de créditos fica dependente do resultado da venda, em concreto, da questão de saber se o produto da venda, uma vez satisfeitas as custas da execução, é ou não suficiente para garantir o pagamento dos créditos reclamados.

Por outro lado, no que concerne às regras de graduação de créditos, importa distinguir consoante esteja em causa um bem imóvel ou bem móvel.

2.3.1. Graduação de créditos em relação a bens imóveis

A título de nota prévia, importa ter em consideração que as custas da ação executiva, incluindo os honorários e despesas do agente de execução, apensos e respetiva ação declarativa, saem precípuas do produto da venda, não sendo, por isso, graduadas. Por conseguinte, as custas da ação devem ser pagas antes dos créditos graduados (art. 541º).

Assim, os créditos devem ser graduados pela seguinte ordem:

1º Crédito garantido por privilégio creditório por despesas de justiça feitas diretamente no interesse comum dos credores (art. 746º do CC);

2º Crédito garantido por privilégio creditório imobiliário especial, mesmo que tenha sido constituído posteriormente aos demais direitos reais de garantia sobre bens imóveis, ou seja, consignação de rendimentos, hipoteca e direito de retenção (art. 751º do CC)[1717,1718];

[1717] Os privilégios creditórios imobiliários especiais graduam-se da seguinte forma:
1º Os créditos emergentes do contrato de trabalho e da sua violação ou cessação, pertencentes ao trabalhador, os quais gozam de privilégio imobiliário especial sobre os bens imóveis do empregador nos quais o trabalhador preste a sua actividade [art. 333º, nº 1, al. *b)*, do CT]. Defendendo uma interpretação ampla quanto aos bens imóveis do empregador que devem ficar abrangidos por este privilégio creditório, *vide*, entre outros, o ac. do TRE de 20.10.2016, proc. 104/14.2T8MNN.E1, com o seguinte sumário: "O trabalhador goza de privilégio imobiliário especial pelo seu crédito perante a entidade empregadora sobre o património imobiliário pertencente ao empregador que integre a estrutura estável da sua organização produtiva, independentemente da localização habitual do posto de trabalho do trabalhador, desde que exista uma interacção efectiva na prestação da obrigação laboral mantida entre as partes no referido imóvel. O local onde o trabalhador presta a sua actividade, referido no art. 333º do Código do Trabalho tanto pode ser o local habitual como aquele outro para onde se deslocava quando aumentavam as necessidades de produção na unidade fabril". No sentido de os "imóveis construídos por empresa de construção civil, destinados a comercialização" se encontrarem "excluídos da garantia do privilégio imobiliário especial previsto no art. 377º, nº 1, alínea b), do Código do Trabalho de 2003", *vide* o AUJ do STJ de 23.02.2016, proc. 1444/08.5TBAMT-A.P1.S1-A. Criticando a solução perfilhada por este aresto, *vide* Pires, Miguel Lucas, "Haverá imóveis do empregador sobre os quais o privilégio creditório do trabalhador não incida? – Ac. de Uniformização de Jurisprudência nº 8/2016, de 23.2.2016, Proc. 1444/08.5TBAMT-A.P1.S1-A", *in CDP*, nº 53, jan./mar. 2016, pp. 68 e 69.

3º Crédito garantido por direito de retenção, o qual prevalece sobre a hipoteca, ainda que esta tenha sido registada anteriormente a esse direito (art. 759º, nº 2, do CC)[1719];
4º Crédito garantido por hipoteca ou por consignação de rendimentos, conforme a prioridade constante do registo[1720];
5º Crédito garantido por privilégio imobiliário geral (ressalvada a limitação prevista no art. 788º, nº 4)[1721];
6º Crédito garantido pela penhora, quando o exequente não beneficie de outro direito real de garantia (art. 822º, nº 1, do CC);
7º Crédito que beneficie de garantia real registada após a penhora[1722].

2º O crédito do morador pela não devolução, pelo proprietário, do saldo da caução que lhe seja devido pela extinção do direito real de habitação duradoura, o qual goza de privilégio imobiliário especial sobre a habitação, isto é, sobre o bem imóvel objeto daquele direito (art. 15º, nº 2, do DL nº 1/2020, de 9 de janeiro);
3º Os créditos do Estado, pelo Imposto Municipal sobre Imóveis, pelo Imposto Municipal sobre a Transmissão Onerosa de Imóveis e pelo Imposto de Selo [art. 748º, al. *a)*, do CC];
4º Os créditos das autarquias locais, pela contribuição predial [art. 748º, al. *b)*, do CC];
5º Os créditos da Segurança Social, por contribuições, quotizações e respetivos juros de mora, os quais gozam de privilégio creditório imobiliário especial sobre os bens imóveis existentes no património do contribuinte à data da instauração do processo executivo (art. 205º da Lei nº 110/2009, de 16 de setembro).

1718 *Vide*, a este propósito, o ac. do TRE de 28.04.2016, proc. 631/12.6TTSTR-B.E1, no qual se decidiu que "Gozando o crédito exequendo de um privilégio imobiliário especial sobre o bem imóvel penhorado tem primazia sobre uma hipoteca de um credor reclamante, nos termos do art. 751º do Código Civil". Cfr., ainda, o ac. do TRE de 11.05.2017, proc. 67/13.1TBLGS-D.E1.

1719 Cfr., nesse sentido, o ac. do STJ de 01.12.2015, proc. 2864/12.6TJLSB-K.L1.S1, bem como o ac. do TRG de 19.05.2016, proc. 734/10.1TBPRG-A.G1.

1720 *Vide*, a este respeito, o ac. do TRL de 08.03.2018, proc. 2295/12.8TBVFX-A.L1-6, no qual se decidiu que "O crédito hipotecário deve ser graduado antes do crédito que beneficia de um privilégio imobiliário geral. Na verdade, o crédito hipotecário só cede perante o privilégio especial (art. 686º do Código Civil)", o ac. do TRE de 22.03.2018, proc. 10321/15.2T8STB-A.E1, o ac. do TRG de 19.04.2018, proc. 1760/14.7TJVNF-A.G1, o ac. do TRE de 07.06.2018, proc. 735/15.3T8OLH-B.E1, bem como o ac. do TRE de 18.10.2018, proc. 105/17.9TBOLH-A.E1.

1721 *Vide*, nesse sentido, o ac. do TRE de 28.06.2018, proc. 2240/14.6T8STB-B.E1, com o seguinte sumário: "1. A declaração de inconstitucionalidade com força obrigatória geral proclamada pelos acórdãos do Tribunal Constitucional registados sob os nºs 362/2002 e 363/2002, que faz prevalecer a hipoteca sobre privilégios imobiliários gerais atribuídos à Fazenda Pública e à Segurança Social, não é extensível ao credor que apenas se encontra garantido com uma penhora. 2. Os créditos de IRS, IRC, IVA e por Contribuições à Segurança Social prevalecem na graduação sobre os créditos comuns garantidos por penhora". *Vide*, ainda, o ac. do TRE de 16.05.2019, proc. 1700/17.1T8ENT-B.E1. Cfr., em sentido contrário, o ac. do TRP de 30.05.2017, proc. 1688/11.2TBOAZ-A.P1, no qual se decidiu que os privilégios creditórios imobiliários gerais não podem prevalecer sobre a penhora.

1722 Tendo em conta que, nos termos do art. 819º do CC, são ineficazes em relação à execução os atos de disposição, oneração ou arrendamento de bens penhorados, só se enquadram neste âmbito os

2.3.2. Graduação de créditos em relação a bens móveis

Os créditos relativos a bens móveis[1723] devem ser graduados da seguinte forma:

1º Crédito garantido por privilégio mobiliário por despesas de justiça (art. 746º do CC);

2º Crédito garantido por privilégio creditório mobiliário especial[1724], consignação de rendimentos (art. 656º, nº 1, do CC), direito de retenção (art. 758º do CC) ou penhor (art. 666º, nº 1, do CC), prevalecendo o que tiver sido constituído ou registado em primeiro lugar (art. 750º do CC);

3º Crédito garantido por privilégio creditório mobiliário geral (arts. 736º e 737º do CC)[1725];

direitos de crédito garantidos por arresto, penhora em outra execução ou hipoteca legal ou judicial.

1723 Conforme se decidiu no ac. do STJ de 22.04.1999, *in BMJ*, 486º, p. 270, "Face à residualidade do conceito de coisa móvel resultante do disposto no nº 1 do art. 205º do Cc, os créditos penhorados são de considerar, para efeitos de reclamação e de graduação, como coisas móveis".

1724 Nos termos do art. 168º, nº 3, do CEst., os créditos pelas despesas com a remoção e o depósito de veículo automóvel penhorado beneficiam, na execução, de privilégio creditório mobiliário especial.

1725 Os privilégios creditórios mobiliários gerais são graduados pela seguinte forma:
1º Os créditos dos trabalhadores emergentes de contrato de trabalho [arts. 333º, nº 1, al. *a)*, do CT, e 737º, nº 1, al. *d)*, do CC];
2º Os créditos por impostos, pagando-se, em primeiro lugar, o Estado e só depois as autarquias locais [arts. 736º e 747º, al. *a)*, do CC];
3º Os créditos da Segurança Social por contribuições, quotizações e respetivos juros de mora [arts. 204º, nº 1, da Lei nº 110/2009, de 16 de setembro, e 747º, nº 1, al. *a)*, do CC]. Contudo, este crédito prevalece sobre qualquer penhor, ainda que de constituição anterior (art. 204º, nº 2, da Lei nº 110/2009, de 16 de setembro). *Vide*, nesse sentido, o ac. do TRG de 31.03.2016, proc. 565/14.0T8VCT-B.G1, bem como o ac. do TRC de 28.05.2019, proc. 3810/17.6T8VIS-B.C1. Cfr., em sentido contrário, o ac. do TRG de 13.10.2016, proc. 764/11.6TBBCL-I.G1, no qual se decidiu que "Os créditos garantidos por penhor devem graduar-se à frente dos créditos reclamados pela Fazenda Nacional e pela Segurança Social (ambos com privilégio mobiliário geral), e por esta ordem, relativamente aos bens sobre os quais foram constituídos". No sentido de "A preferência de pagamento resultante do privilégio mobiliário geral da Segurança Social (Artigo 204º, nº 2, do CRCSPSS) sobre crédito garantido por penhor (artigos 666º, nº 1, e 749º, nº 1, do Código Civil) não padece[r] de inconstitucionalidade por violação dos princípios da confiança e da proporcionalidade", *vide* o ac. do TRL de 22.06.2021, proc. 1720/20.9T8LSB-A-7;
4º Os créditos por fornecimentos destinados à produção agrícola [arts. 739º, al. *a)*, e 747º, al. *b)*, do CC];
5º Os créditos por dívidas de foros [arts. 739º, al. *b)*, e 747º, al. *c)*, do CC];
6º Os créditos da vítima de um facto que dê lugar a responsabilidade civil [arts. 741º e 747º, al. *d)*, do CC];
7º Os créditos do autor de obra intelectual [arts. 742º e 747º, al. *e)*, do CC];
8º Os créditos com privilégio mobiliário geral (exceto os créditos dos trabalhadores), pela ordem segundo a qual são enumerados no art. 737º do CC, ou seja:

4º Crédito garantido pela penhora, quando o exequente não beneficie de outro direito real de garantia (art. 822º, nº 1, do CC);

5º Crédito que beneficie de garantia constituída após a penhora.

9º Os créditos por despesas do funeral do devedor, conforme a sua condição e costume da terra;
10º Os créditos por despesas com doenças do devedor ou de pessoas a quem este deva prestar alimentos, relativos aos últimos seis meses;
11º Os créditos por despesas indispensáveis para o sustento do devedor e das pessoas a quem este tenha a obrigação de prestar alimentos, relativos aos últimos seis meses.

Lição XI
Pagamento

1. Modalidades

A ação executiva para pagamento de quantia certa visa permitir a satisfação da dívida exequenda, bem como dos demais créditos eventualmente reclamados e reconhecidos na execução, através da adoção de providências coercivas sobre o património do executado[1726].

Ora, no que concerne ao pagamento do crédito exequendo e dos demais créditos reclamados na execução, o art. 795º, nº 1, estabelece que este pode ser efetuado através da entrega de dinheiro, adjudicação dos bens penhorados, consignação dos seus rendimentos ou pelo produto da respetiva venda, sem prejuízo da possibilidade de celebração de um acordo de pagamento em prestações com o exequente e/ou com todos os credores, nos termos previstos nos arts. 806º a 810º.

2. Âmbito temporal

No que diz respeito ao prazo para a conclusão das diligências necessárias à realização do pagamento, o art. 796º, nº 1, estabelece que essas diligências devem ser obrigatoriamente efetuadas no prazo de três meses a contar da penhora, independentemente do prosseguimento do apenso da verificação e graduação de créditos, mas só depois de findo o prazo previsto para a sua reclamação[1727].

[1726] *Vide*, a este propósito, Vigorito, Francesco, *Le Procedure Esecutive Dopo la Riforma: l'Esecuzione Forzata in Generale*, Giuffrè Editore, 2006, pp. 410 e 411.

[1727] Excetua-se desta regra o pagamento através da consignação dos rendimentos dos bens penhorados, a qual pode ser requerida pelo exequente e deferida logo após a realização da penhora (art. 796º, nº 1, *in fine*).

De todo o modo, o incumprimento desse prazo não implica a extinção da instância executiva por impossibilidade de prosseguimento dos seus termos, isto é, por inutilidade superveniente da lide[1728].

3. Pagamento por entrega de dinheiro

Se a penhora tiver recaído sobre moeda corrente, depósito bancário em dinheiro ou outro direito de crédito pecuniário cuja importância tenha sido depositada[1729], o exequente ou qualquer credor que deva preteri-lo é pago do seu crédito pelo dinheiro existente, sendo o dinheiro entregue através de pagamento por cheque[1730] ou transferência bancária (art. 798º)[1731]. Neste caso em concreto, verifica-se uma "execução direta", na medida em que o credor obtém, de forma simples e direta, a satisfação imediata do seu direito de crédito, através da entrega do próprio dinheiro penhorado, sem necessidade de se proceder a qualquer venda[1732,1733].

[1728] Cfr., nesse sentido, o ac. do TRE de 11.09.2014, proc. 3079/10.3TBFAR.E1. No sentido de esse prazo ser meramente indicativo, *vide* os acs. do TRE de 11.09.2014, proc. 647/09.0TBFAR.E1, e de 12.02.2015, proc. 1437/10.2TBFAR.E1.

[1729] A título meramente exemplificativo, estando em causa a execução de hipoteca constituída sobre um direito real de habitação duradoura e se o proprietário tiver depositado à ordem do processo executivo o saldo da caução existente no âmbito do respetivo contrato, pelo facto de não pretender exercer a opção de compra desse direito, são satisfeitas, até ao valor da caução depositada, as dívidas (eventualmente) reclamadas, primeiro, pelo proprietário, e, depois, pelo exequente, atento o disposto no art. 21º, nºs 3 e 4, do DL nº 1/2020, de 9 de janeiro. Com efeito, nesse caso, só há lugar à venda executiva do direito real de habitação duradoura se o saldo da caução for insuficiente para satisfazer os créditos do proprietário e do exequente, conforme se extrai do art. 21º, nº 5, do DL nº 1/2020, de 9 de janeiro.

[1730] Determinando a lei que constitui requisito essencial do requerimento executivo a indicação do número de identificação bancária de conta titulada pelo exequente, sob pena de recusa do requerimento [arts. 724º, nº 1, al. *k)*, e 725º, nº 1, al. *c)*], não se vê que seja possível o agente de execução proceder à entrega de dinheiro ao exequente através de cheque. De resto, se assim fosse, a exigência de indicação de um número de identificação bancária no requerimento executivo, para efeito de pagamento dos valores que sejam devidos ao exequente, não deixaria de representar a prática de um ato perfeitamente inútil.

[1731] Do mesmo modo, no ordenamento jurídico alemão, dispõe o § 815 do ZPO que o dinheiro penhorado ao executado deve ser entregue ao exequente, salvo se o oficial de execução considerar que o dinheiro não pode ser entregue por existir um direito incompatível de um terceiro, situação em que o dinheiro deve ser depositado.

[1732] Reis, José Alberto dos, *Processo de Execução*, vol. I, *op. cit.*, p. 39. *Vide*, no mesmo sentido, Reis, José Alberto dos, "Da venda no processo de execução", *op. cit.*, pp. 410 e 411.

[1733] Neste particular, como bem assinala Miguel Angel Fernandez, não deixa de ser estranho que o executado permita que seja penhorado dinheiro, pois que, possuindo-o, o normal é que tente colocá-lo fora do alcance da execução. De todo o modo, mesmo que o dinheiro tenha sido penhorado, o normal seria que o próprio executado procedesse ao pagamento voluntário da dívida

4. Adjudicação de bens penhorados

4.1. Requerimento

A adjudicação consiste numa modalidade especial da venda, que se traduz na possibilidade que é concedida ao exequente ou a qualquer credor reclamante de ser pago através da entrega de bens penhorados por conta do respetivo crédito[1734].

Com efeito, o exequente pode pretender que o seu crédito seja satisfeito, no todo ou em parte, através da adjudicação a seu favor de bens penhorados, desde que não estejam em causa bens que devam ser vendidos em mercados regulamentados ou de forma direta a uma determinada entidade ou a quem tenham sido prometidos vender, com eficácia real.

Igual faculdade assiste a qualquer credor reclamante, ainda que apenas sobre os bens em relação aos quais tenha invocado a titularidade de um direito real de garantia (art. 799º, nº 2)[1735].

Neste caso, o bem, em vez de ser vendido em sede executiva para que, pelo produto da venda, seja satisfeito o crédito exequendo ou algum crédito entretanto reclamando, é entregue ao próprio credor, em dação em cumprimento do seu crédito, ou seja, o credor obtém uma satisfação direta do crédito mediante a integração, no seu património, dos bens previamente penhorados ao devedor.

Pretendendo o credor obter a satisfação total ou parcial do seu crédito, mediante a adjudicação, a seu favor, dos bens penhorados, este deve apresentar um requerimento, nesse sentido, junto do agente de execução, indicando expressamente o preço que oferece, o qual não pode, no entanto, ser inferior a 85% do respetivo valor base (arts. 799º, nº 3, e 816º, nº 2)[1736]. O requerimento

exequenda e das custas da execução, evitando, assim, o prosseguimento dos autos executivos e o subsequente avolumar das custas da execução (ANGEL FERNANDEZ, Miguel, *Derecho Procesal Civil*, vol. III, *op. cit.*, p. 270).

1734 Ac. do TRE de 18.03.1999, proc. 688/08-3. Para um enquadramento histórico do regime jurídico da adjudicação, *vide* SOUZA, Ricardo Oliveira Pessôa de, *Adjudicação na Execução por Quantia Certa*, 2ª ed., Juruá Editora, Curitiba, 2008, pp. 17 a 25.

1735 Conforme se decidiu no ac. do TRL de 06.05.2010, proc. 30011-D/1994.L1-2, os credores reclamantes só podem requerer a adjudicação de bens penhorados em relação aos quais beneficiem de garantia real desde que o seu crédito tenha sido liminarmente admitido. Na eventualidade de já ter sido proferida sentença de graduação de créditos, o requerimento do credor reclamante, no sentido de lhe serem adjudicados bens penhorados, só poderá ser admitido se o seu crédito tiver sido devidamente reconhecido e graduado.

1736 Em todo o caso, conforme se decidiu no ac. do TRP de 12.10.2021, proc. 430/19.4T8OAZ-B.P1, "Frustrada a venda em leilão electrónico e por negociação particular, pode o exequente obter a adjudicação do bem penhorado oferecendo valor inferior ao valor anunciado para venda".

de adjudicação pode ser apresentado em qualquer altura do processo executivo, enquanto os bens penhorados não forem vendidos[1737].

Uma vez apresentado o requerimento de adjudicação de bens penhorados, cabe ao agente de execução fazer a adjudicação, sendo que esse requerimento não suspende a venda por propostas em carta fechada que já se encontre anunciada. Além disso, neste caso, o pedido de adjudicação só pode ser aceite se não existirem pretendentes que ofereçam um preço maior pelo bem penhorado.

Estando em causa a adjudicação de direito de crédito pecuniário não litigioso, esta é feita pelo valor da prestação devida, efetuado o desconto correspondente ao período a decorrer até ao vencimento, à taxa legal de juros de mora, salvo se, não sendo próxima a data do vencimento, o requerente pretender que se proceda nos termos do disposto nos arts. 799º, nº 3, 800º e 801º. A adjudicação de direito de crédito é feita a título de dação *pro solvendo*, se o requerente o pretender e os restantes credores não se opuserem, extinguindo-se a execução quando não deva prosseguir sobre outros bens. Além disso, sendo próxima a data do vencimento, podem os credores acordar, ou o agente de execução determinar, a suspensão da execução sobre o crédito penhorado até ao vencimento.

4.2. Publicidade do requerimento

A lei pretende garantir a total transparência do pagamento através da adjudicação de bens penhorados. Por conseguinte, sendo requerida a adjudicação de bens penhorados, o agente de execução deve publicitar esse pedido, com a antecedência mínima de dez dias relativamente à data prevista para a abertura de eventuais propostas, através de anúncio em página informática de acesso público e de edital a ser afixado na porta dos prédios urbanos penhorados[1738]. Desse anúncio tem de constar obrigatoriamente a identificação do executado, a indicação do agente de execução, o dia, hora e local designados para a abertura das propostas, a identificação sumária do bem penhorado objeto de pedido de adjudicação, bem como o preço oferecido pelo credor para a adjudicação, a seu favor, desse bem (arts. 800º, nº 1, e 817º).

Para além disso, o agente de execução deve notificar o executado, aqueles que podiam requerer a adjudicação e, bem assim, os titulares de direito de preferência, legal ou convencional com eficácia real, na alienação dos bens, do dia, hora e local designados para a abertura das propostas.

[1737] Ac. do TRL de 06.05.2010, proc. 30011-D/1994.L1-2.

[1738] Cfr., a este respeito, o ac. do TRG de 24.03.2022, proc. 963/10.8TBPRG-J.G1.

4.3. Termos da adjudicação

A abertura das propostas deve ter lugar perante o juiz de execução sempre que a adjudicação tenha por objeto um bem imóvel ou, se assim for determinado, um estabelecimento comercial. Nos demais casos, a abertura das propostas é efetuada perante o agente de execução, aplicando-se, com as devidas adaptações, o disposto no art. 820º quanto às formalidades a ser observadas em relação à abertura das propostas.

Se não aparecer qualquer proposta e se ninguém comparecer nesse ato a fim de exercer o seu direito de preferência[1739], é aceite o preço oferecido pelo exequente ou pelo credor reclamante no respetivo requerimento de adjudicação de bem penhorado (art. 801º, nº 1)[1740], ficando dispensado de depositar a quantia que tiver oferecido, se esta não for necessária para pagar a credores reclamantes que tenham sido graduados antes do requerente e se não exceder a importância que este tenha direito a receber (art. 815º, nº 1)[1741]. Estando o requerente obrigado a depositar a quantia oferecida, no todo ou em parte, este não pode eximir-se a essa responsabilidade, invocando, designadamente, a natureza obsoleta dos bens adjudicados ou eventuais dificuldades económicas[1742].

Diversamente, se, na abertura das propostas, se constatar que foi oferecida uma proposta com um preço superior relativamente ao preço constante do requerimento de adjudicação, observa-se, com as devidas adaptações, o disposto nos arts. 820º e 821º quanto à venda por propostas em carta fechada. Assim, as propostas que tiverem sido apresentadas são apreciadas pelo executado, pelo exequente e pelos credores que tiverem comparecido a essa diligência. Contudo, se ninguém tiver comparecido a essa diligência, considera-se aceite a proposta de maior preço, salvo se esta for inferior a 85% do valor base dos bens.

1739 *Vide*, a este propósito, o ac. do STJ de 01.09.2016, proc. 243/11.1TBALJ.G1.S1, no qual se decidiu que o direito de preferência deve ser exercido na própria diligência de aberturas de propostas, não se aplicando, por isso, o disposto no art. 416º do CC – que prevê o dever de o preferente ser previamente informado acerca dos elementos essenciais da venda – já que a identidade do proponente e o maior preço oferecido só são conhecidos na diligência de abertura das propostas.

1740 A este respeito, decidiu-se no ac. do TRG de 29.05.2014, proc. 63/07.8TBAMR-B.G1, que, uma vez adjudicado ao exequente um determinado bem penhorado na execução e emitido o respetivo título de transmissão, não pode o tribunal dar sem efeito a adjudicação com fundamento na falta de depósito do excesso do valor desse bem em relação à quantia exequenda.

1741 Ac. do TRL de 29.04.1993, proc. 0057486.

1742 Ac. do TRE de 18.03.1999, proc. 688/08-3.

5. Consignação de rendimentos

5.1. Âmbito

Sem prejuízo da venda ou adjudicação dos bens penhorados, estando em causa a penhora de bens imóveis ou de bens móveis sujeito a registo, a lei prevê a possibilidade de o exequente requerer ao agente de execução que, enquanto não se concretizar a venda ou a adjudicação, lhe sejam consignados os rendimentos desses bens, em pagamento do seu crédito (arts. 656º, nº 1, do CC, e 803º, nº 1).

Com efeito, a consignação de rendimentos constitui, neste caso, um meio de satisfação de um direito de crédito, ou seja, um meio de pagamento[1743]. Assim, tendo a penhora recaído, por exemplo, sobre um prédio urbano, nada obsta a que o exequente requeira que esse prédio seja arrendado por forma a obter o pagamento faseado e progressivo[1744], parcial ou total, do seu crédito através do produto da renda, caso em que o executado não pode deduzir oposição ao pedido de consignação de rendimentos, com fundamento na impossibilidade de arrendamento do prédio[1745]. Visa-se, deste modo, "evitar a venda do bem penhorado em condições ruinosas, não constituindo uma verdadeira forma de prestação de caução, mas um meio de pagamento da quantia exequenda, que só é deferida pelo tribunal, a pedido do exequente, formulado entre o momento da realização da penhora e o da venda ou adjudicação dos bens penhorados, com o acordo expresso ou tácito do executado, e é condicionada pela natureza do objecto da penhora"[1746].

Sendo deferida a consignação de rendimentos e se esta garantir o pagamento do capital e dos juros, os frutos da coisa consignada são imputados primeiramente nos juros e, só depois, no capital (arts. 656º, nº 2, e 661º, nº 2, do CC).

5.2. Tramitação

A consignação de rendimentos deve ser requerida pelo exequente, atento o disposto no art. 803º, nº 1.

Uma vez apresentado o pedido de consignação de rendimentos, o agente de execução deve notificá-lo ao executado, sendo o pedido deferido se este não requerer que os bens objeto de consignação sejam vendidos (art. 803º, nº 2).

[1743] Cfr., nesse sentido, Duarte, Rui Pinto, *Curso de Direitos Reais, op. cit.*, pp. 274 a 276, bem como Costa, Mário Júlio de Almeida, *Direito das Obrigações, op. cit.*, p. 918.

[1744] *Vide*, a este propósito, Vasconcelos, L. Miguel Pestana de, *Direito das Garantias, op. cit.*, p. 414.

[1745] Ac. do TRP de 02.04.2001, proc. 0110075.

[1746] Ac. do STJ de 28.09.2000, proc. 237/00, *in SASTJ*, ano 2000. Cfr., na doutrina, Costa, Mário Júlio de Almeida, *Noções Fundamentais de Direito Civil, op. cit.*, pp. 185 e 186.

Em princípio, o executado não terá interesse em deduzir oposição à consignação de rendimentos, na medida em que esta modalidade de pagamento do crédito exequendo pode evitar a venda efetiva dos bens penhorados, protegendo-se, assim, o património do executado.

Por outro lado, se a consignação de rendimentos for requerida antes da citação dos credores para que estes reclamem os seus créditos sobre o bem penhorado, objeto do pedido de consignação de rendimentos, e se o executado não tiver requerido a venda desse bem, não se procede à citação dos credores (art. 803º, nº 3).

A consignação é efetuada através de comunicação ao serviço de registo competente – já que, nos termos dos arts. 660º, nº 2, do CC, e 2º, nº 1, al. *h)*, do CRPred., a consignação está sujeita a registo, quando tenha por objeto bens imóveis –, aplicando-se, com as necessárias adaptações, o disposto no art. 755º, nºs 1 e 2, quanto ao registo da penhora de bens imóveis.

Relativamente às modalidades da consignação de rendimentos, preceitua o art. 661º do CC que o bem objeto de consignação pode continuar em poder do concedente, passar para o poder do credor – o qual fica, na parte aplicável, equiparado ao locatário – ou passar para o poder de um terceiro, por título de locação ou por outro, ficando o credor com o direito de receber os respetivos frutos (art. 661º, nº 1, do CC).

No que diz respeito ao prazo da consignação, dispõe o art. 659º do CC que a consignação de rendimentos pode ser feita por um determinado número de anos ou até ao pagamento da dívida garantida. Contudo, se incidir sobre os rendimentos de bens imóveis, a consignação de rendimentos nunca pode exceder o prazo de quinze anos. Assim, o agente de execução não pode autorizar a consignação de rendimentos de um determinado bem imóvel ou móvel sujeito a registo por um período superior a quinze anos[1747].

O contrato de arrendamento que tiver sido celebrado em sede executiva, tendo em vista o pagamento da quantia exequenda através da consignação de rendimentos de um imóvel penhorado, caduca logo que se verifique a extinção da ação executiva, por força do pagamento da dívida exequenda e demais custas da execução[1748].

5.3. Consignação de rendimentos de bens em locação

Se tiver sido requerida a consignação de rendimentos de bens que estejam locados, esta é efetuada mediante notificação aos respetivos locatários (art. 804º, nº 1).

[1747] *Vide*, a este propósito, o ac. do STJ de 23.04.2009, proc. 6281/03.0TBSXL.S1.

[1748] Ac. do TRL de 16.09.2008, proc. 5151/2008-7.

Se ainda não tiver sido feita a locação ou se houver necessidade de se celebrar novo contrato, os bens são locados pelo agente de execução, mediante propostas ou por meio de negociação particular, observando-se, com as necessárias adaptações, as formalidades prescritas para a venda de bens penhorados.

Assim que sejam liquidadas as custas da execução, as rendas são recebidas pelo consignatário até que esteja embolsado da importância do seu crédito.

O consignatário fica na posição de locador, mas não pode resolver o contrato, nem tomar qualquer decisão relativa aos bens, sem a anuência do executado. Não havendo acordo quanto a esta questão, a mesma deve ser decidida pelo juiz de execução.

5.4. Efeitos

Logo que seja efetuada a consignação de rendimentos e se mostrem pagas as custas, a execução extingue-se, sendo levantadas as penhoras que incidam sobre outros bens [arts. 805º, nº 1, e 849º, nº 1, al. *b)*].

Por sua vez, se os bens vierem a ser vendidos ou adjudicados, livres do ónus da consignação, o consignatário é pago do saldo do seu crédito pelo produto da venda ou adjudicação, com a prioridade da penhora a cujo registo a consignação tenha sido averbada (art. 805º, nº 2).

6. Pagamento em prestações e acordo global

6.1. Pagamento em prestações

6.1.1. Âmbito

O Código de Processo Civil prevê a possibilidade de o exequente e o executado celebrarem um acordo de pagamento em prestações da dívida exequenda (art. 806º, nº 1)[1749].

Assim, sendo acordado o pagamento em prestações da dívida exequenda e uma vez definido o respetivo plano de pagamento[1750], o exequente e o executado devem comunicar tal acordo ao agente de execução, sendo que essa comunicação deve ser feita até à transmissão do bem penhorado ou, no caso

[1749] Em sede de direito comparado, dispõe o § 806*b* do ZPO que o oficial de execução deve instar, durante a pendência do processo executivo e até à sua extinção, a sua conclusão amistosa, amigável, conciliatória e imediata. Não sendo encontrados bens suscetíveis de ser penhorados, mas se o devedor assegurar, de forma verosímil, que pagará parte do montante em dívida a curto prazo, o oficial de execução deve incluir a parte do montante a cumprir como extinta, desde que o credor concorde com ele, sendo que a extinção da execução deve ter lugar, em regra, no prazo de seis meses.

[1750] No sentido de o exequente e o executado não poderem requerer a suspensão da instância executiva por acordo, nos termos do art. 272º, nº 4, tendo em vista a discussão dos termos da transação a ser celebrada entre eles, *vide* o ac. do TRC de 22.09.2016, proc. 724/06.9TTCBR-E.C1.

de venda mediante propostas em carta fechada, até à aceitação da proposta apresentada.

6.1.2. Efeitos da celebração do acordo

Em primeiro lugar, importa salientar que a celebração de um acordo de pagamento em prestações determina a extinção da execução, atento o disposto nos arts. 806º, nº 2, *in fine*, e 849º, nº 1, al. *f)*[1751,1752].

Por outro lado, sendo celebrado um acordo de pagamento em prestações, o exequente pode ou não prescindir da penhora feita na execução. Como é óbvio, ao prescindir antecipadamente da penhora, sem que o crédito exequendo se mostre ainda satisfeito, o credor fica, em princípio, desprotegido quanto à garantia que lhe advinha da penhora do património do executado, sem prejuízo da possibilidade de convencionar com o executado outras garantias adicionais.

Assim, se o exequente declarar – como sucede na generalidade dos casos – que não prescinde da penhora entretanto realizada sobre o património do executado, esta converte-se automaticamente em hipoteca ou em penhor – para o que o agente de execução deve comunicar esse facto à conservatória competente[1753] –, beneficiando estas garantias da prioridade que advinha da penhora, sem prejuízo da possibilidade de renovação da instância executiva, a requerimento de algum credor reclamante (art. 809º)[1754].

[1751] A este respeito, importa salientar que a extinção da execução constitui uma novidade do Código de Processo Civil vigente, já que o código revogado determinava que a celebração de um acordo de pagamento em prestações tinha como efeito prático a suspensão da execução. Com efeito, sendo preferível a solução constante do código revogado, na medida em que a execução se mantinha suspensa enquanto o acordo estivesse a ser cumprido, a intenção do legislador do novo Código de Processo Civil, ao consagrar a regra da extinção da execução quando se verifique a celebração de um acordo de pagamento em prestações da dívida exequenda, terá sido a de reduzir o número de execuções pendentes.

[1752] Concomitantemente, conforme se decidiu no ac. do TRG de 30.09.2021, proc. 5927/18.0T8VNF-B.G1, "Padece de inexistência jurídica a penhora de imóvel realizada pelo agente de execução depois de lhe ter sido comunicado o acordo de pagamento sobre a totalidade da dívida exequenda".

[1753] Nos termos do art. 48º-B do CRPred., "O registo de hipoteca, por conversão de penhora nos termos do nº 1 do artigo 807º do Código de Processo Civil, é feito com base em comunicação do agente de execução, a qual deve conter, sendo o caso, declaração de que não houve renovação da instância nos termos do artigo 809º do Código de Processo Civil".

[1754] Criticando este regime, *vide* Freitas, José Lebre de, "Sobre o Novo Código de Processo Civil (Uma visão de fora)", *op. cit.*, pp. 56 e 57, segundo o qual não faz sentido "converter a penhora num direito real cujo regime geral de direito civil cria uma prevalência mais forte do que a da penhora (resistência à declaração de insolvência, constituição do titular, se se tratar de direito sujeito a registo, na qualidade de terceiro registal)". Por via disso, o citado Autor defende que a expressão

De acordo com o regime substantivo, o penhor de coisas só produz os seus efeitos pela entrega da coisa empenhada ou de documento que confira a exclusiva disponibilidade dela, ao credor ou a terceiro (art. 669º, nº 1, do CC). De todo o modo, sendo a penhora convertida em penhor, nada impede que o exequente e o executado convencionem no sentido de a coisa objeto de penhor ficar na disponibilidade material do executado, atento o disposto no art. 807º, nº 3.

6.1.3. Consequências do incumprimento do acordo

A falta de pagamento de qualquer uma das prestações convencionadas no acordo importa o vencimento imediato das prestações subsequentes, podendo o exequente requerer a renovação da execução para satisfação do remanescente do seu crédito (art. 808º, nº 1)[1755].

Sendo renovada a execução, a penhora inicia-se pelos bens sobre os quais tenha sido constituída hipoteca ou penhor, nos termos do disposto no art. 807º, nº 1, só podendo recair noutros que integrem o património do executado quando se reconheça a insuficiência deles para conseguir o fim da execução.

Na eventualidade de os bens onerados em hipoteca ou em penhor terem sido transmitidos a um terceiro e se o exequente pretender acionar a garantia sobre esses bens, a execução renovada seguirá diretamente contra o adquirente dos bens (art. 808º, nº 3).

Por outro lado, para além da renovação da execução, o incumprimento do acordo tem igualmente consequências em relação à possibilidade de defesa do executado no processo.

Na verdade, uma vez que a celebração do acordo implica, quanto ao executado, o reconhecimento ou a confissão da dívida objeto desse acordo, o executado não pode, após o incumprimento do acordo por ele subscrito, deduzir oposição à execução, visando impugnar a existência da dívida que ele próprio reconheceu ou confessou, sob pena de atuar com manifesto abuso do

"beneficiando estas garantias da prioridade que a penhora tenha" deve ser interpretada "como significando, não só a retroactividade à data da constituição da penhora, mas também a perda de prioridade nas mesmas condições em que a penhora a perderia".

[1755] Conforme salienta Remédio Marques, nesse caso, "o objecto da execução reiniciada é ainda a obrigação documentada no título executivo inicialmente junto à petição executiva". Contudo, o objeto da execução poderá passar a ser "o próprio acordo para pagamento em prestações na medida em que se faça prova de que houve uma novação (objectiva e/ou subjectiva) da obrigação exequenda" (Marques, J. P. Remédio, "Algumas implicações do acordo para pagamento da dívida exequenda em prestações apenas subscrito por um dos co-executados litisconsorte", *op. cit.*, pp. 717 e 718).

direito[1756]. Isto a não ser que o executado, aquando da celebração do acordo, nele tenha feito constar um "protesto sob a forma de reserva", declarando expressamente que "o seu comportamento negocial não envolve o reconhecimento da existência, validade ou eficácia da obrigação exequenda"[1757].

6.2. Acordo global

Para além do acordo de pagamento em prestações entre o exequente e o executado, o Código de Processo Civil prevê igualmente a possibilidade de ser celebrado um acordo global, isto é, um acordo que abranja, simultaneamente, o exequente, o executado e os credores reclamantes[1758].

Este acordo global pode revestir diversas modalidades, nomeadamente, uma simples moratória, um perdão, total ou parcial, de créditos, a substituição, total ou parcial, de garantias ou a constituição de novas garantias, aplicando-se a este acordo, com as devidas adaptações, o regime do acordo de pagamento em prestações entre o exequente e o executado (arts. 806º e 807º, nº 1).

Verificando-se a mora no cumprimento dos termos desse acordo global, o exequente e/ou o credor reclamante devem interpelar por escrito o executado para que este faça cessar essa mora. Nesse caso, se o executado não puser termo à mora, no prazo de dez dias após essa interpelação, tal importa, na falta de convenção expressa em sentido contrário, a caducidade do acordo global, podendo o exequente ou o credor reclamante requerer a renovação da execução para pagamento do remanescente do crédito exequendo e dos créditos reclamados (art. 810º, nº 3).

[1756] *Vide*, nesse sentido, o ac. do TRE de 21.12.2017, proc. 4741/11.9YIPRT-A.E1. Cfr., em idêntico sentido, o ac. do TRG de 25.09.2014, proc. 917/10.4TBGMR-A.G1, no qual se decidiu que, ainda que o acordo tenha sido celebrado antes de o executado ter sido citado para a execução, confessando o executado ser devedor da prestação objeto de execução mediante acordo celebrado com o exequente, fica o mesmo impedido de, posteriormente, invocar em sede de embargos a prescrição da letra de câmbio que serve de título à execução.

[1757] MARQUES, J. P. Remédio, "Algumas implicações do acordo para pagamento da dívida exequenda em prestações apenas subscrito por um dos co-executados litisconsorte", *in Estudos Dedicados ao Prof. Doutor Mário Júlio de Almeida Costa*, Universidade Católica, Lisboa, 2002, p. 717. Com efeito, conforme assinala este Autor, a aposição dessa contra-declaração no acordo tem, inclusive, a virtualidade de impedir que a instância de oposição à execução que se encontre pendente aquando da celebração do acordo venha a ser declarada extinta por inutilidade superveniente da lide.

[1758] Sobre esta questão, refere-se na exposição de motivos o seguinte: "Face à proliferação de situações de sobreendividamento, é admitida a celebração de um plano global de pagamentos entre exequente, executado e credores reclamantes, envolvendo, designadamente, moratórias ou perdões, substituição, total ou parcial de garantias, com a consequente suspensão da execução".

Nos termos do art. 810º, nº 5, sem prejuízo da celebração de um acordo global, o exequente e os credores reclamantes conservam todos os seus direitos contra os coobrigados ou garantes do executado.

7. Venda executiva

7.1. Âmbito

7.1.1. Determinação da modalidade da venda e do valor base dos bens

Os bens penhorados podem ser vendidos em sede executiva (art. 811º) – a qual está sujeita, com as devidas adaptações, ao regime jurídico da compra e venda, previsto nos arts. 874º e ss. do CC[1759,1760] – visando-se, por essa via, "transformar os bens penhorados em dinheiro líquido"[1761].

A venda executiva pode ser realizada de acordo com as seguintes modalidades:

a) venda mediante propostas em carta fechada;
b) venda em mercados regulamentados;
c) venda direta a pessoas ou a entidades que tenham direito a adquirir os bens;
d) venda por negociação particular;
e) venda em estabelecimento de leilões;
f) venda em depósito público ou equiparado; ou
g) venda em leilão eletrónico.

[1759] Cfr., nesse sentido, Martinez, Pedro Romano, "Venda executiva – Alguns aspectos das alterações legislativas introduzidas na nova versão do Código de Processo Civil", *op. cit.*, p. 336, bem como o ac. do 08.11.2012, proc. 187/03.0TBTVD-C.L1-2.

[1760] Neste particular, Eduardo Couture sustenta que a venda executiva traduz-se, não num negócio jurídico, mas antes numa "ação e garantia": ação, porque o tribunal atua para dirimir um conflito de interesses; garantia, já que há uma "sujeição dos bens do devedor para responderem à pretensão legítima do credor" (Couture, Eduardo J., *Fundamentos del Derecho Procesal Civil, op. cit.*, p. 469). Por sua vez, Crisanto Mandrioli defende que a venda executiva distingue-se do contrato de compra e venda, atenta a particularidade fundamental de a venda executiva prescindir da vontade do vendedor (Mandrioli, Crisanto, *Corso di Diritto Processuale Civile*, vol. III, *op. cit.*, pp. 60 e 61). Do mesmo modo, Bruno Cirillo defende que, se, do ponto de vista económico, poucas diferenças existem entre a venda executiva e o contrato de compra e venda (venda voluntária), já o mesmo não sucede do ponto de vista jurídico. Isto porque, enquanto na venda voluntária existe um encontro de vontades, na venda executiva assiste-se ao encontro de uma única vontade negocial (a do comprador) com uma disposição coativa, através da qual a venda é efetuada independentemente do livre poder de disposição do titular do direito (Cirillo, Bruno, *L'Esecuzione Mobiliare Presso il Debitore, op. cit.*, p. 52). Já para Alberto dos Reis, a venda executiva "pertence a um tipo diferente do contrato de compra e venda civil", não se traduzindo num contrato de direito privado, mas antes num contrato de direito público (Reis, José Alberto dos, "Da venda no processo de execução", *op. cit.*, p. 450).

[1761] Mandrioli, Crisanto, *Corso di Diritto Processuale Civile*, vol. III, *op. cit.*, p. 60.

Na falta de disposição legal em sentido contrário, cabe ao agente de execução decidir sobre a modalidade da venda, uma vez observado o dever de audição prévia do exequente, do executado (e, eventualmente, do seu cônjuge) e dos credores com garantia real sobre os bens a vender (art. 812º, nº 1).

Dessa decisão deve constar a modalidade da venda, relativamente a todos ou a cada categoria de bens penhorados, o valor base dos bens a vender[1762] e a eventual formação de lotes, com vista à venda em conjunto de bens penhorados, sendo a mesma notificada, preferencialmente por meios eletrónicos, ao exequente, ao executado e aos credores reclamantes de créditos com garantia sobre os bens a vender.

Se o executado, o exequente ou algum credor reclamante discordar da decisão do agente de execução, cabe dela reclamação para o juiz de execução, cuja decisão não é passível de recurso [arts. 723º, nº 1, al. *c)*, e 812º, nº 7][1763].

7.1.2. Instrumentalidade da venda

À luz do princípio da proporcionalidade, a venda dos bens penhorados deve ser sustada, a requerimento do executado, logo que o produto dos bens já vendidos seja suficiente para garantir o pagamento das despesas da execução, do crédito do exequente e dos credores com garantia real sobre os bens já vendidos (art. 813º, nº 1).

7.1.3. Venda antecipada de bens

O juiz pode autorizar a venda antecipada de bens, a requerimento do exequente, do executado ou do depositário, quando estes não possam ou não devam conservar-se, por estarem sujeitos a deterioração ou depreciação (art. 814º, nº 1). Com efeito, a venda antecipada pode ser autorizada desde que, objetivamente, o bem se encontre sujeito a depreciação ou a deterioração, não sendo, no entanto, necessário que já esteja depreciado ou deteriorado[1764]. É o

[1762] Nos termos do art. 812º, nº 3, o valor base dos bens imóveis corresponde ao maior dos seguintes valores: *a)* valor patrimonial tributário, nos termos de avaliação efetuada há menos de seis anos; *b)* valor de mercado. Relativamente aos demais bens, o valor base é fixado pelo agente de execução de acordo com o respetivo valor de mercado, podendo o agente de execução, por sua iniciativa ou a requerimento de qualquer interessado, promover as diligências que considere mais adequadas tendo em vista a determinação do valor real e efetivo de mercado do bem.

[1763] Defendendo a possibilidade de o juiz de execução conhecer oficiosamente a ilegalidade cometida pelo agente de execução, ao ter fixado um valor base de venda inferior ao valor mínimo legalmente previsto, *vide* o ac. do TRL de 12.07.2018, proc. 1110/14.2TBALM-A.L1-6.

[1764] Ac. do STJ de 28.05.1998, proc. 803/97, *in SASTJ*, ano 1998.

que sucede, por exemplo, quando tenham sido penhorados géneros alimentares, animais, veículos automóveis[1765] ou navios[1766].

De igual modo, o juiz pode autorizar a venda antecipada do bem penhorado quando este, apesar de, em termos abstratos, não ser, pela sua natureza, especialmente deteriorável ou depreciável, já apresente sinais evidentes de deterioração ou de degradação[1767].

Por outro lado, a venda antecipada de bens pode também ser autorizada quando exista uma vantagem manifesta na antecipação da venda. É o que ocorre, por exemplo, se a penhora tiver recaído sobre valores mobiliários cotados em bolsa[1768].

Uma vez apresentado o requerimento para a venda antecipada de um bem penhorado, o tribunal deve ouvir, em princípio, as partes interessadas, exceto se essa audição prévia for incompatível com a urgência da venda.

Se for autorizada a venda antecipada de bens, esta é realizada através de negociação particular [art. 832º, al. *c)*], sendo encarregado da venda o fiel depositário ou, quando as funções de fiel depositário tenham sido confiadas ao próprio executado, o agente de execução.

7.1.4. Dispensa de depósito do preço

Visando impedir a prática de atos inúteis, o art. 815º, nº 1, determina que, se o exequente adquirir bens pela execução, este é dispensado de depositar a parte do preço que não seja necessária para pagar a credores graduados antes dele e que não exceda a importância que tenha direito a receber, sendo igual dispensa concedida ao credor com garantia real sobre os bens que vier a adquirir em sede executiva. Com efeito, não faria sentido que o exequente ou o credor tivessem de pagar o preço para, de seguida, serem reembolsados desse mesmo preço.

1765 *Vide*, a este propósito, o ac. do TRL de 07.05.1992, proc. 005932, no qual se admitiu a possibilidade de se proceder à venda antecipada de um veículo automóvel penhorado. Com efeito, este aresto considerou que, apesar de o veículo automóvel não ser, em regra, um bem especialmente deteriorável ou depreciável, o certo é que o mesmo pode ser vendido antecipadamente quando se reconheça que o mesmo se encontra sujeito a deterioração ou depreciação, o que pode decorrer da conjugação de vários fatores, tais como o aparecimento de novos modelos, a deterioração que advém da imobilização ou não uso excessivos e a degradação do mercado de viaturas usadas.

1766 *Vide*, nesse sentido, o ac. do TRL de 07.12.1995, proc. 0101302, no qual se decidiu pela possibilidade de venda antecipada de um navio, por ter considerado que se trata de um bem deteriorável ou sujeito a deterioração por se encontrar "sujeito ao poder deletério da água do mar".

1767 Cfr., a este propósito, o ac. do TRP de 28.06.2001, proc. 0130814.

1768 *Vide*, nesse sentido, VEIGA, Alexandre Brandão da, *Transmissão de Valores Mobiliários*, Almedina, Coimbra, 2010, p. 76, o qual sustenta que a venda antecipada de valores mobiliários pode encontrar justificação na "grande volatilidade de cotações".

Na eventualidade de os créditos ainda não se encontrarem graduados, o exequente não é obrigado a depositar mais do que a parte excedente à quantia exequenda e o credor só é obrigado a depositar o excedente ao montante do crédito que tenha reclamado sobre os bens adquiridos. Neste caso, os bens imóveis adquiridos ficam hipotecados à parte do preço não depositada, consignando-se a garantia no título de transmissão.

Se, por efeito da graduação de créditos, o adquirente não tiver direito à quantia que deixou de depositar ou a parte dela, deve ser notificado para fazer o respetivo depósito no prazo de dez dias, sob pena de ser executado, começando a execução pelos próprios bens adquiridos ou pela caução.

7.2. Modalidades

7.2.1. Venda mediante propostas em carta fechada

7.2.1.1. Âmbito

A venda mediante propostas em carta fechada tem lugar nos casos em que a penhora tenha recaído sobre bens imóveis que não devam ser vendidos através de uma modalidade distinta (art. 816º, nº 1).

Utiliza-se igualmente esta modalidade de venda quando tenha sido penhorado um estabelecimento comercial de valor superior a 500 UC, ou seja, € 51.000,00, e tenha havido proposta nesse sentido por parte do exequente, do executado ou de um credor que seja titular de um direito real de garantia sobre esse estabelecimento (art. 829º, nº 1).

7.2.1.2. Valor base e competência

No que diz respeito ao valor da venda, preceitua o art. 816º, nº 2, que esse valor corresponde a 85% do valor base dos bens penhorados. Deste modo, o bem penhorado não pode, em princípio, ser vendido por um valor inferior a 85% do seu valor base, salvo se, nos termos do art. 821º, nº 3, o exequente, o executado e todos os credores com garantia real sobre o bem a vender acordarem na aceitação de uma proposta de valor inferior[1769].

Relativamente à competência do tribunal para a promoção da venda, dispõe o art. 816º, nº 3, que esta é efetuada no tribunal da execução, salvo se o

[1769] Cfr., nesse sentido, o ac. do TRE de 08.03.2018, proc. 7867/11.5TBSTB-B.E1. Observe-se que, neste aresto, admitiu-se igualmente a possibilidade de o bem penhorado ser vendido por um valor inferior ao valor base quando, independentemente da existência de acordo entre os diversos sujeitos processuais, "exista um despacho judicial que pondere as circunstâncias pelas quais apenas foi obtido pelo encarregado da venda um valor inferior ao inicialmente fixado, e decida se, em face das mesmas, é de autorizar a venda pelo valor proposto, assim assegurando a defesa de todos os interesses em presença".

juiz, oficiosamente ou a requerimento dos interessados, ordenar que ela tenha lugar no tribunal da situação dos bens. Com efeito, a realização da venda pelo tribunal do lugar da situação dos bens pode assumir especiais vantagens para a execução, tendo em conta, nomeadamente, a possibilidade de os potenciais interessados examinarem os bens antes de oferecerem as suas propostas (art. 818º).

7.2.1.3. Publicidade da venda e dos bens

Determinada a realização da venda mediante propostas em carta fechada, o juiz designa o dia e a hora para a abertura das propostas, devendo aquela ser publicitada pelo agente de execução com a antecedência mínima de dez dias, mediante anúncio em página informática de acesso público[1770,1771] e através de edital a afixar na porta dos prédios urbanos a vender, sem prejuízo da possibilidade de serem utilizados outros meios de divulgação (art. 817º).

Nos termos do art. 818º, até ao dia da abertura das propostas, o depositário é obrigado a mostrar os bens a quem pretenda examiná-los, podendo, se necessário, fixar as horas em que, durante o dia, os interessados poderão proceder à inspeção dos bens objeto de venda[1772].

7.2.1.4. Notificação aos preferentes

Havendo um direito legal ou convencional de preferência que goze de eficácia real sobre os bens penhorados (art. 421º do CC)[1773], os respetivos titu-

[1770] Disponível *in https://tribunais.org.pt*, atento o disposto no art. 19º, nº 1, da Portaria nº 282/2013, de 29 de agosto.

[1771] Desse anúncio deve constar o nome do executado, a identificação do agente de execução, o dia, a hora e o local da abertura das propostas, a identificação sumária dos bens e o valor a anunciar para a venda, bem como, sendo caso disso, da pendência de recurso em relação à sentença condenatória que constitua título executivo, ou da pendência de oposição à execução ou à penhora (art. 19º, nº 2, da Portaria nº 282/2013, de 29 de agosto). Cfr., quanto aos requisitos do anúncio de venda, o ac. do STJ de 25.11.1997, proc. 9620844. Conforme se decidiu no ac. do STJ de 22.10.2015, proc. 896/07.5TBSTS.P1.S1, "Em processo executivo e, concretamente, na venda em execução são essenciais a clareza e o rigor da publicitação da venda porquanto é perante essa publicidade que, de um modo geral, os potenciais compradores definem os seus interesses e formam as respectivas vontades em relação ao bem a alienar". Contudo, "A simples inscrição na publicitação da venda não faz nascer um ónus ou limitação que nunca existiu nem impede a morte de um ónus ou limitação que caduca por força da própria venda executiva".

[1772] Como bem se decidiu no ac. do TRP de 25.01.2022, proc. 5682/13.0YYPRT-C.P1, "Numa venda o direito de inspeccionar o bem tem o propósito de colocar todos os potenciais interessados em estado de igualdade, para que possam apresentar as respectivas propostas de modo competitivo".

[1773] Conforme ensina Salvador da Costa, "nas ações executivas não relevam os direitos convencionais de preferência sem eficácia real, por não assumirem a natureza de direitos reais de aquisição, ao

lares devem ser notificados, de acordo com as formalidades previstas para a citação, do dia, hora e local aprazados para a abertura das propostas, a fim de poderem exercer o seu direito no próprio ato, se alguma proposta for aceite (art. 819º, nº 1).

É o que sucede, designadamente:

a) com o arrendatário, em caso de compra e venda ou dação em cumprimento do local arrendado há mais de dois anos [art. 1091º, nº 1, al. *a)*, do CC][1774];

b) com o arrendatário de prédio objeto de arrendamento agrícola ou florestal, cujo contrato de arrendamento vigore há mais de três anos (art. 31º, nº 2, do NRAR);

c) com o senhorio, em caso de trespasse por venda ou dação em cumprimento de estabelecimento comercial (art. 1112º, nº 4, do CC);

d) com o proprietário de terrenos confinantes, quando um deles tenha uma área inferior à unidade de cultura (art. 1380º do CC);

e) com o comproprietário, em caso de venda da quota-parte do executado na compropriedade (art. 1409º, nº 1, do CC);

f) com o proprietário da raiz ou da nua propriedade, em caso de venda do direito de superfície (art. 1535º do CC);

g) com o proprietário de prédio que se encontre onerado com uma servidão de passagem, em caso de venda do prédio dominante (art. 1555º do CC);

h) com o proprietário, em caso de venda executiva do direito real de habitação duradoura (art. 21º, nº 7, do DL nº 1/2020, de 9 de janeiro);

i) com o morador, em caso de ação executiva relativa a hipoteca constituída sobre o direito de propriedade (art. 21º, nº 9, do DL nº 1/2020, de 9 de janeiro);

j) com os Municípios, as Regiões Autónomas e o Estado nas alienações onerosas de imóveis de uso habitacional – para além das demais situações previstas na lei –, nas seguintes circunstâncias: numa zona de pressão urbanística, delimitada com fundamento na falta ou desa-

invés do que ocorre com os direitos legais de preferência e os direitos convencionais de preferência a que as partes atribuam eficácia real" (Costa, Salvador da, "A venda executiva, os direitos reais de aquisição e os direitos de remição", *op. cit.*, p. 1220).

1774 *Vide*, a este propósito, o ac. do TRP de 07.03.2022, proc. 396/12.1TBLSD-C.P1, no qual se decidiu que "Na venda executiva, a notificação para preferência, imposta pelos nº 1 do art. 819º do Código de Processo Civil e al. a) do nº 1 do art. 1091º do Código Civil, deve ser dirigida, além de ao arrendatário, ao cônjuge do mesmo, sendo o regime de bens do casamento de comunhão (geral ou de adquiridos)".

dequação da oferta[1775], ou em territórios identificados no Programa Nacional de Habitação com fundamento na referida falta ou desadequação da oferta (art. 6º, nº 1, do DL nº 89/2021, de 3 de novembro);

k) com o co-herdeiro, em caso de venda de um quinhão hereditário (art. 2130º do CC); ou

l) com os sócios, a sociedade ou a pessoa por esta designada, em caso de venda de uma quota de uma sociedade por quotas (art. 239º, nº 5, do CSC)[1776].

Não sendo o preferente notificado, essa omissão tem a mesma consequência que a falta de notificação ou de aviso prévio na venda particular, sem prejuízo da possibilidade de o preferente intentar, nos termos gerais, uma ação de preferência. Do mesmo modo, se a notificação do preferente se frustrar, tal não preclude a possibilidade de o mesmo propor uma ação de preferência.

No que concerne ao exercício do direito de preferência, o art. 823º preceitua que, sendo aceite alguma proposta, devem ser interpelados os titulares do direito de preferência presentes na diligência de abertura das propostas, para que declarem se pretendem exercer o seu direito. Nesse caso, se se apresentar mais de uma pessoa com igual direito, abre-se licitação entre elas, sendo aceite o lance de maior valor.

De todo o modo, mesmo que o preferente não tenha exercido o seu direito de preferência no ato de abertura e aceitação das propostas, este pode, ainda assim, no prazo de cinco dias, contados do termo do prazo do proponente ou preferente faltoso, efetuar o depósito do preço por este oferecido, independentemente de nova notificação, a ele se fazendo a adjudicação (art. 825º, nº 3). Trata-se, com efeito, de uma exceção, consubstanciada no "renascimento do direito de preferência que se extinguira por caducidade", a qual surge "inspirada no interesse do exequente e dos credores, bem como no princípio da economia de meios"[1777].

7.2.1.5. Abertura e deliberação sobre as propostas

As propostas são entregues na secretaria do tribunal até à hora prevista para a sua abertura[1778] e devem ser abertas na presença do juiz – só podendo ser retiradas se a sua abertura for adiada por um período superior a noventa dias

[1775] Cfr. o art. 2º-A do DL nº 159/2006, de 8 de agosto.

[1776] COSTA, Salvador da, "A venda executiva, os direitos reais de aquisição e os direitos de remição", *op. cit.*, pp. 1220 e 1221.

[1777] *Ibidem*, p. 1225.

[1778] Cfr., nesse sentido, o ac. do STJ de 16.10.2012, proc. 2389/10.4TBAMT-1.P1.S1.

em relação à data inicialmente designada para o efeito –, devendo assistir à abertura o agente de execução e podendo estar presentes o executado, o exequente, os reclamantes de créditos com garantia sobre os bens a vender e os proponentes (art. 820º, nº 1).

Na eventualidade de o preço mais elevado ser oferecido por mais de um proponente, abre-se logo licitação entre eles, salvo se declararem que pretendem adquirir os bens em compropriedade.

Estando apenas presente um dos proponentes do maior preço, pode esse cobrir a proposta dos outros.

Diversamente, se nenhum deles estiver presente ou se nenhum quiser cobrir a proposta dos outros, procede-se a sorteio para determinar a proposta que deve prevalecer.

O exequente, se estiver presente no ato de abertura das propostas, pode manifestar vontade de adquirir os bens a vender, abrindo-se logo licitação entre ele e o proponente do maior preço. Não estando presente o proponente do maior preço, o exequente pode cobrir a proposta daquele.

Logo após a abertura das propostas ou depois de efetuada a licitação ou o sorteio a que houver lugar, são as mesmas apreciadas pelo executado, pelo exequente e pelos credores que hajam comparecido, considerando-se aceite a proposta de maior preço, se nenhum deles estiver presente.

Em regra, não podem ser aceites as propostas cujo valor seja inferior a 85% do valor base dos bens (arts. 816º, nº 2, e 821º, nº 3), salvo se o exequente, o executado e todos os credores com garantia real sobre os bens a vender acordarem na sua aceitação. Para além disso, não podem ser apresentadas propostas sujeitas a condição ou a termo, ou seja, só são aceites propostas puras[1779].

Não estando os interessados de acordo relativamente às propostas apresentadas, prevalece o voto dos credores que, entre os presentes, tenham maioria de créditos sobre os bens a que a proposta se refere.

Não havendo proponentes ou não sendo aceites as propostas apresentadas, procede-se à venda por negociação particular (art. 822º, nº 2).

O agente de execução deve elaborar um auto, referente à abertura e à aceitação das propostas, nele se mencionando, para cada proposta aceite, o nome do proponente, bem como os bens a que respeita e o seu preço (art. 826º)[1780].

[1779] Ac. do TRL de 13.12.2000, proc. 0013812. Cfr., no mesmo sentido, o ac. do TRP de 12.11.2008, proc. 0856206, no qual se decidiu que o proponente não pode apresentar uma proposta da qual resulte a imposição de condições para que a mesma seja aceite, já que a venda judicial é, por natureza, "incondicionável ou inegociável".

[1780] Conforme se decidiu no ac. do TRE de 26.10.2017, proc. 765/08.1TBEVR.E1, se esse auto não retratar com fidelidade o que se passou na diligência, pode ser requerida a retificação do auto ou suscitada a sua falsidade através do respetivo incidente.

De particular relevância é o regime consignado no art. 822º, nº 1, segundo o qual as irregularidades relativas à abertura, licitação, sorteio, apreciação e aceitação das propostas só podem ser arguidas no próprio ato.

7.2.1.6. Caução e depósito do preço

Os proponentes devem juntar obrigatoriamente à sua proposta, como caução, um cheque visado, à ordem do agente de execução ou, nos casos em que as diligências de execução sejam realizadas por oficial de justiça, da secretaria, no montante correspondente a 5% do valor anunciado, ou uma garantia bancária no mesmo valor (art. 824º, nº 1)[1781]. Com efeito, semelhante regime visa dissuadir a apresentação de propostas falsas.

Sendo aceite alguma das propostas, o proponente ou preferente é notificado para, no prazo de quinze dias, depositar numa instituição de crédito, à ordem do agente de execução ou, nos casos em que as diligências de execução são realizadas por oficial de justiça, da secretaria, a totalidade ou a parte do preço em falta[1782]. Findo esse prazo sem que o preço em falta seja depositado pelo proponente ou pelo preferente, o agente de execução, uma vez ouvidos os interessados na venda, pode:

[1781] No sentido de a prestação de caução constituir condição de admissibilidade e de validade da proposta apresentada por um terceiro proponente, *vide* o ac. do TRG de 30.06.2009, proc. 2206/04.4TBFAF. Cfr., igualmente, o ac. do TRE de 10.03.2016, proc. 2512/10.9TBSTR-E.E1, no qual se decidiu que "A obrigação de junção de caução, imposta pelo art. 824º, nº 1, do CPC é uma formalidade não dispensável, de cumprimento obrigatório. Perante o seu não cumprimento, a proposta não deve ser aceite, a não ser que o exequente, executado e credores reclamantes com garantia real, sobre os bens em causa, presentes no ato de abertura das propostas, expressem posição no sentido da sua aceitação, mesmo com a omissão da junção de caução".

[1782] *Vide*, a este respeito, o ac. do TRG de 31.01.2019, proc. 216/14.2TBVPA.G2, com o seguinte sumário: "I – O prazo de quinze dias para depósito da totalidade ou da parte do preço em falta, previsto no art. 824º, nº 2, do CPC, tem a natureza de prazo processual. II – Nos termos do art. 825º, nº 1, do CPC da falta de depósito do preço nesse prazo não decorre automaticamente que a venda fica sem efeito. III – O não cumprimento do referido prazo não preclude a possibilidade de o proponente vir a depositar o preço num momento posterior e de o tribunal manter a venda". Cfr., ainda, o ac. do TRP de 01.07.2019, proc. 2725/16.0T8VFR-A.P1, no qual se consignou o seguinte: "I – O prazo de quinze dias fixado no nº 2 do artigo 824º do Código de Processo Civil, para o proponente proceder ao depósito do preço na venda executiva, assume natureza de prazo legal perentório e improrrogável, cujo decurso tem as consequências assinaladas nas diversas alíneas do nº 1 do artigo 825º do mesmo diploma legal. II – Esse depósito poderá ser efectuado fora desse prazo, mas só no caso de "justo impedimento". III – A parte interessada não pode beneficiar da excecionalidade do conceito de "justo impedimento" quando tenha havido da sua parte negligência, culpa ou imprevidência".

a) determinar que a venda fique sem efeito e aceitar a proposta de valor imediatamente inferior, perdendo o proponente o valor da caução que tiver sido prestada[1783];

b) determinar que a venda fique sem efeito e efetuar a venda dos bens através da modalidade mais adequada, não podendo ser admitido o proponente ou preferente remisso a adquirir novamente os mesmos bens e perdendo o valor da caução por ele prestada; ou

c) liquidar a responsabilidade do proponente ou preferente remisso, devendo ser promovido perante o juiz o arresto em bens suficientes para garantir o valor em falta, acrescido das custas e despesas, sem prejuízo de procedimento criminal e sendo aquele, simultaneamente, executado no próprio processo para pagamento daquele valor e acréscimos. Neste caso, o arresto é levantado logo que seja efetuado o pagamento da quantia em falta, assim como dos acréscimos legais.

7.2.1.7. Adjudicação e registo

Logo que se mostre integralmente pago o preço e uma vez satisfeitas as obrigações fiscais inerentes à transmissão, os bens são adjudicados e entregues ao proponente ou preferente, devendo o agente de execução emitir o título de transmissão a seu favor, no qual se identificam os bens, certifica-se o pagamento do preço ou a dispensa do depósito do mesmo e declara-se o cumprimento ou a isenção das obrigações fiscais, bem como a data em que os bens foram adjudicados (art. 827º)[1784]. Vale isto por dizer que, ao invés do que sucede com o regime geral do contrato de compra e venda, no âmbito do qual a transmissão da propriedade da coisa ou da titularidade do direito se dá por mero efeito da celebração do contrato [art. 879º, al. *a)*, do CC], na venda executiva, a transmissão da propriedade só se verifica após a emissão do respetivo título de transmissão, o que pressupõe previamente o pagamento integral do preço – ou, se for o caso, a dispensa do depósito do preço – e a satisfação das obrigações fiscais inerentes à transmissão[1785].

[1783] Quanto à ilegalidade da atuação do agente de execução se este rejeitar a proposta vencedora por falta de depósito do preço e aceitar outra, sem proceder previamente à audição dos interessados, *vide* o ac. do TRP de 06.12.2011, proc. 4486/05.9TBSTS-A.P1.

[1784] No sentido de a transmissão executiva se encontrar dependente do cumprimento das obrigações fiscais, *vide* o ac. do TRL de 19.04.2018, proc. 517/17.9T8PDL-A.L1-6.

[1785] Cfr., nesse sentido, o ac. do TRL de 28.04.2015, proc. 30347/09.4 T2SNT.L1-1, no qual se sustentou que "A venda executiva reveste a natureza de um negócio jurídico que se realiza com a aceitação de determinada proposta, ficando, contudo, o efeito translativo da propriedade da coisa ou da titularidade do direito sujeito à verificação da condição suspensiva da realização dos depósitos a que se refere o art. 815º do Código de Processo Civil. Verificada a condição, transfere-se, "ipso

De seguida, o agente de execução deve comunicar a venda ao serviço de registo competente, juntando o respetivo título, o qual, por sua vez, procede ao registo do facto e, oficiosamente, ao cancelamento das inscrições relativas aos direitos que tenham caducado com a venda executiva, nos termos do art. 824º, nº 2, do CC[1786].

7.2.1.8. Entrega dos bens

O adquirente pode requerer, na própria execução, a entrega dos bens contra o detentor, servindo de título executivo o título de transmissão (art. 828º).

Na verdade, se tiver sido entregue ao adquirente o título de transmissão de um determinado bem vendido em sede executiva e se este constatar que esse bem se encontra na posse formal de um terceiro, nada impede que o adquirente requeira o prosseguimento da execução contra o detentor desse bem[1787], seguindo-se, com as devidas adaptações, os termos da ação executiva para entrega de coisa certa, concretamente o disposto nos arts. 861º e ss.[1788]. Essa execução corre nos próprios autos do processo executivo onde foi promovida a venda do bem objeto de transmissão, não carecendo, por isso, o adquirente de intentar uma ação executiva para entrega de coisa certa, tendo em vista a entrega coerciva do bem por ele adquirido[1789].

jure" a propriedade da coisa ou a titularidade do direito, retroagindo esse efeito à data da aceitação da proposta, o que se atestará pelo respectivo título de transmissão", o ac. do TRE de 06.12.2018, proc. 1866/14.2T8SLV-B.E1, o ac. do TRE de 16.01.2020, proc. 1283/16.0 T8MMN-B.E1, o ac. do TRE de 11.03.2021, proc. 514/04.3TBORQ-C.E1, o ac. do TRE de 15.04.2021, proc. 930/19.6T8OLH-D.E1, bem como o ac. do TRL de 07.12.2021, proc. 717/19.8.T8VFX.C.L1-1.

Diversamente, no ac. do TRL de 27.03.2014, proc. 17748/12.0T2SNT-B.L1-8, entendeu-se que, na venda executiva, a transmissão da propriedade dá-se com a adjudicação.

[1786] Nos termos do art. 48º-A do CRPred., o registo provisório de aquisição, por venda em processo judicial, é realizado com base em comunicação eletrónica do agente de execução, com indicação da identificação do proponente, remidor ou preferente e dos bens a que respeitam.

[1787] Ac. do TRL de 24.06.2004, proc. 3100/2004-2.

[1788] *Vide*, a este respeito, o ac. do TRL de 12.03.2019, proc. 23647/09.5T2SNT-B.L-7, no qual se decidiu o seguinte: "I – Penhorada e vendida ou adjudicado um imóvel que constitua a casa de morada de família do/a executado/a, caso se suscitem sérias dificuldades no realojamento deste, não pode o imóvel ser entregue ao adquirente sem que tal facto seja antecipadamente comunicado à câmara municipal e às autoridades assistenciais competentes – arts. 930º, nº 6, *ex vi* do art. 901º, ambos do CPC 1961, na redação vigente até à entrada em vigor do CPC 2013; e 861º, nº 6, aplicável *ex vi* do art. 828º, ambos do CPC 2013. II – Tal mecanismo legal não vincula o Tribunal nem o agente de execução a assegurar o efetivo realojamento do/a executado/a e respetivo agregado familiar, mas somente a informar previamente as entidades com competência para, em caso de dificuldade daquele, lhe prestarem o apoio tido por conveniente, no quadro das suas competências legais".

[1789] Cfr., nesse sentido, o ac. do TRP de 05.12.2016, proc. 1631/14.7TBGDM.P1. De todo o modo, no ac. do TRP de 25.01.2021, proc. 1781/20.0T8PRT-B.P1, admitiu-se a possibilidade de o adquirente

7.2.2. Venda de bens em mercados regulamentados

Nos termos do art. 830º, devem ser vendidos em mercados regulamentados os instrumentos financeiros e as mercadorias que neles tenham cotação[1790]. É o que sucede, por exemplo, com a venda de ações que tenham sido penhoradas e que tenham cotação nos referidos mercados regulamentados.

7.2.3. Venda direta

A venda direta tem lugar nos casos em que, por força de disposição legal, os bens penhorados devam ser entregues a determinada entidade[1791], bem como nas situações em que os bens tenham sido prometidos vender, com eficácia real, a quem queira exercer o direito de execução específica.

Assim, se o executado tiver, por exemplo, celebrado com um terceiro um contrato-promessa de compra e venda, com eficácia real, em relação a um determinado bem imóvel, e se esse bem vier, entretanto, a ser penhorado no âmbito de uma ação executiva, este bem deve ser vendido diretamente ao promitente-comprador, que beneficia, por força da celebração daquele contrato, de um direito real de aquisição, nos termos do disposto no art. 831º[1792]. Deste modo, "como o contrato-promessa com eficácia real consta necessariamente do registo, predial ou outro, o agente de execução, ou o funcionário de justiça, conforme os casos, deve notificar o promitente-comprador a fim de, em dez dias [...] formular o seu pedido de execução específica e a sua proposta de compra dos bens penhorados em causa e juntar o texto do respe-

intentar uma ação executiva para entrega de coisa certa, tendo em vista a entrega coerciva do bem adquirido em sede executiva, ainda que o adquirente tivesse a possibilidade de ter pedido a entrega da coisa na própria execução em que se verificara a venda do bem.

[1790] Nos termos do art. 1º da Portaria nº 556/2005, de 27 de junho, constituem mercados regulamentados, para efeitos da Diretiva nº 93/22/CEE, do Conselho, de 10 de maio de 1993, o Eurolist by Euronext Lisbon, mercado de cotações oficiais, gerido pela Euronext Lisbon – Sociedade Gestora de Mercados Regulamentados, S. A., o Mercado de futuros e opções gerido pela Euronext Lisbon – Sociedade Gestora de Mercados Regulamentados, S. A., e o Mercado especial de dívida pública, gerido pela MTS Portugal – Sociedade Gestora do Mercado Especial de Dívida Pública, SGMR, S. A..

[1791] No sentido de este regime se aplicar, não a quem tenha a preferência na venda, mas antes o exclusivo da aquisição, *vide* LOPES-CARDOSO, Eurico, *Manual da Acção Executiva*, *op. cit.*, p. 568.

[1792] Conforme salientam Nuno Oliveira e Catarina Serra, os demais credores do devedor não podem, neste caso, "invocar, em seu favor, o princípio da segurança jurídica: se não sabiam dessa tutela acrescida, deviam saber; o registo visa justamente atribuir estabilidade e cognoscibilidade às situações jurídicas" (OLIVEIRA, Nuno Manuel Pinto/SERRA, Catarina, "Insolvência e contrato-promessa: os efeitos da insolvência sobre o contrato promessa com eficácia obrigacional", *op. cit.*, p. 407).

tivo contrato-promessa, sob pena de serem vendidos a outrem"[1793]. Abre-se, de seguida, um incidente declarativo inominado, sendo o executado notificado para, querendo, deduzir oposição no prazo de dez dias, após o que se seguem os termos desse incidente. Sendo proferida decisão de procedência do pedido de execução específica, o bem é vendido diretamente ao promitente-comprador, atendendo-se, quanto ao preço de venda, ao que tiver sido convencionado no contrato-promessa de compra e venda.

7.2.4. Venda por negociação particular

A venda por negociação particular realiza-se nos seguintes casos (art. 832º):

a) quando o exequente propõe um comprador ou um preço, que é aceite pelo executado e demais credores;
b) quando o executado propõe um comprador ou um preço, que é aceite pelo exequente e demais credores;
c) quando exista urgência na realização da venda, reconhecida pelo juiz (art. 814º);
d) quando se frustre a venda por propostas em carta fechada, por falta de proponentes (art. 822º, nº 2), não aceitação das propostas (art. 821º) ou falta de depósito do preço pelo proponente que tenha sido aceite (art. 825º);
e) quando se frustre a venda em depósito público ou equiparado, por falta de proponentes ou não aceitação das propostas e, atenta a natureza dos bens, tal seja aconselhável (art. 836º);
f) quando se frustre a venda em leilão eletrónico, por falta de proponentes (art. 837º); ou
g) quando o bem em causa tenha um valor inferior a 4 UC.

Sendo determinada a venda por negociação particular, designa-se a pessoa que fica incumbida, como mandatário, de a efetuar, podendo ser encarregado o agente de execução, por acordo de todos os credores e sem oposição do executado, ou, na falta de acordo ou havendo oposição, por determinação do juiz (art. 833º, nºs 1 e 2). No caso da venda de bens imóveis, pode ser designado como encarregado da venda um mediador oficial[1794].

[1793] COSTA, Salvador da, "A venda executiva, os direitos reais de aquisição e os direitos de remição", *op. cit.*, p. 1233.

[1794] Cfr., a este respeito, o ac. do TRE de 24.02.2022, proc. 4815/10.3TBSTB-F.E1, no qual se entendeu que "A qualidade de encarregado da venda em processo de execução não resulta de nenhum contrato de mandato, mas sim de designação nos termos legais". *Vide*, ainda, o ac. o TRP

Regra geral, o preço mínimo da venda corresponde a 85% do valor base do bem penhorado, garantindo-se, dessa forma, a proteção dos interesses do exequente, do executado e de eventuais credores reclamantes[1795].

Contudo, se após a realização das diligências necessárias para o efeito, não for possível obter um comprador que se disponha a adquirir o bem por um valor igual ou superior a 85% do respetivo valor base, o bem pode ser vendido por um preço inferior, desde que todos os interessados estejam de acordo nesse sentido ou, não havendo acordo, desde que o juiz de execução o autorize[1796,1797].

de 04.05.2022, proc. 164/14.6T8AGD.P1, com o seguinte sumário: "I – O encarregado da venda tem direito à remuneração prevista no artigo 17º, nº 2, do Regulamento das Custas Processuais, em função das diligências que levou a cabo no processo e tendo em vista a realização da venda de bens penhorados, sendo essa remuneração fixada pelo juiz e graduada entre um mínimo e um máximo de 5% sobre o valor da causa ou dos bens vendidos, se este último valor for inferior àquele – artigo 17º, nº 6, do Regulamento das Custas Processuais. II – Essa remuneração é devida, quer a venda venha a ter lugar, quer não, relevando apenas, para o nascimento daquele direito a realização de diligências por parte do encarregado para o atingimento da venda na execução, como sejam visitas, deslocações e publicidade".

1795 *Vide*, em sentido contrário, o ac. do TRP de 20.06.2016, proc. 1576/11.2TBVCD-I.P1, o ac. do TRL de 19.04.2016, proc. 1033/11.7T2SNT-B.L1-1, o ac. do TRC de 26.02.2019, proc. 1594/09.0TBFIG-D.C1, bem como o ac. do TRP de 15.04.2021, proc. 10076/05.9YYPRT-B.P1.

Por sua vez, no ac. do TRG de 07.01.2016, proc. 1696/10.0TBBRG.G1, decidiu-se que à venda por negociação particular não é aplicável a limitação do valor base de 85%, devendo, ao invés, o juiz de execução proceder à determinação do valor base da venda tendo em conta, entre outros aspetos, o valor real do bem.

1796 Cfr., nesse sentido, os acs. do TRC de 16.12.2015, proc. 2650/08.8TBCLD-B.C1, de 08.03.2016, proc. 1037/10.7TJCBR-B.C1, e de 16.05.2017, proc. 957/12.9TBMGR-A.C1, o ac. do TRL de 21.01.2016, proc. 57/10.6TBVFC-B.L1-2, o ac. do TRL de 24.09.2019, proc. 3072/07.3TBSXL-B.L1.L1-7, o ac. do TRP de 09.11.2020, proc. 942/05.7TBAGD-D.P1, o ac. do TRC de 26.10.2021, proc. 176/11.1TBNS-A.C1, bem como o ac. do TRE de 28.04.2022, proc. 7880/15.3T8STB-C.E1. *Vide* ainda o ac. do TRE de 09.03.2017, proc. 32/14.1TBAVS.E1, no qual se consignou que "A negociação particular é uma forma específica de venda, que não está sujeita aos mesmos requisitos e condicionalismos da venda através de propostas em carta fechada e pressupõe a consulta directa do mercado, mediante a procura de propostas, que possam corresponder a uma correcta intercepção do binómio económico da lei da oferta e da procura, sem a necessária aquiescência do executado. Neste tipo de situações, em caso de divergência quanto aos termos da venda, ao Tribunal está deferida uma apreciação final fiscalizadora do processado e essa avaliação comporta uma componente de estrito controlo da legalidade e outra que visa a emissão de um juízo equitativo de ponderação sobre o equilíbrio das prestações concorrentes", bem como o ac. do TRG de 07.03.2019, proc. 6461/13.0TBBRG-C.G1, no qual se defendeu que "Havendo oposição, só deve ser autorizada, pelo juiz, a venda por um preço inferior ao anteriormente anunciado para a venda por propostas em carta fechada se tal corresponder aos interesses do executado, da exequente e dos demais credores com garantia sobre os bens a vender, o que tem de resultar da ponderação dos diversos fatores do caso, designadamente, da duração da execução, do período de tempo já decorrido com a realização da venda, da evolução

Para além disso, nada obsta a que, na venda por negociação particular, se proceda à venda dos bens em termos diferentes dos que estavam previstos para a venda por propostas em carta fechada. É o que sucede, por exemplo, com a possibilidade de os bens serem vendidos em separado quando, na venda por propostas em carta fechada, tinha sido prevista a venda conjunta desses bens[1798].

Uma vez formalizada e concluída a venda, o preço deve ser depositado diretamente pelo comprador numa instituição de crédito, à ordem do agente de execução ou, nos casos em que as diligências de execução sejam realizadas por oficial de justiça, da secretaria, antes de lavrado o instrumento da venda[1799]. Estando pendente recurso da sentença que se executa ou oposição do executado à execução ou à penhora, faz-se disso menção no ato de venda.

A venda de imóvel em que tenha sido ou esteja sendo feita construção urbana, ou de fração dele, pode efetuar-se no estado em que se encontre, com dispensa da licença de utilização ou de construção, cuja falta de apresentação a entidade com competência para a formalização do ato faz consignar no documento, constituindo ónus do adquirente a respetiva legalização (art. 833º, nº 6).

da conjuntura económica, das potencialidades da venda do bem, do interesse manifestado pelo mercado, da desvalorização sofrida e a sofrer, dos valores de mercado da zona e de outros elementos relevantes para ajuizar acerca da aceitação da oferta".

Vide, ainda, o ac. do TRL de 19.11.2019, proc. 1242/15.0T8AGH-B -7, no qual se decidiu que "Cabe ao agente de execução dirigir requerimento ao juiz, com explicitação das diligências efetuadas para a venda, relato das propostas que obteve, características do bem e posição assumida pelos interessados, a fim de habilitar o juiz a decidir".

1797 No sentido de não importar a nulidade da venda executiva a circunstância de o agente de execução não ter pedido autorização ao tribunal "para realizar a venda por negociação particular por preço inferior ao que foi fixado como valor base na venda por propostas em carta fechada que não se concretizou, mas superior ao valor patrimonial tributário fixado em avaliação há menos de três anos", *vide* o ac. do TRL de 18.06.2015, proc. 5940/10.6 T2SNT-B.L1-6. No sentido de importar a nulidade da venda o facto de ter sido autorizada a venda por negociação particular "sem que ao credor com garantia real e respectivo crédito verificado e graduado tenha sido dada a possibilidade de pronunciar sobre o preço proposto pelo encarregado da venda, inferior ao preço base fixado", *vide* o ac. do STJ de 14.03.2006, proc. 3928/05, *in CJ/STJ*, nº 189, ano XIV, tomo I, 2006, p. 122.

1798 Cfr., nesse sentido, o ac. do TRG de 27.10.2016, proc. 652/14.4TJVNF-E.G1.

1799 *Vide*, a este propósito, o ac. do TRC de 15.11.2016, proc. 2112/12.9TBLRA-F.C1, no qual se decidiu que "Na venda por negociação particular e na ausência de uma regulamentação da mesma anteriormente publicitada pelo encarregado na venda nesse sentido, os proponentes de aquisição não estão sujeitos às obrigações de caucionamento ou de garantia consagradas no art. 824º/1 do NCPC".

7.2.5. Venda em estabelecimento de leilão

A venda é efetuada em estabelecimento de leilão quando o exequente, o executado ou o credor reclamante com garantia sobre o bem em causa proponham a venda num determinado estabelecimento e não haja oposição a essa proposta, ou quando, tratando-se de coisa móvel, o agente de execução entenda que, face às características do bem, se deva preterir a venda por negociação particular, à luz do art. 832º, al. *e)*, indicando, simultaneamente, o estabelecimento de leilão incumbido de realizar a venda (art. 834º, nºs 1 e 2)[1800].

Em regra, a venda deve ser efetuada em local aberto ao público, preferencialmente no próprio local do depósito, salvo se a natureza da venda ou dos bens aconselhar algum outro local específico (art. 33º, nº 1, da Portaria nº 282/2013, de 29 de agosto).

A venda é realizada pelo pessoal do estabelecimento e, sempre que possível, na presença do agente de execução, sendo que os potenciais interessados têm o direito de inspecionar os bens a vender, no local onde estes se encontrem, entre a data de publicitação e a data de realização da venda.

Uma vez concretizada a venda, o gerente do estabelecimento de leilão deve depositar o preço líquido em instituição de crédito, à ordem do agente de execução ou, nos casos em que as diligências de execução são realizadas por oficial de justiça, da secretaria.

Os credores, o executado e qualquer dos licitantes podem reclamar junto do juiz de execução contra as irregularidades que sejam cometidas no ato do leilão, podendo o juiz examinar ou mandar examinar a escrituração do estabelecimento, ouvir o respetivo pessoal, inquirir as testemunhas que se oferecerem e proceder a quaisquer outras diligências antes de decidir sobre a reclamação (art. 835º).

O leilão é anulado quando se conclua que as irregularidades cometidas viciaram o resultado final da licitação, sendo o dono do estabelecimento condenado na reposição do que tiver embolsado, sem prejuízo da indemnização pelos danos que haja causado (art. 835º, nº 2). Sendo anulado o leilão, este é repetido noutro estabelecimento e, se o não houver, procede-se à venda por propostas em carta fechada, se for caso disso, ou por negociação particular.

[1800] A este respeito, Alexandre Brandão da Veiga sustenta que o agente de execução deve aplicar, por analogia, este regime à venda de valores mobiliários penhorados, escolhendo um intermediário financeiro para o efeito, por só este ter os "conhecimentos necessários para encontrar contraparte e a preços racionais" (VEIGA, Alexandre Brandão da, *Transmissão de Valores Mobiliários, op. cit.*, pp. 76 e 77).

7.2.6. Venda em depósito público ou equiparado

A venda em depósito público ou equiparado[1801] tem lugar nos casos em que os bens tenham sido para aí removidos e não devam ser vendidos por outra forma (art. 836º, nº 1)[1802].

A venda deve ser realizada mensalmente e publicitada em anúncio em página informática de acesso público[1803], bem como mediante a afixação de editais no armazém, contendo a relação dos bens a vender e a menção da eventual pendência de recurso em relação à sentença condenatória que se execute, ou de oposição à execução ou à penhora.

Nos termos do art. 32º da Portaria nº 282/2013, de 29 de agosto, a venda em depósito público ou equiparado só pode ser realizada mediante regime de leilão eletrónico, leilão, negociação particular ou venda direta a pessoas ou entidades que tenham um direito reconhecido a adquirir os bens.

7.2.7. Venda em leilão eletrónico

Ressalvados os casos em que os bens penhorados devam ser vendidos em mercados regulamentados (art. 830º) ou de forma direta (art. 831º), a venda de bens imóveis ou móveis deve ser realizada, preferencialmente, através de

[1801] Nos termos do art. 27º, nºs 1 e 2, da Portaria nº 282/2013, de 29 de agosto, entende-se por *depósito público* "qualquer local de armazenagem de bens que tenha sido afeto, por despacho do diretor-geral da Direção-Geral da Administração da Justiça, à remoção e depósito de bens penhorados no âmbito de um processo executivo". Por sua vez, entende-se por *depósito equiparado a depósito público* "qualquer local de armazenagem de bens que tenha sido afeto por um agente de execução à remoção e depósito de bens penhorados no âmbito de um processo executivo e cuja propriedade, arrendamento ou outro título que lhe confira a utilização do local ou dos serviços de armazenagem seja registado por via eletrónica junto da Câmara dos Solicitadores, nos termos da alínea *o)* do nº 1 do artigo 123º do Estatuto da Câmara dos Solicitadores".

[1802] De acordo com o art. 28º, nº 1, da Portaria nº 282/2013, de 29 de agosto, podem ser removidos para depósitos públicos ou para depósitos equiparados os bens móveis não sujeitos a registo, assim como os bens móveis sujeitos a registo, quando, neste caso, seja necessária ou conveniente a sua remoção efetiva, desde que a natureza do bem não seja incompatível com a estrutura do armazém. No entanto, de acordo com o nº 4 do citado preceito legal, a Direção-Geral da Administração da Justiça pode rejeitar a remoção do bem para depósito público com fundamento na especial natureza dos bens penhorados ou no seu diminuto valor económico.
Por sua vez, à luz do art. 29º da Portaria nº 282/2013, de 29 de agosto, podem ser removidos para depósito equiparado a depósito público, salvo disposição legal em sentido contrário, os bens móveis não sujeitos a registo e os bens móveis sujeitos a registo, quando, neste caso, seja necessária ou conveniente a sua remoção efetiva, desde que a natureza do bem não seja incompatível com a estrutura do armazém, quando tais bens tenham sido penhorados no âmbito de uma execução em que o agente de execução titular do depósito é o agente de execução designado.

[1803] Disponível *in https://www.citius.mj.pt/Portal/consultas/ConsultasVenda.aspx.*

leilão eletrónico, aplicando-se subsidiariamente a esta venda as disposições relativas à venda em estabelecimento de leilão (art. 837º)[1804].

Nos termos do art. 20º da Portaria nº 282/2013, de 29 de agosto, o leilão eletrónico consiste numa "modalidade de venda de bens penhorados, que se processa em plataforma eletrónica acessível na *Internet*[1805], concebida especificamente para permitir a licitação dos bens a vender em processo de execução, nos termos definidos na presente portaria e nas regras do sistema que venham a ser aprovadas pela entidade gestora da plataforma e homologadas pelo membro do Governo responsável pela área da justiça", encontrando-se o seu regime regulamentado nos arts. 21º a 26º da Portaria nº 282/2013, de 29 de agosto, bem como no Despacho nº 12624/2015, de 9 de novembro.

Com efeito, esta modalidade de venda, para além de permitir a redução de custos para as partes, garante ainda a "total transparência e independência do ato da venda, criando condições para a maximização do valor dos bens, a fim de beneficiar todos os agentes processuais"[1806].

No prosseguimento desse desiderato, qualquer pessoa singular, que seja titular de um número de identificação fiscal português, pode aceder à plataforma de leilão eletrónico através de um registo prévio e consultar os bens colocados em leilão[1807], assim como apresentar propostas de compra desses bens.

No que concerne à publicidade do leilão, importa salientar que o art. 6º do Despacho nº 12624/2015, de 9 de novembro, prevê, para além da publica-

1804 Cfr., a este respeito, o ac. do TRP de 08.03.2019, proc. 439/14.4TBVCD.P1.

1805 Acessível *in https://www.e-leiloes.pt*.

1806 Preâmbulo do Despacho nº 12624/2015, de 9 de novembro.

1807 Nos termos do art. 6º, nº 2, do Despacho nº 12624/2015, de 9 de novembro, "A publicitação no portal *www.e-leiloes.pt* deve indicar, pelo menos: *a)* Número de processo judicial, tribunal e unidade orgânica; *b)* Data do início do leilão; *c)* Data e hora limite do leilão; *d)* O valor base do bem (ou conjunto de bens) a vender; *e)* O valor da última licitação; *f)* Tratando-se de bem móvel, fotografia do bem ou conjunto de bens que integram o lote a licitar; *g)* A identificação sumária do bem; *h)* Natureza do bem; *i)* Tratando-se de imóvel, a sua localização e composição, artigo matricial e descrição predial, distrito, concelho, freguesia e coordenadas geográficas da localização aproximada, fotografia do exterior do imóvel e, sempre que possível, tratando-se de prédio urbano ou fração autónoma, do seu interior; *j)* Identificação do fiel depositário ou do local de depósito; *k)* Local e hora em que os bens podem ser vistos e contactos do fiel depositário; *l)* Identificação do agente de execução titular do processo, incluindo nome, cédula profissional, número de telefone e telemóvel, fax, e-mail e horário de atendimento; *m)* Quaisquer circunstâncias que, nos termos da lei, devam ser informadas aos eventuais interessados, nomeadamente a pendência de oposição à execução ou à penhora, a pendência de recurso, a existência de ónus que não devam caducar com a venda e de eventuais titulares de direitos de preferência manifestados no processo; *n)* Nome do executado ou executados a quem pertencem os bens a vender".

ção do leilão na plataforma *www.e-leiloes.pt*, a possibilidade de, por decisão da Câmara dos Solicitadores, o mesmo ser divulgado noutros sítios da *internet*, na imprensa escrita e através de correio eletrónico, sem prejuízo de o agente de execução, titular do processo, poder também divulgar a venda através de outros meios que considere relevantes[1808].

Por aplicação do disposto no art. 816º, nº 2, o valor mínimo da licitação deverá corresponder a 85% do valor base dos bens. Nessa exata medida, nesta modalidade de venda, não podem ser aceites ofertas cujo valor seja inferior ao valor mínimo da licitação[1809].

Uma vez concluído o leilão, são emitidas duas certidões eletrónicas, sendo que uma delas, destinada ao agente de execução titular do processo executivo, contém a indicação de todos os dados que devem constar da publicação da venda, o valor da proposta mais elevada, a identificação completa do utente que subscreveu a proposta mais elevada, a identificação completa dos eventuais representados, a data e hora prevista para a conclusão do leilão, quando haja diferimento da conclusão, a data e hora em que esta ocorreu, a lista das últimas propostas apresentadas, até ao limite de 10, com discriminação do número da proposta, data e hora em que foi submetida, a identificação do agente de execução que presidiu ao encerramento do leilão, bem como o local onde ocorreu o ato, e a outra certidão, destinada a arquivo nos serviços administrativos da Câmara dos Solicitadores, contém, para além desses elementos, os dados completos de todas as propostas apresentadas, nomeadamente a identificação dos respetivos proponentes.

À luz do art. 8º, nº 10, do Despacho nº 12624/2015, de 9 de novembro, o agente de execução, titular do processo, deve, no prazo de dez dias contados da certificação da conclusão do leilão, dar cumprimento a toda a tramitação necessária para que a proposta se considere aceite e o bem seja adjudicado ao proponente, nos termos previstos para a venda por proposta em carta fechada.

Se tiver sido requerida a adjudicação, pelo exequente ou por um credor reclamante, de bens penhorados, o processo de venda segue o regime geral de venda através de leilão eletrónico, com as seguintes particularidades:

[1808] *Vide*, a este respeito, o ac. do TRE de 14.03.2019, proc. 2708/12.9TBPTM-A.E1, no qual se decidiu que "A venda por leilão electrónico não tem que ser publicitada na página informática a que se reporta o nº 1 do artigo 19º da Portaria nº 282/2013, que se refere à venda por propostas em carta fechada prevista na alínea a) do nº 1 do artigo 817º, porquanto o nº 2 do artigo 837º do Código de Processo Civil não remete para aquele dispositivo".

[1809] Cfr., nesse sentido, o ac. do TRG de 06.05.2021, proc. 228/13.3TBCBC-D.G1.

a) o valor base mínimo é o que for proposto pelo exequente ou pelo credor reclamante que apresentou o requerimento de adjudicação;
b) não são admitidas licitações de valor inferior ao valor mínimo;
c) da publicidade do leilão deve constar uma referência expressa ao facto de se tratar de uma venda por força de um pedido de adjudicação do bem penhorado, incluindo a identificação daquele que requereu a adjudicação.

No que concerne ao eventual exercício de direitos por terceiros, dispõe o art. 13º do citado diploma legal que os preferentes ou remidores devem exercer os seus direitos diretamente no processo de execução[1810], não cabendo à Câmara dos Solicitadores, enquanto entidade gestora da plataforma, receber, tratar ou mesmo encaminhar, quaisquer pedidos que possam ser formulados por estes.

7.3. Efeitos da venda

7.3.1. Transferência para o adquirente dos direitos do executado sobre a coisa vendida

Dispõe o art. 824º, nº 1, do CC que a venda executiva transfere para o adquirente os direitos do executado sobre a coisa vendida[1811,1812]. De facto, como bem referem Pires de Lima e Antunes Varela, uma vez realizada a venda, "os direitos do executado, quer se trate de um direito de propriedade, de crédito, de usufruto, ou de qualquer outro, transferem-se para o adquirente. Este, porque é adquirente de direitos alheios, não pode arrogar-se senão aqueles

[1810] Cfr., a este propósito, o ac. do TRE de 11.07.2019, proc. 4477/13.6TBPTM-B.E1, no qual se decidiu que "O depósito da totalidade de preço não é condição do exercício do direito de preferência na venda em leilão electrónico; condição do exercício deste direito é a apresentação, como caução, dum cheque visado, à ordem do agente de execução, no montante correspondente a 5% do valor anunciado para a venda".

[1811] Analogamente, no ordenamento jurídico italiano, o art. 2919º do $CC_{It.}$ preceitua que "La vendita forzata trasferisce all'acquirente i diritti che sulla cosa spettavano a colui che ha subito l'espropriazione salvi gli effetti del possesso di buona fede. Non sono però opponibili all'acquirente i diritti acquistati da terzi sulla cosa, se i diritti stessi non hanno effetto in pregiudizio del creditore pignorante e dei creditori intervenuti nell'esecuzione".

[1812] Observe-se que, no que em particular se refere à venda executiva de um direito real de habitação duradoura, por força da execução de uma hipoteca constituída sobre esse direito, o art. 21º, nº 5, do DL nº 1/2020, de 9 de janeiro, preceitua que esse direito "transmite-se ao adquirente nas condições do contrato, incluindo a obrigação de destinar a habitação a sua residência permanente, com exceção da duração do contrato, que passa a ser de 30 anos a contar da data de constituição do DHD [direito real de habitação duradoura], não havendo lugar à prestação de nova caução".

que competiam ao transmitente, ou seja, ao executado (*nemo plus iuris in alium transfere potest quam ipse habet*)"[1813].

Ora, no que concerne aos seus efeitos, a venda executiva apresenta algumas particularidades comparativamente com os efeitos gerais da compra e venda, previstos nos arts. 879º e ss. do CC.

Com efeito, no que diz respeito à obrigação de entrega da coisa, o art. 827º estabelece que, uma vez liquidada a integralidade do preço e satisfeitas as obrigações fiscais inerentes à transmissão, os bens são adjudicados e entregues ao proponente ou ao preferente, consoante os casos[1814], devendo o agente de execução emitir o competente título de transmissão a seu favor, no qual é identificado o bem objeto de venda executiva, é certificado o pagamento do preço ou a dispensa de depósito do mesmo, é declarado o cumprimento ou a isenção das obrigações fiscais e é mencionada a data em que o bem foi adjudicado.

Após a venda executiva, estando em causa um bem imóvel ou móvel sujeito a registo, o agente de execução ou o oficial de justiça, conforme o caso, deve comunicar a venda ao serviço de registo competente, juntando o respetivo título de transmissão, a fim de que esse serviço proceda ao registo do facto e, oficiosamente, ao cancelamento das inscrições relativas aos direitos que, nos termos do art. 824º, nº 2, do CC, tenham caducado com a venda executiva.

7.3.2. Caducidade de direitos

A venda executiva importa, nos termos do art. 824º, nº 2, do CC, a caducidade dos direitos reais de garantia que onerem os bens penhorados, bem como dos demais direitos reais que não tenham registo anterior ao de qualquer arresto, penhora ou garantia, com exceção dos direitos que, tendo sido constituídos em data anterior ao arresto, à penhora ou à garantia, produzam efeitos em relação a terceiros, independentemente de registo[1815].

[1813] LIMA, Pires de/VARELA, Antunes, *Código Civil Anotado*, vol. II, 3ª ed. rev. e atual., Coimbra Editora, Coimbra, 1986, p. 98. *Vide*, no mesmo sentido, BELLAGAMBA, Gianni/CARITI, Giuseppe, *L'Esecuzione Civile: Rassegna Giurisprudenziale della Normativa Sostanziale e Processuale*, *op. cit.*, p. 8, segundo os quais, com a venda forçada do bem penhorado, transferem-se para o adquirente todos os direitos que o devedor detinha sobre esse bem.

[1814] No sentido de o titular do direito de retenção não poder recusar a entrega da coisa objeto de venda judicial ao adquirente, porquanto apenas goza do direito de ser pago com preferência sobre o produto da venda ou da caução que substitua o depósito do preço, *vide* o ac. do TRE de 06.10.2016, proc. 72/15.3T8FAR.E1.

[1815] Cfr., a este propósito, MARTINEZ, Pedro Romano, "Venda executiva – Alguns aspectos das alterações legislativas introduzidas na nova versão do Código de Processo Civil", *op. cit.*, pp. 329 e 330.

De facto, por forma a se garantir o interesse na aquisição, em sede executiva, de bens penhorados, o legislador veio determinar que a venda executiva importa o cancelamento de eventuais direitos reais de garantia que onerem esses bens. Outrossim, certamente que ninguém quereria adquirir em sede executiva – ou, pelo menos, pelo seu valor real e efetivo –, um bem que se encontrasse onerado, por exemplo, com uma hipoteca.

Ora, é precisamente por força da caducidade dos direitos reais de garantia que onerem bens penhorados que a lei impõe a citação dos credores que sejam titulares de tais direitos [art. 786º, nº 1, al. *b)*], admitindo-os a reclamar os seus créditos na execução e a obter, pelo produto da venda, a satisfação integral ou parcial dos seus créditos (art. 788º, nº 1)[1816].

Já no que diz respeito aos demais direitos reais, particularmente aos direitos reais de gozo, a lei impõe a caducidade dos direitos que tenham sido constituídos ou registados após o arresto, penhora ou garantia. O mesmo é dizer que caducam, com a venda executiva, os direitos que não permitam ao respetivo titular a dedução de embargos de terceiro (art. 342º). É o que sucede, designadamente, se o executado, após a penhora de um determinado bem, decide transmiti-lo a um terceiro, constituir sobre ele uma hipoteca ou arrendá-lo. De resto, este regime está em perfeita consonância com o disposto no art. 819º do CC, o qual determina a ineficácia, em relação à execução, dos atos de disposição, oneração ou arrendamento de bens penhorados.

Diversamente, se um direito que incida sobre um bem penhorado não se extinguir com a venda executiva, nem impedir essa venda (por exemplo, arrendamento de um bem imóvel, constituído ou registado antes do arresto, penhora ou garantia), esse direito acompanha o destino do bem após a venda executiva. O mesmo é dizer que o adquirente do bem vendido em sede executiva sucede na titularidade do bem, conjuntamente com todos os direitos que o acompanhem.

7.3.3. Transferência dos direitos de terceiro para o produto da venda

À luz do art. 824º, nº 3, do CC, os direitos de terceiro que caducarem com a venda executiva transferem-se para o produto da venda dos respetivos bens[1817].

Com efeito, verificada a venda executiva de um determinado bem que tenha sido penhorado ao executado, o dinheiro que resulte dessa venda deve ser utilizado para satisfazer, total ou parcialmente, o crédito do exequente e

[1816] *Vide*, a este respeito, SANTOS, Elsa Sequeira, "Reclamação, verificação e graduação de créditos", *op. cit.*, p. 89.

[1817] FERREIRA, Fernando Amâncio, *Curso de Processo de Execução, op. cit.*, pp. 394 e 395.

dos eventuais credores que, sendo titulares de direitos reais de garantia sobre esse bem, tenham reclamado os seus créditos no respetivo processo executivo. Nesta conformidade, se, por exemplo, um credor hipotecário tiver reclamado o seu direito de crédito, garantido por hipoteca, sobre um bem imóvel penhorado na execução, a hipoteca, como vimos, caduca com a venda executiva (art. 824º, nº 2, do CC), mas o credor hipotecário fica com o direito de ser pago pelo produto da venda desse bem imóvel, com prioridade sobre os demais credores que não gozem de preferência em relação à hipoteca. O mesmo é dizer que, não obstante a caducidade dos direitos reais de garantia que incidam sobre os bens penhorados, os respetivos titulares gozam do direito de obter o ressarcimento dos seus direitos de crédito, pelo produto da venda desses bens, em conformidade com a sentença de graduação de créditos que tiver sido proferida no respetivo processo executivo.

Ademais, importa salientar que, conforme resulta do art. 824º, nº 3, do CC, o direito de terceiro que caducar com a venda executiva transfere-se para o produto da venda "do respetivo bem"[1818]. Significa isto que o credor que tenha reclamado um crédito na ação executiva, com fundamento na titularidade de um direito real de garantia sobre um bem penhorado, apenas pode obter pagamento, total ou parcial, através do produto da venda desse bem (art. 788º, nº 1).

7.4. Invalidade da venda

7.4.1. Anulação da venda executiva

7.4.1.1. Âmbito

A venda executiva pode ser anulada, a requerimento do comprador, quando se reconheça a existência de algum ónus ou limitação que não tenha sido tomada em consideração e que exceda os limites normais inerentes aos direitos da mesma categoria ou de um erro sobre a coisa transmitida, por falta de conformidade com o que foi anunciado (art. 838º, nº 1)[1819,1820]. Trata-se, com efeito, de um regime especial de anulação da venda que, por confronto com o regime geral da anulabilidade do negócio jurídico, por erro na declaração,

[1818] *Vide*, a este propósito, o ac. do TRP de 06.12.2016, proc. 6565/13.0TBVNG-F.P1.

[1819] No sentido de, para além do erro, enquanto causa de anulação prevista no art. 838º, nº 1, o adquirente poder invocar, nos termos da lei geral, outros motivos de anulação do negócio jurídico, tais como o dolo, a coação ou a incapacidade, *vide* o ac. do TRC de 14.05.2013, proc. 36/09.6TBCVL.C1.

[1820] Cfr., a este respeito, o ac. do TRG de 14.06.2018, proc. 483/03.7TBCMN-B.G1, no qual se decidiu que "O pressuposto da anulação da venda executiva relativo ao erro sobre a coisa (penhorada) transmitida por falta de conformidade com o que foi anunciado não se confunde com a invalidade do negócio jurídico por erro sobre o objecto nem com a venda de coisa alheia".

previsto no art. 247º do CC, dispensa o adquirente de alegar e/ou de comprovar a essencialidade desse erro ou que o mesmo fosse conhecido pelo declaratário, já que a lei pretende proteger a segurança jurídica da compra e venda promovida no âmbito de um processo judicial[1821].

a) Ónus ou limitação que exceda os limites normais inerentes aos direitos da mesma categoria

A venda executiva pode, desde logo, ser anulada quando se constate a existência de algum ónus ou limitação que, para além de não ter sido divulgada aquando da publicitação da venda executiva, exceda os limites normais inerentes aos direitos da mesma categoria (art. 905º do CC)[1822].

Assim, a título meramente exemplificativo, constitui fundamento de anulação da venda o facto de um bem imóvel se encontrar onerado com um arrendamento[1823], um direito de superfície[1824] ou uma servidão, apesar de ter sido publicitado para venda como se encontrando livre de qualquer ónus ou encargo, ou a circunstância de não possuir licença de habitabilidade ou de utilização[1825].

Diferentemente, não é motivo de anulação da venda executiva a alegação de que o imóvel penhorado se encontra onerado com um direito real de garantia, porquanto tal direito se extingue com a venda executiva (art. 824º,

[1821] *Vide*, a este propósito, o ac. do TRP de 03.12.2012, proc. 2900/07.8TVPRT.P1, o ac. do TRC de 14.05.2013, proc. 36/09.6TBCVL.C1, bem como o ac. do STJ de 17.06.2014, proc. 388-E/2001.L1.S1.

[1822] Neste particular, conforme se decidiu no ac. do TRP de 13.05.2021, proc. 23274/16.0T8PRT-B.P1, "Se o bem penhorado é vendido tal como publicitado e ocorre uma atuação de terceiro, posterior à venda que, alegadamente, altera a realidade anunciada do mesmo bem, não há motivo para anular essa venda nos termos do artigo 838º do CPC".

[1823] Cfr., nesse sentido, o ac. do STJ de 28.04.2009, proc. 3827/1990.S1, bem como o ac. do TRL de 23.04.2015, proc. 9333-10.7YYLSB-B.L1-8, nos quais se decidiu que a circunstância de um bem imóvel se encontrar arrendado ou de alguém se arrogar arrendatário desse bem deve ser devidamente publicitada na venda executiva, por ser absolutamente relevante para a formação da vontade de adquirir o bem, tendo em conta a circunstância de o arrendamento influenciar negativamente quer o valor da coisa, quer o próprio destino que o adquirente pretenda dar a essa coisa.
Vide, em sentido contrário, o ac. do TRG de 10.05.2018, proc. 85/18.3YRGMR.

[1824] Cfr., nesse sentido, o ac. do TRP de 19.12.1991, proc. 9150422, no qual se decidiu constituir fundamento para a anulação da venda executiva o facto de um bem imóvel ter sido vendido como se tratando de um prédio rústico, tendo o adquirente, posteriormente à venda, constatado que nesse prédio já se encontrava edificada uma construção, estando, consequentemente, onerado com um direito de superfície.

[1825] *Vide*, nesse sentido, o ac. do TRP de 29.11.1999, proc. 9950929, bem como o ac. do TRL de 28.04.2022, proc. 6589/04.8YYLSB-A.L1-2.

nº 2, do CC)[1826], assistindo ao respetivo titular o direito de reclamar o seu crédito na execução[1827].

b) Erro sobre a coisa transmitida

Para além dos casos em que se verifique a existência de um ónus ou de uma limitação que exceda os limites normais inerentes aos direitos da mesma categoria, a venda executiva pode ser anulada quando se constate a "falta de conformidade" entre o bem objeto de compra e venda e aquilo que foi efetivamente anunciado, quer quanto à identidade do bem – isto é, o comprador julgava estar a adquirir um determinado bem quando, na verdade, adquiriu um bem distinto –, quer no que concerne às suas qualidades[1828]. Vale isto por dizer que, neste caso, verifica-se um erro sobre o próprio objeto do negócio, à luz do disposto no art. 251º do CC.

Para que a venda executiva possa ser anulada, o adquirente deve demonstrar que o erro sobre a identidade ou sobre as qualidades da coisa objeto de venda executiva foi constatado ou conhecido aquando da entrega judicial do bem[1829], por confronto com aquilo que foi anunciado. Na verdade, tendo sido em função daquilo que foi publicitado que o adquirente formou a sua vontade no sentido de adquirir o bem penhorado[1830], este deve alegar e provar que o bem adquirido não corresponde àquele que foi efetivamente anunciado ou, pelo menos, que não apresenta as qualidades que foram oportunamente publicitadas[1831].

1826 Cfr., nesse sentido, o ac. do TRG de 22.03.2007, proc. 203/07-1, bem como o ac. do STJ de 27.09.2007, proc. 1948/07, *in SASTJ*, ano 2007.

1827 *Vide*, a este propósito, SANTOS, Pedro Barrambana, "Contrato de compra e venda *versus* venda executiva – Subsídio para a definição da sua natureza jurídica", *in Colectânea de Estudos de Processo Civil*, Coimbra Editora, Coimbra, 2013, p. 506.

1828 Cfr., a este propósito, CASTRO, Artur Anselmo de, *A Acção Executiva Singular, Comum e Especial*, *op. cit.*, p. 237. *Vide*, na jurisprudência, o ac. do STJ de 05.11.1998, proc. 720/98, *in SASTJ*, ano 1998, bem como o ac. do TRG de 23.04.2020, proc. 399/14.1T8GMR-C.G2, no qual se decidiu que "verifica-se erro material sobre a coisa transmitida", suscetível de justificar a anulação da venda executiva, "quando no anúncio publicitando a venda foi indicada uma área do imóvel superior à real".

1829 Cfr., nesse sentido, o ac. do TRP de 19.11.2001, proc. 0151444, bem como o ac. do STJ de 17.06.2014, proc. 388-E/2001.L1.S1.

1830 Cfr., a este respeito, o ac. do STJ de 22.10.2015, proc. 896/07.5TBSTS.P1.S1, no qual se decidiu que, no processo executivo, "a clareza e o rigor da publicitação da venda" é absolutamente essencial, na medida em que é em função dessa publicidade que "de um modo geral, os potenciais compradores definem os seus interesses e formam as respectivas vontades em relação ao bem a alienar".

1831 Neste particular, decidiu-se no ac. do TCA-Sul de 21.06.2011, proc. 04683/11, que, para efeitos de anulação da venda executiva, aquilo que releva é que o bem transmitido não apresente as

Neste contexto, a venda executiva pode ser anulada se, por exemplo, o adquirente demonstrar que o prédio objeto de compra e venda não corresponde àquele que lhe foi mostrado pelo encarregado da venda (erro sobre a identidade)[1832] ou que o executado, antes de abandonar o bem imóvel objeto de compra e venda, destrui-o completamente, deixando-o inabitável (erro sobre as qualidades)[1833].

7.4.1.2. Tramitação

Atento o disposto no art. 838º, nº 1, apenas têm legitimidade para requerer a anulação da venda executiva o comprador – ainda que tenha sido o próprio exequente ou um credor reclamante –, o preferente e o remidor[1834]. Carecem, por isso, de legitimidade processual o exequente ou o credor reclamante (não adquirentes)[1835], bem como o executado.

O requerimento de anulação da venda é apresentado no próprio processo executivo, podendo o comprador pedir não só a anulação da venda, como também o arbitramento de uma indemnização pelos danos sofridos[1836].

Uma vez apresentado o requerimento, o juiz deve ordenar a notificação do exequente, do executado e dos credores interessados para que estes, no prazo supletivo de dez dias, se pronunciem, querendo, sobre tal pedido, após o que, examinadas as provas, decide o mérito desse pedido.

Sendo formulado o pedido de anulação da venda executiva e de indemnização do comprador antes de ser levantado o produto da venda, este não é entregue ao exequente e/ou aos credores reclamantes sem que antes seja prestada caução que garanta o reembolso ao adquirente da quantia que este liquidou no âmbito da venda executiva, bem como o pagamento da indemnização por ele requerida em virtude da anulação dessa venda.

Na eventualidade de o comprador ser remetido para a ação competente, a caução será levantada se a ação não for proposta no prazo de trinta dias ou se essa ação, uma vez proposta, ficar parada, por negligência do autor, durante três meses (art. 838º, nº 3).

características que foram anunciadas, sendo absolutamente irrelevante "o entendimento subjectivo do comprador sobre as qualidades do objeto".

1832 Ac. do TRP de 03.12.2012, proc. 2900/07.8TVPRT.P1.

1833 Ac. do STJ de 17.06.2014, proc. 388-E/2001.L1.S1.

1834 Cfr., nesse sentido, o ac. do TRL de 25.10.2007, proc. 8004/2007-6.

1835 *Vide*, nesse sentido, o ac. do TRC de 14.05.2013, proc. 36/09.6TBCVL.C1.

1836 É o que sucede, por exemplo, com as despesas suportadas pelo comprador a título de impostos ou de emolumentos notariais, bem como com os custos relacionados com a elaboração de projetos ou com a realização de trabalhos de limpeza, demolição ou construção no bem objeto de compra e venda.

7.4.2. Casos em que a venda fica sem efeito

Para além dos casos previstos no art. 838º, quanto à anulação da venda executiva, o art. 839º, nº 1, prevê diversas situações em que a venda executiva fica sem efeito.

Vejamos, de seguida, quais são essas situações.

7.4.2.1. Anulação ou revogação da sentença executada ou procedência da oposição à execução ou à penhora

Nos termos do art. 839º, nº 1, al. *a)*, a venda executiva fica sem efeito se for anulada ou revogada a sentença que serviu de título executivo à respetiva execução ou se a oposição à execução ou a oposição à penhora forem julgadas procedentes, salvo quando, sendo parcial a revogação ou a procedência, a subsistência da venda seja compatível com a decisão tomada.

Com efeito, como vimos *supra*, pode suceder que o exequente dê à execução uma sentença condenatória da qual tenha sido interposto recurso com efeito meramente devolutivo (art. 704º, nº 1) ou que o executado tenha deduzido oposição à execução ou à penhora, sem que a mesma suspenda a execução (art. 733º). Nessa eventualidade, se for proferida decisão pelo tribunal superior que revogue a sentença exequenda ou se for proferida decisão definitiva que julgue total ou parcialmente procedente a oposição à execução e/ou à penhora, a venda executiva ficará sem efeito desde que essa decisão seja incompatível com a venda[1837].

7.4.2.2. Anulação da execução em caso de revelia

Regra geral, à luz do art. 839º, nº 1, al. *b)*[1838], a venda executiva fica sem efeito se, tendo corrido à revelia, toda a execução for anulada nos termos do art. 851º, nº 1.

Assim, a venda só ficará sem efeito desde que se encontrem preenchidos dois requisitos cumulativos:

a) o executado tem de encontrar-se em situação de revelia absoluta; e

b) essa revelia absoluta tem de resultar da falta ou da nulidade da citação do executado, da circunstância de este não ter tido conhecimento da citação, por facto que não lhe seja imputável, ou do facto de o execu-

[1837] No sentido de, nesta hipótese, não ser devida qualquer indemnização pelo exequente ao executado, atento o facto de aquele se ter limitado a exercer o direito processual de intentar uma ação executiva provisória, *vide* PRAZERES, Manuel Augusto Gama, *Do Processo de Execução no Actual Código do Processo Civil*, *op. cit.*, p. 400.

[1838] Na redação que lhe foi dada pela Lei nº 117/2019, de 13 de setembro.

tado não ter podido apresentar a sua defesa, por motivo de força maior [art. 696º, al. *e)*].

De todo o modo, tendo em vista a proteção dos terceiros adquirentes de bens em sede executiva, mesmo que estes dois requisitos processuais se encontrem preenchidos, a venda executiva não fica sem efeito se, após a venda, tiver decorrido o tempo necessário para a verificação da usucapião. Nessa eventualidade, a lei só reconhece ao executado o direito de exigir do exequente, no caso de dolo ou de má-fé deste, a indemnização pelo prejuízo sofrido, se esse direito não tiver, entretanto, prescrito (art. 851º, nº 4).

7.4.2.3. Anulação do ato da venda

De acordo com o art. 839º, nº 1, al. *c)*, a venda executiva fica sem efeito se for anulado o ato da venda, nos termos do art. 195º.

Ora, de acordo com o art. 195º, nº 1, a prática de um ato que a lei não admita, bem como a omissão de um ato ou de uma formalidade que a lei prescreva, produzem a nulidade do ato quando a lei o declare ou quando a irregularidade cometida possa influir no exame ou na decisão da causa, sendo certo que, de acordo com o nº 2 da citada disposição legal, quando um ato tenha de ser anulado, anulam-se igualmente os termos subsequentes que dele dependam em absoluto.

Enquadram-se neste âmbito, nomeadamente, os casos em que:

a) se verifique a falta de audição prévia do exequente, do executado e dos credores com garantia real sobre os bens penhorados, a fim de se pronunciarem sobre a modalidade da venda e o valor base dos bens (art. 812º)[1839];

b) tenha sido omitida a notificação das partes[1840] ou de um terceiro interessado para a venda executiva (arts. 817º e 819º)[1841];

[1839] Cfr., nesse sentido, o ac. do TRL de 19.02.2019, proc. 104/09.4TCSNT-C.L1-7.

[1840] Ac. do TRL de 15.10.1991, proc. 0039541. *Vide*, a este propósito, o ac. do STJ de 25.06.1998, proc. 98B439, no qual se decidiu que a falta de notificação do executado para a venda, ainda que o mesmo se encontre em situação de revelia, importa a anulação da venda.

[1841] Cfr., nesse sentido, o ac. do STJ de 01.03.1990, proc. 078782, *in BMJ*, nº 395, ano 1990, p. 489. A este respeito, decidiu-se no ac. do TRL de 25.05.1995, proc. 0091232, que "A decisão que, com trânsito em julgado, determinou dever ser admitido a um interessado o exercício do direito de preferência em tempo oportuno, implica a anulação de venda realizada na praça que, entretanto, teve lugar". Do mesmo modo, decidiu-se no ac. do STJ de 27.09.2005, proc. 1735/05, *in SASTJ*, ano 2005, que a falta de notificação ao credor reclamante, que beneficie de garantia real sobre o bem penhorado, da data designada para a venda, constitui nulidade, sendo que "a omissão dessa

c) o bem tenha sido previamente penhorado numa outra ação executiva, sem que se tenha determinado a sustação da execução em que a penhora foi realizada em segundo lugar (art. 794º)[1842];

d) o bem tenha sido vendido em execução sustada em virtude de penhora anterior[1843];

e) tenham sido omitidas formalidades essenciais no âmbito do processo de venda, tais como a não observância do prazo mínimo de dez dias de antecedência em relação à data da venda (art. 817º, nº 1)[1844], a falta de publicação de anúncio ou de afixação de edital anunciando a venda[1845], bem como a falta de publicitação do valor base, da data da abertura das propostas ou do tribunal onde corre o processo[1846].

Verificando-se a prática ou a omissão de um ato que impliquem a nulidade da venda executiva, essa nulidade fica sujeita ao regime geral previsto no Código de Processo Civil, devendo ser arguida, de forma tempestiva, pelo interessado "na observância da formalidade ou na repetição ou eliminação do acto"[1847].

formalidade prescrita na lei tem influência na causa, já que a diminuição de interessados faz diminuir a possibilidade de subida do preço, influindo por isso a omissão no resultado da venda". É que, conforme se esclarece nesse aresto, "Uma das razões por que a lei impõe que o credor reclamante tenha conhecimento da venda e condições da mesma é a de lhe possibilitar a defesa do seu crédito, o que pode passar pela subida do valor do bem que vai ser vendido".

[1842] *Vide*, nesse sentido, o ac. do TRP de 20.10.1998, proc. 9820733.

[1843] Ac. do STJ de 23.09.1993, proc. 084150, *in BMJ*, nº 429, ano 1993, p. 744.

[1844] Ac. do TRP de 09.07.1998, proc. 9850488. Cfr., no mesmo sentido, o ac. do STJ de 02.07.1996, proc. 79/96, *in SASTJ*, ano 1996, p. 112.

[1845] Cfr., neste sentido, o ac. do STJ de 28.10.1999, proc. 648/99, *in SASTJ*, ano 1999, no qual se decidiu que, estando em causa a venda executiva de uma fração autónoma de um prédio constituído em regime de propriedade horizontal, o edital de venda deve ser afixado na porta da entrada comum a todas as frações do prédio e não na porta da fração a ser concretamente vendida, razão pela qual a falta de afixação do edital acarreta a nulidade da venda.

[1846] *Vide*, nesse sentido, o ac. do STJ de 20.09.2005, proc. 1541/05, *in SASTJ*, ano 2005, com o seguinte sumário: "A omissão das formalidades de fixação de edital à porta do prédio urbano em causa e de publicação de anúncios nos jornais da localidade (ainda que os anúncios tenham sido publicados num jornal nacional) constitui irregularidade que influi no exame e decisão da causa, impondo a anulação da venda", bem como o ac. do STJ de 08.10.1998, proc. 227/98, *in SASTJ*, ano 1998, e o ac. do TRP de 23.02.2010, proc. 2103/07.1TVPRT-G.P1. *Vide*, no mesmo sentido, a decisão da $CSC_{It.}$ de 09.06.2010, proc. 13824, *in www.cortedicassazione.it*, na qual se consignou que a falta de publicidade obrigatória anteriormente à venda judicial importa a nulidade da adjudicação do bem objeto de venda.

[1847] Ac. do STJ de 02.07.1996, proc. 79/96, *in SASTJ*, ano 1996, p. 112.

7.4.2.4. Venda de coisa alheia

Nos termos do art. 839º, nº 1, al. *d)*, a venda executiva fica sem efeito se a coisa vendida não pertencia ao executado e foi reivindicada pelo dono, à luz do art. 1311º do CC[1848].

Com efeito, uma vez que a venda de coisa alheia é nula (art. 892º do CC), se um terceiro, proprietário do bem penhorado, intentar uma ação de reivindicação contra o executado e obtiver vencimento nessa demanda, tal importará quer a anulação da penhora do bem objeto de reivindicação, quer a anulação da própria venda executiva desse bem[1849]. Nessa eventualidade, "o comprador ou o adjudicatário perde o direito aos bens que adquirira, para serem restituídos ao seu legítimo proprietário"[1850].

7.4.2.5. Efeitos

Nos casos previstos no art. 839º, nº 1, als. *a)* a *c)*, em que a venda executiva fica sem efeito, a restituição dos bens deve ser pedida pelo executado no prazo de trinta dias a contar da decisão definitiva, devendo o comprador ser embolsado previamente do preço e das despesas de compra.

Trata-se, com efeito, de um prazo de caducidade, razão pela qual, se o executado não pedir a restituição do bem, objeto de venda executiva, dentro desse prazo, extingue-se o direito de pedir essa restituição em momento posterior[1851], consolidando-se, dessa forma, na ordem jurídica, o direito de propriedade do comprador sobre esse bem.

Por conseguinte, se o executado não requerer a restituição do bem dentro do prazo de trinta dias, restar-lhe-á apenas o direito a receber o preço (art. 839º, nº 3).

1848 *Vide*, a este respeito, o ac. do TRP de 18.11.1991, proc. 9130299.

1849 PRAZERES, Manuel Augusto Gama, *Do Processo de Execução no Actual Código do Processo Civil*, *op. cit.*, p. 401.

1850 FERREIRA, Fernando Amâncio, *Curso de Processo de Execução*, *op. cit.*, p. 410. Isto a não ser que a ação de reivindicação tenha sido intentada antes da venda, já que, nesse caso, a eficácia da venda executiva fica dependente do desfecho da ação de reivindicação, situação em que o comprador ou o adjudicatário só se tornará proprietário efetivo do bem objeto de venda executiva se essa ação de reivindicação vier a ser julgada improcedente (cfr., nesse sentido, PRAZERES, Manuel Augusto Gama, *Do Processo de Execução no Actual Código do Processo Civil*, *op. cit.*, p. 401).

1851 No sentido de este prazo de trinta dias não se aplicar nos casos em que, por razões não imputáveis ao executado, este não esteja em condições de exercer o direito à restituição dentro desse prazo, *maxime* pelo facto de o adquirente ter, entretanto, alienado o bem a um terceiro, *vide* o ac. do TRL de 11.12.2018, proc. 4961/17.2T8LSB-A.L1-8.

7.4.3. Ação de reivindicação

Se, antes da realização da venda, algum terceiro tiver protestado pela reivindicação da coisa penhorada, invocando ser titular de um direito próprio incompatível com a transmissão – o que poderá ter lugar, por exemplo, aquando da diligência judicial de abertura de propostas em carta fechada –, deve ser lavrado um termo de protesto.

Nessa eventualidade, estando em causa a venda de bens móveis, a entrega desses bens ao comprador e o levantamento do respetivo produto da venda só podem ter lugar após a prestação de caução, a qual visa garantir quer a satisfação do direito de restituição dos bens móveis ao reivindicante, quer a devolução do preço ao comprador (art. 840º, nº 1)[1852].

Uma vez lavrado o respetivo termo, o autor do protesto dispõe do prazo de trinta dias para propor a ação respetiva, sob pena de ser decretada a extinção das garantias destinadas a assegurar a restituição dos bens e o embolso do preço. Igual sanção é aplicada nos casos em que a ação, uma vez proposta, fique parada, por negligência do autor, mais de três meses.

Se a ação for julgada procedente, o comprador fica com o direito de retenção da coisa comprada, enquanto lhe não for restituído o preço, podendo o proprietário reavê-lo dos responsáveis, se tiver de o satisfazer para obter a entrega da coisa reivindicada. Em todo o caso, se o comprador tiver tido conhecimento do protesto realizado no ato da venda ou anteriormente a ela, este não pode pedir a reparação dos danos sofridos em consequência da frustração da venda executiva, a não ser que os credores ou o devedor se tenham responsabilizado pela indemnização (art. 825º, nº 2, do CC).

8. Direito de remição

8.1. Âmbito

O direito de remição encontra-se previsto nos arts. 842º a 845º. Este direito destina-se a permitir que, em caso de adjudicação ou de venda dos bens penhorados[1853], os mesmos se conservem, total ou parcialmente, na esfera

[1852] Tal como elucida Manuel Prazeres, este regime só é aplicável quando estejam em causa bens móveis, atento o facto de existir o risco de ocultação ou de dissipação desses bens (PRAZERES, Manuel Augusto Gama, *Do Processo de Execução no Actual Código do Processo Civil*, *op. cit.*, p. 404). *Vide*, na jurisprudência, o ac. do TRL de 09.06.2021, proc. 1425/14.0 T8LRS-G.L1-8, no qual se decidiu que "Os arts. 840º e 841º do CPC não preveem a prestação de caução como condição da adjudicação do imóvel adquirido em venda por proposta em carta fechada".

[1853] Deste modo, não é admissível o exercício do direito de remição em ação de divisão de coisa comum (ac. do STJ de 17.04.2007, proc. 07A994).

jurídica dos familiares diretos do executado[1854], mediante o pagamento do preço pelo qual tenham sido adjudicados ou vendidos, acautelando-se, simultaneamente, quer a satisfação dos direitos de crédito do exequente e/ou dos credores reclamantes, quer a indemnização devida ao proponente dos bens objeto de venda executiva, na eventualidade de este já ter procedido ao depósito do preço.

Trata-se, por conseguinte, de um meio fundamental de proteção da família e de humanização da ação executiva, já que, sem prejudicar a satisfação do crédito exequendo[1855], nem as legítimas expectativas dos credores, a lei concede, em última instância, aos familiares mais próximos do executado a possibilidade de haverem para si os bens objeto de adjudicação ou de venda, contra o pagamento do preço pelo qual os mesmos tenham sido adjudicados ou vendidos, substituindo-se, por essa via, ao adquirente ou ao adjudicatário dos bens[1856]. Concomitantemente, o direito de remição tem vindo a ser qualificado como um "direito de preferência qualificado"[1857], já que, sendo exercido o direito de remição, subsiste a alienação executiva do bem, verificando-se apenas uma substituição processual no que concerne à pessoa do adquirente[1858].

8.2. Legitimidade

Atento o disposto no art. 845º, o direito de remição pertence[1859]:

1854 Saliente-se que a lei apenas exige que estejam em causa bens penhorados do executado, independentemente de, do ponto de vista substantivo, se tratar de um devedor originário, de um devedor subsidiário ou de um garante. *Vide*, a este propósito, o ac. do STJ de 28.03.1995, proc. 086874, no qual se defendeu que, por via de uma interpretação extensiva, deve entender-se que o direito de remição pertence igualmente aos familiares de quem seja executado, ainda que se trate de um mero garante, cujos bens acabem por responder pela dívida a título de garantia real.

1855 Ac. do TRG de 05.06.2008, proc. 844/08-2. *Vide*, no mesmo sentido, o ac. do TRC de 17.12.2014, proc. 306/05.2TBPCV-F.C1, no qual se decidiu que "O direito de remição encontra a sua origem na ideia de protecção do património familiar, sendo um direito com origem processual, que se constitui no momento da venda ou da adjudicação dos bens e que no seu exercício tem os mesmos efeitos do direito real de preferência", bem como o ac. do TRP de 10.07.2019, proc. 13072/17.0T8PRT-C.P1. Cfr., na doutrina, Ferreira, Fernando Amâncio, *Curso de Processo de Execução, op. cit.*, p. 392.

1856 Cfr., a este propósito, o ac. do STJ de 13.07.2021, proc. 7688/16.9T8SNT-G.L1.S1.

1857 Ac. do TRP de 28.04.2020, proc. 615/14.0T8AGD-C.P1.

1858 *Vide*, neste sentido, Prazeres, Manuel Augusto Gama, *Do Processo de Execução no Actual Código do Processo Civil, op. cit.*, p. 408.

1859 No sentido de, sobre o remidor, recair o ónus de alegação e prova quanto ao grau de parentesco com o executado, *vide* Ferreira, Fernando Amâncio, *Curso de Processo de Execução, op. cit.*, p. 393. Quanto à essencialidade da prova documental para a demonstração da relação familiar que legitime o exercício do direito de remição, *vide* o ac. do TRG de 04.10.2018, proc. 458/04.9TBVLN.G1.

a) em primeiro lugar, ao cônjuge do executado que não esteja separado judicialmente de pessoas e bens[1860,1861], independentemente, portanto, do regime de bens do casamento;
b) em segundo lugar, aos descendentes do executado[1862]; e
c) em terceiro lugar, aos ascendentes do executado.

Se concorrerem à remição vários descendentes (ex. filhos e netos) ou vários ascendentes (ex. pais e avós), preferem os de grau mais próximo aos de grau mais remoto. Em caso de igualdade de grau, abre-se licitação entre os concorrentes, situação em que será preferido aquele que oferecer o maior preço (art. 845º, nº 2)[1863].

Por outro lado, importa salientar que, pressupostas as razões subjacentes à consagração do direito de remição, este direito não pode ser exercido pelo próprio executado – por si ou por um seu herdeiro[1864]–, nem pode ser cedido ou transmitido a um terceiro[1865], sendo nulo o exercício do direito de remição com fraude à lei[1866].

1860 Conforme decorre da lei, o direito de remição pode ser exercido pelo cônjuge do executado, o que implica que este não seja, também ele, executado na mesma ação executiva. *Vide*, nesse sentido, o ac. do TRL de 04.06.2019, proc. 10984/17.4T8SNT.L1-7.

1861 *Vide*, a este respeito, o ac. do TRG de 03.12.2020, proc. 335/17.3T8CHV-D.G1, no qual se admitiu a possibilidade de o direito de remição ser execido pelo unido de facto do executado. Com efeito, conforme se consignou neste acórdão, "seria inconstitucional a norma constante do art. 842º do CPC se interpretada de forma a não admitir o exercício do direito de remição ao unido de facto, assim se reconhecendo a este o direito de remição aí previsto, sob pena de, não se fazendo essa interpretação, se violar o princípio constitucional da proteção da família ínsito no art. 36º, nº 1 da CRP, conjugado com os princípios da igualdade e da proporcionalidade".

1862 *Vide*, a este propósito, o ac. do TRC de 06.11.2018, proc. 2387/16.4T8CBR-E.C1, no qual se decidiu que "a família do sócio e gerente da sociedade (por quotas) executada em nada se confunde ou identifica com a realidade jurídica, distinta e autónoma, desta sociedade e, menos ainda, com o lastro ostensivo inerente à actividade da empresa/estabelecimento comercial a que respeitam os bens móveis penhorados e vendidos, o que obsta ao exercício do direito de remição por parte do filho daquele legal representante da sociedade (também executado)". Cfr., ainda, o ac. do TRP de 15.12.2021, proc. 542/06.4TBGDM-G.P1, no qual se entendeu que "O herdeiro habilitado ao assumir a posição do falecido nessa qualidade, não passa a ser ele próprio executado", razão pela qual este pode exercer o direito de remição, na qualidade de descendente do executado.

1863 Admitindo a possibilidade de o direito de remição ser exercido conjuntamente por dois ou mais parentes do mesmo grau, a fim de receberem os bens em comum, designadamente quando não pretendam licitar entre si, *vide* Reis, José Alberto dos, *Processo de Execução*, vol. II, *op. cit.*, p. 482.

1864 *Vide*, nesse sentido, o ac. do STJ de 01.03.2001, proc. 92/01, *in SASTJ*, ano 2001.

1865 Cfr., nesse sentido, o ac. do STJ de 10.11.2005, proc. 05B2022, com o seguinte sumário: "I – O titular do direito de remição na venda judicial não pode passar procuração irrevogável a terceiro, para exercer tal direito, conferindo-lhe também o direito de negociar consigo mesmo, prometendo-lhe

No momento do exercício do direito de remição, o remidor deve, consoante o caso, comprovar documentalmente a relação de casamento ou o grau de parentesco com o executado, juntando, respetivamente, a certidão de casamento ou de nascimento[1867]. Caso o remidor, no seu requerimento, alegue especial dificuldade na obtenção desse documento, deve ser-lhe concedido, sob pena de nulidade[1868], um prazo razoável para proceder à junção desse documento, atento o disposto no art. 845º, nº 3.

8.3. Prazo

A lei estabelece limites temporais para o exercício do direito de remição, tendo em vista a proteção da estabilidade do ato de transmissão dos bens penhorados[1869].

Assim, nos termos do art. 843º, o direito de remição só pode ser exercido:

a) no caso de venda por propostas em carta fechada [arts. 811º, nº 1, al. *a)*, e 816º], até à emissão do título da transmissão dos bens para o proponente (art. 827º) ou no prazo e nos termos previstos no art. 825º, nº 3[1870];

do mesmo passo vender a coisa a remir, uma vez que isso consubstanciaria, não a venda dessa coisa, mas a alienação do próprio direito de remição. II – Este, atentas as razões pelas quais a lei o confere, a proximidade familiar do remidor e do exequente, não pode ser cedido, sob pena de se frustrarem as referidas razões, bem como as regras da venda judicial".

1866 *Vide*, a este propósito, o ac. do STJ de 09.03.2017, proc. 1629/13.2TBAMT.P1.S1, no qual se decidiu que "Pode verificar-se fraude à lei a propósito do exercício do direito de remir – desde logo, quando se verificar uma interposição fictícia de pessoas, tendente a iludir a impossibilidade de cessão do próprio direito legal de preferência em que se consubstancia, afinal, a dita remição – em função da qual os bens seriam transmitidos *ab origine*, não ao próprio remidor, mas a um terceiro, que seria, afinal, o verdadeiro e real adquirente dos bens remidos".

1867 Conforme se decidiu no ac. do TRG de 04.10.2018, proc. 458/04.9TBVLN.G1, "a prova documental da relação familiar com o executado constitui requisito insuprível da constituição do direito de remição".

1868 *Vide*, nesse sentido, o ac. do TRL de 29.01.2008, proc. 532/2008-7.

1869 Ac. do TRG de 11.01.2011, proc. 369/05.0TBFLG-D.G1.

1870 Cfr., a este respeito, o ac. do TRG de 03.03.2016, proc. 976/09.2TBBGC-C.G1, o ac. do TRC de 21.02.2017, proc. 400/09.0TBCBR-E.C1, o ac. do TRP de 10.07.2019, proc. 13072/17.0T8PRT-C.P1, bem como o ac. do TRG de 15.03.2016, proc. 1846/14.8TBVCT-V.G1, este último com o seguinte sumário: "1. A venda em processo de execução produz os mesmos efeitos da venda realizada através de um negócio jurídico, ou seja tem como efeitos essenciais as obrigações de entregar a coisa e de pagar o preço, e a transmissão da propriedade da coisa – art. 879º do Código Civil. 2. Mas, ao contrário do que sucede na venda negocial, em que a transferência da propriedade se dá por mero efeito do contrato, na venda executiva esta apenas tem lugar com a emissão, pelo agente de execução, do respectivo título de transmissão, o que apenas ocorre depois de este último se ter certificado do pagamento do preço e do cumprimento (ou da isenção) das legais obrigações fiscais.

b) nas outras modalidades de venda, até ao momento da entrega dos bens ou da assinatura do título que a documenta[1871].

Neste particular, importa salientar que, ao invés do que sucede com os titulares do direito de preferência, legal ou convencional com eficácia real (art. 819º), a lei não prevê a notificação dos titulares desse direito, a fim de, querendo, remirem os bens objeto de adjudicação ou de venda[1872]. Por conseguinte, se o remidor não tiver tido conhecimento atempado da venda executiva[1873] e se pretender exercer o seu direito de remição já depois do decurso dos prazos legalmente previstos para o efeito, terá de alegar que só teve conhecimento da venda após o decurso desses prazos. Nessa eventualidade, caberá à parte contrária o ónus da prova da extemporaneidade do exercício desse direito[1874].

3. O direito de remição constitui um «direito de preferência» qualificado ou especial que prevalece sobre o direito de preferência legal ou convencional. 4. Estando em causa a venda judicial por meio de propostas em carta fechada, os titulares do direito de remição podem exercer esse direito enquanto não for emitido, pelo agente de execução, o título de transmissão do bem, mesmo que o proponente tenha pago o preço e cumprido as respectivas obrigações fiscais em data anterior".

[1871] *Vide*, quanto à oportunidade para o exercício do direito de remição em caso de venda por negociação particular, o ac. do TRE de 28.03.2019, proc. 419/08.9TBPTG-O.E1, no qual se decidiu que, estando em causa um bem imóvel, a remição pode ter lugar até à outorga da respetiva escritura pública. *Vide*, ainda, o ac. do TRE de 19.11.2020, proc. 476/11.0TBOLH-D.E1, no qual se entendeu que "A fim de viabilizar o exercício do direito de remição, o agente de execução deve comunicar ao executado o despacho de adjudicação, bem como as circunstâncias de modo, tempo e lugar onde será concretizada a venda por negociação particular do imóvel em discussão".

[1872] Cfr., no mesmo sentido, o ac. do TRC de 03.07.2002, proc. 1240/2002, o ac. do TRC de 20.01.2009, proc. 877/2002.C1, o ac. do STJ de 10.12.2009, proc. 321-B-1997.S1, o ac. do TRC de 21.01.2020, proc. 494/18.8T8CTB-A.C1, o ac. do TRP de 28.04.2020, proc. 615/14.0T8AGD-C.P1, o ac. do TRE de 25.06.2020, proc. 1242/12.1TBSLV-F.E1, o ac. do TRE de 19.11.2020, proc. 476/11.0TBOLH-D.E1, bem como o ac. do TRE de 11.03.2021, proc. 2895/18.2T8LLE-C.E1. *Vide*, ainda, o ac. do TRE de 11.03.2021, proc. 2895/18.2T8LLE-C.E1, no qual se consignou que "A lei não prevê que os titulares do direito de remição sejam notificados da prática dos actos atinentes à venda executiva, antes presumindo que o executado, seu familiar directo, lhe vai dando conhecimento da tramitação processual, de modo a assegurar que aqueles possam exercer o seu direito".

[1873] Na verdade, como bem se decidiu no ac. do TRL de 04.06.2019, proc. 10984/17.4T8SNT.L1-7, o familiar a quem a lei reconheça legitimidade para exercer o direito de remição não tem de ser notificado para, querendo, exercer esse direito. Outrossim, cabe ao próprio familiar o ónus de, espontaneamente, se apresentar no processo executivo, a fim de exercer o direito de remição.

[1874] Ac. do TRC de 07.11.2006, proc. 137-C/1998.

8.4. Procedimento

8.4.1. Venda por propostas em carta fechada

O direito de remição pode ser exercido oralmente, no próprio ato de abertura e aceitação das propostas em carta fechada (art. 843º, nº 2), sendo que, nesse caso, aplica-se ao remidor, com as devidas adaptações, o disposto nos arts. 824º e 825º, nºs 1 e 2, isto é, o remidor deve apresentar, como caução, um cheque visado à ordem do agente de execução ou, nos casos em que as diligências de execução são realizadas por oficial de justiça, da secretaria, no montante correspondente a 5% do valor anunciado, ou uma garantia bancária no mesmo valor (art. 824º, nº 1).

Sendo aceite alguma proposta, o remidor deve ser notificado para, no prazo de 15 dias, depositar numa instituição de crédito, à ordem do agente de execução ou, nos casos em que as diligências de execução são realizadas por oficial de justiça, da secretaria, a totalidade ou a parte do preço em falta (art. 824º, nº 2)[1875].

Outrossim, se o direito de remição não tiver sido exercido no ato de abertura e aceitação das propostas em carta fechada, o direito de remição pode ser exercido mediante a apresentação, no processo executivo, de um requerimento, por via do qual o requerente deve alegar e comprovar a sua legitimidade[1876], identificar os bens, objeto de adjudicação ou de venda, que pretende remir, e manifestar, de forma clara a inequívoca, a sua vontade de exercer o seu direito de remição[1877]. Nesse caso, o remidor deve depositar integralmente o preço, sendo devido um acréscimo de 5%, para indemnização do proponente, na eventualidade de este já ter procedido ao depósito do preço oferecido, nos termos do art. 824º, nº 2[1878,1879].

1875 Como bem se decidiu no ac. do TRC de 14.12.2020, proc. 1367/16.4T8PBL-A.C1, "esta cisão entre o momento da declaração do exercício do direito e o depósito do preço justifica-se pelo facto de o remidor não saber antecipadamente qual é o valor a pagar e, por isso, é equiparado ao comprador. Não se poderia exigir ao remidor algo que não poderia cumprir". *Vide*, no mesmo sentido, o ac. do TRG de 21.04.2022, proc. 419/14.0T8VNF-J.G1.

1876 Assentando essa legitimidade na relação de casamento ou de parentesco do remidor com o executado, essa prova reveste natureza documental, *maxime* mediante a junção de certidão de casamento ou de nascimento, podendo essa prova ser apresentada em momento posterior ao do exercício do direito de remição, atento o disposto no art. 845º, nº 3.

1877 No sentido de a apresentação deste requerimento dar origem a um incidente declarativo, dotado de autonomia própria, enxertado na ação executiva, *vide* o ac. do TRE de 19.12.2019, proc. 837/14.3T8LLE-G.E1.

1878 *Vide*, a este propósito, o ac. do TC nº 277/07, de 02.05.2007, proc. 113/07, *in www.tribunalconstitucional.pt*, o qual julgou "inconstitucional, por violação do direito de acesso aos tribunais e o princípio do processo equitativo, consagrados nos nºs 1 e 4 do artigo 20º da Constituição da República Portuguesa, a interpretação da norma do nº 2 do artigo 912º do Código

8.4.2. Outras modalidades de venda

Estando em causa outras modalidades de venda, aplica-se a 2ª parte do nº 2 do art. 843º, razão pela qual, ao exercer o direito de remição, o remidor deve, de imediato, proceder ao depósito da integralidade do preço[1880]. Caso o proponente já tenha procedido ao depósito da totalidade ou do preço em falta, nos termos do art. 824º, nº 2, o remidor deve igualmente depositar um acréscimo, correspondente a 5% do preço, a título de indemnização ao proponente[1881].

de Processo Civil, na redação anterior ao DL nº 38/2003, de 8 de Março, segundo a qual só se considera validamente exercido o direito de remição, por um descendente do executado, no acto de abertura e aceitação das propostas em carta fechada, se for acompanhado do depósito da totalidade do preço oferecido na proposta aceite".

[1879] Cfr., no mesmo sentido, o ac. do TRG de 04.10.2018, proc. 458/04.9TBVLN.G1, bem como o ac. do TRG de 03.11.2016, proc. 141/14.7TBGMR-E.G1, no qual se consignou que "A indemnização de 5% prevista no art. 843º, nº 2, do CPC só é devida: (i) nos casos de venda por propostas em carta fechada; (ii) se o direito de remição só for exercido depois do ato de abertura e aceitação das propostas; (iii) se o proponente que vai ser substituído já tiver depositado o valor total do preço da venda".

[1880] *Vide*, no mesmo sentido, o ac. do TRC de 14.12.2020, proc. 1367/16.4T8PBL-A.C1. Com efeito, como bem se consignou neste aresto, "Como neste caso o preço já é conhecido do remidor, não há qualquer cisão temporal/processual entre a declaração de remição e o depósito do preço". Por conseguinte, "A simples declaração do remidor no sentido de que exerce o direito de remição relativamente a certo bem, desacompanhada do depósito do preço, não tem efeito constitutivo e não produz efeitos [...]".

[1881] Cfr., a este respeito, o ac. do TRG de 21.04.2022, proc. 419/14.0T8VNF-J.G1, no qual se decidiu que "A indemnização de 5% a favor do proponente vencedor, prevista no art. 843º, nº 2 do CPC, aplica-se a todas as modalidades de venda, uma vez que, essa indemnização, se destina a indemnizar o proponente vencedor pelos prejuízos que sofra em consequência de, no momento em que é exercido o direito de remição, já ter depositado a totalidade do preço que propôs pela aquisição do bem em venda e que fora aceite, e esse prejuízo do proponente vencedor verifica-se independentemente da modalidade da venda escolhida e realizada". Por conseguinte, "Essa indemnização tem como pressuposto constitutivo que, no momento em que seja exercido o direito de remição, o proponente vencedor tenha já depositado a totalidade do preço que ofereceu pela aquisição do bem em venda e que fora aceite, não sendo devida quando a totalidade desse preço não esteja depositada à ordem do agente de execução (em caso de venda realizada no âmbito de execução) ou do administrador da insolvência (em caso de venda coativa/forçada realizada no âmbito de processo de insolvência) no momento em que o remidor exerce (validamente) o direito de remição".

Lição XII
Suspensão, Extinção, Renovação e Anulação da Execução

1. Suspensão da execução
1.1. Suspensão da execução em caso de insolvência ou de processo especial de recuperação

Tendo sido requerida a recuperação de empresa ou a insolvência do executado, qualquer credor[1882] pode pedir a suspensão da execução, a fim de impedir a realização de pagamentos[1883]. Isto porque a execução civil, de natureza tendencialmente singular, cede perante o processo de recuperação de empresas ou o processo de insolvência, os quais se destinam a proteger os interesses de todos os credores do devedor (arts. 1º, nº 1, do CIRE e 793º)[1884].

Assim, nos termos do art. 17º-E do CIRE, a decisão de nomeação de um administrador judicial provisório, em caso de comunicação, pelo devedor, de que pretende dar início às negociações com os seus credores, conducentes à

[1882] Sustentando que a suspensão da execução apenas pode ser requerida "por titular do crédito verificado ou reconhecido, mas para cujo pagamento integral não chegue o produto dos bens sobre que incida a sua garantia", *vide* Martins, António Carvalho, *Reclamação, Verificação e Graduação de Créditos, op. cit.*, p. 59.

[1883] No sentido de a suspensão da instância executiva por força da declaração de insolvência do executado determinar a sustação da penhora do seu vencimento mensal, *vide* o ac. do TRP de 16.12.2015, proc. 133/13.3TBVFR.P1. Contudo, neste aresto, decidiu-se igualmente que, se a penhora do vencimento do executado não foi suspensa, à revelia do disposto no art. 88º, nº 1, do CIRE, os salários indevidamente penhorados devem ser restituídos ao devedor, não podendo ser determinada a sua apreensão a favor da massa insolvente.

[1884] No sentido de a declaração de insolvência do executado não acarretar, necessariamente, a extinção da execução por inutilidade superveniente da lide, mas antes a suspensão da instância executiva, *vide* o ac. do TRP de 19.04.2012, proc. 8425/10.7YYPRT.P1, bem como o ac. do TRG de 14.05.2015, proc. 620/12.0TBGMR.G1.

sua recuperação, no âmbito de um processo especial de revitalização, obsta à instauração de quaisquer ações para cobrança de dívidas contra o devedor e, durante todo o tempo em que perdurarem as negociações, suspende, quanto ao devedor, as ações em curso com idêntica finalidade[1885,1886].

Do mesmo modo, à luz do art. 88º, nº 1, do CIRE, a declaração de insolvência determina a suspensão de quaisquer diligências executivas ou providências requeridas pelos credores da insolvência que atinjam os bens integrantes da massa insolvente[1887,1888] – salvo se existirem outros executados, caso em

[1885] No sentido de este preceito se circunscrever às ações de natureza executiva para pagamento de quantia certa, dele se excluindo as ações de condenação, *vide* o ac. do TRL de 21.04.2015, proc. 172724/12.6YIPRT.L1-7.
Cfr., em sentido contrário, o ac. do TRG de 09.11.2017, proc. 190/13.2T8VNC.G1, no qual se decidiu que a expressão "ações para cobrança de dívidas" abrange qualquer ação judicial, declarativa ou executiva, destinada a exigir um direito de crédito e que, por isso, contenda com o património do devedor.

[1886] *Vide*, a este propósito, o ac. do TRP de 14.12.2017, proc. 5831/15.4T8OAZ.P1, no qual se decidiu que o art. 17º-E, nº 1, do CIRE "apenas deve ser aceite, de modo irrestrito e em sentido literal, relativamente às "ações para cobrança de dívidas" cujo prosseguimento não teria sentido por o pagamento do crédito exequendo estar já abrangido pelo plano aprovado". Assim, de acordo com o citado aresto, "Nos casos em que tal crédito não esteja abrangido no dito plano por motivos não imputáveis ao credor – designadamente por, embora já judicialmente invocado, ainda não se encontrar vencido aquando do prazo para a reclamação prevista no nº 2 do artigo 17º-D do CIRE –, sempre se terá de possibilitar ao credor o respectivo ressarcimento sob pena de não ter meio de cobrar o seu crédito. Deste modo, uma interpretação do estatuído no art. 17º-E, nº 1, do CIRE que considere ser aplicável tal preceito às acções executivas instauradas após a homologação do plano de recuperação do devedor mas que tenham por objecto créditos invocados judicialmente em data prévia ao PER mas vencidos apenas posteriormente à data em que poderiam ser nele reclamados configura uma situação de inconstitucionalidade por violação do princípio do acesso ao direito e aos tribunais – cf. o art. 20º da Constituição da República Portuguesa". Cfr., no mesmo sentido, o ac. do TRE de 12.07.2018, proc. 676/16.7T8PTM-B.E1.

[1887] No sentido de a suspensão da execução perdurar até ao encerramento do processo de insolvência, após o que a instância executiva poderá manter-se ou extinguir-se, tudo dependendo do desfecho e das "várias condicionantes" do processo de insolvência, *vide* Epifânio, Maria do Rosário, *Manual de Direito da Insolvência, op. cit.*, pp. 164 a 167, e Leitão, Luís Manuel Teles de Menezes, *Direito da Insolvência, op. cit.*, pp. 178 a 180. Defendendo que a declaração de insolvência apenas determina a suspensão da execução que se encontre pendente contra o executado/insolvente e não a extinção imediata da execução, com fundamento em impossibilidade ou inutilidade superveniente da lide, *vide* o ac. do TRE de 21.12.2017, proc. 1607/16.0T8STR-H.E1.

[1888] *Vide*, no entanto, o ac. do TRG de 17.05.2018, proc. 2155/16.3T8VCT.G1, com o seguinte sumário: "1. Embora, perante a notícia de ter sido declarada a insolvência da devedora respectiva, a execução para pagamento de quantia certa deva ser suspensa nos termos do art. 88º, nº 1, do CIRE (segunda parte), tal suspensão deve ser decretada com carácter restrito no caso de ela ter por objecto bem imóvel da executada cuja penhora foi feita e registada, mas depois esta vendeu a terceiro (que também registou a aquisição). 2. Com efeito, da suspensão deve ressalvar-se o prosseguimento dos

que a execução prossegue contra estes (art. 88º, nº 2, do CIRE)[1889] – e obsta à instauração ou ao prosseguimento de qualquer acção executiva intentada pelos credores da insolvência[1890,1891], sob pena de nulidade dos atos processuais subsequentemente praticados[1892]. Ademais, à luz do art. 85º, nº 2, do CIRE, o juiz deve requisitar ao tribunal ou à entidade competente a remessa, para efeitos de apensação aos autos de insolvência, de todos os processos nos quais se tenha efetuado qualquer ato de apreensão ou detenção de bens compreendidos na massa insolvente.

Uma vez suspensa a execução, pode verificar-se um de dois desfechos possíveis:

a) se o processo de recuperação de empresa ou de insolvência vier, entretanto, a ser encerrado por falta ou insuficiência de bens, a instância executiva deve prosseguir os seus termos, não se verificando, nesse caso, qualquer inutilidade superveniente da lide[1893];

autos relativamente a tal bem e quanto ao referido terceiro adquirente. 3. Não tendo tal negócio sido questionado pelos credores ou pelo administrador da insolvência, não podendo o bem penhorado/vendido ser apreendido para a massa insolvente respectiva nem integrá-la (por já não pertencer à devedora) e sendo tal venda inoponível ao exequente, quanto ao mesmo a execução deve prosseguir, nos termos do art. 819º, do Código Civil".

[1889] É o que sucede, por exemplo, se a ação executiva tiver sido intentada contra um devedor originário e um avalista, caso em que a declaração de insolvência ou a aprovação de um plano especial de revitalização em relação ao devedor originário não obsta a que a execução prossiga contra o avalista (*vide*, nesse sentido, o ac. do TRE de 08.02.2018, proc. 709/14.1TBOLH-C.E1, bem como o ac. do TRE de 08.02.2018, proc. 2338/13.8TBSTB-A.E1).

[1890] Neste particular, Maria do Rosário Epifânio salienta que, se um credor intentar, mesmo assim, uma ação executiva contra o insolvente, a mesma deve ser indeferida liminarmente, por ser legalmente impossível a sua instauração (Epifânio, Maria do Rosário, *Manual de Direito da Insolvência*, *op. cit.*, pp. 163 e 164).

[1891] Conforme se decidiu no ac. do TRL de 02.05.2019, proc. 292873/11.0YIPRT.1.L1-6, na eventualidade de o devedor ter sido declarado insolvente após o trânsito em julgado de uma sentença que tenha julgado procedente uma ação de impugnação pauliana, a ação executiva que tenha sido intentada contra o devedor, tendo por base essa sentença, poderá prosseguir os seus termos. Isto porque, conforme se decidiu nesse aresto, "Com a acção de impugnação pauliana visa-se determinar a ineficácia do acto de disposição do bem em relação ao credor/autor, o qual, na procedência da acção, pode praticar os actos de conservação da garantia patrimonial autorizados por lei e executar a coisa no património do obrigado à restituição (do terceiro adquirente), nos termos do art. 616º do Código Civil".

[1892] *Vide*, no mesmo sentido, o ac. do STJ de 19.06.2018, proc. 5664/14.5T8ENT-A.E1.S1.

[1893] Cfr., nesse sentido, o ac. do TRG de 11.07.2013, proc. 3567/08.1TBGMR.G1, o ac. do TRP de 03.04.2014, proc. 1281/13.5TBPRD.P1, o ac. do TRE de 09.06.2016, proc. 334/04.5TTTMR-A.E1, bem como o ac. do TRP de 01.06.2017, proc. 718/09.2TBMTS.P1.

b) pelo contrário, se o processo de insolvência prosseguir os seus termos, tendo em vista a liquidação do património do insolvente, tal implica a extinção da ação executiva, por inutilidade superveniente da lide. Idêntico regime será aplicável na eventualidade de ser aprovado e homologado um plano de recuperação no âmbito de um processo especial de revitalização, na medida em que "admitir-se que se mantivessem suspensas execuções, com a manutenção das respectivas penhoras, até à *boa execução* do plano de recuperação, mas à margem do nele estabelecido, feriria a posição e expectativa da maioria dos credores que aprovara tal plano nos moldes e com as condições nele previstas, além de que poderia impedir a concretização dos respectivos objectivos"[1894].

1.2. Pluralidade de execuções sobre os mesmos bens

Na eventualidade de se verificarem duas ou mais execuções sobre os mesmos bens, o agente de execução deve, à luz do princípio *prior in tempore, potior in iure*, sustar, quanto a esses bens, a execução em que a penhora tiver sido posterior (art. 794º, nº 1)[1895,1896].

Com efeito, o objetivo do legislador foi o de evitar que os mesmos bens do executado pudessem ser vendidos em processos executivos distintos, garantindo-se, desta forma, a realização de uma única venda ou adjudicação, a ser efetuada no processo onde os bens foram penhorados em primeiro lugar.

Assim, recaindo a penhora do mesmo bem em dois processos executivos distintos, o agente de execução do processo onde se verificou a realização da segunda penhora deve suspender a execução quanto a esse bem[1897,1898]. Neste

[1894] Ac. do TRL de 16.10.2014, proc. 9264/12.6TBCSC.L1-2. *Vide*, no mesmo sentido, o ac. do TRP de 16.01.2018, proc. 1539/14.6T2AGD.P1, bem como o ac. do TRE de 08.03.2018, proc. 1847/14.6TBPTM-C.E1.

[1895] *Vide*, a este propósito, o ac. do TRG de 18.02.2016, proc. 581/09.TBVRL-A.G1. No sentido de não relevar, para efeitos de aplicação deste regime, o arresto que tenha sido registado antes do registo de outra penhora sobre um bem imóvel, mas que apenas foi convertido em penhora depois do registo desta, *vide* o ac. do TRC de 12.09.2017, proc. 6304/14.8T8CBR.C1. Com efeito, no citado aresto, decidiu-se que o critério da anterioridade da penhora deve ser aferido em função de uma penhora já existente, e não na penhora que, porventura, possa vir a resultar da conversão do arresto.

[1896] Note-se que, conforme salienta Lebre de Freitas, este regime será igualmente aplicável aos casos em que, tendo sido penhorado um bem num determinado processo executivo, venha, posteriormente, a ser penhorada uma quota de um comproprietário desse bem (Freitas, José Lebre de, "Hipoteca de coisa e penhora da quota de comproprietário", *op. cit.*, p. 275). Significa isto que a aplicação deste regime não depende da coincidência absoluta das duas penhoras.

[1897] No sentido de este regime só se aplicar nos casos em que as duas execuções se encontrem, simultaneamente, pendentes e a correr os seus termos, *vide* o ac. do TRL de 29.04.1993, proc.

particular, importa salientar que a execução só fica suspensa no que concerne ao bem que foi penhorado pela segunda vez, razão pela qual nada obsta ao prosseguimento da mesma tendo em vista a penhora e subsequente venda dos demais bens que integrem o património do executado e que se encontrem livres, sem prejuízo da possibilidade de o exequente desistir da penhora do bem que tenha sido apreendido no outro processo (art. 794º, nº 3)[1899].

Por outro lado, o exequente deve ser citado no âmbito do processo em que a penhora foi realizada em primeiro lugar, a fim de reclamar o seu crédito. Contudo, se o exequente, antes da sustação da sua execução, não tiver sido citado no processo em que a penhora seja mais antiga, pode, mesmo assim, reclamar espontaneamente o seu crédito no prazo de quinze dias a contar da notificação de sustação, situação em que a reclamação suspende os efeitos da graduação de créditos já fixada e, se for atendida, provoca nova sentença de graduação, na qual se incluirá o crédito do reclamante (art. 794º, nº 2)[1900].

Questão de particular importância é a de saber quais são os efeitos que decorrem para a execução civil, na qual tenha sido penhorado um bem imóvel que, constituindo a casa de morada de família do executado, já se encontre penhorado no âmbito de uma execução fiscal.

De facto, o art. 219º, nº 5, do CPPT[1901] dispõe que "A penhora sobre o bem imóvel com finalidade de habitação própria e permanente está sujeita às condições previstas no artigo 244º". Por sua vez, preceitua o art. 244º do citado diploma legal que "Não há lugar à realização da venda de imóvel destinado exclusivamente a habitação própria e permanente do devedor ou do seu agregado familiar, quando o mesmo esteja efetivamente afeto a esse fim" (nº 2), salvo requerimento do executado no sentido de a venda ser realizada (nº 6) ou se estiver em causa um bem imóvel "cujo valor tributável se enquadre, no momento da penhora, na taxa máxima prevista para a aquisição de prédio urbano ou de fração autónoma de prédio urbano destinado exclusivamente

0057516, bem como o ac. do TRP de 24.04.1997, proc. 9730096. Sustentando inexistir litispendência nos casos em que "o credor, depois de instaurar execução, vem reclamar o seu crédito numa outra execução movida por um terceiro em que foram penhorados bens sobre os quais dispõe de garantia real", *vide* o ac. do TRE de 10.03.2016, proc. 58/14.5TBSTR-A.E1, o ac. do TRL de 15.11.2018, proc. 796/17.0T8OER-A.L1-2, bem como FREITAS, José Lebre de, "Hipoteca de coisa e penhora da quota de comproprietário", *op. cit.*, p. 278.

1898 Cfr., a este respeito, o ac. do TRE de 11.05.2017, proc. 1723/14.2T8MMN-A.E1, no qual se decidiu que a suspensão da execução quanto ao bem penhorado não acarreta a inutilidade superveniente da lide dos embargos de terceiro que tenham sido deduzidos contra a penhora desse bem.

1899 *Vide*, no mesmo sentido, o ac. do TRE de 22.03.2018, proc. 122/16.6T8CBA-A.E1.

1900 Cfr., a este propósito, o ac. do TRL de 09.10.2014, proc. 7048/08.5TBALM-A.L1-6.

1901 Na redação que lhe foi dada pela Lei nº 13/2016, de 23 de maio.

a habitação própria e permanente, em sede de imposto sobre as transmissões onerosas de imóveis". Na verdade, o objetivo do legislador foi o de impedir a venda da casa de morada de família no âmbito dos processos de execução fiscal, protegendo, por essa via, o executado e o seu agregado familiar[1902].

Deste modo, se, numa execução civil, for penhorado um bem imóvel que constitua a casa de morada de família do executado e que já se encontre penhorado no âmbito de uma execução fiscal, a execução civil deveria, em princípio, ficar suspensa quanto a esse bem, reclamando o exequente o seu crédito na execução fiscal, atento o disposto no art. 794º, nº 1.

Simplesmente, como vimos *supra*, a sustação da execução na qual um determinado bem foi penhorado em segundo lugar visa permitir a realização de uma única venda ou adjudicação, impedindo-se, assim, a duplicação de vendas ou de adjudicações dos mesmos bens. No entanto, dado que o art. 244º, nº 2, do CPPT, impede a venda em execução fiscal de bem imóvel penhorado, destinado exclusivamente a habitação própria e permanente do devedor ou do seu agregado familiar, quando o mesmo esteja efetivamente afeto a esse fim, tanto o exequente, como os eventuais credores reclamantes no âmbito da execução civil ficariam irremediavelmente prejudicados em resultado desse impedimento legal, a que são absolutamente alheios, o que se torna ainda mais grave nos casos em que não seja conhecido qualquer outro bem no património do executado que permita a satisfação do crédito exequendo e dos eventuais créditos reclamados.

Por conseguinte, afigura-se que, neste caso, a execução civil não deve ficar suspensa quanto ao bem imóvel penhorado. Pelo contrário, deverá prosseguir os seus termos, tendo em vista a venda executiva desse bem, protegendo-se, dessa forma, os legítimos interesses do exequente e dos eventuais credores reclamantes[1903], sem prejuízo da possibilidade de a Fazenda Nacional reclamar o seu crédito na execução civil[1904].

[1902] Paralelamente, o art. 13º, nº 6, al. *d)*, da Lei nº 83/2019, de 3 de setembro – diploma que estabelece as bases do direito à habitação e as incumbências e tarefas fundamentais do Estado na efetiva garantia desse direito a todos os cidadãos, nos termos da Constituição – consagra o princípio geral segundo o qual, sempre que estejam reunidas as condições para o procedimento de despejo, o Estado deve garantir a "não execução de penhora para satisfação de créditos fiscais ou contributivos, nos termos da lei, quando esteja em causa a casa de morada de família".

[1903] *Vide*, no mesmo sentido, o ac. do TRC de 26.09.2017, proc. 1420/16.4T8VIS-B.C1, o ac. do TRE de 12.07.2018, proc. 893/12.9TBPTM.E1, o ac. do TRL de 07.02.2019, proc. 985/15.2T8AGH-A.L1-6, o ac. do TRE de 30.05.2019, proc. 402/18.6T8MMN.E1, o ac. do TRG de 30.05.2019, proc. 2677/10.0TBGMR.G1, o ac. do TRL de 12.09.2019, proc. 1183/18.9T8SNT.L1-2, o ac. do TRP de 22.10.2019, proc. 8590/18.5T8PRT-B.P1, o ac. do TRC de 18.12.2019, proc. 205003/10.1YIPRT.1.C1 (este acórdão contou com um voto de vencido, sendo que, na respetiva declaração, sustentou-se

Outrossim, se não se entendesse deste modo, o executado poderia inclusive servir-se de um processo de execução fiscal para colocar o seu património a salvo da execução civil, bastando, para o efeito, contrair voluntariamente uma dívida de natureza fiscal, com o único propósito de ser penhorada a sua casa de morada de família.

1.3. Suspensão com fundamento em causa prejudicial

O processo executivo não pode ser suspenso com fundamento em causa prejudicial[1905]. Isto porque a ação executiva não visa a declaração de um direito, mas antes a adoção das providências necessárias à execução coerciva de um

que, à luz da lei em vigor, teria de ser determinado o prosseguimento da execução fiscal e não da execução civil), o ac. do STJ de 02.06.2021, proc. 5729/19.7T8LRS-A.L1.S1, bem como o ac. do TRP de 07.06.2021, proc. 936/17.0T8PRT-B.P1. Concordando com este entendimento, mas sustentando que a execução civil só poderá prosseguir os seus termos desde que o exequente alegue e prove o preenchimento dos pressupostos previstos no art. 244º, nºs 2 e 3, do CPPT, situação em que o ónus de reclamar créditos na execução comum passará a recair sobre a própria Fazenda Nacional, *vide* o ac. do TRE de 06.12.2018, proc. 2267/16.3T8STB-B.E1. Defendendo que, antes de decidir se a execução deve manter-se suspensa ou prosseguir os seus termos em relação a um bem imóvel que constitua a casa de morada de família do executado e que tenha sido penhorada no processo de execução fiscal, o tribunal deve averiguar "se a penhora efetuada no processo fiscal se vai manter e se o bem vai ser vendido para pagamento do crédito exequendo aí reclamado", *vide* o ac. do TRP de 07.11.2019, proc. 1860/18.4T8AGD-A.P1.

Cfr., em sentido contrário, o ac. do TRC de 24.10.2017, proc. 249/13.6TBSPS-A.C1, bem como o ac. do TRC de 13.11.2019, proc. 7389/17.0T8CBR-A.C1, nos quais se decidiu que o exequente deve ser pago pelo produto da venda na própria execução fiscal, devendo o art. 244º, nº 2, do CPPT ser interpretado no sentido de que só a administração fiscal se encontra impedida de promover a venda de bem imóvel penhorado que constitua a habitação própria e permanente do executado, nada obstando, por isso, a que um credor que tenha reclamado o seu crédito nesse processo promova a venda do imóvel penhorado. Defendendo que a execução civil que se encontre suspensa não pode prosseguir os seus termos enquanto não se concluir pela inviabilidade de o processo de execução fiscal avançar para a fase da venda, *vide* o ac. do TRE de 16.05.2019, proc. 2075/17.4T8SLV.E1.

[1904] *Vide*, nesse sentido, o ac. do TRG de 23.05.2019, proc. 2132/17.7T8VCT-B.G1, no qual se sustentou que "Ao prosseguimento da execução comum, onde foi efectuada a segunda penhora, não obsta o disposto no art. 822º do C. Civil, já que, a A.T. pode vir reclamar o seu crédito nesta outra execução, devendo para isso ser notificada ao abrigo do preceituado no art. 786º do Código de Processo Civil, sendo o seu crédito graduado no lugar que lhe competir", o ac. do TRP de 19.05.2020, proc. 2342/16.4T8AGD-B.P1, bem como o ac. do TRL de 21.05.2020, proc. 19356/18.2T8SNT-B.L1-8.

[1905] Cfr., neste sentido, o ac. do TRL de 22.11.1994, proc. 0088371, o ac. do TRP de 20.01.1997, proc. 9520975, o ac. do TRG de 11.07.2013, proc. 1266/08.3TBBCL-B.G1, o ac. do TRP de 17.10.2013, proc. 102/12.0TBBGC-A.P1, o ac. do TRE de 30.11.2016, proc. 3306/12.2TBPTM-E.E1, o ac. do TRG de 28.06.2018, proc. 3492/13.4TBBCL-A.G1, o ac. do TRE de 11.07.2019, proc. 293/09.8TBORQ-B.E1, o ac. do TRE de 26.09.2019, proc. 1224/14.9T8STB-A.E1, o ac. do TRC de 19.05.2020, proc. 1075/09.2TBCTB-E.C1, bem como o ac. do TRC de 26.04.2022, proc. 33/19.3GASRE-C.C1.

direito que já se encontre declarado ou reconhecido num título executivo[1906]. Assim, se, por exemplo, for intentada uma ação executiva que tenha por título executivo uma sentença homologatória de transação judicial, a execução não pode ser suspensa, com base na pendência de uma causa prejudicial, consubstanciada numa ação de nulidade ou de anulação da transação[1907].

Contudo, esta regra não é aplicável aos incidentes de natureza declarativa que corram por apenso à execução – nomeadamente, embargos de executado[1908], concurso de credores[1909] ou embargos de terceiro[1910] – nos casos em que a decisão desses incidentes esteja dependente do julgamento de outra ação já proposta ou quando se verifique "outro motivo justificativo" (art. 272º, nº 1)[1911].

Vide, em sentido contrário, o ac. do TRC de 20.01.2004, proc. 3398/03, no qual se admitiu a possibilidade de o juiz de execução suspender a ação executiva, ao abrigo do princípio da economia processual, com fundamento na pendência de uma ação de impugnação pauliana, bem como os acs. do TRE de 12.10.2017, proc. 149/12.7TBETZ.E1, e do TRG de 10.07.2018, proc. 4698/17.2T8VNF-B.G1, nos quais, apesar de se ter considerado que a ação executiva não pode, em princípio, ser suspensa com fundamento na pendência de uma causa prejudicial, decidiu-se, no entanto, pela possibilidade dessa suspensão na eventualidade de se verificarem indícios de uso anormal do processo executivo, estando já pendente uma ação declarativa, na qual se discute a validade do título executivo.

1906 Neste enquadramento, conforme se decidiu no ac. do TRP de 17.09.2013, proc. 2934/09.8YYPRT-H.P1, sendo "Interposta uma ação autónoma através da qual se questiona a existência ou o montante do crédito exequendo, a decisão que aí for proferida não tem eficácia no processo executivo, pelo que, só pela via da restituição do que pagou na execução poderá o executado fazer valer a sua posição".

1907 Ac. do TRP de 15.12.1994, proc. 9430892.

1908 Cfr., nesse sentido, o ac. do TRL de 26.07.2003, proc. 2441/2003-2, o ac. do TRG de 06.11.2012, proc. 1109/11.0TBEPS-A.G1, o ac. do TRL de 06.06.2013, proc. 5540/08.0TCLRS-A.L1-2, o ac. do TRP de 17.10.2013, proc. 102/12.0TBBGC-A.P1, bem como o ac. do TRP de 29.02.2016, proc. 2670/14.3T8LOU-A.P1, no qual se decidiu que a oposição à execução deve ser suspensa no caso de estar pendente uma ação declarativa sob a forma de processo comum "destinada a abalar a validade do título executivo com os mesmos fundamentos daquela oposição".

1909 Ac. do TRL de 25.03.1993, proc. 0049996.

1910 Ac. do TRL de 11.05.2004, proc. 8871/2003-7.

1911 *Vide*, a este propósito, o ac. do TRE de 15.12.2016. proc. 622/15.5TBPTG-A.E1, no qual se decidiu enquadrar-se no conceito de "outro motivo justificativo", suscetível de determinar a suspensão da execução, a existência de uma ação declarativa cuja decisão seja passível de importar a extinção total ou parcial da instância executiva, por inutilidade superveniente da lide. Cfr., ainda, o ac. do TRG de 25.02.2021, proc. 4079/17.8T8VNF-A.G1, bem como o ac. do TRC de 26.04.2022, proc. 33/19.3GASRE-C.C1.

2. Extinção da execução

2.1. Execuções inviáveis

O novo Código de Processo Civil veio prever diversas situações que determinam a extinção da execução por inutilidade superveniente da lide [art. 849º, nº 1, al. *c)*].

Com efeito, o objetivo principal do legislador foi o de evitar a pendência de execuções inviáveis, face à inexistência de bens suscetíveis de garantir a satisfação da dívida exequenda e das despesas da execução.

Assim, nos termos do art. 748º, nº 3, quando, contra o executado, tiver sido movida execução, terminada nos últimos três anos, sem integral pagamento e o exequente não tenha indicado bens penhoráveis no requerimento executivo, o agente de execução deve iniciar imediatamente as diligências tendentes a identificar bens penhoráveis. Frustrando-se essas diligências, o agente de execução comunica esse facto ao exequente, extinguindo-se a execução se este, no prazo de dez dias, não indicar quais os concretos bens que pretende ver penhorados [arts. 748º, nº 3, *in fine*, e 849º, nº 1, al. *c)*].

De igual modo, o art. 750º, nº 1, preceitua que, se não forem encontrados bens penhoráveis no prazo de três meses a contar da notificação da secretaria ao agente de execução para que este inicie as diligências de penhora, o agente de execução deve notificar o exequente para especificar quais os bens que pretende ver penhorados na execução. Simultaneamente, o executado é notificado para indicar bens à penhora, com a cominação de que a omissão ou a falsa declaração importa a sua sujeição a sanção pecuniária compulsória, no montante de 5% da dívida ao mês, com o limite mínimo global de 10 UC, se ocorrer ulterior renovação da instância executiva e aí se apurar a existência de bens penhoráveis. Neste caso, se nem o exequente, nem o executado indicarem bens penhoráveis no prazo de dez dias, a execução extingue-se sem mais [arts. 750º, nº 2, *in fine*, e 849º, nº 1, al. *c)*][1912].

Este regime é igualmente aplicável às execuções parcialmente inviáveis, isto é, às execuções em que tenha decorrido o prazo de três meses sobre o pagamento parcial do crédito exequendo e/ou dos demais créditos reclamados, sem que, entretanto, tenham sido identificados outros bens penhoráveis que permitam a satisfação do remanescente da dívida exequenda (art. 797º).

Por sua vez, no âmbito da ação executiva para pagamento de quantia certa sob a forma de processo sumário, dispõe o art. 855º, nº 4, que, logo que se

[1912] No sentido de este regime não ser aplicável nos casos em que o exequente não tenha sido notificado da impossibilidade de realização das diligências de penhora que haviam sido requeridas por si, *vide* os acs. do TRG de 29.09.2014, proc. 3320/10.2TBBRG-A.G1, e de 29.09.2014, proc. 7122/12.3TBBRG.G1, bem como o ac. do TRL de 10.10.2017, proc. 9988/12.8TCLRS-B.L1-1.

mostre decorrido o prazo de três meses após o início das consultas e diligências para identificação de bens penhoráveis, aplica-se o regime previsto no art. 750º, nº 1, procedendo-se à citação do executado. Nesta situação, se se frustrar a citação do executado e se o exequente não indicar bens penhoráveis, não há lugar à citação edital do executado e a execução extingue-se [art. 849º, nº 1, al. *c)*].

Por último, sem prejuízo dos casos expressamente previstos no Código de Processo Civil, nada obsta a que o exequente requeira, por sua iniciativa, a extinção da ação executiva, por inutilidade superveniente da lide, nas situações em que não sejam encontrados bens penhoráveis do executado que sejam suscetíveis de garantir a satisfação da dívida exequenda[1913].

2.2. Extinção da execução por sustação integral

Pendendo mais do que uma execução sobre os mesmos bens do executado, a sustação integral da execução em que a penhora tiver sido realizada em segundo lugar determina a extinção da execução [arts. 794º, nº 4, e 849º, nº 1, al. *e)*][1914], sem prejuízo da possibilidade de o exequente requerer, nos termos do art. 850º, nº 5, a renovação da execução extinta, mediante a indicação dos concretos bens, pertencentes ao executado, que devam ser penhorados.

2.3. Extinção da execução pelo pagamento voluntário

Como se referiu *supra*, a ação executiva tem por finalidade a realização coativa de uma obrigação que é devida ao credor. Por conseguinte, se a obrigação exequenda for cumprida voluntariamente pelo devedor ou por um terceiro (art. 767º, nº 1, do CC), em qualquer estado do processo, seja pelo pagamento voluntário, seja por qualquer outro modo de extinção da obrigação, a execução extingue-se, desde que sejam pagas as custas da execução e a dívida exequenda [arts. 846º, nº 1, 847º e 849º, nº 1, al. *a)*][1915].

Nos termos do art. 846º, nº 2, o pagamento pode ser realizado através de entrega direta ou depósito em instituição de crédito à ordem do agente de

[1913] Ac. do TRL de 02.10.2008, proc. 6519/2008-8. Cfr., no mesmo sentido, os acs. do TRL de 22.09.2011, proc. 4735-E/1992.L1-8, e de 24.03.2011, proc. 44-A/2002.L1-8. *Vide*, em sentido contrário, o ac. do TRL de 15.12.2011, proc. 6586/03.0TJLSB-A.L1-2.

[1914] No sentido de, neste caso, a extinção da execução importar igualmente a extinção, por inutilidade superveniente da lide, dos incidentes declarativos que corram por apenso à execução, *vide* o ac. do TRL de 23.05.2019, proc. 316/18.0T8PDL.L1-6.

[1915] Cfr., a este propósito, o ac. do TRP de 25.01.1990, proc. 0224381, bem como o ac. do TRP de 07.10.2019, proc. 3941/15.7T8PRT.P1.

execução[1916]. Sendo as diligências de execução realizadas por oficial de justiça, o executado ou o terceiro que pretendam fazer cessar a execução pelo pagamento voluntário devem solicitar na secretaria, ainda que verbalmente, guias para depósito da parte líquida ou já liquidada do crédito exequendo que não esteja solvida pelo produto da venda ou adjudicação de bens. Uma vez efetuado esse depósito, susta-se a execução, a menos que ele seja manifestamente insuficiente, e tem lugar a liquidação de toda a responsabilidade do executado.

Do mesmo modo, a execução deve ser suspensa, liquidando-se a responsabilidade do executado, se o requerente[1917] juntar um documento comprovativo de quitação, perdão ou renúncia por parte do exequente ou qualquer outro título extintivo (art. 846º, nº 5)[1918]. Com efeito, a junção aos autos desse documento não implica a extinção imediata da execução – determinando antes a sua suspensão –, já que se torna necessário proceder à liquidação da responsabilidade do executado em relação às custas em dívida e a eventuais créditos que tenham sido reclamados na execução[1919].

No que diz respeito à liquidação da responsabilidade do executado, a lei distingue consoante o requerimento para cumprimento voluntário da obrigação seja apresentado antes ou depois da venda ou adjudicação de bens. Assim:

a) se o requerimento for apresentado antes da venda ou adjudicação de bens, apenas são liquidadas as custas e o que faltar do crédito do exequente (art. 847º, nº 1)[1920];

[1916] Veja-se, neste particular, PISSARRA, Nuno Andrade, "O pagamento em processo de execução – alguns problemas", *op. cit.*, pp. 229 e 230, o qual salienta que, se o executado entrega dinheiro ao agente de execução, presume-se que o faz para pagamento voluntário da dívida e não a título de indicação voluntária de um bem à penhora ou de pedido de substituição dos bens penhorados.

[1917] No sentido de esse requerimento poder ser apresentado pelo executado ou pelo exequente, *vide* PISSARRA, Nuno Andrade, "O pagamento em processo de execução – alguns problemas", *op. cit.*, p. 240.

[1918] Tal verificar-se-á, nomeadamente, nos casos em que o exequente e o executado tenham estabelecido negociações por via extrajudicial tendo em vista a extinção da execução. É o que sucede, por exemplo, se tiver havido cumprimento, dação em cumprimento, compensação, novação, remissão ou confusão.

[1919] RODRIGUES, Fernando Pereira, *Elucidário de Temas de Direito (Civil e Processual)*, *op. cit.*, p. 322.

[1920] *Vide*, a este respeito, o ac. do TRE de 21.06.2007, proc. 1232/07-3. Cfr., igualmente, o ac. do TRE de 06.12.2018, proc. 1866/14.2T8SLV-B.E1, no qual se decidiu que, ocorrendo, na venda executiva, a transmissão do direito de propriedade com a emissão do título de transmissão, se o executado pretender liquidar a sua responsabilidade antes da emissão do título de transmissão, só tem de pagar o crédito exequendo e as custas, e já não os créditos reclamados.

b) pelo contrário, se já tiverem sido vendidos ou adjudicados bens, a liquidação da responsabilidade do executado também tem de abranger os créditos reclamados para serem pagos pelo produto desses bens, conforme a graduação e até onde o produto obtido chegar, a não ser que o requerente exiba título extintivo de algum deles. Se ainda não tiver sido realizada a graduação dos créditos reclamados que tenham de ser liquidados, a execução prossegue os seus termos tendo em vista a verificação e graduação desses créditos, só depois sendo feita a liquidação (art. 847º, nº 2).

Uma vez apurado o saldo, o requerente deve proceder ao depósito da quantia que for devida, sob pena de ser condenado nas custas a que deu causa e de a execução prosseguir os seus termos. Nesse caso, a execução não pode voltar a suspender-se sem que antes seja depositada a quantia já liquidada, depois de deduzido o produto das vendas ou adjudicações feitas posteriormente e depois de deduzidos os créditos cuja extinção se prove por documento (art. 847º, nº 4).

Nos termos do art. 847º, nº 6, se o pagamento for realizado por um terceiro, isto é, por quem não seja parte nem interveniente processual na execução, este só fica sub-rogado nos direitos do exequente se comprovar que os adquiriu nos termos da lei substantiva[1921].

2.4. Extinção da execução pelo pagamento coercivo

A execução extingue-se na eventualidade de se verificar o pagamento coercivo da obrigação exequenda – fim último do processo executivo –, depois de o agente de execução efetuar a liquidação e os pagamentos, nos termos do Regulamento das Custas Processuais [art. 849º, nº 1, al. *b)*].

Do mesmo modo, de acordo com o art. 779º, nº 4, al. *b)*, se a penhora tiver recaído sobre rendas, abonos, vencimentos ou salários e se não tiverem sido identificados outros bens penhoráveis, o agente de execução, findo o prazo de oposição ou uma vez julgada improcedente a oposição que tenha sido

[1921] A este respeito, Nuno Andrade Pissarra salienta que a execução só deve extinguir-se se o terceiro, com o pagamento que realizou, visou extinguir o crédito exequendo. Outrossim, verificar-se-á uma transmissão do crédito do exequente para o terceiro pagador, sendo que a expressão "fica sub-rogado nos direitos do exequente" deve ser entendida no sentido de abranger os "direitos adjetivos ou processuais do exequente", isto é, o terceiro que pague a dívida exequenda na pendência da ação executiva e que fique sub-rogado nos termos da lei civil passa a assumir a posição de exequente nessa execução (PISSARRA, Nuno Andrade, "O pagamento em processo de execução – alguns problemas", *op. cit.*, pp. 234 e 235).

deduzida, deve, depois de assegurar o pagamento das quantias que lhe sejam devidas a título de honorários e despesas, adjudicar ao exequente as quantias vincendas e notificar a entidade pagadora para as entregar diretamente ao exequente, situação em que se extingue a execução [art. 849º, nº 1, al. *d)*][1922].

Por último, à luz do art. 799º, nº 6, a adjudicação de direito de crédito pode ser realizada a título de dação *pro solvendo*, desde que o requerente o pretenda e os restantes credores não se oponham, extinguindo-se a execução quando não deva prosseguir sobre outros bens[1923].

2.5. Extinção da execução por deserção

A execução pode igualmente extinguir-se por deserção. Com efeito, dispõe o art. 281º, nº 5, que, no processo executivo, a instância considera-se deserta, independentemente de qualquer decisão judicial, quando, por negligência das partes, o processo se encontre a aguardar por um impulso processual há mais de seis meses.

Por conseguinte, para que se verifique a extinção da instância executiva por deserção, não basta que o processo executivo permaneça sem qualquer impulso há mais de seis meses[1924].

Diferentemente, torna-se igualmente necessário que essa falta de impulso processual fique a dever-se a uma conduta culposa do exequente[1925]. Neste

[1922] *Vide*, a este propósito, o ac. do TRP de 09.11.2017, proc. 6959/15.6T8PRT-A.P1, no qual se decidiu que "A extinção da execução nos termos do art. 779º, nº 4, al. b), do CPC, é uma verdadeira extinção da instância executiva, sem prejuízo de a mesma poder ser renovada nos casos previstos na lei". Nessa exata medida, "A adjudicação das quantias vincendas do crédito penhorado é uma adjudicação *pro solvendo* que determina a extinção do crédito exequendo pelo pagamento, pelo que os descontos subsequentemente realizados são consequência já não da penhora, mas da substituição na titularidade do crédito". Assim, "Se esses descontos excederem o devido, o devedor inicial pode instaurar uma acção declarativa de repetição do indevido e, se for o caso, uma providência cautelar para suspender os descontos até à decisão definitiva da acção". Cfr., ainda, o ac. do TRP de 13.10.2020, proc. 19954/19.7T8PRT.P1, no qual se consignou que esta extinção da execução reveste natureza meramente provisória, atenta a possibilidade de renovação da instância executiva.

[1923] Cfr., a este respeito, o ac. do TRC de 13.11.2019, proc. 2106/09.1TBLRA-A.C1, no qual se decidiu que "A declaração de extinção da execução com fundamento na adjudicação de direito de crédito ao exequente a título de dação *pro solvendo*, não obsta à apreciação de um requerimento pelo qual o executado alega que os descontos no vencimento já excederam o montante da quantia exequenda da responsabilidade daquele executado".

[1924] Cfr., nesse sentido, o ac. do TRC de 14.06.2016, proc. 500/12.0TBAGN.C1.

[1925] *Vide*, nesse sentido, o ac. do TRP de 14.03.2016, proc. 317/06.0TBLSD.P1, o ac. do TRC de 29.09.2016, proc. 3690/14.3T8CBR.C1, o ac. do TRE de 08.02.2018, proc. 715/10.5TBVRS.E1, o ac. do TRP de 18.02.2019, proc. 1465/05.0TBVFR-A.P1, o ac. do TRG de 12.09.2019, proc. 6748/17.3T8VNF.G1, bem como o ac. do TRP de 23.09.2021, proc. 1199/05.5TBVNG-I.P1.

particular, importa salientar que o facto de o agente de execução, por incúria ou negligência, não dar andamento ao processo executivo há mais de seis meses não significa, necessariamente, que tenha havido uma conduta culposa imputável ao exequente[1926]. É que, muito embora o agente de execução seja, em princípio, escolhido pelo exequente (art. 720º, nº 1), a verdade é que o agente de execução não é um mandatário, nem um representante do exequente (art. 162º, nº 3, do EOSAE), mas antes um "auxiliar da justiça que, na prossecução do interesse público, exerce poderes de autoridade pública no cumprimento das diligências que realiza nos processos de execução" (art. 162º, nº 1, do EOSAE).

Outrossim, só haverá negligência do exequente em promover o andamento do processo executivo se este, nada tendo feito, tiver sido expressamente notificado pelo agente de execução para praticar um determinado ato processual e, simultaneamente, advertido de que o processo ficaria a aguardar pela sua resposta ou pelo seu impulso processual[1927] ou se, em alternativa, o juiz de

Cfr., a este respeito, o ac. do TRC de 09.01.2017, proc. 3107/14.3T8CBR.C1, no qual se decidiu que, se o exequente indicou ao agente de execução os bens que aquele pretendia ver penhorados e se este não tentou e/ou comunicou a tentativa de penhora, mantendo-se, ao invés, inativo, inexiste qualquer negligência do exequente que seja suscetível de determinar a extinção da instância. Cfr., ainda, o ac. do TRE de 17.12.2020, proc. 2018/14.7T8SLV.E1, no qual se defendeu que "Se a paragem do processo se deve a falta de actos processuais do agente de execução, ela não é imputável ao exequente, porquanto este não é mandatário do exequente, pelo que não causa a extinção da instância por deserção. E o mesmo se diga das hipóteses em que é solicitada a intervenção do Tribunal e este omite a pronúncia sobre determinado acto essencial ao prosseguimento da lide".

[1926] *Vide*, a este propósito, o ac. do TRC de 01.12.2015, proc. 2061/10.5TBCTB-A.C1, bem como o ac. TRE de 23.03.2017, proc. 3133/07.9TJLSB.1.E1, este último com o seguinte sumário: "Não se podendo concluir que o agente de execução aja em nome do exequente por dele ter poderes de representação, as omissões que lhe são imputáveis não se repercutem na esfera jurídica daquele e, por isso, estando demonstrada nos autos apenas a inércia do agente de execução, esta não se repercute na esfera jurídica do exequente, já que não é a omissão daquele, mas a inércia deste, que se pretende sancionar com a deserção da instância executiva". Cfr., ainda, o ac. do TRE de 10.10.2019, proc. 1001/13.4TBLGS.E1, no qual se decidiu que "A inércia do agente de execução em promover o andamento do processo não é inércia do exequente e não justifica a aplicação do artigo 281º, nº 5, do Código de Processo Civil".

[1927] Ac. do TRC de 07.06.2016, proc. 302/13.6TBLSA.C1. Cfr., no mesmo sentido, o ac. do TRC de 14.06.2016, proc. 500/12.0TBAGN.C1, no qual se decidiu, com um voto de vencido, que "Estando o processo a aguardar, há mais de seis meses, a realização de diligências que são da competência do agente de execução, não poderá concluir-se, sem mais, que a falta de movimento processual é imputável a negligência do exequente, sem que exista, pelo menos, uma notificação que transfira para este o ónus de reagir e tomar posição sobre a inércia e o incumprimento do agente de execução". *Vide*, ainda, o ac. do TRL de 07.06.2018, proc. 1839/11.7TBALM.L1-6, bem como o ac. do TRL de 10.01.2019, proc. 385/09.3TBVPV-A.L1-2.

execução, depois de constatar que o processo executivo não registava qualquer movimentação há mais de seis meses, tiver notificado o exequente para este requeresse o que tivesse por conveniente, face a essa paralisação anormal do processo[1928].

Por outro lado, urge salientar que, muito embora o art. 281º, nº 5, aluda ao facto de a instância executiva se extinguir por deserção, independentemente de despacho judicial – donde poderia resultar o entendimento de que essa extinção ocorreria de forma automática, sem necessidade, portanto, de qualquer intervenção judicial – o certo é que o facto de a lei fazer depender a falta de impulso processual, há mais de seis meses, da negligência das partes, implica que o tribunal não possa, oficiosamente ou mediante requerimento [art. 723º, nº 1, al. *d)*], determinar a extinção da execução, por deserção, sem antes promover a audição prévia das partes quanto à eventual verificação dos pressupostos de que a lei faz depender a deserção da instância executiva, sob pena de violação dos princípios da audiência contraditória (art. 3º, nº 3) e da cooperação (art. 7º)[1929]. Na verdade, só depois de proceder à audição prévia das partes é que o tribunal poderá concluir, com segurança, se se verificou ou não alguma negligência das partes no que concerne ao impulso do processo e à promoção dos seus termos.

Em todo o caso, ainda que a execução venha a extinguir-se por deserção, nada obsta a que o exequente intente uma nova ação executiva contra o mesmo executado e com base no mesmo título. Isto porque a deserção da instância apenas produz efeitos sobre a relação processual entretanto extinta, não impedindo, por conseguinte, que seja intentada *ex novo* uma segunda execução[1930].

2.6. Extinção da execução por encerramento do processo de insolvência

Nos termos do art. 88º, nº 3, do CIRE, a ação executiva que tenha sido suspensa em virtude da declaração de insolvência do executado extingue-se,

[1928] Cfr., a este propósito, os acs. do TRC de 06.07.2016, proc. 132/11.0TBLSA.C1, e de 29.09.2016, proc. 3690/14.3T8CBR.C1, bem como o ac. do TRG de 30.05.2018, proc. 438/08.5TBVLN.G1.

[1929] Cfr., nesse sentido, o ac. do TRL de 29.10.2015, proc. 1302/13.1TBPDL.L1-2, o ac. do TRG de 02.05.2016, proc. 1417/10.8TBVCT-A.G1, o ac. do TRG de 06.10.2016, proc. 1128/08.4TBBGC-B.G1, o ac. do TRC de 21.02.2017, proc. 1361/10.9TJCBR-A.C1, o ac. do TRG de 30.05.2018, proc. 438/08.5TBVLN.G1, bem como o ac. do TRL de 05.07.2018, proc. 4969/15.2T8LSB.L1-4. *Vide*, em sentido contrário, o ac. do STJ de 08.03.2018, proc. 225/15.4T8VNG.P1-A.S1, no qual se concluiu pela desnecessidade de o tribunal observar o contraditório prévio das partes antes de decidir pela deserção da instância com fundamento na falta de impulso processual por mais de seis meses.

[1930] *Vide*, nesse sentido, o ac. do TRG de 10.11.2016, proc. 3968/15.9T8GMR-A.G1.

quanto ao executado insolvente, quando o processo de insolvência seja encerrado após a realização do rateio final ou por insuficiência da massa insolvente para satisfazer as custas do processo e as restantes dívidas da massa insolvente.

Assim, para que ocorra a extinção da instância executiva, é necessário que se verifique o preenchimento cumulativo de dois requisitos:

a) que o processo executivo tenha sido suspenso, em virtude da declaração de insolvência do executado[1931]; e

b) que o processo de insolvência venha a ser encerrado após o rateio final[1932] ou por insuficiência da massa insolvente para satisfazer as custas do processo e as restantes dívidas da massa[1933].

2.7. Desistência do exequente

Nos termos do art. 848º, a execução extingue-se em caso de desistência do pedido ou da instância[1934].

Se o exequente desistir do pedido, esta desistência é livre, na medida em que não carece de qualquer autorização do executado, e importa a extinção do direito que o exequente pretendia fazer valer (art. 285º, nº 1)[1935].

Diversamente, se o exequente desistir da instância e se estiverem pendentes embargos de executado, essa desistência depende da aceitação do executado e apenas implica a cessação do processo executivo, não inibindo o exequente de propor nova ação executiva, com repetição das partes, do pedido e da causa de pedir. Trata-se, com efeito, da mesma regra que se encontra prevista no art. 286º, nº 1.

[1931] Cfr., em sentido contrário, o ac. do TRC de 03.11.2015, proc. 3523/11.2TBVIS-A.C1, no qual se decidiu que o facto de o processo executivo não ter sido previamente suspenso em virtude da declaração de insolvência do executado não obsta a que o tribunal decrete a extinção da instância executiva na sequência do encerramento do processo de insolvência por insuficiência da massa.

[1932] Sustentando que, após a homologação do plano de insolvência do devedor, deve proceder-se à extinção da instância executiva por inutilidade superveniente da lide, já que, em caso de incumprimento do plano, o título executivo passa a ser a sentença homologatória do referido plano, *vide* o ac. do TRP de 12.01.2017, proc. 2863/13.0TBVNG-A.P1.

[1933] Alguma jurisprudência tem vindo, no entanto, a entender que, sendo o insolvente uma pessoa singular, o encerramento do processo de insolvência não determina a extinção da ação executiva por inutilidade superveniente da lide, desde que no processo de insolvência não tenha sido decretada a exoneração do passivo restante. Cfr., entre outros, o ac. do TRC de 07.03.2017, proc. 92/12.0TBMGL-A.C1.

[1934] Defendendo a admissibilidade da desistência parcial da instância executiva, *vide* o ac. do TRG de 26.09.2019, proc. 1208/16.2T8VNF-F.G1.

[1935] Cfr., a este propósito, o ac. do TRG de 16.01.2020, proc. 2047/15.3T8CHV.G1.

Se a desistência do exequente tiver sido requerida depois de já terem sido vendidos ou adjudicados bens sobre cujo produto tenham sido graduados outros credores, essa desistência não produz efeitos em relação a esses credores, devendo os mesmos ser pagos da parte que lhes couber nesse produto (art. 848º, nº 1).

3. Renovação da execução

Como vimos, a execução pode extinguir-se, designadamente, por força da celebração de um acordo de pagamento em prestações ou por insuficiência ou inexistência de bens penhoráveis.

Contudo, ainda que tal venha a suceder, a lei prevê a possibilidade de a instância executiva se renovar, isto é, de a execução voltar a prosseguir os seus termos.

Assim, no caso de ter sido celebrado um acordo de pagamento em prestações entre o exequente e o executado – hipótese que, nos termos dos arts. 806º, nº 2, *in fine*, e 849º, nº 1, al. *f)*, acarreta a extinção da execução – qualquer credor reclamante, cujo crédito se ache vencido, pode requerer a renovação da instância executiva, tendo em vista a satisfação do seu crédito (art. 809º, nº 1). Nessa eventualidade, o exequente deve ser notificado pelo agente de execução para, no prazo de dez dias, declarar se desiste da garantia, consubstanciada no penhor e/ou hipoteca resultantes da conversão da penhora – sendo que o silêncio do exequente equivale a desistência dessa garantia –, ou se pretende também ele a renovação da instância executiva para pagamento do remanescente do seu crédito, situação em que o pagamento em prestações, previamente acordado, fica sem efeito. Se o exequente, expressa ou tacitamente, desistir da garantia, o credor que tiver requerido a renovação da instância executiva assume a posição de exequente, prosseguindo a execução os seus termos, aproveitando-se todo o processado, mas apenas quanto aos bens em relação aos quais o requerente haja invocado a titularidade de um direito real de garantia.

Por outro lado, o exequente pode requerer a renovação da execução que se tenha extinguido por força da verificação de algum dos casos previstos no art. 849º, nº 1, als. *c)* a *e)*, isto é, em que se tenha concluído pela insuficiência ou inexistência de bens penhoráveis, desde que, nesse caso, indique quais os concretos bens do executado que devem ser penhorados[1936].

[1936] No sentido de, nessa eventualidade, não se verificar a inutilidade superveniente da lide dos embargos de executado que tenham sido tempestivamente deduzidos, devendo, ao invés, o processo prosseguir para conhecimento do mérito dos embargos, *vide* o ac. do TRE de 22.09.2016, proc. 71/13.0TBETZ-A.E1.

Uma outra situação em que se permite a renovação da execução extinta é a que se encontra prevista no art. 850º, nº 1. Com efeito, de acordo com a citada disposição legal, a extinção da execução, quando o título tenha trato sucessivo, não obsta a que a ação executiva se renove no mesmo processo para pagamento de prestações que se vençam posteriormente[1937]. Enquadram-se neste âmbito, designadamente, as situações em que se execute sentença que haja condenado o devedor no pagamento de prestações vincendas (art. 557º) ou título executivo extrajudicial em que tenham sido convencionadas prestações futuras ou prevista a constituição de obrigações futuras (art. 707º)[1938]. Assim, mesmo que tenha sido declarada a extinção de uma execução, com fundamento no cumprimento ou na realização de uma prestação prevista no título executivo, essa extinção "não faz desaparecer o trato sucessivo do título no tocante a prestações ou a fornecimentos futuros"[1939], razão pela qual o exequente pode requerer a renovação da execução extinta, tendo em vista o cumprimento coercivo das prestações ou das obrigações que, entretanto, se vencerem.

Para além disso, o credor reclamante, cujo crédito esteja vencido e tenha reclamado para ser pago pelo produto de bens penhorados que não tenham chegado a ser vendidos ou adjudicados, pode requerer, no prazo de dez dias, a contar da notificação da extinção da execução, a renovação desta para efetiva verificação, graduação e pagamento do seu crédito (art. 850º, nº 2)[1940].

4. Anulação da execução

Nos termos do art. 851º, nº 1[1941], a execução pode ser anulada quando, correndo a mesma à revelia do executado, este não tenha sido citado (art. 188º) ou a citação, apesar de ter sido realizada, padeça de nulidade (art. 191º), quando o executado não tenha tido conhecimento da citação, por facto que não lhe seja imputável, ou quando o executado não tenha podido apresentar a sua defesa, por motivo de força maior.

[1937] *Vide*, a este propósito, o ac. do TRL de 10.10.2019, proc. 26405/09.3YYLSB.L1.L1-6.

[1938] FERREIRA, Fernando Amâncio, *Curso de Processo de Execução*, *op. cit.*, pp. 420 e 421. *Vide*, na jurisprudência, o ac. do TRC de 12.03.2019, proc. 477/12.1TBCLD.C1, o ac. do TRE de 12.06.2019, proc. 3022/11.2TBPTM.E1, bem como o ac. do TRG de 17.09.2020, proc. 3218/18.6T8VNF-A.G1.

[1939] FERREIRA, Fernando Amâncio, *Curso de Processo de Execução*, *op. cit.*, p. 421.

[1940] No sentido de, neste caso, o primitivo exequente, que tenha desistido da execução, ser admitido, em caso de renovação da instância executiva, a reclamar o seu crédito relativamente ao bem sobre o qual tenha garantia, *vide* o ac. do TRL de 24.04.2018, proc. 3730/14.6YYLSB-B.L1-1.

[1941] Na redação que lhe foi dada pela Lei nº 117/2019, de 13 de setembro.

Nessa eventualidade, a anulação da execução pode ser pedida a todo o tempo, mesmo que a execução já se mostre finda (art. 851º, nºs 1 e 3).

Contudo, se, após a venda, já tiver "decorrido o tempo necessário para a usucapião, o executado fica apenas com o direito de exigir do exequente, no caso de dolo ou de má-fé deste, a indemnização do prejuízo sofrido, se esse direito não tiver prescrito entretanto" (art. 851º, nº 4).

Sendo requerida a anulação da execução, com fundamento na revelia do executado, o tribunal deve conhecer, de imediato, essa reclamação, suspendendo, sendo caso disso, o prosseguimento da execução. Caso a reclamação seja julgada procedente, é anulado todo o processado na execução.

Lição XIII
Responsabilidade do exequente

1. Âmbito

Alberto dos Reis afirmava, com pertinente atualidade, que a ação executiva pode conduzir a uma anomalia jurídica, qual seja a de "sacrificar o executado ou um terceiro a um credor *aparente*". De facto, de acordo com o citado Autor, "o processo de execução, em vez de ser posto ao serviço do *direito* de crédito, pode funcionar como instrumento de extorsão e violência em benefício de um portador do título executivo que não é verdadeiramente credor"[1942].

Com efeito, a propositura de uma ação executiva para pagamento de quantia certa que, posteriormente, vem a revelar-se injustificada, acarreta, inevitavelmente, prejuízos e danos ao executado, designadamente nos casos em que a penhora tenha precedido a sua citação, por dispensa legal ou judicial de citação prévia, já que o património do executado é agredido sem qualquer tipo de aviso prévio[1943]. Neste particular, o risco de uma execução injusta é exponencialmente maior nos casos em que esta se funde num título executivo extrajudicial e/ou em que o julgador dispense a citação prévia do executado, pois que, nessa situação, o direito de que o exequente se arroga titular não passa pelo crivo prévio de um juízo declarativo[1944].

[1942] Reis, José Alberto dos, *Processo de Execução,* vol. I, *op. cit.*, p. 57. Cfr., quanto à mesma problemática, Castro, Artur Anselmo de, *A Acção Executiva Singular, Comum e Especial, op. cit.*, pp. 297 a 299, Liebman, Enrico Tullio, *Problemi del Processo Civile,* Morano Editore, Nápoles, 1962, p. 343, bem como Dinamarco, Cândido Rangel, *Execução Civil,* 8ª ed., Malheiros Editores, São Paulo, 2002, p. 248.

[1943] Cfr., no mesmo sentido, Sousa, Miguel Teixeira de, "Aspectos gerais da reforma da acção executiva", *op. cit.*, pp. 15 e 16.

[1944] Reis, José Alberto dos, *Processo de Execução,* vol. I, *op. cit.*, p. 58.

Ora, sendo a execução considerada injusta, a lei prevê a possibilidade de o exequente ser responsabilizado pelos danos causados ao executado.

De facto, apurando-se que o executado "foi vítima de uma perseguição injusta" ou de que foi promovida contra ele uma "execução infundada", o exequente, enquanto "autor da perseguição", deve indemnizá-lo pelas perdas e danos causados[1945].

Assim, dispõe o art. 858º que "Se a oposição à execução vier a proceder, o exequente, sem prejuízo da eventual responsabilidade criminal, responde pelos danos culposamente causados ao executado, se não tiver atuado com a prudência normal, e incorre em multa correspondente a 10% do valor da execução, ou da parte dela que tenha sido objeto de oposição, mas não inferior a 10 UC, nem superior ao dobro do máximo da taxa de justiça.". Trata-se, com efeito, de um mecanismo legal que procura conciliar o interesse do exequente em que o processo executivo seja célere e o interesse do executado em que o processo executivo seja justo[1946,1947].

Em anotação a este regime, Olinda Garcia ressalta que o mesmo assenta "na ideia de penalização do recurso infundado à acção executiva, naquelas hipóteses em que a lei (confiando na existência de fundamento da pretensão executiva) desprotege o executado, não lhe garantindo o direito de defesa até à efectiva apreensão dos bens susceptíveis de penhora, sujeitando-o, portanto, aos riscos inerentes à celeridade dessa tramitação. Efectivamente, neste domínio o executado só é citado depois da apreensão dos seus bens, ou seja, depois de já ter sofrido danos, vindo posteriormente a demonstrar, na oposição à execução, a falta de fundamento dessa acção executiva"[1948].

Na realidade, a circunstância de a ação executiva ser intentada com base num título executivo não garante, por si só, a existência do crédito de que o exequente se arroga titular[1949]. De facto, "o título executivo (judicial ou extrajudicial), sendo indispensável para instaurar a acção executiva, não dá ao

[1945] *Ibidem*, pp. 61 e 62.

[1946] *Ibidem*, p. 57.

[1947] No regime anterior à reforma de 2003, a responsabilidade do exequente quando a causa se extinguisse por uma razão distinta da satisfação do crédito exequendo encontrava o seu fundamento no regime jurídico da litigância de má-fé (art. 542º, nº 1) sempre que o exequente, tendo litigado com dolo ou com negligência grave, tivesse instaurado, designadamente, uma ação executiva cuja falta de fundamento não devesse ignorar (cfr., nesse sentido, Sousa, Miguel Teixeira de, *Ação Executiva Singular, op. cit.*, p. 416).

[1948] Garcia, Maria Olinda, *A Responsabilidade do Exequente e de outros Intervenientes Processuais, op. cit.*, p. 15.

[1949] *Vide*, a este propósito, Sousa, Miguel Teixeira de, *A Exequibilidade da Pretensão*, Edições Cosmos, Lisboa, 1991, p. 17.

tribunal a certeza absoluta da existência do direito, mas tão-somente a probabilidade séria da sua existência"[1950]. Consequentemente, se o exequente mover uma ação executiva, sem que exista o direito de crédito correlativo, está a dar lugar a uma execução injusta, porquanto faz "uso de um meio próprio para efectivar o direito subjectivo substancial, quando esse direito já não existe na realidade". O mesmo é dizer que "a execução é injusta quando o exequente pretende conseguir um fim contrário ao direito"[1951].

A aplicação do regime previsto no art. 858º depende, fundamentalmente, da verificação de dois requisitos cumulativos, um de natureza processual e outro de natureza substantiva[1952].

Quanto ao requisito de natureza processual, o exequente só pode ser responsabilizado pelos danos causados ao executado se este não tiver sido citado previamente à penhora dos seus bens – seja porque a lei dispensa essa citação prévia (art. 857º, nº 3), seja porque o exequente assim o requereu [arts. 725º, nº 1, al. *j*), e 728º][1953] – e tiver deduzido, de forma procedente, oposição à execução[1954,1955,1956]. Por conseguinte, a responsabilidade do exequente

[1950] SAMPAIO, J. M. Gonçalves, *A Acção Executiva e a Problemática das Execuções Injustas*, *op. cit.*, p. 450.

[1951] *Ibidem*.

[1952] A este propósito, Paula Costa e Silva assinala que a aplicação do regime da responsabilidade do exequente depende da verificação cumulativa dos seguintes pressupostos: "a) ter a penhora precedido a citação do executado; b) ter o executado deduzido oposição à execução; c) ter sido a oposição julgada procedente; d) ter a execução causado prejuízos ao executado; e) terem os prejuízos sido causados culposamente; f) não ter o exequente agido com a prudência normal" (SILVA, Paula Costa e, *A Litigância de Má Fé*, *op. cit.*, p. 457).

[1953] *Vide*, neste sentido, SOUSA, Miguel Teixeira de, *A Reforma da Acção Executiva*, *op. cit.*, p. 31, SOUSA, Miguel Teixeira de, "Aspectos gerais da reforma da acção executiva", *op. cit.*, p. 16, CORDEIRO, Catarina Pires, "A responsabilidade do exequente na nova acção executiva: sentido, fundamento e limites", *op. cit.*, p. 20, REGO, Carlos Francisco de Oliveira Lopes do, *Comentários ao Código de Processo Civil*, vol. II, *op. cit.*, p. 43, GARCIA, Maria Olinda, *A Responsabilidade do Exequente e de outros Intervenientes Processuais*, *op. cit.*, p. 67, bem como BASTOS, Filipe Brito, "A responsabilidade civil do exequente: pressupostos e breves notas sobre alguns problemas de regime", *in Colectânea de Estudos de Processo Civil*, Coimbra Editora, Coimbra, 2013, pp. 110 e 111.

Cfr., em sentido contrário, SILVA, Paula Costa e, *A Reforma da Acção Executiva*, 3ª ed., Coimbra Editora, Coimbra, 2003, p. 64, segundo a qual este regime só é aplicável nos casos em que o exequente tenha requerido a dispensa de citação prévia do executado, não sendo compatível com as situações em que é a própria lei a determinar essa dispensa. Com efeito, de acordo com Paula Costa e Silva, "o exequente provoca danos culposamente ao executado se, tendo impedido a respectiva intervenção na execução em momento anterior à penhora e atingindo imediatamente bens integrados no património do devedor, executar pretensão exequenda que ele sabe ou não pode ignorar ser ilegal".

[1954] *Vide*, no mesmo sentido, o ac. do TRP de 21.06.2012, proc. 1616/11.5TBMTS-A.P1.

[1955] Quanto à interpretação do conceito de "procedência da oposição à execução", *vide* SILVA, Paula Costa e, *A Litigância de Má Fé*, *op. cit.*, pp. 481 a 492. A este respeito, Olinda Garcia sustenta

assenta na agressão do património do executado, sem que este tenha tomado conhecimento prévio da pendência da execução[1957,1958]. Nesta perspetiva, "esta circunstância justifica uma extensão da «zona de protecção» do executado, reconhecendo-lhe a possibilidade de ser ressarcido dos danos que lhe tenham sido infligidos pela penhora indevida dos seus bens"[1959] no caso de a oposição à execução ser julgada procedente. Trata-se, como bem refere Alberto dos Reis, de uma situação em que "a execução injusta encontra o seu natural correctivo no predomínio da acção declarativa sobre a acção executiva. Mediante a decisão definitiva do recurso ou julgamento da oposição, que são formas de processo declarativo, ou jurisdicional na técnica de Carnelutti, a relação jurídica material reage sobre a relação processual fundada no título executivo e acaba por impor-se a esta. O princípio da *justiça* vence e domina, por fim, o sistema da *força* posta ao serviço da *prontidão*"[1960].

que a procedência da oposição à execução traduz-se no "reconhecimento judicial da ausência de fundamento do exequente para ter movido uma concreta acção executiva, porquanto tal procedência tem como efeito a extinção dessa acção executiva" (Garcia, Maria Olinda, *A Responsabilidade do Exequente e de outros Intervenientes Processuais, op. cit.*, p. 67).

[1956] Com efeito, como bem salienta Gonçalves Sampaio, a oposição à execução é o meio idóneo, posto à disposição do executado, para reagir contra ações executivas injustificadas. De todo o modo, se a oposição à execução for indeferida liminarmente, não chegando o tribunal a pronunciar-se sobre o seu mérito, ou se o executado só chega a ter conhecimento de um facto modificativo ou extintivo da obrigação exequenda após a extinção da execução, nada obstará a que o executado possa recorrer a uma ação declarativa tendente à condenação do exequente na restituição do indevido, enquanto único meio processual ao seu dispor para pôr termo a uma execução injusta (Sampaio, J. M. Gonçalves, *A Acção Executiva e a Problemática das Execuções Injustas, op. cit.*, pp. 456 e 470). Por sua vez, Paula Costa e Silva defende que o regime previsto no art. 858º pode ser aplicado mesmo nas situações em que o executado não tenha deduzido oposição à execução e em que a ação vem a ser julgada inadmissível ou destituída de fundamento. Deste modo, de acordo com a referida Autora, a dedução de oposição à execução não constitui um pressuposto essencial para a aplicação do regime da responsabilidade do exequente (Silva, Paula Costa e, *A Litigância de Má Fé, op. cit.*, p. 491).

[1957] A este respeito, Lopes do Rego sustenta que este regime só se aplica aos casos de procedência da oposição à execução e não àqueles em que a oposição à penhora tenha sido julgada procedente, ainda que por indicação à penhora de bens impenhoráveis por parte do exequente (Rego, Carlos Francisco de Oliveira Lopes do, *Comentários ao Código de Processo Civil*, vol. II, *op. cit.*, p. 43).

[1958] Com efeito, como denota Gonçalves Sampaio, a responsabilidade do exequente "não tem lugar quando o executado haja sido previamente citado, uma vez que teve oportunidade de se defender e evitar a penhora" (Sampaio, J. M. Gonçalves, *A Acção Executiva e a Problemática das Execuções Injustas, op. cit.*, p. 202).

[1959] Cordeiro, Catarina Pires, "A responsabilidade do exequente na nova acção executiva: sentido, fundamento e limites", *op. cit.*, p. 19.

[1960] Reis, José Alberto dos, *Processo de Execução*, vol. I, *op. cit.*, p. 60. De todo o modo, quanto ao problema da responsabilidade do exequente, Alberto dos Reis distingue entre as situações em que a

No que concerne ao requisito de natureza substantiva, a aplicação deste regime de responsabilidade civil impõe que o exequente tenha atuado de uma forma voluntária, ilícita e culposa, verificando-se a produção de danos na sequência dessa atuação[1961]. Visa-se, fundamentalmente, proteger "a parte prejudicada com a realização de uma penhora ilegal, nas situações em que o exequente, não tendo actuado com dolo ou culpa grave, agiu de modo irreflectido ou imprudente"[1962,1963].

Assim, o facto voluntário materializa-se na "formulação da pretensão através da instauração da execução"[1964].

Por sua vez, o facto ilícito traduz-se na agressão do património do executado, sendo a execução infundada. O mesmo é dizer que a ilicitude "decorre do uso abusivo ou indevido desse meio"[1965,1966].

sentença exequenda cai em consequência do provimento de um recurso ordinário ou extraordinário e aquelas em que o título executivo (judicial ou extrajudicial) cai em consequência da oposição à execução deduzida pelo executado. Assim, na primeira situação, não haverá lugar, em regra, a qualquer responsabilidade do exequente, já que este, ao executar uma sentença condenatória da qual foi interposto um recurso com efeito meramente devolutivo, "não fez mais do que utilizar um meio posto pela lei à sua disposição". Por sua vez, na segunda situação, isto é, nos casos em que a sentença cai por força da procedência de recurso extraordinário, não haverá responsabilidade do exequente se estiver em causa uma situação de simulação processual, pois que "exequente e executado foram coniventes na formação do título executivo". Estando em causa a procedência de um recurso de revisão, haverá, por regra, litigância de má-fé do recorrido, pelo que, "se o tribunal reconhece que o título executivo foi emanação de procedimento malicioso da parte vencedora e em consequência disso a condena, no recurso de revisão, em multa e indemnização à parte contrária, esta condenação não pode deixar de projectar os seus efeitos no processo de execução". Por último, na situação de procedência de oposição à execução, poderá haver ou não responsabilidade do exequente consoante o fundamento da procedência da oposição à execução. Assim, de acordo com Alberto dos Reis, "só quando haja fundamento para entender que o exequente procedeu de má fé, é que o executado poderá exigir dele indemnização de perdas e danos" (Reis, José Alberto dos, *Processo de Execução*, vol. I, *op. cit.*, pp. 66 e 67).

1961 Cfr., a este propósito, o ac. do TRL de 08.11.2012, proc. 7643/07.0TBOER-A.L1-2, segundo o qual a aplicação do regime da responsabilidade do exequente, previsto no art. 858º, depende não só da verificação dos requisitos processuais específicos constantes desse preceito, como também dos pressupostos gerais da responsabilidade civil.

1962 Cunha, António Júlio, "A propósito da responsabilidade processual civil", *in Estudos Jurídicos em Homenagem ao Professor António Motta Veiga*, Almedina, Coimbra, 2007, p. 720.

1963 A este propósito, o ac. do TRP de 21.06.2012, proc. 1616/11.5TBMTS-A.P1, decidiu que "A responsabilidade do exequente prevista no art. 819º do CPC depende da verificação dos requisitos processuais específicos nele referidos, bem como dos pressupostos gerais da responsabilidade civil extracontratual".

1964 Ac. do TRP de 21.06.2012, proc. 1616/11.5TBMTS-A.P1.

1965 *Idem.*

1966 A este propósito, Maria Olinda Garcia assinala que a conduta do exequente não é, rigorosamente, subsumível na letra do art. 483º do CC, isto é, a "violação de um direito absoluto de outrem ou

Já no que respeita à culpa, o exequente só será responsabilizado quando "não tenha agido com a prudência normal", isto é, quando tenha atuado de forma dolosa ou negligente.

A atuação do exequente será dolosa se este, por intermédio da ação executiva, procurou causar danos ao executado de forma propositada e deliberada.

Diferentemente, a atuação do exequente será negligente se este, ainda que não agindo de forma intencional, não observou a diligência própria do bom pai de família (art. 487º, nº 2, do CC)[1967]. Na verdade, atento o disposto no art. 858º, para que se verifique a responsabilização civil do exequente, basta que este tenha adotado um comportamento leviano ou atuado com negligência leve[1968], traduzida na inobservância do dever de cuidado, sendo certo que "o dever de cuidado a cargo do exequente é próximo da prudência exigida ao requerente de uma providência cautelar"[1969]. O mesmo é dizer que o exequente responderá civilmente pelos danos causados ao requerido quando não tenha agido com a prudência normal, ou seja, sempre que "tenha requerido, sem agir com a prudência exigível, uma execução inadmissível ou infundada"[1970].

A censurabilidade da atuação do exequente verificar-se-á ainda nos casos em que este, conhecendo ou não devendo ignorar a falta de título, ou atuando com culpa, tiver omitido factos impeditivos, modificativos ou extintivos da

a violação de uma norma destinada a proteger interesses alheios". Pelo contrário, os arts. 819º e 930º-E do CPC_{1961} consagram uma "singular configuração da ilicitude, que, em certa medida, apresenta alguma semelhança com a hipótese específica do abuso do direito" (GARCIA, Maria Olinda, *A Acção Executiva para Entrega de Imóvel Arrendado (segundo a Lei nº 6/2006, de 27 de fevereiro)*, 2ª ed., Coimbra Editora, Coimbra, 2008, pp. 106 e 107).

[1967] *Ibidem*, p. 107.

[1968] Relativamente a esta problemática, Paula Costa e Silva defende que a possibilidade de o exequente ser responsabilizado, ainda que tenha atuado com culpa leve, encontra justificação na estrutura peculiar da execução, *maxime* no que respeita aos perigos que dela podem resultar para o executado. Assim, "perante um procedimento em que o exequente sabe que o executado apenas se pode defender após a realização da penhora, deverá agir com maior prudência. A dispensa de citação prévia aumenta os riscos da execução" (SILVA, Paula Costa e, *A Litigância de Má Fé*, *op. cit.*, pp. 459 e 460).

[1969] CORDEIRO, Catarina Pires, "A responsabilidade do exequente na nova acção executiva: sentido, fundamento e limites", *op. cit.*, pp. 21 e 22. De todo o modo, conforme assinala a referida Autora, o confronto entre os regimes da responsabilidade do exequente e da responsabilidade do requerente de providência cautelar revela uma diferença assinalável, já que, "enquanto o exequente tem um título executivo e pode fazer uso dele, o requerente se encontra numa situação de necessidade urgente de acautelar certa posição jurídica, mas não conta com o factor de reforço da confiança no exercício da sua pretensão de que o exequente dispõe através do título executivo".

[1970] SOUSA, Miguel Teixeira de, "Aspectos gerais da reforma da acção executiva", *op. cit.*, p. 16.

obrigação exequenda ou deturpado os factos alegados para demonstração da certeza ou exigibilidade da obrigação[1971].

A culpa do exequente deve ser apreciada de forma casuística, ou seja, em função das particularidades do caso em concreto, sendo que o grau de exigência quanto à conduta que ele deve observar varia em função da natureza do título executivo. Assim, "o dever de cuidado é menos forte no caso de uma execução com base numa sentença e especialmente intenso nas hipóteses de execução fundada em título extrajudicial"[1972,1973]. Sobre esta problemática, Miguel Teixeira de Sousa assinala que, em termos práticos, "é mais verosímil a propositura dolosa de uma acção executiva – situação que é coberta pela litigância de má fé (...) – do que a instauração negligente de uma execução, porque é mais fácil imaginar o credor que, tendo nomeadamente conhecimento de factos impeditivos, modificativos ou extintivos do seu direito, ainda assim resolve instaurar a execução do que conceber que o credor desconhece, por negligência, factos importantes relativos ao seu crédito, como, por exemplo, o de que o crédito possui vários devedores ou o de que o mesmo ainda não está vencido ou já foi satisfeito pelo devedor"[1974].

Relativamente ao dano, este materializa-se nos prejuízos sofridos pelo executado, por força da penhora de bens integrados no seu património[1975,1976]. É o que sucederá, designadamente, com a privação do gozo da coisa penhorada, por força da sua apreensão efetiva, com a impossibilidade de alienação, com eficácia plena, da coisa penhorada, ou com a humilhação ou o vexame

[1971] Cunha, António Júlio, "A propósito da responsabilidade processual civil", *op. cit.*, p. 721.

[1972] Sousa, Miguel Teixeira de, "Aspectos gerais da reforma da acção executiva", *op. cit.*, p. 23. Cfr., no mesmo sentido, Pinto, Rui, *A Acção Executiva Depois da Reforma*, Lex, Lisboa, 2004, p. 77, segundo o qual, se o título executivo for uma decisão judicial ou arbitral, "a segurança que deles advém dá ao exequente uma justificação para o seu comportamento que não pode ter na execução de um contrato, que é mais facilmente dada a actuações dolosas, como a falsificação ou a interpretação abusiva".

[1973] Assim, conforme se decidiu no ac. do TRP de 21.06.2012, proc. 1616/11.5TBMTS-A.P1, "Age com culpa o exequente que instaura execução contra pessoa que não é devedora da quantia exequenda e que se limitou a subscrever a livrança que constitui o título executivo, em representação da sociedade co-executada".

[1974] Sousa, Miguel Teixeira de, *A Reforma da Acção Executiva*, *op. cit.*, p. 30. Cfr., no mesmo sentido, Sousa, Miguel Teixeira de, "Aspectos gerais da reforma da acção executiva", *op. cit.*, p. 16.

[1975] *Vide*, no mesmo sentido, Silva, Paula Costa e, *A Litigância de Má Fé*, *op. cit.*, p. 464.

[1976] No sentido de a responsabilidade do exequente se verificar mesmo nos casos em que este desista da execução logo após a oposição do executado, *vide* o ac. do TRL de 08.11.2012, proc. 7643/07.0TBOER-A.L1-2. Com efeito, de acordo com este aresto, aquilo que releva para a verificação dessa responsabilidade é o facto de o dano ter ocorrido com a realização da penhora e consequente privação do executado em relação aos bens penhorados.

sofridos pelo executado, em virtude da realização da diligência de penhora de coisas ou de direitos[1977,1978].

Por último, no que respeita ao nexo de causalidade entre o facto ilícito e o dano, exige-se que o dano seja uma consequência normal e previsível da atuação culposa do exequente[1979], isto é, deve estar em causa um dano que o executado, muito provavelmente, não teria sofrido se não fosse a "actuação ilícita" do exequente.

2. Efeitos

2.1. Restituição do indevidamente prestado

Se a execução for considerada infundada, a primeira consequência que a lei faz recair sobre o exequente traduz-se na obrigação de restituir ao executado aquilo que este tiver prestado indevidamente.

Com efeito, se a oposição à execução for julgada procedente depois de o exequente ter obtido um pagamento em dinheiro ou a entrega de bens, este é obrigado a devolver ao executado o que tiver recebido[1980]. É esse, aliás, o fim último do regime previsto no art. 733º, nº 4, segundo o qual nem o exequente, nem os credores reclamantes podem receber um pagamento em sede executiva, estando pendente uma oposição à execução, sem antes prestarem caução.

2.2. Responsabilidade civil

Nos termos do art. 858º, o exequente responde civilmente pelos danos culposamente causados ao executado, quando a oposição à execução seja julgada procedente[1981].

[1977] Discordamos, por isso, salvo o devido respeito, da posição sustentada por Catarina Pires Cordeiro ("A responsabilidade do exequente na nova acção executiva: sentido, fundamento e limites", *in CDP*, 10º, abr./jun. 2005, p. 21) segundo a qual o dano sofrido pelo executado reconduz-se a um dano de natureza patrimonial, decorrente da privação do uso de uma coisa ou do desfrute da titularidade de um bem.

[1978] Cfr., no mesmo sentido, o ac. do TRP de 21.06.2012, proc. 1616/11.5TBMTS-A.P1, segundo o qual "O dano indemnizável resulta da instauração da execução e da penhora de bens, com o inerente desapossamento ou privação do uso ou da disponibilidade material dos bens penhorados. Esse dano será normalmente de natureza patrimonial, mas podem ocorrer danos de natureza não patrimonial".

[1979] GARCIA, Maria Olinda, *A Acção Executiva para Entrega de Imóvel Arrendado (segundo a Lei nº 6/2006, de 27 de fevereiro), op. cit.*, p. 108.

[1980] Cfr., nesse sentido, REIS, José Alberto dos, *Processo de Execução*, vol. I, *op. cit.*, p. 62.

[1981] A este propósito, Miguel Teixeira de Sousa salienta que a opção do legislador pela aplicação, ao caso *sub iudice*, do regime da responsabilidade civil ínsito no art. 483º do CC – situação em que o exequente deve indemnizar o executado, colocando-o na situação em que ele se encontraria

Neste contexto, para que se verifique a responsabilização civil do exequente, torna-se necessário o preenchimento dos pressupostos gerais da responsabilidade civil extracontratual por factos ilícitos, isto é, a verificação de um facto voluntário, a ilicitude, a culpa, o dano e o nexo de causalidade entre o facto e o dano[1982]. Assim, se o exequente recorrer ilicitamente à ação executiva e se, com essa sua atuação, causar danos ao executado, deverá suportar esses mesmos danos.

No que em particular se refere ao apuramento da indemnização, o julgador deve atender aos danos emergentes e aos lucros cessantes, já que "a probabilidade de lesão da esfera patrimonial do executado resultante de uma penhora injusta é elevada, cabendo atribuir-lhe meios de reacção adequados perante tais situações"[1983]. Os danos causados ao executado traduzir-se-ão, fundamentalmente, nas despesas judiciais inerentes à organização da sua defesa[1984]. De todo o modo, os danos do executado poderão, igualmente, decorrer da privação temporária do gozo de uma determinada coisa, como sucederá, por exemplo, com a penhora de um determinado bem ou com a entrega provisória de um imóvel, ou revestir uma natureza não patrimonial, tal como sucede, nomeadamente, com o vexame e a vergonha decorrentes de uma diligência de penhora de bens móveis com remoção efetiva ou de entrega de bem imóvel, com desocupação efetiva de pessoas e bens.

2.3. Responsabilidade processual

Para além da responsabilidade civil a que, no caso em concreto, possa haver lugar, o exequente que tiver atuado de forma culposa deve igualmente ser sancionado no pagamento de uma multa, cujo montante corresponde, em regra, a 10% do valor da execução, ou da parte dela que tenha sido objeto de oposição, mas não inferior a 10 UC nem superior ao dobro do máximo da taxa de justiça[1985].

se a execução não tivesse sido instaurada (art. 566º, nº 2, do CC) – em detrimento do regime do enriquecimento sem causa, colhe justificação no facto de a oposição à execução determinar a suspensão da execução quando esta tenha lugar após a penhora (Sousa, Miguel Teixeira de, "Aspectos gerais da reforma da acção executiva", *op. cit.*, p. 17).

1982 Cfr., nesse sentido, Garcia, Maria Olinda, *A Acção Executiva para Entrega de Imóvel Arrendado (segundo a Lei nº 6/2006, de 27 de fevereiro)*, *op. cit.*, p. 104. Cfr., na jurisprudência, o ac. do TRC de 14.11.2017, proc. 739/15.6T8LRA.C1.

1983 Cordeiro, Catarina Pires, "A responsabilidade do exequente na nova acção executiva: sentido, fundamento e limites", *op. cit.*, pp. 24 e 25.

1984 Garcia, Maria Olinda, *A Acção Executiva para Entrega de Imóvel Arrendado (segundo a Lei nº 6/2006, de 27 de fevereiro)*, *op. cit.*, p. 107.

1985 Cfr., a este propósito, Freitas, José Lebre de, "La riforma del diritto portoghese dell'esecuzione", *in RDP*, ano LIX, nº 4, 2004, p. 1108.

Com efeito, "a razão de ser desta penalização é a de responsabilizar o exequente por ter feito um uso reprovável da acção executiva para alcançar um resultado a que não tinha direito"[1986].

De facto, tal como sucede com o regime da litigância de má-fé, a lei distingue entre o uso reprovável do processo ou dos meios processuais, isto é, a ofensa de valores de natureza pública – o que implica o sancionamento da parte no pagamento de uma multa – e as consequências danosas que poderão advir dessa conduta para a parte contrária, ou seja, a responsabilidade civil do litigante. Tratam-se, por isso, de regimes perfeitamente distintos e autónomos, na medida em que qualquer um deles pode ser aplicado sem dependência do outro.

2.4. Responsabilidade tributária

Sendo a execução considerada infundada, o exequente fica obrigado a suportar a totalidade das custas da execução. Na verdade, se o exequente promoveu uma execução injusta, é de elementar justiça que este responda pelas custas dessa execução[1987].

Nesta obrigação de pagamento das custas da execução, acha-se igualmente compreendido o direito de o executado ser compensado pelas custas por ele suportadas, isto é, das custas de parte, aqui se incluindo o direito a ser ressarcido das taxas de justiça pagas, dos encargos previamente suportados, dos honorários com o seu mandatário e das despesas por este efetuadas (arts. 3º, nº 1, 25º e 26º do RCP, e 529º, nº 1, e 533º).

2.5. Responsabilidade criminal

Sem prejuízo da responsabilidade civil e processual que ao caso couber, o exequente pode igualmente incorrer em responsabilidade criminal. É o que sucederá, designadamente, nos casos em que se verifique que o exequente falsificou o título executivo que serviu de base à execução (arts. 10º, nº 5, e 703º)[1988] ou algum dos documentos que o acompanham (por exemplo, para

[1986] Garcia, Maria Olinda, *A Acção Executiva para Entrega de Imóvel Arrendado (segundo a Lei nº 6/2006, de 27 de fevereiro), op. cit.*, p. 105. Em sentido idêntico, Garcia, Maria Olinda, *A Responsabilidade do Exequente e de outros Intervenientes Processuais, op. cit.*, p. 63.

[1987] *Vide*, nesse sentido, Reis, José Alberto dos, *Processo de Execução*, vol. I, *op. cit.*, p. 62.

[1988] Cfr., nesse sentido, Garcia, Maria Olinda, *A Acção Executiva para Entrega de Imóvel Arrendado (segundo a Lei nº 6/2006, de 27 de fevereiro), op. cit.*, p. 105. Com efeito, de acordo com esta Autora, estando em causa uma ação executiva para entrega de coisa arrendada, poderá verificar-se a responsabilidade criminal do exequente quando este falsifique a notificação a ser enviada nos termos do art. 9º da Lei nº 6/2006 com vista à denúncia, resolução ou manifestação da oposição

prova do alegado vencimento da obrigação), o que consubstanciará a prática de um crime de falsificação de documentos, previsto e punido pelo art. 256º do CP[1989].

3. Apreciação da responsabilidade e da pretensão indemnizatória

No que em particular se refere ao meio processual adequado para a dedução do pedido indemnizatório contra o exequente, a doutrina tem vindo a admitir a possibilidade de o executado exercer esse direito quer em oposição à execução, quer em ação autónoma[1990].

Relativamente a esta questão, acompanhamos a posição defendida por Maria Olinda Garcia, segundo a qual, se constarem do incidente de oposição à execução todos os elementos necessários para a demonstração da conduta ilícita e culposa do exequente, nada obsta a que o executado faça valer a responsabilidade indemnizatória do exequente no próprio incidente de oposição à execução. Na verdade, de acordo com a citada Autora, "sendo o incidente de oposição à execução um processo de natureza declarativa, e desde que os autos forneçam todos os elementos necessários, por uma razão de economia processual, a decisão judicial que dá razão ao opoente deverá logo apreciar a responsabilidade civil do exequente, condenando-o no pagamento dos danos que se apurarem"[1991].

Tal não exclui, no entanto, a possibilidade de o executado exigir o ressarcimento dos danos sofridos em ação autónoma, o que poderá suceder, desde logo, quando não se encontre em condições de demonstrar, em sede de oposição à execução, os requisitos legais para a responsabilização civil do exequente pelos danos por ele culposamente causados. A situação mais frequente é a que se prende com o apuramento e determinação de todos os danos, de natureza patrimonial e não patrimonial, sofridos pelo executado em virtude da atuação culposa do exequente.

à renovação do contrato, bem como quando esteja em causa a apresentação de um falso acordo revogatório.

1989 *Vide*, quanto a esta questão, Freitas, José Lebre de, *A Falsidade no Direito Probatório*, 2ª ed. atual., Almedina, Coimbra, 2013, pp. 137 e 138.

1990 Cordeiro, Catarina Pires, "A responsabilidade do exequente na nova acção executiva: sentido, fundamento e limites", *op. cit.*, p. 23.

1991 Garcia, Maria Olinda, *A Acção Executiva para Entrega de Imóvel Arrendado (segundo a Lei nº 6/2006, de 27 de fevereiro), op. cit.*, p. 108.

Lição XIV
Execução para Entrega de Coisa Certa

1. Âmbito

Como vimos *supra*, nos termos do art. 10º, nº 5, toda a execução tem por base um título executivo, o qual determina o fim e os limites da execução.

Por conseguinte, se o título executivo encerrar a obrigação de entregar uma coisa[1992,1993], o exequente deve intentar uma ação executiva para entrega de coisa certa (art. 10º, nº 6)[1994]. É o que sucede, nomeadamente, com uma

[1992] *Vide*, a este propósito, CORDEIRO, António Menezes, *Tratado de Direito Civil Português*, VI – Direito das Obrigações, *op. cit.*, pp. 493 e 494, segundo o qual a obrigação de entrega de coisa é aquela que se traduz "na passagem de uma coisa para o âmbito de influência do credor", isto é, numa "conduta que visa colocar alguém no controlo material de uma coisa corpórea". Por sua vez, Mário Júlio de Almeida Costa salienta que a obrigação de entrega de uma coisa pode ser entendida num tríplice sentido: dar, ou seja, entregar ao credor uma coisa que já lhe pertencia desde a constituição da obrigação ou que passa a ser dele em consequência dessa entrega; prestar, isto é, entregar uma coisa "para uso e fruição do credor, mas que continuará a pertencer ao devedor"; e restituir, ou seja, devolver ao credor uma coisa que lhe pertence, mas que este havia entregue ao devedor para seu uso e fruição ou "para guarda, administração ou a qualquer título" (COSTA, Mário Júlio de Almeida, *Introdução ao Estudo do Direito e Elementos de Direito Civil*, Faculdade de Direito de Coimbra, Coimbra, 1967, p. 57).

[1993] No sentido de esta obrigação de entrega de coisa certa compreender quer a entrega de coisa não pecuniária, quer a entrega de coisa pecuniária em moeda estrangeira, *vide* MENDES, João de Castro, *Direito Processual Civil – Acção Executiva*, *op. cit.*, p. 219.

[1994] Note-se que, conforme elucida Lebre de Freitas, tendo em conta que o título executivo determina o fim da execução, "ainda que a coisa que constitui objeto mediato da obrigação exequenda tenha sido já destruída e o exequente não possa alcançar na execução mais do que a indemnização por equivalente, há que instaurar uma ação executiva para entrega de coisa certa, que depois será convertida em execução para obtenção de valor pecuniário equivalente" (FREITAS, José Lebre de/ALEXANDRE, Isabel, *Código de Processo Civil Anotado*, vol. I, *op. cit.*, p. 55). *Vide*, no mesmo sentido, MENDES, João de Castro, *Direito Processual Civil – Acção Executiva*, *op. cit.*, p. 220. Cfr., em sentido contrário, o ac. do TRC de 15.01.2019, proc. 3608/16.9T8PBL-A.C1, no qual se decidiu que, tendo o executado ficado obrigado a entregar ao exequente uma coisa, mas não tendo cumprido essa obrigação, porquanto vendeu a coisa a terceiro, pode o exequente intentar, de

escritura pública de cessão da exploração de um estabelecimento comercial pelo período de cinco anos, findo o qual o estabelecimento deveria ser restituído ao cedente[1995], com uma escritura pública de compra e venda, na qual o vendedor se obrigou a entregar ao comprador o prédio objeto de contrato, dentro de um determinado prazo[1996], com uma sentença judicial que declarou a nulidade de um contrato de arrendamento e condenou o réu a restituir ao autor o imóvel arrendado[1997], ou com o a sentença judicial que condenou o réu a entregar ao autor uma parcela de terreno por ele ocupada, ainda que essa sentença tenha igualmente condenado o réu a repor a parcela de terreno no estado em que a mesma se encontrava antes da ocupação[1998].

Com efeito, à luz do art. 827º do CC, se a prestação consistir na entrega de uma coisa determinada, o credor tem a faculdade de requerer, em execução, que a entrega lhe seja feita judicialmente[1999,2000].

2. Tramitação

2.1. Fase introdutória

2.1.1. Apresentação do requerimento executivo e citação do executado

A ação executiva para entrega de coisa certa inicia-se com a apresentação do respetivo requerimento executivo. Tratando-se da execução de uma sentença nos próprios autos, esse requerimento deve ser apresentado no processo onde a sentença foi proferida (arts. 85º, nº 1, e 626º).

Não havendo fundamento para recusar ou indeferir liminarmente o requerimento executivo[2001], o executado é citado para, no prazo de vinte dias, proceder à entrega voluntária da coisa ou deduzir oposição à execução (art. 859º).

imediato, ação executiva para pagamento de quantia certa, peticionando o valor correspondente à coisa que devia ter sido entregue.

1995 Ac. do TRP de 21.05.1992, proc. 9140678, *in CJ*, ano XVII, tomo III, 1992, p. 311.

1996 Ac. do TRL de 16.01.1996, proc. 0009241. No sentido de não constituir título executivo para entrega de coisa certa a escritura pública de compra e venda de um determinado prédio, da qual não conste a obrigação de entrega do bem, *vide* o ac. do TRP de 18.11.2003, proc. 0325158.

1997 Ac. do TRP de 03.06.1996, proc. 9650301.

1998 Ac. do STJ de 01.07.2021, proc. 931/14.0T8LOU.P2-A.S1.

1999 Em sede de direito comparado, dispõe o art. 2930º do $CC_{It.}$ que "Se non è adempiuto l'obbligo di consegnare una cosa determinata, mobile o immobile, l'avente diritto può ottenere la consegna o il rilascio forzati a norma delle disposizioni del codice di procedura civile".

2000 Conforme elucida Antunes Varela, o processo executivo para entrega de coisa certa pode abranger quer uma "transferência de domínio", quer uma "simples transferência de posse ou detenção da coisa" (VARELA, João de Matos Antunes, *Das Obrigações em Geral*, vol. I, *op. cit.*, p. 89).

2001 *Vide*, a este propósito, o ac. do TRG de 29.11.2012, proc. 840/09.5TBVCT-C.G1, no qual se decidiu que o requerimento de uma ação executiva para entrega de coisa certa é inepto quando, no mesmo, não é identificada a coisa, certa e determinada, cuja entrega se pretende obter.

No entanto, estando em causa a execução, nos próprios autos, de uma sentença condenatória, o executado só é notificado para deduzir oposição após a apreensão e entrega da coisa, seguindo-se, com as necessárias adaptações, o disposto nos arts. 860º e ss. (art. 626º, nº 3).

2.1.2. Oposição à execução

2.1.2.1. Fundamentos

A oposição à execução pode ser deduzida com base em algum dos fundamentos previstos nos arts. 729º a 731º, consoante o título executivo seja, respetivamente, uma sentença condenatória, uma decisão arbitral ou um título extrajudicial (art. 860º).

Consequentemente, se o título executivo for uma sentença condenatória, o executado só pode invocar, em sede de oposição à execução, factos extintivos ou modificativos da obrigação que sejam posteriores ao encerramento da discussão no processo de declaração[2002].

Outrossim, se o título executivo for extrajudicial, podem ser alegados na oposição à execução quaisquer fundamentos que pudessem ser invocados no processo de declaração, ou seja, o executado pode defender-se por impugnação ou por exceção.

Ademais, a oposição à execução pode igualmente ter por fundamento o direito a benfeitorias[2003,2004] – as quais têm de ser liquidadas pelo executado na própria oposição à execução[2005] –, salvo se a ação executiva tiver por base

[2002] Cfr., nesse sentido, o ac. do TRL de 17.09.2009, proc. 14007.12.0YYLSB-A.L1-2, no qual se decidiu que "Não constitui facto modificativo da obrigação exequenda a instauração, contra o exequente e outros, de uma acção declarativa em que os opoentes/executados pretendem que seja reconhecido o seu direito de retenção sobre o imóvel a entregar na execução". *Vide*, na doutrina, GIUSTI, Giancarlo, *Le Opposizioni nel Processo Esecutivo. Procedimento e Casistica, op. cit.*, p. 11.

[2003] Na aceção do art. 216º do CC, consideram-se benfeitorias todas as despesas feitas para conservar ou melhorar uma coisa, podendo ser necessárias, úteis ou voluptuárias. Conforme se decidiu no ac. do TRP de 12.05.2015, proc. 480/11.9TBMCN.P1, "São benfeitorias necessárias as obras destinadas a inverter o processo de crescente deterioração de um edifício cujas condições de habitabilidade e higiene já eram de ordem a pôr em risco a saúde dos ocupantes, bem como a própria continuidade do edifício com as características que apresentava, designadamente as obras que previnem a destruição dos telhados, da sua estrutura, dos tectos que ela suportava, dos elementos das paredes, da instalação eléctrica e de outros elementos estruturais de madeira, infestada por térmitas". *Vide*, a este propósito, VASCONCELOS, Pedro Pais de, *Teoria Geral do Direito Civil, op. cit.*, pp. 215 e 216.

[2004] Quanto à questão controvertida de saber se a defesa com fundamento em benfeitorias configura ou não a apresentação de uma reconvenção em sede executiva, *vide* BORGES, Marco António de Aço e, *A Demanda Reconvencional, op. cit.*, pp. 407 a 409.

[2005] Ac. do TRP de 28.11.1994, proc. 9450785. Conforme se decidiu no ac. do TRC de 10.02.2015, proc. 1289/12.8TBACB.C1, "para ser processualmente reconhecido um crédito por benfeitorias,

uma sentença condenatória e o executado não tiver invocado o direito a benfeitorias em sede declarativa (art. 860º, nºs 1 e 3)[2006,2007]. Com efeito, estando em causa um título executivo judicial, o executado teria de invocar, na própria ação declarativa, o eventual direito a benfeitorias[2008].

Ao suscitar, em oposição à execução, o direito a benfeitorias, o executado tem o ónus de alegar, de forma concreta, precisa e objetiva, os factos que demonstram o seu pretenso direito de crédito sobre o exequente, sob pena

[...] têm que estar reunidos (alegados e provados) elementos factuais que permitam classificá-las como necessárias ou úteis; que permitam estabelecer o custo de cada uma delas, o valor que cada uma das despesas acrescentou à coisa e a medida do seu benefício no momento actual (data da entrega)". Assim, "Nas benfeitorias necessárias – que são as que se dirigem à conservação da coisa benfeitorizada, isto é, a obviar à sua perda, destruição ou deterioração – o possuidor tem o direito a ser indemnizado, o que no caso, na medida em que o valor das benfeitorias não pode exceder o valor do benefício ao tempo da entrega da coisa, não significa o mesmo que reembolso nominal (actualizado) do seu custo. Nas benfeitorias úteis – que são as que, apesar de dispensáveis, aumentam o valor objectivo da coisa – o possuidor é admitido a levantá-las se o puder fazer sem detrimento da coisa principal; e, quando não haja lugar a tal levantamento, deve ser satisfeito segundo as regras do enriquecimento sem causa, o que significa que o despendido funciona apenas como limite máximo, tendo, porém, o proprietário que pagar tão só (dentro de tal limite máximo) o valor que as benfeitorias aportam para a coisa".

2006 Cfr., nesse sentido, o ac. do TRC de 16.06.2015, proc. 967/15.4T8PBL-A.C1, o ac. do TRP de 02.05.2016, proc. 1556/14.6T8LOU-A.P1, bem como o ac. do TRG de 10.05.2018, proc. 2485/17.7T8OER-A.L1-1. Analogamente, conforme se decidiu no ac. do STJ de 04.11.1997, proc. 97A645, o executado não pode deduzir oposição à execução com fundamento num pretenso direito a benfeitorias se a elas tiver renunciado. *Vide*, ainda, o ac. do TRE de 28.02.2019, proc. 1326/18.2T8SLV-B.E1, no qual se decidiu que o executado não pode deduzir embargos de executado contra a entrega da coisa, com fundamento no direito a benfeitorias se, estando em causa a execução de uma sentença condenatória, proferida em ação na qual era pedida a entrega dessa coisa, as benfeitorias tiverem sido realizadas depois da citação do réu, ora executado, nessa ação.

2007 Assim, se estiver em causa uma ação executiva para entrega de coisa certa, em que o exequente foi condenado em ação declarativa a pagar ao executado uma indemnização por benfeitorias realizadas num prédio e contra a sua entrega, respeitante à plantação de árvores efetuada nesse prédio, o executado pode deduzir oposição à execução para ser reembolsado do valor dessas benfeitorias, independentemente de haver ou não lugar a direito de retenção (ac. do STJ de 26.05.1993, proc. 083706). Do mesmo modo, "Sendo ordenada a entrega judicial de imóvel a quem, em processo de inventário, sobre o mesmo tinha o direito ao usufruto, e no qual haviam sido efectuadas benfeitorias devidamente autorizadas, gozam os autores destas do direito de retenção sobre aquele imóvel devendo suspender-se a execução até ao reembolso da importância correspondente ao valor das benfeitorias, salvo se o exequente a depositar ou caucionar" (ac. do TRP de 08.02.1994, proc. 9340776).

2008 Pelas mesmas razões, o executado não pode invocar a titularidade de um hipotético direito de retenção sobre a coisa a ser entregue com base nesse pretenso direito a benfeitorias. Cfr., nesse sentido, o ac. do TRP de 02.04.1998, proc. 9830348, bem como o ac. do TRG de 23.10.2014, proc. 917/13.2TBGMR-A.G1.

de a oposição à execução ser liminarmente indeferida, por manifesta falta de fundamento[2009].

Por outro lado, estando em causa uma ação executiva promovida pelo adquirente de um bem em venda executiva, o executado não pode deduzir oposição à execução com fundamento na relação primitiva que manteve com o exequente, já que essa oposição teria que ser deduzida no âmbito da execução que culminou com a venda desse bem[2010].

2.1.2.2. Efeito

A oposição à execução não suspende o processo executivo, salvo se o executado prestar caução[2011].

Contudo, se o executado invocar, em sede de oposição à execução, o direito a benfeitorias, mesmo que este preste caução, a oposição não suspende a execução se o exequente caucionar a quantia pedida a esse título (art. 860º, nº 2)[2012,2013]. Nesse caso, sendo prestada a caução pelo exequente, a execução prosseguirá os seus termos, podendo a coisa ser entregue ao exequente, mesmo estando pendente o incidente de embargos de executado.

2.1.2.3. Tramitação

Se a oposição à execução for recebida, aplica-se, com as devidas adaptações, o regime previsto para a ação executiva para pagamento de quantia certa, sendo o exequente notificado para, querendo, apresentar contestação no prazo de vinte dias.

Uma vez apresentada a contestação do exequente ou logo que se mostre decorrido o prazo de que este dispunha para esse efeito, o processo segue, sem mais articulados, os termos do processo comum de declaração (art. 732º, nº 2).

2009 Cfr., nesse sentido, o ac. do STJ de 24.10.1995, proc. 087201.

2010 Ac. do TRL de 02.04.1992, proc. 0042586.

2011 Cfr., a este respeito, o ac. do TRL de 07.05.1991, proc. 0043161.

2012 *Vide*, nesse sentido, o ac. do TRC de 01.06.2004, proc. 1488/04, bem como o ac. do TRL de 17.02.2011, proc. 18266/09.9YYLSB-C.L1-6, no qual se decidiu que "O recebimento da oposição à execução com fundamento em benfeitorias realizadas no prédio cuja entrega se pede na execução não implica a suspensão", sendo que tal só poderá acontecer no caso de o opoente prestar caução e desde que o exequente não caucione a quantia pedida a título de benfeitorias. Criticando este regime, pelo facto de o legislador obrigar o exequente a "caucionar dívida incerta na sua existência e montante, que só pela oposição virá a definir-se", *vide* CASTRO, Artur Anselmo de, *A Acção Executiva Singular, Comum e Especial*, *op. cit.*, p. 370.

2013 No sentido de, sendo deduzidos embargos de executado com fundamento no direito de retenção por benfeitorias, esses embargos deverem ser julgados improcedentes se, entretanto, o exequente tiver prestado caução, *vide* o ac. do TRP de 07.02.2002, proc. 0131995.

2.2. Fase subsequente

2.2.1. Entrega da coisa

O agente de execução deve iniciar as buscas e diligências necessárias à identificação e localização da coisa a ser entregue, logo que se verifique algum dos seguintes casos:

a) se o executado não proceder à entrega voluntária da coisa dentro do respetivo prazo legal;
b) se não for deduzida oposição à execução;
c) se a oposição à execução, apresentada pelo executado, não suspender a execução; ou
d) se a oposição à execução, que tiver suspendido a execução, vier, entretanto, a ser julgada improcedente por sentença definitiva.

Estando em causa a entrega de uma coisa móvel, o agente de execução deve proceder às diligências que considere úteis e adequadas à identificação ou localização dessa coisa, tendo em vista a sua apreensão e subsequente entrega imediata ao exequente[2014,2015].

Tratando-se de coisas móveis a determinar por conta, peso ou medida, o agente de execução deve mandar fazer, na sua presença, as operações indispensáveis e, posteriormente, entregar ao exequente a quantidade devida (art. 861º, nº 2).

Por sua vez, tendo a execução por objeto a entrega de um bem imóvel, o agente de execução deve investir o exequente na posse desse bem – salvo se o bem pertencer em compropriedade a outros interessados, caso em que o exequente apenas é investido na posse da sua quota-parte – entregando-lhe os documentos e as chaves, se as houver, notificando posteriormente o executado, os arrendatários e quaisquer detentores para que respeitem e reconheçam o direito do exequente (art. 861º, nº 3)[2016]. Neste particular, importa salientar

[2014] Neste contexto, como bem salienta Ferdinando Mazzarella, a ação executiva para entrega de coisa certa caracteriza-se, fundamentalmente, por ser uma execução instantânea, já que a coisa é entregue ao exequente logo que a mesma seja encontrada (MAZZARELLA, Ferdinando, "Esecuzione forzata (diritto vigente)", *op. cit.*, p. 464).

[2015] Em sede de direito comparado, dispõe o § 883 do ZPO que, estando o devedor obrigado a entregar uma coisa ou uma quantidade de determinadas coisas móveis, estas devem ser apreendidas e entregues ao credor pelo oficial de execução. Não sendo encontrada a coisa que deva ser entregue, o devedor, a requerimento do credor, deve declarar, sob juramento, que não possui a coisa a ser entregue, nem sabe onde a mesma se encontra.

[2016] *Vide*, a este propósito, o ac. do TRC de 06.03.2007, proc. 81-B/2001.C1, com o seguinte sumário: "A notificação dos terceiros (vg. detentores) a que se alude na parte final do nº 3 do art. 930º, isto

que a ação executiva para entrega de um bem imóvel não se esgota necessariamente com a entrega das respetivas chaves e dos documentos, abrangendo igualmente "todos os actos praticados (nomeadamente os de desocupação) para que tal acto simbólico seja viável"[2017].

Se a ação executiva tiver por objeto a entrega de um bem imóvel, livre e desocupado – havendo, por isso, necessidade de se proceder à remoção de eventuais bens móveis que se encontrem depositados no seu interior –, o agente de execução deve proceder à remoção e depósito desses bens, aplicando-se, com as devidas adaptações, o regime previsto nos arts. 764º a 772º quanto à penhora de bens móveis[2018].

Sendo o bem imóvel a entregar a casa de habitação principal do executado, o agente de execução, no caso de se suscitarem sérias dúvidas em relação ao realojamento daquele, deve comunicar antecipadamente a realização dessa diligência e a eventual necessidade de realojamento do executado à câmara municipal e às entidades assistenciais competentes (art. 861º, nº 6)[2019].

Se a coisa for entregue ao exequente e se a decisão que decretou essa entrega vier, entretanto, a ser revogada ou se, por qualquer outro motivo, o anterior possuidor recuperar o direito a ela, este pode requerer que se proceda à respetiva restituição (art. 861º, nº 5).

2.2.2. Entrega de coisa imóvel arrendada ou que constitua a casa de habitação principal do executado

Tratando-se de execução para entrega de coisa imóvel arrendada, são aplicáveis as disposições constantes dos arts. 859º a 861º, com as alterações constantes dos arts. 863º a 866º (art. 862º). A este respeito, importa salientar que, pese embora a regra seja a de que o processo executivo para entrega de coisa certa

é, para que reconheçam e respeitem o direito do exequente, pressupõe que a posse ou direito dos mesmos seja compatível com o direito deste último. Se essa compatibilidade não existir ter-se-á então que questionar, perante a situação concreta, se a execução deve prosseguir para a entrega da coisa ao exequente ou se deverá ficar suspensa, a aguardar que essa conflitualidade de direitos (incompatíveis) seja decidida a nível do direito substantivo".

2017 Ac. do TRP de 08.10.1992, proc. 0307379.

2018 Ac. do TRL de 29.04.1993, proc. 0055376.

2019 *Vide*, a este propósito, o ac. do TRG de 29.11.2018, proc. 2098/08.4TBBCL-B.G1, no qual se consignou que "Essa comunicação destina-se a permitir que a câmara e essas entidades tomem conhecimento das dificuldades de realojamento das pessoas a desalojar, dando-lhes a possibilidade de analisar a situação e, eventualmente, se essas dificuldades de realojamento forem verdadeiras e caso aquelas disponham de possibilidades para realojar essas pessoas, na data designada para a realização do desalojamento, providenciarem solução para o problema, mas não determinam a suspensão das diligências executórias para a entrega do imóvel".

deve iniciar-se com a citação do executado para deduzir oposição (art. 859º), a verdade é que, tendo a execução como título executivo uma sentença condenatória, o processo executivo inicia-se com a entrega da coisa, após o que o executado deve ser notificado para deduzir oposição (art. 626º, nº 3)[2020,2021].

Contudo, por razões de natureza social, o Código de Processo Civil prevê, nos seus arts. 862º e ss., regras especiais para as execuções que tenham por objeto a entrega de coisa imóvel arrendada ou que constitua a casa de habitação principal do executado.

2.2.2.1. Suspensão por diferimento da desocupação do local arrendado para habitação

Nos termos do art. 863º, nº 1, tendo a ação executiva por finalidade a entrega de bem imóvel arrendado para habitação, motivada pela cessação do respetivo contrato, a execução suspende-se se o executado requerer o diferimento da desocupação[2022]. Na verdade, o executado pode, dentro do prazo de oposição, pedir ao juiz de execução que seja diferida a desocupação do imóvel quando

[2020] Gemas, Laurinda, "Algumas questões controversas do novo regime processual de cessação do contrato de arrendamento", *in RCEJ*, nº 2 de 2013, p. 11.

[2021] Sem embargo, Nuno de Salter Cid sustenta que, estando em causa a execução de sentença condenatória da qual resulte a obrigação de entrega de bem imóvel que constitua a casa de morada de família, sem que a correspondente ação declarativa tenha sido intentada contra ambos os cônjuges, o cônjuge não demandado deve ser admitido a deduzir embargos de terceiro contra a apreensão do bem imóvel (Sid, Nuno de Salter, *A Protecção da Casa de Morada da Família no Direito Português*, Almedina, Coimbra, 1996, pp. 267 a 269).

[2022] No sentido de o regime constante dos arts. 863º a 866º apenas ser aplicável à execução para entrega de um bem imóvel por termo do contrato de arrendamento, dele ficando excluídos os casos em que a obrigação de entrega do bem imóvel tenha outra causa subjacente, como seja, por exemplo, uma condenação na entrega por nulidade do contrato de arrendamento ou por procedência de uma reivindicação sobre terceiro, *vide* Pinto, Rui, "Anotação ao regime do procedimento especial de despejo", *op. cit.*, p. 413.
Sustentando que este regime não pode ser aplicado, por analogia, a outras situações que não as legalmente previstas – como, por exemplo, a entrega de um bem imóvel habitado pelo executado, de que este seja proprietário – *vide* o ac. do STJ de 17.03.2016, proc. 217/09.2TBMBR-B.P1.S1, bem como o ac. do TRE de 11.07.2019, proc. 25/16.4 T8PTG-A.E1.
Vide, em sentido contrário, o ac. do TRL de 11.12.2019, proc. 2068/19.7T8FNC-A.L1-2, com o seguinte sumário: "I – O art. 864º do CPC, atinente ao diferimento da desocupação de imóvel arrendado para habitação, visa a proteção do inquilino, por razões sociais imperiosas, não sendo diretamente aplicável ao arrendamento para fim não habitacional, designadamente do prédio arrendado a uma sociedade comercial para lar de terceira idade. II – Trata-se de norma especial e não de norma excecional, pelo que não estava vedada a sua aplicação por analogia, numa situação em que se provou que no prédio se encontram a residir 17 pessoas idosas, sem alojamento, não tendo a Segurança Social, contactada para o efeito, capacidade para os acolher".

se verifiquem "razões sociais imperiosas", devendo, para o efeito, oferecer de imediato as provas disponíveis e indicar as testemunhas a apresentar, até ao limite de três (art. 864º, nº 1)[2023].

A petição de diferimento da desocupação reveste caráter urgente e deve ser indeferida liminarmente se tiver sido apresentada fora de prazo, se o fundamento invocado não se ajustar a algum dos referidos no art. 864º ou se for manifestamente improcedente (art. 865º, nº 1).

Sendo recebida a petição, o exequente deve ser notificado para contestar, dentro do prazo de dez dias, situação em que deve oferecer de imediato as provas disponíveis e indicar as testemunhas a apresentar, até ao limite de três (art. 865º, nº 2).

O juiz deve decidir o pedido de diferimento de desocupação do locado para habitação de acordo com o seu "prudente arbítrio", devendo tomar em consideração, entre outros critérios, "as exigências da boa-fé, a circunstância de o arrendatário não dispor imediatamente de outra habitação, o número de pessoas que habitam com o arrendatário, a sua idade, o seu estado de saúde e, em geral, a situação económica e social das pessoas envolvidas" (art. 864º, nº 2).

Sem prejuízo dessa ponderação, a lei determina que esse pedido só pode ser deferido pelo juiz desde que se verifique algum dos seguintes fundamentos:

a) tratando-se de resolução fundada no não pagamento de rendas, a falta de pagamento tenha ficado a dever-se à carência de meios económicos do arrendatário, o que se presume relativamente ao beneficiário de subsídio de desemprego, de valor igual ou inferior à retribuição mínima mensal garantida, ou de rendimento social de inserção; ou
b) o arrendatário seja portador de deficiência com um grau comprovado de incapacidade superior a 60%.

Ainda a este propósito, importa salientar que o pedido deve ser decidido no prazo máximo de vinte dias a contar da apresentação do requerimento.

[2023] Quanto à necessidade de este regime ser articulado com os casos em que, estando em causa a execução de uma sentença condenatória, as diligências executivas se iniciem com a entrega efetiva do imóvel (art. 626º, nº 3), *vide* GEMAS, Laurinda, "Algumas questões controversas do novo regime processual de cessação do contrato de arrendamento", *op. cit.*, pp. 11 e 12. Assim, de acordo com a referida Autora, "se o agente de execução, ao preparar-se para tomar posse do imóvel, verificar que o arrendatário pretende requerer o diferimento da desocupação, parece conveniente que suspenda as diligências executórias, acordando com o executado o prazo de 10 dias para este apresentar tal requerimento ao tribunal competente ou desocupar o locado (uma solução que parece estar alinhada com o disposto no art. 863º do CPC e no art. 15º-J, nº 2, da Lei nº 6/2006)".

Sendo o pedido julgado procedente, o diferimento da desocupação do imóvel não pode exceder o prazo de cinco meses a contar da data do trânsito em julgado da decisão que o conceder (art. 865º, nº 4)[2024] e, se o deferimento do pedido tiver tido por fundamento o facto de o arrendatário não ter pago as rendas, por carência de meios económicos, essa decisão deve ser comunicada oficiosamente, com a sua fundamentação, ao Fundo de Socorro Social do Instituto de Gestão Financeira da Segurança Social (art. 865º, nº 3), a quem cabe pagar ao senhorio as rendas correspondentes ao período do deferimento[2025], ficando o fundo sub-rogado nos direitos do senhorio (art. 864º, nº 3).

2.2.2.2. Suspensão a requerimento do detentor da coisa

O agente de execução deve suspender as diligências executórias para a entrega do imóvel sempre que o respetivo detentor, que não tenha sido ouvido e convencido na ação declarativa, exiba algum dos seguintes títulos, com data anterior ao início da execução:

a) título de arrendamento ou de outro gozo legítimo do prédio, emanado do exequente; ou

b) título de subarrendamento ou de cessão da posição contratual, emanado do executado, e documento comprovativo de haver sido requerida no prazo de quinze dias a respetiva notificação ao exequente, ou de o exequente ter especialmente autorizado o subarrendamento ou a cessão, ou de o exequente ter reconhecido o subarrendatário ou cessionário como tal.

[2024] Com efeito, conforme se sustentou no ac. do TRP de 07.11.2019, proc. 6784/17.0T8VNG-C.P1, "O prazo de diferimento da desocupação destina-se a permitir ao requerente que se encontra em situação de particular carência ou dificuldade, e que terá necessariamente que desocupar o local, um último prazo minimamente razoável para obter um alojamento alternativo".

[2025] *Vide*, a este propósito, o ac. do TRG de 07.03.2019, proc. 195/10.5TJVNF-A.G1, com o seguinte sumário: "I. A obrigação do Fundo de Socorro Social do Instituto de Gestão Financeira da Segurança Social de efectuar o pagamento da quantia correspondente às rendas vencidas e não pagas durante o período de diferimento da desocupação (art. 930º-C do CPC; actual, art. 864º do NCPC) não pode resultar de transacção estabelecida entre as partes, homologada por sentença, onde apenas se preveja o diferimento da desocupação e, inclusivamente, se estabeleça que o pagamento das rendas, durante aquele período, ficava a cargo da executada. II. Na verdade, tal obrigação só pode ser imposta àquela entidade se, na sequência do correspondente pedido de diferimento da desocupação, forem apresentadas provas da verificação dos respectivos requisitos, e sobre ele incida uma decisão judicial que, no seu prudente arbítrio, julgue os pressupostos de que depende o diferimento da desocupação verificados".

Nesse caso, o agente de execução deve lavrar uma certidão dessa ocorrência, juntar os documentos exibidos pelo detentor da coisa e adverti-lo de que a execução prossegue, salvo se, no prazo de dez dias, requerer ao juiz de execução a confirmação da suspensão da execução, juntando a esse requerimento os documentos disponíveis, dando imediato conhecimento desse facto ao exequente ou ao seu representante.

Uma vez apresentado esse requerimento, o juiz de execução, ouvido o exequente, deve decidir, no prazo de cinco dias, pela manutenção ou pelo levantamento da suspensão (art. 863º, nºs 4 e 5).

2.2.2.3. Suspensão por razões de doença

Estando em causa a entrega de um bem imóvel arrendado para habitação ou tratando-se da casa de habitação principal do executado (art. 861º, nº 6), o agente de execução deve suspender as diligências executórias tendentes à entrega do bem quando se comprove, por atestado médico, que indique fundamentadamente o prazo durante o qual se deve suspender a execução, que a diligência põe em risco de vida a pessoa que se encontra no local, por razões de doença aguda (art. 863º, nº 3)[2026,2027].

Assim, para que a execução fique suspensa, torna-se necessário o preenchimento cumulativo de quatro requisitos[2028]:

1) deve estar em causa a entrega de bem imóvel que se encontre arrendado para habitação (art. 863º, nº 3) ou que constitua a habitação principal do executado (art. 861º, nº 6);
2) o atestado médico deve indicar, de forma fundamentada, o prazo durante o qual a execução deve ficar suspensa[2029];

2026 A este respeito, decidiu-se no ac. do TRL de 14.10.2008, proc. 3870/2008-1, que "A doença crónica do ocupante de uma casa, mesmo que possa pôr em risco a vida do doente por uma sua ansiedade agudizante, não é justificativa da sustação da execução de um mandado de despejo, por a lei só prever a situação de risco de vida relacionada com uma doença aguda desse ocupante".

2027 Conforme se decidiu no ac. do TRL de 22.01.2015, proc. 161/06.5TCSNT.L1-6, "O que está em causa é o perigo para a vida de uma pessoa no acto de remoção da mesma da casa onde se encontra. Por conseguinte, haja ou não dificuldade no realojamento, a diligência suspende-se sempre que se mostre que a diligência põe em risco de vida a pessoa".

2028 *Vide*, a este respeito, o ac. do TRG de 21.03.2019, proc. 153/15.3T8CHV-C.G1.

2029 A este propósito, decidiu-se no ac. do TRC de 20.06.2017, proc. 2939/14.7T8CBR-F.C1, que "A exigência do texto em que no atestado médico certificador de doença e sua acuidade se indique o prazo durante o qual «deve suster-se o despejo», impõe-se como manifestação de compromisso e seriedade que o certificado deve revestir não constituindo uma directiva ou comando a que o tribunal deva acato. Na indicação do prazo basta que se refira a duração provável da crise, ainda que por simples menção às características da doença e sua normal evolução de que a duração se infira".

3) o atestado médico deve especificar qual a doença aguda de que padece a pessoa que se encontre no local[2030], podendo, por isso, tratar-se de doença que afete o executado ou qualquer outra pessoa que, comprovadamente, faça parte do seu agregado familiar[2031]; e
4) o atestado médico deve certificar que a realização da diligência de entrega do imóvel é suscetível de colocar essa pessoa em risco de vida.

Nesta hipótese, o agente de execução deve observar o mesmo procedimento previsto para os casos de suspensão a requerimento do detentor da coisa, isto é, lavrar certidão da ocorrência, juntar os documentos exibidos pelo detentor da coisa e advertir a pessoa que se encontre no local de que a execução prosseguirá se, no prazo de dez dias, não requerer ao juiz a confirmação da suspensão da execução, juntando a esse requerimento os documentos disponíveis, dando desse facto imediato conhecimento ao exequente ou ao seu representante.

3. Responsabilidade do exequente

Paralelamente ao regime previsto no art. 858º para a ação executiva para pagamento de quantia certa, o art. 866º preceitua, quanto à ação executiva para entrega de coisa certa, que a procedência da oposição à execução fundada em título executivo extrajudicial implica a responsabilização civil do exequente, que não tenha agido com a prudência normal, pelos danos culposamente causados ao executado, incorrendo ainda em multa, correspondente a 10% do valor da execução, mas não inferior a 10 UC nem superior ao dobro do máximo da taxa de justiça, sem prejuízo da responsabilidade criminal em que possa também incorrer.

Com efeito, o legislador procurou penalizar a propositura de ações executivas infundadas, através da responsabilização do exequente pelos danos causados ao executado[2032].

No sentido de o atestado médico ser indispensável para que possa haver lugar ao diferimento da desocupação do imóvel, *vide* o ac. do TRC de 05.04.2022, proc. 1380/18.7T8GRD-A.C1.

[2030] Neste particular, conforme se decidiu no ac. do TRC de 12.07.2017, proc. 422/13.7TBLMG-C.C1, entende-se por "doença aguda" uma doença que seja "súbita e inesperada", isto é, que tenha um "curso acelerado, terminando com a convalescença ou a morte em menos de três meses", sendo essa a razão pela qual o atestado médico deve especificar o prazo durante o qual a diligência executiva deve ficar suspensa. Nessa exata medida, conforme se decidiu neste aresto, o conceito de "doença aguda" não se confunde com o conceito de "doença crónica", isto é, "a doença que não põe em risco a vida da pessoa num prazo curto". *Vide*, no mesmo sentido, o ac. do TRG de 21.03.2019, proc. 153/15.3T8CHV-C.G1.

[2031] Cfr., a este respeito, o ac. do TRC de 20.06.2017, proc. 2939/14.7T8CBR-F.C1.

[2032] GARCIA, Maria Olinda, *A Acção Executiva para Entrega de Imóvel Arrendado (segundo a Lei nº 6/2006, de 27 de fevereiro)*, *op. cit.*, p. 105.

4. Conversão da execução

Se não for encontrada a coisa cuja entrega é requerida na execução, o exequente pode proceder, no próprio processo executivo, à quantificação do valor da coisa que devia ter sido entregue, bem como dos prejuízos resultantes da falta da entrega, aplicando-se, com as devidas adaptações, o regime da liquidação da obrigação, previsto nos arts. 358º, 360º e 716º (art. 867º, nº 1)[2033].

Assim, na prática, a ação executiva para entrega de coisa certa é convertida numa ação executiva para pagamento de quantia certa visando o pagamento do valor correspondente à coisa que não foi entregue e à indemnização pelos danos e perdas resultantes da falta de entrega[2034].

Note-se, aliás, que este regime aplica-se igualmente aos casos em que sobre a coisa a ser entregue penda "um outro direito que, pela sua eficácia contra o exequente, impeça a investidura na posse"[2035].

Uma vez efetuada a liquidação da coisa e dos prejuízos sofridos, procede-se à penhora dos bens necessários para o pagamento da quantia apurada, seguindo-se, com as devidas adaptações, os termos previstos para o processo de execução para pagamento de quantia certa (art. 867º, nº 2).

[2033] No sentido de este regime revestir natureza excecional, não admitindo, por conseguinte, aplicação analógica, nomeadamente nos casos em que a coisa objeto de execução tenha sido entregue "vandalizada, inutilizada e desvalorizada", *vide* o ac. do TRE de 23.03.2017, proc. 614/12.6TBPSR-A.E1, bem como o ac. do TRG de 28.11.2019, proc. 1369/19.9T8VCT.G1.

[2034] *Vide*, a este propósito, o ac. do STJ de 28.05.1991, proc. 079750, *in BMJ*, nº 407, ano 1991, p. 442.

[2035] Cfr., nesse sentido, o ac. do TRP de 01.02.1993, proc. 9140122.

Lição XV
Execução para Prestação de Facto

1. Âmbito

A obrigação exequenda pode ter por objeto a prestação de um facto positivo ou negativo, consoante a prestação se traduza, respetivamente, numa ação do devedor (*facere*) ou numa omissão ou tolerância de um determinado comportamento (*non facere* ou *pati*)[2036]. É o que sucede, por exemplo, quando alguém se encontra obrigado a remover uma vedação, a construir um muro, a implantar um marco, a demolir uma edificação, a eliminar os defeitos de uma obra ou a não impedir a passagem de outrem por um determinado prédio.

Ora, não sendo lícito o recurso à força com o fim de realizar ou assegurar o próprio direito (art. 1º)[2037], o art. 868º, nº 1, determina que "se alguém estiver obrigado a prestar um facto em prazo certo e não cumprir, o credor pode

[2036] A este respeito, Alberto Crivelli sustenta que a expressão "obrigação de fazer ou não fazer" não é isenta de críticas, já que, no fundo, tudo pode reconduzir-se a uma obrigação de fazer. Assim, de acordo com o citado Autor, mesmo a obrigação de não fazer não corresponde necessariamente a uma abstenção, pois que, por exemplo, destruir um muro que tenha sido erigido ilicitamente não é um "non facere". Daí que, nesse caso, se fale em "obrigação de desfazer" (Crivelli, Alberto, *Esecuzione forzata e processo esecutivo*, 2ª ed., UTET Giuridica, 2012, p. 1314). *Vide*, quanto ao âmbito desta obrigação, Domínguez Luelmo, Andrés, "Incumplimiento y ejecución forzosa en forma específica de las obligaciones de hacer", *in Estudios de Derecho de Obligaciones – Homenaje al Profesor Mariano Alonso Pérez*, tomo I, La Ley, 2006, p. 565, Ortells Ramos, Manuel, *Ejecución de Condenas no Dinerarias en la Ley de Enjuiciamiento Civil*, 1ª ed., La Ley, Madrid, 2005, pp. 68 e 69, Cordeiro, António Menezes, *Tratado de Direito Civil Português*, VI – Direito das Obrigações, *op. cit.*, pp. 491 e 492, bem como Chaves, Luís Cláudio da Silva, "O cumprimento das sentenças cíveis que reconheçam a existência de obrigação de fazer, não fazer, entregar coisa ou pagar quantia certa", *in Processo Civil Reformado*, Belo Horizonte, Del Rey, 2007, p. 204.

[2037] Assim, conforme se decidiu no ac. do TRP de 15.07.2004, proc. 0433588, tendo a obrigação exequenda por objeto uma prestação de facto positiva, o credor não pode realizar *de per se* parte dessa prestação, instaurando, posteriormente, uma ação executiva contra o devedor por via da qual vem reclamar o pagamento da quantia por ele despendida com a realização dessa prestação.

requerer a prestação por outrem, se o facto for fungível, bem como a indemnização moratória a que tenha direito, ou a indemnização do dano sofrido com a não realização da prestação"[2038,2039].

Contudo, no âmbito da execução para prestação de facto, se estiver em causa uma prestação de facto infungível, positiva ou negativa, o credor pode igualmente requerer o "pagamento da quantia devida a título de sanção pecuniária compulsória, em que o devedor tenha sido já condenado ou cuja fixação o credor pretenda obter no processo executivo" (arts. 829º-A, nºs 1 a 3, do CC e 868º, nº 1)[2040,2041], ainda que a execução deva ser antecedida pelas diligências processuais adequadas a tornarem a obrigação certa, exigível e líquida[2042].

2. Modalidades

No domínio da ação executiva para prestação de facto, importa distinguir, por um lado, entre prestação de facto positivo e prestação de facto negativo

[2038] Em sede de direito comparado, dispõe o art. 2931º do $CC_{It.}$ que "Se non è adempiuto un obbligo di fare, l'avente diritto può ottenere che esso sia eseguito a spese dell'obbligato nelle forme stabilite dal codice di procedura civile". Tratando-se de uma obrigação de *non facere*, dispõe o art. 2933º do $CC_{It.}$ que "Se non è adempiuto un obbligo di non fare, l'avente diritto può ottenere che sia distrutto, a spese dell'obbligato, ciò che è stato fatto in violazione dell'obbligo. Non può essere ordinata la distruzione della cosa e l'avente diritto può conseguire solo il risarcimento dei danni, se la distruzione della cosa è di pregiudizio all'economia nazionale".

[2039] Cfr., a este propósito, o ac. do TRG de 21.02.2019, proc. 169/08.6TBMNC.G1, bem como o ac. do TRG de 15.06.2021, proc. 2440/16.4T8VCT-B.G1.

[2040] *Vide*, neste sentido, o ac. do TRP de 30.04.2009, proc. 857/1999.6IBPRD, o ac. do TRC de 27.10.2009, proc. 362-B/2002.C1, o ac. do TRC de 22.09.2021, proc. 3033/19.0T8VIS-C.C1, bem como o ac. do TRE de 25.02.2021, proc. 714/20.9T8STB-A.E1, segundo os quais a sanção pecuniária compulsória prevista no art. 829º-A, nº 1, do CC, só pode ser fixada quando esteja em causa uma obrigação de prestação de facto infungível. Cfr., na doutrina, MESQUITA, Lurdes Varregoso, "Sanção pecuniária compulsória: meios coercitivos – modelo português", *in SI*, tomo LVII, nº 316, Braga, out./dez. 2008, pp. 749 e 750.

[2041] Conforme se decidiu no ac. do TRP de 15.02.2001, proc. 0130056, a sanção pecuniária compulsória não carece de ser alegada nem declarada pelo tribunal, podendo ser aplicada, a requerimento do exequente, quando esteja em causa uma ação executiva para prestação de facto infungível, visando compelir o devedor a cumprir a obrigação devida. A este propósito, dispõe o art. 614º-*bis* do $CPC_{It.}$, sob a epígrafe "medidas de coerção indireta", que estando em causa a condenação no cumprimento de uma obrigação diversa do pagamento de soma em dinheiro, o juiz, a menos que tal seja manifestamente injusto, fixa, a pedido da parte, uma quantia pecuniária devida pelo obrigado por cada violação ou inobservância sucessiva ou por cada atraso no cumprimento da obrigação. *Vide*, a este respeito, DEMARCHI, Paolo Giovanni/ALBENGO, Paolo Giovanni Demarchi, *Il Nuovo Processo Civile*, Giuffrè Editore, Milão, 2009, p. 438, segundo os quais esta disposição prevê um instrumento de coerção indireta para o cumprimento de obrigações de prestação de facto positivo infungível ou de prestação de facto negativo.

[2042] Ac. do TRP de 17.05.2011, proc. 739/04.1TBGDM-B.P1.

e, por outro, entre prestação de facto positivo fungível e prestação de facto positivo infungível.

2.1. Prestação de facto positivo e prestação de facto negativo

A obrigação de prestação de facto positivo tem por objeto fazer ou praticar algum ato (*facere*). É o que sucede, por exemplo, com a obrigação de construir uma casa, pintar um muro ou fechar uma porta ou uma janela.

Diversamente, a obrigação de prestação de facto negativo materializa-se no dever de não praticar ou de tolerar algum ato (*non facere* ou *pati*), isto é, traduz-se "numa abstenção, omissão ou mera tolerância"[2043]. É o que sucede, por exemplo, com a sentença que, tendo reconhecido a existência de uma servidão de passagem, condene o proprietário do prédio serviente a abster-se de plantar árvores e/ou de colocar outro tipo de obstáculos no seio do caminho de servidão[2044], bem como com a sentença que decrete o embargo de obra nova[2045], condene os réus a deixarem de passar por um determinado caminho[2046] ou a não impedirem a realização de um trabalho de reparação[2047].

2.2. Prestação de facto positivo fungível e prestação de facto positivo infungível

Numa outra perspetiva, a prestação de facto positivo pode ser fungível ou infungível, consoante, pela sua natureza ou por vontade das partes, o facto possa ou não ser prestado por pessoa diversa do devedor, sem prejuízo para o credor (art. 828º do CC)[2048].

Assim, se estiver em causa, por exemplo, a obrigação de construir um muro ou pintar um edifício, essa obrigação reveste uma natureza fungível, porquanto a obra é suscetível de ser executada por outrem, que não apenas pelo próprio devedor, sem prejuízo para o credor. O mesmo é dizer que, para

[2043] Varela, João de Matos Antunes, *Das Obrigações em Geral*, vol. I, *op. cit.*, p. 83. Cfr., no mesmo sentido, Ruggiero, Roberto de, *Instituições de Direito Civil*, vol. III, *op. cit.*, pp. 31 e 32. *Vide*, na jurisprudência, o ac. do TRG de 27.05.2021, proc. 650/20.9T8GMR-A.G1.

[2044] Ac. do TRP de 18.01.2000, proc. 9921567.

[2045] Ac. do STJ de 20.06.1998, proc. 98A532.

[2046] Ac. do TRG de 14.02.2013, proc. 2242/08.1TBFAF-B.G1.

[2047] Ac. do TRG de 19.11.2003, proc. 1897/03-1.

[2048] *Vide*, quanto a esta distinção, Faria, Jorge Leite Areias Ribeiro de, *Direito das Obrigações*, vol. I, Almedina, Coimbra, 1990, pp. 90 e 91, Oliveira, Nuno Manuel Pinto, *Princípios de Direito dos Contratos*, *op. cit.*, p. 73, Cordeiro, António Menezes, *Tratado de Direito Civil Português*, VI – Direito das Obrigações, *op. cit.*, pp. 542 a 546, bem como Angel Fernandez, Miguel, *Derecho Procesal Civil*, vol. III, *op. cit.*, pp. 322 e 323. Cfr., na jurisprudência, o ac. do TRG de 06.06.2019, proc. 4281/16.0T8GMR-A.G1.

o credor, é completamente indiferente, quer do ponto de vista económico, quer do ponto de vista jurídico, que a prestação seja realizada pelo devedor ou por um terceiro[2049]. Deste modo, se o executado não cumprir voluntariamente a obrigação a que se encontra vinculado, a lei autoriza a que se proceda à penhora e subsequente venda do seu património, na medida em que tal se revele necessário para custear a prestação, por outrem, do facto devido (arts. 868º e 870º a 872º).

Diferentemente, se a obrigação consistir, por exemplo, na pintura do retrato de alguém por um pintor famoso, essa obrigação apresenta uma natureza infungível, na medida em que esse facto só pode ser cumprido pelo próprio obrigado, seja por apresentar uma "competência especial", seja por o credor depositar nele uma "particular confiança, em termos de a prestação não poder ser levada a cabo, a contento do credor, por pessoa que não seja o próprio devedor" (art. 767º, nº 2, do CC)[2050]. Assim, se o devedor não cumprir voluntariamente a obrigação e tendo em conta que só ele poderia fazê-lo, não podendo a lei compeli-lo, pela força, a cumprir (*nemo precise potest cogi ad factum*), não restará ao credor outra possibilidade que não seja a de requerer o arbitramento de uma indemnização pelo dano sofrido com a não realização da prestação (art. 868º, nº 1).

3. Execução para prestação de facto positivo

3.1. Fase introdutória

3.1.1. Apresentação do requerimento executivo e citação do executado

A ação executiva para prestação de facto positivo inicia-se com a apresentação de um requerimento executivo – ou, estando em causa a execução, nos próprios autos, de sentença condenatória, com a apresentação do competente requerimento de execução da sentença – do qual deve constar necessariamente a identificação do facto a ser prestado.

Não havendo razões para que o requerimento executivo seja recusado ou indeferido liminarmente, o devedor deve ser citado para, no prazo de vinte dias, deduzir, querendo, oposição à execução ou prestar voluntariamente o facto devido.

[2049] ANGEL FERNANDEZ, Miguel, *Derecho Procesal Civil*, vol. III, *op. cit.*, p. 326.

[2050] ALARCÃO, Rui, *Direito das Obrigações*, Coimbra, 1993, p. 39. No mesmo sentido, OLIVEIRA, Nuno Manuel Pinto, *Direito das Obrigações*, vol. I, Almedina, Coimbra, 2005, p. 127, e FERREIRA, Fernando Amâncio, *Curso de Processo de Execução*, *op. cit.*, p. 442. Conforme elucida Antunes Varela, na prestação não fungível, "ao credor não interessa apenas o objecto da obrigação, mas também a habilidade, o saber, a destreza, a força, o bom nome ou outras qualidades pessoais do devedor" (VARELA, João de Matos Antunes, *Das Obrigações em Geral*, vol. I, *op. cit.*, p. 97).

No entanto, tratando-se de uma ação executiva para prestação de facto, fundada em sentença condenatória, a lei prevê algumas especificidades. Assim, se o exequente pretender, simultaneamente, a prestação de um facto e o pagamento de uma quantia certa ou a entrega de uma coisa certa, o executado é notificado para deduzir oposição à prestação de facto, nos termos do art. 868º, nº 2, e, simultaneamente, notificado para deduzir oposição ao pagamento ou à entrega (art. 626º, nº 4). É que, nos termos do art. 710º, se o título executivo for uma sentença, é possível a cumulação de todos os pedidos que tenham sido julgados procedentes, o que constitui uma exceção à regra segundo a qual não é possível cumular execuções que sigam fins diferentes [art. 709º, nº 1, al. *b)*]. Trata-se, com efeito, de uma solução legislativa de especial importância, na medida em que obsta à multiplicação de ações executivas fundadas na mesma sentença consoante os diferentes fins da execução. Acresce a isto que a possibilidade de cumulação da execução de todos os pedidos que tenham sido julgados procedentes procura harmonizar-se com a regra segundo a qual a execução da sentença passa a correr nos próprios autos do processo declarativo em que tenha sido proferida.

3.1.2. Oposição à execução

3.1.2.1. Fundamentos

No que diz respeito aos fundamentos da oposição à execução, o executado pode, desde logo, invocar o cumprimento posterior da obrigação, o qual poderá ser provado por qualquer meio (art. 868º, nº 2)[2051]. De todo o modo, se a ação executiva para prestação de facto tiver como título executivo uma sentença condenatória, o executado só pode invocar em sede de oposição à execução factos extintivos ou modificativos da obrigação que sejam posteriores ao encerramento da discussão no processo de declaração, atento o princípio da concentração da defesa na contestação (art. 573º) [2052], devendo tais factos ser provados através de documento[2053].

Por outro lado, o executado pode igualmente invocar, em sede de oposição à execução, a mora do credor, na medida em que a mesma justifique a "situação de não cumprimento em que o devedor se encontra quanto à pres-

[2051] *Vide*, a este propósito, o ac. do TRE de 24.10.2019, proc. 951/11.7TBVNO-A.E1.

[2052] Cfr., nesse sentido, o ac. do TRP de 19.06.1995, proc. 9451216.

[2053] *Vide*, a este propósito, o ac. do TRP de 03.06.2013, proc. 159/09.1TBMDB-B.P1, no qual se decidiu que "a prova de qualquer facto extintivo da obrigação exequenda, como, por exemplo, um acordo posterior entre as partes, desobrigando uma delas ao cumprimento de parte da prestação de facto constante de sentença, continua a ter de ser efectuada por via documental".

tação a que se obrigou"[2054]. É o que sucede, por exemplo, nos casos em que o empreiteiro se encontra obrigado à proceder a uma determinada reparação no domicílio do credor e este se recusa a permitir o acesso à mesma, inviabilizando, dessa forma, a realização voluntária da prestação[2055].

Contudo, a título meramente exemplificativo, a jurisprudência tem vindo a entender que o executado não pode invocar como fundamento de oposição à execução:

a) a circunstância de a prestação do facto representar para ele um prejuízo consideravelmente superior ao que seria sofrido pelo exequente com a falta da prestação[2056];
b) a "inexigibilidade temporária da obrigação de prestação de facto, reconhecida em transacção judicial, pela circunstância de um terceiro não autorizar a ocupação do seu terreno com uma obra, no caso de tal ocupação não ser indispensável, nem ter sido prevista na transacção"[2057];
c) o facto de a prestação a que o executado se encontra vinculado carecer de uma autorização e/ou de um licenciamento pelas autoridades competentes[2058];
d) a circunstância de, no requerimento executivo, não constar a indicação do prazo para a prestação do facto[2059];
e) a insuficiência do prazo indicado pelo exequente para a prestação do facto[2060]; ou
f) a incerteza ou a iliquidez da obrigação exequenda quando, em transação judicial, tenha sido convencionada a realização de uma peritagem tendo em vista a fixação das obras a serem efetuadas, tendo tal peritagem já sido realizada[2061].

[2054] Ac. do TRL de 20.04.2010, proc. 254/10.4YRLSB-7.

[2055] *Vide*, a este propósito, Proença, José Carlos Brandão, *Lições de Cumprimento e Não Cumprimento das Obrigações, op. cit.*, p. 196.

[2056] Ac. do STJ de 29.03.1978, proc. 067187, *in BMJ*, nº 275, ano 1978, p. 154. *Vide*, no mesmo sentido, o ac. do TRP de 06.05.1993, proc. 9320129, no qual se decidiu que, não tendo o executado invocado na própria ação declarativa em que se formou o título executivo "o facto impeditivo ou modificativo do mais considerável prejuízo da demolição da construção ilícita, não pode o devedor da prestação fazê-lo em embargos de executado, pois a tal se opõe o caso julgado e a sua autoridade que cobre tanto o nessa acção deduzida como o nela deduzível".

[2057] Ac. do TRP de 09.02.1993, proc. 9220323.

[2058] Ac. do TRC de 25.05.2013, proc. 1214/08.0TBPBL-B.C1.

[2059] Ac. do TRC de 22.03.2000, proc. 3101/99.

[2060] Ac. do TRL de 29.04.1993, proc. 0069502.

[2061] Ac. do TRL de 18.02.1993, proc. 0048036.

3.1.2.2. Efeito

No que concerne ao efeito da oposição à execução, dispõe o art. 733º *ex vi* do art. 868º, nº 3, que esta, em regra, não suspende a execução, salvo se:

a) o embargante prestar caução[2062];

b) tratando-se de execução fundada em documento particular, o embargante impugnar a genuinidade da respetiva assinatura, apresentando documento que constitua princípio de prova, e o juiz entenda, ouvido o embargado, que se justifica a suspensão sem prestação de caução; ou

c) o embargante impugnar a exigibilidade ou a liquidação da obrigação exequenda e o juiz considere, ouvido o embargado, que se justifica a suspensão sem prestação de caução.

Nos termos do art. 869º, uma vez ultrapassado o prazo estabelecido para a oposição à execução ou sendo esta julgada improcedente, tendo a execução ficado suspensa, o exequente pode requerer que lhe seja arbitrada uma indemnização pelos danos sofridos, observando-se, nesse caso, o disposto no art. 867º. Nessa eventualidade, o tribunal só poderá arbitrar uma indemnização ao exequente se reconhecer que este sofreu danos ou prejuízos, já que a existência dos mesmos constitui pressuposto necessário para que se verifique a obrigação de indemnizar[2063].

3.2. Fase da liquidação

Se, dentro do prazo de oposição à execução, o executado não cumprir voluntariamente a prestação a que se encontra obrigado e se o exequente pretender que o facto, sendo fungível, seja prestado por outrem, ao abrigo do disposto no art. 828º do CC, este deve requerer a nomeação de perito, o qual procederá à avaliação do custo da prestação (art. 870º, nº 1)[2064,2065].

[2062] Conforme se decidiu no ac. do TRP de 19.03.2001, proc. 0150250, a exigência de caução, na pendência de embargos de executado em execução para prestação de facto positivo, só se justifica nos casos em que esta se transforme numa execução que tenha por objetivo o recebimento, pelo exequente, de alguma das quantias previstas no art. 868º, nº 1. No sentido de a execução ficar suspensa nos casos em que o executado preste caução que tenha sido considerada idónea, *vide* o ac. do TRP de 15.11.2007, proc. 0733965.

[2063] Ac. do TRP de 26.09.2002, proc. 0231123.

[2064] No sentido de não ser necessária a formulação de quesitos para a avaliação do custo da prestação, *vide* o ac. do TRP de 19.10.1995, proc. 9421239. Cfr., em sentido contrário, o ac. do STJ de 21.05.1996, proc. 96A128.

[2065] Quanto à circunstância de a parte não carecer de ser notificada do dia, hora e local da diligência de avaliação destinada a determinar o custo da prestação, *vide* o ac. do TRG de 08.05.2014, proc. 362-E/2002.G1.

Nesse caso, uma vez concluída a avaliação, procede-se à penhora dos bens do executado que sejam necessários para custear a prestação por outrem, bem como as custas da execução[2066], seguindo-se, com as devidas adaptações, os demais termos do processo de execução para pagamento de quantia certa (art. 870º, nº 2)[2067]. Contudo, nessa circunstância, o crédito do exequente não se converte em "crédito por quantia certa, continuando a prestação a ser de facto"[2068].

Na eventualidade de o executado caucionar o montante correspondente à avaliação do custo da prestação, deixa de se justificar a penhora do seu património, salvo se a caução for julgada inidónea[2069].

Se o executado depositar voluntariamente o montante correspondente ao custo da prestação e se se mostrarem pagas as custas da execução, a ação executiva extingue-se, com o consequente levantamento da penhora[2070].

3.3. Fase da prestação

3.3.1. Prestação pelo exequente

Nos termos do art. 871º, mesmo antes de terminada a avaliação ou a execução prevista no art. 870º, o exequente pode fazer, ou mandar fazer sob a sua orientação e vigilância, as obras e trabalhos necessários para a prestação do facto, com a obrigação de prestar contas ao juiz do processo. Se tiver sido pedido o pagamento de uma indemnização moratória, esta deve ser liquidada juntamente com a prestação de contas[2071].

Nessa eventualidade, o executado pode, em via incidental, contestar as contas, alegando que houve um excesso na prestação do facto, ou impugnar a liquidação da indemnização moratória. Encontra-se, no entanto, vedada ao executado a possibilidade de deduzir factos impeditivos, modificativos ou

[2066] Ac. do STJ de 04.07.1989, proc. 077877.

[2067] Do mesmo modo, dispõe o § 887 do ZPO que, estando em causa uma obrigação de prestação de facto fungível que não seja cumprida pelo devedor, o credor pode requerer ao tribunal que o facto seja prestado por um terceiro, suportando o devedor os custos dessa prestação. Nessa eventualidade, o credor pode, ao mesmo tempo, requerer que o devedor seja condenado a pagar antecipadamente os gastos necessários com a realização da prestação, sem prejuízo do ressarcimento dos custos que, entretanto, se venham a verificar com a realização da prestação.

[2068] Ac. do STJ de 06.05.1993, proc. 083810, *in CJ/STJ*, ano I, tomo II, 1993, p. 91.

[2069] *Ibidem*.

[2070] Cfr., nesse sentido, o ac. do TRP de 23.11.1995, proc. 9530728.

[2071] Como bem se decidiu no ac. do STJ de 19.09.2019, proc. 939/14.6T8LOU-H.P1.S1, se a prestação de facto revestir natureza fungível e se o facto for prestado por um terceiro, não há lugar à sanção pecuniária compulsória prevista no art. 829º-A, nº 1, do CC.

extintivos da obrigação exequenda, porquanto apenas poderá deduzir tais factos através de embargos de executado[2072].

Por sua vez, se o exequente não prestar contas, o executado pode requerer a restituição do remanescente do custo estimado das obras e das custas da execução[2073].

Sendo as contas aprovadas, o crédito do exequente deve ser pago mediante o produto da venda dos bens penhorados ao executado (art. 872º)[2074], ou seja, a ação executiva para prestação de facto passa a seguir os termos da ação executiva para pagamento de quantia certa[2075,2076].

Se o património do executado, uma vez excutido, não permitir garantir o pagamento da importância da avaliação, o exequente pode desistir da prestação do facto, no caso de não estar ainda iniciada, e requerer o levantamento da quantia obtida (art. 873º).

3.3.2. Fixação do prazo para a prestação

Se o prazo para a prestação do facto não se encontrar determinado no título executivo, o exequente deve indicar no requerimento executivo o prazo que reputa suficiente para que o facto seja prestado e requerer que o mesmo seja fixado judicialmente logo que o devedor seja citado para, no prazo de vinte dias, dizer o que se lhe oferecer[2077]. Com efeito, neste caso em concreto, a ação

2072 *Vide*, nesse sentido, o ac. do TRL de 26.04.2007, proc. 1161/2007-2.

2073 Ac. do TRL de 24.09.1991, proc. 0046801.

2074 *Vide*, a este propósito, o ac. do STJ de 06.05.1993, proc. 083810, *in CJ/STJ*, ano I, tomo II, 1993, p. 91, no qual se decidiu que "O montante a pagar pelo executado não resulta da avaliação, que só funciona para se determinar o montante a caucionar, mas pela aprovação das contas a prestar pelo exequente, após o termo das obras".

2075 Cfr., a este respeito, o ac. do TRC de 20.01.2015, proc. 95/05.0TBCTB-F. C1, no qual se decidiu que "Esta execução de custeamento tem carácter acessório ou instrumental da execução para prestação de facto, e corre incidentalmente com esta, correspondendo, pois, a dois tipos diversos de execução".

2076 No sentido de se impor a extinção da instância por inutilidade superveniente da lide nos casos em que, mesmo que realizada a obra, venha a concluir-se pela inexistência de bens do executado suscetíveis de penhora, *vide* o ac. do TRP de 25.06.2012, proc. 2741/07.2TBPRD-D.P1.

2077 *Vide*, a este propósito, o ac. do TRL de 24.02.1994, proc. 0063096, o ac. do TRC de 22.03.2000, proc. 3101/99, o ac. do TRP de 20.05.2013, proc. 606/06.4TBARC-D.P1, o ac. do TRG de 30.05.2018, proc. 429/14.7T8CHV-A.G1, assim como o ac. do TRG de 07.11.2019, proc. 1027/12.5TTBRG-D. G1. Com efeito, como bem elucida Lopes-Cardoso, ao invés do que sucede na obrigação de pagamento de uma quantia certa ou de entrega de uma coisa certa, em regra, não é possível a prestação instantânea de um facto. Assim, se o título executivo for omisso em relação ao prazo para a realização dessa prestação, torna-se necessário que esse prazo seja fixado pelo tribunal (Lopes-Cardoso, Eurico, *Manual da Acção Executiva*, *op. cit.*, p. 730).

executiva deve começar pelas diligências prévias tendentes à determinação judicial desse prazo, sob pena de inexequibilidade[2078].

Se o executado pretender deduzir oposição à execução, deve cumular essa oposição com a pronúncia sobre o prazo para a prestação indicado pelo exequente.

Uma vez fixado o prazo pelo juiz, se o devedor não prestar o facto dentro desse prazo, o credor pode requerer que o facto seja prestado por outrem, sendo o facto fungível (art. 828º do CC), ou o pagamento de uma indemnização com o dano sofrido, se o facto for infungível[2079,2080]. Nessa hipótese, o executado deve ser notificado para, no prazo de vinte dias, deduzir oposição à execução, podendo invocar como fundamento a ilegalidade do pedido da prestação por outrem ou qualquer facto ocorrido posteriormente à citação e que seja fundamento de oposição à execução, nos termos dos arts. 729º e ss. (art. 875º, nº 2).

3.4. Extinção da execução

A ação executiva para prestação de facto positivo fungível extingue-se, desde logo, se o facto indicado no título executivo for voluntariamente prestado pelo executado[2081].

Do mesmo modo, a execução extingue-se quando, verificando-se a prestação do facto por outrem, sejam liquidadas as custas da execução e os encargos com a realização coerciva da prestação.

[2078] Ac. do TRL de 13.02.1990, proc. 0009391. Cfr., no mesmo sentido, o ac. do TRL de 04.07.1991, proc. 0026576, o ac. do TRC de 14.12.2020, proc. 533/13.9TBCVL-E.C1, o ac. do TRC de 15.12.2020, proc. 485/11.0TBSEI-A.C2, bem como o ac. do TRG de 03.03.2022, proc. 627/18.4T8VNF-A.G1. No sentido de nada obstar a que o credor, antes de intentar uma ação executiva, lance mão de um processo especial para fixação de prazo, nos termos dos arts. 1026º e 1027º, *vide* MENDES, João de Castro, *Direito Processual Civil – Acção Executiva*, *op. cit.*, p. 238.

[2079] Conforme se decidiu no ac. do TRP de 29.01.2002, proc. 0121571, "Em execução para prestação de facto, se não for viável a execução da prestação por terceiro e houver incumprimento reiterado do executado, o tribunal pode decretar medidas de coacção, destinadas a garantir esse cumprimento, mesmo que não estejam previstas no título executivo". Cfr., no mesmo sentido, o ac. do TRC de 11.10.2016, proc. 373/14.8TBFND. C1.

[2080] Em sede de direito comparado, dispõe o § 888 do ZPO que, estando em causa a obrigação de prestação de um facto infungível, isto é, que não possa ser realizada por um terceiro, quando esta dependa exclusivamente da vontade do devedor, o credor pode requerer ao tribunal a imposição ao devedor de uma sanção pecuniária como meio coercivo para obter o cumprimento da prestação de facto e, para o caso de esta não ser realizada, a imposição de uma multa.

[2081] No sentido de não obstar à extinção da execução a circunstância de o exequente requerer, entretanto, a prestação de outros factos não abrangidos pelo título executivo, *vide* o ac. do TRP de 21.10.2002, proc. 0250971.

Diversamente, estando em causa a obrigação de prestação de um facto positivo infungível, a ação executiva extingue-se com o pagamento, voluntário ou coercivo, da quantia fixada a título de indemnização pela não prestação do facto, acrescida das custas da execução[2082].

4. Execução para prestação de facto negativo

4.1. Âmbito

Tal como se referiu *supra*, a obrigação pode ter por objeto um facto negativo, consubstanciado no dever de não praticar um determinado facto (obrigação de *non facere*) ou na obrigação de "consentir ou tolerar actos do credor ou do titular do direito"[2083].

Nesse caso, não sendo voluntariamente cumprida a obrigação, o credor pode requerer que essa violação seja verificada na própria execução e reposta a situação que se verificava anteriormente à violação, isto é, repristinar o *status quo ante*[2084] ou a eventual reparação do prejuízo sofrido.

Esta solução processual encontra-se em conformidade com o regime substantivo previsto no art. 829º do CC, segundo o qual, se o devedor estiver obrigado a não praticar algum ato e vier a praticá-lo, tem o credor o direito de exigir que a obra, se obra feita houver, seja demolida à custa do que se obrigou a não fazê-la, salvo se se reconhecer que o prejuízo da demolição para o devedor é consideravelmente superior ao prejuízo sofrido pelo credor, circunstância em que o credor apenas terá direito ao arbitramento de uma indemnização para reparação dos danos sofridos.

A ação executiva para prestação de facto negativo comporta, necessariamente, duas fases processais distintas: a verificação pericial e o eventual reconhecimento, pelo tribunal, da omissão da execução (de *non facere*) por parte do executado[2085].

A comprovação da violação é feita, em regra, através do recurso a uma peritagem ou inspeção[2086]. Porém, tal não invalida que a violação possa, igualmente, ser comprovada através de outros meios probatórios, designadamente mediante prova testemunhal[2087].

2082 Cfr., nesse sentido, o ac. do TRP de 11.02.2003, proc. 0222726.

2083 Castro, Artur Anselmo de, *A Acção Executiva Singular, Comum e* Especial, *op. cit.*, p. 383.

2084 Turco, Claudio, *Lezioni di Diritto Privato, op. cit.*, p. 369.

2085 Ac. do TRP de 12.01.2015, proc. 3508/13.4T2OVR-A.P1.

2086 Quanto à obrigação de o exequente requerer a realização de uma peritagem no próprio requerimento executivo nos casos em que a ação executiva tenha por objeto uma prestação de facto negativo, *vide* o ac. do TRP de 12.01.2015, proc. 3508/13.4T2OVR-A.P1.

2087 Cfr., nesse sentido, o ac. do STJ de 25.11.1993, proc. 084304.

Concluindo a perícia pela violação da obrigação, o perito deve indicar, de imediato, a importância provável das despesas necessárias à "demolição"[2088], se esta tiver sido requerida (art. 876º, nº 3), podendo o juiz determinar:

a) a demolição da obra que, eventualmente, tenha sido feita;
b) a indemnização do exequente pelo prejuízo sofrido; e
c) o pagamento da quantia devida a título de sanção pecuniária compulsória, em que o devedor tenha sido condenado ou cuja fixação o credor pretenda obter na execução, nos termos do art. 829º-A, nºs 1 a 3, do CC[2089].

Na eventualidade de a violação da obrigação negativa ter originado uma situação "não passível de remoção ou insuscetível de ser reparada *in natura*", a execução só poderá ter por objeto o pagamento de uma indemnização compensatória à luz do art. 566º, nº 1, do CC, sem prejuízo do pagamento de uma sanção pecuniária compulsória, atento o disposto no art. 829º-A, nºs 1 a 3, do CC[2090].

4.2. Tramitação

4.2.1. Fase inicial

Após a apresentação do requerimento executivo, o executado deve ser citado para, no prazo de vinte dias, deduzir oposição à execução, mediante embargos, nos termos dos arts. 729º e ss..

A oposição ao pedido de demolição pode fundar-se no facto de esta representar para o executado um prejuízo consideravelmente superior ao sofrido pelo exequente (art. 829º, nº 2, do CC), caso em que a execução se suspende, mesmo que o executado não preste caução.

[2088] No sentido de a expressão "demolição" dever ser interpretada em sentido amplo, já que "A execução na sequência da violação de uma obrigação de prestação de facto negativo pode dar lugar à prática de factos positivos para remoção do obstáculo ao exercício do seu direito e para a reparação do dano, verificado que seja o incumprimento pelo executado", *vide* o ac. do TRG de 14.06.2018, proc. 255/17.1T8CHV-A.G1.

[2089] Quanto à possibilidade de o exequente requerer, no âmbito de uma ação executiva para prestação de facto negativo, a fixação de uma sanção pecuniária compulsória uma vez verificado o incumprimento da obrigação de *non facere*, *vide* o ac. do TRG de 23.10.2012, proc. 5273/09.0TBGMR.G1, bem como o ac. do TRC de 09.05.2017, proc. 332/09.2TBCNF-B.C1.

[2090] Ac. do TRP de 17.12.2002, proc. 0121708. *Vide*, a este propósito, TOMMASEO, Ferruccio, "L'Esecuzione Indiretta e l'art. 614 *bis* C.P.C.", *in RDP*, anno LXIX, 2ª série, nº 2, Cedam, mar./abril 2014, pp. 272 e 273.

Na ponderação dos diferentes interesses e prejuízos em conflito, deve atender-se, quanto ao executado, ao prejuízo que para ele poderia decorrer do desaparecimento da obra em consequência da demolição e não ao prejuízo resultante dos custos com a demolição da obra.

Por sua vez, no que concerne ao exequente, o prejuízo atendível é aquele que deriva da manutenção da obra[2091].

4.2.2. Fase subsequente

Se o juiz reconhecer a falta de cumprimento da obrigação, deve ordenar a demolição da obra à custa do executado e arbitrar a indemnização ao exequente ou fixar apenas o montante desta última, quando não haja lugar à demolição (art. 877º, nº 1)[2092].

Havendo lugar à demolição, procede-se à penhora dos bens do executado que sejam necessários para o pagamento da quantia determinada em sede pericial, seguindo-se, com as devidas adaptações, os termos previstos para a ação executiva para pagamento de quantia certa (art. 870º, nº 2, *ex vi* do art. 877º, nº 2).

Na eventualidade de o exequente fazer, ou mandar fazer sob sua orientação e vigilância, os trabalhos de demolição, este deve prestar contas ao juiz, situação em que, sendo as contas aprovadas, o crédito do exequente é pago pelo produto dos bens penhorados ao executado. Se tiverem sido excutidos todos os bens do executado, sem se obter a importância da avaliação, o exequente pode desistir da prestação do facto, se esta ainda não se tiver iniciado, e requerer o levantamento da quantia obtida.

[2091] Ac. do STJ de 19.06.2001, proc. 1707/01.

[2092] No sentido de a indemnização só poder ser fixada depois da verificação da violação da obrigação, *vide* o ac. do TRL de 08.02.2007, proc. 3292/2006-2.

Lição XVI
Processo Especial de Execução por Prestação de Alimentos

1. Âmbito

O processo de execução por prestação de alimentos encontra-se regulado nos arts. 933º a 937º e consiste num processo especial (art. 546º, nº 2), o qual é aplicável às situações em que esteja em causa um título executivo, no qual se reconheça a existência de um crédito por alimentos (arts. 2003º e ss. do CC)[2093].

Trata-se, com efeito, de um processo que, face à especial situação de vulnerabilidade em que se encontra o credor[2094], visa permitir, de forma simples

[2093] Conforme se decidiu no ac. do TRL de 29.11.1990, proc. 0038242, o título executivo suscetível de permitir o recurso a uma execução especial por alimentos terá de ser uma sentença da qual resulte a condenação de alguém na prestação de alimentos, um auto de conciliação ou uma escritura pública por via da qual tenha sido constituída uma obrigação de alimentos. No sentido de a decisão cautelar, transitada em julgado, que tenha fixado alimentos provisórios, constituir título executivo bastante para a propositura de uma ação executiva especial por alimentos, *vide* o ac. do TRP de 22.05.2006, proc. 0650885. Sustentando constituir título executivo para uma execução especial por alimentos uma sentença homologatória de um acordo alcançado numa ação de regulação das responsabilidades parentais, no qual os progenitores de um menor tenham estipulado uma determinada prestação mensal de alimentos, *vide* o ac. do TRP de 20.04.2009, proc. 2907/05.0TBPRD-A.P1.

[2094] Cfr., a este propósito, o ac. do TRC de 12.06.2012, proc. 21-E/1997.C1, com o seguinte sumário: "A titular do direito a alimentos fixado no âmbito da regulação do exercício do poder paternal é a menor e não a progenitora a quem ficou confiada. 2. Na execução especial por alimentos decorrente do incumprimento por parte do pai da menor, a mãe não é a credora das prestações em dívida, agindo em representação da filha, única titular do crédito exequendo". *Vide*, ainda, o ac. do TRC de 20.09.2011, proc. 590-I/2002.C1, no qual se decidiu que o requerimento executivo deve ser indeferido liminarmente se o mesmo é apresentado pelo progenitor do menor, ainda que este seja detentor do poder de exercício das responsabilidades parentais, se não faz constar desse requerimento a sua qualidade de representante legal do menor.

Concedendo, no entanto, legitimidade ativa à pessoa a cuja guarda o menor estiver confiado e à qual deveria ser entregue a prestação de alimentos, *vide* o ac. do TRP de 15.10.2002, proc.

e célere, a satisfação coerciva do crédito de alimentos, vencidos e vincendos na pendência da execução[2095].

A execução especial por alimentos não se confunde com o incidente destinado a tornar efetiva a prestação de alimentos, previsto no art. 48º do RGPTC[2096].

Na verdade, estando em causa a execução de uma sentença, da qual resulte a obrigação de prestação de alimentos a um filho menor[2097] – ou maior, até aos 25 anos de idade, no caso especial previsto nos arts. 1880º e 1905º, nº 2, do CC[2098] –, o credor pode optar por lançar mão de um incidente de efetivação da prestação de alimentos (art. 48º do RGPTC) ou de uma execução especial por alimentos (art. 933º)[2099], sem necessidade de recorrer previamente a um incidente de incumprimento[2100].

0220917. No sentido de o progenitor que tenha assegurado o sustento e a educação do filho menor até à maioridade deste, sem que o outro progenitor tenha pago as prestações em dívida, possuir legitimidade ativa, em sub-rogação legal do menor, para instaurar execução contra o outro progenitor para cobrança coerciva dos alimentos, *vide* o ac. do STJ de 25.03.2010, proc. 7957/1992.2.P1.S1, o ac. do TRP de 10.07.2013, proc. 1353/06.2TMLSB-D.P1, o ac. do TRG de 19.03.2015, proc. 410/14.6T8BCL-C.G1, bem como o ac. do STJ de 15.04.2015, proc. 200080-C/1996.L1.S1. Sustentando que, após a maioridade do filho, o progenitor tem legitimidade, seja em nome próprio, sem em representação do filho, para exigir do outro progenitor o pagamento das prestações vencidas durante a menoridade, atento o facto de essas prestações não se converterem num crédito próprio do filho após a maioridade, *vide* o ac. do TRC de 28.01.2014, proc. 989/08.1TBPMS-A.C1.

[2095] *Vide*, a este respeito, o ac. do TRL de 22.01.2008, proc. 8991/2007-1, no qual se decidiu que "O título (sentença homologatória de acordo) com base no qual foi instaurada a execução especial por alimentos, encontra-se dotado de trato sucessivo, ou seja, possui força bastante para servir de base a execuções sucessivas, sempre que deixe de ser paga uma prestação que se vencer e dá a possibilidade de a acção executiva se renovar no mesmo processo".

[2096] Sustentando que este incidente – correspondente à providência judicial constante do art. 189º da já revogada Organização Tutelar de Menores – reveste natureza executiva, *vide* MARQUES, J. P. Remédio, "Aspectos sobre o cumprimento coercivo das obrigações de alimentos, competência judiciária, reconhecimento e execução de decisões estrangeiras", *op. cit.*, p. 620.

[2097] No sentido de este procedimento ser aplicável independentemente do tipo de processo em que tinha sido fixada a prestação alimentícia – *maxime* a ação especial por alimentos devidos a menores ou a ação especial de regulação do exercício das responsabilidades parentais –, *vide* os acs. do TRL de 29.01.2004, proc. 9918/2003-8, e de 05.02.2004, proc. 9680/2003-8.

[2098] *Vide*, a este propósito, o ac. do STJ de 23.01.2003, proc. 02B4379, o ac. do TRG de 19.06.2012, proc. 599-D/1998.G1, o ac. do TRL de 14.06.2016, proc. 6954/16.8T8LSB.L1-7, bem como o ac. do TRL de 21.12.2017, proc. 3265/10.6TBCSC.1.L1-6.

[2099] *Vide*, a este propósito, o ac. do TRC de 30.05.2000, proc. 1242, o ac. do TRP de 20.04.2009, proc. 2907/05.0TBPRD-A.P1, o ac. do STJ de 08.10.2009, proc. 305-H/2000.P1.S, o ac. do TRG de 14.01.2016, proc. 809/15.0T8VCT.G1, o ac. do TRL de 05.02.2019, proc. 15180/17.8T8LSB-A.L1-7, bem como o ac. do STJ de 08.10.2009, proc. 305-H/2000.P1.S1, este último com o seguinte sumário: "1. O incidente «pré-executivo» regulado no art. 189º da OTM não pode configurar-se – atento

De facto, o art. 48º do RGPTC preceitua que, quando uma pessoa se encontre judicialmente obrigada a prestar alimentos e não satisfaça as quantias em dívida no prazo de dez dias após o respetivo vencimento[2101], o credor pode requerer ao tribunal que seja determinada a dedução da parte dos vencimentos, ordenados, salários ou prestações análogas de que o devedor seja titular, sendo as quantias deduzidas entregues diretamente ao credor de alimentos[2102]. Este procedimento simplificado visa, assim, permitir a rápida satisfação do crédito de alimentos, sem necessidade de recurso a uma ação executiva, estando, no entanto, limitado em relação às medidas coercivas que podem ser aplicadas ao devedor[2103]. Por conseguinte, muito embora o incidente previsto no art. 48º do RGTPC não exclua a possibilidade de recurso a uma ação exe-

o âmbito limitado dos bens do devedor que nele podem ser atingidos com vista à satisfação da prestação alimentar – como um processo «especialíssimo», relativamente à execução especial por alimentos, regida pelo CPC, e que deva ter necessária prioridade sobre a via da execução autónoma, em termos de só poder lançar-se mão desta quando não for possível obter o pagamento pelo meio ali previsto. 2. Cabe, deste modo, ao credor dos alimentos optar, em alternativa, por um desses meios procedimentais, em função da avaliação que realiza, em concreto, acerca do seu próprio interesse na reintegração efectiva do direito lesado com o incumprimento da obrigação alimentar".

2100 Cfr., nesse sentido, o ac. do TRP de 20.04.2009, proc. 2907/05.0TBPRD-A.P1.

Vide, em sentido contrário, o ac. do TRL de 01.03.2012, proc. 622/09.4TMFUN-G.L1-2, no qual se decidiu que "Existem razões de ordem sistemática, processuais e de respeito pelo princípio do contraditório, que impõem que face a alegado incumprimento do pagamento da prestação de alimentos, estipulado no âmbito de Regulação do Exercício do Poder Paternal, se intente o incidente de incumprimento previsto no art. 181º da OTM, e não se enverede desde logo para a actuação coerciva prevista no art. 189º". Contudo, o citado aresto decidiu igualmente que "quando o requerido em resposta ao requerimento de incumprimento não invoque e não apresente prova documental de que pagou a pensão a que se mostrava obrigado, não haverá necessidade de se determinar a realização de inquérito social, posto que a obrigação de alimentos assume natureza creditícia e não está em causa neste incidente uma possível alteração do acordado (embora tal possa suceder no caso de se ter optado pela conferência a que alude o nº 2 do art. 181º), o que a acontecer terá de ocorrer no seio do processo previsto no art. 182º". Cfr., igualmente, Marques, J. P. Remédio, "Aspectos sobre o cumprimento coercivo das obrigações de alimentos, competência judiciária, reconhecimento e execução de decisões estrangeiras", *op. cit.*, p. 623.

2101 Defendendo que o recurso a este procedimento depende da prévia condenação da pessoa obrigada a prestar alimentos, *vide* Marques, J. P. Remédio, "Aspectos sobre o cumprimento coercivo das obrigações de alimentos, competência judiciária, reconhecimento e execução de decisões estrangeiras", *op. cit.*, p. 618.

2102 No sentido de o valor processual deste incidente ser o das prestações alimentares em dívida, *vide* o ac. do TRP de 10.10.2016, proc. 0623494.

2103 Daí que, conforme se decidiu no ac. do TRP de 29.05.2012, proc. 2896/06.3TBTVD-A.P1, seja manifestamente inviável o recurso a este procedimento judicial nos casos em que o devedor se encontre ausente em paradeiro desconhecido, ainda que este receba rendimentos num Estado-Membro da União Europeia.

cutiva especial por alimentos (art. 933º)[2104], o credor deve, preferencialmente, socorrer-se daquele incidente, atenta a sua simplicidade e celeridade[2105], sempre que seja viável a cobrança coerciva dos alimentos em dívida através da dedução a efetuar nos vencimentos, ordenados, salários e pensões ou prestações de natureza análoga de que o devedor seja titular[2106].

Pelo contrário, pretendendo o credor atingir outros bens que integrem o património do devedor, este terá, necessariamente, de lançar mão de uma execução especial por alimentos, sem prejuízo de, nessa sede, poder igualmente requerer a adjudicação ou a consignação de rendimentos do executado.

2. Tramitação

2.1. Adjudicação ou consignação de rendimentos

A especialidade deste processo traduz-se, desde logo, na circunstância de o exequente poder requerer, independentemente de penhora, a adjudicação de parte das quantias, vencimentos ou pensões de que o executado seja titular[2107,2108] ou a consignação de rendimentos, para pagamento das prestações alimentares vencidas e vincendas (art. 933º, nº 1).

[2104] Cfr., a este respeito, o ac. do TRL de 09.03.2021, proc. 60/11.9TBCSC-E.L1-7, no qual se entendeu que, se o exequente tiver optado pelo incidente de incumprimento (art. 48º do RGPTC), mas, entretanto, intentar uma execução especial por alimentos, tal torna inútil o incidente de incumprimento anteriormente instaurado, devendo, por conseguinte, extinguir-se a instância por inutilidade superveniente da lide [art. 277º, al. *e)*].

[2105] *Vide*, a este propósito, o ac. do TRL de 18.06.2009, proc. 8578-B/1993.L1-6.

[2106] Cfr., nesse sentido, o ac. do TRL de 30.04.2009, proc. 8771/08-2.

[2107] Como bem se refere no ac. do TRP de 21.10.2008, proc. 0825421, "a adjudicação não é uma penhora. A adjudicação prevista no art. 1118º do CPC distingue-se do conceito de penhora pela particularidade de aquela se traduzir numa afectação para futuro de determinadas quantias percebidas periodicamente pelo executado, com vista ao pagamento de prestações de alimentos, também elas periódicas e, em regra, futuras (ou vincendas). Esse instituto tem uma função de garantia, com vista à satisfação do relevante interesse que subjaz ao reconhecimento do direito a alimentos, na medida em que envolve a subsistência de pessoa humana (seu «sustento, habitação e vestuário»), o que justifica a sua indisponibilidade e irrenunciabilidade (cfr. arts. 2003º, nº 1, e 2008º do C.Civil)".

[2108] No sentido de o desconto no vencimento do devedor de alimentos a filho menor ter apenas como limite o montante da pensão social do regime não contributivo, enquanto mínimo exigível para se respeitar o princípio da dignidade humana, *vide* o ac. do TRC de 02.02.2016, proc. 1416/12.5TBCVL-D.C1, bem como o ac. do TRP de 12.09.2016, proc. 2226/13.8TMPRT.P1. Quanto à não inconstitucionalidade deste regime, por violação do princípio da dignidade da pessoa humana, atento o facto de o desconto no vencimento do devedor de alimentos visar "dar cumprimento a um dever fundamental por parte do progenitor", para além de permitir igualmente proteger a dignidade do filho, *vide* o ac. do TRP de 02.07.2015, proc. 1017/04.1TQPRT-B.P1.

Nessa eventualidade, procede-se à notificação da entidade encarregada de os pagar ou de processar as respetivas folhas para entregar diretamente ao exequente a parte adjudicada[2109].

Sendo requerida a consignação de rendimentos, o exequente deve indicar de imediato os bens sobre os quais deve recair a consignação.

Contudo, sem prejuízo dessa indicação, o agente de execução deve efetuar a consignação relativamente aos bens que considere bastantes para satisfazer as prestações vencidas e vincendas – procedendo, se necessário, à audição prévia do executado – seguindo-se, com as devidas adaptações, a tramitação prevista nos arts. 803º e ss..

Por outro lado, se, uma vez efetuada a consignação de rendimentos, se concluir que os rendimentos consignados são insuficientes para garantir a satisfação do crédito exequendo e das custas da execução, o exequente pode indicar outros bens cujos rendimentos devam ser objeto de consignação (art. 934º, nº 1).

Diversamente, se se vier a apurar que, tendo em conta o montante do crédito exequendo e das custas da execução, os rendimentos consignados são excessivos, o exequente deve devolver o excesso ao executado assim que for recebendo os rendimentos, sem prejuízo da possibilidade de este requerer que a consignação seja limitada a uma parte dos bens ou transferida para outros (art. 934º, nº 2).

Nos termos do art. 934º, nº 3, este regime do aumento ou da redução de consignação de rendimentos é igualmente aplicável, com as devidas adaptações, aos casos em que a pensão alimentícia venha a ser alterada na pendência do processo de execução.

2.2. Penhora e citação do executado

Uma vez efetuada a penhora de bens, o agente de execução deve proceder à citação do executado, sendo que a oposição por ele deduzida não suspende a execução (art. 933º, nº 5).

Se a oposição à execução for julgada procedente, tal determina, após o trânsito em julgado da respetiva sentença, a extinção imediata e automática da adjudicação, previamente determinada, de parte do vencimento, salário, pensão ou prestação de natureza análoga de que o executado seja titular[2110].

[2109] Sustentando ser aplicável, neste caso, o regime da penhora de direitos previsto no art. 773º, podendo o exequente requerer, nos próprios autos, o prosseguimento da execução contra o devedor do executado que, aquando do vencimento da dívida, não proceda à entrega da quantia objeto de penhora ou de adjudicação (art. 777º, nº 3), *vide* o ac. do TRL de 08.10.1996, proc. 0003531, bem como o ac. do TRG de 24.11.2016, proc. 1148/14.0T8VNF-A.G1.

[2110] *Vide*, a este propósito, o ac. do TRL de 07.02.1991, proc. 0021496.

2.3. Cessação ou alteração dos alimentos

A prestação alimentar pode ser alterada ou pode cessar na pendência da execução, sendo que o respetivo pedido deve ser deduzido por apenso ao próprio processo executivo[2111]. Assim, o executado pode, por exemplo, requerer a cessação da prestação alimentar, com fundamento na sua incapacidade económica ou na eventual desnecessidade do exequente no que concerne à perceção dessa prestação.

No que respeita ao pedido de cessação ou de alteração dos alimentos, importa distinguir consoante estejam em causa alimentos provisórios ou alimentos definitivos.

Com efeito, estando em causa alimentos provisórios, uma vez apresentado o pedido de alteração ou de cessação dos alimentos, o juiz deve marcar, de imediato, uma data para o julgamento, sendo as partes advertidas de que devem comparecer pessoalmente na audiência ou nela se fazer representar por procurador com poderes especiais para transigir (art. 385º, nº 2, *ex vi* do art. 936º, nº 2). A contestação ao pedido de alteração ou de cessação dos alimentos deve ser apresentada na própria audiência de julgamento, sendo que, se faltar alguma das partes ou se se frustrar a tentativa de conciliação, o juiz ordena a produção da prova, decidindo, de seguida, por sentença oral e de forma fundamentada. Ainda a propósito dos alimentos provisórios, dispõe o art. 935º que a execução por alimentos provisórios cessa sempre que a fixação deles fique sem efeito, por caducidade da providência, nos termos gerais. Do mesmo modo, a execução por alimentos provisórios cessa quando seja proferida, no processo principal, uma decisão definitiva, transitada em julgado, que importe a extinção da obrigação alimentar[2112].

Diferentemente, estando em causa um pedido de alteração ou de cessação de alimentos definitivos, os interessados devem ser convocados para uma conferência, a ser realizada no prazo de dez dias. Se as partes, nessa conferência,

[2111] No sentido de o executado não poder, no mesmo requerimento, deduzir embargos a uma execução por alimentos e requerer a cessação da prestação alimentícia, *vide* o ac. do TRL de 21.04.1994, proc. 0083842. Cfr., no mesmo sentido, o ac. do TRL de 07.03.1996, proc. 0098782, no qual se decidiu que, se o executado pretender, na pendência da execução, a alteração ou a cessação dos alimentos, não pode deduzir embargos de executado com esse fundamento, devendo antes apresentar o competente pedido de cessação ou de alteração dos alimentos por apenso ao processo executivo.

[2112] Ac. do TRP de 15.07.1999, proc. 9930876. *Vide*, a este propósito, o ac. do TRL de 10.10.2006, proc. 3484/2006-7, no qual se decidiu que "Deve ser julgada extinta a execução de alimentos devidos ao menor que foi proposta contra o progenitor uma vez transitada em julgado a acção de impugnação de paternidade presumida que declarou não ser o demandado o pai biológico do menor".

chegarem a um acordo, este é homologado, de imediato, por sentença. Se, pelo contrário, as partes não chegarem a um acordo, a parte contra quem o pedido foi deduzido deve apresentar contestação no prazo de dez dias, seguindo-se, posteriormente, os termos previstos para o processo comum declarativo.

2.4. Garantia das prestações vincendas

A ação executiva por alimentos encontra igualmente algumas especificidades no que diz respeito à garantia das prestações vincendas. Assim, de acordo com o art. 937º, logo que sejam vendidos bens para pagamento de um débito de alimentos, não deve ordenar-se a restituição ao executado do remanescente do produto da execução sem que antes se mostre assegurado o pagamento das prestações vincendas até ao montante que o juiz, em termos de equidade, considerar adequado, salvo se for prestada caução ou outra garantia idónea. Com efeito, este regime visa proteger o credor de alimentos, assegurando-lhe o pagamento das prestações vincendas, sem necessidade de promover novo pedido de adjudicação ou de consignação de rendimentos.

Lição XVII
Procedimento Extrajudicial Pré-Executivo

1. Natureza e fins

A Lei nº 32/2014, de 30 de maio, aprovou o denominado "procedimento extrajudicial pré-executivo" (PEPEX), tendo entrado em vigor no dia 1 de setembro de 2014.

De acordo com o art. 2º do referido diploma legal, o PEPEX traduz-se num procedimento de natureza extrajudicial e facultativa que, entre outras finalidades, visa permitir, numa fase prévia à propositura da ação executiva, a identificação de eventuais bens penhoráveis de que o devedor seja titular, mediante a disponibilização de informação e a consulta das bases de dados de acesso direto eletrónico[2113]. Permite-se, assim, ao credor tomar conhecimento antecipado do património do seu devedor e avaliar as hipóteses de sucesso da execução, evitando-se, dessa forma, a propositura de ações executivas infrutíferas, nos casos em que tal património se revele insuficiente ou inexistente[2114].

[2113] Na esteira de Rui Pinto e Helena Tomaz, o PEPEX traduz-se num "procedimento administrativo com uma função eventualmente preparatória de uma execução" (PINTO, Rui/TOMAZ, Helena, *Procedimento Extrajudicial Pré-Executivo Anotado*, Coimbra Editora, Coimbra, 2015, p. 5).

[2114] Este propósito do legislador, no sentido de se evitar o congestionamento dos tribunais judiciais com a propositura de ações executivas inviáveis, por inexistência ou insuficiência do património do devedor, não constitui uma novidade no nosso ordenamento jurídico. Na realidade, já na reforma da ação executiva de 2003, materializada através do DL nº 38/2003, de 8 de março, procedeu-se à criação de um registo informático de execuções (DL nº 201/2003, de 10 de setembro), do qual passou a constar o rol dos processos de execução pendentes, bem como das execuções findas ou suspensas, mencionando-se, em relação a estas últimas, a extinção com pagamento integral ou parcial e/ou a suspensão da instância por não se terem encontrado bens penhoráveis. Acresce que, procurando-se precaver o surgimento de créditos incobráveis, o legislador previu, então, a possibilidade de o registo informático de execuções ser consultado, entre outros, por pessoa que tivesse relação contratual ou pré-contratual com o titular dos dados ou que revelasse outro interesse atendível na consulta, desde que munido de consentimento do titular ou de autorização para o

Contudo, o âmbito do PEPEX não se esgota nessa sua finalidade preventiva. Na realidade, uma vez concluídas as diligências de pesquisa de bens, este procedimento permite, na eventualidade de não serem localizados bens penhoráveis, que o requerido seja notificado para proceder voluntariamente ao pagamento da dívida, celebrar um acordo de pagamento, indicar bens penhoráveis ou deduzir oposição ao procedimento. Significa isto que o PEPEX, sob a aparência de um mecanismo preventivo, tendente a evitar a propositura de ações executivas inviáveis, por insuficiência ou inexistência de património do devedor, traduz-se, na verdade, num procedimento extrajudicial de cobrança de dívidas[2115], ou seja, constitui uma via alternativa à ação executiva para pagamento de quantia certa[2116]. De facto, ressalvada a possibilidade de convolação em processo executivo, o PEPEX permite, em certos casos, obter os mesmos resultados que seriam alcançados com o recurso a uma ação executiva – *maxime* a emissão de certidão de incobrabilidade de dívida, a celebração de um acordo de pagamento em prestações ou o pagamento voluntário e integral da dívida – com a vantagem de ser tramitado em férias judiciais e

efeito. Posteriormente, o DL nº 226/2008, de 20 de novembro, introduziu no nosso ordenamento jurídico diversas "medidas de carácter essencialmente preventivo, para evitar acções judiciais desnecessárias". Em particular, importa destacar a criação de uma lista pública de execuções, instrumento que visou, por um lado, constituir um "elemento dissuasor do incumprimento de obrigações" e, por outro lado, "evitar, a montante, processos judiciais sem viabilidade e cuja pendência prejudica a tramitação de outros efectivamente necessários para assegurar uma tutela jurisdicional efectiva dos direitos dos cidadãos". De facto, conforme se extrai do preâmbulo do referido diploma legal, "a informação constante desta lista pode ser um precioso auxiliar na detecção de situações de incobrabilidade de dívidas e na prevenção de acções judiciais inúteis, nomeadamente através do fornecimento público de elementos sobre as partes contratantes, o que pode contribuir para uma formação mais responsável da decisão de contratar".

2115 No contexto europeu, os Estados têm vindo a procurar implementar nos seus ordenamentos jurídicos mecanismos extrajudiciais tendentes à recuperação de créditos, evitando-se, dessa forma, o congestionamento dos tribunais com ações de cobrança de dívidas. É o que sucede, designadamente, com a França, que prevê no art. 124º do $CPCE_{Fr.}$ a possibilidade de o credor recorrer a um terceiro para que este proceda, em seu nome, à cobrança amigável de uma determinada dívida, e com a Bélgica, a qual adotou, através da Lei de 20 de dezembro de 2002, um mecanismo amigável de cobrança de dívidas de consumo (*Recouvrement amiable des dettes du consommateur*). *Vide*, a este propósito, Berthe, Aude, "Le recouvrement amiable en Belgique", *in Un Recouvrement de Créances sans Frontières?*, Larcier, Bruxelas, 2013.

2116 Tal como salientam Pierrot Schiltz e Jean-Luc Putz, *Le Recouvrement de Créances*, Promoculture, Luxemburgo, 2003, p. 161, a cobrança amigável ou extrajudicial de créditos assume uma natureza preventiva, sendo uma via preferível, por contraposição à cobrança judicial, nos casos em que o devedor, apesar de reconhecer o crédito, retarde o cumprimento da sua obrigação pelo facto de se ver confrontado com dificuldades momentâneas de tesouraria. Nesse contexto, a cobrança amigável ou extrajudicial do crédito pode revelar-se extremamente eficaz.

por via extrajudicial, atenuando, dessa forma, a pendência processual executiva (art. 33º, nº 2, da Lei nº 32/2014, de 30 de maio).

2. Requisitos

Para que seja admissível o recurso ao procedimento extrajudicial pré-executivo, torna-se necessário o preenchimento cumulativo dos seguintes requisitos:

a) o requerente deve estar munido de um título executivo que reúna as condições para a aplicação da forma sumária do processo comum de execução para pagamento de quantia certa [art. 550º, nº 2). Enquadram-se, por conseguinte, neste âmbito as decisões arbitrais ou judiciais (independentemente de as mesmas deverem ou não ser executadas nos próprios autos)[2117], os requerimentos de injunção nos quais tenha sido aposta a fórmula executória, os títulos extrajudiciais de obrigação pecuniária vencida, garantida por hipoteca ou por penhor, bem como os títulos extrajudiciais de obrigação pecuniária vencida, cujo valor não exceda a quantia de € 10.000,00, salvo se, no caso em concreto, se verificar alguma das situações previstas no art. 550º, nº 3;

b) a obrigação exequenda deve certa, exigível e líquida, nos termos dos arts. 713º a 716º, ou seja, não pode estar em causa nenhuma das situações em que a execução careça de principiar pelas diligências tendentes a tornar a obrigação certa, exigível ou líquida, nos casos em que esta não o seja, em face do título executivo; e

c) o requerente e o requerido devem ser titulares de um número de identificação fiscal em Portugal. A consagração desta condição revela que a intenção do legislador foi a de restringir o acesso a este procedimento às pessoas singulares e às pessoas coletivas ou entidades equiparadas que possuam "número fiscal de contribuinte" em Portugal, na aceção do DL nº 463/79, de 30 de novembro[2118], diploma que visou "dotar a administração fiscal de um meio indispensável à consecução de qualquer política fiscal que passe pelo combate frontal à evasão fiscal"[2119].

[2117] É o que decorre do art. 18º da Lei nº 32/2014, de 30 de maio, segundo o qual a convolação do PEPEX em processo executivo depende da apresentação de um requerimento executivo ou de um requerimento de execução de decisão judicial condenatória, consoante os casos.

[2118] Com efeito, não estando o requerente representado por mandatário, este poderá aceder à plataforma informática mediante a introdução das credenciais de acesso ao portal das finanças, ou seja, do número de identificação fiscal e a respetiva senha de acesso.

[2119] Pressuposta a interligação entre a plataforma informática que serve de suporte ao PEPEX e o portal das finanças, afigura-se que este requisito poderá potenciar a penhora de créditos pela

3. Tramitação inicial

3.1. Requerimento inicial

O procedimento inicia-se com a entrega do requerimento através de uma plataforma informática criada especificamente para o efeito[2120], no qual o requerente deve:

a) indicar o seu nome, o número de identificação fiscal, a morada e um numero de identificação bancária (NIB) referente a conta aberta junto de instituição de crédito na qual devam ser depositados quaisquer montantes[2121];

b) identificar o requerido, indicando o nome, o número de identificação fiscal e a morada[2122];

c) indicar o valor em dívida, discriminando o capital, os juros vencidos e respetiva taxa de juro aplicável, os juros compulsórios (quando devidos), quaisquer impostos que possam incidir sobre os juros, as datas de início de contagem dos juros, as taxas de justiça pagas no âmbito do procedimento ou processo que deu origem ao título executivo, bem como os valores pagos no âmbito do procedimento em causa, antecipadamente à entrega do requerimento inicial;

d) expor sucintamente os factos que fundamentam o pedido, quando os mesmos não constem ou resultem do título executivo;

e) pedir os juros vincendos, indicando a taxa de juro aplicável;

f) pedir os valores a pagar ao agente de execução a título de honorários no âmbito do procedimento em causa; e

g) identificar o mandatário, sempre que se encontre representado por advogado ou solicitador[2123].

Fazenda Nacional nos casos em que, contra o próprio requerente do PEPEX, corra termos um processo de execução fiscal.

[2120] Esta plataforma encontrava-se inicialmente regulada pela Portaria nº 233/2014, de 14 de novembro, diploma que, entretanto, foi revogado e substituído pela Portaria nº 349/2015, de 13 de outubro, estando disponível no endereço eletrónico *www.pepex.mj.pt*.

[2121] A indicação do NIB no requerimento inicial revela claramente a intenção do legislador no sentido de viabilizar o pagamento voluntário do crédito reclamado no âmbito do próprio PEPEX.

[2122] Nos termos do art. 3º, nº 7, da Lei nº 32/2014, de 30 de maio, "aquando da identificação dos intervenientes, o requerente deve acautelar que os elementos constantes do requerimento respeitam aos mesmos, assegurando que os respetivos nomes e números de identificação fiscal correspondem aos dados inscritos no título executivo".

[2123] Como nota particular deste procedimento, importa salientar que o art. 5º, nº 10, da Lei nº 32/2014, de 30 de maio, prevê a possibilidade de o formulário do requerimento inicial ser preenchido em suporte de papel pelo próprio credor, ou por advogado ou solicitador que, não sendo constituído mandatário daquele, digitaliza o mesmo, bem como os demais documentos que

No caso de haver pluralidade de credores ou de devedores, para além das indicações previstas nas als. *a)* e *b)* relativamente a todos os intervenientes, deve igualmente constar do requerimento inicial a discriminação das responsabilidades de cada requerido perante o(s) requerente(s), bem como a natureza solidária, conjunta ou subsidiária das mesmas.

Se o requerente pretender a identificação de bens comuns do casal, deve indicar o nome e o número de identificação fiscal do cônjuge do requerido, bem como o respetivo regime de bens do casamento, e juntar fotocópia não certificada do registo atualizado de casamento do requerido, que ateste que o mesmo é casado sob o regime de bens da comunhão de adquiridos ou da comunhão geral, salvo se, do título executivo, já constar o nome do cônjuge e o regime de bens do casamento. Semelhante procedimento encontra justificação nos casos em que, sendo o PEPEX convolado em processo executivo, o requerente pretenda a penhora de bens comuns do casal, por insuficiência de bens próprios do cônjuge executado, nos termos do art. 740º, ou, eventualmente, suscitar a comunicabilidade da dívida, desde que fundada em título diverso de sentença, à luz dos arts. 1691º do CC e 741º.

Por outro lado, só podem ser cumulados pedidos fundados em vários títulos se todos se destinarem ao pagamento de quantia certa e se as partes forem as mesmas. Isto porque, nos termos do art. 709º, ocorrendo a convolação do PEPEX em processo executivo, só é admissível a cumulação de execuções, ainda que fundadas em títulos diversos, desde que as mesmas não sigam fins diferentes. Acresce que o PEPEX está concebido apenas para as situações em que o título executivo abarque uma obrigação de pagamento de quantia certa, razão pela qual não é admissível a cumulação de títulos que compreendam uma obrigação de entrega de coisa certa ou de prestação de facto.

Por último, o requerente deve anexar ao seu requerimento cópia digitalizada do título executivo, em formato «pdf.», podendo esta ser substituída pela indicação da referência de acesso ao documento eletrónico (por exemplo,

o devem acompanhar, e procede à aposição da respetiva assinatura eletrónica, certificando, dessa forma, a conformidade dos documentos digitalizados com os originais. Neste particular, importa salientar que o art. 38º, nº 6, do DL nº 76-A/2006, de 29 de março, por força da alteração introduzida pelo DL nº 8/2007, de 17 de janeiro, consagra a possibilidade de os advogados certificarem a conformidade de documentos eletrónicos com os documentos originais, em suporte de papel, em termos a regulamentar por portaria do membro do governo responsável pela área da justiça. Todavia, julgamos que tal portaria não se acha ainda publicada, razão pela qual subsiste uma lacuna legislativa neste domínio. Sobre este concreto problema, o Conselho Geral da Ordem dos Advogados, no seu parecer nº 9/PP/2011-G, sustentou que essa lacuna deve ser integrada mediante a aplicação das regras gerais de certificação ínsitas no art. 1º, nº 4, do DL nº 28/2000, de 13 de março.

requerimento de injunção no qual tenha sido aposta a fórmula executória)[2124]. Contudo, atento o disposto no art. 724º, nº 4, al. *a)*, e nº 5, sendo o PEPEX convolado em processo executivo, o credor, agora exequente, deverá juntar ao requerimento executivo o original do título executivo no caso de o requerimento ser entregue em suporte de papel ou de a obrigação constar de um título de crédito.

Faltando algum destes elementos ou não sendo efetuado o pagamento antecipado das quantias previstas no art. 20º, nº 1, als. *a)* e *b)*, da Lei nº 32/2014, de 30 de maio, isto é, da remuneração das entidades envolvidas na gestão e manutenção da plataforma informática e serviços diretos eletrónicos de consultas sobre os bens ou localização dos requeridos, bem como dos honorários do agente de execução pela análise do título executivo, pela realização das consultas e pela elaboração do relatório, a plataforma informática não permite a submissão, com sucesso, do requerimento de acesso ao procedimento pré-executivo. Constata-se, por isso, que o legislador acabou por ir mais longe no seu desiderato de garantir, por antecipação, o pagamento dos honorários devidos ao agente de execução, na medida em que, diversamente do que sucede no processo executivo (art. 724º, nº 6), a plataforma informática não admite sequer a submissão do requerimento de acesso ao procedimento pré-executivo, enquanto essas quantias não se acharem liquidadas.

Uma vez submetido o requerimento, não é possível proceder à alteração ou ao aditamento dos elementos dele constantes ou dos respetivos anexos, nos termos do art. 5º, nº 9, da Lei nº 32/2014, de 30 de maio. Semelhante preclusão torna-se difícil de compreender à luz de um procedimento que, nas palavras do legislador, se pretende célere e simplificado. Basta pensar, por exemplo, na possibilidade de o requerente ser obrigado a dar início a um novo procedimento ou de o requerido deduzir oposição em virtude da impossibilidade de correção de algum erro de escrita ou de cálculo, *maxime* no tocante à identificação do requerido ou à liquidação das quantias em dívida.

3.2. Distribuição

Depois de o requerimento ser submetido através da plataforma eletrónica, é-lhe atribuído um número provisório pelo SISAAE e é devolvido ao requerente um identificador único de pagamento, referente aos valores devidos pelo início do procedimento, os quais devem ser liquidados no prazo de cinco dias

[2124] Nos termos do art. 5º, nº 6, da Lei nº 32/2014, de 30 de maio, o requerente deve conservar o original do título executivo até à prescrição do direito de crédito que o mesmo titula, podendo o título ser solicitado a todo o tempo pelo agente de execução no âmbito do procedimento em causa.

úteis, sob pena de o requerimento ficar automaticamente sem efeito (art. 6º, nºs 1 e 2, da Lei nº 32/2014, de 30 de maio)[2125].

À luz do art. 6º, nº 3, da Lei nº 32/2014, de 30 de maio – e à semelhança do que sucede no processo executivo – o requerimento só se considera efetivamente entregue depois de efetuado o pagamento, sendo automaticamente distribuído através do SISAAE a um dos agentes de execução que conste da lista dos agentes de execução que participam no procedimento extrajudicial pré-executivo (art. 3º da Portaria nº 349/2015).

Esta solução legislativa, por contraposição à prevista nos arts. 720º, nº 1, e 724º, nº 1, al. *c)*, afigura-se francamente positiva, na medida em que garante e assegura a total independência e imparcialidade do agente de execução em relação ao exequente.

Todavia, a mesma é passível de conduzir a uma desarmonia de regimes (*maxime* nos casos em que o PEPEX seja convolado em processo executivo), porquanto o exequente continua a poder nomear o agente de execução na eventualidade de o processo executivo não ter resultado da convolação de um PEPEX[2126]. De resto, no caso particular dos credores que têm por prática habitual a nomeação do mesmo agente de execução para a tramitação dos seus processos (como sucede, regra geral, com os grandes litigantes), esta limitação tenderá a constituir um fator de desincentivo no recurso ao PEPEX.

3.3. Recusa do requerimento

Logo que o requerimento seja remetido ao agente de execução, este dispõe do prazo de cinco dias úteis para o recusar ou realizar as consultas tendentes à identificação e localização do requerido, bem como do património de que este seja titular.

O agente de execução pode recusar o requerimento:

a) quando não estejam reunidos os requisitos previstos no art. 3º da Lei nº 32/2014, de 30 de maio;

[2125] Nos termos do art. 33º, nº 2, da Lei nº 32/2014, de 30 de maio, aos prazos previstos no PEPEX aplicam-se as regras do Código de Processo Civil, não havendo, no entanto, lugar à suspensão dos prazos durante as férias judiciais.

[2126] Note-se que, sendo o PEPEX convolado em processo de execução ou sendo requerida a realização de novas consultas no prazo de três anos após o termo do procedimento que tenha terminado sem a indicação de quaisquer bens penhoráveis e que não tenha sido convolado em processo de execução, o agente de execução será o mesmo que tramitou o procedimento pré-executivo original, salvo se não se encontrar no pleno exercício das suas funções (arts. 18º, nº 4, e 19º, nº 5, da Lei nº 32/2014, de 30 de maio).

b) quando esteja em falta algum dos elementos respeitantes ao requerimento inicial, referidos no art. 5º, nºs 1 e 2, da Lei nº 32/2014, de 30 de maio;

c) quando não tenha sido apresentado qualquer título executivo ou o documento como tal apresentado não constitua título executivo idóneo;

d) quando as partes indicadas não constem do título executivo, salvo o disposto no art. 5º, nº 3, e nº 5, al. *b)*, da Lei nº 32/2014, de 30 de maio; ou

e) quando não tenham sido indicados os elementos previstos no art. 5º, nº 3, da Lei nº 32/2014, de 30 de maio, ou não tenha sido apresentada fotocópia não certificada do registo atualizado de casamento, que ateste que o requerido é casado sob o regime de bens da comunhão de adquiridos ou da comunhão geral.

Confrontando este regime com o previsto nos arts. 755º e 855º, nº 2, al. *a)*, constata-se que, no âmbito do PEPEX, o agente de execução dispõe de uma competência substancialmente reforçada no que concerne à possibilidade de recusar o requerimento executivo. Diríamos mesmo que o legislador atribui-lhe competências de natureza jurisdicional, *maxime* no que diz respeito à possibilidade de recusar o requerimento executivo quando a obrigação exequenda não seja certa, exigível ou líquida, ou quando o documento apresentado não constitua título executivo idóneo[2127].

Estando em causa alguma das hipóteses previstas nas als. *b)* a *d)* e sendo a falta suprível, o agente de execução deve notificar o requerente para suprir a falta no prazo de cinco dias, sob pena de, não o fazendo, recusar o requerimento. Sendo o requerimento recusado, o requerente, sem prejuízo da possibilidade de impugnar jurisdicionalmente essa decisão de recusa (art. 27º da Lei nº 32/2014, de 30 de maio), pode, no prazo de trinta dias, pedir a convolação do procedimento pré-executivo em processo de execução, sendo certo que, se nada fizer, o procedimento é automaticamente extinto.

3.4. Consultas e relatório

Não havendo lugar à recusa do requerimento ou logo que o vício seja sanado, o agente de execução deve proceder à consulta das bases de dados da admi-

[2127] Observe-se que, nos termos do art. 726º, nº 2, *ex vi* do art. 855º, nº 2, al. *b)*, o agente de execução deve suscitar a intervenção do juiz de execução quando, designadamente, seja manifesta a falta ou insuficiência do título executivo.

nistração tributária, da Segurança Social, do registo civil, do registo nacional de pessoas coletivas, do registo predial, do registo comercial e do registo de veículos e de outros registos ou arquivos semelhantes, tendo em vista a obtenção de informação referente à identificação e localização do requerido, bem como dos bens penhoráveis de que seja titular[2128].

Para além destas bases de dados, o agente de execução deve igualmente consultar o registo informático de execuções, bem como o SISAAE, neste último caso para obter informações referentes aos processos de execução em curso, em que o requerido conste como exequente.

Por outro lado, o Banco de Portugal deve disponibilizar, por via eletrónica, ao agente de execução informação acerca das instituições legalmente autorizadas a receber depósitos em que o requerido detenha contas ou depósitos bancários, em termos análogos aos previstos no art. 749º, nº 6, tendo em vista a identificação e localização de eventuais contas bancárias penhoráveis que sejam tituladas pelo requerido.

Nos termos do art. 9º, nº 6, da Lei nº 32/2014, de 30 de maio, os resultados das consultas e da informação disponibilizada ao agente de execução não podem ser divulgados ou utilizados para qualquer outro fim que não o previsto neste diploma legal[2129,2130].

2128 Cfr., no mesmo sentido, o disposto no art. 749º, nº 1.

2129 Com efeito, tal como resulta do preâmbulo da Proposta de Lei nº 204/XII, o legislador procurou acautelar o direito fundamental da reserva da intimidade da vida privada, razão pela qual, para além da proibição de divulgação dos resultados das consultas e da informação disponibilizada ao agente de execução para finalidades diversas das previstas no procedimento, "o acesso às bases de dados pelo agente de execução e a prática de todos os atos do procedimento devem ficar registados na plataforma informática de suporte ao mesmo, administrada pelo Ministério da Justiça". *Vide*, quanto à problemática da conjugação deste diploma com a proteção no acesso a dados pessoais, o Parecer do CSMP, de 11 de abril de 2013, disponível *in https://www.parlamento.pt/ActividadeParlamentar/Paginas/DetalheIniciativa.aspx?BID=38209.*

2130 Conforme se refere no Parecer do Banco de Portugal, de 28 de maio de 2013, p. 6, disponível *in https://www.parlamento.pt/ActividadeParlamentar/Paginas/DetalheIniciativa.aspx?BID= 38209*, "a elaboração pelo agente de execução de um relatório que se destina a ser comunicado ao requerente/credor [...] e do qual ficará a constar a referência aos dados obtidos por consulta às bases [...] traduz, na prática, uma abolição do sigilo, tornando pública a informação que a lei consagra ser de acesso reservado, num contexto que não é de uma acção executiva, para a qual o credor pode ou não avançar mediante convolação para a acção executiva. É certo que o nº 5 do artigo 9º determina que os resultados das consultas não podem ser divulgados ou utilizados para qualquer outro fim que não o previsto no presente diploma. Mas tem de se reconhecer que a fiscalização desta proibição será muito difícil de fazer. E, de qualquer modo, o anteprojecto não esclarece se o agente de execução ou o credor que divulguem o resultado da consulta à base de contas bancárias cometem o crime de violação de sigilo bancário".

Concluídas as consultas, o agente de execução deve elaborar um relatório que resuma o resultado das mesmas, indicando quais os bens identificados ou a circunstância de não terem sido identificados bens penhoráveis. Em concreto, desse relatório deve constar expressamente uma das seguintes indicações:

a) "sem quaisquer bens identificados";
b) "com bens aparentemente onerados ou com encargos";
c) "com bens aparentemente livres de ónus ou encargos".

Desse relatório deve igualmente ser destacada, sendo o caso, a circunstância de o requerido constar da lista pública de devedores, ter sido declarado insolvente, ter falecido ou, sendo pessoa coletiva, ter sido dissolvida e liquidada, bem como o facto de o requerido ser executado ou exequente em processos de execução pendentes.

4. Tramitação subsequente

4.1. Manifestação de vontade do credor

Logo que seja notificado do relatório elaborado pelo agente de execução, o requerente dispõe do prazo de trinta dias para requerer a convolação do procedimento extrajudicial pré-executivo em processo de execução ou, no caso de não terem sido identificados bens suscetíveis de penhora, a notificação do requerido para, no prazo de trinta dias, pagar o valor em dívida, acrescido dos juros vencidos até à data limite de pagamento e dos impostos a que possa haver lugar, bem como dos honorários devidos ao agente de execução, celebrar acordo de pagamento com o requerente, indicar bens penhoráveis ou deduzir oposição ao procedimento, com a cominação de que, nada fazendo, passará a constar da lista pública de devedores[2131].

Decorrido o referido prazo de trinta dias sem que o requerente peça a convolação do procedimento ou a notificação do requerido, o procedimento é automaticamente extinto.

[2131] Nos termos do art. 11º, nº 2, da Lei nº 32/2014, de 30 de maio, a vontade do requerente manifesta-se mediante o pagamento do montante correspondente aos honorários que são devidos ao agente de execução pelas diligências subsequentes, através de um dos identificadores únicos de pagamento que são disponibilizados ao requerente para cada uma das opções. Criticando esta opção legislativa, pelo facto de a mesma não acautelar devidamente a possibilidade de o requerente se enganar, pagando o valor constante do identificador correspondente a uma opção que ele pretendia rejeitar, *vide* o Parecer da Ordem dos Advogados, de 2 de abril de 2013, p. 6, disponível *in app.parlamento.pt*. Teria, por isso, sido preferível, tal como se preconiza no referido parecer, que essa opção fosse manifestada em requerimento próprio, subscrito pelo requerente ou pelo seu mandatário.

4.2. Notificação do requerido

Uma vez notificado, o requerido pode adotar uma de várias atitudes possíveis:

a) proceder ao pagamento voluntário da quantia em dívida;
b) celebrar com o requerente um acordo de pagamento em prestações;
c) indicar bens à penhora; ou
d) deduzir oposição ao procedimento.

4.2.1. Pagamento voluntário da quantia em dívida

Desde logo, o requerido pode proceder ao pagamento voluntário da quantia em dívida, sendo que esse pagamento implica a extinção do procedimento. Trata-se, com efeito, da mesma solução legal que decorre, com as devidas adaptações, do disposto no art. 846º, nº 1[2132].

4.2.2. Celebração de acordo de pagamento

O requerido pode celebrar com o requerente um acordo por escrito – se necessário, com o auxílio das entidades reconhecidas que prestam apoio a situações de sobre-endividamento – que preveja o pagamento do valor em dívida, acrescido dos juros vencidos até à data limite de pagamento e dos impostos a que possa haver lugar, bem como dos honorários devidos ao agente de execução, em prestações mensais e sucessivas, devendo o acordo e o plano de pagamento ser comunicados ao agente de execução, para efeitos de registo no procedimento (art. 17º, nº 1, da Lei nº 32/2014, de 30 de maio).

À semelhança do regime previsto no art. 806º, nº 2, sendo o acordo junto ao processo, este é extinto, com expressa indicação do fundamento da extinção. Contudo, nos termos do art. 17º, nº 4, da Lei nº 32/2014, de 30 de maio, se alguma das prestações devidas não for paga atempadamente, tal implica o vencimento das demais, devendo o requerente, no prazo de trinta dias contados da data do incumprimento, requerer ao agente de execução a convolação do procedimento em processo de execução, sob pena de o procedimento ser automaticamente extinto.

4.2.3. Indicação de bens penhoráveis

O PEPEX admite, tal como sucede no processo executivo, a possibilidade de o requerido indicar voluntariamente bens à penhora [arts. 12º, nº 1, al. *c)*, e

2132 A este respeito, urge salientar que, nos termos do art. 20º, nº 5, da Lei nº 32/2014, de 30 de maio, no caso de pagamento voluntário da dívida ao agente de execução, este tem direito a uma remuneração adicional calculada nos termos previstos para situações de pagamento em prestações no âmbito do processo de execução.

15º, nº 2, da Lei nº 32/2014, de 30 de maio]. Em abstrato, revelando-se inviável o recurso a um processo executivo face à frustração das diligências de identificação de bens suscetíveis de penhora, a única vantagem que assiste ao requerido na identificação voluntária de bens à penhora prende-se com a circunstância de evitar, dessa forma, a sua inclusão na lista pública de devedores (art. 15º, nº 1, da Lei nº 32/2014, de 30 de maio)[2133]. Ressalvada esta hipótese, o requerido inadimplente que pretenda furtar-se à execução não terá certamente qualquer interesse prático em proceder à identificação voluntária de bens penhoráveis que o agente de execução não logrou apurar através das consultas às bases de dados.

Seja como for, procedendo o requerido à indicação de bens à penhora, o requerente deve ser notificado pelo agente de execução para, no prazo de trinta dias, requerer a convolação do procedimento extrajudicial pré-executivo em processo de execução, sob pena de, não o fazendo, o procedimento ser automaticamente extinto.

4.2.4. Oposição

Tal como se referiu *supra*, o PEPEX não se esgota na finalidade preventiva de avaliação da viabilidade de uma futura execução em função do património do devedor que nele venha a ser identificado.

Diversamente, o PEPEX constitui um verdadeiro procedimento extrajudicial destinado à cobrança de dívidas. É exatamente neste contexto que, enquanto procedimento de partes sujeito ao princípio do contraditório, o art. 16º, nº 1, da Lei nº 32/2014, de 30 de maio, prevê a possibilidade de o requerido apresentar oposição ao procedimento extrajudicial pré-executivo, com os mesmos fundamentos que poderia invocar em sede de oposição à execução, em função do título executivo, nos termos dos arts. 729º a 731º e 857º[2134].

A oposição ao procedimento extrajudicial pré-executivo segue, com as devidas adaptações, o regime previsto nos arts. 728º e ss. para a oposição à execução, sendo devido o pagamento de taxa de justiça pela sua apresentação,

[2133] Regime análogo encontra-se previsto no art. 750º, nº 1, agravado, no entanto, pela circunstância de o executado ser notificado para indicar bens à penhora, com a cominação de que a omissão ou a prestação de falsas declarações importa a sujeição do executado a uma sanção pecuniária compulsória, no montante de 5% da dívida ao mês, com o limite mínimo global de 10 UC, se ocorrer ulterior renovação da instância executiva e aí se apurar a existência de bens penhoráveis.

[2134] Criticando esta opção legislativa, pelo facto de o legislador ter enxertado num procedimento de natureza extrajudicial uma verdadeira oposição à execução, *vide* o Parecer do Conselho Superior da Magistratura, de 22 de março de 2012, disponível *in https://www.parlamento.pt/ActividadeParlamentar/Paginas/DetalheIniciativa.aspx?BID=38209.*

no montante de 1,5 ou 3 UC, consoante o valor do procedimento seja igual ou inferior à alçada do tribunal da Relação ou superior a esse valor, sob pena de recusa da oposição.

Contudo, diversamente do que ocorre com a oposição à execução, a qual deve ser deduzida no prazo de vinte dias a contar da citação ou notificação do executado, no âmbito do PEPEX, o requerido dispõe de um prazo alargado de trinta dias para o efeito.

De acordo com o art. 16º, nº 3, da Lei nº 32/2014, de 30 de maio, a oposição deve ser apresentada preferencialmente por via eletrónica – sendo obrigatória a constituição de advogado nos casos em que o valor da oposição seja superior à alçada do tribunal de primeira instância – e é tramitada de forma autónoma, como processo especial de oposição ao procedimento extrajudicial pré-executivo[2135,2136]. Semelhante regime especial encontra justificação no facto de o PEPEX revestir uma natureza extrajudicial, sendo, por isso, impossível tramitar a oposição por apenso a esse processo.

Enquanto o processo de oposição não for julgado, o requerente não pode instaurar processo de execução com base no mesmo título, sendo certo que, se o fizer, esse processo deve ser imediatamente extinto pelo agente de execução logo que verificado tal facto, nos termos do disposto no art. 16º, nºs 7 e 8, da Lei nº 32/2014, de 30 de maio[2137].

Significa isto que, neste caso, o recurso ao PEPEX coloca o requerente em pior situação do que aquela em que estaria se tivesse recorrido a um processo executivo.

É que, se o credor intentar uma ação executiva para pagamento de quantia certa sob a forma de processo comum sumário, o executado só será citado após a penhora do seu património e a eventual oposição à execução que por ele venha a ser deduzida não suspende a execução (art. 856º).

Diversamente, recorrendo o credor ao PEPEX, a oposição produz um efeito suspensivo, sem que o crédito esteja garantido patrimonialmente. Nessa eventualidade, não restará ao credor outra possibilidade que não seja a de requerer o arresto do património do devedor (desde que se encontrem preenchidos

2135 Afigura-se, por isso, que a oposição ao procedimento extrajudicial pré-executivo será distribuída sob a espécie 3ª, enquanto ação de processo especial, nos termos do art. 212º.

2136 No sentido de competir ao juízo de execução o conhecimento da oposição ao procedimento extrajudicial pré-executivo, *vide* o ac. do TRP de 27.09.2017, proc. 12270/16.8T8LSB.P1.

2137 Ainda que o agente de execução não extinga a execução, designadamente por não se ter apercebido desse facto, parece-nos que nada obsta a que o próprio requerido, agora executado, suscite no processo de execução a pendência do processo especial de oposição ao procedimento extrajudicial pré-executivo, requerendo, simultaneamente, a extinção da execução.

os respetivos pressupostos legais), por forma a garantir patrimonialmente a satisfação do seu crédito, enquanto a oposição ao PEPEX não for julgada em definitivo[2138].

Por outro lado, dispõe o art. 16º, nº 9, da Lei nº 32/2014, de 30 de maio, que, sendo a oposição ao procedimento julgada procedente, o requerente do PEPEX não pode instaurar ação executiva com base no mesmo título. Na realidade, a decisão que vier a julgar procedente a oposição, pronunciando-se sobre o mérito da relação jurídica substantiva a que o crédito diz respeito, produz efeito de caso julgado material, ou seja, impede nova pronúncia de mérito sobre a mesma relação jurídica constante do título executivo. Isto porque a oposição ao PEPEX (tal como a oposição à execução) reveste a natureza de uma "contra-acção destinada a obstar à produção dos efeitos do título executivo", ou seja, "funciona como uma petição de uma ação declarativa e não como contestação de uma acção executiva"[2139].

Contudo, a limitação constante do art. 16º, nº 9, da Lei nº 32/2014, de 30 de maio, afigura-se difícil de compreender nas situações em que a oposição venha a ser julgada procedente com base numa questão processual ou formal. Com efeito, dado que, nesta hipótese, a decisão de procedência da oposição produz tão-só o efeito de caso julgado formal, isto é, produz efeitos intra-processuais, nada obsta a que o requerente instaure ação executiva com base no mesmo título[2140]. Por conseguinte, o art. 16º, nº 9, do citado diploma legal deve ser interpretado de forma restritiva, aplicando-se tão-só aos casos em que a decisão de procedência da oposição deduzida ao PEPEX produza efeito de caso julgado material, pronunciando-se, consequentemente, sobre o mérito da relação jurídica substantiva constante do título executivo oferecido pelo requerente.

4.2.5. Inclusão na lista pública de devedores e emissão de certidão de incobrabilidade

Decorrido o prazo de trinta dias sobre a data da notificação do requerido, sem que haja lugar a alguma das situações previstas nas als. *a)* a *d)* do nº 1 do art. 12º

[2138] Isto sem prejuízo de o credor requerer desde logo a convolação do PEPEX em processo executivo, nos termos do art. 11º, nº 1, al. *a)*, da Lei nº 32/2014, de 30 de maio, ainda que as diligências de pesquisa de bens se revelem infrutíferas.

[2139] Ac. do TRC de 17.09.2013, proc. 507/12.7TBSEI.C1. Cfr., no mesmo sentido, os acs. do TRP de 13.03.2014, proc. 2997/11.6TBMTS.P1, e de 08.05.2014, proc. 3666/12.5TBGDM.P1, bem como o ac. do STJ de 09.10.2014, proc. 267/12.1TCGMR.G1.S1. *Vide*, na doutrina, Sousa, Miguel Teixeira de, *Acção Executiva Singular, op. cit.*, p. 163, bem como Castro, Artur Anselmo de, *A Acção Executiva Singular, Comum e* Especial, *op. cit.*, p. 276.

[2140] *Vide*, nesse sentido, o ac. do TRC de 05.07.2011, proc. 568/09.6TBVNO-A.C1.

da Lei nº 32/2014, de 30 de maio, isto é, sem que este proceda ao pagamento voluntário da quantia em dívida, celebre um acordo de pagamento, indique bens à penhora ou deduza oposição ao procedimento, o agente de execução deve proceder à inclusão do devedor na lista pública de devedores (art. 15º, nº 1, da Lei nº 32/2014, de 30 de maio)[2141]. Constata-se, por isso, que o PEPEX encerra em si mesmo uma natureza coativa e/ou sancionatória, que lhe advém da particularidade de o requerido ser obrigado a tomar uma posição expressa sobre o procedimento – pagando, celebrando um acordo de pagamento, oferecendo bens à penhora ou deduzindo oposição –, sob pena de, nada fazendo, ver o seu nome inscrito na lista pública de devedores.

Por outro lado, sendo o requerido incluído na lista pública de devedores, o requerente pode obter certidão eletrónica de incobrabilidade da dívida a emitir pelo agente de execução. Nesse caso, a dívida referente à certidão é considerada incobrável para fins fiscais e comunicada à administração fiscal por via eletrónica, para efeitos do disposto nos arts. 78º, nº 7, e 78º-A, nº 4, do CIVA, e no art. 41º do CIRC. Trata-se de uma solução legal importante, na medida em que, não raras vezes, o recurso a uma ação judicial visa apenas a obtenção de uma certidão de incobrabilidade de dívida com vista à dedução do IVA ou à consideração do crédito como custo da empresa.

Contudo, este preceito não é verdadeiramente inovador, porquanto o art. 6º, nº 2, do DL nº 201/2003, de 10 de setembro, na redação que lhe foi dada pela Lei nº 60-A/2005, de 30 de dezembro, consagra já a possibilidade de um terceiro, que mantenha relação contratual ou pré-contratual com o titular dos dados, aceder ao registo informático de execuções com vista à obtenção de um certificado para demonstração da natureza incobrável de créditos resultantes de incumprimento contratual.

4.3. Convolação do procedimento em processo de execução

Nos termos do art. 18º da Lei nº 32/2014, de 30 de maio, para que se verifique a convolação do procedimento extrajudicial pré-executivo em processo de execução, torna-se necessário o preenchimento cumulativo dos seguintes requisitos:

2141 Neste particular, importa salientar que, tal como resulta do Parecer da CNPD, de 27 de março de 2013, p. 7, disponível *in https://www.parlamento.pt/ActividadeParlamentar/Paginas/Detalhe Iniciativa.aspx?BID=38209*, que sufragamos, "a inclusão do devedor na lista pública de execuções por mera ação do agente de execução, sem controlo judicial, não acautela a reserva da intimidade da vida privada".

a) apresentação de requerimento executivo ou de requerimento de execução de decisão judicial condenatória, consoante o caso;
b) junção do relatório previsto no art. 10º da Lei nº 32/2014, de 30 de maio.

Sendo o procedimento extrajudicial pré-executivo convolado em processo executivo, não é devido o pagamento do valor referente aos honorários e despesas do agente de execução pela fase inicial do processo executivo, nem tão-pouco do valor concernente às consultas das bases de dados, quando exigido no âmbito do processo de execução. Para além disso, não há lugar à repetição das diligências para localização de bens penhoráveis, através das consultas às bases de dados, e à apresentação de relatório elaborado na sequência das mesmas. Esta solução legislativa encontra justificação na circunstância de o pagamento dos honorários e despesas do agente de execução, bem como a realização das diligências de pesquisa de bens, terem já tido lugar no âmbito do PEPEX, inexistindo, por isso, fundamento válido ou razão atendível, *maxime* à luz do princípio da economia processual, para a duplicação ou repetição de atos processuais.

5. Consultas após a extinção do procedimento

Nos procedimentos que tenham terminado sem a identificação de quaisquer bens penhoráveis e que não tenham sido convolados em processos de execução – o que pode suceder quer nos casos em que o requerente, uma vez notificado do relatório, nada tenha feito (art. 11º, nº 3, da Lei nº 32/2014, de 30 de maio), quer nas situações em que o requerido tenha sido incluído na lista pública de devedores, com a subsequente emissão da certidão de incobrabilidade de dívida (arts. 15º e 25º da Lei nº 32/2014, de 30 de maio) –, o requerente pode, no prazo de três anos após o termo do procedimento, solicitar a realização de novas consultas, desde que proceda ao pagamento antecipado dos honorários devidos ao agente de execução [arts. 19º, nº 1, e 20º, nº 1, al. *e)*, da Lei nº 32/2014, de 30 de maio]. Essas consultas devem ser feitas, em princípio, pelo agente de execução nomeado *ab initio*, salvo se este, à data desse requerimento, já não se encontrar em pleno exercício de funções.

Estando o requerido inserido na lista pública de devedores, não há lugar à sua notificação.

6. Valores devidos no âmbito do procedimento extrajudicial pré-executivo

Dispõe o art. 20º da Lei nº 32/2014, de 30 de maio, que, no âmbito do PEPEX, é devido ao agente de execução o pagamento dos seguintes valores, a que acresce o imposto sobre o valor acrescentado (IVA), à taxa legal em vigor, quando aplicável:

a) 0,25 UC para remuneração das entidades envolvidas na gestão e manutenção da plataforma informática e serviços diretos eletrónicos de consultas sobre os bens ou localização dos requeridos, quando essa remuneração for devida no âmbito do processo de execução;

b) 0,50 UC para pagamento dos honorários do agente de execução pela análise do título executivo, pela realização das consultas e elaboração do relatório[2142];

c) 0,25 UC para pagamento dos honorários do agente de execução pela notificação de cada requerido, a que se refere o art. 12º[2143];

d) 0,25 UC para pagamento dos honorários do agente de execução pela emissão de certidão de incobrabilidade da dívida, após inclusão na lista pública de devedores, e remessa eletrónica da mesma à administração fiscal;

e) 0,15 UC para pagamento dos honorários do agente de execução pela renovação de consultas; e

f) 0,25 UC para pagamento dos honorários do agente de execução pela exclusão do requerido da lista pública de devedores.

7. Publicidade do processo

Um dos princípios fundamentais do PEPEX é o da publicidade do processo. Assim, qualquer uma das partes intervenientes no procedimento pode aceder ao processo por via eletrónica, mediante autenticação na plataforma informática, com base em certificado de assinatura digital qualificada, integrado no cartão do cidadão, certificado digital de assinatura e autenticação emitido pela Ordem dos Advogados ou certificado digital de assinatura e autenticação emitido pela associação pública profissional representativa dos agentes de execução, podendo ainda as partes aceder ao processo através da plataforma de autenticação da administração fiscal.

Por outro lado, o processo fica disponível para consulta pelo requerido após a primeira notificação efetuada no âmbito do procedimento pré-executivo,

2142 Corresponde à fase 1 do processo executivo, nos termos do art. 47º, nº 1, al. *a)*, da Portaria nº 282/2013, de 29 agosto, na qual é devido o pagamento de uma provisão ao agente de execução no valor correspondente a 0,75UC, sujeito a IVA à taxa legal em vigor.

2143 Corresponde, com as devidas adaptações, à fase 2 do processo executivo, nos termos do art. 47º, nº 1, al. *b)*, da Portaria nº 282/2013, de 29 de agosto, na qual é devido o pagamento de uma provisão ao agente de execução no valor correspondente a 0,25UC, sujeito a IVA em vigor.

após a sua citação no âmbito de processo de execução em que este figure como executado e que se tenha iniciado em decorrência de procedimento contra si instaurado ou, no caso de não se verificar nenhuma dessas hipóteses, no prazo de trinta dias após a extinção do procedimento.

O requerido dispõe do prazo de trinta dias, após a primeira consulta a procedimento contra si instaurado, para reclamar da atuação do agente de execução que repute como violadora dos seus direitos junto dos órgãos de fiscalização e disciplina da atividade dos agentes de execução.

8. Reclamações e impugnação jurisdicional

Nos termos do art. 27º, nº 1, da Lei nº 32/2014, de 30 de maio, qualquer interessado poder reclamar para os órgãos de fiscalização e disciplina da atividade dos agentes de execução dos atos praticados pelo agente de execução no âmbito do procedimento extrajudicial pré-executivo, no prazo de trinta dias a contar da data em que teve conhecimento da prática dos mesmos.

Contudo, se o interessado pretender sindicar a legalidade dos atos, deverá impugná-los junto dos tribunais judiciais com competência para exercer, no âmbito dos processos de execução de natureza cível, as competências previstas no Código de Processo Civil.

Deste modo, importa distinguir, no tocante ao modo de reação quanto aos atos praticados pelo agente de execução, entre os atos ilegais, dos quais caberá impugnação judicial, e os atos violadores de disposições estatutárias e disciplinares, dos quais caberá reclamação para os órgãos de fiscalização e disciplina da atividade dos agentes de execução[2144].

Por outro lado, à luz do nº 2 da citada disposição legal, os atos dos órgãos de fiscalização e disciplina da atividade dos agentes de execução podem ser impugnados, no prazo de trinta dias contados da data da sua notificação aos interessados, junto dos tribunais administrativos.

[2144] Observe-se, a este propósito, que o art. 28º do anteprojeto previa tão-só a possibilidade de impugnação dos atos praticados pelos agentes de execução no âmbito do PEPEX através de reclamação para os órgãos de fiscalização e disciplina da atividade dos agentes de execução.

REFERÊNCIAS BIBLIOGRÁFICAS

ABREU, Eridano de, "Compra e venda (compra e venda de veículos automóveis – valor e natureza do registo – forma – enriquecimento sem causa) – Acórdão do S.T.J. de 24-2-77. Anotação", *in ROA*, ano 37º, vol. III, set./dez. 1977, pp. 52-59;

ABREU, Jorge Manuel Coutinho de, *Curso de Direito Comercial*, vol. II, 4ª ed., Almedina, Coimbra, 2011;

ADOLPHSEN, Jens, *Europäisches Zivilverfahrensrecht*, Springer DE, Berlim, 2011;

AGUILAR GRIEDER, Hilda, "El proceso monitorio europeo en un contexto de creciente comunitarización", *in Hacia la Supresión del Exequátur en el Espacio Judicial Europeo: el Título Ejecutivo Europeo*, Universidad de Sevilla, Sevilha, 2006;

ALARCÃO, Rui, *Direito das Obrigações*, Coimbra, 1993;

ALBUQUERQUE, Pedro, "O direito ao cumprimento de prestação de facto, o dever de a cumprir e o princípio *nemo ad factum cogi potest*. Providência cautelar, sanção pecuniária compulsória e caução", *in ROA*, ano 65º, vol. II, set. 2005, pp. 435-485;

ALESSANDRI RODRÍGUEZ, Arturo, *et al.*, *Tratado de Derecho Civil: Partes Preliminar y General*, tomo I, Editorial Jurídica de Chile, Santiago do Chile, 1998;

ALMEIDA, Francisco Manuel Lucas Ferreira de, *Direito Processual Civil*, vol. I, 2ª ed., Almedina, Coimbra, 2017;

ALMEIDA, L. P. Moitinho, "O benefício da ordem ou da excussão", *in ROA*, ano 22º, vol. I/II, jan./jul. 1962, pp. 52-59;

ALVES, Geraldo Magela, *O Novo Processo de Execução*, Editora del Rey, Belo Horizonte, 2007;

ALVIM, José Eduardo Carreira, *Processo Monitório*, 6ª ed., Juruá Editora, Curitiba, 2006;

ALVIM, José Eduardo Carreira, *Ação Monitória e Temas Polêmicos da Reforma Processual*, Juruá Editora, Curitiba, 2007;

ALVIM, José Eduardo Carreira/CABRAL, Luciana Gontijo Carreira Alvim, *Nova Execução de Título Extrajudicial*, 5ª ed., Juruá Editora, Curitiba, 2008;

AMADO, João Leal, *Contrato de Trabalho*, 4ª ed., Coimbra Editora, Coimbra, 2014;

AMARAL, Jorge Augusto Pais de, *Direito Processual Civil*, 13ª ed., Almedina, Coimbra, 2017;

AMENDOLAGINE, Vito, *L'Introduzione della Causa Civile: Analogie e Differenze nei Vari Riti*, Giuffrè Editore, Milão, 2011;

AMENDOLAGINE, Vito, *Decreto Ingiuntivo*, Giuffrè Editore, Milão, 2013;

ANDOLINA, Italo, *"Cognición" y "Ejecución Forzada" en el Sistema de la Tutela Jurisdiccional*, Editorial Communitas, 2008;

ANDRADE, Manuel A. Domingues de, *Teoria Geral das Obrigações*, Almedina, Coimbra, 1958;

ANDRADE, Manuel A. Domingues de, *Noções Elementares de Processo Civil*, Coimbra Editora, Coimbra, 1976;

ANDRADE, Manuel A. Domingues de, *Teoria Geral da Relação Jurídica*, vol. II, 9ª reimp., Almedina, Coimbra, 2003;

ANGEL FERNANDEZ, Miguel, *Derecho Procesal Civil*, vol. III, 4ª ed. (reimp.), Editorial Centro de Estudios Ramón Areces, Madrid, 1996;

ANTUNES, Henrique Sousa, "Reflexões sobre o conceito de terceiros à luz da obrigatoriedade registal", *in Estudos dedicados ao Professor Doutor Luís Alberto Carvalho Fernandes*, vol. II, Universidade Católica Editora, Lisboa, 2011, pp. 13-30;

ANTUNES, José A. Engrácia, *Os Títulos de Crédito – Uma Introdução*, 2ª ed. rev. e atual., Coimbra Editora, Coimbra, 2012;

ANTUNES, José A. Engrácia, *Os Instrumentos Financeiros*, 3ª ed. rev. e atual., Almedina, Coimbra, 2017;

ARIETA, Giovanni, *Trattato di Diritto Processuale Civile*, vol. X, Cedam, Pádua, 2010;

ASCENSÃO, José de Oliveira, *Direitos Reais*, Centro de Estudos de Direito Civil da Faculdade de Direito da Universidade de Lisboa, Lisboa, 1971;

ASCENSÃO, José de Oliveira, "Efeitos substantivos do registo predial na ordem jurídica portuguesa", *in ROA*, ano 34º, vols. I/IV, jan./dez. 1974, pp. 5-46;

ASCENSÃO, José de Oliveira, "Locação de bens dados em garantia", *in ROA*, ano 45º, vol. II, set. 1985, pp. 345-390;

ASCENSÃO, José de Oliveira, "Acção de reivindicação", *in Estudos em Memória do Professor Doutor João de Castro Mendes*, Lex, Lisboa, 1995, pp. 17-46;

ASCENSÃO, José de Oliveira, "Valor mobiliário e título de crédito", *in ROA*, ano 56º, vol. III, dez. 1996, pp. 837-875;

ASCENSÃO, José de Oliveira, *Direito Comercial*, vol. I, Faculdade de Direito da Universidade de Lisboa, Lisboa, 1998/99;

ASCENSÃO, José de Oliveira, "O actual conceito de valor mobiliário", *in ROA*, ano 61º, vol. I, jan. 2001, pp. 5-32;

ASCENSÃO, José de Oliveira, "A desconformidade do registo predial com a realidade e o efeito atributivo", *in CDP*, nº 31, jul./dez. 2010, pp. 3-21;

ASCENSÃO, José de Oliveira, *Direito Civil – Reais*, 5ª ed., Coimbra Editora, Coimbra, 2012;

ASCENSÃO, José de Oliveira/VASCONCELOS, Pedro Pais de, "Forma da livrança e formalidade", *in ROA*, ano 60º, vol. I, jan. 2000, pp. 283-342;

ASENCIO MELLADO, José Maria, *Introducción al Derecho Procesal*, 5ª ed., Tirant lo Blanch, Valência, 2008;

ATAÍDE, Rui Paulo Coutinho de Mascarenhas, "Sobre a distinção entre posse e detenção", *in ROA*, ano 75º, vols. I/II, jan./jun. 2015, pp. 79-120;

BALAGUER CALLEJÓN, Francisco, *et al.*, *Manual de Derecho Constitucional*, vol. II, 5ª ed., Tecnos, Madrid, 2010;

BALLATI, Franco/MARINI, Francesca, *Il Pignoramento Presso Terzi*, 2ª ed., Maggioli Editore, Santarcangelo di Romagna, 2016;

BAPTISTA, João Valbom, "Penhora de participações sociais. Em especial, nas sociedades por quotas e anónimas", *in Colectânea de Estudos de Processo Civil*, Coimbra Editora, Coimbra, 2013, pp. 155-292;

BAPTISTA, José João, *Processo Civil I – Parte Geral e Processo Declarativo*, 8ª ed., Coimbra Editora, Coimbra, 2006;

BARATA, Carlos Lacerda, *Da Obrigação de Preferência*, reimp., Coimbra Editora, Coimbra, 2002;

BARBIERA, Lelio, *Responsabilità Patrimoniale*, Giuffrè Editore, Milão, 2010;

BASTOS, Filipe Brito, "A responsabilidade civil do exequente: pressupostos e breves notas sobre alguns problemas de regime", *in Colectânea de Estudos de Processo Civil*, Coimbra Editora, Coimbra, 2013, pp. 107-122;

BASTOS, Jacinto Fernandes Rodrigues, *Das Obrigações em Geral*, vol. III, Viseu, 1972;

BAYO DELGADO, M. Joaquín, "Les acteurs de l'exécution", *in L'Exécution des Décisions de Justice en Matière Civile*, Estrasburgo, 1998, pp. 15-24;

BELLAGAMBA, Gianni/CARITI, Giuseppe, *L'Esecuzione Civile: Rassegna Giurisprudenziale della Normativa Sostanziale e Processuale*, Giuffrè Editore, Milão, 2012;

BENE, Luigi del, "L'espropriazione forzata", *in Il Recupero del Credito, a cura di Bruno Cirillo*, Wolters Kluwer Italia, 2014, pp. 186-273;

BERGLUND, Mikael, *Cross-border Enforcement of Claims in the EU: History, Present Time and Future*, Kluwer Law International, Estocolmo, 2009;

BERTHE, Aude, "Le recouvrement amiable en Belgique", *in Un Recouvrement de Créances sans Frontières?*, Larcier, Bruxelas, 2013;

BOCCONE, Gianvito, *Il Decreto Ingiuntivo. Modalità Operative e Questioni Processuali*, Halley Editrice, Matelica, 2007;

BORGES, Marco António de Aço e, *A Demanda Reconvencional*, Quid Iuris, Lisboa, 2008;

BOULARBAH, Hakim, *Requête Unilatérale et Inversion du Contentieux*, Larcier, Bruxelas, 2010;

BOVE, Mauro, "Il bene pignorato ed espropriato tra diritto processuale e diritto sostanziale", *in RDP*, anno LXII, 2ª série, nº 6, Cedam, nov./dez. 2007, pp. 1409-1434;

BRIGGS, Adrian, *Civil Jurisdiction and Judgments*, 6ª ed., Informa Law, Oxford, 2015;

BUENO, Cassio Scarpinella, *Curso Sistematizado de Direito Processual Civil*, 5ª ed., Editora Saraiva, São Paulo, 2011;

CACACE, Valentina/GRANA, Silvia, *L'Esecuzione Mobiliare*, 2ª ed., Giuffrè Editore, Milão, 2011;

CACHÓN CADENAS, Manuel, *Apuntes de Ejecución Procesal Civil*, Univ. Autònoma de Barcelona, Barcelona, 2011;

CACHÓN CADENAS, Manuel/PICÓ I JUNOY, Joan, *Ejecución Civil: Problemas Actuales*, Atelier Libros, Barcelona, 2009;

CALSTER, Geert Van, *European Private International Law*, 2ª ed., Hart Publishing, Oregon, 2016;

CÂMARA, Paulo, *Manual de Direito dos Valores Mobiliários*, 3ª ed., Almedina, Coimbra, 2016;

CAMPEIS, Giuseppe/DE PAULI, Arrigo, *Le Regole Europee ed Internazionali del Processo Civile Italiano*, Wolters Kluwer Italia, Pádua, 2009;

CAMPESE, Giovanni, *L'Espropriazione Forzata Immobiliare*, 2ª ed., Giuffrè Editore, Milão, 2006;

CAMPOS, Diogo Leite de, "Da responsabilidade do credor na fase de incumprimento", *in ROA*, ano 52º, vol. III, dez. 1992, pp. 853-868;

CAMPOS, Diogo Leite de, *A Locação Financeira*, Lex, Lisboa, 1994;

CAMPOS, Diogo Leite de, "Locação financeira (leasing) e locação", *in ROA*, ano 62º, vol. III, dez. 2002, pp. 759-775;

CAMPOS, Diogo Leite de, *Lições de Direito da Família e das Sucessões*, reimp. da 2ª ed., rev. e atual., Almedina, Coimbra, 2013;

CAMPOS, Maria Isabel Helbing Menéres, "Cancelamento do registo de reserva de propriedade a favor do exequente – Ac. de Uniformização de Jurisprudência nº 10/2008, Proc. 3965/07", *in CDP*, nº 29, jan./mar. 2010, pp. 25-40;

CAMPOS, Maria Isabel Helbing Menéres, *A Reserva de Propriedade: Do Vendedor ao*

Financiador, Coimbra Editora, Coimbra, 2013;

CANOTILHO, J. J. Gomes, *Direito Constitucional e Teoria da Constituição*, 7ª ed., 12ª reimp., Almedina, Coimbra, 2003;

CAPELO, Maria José, "Pressupostos processuais gerais na acção executiva – A legitimidade e as regras de penhorabilidade", *in Themis – A Reforma da Acção Executiva*, ano IV, nº 7, Almedina, Coimbra, 2003, pp. 79-104;

CAPPONI, Bruno, "Titolo esecutivo", *in Commentario del Codice di Procedura Civile*, vol. VI, Utet Giuridica, Turim, 2013, pp. 5-85;

CAPPONI, Bruno, "Il giudice dell'esecuzione e la tutela del debitore", *in RDP*, anno LXX, 2ª série, nº 6, Cedam, nov./dez. 2015, pp. 1447-1463;

CARAMELO, António Sampaio, *A Impugnação da Sentença Arbitral*, Coimbra Editora, Coimbra, 2014;

CARDINO, Alberto, *Comunione di Beni ed Espropriazione Forzata*, UTET Giuridica, Turim, 2011;

CARRATTA, Antonio, *Verso Il Procedimento Ingiuntivo Europeo*, Università di Macerata, Giuffrè Editore, Milão, 2007;

CARRILHO, Joana Caetano, "A imobilização do veículo automóvel – Considerações em torno da figura do depositário", *in Colectânea de Estudos de Processo Civil*, Coimbra Editora, Coimbra, 2013, pp. 123-154;

CARVALHO, Eduardo J. da S., *Manual do Processo de Execução*, vol. I, Coimbra, 1908;

CARVALHO, Jorge Morais, "As dívidas dos cônjuges no processo executivo", *in Estudos Comemorativos dos 10 Anos da Faculdade de Direito da Universidade Nova Lisboa*, vol. II, Almedina, Coimbra, 2008, pp. 665-696;

CARVALHO, Orlando de, "Terceiros para efeitos de registo", *in BFD*, vol. LXX, Coimbra, 1994, pp. 97-106;

CARVALHO, Orlando de, *Teoria Geral do Direito Civil*, 3ª ed., Coimbra Editora, Coimbra, 2012;

CASCELLA, Gianluca, «L'opposizione a decreto ingiuntivo, l'opposizione tardiva e la conclusione del giudizio di opposizione», *in Decreto Ingiuntivo*, Maggioli Editore, Santarcangelo di Romagna, 2013;

CASTORO, Pasquale, *Il Processo di Esecuzione nel suo Aspetto Pratico*, Giuffrè Editore, Milão, 2010;

CASTRO, Artur Anselmo de, *A Acção Executiva Singular, Comum e Especial*, 3ª ed., Coimbra Editora, 1977;

CASTRO, Artur Anselmo de, *Direito Processual Civil Declaratório*, vol. I, Almedina, Coimbra, 1981;

CAZANOVA, Salazar, "Notas breves sobre a lei de organização do sistema judiciário (Lei nº 62/2013, de 26 de Agosto)", *in ROA*, ano 73º, vol. II/III, abr./set. 2013, pp. 461-475;

CENDON, Paolo, *Commentario al Codice Civile*, vol. 40, Giuffrè Editore, Milão, 2008;

CHANOCA, Saulo, "Reflexões em torno da penhora do estabelecimento comercial: a penhora de um bem complexo e a dinâmica da garantia", *in Colectânea de Estudos de Processo Civil*, Coimbra Editora, Coimbra, 2013, pp. 293-354;

CHAVES, Luís Cláudio da Silva, "O cumprimento das sentenças cíveis que reconheçam a existência de obrigação de fazer, não fazer, entregar coisa ou pagar quantia certa", *in Processo Civil Reformado*, Belo Horizonte, Del Rey, 2007, pp. 203-216;

CHIOVENDA, José, *Principios de Derecho Procesal Civil*, tomo I, Instituto Editorial Reus, Madrid, 1977;

CINTRA, António Carlos de Araújo, *et al.*, *Teoria Geral do Processo*, 27ª ed., Malheiro Editores, São Paulo, 2011;

CIRILLO, Bruno, *Il Nuovo Pignoramento Presso Terzi*, Maggioli Editore, Santarcangelo di Romagna, 2013;

CIRILLO, Bruno, *L'Esecuzione Mobiliare Presso il Debitore*, Maggioli Editore, Santarcangelo di Romagna, 2013;

COELHO, Francisco Pereira/OLIVEIRA, Guilherme de, *Curso de Direito da Família*, vol. I, 4ª ed., Coimbra Editora, Coimbra, 2008;

COLESANTI, Vittorio, "L'infelice situazione del terzo debitore (anche dopo le recenti riforme)", *in RDP*, anno LXX, 2ª série, nº 6, Cedam, nov./dez. 2015, pp. 1345-1357;

CONSOLO, Claudio, *et al.*, *Commentario al Codice di Procedura Civile*, vol. VI, UTET Giuridica, Turim, 2013;

CORDEIRO, António Menezes, "Da natureza do direito do locatário", *in ROA*, ano 40º, vol. I, jan./abr. 1980, pp. 61-136;

CORDEIRO, António Menezes, *Direito das Obrigações*, vol. I, reimp., AAFDL, Lisboa, 1990;

CORDEIRO, António Menezes, *Direito das Obrigações*, vol. II, reimp., AAFDL, Lisboa, 1990;

CORDEIRO, António Menezes, *Manual de Direito do Trabalho*, Almedina, Coimbra, 1991;

CORDEIRO, António Menezes, *A Posse: Perspectivas Dogmáticas Actuais*, Almedina, Coimbra, 1997;

CORDEIRO, António Menezes, "Da retenção do promitente na venda executiva", *in ROA*, ano 57º, vol. II, abr. 1997, pp. 547-563;

CORDEIRO, António Menezes, "Salários em atraso e privilégios creditórios", *in ROA*, ano 58º, vol. II, jul. 1998, pp. 645-672;

CORDEIRO, António Menezes "Estabelecimento comercial e arrendamento", *in Estudos em Homenagem ao Prof. Doutor Inocêncio Galvão Telles*, vol. III, Almedina, Lisboa, 2002, pp. 407-428;

CORDEIRO, António Menezes, *Da Compensação no Direito Civil e no Direito Bancário*, Almedina, Coimbra, 2003;

CORDEIRO, António Menezes, *Tratado de Direito Civil Português*, II – Direito das Obrigações, tomo II, Almedina, Coimbra, 2010;

CORDEIRO, António Menezes, *Tratado de Direito Civil Português*, I – Parte Geral, tomo I, 3ª ed., Almedina, Coimbra, 2011;

CORDEIRO, António Menezes, *Tratado de Direito Civil Português*, VI – Direito das Obrigações, 2ª ed., Almedina, Coimbra, 2012;

CORDEIRO, António Menezes, *Tratado de Direito Civil Português*, III – Parte Geral – Coisas, 3ª ed., Almedina, Coimbra, 2013;

CORDEIRO, Catarina Pires, "A responsabilidade do exequente na nova acção executiva: sentido, fundamento e limites", *in CDP*, 10º, abr./jun. 2005;

CORREA DELCASSO, Juan Pablo, "Propositions pour l'instauration d'une procédure d'injonction de payer harmonisée dans les pays de l'UE", *in Procedural Laws in Europe – Towards Harmonisation*, Maklu, Antuérpia, 2003;

CORREIA, A. Ferrer, *Lições de Direito Comercial*, Lex, Lisboa, 1994;

CORREIA, João, *et al.*, *Introdução ao Estudo e à Aplicação do Código de Processo Civil de 2013*, Almedina, Coimbra, 2013;

CORREIA, Miguel J. A. Pupo, *Direito Comercial*, Edições SPB, Lisboa, 1988;

CORSARO, Vincenzo, *Le Esecuzioni Forzate nel Codice di Procedura Civile*, Giuffrè Editore, Milão, 2006;

COSTA, Daniel Carnio, *Execução no Processo Civil Brasileiro – Biblioteca de Estudos em Homenagem ao Professor Arruda Alvim*, Juruá Editora, Curitiba, 2008;

COSTA, Mário Júlio de Almeida, *Introdução ao Estudo do Direito e Elementos de Direito Civil*, Faculdade de Direito de Coimbra, Coimbra, 1967;

COSTA, Mário Júlio de Almeida, *Noções Fundamentais de Direito Civil*, 6ª ed. rev. e atual., Almedina, Coimbra, 2013;

COSTA, Mário Júlio de Almeida, *Direito das Obrigações*, 12ª ed. rev. e atual., Almedina, Coimbra, 2013;

COSTA, Salvador da, *A Injunção e as Conexas Acção e Execução*, 6ª ed. atual. e ampl., Almedina, Coimbra, 2009;

COSTA, Salvador da, "A venda executiva, os direitos reais de aquisição e os direitos de remição", *in Estudos em Homenagem ao Prof. Doutor José Lebre de Freitas*, vol. I, 1ª ed., 2013, pp. 1217-1244;

COSTA, Salvador da, *O Concurso de Credores*, 5ª ed., Almedina, Coimbra, 2015;

COSTA, Salvador da, *Os Incidentes da Instância*, 9ª ed., Almedina, Coimbra, 2017;

COURRÈGE, Orlando, *Direito das Obrigações – Apontamentos das aulas da 2ª cadeira de Direito Civil da Faculdade de Direito da Universidade de Lisboa (Regência do Prof. Dr. Paulo Cunha)*, Figueira da Foz, 1943;

COUTURE, Eduardo J., *Fundamentos del Derecho Procesal Civil*, 3ª ed. (reimp.), Depalma, Buenos Aires, 1993;

CRIFÒ, Carla, *Cross-border Enforcement of Debts in the European Union*, Kluwer Law International, Alphen aan den Rijn, 2009;

CRIVELLI, Alberto, *Pignoramento Presso Terzi*, Giuffrè Editore, Milão, 2011;

CRIVELLI, Alberto, *Esecuzione Forzata e Processo Esecutivo*, 2ª ed., UTET Giuridica, 2012;

CUNHA, António Júlio, "A propósito da responsabilidade processual civil", *in Estudos Jurídicos em Homenagem ao Professor António Motta Veiga*, Almedina, Coimbra, 2007;

CUNHA, Carolina, *Letras e Livranças: Paradigmas Actuais e Recompreensão de um Regime*, Almedina, Coimbra, 2012;

CUNHA, Carolina, *Manual de Letras e Livranças*, Almedina, Coimbra, 2016;

CUNHA, Paulo Olavo, *Cheque e Convenção de Cheque*, Almedina, Coimbra, 2009;

DELGADO, Abel, *Cheques Sem Provisão*, 2ª ed., Livraria Petrony, 1989;

DELGADO, Abel, *Lei Uniforme Sobre Cheques – Anotada*, 5ª ed., Livraria Petrony, 1990;

DEMARCHI, Paolo Giovanni/ALBENGO, Paolo Giovanni Demarchi, *Il Nuovo Processo Civile*, Giuffrè Editore, Milão, 2009;

DI PAOLA, Nunzio Santi, *Il Decreto Ingiuntivo. Procedimento e Opposizione*, Maggioli Editore, Rimini, 2012;

DI ROSA, Giovanna, *Il Procedimento di Ingiunzione*, Wolters Kluwer Italia, Milão, 2008;

DIANA, Antonio Gerardo, *La Nuova Esecuzione Forzata – Questioni e Procedure*, Giuffrè Editore, Milão, 2011;

DIAS, Cristina Araújo, *Lições de Direito das Sucessões*, 7ª ed., Almedina, Coimbra, 2019;

DIAS, Cristina Manuela Araújo, *Alteração do Estatuto Patrimonial dos Cônjuges e a Responsabilidade por Dívidas*, Almedina, Coimbra, 2012;

DIAS, Gabriela Figueiredo, "Reserva de propriedade", *in Comemorações dos 35 Anos do Código Civil e dos 25 Anos da Reforma de 1977*, vol. III – Direito das Obrigações, Coimbra Editora, Coimbra, 2007, pp. 417-452;

DIDIER JÚNIOR, Fredie, "Sentenza costitutiva ed esecuzione forzata nel diritto brasiliano", *in RDP*, anno LXV, 2ª série, nº 5, Cedam, set./out. 2010, pp. 1129-1138;

DIETZEL, Alexander, "Probleme des Europäischen Mahnverfahrens", *in Europäisches Zivilprozessrecht: Einfluss auf Deutschland und Ungarn*, Universitätsverlag Göttingen, Göttingen, 2011;

DINAMARCO, Cândido Rangel, *Execução Civil*, 8ª ed., Malheiros Editores, São Paulo, 2002;

DOMÍNGUEZ LUELMO, Andrés, "Incumplimiento y ejecución forzosa en forma específica de las obligaciones de hacer", *in Estudios de Derecho de Obligaciones – Homenaje al Profesor Mariano Alonso Pérez*, tomo I, La Ley, 2006, pp. 557-586;

DORADO PICÓN, Antonio, *et al.*, *Manual Práctico de Procedimientos Civiles*, El Derecho Editores, Madrid, 2010;

DOTTO, Massimo F., *Il Processo di Esecuzione: Flussi Processuali*, Giuffrè Editore, Milão, 2009;

DUARTE, Rui Pinto, "A penhora e a venda executiva do estabelecimento comercial", *in Themis – A Reforma da Acção Executiva*, vol. II, ano V, nº 9, Almedina, Coimbra, 2004, pp. 123-135;

DUARTE, Rui Pinto, *Curso de Direitos Reais*, 3ª ed. rev. e aum., Princípia Editora, Cascais, 2013;

DUARTE NETO, Bento Herculano, *et al.*, *Teoria Geral do Processo*, 5ª ed., Iesde, Curitiba, 2012;

EPIFÂNIO, Maria do Rosário, *Manual de Direito da Insolvência*, 6ª ed., Almedina, Coimbra, 2015;

FAIREN GUILLEN, Victor, *Doctrina General del Derecho Procesal*, Librería Bosch, Barcelona, 1990;

FARIA, Jorge Leite Areias Ribeiro de, *Direito das Obrigações*, vol. I, Almedina, Coimbra, 1990;

FARIA, Paulo Ramos de/LOUREIRO, Ana Luísa, *Primeiras Notas ao Novo Código de Processo Civil*, vol. I, 2ª ed., Almedina, Coimbra, 2014;

FARIA, Paulo Ramos de/LOUREIRO, Ana Luísa, *Primeiras Notas ao Novo Código de Processo Civil*, vol. II, Almedina, Coimbra, 2014;

FARIA, Rita Lynce de, *A Mora do Credor*, Lex, Lisboa, 2000;

FERNANDES, António de Lemos Monteiro, *Noções Fundamentais de Direito do Trabalho*, 2ª ed. atual., Almedina, Coimbra, 1976;

FERNANDES, David Augusto, *Lições de Direito Civil (Direitos Reais)*, 3ª ed., Coimbra Editora, Coimbra, 1946;

FERNANDES, Filipe de Vasconcelos A. S., "A penhora de direitos de autor: Da consideração da autoria no âmbito da penhora à [re]equação do seu âmbito de penhorabilidade", *in Colectânea de Estudos de Processo Civil*, Coimbra Editora, Coimbra, 2013, pp. 355-380;

FERNANDES, Luís A. Carvalho, "Terceiros para efeitos de registo predial", *in ROA*, ano 57º, vol. III, dez. 1997, pp. 1283-1320;

FERNANDES, Luís A. Carvalho, *Teoria Geral do Direito Civil*, vol. II, 5ª ed. rev. e atual., Universidade Católica Editora, Lisboa, 2010;

FERNANDES, Luís A. Carvalho, *Lições de Direitos Reais*, 6ª ed., reimp., Quid Iuris, Lisboa, 2010;

FERNANDEZ, Elizabeth, "A (pretensa) reforma da acção executiva", *in CDP*, nº 26, abr./jun. 2009, pp. 18-34;

FERNANDEZ, Elizabeth, *Um Novo Código de Processo Civil? Em busca das diferenças*, Vida Económica, 2014;

FERNANDEZ, Maria Elizabeth Moreira, "Penhora de depósitos Vs. sigilo bancário: (ou de como os credores poderiam "ficar a ver navios")", *in SI*, tomo XLVI, nº 268/270, jul./dez. 1997, pp. 349-364;

FERRAZ, Cristina, *Jurisdição Voluntária no Processo Civil*, Juruá Editora, Curitiba, 2008;

FERREIRA, Amadeu José, *Valores Mobiliários Escriturais: Um Novo Modo de Representação e Circulação de Direitos*, Almedina, Coimbra, 1997;

FERREIRA, Durval, *Posse e Usucapião*, Almedina, Coimbra, 2002;

FERREIRA, Fernando Amâncio, *Curso de Processo de Execução*, 13ª ed., Almedina, Coimbra, 2010;

FONSECA, Ana Maria Taveira da, "Publicidade espontânea e publicidade provocada de direitos reais sobre imóveis", *in CDP*, nº 20, out./dez. 2007, pp. 14-25;

FONTANA, Roberto/ROMEO, Simona, *Il Processo Esecutivo*, Cedam, Milão, 2010;

FONTANA, Roberto/ROMEO, Simona, *Il Nuovo Processo di Esecuzione*, Cedam, Milão, 2015;

FRAGA, Álvaro Moreira Carlos, *Direitos Reais*, Almedina, Coimbra, 1971;

FRANCESCHETTI, Paolo/MARASCA, Massimo, *Le Obbligazioni*, Maggioli Editore, Santarcangelo di Romagna, 2008;

FRANCO, Giuseppe, *Guida al Procedimento di Ingiunzione*, 4ª ed., Giuffrè Editore, Milão, 2009;

FREITAS, José Lebre de, "A penhora de bens na posse de terceiros", *in ROA*, ano 52º, vol. II, jul. 1992, pp. 313-339;

FREITAS, José Lebre de, "Acção executiva e caso julgado", *in ROA*, ano 53º, vol. II, abr./jun. 1993, pp. 225-250;

FREITAS, José Lebre de, "Enxertos declarativos no processo executivo", *in Aspectos do Novo Processo Civil*, Lex, Lisboa, 1997, pp. 315-324;

FREITAS, José Lebre de, "Da impenhorabilidade do direito do lojista de centro comercial", *in ROA*, ano 59º, vol. I, 1999, pp. 47-86;

FREITAS, José Lebre de, "Os paradigmas da acção executiva", *in ROA*, ano 61º, vol. II, abr. 2001, pp. 543-560;

FREITAS, José Lebre de, "O silêncio do terceiro devedor", *in ROA*, ano 62º, vol. II, abr. 2002, pp. 383-423;

FREITAS, José Lebre de, "A reforma do processo executivo", *in ROA*, ano 62º, vol. III, dez. 2002, pp. 731-757;

FREITAS, José Lebre de, "A penhora do direito ao arrendamento e trespasse", *in Estudos em Homenagem ao Prof. Doutor Inocêncio Galvão Telles*, vol. III, Almedina, Lisboa, 2002, pp. 477-491;

FREITAS, José Lebre de, "Agente de execução e poder jurisdicional", *in Themis – A Reforma da Acção Executiva*, ano IV, nº 7, Almedina, Coimbra, 2003, pp. 19-34;

FREITAS, José Lebre de, "Penhora e oposição do executado", *in Themis – A Reforma da Acção Executiva*, vol. II, ano V, nº 9, Almedina, Coimbra, 2004, pp. 11-24;

FREITAS, José Lebre de, "La riforma del diritto portoghese dell'esecuzione", *in RDP*, ano LIX, nº 4, 2004;

FREITAS, José Lebre de, "Competência do tribunal de execução para a liquidação da obrigação no caso de sentença genérica arbitral", *in ROA*, ano 66º, vol. I, jan. 2006, pp. 119-130;

FREITAS, José Lebre de, "Sobre a prevalência, no apenso de reclamação de créditos, do direito de retenção reconhecido por sentença", *in ROA*, ano 66º, vol. II, set. 2006, pp. 581-626;

FREITAS, José Lebre de, "Hipoteca de coisa e penhora da quota de comproprietário", *in Ars Ivdicandi: Estudos em Homenagem ao Prof. Doutor António Castanheira Neves*, vol. II, Universidade de Coimbra, Coimbra Editora, Coimbra, 2008, pp. 269-288;

FREITAS, José Lebre de, "Competência ou incompetência internacional dos tribunais portugueses", *in ROA*, ano 69º, vol. I/II, jan./jun. 2009, pp. 59-71;

FREITAS, José Lebre de, *Estudos sobre Direito Civil e Processo Civil*, vol. I, 2ª ed., Coimbra Editora, Coimbra, 2009;

FREITAS, José Lebre de, *Estudos sobre Direito Civil e Processo Civil*, vol. II, 2ª ed., Coimbra Editora, Coimbra, 2009;

FREITAS, José Lebre de, "Oposição à execução e caso julgado no confronto da compensação – Ac. do STJ de 11.7.2006, Proc. 2342/06", *in CDP*, nº 26, abr./jun. 2009, pp. 35-47;

FREITAS, José Lebre de, "A desmaterialização do título executivo", *in As Recentes Reformas na Acção Executiva e nos*

Recursos, Wolters Kluwer, Coimbra, 2010, pp. 11-18;

FREITAS, José Lebre de, "Sobre o Novo Código de Processo Civil (Uma visão de fora)", *in ROA*, ano 73º, vol. I, jan./mar. 2013, pp. 23-61;

FREITAS, José Lebre de, *A Falsidade no Direito Probatório*, 2ª ed. atual., Almedina, Coimbra, 2013;

FREITAS, José Lebre de, "Aplicação no tempo do nCPC: títulos executivos forever?(2)", *in http://blogippc.blogspot.pt/2014/03/aplicacao-no-tempo-do-ncpc--titulos_26.html*;

FREITAS, José Lebre de, *Introdução ao Processo Civil*, 4ª ed., Gestlegal, Coimbra, 2017;

FREITAS, José Lebre de, *A Ação Declarativa Comum: À Luz do Código de Processo Civil de 2013*, 4ª ed., Gestlegal, Coimbra, 2017;

FREITAS, José Lebre de, *A Acção Executiva: À Luz do Código de Processo Civil de 2013*, 7ª ed., Gestlegal, Coimbra, 2017;

FREITAS, José Lebre de/ALEXANDRE, Isabel, *Código de Processo Civil Anotado*, vol. I, 4ª ed., Coimbra Editora, Coimbra, 2018;

FREITAS, José Lebre de/MENDES, Armindo Ribeiro, *Código de Processo Civil Anotado*, vol. III, Coimbra Editora, Coimbra, 2003;

FURTADO, Jorge Henrique da Cruz Pinto, *Títulos de Crédito*, 2ª ed. rev. e atual., Almedina, Coimbra, 2015;

GAIO JÚNIOR, Antônio Pereira, *Direito Processual Civil*, vol. 2, Editora del Rey, Belo Horizonte, 2008;

GALATRO, Vincenzo, *Manuale Operativo di Procedura Civile*, Maggioli Editore, Santarcangelo di Romagna, 2008;

GALVÃO, Sofia de Sequeira, *Contrato de Cheque*, Lex, Lisboa, 1992;

GARCIA, Maria Olinda, *A Responsabilidade do Exequente e de outros Intervenientes Processuais*, Coimbra Editora, Coimbra, 2004;

GARCIA, Maria Olinda, *Arrendamento Urbano e Outros Temas de Direito e Processo Civil*, Coimbra Editora, Coimbra, 2004;

GARCIA, Maria Olinda, *A Acção Executiva para Entrega de Imóvel Arrendado (segundo a Lei nº 6/2006, de 27 de fevereiro)*, 2ª ed., Coimbra Editora, Coimbra, 2008;

GARCIA, Maria Olinda, *Arrendamento Urbano Anotado*, 2ª ed., Coimbra Editora, Coimbra, 2013;

GEMAS, Laurinda, "Algumas questões controversas do novo regime processual de cessação do contrato de arrendamento", *in RCEJ*, nº 2 de 2013, pp. 7-37;

GEORGES, Frédéric, *La Saisie de la Monnaie Scripturale*, Larcier, Bruxelas, 2006;

GERALDES, António Santos Abrantes, "Exequibilidade da sentença condenatória quanto aos juros de mora", *in CJ/STJ*, ano IX, tomo I, 2001, pp. 55-62;

GERALDES, António Santos Abrantes, "Títulos executivos", *in Themis – A Reforma da Acção Executiva*, ano IV, nº 7, Almedina, Coimbra, 2003, pp. 35-66;

GERALDES, António Santos Abrantes, "O juiz e a execução", *in Themis – A Reforma da Acção Executiva*, vol. II, ano V, nº 9, Almedina, Coimbra, 2004, pp. 25-42;

GIUSTI, Giancarlo, *Le Opposizioni nel Processo Esecutivo. Procedimento e Casistica*, Giuffrè Editore, Milão, 2010;

GIUSTI, Giancarlo, *Il Pignoramento Immobiliare*, Giuffrè Editore, Milão, 2012;

GOMES, Manuel Januário da Costa, "Penhora de direitos de crédito – Breves notas", *in Themis – A Reforma da Acção Executiva*, ano IV, nº 7, Almedina, Coimbra, 2003, pp. 105-132;

GOMES, Manuel Januário da Costa, "A fiança no quadro das garantias pessoais. Aspectos de regime", *in Comemorações dos 35 Anos do Código Civil e dos 25 Anos da Reforma de 1977*, vol. III – Direito das

Obrigações, Coimbra Editora, Coimbra, 2007, pp. 79-119;

GOMES, Manuel Januário da Costa, "A esfera de bens impenhoráveis e o *status* do devedor. Breves notas", *in Estudos dedicados ao Professor Doutor Luís Alberto Carvalho Fernandes*, vol. II, Universidade Católica Editora, Lisboa, 2011, pp. 401-418;

GÓMEZ SÁNCHEZ, Jesús, *La Ejecución Civil*, Librería-Editorial Dykinson, Madrid, 2002;

GONÇALVES, Augusto da Penha, *Curso de Direitos Reais*, Universidade Lusíada, Lisboa, 1993;

GONÇALVES, Gabriel Órfão, "Temas da acção executiva", *in Themis – A Reforma da Acção Executiva*, vol. II, ano V, nº 9, Almedina, Coimbra, 2004, pp. 263-302;

GONÇALVES, Luís M. Couto, "Terceiros para efeitos de registo e a segurança jurídica", *in CDP*, nº 11, jul./set. 2005, pp. 26-32;

GONZÁLEZ, José Alberto, *Direitos Reais (Parte Geral) e Direito Registal Imobiliário*, 4ª ed. rev. e aum., Quid Iuris, Lisboa, 2009;

GONZÁLEZ, José Alberto, *Direitos Reais*, 5ª ed., Quid Iuris, Lisboa, 2015;

GOUVEIA, Mariana França, "Penhora e alienação de bens móveis na reforma da acção executiva", *in Themis – A Reforma da Acção Executiva*, ano IV, nº 7, Almedina, Coimbra, 2003, pp. 165-197;

GOUVEIA, Mariana França, "Penhora de imóveis e registo predial na reforma da acção executiva", *in CDP*, nº 4, out./dez. 2003, pp. 26-35;

GOUVEIA, Mariana França, "O executado com responsabilidade subsidiária", *in Themis – A Reforma da Acção Executiva*, vol. II, ano V, nº 9, Almedina, Coimbra, 2004, pp. 109-122;

GOUVEIA, Mariana França, "A novíssima acção executiva. Análise das mais importantes alterações", *in ROA*, ano 69º, vol. III/IV, jul./dez. 2009, pp. 567-601;

GRAMAGLIA, Dario, *Manuale Breve – Diritto Processuale Civile*, Giuffrè Editore, Milão, 2010;

GRASSELLI, Giorgio, *Il Nuovo Processo Civile dopo le Riforme del 2005 e 2006*, Giuffrè Editore, Milão, 2006;

GRASSO, Eduardo, "Titolo esecutivo", *in Enciclopedia del Diritto*, vol. XLIV, Giuffrè Editore, 1992, pp. 685-700;

GUALTIERI, Clara, *Precetto e Pignoramento*, Primiceri Editore, Pádua, 2016;

GUASP, Jaime/ARAGONESES, Pedro, *Derecho Procesal Civil*, 7ª ed. rev. e atual., Thomson Civitas, Navarra, 2005;

GUERREIRO, J. A. Mouteira, *Temas de Registos e de Notariado*, Almedina, Coimbra, 2010;

GUERREIRO, J. A. Mouteira, *Ensaio sobre a Problemática da Titulação e do Registo à Luz do Direito Português*, Coimbra Editora, Coimbra, 2014;

GUERREIRO, Mouteira, "Publicidade dos direitos reais – posse, registo e prova dos direitos", *in SI*, tomo LVI, nº 310, Braga, abr./jun. 2007, pp. 309-338;

GUTIERREZ-ALVIZ CONRADI, Faustino, «Actualidad del procedimiento monitorio civil», *in Jornadas sobre la Reforma del Proceso Civil*, Ministerio de Justicia, Madrid, 1990;

HESS, Burkhard, *Europäisches Zivilprozessrecht: ein Lehrbuch*, Hüthig Jehle Rehm, Heidelberg, 2010;

HÖRSTER, Heinrich Ewald, "Venda executiva e o conceito do terceiro para efeitos de registo – Ac. do STJ de 9.1.2007, Proc. 1510/06", *in CDP*, nº 23, jul./set. 2008, pp. 53-66;

IASELLI, Michele, *Il Decreto Ingiuntivo. Profili Sostanziali e Strategie Processuali*, Cedam, Pádua, 2010;

IASELLI, Michele, *Il Decreto Ingiuntivo e la Nuova Procedura di Opposizione*, Cedam, Pádua, 2012;

IMPAGNATIELLO, Gianpaolo, *La Provvisoria Esecuzione e L'inibitoria nel Processo Civile*, vol. 40, Università degli Studi di Foggia, Facoltà di Giurisprudenza, Giuffrè Editore, Milão, 2010;

JARDIM, Mónica, "Dupla venda em acção executiva, os artigos 5º, nº 4, e 17º, nº 2, do Código do Registo Predial e o artigo 291º do Código Civil – Ac. do STJ de 30.09.2014, Proc. 3959/05", *in CDP*, nº 48, out./dez. 2014, pp. 41-57;

JAUERNIG, Othmar, *Direito Processual Civil*, 25ª ed., Almedina, Coimbra, 1998;

JUSTO, A. Santos, *Direitos Reais*, 5ª ed., Coimbra Editora, Coimbra, 2017;

KRONENBITTER, Dieter/MAGNUSSEN, Beate, *Das gerichtliche Mahnverfahren*, Expert Verlag, Renningen, 1993;

LAMBELHO, Ana/GONÇALVES, Luísa Andias, *Manual de Direito do Trabalho – Da Teoria à Prática*, Coimbra Editora, Coimbra, 2014;

LAURINI, Giancarlo, *I Titoli di Credito*, Giuffrè Editore, Milão, 2009;

LEITÃO, Luís Manuel Teles de Menezes, *Direito das Obrigações*, vol. II, 9ª ed., Almedina, Coimbra, 2014;

LEITÃO, Luís Manuel Teles de Menezes, *Direito do Trabalho*, 5ª ed., Almedina, Coimbra, 2016;

LEITÃO, Luís Manuel Teles de Menezes, *Direitos Reais*, 6ª ed., Almedina, Coimbra, 2017;

LEITÃO, Luís Manuel Teles de Menezes, *Direito das Obrigações*, vol. I, 14ª ed., Almedina, Coimbra, 2017;

LEITÃO, Luís Manuel Teles de Menezes, *Direito das Obrigações*, vol. III, 12ª ed., Almedina, Coimbra, 2018;

LEITÃO, Luís Manuel Teles de Menezes, *Direito da Insolvência*, 8ª ed., Almedina, Coimbra, 2018;

LEMOS, Rafael Cavalcanti, "Delegação judicial de atos administrativos na fase ou processo de execução: aplicação do princípio constitucional da eficiência sob inspiração do direito português recém-formado", *in Colectânea de Estudos de Processo Civil*, Coimbra Editora, Coimbra, 2013, pp. 381-412;

LEVAL, Georges de, «Les ressources de l'inversion du contentieux», *in L'Efficacité de la Justice Civile en Europe*, Larcier, Bruxelas, 2000;

LIEBMAN, Enrico Tullio, *Problemi del Processo Civile*, Morano Editore, Nápoles, 1962;

LIEBMAN, Enrico Tullio, *et al.*, *Manuale di Diritto Processuale Civile. Principi*, Giuffrè Editore, Milão, 2007;

LIMA, Carlos, "Direitos legais de preferência", *in ROA*, ano 65º, vol. III, dez. 2005, pp. 599-624;

LIMA, Pires de/VARELA, Antunes, *Código Civil Anotado*, vol. II, 3ª ed. rev. e atual., Coimbra Editora, Coimbra, 1986;

LIMA, Pires de/VARELA, Antunes, *Código Civil Anotado*, vol. I, 4ª ed. rev. e atual., Coimbra Editora, Coimbra, 1987;

LIPARI, Nicolò, *Diritto Civile*, vol. IV, Giuffrè Editore, Milão, 2009;

LOPES, J. de Seabra, *Direito dos Registos e do Notariado*, 6ª ed., Almedina, Coimbra, 2011;

LOPES-CARDOSO, Eurico, *Manual da Acção Executiva*, Imprensa Nacional Casa da Moeda, 1986;

LOUGHLIN, Paula/GERLIS, Stephen, *Civil Procedure*, 2ª ed., Cavendish, Londres, 2004;

LOURENÇO, José Acácio, "Os direitos das partes no processo civil após a reforma do Código do Processo Civil, em 2013: Avanço ou retrocesso?", *in ROA*, ano 73º, vol. II/III, abr./set. 2013, pp. 427-524;

LUGO, Andrea, *Manuale di Diritto Processuale Civile*, Giuffrè Editore, Milão, 2012;

LUISO, Francesco P., *Diritto Processuale Civile*, vol. IV, Giuffrè Editore, Milão, 2009;

MAGALHÃES, António José de Sousa, "Da garantia geral no direito das obrigações", *in ROA*, ano 8º, vol. I, nºs 3 e 4, 1948, pp. 89-104;

MAGALHÃES, Barbosa de, *Prazos de Caducidade, de Prescrição e de Propositura de Acções*, Jornal do Fôro, Lisboa, 1950;

MAGNUS, Ulrich/MANKOWSKI, Peter/PINHEIRO, Luís de Lima, *Brussels I Regulation*, 2ª ed., Selp, Munique, 2012;

MAIDAME, Márcio Manoel, *Impenhorabilidade e Direitos do Credor – Biblioteca de Estudos em Homenagem ao Professor Arruda Alvim*, Juruá Editora, Curitiba, 2007;

MANDRIOLI, Crisanto, *Corso di Diritto Processuale Civile*, vol. III, G. Giappichelli Editore, Turim, 2000;

MARCACINI, Augusto, *Estudo sobre a Efetividade do Processo Civil*, São Paulo, 1999;

MARINHO, Carlos M. G. de Melo, *A Cobrança de Créditos na Europa – Os Processos Europeus de Injunção e Pequenas Causas*, Quid Iuris, Lisboa, 2012;

MARQUES, J. P. Remédio, *Curso de Processo Executivo Comum à Face do Código Revisto*, Almedina, Coimbra, 2000;

MARQUES, J. P. Remédio, "Algumas implicações do acordo para pagamento da dívida exequenda em prestações apenas subscrito por um dos co-executados litisconsorte", *in Estudos Dedicados ao Prof. Doutor Mário Júlio de Almeida Costa*, Universidade Católica, Lisboa, 2002, pp. 693-721;

MARQUES, J. P. Remédio, "Aspectos sobre o cumprimento coercivo das obrigações de alimentos, competência judiciária, reconhecimento e execução de decisões estrangeiras", *in Comemorações dos 35 Anos do Código Civil e dos 25 Anos da Reforma de 1977*, vol. I, Faculdade de Direito da Universidade de Coimbra, Coimbra Editora, Coimbra, 2004, pp. 613-709;

MARQUES, João Paulo Remédio, "A penhora de créditos na reforma processual de 2003, referência à penhora de depósitos bancários", *in Themis – A Reforma da Acção Executiva*, vol. II, ano V, nº 9, Almedina, Coimbra, 2004, pp. 137-205;

MARQUES, João Paulo Remédio, *Acção Declarativa à Luz do Código Revisto*, 3ª ed., Coimbra Editora, 2011;

MARTÍN JIMÉNEZ, Carlos Manuel, *Teoría y Práctica del Proceso Monitorio. Comentarios y Formularios*, Lex Nova, Valladolid, 2011;

MARTÍN PASTOR, José, *La Oposición a la Ejecución y la Impugnación de Actos Ejecutivos Concretos*, La Ley, Madrid, 2007;

MARTINEZ, Pedro Romano, "Venda executiva – Alguns aspectos das alterações legislativas introduzidas na nova versão do Código de Processo Civil", *in Aspectos do Novo Processo Civil*, Lex, Lisboa, 1997, pp. 325-337;

MARTINEZ, Pedro Romano, *Direito das Obrigações*, 2ª ed., Almedina, Coimbra, 2001;

MARTINEZ, Pedro Romano, *Direito do Trabalho*, 8ª ed., Almedina, Coimbra, 2017;

MARTINS, Alexandre de Soveral, *Títulos de Crédito e Valores Mobiliários*, vol. I, Almedina, Coimbra, 2014;

MARTINS, Alexandre de Soveral, *Um Curso de Direito da Insolvência*, reimp. da 2ª ed., Almedina, Coimbra, 2017;

MARTINS, António Carvalho, *Reclamação, Verificação e Graduação de Créditos*, 2ª ed., Coimbra Editora, Coimbra, 2001;

MATIAS, Armindo Saraiva, "Equívocos da Penhora de Depósitos Bancários", *in Estudos em Homenagem ao Professor Doutor Paulo de Pitta e Cunha*, vol. III, Almedina, Coimbra, 2010, pp. 89-98;

MAZZARELLA, Ferdinando, "Esecuzione forzata (diritto vigente)", *in Enciclopedia del Diritto*, vol. XV, Giuffrè Editore, 1966, pp. 448-474;

Mendes, Armindo Ribeiro, "Execução e registo", *in Themis – A Reforma da Acção Executiva*, vol. II, ano V, nº 9, Almedina, Coimbra, 2004, pp. 207-225;

Mendes, Armindo Ribeiro, "O processo executivo no futuro Código de Processo Civil", *in ROA*, ano 73º, vol. I, jan./mar. 2013, pp. 88-147;

Mendes, Isabel Pereira, *Estudos sobre Registo Predial*, Almedina, Coimbra, 2003;

Mendes, João de Castro, *O Direito de Acção Judicial*, reimp., Lisboa, 1959;

Mendes, João de Castro, *Direito Civil: Teoria Geral*, vol. III, Associação Académica da Faculdade de Direito de Lisboa, Lisboa, 1979;

Mendes, João de Castro, *Direito Processual Civil – Acção Executiva*, Edição AAFDL, Lisboa, 1980;

Mendes, João de Castro, *Direito Processual Civil*, vol. I, Associação Académica da Faculdade de Direito de Lisboa, 2012;

Mendes, João de Castro, *Direito Processual Civil*, vol. III, Associação Académica da Faculdade de Direito de Lisboa, 2012;

Mesquita, José Andrade, *Direitos Pessoais de Gozo*, Almedina, Coimbra, 1999;

Mesquita, Lurdes/Rocha, Francisco Costeira da, *A Ação Executiva no Novo Código de Processo Civil*, 2ª ed. rev. e atual., Vida Economia, 2014;

Mesquita, Lurdes Varregoso, "Sanção pecuniária compulsória: meios coercitivos – modelo português", *in SI*, tomo LVII, nº 316, Braga, out./dez. 2008, pp. 741-770;

Mesquita, Manuel Henrique, *Obrigações e Ónus Reais*, Almedina, Coimbra, 1990;

Mesquita, Miguel, *Apreensão de Bens em Processo de Executivo e Oposição de Terceiro*, 2ª ed. rev. e aum., Almedina, Coimbra, 2001;

Miranda, Jorge, *Manual de Direito Constitucional*, Tomo IV, 6ª ed., Coimbra Editora, Coimbra, 2015;

Moncada, L. Cabral de, *Lições de Direito Civil: Parte Geral*, vol. II, Atlântida Editora, Coimbra, 1959;

Montesano, Luigi/Arieta, Giovanni, *Diritto Processuale Civile*, vol. III, 3ª ed., G. Giappichelli Editore, Turim, 1999;

Moraes, José Rubens de, *Evolução Histórica da Execução Civil no Direito Lusitano*, Editora da Universidade de São Paulo, São Paulo, 2009;

Morais, Fernando de Gravato, "A tutela do credor perante o atraso no pagamento de transacções comerciais", *in SI*, tomo LIV, nº 302, Braga, abr./jun. 2005, pp. 271-295;

Morais, Fernando de Gravato, "Mora do devedor nas obrigações pecuniárias", *in SI*, tomo LVII, nº 315, Braga, jul./set. 2008, pp. 483-507;

Morais, Fernando de Gravato, "Título executivo para a acção de pagamento da renda – Ac. do TRP de 12.5.2009, Proc. 1358/07", *in CDP*, nº 27, jul./set. 2009, pp. 57-69;

Morais, Fernando de Gravato, *Contrato-Promessa em Geral, Contratos-Promessa em Especial*, Almedina, Coimbra, 2009;

Morais, Fernando de Gravato, *Manual da Locação Financeira*, 2ª ed., Almedina, Coimbra, 2011;

Morais, Fernando de Gravato, *Manual do Contrato-Promessa*, Editora d'Ideias, Coimbra, 2022;

Moreira, Guilherme Alves, *Instituições do Direito Civil Português*, vol. II, 2ª ed., Coimbra Editora, Coimbra, 1925;

Moreno, T./Seco, Sousa/Junqueiro, P. Augusto, *Lições de Processo Civil*, Casa do Castelo, Coimbra, 1945;

Nascimento, Paulo Sobral Soares do, "Embargos de terceiro deduzidos pelo cônjuge do executado com fundamento em penhora de bens comuns do casal – Ac. do STJ de 9.6.2005, Rev. 1512/05", *in CDP*, nº 18, abr./jun. 2007, pp. 16-28;

NEVES, F. Correia das, *Manual dos Juros*, Almedina, Coimbra, 1989;

NIEVA FENOLL, Jordi, *Jurisdicción y Proceso*, Marcial Pons, Madrid, 2009;

NOBILI, Chiara, *Le Obbligazioni*, 2ª ed., Giuffrè Editore, Milão, 2008;

OLIVA SANTOS, Andrés de la, *European Civil Procedure*, Aranzadi, Navarra, 2011;

OLIVEIRA, Manuela Perestrelo de, "A relação entre exequente, *debitor debitoris* e garantes – Extensão do título executivo e meios de defesa pessoais na penhora de créditos", *in Colectânea de Estudos de Processo Civil*, Coimbra Editora, Coimbra, 2013, pp. 479-498;

OLIVEIRA, Nuno Manuel Pinto, *Direito das Obrigações*, vol. I, Almedina, Coimbra, 2005;

OLIVEIRA, Nuno Manuel Pinto, *Estudos Sobre o Não Cumprimento das Obrigações*, 2ª ed., Almedina, Coimbra, 2009;

OLIVEIRA, Nuno Manuel Pinto, *Princípios de Direito dos Contratos*, Coimbra Editora, Coimbra, 2011;

OLIVEIRA, Nuno Manuel Pinto/SERRA, Catarina, "Insolvência e contrato-promessa: os efeitos da insolvência sobre o contrato promessa com eficácia obrigacional", *in ROA*, ano 70º, vol. I/IV, 2010, pp. 396-440;

ORTELLS RAMOS, Manuel, *Ejecución de Condenas no Dinerarias en la Ley de Enjuiciamiento Civil*, 1ª ed., La Ley, Madrid, 2005;

ORTELLS RAMOS, Manuel, "La ejecución forzosa civil – Tres cuestiones sobre qué ejecutar, quién puede o debe hacerlo y cómo", *in RDUM*, ano XII, nº 22, 2013, pp. 109-125;

PAIVA, Eduardo/CABRITA, Helena, *O Processo Executivo e o Agente de Execução*, 3ª ed., Wolters Kluwer, Coimbra, 2013;

PAIVA, Eduardo/CABRITA, Helena, *Manual do Processo de Inventário: À Luz do Novo Regime Aprovado pela Lei nº 23/2013, de 5 de Março*, Coimbra Editora, Coimbra, 2013;

PALMA, Augusta Ferreira, *Embargos de Terceiro*, 2ª ed., Almedina, Coimbra, 2013;

PARDAL, F. Rodrigues, "Concurso de credores", *in ROA*, ano 35º, vol. II, maio/ago. 1975, pp. 187-213;

PARREIRA, Isabel Ribeiro, "Embargos de terceiro preventivos deduzidos a uma penhora de imóveis em acção executiva para pagamento de quantia certa", *in ROA*, ano 61º, vol. II, abr. 2001, pp. 837-905;

PASSINHAS, Sandra, *Propriedade e Personalidade no Direito Civil Português*, Almedina, Coimbra, 2017;

PAULA, Adriano Perácio de, *Execução de Títulos Extrajudiciais Reformada*, Del Rey Editora, Belo Horizonte, 2007;

PÉREZ DEL BLANCO, Gilberto, *La Ejecución Forzosa de Sentencias en el Orden Jurisdiccional Contencioso-Administrativo*, Del Blanco Editores, Leão, 2003;

PÉREZ RAGONE, Álvaro J./ORTIZ PRADILLO, Juan Carlos, *Código Procesal Civil Alemán (ZPO)*, Konrad-Adenauer-Stiftung, Berlim, 2006;

PERROT, M. Roger, "Les enjeux de l'exécution des décisions judiciaires en matière civile", *in L'Exécution des Décisions de Justice en Matière Civile*, Estrasburgo, 1998, pp. 9-14;

PICARDI, Nicola, *Manuale del Processo Civile*, 2ª ed., Giuffrè Editore, Milão, 2010;

PIMENTA, Paulo, "Acções e incidentes declarativos na dependência da execução", *in Themis – A Reforma da Acção Executiva*, vol. II, ano V, nº 9, Almedina, Coimbra, 2004, pp. 55-88;

PIMENTA, Paulo, "A acção executiva na revisão do processo civil", *in ROA*, ano 72º, vol. II/III, abr./set. 2012, pp. 743-750;

PIMENTA, Paulo, *Processo Civil Declarativo*, 2ª ed., Almedina, Coimbra, 2017;

PINHEIRO, Luís de Lima, "Apontamento sobre a impugnação da decisão arbitral", *in ROA*, ano 67º, vol. III, dez. 2007, pp. 1025-1039;

PINHEIRO, Luís de Lima, "A competência internacional exclusiva dos tribunais portugueses", *in Estudos em Memória do Professor Doutor José Dias Marques*, Almedina, Coimbra, 2007, pp. 593-623;

PINHEIRO, Luís de Lima, *Direito Internacional Privado*, vol. III, 2ª ed. ref., Almedina, Coimbra, 2012;

PINTO, António Augusto Tolda, *Cheques sem Provisão – Regime Penal e Contra-Ordenacional*, Almedina, Coimbra, 1992;

PINTO, Carlos Alberto da Mota, *Teoria Geral do Direito Civil*, reimp. da 4ª ed., Coimbra Editora, Coimbra, 2012;

PINTO, Rui, "Penhora e alienação de outros direitos – Execução especializada sobre créditos e execução sobre direitos não creditícios na reforma da acção executiva", *in Themis – A Reforma da Acção Executiva*, ano IV, nº 7, Almedina, Coimbra, 2003, pp. 133-164;

PINTO, Rui, *Penhora, Venda e Pagamento*, Lex, Lisboa, 2004;

PINTO, Rui, *A Acção Executiva Depois da Reforma*, Lex, Lisboa, 2004;

PINTO, Rui, "A execução e terceiros – Em especial na penhora e na venda", *in Themis – A Reforma da Acção Executiva*, vol. II, ano V, nº 9, Almedina, Coimbra, 2004, pp. 227-261;

PINTO, Rui, "Execução civil de dívidas de cônjuges. Novas reflexões sobre um velho problema", *in Centenário do Nascimento do Professor Doutor Paulo Cunha: Estudos em Homenagem*, Almedina, Coimbra, 2012, pp. 1067-1106;

PINTO, Rui, "O processo civil português: diagnóstico e cura. Um exercício de teoria pura", *in Colectânea de Estudos de Processo Civil*, Coimbra Editora, Coimbra, 2013, pp. 9-26;

PINTO, Rui, "Execução civil de dívidas de cônjuges. Novas reflexões sobre um velho problema (incluindo à luz da Proposta de Reforma do Código de Processo Civil)", *in Colectânea de Estudos de Processo Civil*, Coimbra Editora, Coimbra, 2013, pp. 413-456;

PINTO, Rui, *Manual da Execução e Despejo*, Coimbra Editora, Coimbra, 2013;

PINTO, Rui, "Notas breves sobre a reforma do Código de Processo Civil em matéria executiva", *in ROA*, ano 73º, vol. I, jan./mar. 2013, pp. 63-86;

PINTO, Rui, "Anotação ao regime do procedimento especial de despejo", *in Leis do Arrendamento Urbano Anotadas*, coord. de António Menezes Cordeiro, Almedina, Coimbra, 2014, pp. 409-461;

PINTO, Rui, *Notas ao Código de Processo Civil*, vol. II, 2ª ed., Coimbra Editora, Coimbra, 2015;

PINTO, Rui/TOMAZ, Helena, *Procedimento Extrajudicial Pré-Executivo Anotado*, Coimbra Editora, Coimbra, 2015;

PIRES, Miguel Lucas, *Dos Privilégios Creditórios: Regime Jurídico e sua Influência no Concurso de Credores*, 2ª ed. rev. e atual., Almedina, Coimbra, 2015;

PIRES, Miguel Lucas, "Haverá imóveis do empregador sobre os quais o privilégio creditório do trabalhador não incida? – Ac. de Uniformização de Jurisprudência nº 8/2016, de 23.2.2016, Proc. 1444/08.5TBAMT-A.P1.S1-A", *in CDP*, nº 53, jan./mar. 2016, pp. 42-69;

PISSARRA, Nuno Andrade, "O pagamento em processo de execução – alguns problemas", *in Estudos em Homenagem a Miguel Galvão Teles*, vol. II, Almedina, Coimbra, 2012, pp. 226-256;

PITA, Manuel António, "Execução por dívidas dos cônjuges – processo ordinário para pagamento de quantia certa – alguns aspectos", *in Ab Vno ad Omnes: 75 Anos da Coimbra Editora – 1920-1995*, Coimbra Editora, Coimbra, 1998, pp. 811-844;

PRAZERES, Manuel Augusto Gama, *Do Processo de Execução no Actual Código do Processo Civil, SI*, Braga, 1963;

PRAZERES, Manuel Augusto Gama, *Do Concurso de Credores e da Verificação e Graduação dos Créditos nos Actuais Códigos Civil e do Processo Civil, SI*, Braga, 1967;

PROENÇA, José Carlos Brandão, *Lições de Cumprimento e Não Cumprimento das Obrigações*, Coimbra Editora, Coimbra, 2011;

PUNZI, Carmine, "Limiti alla pignorabilità e oggetto della responsabilità", *in RDP*, anno LXVIII, 2ª série, nº 6, Cedam, nov./dez. 2013, pp. 1281-1289;

PUPPIO, Vicente J., *Teoría General del Proceso*, 8ª ed. rev. e ampl., Universidad Católica Andrés Bello, Caracas, 2008;

RAITANI, Francisco, *Prática de Processo Civil*, 8ª ed. (rev. e aum.), Edição Saraiva, São Paulo, 1971;

RAMALHO, Maria do Rosário Palma, "Sobre o fundamento possessório dos embargos de terceiro deduzidos pelo locatário, parceiro pensador, comodatário e depositário", *in ROA*, ano 51º, vol. III, dez. 1991, pp. 649-698;

RAMALHO, Maria do Rosário Palma, *Direito do Trabalho – Parte II – Situações Laborais Individuais*, 3ª ed., Almedina, Coimbra, 2010;

RAMOS, José Luís Bonifácio, "Os títulos executivos e o "novo" Código de Processo Civil", in Para Jorge Leite – Escritos Jurídico-Laborais, vol. II, Coimbra Editora, Coimbra, 2015, pp. 633-650;

RAMOS, Rui Manuel Moura, *Estudos de Direito Internacional Privado da União Europeia*, Imprensa da Universidade de Coimbra, Coimbra, 2016;

RAMOS MÉNDEZ, Francisco, *Para un Proceso Civil Eficaz*, Universidad Autónoma de Barcelona, 1982;

RAMOS PAZOS, René, *De las Obligaciones*, Editorial Jurídica de Chile, Santiago de Chile, 1999;

RAUSCHER, Thomas, *Europäisches Zivilprozess- und Kollisionsrecht*, Walter de Gruyter, Munique, 2010;

REDENTI, Enrico/VELLANI, Mario, *Diritto Processuale Civile*, vol. III, 3ª ed., Giuffrè Editore, Milão, 2011;

REGO, Carlos Lopes do, "Requisitos da obrigação exequenda", *in Themis – A Reforma da Acção Executiva*, ano IV, nº 7, Almedina, Coimbra, 2003, pp. 67-77;

REGO, Carlos Lopes do, "As funções e o estatuto processual do agente de execução e seu reflexo no papel dos demais intervenientes no processo executivo", *in Themis – A Reforma da Acção Executiva*, vol. II, ano V, nº 9, Almedina, Coimbra, 2004, pp. 43-54;

REGO, Carlos Francisco de Oliveira Lopes do, *Comentários ao Código de Processo Civil*, vol. I, 2ª ed., Almedina, Coimbra, 2004;

REGO, Carlos Francisco de Oliveira Lopes do, *Comentários ao Código de Processo Civil*, vol. II, 2ª ed., Almedina, Coimbra, 2004;

REGO, Margarida Lima, "O e-mail como título executivo", *in Estudos em Homenagem ao Prof. Doutor José Lebre de Freitas*, vol. I, 1ª ed., 2013, pp. 1021-1044;

REI, Maria Raquel Aleixo Antunes, "Da expectativa jurídica", *in ROA*, ano 54º, vol. I, abr. 1994, pp. 149-180;

REIS, José Alberto dos, "Da venda no processo de execução", *in ROA*, ano 1º, vol. II, nº 4, 1941, pp. 410-450;

REIS, José Alberto dos, *Comentário ao Código de Processo Civil*, vol. I, 2ª ed., Coimbra Editora, Coimbra, 1960;

REIS, José Alberto dos, *Código de Processo Civil Anotado*, vol. I, 3ª ed., Coimbra Editora, Coimbra, 1982;

REIS, José Alberto dos, *Processo de Execução*, vol. I, 3ª ed. reimp., Coimbra Editora, Coimbra, 1985;

REIS, José Alberto dos, *Processo de Execução*, vol. II, reimp., Coimbra Editora, Coimbra, 1985;

RIBEIRO, Manuel da Nazaré, "Do registo predial", *in ROA*, ano 12º, nºs 1 e 2, 1952, pp. 279-315;

RIBEIRO, Virgínio da Costa, *As Funções do Agente de Execução*, Almedina, Coimbra, 2011;

RIBEIRO, Virgínio da Costa/REBELO, Sérgio, *A Ação Executiva Anotada e Comentada*, 2ª ed., Almedina, Coimbra, 2016;

RICHTER, Giorgio Stella/RICHTER, Paolo Stella, *La Giurisprudenza sul Codice di Procedure Civile*, Giuffrè Editore, Milão, 2011;

RODRIGUES, Fernando Pereira, *Elucidário de Temas de Direito (Civil e Processual)*, Coimbra Editora, Coimbra, 2011;

RODRIGUES, Fernando Pereira, *O Novo Processo Civil – Os Princípios Estruturantes*, Almedina, Coimbra, 2013;

RODRIGUES, Manuel, *A Posse – Estudo de Direito Civil Português*, Almedina, Coimbra, 1981;

ROMANO, Alberto A., *Il Procedimento Europeo di Ingiunzione di Pagamento: Regolamento (CE) nº 1896/2006, del 12 Dicembre 2006*, Giuffrè Editore, Milão, 2009;

RUGGIERO, Roberto de, *Instituições de Direito Civil*, vol. II, Livraria Clássica Editora, Lisboa, 1935;

RUGGIERO, Roberto de, *Instituições de Direito Civil*, vol. III, Livraria Clássica Editora, Lisboa, 1937;

RUPERTO, Cesare, *La Giurisprudenza sul Codice Civile Coordinata con la Dottrina*, vol. VI, Giuffrè Editore, Milão, 2011;

SALVANESCHI, Laura, "Il perfezionamento del pignoramento presso terzi dopo la riforma del 2014", *in RDP*, anno LXX, 2ª série, nº 3, Cedam, maio/jun. 2015, pp. 665-679;

SAMPAIO, J. M. Gonçalves, *A Acção Executiva e a Problemática das Execuções Injustas*, 2ª ed. rev., atual. e ampl., Almedina, Coimbra, 2008;

SAMPAIO, Manuel Eduardo Bianchi, "A cumulação de execuções na resolução do contrato de arrendamento urbano", *in Julgar*, nº 14, Coimbra Editora, Coimbra, maio/agosto 2011, pp. 183-192;

SANCHEZ CALERO, Fernando, *Principios de Derecho Mercantil*, tomo II, 19ª ed., Thomson Reuters Aranzadi, Navarra, 2014;

SÁNCHEZ LORENZO, Sixto, "Los procedimientos civiles de ejecución en el Derecho comparado", *in RCEA*, vol. XIX, 2004, pp. 291-310;

SANTOS, Elsa Sequeira, "Reclamação, verificação e graduação de créditos", *in Themis – A Reforma da Acção Executiva*, vol. II, ano V, nº 9, Almedina, Coimbra, 2004, pp. 89-107;

SANTOS, Pedro Barrambana, "Contrato de compra e venda *versus* venda executiva – Subsídio para a definição da sua natureza jurídica", *in Colectânea de Estudos de Processo Civil*, Coimbra Editora, Coimbra, 2013, pp. 499-526;

SARDINHA, Ana/METELLO, Francisco Cabral, *Novo Regime do Arrendamento Urbano*, Almedina, Coimbra, 2007;

SASSANI, Bruno, *Lezioni di Diritto Processuale Civile*, ScriptaWeb, Nápoles, 2006;

SASSANO, Francesca, *Manuale Pratico dell'Esecuzione Mobiliare e Immobiliare*, 2ª ed., Maggioli Editore, Santarcangelo di Romagna, 2008;

SATTA, Salvatore/PUNZI, Carmine, *Diritto Processuale Civile*, 13ª ed., Cedam, Milão, 2000;

SCARAFONI, Stefano, *Il Processo Civile e la Normativa Comunitaria*, UTET Giuridica, 2012;

SCHILTZ, Pierrot/PUTZ, Jean-Luc, *Le Recouvrement de Créances*, Promoculture, Luxemburgo, 2003;

SCHÜTZE, Rolf A., *Das internationale Zivilprozessrecht in der ZPO*, Walter de Gruyter, Berlim, 2011;

SCHWAB, Martin, *Zivilprozessrecht*, Hüthig Jehle Rehm, Heidelberg, 2012;

SERRA, Adriano Paes da Silva Vaz, *Obrigações Genéricas, Obrigações Alternativas – Obrigações com Faculdade Alternativa, Obrigação de Juros*, Separata do *BMJ*, nº 55, Lisboa, 1956;

SERRA, Adriano Paes da Silva Vaz, *Obrigações – Ideias Preliminares, Fontes (em especial, Contrato e Negócio Unilateral), Fixação de Prazo*, Separata do *BMJ*, nº 77, Lisboa, 1958;

SERRA, Vaz, "Anotação ao Ac. do STJ, de 11 de Fevereiro de 1969", *in RLJ*, ano 103º, nº 3421;

SID, Nuno de Salter, *A Protecção da Casa de Morada da Família no Direito Português*, Almedina, Coimbra, 1996;

SILVA, João Calvão da, *Sinal e Contrato Promessa*, 14ª ed., Almedina, Coimbra, 2017;

SILVA, Paula Costa e, "Acção executiva fundada em sentença e substituição processual", *in Estudos em Memória do Professor Doutor João de Castro Mendes*, Lex, Lisboa, 1995, pp. 151-173;

SILVA, Paula Costa e, "Os meios de impugnação das decisões arbitrais proferidas em arbitragem voluntária no direito interno português", *in ROA*, ano 56º, vol. I, jan. 1996, pp. 179-207;

SILVA, Paula Costa e, "Exequente e terceiro adquirente de bens nomeados à penhora", *in ROA*, ano 59º, vol. I, jan. 1999, pp. 321-333;

SILVA, Paula Costa e, *A Reforma da Acção Executiva*, 3ª ed., Coimbra Editora, Coimbra, 2003;

SILVA, Paula Costa e, "As garantias do executado", *in Themis – A Reforma da Acção Executiva*, ano IV, nº 7, Almedina, Coimbra, 2003, pp. 199-214;

SILVA, Paula Costa e, *Processo de Execução – Vol. I Títulos Executivos Europeus*, Coimbra Editora, 2006;

SILVA, Paula Costa e, "A execução em Portugal de decisões arbitrais nacionais e estrangeiras", *in ROA*, ano 67º, vol. II, 2007, pp. 629-682;

SILVA, Paula Costa e, *A Litigância de Má Fé*, Coimbra Editora, Coimbra, 2008;

SILVA, Paula Costa e, *Repensando a Transmissão da Coisa ou Direito em Litígio – Ainda um Contributo para o Estudo da Substituição Processual*, 2ª ed., Coimbra Editora, Coimbra, 2009;

SILVA, Rui Gomes da/SILVA, Miguel Medina, *Teoria Geral do Direito Civil – Noções Elementares*, Âncora Editora, Lisboa, 2010;

SOARES, António Quirino Duarte, "O conceito de terceiros para efeitos de registo predial", *in CDP*, nº 9, jan./mar. 2005, pp. 3-11;

SOARES, Carlos, "A articulação dos diferentes meios de impugnação da penhora", *in Estudos em Homenagem a Cunha Rodrigues*, vol. II, Coimbra Editora, Coimbra, 2001, pp. 689-716;

SOARES, Carlos Oliveira, "O caso julgado na acção executiva", *in Themis – A Reforma da Acção Executiva*, ano IV, nº 7, Almedina, Coimbra, 2003, pp. 241-259;

SOLDI, Anna Maria, *Manuale dell'Esecuzione Forzata*, Cedam, 4ª ed., Roma, 2014;

SOUSA, Eduardo/CABRITA, Helena, "Reforma da acção executiva", *in Julgar*, nº 9, Coimbra Editora, Coimbra, setembro/dezembro 2009, pp. 97-110;

SOUSA, Miguel Teixeira de, *A Exequibilidade da Pretensão*, Edições Cosmos, Lisboa, 1991;

SOUSA, Miguel Teixeira de, "A penhora de bens na posse de terceiros", *in ROA*, ano 51º, vol. I, abr. 1991, pp. 75-85;

SOUSA, Miguel Teixeira de, "Sobre a *exceptio dominii* nas acções possessórias e nos embargos de terceiro", *in ROA*, ano 52º, vol. I, abr. 1992, pp. 21-27;

SOUSA, Miguel Teixeira de, *Introdução ao Processo Civil*, Lex, Lisboa, 1993;

SOUSA, Miguel Teixeira de, *As Partes, o Objeto e a Prova na Acção Declarativa*, Lex, Lisboa, 1995;

SOUSA, Miguel Teixeira de, "Apreciação de alguns aspectos da «Revisão do processo civil – Projecto»", *in ROA*, ano 55º, vol. II, 1995, pp. 353-416;

SOUSA, Miguel Teixeira de, *Acção Executiva Singular*, Lex, Lisboa, 1998;

SOUSA, Miguel Teixeira de, "Sobre o conceito de terceiros para efeitos de registo", *in ROA*, ano 59º, vol. I, 1999, pp. 29-46;

SOUSA, Miguel Teixeira de, "Aspectos gerais da Reforma da acção executiva", *in CDP*, nº 4, out./dez. 2003, pp. 3-25;

SOUSA, Miguel Teixeira de, "A competência internacional executiva dos tribunais portugueses: alguns equívocos (anotação ao Ac. do TRL de 18.2.2003, Rec. 9455/02)", *in CDP*, nº 5, jan./mar. 2004, pp. 49-57;

SOUSA, Miguel Teixeira de, *A Reforma da Acção Executiva*, Lex, Lisboa, 2004;

SOUSA, Miguel Teixeira de, "As dívidas dos cônjuges em processo civil", *in Comemorações dos 35 Anos do Código Civil e dos 25 Anos da Reforma de 1977*, vol. I, Faculdade de Direito da Universidade de Coimbra, Coimbra Editora, Coimbra, 2004, pp. 341-350;

SOUSA, Miguel Teixeira de, "Aplicação no tempo do nCPC: títulos executivos forever?", disponível *in http://blogippc.blogspot.pt/2014/03/aplicacao-no-tempo-do-ncpc-titulos.html*;

SOUSA, Miguel Teixeira de, "Títulos executivos perpétuos? – Ac. do Tribunal Constitucional nº 847/2014, de 3.12.2014, Proc. 537/14", *in CDP*, nº 48, out./dez. 2014, pp. 3-16;

SOUSA, Miguel Teixeira de, "Princípio dispositivo. (Des)necessidade do pedido de pagamento de juros de mora – Ac. de Uniformização de Jurisprudência nº 9/2015, de 14.5.2015, Proc. 1520/04.3TBPBL.C1.S1-A", *in CDP*, nº 52, out./dez. 2015, pp. 35-47;

SOUZA, Ricardo Oliveira Pessôa de, *Adjudicação na Execução por Quantia Certa*, 2ª ed., Juruá Editora, Curitiba, 2008;

SPAGNUOLI, Giampaolo/PASQUALIM, Jessica, *Il Processo di Esecuzione. Questioni Processuali*, Giuffrè Editore, Milão, 2010;

STONE, Peter, *EU Private International Law*, 2ª ed., Edward Elgar Publishing, Cheltenham, 2010;

TARZIA, Guiseppe, "Par aut dispar condicion creditorum?", *in RDP*, anno LX, 2ª série, nº 1, Cedam, jan./mar. 2005, pp. 1-14;

TELES, Maria João Galvão, "A Reforma do Código de Processo Civil: A supressão dos documentos particulares do elenco dos títulos executivos", *in Revista Julgar*, 2013;

TELLES, Inocêncio Galvão, *Manual de Direito das Obrigações*, tomo I, Coimbra Editora, Coimbra, 1957;

TELLES, Inocêncio Galvão, *Direito das Obrigações*, 7ª ed., Coimbra Editora, Coimbra, 1997;

THEODORO JÚNIOR, Humberto, "As vias de execução do Código de Processo Civil Brasileiro reformado", *in Processo Civil Reformado*, Belo Horizonte, Del Rey, 2007, pp. 21-68;

THOMAZ, Fernão de C. Fernandes, "Penhora de créditos e eficácia externa das obrigações", *in ROA*, ano 42º, vol. I, jan./abr. 1982, pp. 57-87;

TOMMASEO, Ferruccio, "L'Esecuzione Indiretta e l'art. 614 *bis* C.P.C.", *in RDP*, anno LXIX, 2ª série, nº 2, Cedam, mar./abril 2014, pp. 267-284;

TORIBIOS FUENTES, Fernando/VELLOSO MATA, Maria José, *Manual Práctico del Proceso Civil*, Lex Nova, Valladolid, 2010;

TORRENTE, Andrea/SCHLESINGER, Piero, *Manuale di Diritto Privato*, 17ª ed., Giuffrè Editore, Milão, 2004;
TORRES, António Maria M. Pinheiro, *Noções Fundamentais de Direito das Obrigações*, 2ª ed., Coimbra Editora, Coimbra, 2010;
TURCO, Claudio, *Lezioni di Diritto Privato*, Giuffrè Editore, Milão, 2011;
VARELA, João de Matos Antunes, *Noções Fundamentais de Direito Civil: Lições do Prof. Dr. Pires de Lima ao Curso do 1º Ano Jurídico de 1944-45*, vol. I, Coimbra Editora, Coimbra, 1950;
VARELA, João de Matos Antunes, *Noções Fundamentais de Direito Civil: Lições do Prof. Dr. Pires de Lima ao Curso do 1º Ano Jurídico de 1944-45*, vol. II, Coimbra Editora, Coimbra, 1950;
VARELA, João de Matos Antunes, *Das Obrigações em Geral*, vol. I, 10ª ed. rev. e atual., Almedina, Coimbra, 2003;
VARELA, João de Matos Antunes, *Das Obrigações em Geral*, vol. II, 7ª ed. reimp., Almedina, Coimbra, 2003;
VARELA, Antunes, *et al.*, *Manual de Processo Civil*, 2ª ed. (reimp.), Coimbra Editora, Coimbra, 2004;
VASCONCELOS, L. Miguel Pestana de, *Direito das Garantias*, 2ª ed., Almedina, Coimbra, 2013;
VASCONCELOS, Pedro Pais de, *Teoria Geral do Direito Civil*, 8ª ed., Almedina, Coimbra, 2015;
VASCONCELOS, Pedro Pais de, *Direito Comercial*, vol. I, Almedina, Coimbra, 2015;
VEIGA, Alexandre Brandão da, *Transmissão de Valores Mobiliários*, Almedina, Coimbra, 2010;
VENDITTI, Claudio/PALMA, Antonio de, "Espropriazione Forzata", *in* CASSANO, Giuseppe (ed.), *Manuale del Recupero dei Crediti*, Cedam, 2000, pp. 187-208;
VERDE, Eduardo, "Pignoramento in generale", *in Enciclopedia del Diritto*, vol. XXXIII, Giuffrè Editore, 1983, pp. 763-822;
VICENTE, Dário Moura, "A execução de decisões arbitrais em Portugal", *in Estudos em Homenagem ao Professor Doutor Carlos Ferreira de Almeida*, vol. III, Almedina, Coimbra, 2011, pp. 741-749;
VIEIRA, José Alberto C., *Direitos Reais*, Coimbra Editora, Coimbra, 2008;
VIEIRA, José Alberto, *Negócio Jurídico*, reimp., Coimbra Editora, Coimbra, 2009;
VIGORITO, Francesco, *Le Procedure Esecutive Dopo la Riforma: l'Esecuzione Forzata in Generale*, Giuffrè Editore, 2006;
VINCENT, Jean/GUINCHARD, Serge, *Procédure Civile*, 22ª ed., Précis Dalloz, Paris, 1991;
VINCENT, Jean/PRÉVAULT, Jacques, *Voies d'Exécution et Procédures de Distribution*, 15ª ed., Précis Dalloz, Paris, 1984;
VOGEL, Louis, *Compétence Judiciaire et Reconnaissance des Décisions: Depuis le Règlement Bruxelles I Bis*, Bruylant, Paris, 2015;
WAGNER JUNIOR, Luiz Guilherme da Costa, *Processo Civil*, 2ª ed. rev. e atual., Del Rey, Belo Horizonte, 2008;
WEBER, Dieter/FÖRSCHLER, Peter, *Der Zivilprozess: Eine Einführung in Forderungsmanagement, Zivilprozess und Zwangsvollstreckung*, 3ª ed., Vahlen, Munique, 2013;
WEBER, Michael, *Europäisches Zivilprozessrecht und Demokratieprinzip: internationale Zuständigkeit und gegenseitige Anerkennung im Gerichtssystem der Europäischen Union und der USA*, Mohr Siebeck, Tübingen, 2009;
YAMAMOTO, M. Kazuhiko, "L'exécution des décisions de justice en matière civile", *in L'Exécution des Décisions de Justice en Matière Civile*, Estrasburgo, 1998, pp. 15-24;
XAVIER, Bernardo da Gama Lobo, *Manual de Direito do Trabalho*, 2ª ed. rev. e atual., Verbo, Lisboa, 2014;
ZIINO, Salvatore, *Esecuzione Forzata e Intervento dei Creditori*, Themis, Palermo, 2004.

ÍNDICE